山西住房和城乡建设年鉴

（2008～2009）

方志出版社

图书在版编目(CIP)数据

山西住房和城乡建设年鉴. 2008～2009 / 山西住房和城乡建设年鉴编纂委员会编. —— 北京 ：方志出版社,2011.9

ISBN 978-7-5144-0202-5

Ⅰ. ①山… Ⅱ. ①山… Ⅲ. ①住宅建设—山西省—2008～2009—年鉴② 城乡建设—山西省—2008～2009—年鉴 Ⅳ. ①F299.272.5

中国版本图书馆 CIP 数据核字(2011)第 177656 号

山西住房和城乡建设年鉴(2008~2009)

编　　者：山西住房和城乡建设年鉴编纂委员会

责任编辑：冯　松

出 版 社：方 志 出 版 社

（北京市建国门内大街 5 号中国社会科学院科研大楼 12 层）

邮编：100732

网址：http://www.fzph.org

发　　行：方志出版社发行部

（010）85195814　85196281

经　　销：新华书店总店北京发行所

法律顾问：北京市大禹律师事务所

印　　刷：森美印刷有限公司

开　　本：890×1240　1/16

印　　张：36.25

字　　数：890 千

版　　次：2011 年 12 月第 1 版　2011 年 12 月第 1 次印刷

印　　数：0001～1000 册

ISBN　978-7-5144-0202-5/F·24　　定价：350.00 元

《山西住房和城乡建设年鉴》（2008–2009）
编纂委员会

主　任： 王国正

副主任： 任在刚　闫晨曦　郝耀平　郭燕平　郝培亮　李锦生　赵友亭　张立光　赵建宏　路长青

编　委： 史红权　郝竹清　杜临学　刘玉坤　薛团明　梁晓军　郭廷儒　冯占雄　周翠芬　张　海
于丽萍　项连斌　郝增元　闫玉变　李延英　姚少峰　袁惠芬　原吉龙　刘铁锁　许立新
贾迎泽　梁建民　王　原　贾树彬　刘跃生　温贵云　赵　梅　王宝权　刘卯才　杨力彬
郭　瑜　郭玉斌　王凤英　孙荣琨　王建勋　郭治明　王　忠　朱茂生　李易新　兰成国
侯进祥　孙学敬　陈　升　王若东　徐太生　王伟锁　王晋平　孙希平　李秀亭　宋锦书
刘计双　陈爱峰　樊志新　王　震　韩守元　宿青平　纪真郎　王克义

《山西住房和城乡建设年鉴》（2008–2009）
编纂委员会办公室

主　任： 许立新

副主任： 康　琢　张　兵

成　员： 杜慧娟　李玉山　张云珠　郭　平　董晓玲　周淑华　马　亮　王　峰　梁云龙
郝建忠　赵有仁　于向东　刘　亮　王尚文　李文斌　李福义　吕林槐　解德辉
杨志天　田联虎　李乃国　郭云珍　贾发龙　苏　毅　裴向东　崔　莉　李海明
王　旭　宋建伟　卫绍龙　尉　勇　张广晋　赵永亮　郝建忠　王俊卿

《山西住房和城乡建设年鉴》（2008–2009）
编撰人员名单

撰稿人：

郭玉斌　张　兵　樊保平　张力明　闫碧坤　樊　雷　张　扬　程永平　孙许阳
贺荟锦　邓大亮　贾文梅　杨晋樑　葛光云　郝晨光　李晨凯　缪　磊　董晋斐
薛文祥　马基伟　王　萍　任　皓　史振江　杨安平　刘　洁　吕　远　赵庆明
赵　星　闫高峰　吕栋楠　温晓晶　黄蓉蓉　王文仲　杨　军　郭宏伟　赵　媛
郭　燕　齐锦程　郑丽丽　赵　丹　董　海　田　甜　赵庆江　王全寿　霍殿明
贾发龙　郑潞阳　成苗勃　郭　云　任建平　李明亮　王俊清　任成福　韩海峰
武　亮　任秋棉　李永萍　焦国祯　樊志新　牛鹏川　赵　刚　赵庆江　王全寿
卢义武　李富军　魏秀琴　李荷花　史俊花　孙燕平　王宠英　霍殿明

编　辑： 张　兵

审　稿： 许立新　史红权　郭玉斌　高升记

序

2008—2009年，是全国、全省上下戮力同心，积极应对国际金融危机冲击，努力保持经济平稳较快发展的特殊时期，也是我省住房城乡建设行业经受严峻考验并取得较大成绩的两年。

两年来，全省住房城乡建设系统按照省委、省政府的总体部署，坚持以科学发展观为指导，认真贯彻落实省委、省政府"保增长、保民生、保稳定"的一系列政策措施，把住房城乡建设工作纳入全省经济、社会发展大局，科学谋划，周密部署，扎实推进，全面完成了省委、省政府交付的任务，各项工作取得了新的成绩。重点工程建设取得重大成就，充分发挥了拉动投资、促进经济平稳较快增长的"火车头"作用；保障性住房建设套数大幅度增加，房地产开发投资和商品住房施工面积大幅增长，实现了拉动经济和提高居民居住水平的"并举双赢"；城乡规划的覆盖率持续扩大，城乡建设和管理水平不断提高，为加快推进城镇化奠定了坚实基础；五台山申报世界遗产工作圆满完成，推动风景名胜事业健康发展；"县县有"城镇污水处理厂工程建设和COD减排工作扎实推进；《山西省民用建筑节能条例》颁布实施，我省建筑节能工作走上法制化轨道；建筑业和勘察设计业健康发展，工程质量和安全生产态势平稳；援助四川灾区过渡安置房建设任务圆满完成。同时，圆满完成政府机构改革，住房城乡建设部门由经济管理部门转变为重要的社会管理部门。两年来，住房城乡建设工作在全省经济社会发展中发挥的作用越来越重要，产生的影响越来越大，住房城乡建设部门越来越得到各级党委、政府的高度重视，住房城乡建设行业越来越受到全社会的广泛关注。

"治天下者以史为鉴，治郡国者以志为鉴"。为如实记录两年来全省住房城乡建设系统取得的工作成绩和主要经验，省住房和城乡建设厅组织编纂了《山西住房和城乡建设年鉴》（2008-2009），分特载、大事记、全省住房城乡建设概况、各市住房城乡建设工作、地方法规规章及规范性文件、住房城乡建设主要经济技术指标与数据等七个部分，全面记录了全省和11个市的住房城乡建设工作情况和主要成就，资料翔实，图文并茂，具有较高的史料价值，是各级政府和行业主管部门研究住房城乡建设工作的重要参考资料，也是社会各界了解山西住房城乡建设事业发展进程的重要史料。同时，年鉴的编纂还将为《山西省志·城乡建设志》的编写提供第一手资料。

这部年鉴的出版，是参与年鉴编撰工作的全体编委会成员以及撰稿人员共同努力、辛勤工作的结果。我谨代表省住房和城乡建设厅党组对大家付出的艰辛劳动表示衷心感谢！希望同志们继续以求真务实的工作态度、精益求精的工作标准、扎实细致的工作作风，把这一部全方位、立体化反映山西住房城乡建设发展历程的史书年复一年持续地编撰下去，不断提高年鉴编撰质量，充分发挥年鉴"存史、资政、教化"的作用，更好地为全省住房城乡建设事业发展服务，为山西转型发展、跨越发展服务。

二〇一一年十二月

▲2008 年 5 月 22 日，省委书记、省人大常委会主任张宝顺（前左一）对两家彩钢生产企业进行调研指导

▲省委副书记、省长王君(前左二)在重点工程工地调研

▲ 2009年9月1日，山西省住房和城乡建设厅挂牌

▲ 2008 年 7 月，厅党组书记、厅长王国正（前右二）在省城“十大建筑”工地调研指导

▲ 2008 年 7 月 15 日，厅党组成员、副厅长张立光（左二）在建筑工地调研指导

▲ 2008 年 5 月 21 日，厅党组成员、副厅长任在刚（前左二）在棚户区改造现场调研指导

▲ 2009 年 6 月 26 日，厅党组成员、副厅长闫晨曦（左四）在大同调研

▲ 2009 年 5 月 27 日，厅党组成员、驻厅纪检组长郝耀平（前右三）在扶贫点调研指导

▲ 2009 年 8 月 18 日，厅党组成员、总工程师郝培亮（前左二）在建筑工地调研指导新技术应用

▲ 2008 年 5 月 23 日，厅党组成员、总规划师李锦生(前左二)在四川地震灾区规划指导过渡板房建设

▲ 2009 年 12 月 3 日，厅党组成员、省重点办主任赵建宏(左三)在中国(太原)煤炭交易中心建设工地调研指导

▲ 厅党组成员、省工务局局长赵友亭在省城四项工程建设任务誓师动员大会上讲话

▲ 2008 年 7 月 13 日，山西省援建四川茂县的 37277 套安置房主体工程全面竣工

目　录

2008 年

特　载

大　事　记

全省建设工作概况

直属单位与社团工作

各市建设工作

地方法规规章及规范性文件

附　　录

2009年

特　　载

大　事　记

全省住房和城乡建设工作概况

直属单位与社团工作

各市住房和城乡建设工作

地方法规规章及规范性文件

附　　录

2008 年

特　　载

正确认识当前全省建设事业面临的新形势、新机遇和新问题

——张建民副省长在2008年全省建设工作会议上的讲话

（2008年4月9日）

这次全省建设工作会议的主要任务是，总结2007年全省的建设工作，分析研究当前全省建设系统所面临的新形势，加快推进全省建设事业又好又快发展。

近年来，在省委、省政府领导下，经过市、县政府和各级建设及相关部门的共同努力，我省建设工作成效明显，特色城镇化进程不断加快，城乡人居环境明显改善，住房保障体系初步建立，房地产业和建筑业健康发展，建设市场秩序逐步好转，建设领域各项改革稳步推进，各项制度逐步完善，出色完成了历年省政府为老百姓办的实事，圆满完成了各项工作任务，为全省经济社会发展做出了应有的贡献。在此，我代表省委、省政府对辛勤工作在全省建设战线上的广大干部职工表示衷心的感谢！刚才，国正同志做了一个很好的工作报告，内容全面，目标明确，措施到位，我完全同意，希望大家认真贯彻落实。下面，我就今年全省建设工作讲三点意见。

一、充分认识建设工作在全省经济社会发展中的重要地位和作用

建设领域的工作涉及面广，政策性、服务性和群众性都很强，既有国民经济的支柱行业，又有与人民生活息息相关的窗口行业，对经济社会发展和稳定具有举足轻重的作用。

首先，推进特色城镇化，是深化经济结构调整的重要动力，也是加快新型工业化进程的重要支撑。2005年，省委、省政府提出“新型工业化、特色城镇化”双轮驱动的发展战略，去年又完善为“新型工业化、特色城镇化、农业现代化”的奋斗目标。我省把城镇化放在重要位置，这是因为全面建设小康社会的关键是解决好“三农”问题，而解决这一问题的根本出路在于城镇化，城镇化高速发展是实现农业强国的必由之路。城镇化步伐加快了，城镇建设好了，能够有效增强工业对农业的反哺能力、城镇对农村的辐射带动作用；能够充分发挥城镇作为区域经济、政治、文化中心的作用，带动周边地区快速发展；能够依托城镇较好的经济基础，加快社会事业的发展，促进涉及人民群众切身利益的突出问题的解决；能够有效协调经济发展与人口增长、资源利用、环境保护、生态建设的关系，增强可持续发展能力。因而，特色城镇化是我省经济社会发展的重要动力，是推进“四大攻坚、四大支撑、五大惠民工程”的重要动力，也是各市、县政府和各级建设部门的重要职责。

其次，房地产业和建筑业是国民经济的重要组成部分，是影响和推动经济社会发展的重要行业。

房地产业是国民经济的基础产业和先导产业，是经济社会活动的基本物质前提。房地产业因其产业链长、关联度大，会直接或间接引导和影响很多相关产业的发展。据统计，全国房地产投资占城镇固定资产投资的比重为18%，我省达到了10%左右，而且房地产业的产值每增加1个百分点，带动相关产业的产值增加1.5到2个百分点。房地产业是重要的服务业，是城市政府可支配财力的重要来源，北京、上海、广州、深圳等地的房地产业产值均占GDP50%以上。最近美国经济的衰退，最先反映为住宅与房地产业的衰落（房价回落，交易量降低），进而引起次贷危机。建筑业是国民经济的重要生产部门，也是各产业中相关性和带动作用最强、吸纳劳动力最多的产业之一。我省目前建筑业总产值突破1000亿元，增加值占GDP的比重为5.2%，建筑业的就业人数为85.6万人，占社会实际就业人数的5.5%，在各行业排名第6，社会就业贡献明显。

第三，改善民生，建设领域责任重大。党的十七大报告指出，要努力使全体人民学有所教、劳有所得、病有所医、老有所养、住有所居。在这次国务院机构改革中，将建设部重组为住房和城乡建设部。这些都充分说明国家对住房问题的关注和切实解决老百姓住房问题的决心。省政府已连续四年将住房问题作为向全省人民承诺的实事来抓。今年，省委、省政府将其列入了“五大惠民工程”，并将新建经济适用住房和廉租住房，实施国有重点煤矿和城市居民棚户区改造，解决农村困难群众住房问题列入了省政府向全省人民承诺办好的十件实事。解决好群众住房这一社会问题，不仅是各级政府的重要责任，更是我们建设部门的应有之义和重要任务。

建设生态文明，创建现代宜居城市是中央和省委、省政府对建设行业又一新要求，城市供水、供气、供热以及公共交通等市政公用行业又是关系国计民生的重要行业。要把群众关注的热点和难点作为我们工作的重点，切实提高管理水平和服务水平，保障社会公众利益和公共安全。节能减排是一项强制性、约束性指标，作为建设系统来讲，当前的重要任务除了做好建筑节能工作之外，还要抓以城镇污水处理、垃圾处理等为主要内容的减排工作。建设领域涉及民生和老百姓利益的工作很多，如拆迁、物业管理、新农村建设等等。我们要切实按照十七大的要求，关注民生、重视民生、改善民生。

二、切实做好省政府确定的重点工作

对今年的建设工作，孟学农省长非常关心和重视。年初，省建设厅向孟省长做了专题报告，提出了今年建设系统的五项重点工作。我们一定要按照孟省长的要求和指示，扎扎实实做好今年建设领域的各项重点工作。

第一，以学习贯彻《城乡规划法》为重点，加快推进特色城镇化。

一要坚持科学发展观，统筹城乡规划建设管理。要尽快改变就城市论城市，就乡村论乡村的“单打一”建设模式，尽快改变乡村、城中村及城乡结合部规划建设管理无序、浪费土地、基础设施缺乏的落后状况，下大力气建立统筹城乡一体化规划建设管理机制，努力做到依法统一规划、建设和管理。

二要坚持先规划后建设的原则，充分发挥城乡规划龙头作用。充分发挥城乡规划在有效调控和引导城乡建设发展中的作用，切实做到先规划后建设，严格按照规划进行建设，坚决杜绝违反规划进行建设的行为。要注意发挥好省、市规划委员会的决策作用，建立省、市规划督察员制度。要注重提高城乡规划设计的质量，注重下位规划必须符合上位规划，以及各规划之间的相互衔接和协调。特别要重视控制性详细规划的制定和按照严格的计划认真组织实施，使城乡规划具有科学性和可操作性。

三要端正城乡建设指导思想，明确建设重点。城乡规划和建设是一项长期而艰巨的任务，要保持清醒头脑，克服急躁情绪，克服盲目攀比、急功近利倾向。要按照城乡规划法的规定，在城市、城镇的规划建设中优先安排基础设施和公共服务设施，妥善处理新区开发与旧城改造的关系，统筹兼顾进城务工人员生活和周边农村村民生产与生活需要。在乡村规划建设中，从农村实际出发，尊重村民意愿，优先安排住宅、道路、供水排水、供电等农村生产生活服务设施及公益事业各项建设用地，同时注意风景名胜区、历史文化名镇、名村的保护。

四要抓好学习宣传工作，增强城乡规划法律意识。各级建设系统的同志们，特别是规划主管部门的干部职工，要将相关法律法规学深学透。各级政府特别是主要负责同志，也要认真研读法律条文，熟悉和掌握相关法律。通过学习和培训，使各级政府充分认识到城乡规划的公共政策属性，对城乡规划负好总责，依法将城乡规划的编制管理经费纳入各级政府财政预算，支持和促进城乡规划工作发展，同时，自觉做遵守规划法律、严格规划执法的模范实践者。

第二，以“县县有”工程为抓手，努力在生态文明建设上取得明显成效。

在全省实施“县县有”工程，也就是每县都有一个生活污水处理厂，一个生活垃圾无害化处理厂，一个生态文化公园。这既是贯彻科学发展观的具体体现，也是符合我省经济社会发展实际的客观要求，既是创建现代宜居城市的重要手段，也是实实在在的惠民工程，既非常必要，又切实可行。

一要进一步摸清底数。近年来，各级政府和建设部门在污水、垃圾处理设施建设和园林绿化方面做了大量的工作，为实施“县县有”工程奠定了好的基础。但我们现在只是掌握了一些总体宏观的情况，对细节状况还不太清楚。下一步要对每个市县和每个工厂的细节情况进行调查摸底，进一步掌握更加具体、翔实的数据，摸清底数。为此，我们还要做一些艰苦细致的工作。

二要明确责任。各工程所在地政府是“县县有”工程的责任主体和实施主体。要尽快成立领导组，组织有关部门扎扎实实做好每个项目的前期工作，对污水和垃圾处理项目工艺进行充分的论证；在生态文化公园建设方面，要充分利用自然地形地貌，尊重自然规律，避免过多的人工化。同时，按照省里的统一安排，合理规划确定建设时序，制定实施方案，落实建设用地和资金，研究解决“县县有”工程推进过程中存在的问题。各级建设、发改、财政、国土、环保等部门要按照各自的职责将每项工作抓实抓好。

三要建立科学的实施机制。各地要认真贯彻落实《山西省市政公用事业特许经营管理条例》，进一步开放污水和垃圾处理行业的投资、建设和运营市场，加大招商引资力度，实行特许经营。要推行项目建设工程代建制管理，实行项目法人制；在设施运行方面，按照产业化改革、市场化运作、企业化经营、法制化管理的原则，加快污水和垃圾处理行业改革改制步伐；要尽快研究建立科学合理的污水和垃圾处理行业价格形成机制，调整污水处理和垃圾处理收费标准，确保污水和垃圾处理的运行经费。最近国务院关于加快发展服务业实施意见中，提出逐步将收费权质押贷款范围扩大到供水、供热、环保等城市基础设施项目，这为我们提供了新的可筹资渠道。

第三，以住有所居为目标，努力在解决民生问题上取得明显成效。

一要切实保障城市低收入家庭住房基本需求。“五大惠民工程”、“十件实事”是省委、省政府向全省人民的庄严承诺。各市政府要按照省委、省政府的总体部署，深入贯彻落实国务院文件精神，组织开展城市低收入家庭住房状况调查，建立城市低收入困难家庭住房档案，科学编制《2008—2012 年住房建设计划（规划）》、《城市低收入家庭住房保障规划与分年度实施计划》和《廉租住房发展规划与分年度实施计划》。要落实廉租住房的建设用地，保证新建廉租住房用地不低于年度居住用地供应总量的5%，经济适用房建设用地不低于年度居住用地供应总量的20%；要确保廉租住房的建设资金，各级财政都要将廉租住房专项资金纳入年度预算，土地出让净收益用于廉租住房保障资金的比例不得低于10%。要进一步健全和完善廉租住房制度，改进和规范经济适用住房制度，稳步推进国有重点煤矿和城市居民棚户区改造工作，积极开展旧住宅区环境整治和设施改造。

二要启动解决农村困难群众的住房问题。目

前，农村住房缺乏规划指导，建房标准还非常低，功能和结构还不合理，同时，农村住房水平增幅也比较缓慢，平均每年仅增长0.29平方米，致使农村困难群众住房困难的问题日趋严重。农村住房问题已引起省委、省政府的高度重视。孟省长在《政府工作报告》中向全省人民承诺，今年要"启动解决农村困难群体的住房问题"。为此，各市、县政府都要迅速行动起来，尽快成立专门的工作机构，对每个村和每户居民进行调查摸底，从最急需的住房困难户入手，科学制定农村住房解困规划，尽快拿出切实可行的解决方案，多方面多渠道筹集资金，启动解决农村困难群体的住房问题。今年，要先抓好试点工作，总结经验，稳步推进。省建设厅、民政厅、财政厅等部门要针对各地的情况，加强政策研究，制定财政补贴标准和办法，出台相关政策措施。要加大技术指导和服务力度，抓好全省的试点工作，使解决农村困难群体住房问题取得实质性进展。

第四，加强管理，认真做好省城六大重点工程建设。

近年来，随着政府投资建设工程数量不断增加，投资额度也越来越大，建设过程中存在一些问题，如何对这部分工程进行监管显得尤为重要。我省在这方面进行了积极的探索，成立了省政府工程事务管理局，孝义市也在全省率先成立了政府工程事务管理局，取得了明显成效。为全面推进政府投资建设工程代建制管理，省政府已确立省工务局为"六大公益性工程"项目建设期间的项目法人。省工务局要加快组织实施，力争在今年有所突破，从设计优化和工程质量、工期、造价、安全等方面，对项目的预期目标实行严格控制和有效管理，向项目使用单位交钥匙，走出一条成功的政府投资项目改革之路。

第五，扎实推进五台山"申遗"工作。

五台山"申遗"工作是我省的一件大事。目前世界遗产中心已正式通过了五台山申遗文件，下一步大体安排是今年八至九月专家考察，明年六至七月投票决定。现在"申遗"已进入关键冲刺阶段，我们面临两大任务。一是在建设部、国家文物局的指导下，进一步与世界遗产大会的官员、专家沟通，在国际上宣传五台山申遗，使五台山的自然和文化价值得到充分展示，得到方方面面的认可。二是为世界遗产专家实地考察做好准备，抓好景区规划整治、文物修缮、服务基地建设和考察接待等重要工作。最近，召开了领导组第三次全体会议，就近期工作做了安排部署。省建设厅、文物局、忻州市政府和各有关部门要高度重视，攻坚克难，认真落实省"申遗"领导组下达的目标责任制，圆满完成五台山"申遗"的各项工作。关于建筑业、新农村建设、市政公用事业改革、建筑节能、工程建设管理等工作，由于时间关系，我就不展开讲了，希望大家按照国正同志工作报告的要求抓好落实。

三、进一步强化发展建设事业的基础工作

第一，要落实目标责任。对今年建设工作的重点目标和任务，省政府已与各市政府签定目标责任制书。各市政府要精心组织，严格落实目标责任。各市党政一把手要投入足够精力抓城镇化和城乡建设，不仅要重视宏观指导，而且要亲自解决重大问题。各有关部门要加强协调配合，统筹推进城镇化和城乡建设的各项工作，统筹解决体制机制、法规政策、建设资金问题，形成合力，共同推进全省建设工作。

第二，要加大人才队伍建设。继续加大培训市县长和建设部门负责人力度，完善执业资格制度，加快专业人才培养。加强建设系统领导干部、公务员、专业技术与管理人员和一线操作人员队伍建设，不断提高队伍整体素质。我省的城乡建设水平偏低很大程度上受制于人才的缺乏，譬如有些道路今年挖了明年还挖，有些房子盖了没几年又拆，有些新建小区设施不配套等等，说到底就是规划缺乏长远眼光和整体考虑。没有人才，就没有科学规划和科学决策，就会造成极大的建设浪费。

第三，要加强统计信息和信用体系建设。进一步完善建筑业、房地产业、市政公用行业、勘察设计业等指标体系，规范统计分析，确保统计数据的及时、完整、准确。尽快建立建筑业企业、房地产开发、物业管理、勘察设计单位及从业资格人员的信用档案体系，加大对失信行为的曝光力度，发挥失信惩戒机制作用。

第四，要为建设工作提供法制和政策保障。建设行业是涉及面广、政策性强的领域。要加强调查研究，制定政策措施，解决发展中出现的突出问题和矛盾，对需要制定的政策要抓紧研究，成熟一项，出台一项。要积极推动制定和修订促进建设事业发展的地方立法和政府规章，为建设工作健康发展提供法制保障。

同志们，今年是全面贯彻落实党的"十七大"精神的第一年，是实施"十一五"规划承前启后的关键之年，建设工作任务繁重、意义重大。全省建设系统要加强队伍建设和党风廉政建设，继续保持奋发有为、积极进取的良好精神状态，埋头苦干，狠抓落实，努力实现城乡建设工作新的跨越，为全省经济社会又好又快发展做出新的贡献。

深入贯彻落实党的十七大精神　促进城乡建设又好又快发展

——王国正厅长在全省建设工作暨党风廉政和精神文明建设工作会议上的工作报告

（2008 年 4 月 9 日）

同志们：

这次全省建设工作会议的主要任务是，贯彻落实党的十七大、十一届全国人大一次会议、省十一届人大一次会议和全国建设工作会议精神，总结 2007 年建设工作，安排部署 2008 年工作。省委、省人大、省政府、省政协对建设工作非常重视，谢克昌副主任、张建民副省长、周然副主席亲临会议，出席建设工作会议的还有省人大城建环工委主任王晓林、省政府副秘书长崔国红、省发改委副主任段进存、省财政厅副厅长张秋明，对各位领导的到来表示诚挚的感谢和热烈的欢迎。

2007 年工作回顾

2007 年，全省建设系统认真贯彻落实省委、省政府新型工业化和特色城镇化战略部署，按照年初确定的工作思路，强化监管，狠抓落实，突出重点，整体推进，各项任务全面完成，建设事业呈现出又好又快的发展态势。

一、省政府两件实事全面完成

建成安康居住工程 718.4 万平方米，完成目标任务的 143.68%；解决廉租住房保障对象住房 2754 套，完成目标任务的 157.37%，落实廉租住房保障资金 1962.85 万元，完成目标任务的 121.46%；国有重点煤矿棚户区改造开工建设住房 306.03 万平方米、42538 套，完成目标任务的 153.02% 和 128.90%。太原、大同城市居民棚户区改造试点顺利启动，两市城市居民棚户区改造开工建设住房 61.74 万平方米，8145 套。同时，积极协调大同、阳泉、长治、晋城、运城、介休等 6 个城市与国家开发银行签订贷款额度 36 亿元，有力地促进了城市居民棚户区改造工作。

二、经济社会发展建设领域 6 项指标顺利实现

截至 2007 年底，全省设市城市污水处理率达到 63.3%，超出省政府确定的目标任务 0.3 个百分点；城市生活垃圾无害化处理率达到 35.3%，超出目标任务 0.3 个百分点；城市集中供热普及率达到 65.1%，超出目标任务 0.1 个百分点；11 个设区城市建成区绿化覆盖率达到 33.61%，超出目标任务 0.43 个百分点；城镇居民人均住宅建筑面积达到 27.06 平方米，超出目标任务 0.06 平方米；农村人均住宅建筑面积达到 25.57 平方米，超出目标任务 0.34 平方米。

三、城乡规划建设取得新进展

太原经济圈等规划编制达到预期目标。根据省

委、省政府总体部署，开展了太原经济圈规划编制工作，十项专题研究和规划纲要基本完成。完成太原市总体规划纲要编制。启动介、孝、汾城镇群规划编制，太原南部新区、晋中北部新区、大同御东新区、临汾滨河新区、长治和晋城生态园林城市以及阳泉以城带乡试点建设有序进行。

城市建设力度不断加大。省政府从煤炭可持续发展基金中切块2亿元专项用于城市污水、垃圾处理项目建设，5500万元用于城市绿化建设。各市政府也都加大了投资力度，其中，太原市投资137亿元，大同市投资40亿元。建设了一大批市政基础设施，改善了城市环境，增强了城市功能。

小城镇和新农村建设稳步推进。编制完成了一批县域城镇体系规划、小城镇总体规划、新农村建设规划和历史文化名镇名村保护规划。组织开展了“山西省城镇化示范镇”、“山西省新农村建设示范村”和“山西省村镇住宅示范小区”创建活动。争取到亚行贷款1亿美元，重点支持小城镇基础设施建设。全省100个重点镇共完成建设投资85.5亿元，建成一批公用基础设施。建制镇绿化工作取得明显进展，阳城县北留镇被评为“国家园林城镇”。组织编制了《山西省新农村住宅设计图集》，向全省28500个村进行免费发放，对于指导农民搞好住宅建设，提高住宅品质具有积极作用。

四、宜居城市创建活动开局良好

报请省政府印发了《山西省人民政府关于开展创建“宜居城市”活动的意见》、《山西省创建“宜居城市”考核评比实施办法》，召开了全省“宜居城市”创建启动会，明确了创建活动目标任务。长治、晋城正在积极创建国家生态园林城市，壶关被建设部命名为国家级园林县城，朔州、孝义、壶关、武乡、怀仁、右玉、屯留被省政府命名为省级园林城市（县城）。

五、五台山申遗工作取得阶段性成果

五台山申遗文本经国内外专家反复论证修改，报经国务院批准，于今年1月17日提前14天将文本正式递交联合国教科文世界遗产中心，申遗已进入正式申报程序。五台山核心景区拆迁、服务基地建设、考察线路整治等重点工作正在紧张有序进行。为了高质量推进五台山申遗工作，作为省申遗领导组办公室所在单位，省建设厅有关领导先后20余次带队深入景区调研、督促、指导、协调。经过省申遗领导组各成员单位、忻州市、五台县及景区政府共同努力，申遗工作取得了阶段性成果。

六、房地产业持续健康发展

房地产市场宏观调控成效明显。全年完成房地产开发投资258.9亿元，投资增幅为24.1%。城镇住宅投资352.6亿元，投资增幅为28.6%。商品住宅投资190.3亿元，投资增幅为22.1%。住房价格保持基本稳定，商品住房平均销售价格为2039元/平方米，比同期全国商品住房平均销售价格低1572元/平方米；价格增幅为15.6%，比同期全国增幅低1.4个百分点。省政府向全省人民承诺的关于建设安康居住工程、建设一批廉租住房和国有重点煤矿棚户区改造两件实事圆满完成。低收入家庭住房保障工作有了实质性进展，11个设区城市、96个市县全部建立了廉租住房制度。国家康居示范工程创建取得丰硕成果，忻州开莱花园、运城外滩首府和临汾滨河湾三个项目列入了国家康居示范工程实施项目。房地产市场秩序进一步好转，组织开展了整顿与规范房地产市场秩序和纠正城市房屋拆迁违法违规行为活动，共查处违法违规项目236个，纠正违规拆迁行为22起。物业管理整体水平明显提高，物业管理覆盖率达到43%，比上年提高了2个百分点。大同龙园等14个项目被评为“全省物业管理示范住宅小区”，长治潞安集团铁路工业区被评为“全省物业管理示范工业区”。

七、建筑业支柱产业地位继续增强

建筑业稳步发展。全年建筑业总产值突破1000亿元，比2006年增长13%；实现增加值296.5亿元，同比增长12.6%；具有资质等级的建筑业企业实现利润总额10.8亿元，增长13%；上缴税金31.7亿元，增长4%。吸纳农村富余劳动力达到30万人。工程质量稳中有升，山西煤炭进出口集团公司职工集资住宅楼等2项工程获中国建设工程鲁班奖,32 项工程获省"汾水杯"称号。安全生产平稳运行,全年建设系统共发生安全生产事故 6 起,比 2006 年降低 1 起;死亡 10 人,与 2006 年持平,低于省政府的绝对控制指标,省建设厅被省政府评为 2007 年度安全生产先进单位。建筑业企业竞争能力进一步提高,中铁三局、十二局、十七局参加京沪高速铁路土建工程竞标,3 家企业全部中标,中标总价值约 450 亿元,占土建工程总报价的 53.83%。国际总承包取得零的突破,胡锦涛总书记曾亲临视察了山西建工集团总包的喀麦隆多功能体育馆,对项目施工管理给予了充分肯定。

工程建设管理体制改革取得新突破。为加强省政府投资大型建筑工程项目的集中统一管理,顺利成立了工务局。工务局成立以来,与相关部门协调配合,就省城六大工程做了大量前期工作,目前正在准备项目的开工建设。

八、建筑节能和建设科技工作取得新成效

完善了建筑节能监管体系。报请省政府出台了《关于加快推进既有建筑节能改造的意见》,编制了《山西省省级行政机关和全额预算事业单位办公建筑节能改造方案》,开展了建筑节能示范工程建设。全省节能建筑面积达到 3000 万平方米,共节约采暖能耗 40.5 万吨标准煤,减少二氧化碳排放 86.27 万吨,减少悬浮颗粒 0.14 万吨,减少二氧化硫排放 1.01 万吨。与此同时,积极推进科技成果推广与转化,确定省级建筑业十项新技术应用示范工程 23 项,批准省级工法 61 项。

九、重点工程建设顺利推进

2007 年,省政府确定重点工程项目 63 项。一年来,经过各级政府、项目单位和建设部门的共同努力,重点工程建设目标顺利实现。全年累计完成重点工程项目投资 306 亿元,8 个有竣工投产任务的项目全部建成投产,2 个项目提前完成。

十、精神文明建设进一步加强

以落实建立健全惩治和预防腐败体系为重点,加强系统党风廉政建设和行风政风建设,促进了全系统的精神文明建设。省建设厅被省文明委荣记集体二等功,被省直文明委评为省直文明和谐单位。全省城市供水行业被授予先进行业称号。6 个单位、23 名个人被人事部、建设部分别授予全国建设系统先进集体、先进工作者和劳动模范。

过去一年取得的成绩,是省委、省政府正确领导的结果,是省人大、省政协监督支持的结果,是全省建设系统求真务实、团结拼搏的结果。在此,我代表厅党组,向辛勤工作在建设战线的广大干部职工,向长期关心支持建设工作的各级领导、有关单位和社会各界朋友们,表示衷心的感谢!

当前,我省和全国一样,正处在经济社会快速发展时期,建设事业面临难得的发展机遇。一是党的十七大提出"走中国特色城镇化道路,按照统筹城乡、布局合理、节约土地、功能完善、以大带小的原则,促进大中城市和小城镇协调发展",要求"健全廉租住房制度,加快解决城市低收入家庭住房困难"。十一届全国人大一次会议《政府工作报告》用较大篇幅就住房保障体系建设进行了部署,明确了三条总的指导原则和今年要采取的四项措施。这次国务院机构改革新组建了住房和城乡建设部,将其主要职责确定为拟订住房和城乡建设政策,统筹城乡规划管理,指导全国住宅建设和住房制度改革,监督管理建筑市场、建筑安全和房地产市场等,对建设工作提出了新的更高要求。二是省委、省政府将特色城镇化作为推进全省经济社会发展的总体战略之一,在建设和谐社会的五大惠民工程中,就有一大工程由建设部门组织实施;在"十一五"时期全省经济社会发展的 44 项指标中,就有 6 项指标由建设部门负责落实;在 2008 年向全省人民承诺办好的十件实事中,就有一件实事由建设部门牵头完成。建设工作在省委、省政府工作全局中的地位更加重要。三是各地争相建设了一大批城市道路、园林绿化、污水处理、垃圾处理等市政基础设施项目,各级党委、政府领导对加快城市建设带动经济社会发展作用的认识不断深化,推进城市建设的积极性日益提高。四是随着物质文化生活的不断丰富,人民群众对人居环境、市政公用服务、城市建设和管理等的要求越来越高。所有这些，都为我们搞好建设工作奠定了很好的基础。

在分析有利条件的同时，我们也要清醒地看到，建设工作中还存在许多矛盾和问题：在住房方面，政策性住房房源严重不足，分配机制不规范；解决农村困难群众住房问题还没有启动。在规划方面，规划意识普遍不强，无规划建设和有规划乱改的现象普遍存在，科学规划对城乡建设和发展的指导与调控作用没有得到很好发挥。在城镇建设方面，不科学、质量低、重城镇规模扩张的多，重水准高、功能完善的少，不能满足人民群众生活水平的提高和经济社会发展的需要。在市场秩序方面，违法招标投标、分包转包、出卖资质、出借图签、压质压价、违法开发、违规经营等问题尚未从根本上得到遏止。另外，城镇房屋拆迁、小区物业管理、市政公用产品服务、工程款拖欠和农民工合法权益保障等事关群众切身利益的问题还没有得到彻底解决等等。对这些问题，我们一定要高度重视，认真对待，下大力气加以解决。

2008 年工作安排

2008 年，是全面贯彻党的十七大和十一届全国人大一次会议精神，认真落实省第九次党代会战略部署和实施我省“十一五”规划的关键之年，是进一步探索政府建设部门职能定位、工作方式、工作重点的重要之年，做好今年的建设工作，意义十分重大。按照省委、省政府总体部署和建设工作面临的形势任务，全省建设工作的指导思想是：**认真贯彻党的十七大、十一届全国人大一次会议精神，按照省委九届三次全会、省十一届人大一次会议和全国建设工作会议的要求，以邓小平理论和“三个代表”重要思想为指导，全面落实科学发展观，紧紧围绕加快特色城镇化进程、住房保障体系建立，突出解决城市中低收入家庭、农村困难群众住房问题和“县县有”工程建设，强化建筑市场、勘察设计市场、房地产市场和市政公用市场服务与监管，抓好城乡规划、宜居城市创建、六大工程实施和建筑节能工作，实现建设事业又好又快发展，为全省经济社会发展做出新的更大贡献。**

主要目标是：

完成国有重点煤矿棚户区改造新建住宅 100 万平方米，让 1.5 万户、4.2 万人住进新居。完成城市居民棚户区改造新建住宅 100 万平方米，让 1.5 万户、4.9 万人改善居住条件。新建经济适用住房 260 万平方米，解决 4.3 万户城市低收入家庭的住房困难问题。新建廉租住房 40 万平方米，让 8000 户廉租住房保障对象住上新房。

启动解决农村困难群众住房问题。

三分之一的县完成每县建设一座污水处理厂、一座垃圾无害化处理厂、一个生态文化公园。11 个设区城市绿化覆盖率达到 34.7%，设市城市污水处理率达到 65%，生活垃圾无害化处理率达到 45%，集中供热普及率达到 70%，城镇居民人均住宅建筑面积达到 28 平方米，农村人均住宅建筑面积达到 25.92 平方米。

近期建设用地控制性详细规划覆盖率达到 70%，违法建设查处率达到 100%。编制完成县域村镇体系规划 18 个、小城镇总体规划 60 个、新农村建设规划 2000 个。

力争 1－2 个城市达到宜居城市二项以上单项考核标准，1－2 个城市（县城）达到国家级园林城市（县城）标准，1－2 个小城镇达到国家级园林城镇标准，2－3 个城市（县城）创建成为省级园林城市（县城）。3－5 个小城镇创建成为省级园林城镇，4－6 个村镇列入“中国历史文化名镇名村”。

建筑业总产值达到 1200 亿元，增加值达到 330 亿元，工程质量优良率达到 33.6%，工业项目一次试车成功，百亿元产值死亡率控制在 6.3 以内。房屋建筑和市政工程、城市运营安全隐患排查率和重大隐患整改率均达到 100%。

新建建筑执行 50% 节能标准和采暖具有分户计量及分户控制功能的比例达到 100%，新建建筑中可再生能源应用比例达到 8%。启动并组织实施好既有建筑节能改造和供热分户计量改造工作。

按照上述指导思想和主要目标，要着力做好以下工作。

一、突出抓好五大重点工作

第一，抓紧建立住房保障体系，加快解决中低收入家庭住房困难问题。住房问题是重要的民生问题。党和政府历来十分重视解决量大面广的中低收入家庭住房问题，党的十七大明确提出，使所有城镇居民能够达到"住有所居"的目标。温家宝总理在十一届全国人大一次会议上所做的《政府工作报告》中明确要求抓紧建立住房保障体系。国务院下发了24号文件，省政府出台了2号、3号文件，明确了解决中低收入家庭住房问题的基本框架和工作目标。省十一届人大一次会议将城市保障性住房建设和解决农村困难群众住房问题，作为2008年省政府向全省人民承诺办好的十件实事之一。建设部门作为各级政府住房建设的行业主管部门，责任重大，任务艰巨，一定要认真落实国家和省的一系列决策部署，切实抓好住房保障体系建设。

加快城市保障性住房建设。经济适用住房、中低价位、中小户型住房和廉租住房是现阶段我国住房保障体系的重要组成部分。要按照国务院24号文件精神和省政府有关要求，进一步加快政策完善和房源建设。一是认真编制住房规划和建设计划，通过规划调控住房结构，使合理需求和刚性需求得到一定的保证。二是认真落实住房用地调控计划。确保廉租住房、经济适用住房和中低价位、中小户型普通商品住房建设用地不低于居住用地供应总量的70%，确保经济适用住房和廉租住房建设用地不低于年度居住用地的20%和5%。要彻底改变政府组织、市场运作的经济适用住房建设模式，今后凡新建经济适用住房一律由市县政府确定的非盈利性机构进行建设。三是采取集中新建、分散配建、收购改建等多种渠道，增加廉租住房房源。特别要加大廉租住房保障资金归集力度，确保廉租住房建设。四是改进经济适用住房供应方式，变单一销售为租售并举，向无购买能力的最低收入家庭、新参加工作人员供应"租售型"和产权共有型经济适用住房。五是完善房地产信息系统，适时向社会公布房屋销售信息、销售活动、销售合同备案情况，确保信息公开。

积极推进限价普通商品住房建设。各市要积极研究探索"两限两竞"普通商品房建设，改善普通商品房供应机制，利用企事业单位存量住宅建设用地，建设限价普通商品住房，增加中低价位、中小户型住房供应，解决中等收入家庭住房需求。要将解决农民工住房困难纳入城市住房建设规划，由政府或用工单位集中建设农民工住宅、公寓或集体宿舍，供农民工租用。

扎实搞好棚户区改造。省政府已经将国有重点煤矿和城市居民棚户区改造列入了向全省人民承诺办好的实事，各市、各有关企业，要认真执行省政府《关于实施国有重点煤矿棚户区改造的意见》和《关于实施城市居民棚户区改造的指导意见》，抓好棚户区改造的规划管理，控制好套型面积和套型结构比例；搞好小区环境建设、配套设施的完善和物业管理；做好改造后新建住房的分配(销售)等工作。要认真总结太原、大同2市城市居民棚户区改造工作的经验，其他9市要抓紧制定城市居民棚户区改造方案，并尽快启动实施。

启动解决农村困难群众住房问题。温家宝总理在十一届全国人大一次会议上的《政府工作报告》中提出要加强农村住房建设规划和管理，切实解决农村困难群众住房安全问题。据初步统计，我省现有农村五保户、低保户等各类住房困难户约40万户。省政府决定从今年起，先从确保农村困难群众住房安全入手，启动解决农村困难群众住房问题。大体目标是，本届政府任期内解决7万户左右经济最为困难、居住在危房中的特困户的住房问题，初步构筑起农村生命安全保障工程，到2020年基本解决农村困难群众住房问题。作为启动的标志，今年先安排3000户进行试点。农村住房解困是一项新的工作任务，除省定试点县外，其他各市县要按照省政府的要求，结合本地实际，积极探索，创造性地开展工作，切实搞好这一利国利民的德政工程，把实事办实、好事办好。

第二，实施"县县有"工程，改善县城生态环境。为推进我省城镇治污减排，优化人居环境，省政府决定从今年起，利用三年时间，在全省实施“县县有”工程，即每个县至少建设一座生活污水处理厂、一座垃圾无害化处理场、一个生态文化公园。“县具有”工程既是改善城市生态环境、提高群众生活质量的实实在在的惠民工程，同时也是推动蓝天碧水工程和实现节能减排目标的重要措施。国家和省为了解决这一问题，在资金上给予了大力支持。各级建设部门一定要抓住这一历史机遇，用好国家资金和省煤炭可持续发展基金，加快“县县有”工程建设，力争通过几年努力，使我省生态环境和城市面貌显著改善。

一是制定实施方案。各市县要根据城市总体规划和污水、垃圾处理专项建设规划，制定“县县有”实施方案。黄河流域、海河流域特别是汾河沿线市县均要按照省政府的部署，力争今明两年污水处理厂、垃圾处理场全部动工建设，确保污水、垃圾达标排放。二是建设典型示范工程。各市要选择一批符合城市总体规划、前期工作扎实、设计理念新颖、工艺水平先进、资源回用率高、建设速度快、工程质量高、环境效益、社会效益、经济效益好的污水处理、垃圾处理项目，有意识地进行培育，使之成为典型示范工程。省建设厅在此基础上，选择一批作为样板工程进行推广，带动全省“县县有”工程建设。三是加强分类指导。对已建成并投入运行的项目，要抓好配套管网建设，加强运行监管，确保达到设计能力。对已建成未投入运行的项目，要提出具体方案，确保到年底投入运行。对已开工建设的项目，要及时协调解决建设过程中遇到的困难和问题，加快建设进度。对未开工、正在进行前期准备工作的项目，要加强论证与指导，为项目的顺利实施创造条件。省政府将建立考评制度和激励机制，对在“县县有”工程建设中成效显著、表现突出的市县予以表彰，对措施不力、进展缓慢的市县予以通报批评。四是加快推进城市污水、生活垃圾处理市场化进程。各市县要加强污水和垃圾处理收费工作，按国家和省的规定调整收费标准，合理加大收缴力度，为污水、垃圾处理设施正常运行创造条件。

第三，抓好五台山申遗工作，力争实现申遗目标。我省自然风景名胜和历史文化资源丰富，拥有大量的自然文化遗产。从2005年起，我省提出五台山申报世界自然与文化遗产。三年来，围绕申遗目标，省建设厅、忻州市、五台山风景区管理局做了大量工作，取得一定成效。今年是申遗评估年，世界遗产中心将于8月派专家对五台山自然与文化价值、保护管理水平、法律法规建设、环境质量和公众保护意识进行综合评估。按照考察评估要求，申遗工作任务还很艰巨，省建设厅将按照省政府的要求，加强对申遗工作的指导、协调、督促和服务。忻州市、五台山风景区要重点做好五台山核心景区居民搬迁、生态景观恢复、世界遗产专家考察线路整治、展示中心建设和服务基地建设，以及世界遗产专家考察评估接待工作，改善五台山环境质量，提高保护与管理整体水平，最大限度地展示五台山所具有的自然与文化价值，高质量完成申遗任务。

第四，推行规划督查员制度，加强规划实施监督。实行城市规划督察员制度，依法加强对城市规划编制与实施的监督，是城市建设有序进行和城镇化健康发展的重要保证。2006年，国务院办公厅12号文件明确提出要在总结试点经验的基础上，全面推广城市规划督察员制度。建设部在四川、贵州两省进行了试点。从2006年开始，先后向包括太原在内的24个城市派驻了规划督察员。目前，全国已有贵州、四川、湖南、安徽等省建立了规划督查员制度。省政府对此项工作十分重视，明确提出实行省市两级政府派驻规划督察员制度。按照国务院和省政府要求，借鉴兄弟省的成功经验，今年省建设厅将报请省政府向设区城市派驻规划督查员，对省政府批复的城市规划的实施情况进行监督，并选择1－2个市作为向所辖市县派驻规划督察员的试点。希望试点城市积极开展工作，为其他城市提供经验。同时，要加快建立城市规划管理动态监测系统，完善规划听证、公示、专家咨询机制，强化上级部门及社会对规划的监督，确保规划在城镇建设中的宏观指导和调控作用。

第五，发挥专业化管理优势，全力搞好省城六大公益性工程建设。为了实现政府投资工程建设

"好、快、省、廉"的目标，省政府决定先将包括山西大剧院、图书馆、科技馆、体育中心、煤炭交易中心和山西大医院在内的六大工程建设交由省建设厅主管、省工务局组织实施。我们一定要充分发挥技术、人才和管理优势，认真履行职责，把工程建设好，向省委、省政府交一份满意的答卷。一是加强与使用单位、设计单位和有关部门的协调，积极推动六大工程前期和设计工作。二是加快工程建设进度。重点推进山西会展中心、山西大剧院、省科技馆等几项设计方案较为成熟的项目的建设，力争在五月份前破土动工。其他项目争取年内陆续开工。三是精心组织，科学管理，把六大工程建设成精品工程。

二、统筹做好五个方面的工作

强化城乡规划的指导与调控。《城乡规划法》从今年1月1日开始施行，这是全国建设行业的一件大事，各级规划部门一定要做好宣传贯彻工作。今年要以查处随意改变规划的行为和无规划建设为重点，开展《城乡规划法》宣传年活动和落实年活动。要通过广泛的宣传，结合对典型案件的查处、曝光，增强各级领导和全社会的规划法制意识，形成依法编制、实施、监督规划的社会氛围。同时，要强化省市两级规划委员会的职能，建立实施规划的体制机制，保障城市规划的有效实施和城市建设的有序进行。

开展宜居城市创建活动。认真贯彻落实省政府《关于开展创建宜居城市活动的意见》，按照"政府组织、部门负责、社会参与、群众监督、因地制宜、讲求实效"的原则，深入开展宜居城市创建活动，全力打造布局合理、功能完善、特色彰显、环境友好的现代化宜居城市。加快以城市供水、供气、供热、垃圾和污水处理为重点的基础设施建设。结合全省城市绿化"十一五"规划，重点抓好城市中心区、老城区和道路两旁绿化，全面完成省政府提出的城市建成区绿化覆盖率提高1个百分点的目标任务。推广市政管线综合管沟建设，提高市政公用设施优化调度和应急管理水平。开展环境综合整治活动，改善城市人居环境。太原作为省会城市，要按照省委、省政府关于率先发展的要求，加快生态环境和基础设施建设，加大宜居城市创建力度，力争1—2年内取得突破性进展。长治、晋城要力争达到国家生态园林城市标准，在全省城市建设中发挥示范带头作用。

加强小城镇和新农村建设。以县城为主体，加强国家和省确定的重点小城镇建设，用好亚行小城镇贷款，确保地方财政配套资金落实到位，搞好重点小城镇、历史文化村镇、旅游名镇名村建设。开展示范镇和示范村创建活动，带动各地村镇建设。抓好新农村建设规划编制和实施，推进县域村庄整治试点工作，探索建立村庄整治的长效机制。继续做好新农村住宅设计图集推广工作，提高农村住宅建设水平。组织历史文化遗产调查，公布一批省级历史文化名镇名村和旅游名镇名村。

加快推进建筑节能。一是继续实施新建建筑节能"双百工程"，确保新建建筑节能50%的设计标准执行率达到100%、施工阶段执行率达到100%。认真落实建筑节能设计认定等制度，加强对棚户区、沉陷区改造工程建筑节能的监管，避免形成新的不节能建筑。二是在省市政府办公建筑中率先实施节能改造。加快制定和出台按热计费的价格标准和相关实施管理办法，扩大采暖费"暗补"变"明补"范围。三是推广应用可再生能源。制定可再生能源在建筑中应用推广计划，调整建筑用能结构，遏制建筑用能高速增长的势头。在政府投资的学校、医院、行政事业办公建筑等公益性项目中优先发展热泵技术。四是加强公共建筑运行监管。逐步开展采暖、空调、热水供应、照明能耗统计工作，加大更低能耗、可再生能源应用和既有建筑改造示范项目建设推广力度，加强对示范项目的指导与支持。

搞好重点工程建设。重点工程是我省经济社会发展的先导工程、基础工程和骨干工程，事关全省经济社会发展大局。今年我省将确定50余项重点工程，投资总额超过300亿元。各市要高度重视重点工程建设，加强组织协调，提供优质服务，积极落实重点工程各项政策，坚决遏制针对重点工程的各种乱检查、乱收费、乱罚款、乱摊派等行为，营造关心和支持重点建设的良好氛围。项目建设单位要严格推行项目法人责任制，完善工程建设的审批程序，建立健全质量安全管理制度，规范招投标监督管理，确保重点工程建设任务的全面完成。

三、强化六个方面的服务与监管

强化建筑市场监管。严格市场准入，查处无资质施工或超越资质等级施工行为，加强法定工程建设程序监管，严格施工许可管理，强化合同履行监管，遏制转包、挂靠和违法分包行为。规范工程招标投标活动，将监管重点逐步转移到国有投资工程上，重点打击规避招标、擅自邀请招标、围标、串标，以及招标代理机构虚假代理、串通招投标等违法违规行为。推进工程建设信息化管理，尽快启用工程建设信息监管系统，实现省市联网。各市要建立建筑市场主体诚信档案，及时向社会公布市场主体诚信情况，实现诚信信息的互通互用，尽快形成失信惩戒和社会监督机制。加强有形建筑市场管理，拓宽服务范围，提高服务水平。加快推进工程量清单计价改革。进一步建立和完善防止工程款拖欠长效机制。

强化勘察设计市场监管。加快勘察设计信息管理系统建设，不断提高监管水平。着力解决私自挂靠、出卖资质、出借图签、压质压价、恶性竞争等扰乱市场的行为。继续完善勘察设计行业自律机制，提高企业经济效益。加强超限高层建筑工程抗震设防审查工作，进一步深化施工图审查管理，对省重点工程、政府投资工程和超限高层等重大项目，要选定资质高、信誉高、有实力的施工图审查机构进行审查；提高县属工程的审查率，凡申领施工许可证的项目，均须取得施工图审查合格书，确保工程建设的质量和安全。

强化工程质量和安全生产监管。重点加强住宅、大型公共建筑、市政桥梁工程、村镇建设等重点领域的质量监管，提高工程质量水平。组织建设工程质量安全监督执法检查，开展以预防高处坠落和施工坍塌事故为主要内容的建筑施工安全专项整治，搞好建设系统安全生产隐患排查治理，认真落实省政府四个100%的工作目标，遏制重特大施工事故发生。健全建设系统防灾减灾和应急处置机制，加强重点地区和重点环节的抗震防灾工作。

强化房地产市场监管。加强住房用地结构和政策房分配监管，重点对城市居住用地中用于廉租住房、经济适用住房和中低价位、中小套型普通商品住房建设的比例进行监管。严格执行政策性住房申请、审核、公示、登记、轮候制度。严格房地产企业市场准入和退出条件，提高房地产开发企业入市门槛，完善淘汰机制。监督指导房地产开发企业和房地产中介服务机构，公开销售面积、计价方式、销售进度等信息，规范商品房销售行为。依法严厉查处囤积土地和房源、虚假广告、合同欺诈、捂盘惜售、房屋权属登记和城市房屋拆迁中的违法违规行为，遏制投机性购房，控制投资性购房，引导改善需求性购房。积极发展房地产物业服务，规范物业服务市场行为，提高服务质量。

强化市政公用行业监管。贯彻落实《山西省市政公用事业特许经营管理条例》，规范特许经营行为，强化市场准入与退出、运营成本与安全、产品供应与服务质量、价格与收费等方面的监管，切实保障城市公众利益和公共安全。

强化住房公积金监管。认真落实省政府办公厅《关于强化住房公积金监管的若干意见》，开展住房公积金专项督查，完成全省住房公积金监管信息系统建设，实现全省联网，做到适时监管。各地要理顺住房公积金管理体制，全面清理逾期项目贷款和挤占挪用资金。要加强审计整改工作，保障住房公积金安全。

四、完善政策法规和技术支撑体系

完善政策法规。出台《山西省建筑节能条例》。着手修订《山西省物业管理条例》、《山西省实施<城市规划法>办法》和《山西省城市临时建设和临时用地规划管理办法》。做好省人大《关于加强古村镇保护的决定》出台的准备工作。报请省政府出台“县县有”工程建设实施意见、解决农村困难群众住房问题实施意见、城市规划编制管理办法、加快既有建筑节能改造的意见。修订《山西省房屋建筑和市政基础设施工程施工招标投标管理实施细则》，为建设事业又好又快发展提供政策法规支持。

健全工程建设地方标准体系。进一步完善建筑节能地方标准体系，做好市政公用事业地方标准体系的发布、实施和监管工作，积极开展山西省市政公用事业特许经营政府监管标准体系的研究，加快城乡规划和新农村建设标准体系的制订工作，为工程建设的科学化、规范化提供技术支撑。

在完成上述工作任务的同时，要继续做好住房制度改革、建设稽查、城建档案、建设信息、劳保统筹等各项工作。

五、加强党风廉政建设、精神文明建设、政风行风建设和反腐败工作

认真贯彻中纪委二次全会和省纪委三次全会精神，落实省委、省政府党风廉政建设目标责任制确定的各项工作。加强对重大决策、重要干部任免、重大项目安排、大额度资金使用的监督。重点规范建筑市场、房地产市场和市政公用市场。严格治理商业贿赂工作。加强领导干部廉洁自律，严肃查处建设系统各类违法违纪案件。进一步加强政风行风建设，推进政风行风转变。加强精神文明建设，推进群众性精神文明创建活动。

同志们，推进特色城镇化、构建和谐社会，建设部门任务艰巨，责任重大。让我们在省委、省政府的正确领导下，以“三个代表”重要思想为指导，全面落实科学发展观，与时俱进，改革创新，扎实工作，为推动我省建设事业又好又快发展而努力奋斗。

深入学习实践科学发展观

王国正厅长在省建设厅开展深入学习实践科学发展观活动动员大会上的讲话

（2008 年 10 月 17 日）

按照省委的安排，经厅党组研究决定，今天，我们在这里召开厅机关全体党员和厅直属单位党政主要负责人大会，主要任务是贯彻落实省委开展深入学习实践科学发展观活动动员大会精神，对厅机关和直属单位开展深入学习实践科学发展观活动进行动员部署，正式启动厅机关和直属单位的学习实践活动。为扎实搞好这次学习实践活动，省委向我们派出了以李顺通同志为组长的指导检查组。一会儿，顺通同志还要作重要讲话，大家一定要认真学习贯彻。

根据省委部署，全省开展深入学习实践科学发展观活动共分三批进行，我厅及直属单位为第一批开展学习实践活动的单位。10 月 7 日至 10 日，省委召开全省深入学习实践科学发展观活动动员大会暨第一批学习实践活动单位主要领导干部专题研讨班，张宝顺书记、王君代省长和中央指导检查组副组长孟宪来同志分别作了重要讲话，省委常委、省委组织部长任泽民同志作了总结讲话。张宝顺书记、王君代省长的讲话，科学分析了省情，深刻阐明了深入开展学习实践科学发展观教育活动的重大意义，对在全省开展深入学习实践科学发展观活动进行了全面动员，提出了明确要求。厅党组对省委动员会精神进行了专题传达和学习，紧密联系全省建设工作和机关建设实际，提出了厅机关和直属单位开展深入学习实践科学发展观活动的实施方案，明确了目标任务、指导原则、方法步骤。

下面，根据省委要求和厅党组会讨论的情况，我讲几点意见：

一、深刻认识重大意义，切实增强开展深入学习实践科学发展观活动的自觉性

第一，深入学习实践科学发展观，是用马克思主义中国化最新成果武装全厅党员干部的迫切需要。科学发展观是同马列主义、毛泽东思想、邓小平理论和“三个代表”重要思想既一脉相承又与时俱进的科学理论，是我国经济社会发展的重要指导方针，是发展中国特色社会主义必须坚持和贯彻的重大战略思想。近年来，厅机关和直属单位广大党员干部认真贯彻落实科学发展观，科学发展的意识不断增强，科学发展的政策不断完善，全省建设事业又好又快发展取得重要进展。同时也要看到，一些党员干部对科学发展观学习不够自觉，领会不够深刻，落实不够到位，思想、作风、能力素质还不适应科学发展观的要求，特别是科学发展观念、思维、习惯还没养成，科学发展的思路还不清晰，科学发展的意识和能力还不强。应该说，建设行业发展中存在的问题，建设工作中存在的差距，都与学习科学发展观不深入、实践科学发展观不自觉有关。因此，要通过开展深入学习实践科学发展观活动，进一步领会科学发展观的深刻内涵、精神实质和基本要求，增强贯彻落实科学发展观的自觉性和坚定性，增强开展深入学习实践科学发展观活动的紧迫感和责任感，更加自觉地把思想和行动统一到中央和省委的决策部署上来，统一到厅党组的具体工作安排上来，统一到促进城乡建设事业又好又快发展上来，确保达到“党员干部受教育、科学发展上水平、人民群众得实惠”的目标要求，切实把科学发展观贯穿于工作的全过程，落实到各个环节，使科学发展观真正成为指导各项工作的强大思想武器。

第二，深入学习实践科学发展观，是推进全省建设事业又好又快发展的必然要求。近年来，在省委、省政府的坚强领导下，我省城乡建设事业快速发展，城市化进程快速推进，城市功能不断完善，人居环境明显改善，建筑业、房地产业对经济发展的贡献率明显提高，为全省经济社会又好又快发展发挥了应有的作用。但是，全省城乡建设工作也存在许多不容忽视的问题，影响和制约着科学发展。随着城市化进程的加快推进，促进城乡统筹发展的任务更加紧迫；随着资源环境压力日益加大，推进建设领域节能减排和生态建设，增强可持续发展能力的要求更加迫切；随着城乡居民收入的提高，人民群众在提高生活质量、改善人居环境等方面有了更高的要求；随着政府职能转变、效能建设的深入开展，建设部门在提高社会管理和公共服务能力方面，被赋予了新的任务和更高的要求。这些都迫切要求我们必须紧紧抓住和充分用好学习实践科学发展观活动这一机遇，以科学发展观为统领，把促进城乡统筹发展、推进城市化进程和新农村建设作为首要任务，把加快住房建设、改善人居环境、提高人民群众生活质量作为工作的出发点和落脚点，抢抓新机遇，迎接新挑战，取得新成绩。

第三，深入学习实践科学发展观，是提升厅机关和直属单位创新和服务能力的有效途径。近几年来，通过开展文明和谐单位、文明和谐行业创建活动，推进行风政风建设、党风廉政建设，厅机关和直属单位在转变职能、改进作风、提高效率、创新工作机制等方面有了明显的进步，为各项工作的推进提供了有力的保障。但是，与贯彻落实科学发展观和实现全省建设事业又好又快发展的要求相比，还有一定差距和不相适应的地方。一些党员干部思想还不够解放，创新意识、责任意识还不够强，作风还不够扎实；少数党员的宗旨意识薄弱，精神状态不佳，没有体现出共产党员的先进性等等。开展深入学习实践科学发展观活动，就是要全面加强思想、组织、作风、制度和廉政建设，不断提高各级领导班子的创造力、凝聚力、战斗力，进一步转变思想观念，改进机关作风，坚持以人为本，提高行政效能，主动服务群众，让广大人民群众真正享受到改革开放和经济发展、社会进步的成果。

二、明确目标任务，严格按照方法步骤抓好落实

第一，要深刻领会学习实践活动的指导思想。开展学习实践活动，要以邓小平理论和“三个代表”重要思想为指导，组织厅机关和直属单位党员，深入学习实践科学发展观。总的要求是：围绕一个目标，明确三个着力点。一个目标，就是通过学习实践活动，努力使党员干部受教育、科学发展上水平、人民群众得实惠，使厅机关和直属单位的工作更加符合科学发展观的要求。三个着力点，就是要着力转变不适应、不符合科学发展观要求的思想观念，着力解决影响和制约科学发展的突出问题以及党员干部党风党纪方面群众反映强烈的突出问题，着力构建有利于科学发展的体制机制，提高领导科学发展、促进社会和谐的能力。

第二，要准确把握学习实践活动的基本原则。一是坚持解放思想。紧紧围绕深入贯彻落实科学发展观这个中心和主题，改变一切束缚科学发展的过时做法和规定，革除一切影响科学发展的体制机制弊端，在解放思想中破解发展难题，解决复杂矛盾，增强发展动力。二是突出实践特色。坚持把实践贯穿活动全过程，把科学发展观的要求转化为谋划发展的思路、促进发展的措施、领导发展的能力。三是贯彻群众路线。充分发扬民主，请群众参与和监督，把群众满意不满意作为衡量学习实践活动成效的重要标准。四是正面教育为主。组织广大党员认真学习领会科学发展观，实现自我教育、自我提高。引导县处级以上领导干部在深入学习的基础上，联系思想和工作实际，总结经验教训，查找和整改突出问题。查找和剖析问题既要严格要求，又不搞人人过关，充分调动和保护广大党员干部的工作积极性。五是注重改革创新。积极探索开展学习实践活动的新形式、新方法、新途径，紧紧围绕推进全省建设事业又好又快发展，树立新理念，提出新举措，破解新难题，取得新成果。

第三，要认真落实学习实践活动的目标要求。一是要提高思想认识。进一步加深广大党员干部特别是领导干部对科学发展观的理解，对事关行业科学发展的重大问题进一步形成共识，牢固树立科学发展的理念，自觉坚持用科学发展观统领各项工作。二是要增强发展能力。着重提高领导班子和领导干部的开拓创新能力，特别是提高运用科学理论指导实践的本领，提高贯彻党的路线方针政策、结合实际创造性地开展工作的本领。三是要解决突出问题。把查找和解决问题贯穿学习实践活动始终，紧密结合行业和厅机关建设实际，下功夫解决影响和制约科学发展的突出问题，下功夫解决群众最关心、最直接和最现实的利益问题。四是要创新体制机制。着眼于构建推动建设事业科学发展的体制机制，进一步建立健全符合科学发展观要求的综合考核评价机制，建立健全落实科学发展观所需的决策、执行和管理监督机制，建立健全体现科学发展观要求的工作考核机制。五是要推动科学发展。把学习实践活动作为提升科学发展水平的重要机遇，作为推动各项工作的强大动力，努力实现在坚持改革开放上实现新突破，在推动科学发展上取得新成就。

第四，要明确学习实践活动的方法步骤。这次学习实践活动，在认真搞好准备工作的基础上，共分学习提高、调查研究，分析检查、找准问题，解决问题、完善机制三个阶段，从现在开始启动，明年2月份结束，集中活动时间不少于3个月。一是学习提高、调查研究阶段(1个月左右)。重点是学习培训、开展调研、进行讨论。党组中心组集中学习不少于3次，党员集中学习不少于20学时。厅领导班子成员要结合工作实际，深入开展调查研究，着重围绕推进城乡一体化建设、促进节能减排、完善住房保障体系、推进建筑业健康发展、推动建设科技创新、加强机关作风建设等重点课题进行调研，形成专题调研报告。组织广大党员围绕"继续解放思想、推动科学发展"深入开展大讨论活动，以思想的大解放推动建设事业的大发展。二是分析检查、找准问题阶段(1个月左右)。主要是分析问题、查找原因、开展评议。广泛听取干部群众意见，检查在贯彻落实科学发展观方面存在的突出问题。在此基础上，召开厅党组民主生活会，查摆问题，分析原因，形成分析报告。直属单位党委班子也要分析讨论，形成各自的分析报告，并就分析报告征求各方代表意见，根据群众意见进行修改。三是解决问题、完善机制阶段(1个半月左右)。重点是制定措施、健全机制、落实整改。针对群众反映强烈的党风、政风、行风方面存在的问题，影响本单位、本行业改革发展稳定的问题，以及单位内部管理方面存在的问题，认真进行整改，集中解决影响和制约建设事业科学发展的突出问题，切实办好群众迫切希望解决的实事。在分析总结的基础上，进一步完善推动建设事业科学发展的思路和措施，研究制定全省建设事业贯彻落实科学发展观的实施意见，修订发展规划和影响制约科学发展的政策与规章制度，加快建立贯彻落实科学发展观的长效机制和保障机制。

三、紧密联系实际，确保学习实践活动取得突出成效

开展学习实践活动，最关键的是要找准问题，拿出办法，最终解决问题，促进科学发展。我们要按照省委的要求，抓住这次学习实践活动的有利时机，从工作实际出发，突出工作重点，加强理论学习，加强调查研究，加强整改落实，积极探索实践，推动我厅学习实践活动健康开展，取得实效。

*一是要在深入学习上下功夫。*学习是搞好活动的基础。全厅党员干部要坚持把学习放在首位，贯穿整个活动的全过程，在学习中统一思想和解放思想，着力破除各种不适应、不符合科学发展观的思想观念。在学习内容上，要以党的十七大报告和中央统一下发的三个读本为主要内容，精学精读、学深学透、把握精髓、入脑入心。在学习形式上，采取个人自学、专题辅导、讨论交流、党课教育等，并确保党员参学率。做好"四个结合"，即坚持自学与集中学相结合，通读原文与重点辅导相结合，讨论与交流相结合，理论与实践相结合；抓好"一个关键"，即突出抓好厅党组班子和处级党员领导干部的学习；开展"三项活动"，即开展学理论、明思路、谈体会的读书研讨活动，开展坚定理想信念主题教育活动，开展解放思想、科学发展大讨论活动。在学习方法上，要发扬理论联系实际的学风，围绕破除旧的思想观念学习，围绕提高科学发展能力学习，围绕破解发展难题学习，做到学以致用、以学促干。

*二是要在解决实际问题上下功夫。*这次活动的立足点和着眼点在于解决突出问题、促进科学发展。我们要清醒地看到，建设工作中还存在许多矛盾和问题，在行业发展上，当前，主要表现在：在住房方面，住房供应结构还有待进一步完善，中低价位、中小户型住房供应不能满足低收入家庭的需求，房地产市场秩序有待进一步整顿规范；在规划方面，规划意识和编制的科学性不强，控制性详细规划覆盖率低，无规划建设和有规划随意改变规划的现象普遍存在，违法建设时有发生，科学规划对城乡建设和发展的指导与调控作用发挥不够；在城镇建设方面，市场开放程度不够，市政公用事业改革滞后，投资渠道单一，城市管理现代化程度不高，不能满足人民群众生活水平提高和经济社会发展的需要；在工程建设方面，违法招标、分包转包、出卖资质、出借图签、压质压价、违法开发、违规经营、无证无照或证照不全进行施工等问题尚未从根本上得到遏止，经营方式粗放，发展后劲不足，科技进步在工程质量上体现的不够，安全生产还存在不少隐患。还有不少影响行业稳定的因素和深层次矛盾，城镇房屋拆迁、工程拖欠款、出租客运等方面还有一些容易引发群众上访的问题，此外，小区物业管理、市政公用产品服务等事关群众切身利益的问题还没有得到彻底解决。在机关和直属单位，主要表现在：干部职工的思想认识、工作作风以及体制机制与新形势、新任务的要求不相适应；开会布置多、发文件多；深入调研少、督促落实少；抓具体业务工作多，对行业发展和机关建设的重大问题、重要政策深入系统研究少。以上是我们初步查找到的问题。在整个学习实践活动中，党组要充分发动干部职工，按照省委的要求，进一步查找问题，并对查找出的问题逐一进行认真分析。对群众反映强烈的突出问题，能解决的马上解决，一时解决不了的，要创造条件逐步解决，让群众真正得到实惠，收到实实在在的效果。结合我省建设行业、机关和直属单位的实际，重点解决以下几个方面的问题：

一是着力转变发展理念。城乡建设的实质是为经济社会构建发展载体，为城乡居民创造生活空间。学习实践科学发展观，就是要求我们立足城乡建设工作实际，充分发挥城乡规划的引导调控作用，着力增强城镇承载功能、提升城市品位、改善城乡人居环境；就是要求我们坚持城乡统筹，集中推进农村住房解困等工作，努力改善农村生产生活条件。二是加快政策性住房建设。按照改善民生、住有所居的要求，继续推进国有重点煤矿和城市居民棚户区改造工作，开展旧住宅区综合整治工作，并将长期在城市就业的农民工住房问题纳入城市住房发展规划，多渠道改善住房困难群体的居住条件；加快建立完善以经济适用住房和廉租住房为主的城市多层次住房保障体系，加大廉租住房的供应量，使城市最低收入家庭住房困难得到应保尽保；进一步完善政策性住房供应管理的工作机制。从工程规划许可、施工许可、施工图审查、工程招标、竣工验收、产权发证等多个环节审查把关，确保国家和省的住房保障政策落到实处。三是提高行业监管水平。加快建立和完善工程建设、房地产、住房公积金监管信息系统。四是修订资质审批办法。明确行政审批职责，实行网上审批，实现阳光操作。五是加强社团管理。修订和完善学会、协会管理办法，进一步明确学会和协会的职责。六是开展建筑市场清理整顿。严厉打击和查处违法违规经营，建立严格的准入退出机制，培育大市场、扶持大企业，确保建筑业健康快速发展。

三是要在建立健全长效机制上下功夫。学习实践科学发展观是一项系统工程和长期任务，厅机关和直属单位各级党组织和广大党员干部要围绕体制机制中存在的问题，着力构建充满活力、富有效率、更加开放、促进科学发展的体制机制。要坚持把改革创新贯穿到建设工作和机关建设的各个环节，坚持不懈地推进城乡规划管理、城市管理模式、市政公用事业、建筑业，以及行政审批制度、机关内部管理等各项改革，不断增强建设事业科学发展的动力和活力。要健全科学决策、责任落实、监督有力的工作运行机制，健全部门工作和干部考核办法，充分体现科学发展观和正确政绩观的要求，调动各部门和党员干部创新创优的积极性。要加强机关作风建设、党风廉政建设，进一步提高行政效率和整体形象。要加强建设工作和机关内部管理的制度建设，进一步形成用制度管人、管事、管权的机制，使之成为促进科学发展的长效措施。

四是要在提高干部素质上下功夫。紧紧围绕机关建设和干部队伍建设，进一步解放思想，全面提高干部队伍的决策力、执行力和创新力。力争在三个方面取得新成果：一是争先创优意识明显增强。人人确立争先创新的工作目标，树立干大事、创大业的理想志向，瞄准全国一流，赶超同行先进。二是考核评价体系明显完善。职责明确、责权对称、奖罚分明的岗位责任制基本建立。责任主体明确，责任内容具体量化，责任层级合理分解。干部考核办法不断改进，干部评价体系进一步完善。三是争先创优取得明显成效。工作质量明显提升，工作效能明显提高，干部队伍的执行力和创新力显著增强，提升机关和行业形象。

四、加强组织领导，保障学习实践活动顺利开展

这次学习实践活动任务重、要求高。我们一定要把学习实践活动当作一项重大的政治任务，加强领导，精心组织，周密安排，科学推进，确保学习实践活动圆满成功。

（一）建立机构，加强领导。为加强对学习实践活动的领导，经党组研究，厅里成立了开展深入学习实践科学发展观活动领导小组，我任组长，张立光同志任常务副组长，厅党组其他成员为副组长，有关职能处室负责同志为领导小组成员。领导小组下设办公室，张立光同志兼任主任，张珍同志任常务副主任。办公室下设综合协调组、宣传资料组、意见收集组、后勤保障组、机关指导检查组、“一局四院两校”指导检查组。领导小组和办公室要加强对学习实践活动的组织领导、协调指导和督促检查，机关各处室和直属单位要各尽其责，密切配合，形成合力，确保学习实践活动的顺利开展。党员领导干部要充分发挥好表率作用，带头参加学习实践活动。厅领导除参加班子活动外，还要抓好分管处室、直属单位和联系点的活动开展，积极参加所在党支部的活动。

（二）精心安排，分类指导。这次学习实践活动涉及人员多、工作量大、政策性强，各处室、各单位必须统筹兼顾，科学安排，精心组织。在时间安排上，要科学划分时段，坚持时间服从质量；在力量调配上，要抽调精兵强将，确保工作需要；在工作摆布上，要突出重点，全面推进；在政策把握上，要严格要求，规范程序；在信息传递上，要及时迅速、准确无误，为决策提供保障；在教育对象上要确保全覆盖，尤其是要对流动党员、离退休党员、年老体弱党员制定具体活动安排，加强分类指导。要防止和克服厌烦情绪，防止和克服消极应付的思想。要鼓励探索创新，在坚持学习实践活动总体要求的同时，针对机关、事业单位不同工作性质，党员领导干部、普通党员等不同层面，分别提出学习实践活动的具体要求，分层分类进行指导，增强活动的针对性和实效性。

（三）统筹兼顾，相互促进。厅学习实践科学发展观活动工作领导小组办公室和厅属各单位党组织要在坚持总的指导思想、目标要求、基本原则和规定程序的前提下，立足实际、开拓思路，从教育内容、方式方法、制度机制等方面大胆创新。要统筹兼顾、合理安排，努力做到学习实践活动与当前工作“两不误、两促进”，确保取得工作实效。这次学习实践活动时间处于年末岁初阶段，各处室、各单位一定要坚持两手抓、两不误，既要对今年的工作进行回头看，看哪些完成了那些没有完成，分析原因、制定措施、加快进度，在后两个月赶上，确保今年确定的目标任务的全面完成，同时要及早谋划明年的工作，提出新的思路和目标任务。

（四）搞好宣传，营造氛围。在开展学习实践的同时，要组织开展多种形式的宣传发动工作，充分利用新闻媒体、专题网页、板报、简报等形式重点宣传报道我厅主要活动、先进典型和经验，为学习实践活动营造良好的社会氛围和舆论氛围，并及时向省委学习实践科学发展观活动领导小组办公室、指导检查组报送我厅学习实践活动的进展情况。

同志们，开展深入学习实践科学发展观活动是全党政治生活中的一件大事。我们一定要按照省委的总体部署和要求，在省委指导检查组的指导帮助下，以认真负责的态度、改革创新的精神、求真务实的作风，扎扎实实地搞好这次学习实践活动，努力推动我省建设事业又好又快发展，为加快建设新基地新山西作出新的贡献。

王国正厅长在省建设厅深入学习实践科学发展观活动转段动员大会上的讲话

（2008年11月4日）

同志们：

根据省委学习实践科学发展观活动领导小组的总体部署和厅党组的具体安排，我厅深入学习实践科学发展观活动圆满完成了第一阶段的各项任务，由学习调研阶段转入分析检查阶段。今天，我们在这里召开转段动员大会，就第一阶段的工作开展情况作一简要总结，对第二阶段的工作进行安排部署。一会儿，省委指导检查组组长李顺通同志还要作重要讲话，大家一定要认真贯彻落实。下面，我先讲三点意见：

一、关于学习调研阶段的工作小结

10月份以来，我厅按照省委的统一部署，在省委第八指导检查组的指导下，结合自身实际，精心安排部署，统筹协调推进，坚持学习与实践相结合，并着力突出实践特色，集中开展了思想发动、学习培训、专题调研和解放思想大讨论等各环节的工作，学习实践活动开局良好，进展顺利。主要表现在以下几个方面：

一是准备工作比较充分。厅党组对开展深入学习实践科学发展观活动非常重视。在省委举办全省第一批学习实践活动单位主要领导干部研讨班期间，我们就对厅开展学习实践活动进行了安排，要求机关各支部、各直属单位党委早准备、早部署、早动手，并分别于10月11日上午、16日晚两次紧急召开党组扩大会议，传达学习省委有关会议精神，研究部署各项准备工作。与此同时，根据学习实践活动的需要，及时对相关基层党支部书记、组织委员、宣传委员、纪检委员进行了调整补充，健全了基层党组织机构，为开展学习实践活动提供了组织保障。围绕学习实践活动的目标要求，通过召开座谈会和下发征求意见表等形式，进一步了解了厅党组和“一局四院两校”领导班子、领导干部以及广大党员的工作情况和思想状况，听取了基层及群众对学习实践活动的意见和建议，明确了要解决的主要问题和达到的目的，为开展学习实践活动打下了良好基础。

二是组织领导比较有力。这次厅系统共有105个党组织，1420名党员参加学习实践活动。为了切实加强对学习实践活动的组织领导，厅机关和“一局四院两校”都成立了领导小组和领导小组办公室，办公室下设综合协调、宣传资料、意见收集、后勤保障、指导检查等工作小组，并明确了各自工作职责。制定了《深入学习实践科学发展观活动方案》，对开展学习实践活动进行了安排部署。为了加强对学习实践活动的检查指导，共派出8个指导检查组进驻厅机关各支部和厅直属单位进行指导检查。同时，建立了领导联系点制度，共确定联系点47个，厅领导班子成员分别深入到17个联系点进行了调研指导。

三是思想发动比较到位。在充分准备的基础上，10月17日上午，厅党组召开全厅党员干部大会，对开展学习实践科学发展观活动进行动员部署，厅机关全体党员和“一局四院两校”以及其他厅直单位的党政主要负责同志参加了会议。厅机关动员大会之后，根据厅学习实践科学发展观活动领导组的统一安排，省工务局、山西建筑职业技术学院、省规划院、省勘察院、省建筑设计院、省建科院、省城乡建设学校分别结合自身实际，按规定时间陆续召开了本单位的动员大会。厅学习实践活动领导组成员分别深入各自的联系点参加了动员大会。通过层层发动，广大党员干部的思想认识进一步统一到了中央和省委的部署上来，进一步增强了参加学习实践活动的积极性和主动性，增强了贯彻落实科学发展观的自觉性和坚定性。

四是学习活动比较扎实。厅机关及各直属单位，在学习活动中，都能结合本单位、本部门和个人实际，因地制宜，采取中心组学习、集中辅导、专题培训、专家讲座、个人自学、在线学习等多种形式，深入扎实地对所规定学习内容进行了学习。厅党组中心组集中学习4次，“一局四院两校”中心组集中学习6次。在抓好中心组学习的同时，认真组织进行集中辅导和专题培训，请领导和专家辅导20次，太原市委党校郑培君教授作了深入学习实践科学发展观活动学习辅导报告，厅党组成员、副厅长任在刚作了关于加快建设保障性安居工程的专题报告。各支部组织全体党员采取自学、上网学习等形式，系统学习了规定的内容和中央、省委领导同志有关讲话精神。不少基层党组织把学习安排到规划、设计、勘察的第一线，做到了学习与实践相结合。省规划院、省勘察院、省设计院、省建科院针对生产任务重，生产一线党员多的特点，采取分片进行集中培训，分类进行专题辅导，分层进行指导帮学，分区进行集体研讨等形式组织学习，收到良好效果。

五是调查研究比较深入。厅党组围绕以科学发展观为统领，促进城乡统筹发展、推进城市化进程和新农村建设，加快保障性住房建设、改善低收入人群居住条件和加快节能减排、强化城乡公用设施建设管理，增强可持续发展能力等主题，认真组织了思想大讨论和专题调研工作。厅领导班子成员累计深入8个基层单位调研19次，累计深入联系点调研26次，分别完成了“探索建立三个体系，努力实现住有所居”、“关于山西省建设行业安全生产情况”、“改善人居环境，完善住房保障体系”、“用科学发展观统领城建工作”、“加强作风建设，强化工作机制”、“推进建筑节能，加快转型发展”、“用科学发展观指导介孝汾区域的城乡一体化建设”、“用科学发展观创新重点工程管理”、“以科学发展观统领政府投资工程建设，促进政府投资工程组织实施方式改革健康发展”等9个课题的专题调研工作。机关和厅直单位全体党员共撰写调研报告、论文和心得体会2753篇。

六是实践特色比较鲜明。突出实践特色是这次学习实践活动的一个基本原则，也是我厅开展活动的一个鲜明特点。一是结合业务工作，组织集体活动。与山西武警指挥学院共同开展了“抓作风建设、促科学发展”警营学习观摩活动，组织厅机关和直属单位处以上党员干部深入军营，面对面学习武警官兵敢打敢拼、严明纪律的优良作风，对促进工作作风转变起到了一定作用。组织厅机关和直属单位处以上党员干部特别是规划、设计、建筑等方面的业务骨干赴京参观奥运场馆，近距离学习最新建筑理念和国际领先的建筑新技术、新工艺、新材料运用，大家深深感到开阔了眼界、解放了思想、学到了东西、增长了知识。二是着眼于学习和实践相结合，开展活动与推进工作相结合，做到了学习工作两不误、两促进。特别是国务院关于扩大内需，促进经济增长的十项措施出台后，从厅领导到相关处室积极贯彻落实。按照省委、省政府的总体部署，结合我省保障性安居工程建设、城市污水处理、垃圾处理、建筑节能、重点工程建设的实际，学习政策，落实措施，分析问题，梳理项目，测算投资，明晰思路，加班加点，日夜工作，抓紧确定建设项目，积极争取国家投资，做了大量艰苦细致的工作。共上报国家廉租住房建设项目135个，申请中央补助资金77633万元，上报污水处理项目34个，申请中央补助40600万元，上报垃圾处理项目23个，申请中央补助14000万元。截至年底，项目申报和申请资金补助工作取得了初步成效。

七是宣传活动比较有声有色。充分利用简报、厅门户网站、山西建设杂志、电子屏幕及新闻媒体等多种形式，积极宣传厅机关和“一局四院两校”学习调研情况。在厅门户网站和山西建设杂志开设了“深入学习实践科学发展观活动专题”栏目，刊发稿件100余篇(条)，编辑活动简报22期，制作新闻电子滚动宣传稿件10余条，在山西电视台、山西日报等省级新闻媒体刊发播出稿件近20篇(条)，为学习实践活动营造了良好的社会氛围。

在充分肯定第一阶段工作取得较大成绩的同时，也要看到存在的薄弱环节。一是活动开展的不够平衡。个别单位召开动员大会稍晚，学习的时间需要适当延长。个别支部集中学习时间少，规定内容还没有全部学完。二是少数单位和处室联系实际不够紧密。特别是没有找准影响本单位、本处室科学发展的深层次问题，在实际工作中落实科学发展观成效不明显。三是少数单位和处室在工作繁重、工学矛盾突出的情况下，未能很好地做到两不误、两促进。对于这些问题，我们要高度重视，积极加以改进。

二、扎实做好分析检查阶段的各项工作

分析检查阶段是承前启后，把学习实践活动引向深入的重要阶段。这一阶段的主要任务是征求意见、找准问题、分析原因、明确方向。认真做好这一阶段的工作，对于巩固和扩大第一阶段工作成果，打牢下一阶段工作基础，确保学习实践活动取得实效，具有十分重要的意义。具体讲，要重点做好以下三项工作：

第一，要继续在深化学习上下功夫。要紧密联系当前国际国内经济形势的发展变化，联系建设行业的自身实际，进一步深化学习，在抓好自学的同时，再拿出一些时间组织开展集中学习和培训，深入学习中央规定的必读书目，学习胡锦涛总书记在十七届三中全会上的重要讲话，学习胡锦涛总书记和其他政治局常委同志到联系点调研时的重要讲话精神，学习中央和省即将召开的经济工作会议、改革开放30周年纪念大会等会议精神。深化学习要紧密联系实际，加深对科学发展观的理解，在树立科学发展理念、增强科学发展信心、凝聚科学发展共识上取得新进步，切实达到党员干部受教育的目的。

第二，要认真开好专题民主生活会。这是搞好分析检查的基础。厅党组召开专题民主生活会，要把握三个要点：一是要广泛征求广大党员、基层单位和党外群众代表的意见。民主生活会前，一定要做好征求意见工作，在认真梳理归纳前段座谈会、问卷调查反映意见基础上，重点征求关于贯彻落实科学发展观和加强领导班子自身建设的意见和建议。领导班子成员之间要相互谈心、交换看法，认真撰写发言材料。二是要确定主题。按照省委的统一要求，这次党组专题民主生活会的主题，就是深入贯彻落实科学发展观，围绕实现“转型发展、安全发展、和谐发展”目标,进一步解放思想,明确发展思路,制定工作措施,努力推动全省建设事业又好又快发展。三是要找准问题。要找准个人和班子在领导和推进科学发展中存在的突出问题,影响行业和谐稳定的突出问题,党性、党风、党纪方面群众反映强烈的突出问题,并深刻分析原因,认真开展批评与自我批评。同时,“一局四院两校”要召开专题民主生活会,各支部要组织党员召开专题组织生活会,按照科学发展观的要求,认真分析查找自身存在差距和不足,进一步明确方向。

第三,要形成高质量的分析检查报告。这是分析检查阶段的中心环节,是前段活动成果的集中体现,也是整改落实的主要依据。起草领导班子分析检查报告,要把握好三个要点:一是要明确内容。报告要充分反映厅党组在贯彻落实科学发展观上形成的共识,充分反映“十六大”以来贯彻落实科学发展观的情况;认真查找贯彻落实科学发展观方面存在的突出问题,分别列出学习实践活动中可以立即解决的突出问题,以及需要经过一段时间努力才能解决的突出问题,深刻分析形成问题的主客观原因特别是主观原因,并提出解决问题的具体措施;科学确定贯彻落实科学发展观的总体思路,目标任务、工作重点,制定加强领导班子自身建设的具体措施。二是要突出重点。充分运用前段学习调研、民主生活会的成果,突出检查分析问题、理清发展思路这个重点,避免写成一般性的工作报告。三是要保证质量。分析检查报告初稿形成后,要以适当方式广泛听取各方意见,召开厅党组扩大会议进行充分讨论,反复修改完善,保证报告质量,使之真正成为推动全省建设行业实现科学发展的指导性文件。

第四,要扎实搞好群众评议。坚持群众路线,是这次学习实践活动必须遵循的一条基本原则。开展群众评议要把握好四个要点:一是要科学确定测评内容。着重从领导班子对科学发展观认识深不深、问题查找准不准、原因分析透不透、发展思路清不清、工作措施可行不可行等方面对分析检查报告进行评议。二是要确定参评人员。保证参评人员的广泛性、代表性,组织熟悉情况、有较强参政议政能力的党员代表、党外群众、基层单位代表,技术、管理骨干、离退休人员、青年团员代表参加评议。评议可根据实际情况采取召开座谈会或书面评议等形式进行。三是要修改完善分析检查报告。根据评议意见对报告进行修改完善,使报告更好地反映实际情况、更好地体现群众意愿、更好地凝聚集体智慧,更加广泛地形成领导班子和广大党员、干部在科学发展上的共识。四是要公布评议结果。评议结果要在一定范围内向群众公开。“一局四院两校”修改完善后的报告要报厅活动领导小组办公室,厅党组的报告要报省委领导小组。

第五,要坚持在突出实践特色上下功夫。服从服务于中心工作,是深入开展学习实践活动的内在要求,也是突出实践特色的重要体现。当前正值年终岁末,各项工作任务繁重。要正确处理工学关系,注重搞好五个结合,即:把学习实践活动与贯彻落实党的十七届三中全会精神结合起来,与应对化解国际金融危机带来的不利影响结合起来,与纪念改革开放30周年进一步推进改革开放结合起来,与全面完成今年工作任务谋划明年工作思路结合起来,与加强干部队伍建设、搞好领导班子和领导干部年度绩效考核结合起来。尤其要结合当前形势,对胡锦涛、温家宝等领导同志最新讲话精神、即将召开的中央经济工作会议精神作深入研究;对当前我省加快保障性安居工程建设,污水处理、垃圾处理项目建设,以及建筑业发展、房地产业发展、行业安全生产等方面作深入研究;对用好、用足中央“扩大内需、促进经济增长”政策作深入研究;对提前一年完成“十一五”规划、超前设计“十二五”规划目标作深入研究,进一步强化大局意识、统筹意识和忧患意识,紧密结合我省建设行业的实际,找准对接点,开拓新思路,实施新举措,创造新业绩,把活动的成效体现到推动发展上。

三、切实加强组织领导

分析检查阶段时间紧、任务重、要求高,群众也很关注。一定要高度重视,精心组织,统筹做好各项工作。

一是要加强组织领导。学习实践活动越深入，越需要加强组织领导。要认真落实学习实践活动领导小组成员、分管领导“双负责”制度、“联系点”制度和各单位主要负责同志“第一责任人”制度。要最大限度地调动广大党员干部的积极性、主动性和创造性，整合各方力量和各类资源，形成工作合力和优势，紧紧围绕实施方案的要求，切实抓好各项工作的落实。

二是领导干部要带好头。领导班子成员特别是“一把手”要认真履行职责，认真抓好专题民主生活会、领导班子分析检查报告、群众评议三项重点工作。领导班子和领导干部要充分发挥表率作用，带头分析问题，带头解决问题，带头抓好落实，推动学习实践活动不断深入开展。

三是要加强分类指导。厅机关指导检查组和“一局四院两校”指导检查组要进一步加强对机关各处室和直属单位的指导督查，确保分析检查阶段各项工作全面完成。机关各支部要认真组织党员干部搞好自我分析检查，通过分析检查，促进工作作风有明显转变，工作效率和工作实绩有明显提高，基层干部和群众的满意率有明显提升，安全稳定、改革发展各项工作有新的进展。

四是要坚持边学边查边改。要将学习贯穿于整个活动始终，继续强化理论学习，使广大党员干部更加深刻地认识科学发展观的重大意义、科学内涵、精神实质和根本要求，提高广大党员干部的自我教育、自我查摆问题、自我解决问题的自觉性，增强搞好分析检查的内在动力。要将整改贯穿始终，对发现的问题能整改的要及时整改，对暂时还不具备整改条件的，要创造条件，制定整改计划，尽快整改，确保学习实践活动取得实效。

五是要加强宣传引导。继续利用简报、板报、网站、电子屏幕、电视等形式搞好宣传，使广大党员干部进一步明确分析检查阶段的要求。大力宣传科学发展观的科学内涵，精神实质和根本要求，大力宣传学习调研阶段涌现出来的先进典型，宣传分析检查阶段的部署、要求、做法、经验和成效。积极与新闻单位联系，报道学习实践活动开展情况，特别是报道学习实践活动取得的阶段性成果。要认真总结、宣传分析检查阶段需要解决的问题、采取的措施、取得的成效、总结的经验等，营造学习实践活动的浓厚氛围。

同志们，分析检查阶段的工作量大，要求具体，政策性强。大家一定要认真安排，扎实推进，高质量地完成好分析检查阶段的各项任务。

省建设厅召开学习实践科学发展观活动总结大会

2009 年 2 月 26 日，省建设厅召开深入学习实践科学发展观活动总结大会，厅党组书记、厅长王国正作学习实践活动总结讲话，厅党组成员、副厅长张立光主持会议，省委第八指导检查组副组长、晋中学院党委副书记史忠新作重要讲话，厅领导任在刚、郝耀平、李锦生、赵友亭，省委第八指导检查组成员、省经委纪检组正处级检查员毕基思，厅机关、直属单位全体党员和“一局四院两校”党政负责人出席会议。

王国正厅长指出，在学习实践活动中，厅党组严格按照中央和省委确定的指导思想、基本原则和目标要求，紧紧围绕“转型发展、安全发展、和谐发展”，结合全省建设事业改革发展的实际，明确“以科学发展观为统领，促进城乡统筹发展，推进城市化进程和新农村建设”的活动主题，确定“加快住房建设，改善人居环境，提高人民群众生活质量”为活动载体，提出“抢抓新机遇，迎接新挑战，取得新成绩”的工作要求。在工作推进中，严格按照中央、省委规定的 3 个阶段 17 个环节，高质量完成各个阶段的工作任务。活动启动之前，认真调查摸底、制定方案；在学习调研阶段，开展思想发动、学习培训、专题调研、解放思想大讨论；在分析检查阶段，召开领导班子专题民主生活会，形成领导班子分析检查报告，通报分析检查情况，组织群众评议；在解决问题和完善机制阶段，制定整改落实方案，集中解决一些突出问题，向群众公布问题解决情况，完善体制机制；活动基本结束时，开展群众满意度测评，形成总结报告。经广大党员、群众和有关方面代表测评，学习实践活动满意率达到96%以上。

王国正厅长指出，通过开展学习实践活动，各项工作扎实推进，取得明显效果。一是形成科学发展的新共识；二是完善推进科学发展的新思路；三是保障科学发展的制度建设取得新成果；四是领导和推进科学发展的能力有新提高；五是各项业务工作取得新进展。

省委第八指导检查组副组长、晋中学院党委副书记史忠新代表指导检查组对省建设厅学习实践活动工作给予高度评价和充分肯定。他指出，省建设厅学习实践活动圆满完成了各个阶段的工作任务，达到了预期目的。省建设厅在学习实践活动中呈现出以下几个特点：一是坚持把深入学习，深入调查研究贯穿学习实践活动的始终。二是在事关本部门本单位科学发展的重大问题上形成共识。三是突出实践特色，解决一批影响和制约行业科学发展的突出问题、涉及群众切身利益的突出问题和党性、党风、党纪方面存在的突出问题。四是着力创新有利于科学发展的体制机制，研究制定和健全一系列政策制度和发展规划。

中共山西省建设厅党组学习实践科学发展观活动总结大会

深入学习实践科学发展观纪事

◆ 10月17日，省工务局召开深入学习实践科学发展观活动动员大会。省建设厅学习实践活动领导组常务副主任、厅直属机关党委专职副书记张珍，“一局四院两校”指导检查组组长、厅法规处处长刘玉坤同志及该组成员张烨一行三人到会检查指导，省工务局全体人员参会。赵友亭局长作动员讲话，张珍副书记作专题辅导，刘玉坤处长对学习实践活动提出明确要求。

赵友亭局长在讲话中，深刻阐述了学习实践活动的重要意义，对省工务局的学习活动进行安排部署，要求抓住这次学习实践活动的有利时机，从工作实际出发，切实加强组织领导，完善实施方案，确保学习实践活动的顺利开展；要统筹兼顾、合理安排，时间不能少、环节不能少、程序不能减，努力做到学习实践活动与当前工作“两不误、两促进”，确保取得实效。

◆ 10月20日，省城乡建设学校召开深入学习实践科学发展观动员大会，标志着该校深入学习实践科学发展观活动全面启动。省建设厅纪检组长郝耀平出席大会并作重要讲话，厅机关党委专职副书记张珍、纪检监察室主任刘铁锁、离退休人员管理处副处长原吉龙以及校区全体科以上党员干部、教职工党员代表、学生党员代表参加大会。大会由校长宋兵虎主持，学校党委书记杨炜东作动员报告。

郝耀平组长在讲话中强调，开展深入学习实践科学发展观活动，一要提高认识，充分认识高校开展深入学习实践科学发展观活动的重大意义；二要紧密联系自身实际，坚持把深化学习、提高认识贯穿始终，把解放思想、改革创新贯穿始终，把解决问题、完善制度贯穿始终；三要结合加强职工队伍建设，突出解决学校发展动力和发展保障问题。

◆ 10月20日，山西省勘察设计研究院全体党员及干部在学术会议室参加“开展深入学习实践科学发展观活动”动员大会，全面启动学习实践工作。厅领导组办公室常务副主任张珍、厅指导检查组组长刘玉坤、厅指导检查组朱娟芳、张莉莅临会议。

会议宣读了《山西省勘察设计研究院开展深入

学习实践科学发展观活动工作实施方案》，院长、党委副书记胡孟卿结合本院工作实际作动员报告。刘玉坤作重要讲话，张珍就如何开展学习实践活动作重点辅导。

会议号召每位党员干部要立即行动起来，认真贯彻、全面落实，确保学习贯彻收到实效。

◆ 10月21日，省建筑设计研究院召开深入开展学习实践科学发展观活动动员大会，全体党员干部参加。院党委书杨来俊对活动各阶段的主要任务和具体要求、组织领导等五个方面做了安排部署。

党委副书记、院长张学锋要求，要积极开展好此次活动，实现科学、健康、创新、持续发展，为实现具有山西特色的国内一流强院目标而努力奋斗！

省建设厅副厅长、厅学习实践科学发展观活动领导组副组长任在刚做了重要指示，并提出殷切期望：要以此次活动为契机，进一步解放思想，更新观念，捕捉机遇，创新机制，实现科学发展；要切记解决老百姓需要的、迫切要求解决的问题就是科学发展观，就是创造和谐的发展环境。

◆ 10月21日，省城乡规划设计研究院召开“开展深入实践科学发展观活动动员大会”。院在职党员、离退休党员参加会议，非党员中层干部列席会议。省建设厅学习实践活动领导组办公室常务副主任张珍，“一局四院两校”指导检查组成员袁吉龙、乔凤梧出席会议。

会上，党委副书记、院长翟顺河代表院党委作动员报告。张珍代表厅活动领导组及检查组讲话，并进行党课教育。

省规划院根据实际，经广泛征求意见，多方调研，找出存在问题，拟定出结合实际、切实可行的学习实践活动实施方案，并将此方案中的三个阶段、十七个环节、时间要求、领导机构、职责分工、责任人、负责领导、组织者、参加人、总负责人等内容清楚地反映在一张表格上，便于此项活动的落实和开展，受到各支部和党员的认可。

◆ 10月22日，省建筑职业技术学院召开深入学习实践科学发展观活动动员大会。省建设厅深入学习实践科学发展观活动领导小组办公室常务副主任张珍，厅指导检查组组长刘玉坤等人参加动员会。

会上，院党委书记于世玮作题为《紧密结合我院改革发展实际，确保学习实践活动取得实效》的动员报告。他指出，学院广大党员干部要深刻认识开展深入学习实践科学发展观活动的重大意义，切实增强责任感和使命感。要全面落实深入学习实践科学发展观活动的基本要求和总体部署，提高学习实践活动的质量和水平。

刘玉坤代表指导检查组提出三点要求：一是要统一思想，提高学习的自觉性；二是要正确处理好工学矛盾，统筹兼顾，科学安排，以学促工，齐头并进；三是要坚持以人为本，加强调查研究，找准问题，认真整改，收到实效。

张珍深刻阐述了开展学习实践活动的重要性和必要性。他强调，必须进一步理解科学发展观的深刻内涵、精神实质和基本要求，深刻领会这次学习实践活动的指导思想，确保学习实践活动取得应有的成效。

◆ 10月22日，省城乡规划设计研究院在召开动员大会的基础上，又召开学习活动领导组会议。领导组成员由院党委成员、支部书记和职能部门主要负责人组成。会上，院长翟顺河就学习实践活动第一阶段的五个环节进行详细布置，并对每个环节提出具体要求，确保学习、调研阶段不流于形式，扎实进行。

◆ 10月24日，省建设厅召开深入学习实践科学发展观现场报告会，厅党组中心组邀请太原市委党校党史教研组组长郑培君教授作报告。厅机关和直属单位全体党员参加。厅直属机关党委专职副书记张珍主持报告会。报告主要围绕两方面内容，一是大规模开展“深入学习实践科学发展观活动”的背景；二是具体诠释科学发展观的总体要求。

会后，党员们纷纷表示，报告会让他们对为何在这一时期开展学习科学发展观活动有了更清晰的认识，对科学发展观内涵有了更准确、更深刻的理解。

◆ 11月12日，省建设厅召开学习实践科学发展观解放思想讨论报告会，副厅长闫晨曦、纪检组长郝耀平以及全体党员参加报告会，机关党委专职副书记张珍主持报告会。省委党校教授宋新海作了关于科学发展观的报告，从科学发展观产生的背景、意义和内涵，实现国民经济又好又快发展进行深入浅出的阐述。

◆ 11月26日，省建设厅召开学习实践科学发展观解放思想讨论报告会，副厅长任在刚作"以科学发展理论指导工作实践，着力改善城市居民的住房条件"的专题辅导报告，机关党委专职副书记张珍主持报告会。厅机关全体党员和直属机构、直属单位处级以上领导干部出席报告会。

任在刚在报告中指出，住房是民生之本，安居乐业是社会和谐的基础，保障城市低收入家庭的住房基本需求，改善城市居民的住房条件是发展民生与构建和谐山西的重要方面，也是学习实践科学发展观活动的重要内容之一。在报告中，任在刚副厅长着重谈了三个问题，一是国有重点煤矿棚户区改造，二是城市居民棚户区改造，三是政策性住房建设。

抗震救灾

综　　述

决策部署。2008年5月12日，四川省汶川县发生里氏8级地震。5月20日，国家下达山西省援建受灾地区4万套过渡安置房建设任务。其中，第一期7500套在6月25日前完成。6月15日，总任务调整为37000套；7月16日，总任务确认为37250套。山西省委、省政府高度重视援川建房工作，省委常委会多次召开专题会议研究过渡安置房建设工作。山西省委书记张宝顺同志专门听取汇报，深入生产企业调研指导，要求保数量、保质量、按时完成中央下达的援建任务，并为首批援川建房突击队授旗，发布出征令。山西省人民政府迅速安排部署过渡安置房建设工作，在国家抗震救灾指挥部5月18日召开紧急会议的第二天，省长孟学农同志立即主持召开山西省人民政府常务会议，听取过渡安置房建设工作进展汇报，并当即明确提出三条要求：一是全力以赴确保国务院安排任务按质按量完成；二是完善组织机构，成立省直各部门组成的援川建房联席会，联席会办公室设在山西省建设厅；三是尽快筹集亿元启动资金。同时，做出"省政府统一领导、省直相关部门积极协助、各市具体实施"的决策部署，并责成副省长张建民具体负责此项工作。5月20日，山西省人民政府建立以张建民副省长为召集人，由山西省建设厅、山西省财政厅、山西省经济委员会等15个部门参加的山西省援助四川重灾区过渡安置房建设联席会议制度，协调各部门认真落实各项具体工作，安排解决过渡安置房原材料生产、交通运输、设计安装等问题，成立由山西省建设厅党组书记、厅长王国正任主任，山西省建设厅党组成员、总工程师郝培亮任副主任的山西省援川建房办公室，负责牵头组织过渡安置房建设，明确各部门的相关职责，制定工作方案和制度。随后，山西省人民政府向四川地震灾区派出以山西省人民政府副秘书长罗清宇为总指挥，山西省建设厅党组成员、总规划师李锦生为常务副总指挥的山西省援川建房前方指挥部，负责组织协调前方各项工作。各市也相应成立援助四川重灾区过渡安置房建设的工作机构，为援建工作提供坚强的组织保证。5月20日下午，山西省人民政府组织召开全省过渡安置房建设动员部署会，张建民副省长对援建工作进行了动员部署，将安置房建设任务分解到11个市，明确各市人民政府是直接责任主体，不得再向区县分解任务。会后，各市很快召开动员部署会，统一思想，分解任务，明确职责，提出要求，全省上下联动，整体响应。在5月22日前，全省援建任务全部分解落实到位。太原、晋中、朔州市由市长挂帅，其他各市也由分管领导亲自担任援建指挥机构的负责人，认真进行安排部署，深入企业解决实际困难，为本市援川建房突击队授旗壮行。太原市市长张兵生亲自担任援川建房突击队队长，率队赶赴灾区，5天时间即建成了成都地区第一个功能齐全的“太原·崇义1号小区”，是全国唯一一个由省会城市市长担任突击队长的援川建房突击队。

5月29日，山西省援川建房前方指挥部召开全体人员会议，部署援建工作。

组织协调。山西省属中部欠发达地区，无彩钢板生产企业、无聚苯乙烯生产厂家、无大型活动板房生产组装企业，多数生产企业是只有一条生产线的民营小企业，完成任务面临着很大的困难。省市援建机构结合实际，打破常规，简化工程程序，迅速展开援建工作。全省建设行政主管部门担负着日常协调组织工作。山西省建设厅党组先后召开8次专题会议进行研究部署；山西省援川建房办公室主任，山西省建设厅党组书记、厅长王国正同志，在施工安装进度缓慢、配套移交困难等关键时刻，先后三次赴川检查指导工作；山西省建设厅有三位厅领导直接参加组织、协调和现场指挥，并从厅机关和直属单位抽调100多人，参加山西省援川建房办公室和山西省援川建房前方指挥部的具体工作。在很短的时间内，确定全省44家生产企业，下达生产任务，组织技术人员设计出单、双玻2类9种51套施工图纸，并完成造价估算，为安置房建设提供必须的技术依据。同时，紧急向全省11个设区城市派出联络员，在动员部署、组织生产中发挥了重要作用。各市建设行政主管部门顾全大局、勇挑重担，冲锋在前，完成大量的组织协调和技术保障工作，发挥骨干带头作用。安置房建设资金实行国家、省、市三方负担，其中，国家补贴350元/平方米，不足部分由省、市填平补齐。在国家补贴资金到位之前，山西省财政厅、山西省民政厅、山西省红十字会等部门，紧急筹集1.5亿元资金，先行垫付；各市财政也及时划出专款，拨付企业，保证过渡安置房生产的迅速启动。5月28日，山西省财政厅印发《关于认真做好援助四川灾区过渡安置房资金工作的通知》，将国家和山西省过渡安置房建设补贴资金共计5.077亿元，拨付到各市，包干使用，缓解援建资金紧张的问题。援建工作开始后，山西全省44家企业开足马力生产，原材料需求量很大。由于全国大部分省份都有援建任务，导致原材料供应紧张，价格不断上涨，彩钢板采购价格从7900元/吨涨到9000元/吨，聚苯乙烯原料价格由1.35万元/吨上涨到约1.55万元/吨。为此，山西省经济委员会启动应急预案，在向各市派出工作组，调查掌握企业材料供货渠道、需求状况的同时，派专人到省外联系采购。各市也不等不靠，主动联系，临汾、晋中、运城、晋城市组成采购组，赴山东、江苏等省联系采购；长治市派专人常驻供货的山东彩钢生产企业，催发彩钢等原材料，累计采购聚苯板1000多吨、彩钢板3200多吨，保证了原材料供应和生产需要。鉴于公路运输灵活、便捷、具有点对点直接运送、减少二次转运的特点，山西省主要采取公路运输方式。山西省交通厅、山西省公安厅交通管理局等部门积极安排运力，科学组织调度，选派技术过硬司机，狠抓运输安全，确保运输畅通。根据国家有关部门的要求，制作发放“救灾安置房物资”运输通行证，免收公路通行费；与途经省、市交通部门多次沟通协商，解决陕西汉中因道路维修，限制过往车辆通行的问题。晋城市组织多部门联合的运输保障队，中国石化阳泉分公司主动降低油价，送油上门，并派出油罐车随运输车队往返，及时保证了油料供应。援建期间，山西全省共调用车辆8000多车次，行程2400余万公里，做到及时发运、途中安全、正点到达。太原铁路局、郑州铁路局积极配合，专门向所属站(段)下发通知，派人到各市联系，并为晋中、晋城市调配25节车皮，50个集装箱，发送300多套安置房。山西省发展改革委员会、山西省公安厅、山西省卫生厅、山西省国有资产监督管理委员会、山西省质量技术监督局、山西省物价局、山西建筑工程(集团)总公司以及山西省电力公司等部门也就加快安置房建设、保证安置房质量、控制材料价格等作了大量工作。

建设施工。“5·12”汶川大地震后，都江堰市受灾破坏面广、损失巨大。5月23日，受命援建都江堰市后，山西省近万名援川建设者肩负山西省委、省政府的重托，胸怀3400万山西人民对灾区群众的深厚情谊，克服建设点位多、战线长，施工环境恶劣、工作条件艰苦等重重困难，昼夜突击、连续作战，与灾区人民戮力同心、协调衔接、统筹施工，全力以赴开展援建工作，树立山西建设人的良好形象。期间，忻州市援建突击队员戎金亮同志因疲劳过度突发脑溢血去世，为都江堰市重建工作献出宝贵的生命。山西省援建总任务量位居全国第六、中部省区第一，任务艰巨。现场施工困难重重，特别是点位难定多变，“三通一平”(通水、通电、通路、场地平整)进展缓慢，成为制约施工安装的两大主要障碍。按照山西省委书记张宝顺对援川建房要“规划先行”的重要指示，山西省建设厅5月20日派出三名先遣人员紧急赴川，摸排情况；23日又派出以山西省建设厅党组成员、总规划师李锦生为组长，厅相关人员和全省11市规划、建设局业务骨干为成员的规划协调组，20余人急赴四川灾区，开展前期选址、建设对接和调度指挥。经过规划协调组23、24、25日连续三天在彭州市、都汇堰市冒余震、踏山路、访乡村的艰苦规划选址、落实救助对象，山西第一批援建房地点迅速得到落实。25日晚，李锦生主持召开山西省第一次援川建房施工建设布置会，提出“实事求是、科学规划、经济适用、因地制宜”的建设原则，要求各市要克服一切困难，确保26日开始接管已经落实的建设场地，尽快订购主要建筑材料。与此同时，山西省城乡规划设计研究院技术人员于25日晚赶赴现场，开展规划设计工作。29日，山西省援川建房前方指挥部全体人员迅速入川，全面指挥、调度、协调山西省在川的11市建设管理人员和一万余名建设大军。指挥部下设规划协调组、生产质量组、后勤保障组和新闻报道组。灾区震后工作千头万绪，情况复杂，选址定点反复难定。同时，随着国家对受灾群众安置方式的调整，安置房需求数量缩减，已定的建设点位及数量不断变化，多次出现施工安装队伍停工待点的情况。山西省及所属各市前方指挥部在充分理解当地政府和群众实际困难的基础上，主动协调成都市、都江堰市建委和受援地乡镇，先后召开近百次协调会，协商沟通，化解矛盾，解决问题，推进工作。在充分考虑当地群众生产、生活需要的前提下，按照“因地制宜、宜聚则聚、宜散则散”和“四个尽量”的原则(尽量避开易发生泥石流、滑坡、崩塌地带，尽量不占、少占水田，尽量选用闲置地和一般农田，尽量保障交通、水、电等基础设施配套方便)，最终确定在青城山镇、大观镇、蒲阳镇等10个乡镇的93个援建点上建设3.7万套安置房，并协助当地完成各点建设规划，安排组团排列形式。援建初期，由当地政府负责的“三通一平”(通水、通电、通路、场地平整)等前期工作进展缓慢，难以保障施工安装需要。为了做到安置房随到随装，各市施工安装力量提前入川开展工作。担负第一期援建任务的七个市率先组织3000多名施工安装人员和200多台大型施工机械，在6月5日前迅速到达援建点。太原、晋中市主动开展应由当地政府完成的场地平整、基础施工等工作。担负第二期援建任务的吕梁、晋城、朔州、忻州市两期任务一起干，提前派出队伍，为施工安装的顺利开展作了充分准备。为保证施工安全，山西省及所属各市前方指挥部分别制定安全工作规定，明确具体责任人；各企业普遍建立安全保证体系,及时发现并消除事故隐患2600多个,保证全体人员、机具设备的安全。7月7日,山西省援川建房前方指挥部发出《关于又好又快地向圆满完成援川建房任务发起最后冲刺的通知》,组织"会战蓝光、决胜灌口、攻坚向峨、鏖战紫坪"四大会战,要求苦战一周,7月13日前保质保量完成全部安置房安装任务。其中,都江堰市灌口镇高埂二期工地和玉堂镇蓝光工地,共需安装6300套安置房,直到6月28日,两个工地还水电未通、场地不平,是四大会战中的两个最大难点。面对这两场"硬骨头",晋城、运城、晋中、吕梁、长治、临汾、阳泉7市,在山西省援川建房前方指挥部的统一组织协调下,研究制定攻坚的组织形式、具体方案和任务区域,对材料堆放、人员进场、交叉作业作了规定,集中4000多名施工人员,近百台施工机械,迅速完成安装任务。各市选定信誉好、资质高的生产、施工安装企业。生产企业普遍对上岗人员进行培训,安装企业主要工作均由专业技术人员完成,太原市50家施工企业全部具有一级房建资质,每个参建的技术工人都接受全面教育,持证上岗。在生产环节上,实行全过程质量管理,建立健全实体检测和过程控制相结合的旁站式质量监督制度,从原材料进厂到产品下线、分类标识、分组堆放、包装发运等每个工序都纳入检查范围。在原材料选择上建立严格的清点验货责任制,质量检测员深入车间跟班,重点对各批次聚苯板的容量、彩钢板的厚度以及各部件规格进行检测。为规范安置房建设标准,还组织太原市先行制作安置房样板间,对使用的原材料、安装方法、房屋整体质量都做了示范,既严格执行建设部的技术标准,又避免盲目攀比。施工安装是确保质量的主要环节,山西省援川建房前方指挥部就安装质量先后下发四次通知,建立施工队伍自检,监理单位旁站监理,质量监督机构每套房必检的质量保证体系,对地槽安装放线、固定螺栓间距、墙板的垂直度、四个角的压法、门窗等细微处严格把关。各施工企业对施工过程中的主体部分和关键节点编制专项方案,由主要技术负责人审定后施工。朔州市在基础施工时,要求混凝土厚度不低于15厘米,预埋排水管、电线穿线管等管道,并派技术人员协助放线,保证质量。对已安装好等待交付的安置房,组织专人看守,防止设施丢失损坏。吕梁市在自查中,针对援建的"永宁家园"部分住房门锁质量问题,及时采取措施,立即予以更换。山西省援川建房前方指挥部还专门组织安置房质量回访调查,群众满意度达到98%。晋城市援建的安龙镇安置房,被成都市有关领导评价为"山西的板材质量好、建设质量更好"。运城市援建的大观镇花园小区由于质量上乘、配套齐全、环境优美,被成都市定为安置房建设"示范小区",中央电视台、四川电视台等20多家媒体对此进行了专题报道。通过一系列严格的质量管理措施,山西省安装交付的安置房没有出现任何质量问题,建成了入住群众满意、当地政府满意、自己满意的"三满意"工程。安置房运距远,路况复杂,容易造成彩钢板开裂、弯曲、折断等损坏,为解决这一难题,山西省援川建房办公室及时推广"太原做法",一是合理铺垫,填充空隙。车厢地板首先铺垫保护物(2厘米厚的聚苯板,或低级毛毯),保护彩钢板不受划蹭,货物和车厢体之间采用聚苯板布点支撑,保证货物和车厢之间软连接。二是宽带绑扎,确保牢固。由于普通绳子容易对彩钢板边缘造成损坏,因此选用5~6厘米宽、有弹性的尼龙宽带绳进行绑扎,9米长的车辆,横向绑扎4~5道,12米长的车辆横向绑扎5~6道,确保牢固。三是严格把关,验收放行。在装车、绑扎等工作完毕后,检查验收车厢地板的铺垫物、空隙的填充和绑扎的牢固程度,经确认后准予上路。四是轻拿轻放,禁止野蛮装卸。全省运输损坏率控制在2%以下,得到住房和城乡建设部的肯定。为了加快安装进度,方便群众生活,确保居住安全,降低建设成本,晋中市援川建房前方指挥部结合实际、大胆创新,就地组织川籍农民工参建,主动帮助当地完成勘察、规划工作,及时把"5户联排+厨房"的设计方案,变更为"6户联排+'厨、卫、淋浴房'单独集中组团"的背靠背布局形式;把厨房室内设计变更为"灶台居中面对面"布局。该市的做法既满足了使用功能要求，又避免火灾隐患；既减少作业程序，又方便施工安装；既加快施工进度，又降低建设成本，受到灾区群众、当地政府和四川对口援建区县的一致好评。临汾市加快施工进度，在基础混凝土未施工时，先采用角钢支架固定，进行板房安装，后进行混凝土施工，浇筑地面，在保证质量的前提下，大大提高了施工进度。大同、阳泉、忻州、朔州等市也广泛采取倒排工期、交叉作业、平行施工等方法，加快施工进度。

成效与评估。截至2008年7月16日，山西省在都江堰市10个乡镇的93个援建点上，累计建成过渡安置房37308套、694330平方米。其中，住房29667套，幼儿园15个，诊疗所68个，公用厨房4649个，公共卫生间314个，公共活动间23个，商品零售点103个，警卫管理等其他用房424个。第一期7500套建设任务提前10天完成，全部任务提前25天超额完成。太原、晋中、朔州市援建突击队分别被全国总工会授予“抗震救灾重建家园工人先锋号”荣誉称号，涌现出以优秀共产党员戎金亮为代表的一大批优秀个人，实现了山西省委提出的“全国争先”目标。

抗震救灾纪事

◆ 2008年5月14日，省建设厅举行“向四川地震灾区人民献爱心”的捐款活动。厅长王国正、副厅长张立光、纪检组长唐桂莲、总工程师郝培亮、总规划师李锦生、重点办主任赵建宏、工务局局长赵友亭参加捐款仪式并带头捐款。厅机关和厅直属单位的干部职工积极踊跃捐款，全厅共收到捐款43810元，为灾区人民献上了自己的一份爱心。

◆ 5月19日，省建设厅在太原南方重汽集团举行向四川灾区捐助环卫设备启程仪式活动。向四川汶川地震灾区捐助的环卫设备，包括3辆垃圾清运车、1辆洒水车、1辆吸粪车、10个移动厕所，总价值200万元。捐助仪式上，全体人员向灾区遇难同胞默哀3分钟。省建设厅党组成员、副厅长任在刚，太原市副市长吉久昌参加捐助活动并讲话。

◆ 5月19日，省建设厅召开厅党组扩大会议。厅长王国正主持会议，传达住房和城乡建设部于5月18日召开的研究部署解决四川受灾群众过渡安置住房建设问题的会议的精神。根据安排山西省再向灾区援建4万套过渡安置房，分三期完成。会议议定成立以总工程师郝培亮为主任的省建设厅支援四川灾区群众过渡安置住房建设领导组办公室，首期建造7500套过渡房，于6月25日前完成。王国正要求两天内制定出方案，尽快向省政府汇报，建设进度只能提前不能推后，保质保量按时完成援建任务。会后，郝培亮立即组织召开领导组办公室会议，安排部署过渡安置住房建设工作。

◆ 5月22日，省委书记张宝顺亲自到“山西衡达利彩钢压型板厂”和“中捷彩钢”两家生产企业进行调研，深入到生产车间，察看生产线，了解企业原材料储备、生产能力、质量等情况，鼓励企业在保证质量的前提下，开足马力生产、抢时间加紧生产。省委常委、太原市委书记申维辰，副省长张建民，以及省建设厅厅长王国正、太原市市长张兵生、省建设厅总工程师郝培亮和省直有关领导陪同调研指导。

张宝顺在衡利达、中捷两家彩钢厂调研时强调指出：要按照总理的指示，国务院抗震救灾总指挥部下达的任务，保质、保量、保时间，满足灾情需要。现在，第一，要抓紧储备原材料，抓紧生产。所需资金、用款保障由民政、财政部门负责，民政厅救灾款项要先行用到活动房生产上。第二，建设部门已经有了工作方案，有了图纸，要按照国家要求组织人到灾区，看看施工现场条件如何，有没有电，水从哪来。第三，省下达各市的任务，由各市市委、省政府牵头落实，确保完成。要组织好施工安装队伍，提前熟悉情况，制定设计和施工组织方案，按照国家和总指挥部下达的时间布点，质量要求，完成好各市的任务。

◆ 5月22日，省建设厅召开厅党组扩大会议，厅长王国正通报山西省援助四川地震重灾区过渡安置房建设进展情况，对下一步工作做出详细安排部署。厅领导，机关各处室及有关单位负责人出席会议。

王国正对下一步工作谈了五点意见，一是关于企业生产问题；二是价格问题；三是规划问题；四是太原市要率先完成任务。五是宣传工作。

王国正慰问战斗在第一线的山西省援川建房指挥部工作人员和施工人员

◆　5月23日，省建设厅党员干部以"特殊党费"的形式再次向灾区人民捐款。厅长王国正带头捐款，不少白发苍苍的离退休党员、老党员拄着双拐，通过党组织表达他们支援灾区人民的心愿。据统计，省建设厅此次向灾区人民捐助的"特殊党费"共计24.38万元。

◆　5月23日，省建设厅总规划师李锦生带领厅机关规划处、房地产处、村镇处、省规划院、省勘察院和太原、大同、阳泉、朔州、临汾、运城、晋城、长治、晋中、吕梁、忻州11个设区市规划部门的领导和专家一行20余人组成的山西省援助四川灾去过渡安置房规划工作组飞抵四川，研究落实山西省一期7500套过渡安置住房建设地点，制定规划设计方案。当日下午，工作组在彭州市建委及有关部门的配合下，立即奔赴彭州市丹景山镇、磁丰镇灾区现场。当晚，太原市规划局、太原市规划院的规划设计人员连夜加班绘制规划设计方案。

◆　5月24日，省建设厅总规划师李锦生与太原市项目部在施工现场研究规划设计方案，太原市建委、规划局、规划院、建筑院、市政院、测绘院及施工单位组成的项目部已同时进驻施工现场，进行现场设计。下午，规划工作组在成都市建委、都江堰市建委及有关部门的配合下对都江堰市青城山镇、大观镇、蒲阳镇的多个灾区现场进行察看，确定山西省一期7500套过渡安置住房在都江堰市进行建设的具体地点。

◆　5月25日，太原市举行援川建房太原突击队出征仪式，省委书记张宝顺出席，亲自为突击队授旗并发布突击队出征令，省委常委、太原市市委书记申维辰主持出征仪式，省建设厅厅长王国正、总工程师郝培亮出席出征仪式，太原市市委副书记、市长、突击队队长张兵生代表首批出征的200名突击队员表态发言。

以太原市市委副书记、市长张兵生为突击队长的"太原市援川建房突击队"，本日紧急开赴灾区进行安装施工。这批发往灾区的过渡安置房共173套，由30辆重车通过公路运往都江堰市青城山镇，这是太原市首批也是全省首批发往灾区的过渡安置房，标志着全省过渡安置房生产、建设全面开展。

◆　5月25日，山西省建设系统第二批参加救灾抢险大型机械及人员从朔州火车站启程，奔赴灾区。省建设厅、朔州市委、朔州市人民政府、省煤炭工业局基建局、中煤能源集团、朔州市建设局、平朔煤炭工业公司等相关部门同志到车站送行。省建设厅副厅长张立光主持启程仪式并讲话。

◆　5月19日，山西省建设系统第一批支援灾区的3辆垃圾清运车、1辆洒水车、1辆吸粪车、10个移动厕所，总价值200万元的环卫设备已经启程运往成都投入抗震救灾。随后，省建设厅再次组织灾区急需的推土机2台、装载机3台、运渣车5台、吊车1台、卡车2台、共13台大型机具设备，配备工程技术人员30余名组成工程抢险突击队紧急赶赴地震灾区，援助当地政府进行工程抢险和恢复重建。

◆　5月25日，山西省援助四川灾区过渡安置房规划工作组全体成员在省建设厅总规划师李锦生带领下，与青城山镇、大观镇、蒲阳镇有关同志进行对接，冒雨对山西省一期7500套过渡安置住房建设涉及的青城山镇安置点，大观镇大观村、荷园村、欣禾村、双乐村、大通村安置点，蒲阳镇金藤村、互助村、长河村和上游村临时安置点再次进行现场勘察。

在重灾区长河村安置点考察时李锦生提出过渡安置房建设选址要结合当地地形地貌和原有场地条件，合理确定建设位置及规模。途中，工作组对安置房规划所涉及的多方因素进行热烈讨论，李锦生对工作组和项目所在镇提出两点要求：一是要求项目所在地镇要迅速做好场地“三通一平”工作；二是要求省规划院要立即抽调有关技术人员飞赴四川做好安置点的规划设计工作。

◆ 5 月 25 日，山西省援助四川灾区过渡安置房规划工作组紧急召开全体成员工作会议，会议由省建设厅总规划师李锦生主持。会议转达了省建设厅厅长王国正对工作组全体成员的关心。提出各市规划部门的工作任务。李锦生强调：各市规划部门要本着“实事求是，科学规划，经济实用，因地制宜”的原则，认真做好过渡安置房规划设计，制室全面的规划建设工作方案，克服各种困难确保 5 月 26 日全面按管建设场地，并尽快订购主要建筑材料，租赁机械设备。

◆ 5 月 26 日，山西省援助四川灾区过渡安置房规划工作组在成都市建委、都江堰市建委配合下，再次与有关乡镇的工作人员进行对接。在对相关安置点考察后，确定山西省各市援建的对口乡镇为都江堰市青城山镇、大观镇、蒲阳镇、崇义镇和安龙镇，预计安置户数为 4 万套，基本满足山西省援川过渡安置房的前 3 期数量。其间，第一期未安排的晋城市、朔州市、忻州市和阳泉市和也与有关乡镇进行对接，晋城市施工管理人员于当天抵达成都。

◆ 5 月 26 日，省建设厅厅长王国正主持召开厅党组扩大会议，通报山西省援助四川地震重灾区过渡安置房建设进展情况，对下一步安置房建设任务进行再部署。厅领导、厅办公室、人事处、信息中心负责人出席。

王国正要求各市对援建工作要高度重视，建立联席会议制度，紧急行动，快速反应，紧张有序地开展各项工作。截至 5 月 25 日 24 时，全省累计生产 518 套，太原市已发往灾区 173 套。

根据援建工作的实际情况，联席会办公室增加两个机构：一是资金协调组，由副厅长张立光负责，主要任务是负责建设资金的申请、拨付和协调工作；二是现场指挥部，由总规划师李锦生任总指挥，稽查办主任刘跃生、规划处副调研员张成喜任副总指挥，负责灾区现场的协调、施工、安装等工作。厅信息中心派专人前往灾区现场，负责现场的信息传递和宣传报道工作。

◆ 5 月 27 日，山西省援助四川灾区过渡安置房规划工作组带领省规划院的有关规划设计人员对已确定的过渡安置房一期工程十个建设地点进行现场踏勘，并与都江堰市规划局就安置点建设规划设计有关技术问题进行交流与沟通。工作组与成都市建委、都江堰市规划局进一步进行协商，落实全省二、三期大部分安置房的选点。

◆ 5 月 27 日，省委副书记、省长孟学农到相关生产企业实地察看过渡安置房生产准备情况，详细了解生产过程中存在的突出问题，随后在现场召开座谈会。张建民副省长、王清宪秘书长、罗清宇副秘书长，省建设厅、省经委、省财政厅、省交通厅、省民政厅等有关部门的负责同志，太原重型机械（集团）有限公司、太原钢铁（集团）有限公司主要领导，以及 15 家安置房生产企业负责人参加会议。

会议听取省建设厅厅长王国正关于全省援助四川重灾区过渡安置房建设工作进展情况和省经委主任洪发科关于生产企业原材料筹集情况的汇报。

孟学农强调，全省各级各部门要认真贯彻落实党中央、国务院的重大决策和省委、省政府的安排部署，大力发扬“一方有难、八方支援”的精神，带着对灾区人民的深厚感情，强化领导，精心组织，明确责任，各司其职，全力以赴抓紧抓实抓好救灾过渡安置房的生产工作，确保按时保质保量完成建设任务，以实际行动支援安置受灾群众和灾后重建工作，为夺取抗震救灾工作的全面胜利做出应有贡献。

他指出，当前，救灾过渡安置房的生产任务重、时间紧、难度大、要求高。各有关部门、各市要明确任务，精心组织，按照“三包”即包生产、包运送、包安装、“三保”即保质量、保数量、保进度，“五防”即防震、防火、防风、防雨、防寒，保证至少 3 ~ 5 年的使用期，严格坚持建设标准，认真制定建造方案，合理选择材料，周密组织生产，并安排有关人员进驻企业协调服务和督促生产，全面加强质量监督、技术指导和生产协调服务。各承担任务的生产企业要发扬顾全大局、连续作战的精神，千方百计挖掘生产潜力，加班加点、争分夺秒、开足马力、加紧生产，确保圆满完成生产任务。

孟学农强调，保证圆满完成救灾过渡安置房的生产任务，要落实"五个到位"：一要确保资金保障到位。财政部门落实建设资金并保证及时下达，保证不误工期；审计部门要提前介入，加强资金拨付、使用的全过程审计；纪检部门要加强建设过程的监督检查；二要确保材料供应到位，强化组织协调和对外联络，动员组织企业内部深挖潜力，千方百计保障生产所需的建设材料和配件供应；三要确保技术支持到位，组织工程技术力量，指导各地、各企业严格按照已确定的技术规范和相关要求组织生产施工，并建立严格的"旁站式"监理制和责任倒查、追究制，全力确保救灾过渡安置房的质量安全，让受灾群众满意，树立山西良好形象；四要确保运输保障到位，公路、铁路交通部门要主动服务、积极协调，保障材料、装备和施工队伍的顺畅通行；五要确保建设安装力量到位，各市加快做好施工人员与工程机械、装备赴灾区的前期准备工作，加强施工组织、工程安装人员培训教育，组织好维修服务队伍以备不时之需；六要确保与援建地协调到位，并抓紧做好规划选址、三通一平工作，为救灾过渡安置房的顺利建设打好基础。

◆ 5月29日，以省政府办公厅副秘书长罗清宇为总指挥的山西省援川建房前方指挥部全体人员齐赴四川，组织、协调全省各市援川建房的工作，确保援川安置过渡房建设任务圆满完成。

◆ 5月30日，山西省援川建房前方指挥部在都江堰大观镇举行的第一次会议。指挥部总指挥、省政府副秘书长罗清宇，省建设厅总规划师李锦生出席会议并讲话。指挥部所有援川队员和11个地市代表参加会议。

截至5月30日，山西省援建都江堰市首期7500套过渡安置房建设施工人员全部到位，并完成选址、勘探、规划、设计等援建前期准备及样板房建造等工作。这标志着山西省援建该市4万套过渡安置房全线开工。其中，太原市承建的安置点施工进展较快，涉及38家参建单位、1066名施工人员全部到位，并完成安装过渡安置房80套。

◆ 5月31日，朔州市在太原华宇日盛公司举行赴川援建灾区过渡安置房启程仪式。朔州市市委书记田喜荣，省建设厅厅长王国正，总工程师郝培亮出席启程仪式。朔州市市委常委、副市长、援建队队长雷建国代表出征队员作表态发言，王国正为援建队授旗，田喜荣发布援建队出征令。随后由100多名施工人员组成的首批援建队伍和10辆满载120套过渡安置房的卡车组成的车队启程奔赴灾区。

◆ 6月1日，以住房和城乡建设部稽查办公室巡视员焦占拴为组长，国家过渡安置房生产情况督查组一行3人对山西省过渡安置房生产和保障措施的落实情况进行检查，同时还实地考察两家过渡安置房生产企业。随后，召开安置房建设有关情况汇报会，省建设厅副厅长张立光、总工程师郝培亮及省经委、省交通厅等相关负责人出席会议。会上，太原市汇报了原材料组织、生产和运输等情况；省经委汇报了原材料组织及价格等情况；省交通厅汇报了安置房运输组织情况；省建设厅汇报了山西省安置房建设总体情况。督查组对山西省近期安置生产工作给予充分肯定。

◆ 6月1日，省政府副秘书长罗清宇、省建设厅总规划师李锦生、厅稽查办主任刘跃生等人乘车赴崇义镇和重灾区向峨乡过渡安置房工地现场察看情况，并与各市前方指挥部进行沟通，解决技术和场地的问题。

下午指挥部领导又奔赴崇义镇太原建房点。太原崇义一小区在这里建成，共计315套，太原市市长张兵生将钥匙交付到灾民手中，该批过渡房可安置当地崇德社区、崇义村和飞桥村近千户灾民入住。这是山西省首批交付当地灾民入住的过渡安置房，也创造了山西省援川建房施工队伍提前20天交房的纪录，在各市施工单位的过渡房加速建设中迈出了可喜的第一步。

◆ 6月2日，前方指挥部决定，组成两个生产质量检查组，对各市建房点进行摸底检查。对5个镇47个点的建设套数、规划编制、场地三通一平、进场情况、倒排计划摸底检查。当晚指挥部召开碰头会，研究解决出现的问题。

◆ 6月2日晚10点，省委书记张宝顺在太原日报的批示传真到省援川建房前方指挥部，全体工作人员学习了宝顺书记的重要批示。当会人员一致认为，张宝顺书记的重要批示既是对山西省前一阶段援建工作的充分肯定，也是省委、省政府和3400万三晋人民对全体援建人员的殷切希望，同时还饱含了对灾区人民的拳拳爱心。大家纷纷表示要积极行动起来，把宝顺书记的批示落实到下一步工作当中，继续发扬同甘共苦，昼夜突击，不畏艰苦的精神，克服建设和生活上的困难，高质量高效率的完成援建任务，争取让灾区的老百姓早日告别帐篷，搬进新房。

◆ 6月3日，山西中德塑钢型材有限公司在太原万水装饰城隆重举行为四川灾区捐赠110余万元塑钢型材仪式。省政协副主席李谭生、省委统战部常务副部长王大高主持捐赠仪式，省委统战部副部长、省民委主任边根棠、省建设厅厅长王国正、省民政厅厅长马景龙等出席捐赠仪式。

仪式开始时全体人员向四川地震中遇难同胞默哀。省政协委员、省工商联常委、中德塑钢型材有限公司董事长程田青表示抗震救灾工作任重而道远，山西中德塑钢型材有限公司作为一家民族民营企业，希望此次为灾区捐赠110余万元的塑钢门窗型材，能使灾区早日恢复生产，重建家园起到积极的推动作用，和灾区人民一起共同夺取抗震救灾斗争的全面胜利。

王国正、马景龙接受捐赠，程田青宣布车队出发令，随后十辆满载门窗建筑材料塑钢型材的捐赠车从太原出发。

◆ 6月4日，副省长张建民一行深入到晋中市中捷、新永丰两家安置房生产企业，调研指导过渡安置房建设工作。省建设厅、省卫生厅、省经委等相关部门负责人陪同调研。

他到生产车间，察看生产线，了解企业原材料储备、生产能力、产品质量以及生产中存在的困难，鼓励企业要服从大局，心系灾区，发扬不怕疲劳，连续作战的作风，保持高昂的精神面貌，开足马力、加紧生产。他强调，要备足生产原料，提前与省内外原料企业联系，保证材料供应。要牢记张宝顺书记、孟学农省长提出的质量要求，加强质量管理，落实旁站式质量保障措施，确保每一套安置房质量。要加强生产安全管理，既要保证生产进度，又要杜绝安全事故发生，保证按时完成任务。

◆ 6月5日，按照住房和城乡建设部的有关要求，省建设厅于5月底组织太原市自来水公司技术人员成立城镇供水水质应急检测小组，并着手准备检测仪器、帐篷、药品等物资。按照安排部署，援助小组于6月6日奔赴四川省宝兴县，展开为期20天的水质检测，以帮助灾区人民做好饮用水安全工作。

◆ 6月5日，省建设厅厅长王国正赴川慰问战斗在第一线的山西省援川建房指挥部人员和建房工人。

王国正一行分别到向峨乡的长治点、蒲阳镇的晋中、吕梁、临汾建设点，崇义镇的太原、运城点和大观镇的大同、运城点，慰问现场工程管理和施工人员，仔细察看建成活动板房的结构、实用性及防水、防风效果，对援建活动板房规划设计、过渡房安置区总体规划以及多部门协同作战组织施工给予充分肯定，并对出现的问题提出指导性意见。

◆ 6月6日，山西省援川建房前方指挥部召开座谈会。省建设厅厅长王国正出席，总规划师李锦生主持会议，承担建设任务的各市负责人就援建过渡安置房建设过程中出现的问题作汇报。

王国正强调：一要提高认识，统一思想。二要突出工作重点，确保一期任务完成。三要正确处理好与当地政府和老百姓的关系。四要解决好大家的生活问题。五要加大宣传力度。

◆ 6月6日，省工程建设地方标准《灾区过渡安置房建设技术规程》审定会在太原召开。会议邀请山西省土木工程专业的知名专家组成审定组，原省建设厅总工程师刘旋金任审定组组长。会议由省工程建设标准定额站副站长杨兵主持。审定组专家对《规程》内容进行认真审议，并一致同意通过该《规程》。

◆ 6月6日，省直工委副书记郭康峰带领有关人员到省援建办慰问援川建房参建人员，并与省援建办人员进行座谈，了解抗震救灾一线情况和党组织建设工作，座谈会由省建设厅纪检组长唐桂莲主持，总工程师郝培亮从援建工作的总体情况、援建工作的进展情况、援建工作的组织实施情况三个方面作了介绍。

◆ 6月7日，山西省援川建房前方指挥部临时党支部在工地上宣布成立。山西援建指挥部总指挥罗清宇，副总指挥李锦生及山西援建前方指挥部所有成员参加成立仪式。

临时党支部成立后，即要求一线全体共产党员和入党积极分子继续发挥先锋模范带头作用，圆满省委、省政府完成援建任务。

各市援川建房前方指挥部均成立临时党支部，不少入党积极分子纷纷递交申请书。其中，运城市援川建房施工人员已有8人火线入党。

◆ 6月15日，住房和城乡建设部前方指挥部一行7人到山西省援川建房前方指挥部调查了解情况，省援川建房副总指挥刘跃生汇报山西省安置房整体建设情况，并提出建设过程中存在的困难与问题。前方指挥部要求，要把过渡安置房建设作为当前和近期的首要任务，争分夺秒，加紧工作，全力以赴组织协调11个市的建设部门，切实做好过渡安置房的生产、运输、安装及配套设施建设等工作。

◆ 6月18日，省建设厅组织召开对口支援四川灾区恢复重建工作安排部署会，会议由副厅长张立光主持。总工程师郝培亮、总规划师李锦生以及城建处、建管处、科技处、计财处、信息中心等相关处室负责人出席会议。会议传达了省委常委扩大会议研究部署对口支援四川省茂县灾后恢复重建工作精神，介绍了四川省茂县的基本情况和受灾情况以及省建设厅对口支援重建工作的主要职责。

◆ 6月20日，山西省委副书记薛延忠在省发改委主任李宝卿、省建设厅厅长王国正、省财政厅厅长郑建国、省民政厅厅长马景龙等相关部门领导陪同下赶赴四川省都江堰市，看望战斗在一线的广大干部职工，对他们的辛勤工作表示慰问，为他们带去省委、省政府和山西3400万人民的问候。

薛延忠一行分别到忻州、运城、大同、太原工地慰问前线工作人员。他仔细查看建好的板房，包括厨房、卫生间、淋浴间等配套设施，询问施工进度。他要求，各相关部门要做深、做细、做实工作，为一线施工人员提供全方位、保姆式的服务，让施工人员工作安心、放心、舒心。

◆ 6月20日，省建设厅召开会议传达贯彻省区市和中央部门主要负责同志会议精神以及6月17日省委召开常委扩大会议研究部署对口支援四川省茂县灾后恢复重建工作会议精神。省建设厅副厅长张立光主持会议并讲话，纪检组长唐桂莲、省工务局局长赵友亭，以及厅机关副处级以上干部和直属单位的主要负责人出席会议。唐桂莲传达了省委书记张宝顺的重要讲话精神。

张立光要求与会人员把会议精神贯彻到工作中，并强调第一要按中央和省委的部署，积极投入于川西大地震灾后重建工作，举全厅之力搞好援建；第二要积极推进下半年各项建设目标工作，大家一定要树立高度的工作责任感，分秒必争，努力完成全年工作目标任务；第三要加强领导，支持奥运，做好安保维护稳定，确保市政基础设施和涉及百姓生活相关的煤气、供水、公交等的安全；注意生产安全，包括行业和直属单位，防止群死群伤事故的发生；积极化解矛盾，做维护稳定的模范；各级领导要关注民生，解决实际困难，做好群众的安抚工作，完成好全年工作目标任务，确保奥运期间的安全，给省委、省政府交一份满意的答卷。

◆ 7月1日，中国平安产险山西分公司向山西省援川建房人员捐赠意外伤害保险仪式在省政府举行，副省长张建民、省建设厅厅长王国正、总工程师郝培亮、省保监局局长慕福明、中国平安产险山西分公司总经理李建民等有关部门负责人出席捐赠仪式，省援川建房人员代表、省建设厅科技节能中心主任王宝权代表参建人员接受捐款。

◆ 7月1日,省委书记、省人大常委会主任张宝顺专程来到忻州市忻府区南城办事处西街村,看望慰问在援川建房一线殉职的优秀共产党员戎金亮同志的家属。他强调,全省广大共产党员要学习戎金亮同志的先进事迹,按照胡锦涛总书记在抗震救灾先进基层党组织和优秀共产党员代表座谈会上提出的要求,牢记全心全意为人民服务的根本宗旨,始终保持共产党员的先进性,充分发挥共产党员的先锋模范作用,立足岗位,无私奉献,苦干实干,以实际行动为抗震救灾和全省经济社会又好又快发展多作贡献。

◆ 7月1日,省建设厅援茂工作组向茂县政府和规划建设局了解灾损情况和生产自救情况,并现场调研县城的空间结构和发展用地、茂县城区的建筑物受损情况。

工作组首先听取当地规划建设局对建筑物定损及初步排查的情况介绍,将县城分为几个区域,在当地工作人员的陪同下,对每个区域内的建筑物逐街逐巷地调查了解。针对不同建筑物类型和初步排查确定的受损程度进行了解和核对,认真分析各种情况。

◆ 7月2~3日,省建设厅援茂工作组在茂县雅都乡、东兴乡调研。工作组考察了海拔2000米的河坝型村落通河坝村、海拔2400米的半山型村落俄口村和海拔2800米的高山型村落木玉村,考察了以养殖业为主的四坪村,并到北川县禹里乡进行比较研究,了解唐家山堰塞湖上游的震后次生灾害的情况。

◆ 7月8日,省建设厅召开党组会议,厅党组书记、厅长王国正主持,厅领导张立光、唐桂莲、郝培亮、省重点办主任赵建宏出席,厅办公室、计财处、人事处、机关党委、村镇处、信息中心负责同志列席。会议讨论并通过在全省建设系统开展向戎金亮同志学习的决定。

◆ 7月9日,省建设厅厅长王国正,总工程师郝培亮及厅科技处、重点办、标定站负责同志一行赴四川都江堰市视察山西省过渡房建设情况。

上午,王国正在总工程师郝培亮,总规划师、前方指挥部常务副总指挥李锦生,成都市副市长王忠林等人陪同下,先后视察山西省援建的都江堰市大观镇的"荷园小区"、高埂、蓝光施工现场。

下午,在山西省援川建房前方指挥部,王国正主持召开各地市前指代表参加的座谈会。会上,11个地市代表对最后冲刺阶段过渡房建设的困难和问题进行汇报总结。

◆ 7月10日,晋城市援川建设的都江堰市安龙镇龙凤小区胜利竣工交接,1791套过渡安置房正式移交当地政府。省建设厅厅长王国正、前方指挥部常务副总指挥李锦生出席过渡安置房移交仪式。

在晋城移交仪式进行的同时,总工程师郝培亮在省标定站、节能中心、重点办、质量站相关负责人的陪同下,先后来到向峨乡的爱莲新村、紫坪铺的同新园、青城山镇的锦青苑过渡房安置点进行调研,对板房的质量、配套设施安全性和实用性方面提出指导性意见。

◆ 7月10日,住房和城乡建设部副部长陈大卫一行来到山西省援川建房指挥部驻地,看望全体工作人员。在听取有关情况汇报后,陈大卫充分肯定了山西省援川建房取得的成绩。

◆ 7月12日,副省长张建民在省政府副秘书长、援川建房前方指挥部总指挥罗清宇,省建设厅厅长王国正、成都市副市长王忠林、援川建房前方指挥部常务副总指挥李锦生等人的陪同下,冒雨来到四川省都江堰市玉堂镇、大观镇等安置点看望、慰问一线施工和管理人员并与他们亲切交谈。

下午,住房和城乡建设部副部长陈大卫在山西省援川建房前方指挥部,会见副省长张建民,了解山西省援川建房的进展和下一步工作计划。陈大卫充分肯定山西省援川建房取得的成绩,并为山西省援川建房队员在抗震救灾过程中体现出来的不怕牺牲、无私奉献的精神深深感动。

◆ 7月13日,援建前指在都江堰市玉堂镇蓝光过渡安置房施工现场,举行援川过渡安置房建设主体完工仪式。省政府副秘书长、省援川建房前方指挥部总指挥罗清宇,省援助四川灾区过渡安置房建设联席会议办公室主任、省建设厅党组书记、厅长王国正，省援川建房前方指挥部常务副总指挥、省建设厅党组成员、总规划师李锦生，成都市建委副主任孙明，成都市建委村镇处处长吴本红，成都市青羊区委宣传部部长范维，山西省11个市前方指挥部负责人及参加蓝光会战的全体援川建设者参加主体完工仪式。仪式由李锦生主持。山西省前方援川建设者代表，晋城市援川建房总指挥李晋元同志作表态发言，受援地代表孙明同志作感谢发言，王国正代表省建设系统致辞。随着罗清宇的一声令下，最后一块彩钢板顺利安装上房，宣布山西省援川过渡安置房主体建设全部完工。

◆ 7月21日，山西省援川建房突击队员凯旋，省委副书记薛延忠、副省长张建民，以及省建设厅厅领导王国正、张立光、任在刚、唐桂莲、郝培亮及有关部门的负责同志前往机场迎接。经过近万名建设者50多天的艰苦奋战，山西省援助四川地震灾区过渡安置房建设提前25天完成任务。共建成过渡安置房37308套、面积69.43万平方米，可解决11万受灾群众的住房问题。

◆ 7月28日，省建设厅召开援助茂县工作座谈会，总规划师李锦生主持，省城乡规划设计院、省建筑设计研究院、省勘察设计研究院、省建筑科学研究院负责人以及厅援茂工作组成员参加会议。

李锦生首先介绍开展援助四川茂县的工作进展以及近期的工作重点，并就下一步具体工作提出建议。参会各单位的负责同志纷纷表示将全力以赴做好相关援助工作，具体工作方案待研究后上报省建设厅。

李锦生最后要求各单位要站在政治高度，对这次援助茂县工作要高度重视，要尽快提交工作方案，做好相关准备，力争8月1日前第一批专家赶赴茂县开展前期工作，8月20日前，建筑物鉴定、乡村规划和有关建筑设计工作要全面展开。

◆ 8月4日，省建设厅援茂工作组组织省内知名鉴定专家，对四川茂县震后建筑物鉴定技术方案进行研讨，省建设厅总规划师李锦生出席并对茂县震后建筑物鉴定存在的困难作了介绍，并希望专家组深入现场进行验证。专家组就建筑物鉴定技术方案听取汇报，并提出修改意见。

◆ 8月8日，省建设厅首批援茂专家共16人赴四川茂县正式开展援茂技术援助工作。这批专家的主要任务是对茂县震后城乡规划、地形图测量、建筑物鉴定和建筑设计等开展相关援助工作。

省建筑科学研究院技术人员同茂县建设局领导及对接联系人，就震损建筑物鉴定的工作范围、工作深度、工作周期、工作方式等问题进行多次讨论，并对茂县受损建筑物进行调研；省城乡规划设计研究院、省建筑设计研究院、省勘察设计研究院对茂县各个乡、镇、村震后房屋的损坏程度、当地的地势面貌以及后期规划所存在的困难等进行调研，并与当地县政府的相关负责人进行对接，就进一步开展援茂工作进行探讨，为震后重建工作尽快开展奠定基础。

◆ 8月17日，省建设厅总规划师李锦生在茂县召集省建设厅援茂指挥部的前线工作同志以及省城乡规划设计研究院、省建筑设计研究院、省勘察设计研究院和省建筑科学研究院等单位的专家技术人员召开了这次入茂以来的第一次工作汇报会。

省建筑科学研究院总工程师魏利国汇报房屋鉴定工作开展情况。省建筑设计研究院总建筑师冯高磊汇报了与茂县教育局、卫生局、广播电视局和建设局等茂县有关部门的工作对接情况和初步工作方案。省城乡规划设计研究院总工程师傅泽秋和省勘察院副总工程师薛强详细介绍了他们开展的工作和遇到的困难。

李锦生听取汇报后作重要讲话，对大家这段时间艰苦细致的工作给与充分肯定。他强调，援茂工作首先是一项政治任务，在援茂工作中必须牢固树立科学的精神和高度的社会责任感，大家的指导思想必须统一到省委、省政府的指示精神上来，要按照厅党组的具体要求扎实有序地开展相关工作。他指出，房屋鉴定、地形图测量、乡村规划和建筑设计这几项工作是茂县开展灾后重建的首要任务，质量要求高，时间要求紧，必须要以实事求是的精神同茂县的有关方面搞好工作对接，在工作中找到运用市场经济手段完成政治任务的有效方法。

大 事 记

2008 年山西省建设工作大事记

一 月

16 日

山西省工程造价管理协会 2008 年年会暨专业论坛在太原举行。省建设厅总工程师郝培亮出席会议并讲话，6 名专业工作者交流了推行工程量清单、企业定额、计算机、钢筋平法和造价咨询等方面经验。

20 日

山西省城中村农廉工作研讨会在太原召开。张立光副厅长对规范城中村改造建设行为，搞好基层党风廉政建设发表讲话。他提出：一是应该强化规划指导作用；二是加强工程建设管理；三是加大违法建设查处力度；四是研究制定城中村改造的政策措施。

二 月

2 日

省建设厅召开全厅干部大会。副省长张建民出席会议并作重要讲话。省委组织部副部长张凯宣布省委关于王国正同志任省建设厅党组书记的决定。

张建民副省长对王国正作了简要介绍，并对省建设厅今后的工作提出要求。

王国正表示，完全拥护、坚决服从省委的决定，汲取大家过去工作中创造出来的好经验、好做法，进一步搞好调查研究，全面掌握情况，尽快进入角色。尽心尽力做好新工作，尽职尽责完成新任务，不辜负省委、省政府的重托，为山西省的建设发展做出自己应有的贡献。

16 ~17 日

省建设厅党组书记王国正一行冒严寒在忻州市、五台县及景区有关负责人的陪同下，实地考察五台山风景名胜区综合整治拆迁、寺庙群、旅游服务基地建设现场，并召开五台山申遗工作会议。

29 日

省建设厅安全生产委员会一季度工作例会召开，通报省政府对省建设厅 2008 年安全生产目标责任制的考核情况和 2008 年安全生产考核指标有关内容；审议通过了《山西省建设厅安委会 2008 年工作总结及 2008 年工作安排意见》；讨论《山西省建筑施工安全生产隐患排查治理工作方案》和《城市基础设施运营安全隐患排查治理工作方案》。

张立光副厅长对山西省建筑施工安全生产和城市基础设施运营安全隐患排查治理工作方案提出要求。

三 月

3 日

省建设厅党组书记王国正在省工务局局长赵友亭的陪同下，到省城六大工程建设现场调研，听取太原市中心商务区管理中心负责人的情况汇报，实地察看工程建设现场和工程建设指挥部的场址，并详细了解中心商务区总体规划和工程建设指挥部筹建情况。

4 日

省城乡规划委员会办公室在太原市召开《太原市城市总体规划纲要》(草案)论证会。省城乡规划委员会办公室常务副主任、省建设厅总规划师李锦生,太原市委常委、副市长李俊明,建设部驻太原督察员康美寅出席。

19 日

太原南中环桥建设全面开工,该桥东起平阳路临高新技术开发区,西至晋祠路接长风新区,设计为双向 8 车道的城市一级快速路,全长 1698.38 米,宽 53 米,工期 2 年,建成后可有效沟通滨河东西路、龙城大街等周边主干道,加强南部区域联系。

28 日

五台山风景名胜区申遗领导组第三次全体会议在省政府召开。副省长张建民要求五台山申遗领导组的全体成员,要明确任务,迎难而上,突出重点,扎实推进;要加强协调和落实,各司其职,把五台山申遗工作做实、做细、做好。

31 日

省建筑安全站在太原组织举办为期两天的全省第二批建筑施工企业董事长、总经理继续教育培训,全省部分二、三级企业的董事长、总经理参加培训。培训主要内容是建筑安全管理概论,建筑安全法律、法规,建筑安全事故应急救援,施工现场危险源评价与职业健康安全管理,项目安全管理,建筑工程施工安全管理标准等。

四 月

9 日

全省建设工作会议在太原召开。会议回顾总结了 2008 年全省建设工作取得的成绩,深刻分析当前面临的形势和任务,并对 2008 年工作进行安排部署。省建设厅厅长王国正作题为《深入贯彻落实党的十七大精神促进城乡建设又好又快发展》的工作报告。省人大副主任谢克昌、副省长张建民、省政协副主席周然出席会议。

张建民在会上作重要讲话,对 2008 年建设工作提出要求:一是以城乡规划为重点,加快推进特色城镇化。二是以“县县有”工程为抓手,努力在生态文明建设上取得明显成效。三是以“住有所居”为目标,努力在解决民生问题上取得明显成效。此外,要坚持改革创新,加快政府投资工程组织实施方式改革。

会上,省、市政府签订 2008 年建设工作目标责任书。省建设厅还安排部署了全省建设系统党风廉政建设工作。

23 日

全省旅游名镇名村公众评选新闻发布会在太原举行。省建设厅厅长王国正、副厅长张立光、省旅游局局长籍振芳出席会议。山西电视台、太原电视台及新华社山西分社等 30 多家新闻媒体参加新闻发布会。活动的承办方《山西商报》安海鸿社长就公众评选活动的具体组织办法作了介绍。

26 ~27 日

省建设厅在太原市召开各市建设科技、勘察设计、施工图审查相关负责人和有关科室人员工作座谈会。省建设厅副总工程师沈悦出席会议并讲话,科技处、设计处、设计审核室相关负责人出席。

会议通报了 2008 年全省建设领域节能减排检查情况,省属勘察设计单位转企改制的最新进展情况,全省施工图审查检查情况。听取了各市开展建筑节能工作汇报,各市开展勘察设计行业自律进展情况汇报。会议总结交流了各市建筑节能工作先进经验,研究推动既有建筑节能改造工作和建筑节能资金补助政策,安排部署超限高层抗震设防审查工作,总结 2008 年全省施工图审查管理工作,并对 2009 年工作做了安排。

29 日

省建设厅厅长王国正一行就农村困难群众住房问题到左权调研。晋中市副市长李年善、左权县县长王兵、厅村镇处相关负责人陪同调研。

调研期间，王国正先后到三个贫困村、县城体育馆、东沟移民小区、芸山经济适用住宅小区进行实地考察，走村入户深入到每村最困难群众家中，了解困难群众生活和住房情况。随后又召开座谈会，听取当地政府的情况介绍，并对农村困难住房问题、经济适用房和廉租住房问题提出具体的指导性意见。

五　月

13 日

省建设厅厅长王国正到省城六大工程建设现场进行调研，省工务局等相关部门负责人陪同调研。王国正分别实地考察六大工程建设现场，听取相关部门负责人的情况汇报，详细了解省城六大工程的的总体规划和筹备情况，并就工程筹备规划过程中存在的困难提出建设性的意见和建议。

王国正强调，这些工程工期紧、任务重、要求高，相关单位要发扬不怕艰苦的精神，要加强协调，突破难点，为各项工程建设的顺利开展打好基础。

28 ~29 日

副省长张建民一行就文物保护、农村困难群众住房建设和城市建设等工作在朔州市进行调研。省建设厅厅长王国正、朔州市委书记田喜荣、省文物局局长施联秀以及相关市、县负责人陪同调研。

张建民先后深入山阴县、朔城区、右玉县、平鲁区，通过实地查看、座谈、听汇报等形式详细了解情况，并对城市建设及解决农村困难群众住房问题提出要求，在城市建设工作方面要严格遵循“先规划后建设”的原则，坚定不移地抓好城乡规划、生态建设、重点建筑建设等一系列问题。在解决农村困难群众住房问题方面，右玉县做了十分有益的探索，取得阶段性成果，希望右玉县再接再励，把1000 户农村困难群众住房问题解决好，认真总结提高，以利全省推广，从而解决好全省 7 万户农村困难群众住房问题。

六　月

4 日

省建设厅召开厅党组扩大会议，厅党组书记、厅长王国正主持会议，听取各处室年度目标责任制分解任务进展情况的汇报，重点是“55621”工作任务和《政府工作报告》下达省建设厅 10 项工作完成情况、存在的问题以及拟采取的措施。对下半年的工作进行了安排部署。

13 日

太原经济圈规划编制工作领导组会议在太原召开，审议太原经济圈规划纲要的主要内容。

副省长张建民要求领导组办公室要及时了解、督促工作的进展情况，适时向领导组作出报告。同时要尽快编制完成太原经济圈规划并积极开展实施工作。

同日

全国农村困难群众住房与村镇住宅安全座谈会在右玉县召开。山西、吉林、浙江、云南、宁夏等省自治区及住房城乡建设部城乡规划管理中心的代表分别对农村困难群众住房政策研究和试点工作情况发言，住房城乡建设部村镇办主任李兵第做了会议总结，并对这次在右玉县实地考察工作给予指导性意见。

16 日

山西省省长孟学农主持召开第十二次常务会议，审议并原则通过《山西省民用建筑节能条例》。

21 日

住房和城乡建设部在右玉县召开中东西部有关省区建设厅和政策研究、规划编制、建筑设计、科学研究、高等院校等单位代表参加的会议，就如何解决农村困难群众住房、怎样保证村镇住宅安全与房灾等问题，进行专题研究、深入探讨、制定对策。

30 日

省政府召开进一步推进山西大医院建设专题会议。会议议定，山西大医院 2008 年 10 月开工建设，3 年建成投入使用。

省委副书记、省长孟学农强调：各级各部门要坚持以人为本、科学规划、协同配合、全力以赴，切实将这项事关人民群众健康的民心工程扎实推进，给全省人民交一份满意的答卷。

30 日

省建设厅召开厅党组扩大会议，会议由厅党组书记、厅长王国正主持，厅领导张立光、任在刚、唐桂莲、郝培亮、赵建宏、省工务局局长赵友亭出席会议。

纪检组长唐桂莲传达了全国处理信访突出问题及群体性事件电视电话会议精神；会议听取讨论并原则通过省建设厅庆祝中国共产党成立 87 周年筹备方案和表彰抗震救灾、援川建房先进单位和先进个人的决定；原则通过关于加强建设项目管理的实施意见（讨论稿），修改后报省政府；原则通过《山西通志·城乡建设志》编撰工作方案。会议还通报了《城乡规划法》宣传月活动安排方案。

七 月

1 日

省建设厅召开纪念“七一”暨抗震救灾表彰大会，纪念中国共产党成立八十七周年，表彰厅直系统在抗震救灾、援川建房工作中涌现出来的先进基层单位和先进个人，弘扬抗震救灾精神。

3 日

全省建筑安全生产隐患排查治理和百日督查专项行动再部署、再动员暨建筑安全生产联络员第八次会议召开，通报全省上半年建筑安全施工隐患排查治理和前一阶段安全生产百日督查专项行动督查工作情况。

16 日

省建设厅厅长王国正带领厅机关、直属单位相关人员赴忻州看望戎金亮同志的家属，并在忻州市建设局会议室召开山西省建设系统向戎金亮同志学习活动动员大会。动员会上，忻州市建设局局长高益明介绍戎金亮的先进事迹，省建设厅副厅长任在刚宣读中共山西省建设厅党组在全省建设系统开展向戎金亮同志学习活动的决定。省建总公司工会副主席刘卯荣向全省建设职工发出向戎金亮学习的倡仪，姜波、王宝权、杨新国分别代表全省各市建设局、厅直系统和忻州市建设职工表态发言。忻州市副市长王学英，省建设厅副厅长张立光分别讲话。

30 日

省政府召开《城乡规划法》落实年活动电视电话会议。会议由省政府副秘书长罗清宇主持，副省长张建民、省建设厅厅长王国正、省《城乡规划法》落实年活动领导组成员出席。

王国正对《城乡规划法》落实年活动进行安排部署，太原市副市长吉久昌、平遥县规划局局长冀太平分别作表态发言，张建民作重要讲话，对开展好《城乡规划法》落实年活动以及贯彻实施《城乡规划法》提出明确的要求。

八 月

5 日

省人大常委会、省建设厅、省人大城建环保工委、省监察厅、省政府法制办、省政府效能办在省建设厅联合召开《城乡规划法》落实年活动新闻发布会，通报山西省开展《城乡规划法》落实年活动的有关情况。

省建设厅总规划师李锦生对《城乡规划法》落实年活动的组织方式和时间安排进行通报，省监察厅副厅长刘蓉华对落实年活动的执法检查作了说明。省人大常委、城建环保工委主任王晓林表示将全力配合制定好山西省的《城乡规划法》实施办法。

5 日

省委常委、省纪委书记金道铭在省建设厅调研。

金道铭到厅政务大厅视察了行政审批工作流程，到省工务局调查了解省城“八大建筑”项目概况、进展情况和部分项目设计方案，对省建设厅工作人员素质和工作情况高度赞扬。

7日

省建设厅厅长王国正到省“八大建筑”建设现场进行调研。察看工程建设的进展情况，研究解决八大工程规划、设计、建设中面临的突出困难和问题。

王国正指出，“八大建筑”的建设要在确保工程质量的前提下，尽早开工，尽早完工。有关部门要进一步提高思想认识，加强协作配合，成立专门综合办公小组，及时收集信息，反馈信息，并报送有关单位，互相学习，互相推进，对外宣传要做到位。这次改造是太原市现代化发展的一个新的里程碑，大家要起齐心协力，加快工作进度，按时、保质、保量的完成省委、省政府交给的任务。

26日

省建设厅召开干部大会，省纪委常委、秘书长贾毓杰同志宣读省纪检委和省委组织部对郝耀平同志任省纪检委驻建设厅纪检组组长和建设厅党组成员的决定，对郝耀平在太谷县的工作给予肯定。

28日

山西大剧院开工仪式在省城太原长风商务区举行。省委常委、宣传部长高建民，副省长张建民、张平等出席并为工程奠基。开工仪式开始前，省领导参观了省城十大建筑展板，了解了省城重点建筑建设的进展情况。

九　月

2日

省城重点建筑建设领导小组办公室副主任、省建设厅厅长王国正主持召开省城重点建筑建设领导小组办公室第一次联席会议。太原市政府、省文化厅、省卫生厅、省体育局、省民航局、太原铁路局、省科协、中国（太原）煤炭交易中心、省工务局等部门主要负责同志和各项目具体负责人参加会议。

3日

省建设厅召开党组扩大会议，会议由厅党组书记、厅长王国正主持。会议听取副厅长闫晨曦关于2008年下半年城镇生活污水处理厂新增生活COD减排量实地核查情况汇报，听取并通过关于上报住房和城乡建设部抗震救灾先进集体和先进个人的决定。厅领导张立光、任在刚、闫晨曦、郝耀平、郝培亮、李锦生、赵建宏以及有关处室的负责同志出席会议。

同日

11市规划局负责人齐聚太原，参加省建设厅召开的《城乡规划法》落实年活动座谈会。省建设厅厅长王国正、总规划师李锦生及规划处、村镇处、法规处、监察室、稽查办、信息中心相关负责人参加会议。

王国正指出，《城乡规划法》落实年活动进行一个月以来取得阶段性成果。各市通过丰富多彩的活动，掀起宣传和学习《城乡规划法》的热潮。他强调，下一阶段的查处工作更加重要，希望11市规划局统一认识，全力以赴。只有查处工作做得好，才能完全统一规划意识，深入人心，使规划工作顺利开展。

17日

省建设厅厅长王国正一行对山西省城乡建设学校进行调研。校长宋兵虎就学校的基本情况、近年来改革发展成就等作了汇报。王国正强调，学校在今后的发展中一定要注意加强师资队伍的培养、加强对学生综合素质的培养、加强教学的安全和加强学校基础设施建设，并要求各有关部门对省城乡建设学校的工作要一如既往大力支持。

19日

省农廉办督查组组长李双才一行4人，对省建设厅农村基层党风廉政建设工作进行督查。厅纪检组长郝耀平出席会议，村镇处负责同志作了工作汇报。督查组认真听取省建设厅在启动解决农村困难群众住房问题、加强村镇规划、加快小城镇和新农村建设、抓好古村镇保护和农村建房管理等方面的情况汇报，给予高度评价，认为省建设厅在农村基层党风廉政建设方面，服务意识强，组织领导到位，工作措施得力，各项工作都取得显著成效。

22~26日

省建设厅纪检组长郝耀平一行对忻州、朔州、大同三个市的《城乡规划法》落实年工作情况进行检查。检查组先后听取忻州、朔州、大同三个市规划部门负责人汇报。

郝耀平在听取汇报的同时，详细了解了各地规划工作的情况，并对工作中的不足提出指导性意见，对工作出色的各市县给予充分肯定。

22~27日

省建设厅总规划师李锦生一行对吕梁、临汾、运城3个市、6个县的《城乡规划法》落实年工作情况进行检查。检查组先后听取吕梁、临汾、运城3个市建设局、规划局局长就《城乡规划法》落实年工作情况的汇报。李锦生在检查时强调：贯彻落实《城乡规划法》是一项长期性的工作，查处违法建设更是任重而道远，要求规划部门加强组织、加强领导，充分利用落实年活动的契机，查出典型案件，增强市领导的规划意识，加强《城乡规划法》的执法力度。

检查组在听取完各市汇报后，随机对3个市，柳林、曲沃、新绛等6个县，共19个项目进行抽查。这些项目包括商品房、新农村项目、人民医院、民办学校等。通过检查，发现各市县普遍存在先设计、先开工后办理规划许可证，违反规划许可擅自多建，设计图纸与建设工程规划许可不符等问题。此外，还发现擅自改变建筑物使用功能，施工和报建采用两套图纸的严重违法行为。针对这些问题，检查组提出处罚和整改建议。

十　月

9日

省建设厅召开全省建设系统电视电话会议。副厅长张立光安排部署了建设系统安全生产工作。副厅长闫晨曦安排部署了生活COD减排工作。厅纪检组长郝耀平对建设系统廉政建设工作进行安排和部署。厅长王国正强调，当务之急，要高度重视三方面的工作：一是冬季即将来临，各级建设部门要全力做好供热保障工作，确保供热安全稳定；二是继续做好行业稳定工作；三是要切实抓好建设工作目标责任制确定的各项工作任务的落实。

12日

山西省风景名胜园林协会在太原成立。山西省人大常委会常务副主任杨安和，省政协原副主席边鸣涛，省建设厅厅长王国正，副厅长闫晨曦出席成立大会。王国正和协会会长马骏共同为山西省风景名胜园林协会揭牌。

15日

太原市正式启动国家历史文化名城申报工作，成立由规划、文物、建管等30余个部门和单位组成的申报领导组，并与中国城市规划设计研究院签订《太原市历史文化名城保护规划》编制委托协议。

16日

省委常委、副省长李小鹏在省建设厅进行调研，并召开座谈会。省政府副秘书长韩和平陪同。

厅党组书记、厅长王国正代表厅党组就住房建设、节能减排、重点工程、援川建房、建筑节能等各项工作的进展情况和存在的问题作了汇报。副厅长张立光就建设行业建筑安全生产隐患进行了汇报。

李小鹏认真听取了汇报。他指出省建设厅工作责任重大，希望省建设厅围绕“转型发展、安全发展、和谐发展”，结合自身实际，深刻领会，真正落实到工作中。

22日

厅纪检组长郝耀平一行对太原市《城乡规划法》落实年工作情况进行检查。

检查组在太原市规划展示大厅听取《城乡规划法》落实年工作情况的汇报，对在建工程进行抽查，对存在的问题督促其加以改进，省人大城建环保工委副主任汤俊权、省人民政府法制办副主任王卫星、省人大城建环保工委监督处副处长胡东等出席汇报会。

十一月

6 日

省解决农村困难群众住房工作现场会在右玉召开。省委常委、副省长李小鹏出席会议并做重要讲话。省建设厅厅长王国正详细介绍了全省解决农村困难群众住房工作开展情况。

截至 2007 年底，全省住房困难的农村群众有 32 万户，共 60 多万人，占全省农业人口的 3.5%。2008 年，省政府在省北部、中部和南部，确定了 6 个县（市）共 3000 户解困任务作为试点，已完成 2229 户。

会上，李小鹏代表省政府与各市政府签订了 2009 年农村住房解困工作目标责任书。

7 日

省委常委、副省长李小鹏带领省建设厅、省工务局、省重点办、省国资委以及太原市铁路局等相关负责人一行就太原南站建设进行调研。

14 日

省建设厅厅长王国正到省建筑设计研究院调研，对设计院近年来所取得的成绩给予肯定。

16 日

省建设厅纪检组长郝耀平到省勘察设计研究院调研，希望省勘察院能够继续发扬优良的传统，实现各项事业又好又快发展

21 日

省建设厅纪检组长郝耀平带领厅建管处、规划处、城建处、村镇处、房产处、公积金监管处、综合处、客运处负责人一同走进山西广播电视总台《政风行风热线》栏目，就听众提出的问题和建议给予解答。

22 ~23 日

省重点工程办公室主任赵建宏一行 3 人组成的督察组，对长治市新增生活 COD 减排工作督察，先后对长治县、长治市、黎城县、襄垣县等四个污水处理厂进行现场指导。

十二月

2 日

山西省房地产开发银企座谈会在省城太原召开，全省 11 家银行和 20 家房地产开发企业的代表齐聚一堂，结合当前经济形势，分析山西省房地产市场存在的问题，寻求房地产业发展出路。这是营造宽松融资环境，扩大内需，拉动增长，促进房地产业平衡发展的有效举措。

省建设厅副厅长任在刚就 2008 年 1 ~10 月份山西省房地产运行完成情况、建设情况、销售情况、供应结构与市场需求情况、融资情况做详细介绍。

25 日

全国建设领域节能减排督查组工作汇报会在太原召开。太原市副市长吉久昌、大同市副市长郝月生分别对太原市和大同市的建设领域节能减排工作进行情况汇报，省建设厅总工程师郝培亮对山西省的建筑节能工作、城镇供热计量改革情况、城镇污水处理及垃圾处理等相关工作进展情况进行了总体汇报。随后，督察组分别对山西省职业技术学院、太原市第十四中学、恒大绿洲及山西东泰房地产开发有限公司国际大都会四个项目的建筑节能、城镇供热计量改革、城镇污水处理和垃圾处理等方面进行联合监督检查。

26 日

全国建设领域节能减排监督检查组工作反馈会在大同召开。建设部标准定额司副司长田国民对山西省的建筑节能、供热计量改革及城市污水处理三个方面的检查情况做了意见反馈。

全省建设工作概况

重点工程建设

省级重点工程

【全年累计完成情况】 省级重点工程项目63项，在建重点工程计划投资388亿元，实际完成投资379.1亿元，占投资计划的97.5%，比前一年同期高1个百分点；累计到位资金345.32亿元，占计划的89%，继续保持良好的增长势头，为全省经济平稳增长提供重要支持。

【质量和安全施工】 重点工程项目机械化、专业化施工能力稳步提高，经过有关质量监督部门初验，在建重点工程分项验收合格率100%，优良率达到85%以上。各项目不断加大安全文明施工费用的投入，施工环境进一步改善，全年无重大安全质量事故发生。

【安全生产管理】 2008年是奥运年，加强安全生产管理是工作的重中之重。按照省政府的统一部署，省重点办印发《重点工程安全生产百日督察专项行动的通知》和《重点工程开展安全生产排查活动的通知》。通过开展重点工程建设安全隐患排查治理活动，加大专项督查的力度，促进建筑安全隐患排查治理各项工作的落实，推进重点工程安全预防体系建设，提升应急救援能力，实现山西省重点工程建设安全施工无重大事故的良好态势。

【工程招投标管理工作】 重点工程招投标率较往年大幅提高，行政监督基本落实到位，实现招投标程序的制度化、规范化。不少项目还进行一系列制度创新，无标底招标、工程量清单报价和招标代理等都在重点工程普遍开展，为工程节约大量资金，有效杜绝暗箱操作和招投标走过场行为的发生。重点工程招投标覆盖率基本达到100%。

【重点工程管理】 2008年，各项目在不断完善项目法人责任制的基础上，扎实推进各项制度创新，积极推广工程建设管理总承包制，政府投资工程实行工程项目代建制，完善建设项目招投标制，较好履行重大问题的请示汇报制度等等。尤其是EPC（设计施工总承包）在临汾热电厂等电力项目的成功实施，展现了EPC在控制工程造价、加快工程进度、实现工艺创新方面的综合优势。

省重点工程——山西省科技馆项目开工仪式

省政府工程

【省城六项重点工程全面推进】 山西大剧院等四项工程设计方案的深化、细化、优化工作如期完成；煤炭交易中心方案再创新确定两个优秀方案，大医院项目经评审选出 3 个优秀方案。山西科技馆等 3 个项目如期开工，全面进入施工建设阶段。体育中心、煤炭交易中心准备工作就绪，部分建设资金和前期启动资金到位，建设资金筹集、申请、审核、拨付的工作制度已经建立。

【省城六项工程建设领导机构组建】 为加强对工程建设的领导，确保项目顺利实施，省政府工程事务管理局（简称省工务局）根据省政府 114 次常务会议精神，报请省政府成立山西大医院等省城六项工程建设领导小组及其办公室，作为六项工程建设的决策和议事协调机构。办公室下设前期工作、基础条件、资金筹集、监督审计和项目实施五个工作组，分别由省发改委、太原市政府、省财政厅、审计厅和省工务局牵头负责。

【项目设计文件编制工作】 省工务局按照“百年建筑、千年传承”的建设理念，以“坚持以人为本，体现三晋文化，注重整体协调”为准绳，把现代气息、文化传统和地域特色有机结合起来，全面开展设计方案的深化、细化、优化工作。通过采取集中部署、现场设计、专家评议等形式，多次组织各组专家按照有关技术规范和通则的要求，就设计方案的立意与造型、使用功能布局、结构合理性、各类流线、人性化无障碍设计以及消防、疏散、节能、环保、可持续发展等专业方面的内容进行深入讨论，反复修改。先后 40 余次组织召开或参加方案设计论证、审查等会议，60 余次致函设计单位，局主要领导亲自前往设计部门就方案优化工作进行沟通和现场指导，各项目方案日臻成熟，功能完善，技术可行，且规模、投资得到有效控制。

【严格执行基本建设程序】 省工务局是省政府成立的专业化机构，在具体组织实施六项工程的工程中，严格执行基本建设程序，规范办理基建手续，对其它政府工程切实起到示范作用。在工程立项、设计报建、可研报批、招标投标等工作中，积极与各相关职能部门和项目使用单位对接、协调、沟通，有序办理各种手续。截至 2008 年底，工程规划许可、用地规划许可已办理，地震、环评、文物、初勘工作已完成，报建、质量和安全监督、施工许可等建设手续正在加快办理。

【阳光作业依法招标】 为确保各项工程招标工作公开、公平、公正，省工务局严格按照《中华人民共和国招标投标法》、《山西省工程建设项目招标投标条例》等法律、法规的规定，对各分项工程实行公开招标，从专家库随机抽取评标专家与有关人员组成招标委员会和专家委员会，并充分发挥其作用，严肃、规范地进行招标工作。同时，由纪检、监察、发改、建设等部门人员组成六项工程建设招标监督组，对招标工作进行事前、事中、事后全过程监督。为保证工程合理、有序实施建设，由审计部门对项目建设全过程进行跟踪审计。通过建立完善的监督保障机制，工程建设各个环节阳光作业，依法运行，有效推进工程项目的廉政建设。

【有序推进工程建设】 省科技馆、图书馆、大剧院项目分别于 2008 年 7 月 2 日、7 月 30 日、8 月 28 日如期开工后，省工务局充分发挥人才、技术和专业优势，精心组织，科学管理，迅速落实各项目责任人，派出专业管理人员进驻施工现场，积极协调项目施工、监理单位，建立健全工程质量安全保障体系，确保各项目有序施工。12 月 14 日，科技馆、图书馆和大剧院三项工程 25 台桩基设备进场，全面开始施工。

【切实保证建设资金】 确立六项工程建设资金“财政统一管理、国库集中支付”的管理模式，明确建设资金筹集、申请、审核、拨付程序，健全工作制度，完善工作机制，确保建设资金足额到位和使用安全。截至2008年底，用于支持太原市开发建设龙城小区的3亿元启动资金、体育中心项目4亿元前期启动资金和1亿元建设资金以及用于山西大剧院等五项工程的2.55亿元建设费用拨付到位。

住房政策与制度改革

城镇住房制度改革，是经济体制改革的重要组成部分。城镇住房制度改革不断深入，打破沿袭四十多年计划经济体制下公有住房实物分配的格局，初步建立住房分配货币化新制度，有效推进城镇住房向社会化、市场化、商品化的稳步过渡。

山西省住房制度改革22年来的历程大致分为三个阶段

一、住房改革试点阶段（1987年8月～1994年6月）。主要工作是以标准价出售公有住房和规范提高住房租金标准，从单项改革、企业试点进入全面推行综合配套改革。

根据邓小平同志1980年提出的出售公房、调整租金，提倡个人买房建房的总体改革设想，我国城镇住房制度改革在实践中不断探索。1985年1月成立全国住房租金改革领导小组。1986年，住房租金改革领导小组升格为国务院住房制度改革领导小组。1987年7月31日国务院住房制度改革领导小组在北京召开城镇住房制度改革试点工作座谈会。同年8月，省政府召开全省城镇住房制度改革工作座谈会。随后向全省各地转发国务院办公厅印发的《城镇住房制度改革试点工作座谈会纪要》，部分市县和大中型企业城镇公有住房开始向个人出售，启动了山西省公有住房的出售。

1988年1月，全国第一次住房制度改革工作会议在北京召开，2月25日国务院印发《关于在全国城镇分期分批推行住房制度改革实施方案的通知》（国发［1988］11号），国务院办公厅印发《关于转发国务院住房改革领导小组〈关于鼓励职工购买公有住房的意见〉的通知》（国办发［1988］13号）。同年2月，成立山西省住房制度改革领导小组，办公室设在山西省城乡建设环境保护厅。4月，召开全省第一次住房制度改革工作会议，省政府办公厅出台《关于印发〈山西省城镇住房制度改革实施意见和山西省出售城镇公有旧住房的意见〉的通知》（晋政办发［1988］28号），提出改革的步骤和方法：太原、原平等市、县住房制度改革可先行一步，其他积极性高、有条件的城镇和一部分条件好的大中型企业，经批准也可以起步改革；城镇的公有旧住房（含房管部门直管公房和单位自有公房）除特殊不宜出售的，均可以出售。从此山西省住房制度改革拉开序幕。

1988年10月14日，山西省住房制度改革领导小组印发《关于加快住房制度改革步伐的几点意见》（晋房改字［1988］5号），提出在部分市、县采取售房为主，不搞补贴，适当提租的方案。住房制度从单项改革起步，拓展多项改革试点，部分地市从出售公有住房起步，先后进行有偿分配、调整公房租金、集资改造危旧房等形式多样的房改试点，积累经验。

1991年6月国务院出台《关于继续积极稳妥地进行城镇住房制度改革的通知》（国发［1991］30号），10月又召开全国第二次住房制度改革工作会议，提出以转换机制为突破口，租、售、建并举，综合配套改革的总体思路。1991年10月，国务院办公厅转发房改领导小组《关于全面推行城镇住房制度改革的意见》（国办发［1991］73号），明确房改的总目标、阶段目标、基本原则、有关政策问题。根据国务院房改的有关政策，为解决城镇特困户住房问题，

1991 年 2 月省政府批转省建设厅《关于解决城镇居住特别困难户住房问题的意见》(晋政发[1991]21 号),启动集资建房和合作建房。1991 年 8 月省政府出台《山西省人民政府印发〈山西省城镇住房制度改革的意见〉的通知》明确提出:(一)少提租不补贴。所有单位将公有旧住房的租金提高到当地房管部门直管公房的租金水平。(二)新房实行新制度。凡新建住房和腾空旧房应实行出售或新房新租的办法。(三)超标准住房实行加租。(四)鼓励职工个人购买公有住房。售价的核定,由当地房产主管部门组织评估。实行一次性工龄优惠,一次付清房款的,在优惠的基础上酌减 20% 的优惠政策。(五)交纳租赁保证金以息补租金。(六)鼓励职工集资建房和合作建房。1991 年 12 月 1 日《山西省省城住房制度改革试行方案》公布试行。

1992 年 8 月国务院房改领导小组正式批准山西省城镇住房制度改革实施方案。1992 年 9 月山西省第二次房改工作会议在太原召开,印发《山西省调整城镇公有住房租金标准的暂行规定》等 5 个配套文件,全省住房制度改革进入全面推进、综合配套的改革阶段。到 1993 年底,全省有 59 个地、市、县和大型独立工矿区房改方案经批准出台实施,太原市以改革低租金、公房出售和集资建房等内容为突破口,在借鉴上海等地建立住房公积金制度经验的基础上,在全省率先建立住房公积金制度,是全国建立公积金制度比较早的城市。大同矿务局等大中型企业的住房制度改革也起步较快。从实施情况看,基本立足于住房经营管理机制的转换,从改革公有住房、低租金着手,注重建立住房基金,大力推行多种形式的集资、合作建房。

二、住房改革全面实施阶段(1994 年 6 月 ~ 1998 年 6 月)。改革的主要内容包括建立住房公积金制度,住房租金改革,进行公房出售,实施安居工程建设等。

1994 年 6 月国务院出台《关于深化城镇住房制度改革的决定》(国发[1994]43 号),总结前几年房改的实践经验,提出住房制度改革的 7 项基本内容。11 月 17 日,省政府出台《山西省关于深化城镇住房制度改革的实施意见》(晋政发[1994]109 号),并附有 3 个配套的实施细则:《山西省城镇公积金筹集管理实施细则》、《山西省城镇公有住房租金改革实施细则》和《山西省城镇公有住房出售管理实施细则》。《实施意见》的出台,有力地推动了房改进程,山西省城镇住房制度改革全面展开。

11 月 20 日,山西省召开第三次房改工作会议。会议在总结房改试点经验的基础上,明确了房改的方向和政策,并把《山西省关于深化城镇住房制度改革的实施意见》作为今后一段时期指导全省实施城镇住房制度改革的纲领性文件。

1995 年 1 月,太原市人民政府印发《太原市深化住房制度改革实施意见》及《太原市公有住房出售办法》(并政发[1995]4 号),并附有 9 个配套政策。至 1996 年底,11 个地市和所属县(市)都完成房改方案的制定报批工作。同时在地市机关和事业单位全部建立公积金制度,60% 的县(市)建立住房公积金制度,公房租金由原来的每平方米使用面积每月 0.2 元提高到 0.5 ~ 1.0 元,租金支出占双职工工资的比重从 1993 年的 1.04% 提高到 5% 左右。公房出售全面推进,新旧售房政策平稳过渡。

1995 年 2 月,国务院办公厅转发国务院房改领导组《安居工程实施方案》(国办发[1995]6 号),确定在 60 个城市和 1 个单位进行国家安居工程试点,太原市被列入全国安居工程试点城市,当年安排投资 2.5 亿元。1996 年、1997 年太原、阳泉、大同、朔州、临汾、榆次等城市被列入国家安居工程实施城市,国家安排安居工程贷款规模两年共 4.6 亿元。

随着住房制度改革的不断深入,省委、省政府对房改工作更加重视。1997 年 5 月 16 日全省住房制度改革暨安居工程工作会议在阳泉召开。随后,全省掀起建设安居工程的高潮。连同地方政府安排的安居工程项目总规模超过 150 万平方米。1998 年底,全省安居工程竣工面积 167 万平方米,解决住房困难职工2.8万户。国家安居工程的实施，建立了城镇住房制度新体制，带动了经济适用住房的发展，推动了经济适用住房供应体系的建立。

1997年8月18日，省政府出台《关于深化城镇住房制度改革中若干问题的通知》（晋政发[1997]80号），一是提高住房公积金缴存基数和比例，单位和个人缴交比例分别由5%调整为6%。二是提高租金标准，全省平均租金由每平方米0.45元调整为0.70元。三是提高公有住房出售标准价。全省公房出售平均标准价每平方米建筑面积520元，并规定8月1日起执行新的标准价、成本价、市场价的售房价格。四是加快国家安居工程和经济适用住房建设，太原市最早的经济适用住房小区——长风小区开始建设。

1998年1月8日，九届人大一次会议政府工作报告明确提出：要深化住房制度改革，促进住房商品化；改善人民群众居住条件，5年城镇居民人均住房增加2平方米；加快安居工程建设进度。省委、省政府确定要通过加快住宅建设，带动相关产业，使全省国民生产总值增长1.2个百分点。为了确保实现这一奋斗目标，1998年全省住宅建设任务适时调整为800万平方米，其中经济适用住房建设规模为89.73万平方米。1998年底全省城镇住宅竣工面积达到810万平方米，大大超过前三年的总和，实现了国民生产总值增长1.2个百分点的既定拉动目标。

三、建立住房保障体系阶段（1998年7月至今）。主要工作包括实施住房分配货币化，大力推进经济适用住房和廉租住房建设。

1998年7月3日，国务院出台《关于进一步深化城镇住房制度改革加快住房建设的通知》（国发[1998]23号），要求一方面从1998年7月1日开始停止住房实物分配，逐步实行住房分配货币化，另一方面，调整住房投资结构，重点发展经济适用住房，建立以经济适用住房为主的住房供应体系。这是我国住房制度改革和住房发展工作取得的两个最重要的政策突破。7月23日，省政府出台《关于进一步深化城镇住房制度改革加快住房建设的通知》（晋政发[1998]23号），与过去相比，停止住房实物分配，逐步实行住房分配货币化、商品化；加快现有公有住房改革，规范住房交易市场的新内容。采取不同扶持政策，大力支持各类住房建设，重点发展经济适用住房，发展住房金融，促进住宅产业发展。从1998年7月1日起，全省城镇停止住房实物分配，逐步实行住房分配货币化、商品化，到2000年全面推行。这一政策出台之后，全省各地都按照省委提出的“快改、全改、真改、改好”的精神，加快公有住房出售步伐，对规定允许出售的公有住房，从7月1日起取消标准价，全面实行住房成本价出售，最大限度地放宽可售住房范围，使公房出售比例大幅提高。特别是加快了省直单位公房出售进度，简化程序，放宽条件，集中解决售房中的诸多问题。省房改领导小组8月18日~9月9日采取省、市（太原市）联合办公方式，为20个单位发放20.93万平方米的《房屋所有权证》，为省直单位433户已购住房职工发放《房屋所有权证》，通过这次活动带动全省公房出售的全面快速实施。1999年国务院《住房公积金管理条例》发布，标志着住房公积金制度的确立。2000年3月，山西省人民政府出台《山西省人民政府印发山西省住房分配货币化实施意见的通知》（晋政发[2000]13号），召开全省住房分配货币化工作会议和住房分配货币化新闻发布会，明确实施住房分配货币化的总体目标和阶段性任务。全省进行住房分配货币化改革，开始推行住房分配货币化工作，建立“职工住房专项补贴制度”。按照省政府安排，从2000年开始，省直单位和11个设区城市相继建立住房分配货币化制度，开始发放住房补贴，截至2008年底，全省共有27113名职工领取了住房补贴，发放住房货币化补贴总额32868.4万元。

经过十多年的住房制度改革，结束了住房福利分配制度，同时奠定了住房市场化的新格局。

2002年省政府出台《关于加快住宅与房地产业发展若干问题的决定》（晋政发[2002]6号），2003

年又出台《关于加快经济适用住房建设管理的通知》(晋政发[2003]22号),2004年出台《关于建立和完善城镇廉租住房制度的通知》(晋政发[2004]12号)。三个文件的出台,加快了以经济适用住房和廉租住房为主的安康居住工程建设步伐,改善了城市困难居民住房现状,为建立和完善住房保障体系奠定了坚实的基础。

2005年5月8日,省委办公厅、省政府办公厅转发《关于清理纠正领导干部多占多购住房的规定的通知》,通过这次清房,省管干部、县处级干部、县(市、区)管理的乡科级干部纠正到位率分别达到79%、99.6%、100%,全省累计收缴清房补交款4.8亿元,退出住房1096套。

2007年8月,国务院出台《关于解决城市低收入家庭住房困难问题的通知》(国发[2007]24号)。10月15日,胡锦涛总书记在十七大报告中明确提出“健全廉租住房制度,加快解决城市低收入家庭住房困难”。同年12月3日召开的中央经济工作会议将“完善住房保障体系,加快廉租住房建设,改进和规范经济适用住房制度,着力解决城市低收入家庭住房困难”,作为2008年经济工作的主要任务之一。

从1988年房改工作起步,到1998年房改工作全面推进,结束了40余年的住房福利分配制度,明确了居民住房产权私有化和拥有住房渠道的市场化,居民对于住房的需求由此得以集中释放。从以往注重住房商品化,到如今保障低收入家庭住房困难的经济适用住房和廉租住房建设,从市场机制到政府责任,二十余年历程,房改在引导市场的同时,更注重立足民生,加强经济适用住房和廉租房建设,建立住房保障体系,将成为今后保发展、保民生、保稳定的住房建设新制度。

四、住房制度改革取得成就的主要表现

城镇居民住房水平显著提高,居住条件改善了。1979~1995年,全省城镇新建住房7937.5万平方米,建房投资累计350多亿元,分别为建国以来新建住房及投资总和的85.2%和97.6%,人均居住面积由1979年的3.6平方米提高到1995年的7.9平方米。1995~2000年全省房改工作进入大量出售公有住房,开展集资合作建房、经济适用住房(实施安居工程)建设阶段,人均居住面积大幅度提高,由1995年的7.9平方米提高到2000年的12平方米,基本解决人均居住面积6平方米以下的住房困难户的住房问题。2000年停止住房实物分配,逐步实行住房分配货币化、商品化以来,随着山西省经济快速健康发展,城镇居民住房面积提高更快。2005年全省人均住房面积达到25.91平方米,房地产投资完成额178亿元。2008年全省人均住房面积为28平方米,房地产投资完成额326.7亿元,比1979年的3.6平方米净增加24.4平方米,年均增加2.2平方米;比2000年提高了16平方米,增加一倍多。

广大城镇居民家庭得到实惠。大多数职工在购买房改住房时,享受工龄、现住房、付款方式等优惠政策,按远低于当时市场的价格买到自己的住房;中低收入家庭购买经济适用住房(集资合作建房)享受无偿划拨土地、减免有关费用等优惠政策;已购公有住房和经济适用住房上市交易,享受减免契税、仅补交10%土地收益等优惠政策。

促进企业经营机制的转换,减轻财政负担。住房制度改革通过出售公房、提高租金标准,收回建设资金,形成投入产出的良性循环,减轻企业和财政负担。实行住房分配货币化、商品化、社会化,减轻企业办社会的沉重包袱,增强企业自我发展能力,促进企业经营机制的转化,同时缓解了财政压力,房改不仅可以减轻财政沉重的投资建房和维修管理费用,而且还可以带动房地产及相关产业的发展,增加财政收入。

公有住房出售和租金改革力度的不断加大,住房商品化程度显著提高。以提高公有住房租金标准,加快公有住房出售为突破口,有效地推进住房商品化、社会化进程。公房租金由1994年的平均每月每平米0.24元,逐次提高到2008年底的1.10元。

通过公房出售，确立住房产权所有人的合法地位，为实现个人成为住房投资、消费主体，激活房地产市场奠定了基础。到2008年底累计出售公有住房7689.52万平方米，公房出售率达到84%。

城镇住房领域发生深刻变化，住房商品化已经形成。一是建房、分房、租房体制发生深刻变化。靠财政投资建房、靠单位福利分房、靠低租金租房的旧格局已经打破。二是住房消费观念发生深刻变化。"要住房、找市场"，把住房作为商品，已经成为广大城镇居民自觉的住房意识。三是住房投资和住房消费结构发生深刻变化。个人消费取代集体（单位）消费，成为住房市场的主体，为推进住房建设，培养和激活房地产市场创造条件。

建立新的住房供应体系，有步骤地培育和规范住房交易市场。多层次住房市场体系初具规模，商品房、限价商品房、经济适用住房和廉租住房等住房供给多样化，满足不同层次居民的住房需求。促进以商品房销售为主的住房市场的快速发展，激活了房地产市场。2008年商品房销售面积为904.4万平方米，完成投资额326.7亿元，分别是1998年的6.38倍和14.75倍，年均增加速度分别为22.7和35%。与此同时，以房改房和私房交易为主的二级市场和住房租赁市场也有一定程度的发育。

构建住房保障体系的基本框架。2004年至2007年通过实施安康居住工程，建设经济适用住房1074.18万平方米、11.63万套，新建廉租住房49.01万平方米、9758套。到2008年底，山西省已建立以廉租住房制度为主体的多层次住房保障体系，实施安康居住工程、国有重点煤矿和城市居民棚户区改造，调整住房供应结构，增加住房有效供给，城镇中低收入家庭住房困难问题正在逐步解决。

促进住房金融体制的配套改革。住房制度改革促进了以住房贷款为重点的住房金融快速发展，实行住房储蓄、购房抵押贷款、分期付款和住房保险等，建立政策性和商业性并存的住房信贷体系，金融部门成为支持住房建设的重要力量。

建立住房公积金制度。公积金制度在全省范围内建立，在开辟住房建设资金来源，发展政策性住房金融等方面发挥重要作用。进一步明确住房公积金的使用方向，逐步将住房公积金由支持单位建设转到支持个人住房消费上，职工利用公积金贷款等方式购置住房，加快了职工个人成为消费主体的进程。

促进房地产业和国民经济的发展。住房制度改革，促进居民消费观念的深刻变化，提高职工个人购房能力，从而拉动住宅需求和住房投资，为房地产业发展注入生机和活力。住宅建设产业规模迅速扩大，产业地位明显提高，住宅建设拉动全省GDP增长已超过1.2个百分点，住宅建设已经成为新的经济增长点和消费热点。住房制度改革促进房地产业的形成和发展，同时也带动建筑业、建材业和相关产业的发展。

保障性安居工程建设

【省政府向全省人民承诺的"实事"提前超额完成】

经济适用住房和廉租住房建设、国有重点煤矿和城市居民棚户区改造是省政府2008年为人民群众办好的实事之一。全省保障性住房完成902.2万平方米，解决了13万户城市低收入家庭住房问题，超额完成省政府确定的目标任务。其中，国有重点煤矿棚户区改造新建住房147.29万平方米、2万套；城市居民棚户区改造新建住房284.31万平方米、3.68万套；新建经济适用住房393.2万平方米、5.79万套；新建廉租住房77.4万平方米、1.53万套。

【争取国家资金补助】 2008年争取中央廉租住房货币补贴专项补助资金13433万元；新建廉租住房

补助资金 34340 万元；国有重点煤矿棚户区改造配套补助资金 11282 万元。同时，省级财政转移支付廉租住房专项资金 6604 万元，廉租住房保障工作奖励资金 1180 万元，拨付国有重点煤矿棚户区改造补助资金 3336 万元。

【健全和完善住房保障制度】 根据《国务院关于解决城市低收入家庭住房困难的若干意见》（国发(2007)24 号）的精神，省政府印发《关于健全和完善住房保障体系切实解决城市低收入家庭住房困难的通知》（晋政发［2008］2 号）和《关于实施城市居民棚户区改造的指导意见（试行）》（晋政发［2008］3 号）两个文件。抽调人员组成专题调研组，深入太原、大同、忻州、长治 4 个城市就政策性住房供应管理进行专题调研。

住宅与房地产业

【房地产市场运行情况】 1. 房地产开发投资稳步增长。房地产开发完成投资 326.7 亿元，同比增长 26.2%。其中，商品住房投资 227.9 亿元，同比增长 19.8%；90 平方米以下住房投资 59.7 亿元，同比增长 39.8%。

2. 商品房建设规模较快增长。商品房施工面积 3891 万平方米，同比增长 15.0%。其中：商品住房施工面积 3282.7 万平方米，同比增长 15.3%；90 平方米以下住房施工面积 718.8 万平方米，同比增长 29.4%。商品房竣工面积 882.8 万平方米，同比增长 10.8%。其中：商品住房竣工面积 747.6 万平方米，同比增长 8.9%；90 平方米以下住房竣工面积 143.6 万平方米，同比增长 6.1%。

3. 商品房销售面积保持基本稳定。商品房销售面积 904.4 万平方米，同比下降 1.0%。其中：商品住房销售面积 804.2 万平方米，同比下降 5.0%；90 平方米以下住房销售面积 194.7 万平方米，同比增长 6.4%。

4. 创建国家康居示范工程和物业管理示范项目取得新的突破。太原天赐康缘和大同水泉湾等 4 个项目通过国家康居示范工程规划设计方案初评。物业管理覆盖率达到 44.1%，比上年提高 1.1 个百分点。太原丽华苑和大同金色水岸等 4 个项目被评为“全国物业管理示范住宅小区”，太原阳光地带等 15 个项目被评为“全省物业管理示范住宅小区”，中行太原中心支行办公楼等 5 个项目被评为“全省物业管理示范大厦”。

【房地产市场监管】 1. 制定和完善促进行业发展的政策措施。省建设厅召集 11 家银行、20 家房地产企业、11 个设区城市房地产主管部门，分别召开房地产银企座谈会和房地产主管部门座谈会，认真分析房地产开发形势，查找产业发展过程中存在的突出问题。省政府印发《关于鼓励和培育住房消费，促进住宅与房地产业健康发展的若干意见》，落实国家保增长、扩内需、调结构的宏观经济政策，把满足居民合理改善居住条件的愿望与发挥房地产支柱作用结合起来，合理引导房地产投资，鼓励和培育住房消费，促进住宅与房地产业的健康发展。

2. 加大房地产市场的监管力度。省建设厅印发《关于切实做好新建住房项目审批和住房供应信息公开的通知》、《关于加强房地产市场监管规范市场秩序的通知》和《关于加强商品房销（预）售监管的通知》，与省监察厅、省政府行政效能建设领导组办公室印发《关于开展住房建设、城乡规划和住房公积金管理专项效能监察工作的通知》，组织各市开展住房建设专项效能监察自查自纠工作。

3. 加强发证人员培训。举办 4 期房屋产权登记人员培训班，对各市、县 1000 余名房屋产权登记人员，就《房屋登记办法》新增内容、新设立的登记制度等内容进行集中培训。组织召开《房屋登记办法》实施情况座谈会，对办法实施过程中遇到的问题进行研究分析，在此基础上制订了《实施细则》。

4. 拆迁信访调处工作取得明显成效。对奥运期间的城市房屋拆迁工作进行了专门安排部署，印发《关于切实做好城市房屋拆迁管理工作的通知》和《关于开展“以和谐拆迁，迎文明奥运”主题活动，扎实抓好城市房屋拆迁工作的通知》，开展“以和谐拆迁，迎文明奥运”主题活动，实现奥运期间城市房屋拆迁问题赴京零上访。认真落实城市房屋拆迁项目验收和信访接待登记、转办、督办制度，开展拆迁矛盾纠纷排查调处工作，上访量明显下降。1～11月，接待城市房屋拆迁来信、来访案件共15批次、24人，同比下降25%和8%。

5. 房屋安全管理工作纳入重要议事日程。省建设厅印发《关于做好汛期房屋安全工作的紧急通知》、《关于进一步加强住房安全工作的通知》和《关于进一步加强集中居住区恐怖袭击防范工作的紧急通知》，开展住房安全隐患排查工作，实行住房安全隐患排除目标责任管理和挂牌督办。

住房公积金管理

【专项治理】 2008年，全省认真贯彻落实第十七届中央纪委第二次全会和国务院纠风工作的要求，根据住房城乡建设部、国务院纠风办等国家7部委的统一部署，重点开展全省住房公积金专项治理工作。省建设厅牵头，联合省监察厅、省纠风办、省财政厅、省审计厅等8个部门，印发《关于开展住房公积金管理专项治理的实施方案》（晋建金管字［2008］276号）、《关于开展住房公积金专项治理有关事项的通知》（晋建金管字［2008］316号），成立省住房公积金专项治理领导组，将省建设厅住房公积金监管处设立为省住房公积金专项治理领导组办公室，通过公布举报电话，接待政策咨询，编发专项治理简报，组织召开会议，开展自查自纠，现场检查和督办等方式开展专项治理，解决全省住房公积金管理中存在的大量历史遗留问题：全省没有建立住房公积金制度的9个县全部建立住房公积金制度；全年共计清理回收逾期项目贷款3957.1万元；12家企业自行归集管理职工18905.94万元住房公积金的问题得到纠正；金融、电信、烟草等行业80多家单位住房公积金缴存比例和缴存基数过高问题得到纠正，维护职工权益，防范资金风险。10月27日～30日，圆满完成全国统一部署的专项治理检查。12月份，省建设厅会同省监察厅、省纠风办采取约请谈话的方式对太原、长治、阳泉市机构调整和清理逾期项目贷款工作进行督办，对晋中、临汾、朔州市清理回收逾期项目贷款进行现场督察，收回资金680万元。

【监管信息系统】 经过调研，省建设厅提出监管信息系统建设需求报告，会同省财政厅印发《山西省住房公积金监管信息系统建设实施方案》，并落实省级住房公积金监管信息系统资金和部分市级住房公积金管理中心联网资金。

【效能监察与工作考核】 省建设厅与省监察厅、省政府效能办联合印发《关于开展住房建设、城乡规划和住房公积金管理专项效能监察工作的通知》（晋监发［2008］10号），安排部署全省11个市开展住房公积金专项效能监察自查自纠工作，取得一定成效。省建设厅会同省财政厅进一步修订完善全省住房公积金管理工作考核办法，完成2007年度全省住房公积金管理工作考核，并印发《关于2007年度全省住房公积金管理工作考核情况的通报》，对考核合格的管理中心分档次给予不超过其年度增值收益2%的奖励政策。

【住房公积金归集和使用】 全年全省新增住房公积金缴存额86.25亿元，同比增长10.87%；职工离、退休和购、建、大修住房等共提取住房公积金 18.51 亿元，同比减少 5.03%；全省共为缴存职工发放住房公积金个人贷款 2.01 万笔、17.2 亿元，贷款额同比增长 27.50%。截至 2008 年底，全省住房公积金累计缴存总额达 384.28 亿元，同比增长 28.94%，缴存余额为 287.07 亿元，同比增长 24.34%；全省职工累计提取住房公积金 97.21 亿元；全省共为缴存职工发放住房公积金个人贷款 10.36 万笔、69.89 亿元，个人贷款余额为 41.88 亿元，同比增长 27.72%，住房公积金个贷率为 14.59%。

建设科技与建筑节能

【综述】 2008 年全省建设科技和建筑节能工作以推进资源节约型环境友好型社会建设为重点，大力推动既有建筑节能改造，加大科技创新和推广应用力度，努力抓好建筑节能监管体系建设、建筑节能技术培训和建筑节能监督检查等工作，并取得较好成绩。

【建设科技】 1. 省级工法评审工作。2008 年度组织申报 132 项省级施工工法，其中 102 项通过评审，33 项推荐参加国家级工法评审。省建设厅将 2006 ~2008 年评审通过的省级工法进行收集、整理，并编制成册。

2. 大力推广新技术新产品。向全省推广玻璃钢化粪池设施、大功率 LED 系列照明产品、钢筋焊接网等三项新技术新产品。

3. 开展节能新技术相关课题研究。一是委托太原理工大学开展《“城市窑洞”的研究》，将土窑洞这一经济、环保绿色建筑的机理和理念，引入到城市绿色建筑建设中，并完成实验工程的相关测试工作。二是开展《既有建筑节能改造与抗震加固一体化》课题研究，将节能改造和抗震加固同步考虑，建立节能改造与抗震加固评估体系，并在太原财贸职业技术学院开展试验工程建设。

【民用建筑节能地方立法】 《山西省民用建筑节能条例》是规范山西省民用建筑节能工作的第一部地方法规，9 月 25 日在山西省第十一届人民代表大会常务委员会第六次会议上通过。随后，省建设厅及时印发《关于贯彻实施 <山西省民用建筑节能条例> 的通知》，要求各级建设行政主管部门充分认识贯彻《条例》的重要意义，尽快出台《条例》中规定的相关配套制度，加强《条例》实施过程中的监管。

【机构建设】 截至 2008 年底，运城市建设局设立科技科，太原、大同、阳泉、朔州、吕梁、长治、晋城、运城八个市正式设立建筑节能监管机构，扩大编制，配备专职人员，基本做到节能工作有机构、有人员去实施，监管效果明显。

【建筑节能监管】 2008 年共组织认定 3 批、共计 140 余项建筑节能技术（产品）。8 月中旬，在全省进行建筑节能专项检查工作，共检查在建及竣工项目 62 个，下发执法文书 40 份，其中责令整改通知书 25 份，行政执法告知书 15 份，并将检查结果在全省通报。住房城乡建设部于 12 月 24 ~26 日在山西省进行为期三天的检查，对山西省给予高度评价。建筑节能专项验收工作逐步开展，省建设厅要求工程在竣工前都必须进行专项验收，无《建筑节能专项验收合格证书》不予办理竣工验收备案手续。建筑能效测评与标识工作启动，《建筑能效测评与标识标准》经过多次讨论修改，编制完成，并通过省级审定，作为地方标准颁布试行。同时印发《关于加快开展建筑能效测评工作的通知》，推进能效测评工作的开展。能效测评机构申报工作已经开展。

【可再生能源建筑应用】 2008 年全省共有 14 个项目申报国家可再生能源应用示范工程，经过省级评审，共申报11项，其中有7项纳入国家级示范工程，并下达补助资金1821万元，剩余50%在验收后下拨。

【既有建筑改造】　一是460万平方米既有居住建筑改造任务有计划展开。省建设厅将国家下达的460万平方米改造任务进行分解，截至2008年底，各市都确定了改造的具体项目，建立既有建筑节能改造项目库，全省的既有建筑节能改造方案编制完成，中央财政拨付山西省的2760万元改造启动资金已分配到各市，启动改造项目53.58万平方米。为加快改造进度，印发《关于做好2008年第一批既有建筑节能改造项目实施工作的通知》，保证第一批改造项目顺利实施。二是省直机关办公建筑和大型公共建筑节能改造启动。省政府出台《山西省人民政府办公厅关于实施<山西省省级行政机关和全额事业单位办公建筑节能改造方案>的通知》，2008年启动省科技厅办公楼等9个机关办公建筑、15.69万平方米和太原三桥大厦等10个大型公共建筑项目、10.89万平方米。

【争取省建筑节能资金】　省政府办公厅《关于建筑节能有关资金落实情况的会议纪要》（[2008]20次）明确了“机关办公建筑和大型公共建筑监管能力建设资金”、“省级机关办公建筑节能改造资金”、“大型公共建筑节能改造贷款贴息资金”、“全省既有居住建筑节能改造奖励资金”等的来源和渠道。2008年，中央财政下达改造奖励资金1126万元，全省安排既有居住建筑节能改造资金2456万元，省直机关办公建筑节能改造资金3380万元，山西省建筑节能监测平台建设资金600万元，大型公建改造520万元。

【机关办公建筑和大型公共建筑节能监管体系建设】　省建设工程质量监督管理总站率先开展山西省机关办公建筑和大型公共建筑节能监管体系建设工作，截至2008年底，已进入平台建设的软件、设备、仪表等的招标阶段。

【建筑节能培训】　组织建筑节能管理、设计、施工、监理、房地产等相关从业人员共500余人，参加建筑节能相关法规、技术的培训。开展建筑节能交流和研讨，一是10月份组织全省11个市建筑节能管理人员和有关技术人员参加与德国北威州联合举办的“可再生能源与建筑能源高效利用”专业论坛；二是组织选拔第一批14名研修生赴德学习；三是成功举办“贯彻《可再生能源法》暨山西省可再生能源开发利用研讨会”，共组织建设系统提交论文、交流材料7篇，参会代表近30人，并选定太原市国瑞苑小区作为建筑节能示范项目进行参观。

【建筑节能宣传】　成功举办“第二届山西绿色建设科技产品展览会”，展期三天，参展展位达200余个，参观人数达3万余人，提高全社会对建筑节能的认识。同期还举办“山西省建筑节能论坛”，收到良好效果。为做好建设科技与建筑节能的宣传，营造良好的工作氛围，2008年编发《建设科技与建筑节能信息》12期，近60余条信息。同时，在《山西建设》、《山西能源与节能》等杂志上发表论文10余篇。配合“12·4普法”宣传日和全国节能宣传周，制作宣传展板并印制《建筑节能宣传册》以及《山西省民用建筑节能条例》单行本，以多种形式提高宣传效果，参与群众达1万多人。

第二届山西绿色建设科技产品展览会在太原召开

城乡规划

【综述】 2008年，全省城乡规划工作继续围绕推进特色城镇化战略，认真学习贯彻《城乡规划法》，开展《城乡规划法》落实年活动。认真落实省政府与各市政府签订的目标责任书确定的各项工作，按照完善规划体系、健全规划法规、规范规划管理、强化规划监督、提高规划水平的思路，增强规划的指导与调控作用，保障特色城镇化快速健康发展。

【城镇化水平】 2008年全省城镇化水平达到45.11%，比2007年提高1.08个百分点，比2005年提高3个百分点，比全国城镇化水平45.7%低0.59个百分点。

【城镇群规划编制】 为加快推进省委、省政府提出的特色城镇化战略，省建设厅牵头组织编制《太原经济圈规划》和《介孝汾城镇组群规划》。截至2008年底，《太原经济圈规划》规划成果基本完成；《介孝汾城镇组群规划》纲要和专题研究报告编制完成。指导有关市编制城镇组群规划，《阳泉城乡一体化规划》专题研究工作完成；长治上党1+5城镇群及生态环境保护等规划初步完成。

【城市总体规划修编】 2008年，指导编制太原市、运城市、晋城市、孝义市、永济市、临汾市城市总体规划。截至2008年底，太原市城市总体规划纲要通过住房和城乡建设部审查；运城市城市总体规划纲要评审通过；晋城市、孝义市、永济市城市总体规划编制完成；临汾市开展总规修改的前期工作。

【其他规划编制】 省建设厅印发《关于完善城市总体规划的通知》（晋建规字［2008］253号），并在襄汾县、祁县开展试点。继续加大控制性详细规划编制力度，设区城市规划建设用地控规覆盖率达到50%。

【太原经济圈构建】 积极推进太原经济圈建设。为按照省委、省政府的部署，加快推进以太原晋中同城化为重点的太原经济圈构建，11月27日，省城乡规划委员会办公室组织召开太原、晋中两市规划协调会，对太原、晋中两市的路网进行对接。太原（含晋中）轨道交通规划编制工作启动。

【城乡规划管理】 一是组织开展《城乡规划法》落实年活动。召开电视电话会议和新闻分发布会，开展宣传月和宣传日活动。全省共印发知识竞赛题13万余份，发放宣传材料80多万份，市、县通过自查自纠，拆除违法建设30多万平方米。省领导组通过抽查，直接查处违法建设9起，下达行政处罚决定书14份，通报严重违反《城乡规划法》的典型案例4起。二是开展《山西省特色城镇化质量评价指标体系》研究工作，提出考评指标体系框架。三是启动城乡规划管理信息系统建设。7月份到辽宁省、湖北省、上海市调研，省城乡规划设计研究院制订了《山西省城乡规划管理信息系统方案》。四是开展《山西省城乡规划条例》起草准备工作。《中华人民共和国城乡规划法》颁布实施后，积极开展配套法规的制订工作，完成《山西省城乡规划条例》初稿。

【城市规划编制单位和注册城市规划师】 截至2008年底，全省共有241人取得注册规划师执业资格合格证，共有城市规划编制单位53家，其中甲级资质3家，乙级资质18家，丙级资质32家。

【历史文化遗产保护】 为加强山西省历史文化遗产保护，按照保护为主、抢救第一的原则，尽快维护修缮濒临破坏的历史文化街区和历史建筑，2008年省建设厅印发《关于开展城镇历史文化遗产普查工作的通知》（晋建规字［2008］282号），对22个设市城市和85个县开展城镇历史文化遗产调查。

【批复侯马市城市总体规划修编】 《侯马市城市总体规划(1994~2010年)》是1996年经省人民政府批准实施的。随着规划期限的临近及城市的发展和建设,需要对城市总体规划进行修编。2009年3月25日省人民政府批复同意开展侯马市新一轮城市总体规划修编工作。在修编中要注意解决好以下几方面的问题:

一是要以科学发展观为指导,以构建社会主义和谐社会为基本目标,充分注意统筹城乡和区域发展,综合考虑城乡产业发展、空间布局和重大基础设施建设,促进城乡一体化进程。

二是要按照《山西省城镇体系规划》,解决好城市发展与周边区域的关系,科学确定城市职能,提升城市的辐射带动能力。

三是按照建设资源节约型、环境友好型城市的要求,集约和节约利用水、土地、能源等资源。合理确定城市人口与用地规模,科学安排城市发展建设用地布局。

四是结合国家及山西省近期提出的建设大同—太原—运城—西安铁路客运专线及侯西铁路山西段复线等重大工程,统筹解决好重大项目建设与城市发展的关系,使重大项目建设与城市发展相得益彰、相互促进。

五是依据《城乡规划法》和有关法规的规定,规范城市总体规划的内容。划定市域内禁止建设的区域和规划区内的"三区四线",并制定空间管制措拖。研究城市空间增长边界,对城市更长远的发展作出预测性安排。加强城市综合防灾和公共安全保障体系规划。

六是总体规划修编和报批的过程中,要严格依法履行规划草案公告、征求专家和公众意见、规划纲要和成果审查、人大常会会审议等程序。

七是要提高规划修编工作的效率和质量,编制单位要制订技术计划,并就编制工作中存在的问题和进展情况与省建设厅保持联系。

【批复《孝义市城市总体规划(2008~2020)》】 2009年8月16日省人民政府批复《孝义市城市总体规划(2008~2020)》。

一、原则同意《孝义市城市总体规划(2008~2020)》(以下简称《总体规划》)。

二、孝义市是太原经济圈及介(休)孝(义)汾(阳)城镇群的重要组成部分。孝义市的发展与建设,要按照经济圈与城镇群规划,协调好与介休、汾阳等市(县)的关系。同时,要加快传统产业的优化升级,延伸产业链,发展循环经济,建设资源节约型、环境友好型城市。

三、依据市域城镇体系规划,统筹城乡发展建设,逐步引导农村居民向城镇和中心村转移。完善城乡基础设施和公共设施,强化空间管制,保护资源和生态环境,促进城乡经济社会环境协调发展。

四、2020年中心城区人口34万人,建设用地35.3平方公里。加大对中心城区及周围工业用地的调整力度,搬迁或者关闭污染严重的焦化等企业,新发展的工业企业向经济开发区和规划的工业区集中。充分利用现有闲置和低效利用的土地,节约用地,合理用地。

五、加强城市公共服务设施和基础设施建设,完善城市服务和载体功能。城市公共服务设施和基础设施的建设要与介休、汾阳做好协调与对接,逐步实现共建共享。

六、加强城市环境综合整治,改善人居环境。在治理工业污染的同时,做好旧区特别是城中村改建,加强城市绿化,完善集中供热和燃气设施,逐步改变城市环境。

七、重视历史文化遗产保护,塑造城市特色。以历史文化街区为重点,保护孝义古城的整体格局和风貌。制订城市景观规划,确定建筑基本格调,对重要节点和片区做出设计,创造整体和谐、富有地方特色的景观风貌。

八、严格实施《总体规划》。要依据《总体规划》,抓紧编制控制性详细规划,深化有关专项规划。建立健全城市规划管理的规章制度，严格依法实施规划。加强规划管理机构和队伍建设，强化规划管理。大力宣传国家《城乡规划法》，提高各级领导和全社会的规划意识。省住房和城乡建设厅、吕梁市人民政府要加强对《总体规划》实施的指导、监督和检查工作，把孝义市规划好、建设好、管理好。

城市建设

【城市面貌和人居环境】 1. 积极推进"宜居城市"创建活动。按照省政府要求，制定印发《山西省创建宜居城市考核评比标准(试行)》，截至年底，长治市成立创建宜居城市领导组和办事机构，并在自查的基础上完善创建方案，创建工作有序推进；太原市市委九届三次全会对建设宜居城市提出要求，制定创建方案，实施"城乡清洁工程"，取得明显成效；朔州市制定创建实施方案，明确创建目标，召开全市创建宜居城市动员大会，对创建工作进行安排部署；晋城市也启动创建宜居城市工作。

2. 继续引深"园林城市"创建活动。壶关县创建成为全省首个"国家园林县城"，朔州市、屯留县被命名为"省级园林城市(县城)"；对阳泉市、介休市、平顺县、长子县、襄垣县、左权县进行创建省级园林城市(县城)验收预评审；长治市、晋城市启动创建"国家生态园林城市"工作；太原市、朔州市启动创建"国家园林城市"工作。另外，还对5个"城市园林绿化示范工程"和10个"城市园林绿化优秀工程"进行表彰奖励。

3. 全省城市绿化工作取得新突破。全省11个设区城市共新增绿化面积1027.57万平方米，完成年任务量789.5万平方米的130.2%。建成区绿化覆盖率达35.27%，较2007年提高1.66个百分点，完成省政府确定的全省城市建成区绿化覆盖率年平均提高1个百分点的目标。"加快推进城市道路两旁绿化"是省政府下达省建设厅十项工作任务之一。2008年，省政府与11个设区城市签订的新增道路绿化面积为347.83万平方米。截至年底，全省共完成道路两旁绿化投资96141.96万元，新增绿化面积496.76万平方米，完成年度任务量的142.8%。

4. 环境综合整治成效显著。在指导全省各地继续加大城市综合整治执法力度的基础上，省建设厅配合省爱委会制定全省开展"城乡清洁工程"实施办法，以省政府文件印发各地。各地按照部署，集中开展以城市、旅游景区、餐饮食堂、乡村等为重点的专项整治工作，走在全省前列的太原、长治等地成效明显，城市面貌和城乡环境得到极大改善，赢得社会各界的广泛赞誉。

【市政公用行业监管和特许经营】 1. 宣传贯彻《山西省市政公用事业特许经营管理条例》。2008年3月，《山西省市政公用事业特许经营管理条例》实施以来，指导各市加强市政公用事业的监管，制定和完善相关的政策，进一步规范特许经营管理，提高服务质量和水平。推进一批市政公用行业特许经营项目，如太原市污水处理项目、大同市引资建设生活垃圾处理项目、忻州市引进民营企业经营城市公交等。

2. 制定市政行业地方性标准。编制城市道路、绿化、环卫等行业服务规范和标准，截至年底，12个地方性标准全部完成论证和发布工作。同时，制定印发《山西省市政公用事业特许经营政府监管标准体系》，为全省市政公用行业的特许经营监管工作明确了方向。

3. 开发市政行业信息系统。实施城市供水、垃圾、燃气、供热等行业信息系统平台的开发工作。截至年底，供水、垃圾处理两个信息系统初步完成，进入试用和培训阶段。

4. 印发《关于推进市政与公共服务业发展的实施细则》。推进市政与公共服务业发展。

【城市管理和公共服务】 1. 城市燃气管理。一是开展城市燃气设施的防震抗震调查，并结合应急预案的落实，各市开展燃气安全检查，强化燃气供应企业的安全生产和运营管理。二是忻州市开展城市燃气气源建设，晋城市完善城市燃气置换方案，开展置换工作。三是在对太原、晋中等地供气安全工作进行调研督导的基础上，结合应对金融危机带来的不利影响，省政府印发《关于做好全省城市燃气保障工作的通知》、《关于建立城市供热供气行业报告制度的通知》，对各地确保城市燃气供应提出要求。

2. 城市供热保障。一是省政府印发《关于做好全省城镇冬季供暖用煤供应保障工作的通知》，与省财政厅、物价局共同转发了国家发改委、住房和城乡建设部、财政部联合下发的《关于做好冬季供热采暖工作有关问题的指导意见的通知》、《关于认真做好今冬明春供热保障工作的通知》，对全省2008年冬季供热保障工作及早进行安排部署，指导各地采取有效措施确保市民温暖过冬。二是印发《关于进一步做好供气供热工作确保人民群众安度两节的紧急通知》、《关于认真落实<山西省人民政府办公厅关于吕梁市城北区发生供热事故的通报>的通知》、《关于进一步规范城市供热供气行业报告制度的紧急通知》等文件，进一步强化各地的供热保障工作。全省11个设区市大力推进按热计费工作，太原市的传染病医院、阳泉市的恒大小区、晋城市的富士康工业园等实行供热计量收费。

3. 强化污水、垃圾处理设施运营监管。一是完成住房和城乡建设部开发的"全国城镇污水处理信息系统"的培训和数据录入工作。二是结合COD减排工作赴各地就污水处理进行深入调研和督导，通过技术培训、统一台账等方式，规范污水处理厂的运行管理。三是对全省城市生活垃圾的处理情况和垃圾焚烧发电处理技术推广的可行性进行认真调查研究。四是组织专家对吕梁等市共7座生活垃圾填埋场进行无害化等级评定和复核，并将结果上报住房和城乡建设部。

4. 做好城市公交相关工作。9月16日至22日，太原、大同、长治三城市成功举办第二届"城市共公交通周及无车日"活动；二是配合财政厅发放燃油补贴2.69亿元，切实缓解油价上涨带来的运营压力；三是按照国务院关于节能减排的有关要求，在全省公交行业积极推行"油改气"工作，截至年底，全省已有2000余辆公交车完成"油改气"。

5. 开展创建"节水型城市"活动。推进城市供水管网改造、节水器具使用、再生水利用等工作。进一步修改《山西省城市再生水利用设施建设管理办法》，印发各地执行。

6. 推进"数字化城市管理"工作。印发《关于进一步加快数字化城市管理试点工作的通知》和《关于报送数字化城市管理工作进展情况的通知》。太原市数字化城市管理系统设计方案通过建设部数字城管专家组的评审。截至年底，实现全市环卫清扫保洁网络化管理，并建立市、区两级GPS监管平台；晋城市完成数字化城管实施方案，长治市政府决定投资800万元用于"数字化城市"建设。

7. 积极开展抗震救灾工作。一是紧急组织价值近200万元的3辆自卸车、1辆洒水车、1辆吸粪车(包括车辆易损件)和19间移动厕所，于5月22日顺利运抵四川地震灾区；二是组织太原市自来水公司选拔技术人员成立城镇供水水质应急检测小组，于6月6日奔赴四川省宝兴县展开水质检测，帮助灾区人民开展饮用水安全工作。

【五台山申遗】 一是将申遗文本正式报送世界遗产中心，并通过审查；二是按照申遗要求，围绕迎接世界遗产组织专家的考察，组织开展核心区一期居民拆迁综合整治、生态景观恢复、台顶可视范围采矿区生态景观恢复、展示中心建设、移民商住区一期工程建设、游客接待中心建设、进山及考察线路整治、台顶整治、重点寺庙文物修缮、景区清洁等重点工程，彻底改善景区的环境条件。三是9月9日至12日，圆满完成迎接世界遗产组织委派的世界自然保护联盟(IUCN)和国际古迹遗址理事会(ICOMOS)专家对五台山的考察工作。

【命名山西省园林城市(县城)】 在朔州市和长治市人民政府申报的基础上,经山西省园林城市专家考评组实地考评、山西省园林城市评审委员会评审通过,4月9日,省人民政府决定命名朔州市为“山西省园林城市”,屯留县为“山西省园林县城”。

朔州市位于大同盆地西南端,城市建成区面积21.44平方公里,人口18.28万人。近年业,朔州市委、市人民政府十分重视城市园林绿化和生态环境建设,始终不渝地把园林绿化事业作为城市现代化建设的重要组成部分。截至2007年,建成区绿化覆盖率、绿地率和人均公共绿地面积分别达到42.2%、37.6%和9.74平方米。朔州市以“迎接建市二十周年、推进三化(亮化、绿化、净化)工作、建设靓丽城市”为契机,深入开展“公共绿地建设精品化、道路绿地建设景观化、单位庭院居住绿地建设园林化、绿化植物材料自给化、城市大环境绿化生态化”等一系列园林城市创建活动,城市园林绿化日新月异,建成以七里河公园、市中心广场、体育广场、平朔公园为代表的一大批公共园林绿化精品工程;形成以开发路、市府街、建设北路、州北街、民福街为代表的“一路一村、一区一景”的园林景观路城市道路绿化模式;“园林式”单位、居住区创建活动开展得如火如荼,达到总量的60%以上;以万亩苗圃、金沙森林公园、恢河公司为代表的城市生态建设工程换来天蓝、水清、地绿、景美的城市生活大环境,基本形成布局合理、总量适宜的城市绿地格局。

屯留县位于上党盆地西侧,县城建成区面积5平方公里,人口4万人。自2004年起,全县紧紧围绕“创建园林城市”的目标,加强组织领导,加大资金投入,先后投资2亿元,大力开展城市园林绿化建设。到2007年底,县城建成区绿化覆盖率、绿地率和人均公共绿地面积分别达到37.5%、32.5%和7.5平方米。通过大规模开展拆墙透绿、拆违造绿,初步构建起有单位必有绿地、花池,有聚居地必有游园,有道路必有绿带的绿城景观。建成规模公共绿地7处,街头绿化景点20余个,公共绿地总面积达到30公顷。建成园林式单位16个,达标单位36个,园林绿化居住小区54个。对多条道路进行高标准绿化,建成12条林荫道路,形成县城“七纵七横”的道路绿化新格局。广泛开展义务植树活动,近三年共种植各种苗木24万株,成活率和保存率达到82%。深入开展立体绿化建设的探索,先后涌现出县直机关旭光幼儿园、电力公司小区等一批立体绿化典型。新建的城东森林公园,占地21.3公倾,功能设施完善,成为县城靓丽的窗口,为广大群众提供一处休闲、娱乐的好景区。

【数字化城市管理试点】 2007年12月,太原市积极推进数字化城市管理工作,省委常委、市委书记申维辰亲自主持全市领导干部历史文化讲座,邀请建设部专家专题介绍数字化城市管理知识;市委副书记、市长张兵生担任市数字化城市管理工作领导组组长;市委常委、常务副市长李俊明具体负责“数字城管工程”建设与运行管理工作。工程经系统设计、系统优化、施工建设,于2008年11月初进入试运行阶段。

工程建设中,太原市统筹使用政府公共资源,充分整合利用电子政府网和劳动网网络资源、12345便民服务热线信息资源、110指挥中心和交警指挥中心监控视频资源、规划部门1/500电子地形图数据资源、国土部门正射影像图数据资源、市容环卫GPS监控中心数据资源,同时依托国土资源局信息中心成立数字城管技术中心,与监督中心和指挥中心形成三位一体管理体制。工程建设批准预算4600万元,实际支出4400万元,与同等规模省会城市相比,投入小、功能全,效果好。工程先期在市容环卫行业涉及的事件、部件范围内试运行。截至2008年2月底,107平方公里示范区结案处理城管问题案卷3万多个,街面市容环境秩序改善,“城乡清洁工程”整治效果得到有力监管保障,市民投诉市容环境类问题明显下降,取得良好社会效益。

【太原市数字化城市管理项目建设情况】

一、项目总体情况

太原市“数字城管工程”于2007年12月14日

立项，同时成立市数字化城市管理工作领导组，市长张兵生任领导组组长，领导组下设办公室，办公室设在太原市市容环境卫生管理局（以下简称“数字办”）。

2008年3月，经住房和城乡建设部城建司推荐，数字办先后两次邀请住房和城乡建设部信息中心郝力副主任莅临太原考察指导数字城管工作。4月29日系统设计通过建设部专家组评审。5～6月，数字办又组织省内专家对方案进一步细化、优化。6月底～7月初，数字办在市中心划定5平方公里实验区，并搭建临时平台进行系统模拟测试。7月22日，组织召开技术交底会，系统建设正式开始。经过三个月的紧张施工，到10月底，一期建设全部完成。11月6日，数字办邀请省内专家组对系统一期建设成果进行初验并顺利获得通过。

在实施系统设计和系统建设的同时，数字办同步组织《指挥手册》编制工作。经赴外地考察、发文件征求部门意见、起草第一稿、征求专家意见、修订第二稿等环节的工作，数字办于2008年10月12日召开《指挥手册》编制审定会，邀请住房和城乡建设部专家及北京、上海、杭州、郑州同行把关指导《指挥手册》编制工作。该《指挥手册》作为政府文件印发各个相关部门，保证太原市数字城管系统高效运行。

二、建设的主要内容

按照住房和城乡建设部行业标准规定的内容，太原市“数字城管工作”一期建设软件开发主要包括基于电子地图技术的城市管理信息平台，建设以无线信息采集子系统、监督受理子系统、地理编码子系统、应用维护子系统、基础数据资源管理子系统、数据交换子系统、视频监控子系统、市容环卫GPS监控子系统、数字化城市管理门户网站子系统、领导移动督办子系统、业务信息子系统、12345及12319接口软件等为主要内容的城市管理应用系统。规范基础信息采集、综合信息受理、部门协同办公、便民服务热线及城建服务热线、视频监控等在线业务流程，实现信息双向互动。

参照住房和城乡建设部标准，配合软件开发与硬件建设，太原市初步建立“两轴分离、高位监管，一级监督、两级指挥”的管理体系。市级层面：成立太原市数字城管监督中心、指挥中心和技术中心，市直各职能部门（单位）及开发区设置终端。城区层面：六城区分别成立区级数字城管指挥中心，区级各职能部门（单位）、各街道（乡镇）、各社区（村）设置终端。此外，对信息采集员实施市场化外包，由三家信息采集公司分标段承担信息采集工作。

太原市“数字城管工程”系统建设过程中，始终坚持“严格执行行业标准，从太原市城市管理实际情况出发，满足太原市城市管理需求，项目建设与运行管理并重，资源整合与系统开发结合”的原则，内容规范、特色鲜明。

整合利用规划部门电子地形图数据、国土部门正射影像图数据、电子政务网、劳动网、12345便民服务热线、12319城建服务热线、110指挥中心视频资源、交警指挥中心视频资源，节省了大量投资；实现市容环卫绩效考核指标的“数字城管”适应性开发利用，数字城管评价结果与处置经费挂钩，运用经济杠杆推动城市市容环卫工作，使数字城管监管效果倍增；借鉴杭州市的经验，实施信息采集工作市场化运作模式，政府养事不养人，信息采集公司公平竞争、优胜劣汰，节约了政府投入，强化政府监管。

三、试运行的基本情况

按照计划，系统试运行工作分五个阶段，共持续16个月。第一、第二、第三阶段工作已经完成。

第一个阶段“模拟测试阶段”。2008年7月1日～9月30日，利用临时搭建的系统平台，在5平方公里实验区内，部署2部城管通手机，重点测试城管通手机与系统平台的联结，并检测数据。

第二个阶段“系统联网阶段”。2008年10月1日～11月30日，利用建成的市、区两级平台，在107平方公里示范区范围内，部署5部城管通手机，重点测试城管通手机、市区两级平台、终端职能部门的联结，并检测系统。

第三个阶段“市容环卫行业示范阶段”。2008

年12月~2009年2月28日，在市容环卫行业涉及到的部件、事件范围内推行数字城管，培养队伍、体验困难、总结管理经验。

第四个阶段“城建系统推广阶段”。2009年3月1日~2009年5月31日，在城建系统涉及到的部件、事件范围内推行数字城管，并推广到260平方公里建成区范围，直接服务于“太原市城乡清洁工程”。

第五个阶段“全面推广阶段”。2009年6月1日~2009年10月31日，在所有涉及到数字化城市管理部件、事件范围内的部门推行数字城管，面积覆盖到市区及三县一市所有建成区。

截至2009年3月4日，太原市数字城管系统接到各类上报问题共106801件，其中受理81766件，立案派遣79699件，协调处置52262件，应结案数54509件，结案35026件，结案率64.26%。系统的试运行强化市容环卫绩效考核的管理效果，同时解决大量的市容环卫问题，得到各级领导以及市民的肯定。

村镇建设

【综述】 2008年，全省村镇建设行业围绕省政府的十件实事、省政府下达省建设厅的10项重要工作和省建设厅“55621”年度建设工作任务，贯彻落实科学发展观，启动解决农村困难群众住房问题，加强村镇规划编制，加快特色小城镇和新农村建设，强化古村镇保护和农村建房管理，小城镇和农村规划编制水平和成果质量不断提高，城镇基础设施建设力度持续增强，人居环境进一步提升，小城镇和新农村发展速度明显加快，发展后劲显著增强。全省共有乡镇1196个，其中镇563个（县城驻地镇85个），乡633个。建制镇镇区总人口279万人，建成区面积518平方公里，镇区平均人口约5900人，1.1平方公里，乡建成区总人口133万人，建成区面积271平方公里，平均每乡约2100人。

【农村危房改造】 根据《山西省人民政府关于解决农村困难群众住房问题的意见》（晋政发[2008]25号）要求，省财政安排解困资金1320万元，平均每户补助11000元，由省、市、县财政按4 : 3 : 3比例配套解决，在北、中、南部三个地区，确定两批共6个县（市）作为农村住房解困试点，解困任务共3000套顺利完成，农村困难群众住房安全得到保障。

【村镇规划】 加快村镇规划编制，推进城乡规划全覆盖。全年共编制完成县域村镇体系规划18个，小城镇总体规划60个，村庄规划2000个。严格抓好规划的技术评审，开展规划成果评优，提高规划编制水平和成果质量。全省共评出省级优秀规划成果22项；阳泉市小河历史文化名村保护规划等4项规划荣获全国优秀城乡规划设计奖，山西省获奖数量居全国前列。强化村镇规划的实施与监理，促进村镇建设安全发展。

【小城镇和新农村建设】 全省有全国重点镇62个，中国国家园林城镇1个，省级园林城镇7个，省级旅游名镇名村27个，省级旅游特色村镇35个。一是加快旅游型村镇发展。在全国率先开展“山西省旅游名镇名村”的申报和审定工作，省政府审定公布“山西省旅游名镇名村”27个，省建设厅和省旅游局审定公布“山西省旅游特色村镇”35个。旅游名镇名村作为村镇发展旅游业的典型，特色鲜明，发展快速，为丰富全省旅游产品、线路，实现农民增收致富，改善农村人居环境，探索出一条可持续发展的有效途径。二是加大建制镇绿化投入。从2006年起，省建设厅会同省财政厅每年安排120个建制镇（每镇10万元）绿化扶持资金1200万元，支持建制镇绿化美化工作，并积极开展省级园林城镇的创建活动，贾家庄镇被省政府公布为“省级园林城镇”。

全省建制镇绿化覆盖率达到20.9%，村镇生态环境明显改善。三是开展亚州开发银行贷款小城镇建设。配合亚行专家完成对项目镇的技术考察、业务培训等技术援助，做好贷款考察前的准备。平遥县古陶镇等3个项目镇完成项目可行性研究、环境影响评价等报告，并按照亚行的要求办理项目有关国内审批手续，技援工作圆满结束。四是强化小城镇政策研究。省建设厅会同省委政策研究室开展对全省特色小城镇可持续发展的调查研究，完成资料收集、整理工作，起草调研报告，提出全省小城镇发展的相关政策建议。

【古村镇保护】 不断加强历史文化资源的科学保护和永续利用，组织开展第三批"山西省历史文化名镇名村"的申报工作。争取世行贷赠款开展古村镇减贫课题研究，分别对古村镇建筑图集、技术导则、非物质文化遗产、减贫规划和减贫政策等进行深入研究，提出山西省古村镇保护、利用与减贫的模式及政策建议。

【村镇房产】 加强农民建房指导，加大新农村住宅设计图集的推广使用。完成农村人均住房指标任务，2008年底，农村人均住宅建筑面积增加0.35平方米，达到25.96平方米。印发《关于开展村镇房屋产权登记发证工作的通知》（晋建村字[2008]249号），维护农民权益，规范村镇集体土地上房屋权属的登记管理。

【解决全省农村困难群体住房问题】 2008年初，省政府将"启动解决农村困难群体住房问题"列入承诺为人民办的十件实事，并决定开展3000户试点。为搞好试点工作，提出切实可行的解困办法。一是加强组织领导。省政府印发《关于解决农村困难群众住房问题的意见》（晋政发[2008]25号），从目标原则、方法措施、组织保障等方面，对农村住房解困工作提出明确要求，成立以分管副省长为召集人，省建设厅、省财政厅等7部门参加的"山西省解决农村困难群众住房工作联席会议"。二是明确解困目标。提出"三步走"战略：第一步，2008年先安排3000户开展试点，启动解决农村困难群众的住房问题；第二步，2009年至2012年，每年解决1.7万户。在本届政府任期内，解决7.1万户仍居住在危房中的困难户，构筑起农村人民群众生命安全保障工程；第三步，到2020年全面建成小康社会时，全部解决农村困难群众住房问题。三是强化各级政府的职责。坚持"省、市给予资金支持，加强工作指导；县（区）政府是责任主体，负责组织落实"的工作思路，实行"层层分解解困任务、级级落实目标责任、及时反馈工作信息、定期督查解困工作、年终考核目标任务"的目标责任制。四是总结试点经验。在北、中、南部三个地区，确定两批共6个县（市）作为农村住房解困试点，解困任务共3000套。11月，省政府在右玉县召开住房解困现场会，总结推广试点经验，安排部署下一步工作。五是加大宣传力度。充分发挥新闻媒体作用，加强对各试点县解困工作进展情况的宣传报道。《中国房地产报》、《山西日报》等各类新闻媒体，对山西省农村住房解困工作组织了20余次报道，取得明显的社会效益。经过一年的努力，农村困难群众住房解困3000户试点任务全面完成。

【第一批山西省旅游名镇名村名单】 为保护并开发利用好村镇旅游资源，大力发展村镇旅游产业，贯彻落实《山西省人民政府关于加快服务业发展的实施意见》（晋政发[2008]11号），在镇人民政府申报，县（市、区）、市人民政府审查推荐的基础上，经过组织专家实地考核和社会公众投票评选时间，2008年11月11日，省人民政府公布第一批山西省旅游名镇名村名单（晋政函[2008]145号）。

一、山西省旅游名镇（17个）

太原市晋源区晋祠镇

大同市南郊区云冈镇

大同市天镇县新平堡镇

阳泉市平定县娘子关镇

长治市黎城县黄崖洞镇

长治市襄垣县下良镇

长治市襄垣县虒亭镇

晋城市阳城县北留镇

朔州市右玉县右卫镇

忻州市宁武县东寨镇

晋中市灵石县静升镇

临汾市吉县壶口镇

运城市永济市蒲州镇

运城市垣曲县历山镇

吕梁市汾阳市贾家庄镇

吕梁市文水县刘胡兰镇

吕梁市柳林县三交镇

二、山西省旅游名村(10 个)

大同市南郊区云冈镇刘官庄村

阳泉市郊区义井镇小河村

长治市平顺县东寺头乡窑底村

晋城市阳城县北留镇皇城村

晋城市陵川县古郊乡锡崖沟村

晋中市祁县东观镇乔家堡村

晋中市昔阳县大寨镇大寨村

晋中市榆次区东赵乡后沟村

运城市闻喜县礼元镇裴柏村

运城市闻喜县石门乡白家滩村

【第一批山西省旅游特色村镇】 为贯彻落实《山西省人民政府关于加快服务业发展的实施意见》(晋政发[2008]11 号),加强村镇旅游资源的开发利用,大力发展村镇旅游产业,在乡镇人民政府申报,县(市、区)、市人民政府审查推荐的基础上,经过专家实地考核和社会公众投票评选,省建设厅、省旅游局于 11 月 25 日,审定第一批山西省旅游特色镇和第一批山西省旅游特色村,名单如下:

一、旅游特色镇(10 个)

大同市南郊区高山镇

长治市潞城市辛安泉镇

晋中市左权县麻田镇

忻州市五台县东冶镇

运城市万荣县荣河镇

运城市盐湖区解州镇

吕梁市临县碛口镇

吕梁市交城县庞泉沟镇

吕梁市汾阳市杏花村镇

二、旅游特色村

大同市阳高县大白登镇大泉山村

大同市广灵县壶泉镇蕙花村

大同市灵丘县红石塄乡北泉村

大同市灵丘县红石塄乡沙湖门村

大同市新荣区堡子湾乡得胜堡村

大同市南郊区马营乡白马城村

阳泉市郊区平垣镇官沟村

长治市潞城市店上镇北村

长治市襄垣县古韩镇上峪村

长治市武乡县蟠龙镇砖壁村

长治市武乡县韩北乡王家峪村

长治市平顺县石城镇白杨坡村

晋城市阳城县北留镇郭峪村

晋城市陵川县夺火乡凤凰村

晋城市沁水县土沃乡西文兴村

朔州市右玉县右卫镇杀虎口村

朔州市山阴县张家庄乡广武村

晋中市榆次区东阳镇车辋村

晋中市介休市龙凤镇张壁村

晋中市和顺县松烟镇南天池村

运城市河津市清涧办龙门村

运城市万荣县万泉乡万泉村

吕梁市文水县孝义镇上贤村

【第四批中国历史文化名镇(村)】 根据《中国历史文化名镇(村)评选办法》(建村[2003]199 号)规定,在各地初步考核和推荐的基础上,经专家评审并按《中国历史文化名镇(村)评价指标体系》审核,住房和城乡建设部、国家文物局公布第四批中国历史文化名镇(村),山西省泽州县大阳镇为中国历史文化名镇,汾西县僧念镇师家沟村、临县碛口镇李家山村、灵石县夏门镇夏门村、沁水县嘉峰镇窦庄村、阳城县润城镇上庄村为中国历史文化名镇。

建筑与勘察设计市场监管

【综述】 2008全省完成建筑业总产值1282.6亿元,同比增长21.57%,建筑业实现增加值346.0亿元,同比增长16.69%,占全省国内生产总值的5.0%。具有建筑业资质等级的总承包和专业承包建筑业企业实现利润总额24.3亿元,增长125%,上交税金40.6亿元,增长28.08%,建筑业从业人员80万人,劳动生产率达到16万元/人。项目施工水平、管理水平提高,为促进山西经济快速增长发挥重要作用。2008年,全省共有建筑业资质企业2523家,其中总承包企业906家,专业承包企业1451家,劳务分包企业166家;有工程监理企业254家;工程招标代理机构166家。

【建筑市场管理】 继续建立和完善山西省建筑市场监管信息系统,完成建筑业企业和在建工程基本信息采集,初步建立起企业诚信档案。加强对市场主体行为的动态监管,开展建筑业企业、招标代理机构动态考核,加大动态监管力度,实行差别化管理。对不符合资质标准要求、不遵守法律法规、市场行为不规范的建筑业企业和招标代理机构,公示其不良行为记录直至吊销其资质证书,净化建筑市场环境。全省参加动态考核的建筑业企业有2251家,其中671家完全合格,有效期为3年;629家合格,有效期2年;69家合格,有效期一年;205家基本合格、302家待定、122家停业整顿、253家被注销企业资质。招标代理机构166家,其中90家合格、36家基本合格、18家待定停业整顿三个月、22家被注销资格。通过动态考核,建立起准入清出的长效机制,动态考核结果记入企业诚信档案,向社会公示,有效地规范企业的市场行为,维护建筑市场的秩序。

【建筑市场监管信息系统】 完成山西省建筑市场监管信息系统企业、人员、项目管理等版块的系统需求研究,并对开发完成的有关内容进行修改和完善。利用初步开发完成的系统对建筑业企业和在建工程项目等情况进行基本信息采集。对企业上报中发现的问题及时进行改进和完善。同时,在网上开展省级监理工程师初始注册和换发注册证书工作,基本建立起省级监理工程师数据库。

【实施监理专户管理制度】 贯彻执行国家发改委、建设部《建设工程监理与相关服务收费管理规定》(发改价格[2007]670号)精神,出台《关于进一步加强建设监理市场管理的意见》(晋建建字[2007]199号)、《建设工程监理合同备案管理办法》(晋建建字[2007]200号)、《关于实行建设监理服务收费专户管理的指导意见》(晋建建字[2008]49号)三个规范性文件。11个地级市基本按要求建立监理专户,规范收费行为。同时,加强对监理招投标、合同备案、从业人员上岗、监理服务质量的监管,监理市场秩序日益规范,监理工作质量明显提高。

【安全隐患排查治理】 开展建设系统安全隐患排查专项行动,第一时段检查工程项目1862个,排查出一般隐患2371个,完成整改2371个,整改率100%,确保"两会"期间和春季复工的安全生产。第二时段发现一般隐患414个,整改414个,整改率100%。第三时段隐患排查正在进行中。建立完善15项安全管理制度,狠抓重点地区、重点企业和重点项目的隐患排查,把各项措施落到实处,切实消除安全生产隐患。

【清欠"回头看"工作】 进一步巩固清欠成果,完善并落实防欠长效机制,开展清欠"回头看"工作。一是印发《关于进一步做好解决建设领域拖欠工程款

"回头看"工作的通知》(晋解欠字[2008]1号),对工程款支付监管、落实19项长效机制、完善举报投诉机制等提出明确要求。二是认真受理投诉举报。2008年1~8月,共受理转办来信来访33件,其中拖欠农民工工资案件2起,反映拖欠工资57.61万元;拖欠工程款案件31起,反映拖欠工程款8794.74万元。经核查认定,调解督办,处理22起,其中农民工工资案件2起,解决拖欠57.61万元;工程款案件20起,解决拖欠4604.11万元。三是妥善解决集体上访围堵等突发事件10余起。1月10日,牵头解决160名农民工围堵太原东山垃圾焚烧发电厂事件。1月23日,牵头解决100余人堵塞太原市平阳路事件。四是加大拖欠通报力度。对中铁十七局建筑公司、四川川北数码港建设公司、山西建筑总公司、深圳宝鹰建设公司、山西宏图公司等单位的拖欠农民工工资等行为,进行全省通报批评。

【从业人员培训和管理】 完成建筑业企业一、二级项目经理向临时建造师执业资格过渡的考核认定、发证工作,和省级监理工程师的考试、发证、换证工作。进一步加强对从业人员,特别是注册执业人员的定期培训和再教育。建立个人诚信档案,加强对从业行为的动态监管,稳步提高从业人员的职业道德和执业素质。创建建筑工地农民工业余学校165所,免费发放各种学习手册15000多套。

【建筑业统计工作】 省建设厅、省统计局联合印发《关于加强建筑业和房地产统计工作的通知》(晋统字[2008]82号),进一步加强和完善统计制度建设,实施对建筑业企业统计工作的监督检查。利用企业动态考核、资质申请等有效手段,提高统计季报、年报的上报率和准确率。开展统计人员业务培训,改进统计方式和统计手段,推行统计数据网上报送方式,更好地发挥统计对行业管理的分析和导向作用。

【汶川地震援建工作】 "5·12"汶川大地震发生后,根据住房和城乡建设部的总体安排部署,对全省建筑业企业工程机械设备摸底后,迅速组织中煤集团山西平朔公司抽调13台大型工程机械设备,成立一支45人的救援队伍,由省建房厅建管处带队赶赴受灾较重的四川省广元市剑阁县进行抢险救援,圆满完成各项抗震救灾任务,赢得当地党委、政府和灾区人民群众的高度评价和一致认同。四川省建设厅发来感谢信,剑阁县县委、县政府也寄来标有"一方有难、八方支援"的锦旗。在援建灾区过渡安置房工作中,积极协调各市建筑业企业、工程监理企业,保证一流的施工和管理队伍进驻现场,同时做好后方的协调、组织工作。

【建筑装饰装修】 制订出台《山西省住宅装饰装修类企业资质管理办法》,从2009年1月1日起在全省执行。编制完成山西省地方标准《住宅室内装饰装修工程质量验收标准》,为推动山西省家装市场规范和发展起到积极作用。举办第二届中国(山西)国际建筑装饰材料博览会暨家装精品展示会,博览会占用场地3000平方米,参展商有150家材料商和20家家装公司,展位256个,参展的主要材料有精品厨卫、门窗幕墙、陶瓷地面、墙面饰材、吊顶材料、玻璃饰品、建筑涂料、电气照明、建筑智能、化学建材、建筑五金等室内外装饰装修材料近千种产品。省政协常务副主席郭良孝以及省建设厅、省工商行政管理局、省技术监督局有关领导到会剪彩并指导工作。组织开展全省第五届"三晋杯"建筑工程装饰奖、优秀企业和优秀项目经理的评审工作,36项工程获得全省"三晋杯"建筑工程装饰奖,评出优秀项目经理43名,评出优秀企业42家。

【勘察设计】 2008年全年工程设计完成合同额257011.24万元,为上年度的116%;施工图完成投资额549.95亿元,为上年度127%;施工图完成建筑面积4136万平方米,为上年度的127%;工程勘察完成合同额68856.81万元,为上年度的

125%。2008年工程勘察设计咨询业营业收入60.00亿元，为上年的137%，其中：工程勘察收入6.53亿元，工程设计收入22.11亿元，工程技术管理服务收入1.08亿元，工程承包收入25.74亿元，其他收入4.46亿元，境外收入0.08亿元。人均完成营业收入19.78万元，为上年的130%。

2008年度全省共有勘察设计企业554家，其中：甲级59家、乙级325家、丙级140家、丁级30家。一级注册建筑工程师320人、一级注册结构工程师620人；二级注册建筑工程师800人、二级注册结构工程师280人；勘察设计注册工程师1500余人。通过2007年度动态考核和对勘察设计注册执业人员的日常监管，2008年有13家勘察设计单位因存在严重市场违规行为或已不能达到相关从业条件而被吊销资质，同时另有29家单位被黄牌警告，进一步遏制资质挂靠、出借图签、压质压价、人证分离等恶性竞争市场行为。

【招标投标】 省纪检委组织进行工程建设招标投标调研，根据调研中发现的有形市场不规范、交易违规等突出问题，制定具体办法。一是规范招标代理机构行为，开展招标代理机构动态考核，加大动态监管力度，对不符合资质标准要求、不遵守法律法规、不公正履行代理业务、违规操作的招标代理机构，公示其不良行为记录直吊销资质证书，净化招标代理市场环境，遏制违规违法招标代理机构的生存，促进招标代理中介服务机构的健康发展。二是抓紧修订《山西省房屋建筑和市政基础设施工程施工招标投标实施细则》，制定相应的配套文件。《细则》突出对政府投资工程的招标投标监管，认真落实国家和省有关规定，严格招标投标活动的全过程监管，重点遏制规避招标、擅自邀请招标、围标、串标等行为。2008年全省应招标工程2160项，实际招标2160项，招标率100%；应公开招标工程2062项，实际公开招标2062项，公开招标率100%。

【劳保与担保】 2008年全省共收缴建设工程养老保险费4.7亿元，比上年同期增长15.32%。向全省施工企业共拨付建设工程养老保险费3.44亿元，比上年同期多拨付4500万元。向全省特困企业及职工共补贴养老保险费6136万元，比上年同期多补贴2183万元。12月中旬，对各市建设工程养老保险费及工作经费收支情况进行财务检查。通过检查，进一步加强财务管理，规范财务收支，确保资金的专款专用。建设工程担保工作方面，省建设厅出台《关于进一步推行建设工程担保制度的通知》（晋建建字［2008］129号）文件，保证建设工程担保工作在全省范围内的有力推行。培育工程担保机构29个，有5个市在本市范围内推行了工程担保制度。承接担保项目560项，担保总额达到6.1亿元。召开全省工程担保管理工作座谈会，交流工作经验和存在的问题，通报全省工程担保机构年度考核结果，有11家担保机构考核合格，可以继续开展工程担保业务，其余一概不得从事工程担保业务。对各工程担保监管机构提出加强监管、加大推行工程担保制度力度的要求。

质量安全监管

建筑工程质量监管

【综述】 2008年,全省工程质监系统按照2342即“建立两个平台,抓好三支队伍,推进四项工作,做好两个服务”的目标任务,全省城市行政区域内工程质量验收合格率100%,工程优良率达33.7%,工业项目一次试车成功,竣工验收备案率90.5%。各项工作取得圆满成功。

【工程质量整体水平明显提高】 全省推行工程质量监督巡查制度，严格对工程建设各方责任主体质量行为的监督管理，工程质量始终处于受控状态。全省未发生重大质量事故。

【工程质量监督法规制度和地方标准建设】 出台《山西省建设工程质量检测机构动态考核要求》，印发《关于加强冬期施工管理的通知》、《关于进一步加强政府投资工程质量监督管理工作的通知》。

【工程质量检测管理】 出台《山西省建设工程质量检测机构动态考核要求》，加强对检测机构的动态管理，同时开展检测机构的资质就位工作。对全省的质量检测人员1500余人次进行上岗培训和继续教育培训。

【工程质量监督管理队伍管理】 开展质量监督机构人员的考核工作，对全省通过资格审查的1600余名监督人员进行法律法规和专业基础知识的培训，并组织全省统一考试，考试通过率达82%。开展全省各级施工企业质量检查人员持证上岗情况的摸底统计工作，组织有关专家着手编写《质量检查人员培训教材》。

【推进建筑节能监管】 根据国家和山西省有关法律、法规及文件精神要求，加强对施工过程中建筑节能工程质量的监督管理，严格执行《建筑节能工程施工质量验收规范》和相关法律、法规和技术标准，确保新建建筑满足节能验收规范要求。经省编办批准成立专门的管理机构，编制《山西省省级政府机关办公建筑和大型公共建筑节能监管体系建设项目可行性研究报告》并通过评审。启动省政府机关办公建筑和大型公共建筑能耗基本信息统计调查工作。

【工程质量信息化建设】 组织研制工程质量监督和工程质量检测管理信息系统，并通过调试、修改，对两个信息系统进一步优化和完善。截至2008年底，两个系统基本具备运行功能，实现了通知信息网上发布，工程项目网上申报，统计数据自动生成等功能。

【汶川地震援建】 四川汶川特大地震发生后，省工程质量监督系统积极参与抗震救灾工作，第一时间派出一批同志参加援助四川地震灾区过渡安置房生产及安装工程质量监督工作。组织编制《山西省援助地震灾区过渡安置房建设质量管理导则》，为确保过渡安置房工程质量做出积极的贡献。同时，还积极参加各种形式的为灾区人民献爱心活动。

【评优工作】 加大对评优工作的宣传力度，鼓励企业积极创优。全省有19项工程获得“汾水杯”称号，79项工程评为省优良工程。在《山西省招投标管理办法》的修订中，增加对企业创优的激励机制。

【建设工程质量保险】 制定《山西省建设工程质量保险体系》及相关配套文件，为开展建设工程质量保险试点工作做了大量的准备工作。

建设系统安全生产监管

【综述】 2008年，全省建设系统广大干部职工，认真学习实践科学发展观，以隐患排查为主线，以完成年初与省政府签订的安全生产工作目标责任为工作目标，狠抓落实，强化监管，不断推进建设系统安全生产管理的稳步发展。2001、2002、2003、2005、2006、2007年，省建设厅六次被省政府授予“安全生产工作先进单位”，省建筑安全监督站在2004年被省政府评为“安全生产管理工作创新单位”，2006年被省政府评为“安全生产工作监管、监察先进单位”。

全年，全省各级建设行政主管部门共监督房屋建筑和市政工程2381个，面积3635.21万平方米。截至2008年12月24日，全省共发生生产安全事故

7起，死亡8人（其中房屋建筑工程发生6起事故，死亡6人；城市基础设施运营发生1起事故，死亡2人），低于17人（建筑施工11人，市政运营6人）的年初绝对控制指标；重伤率为0；未发生一次死亡6人以上重大事故；百亿元产值死亡率为1.0，低于6.3的控制指标，圆满完成2008年目标责任书所列各项安全控制指标。

在工地现场开展建筑安全生产宣传

【安全生产工作目标责任】 2008年全省建设系统的安全工作紧紧围绕与省政府签订的安全生产目标责任展开：

1. 加强组织领导。一是召开两次安全生产专题会议，研究解决建设系统重大安全生产问题；二是各分管厅领导张立光、任在刚、闫晨曦分别召开分管行业安全会议，研究部署行业安全生产具体工作；三是召开4次安全生产例会，对隐患排查治理工作、百日督查专项行动工作、迎奥运保安全等工作进行研究部署；四是召开3次建筑安全生产联络员会议，对两项许可延期、隐患排查治理等工作进行研究、安排。

2. 认真实施安全生产“两项”许可制度。企业安全生产许可和“三类人员”安全考核两项许可制度，从2004年1月13日实施以来，省建设厅一是认真组织、严格把关，通过两项许可制度的建立，促使施工企业“三类人员”提高安全生产管理水平，全省取得安全生产许可证的企业共1649家，取得安全考核合格证的“三类人员”41175人。二是及时开展“两项”许可的延期工作，从2008年1月开始，省建设厅对许可证有效期满的企业和人员给予延期，延期审查的重点是企业施工现场的安全生产条件，对所有发生事故的企业全部实地检查，其他企业的抽查覆盖面要求达到企业总量的30%。对三类人员的延期，重点把好继续教育培训关，提高“三类人员”的安全知识素养和管理水平。三是加强许可证动态管理。对发生事故企业和未发生事故，但严重降低安全生产条件的企业，按有关规定严格实施暂扣安全生产许可证的处罚。省建设厅组织研发“山西省建筑安全监督管理信息系统”，进一步落实两项许可制度。

3. 强化安全教育培训工作。一是对23000多名“三类人员”的延期继续教育培训，做到统一培训学时，统一培训教材，统一培训师资，确保培训质量。为解决少数人员在延期教育中派人顶替、只报名不学习等问题，专门组织开发网上报名系统和计算机考试系统，建立三类人员信息数据库，在培训中加大抽查频次，收到很好效果。二是对特种作业人员进行培训，针对持证情况比较混乱的状况，省建设厅重点对起重工、信号工、司机、架子工等工种进行统一培训和职业技能鉴定，做到统一持证上岗，截至2008年底，7083人取得《建筑施工企业特种作业人员安全操作资格证书》和《职业技能鉴定证书》。三是采取多种方式开展一线操作人员的培训，在全省开展创办农民工业余学校活动，到年底共创建建筑工地农民工业余学校165所，免费发放各种学习手册15000多套，省建筑安全监督站还专门从中国建筑协会安全专业委员会订购1000套《建筑工人入场安全教育》影像资料，分发给全省建筑施工现场，供一线操作人员观看学习。四是加强对监管人员的培训。近几年，全省共举办省级监管人员培训班3期，培训人员756人次。

4. 稳步推进安全质量标准化工作。一是明确实施目标和主体。在建设部确定的目标基础上，把实施主体确定为，施工现场安全质量标准化、施工企业安全质量标准化、监管部门安全质量标准化，全面推进安全质量标准化工作。二是抓好标准化工地的创建工作。年初,在与各市签订的安全目标责任书中,将创建标准化工地的指标分解下达,各市定试点、树典型、抓落实,在监管过程中把握文明工地与标准化工地的区别,理解安全质量标准化的内涵,省建设厅进行过程指导、抽查。公布省级建筑安全标准化工地 73 项,《建筑安全标准化工地管理规定》和《山西省建筑安全标准化工地评审办法》出台实施。三是注重安全管理标准的宣贯和完善。从 2008 年开始,省建设厅把《建筑工程施工安全管理标准》(DBJ04 - 253 - 2007)做为建筑施工企业"三类人员"延期继续教育的指定培训内容,加大标准的宣贯力度,企业接受培训的人员达到 21000 名,提高施工企业执行标准的意识,启动《建筑安全管理资料规程》和《建筑安全监督工作规程》的编制工作,进一步规范监管人员以及安全管理从业人员的行为。四是加大标准化管理的推进力度。9 月 26 日,省建筑安全监督站与建筑安全协会共同组织召开"全省建筑安全标准化管理工作推进研讨会",总结近三年的全省建筑安全质量标准化工作,为获得首批建筑安全标准化工地的单位颁发奖牌,研究讨论第二阶段建筑安全质量标准化工作。

5. 积极开展安全生产月活动。6 月 3 日 ~4 日,省建筑安全监督站在太原举办为期两天 130 余人参加的全省第三批董事长、总经理继续教育培训。6 月 8 日,省政府在南宫文化广场举行的安全咨询日活动,省建设厅副厅长张立光带领有关人员为群众宣传安全生产知识、散发宣传品、开展咨询活动,各市在宣传日也开展相应的宣传活动。当天全省共发放建设安全宣传材料 25000 多份,赠送《建设工程安全生产条例》、《安全生产法》等有关法律法规书籍 1200 多册。

6. 及时上报事故,严格依法处罚。截至 2008 年底快报系统已经覆盖 11 个地级市。实施许可证制度以来,严格按照建设部的有关规定,对发生事故的本省企业依法暂扣安全生产许可证,并且将事故情况在省建设厅门户网站及时公布。对外省施工企业在晋发生事故的,及时抄告所在省,并抄报建设部。同时对未发生事故,但严重降低安全生产条件的企业也实施暂扣许可证的处罚。对施工现场安全问题较多的,除采取责令停工等行政强制措施外,还给予通报、罚款等。

7. 加强应急救援体系建设,提高应急处突能力。一是根据省政府应急预案体系建设的总体要求,全部完成省政府下达的 3 个专项预案、省建设厅的 1 个综合预案和 4 个部门预案。二是督促各市、县完善建设系统相应的应急预案,省—市—县建设系统三级应急预案基本建立。三是对有关企业,特别是把建筑施工企业、施工现场应急预案的建立情况作为安全检查的内容,要求企业应急预案有针对性,与管理部门的预案对接,与《应对突发公共事件法》规定相一致。四是加强应急队伍建设,加强应急演练,各市在应急经费无保障的情况下,采取市级应急救援队伍建设主要依托大型建筑施工企业的做法,组建各市的应急救援队伍,每年定期培训,并针对施工现场五类事故高发的实际开展应急演练。全年共进行 13 次应急救援演练。五是加强对各市应急救援预案编制工作的指导,重视预案的修订、管理、报备工作。

8. 运用信息化手段,实施科技兴安。一是最早建立起与建设部和各市联网的部—省—市三级网上事故快报系统,实现事故报告网络化。二是在省建设厅门户网站上建立"建设安全"板块,开辟"建设系统安全隐患排查治理"和"建设系统事故快报"专栏模块,把有关建设安全生产管理的信息、隐患排查的相关信息以及发生的安全事故及时向社会公布,充分利用信息化手段宣传建设系统的安全工作。三是研发建筑施工企业三类人员网上报名系统和考试信息管理系统,实现基本信息采集、后台数据集中管理的功能,为三类人员动态监管的现场实施奠定基础。

9. 努力推进建筑安全监管队伍建设。为加强全省建筑安全管理工作,2002 年底省建筑安全监督站单独设置,成为自收自支的事业单位,2007 年省编办将省建筑安全监督站变更为差额事业单位,编制人数由原来的10人增加至16人，充实了管理力量。各市也将建筑安全监督站单独设置，部分县成立单独的建筑安全监督机构。省市两级的建筑安全监管网络初步形成，独立设置的县级监管机构逐年增多。在抓机构建设的同时，也注重监管人员的培养。12月6~8日，省建筑安全监督站在晋中举办为期3天的全省建筑安全监管人员培训班，11个市、县建筑安全监管人员共计230人参加培训。通过定期举办建筑安全管理知识培训提高了监管人员的专业技术水平。

3月17日，省建设厅举办建筑安全生产专项整治培训班

【建设系统安全生产隐患排查治理】 2008年是国务院确定的“隐患治理年”，省建设厅将建设系统安全生产隐患排查治理工作作为全年安全工作的重要抓手，认真落实省政府关于进一步开展安全生产隐患排查治理工作的具体安排，全面抓好建设系统安全隐患排查治理工作，重点抓好建筑施工和城市市政基础设施运营两个方面的隐患排查治理工作。

1. 高度重视，及时部署。2月27日，全省安全生产隐患排查治理工作电视电话会议之后，省建设厅于2月29日召开一季度安委会例会上，对全省建设系统的隐患排查治理工作进行安排部署，印发《山西省建筑安全生产隐患排查治理工作方案》和《山西省城镇基础设施隐患排查治理工作方案》。4月30日，副厅长张立光主持召开专题会议，对全省建设系统安全生产百日督查专项行动进行部署，建筑施工方面，印发《关于开展建筑安全生产百日督查专项行动的通知》（晋建建字[2008]189号），制定统一的督查内容和标准，对建设行政主管部门、施工企业和施工现场的排查提出明确要求；市政运营方面，印发《关于做好市政公用行业迎奥运保安全工作的通知》（晋建城字[2008]174号）和《关于切实做好风景名胜区迎奥运保安全工作的紧急通知》（晋建城字[2008]186号），对市政公用行业和风景名胜区的安全保障工作进行专题部署，提出具体要求；既有房屋方面，印发《关于做好汛期房屋安全工作的紧急通知》（晋建房字[2008]268号），各市成立汛期房屋安全工作领导组，明确重点部位、重点区域，任务到人、责任到人，做好直管公房的维修、加固和危旧房改造以及应急工作。9月8日，临汾市襄汾县新塔矿业有限公司发生尾矿库溃坝特别重大事故后，省建设厅印发《关于开展第三重点时段建筑安全隐患排查治理活动的通知》（晋建建字[2008]429号），要求各级建设行政主管部门要深刻吸取事故教训，立即开展第三重点时段安全生产隐患排查治理，坚决克服松劲思想和厌战情绪，进一步加强组织领导，强化监管责任，深化建筑安全生产隐患排查治理，确保全省建设系统安全生产的平稳运行。为认真贯彻省政府9月26日安全生产会议精神，深入开展安全隐患排查治理活动，省建设厅制定并印发《建筑施工安全生产隐患排查专项方案》、《市政公用行业隐患排查治理工作方案》和《住房安全隐患排查工作方案》，对开展房屋建筑和市政工程施工安全、城市市政基础设施运营安全、城市直管公房使用安全等建设系统和领域的安全隐患排查工作进行部署。10月9日，省建设厅召开《全省建设系统安全生产、生活COD减排暨廉政建设工作电视电话会议》，副厅长张立光对建设系统安全生产工作做了安排部署。

2. 狠抓落实，认真开展隐患排查治理。印发《关于开展建设系统第一重点时段安全隐患排查治理检查工作的通知》（晋建安办函字[2008]1号），开始第一时段隐患排查治理检查工作，要求11个市对各级建设行政主管部门职责范围内所负责的在建的城镇（乡）房屋建筑和市政公共基础设施建设工程(含重点工程部分)、已经投入运营的城镇(乡)市政基础设施和城市直管公房等开展交叉互检。共检查建筑施工企业329个,在建工程1862项,市政运营企业103个,排查出一般隐患2371个,完成整改2371个,整改率100%。省建设厅组织抽查在建工程项目157项,市政运营项目(单位)16个,施工企业20家,发现各类安全隐患661条,完成整改661条,隐患整改率达到100%。

百日督查期间,为切实迎奥运、保安全工作,省建设厅从建筑施工和市政运营两个方面认真开展专项督查。

建筑施工方面。厅安办印发《全省建筑安全隐患百日督查专项行动和隐患排查巡视检查的通知》,由张立光亲自带队,组成省级专项督查组,对各市建设行政主管部门、省建总公司、省路桥集团公司和中央驻晋建筑施工企业进行专项督查。督查组共检查11个市、11个县、16个建筑施工企业(包括省属企业和中央驻晋企业)、35项在建工程,召开督查反馈会38次(含企业、现场反馈会)。发现一般隐患414个,整改414个,整改率100%;发现重大隐患2个,均在7月10日前完成整改。

各市的督查检查工作在5月上旬结合本市特点展开。太原市把市政府的"城乡清洁工程"引进施工现场,提出"门前三包、门内达标"的要求,进一步促进省地方标准《建筑工程施工安全管理标准》的执行。临汾市把"城市蓝天碧水工程"与百日督查工作相结合,制定"迎奥运,保安全"专项工作方案。阳泉市在督查工作中提出"五项要求"、"四个重点"、"八个不准"和"一个限制"的工作要求;大同市根据市政府保护历史名城活动的要求,提出"五个结合"和"五个强化"的措施。

截至7月20日,全省百日督查专项行动期间共检查建筑施工企业737个,在建工程2714项,排查出隐患6726个,完成整改6444个,整改率96%;查出重大隐患20个,完成整改18个,整改率90%;未完成整改的2个工程以及4%的一般隐患,在各市监管机构的监督下现均完成整改。

市政运营方面。为确保全省市政公用行业的日常运营安全,省建设厅印发《关于加强城市公共交通和出租客运安全工作的紧急通知》(晋建城字[2008]111号)等一系列加强市政公用行业的文件,要求各市、各行业高度重视安全生产工作,认真开展排查治理,做到不留死角,切实保证市政基础设施的稳定运行。印发《关于做好市政公用行业迎奥运保安全工作的通知》(晋建城字[2008]174号),各市、各单位根据不同行业的特点,结合实际,突出重点,分类指导,全面做好安全保障工作。5月12日汶川特大地震灾害发生后,省建设厅按照省政府要求及时安排各市就余震对市政基础设施的影响展开细致的排查,并对发现的运城市供水水质混浊等问题及时实施指导,要求尽快恢复正常生产,确保了市政公用行业的运营稳定。5月31日,长治市发生2名工作人员在实施清挖水沟作业过程中因沼气中毒死亡的安全生产事故之后,省建设厅及时印发《关于加强市政公用行业安全生产管理的紧急通知》(晋建城字[2008]244号),各地针对市政公用行业的部分高危岗位实际,特别是河堤、管井的清淤疏浚作业,开展一次专项整治工作,进一步加强市政公用行业的安全生产管理。省建设厅还结合国家和山西省关于迎奥运、保安全的要求,有针对性地印发《关于切实做好风景名胜区迎奥运保安全工作的紧急通知》(晋建城字[2008]186号)、《关于进一步做好奥运期间市政公用行业和风景名胜区安全保障工作的通知》(晋建城字[2008]317号)等文件,对市政公用行业和风景名胜区安全保障工作作专题部署。

各市房管局针对雨季的情况,普遍开展对城市直管公房安全情况的排查工作,确保既有房屋的使用安全。

施工图设计审查

【省重点工程施工图审查】 一是主动配合省工务局、省重点办,及时推荐资质高、信誉好、有实力的施工图审查机构;二是要求被推荐的审查机构,要做好准备,提高质量,需要时可提前介入工程的勘察设计，做好对工程的全程服务；三是针对工程技术复杂、质量要求高、审查量大、周期短的工程项目，提出“一家审查机构牵头、多家联合审查、专家组复查”的办法。将承接任务的施工图审查机构明确为一类审查机构。

【提高施工图审查覆盖率】 重点提高县属工程的审查率，加强与各市管理部门的工作协调，会同各市对所辖县（市、区）施工图审查工作进行督查，确保工作落到实处。核定市、县备案管理员，在市、县颁发施工许可证的部门配备审查工作联络员（系统查询员），全省现有备案员 77 人，查询员 90 人（除太原市、晋城市外）。印发《关于进一步加强〈山西省施工图审查管理系统〉使用工作的通知》，要求所有申领建设工程施工许可证的工程，均须登录《山西省施工图审查管理系统》进行核实，没有通过《系统》取得《施工图审查合格书》的，视作施工图审查不合格，不予颁发建设工程施工许可证。

【施工图审查统计分析】 各市施工图审查管理机构和各审查机构按时、如实上报备案和审查情况，做到全省的审查情况、统计分析结果的适时查询。统计分析结果定期上报，为勘察设计单位的动态管理提供依据。2008 年全省施工图审查机构共完成施工图审查房屋建筑工程 2739 项，市政工程 15 项，总投资额 183.92 亿元，建筑面积 1826.02 万平方米；共纠正强制性条文 32607 条次（其中：勘察 4693 条次，平均每项违反强条 1.72 条次，比 2007 年降低 0.28 条次；房屋建筑 27907 条次，平均每项违反强条 10.24 条次，比 2007 年升高 1.84 条次；市政 7 条次，平均每项违反强条 0.47 条次，比 2007 年升高 0.02 条次），严重安全隐患 1461 处，勘察设计质量形势依然严峻，施工图审查工作亟待加强。

【引导行业自律】 引导行业自律工作健康发展，召开全省施工图审查行业自律工作座谈会，对各市管理机构和审查机构多次约谈和走访，逐步地建立健全行业自律工作机构。

【施工图审查综合检查】 年初对 2007 年检查中发现的违规、违法行为下达处罚通知书，共处罚审查机构 7 家、审查人员 1 人、设计单位 2 家、设计人员 1 人。2008 年开展施工图审查综合检查，共检查 36 家审查机构的 107 项施工图，其中公共建筑 41 项、居住建筑 63 项、市政项目 3 项。检查出错漏审强制性条文 437 条次，平均每项 4.1 条次；安全隐患 573 条次，平均每项 5.4 条次；一般性条文 1832 条次，平均每项 17.1 条次。

【“审底图”、“人员专职化”课题研究】 对部分省市和全省各市的施工图审查管理部门及施工图审查机构进行深入调研，广泛听取各方意见，完成专题报告。

【“市场清出制度”的研究】 加强对施工图审查市场的管理，对审查人员、审查机构实施“两年一换证”的动态考核。深入开展调查研究，进一步完善落实市场管理的各项制度，不断净化市场环境。加快审查信息化建设，改版升级《山西省施工图审查管理系统》推出 2.0 版，完善管理系统。对审查合格书的有效性进行复核，对使用无效合格书的审查机构进行处理。对其他省、市、区市场监督、清出制度进行调研，收集相关资料，征求各市管理部门及审查机构意见写出研究报告。

【组建“专家库”，完成继续教育培训】 组建施工图审查专家库，分建筑、结构、市政等 7 个专业组，并公布第一批 47 名专家名单。邀请专家，有针对性地编写教材和授课，对全省 96% 以上的审查人员进行继续教育培训。

【探索施工图审查新机制】 成立专题小组，针对施工图审查方式、大型工程的委托以及在现行模式下如何加强监管等课题进行广泛调查研究。共调查全国28个省（市），对各省施工图审查现状、机构数量及性质、人员状况（专职数量等）、年审查量、审查收入、政府监管方式等情况分类汇总、研究、分析，形成调查报告。

标准与定额

【工程建设标准化管理】　发布《城市绿化常用苗木标准》等11项工程建设地方标准，并报住房和城乡建设部备案；组织审定《园林绿化养护质量标准》等16项工程建设地方标准。发布《山西省市政公用事业特许经营政府监管标准体系》。

举办全省无障碍建设工作培训班，住房和城乡建设部标定司卫明处长到会做专题讲座。会前整理印发《无障碍建设文件汇编》，为创建无障碍建设城市的工作人员提供了相关资料，也为山西省的5个创建全国无障碍建设城市制定本市的无障碍建设管理规章提供参考资料。

启动建立城市规划地方标准体系和村镇建设地方标准体系工作。召开有关专家参加的城市规划及村镇建设地方标准体系编制工作座谈会。省城乡规划设计研究院和太原市规划局、太原理工大学等单位编制《城市规划管理技术规程》、《城镇公共厕所规划标准》、《户外广告设置规程》和《山西省历史文化名镇名村保护规划规程》等6项标准。

山西省建设厅于2008年8月19日、20日在太原组织召开国家标准《屋面工程质量验收规范》GB50207－2002和《地下防水工程质量验收规范》GB50208－2002修订组的第一次工作会议。两项国标编制组及顾问组的专家共40余人参加会议。住房和城乡建设部标准定额研究所林常青高级工程师出席会议并讲话。

长治市积极创建无障碍建设城市，图为为残疾人设计建造的坡道

【工程造价管理】　配合建筑节能工作的推行，满足工程计价的需要，编制完成山西省《工程建设建筑节能项目预算定额》。规范建设项目投资估算和概算的编制与管理，编制完成山西省《建设工程其他费用定额》基础资料的收集整理工作。按照造价指数测算与发布的方法和规定，每两个月在标准定额信息刊物和标准定额信息网上公布一次。同时根据需要将造价指数的专业范围扩大到安装、市政工程，为政府部门的决策和广大工程造价人员提供参考。按照住房城乡建设部的要求，向施工企业和各市造价管理部门收集有关资料和数据，经过认真分析汇总整理。完成了人工成本信息及城市住宅建设工程造价信息的测算与发布工作。定期发布人工、材料指导价，尤其是2008年年初针对2007年底的材料价格异常波动，发布指导意见，对全省建筑市场的正常运行，起到积极作用。做好工程造价从业人员管理工作，完成《全国建设工程造价员从业资格考试山西省培训教材》的修订与出版工作。组织全省2008年度造价员资格考试，全省应试人员1万余人，考试通过2500余人。完善《造价员信息管理系统》，对造价员变更和续期验证模块的功能进一步做改进。开展2008年度全省造价工程师继续教育工作，全省参加网络教育人数达1800余人，参加面授培训的人数达660多人。组织专业人员，加班加点，收集资料，经过反复对比测算，完成四川过渡安

置房的造价估算，提出合理化建议供设计人员参考，适时公布四川过渡安置房的造价结算指导意见，为抗震救灾做出积极贡献。

【造价市场监管】 按照《工程造价咨询企业管理办法》（建设部令第149号），进一步规范工程造价咨询企业执业行为，针对工程造价咨询企业的执业人员、执业行为组织了对工程造价咨询企业的动态考核。审查了9家企业的升级、转正申请资料。

完善造价咨询企业信用体系建设，建立《山西省工程造价咨询企业管理系统》，实现工程造价咨询企业通过该系统进行业绩、营业收入等数据上报工作，各级资质管理部门对企业进行资质动态监管、信用考评及上报数据汇总等工作。系统的良好运转提高了工程造价咨询企业和造价执业、从业人员信息管理的准确性、公开性，为加强和推进企业信用体系建设奠定基础。及时掌握施工企业工程规费的动态情况，进一步完善了《建筑施工企业工程规费计取标准管理系统》。

行政审批

【综述】 2008年，山西省建设厅受理审查建设类企业资质申请3375件，批准2521件，其中批准新成立资质企业964家（含建筑业企业295家），全省建设类企业累计9179家（含建筑业企业2790家）；坚持即来即办制度，办结企业资质变更许可914件；建设类执业资格注册申请受理14573件，办结12706件，注册许可11689人，全省建设类执业注册人员累计16605（次）；施工企业"三类人员"安全生产考核认定14428人，延期许可19583人；"图审人员"资格认定75人；办理省外建设类企业入晋备案手续506件，入晋企业主要是来自江苏、河南、河北、北京等地区一级以上的高资质大型企业；为山西建设类企业出具出省手续314件，出省企业主要是从事专业工程的中央驻晋企业、省直大型建筑企业。

自从2006年9月山西省建设厅成立行政审批中心（2007年经省编办批准成为厅综合处）以来，将建筑业企业资质等26项许可项目和建设类执业资格考试报名等3项非审批性的服务项目纳入审批中心实行集中办理，采取一口对外、一条龙服务方式，切实做到受理、公示、文书、许可、制证、送达工作的"六统一"，工作效率显著提高，审批活动便民亲民，受到省委省政府领导的高度肯定和服务对象的称赞。2008年，省建设厅注重长效机制建设，行政审批工作渐入佳境：一是把三级建筑企业资质等4项许可权下放市建设部门行使，尤其是施工企业安全生产许可下放在全国尚属首次。二是召开全省施工企业"三类人员"审查工作座谈会，60余参加，会议通报了各初审部门审查通过率，同时培训业务骨干，推行审查要点规范与审查结论用语标准，积极试行资格证书送达邮寄办法。三是8种执业资格考试与注册工作全部实行网上申报，编制10余种示范文本，免费发放，大大方便企业和个人申请办事。四是认真实行审批政务公开，审批依据100%网上发布，申请表格100%网上下载，审批意见100%网上公示，许可决定100%网上公告。

制定执业资格考核认定与注册工作手册及每种类型的示范文本。8种执业资格注册，全部编写完善了审查要点和审查结论用语，做到审查标准统一、用语统一，使审批行为更加公开、公正。开发设计注册系统市级管理版，为主管部门配备系统管理锁。逐步实现电子化、标准化管理，做好人员注册管理工作，加强对市级主管部门对执业注册的监督管理。通过印发注册审查要点、注册审查结论用语及注册示范文本，规范受理程序，组织审查培训等措施，个人执业资格注册工作质量大幅提高。

8种执业资格全部实现网上报名，为人员资格管理工作提供了条件。共受理办结符合报考条件的人员21686人，其中，二级建造师8950人，注册监理工程师2840人，注册造价工程师2383人。

【从业资格受理】 共受理个人从业资格13430人次，准予许可三类人员10910人次，准予许可图审资格认定26人，另外受理三类人员延期申请18781人次。

【企业资质受理审查】 建设类企业资质受理遵循“六统一、一分类”的工作机制，明确相关工作要求，完善各类受理表格，确保受理工作快捷、规范。受理资质申请严格标准，坚持原则，确保申报材料的真实性，受理的材料齐全完整，为资质下道程序做好基础工作，同时一次性告知申请人，做好申报材料的有关准备工作。企业资质审查严格按省建设厅内部工作规程办事，需要征求相关处室意见的及时按要求反馈，需要向省直有关专业厅局移送的，认真做好相关工作。对符合要求，按标准准予许可并签发决定，及时做好下步程序准备工作。

【审批工作流程化】 制定企业资质工作流程。在加强企业资质管理、推进资质网上审批、完善企业资质行政许可工作流程等方面认真调研、积极思考，提出建设性意见，以文件、纪要形式发布，为推进全省建设类企业资质受理审查规范化管理提供政策依据。结合住房和城乡建设部和山西省有关改革精神，注重与实践相结合，转变思路，着手网上审批的实施工作，优化政务环境，提高审批效能等起到积极作用。

【政务大厅自身建设】 建章立制工作有较大进展，相继制定行政审批中心工作人员工作守则、服务规范、岗位AB角与轮岗管理办法等12项内部管理文件；制订文书报批办法、内部许可流程、月统计报表等管理办法。薛延忠、金道铭、李小鹏等省领导先后到政务大厅视察指导，农业、国土等多家省直单位和太原等市县政府政务大厅的同志前往学习、交流。

【部分行政许可事项审批权下放】 根据《建筑业企业资质管理规定》（建设部令第159号）和《建筑业企业资质管理规定实施意见》（建市[2007]241号）有关规定，结合山西省实际，经2008年12月11日省建设厅党组会议研究决定，将建筑业企业施工总承包序列三级资质（不含国务院国有资产管理部门直接监管的企业及其下属一层级企业的施工总承包三级资质）。建筑业企业专业承包序列三级资质。建筑业企业劳务分包序列资质的行政许可事项审批权下放至企业工商注册所在地设区市建设行政主管部门。

计划与统计

【生活COD减排】 2008年初，省政府下达全省年新增生活COD减排指标目标任务1.8万吨，并明确由省建设厅负责推进。为确保完成此项任务，省建设厅采取加快污水处理设施建设、摸底排查、以省政府文件下达各市下半年目标任务、召开电视电话会议进行安排部署、实行日报制、进行生活COD减排核查核算培训、签订整改督办责任书、统一规范完善台帐以及不定期督查督办等措施。经国家环保部核定，2008年全省共新增生活COD减排量2.155万吨，圆满完成目标任务。

【建设领域6项经济社会发展指标目标任务】 通过采取省市人民政府签订责任书，分解年度目标，细化工作任务，加大督查力度，积极协调相关部门进一步加大各类各项投资等措施，2008年全省建设领域6项经济社会发展指标目标任务顺利完成。其中，城市污水处理率达到71.4%，比2007年提高8.1个百分点，超出省政府下达65%目标任务6.4个百分点；城市生活垃圾无害化处理率达到47.47%，比2007年提高12.17个百分点，超出省政府下达45%目标任务2.47个百分点；城市集中供热普及率达到70.2%，比2007年提高5.1个百分点，超出省政府下达70%目标任务0.2个百分点；11个设区城市建成区绿化覆盖率达到35.83%，比2007年提高2.22个百分点，超出省政府下达新增1.23个百分点目标任务0.99个百分点；城镇居民人均住宅建筑面积能达到28平方米，比2007年增加0.94平方米，完成省政府下达28平方米目标任务;农村居民人均住宅建筑面积达到25.96平方米,比2007年增加0.39平方米,超出省政府下达25.3平方米目标任务0.66平方米。

【"三项重点工程"建设】 作为山西省重点推进的市政公用设施建设项目,省建设厅大力推进城镇污水处理设施、生活垃圾无害化处理设施、生态文化公园三项工程建设,取得一定成效。截至2008年底,全省已建成城镇污水处理厂61座,其中,2008年新建成27座,占已建成总数的44.3%,占2008年以前建成数的79.4%,在建43座,未建28座,汾阳市、霍州市、蒲县、沁源县4个市县完成污水处理厂的前期工作,其余市县正在积极开展污水处理厂的前期工作;已建成城镇生活垃圾无害化处理场14座,其中,2008年新建成5座,占已建成总数的35.7%,在建21座,未建78座,大宁县、浑源县、长治县、寿阳县、万荣县、昔阳县等6个县已完成生活垃圾无害化处理场的前期工作,其余市县正在积极开展生活垃圾无害化处理场的前期工作;已建成生态文化公园69个,其中,2008年新建成16个,占已建成总数的23.2%,在建94个,未建生态文化公园的市县14个,截至2008年底,项目前期工作进展顺利。

【市政公用设施建设】 2008年,全省市政公用设施各项指标在2007年的基础上取得明显进步。共完成城镇市政公用设施建设固定资产投资162.58亿元,比2007年增长8.3%;城镇污水处理率达到63.59%,比2007年提高11.89个百分点,超出省政府下达55%目标任务8.59个百分点;城镇生活垃圾无害化处理率达到37.79%,比2007年提高17.95个百分点;城镇集中供热普及率达到53%,比2007年提高4.6个百分点;城镇燃气普及率达到66.36%,比2007年提高7.18个百分点;城镇用水普及率达到92.87%,比2007年提高6.69个百分点;城镇建成区绿化覆盖率达到31.51%,比2007年提高3.54个百分点;城镇人均道路面积达到10.04平方米,比2007年提高1.5平方米。

审查城镇市政公用设施建设项目64项,其中,污水处理项目16个,垃圾处理项目8个,供热项目30个,燃气项目3个,供水项目5个,绿化项目2个,为以上项目争取国家及省补助资金创造了条件,共争取到中央及省级补助资金134007万元。中央新增投资1000亿元中共安排60亿元用于城镇污水处理、垃圾处理设施建设,山西省共争取到中央投资21470万元,占全国平均数额的110.93%,超出全国平均数额2115万元。在以上资金的带动下,各市县进一步加大对城镇市政公用设施建设的投资力度,拉动全省经济增长,促进了全省城镇市政公用设施建设步伐。

【汾河流域治理工程建设】 采取一系列有效措施,积极做好汾河流域生态环境治理修复与保护工程。一是组织编制建设规划;二是强化实施领导工作;三是加强督导工作;四是加快推进建设市场化、投资多元化步伐;五是加大对汾河流域城镇污水处理设施配套管网建设的投入力度。在以上工作的推动下,原拟建的10座城镇生活污水处理厂已开工5座,其余5座已开展前期工作;原在建的14座城镇生活污水处理厂,祁县、介休市、寿阳县、新绛县4座城镇生活污水处理厂已建成并投入运行。截至2008年底,在建的城镇生活污水处理厂共15座(包括新开工建设的5座)。

临汾市开展汾河流域生态环境综合治理

【统计工作】 一是完成2007年《山西建设公报》的编辑整理工作;二是完成建设领域经济运行情况分析工作,为国家和省政府进行宏观经济调控和决策重大经济工作提供了决策依据;三是参加山西省第二次经济普查有关工作,并与省编办共同完成省政府安排的阳泉市全国第二次经济普查前期工作的督察工作;四是举办城市(县城)建设统计培训班,对各市、县(区)具体从事城市(县城)建设统计报表工作的统计人员进行了专题培训,五是完成2007年山西省城市(县城)建设统计年报的编制上报工作;六是完成2008年版《山西经济年鉴》涉及省建设厅相关内容的材料及统计数据的撰写工作;七是配合省统计局完成全省运输邮电业部门涉及省建设厅的相关统计资料的整理工作;八是完成全省建设系统市政公用企业主要财务指标统计汇总上报工作。

教育与培训

【一线操作人员培训与鉴定】 全省共完成职业技能培训20374人,技能鉴定17997人;对50723名建筑业农民工进行了安全知识专题培训,有效提高建筑业农民工安全生产、自我防护意识和实际操作能力;培训"中英艾滋病策略支持项目山西建设系统管理骨干暨骨干师资"50名,对2642名建筑业农民工进行艾滋病防治知识培训,培训后的农民工对艾滋病的防治知晓率达83.5%。

省建设厅组织召开全省建筑施工企业"三类人员"安全生产考核培训座谈会

【农民工业余学校创建】 截至2008年底,全省建筑面积超过5000平米、工程造价超过1000万元的房屋建筑工地创建农民工业余学校176所,进入农民工业余学校接受培训的建筑业农民工达47438名。省建设教育协会被省人民政府评为"全省农民工工作先进单位"

【高级职称评定】 2008年高级工程师评审工作在总结上年度经验的基础上,经过周密部署、合理安排、科学组织、严把关口,顺利完成200名申报人员的材料受审和193人的考试及论文答辩工作,经评审,161名同志获高级工程师任职资格,评审通过率为80.05%。

【山西建筑职业技术学院教育教学工作和文明和谐校园建设】 一是教育教学工作成果丰硕。国家级规划教材和省部级以上精品课程数继续位居全省高职院校首位。1名教师晋升为教授,4名教师晋升为副教授。正式启动与新加坡创新计算机学院合作办学项目。在全国和全省大学生各类大赛中,荣获各种奖13项。被省高校工委和省教育厅评为"大学生思想政治教育先进集体"。二是教学实验和实训设施条件明显改善。图书馆新增图书4333册,新投资实训设备610万元;建筑电气实验室、实训馆被评为"省级建筑电气示范实训基地"。三是就业服务工作扎实有效。组织1300余名应届毕业生参加国家二级注册建造师执业资格考试。组织举办2009届毕业生供需见面洽谈会,促成1200多人当场与用人单位签订就业协议和达成就业意向。

【山西省城乡建设学校在多方面实现新突破】 一是招生规模实现新突破。学校办学特色更加彰显,品牌效应和社会竞争力明显提升。计划招生1000人,实际注册招生1588人,比2007年增长16.6%;2008年毕业生就业率达到96.4%,比2007年提高1.4个百分点。二是基础设施建设取得新进展。新校区绿化达到24%,道路硬化率达到16%,学生宿舍楼建设后续装修工程基本完工,国家发展与改革委员会为学校投资300万元建设教学楼工程已批准立项,ISO9001质量管理体系初步建立。三是学生获奖质量取得新突破。在全省中等职业技能大赛上，获团体一等奖1个、团体二等奖1个、个人一等奖1个、个人二等奖2个、个人三等奖1个；在全国职业院校技能大赛上，荣获团体三等奖。该校连续11年被省直文明委授予“文明和谐单位”称号，鉴定所继续保持省级“青年文明号”称号。

【全省建设行业职业技能培训鉴定工作会议】 7月18日在大同召开。各市建设局(委)人教部门负责人，各职业技能培训、鉴定机构负责人及考评员代表参加。大同市建委和省建设厅建管处、综合处、稽查办、安全站、质监站等部门领导应邀出席，厅人教处副处长梁晓军主持会议。会上，省教育协会副会长宋兵虎总结2007年全省建设行业职业技能培训鉴定工作，并提出了2008年工作总体安排和八项工作任务。会议表彰了晋中市建设职业技能鉴定机构等15个先进集体和46名优秀考评员。

建设法制

法规建设与行政复议

【建设立法】 2008年9月25日，山西省第十一届人民代表大会常务委员会第六次会议审议通过《山西省民用建筑节能条例》，自2008年12月1日起施行。修改79件国家、省、省直相关部门的法律、法规、规章及规范文件草案，提出修改意见228条。制定《省建设厅法律顾问工作规则》，规范依法行政行为，提高行政水平和行政效率。

【建设普法】 2008年是《城乡规划法》实施的第一年，省建设厅邀请全省30多家新闻媒体，召开“《城乡规划法》落实年活动新闻发布会”；由省建设厅法规处牵头，与规划处、村镇处联合举办了《城乡规划法》培训班，全省建设系统400余人参加学习，并填写《<城乡规划法>实施调查问卷》；三是在全省范围内组织《城乡规划法》知识竞赛。

【建设执法】 根据年度执法检查计划，对房地产市场秩序专项整治、工程建设项目执法检查和廉租住房制度建设情况等三个关系民生的重点领域展开专项执法检查。针对11个市的55个在建房地产项目进行检查，抽查房地产估价、房地产经经纪和物业企业共33家，对存在违法、违规行为的项目依法下达相应的处罚决定前，厅法规处对此进行依法审查和证鉴。对符合换发新版行政执法证件的承担行政执法职责的250多名行政执法人员进行培训、考核，省政府法制办为考核合格的执法人员颁发行政执法证件。

【规范性文件审查备案】 根据省人民政府办公厅《关于在省直机关开展规范性文件检查工作的通知》，为加强规范性文件备案审查工作，提高规范性文件质量，不断优化政务环境，组织成立规范性文件检查自查工作领导组，制定清理工作实施方案，严格对照《山西省行政机关规范性文件制定程序暂行办法》和《省建设厅建设法规、政府规章、规范性文件制定工作规程》，对2006年10月1日至2008年6月30日期间制定、审查、公布的规范性文件进行全面自查。其中省建设厅制定的《关于进一步加强建设监理市场管理的意见》、《建设工程监理合同备案管理办法(试行)》等6件规范性文件均严格按照法定程序，征求有关部门意见，由厅法规处进行审核，全部报送省政府法制办进行审查、公布。2008年9月，省政府法制办对省建设厅规范性文件审查备案工作进行检查。检查组领导对省建设厅领导高度重视，厅长亲自批示；分管副厅长督促2次进行自查，并按其要求及时汇报进展和自查结果；有关厅机关处室、直属机构密切配合；规范性文件审查备案资料齐全，归档及时、科学等给予高度评价，并邀请省建设厅在省政府法制办随后组织的全省“规范性文件审查工作培训班”上做经验介绍。

【行政复议和咨询工作】 2008年省建设厅共收到行政复议申请21件，采取调解等其他方式处理的5件，经审查后不予受理或者建议到有受理权限行政主管部门申请复议的15件，因原具体行政行为主体不合法予以撤销的1件，接受建设法律咨询20次。省政府法制办行政复议工作检查组于2007年9月26日，对省建设厅3年以来的行政复议工作进行检查，检查组听取工作汇报，查阅案卷，对省建设厅采取的现场调查、调解、协调等多种方法，以及行政复议案卷的制卷、科学分类、归档等工作给予充分肯定和赞扬。

【全省《城乡规划法》落实年活动】 为认真贯彻实施《城乡规划法》，按照省政府的安排，省人大城建环卫工委、省监察厅、省建设厅、省政府法制办、省政府效能办联合组织开展以学习宣传《城乡规划法》、查处随意改变规划的行为和违法建设为主要内容的《城乡规划法》落实年活动。2008年9月22日省《城乡规划法》落实年活动领导组对全省11个市落实年活动的开展情况进行检查。

落实年活动开展以来，各级政府及有关部门高度重视，按照省领导组的统一安排部署，积极开展工作，经过三个月努力，落实年活动取得突出的成效。

《中华人民共和国城乡规划法》落实年活动新闻发布会

一是成立协调有力、高效运作的领导组和工作机构，为开展《城乡规划法》落实年活动提供组织保证。省人大城建环保工委、省监察厅、省建设厅、省政府法制办、省政府效能办联合成立省《城乡规划法》落实年活动领导组。各市也相应成立领导组和工作机构，朔州市委常委、副市长雷建国亲自担任落实年活动领导组组长；长治市成立由市委常委、常务副市长董岩任组长，市规划局、建设局、监察局、市检察院反渎职侵权局、市公安局巡特警支队、长治日报社、长治广电总台及供电、供水等相关单位负责人组成的长治市规划管理联合执法领导组。

二是精心组织，周密部署，认真开展落实年活动。在省政府召开电视电话会议和省领导组印发《关于印发〈〈城乡规划法〉落实年活动实施方案〉的通知》后，各市及时召开电视电话会议，制定活动方案。阳泉、晋城、朔州、忻州等城市的分管副市长亲自对落实年活动进行安排部署。

三是集中时间，集中力量，认真学习，广泛宣传，为《城乡规划法》的实施奠定坚实的基础。在8月份的宣传月和8月5日的宣传日活动中，全省各市、县共发放宣传材料80多万份，知识竞赛题13余万份。晋城市、晋中市在8月5日举办了《城市规划法》电视知识竞赛，大部分市、县都组织开展多种形式的学习宣传活动，提高全社会的城乡规划法制意识。

四是突出重点，狠抓落实，严肃查处违法建设行为。通过自查，各市、县共下发停工通知1123件，责令整改通知561件，拆除违法建设317处，总计30余万平方米。晋城市集中力量对主城区范围内的在建项目和1995年以来的建设项目进行彻底的检查。大同市对在建项目进行全面清理，共清理建设项目57个，对19个项目立案查处，追缴罚款2500多万元。

在各市自查自纠的基础上，省检查组对11个设区城市和部分县、市落实年活动开展情况进行检查，抽查在建设项目52个。从检查的情况看，随着经济社会及城镇化的快速发展，各级政府的城乡规划意识有较大提高，依法制定、实施规划的社会环境基本形成，城乡规划的指导调控作用有所加强。

建设稽查

【综述】 2008年,全省建设稽查工作以规范建设市场、促进建设行业持续健康快速发展为落脚点,进一步加强专案稽查和专项检查工作,继续深入推进房地产市场秩序专项整治和治理商业贿赂工作,全面开展《城乡规划法》落实年活动督导及检查,成功组织召开全省工程建设执法工作座谈会,为维护建设市场秩序,规范市场行为,确保建设行业持续、安全、和谐发展做出了积极贡献。截至2008年底,省建设厅稽查办在各项专项、专案检查中,共检查在建项目151个,下发责令改正通知书28份,行政执法告知书41份,下达处罚决定书19份。

【专案稽查】 2008年省稽查办共处理投诉举报、上级部门转批案件34件,其中,涉及房地产23件、涉及工程招投标3件、涉及工程建设7件、涉及拖欠工程款1件。在工作中,认真学习国家法律法规,正确对待、热情接待上访群众,及时解决群众反映的具体问题和合理要求,积极化解纠纷和矛盾。对于投诉举报及转办案件,组织人员进行专题研究,认真调查取证,对反映问题严重的,会同有关部门立案进行查处;对反映问题略轻的,及时督促市主管部门调查、整改,力求将矛盾解决在基层。在案件处理过程中,务求专案稽查快、准、狠,快即要求案件上手要快、调查要迅速,结案要及时;准即案件的性质要抓准、证据要把准、力度要吃准;狠即对于违法案件查处力度要狠,一经查实,严肃处理,决不姑息。

【全面开展《城乡规划法》落实年活动的督导和检查】 《城乡规划法》落实年活动是省建设厅2008年工作的重点,按照《城乡规划法》落实年活动的统一安排,2008年8月12日~22日,由省建设厅稽查办牵头组织有关处室,从各市组织机构、宣传落实、规划编制实施、自查自纠等方面对《城乡规划法》落实年活动进行督导检查。9月、10月组织抽调省人大、省监察厅、省效能办及规划专家对全省11个市及13个县(市)进行检查,采取听取汇报、查阅资料、现场检查的方式,共抽查项目52个,对25个存在擅自改变规划用途、超越规划许可建设的违法违规项目,下达责令整改通知书2份,行政执法建议书12份,行政执法告知书14份,行政处罚决定书14份,对涉及违法违规的14家单位进行行政处罚,并对4家单位在全省范围进行通报。

【专项检查】 按照2008全省建筑节能检查工作安排,8月11日~16日,参与了全省建筑节能检查工作,负责检查工程项目手续、下发执法文书。检查中稽查办人员认真审查、严格执法、杜绝纰漏,共下达责令整改通知书25份,行政执法告知书15份,处罚决定书10份。

【房地产案件查处】 按照全国房地产市场秩序专项整治工作部署安排,认真履行房地产市场秩序专项整治办公室的职能。一是组织迎接国家检查。2007年4月初,全国房地产市场秩序专项整治检查组来山西省检查并抽查太原、运城两市房地产市场秩序专项整治工作。二是加大房地产专案稽查工作查处力度,整治工作重点放在案件查处上,工作中通过投诉举报电话、网站专用信箱、关注社会和媒体热点,努力扩大案件来源,查处涉及房地产违规开发、销售、拆迁等案件。

【建设系统治理商业贿赂】 按照省治贿办及住房和城乡建设部治贿办的要求,省建设厅稽查办认真贯彻落实治理商业贿赂各项文件精神,专项治理工作持续扎实有序的推进。一是通过山西建设信息网(各市建设网站)治理商业贿赂工作专栏,及时发布建设系统治理商业贿赂工作动态,同时印发大量治理商业贿赂的有关宣传材料,运用简报宣传治理商业贿赂的重要性、紧迫性。二是按照省治贿办要求,开展建设系统治理商业贿赂专项工作调研,按时报送《山西省建设厅治理商业贿赂专项工作调研报告》。三是及时转发治理商业贿赂相关文件，认真汇总全省建设系统治理商业贿赂情况，按时上报4个季度《住房和城乡建设系统商业贿赂案件查处情况季度报表》和阶段性工作情况。

【召开全省工程建设执法工作座谈会】 为进一步加强全省建设稽查机构之间的沟通和联系，2008年7月30日，省稽查办召开全省工程建设执法工作座谈会，全省各市建设局、规划局、执法局分管局长和监察队长60余人参加会议。会议总结近年来工程建设执法工作，安排部署今后工作重点，各市交流工作经验，收到很好的效果。通过会议，进一步加强全省各级建设稽查机构联系，及时了解掌握建设稽查工作中重点、难点和出现的新问题，为全面开展全省建设稽查工作奠定了良好的基础。

党风与廉政建设

【综述】 2008年，在上级纪检监察机关的领导下，在各级建设部门党组织的重视支持下，全省建设系统以科学发展观为指导，认真贯彻落实中央和省委关于加强反腐倡廉、精神文明建设等一系列方针政策和工作部署，取得新的成效。

【干部职工队伍整体素质提高】 围绕不断提高广大党员干部和职工的政治觉悟和廉洁意识，各级建设部门通过组织学习、上廉政党课、观看警示教育片等多种形式，狠抓理想信念教育、党风廉政教育、学习实践科学发展观教育和权力观教育，党员干部执政为民、廉洁从政的意识进一步增强；积极推进廉政文化进机关、进单位活动，努力营造“以廉为荣、以贪为耻”的氛围；深入开展创建“学习型、责任型、廉洁型机关”活动、文明和谐创建活动，在全系统形成讲文明、树新风、促和谐的局面，干部职工思想政治素质明显提高。吕梁市建设局开展的党员干部“讲党性、做表率、促发展”主题教育活动，运城市建设局开展的廉政教育“五个一”活动，长治市房地局开展的学廉政知识、唱廉政歌曲、作廉政文章、办廉政专栏、写廉政书法“五廉”等一系列主题活动，都收到很好的效果。

【规范行政行为和市场运行机制】 紧紧围绕容易引发腐败行为的主要环节，加强制度建设。进一步建立健全和完善关于民主决策、政务公开、城乡规划许可公示、工程建设招标投标、建筑市场信用体系、质量安全、房地产和市政公用市场监管、住房公积金监管等方面的制度。临汾市规划局在强化制度建设中，配套开展“四讲四不”、“五个一”规范行政行为活动。晋城市建设局在机关建立资金使用权、审批权、监督权的“三权分离”制度。中央《工作规划》印发后，省建设厅成立由厅主要领导担任组长的惩防体系建设领导组，组织机关广大党员干部认真学习中央《工作规划》和省委《实施办法》，积极组织力量深入调研座谈，围绕建设工作实际，细化工作内容，突出职责分解，制定《中共山西省建设厅党组贯彻落实<建立健全惩治和预防腐败体系2008~2012年工作规划>实施办法》，并就当前廉政建设重点工作在全系统作动员部署。

【加强党风廉政建设】 围绕房地产市场宏观调控政策措施的落实，组织开展房地产市场秩序专项整治、查处案件回头看活动，查处违法违规项目236个，纠正违规拆迁行为22起。围绕加强住房公积金管理，在全省开展住房公积金专项治理行动，加大逾期项目贷款、违规使用资金限期清收力度，并针对重点问题、重点地区限期整改。通过专项治理，全省清理回收逾期项目贷款和挤占挪用资金5831.6万元，纠正部分企业自行归集管理职工住房公积金18905.94万元。围绕工程建设项目招标投标制度的贯彻落实，健全招标投标行政监督机制，通过开展专项调研，摸排分析招投标活动中的腐败“风险点”，就规范工程建设招投标活动提出针对性措施，有效遏制虚假招标、围标、串标等行为。围绕学习宣传《城乡规划法》，在全省《城乡规划法》落实年活动中，会同有关部门开展城乡规划效能监察。通过监督检查，查处违规审批、不按审批条件执行等25项违规违法项目。针对城市生活COD减排工作存在的问题，加大督查力度，对减排工作推进不力的人员实施行政问责制度。

【规范权力运行和行业管理】 认真落实领导干部廉洁自律的各项规定，进一步完善集体决策、民主生活会、述职述廉、谈话诫勉、个人重大事项报告等制度。2008年，系统内各级党组织、纪检部门同下级党政主要领导干部进行廉政谈话722人次，实施诫勉谈话42人次，有319名党员领导干部述职述廉，有158名党员领导干部向组织报告个人有关事项。采取部门联动、集中检查、督办问效、信息通报、曝光典型案例等措施，打击房地产开发、交易、中介、城市房屋拆迁和物业管理等环节的违法违规行为，全年城市房屋拆迁赴省上访量同比明显下降。集中开展工程招标代理机构资格动态考核工作，对不合格的招标代理机构进行停业整顿，对有明显违规行为的取消其资格。阳泉市建设局加强对招投标项目的监督管理，共跟踪招投标项目35项，纪检监察人员参与监督率达100%。朔州市建设局纪检组加强对援川建房的监督，确保工程建成精品工程、廉洁工程、形象工程。

【行政效能建设】 2008年，各级建设部门继续推进政务公开和办事公开制度。坚持政务公开与行政审批制度改革、加快政府职能转变相结合，确保行政许可全程公开、阳光审批，自觉接受各方面的监督。充分发挥各级政务大厅、信息网络等公共服务平台的作用，推行“公示制”、“限时办结制”、“听证制”、“一条龙”、“一站式”服务和首问责任制，不断提高公开的质量和水平。以政风行风评议工作为契机，坚持把解决损害群众利益问题作为党风廉政建设的工作重点，促进社会和谐与稳定。在城镇房屋拆迁方面，坚持以人为本，积极推进拆迁管理工作规范化；在出租汽车监管方面，认真落实有关政策规定，进一步规范收费行为，加大对“黑车”的打击力度，维护出租汽车行业的营运秩序。各级建设部门以纠风整治为抓手，深入开展专项治理，加大纠风工作力度，以提升全行业文明素质为目标，改进政风行风，提升建设系统整体形象。晋中市建设局狠抓首问责任制的落实，在接待服务对象中做到“四有”、“八不准”。临汾市规划局认真落实“三快一高”服务，有效防止“四难”现象。忻州市建设局在政风行风建设中，形成“五加三”的长效机制。太原市房地局利用节假日为多家开发公司开通预告登记服务直通车，进行现场登记收件和政策咨询服务。大同市房管局为加强作风建设和工作纪律，注意抓好六个规范，解决六个问题。

【案件查办工作】 在党风廉政建设中，重视做好来信来访和案件查处工作，特别是结合城乡规划法落实年和规划效能监察活动，严肃查处一些违反规划法的案件；在房地产市场秩序专项治理中，查处房地产交易活动中的违法违规以及房屋拆迁中严重损害群众利益的案件；在住房公积金专项治理中，查处骗提骗贷，影响公积金安全和公积金缴存人利益的案件。

【政风行风建设】 全系统政风行风评议工作，紧密围绕完善实施方案、积极查找问题、组织明察暗访、制订整改措施、参与政风行风热线、兑现行风承诺、举办听证对话、进行问卷测评、处理投诉举报、进行工作考核等10项工作展开，取得较好的效果。据统计，省、市、县三级建设部门140余名厅、局（委）主要领导和500余名领导干部多次走进当地电视台、电台直播室，热情解答人民群众提出的问题。共召开政风行风评议听证对话会100余场，召开政风行风评议专题会议200余次，举办各种培训班80余次，培训教育干部4000余人次，开展宣传咨询活动240余次，现场接受咨询2万人次，征求意见和建议1500余条，聘请人大代表、政协委员和社会各界政风行风监督员5600余名。

精神文明与机关党建工作

【精神文明建设】 2008年,全省建设系统精神文明建设深入开展。各级建设部门紧密结合业务工作,普遍开展形式多样的“迎奥运、讲文明、树新风”活动,深入开展“创建文明机关,做人民满意公务员”活动。为宣传先进典型,召开“纪念七一暨抗震救灾表彰大会”,省建设厅党组作出在全省建设系统开展向戎金亮同志学习活动的决定,在忻州召开全省建设系统向戎金亮同志学习动员大会。由省建设厅牵头的援川建房,提前超额完成任务,实现省委提出的“全国争先”目标。11月5日,中央电视台《温暖灾区行》节目播放省建设厅援建情况,全省建设系统有9个单位和19名个人受到住房和城乡建设部的表彰。

省建设厅党组成员、纪检组长郝耀平率有关处室负责人参加政风行风热线直播。

【理论学习】 2008年,省建设厅机关党委把学习贯彻党的十七大精神、深入学习实践科学发展观活动有关理论知识、中央和省委领导同志的重要讲话,作为领导班子和干部队伍思想政治建设的重中之重来抓,先后组织12次中心组学习,分别学习党的十七大报告、新党章、中纪委十七大报告、《毛泽东邓小平江泽民论科学发展观》、《科学发展观重要论述摘编》、《深入学习实践科学发展观活动领导干部学习文件选编》、胡锦涛总书记在贯彻十七大精神研讨班上的讲话和1月31日在晋考察煤炭生产和电煤供应的重要讲话精神、省委领导落实科学发展观和有关应对国际金融危机的重要指示精神,组织领导干部参加12期由省委组织部、省委宣传部、省直工委、省文化厅共同举办的“文源讲坛—历史文化讲座活动”,邀请省委党校宋新海教授、市委党校郑培郡教授分别进行学习辅导讲座,集中学习时间达到80小时以上。各级党组织以报告会、理论辅导课、党课、党日活动等多种形式,加强理论武装,加深对党的十七大精神的理解,增强学习实践科学发展观活动的自觉性和坚定性。组织厅直系统处级干部参加省直党校举办的十七大理论培训,每个处级干部都撰写学习心得体会,完成县处级以上干部全部轮训一遍的要求。

【维护稳定和安全工作】 省委、省政府对山西发挥北京奥运“护城河”作用高度重视,连续召开会议、下发文件,反复部署维稳工作,不断提出要求。省建设厅党组也非常重视这一特殊时期的维稳工作,四月初专题研究,做出具体安排。针对检查出的问题,结合上级的有关要求。一是召集各单位各部门主要负责人召开会议,制定印发文件,提出要求。二是由机关党委主要负责同志就防范“法轮功”干扰破坏北京奥运会进行安全宣讲。三是制定确保北京奥运安全工作方案,成立领导机构,明确相关职责,制定防范措施及应急预案。四是各单位按要求适时进行形势政策教育,建立突发事件报告制度。各种防范措施周密细致,具体工作扎实到位,维稳工作成效明显。

【为四川地震灾区捐款捐物和援建活动】 充分发挥党委的核心作用,积极组织向灾区捐款、捐衣捐物献爱心活动,帮助灾区人民重建家园,渡过难关。省建设厅直属系统广大党员、干部、职工纷纷慷慨解囊,伸出援助之手,奉献一颗爱心,累计捐款130余万元。在此基础上，根据部分党员自愿交纳大额党费支援灾区的意愿，组织广大党员交纳特殊党费65万余元，其中厅领导交纳3000元以上的高额党费，各处长及部分老干部交纳2000元以上的高额党费，部分入党积极分子和非党员同志也积极向党组织靠拢，要求交纳特殊党费，有的高达1000元。有的同志在向四川捐款、交纳特殊党费后，又自愿向红十字会捐款、申请献血。有的主动将捐款寄到灾区，山西建筑职业技术学院有的学生党员自己省吃俭用，把伙食费捐向灾区。省城乡规划设计研究院四川籍党员在地震发生的第一时间，就赶赴四川一线参与抢险救灾工作。援川建房临时党支部组织广大党员干部克服次生灾害随时可能发生的危险和天气炎热、条件艰苦、任务繁重、原材料紧缺等困难，提前完成中央下达山西省援川4万套临时过渡安置房任务，受到国务院的表彰。对援建工作突出的19名同志火线发展成为中共党员，充分发挥机关党组织的战斗堡垒作用、领导干部的模范带头作用和共产党员的先锋模范作用，充分彰显基层党组织的凝聚力、战斗力和广大党员的先进性。

【深入学习实践科学发展观活动】 根据省委的统一部署，省建设厅学习实践活动从2008年10月份开始，到2009年2月底结束。省建设厅机关、直属单位共25个单位、105个党组织、1420名党员全部参加学习实践活动。在省委第八指导检查组的有力指导下，厅党组严格按照中央和省委确定的指导思想、基本原则和目标要求，紧紧围绕“转型发展、安全发展、和谐发展”，结合全省建设事业改革发展的实际，明确“以科学发展观为统领，促进城乡统筹发展，推进城市化进程和新农村建设”的活动主题，确定“加快住房建设，改善人居环境，提高人民群众生活质量”为活动载体，提出“抢抓新机遇，迎接新挑战，取得新成绩”的工作要求。各级党组织在活动启动之前，认真抓调查摸底、制定方案、领发学习资料等各项准备工作；在学习调研阶段，开展思想发动、学习培训、专题调研、解放思想大讨论；在分析检查阶段，召开领导班子专题民主生活会和组织生活会，形成领导班子分析检查报告，通报分析检查情况，组织群众评议；在解决问题和完善机制阶段，制定整改落实方案，集中解决一些突出问题，向群众公布问题解决情况，完善体制机制；活动基本结束时，开展群众满意度测评，形成总结报告。经过厅机关、直属单位各级党组织和全体党员的共同努力，省建设厅深入学习实践科学发展观活动严格按照中央、省委规定的3个阶段17个环节，高质量完成各个阶段的工作任务，达到预期目的，有力地促进各项业务工作开展。整个学习实践活动受到省委第八指导检查组的充分肯定。

【党风廉政建设】 各级领导班子和领导同志，自觉把学习实践活动作为加强党性锻炼、提高理论素养、促进班子和谐、提高领导能力的重要契机，在专题民主生活会中，每个同志主动查找问题，深刻分析思想根源，认真开展批评与自我批评，切实解决思想观念、工作作风、廉洁执政、领导能力上存在的与科学发展观不适应、不符合的问题。各级纪委结合省纪委下发的加强机关作风建设的“八项规定”，组织认真学习教育，进一步规范机关车辆管理，对工作时间以外的活动提出要求，检查机关人员工作情况，严格办公纪律；春节前，按照省纪委的要求，开展“改进作风、文明过节”活动，对有关工作、人员活动和车辆进行专项检查。

【文明和谐单位创建】 一是组织参加全省“同沐党的十七大春风，共享改革发展成果”2008文明和谐之春系列宣传教育活动。二是开展省建设厅直属系统和谐文明过春节活动，于春节前慰问老干部、老党员、老模范以及困难党员，为对口扶贫单位太原市橡胶四厂送去助困金，召开团拜会，组织广大妇女参加“健步走”活动，活跃干部职工的文化生活，提升文明和谐理念。三是厅机关及四院两校获得由省红十字会和省文明委表彰的2007年度“博爱一日捐”募捐工作先进集体称号。省建设厅被省委干部下乡领导组授予2007年度省直单位定点扶贫工作先进单位。1名同志获山西省“五一”劳动奖章，5名同志获省直机关“五一”劳动奖章。薛明耀同志获得全省农村工作队模范队员称号。张成喜、丁俊发同志获得省直工委授予的省委驻壶关县农村工作队先进队员。四是组织广大妇女参加由省妇女儿童工作委员会、省妇联、省卫生厅联合举办的妇女儿童法律健康知识答题活动，引导妇女掌握有关妇女权益保障的法律知识和妇女儿童健康基本知识，提高妇女儿童维权意识、健康意识和健康水平。五是省工务局积极创建省直文明和谐单位，被省直文明委一次性验收合格，加入省直文明和谐单位行列。六是选派民主党派人士省政协委员、综合处处长郝竹清参加省直机关党外省人大代表、省政协委员座谈会，接受省委统战部对党外省人大代表、省政协委员进行的“五个教育”。

城建档案与建设信息

【城建档案机构建设】 2008 年末，全省 11 个设区城市全部建立城建档案馆，11 个县级市、68 个县建立了城建档案机构，负责本行政区域内城建档案的收集、保管和提供利用服务。其中，太原、大同、长治等 3 个市城建档案馆加挂城建档案管理处（办公室）牌子，负责本行政区域城乡建设档案日常管理工作。

【建设工程档案管理】 落实建设项目档案报送责任制，加强在建工程建设项目档案管理。在省建设厅与各市人民政府签订的建设工作目标责任制中，继续将建设项目档案报送责任书签订率和工程建设项目档案预验收合格率列为考核项目。太原、晋中、太谷等市县，将责任书签订工作纳入政府行政审批流程。

【城市地下管线档案工作】 城市地下管线档案管理列入全省建设工作目标责任制，要求太原、长治、临汾三市城市建成区内已形成的各类地下管线档案 100% 移交城建档案馆。其他设市城市年内开展地下管线普查，并建立地下管线信息动态管理系统。截至 2008 年底，大同、朔州、阳泉、长治、晋中等 9 个市由市政府或建设局牵头成立城市地下管线档案领导组；绝大多数市制定、印发实施方案，认真落实省建设厅《关于贯彻落实建设部 < 城市地下管线工程档案管理办法 > 的意见》；太原、大同、吕梁、临汾市建立地下管线档案管理制度，并将此工作纳入建设管理程序；太原、临汾市分别投入 100 万元进行地下管线档案管理系统的建设。

【城建档案信息化建设】 按照住房和城乡建设部《全国城建档案信息化建设规划与实施纲要》要求，各市陆续开展城建档案电子化、数字化、信息化管理。太原市城建档案馆建立城建档案管理信息系统，实现档案业务接待、库房模拟排架、档案模糊检索及利用、无纸化办公、档案销毁鉴定统计、档案三级著录（项目级、案卷级、文件级）和扫描影像自动挂接等功能；建立太原市城市综合管线管理信息系统，采用 C/S 与 B/S 相结合的模式，完成实验区地下管线数据普查、电子地形图数据处理和普查数据、电子地形图数据的入库工作；建立太原市城建档案馆门户网站。长治市城建档案馆与深圳数字伟图信息技术有限公司合作开展长治市数字城建档案馆建设，先后完成城建档案管理、城建声像档案管理、地下管线普查探测工程及信息管理、建设工程电子文件归档与管理等系统的开发，初步实现城建档案数字化管理。其中，长治市地下管线普查探测工程及信息管理系统于 2008 年 5 月 28 日通过验收，被评为长治市科学技术进步二等奖。晋中市抓住市政府实施办公信息化的机遇，大力加强办公系统和档案管理信息化建设，配备计算机、服务器、激光打印机、文档图纸扫描仪、非编系统、磁盘阵列、专业照相摄像机等设备，研发城建档案管理系统，并开发与主系统配套的建设、施工单位整理归档系统、各县（市）城建档案馆（室）管理系统、文字图纸扫描系统，截至 2008 年底，已扫描著录 3 大类 13 小类的档案 2582 项 10949 卷，规范工程竣工档案的归档工作。

2008年9月，晋中市城建档案信息网开通，成为宣传城建档案工作、开展城建档案信息服务的窗口。

【太原市出台城乡建设档案管理办法】 2008年12月4日，太原市人民政府第18次常务会议通过《太原市城乡建设档案管理办法》，并以太原市人民政府第67号令发布，自2009年2月1日起施行。《办法》规定，规划、建设行政主管部门在核发《建设工程规划许可证》、《建设工程施工许可证》时，应当查验《建设工程档案移交责任书》；城建档案管理机构在收到符合规范要求的建设工程档案后，向移交单位核发《建设工程档案合格证》；建设单位应当在地下管线工程跟踪测绘或者补测补绘竣工验收后15日内，向城建档案管理机构移交其测绘成果；地下管线普查结束后15日内，政府有关部门应当向城建档案管理机构移交其普查成果。

【《山西省志·城乡建设志》编纂】 2008年9月，省建设厅补充调整《山西省志·城乡建设志》编纂委员会成员，厅党组书记、厅长王国正任编纂委员会主任，补充各市建设主管部门主要负责同志为编纂委员会成员，制定编纂工作方案，明确志书编纂原则、体例和进度安排。在多次征求相关处室意见的基础上，经省史志院专家审查，拟定了《山西省志·城乡建设志》篇目，共10编42章。

【山西省建设厅门户网站建设和信息发布】 按照《中华人民共和国政府信息公开条例》的要求和省政府对政务网站测评内容，从以下四方面加强网站建设：一是完成网站改版工作。2008年2月中旬完成山西省建设厅门户网站改版工作，于4月1日正式对外发布。新网站分辨率达1024×768，首页可容纳更多栏目，并且系统后台支持二、三、四级栏目无限增设。二是加强网站信息的组织和发布工作。坚持"涉密内容不上网，上网内容不涉密"的原则，狠抓网站内容审核工作，所有网上发布的信息，都必须填写《建设信息网信息发布审批表》，经有关领导审核签字后方可发布，网站内容做到天天有更新。截至2008年底，网站共发布各类信息多8000条，其中省建设厅发文件300多个，公示公告600多条，法律法规200多部，领导讲话100多条，建设动态新闻800多条，其他类信息5000多条，网站总访问量突破130万人次，日访问量平均在3000人次以上，真正成为省建设厅"政务公开的平台、对外宣传的窗口、在线管理的平台和服务公众的桥梁"。三是加强网络安全管理工作。对省建设厅局域网进行重新配置，并对所有工作计算机登记备案，从根本上杜绝非厅工作人员进入厅局域网络的情况。在机房增加入侵保护设备，进一步对厅关键服务器坚强保护。在奥运期间，中心所有工作人员实行24小时值班，确保在奥运期间省建设厅对外服务器的安全。制定《山西省建设厅网络安全预案》、《山西省建设厅网站安全预案》，确保在出现突发事件时，能够及时解决处理问题。四是推进政府信息公开工作。《中华人民共和国政府信息公开条例》颁布实施以来，厅党组十分重视此项工作，并作为首要工作来抓，召开专门会议，安排部署此项工作，成立山西省建设厅政府信息公开工作组。按照《山西省贯彻落实<中华人民共和国政府信息公开条例>实施方案》的文件精神，制定山西省建设厅贯彻落实《中华人民共和国政府信息公开条例》实施方案，印发《关于报送政府信息公开目录的通知》（晋建办函字[2008]158号），对省建设厅2003年以来的政府信息，特别是涉及人民群众切身利益的政府信息进行全面梳理和整合，编制《山西省建设厅政府信息公开指南》、《山西省建设厅政府信息公开目录》。在网站设置政府信息公开专栏，开设"政府信息公开指南""政府信息公开目录""依申请公开""政府信息公开年报""政府信息公开规定"等五个栏目，进一步优化政府信息公开专栏页面功能设置。自2008年5月1日至年底，共主动公开政府信息近600条，受理信息公开申请2件，并全部答复。8月份，全省政府网站建设工作会议通报各厅局网站内容保障综合情况，省建设厅向省政府门户网站"部门动态"栏目报送信息在排名第一，"办事大厅"、"信息公开目录"等栏目的报送信息量排名前五名，得到省政府的通报表扬。

【电子政务信息化】 为提高全省建筑市场监督管

理水平，整顿和规范建筑市场秩序，开发《山西省建筑市场监督管理信息系统》，重点对建筑市场相关的企业、从业人员及工程项目三大部分进行监督管理。截至2008年底，建筑业企业管理系统已经投入运行，2156家企业办理了数字证书，人员部分的子系统也已经基本开发完成。该系统对省建设厅32项行政许可事项中的17项，实现网上申报、审批，占总数量的53%，并对入晋施工、造价、监理、招标代理、勘察设计、房地产企业实现网上备案。为提高全省房地产市场监管水平和政府的宏观调控能力，开发建设山西省房地产市场信息监管平台，该系统包括综合分析系统、从业主体管理系统、信息发布系统、数据传输系统、廉租住房管理系统及山西省住宅与房地产信息网站等六个部分。截至2008年底，除从业主体管理系统外，其余系统已经开发完成，廉租住房管理系统已经投入试运行。大同市、朔州市、忻州市、阳泉市、晋中市、吕梁市、长治市、晋城市、临汾市、运城市的40个区、县通过该系统进行数据填写和上报。

以山西省各设区城市住房公积金监督管理中心业务管理系统为基础，结合山西省实际情况，开发建设省级住房公积金监管平台，实现省、市住房公积金监督管理信息系统联网，省与国家的公积金监督管理系统联网。

开展《山西省城市市政基础设施建设管理系统》开发建设，系统由12个子系统组成，10月初，城市供水管理子系统、城市垃圾处理管理子系统完成程序开发，具备运行条件。

【宣传报道工作】 1. 积极开展援川建房宣传报道工作。“5·12”四川汶川发生特大地震灾害后，在第一时间派郭宏伟及山西电视台、山西日报社等五位同志赴四川地震灾区进行新闻采访，这些同志不顾余震、塌方、滑坡、泥石流等危险，深入最前沿，全面报道援建动态、感人事迹，每天发稿、天天见报，共编写十几万字的宣传材料；为全面反映山西省援川建房工作动态，在“山西建设信息网”显目位置开辟援川建房专题；为反映情况，激励斗志，促进工作，编制84期《援川建房工作简报》；累计编发新闻稿件319篇。新华社、中央电视台、新华网、山西电视台、山西日报等20多家主流媒体对山西省援建工作高度关注，进行全面报道，成为近年来中央和省外媒体集中报道的焦点之一，为援建工作提供强大的舆论支持。在省建设厅“七一”表彰大会上，省建设信息中心获得“支援四川抗震救灾工作先进集体”荣誉称号，温贵云主任获得“先进个人”荣誉称号，郭宏伟同志被省总工会评为抗震救灾先进个人。

2. 开展《城乡规划法》落实年宣传活动。一是成功组织、策划《城乡规划法》落实年活动新闻发布会；二是编制《城乡规划法》宣传手册；三是编写《城乡规划法》落实年活动简报；四是全程跟随检查组对各市进行检查；五是向山西电视台、山西广播电台、山西日报等新闻媒体发送稿件50多条，报道40多条。通过这些形式多样的宣传活动，为《城乡规划法》的顺利实施创造了良好的舆论氛围。

3. 对全省园林绿化工作取得的成绩全方位宣传。一是通过山西日报、山西电视台专题报道；二是在《山西建设》开辟专栏，重点报道山西省在园林绿化方面做出的工作及取得的突出成绩；三是以全省十个园林城市为主，精选各城市绿化照片和主要做法，编辑成《创建园林城市活动集锦》画册，共印刷、发放2000余册，为创建生态园林城市和宜居城市活动，起到积极的舆论引导作用。

4. 编辑出版《山西建设》杂志。《山西建设》编辑工作围绕全省建设工作重点以及省建设厅中心工作来开展，2008年，共编辑出版12期。为全面宣传全省建设事业的新变化、新成果搭建平台，全方位地为建设事业发展服务，现已成为建设系统广大干部及行业指导类杂志。

【青年文明号创建】 省建设厅信息中心，坚持文明管理、文明服务，以电子政务建设为根本，以行业宣传为重点，有效提高信息化服务质量和水平，形成求真务实、锐意进取、工作勤奋、团结友爱、充满活力的工作氛围，以开展青年文明号创建活动为契机，全面推进工作，取得明显成效。2008年底，该中心通过团省委青年文明领导组办公室考核验收。

直属单位与社团工作

山西建筑职业技术学院

【学习实践科学发展观】 按照省建设厅党组的安排部署,学习实践活动从2008年10月下旬正式开始。院党委紧密联系学院改革发展和党员干部队伍建设实际,广泛征求群众意见,深入查找影响制约学院科学发展的主要问题和党员干部党性党风党纪方面存在的突出问题,认真进行分析检查,开好领导班子专题民主生活会和党员组织生活会,在解放思想中形成科学发展的新共识,在解决问题上出实招、干实事、求实效,努力做到两手抓、两结合、两不误、两促进。广大党员干部积极参加学习实践,各总支、支部充分发挥政治核心和战斗堡垒作用,有力地保证和促进学院各项工作的顺利推进。

【教学基本建设】 2008年,《建筑施工组织》教材被审定为"十一五"国家级规划教材。《建筑装饰装修构造》被列入普通高等教育精品教材书目并被评为2008年度国家精品课程,《混凝土结构与砌体结构》被评为省级精品课程,《建筑工程定额与计价》、《建筑施工技术》、《建筑施工组织》和《土木工程英语》4门课程被评为部级精品课程,《建筑识图与构造》、《建筑力学》和《建筑工程测量》3门课程被确定为院级精品课程。国家级规划教材和省部级以上精品课程数继续位居全省高职院校首位。在全国大学生数学建模竞赛中,山西建筑职业技术学院6个参赛队荣获省级一等奖1个、二等奖1个、三等奖2个和优秀奖2个。在"正保教育杯"第四届全国ITAT教育工程就业技能大赛中,山西建筑职业技术学院1名学生作为山西省进入决赛的两名选手之一,荣获CAD建筑设计比赛项目二等奖。在2008年全国高职高专建筑类优秀毕业生设计竞赛中,4名毕业生分获建筑装饰类二等奖、三等奖和建筑设计类二等奖、三等奖。在山西省高职高专第四届实用英语大赛中,1名学生荣获一等奖,并代表山西省参加全国第五届"高教杯"决赛,获得英语口语大赛三等奖。由山西建筑职业技术学院教师承担的省统计局课题"居民收入差距问题研究"荣获第六届山西省统计科研优秀成果二等奖。由山西建筑职业技术学院教师承担的应用基础研究项目《玻化微珠保温混凝土及其结构的实验研究》和山西建筑职业技术学院教师参与的科研项目《软件的开发与应用》被列为省级科研项目。

【教师队伍建设】 具有研究生学历和硕士及以上学位教师(含在读)增加到200余人。有1名教师晋升为教授,4名教师晋升为副教授,23名教师通过相关专业注册执业资格考试,取得注册师资格。2名教师被评为山西省第三届高职高专院校"双师型"教学名师,3名教师被评为"双师型"优秀教师。教师队伍的双师素质又有新的提高,学历结构、学缘结构、专业结构、职称结构和年龄结构进一步优化,生师比进一步趋向合理。

【辅导员和班主任队伍建设】 在认真调查研究的基础上,拟订辅导员队伍建设管理办法。召开心理健康教育研讨会，学院心理咨询室通过心理健康讲座、来信来访、电子邮件等多种方式与渠道，初步打开工作局面。东校区对辅导员、班主任和学生会干部进行系统培训。

【师资培养】 积极为本省中等职业学校培训师资，被省教育厅命名为山西省中等职业教育师资培养培训基地。计算机工程系、建筑装饰系和土木工程系比较好地完成2007—2008年度中等学校骨干教师省级培训任务。

【国际合作与交流】 选派多名专业教师到国外参加培训。与新加坡创新计算机学院合作办学项目已正式启动。与德国汉斯·赛德尔基金会合作教改项目《楼宇智能化》试点专业已招收2届学生，教学模式的改革初见成效。住房和城乡建设部、德国国际继续教育与发展协会命名山西建筑职业技术学院为中德合作中西部地区职业教育培训中心。

【教学基础能力建设】 山西建筑职业技术学院图书馆新购纸质图书3780册，接收捐书553册。先后投入610万元，通过政府招标形式，购置建材试验设备、工程测量仪器、土工实验仪器、气焊电焊实训设备、建筑楼宇智能化实训设备、数控机床实训设备和电工测试考工设备等，完成建筑工程无损检测、楼宇智能化、电气焊技术、管道板金工技术等实验室和实训馆建设，大大改善教学实验和实训设施条件。建筑电气实验室、实训馆被评为省级建筑电气示范实训基地。在档案行政部门指导下，安装使用档案管理软件，为全面加强档案管理创造基础条件。

【实施素质教育】 积极开展丰富多样的校园文化建设。在纪念改革开放30周年知识竞赛、"鲁班工程校园行动计划"、大学生艺术展演活动、校园文化节、社团趣味运动会、主题演讲比赛、校园歌手大赛、书画图片展览、爱国主义教育主题纪念活动和东校区及各系举办的融德智体美为一体的系列活动，大大丰富学生业余文化生活。组织学生积极参加"保护母亲河"暑期"三下乡"社会实践活动和"西部计划"、"晋西北计划"志愿服务活动。组织青年学生代表赴西河头地道战遗址参观学习。连续7年与太原市公交三分公司开展的青年志愿者文明共建活动，使大批学生得到锻炼。汶川地震发生后，山西建筑职业技术学院部分学生先后三次与太原市红十字会联系，积极要求献血，展现良好的形象和风貌，太原晚报对此进行报道。院团委连续3年被省直12个部门评为"三下乡"先进集体，并被小店区人民政府评为助残先进单位，被省高校工委和省教育厅评为大学生思想政治教育先进集体。

【学生"阳光体育"运动】 全面贯彻落实《中共中央国务院关于加强青少年体育增强青少年体质的意见》，按照《国家学生体质健康标准》完成全院学生体质健康年度测验、评价工作。举办第七届田径运动会和第八届"建青杯"足球联赛。院学生健美操队在全国万人健美操大众锻炼标准大赛山西分赛区暨2008年山西省青少年健美操锦标赛中荣获专科组大众五级操和大众六级操第一名以及自编操二等奖。学生男子足球队夺得全省大学生"李宁杯"足球赛专科组季军。学生乒乓球队在首次参加的山西省大学生"工商学院杯"乒乓球锦标赛中获得男女团体第四名和个人第六名的好成绩。学生武术队在山西省第二届大学生武术锦标赛中取得比较好的成绩，并获体育道德风尚奖。学生舞蹈队舞蹈《中国妈妈》荣获山西省第二届大学生艺术展演一等奖，并作为全国入选的167个节目之一参加第二届全国大学生艺术展演活动，荣获二等奖。

【加强实践教学管理】 环境工程系进一步健全"学校－企业－社会"三位一体的人才培养模式，促进招生、培养、就业三者之间的良性循环。土木工程系进一步加强实践教学课程建设。建筑装饰系组织学生真题真做，在企业参加施工图设计、效果图设计、方案设计、项目施工管理、工程计价等工作岗位的全过程实习，让学生做真正的企业员工。机电工程系注重做好实习指导工作，实习中指导教师与学生保持密切联系，了解学生的实习情况并及时协调解决学生们在实习中遇到的问题。建筑经济管理系进一步加强实践教学和实习实训基地建设，采取请进来的办法，有针对性地完成对毕业生就业前的知识补缺和岗前培训，达到毕业生就业就能顶岗的培养目的。

【资助困难学生】 高度重视做好家庭经济困难学生资助工作，认真落实国家奖学金、助学金制度，做好申请国家助学贷款工作。共有561名学生申请国家助学贷款，助学贷款金额320.39万元；1487名高职生享受国家助学金补助，享受金额147.7万元，人均约1000元；1957名中专生享受国家助学金补助，享受金额293.55万元，人均享受1500元。共发放奖学金59.6万元。

【就业服务工作】 始终把毕业生就业当作一项重大政治任务和核心工作抓紧抓好。2008年，全院共有毕业生3400余人，就业困难为近年罕见。学院及时加强同山西建工（集团）总公司及所属各公司等主要用人单位的联系，院领导、学生处和各系积极向省内外用人单位推荐毕业生，努力畅通毕业生就业主渠道，大力开拓民营企业等毕业生就业市场。加强就业形势和就业技能教育，有针对性地做好就业指导服务工作。组织1300余名应届毕业生参加国家二级注册建造师执业资格考试。组织举办2009届毕业生供需见面洽谈会，共有180多家省内外用人单位参会，带来岗位需求3000多个，当场签订就业协议和达成就业意向的有1200多人。山西建筑职业技术学院被评为2008年度全省高校毕业生就业工作先进单位，受到省教育厅表彰。

【办学规模保持稳定】 省内高考招生录取分数控制线稳居全省高职院校榜首。认真落实招生计划，共招生3542人。成人教育和各类培训工作进一步加强，职业培训规模达到6000多人。

【党风廉政建设】 以开展学习实践科学发展观活动和学院主要领导调整为契机，进一步加强党建工作和领导班子思想作风建设。坚持举办业余党校，共培训入党积极分子900人。加强“推优”工作，2007—2008年度共发展新党员140人，其中学生党员130人。认真做好各项考核评比工作，隆重表彰先进。加强反腐倡廉责任体系建设和警示教育。扩大党委会议纪要印发范围，建立院长办公会议纪要制度，促进党务、院务公开。进一步落实安全稳定工作“双安”目标责任制，对不安全不稳定因素进行排查整改。建成校园视频监控系统一期工程。针对市场上粮油肉等原料价格大幅上涨的客观实际，坚持以学生利益为重，控制和稳定学生食堂饭菜价格。

在抗震救灾过程中，积极组织教职工为地震灾区捐款，部分学生也积极参加捐助。全院师生共捐款16.72万元，245名党员共缴纳特殊党费13万余元。购置80床棉被褥救助灾区群众，价值2.33万元。对来自地震灾区的学生进行慰问资助。在教职工中开展“情暖三晋·爱心助残”活动，共捐款1.79万元。

山西省建筑设计研究院

【经济效益提升】 2008年，全院共完成建筑工程设计项目171项，施工图面积471万m2；完成规划编制5项;编制可行性研究报告43项;编制概预算86项;完成工程勘察53项;承接工程监理6项;参加各类项目投标46项,中标26项。全院共签定各类合同总额14817万元,完成总产值10759万元,实现总收入9413万元,为上年同期的123.8%;新增固定资产175万元,上缴国家税金711万元,继续被太原市及杏花岭区授予"诚信纳税先进单位"称号。

院长张学峰陪同省建设厅领导,听取有关设计人员汇报。

【技术管理进一步完善】 一是全面完成质量管理体系、环境体系、职业健康安全体系"三标"认证工作,标志着步入国际标准化管理的行列,从而提升整体技术实力和管理水平,为客户提供满意的产品和优质的服务提供有力保障,也为进一步拓展市场提供技术支持。二是圆满完成太原武宿机场新航站的设计任务,为北京奥运会成功举办作出重要贡献。此项工程工作量之大、设计费收入之高、服务之重均为历史之最,据不完全统计,仅去现场或蹲场服务的各专业人员就达1110人次之多。三是山西大剧院项目设计工作全面启动,这是一项比机场工程功能更为复杂、难度更大的项目,不仅是对技术实力的又一次检验,也是为全省十大重点工程建设奉献的又一力作。四是技术质量措施效果明显。在住房和城乡建设部组织的工程质量安全检查中,被抽检的两项工程受到专家的充分肯定与公开表扬,在业内和社会得到很好反响。在全年院级工程质量检查的63项工程中,优良品率有较大提升,"汾河美化工程二期北延详细规则"、"八路军太行纪念馆改扩建工程"等8项工程分别获省建设行业年度优秀规划、优秀设计奖项。五是不辱使命,圆满完成四川灾区过渡期及灾后重建的相关任务。"5.12"汶川地震灾情发生后,按照省委省政府及厅党组的要求,克服时间紧、任务重的重重困难,在一无经验可借鉴,二无任何经费保证的情况下,由院长亲自挂帅,组织专人连续奋战,争分夺秒抢时间,用最短的时间和最佳的效率、质量,拿出功能齐备、简单易行的过渡期安置房的设计方案和施工图标准图集,为省领导科学决策和全省完成援建任务提供有力的技术支撑。六是计算机软件国产化、正版化工作成效显著。先后投入100多万元进行软件更新换代,推动国产软件正版化,被中国勘察设计协会和太原市分别授予"国产CAD软件应用先进单位"和"使用正版软件先进企业"称号。

【人才环境进一步优化】 一是通过采取送出去,请进来等多种形式或组织各种类型的业务学习和技术讲座,不断提高技术人员的业务素质和技术水平。全年共组织各专业院内技术培训27次,参加人数900多人次;四川汶川大地震发生后,多次组织技术人员就抗震新技术进行学习研讨,冯高磊、赖忠毅二位总工还结合到四川茂县考察情况进行专题学术指导;组织优秀设计管理人员到国外学习考察,先后组织30余人分别赴美国、加拿大、日本进行抗震、节能学习培训,不断加深技术人员对新的建筑设计理念的理解,进一步提高技术人员的创新意识。二是通过开展技术质量管理知识竞赛和评选表彰"最有创意的工程师"、"文明职工标兵"、"生产技术能手"等各种类型在本职岗位上做出突出贡献的先进人物,并通过院报、光荣榜等形式作专题宣传,培养树立自己的典型,用身边人、身边事启发教育带动职工,在全院形成"赶超先进"的健康向上氛围。三是在人才培养使用上，坚持敢于压担子，不搞论资排辈、重在业绩的原则，积极创造条件，促使青年技术人员尽快成长。特别是在职称评聘方面创优环境，积极为符合评审条件的技术人员铺路搭桥，全年共有33人分别在正高、副高、中级评审中顺利通过。

【企业文化建设持续推进】 本着节俭、隆重、紧凑的原则召开建院55周年庆典大会，以“光辉的历程”为题制作光盘和画册，向社会展示55年的发展成果，得到很好的内外反响。举办“建筑摄影及手绘作品展”，有44人参加并展示作品174幅，其中，15幅摄影及手绘作品分别由专家评为一、二、三等奖。

【精神文明创建工作】 一是坚持围绕院的发展目标，结合实际，积极开展内涵丰富、特点突出、力求实效的文明和谐创建活动。创建的主线和目标是“构建和谐，促进发展”。通过扎实有效的工作，连续14年获省直“文明单位标兵”称号、连续11年获“省级文明单位”称号。院长张学锋荣获“山西省五一劳动将章”及“中国建筑设计行业优秀管理人才奖”；院长助理周昌勇获“省民盟先进工作者”称号；吴振洲获省直系统“老有所为先进工作者”称号；全院有13个部门获院文明单位称号、25名职工获院文明职工标兵称号；31名优秀党员10个先进党支部受到院党委表彰。坚持开展“帮贫助困献爱心”活动，培养职工社会责任感。在南方遭遇冰雪灾害及四川汶川大地震发生后，全院上下积极行动，先后三次组织职工参加“为南方灾区献爱心”和“情系汶川、奉献爱心”等捐款活动，共捐善款77270元，有159名党员还处动交纳“特殊党费”62100元。杨友为、刘晓星、罗庆京、杨来俊等4名同志分别被评为省、厅抗震救灾先进个人，被评为厅“抗震救灾先进单位”。开展积极向上，健康丰富的文体活动，先后组织“迎奥运踢毽子”、“为奥运加油趣味体育比赛”、“野外定向寻宝”等活动，有的生产所还组织职工赴泰国、桂林、厦门、海南等国内外名点旅游，不断丰富职工的业余文化生活，增强职工的凝聚力和向心力。

省建筑设计研究院召开深入开展学习实践科学发展观活动动员大会

【党风廉政建设】 一是认真抓好学习实践科学发展观活动。以此次活动为契机，把已查找出制约科学发展的问题，对能解决的要尽快解决，对应当解决而又一时难以解决的要做好解释工作，并积极创造条件加以解决，以实现中央提出的“党员受教育、发展上水平、群众得实惠”的目标要求。二是认真抓好干部职工从业的警示教育，坚持“讲责、定查、履责、考责、问责”五环节入手，强化党风廉政责任制的意识、任务、过程、效果和运用的落实。在经营活动中，坚持秉承“质优、价优、服务优”的“三优原则，坚决商业贿赂行为的发生，以实际行动难护国家法律的严肃性，确保干部职工队伍的纯洁性。三是抓好工、青、妇和老干部工作。院工会把“维护与监督”两个职能作用发挥好作为主要工作，坚持把重大事项经职代会讨论决策制度落在实处，并因地制宜组织职工开展劳动竞赛和文体活动，为构建和谐省院发挥重要的作用。院团委按照党委的要求，以创建青年文明号变载体，坚持在广大青年中开展“立足岗位作奉献”活动，使团的工作做到有形式、有内容、有亮点，继续保持“省直五四红旗团委”称号，设计一所、三所、六所分别继续保持国家级、省级、省直"青年文明号"的荣誉。

山西省勘察设计研究院

【各项经济指标完成情况】 2008年共签订合同387项，签订合同1.58亿元；完成合同收入1.24亿元，为年计划的248.2%；实现财务收入6421.77万元，为年计划的183.5%；建勘公司完成合同收入5400万元；全院完成上交457.40万元；全年完成的所有项目产品合格率为100%，优良品率为91%；合同工期履约率100%；全年无重大安全事故发生，各项主要指标全面完成。全年共投入设备购置资金137.51万元。在岗职工人均年收入为3.45万元，全员工资、福利发放到位。

院长胡孟卿陪同省建设厅领导考察

【经营工作全面推进】 一是合理调整市场经营战略。2008年通过准确研判市场发展趋势，对经营战略进行适当调整，确定依托行业优势，以集约经营为主要手段，以省市重点项目和大中型项目为主要经营方向的经营思路。在基本保持各单位上交指标不变的基础上，继续坚持按专业核定上缴比例、超上缴奖励等管理办法，保持经营政策的连贯性和一致性，实现院班子的承诺，提高各单位经营的积极性，逐步建立促进全院经营工作良性发展的科学机制。二是继续深化集约经营工作，在承接和完成业务方面取得良好的效果，在明确作为院级经营的主要模式后，将业务承揽和实施两个阶段实现主体合理分离，使院处两级的不同优势得到充分的发挥。这一经营模式在"省六大重点项目"、"柳林贺西煤矿瓦斯孔"、"朔州管线"等项目上得到充分运用。三是逐步拓宽市场经营范围。坚持以市场为导向，充分发挥山西招投标信息网的作用，安排专人定时查看，及时解招投标信息和行业动态，扩大业务面。找准经营领域转换的切入点，采取扩大信息渠道、项目延伸、市场渗透等多种灵活有效的措施，充分发挥全院的品牌优势。继续做好资质申报和升级工作，2008年新申办地勘资质3项，建勘公司取得施工壹级资质和取费资质。

【技术质量管理和创新】 启动质量、环境与职业健康安全三体系认证工作，建立受控文件清单、有效技术文件清单，使管理体系文件、技术质量文件处于受控状态。

提高新技术运用的力度，加大新技术新工艺开发引进应用的力度。2008年以南中环桥、火炬桥桩基检测为依托，与东南大学合作引进自平衡桩基检测技术，成立自平衡桩承载力测试项目创新小组并在项目上得到成功应用。柳林贺西煤矿瓦斯孔施工项目是省勘察设计院有史以来第一次实施的大口径成井工艺项目，具有口径大、垂直度高、不出水等特点，与传统凿井项目明显不同。测试中心以山阴电厂检测项目为载体，引进桩内力测试技术，进行载荷试验及桩内力测试，取得较好的效果。

【深化项目管理模式】 在总结以往项目管理工作经验的基础上，2008年制定出台省勘察设计院项目管理试行办法，这一办法在院大型项目和院管工程中实施，尤其在“朔州管线”项目上取得较好的效果。

【安全生产管理】 加强安全生产的宣传教育和生产现场的安全检查工作，强化全员的安全生产认识，特别是对大型施工工地，认真检查安全生产责任制的落实情况及事故隐患治理情况。从8月份开始，进一步创新安全生产管理制度，实行施工现场安全生产登记备案周报表制度，确保安全责任落实到人。为规范临时用工管理，规避安全风险，将临时用工安全工作纳入到安全生产检查体系中，强化落实，确保施工人员的安全。

【基础管理工作】 做好机构调整工作，为实现整体目标创造条件。依据人员结构和市场要求，新组建岩土工程三处和工勘五处两个单位，进一步扩大勘察业务向其他市场领域延伸的渠道，两个单位运行良好。年初成立“信息资源中心”，进一步促进职能部门的合理配置，为全院资源信息化管理提供组织保障。完善基础设施建设，营造和谐发展环境。在保证省勘察设计院生产经营活动正常开展的基础上，全院共投入300余万元，改善省勘察设计院的基础设施，通过一系列环境改造和设备更新，逐步改善职工工作和生活条件，为全院精神文明建设和企业文化建设提供强有力的物质保障。

【职工队伍建设】 全年共组织内部培训12场，共429人次参加培训。此外，先后组织87人次，进行注册监理工程师、注册安全工程师、水资源论证技术的《建筑桩基技术规范》、《建筑工程抗震设防分类标准》、《建筑抗震设计规范》等内容的培训工作。8月份邀请深圳中旭集团培训师到省勘察设计院院为全体中层干部进行管理执行力培训。10月派人参加中旭集团组织的为期3天的培训讲座，随后在内部组织不同层次3批次共150余人次的内部执行力培训工作。11月，邀请上海天强管理咨询有限公司总经理与院领导层就省勘察设计院管理中存在的疑难点进行讨论和解决。2008年5月22日—31日，省勘察设计院组织15人参加省勘察设计协会举办的全省工程勘察行业机长、记录员、土工试验员的岗位培训，并均取得岗位任职资格。年内，组织78名职工报考技师、高级工、中级工以及初级工的考试工作。在柳林贺西煤矿瓦斯孔施工项目，对技术施工人员进行专门培训，提高技术工人队伍素质，保证工程顺利进行。

【“三个文明”建设工作】 深入开展学习实践科学发展观活动。按照上级部署，省勘察设计院于2008年10月开展学习实践科学发展观活动，通过深入扎实地开展工作，取得较好的成效。继续坚持每月一次的党委中心组学习，认真落实党风廉政建设责任制和反腐败工作。以深化“文明和谐单位”和“青年文明号”创建为主线，以塑造先进企业文化建设为主要载体，全面推进精神文明建设工作和党建工作。

山西省城乡规划设计研究院

【综述】 2008年实现收入5730万元，比2007年的5900万元下降2.9%，保持基本稳定，人均收入突破8万元；实现绩效管理与分配的挂钩；实现项目核算与技术人员的分配的完全结合；实现规划设计理念和编制方法的创新；实现传统经营模式向现代经营模式的转变；实现通过强化管理提高管理的执行力。在组织申报参加省建设厅优秀勘察设计、城市规划设计、村镇规划设计评选中，全院申报项目41项，获奖30项，其中一等奖7项，二等奖11项，三等奖12项，获奖比例达73%。同时上报10个项目参加住房和城乡建设部优秀设计评选。在文明和谐单位创建工作中获得“省直文明和谐单位”称号，孟兆国副院长获得省直机关公民道德建设“十佳文明公民”称号。在抗震救灾工作中，山西省城乡规划设计研究院冲锋在前，表现出服务社会的责任，获得住房和城乡建设部、中共山西省委山西省政府和省建设厅授予的“抗震救灾先进集体”称号，还有5人获省抗震救灾先进个人，2人获中规协先进个人，4名援川志愿者火线入党。

【加大经营管理力度】 经营有效、有序运行。2008年，加强对项目核算实施的管理，每季度召开生产经营工作会议，及时通报生产经营情况，对项目核算结果进行核算验收，并核发奖金。生产经营管理中的主要指标纳入签订的责任状中，并体现在年度的绩效考核中；加强对招投标项目的管理，确保投标文件的质量；做好资质年审工作，积极准备开拓新领域；加强项目动态监管和过程管理；及时修改和完善管理制度。截至2008年12月底，共签订合同额10250.23万元，完成产值7822余万元，实际收入5730余万元，项目总数324项。从项目的合同值来分析，规划类项目占41.61%，市政可行性研究类项目占47.73%，建筑类项目占10.66%，规划类项目一头独大的局面已经改变，市政建筑类项目所占比例明显上升，逐渐形成城乡规划、市政建筑、可行性研究等专业综合发展的态势。

【分配机制制度化】 2008年对《生产管理办法》、《生产部门生产经营承包责任制实施指标》、《各类项目产值核定标准》、《项目阶段工作量与专业比例划分》、《工程技术人员奖金分配标准》及《规划设计最低收费标准》等六个经营管理文件进行进一步补充和修改，对《职工奖金分配办法》和《绩效考核办法》等有关分配的配套文件进行进一步的完善，多次召开会议进行宣贯，并且在院长办公会上作出决定，推进“八个文件”的贯彻落实。

八个经营与分配的规范性制度的实施，不但理顺了分配关系，健全了经营与分配管理制度，而且激励全院员工工作的积极性，做到行为明显规范，效率明显提高，服务明显增强，素质明显提高。这些制度的建设得到省建设厅纪检组长郝耀平的肯定。

【经营技术创新突破】 2007年以来院、所两级领导加强对项目技术创新的力度，通过追求最佳技术成果，占领市场、扩大业务，特别是对一些重点项目、重点市场更强化技术在经营过程中的主导作用。

2008年，成功运用经营技术的手段，在大同签订1730万元的同煤集团文瀛湖居住区综合施工图设计合同，通过这个项目的科学运作和真诚服务赢得甲方对山西省城乡规划设计研究院的技术信任和诚信形象。2008年同煤集团又陆续签订两区（沉陷与棚户）配套可行性研究合同（100万元）、配套外网综合合同（398万元）、10万平方米的高层建筑设计合同（200万元）、以及同煤高端居住小区、同煤棚户区中心区1.5公里两侧高层建筑规模近50万平米的单体施工图设计的策划任务等。截至2008年底，正在运作的临汾汾河整治规划和施工设计项目，以技术为突破口，集中所有相关专业的专家和技术骨干重点突破，创新技术方案，赢得临汾市政府及省建设厅的高度评价。

【技术管理制度科学规范】 ISO 9000质量管理体系与院的管理制度融为一体已经四年多，2008年颁布第二版质量管理体系文件，强化设计评审控制，为提高产品质量提供保证。质量管理体系年度审核顺利通过北京恒标质量认证公司第四次监督审核和复评。

【制造需求，搞好项目策划】 2008年，本着一切为服务于政府、服务于社会的原则，为政府出谋划策，做好项目的前期策划，努力实现公众利益的最大化，得到各级政府的信赖，从另一种侧面实现经营模式的转变。如城市景观所在汇报晋中市的中标项目——潇河公园设计方案时，为晋中市政府出谋划策，由小做大，把此项目拓展成晋中南部新区规划设计。此项目已被晋中市政府列为2009年三大重点项目之一。此外，规划三所、四所等所室策划的汾阳市发展战略规划，左权县全覆盖公用事业及基础设施相关规划、全覆盖控制性规划，新绛县古城内历史街区基础设施施工图，天镇县新平堡旅游战略规划等都是为政府出谋划策、创造需求、搞好项目策划的典型实例。

【技术管理和设计质量稳步提高】 在技术管理上，建立严格的质量管理体系和质量目标考核办法。与各所签订技术目标分解责任状，在责任状中，重点要求规划编制和设计优良品率不低于90%、出院合格率必须达到100%，要有品质剖析报告、评审记录和项目意见书，必须有院优秀设计奖，发表论文两篇等。在信息化建设上投资101.26多万元，增加网络节点，更换落后的网络设备，新增主交换机、服务器等设备，购买金山办公软件100套、微软XP操作系统30套、微软办公软件10套、adobe彩图软件20套、PKPM软件模块9个、桥梁抗震设计模块1个等软件。

【为各级政府和省建设厅提供技术支持】 主持完成省建设厅试点项目《孝义市域总体规划》成果，与中国院配合完成《太原经济圈规划》，与省经研中心合作完成《晋中南（介孝汾）城镇组群发展规划纲要》。在平遥古城成功承办“世界遗产地平遥古城国际保护专题”活动，在太原与韩国京畿道建筑协会举办“中韩历史文化遗产保护和城乡规划建设学术交流座谈会”，与介休市人民政府举办“介休市城市规划与建设专家咨询会”。此外，还承担《城镇化研究》杂志的组织出版，配合省建设厅编辑发行《山西城乡规划动态》，协助举办第三届中部六省城市规划工作座谈会，开展《山西省城乡规划管理信息系统研究》和《山西省特色城镇化评价指标体系研究》。

为省建设厅组织并初步完成二个规范、三个标准和八个纲要即:《山西省县域村镇体系规划规范》、《山西省历史文化名镇名村保护规划规范》、《山西省镇规划标准》、《山西省村庄整治标准》、《山西省户外广告设置标准》、《城市绿地系统规划纲要》、《城市燃气系统规划纲要》、《城市供热系统规划纲要》、《城市道路交通系统规划纲要》、《城市市容环卫系统规划纲要》、《城市排水、污水处理与中水回用系统规划纲要》、《城市供水与节约用水系统规划纲要》和《城市照明系统规划纲要》等。

【做强优势专业的规划设计】 经过全院几代技术人员的努力，城市规划、河道整治、风景名胜区及绿化设计、市政工程的给排水和道路设计已经是山西省知名的优秀设计品牌，有些专业甚至在国内也是名牌设计专业。在这些强势专业的带动作用下，及时研究山西省内市场的需求情况，加强市政设计的其他领域、建筑市政、旅游规划、工程咨询等相关业务的发展，延伸产业链，培育新的经济增长点，扩大业务面。如工程规划所、建筑市政二所通过几年的努力，已把城市供热设计发展成为山西省内知名的主要设计单位。

【创新人才发展体系】 重点是对核心人才的培养。在引进人才方面，下足功夫，广泛宣传、积极引进和聘用优秀专家。根据专业人员的需要，通过面试、考试严把新人的进人关，从而使专业技术人员选用引进机制有所创新，2008年引进2名名校的研究生和1名本科生。在培养人才方面，有147人次的技术人员前往西班牙、葡萄牙、法国、澳大利亚、新西兰、日本、韩国等国学习考察，开拓视野；近百人参加国内的各种讲座、学术会议，提高本院技术交流的质量，如临汾汾河整治规划等，注重理论实践相结合的知识运用；增加到国内外研修和技术交流的机会，如南非城市规划处、清华大学、中国规划院等，以培养提高"核心人才"和专家的专业知识，从而创新专业技术人员的教育培训机制。在使用人才、留住人才和激励人才方面，坚持多劳多得、优质多奖、效率优先的原则，干部选拔重在提拔技术全面的、思想觉悟高的年轻技术干部，制定激励人才如各类注册师的奖励等的制度取得显著效果，如辛智勇、冯琦已顺利通过国家一级注册建筑师的考试，6 名技术人员取得山东建筑大学的工程硕士。

【培训机制的监督实施】 从 2006 年开始，在技术目标责任制中明确规定"各生产部门专业培训费不低于基本产值收入指标的 0.8%"，由院技术处统一管理，严格用于各项专业培训。三年来，培训不仅在人次上逐年增多，并且在质量上、层次上以及针对性上都有很大提升。2008 年，各生产所室实际支出专业技术培训费 27 万元，国内外专业技术考察费用 600 余万元，参加培训的人次达院技术人员的 80% 以上。

【抗震救灾】 5 月 15 日，张怀同志作为山西省城乡规划设计研究院的第一位志愿者在第一时间前往成都。在援川过渡安置房建设中，院领导果断决策，在第一时间派出由孟兆国副院长带领的规划和工程专家队伍于 5 月 21 日奔赴灾区，迅速配合成都市规划局和援建指挥部进行选址、定点。他们冒余震、踏泥泞，攀山崖，避滑坡，争分夺秒地奔波于废墟之上，辗转于震区之间，进行选址定点；他们不辱使命，为全省整个援建工作的选址、定点争取主动，先后完成 93 个规划工程项目，出图 375 份，提前完成全省援建一期 38 个点位的规划布局，为全省提前 10 完成一期 7500 套建设任务，圆满完成 37218 套过渡安置房任务做出突出贡献。

6 月 25 日，在生产任务重、设计人员紧缺的情况下，又一次派出由傅泽秋带队，阴佶、刘成、段一鼎组成的队伍，参加茂县灾区重建工作，行程 2000 多公里，对茂县所有乡镇进行实地考察调研，掌握大量一手资料，结合茂县情况，向当地政府提出建设性建议和解决方案。

在抗震救灾中，山西省城乡规划设计研究院用擅长的技术力量对灾区进行技术援助，为此，多次受到建设部及成都市规划局的表扬和感谢；被中规协和省建设厅授予支持四川抗震救灾先进单位。2008 年 6 月 18 日，《山西卫视》主要对援川人员作《灾后重建、规划先行》的专题报导。

【精神文明建设】 1、深入学习实践科学发展观活动。按照省委和省建设厅党组部署，在厅指导检查组的指导下，根据院党委制定的"实施方案"，认真抓好各个阶段的工作，取得显著成效。

2、宣传和组织工作常抓不懈。一是认真学习贯彻十七大和科学发展观精神，不断提高党员、干部的理想信念。二是严格按照党员发展标准和组织程度，坚持不懈地做好组织发展工作，2008 年共有 7 名预备党员转正，6 名重点培养对象被吸收为预备党员，对 5 名入党积极分子进行党校培训。

3、坚持抓好党风廉政建设和工作作风转变。制定并下发党委 2008 年党风廉政建设责任分解意见。结合院实际，2008 年重点抓党员干部的作风建设和职能部门人员的工作作风转变，实行奖金与绩效挂钩，还分别组织杏花岭区检察院检察长何书生和省委党校刘树信作讲座，使得党员干部和职能部门人员的工作作风得到明显改进。

4、扎实推进文明和谐单位的创建活动。以创建工作为载体，积极推进各项工作的开展。充分发挥工、青、妇的作用，开展增强企业凝聚力和创造力的健康文明活动。

山西省建筑科学研究院

【经营收入增长】 2008年，紧紧围绕建设市场，调整经营思路，开拓市场领域，在加强原有市场和基础业务发展的同时，重点开拓铁路、交通、教育、水利、煤炭等领域的业务，生产经营总收入达到4140万元，比去年增加626万元，保持山西省建筑科学研究院经济收入稳步增长。特别是，节能与绿色建筑研究所、结构与检测研究所、工程抗震减灾研究所、建筑材料研究所大幅度超额完成任务，均超额完成计划指标的5倍以上。此外，岩土工程研究所、防水工程处等部门也都努力工作，取得较好的经济效益。职工人均年收入稳步提高，达到5.1万元。

【内部改革与管理】 调整内设机构、人员结构和专业结构。根据《体制改革实施方案》，结合市场发展和工作需要，对山西省建筑科学研究院内设机构进行调整。地基基础研究室、土工实验室合并，设立岩土工程研究所；建筑材料研究一室并入节能与绿色建筑研究所；建筑材料研究二室、建筑材料研究三室合并，设立建筑材料研究所；结构与检测研究室、司法鉴定技术室合并，设立结构与检测研究所；设立工程抗震减灾研究所；建筑装饰设计室、建筑工程设计室和钢结构设计室分别更名为建筑设计一、二、三所。对以上几个研究所的所长、副所长、主任工程师岗位进行竞聘。调整后的部门设置、人员结构更趋合理，有利于更好地发挥专业技术优势，发挥专业技术人员的学术专长。积极引进建筑学、建筑材料等专业的硕士研究生3名，本科生1名，充实科技人员队伍。

调整劳动、人事与分配关系，激励专业人员更好地发挥技术特长。完善职工的医疗保险、养老保险工作。调整2003年出台的《执业资格注册人员管理办法》，扩大执业资格注册人员岗位补贴范围，提高岗位补贴标准。

【项目成本核算与建材检测业务管理】 对业务部门的经营进行严格的项目成本核算，为部门进行项目管理提供动态资料，降低成本，增加收入。对来样检测业务由收样室统一登记编号，按照建筑材料检测部门的业务范围进行分配，避免业务交叉。

【加大科研投入，增强创新能力】 按照院六届三次职代会的决议，科研经费提取比例达到5%以上，全年投入科研经费和科研设备费用超过160万元。山西省自然科学基金项目《基于横观各向同性黄土地区地基的研究》和省软科学项目《建立山西城乡建设法规体系的研究》已完成待鉴定，《端氨基聚醚中试项目》的研究取得阶段性成果。

【重点实验室和中试基地建设】 2007年为技术开发实验室购置较为先进的仪器设备。如配备100T万能材料力学试验机、微机砼快速冻融试验机、混凝土碳化试验箱、砼氯离子和电通量测定仪等设备。2008年加大对中试基地的管理力度。涂料中试基地研发新产品改性WHA－208F，年累计销售WHA固化剂15吨，实现收入120万元。外加剂中试基地年销售各类外加剂1800吨。

【参加国家和地方技术标准制定】 参加《村镇防灾规划技术标准》、《城镇防灾避难场所设计规范》等3项国家标准的编制，主编或参编《山西省建筑工程地基检测技术规程》、《烧结煤矸石（粉煤灰）多孔砖砌体结构设计与施工技术规程》、《仿瓷涂料》、《既有建筑节能改造检测与评价标准》等10项地方标准。

【科技信息平台建设】 “一院两站”的机构信息、人员资质、检验能力、科研、仪器设备等一系列信息数据导入中国检测资源共享网。参加省科技厅组织的科技信息平台建设，积极建立建筑材料和工程勘察信息数据库。

【开展各种学术活动和新技术推广应用】 采用“请进来”与“走出去”相结合的办法，进行学术交流和培训活动。技术人员积极参加省土木建筑学会、勘察设计协会等省内外社团组织的学术交流和培训，人数达90余人次。6月份，邀请国内专家开展《墙体保温与建筑同寿命》专题学术讨论会，参加人数达230余人。11月，组织10多人赴四川建科院和都江堰进行抗震技术实地考察学习。11月底与省劳动部门联合对防水施工人员进行执业资格培训，参加单位为32个，人数达40人。在桩基检测中积极推广应用锚桩法和自平衡测试法。全院职工共发表各类论文30余篇。此外，院技术委员会充分发挥作用，对科研课题进行专题评审，对工作中遇到的技术难题进行充分论证。

【《山西建筑》办刊质量逐年提高】 《山西建筑》的稿源，82%来源于省外的科研、院校、勘察、设计和施工单位。根据《中国学术期刊综合引证报告》的统计，在全省199种期刊中，《山西建筑》的影响因子为0.904，排名第四位；总被引频次为6084，排名第二位。《山西建筑》连续5年被评为山西省一级期刊。这充分说明，《山西建筑》在全省乃至全国的影响力逐步提高，影响面逐步扩大，作者群和读者群逐步增多。

【工程质量管理和安全教育】 2008年，坚持把工程质量的管理作为头等大事来抓，在全院干部职工中树立以质量求生存，以诚信开拓市场的新观念。

1、加强质量体系和计量认证的管理。通过ISO 9001国际质量体系认证的复评审，完成“一院两站”计量认证的监督评审工作。山西省建筑科学研究院设计的山西省国家税务局职工教育中心改造工程，获山西省第四届“太行杯土木工程大奖”。

2、遵守合同，诚信经营。坚持“技术创新、质量上乘、科学公正、严格标准、诚信服务、持续改进”的质量方针，靠诚信扩大市场份额。2008年共签定技术服务合同253份，合同金额3863万元，完成各类技术咨询检测报告1580份。承揽多项大型工程和重点工程的技术服务工作。例如：太原市教育局房屋结构安全与抗震鉴定项目；山西焦煤集团杜儿坪矿储煤场护坡治理工程；蒲县文化宫设计工程；大连万达、上海绿地房地产开发项目和南方重汽桩基检测工程；太中银铁路、阳翼高速、西龙池水利蓄电工程、柳林电厂等铁路、公路、水利、电力工程项目的材料检验。

3、完成建设工程质量检测机构7项专项资质的申报，并全部取得资质证书和专用章，进一步强化山西省建筑科学研究院在工程质量检测检验方面的地位，明确和规范工程检测检验的业务范围。

4、开展安全教育和宣传活动。院领导要求有关部门在进入工地现场前要进行安全教育，强化安全意识，杜绝事故，确保施工安全。3月15日，组织院相关部门参加省城“3.15国际消费日宣传咨询服务活动”，展出展板5块，发放宣传单4000余份。

【学习和实践科学发展观】 1、大力开展深入学习和实践科学发展观活动，促进山西省建筑科学研究院各项工作顺利进行。根据中央、省委和厅党组的统一部署和要求，山西省建筑科学研究院参加第一批深入学习实践科学发展观活动，制定《关于开展深入学习和实践科学发展观活动的实施方案》。按照学习提高，调查研究；分析检查，找准问题；解决问题，完善机制三个阶段，院领导班子坚持边学边改，边查边改,边议边改,始终把解决问题贯穿于学习实践活动的全过程。广大党员、干部结合工作实际,统筹工学矛盾,坚持边学习边实践,在实践中加深对科学发展观的理解,用科学发展观指导科研、生产和咨询服务。

2、严格党风廉政建设责任制的落实,建设一个廉洁高效的学习型领导班子。在工作中,院领导班子成员认真执行《关于实行党风廉政建设责任制的规定》,模范遵守"廉洁自律十不准"的要求。坚持树行业新风,推行院务公开,开展制止商业贿赂活动。坚持抓班子,抓中层,层层抓好党风廉政建设责任制的落实,形成廉洁高效的工作氛围。坚持批评与自我批评的民主生活会制度,坦诚交流,沟通思想,统一认识,增强领导班子凝聚力。

3、开展创建活动,用先进的企业文化塑造一支高素质的干部队伍。结合南方冰雪冻灾、汶川地震灾害、西藏反动暴乱、北京奥运会等重大事件,院党委、工会、团支部组织职工开展爱国主义教育,激励职工的士气,提高工作的热情,增强大家的凝聚力。当湖南等南方省份发生冰雪灾害时,紧急号召职工捐款4780元。当四川汶川发生8.0级强烈地震后,组织轰轰烈烈的"向灾区人民献爱心"捐助活动,分两批共捐赠88000元,其中特殊党费69000元。此外,有的同志还主动到社会慈善机构捐款,到中心血站参加义务献血。通过捐助活动,既为灾区人民送上一份浓厚情谊,又激发全院职工空前的爱国热情。院工会、团支部组织职工开展丰富多彩的文体活动。"五四"青年节,组织青年团员赴运城举行"登五老峰,游盐湖死海"活动。九月,院工会组织职工到中北大学举行登二龙山郊游活动。在2009年迎新春联欢会上,各部门职工自编自演丰富的文艺节目,有12个节目分别获得一、二、三等奖和优秀奖。经过全院职工的共同努力,连续九年获得省直"文明和谐单位"称号,检测所获省级"青年文明号"称号,并通过复审。

4、开展"十个一"竞赛活动,提高职工业务素质。院工会通过在全院职工中开展"十个一"竞赛活动,增强职工在本职岗位上争先创优的积极性,树品牌、创一流,成为各部门、各专业的新风尚,经济效益、科研水平不断刷新纪录。2008年,又有两名同志荣获创新能手称号。郝志鹏被授予"推广新成果能手"称号,谭进奎被授予"创新纪录能手"称号。节能所、检测所、抗震所、岩土所、综合管理部被评为2008年度院先进集体,曹俊琴等28名同志被评为先进工作者,桑颖慧等12名同志被评为工会积极分子。

【抗震救灾】 2008年四川汶川发生8.0级特大地震后,山西省建筑科学研究院党政领导班子十分重视,根据省委、省政府关于落实中央"一省帮一重灾县"的总体部署,按照省建设厅的统一安排,派李建国副院长参加省建设厅过渡安置房援建工作。6月25日派结构与检测研究所所长王宇新参加省建设厅组织的赴茂县实地调研工作,为大批技术人员入川开展援助工作积累第一手资料。

8月8日和8月17日,专业技术人员分二批抵达四川茂县,在总工程师魏利国同志的带领下,认真落实省委张宝顺书记在茂县考察时"尊重科学、攻坚克难"的指示精神,冒着余震、滑坡、飞石等危险,行程约2500多公里,分6组分赴茂县县城和乡镇同时开展震损建筑物破坏程度的评估工作。从6月25日开始调研到9月28日正式交付评估报告,历时96天,共派遣房屋评估专家和技术人员20余人,圆满完成茂县县城和22个乡镇、共计360幢建筑物、总面积41万余平方米的房屋评估任务。10月31日又派总工程师和1名结构检测专家参加省建设厅组织的茂县农房重建技术指导工作。为茂县震后居民安置和制定灾后重建规划等工作提供重要的技术支持。

山西省城乡建设学校

【主要工作指标完成情况】 1、招生规模实现新突破。2008 年实际注册招生 1588 人，比去年增长 16.6%，超额完成教育厅下达的 1000 人招生任务，2008 年，共有 3700 名学生，学校发展规模创造城建学校历史之最。毕业生就业率连续 5 年保持在 95% 以上，2008 年达到 96.4%。

2、基础设施建设取得新进展。新校区绿化率达到 24%，道路硬化率达到 16%，学生宿舍楼建设后续装修工程已基本完工。

3、学生获奖质量取得新突破。选送的汽车运用与维修专业和电子技术专业选手在全省中等职业学校技能大赛上，获得团体一等奖一个、团体二等奖一个、个人一等奖一个、个人二等奖两个和个人三等奖一个及优秀奖的优异成绩；汽车运用与维修专业选手还代表山西省参加全国职业院校技能大赛获得团体三等奖。

4、ISO 9001 质量管理体系初步建立，学校连续 11 年被省直文明委授予“文明和谐单位”称号。鉴定所继续保持省级“青年文明号”称号，教职工收入较上年平均增长 17%。学校办学特色更加彰显，品牌效应和社会竞争力明显提升。社会各界对学校的工作给予充分肯定，省建设厅厅长王国正、纪检组长郝耀平等先后来校视察，并对山西省城乡建设学校工作给予高度评价。

【深入学习实践科学发展观】 学校领导班子不断加强政治理论学习和党风廉政建设、教育法制建设，率先转变教育观念，把领导教职工创造性地实施素质教育作为重要职责。深入学习实践科学发展观活动开展以来，组织全校教职工开展大学习、大调研、大讨论，召开党员领导干部专题民主生活会，写出领导班子学习实践科学发展观分析报告，制定《关于加快我校改革与发展的若干意见》。扎实建立 ISO 9000 质量管理体系，完善管理制度，规范工作流程，明确岗位职责，提高工作效率。全面推进思想作风建设、队伍建设、制度建设、效能建设和业务素质建设，加强业务考核和培训，提高全校教职工的工作能力。采取有效措施强化班子建设，规范办事权、用人权、用财权和重大事项决策权，实行民主集中制，增加学校工作透明度，使领导班子成员之间相互配合、互相支持、互相信任、互相理解，形成一个团结进取、艰苦创业、开拓创新的领导班子；炼就一批认真务实、精干高效，精神面貌好的中层干部；团结一支献身职教、不甘落后、艰苦创业的教职工队伍。

【人事制度改革】 制定《教师日常行为规范》和《教师日常行为规范考核办法》，学校召开全体教职工大会进行学习动员，针对社会反响强烈的问题，进行清理整顿，促使广大教师把精力放到做好本职工作上。根据国务院《关于大力发展职业教育的决定》要求和实际情况，按照教职工学历，学校将 64 余名教职工第一身份确定为教师，制定教师上岗若干规定和教师培养办法，极大调动教师的积极性。开展教师继续教育，提升教师学历层次和业务水平。2008 年选送 5 名教师参加全国骨干教师培训，选送 1 名教师到企业进行技能训练，外聘 3 名素质较高、经验丰富的工程技术人员充实到教师队伍中，基本形成适应中等职业教育的师资队伍配置梯队。实施名师带动战略，继续开展青年教师锻造工程。积极创造条件，鼓励教师成名、成家，通过塑造名师带动更多的青年教师健康成长。举办教职工技能大赛和青年教师业余学校，选送 4 名教师参加全省学科带头人评选，4 名教师参加骨干教师评选。

【教学改革】 实施“强化公共基础，拓宽专业基础，精化岗位技能”教学改革。在总结前面教学改革的基础上，结合南方沿海发达城市职业教育改革的成功做法，按照“强化公共基础，拓宽专业基础，精化岗位技能”的思路进行改革，组织教师在新校区进行集中培训讨论，统一思想，修订原来的教学计划和大纲，基础课和专业课均按照“5 + 5”的课程模式，制定教学计划和大纲，形成教学文件体系。加强教科研工作，实施科研强校。为使教学改革落到实处，分21个教研组，确定组长，方便教学研究，提高教研的针对性和实效性。向中教协会中国职业教育委员会申报的科研课题中有3个课题获得批准。

【德育和主题教育活动】 借ISO 9000质量管理体系认证的契机，参照兄弟学校的有益做法，总结班主任队伍建设成功经验，修订完善班主任职责、考核、奖罚、续聘和辞退办法，使班主任队伍尽快适应以人为本、德育为先的管理需要。重视做好学生的思想政治工作，培养学生养成良好的生活学习习惯，发挥班主任在德育教育中的主力军作用，切实提高学生的自身综合素质。开展内容充实、形式多样的主题教育活动。一是开展创建“文明和谐单位标兵”、“文明教师（职工）”、“文明科室”、“文明班级”、“文明宿舍”、“文明学生”和“青年文明号”活动。二是5月12日四川汶川发生强烈地震以来，学校积极组织全校师生为灾区捐款，师生员工三次共为灾区捐款38841.3元。三是响应太原市开展“城市清洁工程”的号召，学校开展校园清洁活动，广大师生同上阵齐动手，提高师生爱护环境的意识。四是开展丰富多彩的文体活动。举办为期两个月，主题为“先进思想文化进校园”的第三届校园文化艺术节，开展趣味运动会和篮球比赛，丰富校园文化生活。五是完善贫困生捐助管理办法，学校共有2000余名同学得到国家助学金的资助，资助总额近200万元。

【招生就业工作】 2008年，3、4月份，学校先后派专人到太原理工大学监理公司等60多家单位进行实地考察，从中选择工作环境好、待遇高、适合学生年龄特点的岗位400个，实际安置学生296人，就业率达96.4%，真正做到学生舒心，家长放心，学校满意。

在做好就业工作的同时，围绕省教育厅下达的1000人招生任务，拓宽合作办学领域，新增加娄烦、河曲等5个县级培训机构作为合作办学点，与山西唐都集团开展半工半读合作，开创招生工作新局面。

【培训鉴定函授工作】 学校抓住机遇，适应企业需求，积极开展园林培训、“三类人员”安全知识培训及其继续教育培训、岗位培训、项目经理培训、二级建造师培训、造价员培训等，共计培训10402人。技能鉴定工作拓宽鉴定领域，开展育婴师等工种的培训鉴定，共培训鉴定各类人员8755人，协助晋中市鉴定2547人次，取得良好的经济效益和社会效益。

学校函授站稳步发展，现共有函授生200余人。由于办站指导思想端正，制度健全，管理规范，成效显著等特点，受到苏州科技学院的高度评价，被评为优秀函授站。2008年苏州科技学院全国站长会议在山西省城乡建设学校胜利召开。

社团工作

【建筑业协会】 2008年，开展对全省国有建筑企业的改革改制情况和建筑特级企业新资质就位的调研，向建设行政主管部门呈报《关于加快山西建筑业改革与发展的意见》建议稿。开展“百家信用企业评选活动”有24个建筑企业首获殊荣。对150名企业经营管理人员进行“标准施工招标文件”培训，对企业“三类人员”进行施工安全管理宣贯培训，对

52个县市178名管理技术人员行水泥和钢筋新技术标准的培训。举办一年一度的全省QC成果交流会，评出116个优秀成果。行业评优创先活动，评出省级工程质量最高奖“汾水杯”工程17个，优秀建筑企业67个，优秀项目经理217个，用户满意企业20个，用户满意工程21项。会刊《山西建筑业》连续评为全国建设行业“金页奖”刊物，网站月点击率均在万人次以上。接受主管部门委托，质量专业委员会，完成150万字的《山西省建筑工程质量检测管理规程》和《建设工程质量检查人员培训指南》编制工作。截至年底，协会有二级以上的会员企业254个，基本涵盖全省大中型各类所有制企业。

【装饰装修协会】 召开山西省建筑装饰协会二届三次理事大会，会议听取理事会工作报告，增选副会长1人，新增选理事18人。会议表彰第四届三晋杯建筑工程装饰奖31项，先进企业32个单位，44名优秀项目经理和38家装饰行业诚信企业，并颁发奖杯、奖牌和证书。中国建筑装饰协会副秘书长王毅强到会祝贺并作重要讲话，省建设厅党组成员、省重点办主任赵建宏代表省建设厅作重要讲话。组织协会会员单位为四川地震区捐款，省建筑装饰协会会员单位和干部职工个人捐款金额共计17.304万元，捐款全部交省建设厅，按照省政府统一部署和规定渠道转交灾区。认真开展全省室内建筑师技术岗位能力考核认证工作，按照中国建筑装饰协会关于全国室内建筑师岗位能力考核认证办法和省建筑装饰协会下发的通知要求，经企业推荐，共有29位工程技术人员申报初、中、高级的考核认证，截至到年底共有266人获得室内建筑师技术岗位能力考核认证。

【监理协会】 协会为更好发挥桥梁纽带作用，于2008年10月制定“三服务”宗旨，即：强烈的服务意识，过硬的服务本领，良好的服务效果。意在用紧凑的工作效率来紧跟时代的节拍，履行好协会担负的职责。1、创造条件，搭建平台。协会经努力，邀请中国监理协会会长张青林、秘书长林之毅一行五人来山西省进行考察指导工作，并于8月20日召开大型监理企业领导参加的座谈会，给企业领导和中国监理协会最高层领导提供面对面交流、上下沟通的好机会。2、遇机造势，扩大影响。开展一系列纪念中国建设监理创新发展20周年活动，于2008年11月11日召开纪念大会，省人大常委会原主任王庭栋、省人大副主任谢克昌、省政协常务副主席郭良孝以及建设厅王国正厅长、张立光副厅长和交通厅、水利厅等单位的负责同志都百忙中莅临大会。王庭栋主任对大会召开表示祝贺并做重要指示；张立光副厅长做重要讲话；唐桂莲会长回顾总结协会成立12周年的发展情况。19个省市兄弟监理协会、132个单位纷纷发来贺信、贺电。会上表彰“三晋工程监理企业”20强，“三晋工程监理大师”25名，“三晋工程监理特别贡献奖”30名，“优秀征文”41篇。同时还对2007度先进企业36家、优秀总监42人、优秀监理工程师45人、协会先进工作者1人进行表彰。会前，王庭栋主任、张青林会长、杨安和副主任、郭良孝常务副主席以及王国正厅长、张立光副厅长都为纪念活动题词祝贺。3、经协会推荐，中国建设监理协会2008年12月表彰，山西省建设监理有限公司董事长田哲远和山西晋正建设工程项目管理有限公司总经理郭汉刚2名同志获“中国建设监理大师”荣誉称号，另有4个企业、5名总监、6名监理工程师、1名协会工作者，3个抗震救灾先进监理单位、5名抗震救灾先进个人也受到中国建设监理协会表彰。

2008年11月11日召开三届三次理事会。新接纳23个会员单位，增加23名理事、增补1名常务理事、增补电力、冶金、大同市、太原市4名副会长，

协会领导带队，于2008年春节前后和6月份，两次深入到监理公司共28个单位（24个甲级、2个乙级、2个丙级）进行调研。就行业的发展状况与影响行业发展的瓶颈问题写出《调研报告》，送厅分管领导与主管处室参阅。春节前后协会还就正在起草

中的《山西省建筑业改革发展意见讨论稿》送交书面修改建议。

“5.12”汶川大地震后，协会和19家监理企业向灾区捐款772524元。

积极搞好宣传工作，扩大监理社会影响。全年共出会刊6期、11期简报。

外地取经，开阔眼界。协会工作人员年11月底到上海建设工程咨询行业协会参观学习取经，在安全监理、培训教育、监理取费等九方面有很大启发与收获。

【勘察设计协会】 参与拟定《山西省建筑工程勘察文件质量评定标准》。对2008年度全省申报的工程建设勘察设计优秀QC小组进行评选申报，本年度共获得省、部级及国家级工程勘察设计优秀质量管理QC小组12个，其中太原钢铁(集团)设计院(有限公司)的环保QC小组获全国优秀质量管理小组奖，山西省电力勘测设计院勘测部地质QC小组获国家工程建设(勘察设计)优秀质量管理小组奖。完成“2008年度全省优秀住宅设计”评选工作，全省共申报项目17项，获一等奖2个，二等奖3个，三等奖6个。协助省建设厅举办《建筑抗震标准和山西省超限高层建筑工程界定规定》宣贯培训班，全省各建设局和建筑设计单位500余人参加培训。完成全省650余人次注册一、二级建筑师的继续教育。举办二期“试验员、记录员、机长”的岗位培训，共有110家单位近900人参加培训。2008年共刊发《山西勘察设计》四期约2400余册，分别发至全省400余家勘察设计单位及省内外近百家兄弟单位。作为双向服务该媒体发挥重要作用。

【房地产业协会】 2008年山西省房地产业协会分别召开二届四次理事会暨会员代表大会和二届五次常务理事会，研究和探讨全省房地产业发展趋势，部署省房协的工作安排。年初，向全省房地产行业发出《和谐社会·责任地产》倡议书，提出建立诚实守信的住房消费环境，构建和谐社会的六项倡议，得到全省房地产开发企业的响应，有数百家开发企业签署倡议书。举办“山西百姓住房论坛”系列研讨活动，邀请中国房地产业协会宋春华会长和国务院发展研究中心研究员刘勇等专家学者作报告，分别就房地产市场宏观调控政策、房地产市场走势、区域经济与房地产关系金融危机下的房地产业发展趋势等作深度分析和解读。继续扩大对外合作，同澳大利亚布里斯班房地产协会建立友好合作关系，并举办“2008中国—澳大利亚房地产资本论坛”。加深同澳门地产发展商会的联系。组织山西房地产企业与澳门地产发展商会代表团投资洽谈会。支持外地房协在太原举办“2008第二届京津名盘山西(太原)推介会暨晋商地产投资论坛”。举办沿海城市太原项目展示活动，推动山西同外省市房地产业的合作。

5.12汶川大地震发生后，省房协组织在并房地产企业现场捐赠活动，现场募集捐款914,666元，据不完全统计，全省房地产行业向灾区捐款2000多万元。举办“以生命的名义—房屋质量与开发商社会责任研讨会”，邀请省建设厅总工程师郝培亮等专家作报告。报告运用汶川地震后检测到的最新数据，就房屋抗震设计、住房安全和开发商社会责任，从建造理念、专业技术角度提出许多有价值的意见。被省建设厅评为“抗震救灾先进单位”。

组织2008度广厦奖申报项目的推荐和初评工作，经过中房协和建设部住宅产业化促进中心最后审定，太原市小店区综合开发公司“新世纪花园”光荣入选2008年度“广厦奖”。

组织编写《1998－2008山西住房建设和房地产发展十年》。开展市场调研，就房地产市场近几年宏观调控政策的实施情况和山西房地产市场的现状，向有关领导提交综合性的分析报告。

各市建设工作

太　原　市

城　乡　建　设

【综述】　2008年,在市委、市政府的正确领导下,坚持以邓小平理论和“三个代表”重要思想为指导,深入贯彻落实科学发展观,把建设创新型城市作为推动发展的主战略,按照“南移西进、北展东扩、提升品质、重塑形象”的城市建设总要求,围绕“改造一个旧城、建设一个新城、开发一个古城”的三城联动总思路,在扩大城市规模、完善城市功能上下功夫,在改善人居环境、提升城市形象上见实效,在塑造建筑精品、打造亮点片区上求突破,确保各项目标任务的顺利实施,促进城建事业又好又快发展。

【城市基础设施建设】　2008年,太原市总投资57.84亿元,高标准规划、建设一批城市基础设施建设项目,其中市住房和城乡建设委员会主要负责14项重点工程建设任务。截至2008年底,共安排建设资金14.81亿元,完成滨河西路快速化改造、长风街东延、太小线拓宽改造、南内环桥改造、迎泽桥西立交改造、长风桥西立交改造、滨河东路人行天桥、汾河南延南内环桥至长风桥段等工程,祥云桥、南中环桥、滨河西路南延、汾河南延长风桥至祥云桥段、汾河北延延长段、龙城新区路网、长风商务区建设等工程正在建设中。全年新建、改建道路总长41.39公里。

祥云桥建设工程:西起汾河西岸的新晋祠路,东与龙城大街相接,全长1490米,主桥采用独塔钢砼组合梁斜拉桥结构,独塔由3根塔柱组成,全高100.5米,空间呈火炬状造型,桥梁标准宽50米,双向八车道;两侧立交方案为苜蓿叶半定向市道组合式立交,市道全长2871米。工程总投资约4.8亿元。该工程于2008年4月6日正式开钻,截至2008年底,东侧立交已完成工程总量的70%,其中匝道已基本完工。

南中环桥建设工程:位于南中环街西端,跨越汾河,全长2608米,采用混凝土箱梁结构形式,主桥为拱梁组合结构,两侧立交为苜蓿叶+半定向匝道组合式立交,桥梁宽52.5米,双向八车道,总投资约4.9亿元。该工程于2008年2月26日正式开钻,截至2008年底,东侧立交7条匝道(共计8条匝道)主体工程已完工,东引桥主体工程已完工。

南内环桥主桥及西侧立交改造工程:在旧桥两侧新增预应力连续T梁与原旧桥组成22米宽的机动车道,同时在主桥两侧新增6米宽连续钢斜拉结构景观人行桥,通过3米的隔离带实现人、车分离。改建后的新桥桥面总宽37米,桥梁总长590.5米,东西侧桥头为苜蓿叶型全互通立交。工程总投资1.93亿元。该工程于2008年3月10日开工建设,2008年9月15日西侧立交竣工通车。

长风桥西立交改造工程:位于滨河西路与长风桥西节点部,设计为喇叭口型互通式立交,采用双向行驶匝道,宽15.5米;分流匝道采用单车道匝道,宽8米,道路全长872米,采用钢筋混凝土整体连续箱梁结构。该工程于2008年5月26日正式开钻,

2008 年 9 月 15 日北匝道建成通车。

迎泽桥西立交改造工程：位于滨河西路与迎泽桥西节点部，设计为喇叭口型互通式立交连接，采用双向行驶匝道，宽 15.5 米；分流匝道采用单车道匝道，宽 8 米，道路全长 640 米，采用钢筋混凝土整体连续箱梁结构。该工程于 2008 年 5 月 31 日正式开钻，2008 年 9 月 15 日完工通车。

滨河西路快速化改造工程：北起柴村桥，南至长风桥，全长 14.5 公里，道路红线宽 40 米，绿线宽 50 米，总投资 2.8 亿元。工程包括胜利桥西侧立交改造、新增 5 座人行地道，同时对沿线不满足快速化设计标准的现有管线、道路照明及交通设施进行同步改造。该工程于 2008 年 4 月 25 日开工，2008 年 9 月 15 日完工通车。

滨河西路南延工程：北起长风桥，南至清徐县，全长 35 公里。其中长风街—迎宾路段，道路红线宽度 51.5 米、绿线宽 100 米，迎宾路段设计红线宽 65 米，沿线跨风峪沟设 4 孔 20 米连续箱梁桥一座，下穿武洛公路设分离式立交桥一座，设灌溉管涵 15 道，工程概算 4 亿元。截至 2008 年底，风峪沟桥桩基完成 80%，系梁完成 44%，墩柱完成 33%，盖梁及台帽完成 27%，箱梁预制完成 38%；武洛立交桥砼挡墙完成 180 米，底板浇筑完成 50%；路面雨水管道完成 1100 米。

滨河东路人行天桥工程：在平阳路段、柳溪街路段、亲贤北街路段、小轮车训练基地规划设计跨滨河东路的四座人行天桥，工程总投资约 1700 万元。平阳路人行天桥位于平阳路西一巷以南 60 米，采用全钢箱梁结构，桥梁总长 73.8 米，桥宽 5.8 米。柳溪街人行天桥位于柳溪街以北 200 米，采用全钢桁架结构，桥梁总长 84.2 米，桥宽 5.8 米。亲贤北街人行天桥位于亲贤北街以北 75 米，采用全钢箱梁结构，桥梁总长 64.6 米，桥宽 5.5 米。小轮车训练基地人行天桥位于胜利桥以北 1.9 公里，主梁采用等截面曲线钢箱梁结构，主塔采用大倾斜角度的变截面钢箱结构，主桥宽 6.5 米，长 45.7 米。小轮车训练基地人行天桥于 2008 年 5 月 23 日竣工使用，亲贤街、平阳路、柳溪街人行天桥于 2008 年 10 月 1 日竣工使用。

太小线拓宽改造工程：北起许坦西街，南至龙城大街，全长 2.66 公里，规划红线宽 50 米，设计标准为城市 I 级主干道，主要建设内容包括路基路面工程、桥涵（全线涵洞 6 道）工程、排水工程（含雨、污水管）、路灯、绿化及交通设施等。该工程于 2008 年 4 月 10 日正式开工，2008 年 9 月 15 日主线通车，2008 年 11 月 15 日全部完工。

长风街东延工程：西起太行路，东至规划新区环路，全长 1.5 公里，道路等级标准为城市主干道，工程包括路基路面工程、防护工程、排水工程（雨、污水管）、路灯、绿化及交通设施等，总投资 6552.52 万元。该工程于 2008 年 4 月 11 日正式开工，2008 年 9 月 15 日完成通车。

汾河治理美化南延工程：在一期工程的基础上，向南延伸至祥云桥南侧 500 米，工程总长 7.6 公里，主要建设内容包括河道蓄水、排污暗涵建设和绿化等，工程总投资 7.8 亿元。该工程于 2007 年 10 月开工建设，截至 2008 年底，南内环至长风桥段水利工程全部完成，景观工程除草坪铺设、管理用房内部装修外已全部完成；长风桥至祥云桥段，东岸暗涵完成 70%，西岸土地手续办理进展顺利。

汾河治理美化北延延长段工程：在汾河湿地公园的基础上，向北延伸至柴村桥北 500 米，进行湿地建设，工程总长 4.3 公里，总投资 1.1 亿元。该工程原计划年内建成开放，但受“千里汾河清水复流工程”影响，导致水利工程一直无法开工，只能在 2008 年冬季施工建设。截至 2008 年底，水利工程已完成 50%，高压供电工程已全部完工。

长风文化商务区建设工程：太原市住房和城乡建设委员会负责长风文化商务区市政基础设施工程、文化岛大平台工程、太原市美术馆、太原市博物馆的建设。截至 2008 年底，市政基础设施工程已完成市府北街、市府南街、市府东路三条 41 米分区道路的建设，文化岛大平台工程完成项目立项、可研、选址等前期审批工作，太原市美术馆、博物馆工程用地范围界址点现场测放、场地平整工作进展顺利。

龙城新区(北区)路网建设工程:包括龙城北街及北区内微循环路网道路,全长10.5公里,其中龙城北街长度为7.2公里、南北向的微循环(北1号—北10号)长度约3.3公里,道路红线宽30米。龙城北街道路分别在东干渠、东山排洪渠、北张退水渠、四斗渠、东干一支渠等设置桥涵共9座,沿线设有雨、污水等管线、道路照明、交通设施及道路两侧绿化带。龙城新区路网建设总投资14.18亿元,其中北区6.87亿元,南区7.31亿元。截至2008年底,唐槐路至体育路的4个标段已完成招投标工作,征地拆迁工作进展顺利。

【城市管理服务】 城市供水方面:2008年完成城市公共供水1.82亿立方米,水质综合合格率为100%;市住房城乡建设委员会与市水务局联合制定《关于关闭用水单位自备水源井实施方案》,全面开展关闭用水单位自备水源工作;建立城市污水处理信息系统,实现污水处理厂数据信息的网上月报。城市供气方面:全年完成煤气供应量5.88亿立方米;加强了液化气市场的安全监管,共取缔无证经营户30多家,对190余辆加气出租车和社会车辆供气系统的气密性情况进行检查,对涉及310多个型号的燃气器具产品进行气源适配性检测;加快天然气置换煤气速度,完成置换23万户,完成供气1.8亿立方米。城市供热方面:完成城西热源厂、二电六期集中供热续建及城市道路改、扩建管网配套工程,全年实现集中供热扩网551万平方米,全市集中供热率达83.1%。公共客运方面:对全市公交客运行业实行规范管理,统一车辆、标识、标牌,规范服务标准,提升服务质量;完成新开公交线路2条、延伸调整9条,运送乘客3.4亿人次;完成出租汽车更新8163台;编制《太原市城市公共交通专项规划》,并完成专家评审;举办城市无车日活动,积极倡导绿色交通出行,探索缓解城市交通拥堵的有效办法;实施县市客运出租车特牌专段管理,古交市完成车辆更新61台,清徐县完成车辆更新100台;制定残疾人、老年人免费乘坐市内公交车办法,为1600余名二级肢残人员、8.6万名70岁以上老年人发放免费公交IC卡。

充分发挥12319城建热线平台信息优势,加强与110、120、12315、12358、12345及民政热线、农民热线、媒体热线等特服电话的联动功能,进一步强化对城建系统各部门和单位的监督、考核,切实解决群众关心的热点、难点问题。同时认真做好2008年夏季奥运会和残奥会期间的安全稳定信息服务工作,进一步提升城市管理水平。截至2008年12月8日,热线共接听电话172658个,形成任务派单48114个,办理及时率98.14%,办结率99.74%,群众满意率98.93%。

按照省文明委制定印发的《山西省文明和谐城市测评体系》标准,结合市委、市政府《2008年度太原市创建文明和谐城市工作实施方案》要求,积极围绕生态与市容环境目标开展工作。一是对承担的27项创建任务进行细化分解,明确承载责任主体,落实具体承办部门,在全系统形成"统一领导、各负其责、逐项落实、齐抓共管"的工作格局;二是积极组织各创建成员单位,认真排查薄弱环节,制定整改措施;三是建立监督考评机制,定期召开工作例会,加强监督检查指导。2008年7月18日至22日,省创建文明和谐卫生城市测评组莅临太原市检查考核,对太原市创建工作给予充分肯定。

根据市奥运火炬组委会安排部属,太原市住房和城乡建设委员会紧急组织17个省城大中型施工企业,昼夜施工,按期、高质量地完成传递现场约14.5千米安保硬隔离设施工程建设、滨河东路胜利西街口绿化隔离带的打通、恢复工程,对汾河景区沙滩碧水周边环境实施综合整治,有力地保障火炬传递活动的顺利举行。在煤博会期间,组织基础设施保障组各成员单位,深入开展以"市容环境卫生、市政基础设施、园林绿化美化、旅游景区整治"等为重点的城市环境综合治理,实施以公交、客运、水、电、气、通信安全稳定供应为重点的扎实有效的保障措施,为煤博会在太原市成功举办创造良好的外部环境。

【建筑业管理】 2008年,共受理项目报建447项、总投资82.24亿元,公开招标426项,公开招标率100%。全市新开工工程291项,建筑面积477万平方米;竣工工程121项,建筑面积144万平方米,工程验收合格率为100%,优良率49%;受理工程竣工验收备案107项,评审优良工程24项、"结构迎泽杯"工程10项、结构优质工程19项。受理安全监督158项、节能备案项目347项、劳保统筹155项、合同备案127项、劳务分包备案100项。

共受理建筑业企业申报资料297家,监理企业16家,招标代理机构39家,企业安全生产许可证申请资料75家,安全生产许可延期58家,外地施工企业入并备案312家。组织二级建造师报名考试2280人,监理工程师考试922人。受理国家级监理工程初始注册226人,变更注册65人,注销注册1人;受理省级监理工程师注册2084人;受理上报安全生产"三类人员"初次申请考核资料1758人、延期资料2081人。

开展监理企业、工程检测检验机构、预拌混凝土企业专项监督检查工作,共检查甲级监理企业28家、乙级监理企业47家、预拌混凝土生产企业20家、检测检验机构10家,对存在问题的企业进行通报批评,建立不良记录档案,并限期整改。通过检查,进一步强化参建各方质量行为,提高工程质量。在10月份国家住房和城乡建设部组织的质量安全督查中,得到充分肯定。

按照省建设厅《关于开展2008年度建筑业企业动态考核工作的通知》,太原市住房和城乡建设委员会组织召开"2008年度太原市建筑业企业动态考核动员大会",对动态考核的受理时间、地点、资料、审核程序做出具体安排。

【房地产业管理】 继续贯彻国家和省的资质管理有关规定,在严格审批新申报企业资质的基础上,加大对现有企业资质的审核、管理力度。结合企业信用档案建设、统计信息报送、开发业绩完成情况及项目手册、住宅质量保证书及使用说明书制度落实情况,集中开展房地产企业资质的年检、换证、核级工作。截至2008年底,太原市房地产在建项目《项目手册》填报率达到82%。持证的房地产开发企业共729家,其中一级房地产企业2家、二级房地产企业56家、三级房地产企业108家、四级及暂定房地产企业563家。加强了房地产市场整顿,一是对自查自纠不够深入的企业进行复查,督促其积极进行整改并有针对性地做好堵塞漏洞、建章立制工作。二是对所有在建并进入预售环节的项目进行不定期检查,对有投诉举报的项目进行重点检查,并在房地产项目手册中予以记录。三是根据资质审核情况,对可能存在问题的开发企业进行抽查,做到及早发现、及早处理,保证太原市房地产市场的健康稳定发展。房地产开发实现投资69.07亿元,同比增长30.1%;商品房施工面积1003.2万平方米,经济适用房施工面积67.03万平方米。

积极开展国家康居示范工程建设,太原市山西大唐双喜置业有限公司"大唐双喜城"、太原市恒广源房地产开发有限公司"天赐康缘"、山西当代红华置业有限公司"山西当代万国城"等3个项目申报国家康居示范工程项目。

龙潭片区改造进展顺利,一是督促相关单位完成龙潭片区房屋现状调查摸底等工作。二是召开专题会议讨论、研究,协助政府确定龙潭片区的拆迁人和具体负责拆迁的实施人。三是制定《太原市龙潭片区旧城改造房屋拆迁补偿安置方案》。四是积极抓好龙潭片区综合改造工程组织、协调工作,并定期将工程进展情况的汇总上报。截至2008年10月底,由杏花岭区政府负责拆迁的私产住宅、单位产房屋已累计拆除3569户,拆除面积206460平方米;由房地产负责的直管公房累计签订拆迁安置补偿协议1524户。

【城中村改造和小城镇建设】 在城中村改造方面,太原市委、市政府把城中村改造作为事关城市化发展全局的一件大事来抓。一是印发《中共太原市委、太原市人民政府关于加快推进城中村改造的实施意见》、《太原市城中村改造管理试行办法》、《关于城中村改造建设项目规划、土地、建设手续办理程序有关问题的通知》、《关于确定太原市城中村改造建设用地范围的通知》、《太原市人民政府关于加强城中村集体土地规划建设管理的意见》、《太原市人民政府关于加强城市规划区内村民空基地建房管理的意见》等政策文件；二是开展杨家堡、下元、董茹3个城中村改造项目招拍挂试点的前期准备工作；三是建立城中村改造工作会议制度，向56个改造村派驻160余名特别助理，实行市城中村改造工作协调领导组成员单位包村制度；四是夯实基础，初步建立城中村改造四级档案管理体系；五是编印《太原市城中村改造政策汇编》、《太原市城中村改造办事指南》《太原市城中村改造知识问答》，举办3次大型城中村改造政策法规和业务知识培训班。截至2008年底，53个城中村正式挂牌成立社区居委会；147个城中村完成集体土地测量，其中，亲贤村完成集体土地转用工作；杨家堡村、沙沟村完成部分集体土地转用工作；有51个村开展清产核资工作，15个村完成清产核资工作，12个村完成集体经济改制工作；完成31个片区、233.66平方公里的控规的编制、54个城中村改造用地范围划定、11个村的修建性详规编制及18个城中村改造建设方案的审批。共拆除村民旧房101万平方米，建成村民安置住宅64万平方米。

在村镇建设方面，一是加快村镇规划工作。完成“三县一市”的县(市)域城镇体系规划，县(市)城镇体系规划完成率达100%，其中清徐、古交、阳曲三个已评审批准，娄烦待评审；完成全市21个建制镇总体规划编制工作，完成率达100%；编制完成乡集镇总体规划8个，累计完成19个，完成率达61%；完成全市117个省级推进村的新农村建设规划编制工作，并编制印刷、免费发放《太原市新农村住宅设计图集》。二是加快村镇建设工作。新开工重点小城镇基础设施建设项目40个，总投资85426.65万元，完成投资40751万元；对各建制镇的绿化美化工程进行审查验收，建制镇绿化率达19.4%；对农村困难人口及其住房情况进行摸底调查整理分类，制订《关于太原市解决农村困难群众住房问题的报告》、《农村困难群众住房解困工作目标责任制》。三是加强村镇管理工作。发放选址意见书26份、用地规划许可证6份、工程规划许可证14份；完成太原市省级示范镇、省级村庄建设康居示范村及村镇康居住宅示范小区推选、申报工作；组织晋源区晋源街办店头村、阳曲县侯村乡青龙镇村、大盂镇三畛村、晋源区姚村镇杏坪村(杜里坪村)、姚村等申报“山西省历史文化名村”；组织完成晋源区晋祠镇、古交市马兰镇、晋源区姚村镇3个建制镇申报“省级园林城镇”。

【建筑节能】 一是新建建筑设计阶段节能50%标准执行率达到100%，施工阶段达到96%，高于全国平均水平。全年共办理《建筑节能设计认定书》336份，总建筑面积550.01万平方米。二是落实经济适用住房及廉租住房建筑节能措施，其中龙康新苑项目和北中环街、太行路回迁安置住宅小区设计达到建筑节能50%的标准。三是开展既有居住建筑供热计量与节能改造。出台《太原市既有居住建筑供热计量及节能改造奖励资金管理暂行办法》、《关于既有居住建筑节能改造工作的实施方案》，建立既有建筑节能改造项目库，编写完成21万平方米的既有建筑节能改造可研方案，实施了节能改造。省地税局宿舍9千平方米、内燃机厂9千平方米建筑维护结构节能改造完成，丰硕苑小区(矿棉厂)7万平方米项目室内供热系统计量改造完成。

初步建立市级机关办公建筑和大型公共建筑节能监测平台，一是出台《关于加强公共机构建筑和大型公共建筑节约能源工作的实施意见》。二是选取具有代表性的20栋建筑，对总面积为793757平方米的建筑用能情况进行统计，对统计数据进行整理、汇总与分析。三是制定出台具体的能效监测平台操作方案，实现能耗实时监测，初步搭建市级机关办公建筑和大型公共建筑节能监测平台构架。

进一步推广可再生能源在建筑中的应用。一是出台《太原市人民政府关于推进建筑中可再生能源应用的实施意见》，为可再生能源的推广利用，提供政策依据和资金支持。组织召开了建筑与可再生能源利用规划研讨会、第二届太原市太阳能利用政策研讨及技术交流会，制订了"十一五"建筑节能可再生能源利用规划。二是结合太阳能、地热、水源等可再生能源情况，积极推动可再生能源建筑应用工作，涌现出一批可再生能源建筑应用项目。2008 年太原市新建建筑中可再生能源应用完成 25.76 万平方米，应用比例达到 8%。三是积极组织汇都、十中、晋瑞苑等有条件的工程项目申报建设部、财政部"可再生能源建筑应用示范项目"、"双百工程"和"国家绿色建筑创新奖"。

【安全生产】 强化标准制度建设，夯实安全生产基础。一是经市编办批准，太原市住房和城乡建设委员会成立安全处，明确工作职责，细化工作流程，制定工作规划，从体制上为做好安全生产监督管理工作提供有力保障；二是先后出台多项政策和指导性文件，进一步细化规范标准，保证国家强制性技术标准的贯彻落实；三是建立和完善安全生产例会制度、安全生产联络员制度、安全生产形势分析制度、安全生产预警制度，及时解决存在问题，部署下步工作，使安全管理工作日趋规范化、制度化；四是落实安全生产责任制，形成一级抓一级、层层抓落实的安全生产管理格局。

落实安全生产措施，强化安全监督管理。一是抓好建筑施工安全，组织施工单位、监理单位对在建工程进行检查，强化对工地的危险部位、危险环节、危险设备的排查监控。2008 年 10 月 25 日至 27 日，国家住房和城乡建设部建筑工程质量安全督查组领导和专家，对太原市的建筑工程质量安全工作进行督查，对太原市所做的大量工作给予充分肯定。二是做好城市供水、供气、供热安全，加强对水源地、气源厂、水厂、加压站、燃气供应站、贮罐站、各类管网等重要设施的安全警卫，及时消除隐患，确保供水、供气、供热的安全。三是认真抓好公交客运行业安全，对全市公交客运的车辆、设施、设备的运行状况进行全面的安全检查，杜绝存在安全隐患的车辆投入营运；举办驾驶人员安全培训，有效提高保安全的责任意识和业务素质。

加强应急管理，提高预防突发事件能力。制定《市建管委重大安全事故应急救援预案》，要求所属企业针对各自实际状况，落实责任，制定相应的专业应急救援预案，确保机构、人员、物资、资金、设备的到位。2008 年 6 月底组织太原市的 10 个应急大队进行应急演练，提高预防突发事件能力；2008 年 12 月 5 日，组织"千万农民工同上一堂课"安全培训启动仪式，开展农民工安全教育工作。同时，认真落实安全生产值班制度，主要领导亲自带班，及时掌握安全生产动态，发现问题，迅速按预案执行。

【依法行政】 紧紧围绕加强法制建设、构建和谐社会、促进城市建设管理的目标，深入贯彻《全面推进依法行政实施纲要》和《太原市 2006 ~ 2010 年依法治市工作规划》的要求，市住房和城乡建设委员会党委中心组和机关坚持每季度学习一次法律法规制度。班子成员自觉运用法律法规指导工作，形成良好的学法用法氛围。一是把领导干部、机关干部和和执法人员作为重点，搞好教育培训。组织委机关和各直属单位的行政执法人员 471 人，分两批参加市法制办的培训，考试合格率达 80%。同时，还抓住开展专项整治活动前、新的法律法规颁布后和"12·4"全国普法宣传日等时机，开展普法宣传教育，收到良好效果。二是坚持按照权责分明、行为规范、监督有效、保障有力的要求，加强执法队伍建设。市建管委机关和具有执法职能的直属单位，都按照执法责任制的要求，严格实行持证上岗，公正执法。紧密围绕与人民群众生产生活密切相关的工作，以建筑市场、建筑节能、房地产开发市场、出租客运市场和供水、供热、燃气管理为重点，加大执法检查力度，有效地规范城市建设管理，2008 年未发生行政应诉和复议案件。三是积极适应城建设管理需要，做好法规规章工作，市人大常委会审查通过《太原市城市供热管理条例（修订草案）》。

【援川建房】 1. 迅速投入生产。2008 年5月21日17时，山西省委、省政府下达太原市援助四川地震灾区建设6500套过渡安置房的目标任务，太原市在第一时间紧急行动，市建管委连夜紧急制定施工方案，编制工程预算，同时对全市彩钢板生产厂家进行摸底，连夜安装样板房。5月22日8时30分，市委、市政府批准施工方案；9时，省、市领导视察彩钢板生产企业；11时，市建管委召集50余家施工单位和12家彩钢板生产厂家进行动员，对施工企业下达集结令，着手组建援川建房太原突击队；15时，市委、市政府召开援川建房动员会；17时，市建管委召集12家彩钢板生产厂家进行材料价格洽谈，并与其中的10个厂家签订供货合同，全力投入生产；5月25日完成首批173套过渡安置房，随援川建房突击队发往四川灾区，为过渡房建设赢得宝贵时间。此次援川建房，共生产彩钢板过渡安置房7461间、塑钢门窗22392樘。

2. 全力组织施工。2008年5月22日22时30分，市建管委紧急抽调24人组成援川建房现场指挥部火速奔赴四川灾区；24时，现场指挥部在成都与成都市、都江堰市对接，初步确定援建乡镇。5月23日8时30分，现场指挥部抵达都江堰市开展选址、踏勘工作；12时，确定崇义镇建房地块；15时，确定青城山镇建房地块；20时，先期到达的10家施工企业进场；22时30分，在现场召开首次工程会议。5月24日，现场指挥部平整场地4500平方米，浇筑第一块混凝土底板，搭起第一块彩钢板墙。5月25日9时，由市建管委组建的53家一级施工企业组成的援川建房太原突击队陆续赶赴四川灾区；15时，在施工现场召开援建工程誓师大会，全面展开援建工作。6月1日，仅仅7天时间崇义会战首战告捷，搭建安置房315间；6月10日，芭桥村工地完工；6月15日，大桥村工地完工；6月25日，青城山镇工地完工。从5月25日至6月25日，援川建房太原突击队仅用一个月的时间，就完成7408间、14.1万平方米过渡安置房建设，提前两个月全面、超额、高质量完成援川建房总任务，创造平均6分钟就有一间安置房"站立"起来的奇迹，成为全国第一个全面完成援川建房任务的市级城市，得到上级领导和灾区人民的高度赞誉，被党中央、国务院、中央军委授予"全国抗震救灾英雄集体"，被中华全国总工会授予"抗震救灾重建家园工人先锋号"荣誉称号。

3. 确保建设质量。在援川建房中建立严格的质量管理制度，严把原材料采购、彩钢板生产、过渡房建设等环节，确保工程质量。一是在建筑材料的选择上，建立严格的清点验货责任制，专业技术人员严把环保关，确保使用抗菌性能好、阻燃效果佳、保质期长的彩钢板。二是在彩钢板的生产上，建立生产日控制度，实行督导员与生产厂家对点服务，全过程参与生产监督，强化产品质量控制，得到国家住房和城乡建设部的充分肯定。三是在施工企业的选择上，参战的50多个施工企业全部具有一级房建资质，每个参建技术工人都经过全面培训，持证上岗。四是认真听取当地政府意见，及时调整修改规划，坚持务实管用，坚持"绿色施工"。

城乡规划

【综述】 2008年，太原市城乡规划系统广大干部职工紧紧围绕省建设厅和市政府签订的目标责任，实施"城乡统筹、民生为先"规划主战略，团结一致，开拓进取，共完成指令性规划任务41项，投入编制经费5300余万元；完成中小学校、小街小巷、小游园、公厕、集贸市场的"五个一百"工程规划编制；办结各类案卷1666件；规划选址1209.3公顷；建筑单体审批总面积416.36万平方米；完成30余条城市主、次干道117公里的规划审查和10座桥梁及匝道的规划许可；召开20次案件审理会并处罚案件200余件，上缴财政违建罚没款3000余万元，拆除国有土地违法建设55万余平方米；完成7408套四川地震灾区过渡安置房的规划设计，并累计向灾区捐款473882.5元。总规修编、省十大重点工程、历史文化名城申办等工作取得重要进展，班子和队伍建设、党风廉政建设、文明和谐标兵单位创建等工作取得明显突破，为太原市城乡规划一体化的长远建设奠定了坚实基础。

太原市城市总体规划纲要论证会

【城乡规划编制】 2008年，太原市规划局在规划编制上继续突出在太原特色上做文章，进一步深化规划项目的国际公开招标、邀标方式，在引入国际高水平的规划设计机构和竞争机制方面又取得新的进展，在关注民生、体察民情、反映民意方面有新突破。一是严格按照《城乡规划法》相关要求，继续组织总体规划的修编工作。在2007年纲要方案社会公示，以及一系列相关内容的专家论证会、听证会和研讨会基础上，完成太原市城市历史文化定位、城市性质定位，以及区域统筹、产业结构、空间布局、生态绿色标准、住宅标准化等方面定位思考。该方案已通过建设部的技术审查。二是为有效解决优质教育资源短缺和上学难问题，积极推进"百校兴学"工程。组织完成《中小学校建设布局专项规划》，并把六城区内确定实施的104所学校全部纳入规划范围，积极主动地为学校的改扩建和翻建项目办理相关手续。三是为从根本上解决低收入家庭和弱势群体住房难问题，加大经济适用房及廉租住房建设工程。组织编制完成2008年度住房建设计划、太原市2008～2012住房建设规划。2008年共完成经济适用房项目审批40余万平方米。四是为改善交通环境、增强城市承载能力和服务功能，下大力解决行路难问题。在对内交通问题上，高标准完成北中环、太行路、滨河西路等50余公里的快速化改造；完成迎泽西大街及20条微循环道路、新建南路、胜利街东延等20条、65公里的城市次干道的规划审查；完成柳巷南北路等73条小街小巷的规划审查工作；办理南内环桥等跨汾河桥梁及匝道的规划许可证10件。组织完成太原市公共交通规划方案编制工作，启动太原市轨道交通线网规划的编制工作。对外交通上，编制完成了客运南站地区管线综合规划，完成太中银铁路、西南环线、石太铁路客运专线、太古高速公路、太原西部煤炭铁路专线方案和108国道钢园路的方案审查工作。五是积极支持城市居民棚户区改造和国有企业改制等工作。组织编制《太原市城市居民棚户区改造专项规划》，配合太原市棚户区改造领导组完成棚户区改造第一、二批部分项目的规划方案审查，以及万柏林采煤沉陷区综合治理新建九院小区一期项目和配套基础设施的规划许可程序。六是全面推进城乡一体化，加快城中村改造进程。组织制定《太原市城中村改造规划管理工作细则（暂行）》，加快推进《覆盖全市的片区用地控制性详细规划》的编制进程。同时，组织完成市域92个村集体土地的测量，以及2008年确定的56个重点城中村改造计划38个村改造用地范围划定工作，编制完成233.66平方公里的控制性详细规划，覆盖率已达到85%以上。七是高度重视解决涉及百姓生产生活的民生问题。组织完成太钢自备电厂500千伏、瑞光热电220千伏并网系统、石太铁路客运专线220千伏牵引变电站、不锈钢园区110千伏变电站等供电规划审查工作；组织完成瑞光电厂供热集中管线方案，二电厂、城西热源厂等热力管网辐射的供热规划审查，以及集中供热管网扩网工程项目30余件，解决集中供热403万平方米；完成太原西部加压站、胜利东街加压站规划方案审查，以及关井采压自来水接线审查50余件，关闭自备井130余眼；结合火车站南站片区规划和晋阳街道路改造对黑驼沟改线方案，以及石太铁路客运专线的建设提供防洪、排水规划支持，审查赵庄污水处理厂和城南污水厂等规划设计方案，并提出规划意见；审查完成天燃气高压输气工程东线路径方案及新张调压站站址方案，配合完成太小线、长风东街、胜利东街等城市道路的燃气管道工程，2008 年共配合完成置换天然气 20 余万户。

【省、市重点工程建设】 2008 年，太原市规划局在强力推进太原省会城市建设、提升城市品位、增强城市承载能力和服务功能基础上，积极配合完成省、市重点工程规划建设及援川建房等工作，极大地发挥城乡规划的综合调控作用。一是积极支持省市十大重点工程。为提升城市品质和省会城市的集聚力，规划系统积极协调，主动配合，按时提供山西大医院、省图书馆、省科技馆、省大剧院、省会展中心、省体育中心、武宿机场、南客站、市美术馆、市博物馆等省十大重点项目的电子文档，以及用地规划和部分工程的市政基础设施设计条件，办理选址意见书等规划手续。二是牵头组织启动太原市申报国家历史文化名城工作。为加快推进用太原市特色文化名城建设，结合全市 92 处市级以上文物保护单位和其他历史文化名城的编制情况，完成晋祠、晋阳古城、文庙—崇善寺、窦大夫祠、双塔寺等历史保护，以及崛围山、天龙山、西山文化带等自然风景保护规划，提出太原市历史文化名城保护的规划编制思路，牵头启动太原申报国家历史文化名城工作，截至 2008 年底，古建筑、古村落、古树名木的三项普查工作已基本结束，《太原市历史文化名城保护规划》正在组织编制中。三是完成迎泽大街、滨河东西路快速化等景观大道综合整治工作。为解决城市交通承载压力、提升服务功能，规划系统强化综合调控作用，克服畏难思想，本着统一道路断面、增加机动车道、打通微循环道路、增设公交专用车道，以及深化交通组织设计、取消红绿灯、合理布置各规划路汇入主线入口的间距及加减速车道等原则，先后高标准完成了迎泽西大街、新建南路、平阳路、胜利街东延、滨河东西路快速化改造等 30 余条主次干道的综合整治，以及沿街主要建筑的立面整饰、城市家具的效果图及施工图设计、沿街绿化带和围挡详细规划、红线外铺装施工图、沿街建筑台阶改造施工图、店名牌匾设计和两侧静态交通规划等工作。配合拆除违法及影响城市景观的建筑 55 万平方米，拆除围墙上千米，规范整治各类户外广告牌匾 23700 余平方米。四是改善生态环境，实现转型发展，加大对西山地区为重点的规划整治力度。为全力配合省委、省政府汾河流域生态环境治理修复与保护工程，以精心打造北部商贸物流综合区、西部装备制造工业区、长风文化商务区、晋阳湖休闲居住区、晋祠天龙山历史文化旅游区及沟通五大区域的城市物流、现代服务业复合集聚链的“五区一链”为原则，围绕“一山、一湖、八河”加速修复生态环境，完成《西山地区综合整治概念规划》，以实现从城市规划建设的源头解决环保问题。五是积极参与援川建房工作。在汶川抗震救灾中，规划系统采取“兵团作战、人本为先”的总体思路，先后百余人冒着余震的危险，深入四川都江堰重灾区，自觉克服困难，严格有效、务求实际地落实好过渡安置房建设技术规范，综合考虑灾区的地理、地质、气候、文化传统、生产生活等情况，科学合理地解决过渡安置房的通风、防潮、消毒等问题，合理布局供水点、厨房、厕所、浴室、垃圾收集点等基础设施，高标准完成总用地 57.63 公顷、总建筑面积 18.15 万平方米、7408 套过渡安置房的规划设计任务，得到各级领导的充分肯定。

【城乡规划管理】 一是树立法制先行的观念，健全法规建设。以《城乡规划法》颁布实施为契机，先后组织发放法规文本和宣传册 2.5 万册，组织不同层次的人员培训 5 次，在《太原日报》刊登《城乡规划法》知识竞赛试题并组织了评阅活动。进一步制定完善与《城乡规划法》相适应的一系列相关规章制度。2008 年 12 月 4 日，太原市人民政府第 18 次常务会议审议通过《太原市城乡建设档案管理办法》。完成《太原市城市规划管理技术规定》修订工作。二是优化网络系统的升级与管理，完善软件设施。

为进一步在规范审批行为、提高审批质量按时升级完善批后跟踪管理、案件审理会和海量数据三维动态发布系统。同时，为进一步实现数据共享，组织完成太原市试验区地下管线普查的外业探测、数据处理和资料入库工作。三是严把“一书两证”的审批关，严格审批程序。在规划项目审批中，严格局业务会议系统的使用规定及行政审批管理制度。2008年共组织召开局长办公会9次，安全工作专题会议2次；组织规委会办公室会议13次，审查各项规划39项；组织技术审查会83期，审议议题1240余个；办结各类案卷1666件。四是户外广告“减量、提档、升级”目标基本实现，“太原模式”逐步成型。2008年，经过干部职工的共同努力，户外广告的管理和档次有新的飞跃。共规范整治各类户外广告牌匾23695平方米，拆除9000平方米。完成奥运火炬接力、煤博会召开、创建国家卫生城市、抗震救灾等公益广告设置43000余平方米。五是加大违法建设的查处力度，实施动态监管。积极配合全市查处违法用地、违法建设大行动，在做好集体土地违法建设技术认定基础上，随时掌控国有土地在建和已建违法建设项目情况，并实施动态规划监管和查处力度。严格案件审理会制度，逐渐梳理和解决历史违建项目。全年共责令停止违法建设工程80余起，强制停工40余起，处罚案件200余件，拆除8起。接待处理城建“12319”服务热线和“12345”便民服务热线反映的各类案件4760余件，办结率99.57%、及时率98.57%、满意率96.84%。六是从源头上解决信访问题，关注弱势群体。以化解各类矛盾、改善民生、促进和谐稳定为原则，积极配合奥运会、残运会、煤博会的顺利召开及奥运火炬传递等各项工作，积极开展“大接访”活动，耐心接待来信来访群众，及时与建设单位和行风监督员深入座谈，强化社会监管作用。认真组织答复省、市人大和政协的提案议案138件，群众意见建议数40余次，办结率达100%。

【加强和提升综合实力】 一是基层党组织建设扎实推进。班子成员勤于学习、善于研究、踏实工作、廉洁从政、顾全大局，维护和发扬团结向上的好作风。特别是在2008年援川建房、基础设施综合整治，以及完成省市重点工程规划任务中，积累了工作经验，提高了领导干部综合调控能力。二是党风廉政和政风行风建设健康发展。按照务实、廉洁、和谐、高效的要求，进一步深化市委、市政府廉政管理22项制度，建立健全惩治和预防腐败体系工作规划及长效机制，并进行责任分解。同时，继续深入开展专项治理商业贿赂和“三项治理”工作，积极配合城乡规划督察员工作，加大城乡规划效能监察的自查力度。严格落实向全市公开承诺的审批事项，推行阳光服务，积极参与广播电视、电台组织的“行风热线”栏目，热情接待来信来访群众。大力开展现场办公和调研回访活动，并广泛接受社会监督，真正把工作重心和服务重点切实转移到为城市建设服务、为人民群众办实事、为经济建设作贡献上来。2008年共组织参加“行风热线”栏目录制3次，行风评议测评1次。三是文明和谐标兵单位创建工作进一步深入。在连续三年被市文明委评为“市级文明标兵单位”的基础上，和谐标兵单位创建工作逐步形成“党政工团齐抓共管、干部职工共同参与”的良好局面。四是分局和下属单位工作取得重大进展。10个规划分局积极支持省、市重点工程，顾大体、识大局，把工作重心进一步从静态管理向动态管理转型，从注重建设项目审批向重视批后管理转变，为太原市城市建设的健康发展提供有力依据。迎泽分局在提升柳巷南北路和开化寺街老城区基础设施功能、打造中心亮点城区中，很好地发挥规划在城市建设中的综合调控作用；小店分局以打造汾东现代服务业新区为目标，积极配合奥运火炬的山西传递，在机场大道等重点地段，拆除50余个违建擎天柱广告牌。强制拆除位于西吴村山西恒诚开发项目越证的第22层1000余平方米的建筑，为进一步营造规划执法环境提供良好的示范作用；杏花岭分局以提升建立现代服务业城市功能为目标，强化龙潭公园片区为重点的旧城改造和城中村控制规划编制力度，在依法行政和政风行风建设等方面又迈出坚实的一步；万柏林分局积极服务迎泽西大街、滨河西路快速化改造等重点工程，并从照顾弱势群体的角度，在加快辖区棚户区和城中村改造中又取得新的突破；尖草坪分局立足不锈钢和装备制造业基地的重点辖区，办理相关规划手续及全方位跟踪服务方面又取得新进展；晋源分局从打造影响世界的华夏历史文化名都的高度，以开发古城、挖掘历史文化为依托，积极配合市区两级，高标准完成以晋祠景区为龙头的拆迁整治，为晋源区的发展定位奠定了基础；高新区分局致力服务于建设中西部地区投资环境最佳高新区的战略构想，以入区项目为依托，高标准完成高新区煤化工研发基地规划方案；经济区分局认真贯彻省市转型发展的指示精神，主动在服务富士康、蒙牛、南方重型等大型企业建设需求上下功夫，辖区范围内无一例违法建设发生，为招商引资提供良好的投资环境；民营区分局从发展都市型、生态型产业、建设具有区域特色园区的高度出发，在扩区选址等工作中，发挥突出作用。10 个下属单位充分发挥所长，积极配合省、市重点规划项目建设和太原市援川建房工作，兴科技、重质量，拓市场、谋发展，全年累计完成总产值近两亿元，得到良好的社会效应和经济效应。市规划设计研究院注重加强与国内外的技术合作与交流，全面配合省市重点工程规划建设，2008 年共完成指令性任务 49 项，省市重点项目规划编制 180 余项，创产值 4860 余万元；市建筑设计研究院借助 50 年庆典活动，高规格组织世界华人建筑师协会城市特色学术研讨会，向全国展示院队的综合实力和市场竞争力，实现年度产值一亿元，创建院以来的最好水平和省内同行的最佳业绩；市政工程设计研究院全力保障全市市政基础设施建设，配合完成 30 余条主、次干道和 70 余条小街小巷的综合整治设计工作；市勘察测绘研究院从地下管线工程动态管理角度出发，开展地下管线普查，共完成 7 大类、20 余种、35000 多个点、668 公里总长度的地下管线的探测任务；市雕塑研究院大胆引进电脑成像等高科技雕塑技术，积极探索历史文化名城建设的文化脉络；市城建档案馆扎扎实实做好城建档案管理的基础工作，积极推进《太原市城乡建设档案管理办法》出台，城建档案管理工作在法制化轨道上又迈出重要一步；市规划编制研究中心不断创新规划编制理念，深入开展课题研究，注重管理、使用、发挥好展示大厅的宣传窗口作用，高标准完成项目的公示、展示、征集以及接待等任务。

市 政 管 理

【综述】 2008 年是太原市落实"十一五"规划、推进绿色城市化进程的关键年，也是实现市政事业又好又快发展的"市政攻坚年"。市政管理局在市委、市政府的正确领导下，认真贯彻党的十七大和十七届三中全会精神，牢固树立科学发展观，围绕建设创新型城市主战略和三城联动总思路，遵循"适度超前、优先发展、完善功能、增加荷载"的市政建设理念，以高度负责的精神、求真务实的态度，努力建设布局合理、设施配套、功能齐全、环境优美、适宜人居的新太原。

太原市柳巷街区垃圾清理设备

【市政重点工程建设】 2008 年在继续坚持新理念、新标准、新设计、新工艺、新材料的同时，更加注重城市基础设施建设的整体性、科学性、统一性、生态性、和谐性。全年共实施市政工程建设项目 54 项，其中续建项目 9 项，新建项目 45 项，完成投资约 192266 万元。

续建的道桥项目：大同路拓宽改造工程，南起胜利西街，北至新兰路，全长10.68公里，规划红线宽50米，总投资5.3亿元，工程于2007年6月开工，2008年6月完工，2008年完成投资14749万元。胜利街拓宽改造工程，东起建设路，西至滨河东路，全长3900米，规划红线宽50米，总投资1.44亿元，工程于2007年4月开工，2008年4月完工，2008年完成投资5000万元。晋阳街道排工程，西起滨河东路，东至太榆路，全长5.5公里，规划红线宽40米，总投资3.08亿元，工程于2007年4月开工，截至2008年底，已完成投资14021万元，太榆路至坞城路段主线通车。漪汾桥改造工程，包括旧桥桥面系更换，新建东西匝道，主桥两侧加宽，总投资3.09亿元，工程于2007年7月开工，截至2008年底，完成投资14600万元，东西引桥施工完毕，主桥吊杆更换、纵横梁制作安装、混凝土板制作、两侧加宽部分桩基已完成，桥梁上部施工进展顺利。柴村桥改造工程，包括新建主桥、东西引道及桥头立交，改造后总宽度34.52米，总投资2.65亿元；工程于2007年6月开工，截至2008年底，新旧桥梁主体结构已经完工，两侧立交改造已完成部分工作量，完成投资9600万元。

拆迁安置项目：尖草坪东市场整体开发，占地75亩，规划建筑面积28万平米，总投资6.5亿元；该项目除解决历史问题外，还可为政府解决石太专线拆迁安置6万平米；截至2008年底，住宅部分拆迁全部完成，已有8个楼座17万平米开工，完成投资7300万元。胜利街回迁楼，包括永兴堡、河北里、制旗厂、机电院等4个回迁楼项目，总占地面积66亩，总建筑面积30万平米，总投资7.5亿元；该项目除安置道路拆迁户以外，还可安置省政协王家巷拆迁户65户、青年宫路拆迁户10户，截至2008年底，已完成地下二层和地上七层主体，完成投资5000万元。大同路回迁楼，占地32.25亩，规划净用地21.45亩，总建筑面积4.58万平米，建安总投资1亿元；截至2008年底，完成拆迁1万平米，打桩200根，完成投资2000万元。南内环街综合安置楼，占地面积7.6亩，规划净用地5.6亩，总建筑面积5.89万平米，总投资约1.35亿元；该项目除解决南内环道路拆迁户外，还可安置园林局绿化拆迁户8户；截至2008年底，完成投资4000万元。

2008年开工的道桥项目：迎泽西大街改造工程，东起滨河西路，西至南寒西客站，全长5280.7米，规划红线宽71.1米~79.3米；建设内容包括：道路、排水、路灯、供电土建、理工大学地下通道、雨水泵站等；工程于2008年5月开工，9月15日通车，完成投资63869万元（其中拆迁征地费34000万元）。迎泽西大街微循环改造工程，共涉及21条微循环道路改造，与迎泽西大街主线改造同期施工；建设内容包括道排工程、绿化改造、更换花岗岩侧平石、便道铺装、亮化等，预算总投资约2.8亿元（含拆迁费2亿元）；截至2008年底，已开工的有大王路、众纺路、公园路、下元南二条等10条街巷，完成投资6500万元（含拆迁费4500万元）。晋阳街雨洪泵站工程，建设内容包括泵站、变电所、机修间、传达室、阀门井、涵洞、围墙、出水口砌护、道路及绿化等工程，预算总投资5554万元；截至2008年底，已开始桩基施工，完成投资600万元；恒山路拓宽改造工程，南起柏杨树街交叉口，北至迎新南三巷，全长3.8公里，规划红线宽50米；建设内容包括征地、拆迁、道路工程、雨污水、太钢南线防洪设施、铁路3座立交3处平交、路灯、交通设施等，预算总投资3.5亿元；工程于2008年4月开工，截至2008年底，主线已通车，完成投资12000万元。滨河东路北延工程，北起上兰村漫水桥，南至柴村桥，道路总长10.05公里，规划红线宽40米；建设内容包括征地、道路、雨污水、路灯、绿化、交通设施等，预算总投资4.24亿元；工程于2008年4月开工，截至2008年底已完成征地、拆迁摸底工作，完成投资1184万元。新建路改造工程，北起迎泽大街，南至南内环街，全长2287米，宽50米；主要建设内容包括道路，电力排管，人行道铺设，自来水、煤气管线铺设，绿化，交通设施等；工程于2008年7月开工，11月完工，共完成投资7500万元。平阳路改造工程，北起南内环街，南至长风大街，全长2333米，宽50米；主要建设内容包括道路，电力排管，人行道铺设，照明工程，自来水、煤气管线铺设，绿化，交通设施等；工程于2008年7月开工，11月完工，共完成投资7500万元。石太客运专线市政配套工程，对涧河桥至胜利街段石太专线与城市道路衔接的6个道口及沿线市政管线进行改造；建设内容包括新建地下通道1座、箱涵61.2米、连接辅道1.02万米、各类管线5605米，新建路段增设路灯，拆迁1100平米，预算总投资2750万元；截至2008年底，已完成投资400万元。太榆路和武宿立交亮化工程，北起长风大街，南至晋中界，全长10公里；建设内容包括安装路灯572基，设置检查井582座，铺设管线4万米，武宿立交两侧共约13公里，安装LED装饰管和投光灯，预算总投资2000万元；截至2008年底，已安装180基，完成投资150万元。

小街小巷改造是2008年市政府重点工程，也是市人大重点督办项目之一。根据任务分工，由太原市政管理局牵头，按照充分发挥市政专业优势和城区政府拆迁优势的工作思路，对拆迁难度小、管线复杂、施工难度大以及跨区管理小街巷和次干道具体实施；对拆迁难度大、施工难度小的小街巷由城区分别具体实施。优先组织实施第一批33条小街巷改造项目，其中太原市政管理局实施11条，晋源区实施2条，迎泽区实施12条，杏花岭区实施2条，小店区实施1条，万柏林区实施2条，尖草坪区实施2条，完成投资2.21亿元。

市政局实施项目：柳巷改造工程，北起府东街，南至起凤街，全长1271.68米，宽30米；共完成投资4200万元。开化寺街改造工程，西起解放路，东至开化寺街与海子边街交叉口，全长744米，宽30米；建设内容包括道路结构、人行道及路灯改造等；共完成投资719万元。三墙路改造工程，北起北大街，南至府东街，全长1760米，宽30米；建设内容包括道路、路灯改造；共完成投资2347万元。武警民航路改造工程，起点为太榆路支线，终点至武警指挥学院校区北侧，全长5020米，宽6~12米；改造内容包括道路、排水、路灯等；共完成投资2433万元。迎新北二巷改造工程，东起迎新东二条，西至大同路，全长1450米，宽20米；改造内容包括道路、排水等；共完成投资1315万元。迎新东一条改造工程，北起迎新北二巷，南至迎新南二巷，全长1000米，宽20米；改造内容包括道路、排水等；共完成投资815万元。桃园三巷东段道排改造工程，东起新建路，西至桃园北路，全长587米，宽20米；建设内容包括道路、排水、电力排管、路灯等；共完成投资1010万元。文源巷改造工程，东起解放南路，西至新建南路，全长486米，宽20米；建设内容包括道路、排水及路灯改造；共完成投资450万元。钢中街改造工程，西起柏杨树路，东至卧虎山西路，全长636米；建设内容包括道路排水、路灯改造；共完成投资448万元。胜利西街改造工程，起点和平北路，终点太原狮头水泥厂东围墙，全长772米，宽8米；改造内容包括道路、排水等；共完成投资490万元。红沟南街改造工程，西起红沟路，东至山西电力高等专科学校，全长736.78米，宽7米；改造内容包括道路、排水等；共完成投资400万元。福利院路改造工程，起点上庄街，终点福利院门口，全长420米，宽6米，道路与排水同时改造；共完成投资146万元。

城区实施项目：晋源区，龙山大街改造工程道路施工已完成，便道及路灯工程因气候原因2009年施工；古城大街改造工程一标万寿路至大运高架桥1.1公里未施工，二标龙山大街至古城大街385米已完成。迎泽区：配合柳巷和开化寺街施工，完成云路街、校尉营、校尉营东街、西校尉营、中校尉营、三圣庵、酱花巷、炒米巷、柴市巷、姑姑庵、西夹道、开化寺东小巷等12条小街巷改造。杏花岭区：西涧河南街道路施工已完成；截至2008年底，王家巷设计方案与管线综合规划已批复，拆迁工作进展顺利。万柏林区：小井峪路排水、自来水已完成，道路完成土基部分，桥梁基础完成75%；大王村路排水管线已完成，道路完成土基部分。小店区：晋阳北巷行车道已完工，便道施工进展顺利。尖草坪区：亨通路、新光路已完工。

【节能减排项目】 根据市委、市政府推进节能减排、实现绿色转型、完善自然资源可循环利用体系有关要求和两年内城区污水处理率达100%、再生水利用率达50%的目标任务，按照“政府主导，市场化运作”的思路，启动城南污水处理厂建设、杨家堡污水处理厂升级改造和河西北中部污水厂二期改扩建工程，年内共完成投资750万元(含前期费用500万元)。城南污水处理厂建设工程，占地面积315亩，设计处理能力20万吨/日，处理工艺采用A2O，出水水质达到国家一级A标准，预计投资6.2亿元；由于规划选址变更，影响到整个工程进展。截至2008年底，城南厂合营公司“太原首创污水处理有限责任公司”已注册成立，城南厂规划方案、规划选址、土地预审、环评等手续办理工作进展顺利。杨家堡污水处理厂升级改造工程：占地230亩，设计处理规模为16万吨/日，处理工艺为A2O，出水水质达到国家一级A标准，预算投资2亿元；河西北中部污水处理厂改扩建工程：占地226亩，设计处理规模为16万吨/日，处理工艺为A2O，出水水质达到国家一级A标准，预算投资2.33亿元；7月30日开工，截至2008年底，河西厂合营公司“太原朗新明污水处理有限公司”已注册成立，该项目环境影响报告书、地震安全性评价报告以及资产评估工作已完成；可研报告已通过评审，待批复；已完成二沉池桩基6482根。

【功能市政与设施运行管养】 在认真抓好市政重点工程建设的同时，各管养单位坚持突出重点，兼顾一般，认真做好城市道路、桥梁、照明、河渠、污水处理等基础设施的维护管理工作，2008年共完成设施养护运行计划2.3亿元，确保路平、桥稳、水畅、灯明。

城市道路：对坞城路等街道的8880处、约11.6万平米路面进行路面修补，完成工作量1288万元、材料费972万元；对康乐街、狄村街、建设北路等30多条、15.4万平米道路进行大面积维修，完成工作量2196万元、材料费1627万元；维修水西关等街道便道2.86万平米，完成工作量647.35万元；对公园路等排水管道进行了抢修，完成工作量215.08万元；掘路修复201项、4.59万平米；接办抢修138处；查处设施违章1362项，强行拆除爬坡55处、320米。全市城市主干道、次干道完好率分别达93.6%、84.5%。

城市桥梁：一是配合“城乡清洁工程”，先后4次对人行天桥摆摊设点现象集中整治，拆除无证广告9条。二是联系六城区和自建桥梁单位，对产权不明桥梁设施进行核实，完善管理网络。三是结构性检测和常规性检测相结合，对106座桥梁进行检测。四是按照“一桥一档一管理”要求，健全桥梁设施技术资料档案库。五是严格按照桥梁验收接管程序，对2座桥梁、2座地下通道进行初验、接管。六是运用桥梁精密全站仪实施桥梁检测，提高检测管理水平。七是开展“靓桥梁、迎奥运”活动，对滨河路3座人行天桥及迎泽桥、胜利桥立交部分油漆粉刷，面积达5150余平米。八是先后9次对漪汾桥限高设施进行抢修；修复宽银幕、五一路天桥不锈钢压条180米；修复桥梁栏杆、人行道板500米。九是对3座人行天桥进行大型维护，对32座桥梁进行零星维修，完成工作量180.5万元。全年桥梁完好率达61.8%。

城市照明：对金刚里小区等4个片区、120条无灯街巷新装照明设施，共更换、新装灯具1350套，架设钢绞线、电缆5.25万余米；更换平阳路等街道灯具830套；对长治路等862个接头进行检查维护；对全市140台变压器进行清尘处理和预防性打压试验；对新建路等7条街道进行拍照建档，并对142家灯饰建筑物业主发放督导通知书；针对企事业单位、休闲娱乐场所的广告牌匾的问题下发整改通知书103份；为省建总公司等5幢建筑设计楼体夜景效果图10余份；新安装监控站点41个，维护监控站点250个；进一步扩大“三遥”监控范围，受控灯具达63915盏，占全部灯具的75%；267个“三遥”监控点、16个手机监控点运行良好；巡视发现处理照明故障878件，与2007年同比下降29%。全市主干道、一般街道着灯率分别达98.11%和97.09%。

河道维护:作为“城乡清洁工程”河道环境整顿组长单位,太原市政管理局紧密结合自身实际,制定《关于太原市河道环境整顿工作的实施方案》,对全市范围内39条河流、11条城区支河流、16条排退水渠进行清理整顿,共治理河道面积312万平米,清运河道垃圾杂物94.36万余立方,出动车辆4.18万台次、人数13.82余人次;打造河渠治理样板工程——五号缓洪池治理项目。全市河道排洪设施完好率达98.45%。

污水处理:克服资金短缺和设备老化等不利因素,调整机制,强化管理,保障污水处理设施运行;严格水质水量的指标控制,确保达产达标。一是清淤维修新兰路13.7公里污水管线,增加污水净化二厂进水量;二是维修向阳店污水泵站设施设备,对阳兴河污水进行截污;三是实施污水净化二厂至大唐二电厂再生水回供输水系统,已完成工程总量的99%,现正在进行设备安装;四是实施杨厂干渠出水口改造,目前已完成小箱函施工,正在进行管道改造;五是实施黑水河引污清淤工程;六是加强排水监测,2008年监测采样、化验2210个,督查、复查超标户457个;七是利用中心网站,对局辖4个污水净化厂处理水量进行实时监控。2008年污水提升量完成1448.9万吨;污水处理量完成8650万吨;中水回用量完成555.3万吨;污泥处理量3.21万吨;全市污水处理率为68.4%,局辖污水处理率达37.1%。

城市防汛:针对2008年天气异常、在建工程多的现状,5月中下旬,太原市政管理局组织相关责任单位对全市市政防汛设施进行汛前检查,对存在的问题及时研究解决。6月20日召开城市防汛工作会议,就相关责任进行细化分解,完善各项预案;集中力量对淤积严重的城南退水渠等26条暗涵进行清淤,清淤量达1.4万立方;疏通管道606.98公里,清淤970立方;掏挖进水井、检查井5.76万座,清淤8198立方;更换进水井、检查井2194个/套;检修污水处理设备20余台、维护保养110余台;加大施工组织力度,确保重点工程安全度汛,做到“防汛责任明确、措施落实到位、重点区域监控、联动机制畅通、信息反馈及时”。2008年主干道、次干道、其它街道排水畅通率分别达到98.5%、98%和95%。

行政审批:2008年共审核发放掘路施工许可证131件,批准掘路6409平米,上缴掘路修复费570万元,办结率、修复率均达100%;发放施工占用便道许可证143件,上缴便道占用费84万元;发放排水许可证267件,复审66件。

【行业监督管理】 坚持建管并重,积极构筑“作业、执法、监督、评价”四位一体的管理机制,城市管理水平进一步提升。

在规范化建设方面,一是2008年5月5日《太原市城市排水管理办法》经市政府第5次常务会议通过,自2008年6月22日起施行,该办法的出台进一步明晰城市排水、建设、管理和经营工作,填补了太原市城市排水法规的空白,为排水行业改革改制和产业化发展提供重要的政策依据和法律保障。二是编制完成《城市桥梁养护工程质量验收规程》,于2009年1月1日实施,完善山西省桥梁养护施工地方规范标准。三是组织相关专家充分论证,制定出台《市政工程水稳检验评定办法》、《市政检查井施工工艺》。四是修订《太原市城市道路养护绩效考核管理办法》,推广城市道路综合养护,减少打补丁等小修碎补项目,提高城市道路养护效果。五是制定下发《关于加强污水排放预处理管理的通知》,对全市范围内产生污水的住宿、餐饮、娱乐经营、居民小区、医疗、洗车行、学校和其它服务等排水单位污水排放实施预处理管理,提高太原市城市生活污水处理质量,推进城市水域功能区达标。六是加强市政工程建设前期、施工合同和竣工验收备案工作,深入全市市政工程建设单位督促备案,共发放备案通知单9份。

在抓工程质量方面,一是开展市政基础设施施工质量、安全评比活动,加强对施工单位、监理单位的质量、安全行为及工程本身实体质量管理。二是针对近年来市政工程项目部分建设项目手续不完备，致使市政工程不能如期验收移交的实际情况，对全市市政基础设施工程竣工验收办法进行完善补充。三是加强工程招投标管理，先后发布招标公告19份，做到公开、公正、公平、透明。四是对市政工程质量保证条件实行动态监管，逐步推行不良记录网上公示制度。五是认真开展“创建优良工程”活动，制定创优规划，实现质量创优达标。六是组织开展市政工程施工员、质检员继续教育培训，提高市政施工队伍的素质。七是制定出台《市政工程质量保证条件动态监管工作办法》、《太原市市政基础设施工程竣工验收办法》，为质量监管提供强有力的制度保障。八是完成南内环街拓宽改造等13项工程竣工备案手续；对具备实体移交条件的迎泽东大街改造工程、新城大街拓宽改造工程、迎宾路改造工程进行实体移交，保证城市道路有人建、有人管。全年共下发书面整改意见书196份，应监工程覆盖率达100%，反映工程质量问题及时率100%，重要工序关键部位抽检率100%。

2008年是“安全生产隐患治理年”，在抓安全生产方面，结合实际，制定安全生产隐患排查治理工作方案，确保市政工程建设和各项管理工作的稳步推进。一是成立安全生产检查组，明确主体责任和监管责任，并把责任细化分解。二是出台《太原市安全责任制及责任追究制》、《太原市市政系统安全预案》，制定安全生产隐患排查治理总体实施意见和实施方案，建立健全安全生产隐患排查治理相关制度，完善事故应急预案。三是与大同市政公用管理局交叉进行安全生产隐患排查治理互检，对发现的问题及时整改。四是就市政道路、桥梁、路灯照明、排水、污水净化、城市河道以及有可能产生安全隐患的薄弱环节，制定治理计划，做到责任、措施、时间、资金和预案“五落实”。五是在2008年5月12日太原发生轻微地震后，迅速对全市市政设施运行情况进行安全排查，并就新兰路汾河漫水桥、恒山路西跨线桥、太岚线桥、学府街立交桥等安全隐患作了专题报告。六是在2008年6月中旬和8月上旬，对漪汾桥改造工程、滨河西路快速化改造工程、迎泽西大街改造工程、新建南路改造工程、平阳路改造工程、柳巷改造工程、三墙路改造工程等进行了工程质量、安全生产、文明施工督查，并针对各个工程的具体情况召开相关会议，要求相关单位按照工程质量、安全生产、文明施工的标准进一步解决督查过程中发现的问题。七是开展“太原市市政工程标准化工地”评选活动，要求造价1000万以上的工程建立监督公示牌制度，公示工程参建各方、监督机构名称、监督举报电话，聘请社会义务监督员，积极创建安全标准化工地。全年共下发书面整改意见书115份，市政工程施工、设施运营安全隐患排查率、重大隐患整改率、监控率均达100%。

在抓效能监察方面，一是制定下发《关于对在建市政工程安全生产工程质量文明施工行政效能情况进行督查的通知》，成立专项督查小组，就施工过程中是否采取保障施工人员健康安全、环境质量良好、文明施工的措施；是否建立健全工程安全生产隐患排查治理责任制、隐患排查治理方案等进行督查，确保市政工程建设优质、廉洁、文明、高效。二是成立5个市政工程指挥部，建立健全工程例会制度，及时发现和解决施工中出现的问题，力保工程建设进度。三是制定下发《关于进一步加强政务督察工作的实施意见》，针对市政重点工程建设、小街小巷改造维修、市政设施管理运行、行政审批等相关事宜进行督查，提高市政部门的公信力、决策力和执行力。四是调整工作计划，控制机械施工，保证奥运火炬传递、2008国际自盟小轮车世锦赛和中高考等重要活动的有序进行。五是加强对12319、12345二级平台的考核管理，2008年共接件6435件，办结率99.91%、满意率98.97%、及时率99.37%。

在科技创新工作方面，一是迎泽西大街改造中使用水平定向拖管技术，为其它管线施工留出更多时间和空间；检查井砌筑采用新型混凝土砌块，提高施工效率和工程质量；微循环新矿院路试用渗水路面，减少道路噪音，保持水土，延长养护周期。二是在公园路城市管网改造中，采用管道非开挖（扩管）和检查井逆做工艺（沉井），降低工程造价，缩短施工周期。三是利用自身优势，综合开发污水作为冷热能源，实现污水处理与再生水利用同步进行，开辟城市污水资源化利用的新途径，截至2008年底，该技术试点项目运行良好，试点面积达2.12万平米。四是道路养护首次使用灌缝机，用于道路病害的早期处置，可有效预防路面裂缝被水侵蚀而造成道路基础层损坏，延长道路使用寿命，降低养护成本，减少劳动强度，减少环境污染，此机械将在日常道路管养中逐步推广。五是排水监测信息管理系统投入运行，有效实现数据共享，提高工作效率，强化相关部门的有机协调。六是照明施工狠抓技术攻关，发明电缆安装滑轮装置，大大提高敷设速度。七是加大科技资金筹措力度，协调解决科技资金共122万元，实现多渠道筹集资金的创新。其中污水厂除磷脱氮技术研究开发项目资金60万元，实征数字化管理系统项目开发资金50万元，城市道路检查井施工技术研究资金7万元，桥梁管理系统开发资金5万元。八是积极开展新技术、新材料和新工艺一次性缺项定额审批工作，为市政工程建设科技创新的推广应用提供结算依据。

在改革改制工作方面，以排水行业产业化发展为突破口，不断深化市政系统改革改制。一是成立"太原市再生水发展有限公司"，为太原市再生水资源利用走向市场化、规模化奠定基础。二是积极组建排水集团，参照太原市文化体制改革模式，出台《城市排水管理体制改革实施方案》，以期通过集约化管理，形成规模效应，增强融资能力。三是创新融资模式，落实资本与项目对接，健全资本运作良性体制；2008年6月6日，张兵生市长代表市政府与北京首创股份有限公司、香港豪峰有限公司、北京朗新明环保有限公司签署城市污水处理项目合作协议，标志着项目建设进入实质性阶段。四是着手起草城市污水厂再生水强制性使用政策，推进城市污水处理设施建设和再生水资源利用。五是适应形势发展需要，完成太原市掘路修复费调整工作。六是完成污水处理费价格调整。

在行业服务工作方面。及时总结"市政服务进社区"活动的成绩和经验，召开"市政服务进社区"经验交流会，表彰一批先进模范和典型，进一步规范活动内容。一是在北京奥运会开幕之际，组织市政系统各单位开展"迎奥运、保平安、促和谐、市政服务进社区活动"，义务解决与社区居民密切相关的影响老百姓正常生活和出行的热点问题，逐步引深"市政服务进社区活动"的内容，受到社区居民的欢迎。二是深入社区，设立宣传咨询台，分发资料和征求意见表，积极宣传与市民生活密切相关的市政政策、法规；《山西日报》、《太原日报》、《太原晚报》、山西电视台、黄河电视台、太原电视台等十几家新闻媒体对活动进行了现场采访和报道。据不完全统计，"市政服务进社区"活动开展以来，共养护道路5万余平米，更换、维修进水井726余套，检查井435余套；修复人行便道2325余平米；疏通管道14000多米；对200余条小街小巷照明设施和62条无灯街道进行改造，安装高效节能钠灯和其他灯具2198套，架设钢绞线7.2万米，敷设电缆7.35万米；恢复部分街道半夜灯，方便环卫工人清扫和学生出行；清理缓洪池一座，清淤2千多立方；共收到社区居民送来的锦旗感谢信150余面，处理典型事件和突发事件28件，解决应急事件4690余件。

【构建和谐市政】 全系统继续引深"办好市政事，做好市政人"活动，从解决人民群众反映强烈的热点难点问题入手，加强党风廉政建设和精神文明建设。认真落实868工程，形成靠制度管人、管事、管作风的工作氛围，组织观看警示教育片，举办廉政党课，提高干部职工拒腐防变能力；认真查处群众举报和上级交办的6起案件，对有关问题进行认真调查核实并及时上报调查报告；继续引深政风行风评议活动，切实解决群众反映强烈的突出问题；邀请有关领导，深入漪汾桥等施工现场进行检查督导，对发现的问题提出整改意见，并给予通报。结合建党87周年，开展"市政先锋颂"征文比赛、"树行业先进文化，展市政职工风采"主题演讲比赛、书画摄影比赛和"迎奥运、促和谐"系列体育比赛，营造热爱党、热爱社会主义、热爱市政事业的良好氛围。加强市政行业文化建设，在全局范围对市政信念、市政精神、市政目标的内涵、总体要求和具体目标征集意见，出台《关于加强市政行业文化建设的意见》，为市政行业文化发展注入新的生机与活力。加大对外宣传，制定印发《2008年市政重点工程建设宣传方案》，确定全年宣传工作的主要内容、措施方法和组织领导；积极采写和挖掘行业先进典型，利用《市政报》和各单位简报进行宣传，与《太原日报》联合办刊，与山西新闻摄影家协会、《山西日报》组织《我眼中的市政人》摄影大赛，与太原电视台联合制作大型记录片《并州大路歌》；召开纪念改革开放30周年座谈会，对市政事业30年历程、取得的成就和经验进行全面系统的回顾总结；积极组织抗震救灾活动，抽调12人、5台机械赴四川省都江堰市青城山镇、崇义镇帮助灾区群众修建过渡安置房，共平整房基3万余平米；承担太原市援川建房突击队出征仪式会场布置任务，制作队旗11面、队服1600余套，充分展示太原人民良好的精神风貌。

2008年，太原市市政管理局被评为全省城市基础设施建设工作先进单位、全市爱国卫生先进单位、全市安全生产先进单位、全市机关扶贫先进单位、全市交通战备工作先进单位。局系统连续8年保持“文明行业”称号，局机关连续9年保持“文明和谐标兵单位”称号。市政总公司先后荣膺“省优秀建筑企业”、“省用户满意建筑施工企业”、“省劳动竞赛委员会二等功”、“全省铁路、道路、隧道、桥梁工程建筑行业十强”、“省建筑施工企业安全生产先进单位”；市政管理处被评为“省级文明和谐单位标兵”、“省企业文化建设优秀企业”，继续保持“全国精神文明建设先进单位”、“全国建设系统思想政治工作先进单位”、“全国建设系统企业文化建设先进单位”、“省模范单位”、“省先进基层党组织”称号；市政建设开发处继续保持“省文明和谐单位”称号；市政公用工程质量监督站被评为“省建筑安全管理先进单位”。市政总公司承建的南内环街改造工程、诚信市政公司承建的青年路改造工程获“山西省市政金杯示范工程”。

园林绿化

【综述】 2008年，在市委、市政府的正确领导下，太原市园林系统广大干部职工以科学发展观为指导，紧紧围绕创建现代宜居城市目标，以“迎奥运”、“迎煤博”为契机，真抓实干，攻坚克难，锐意进取，出色地完成各项目标任务，为改善太原市人居环境质量、提高城市品位档次和生态文明建设做出积极贡献。

【城市绿化】 2008年太原市绿化覆盖率、绿地率、人均公共绿地面积分别达到34.65%、29.84%、9.62平方米；新增居住区绿地18.51万平方米，单位附属绿地22.65万平方米，分别完成年计划的185.112%和220.532%；培养园林化单位55个；完成义务植树36.87万株；完成垂直绿化3.21万延长米、屋顶绿化0.71万平方米。栽植乔木19.5万株、灌木和球类22.4万株，绿篱色块732万株、花卉190万株、地被草坪47万平方米。

太原市园林局党组书记、局长王忠陪同省市领导视察潇汾公园

【重点工程建设】 2008年园林绿化重点工程20项，除学府公园、潇汾公园、太榆路绿化工程、晋商会馆跨年度外，其余的16项工程全部竣工。完成太原市标志路迎泽西大街绿化工程，实施绿化总面积30公顷；完成滨河西路快速化改造工程，工程全长14.5公里，改造绿化面积8.3公顷；完成长风街东

延绿化工程,新增绿化面积 1.1 公顷;完成太小线绿化工程,新增绿化面积 1.2 公顷;完成大同路绿化工程,改造绿化面积 5.72 公顷;完成胜利街绿化工程,改造绿化面积 0.84 公顷;完成桃园三巷配套绿化工程改造面积 0.38 公顷;完成晋祠高速出口两侧绿化工程,新增绿化面积 6 公顷;完成东关出口绿化工程,改造绿化面积 2.8 公顷;完成古城营出口绿化工程,改造绿化面积 13 公顷;完成迎西互通绿化工程,改造绿化面积 25.65 公顷;完成青年园提质改造绿化工程,改造面积 0.22 公顷,完成新建南路、平阳路绿化工程,改造绿化面积 1.2 公顷;完成柳巷绿化工程,改造绿化面积 0.071 公顷;完成龙城大街扫尾工程。

【区县(市)园林绿化】 2008 年,区县(市)园林绿化部门加大工作力度,取得明显成绩。各城区加大投资力度,完成专业绿化任务。完成道路绿化新工程 8 条,新增绿化面积 21.98 万平方米;新建街头绿地 8 块,新增绿地面积 5.37 万平方米;新建游园 6 个,绿化面积 17.4586 万平方米;充实改造道路 9 条,面积 2.2347 万平方米;充实改造游园 3 个,面积 0.52 万平方米。完成 40 条道路 3987 株行道树补栽任务。县(市)绿化工作成绩突出,古交成立古交市园林局,清徐成立清徐县城建园林服务中心,阳曲成立阳曲县绿化管理中心,娄烦成立娄烦县园林局,在公共绿地建设上取得突破,做到"县县有公园"。四县市专业绿化成绩明显,完成道路绿化新工程 6 条,新增绿化面积 6.524 万平方米;新建街头绿地 7 块,新增绿地面积 2.3328 万平方米;新建游园 2 个,新增绿化面积 94.68 万平方米。完成 11 条道路 852 株行道树补栽。

【园林绿化工程管理】 一是加强建设工程的招投标管理。2008 年,是太原市园林绿化工程投资较大的一年,为了规范招投标市场,按照公开、公平、公正的原则,引入竞争机制,面向国内外公开选择设计、施工监理队伍。制定"严格程序、注重协调、强化监管、服务基层"的原则,圆满完成迎泽西大街等十余项绿化工程和学府公园、漪汾公园建设工程的招标工作。二是狠抓建设工程质量监管。在园林绿化工程中全面引入工程监理、质检以及苗木病虫害检验检疫,对带有检疫对象的苗木及时清退销毁;不符合要求的树木,不予栽植、不予验收;对不按设计、不严格质检的单位采取经济处罚和中止合同的办法。

【园林绿化养管】 一是提高道路绿地的养管水平。2008 年,太原市园林绿化局会同市建管委、市财政局、市环保局对全市道路绿化养管进行 12 次全面检查考核。成立专门的巡视小组,每日上路巡视,及时发现、解决养管工作中存在的问题,全年共下发"整改通知书"100 余份,提出整改意见 300 余条。在检查考核工作推动下,各城区养管单位的责任心明显增强,绿化养管投入增大,绿化养管水平普遍得到提高。滨河公园、绿化大队、火车站游园管理处严格对照《城市道路一级管养标准》,加强对植物补栽补种、修剪、浇水、施肥、病虫害防治等基本工作,成为全市的样板。二是提高公园园艺水平。开展星级公园评比活动,极大地促进各公园创新发展,提升园艺水平。各公园在按照公园养管标准精心管理的同时,还结合具体实际在公园特色上作文章。碑林公园围绕傅山文化建起碑林画廊、举办书画展,努力打造"文化园林典范";迎泽公园发挥自身优势,举办牡丹花展、荷花展、菊花展及昆虫科普展,赢得市民好评;市动物园充分发挥职能作用,加强动物的繁殖和救护,全年引进动物 9 种 58 头(只),繁殖禽类 19 种 798 只,兽类 11 种 53 只;救助保护动物 15 种 21 只,通过国家旅游局 AAAA 景区的初审;龙潭公园以建设生态龙潭、和谐龙潭、平安龙潭、发展龙潭为新目标,规划、建设管理等工作都取得新成绩。玉门河公园针对不同树种建立详细观察档案,了解掌握新品种习性。2008 年 8 月,经过专家委员评审碑林公园被评为五星级公园;墨艺苑、五一广场、龙潭公园、太原动物园被评为四星级公园;盆景艺术发展中心、儿童公园、北宫花园、饮马河公园被评为三星级公园。

【机关效能建设】 市政务大厅园林窗口牢牢树立"审批就是服务"，"人人是环境，处处为发展，事事讲服务"的工作理念，严格按照核定的受理事项、依据、程序、时限进行审批。重新编制了审批网络图和办事指南，将配套金的返还、绿线的划定纳入其中，不仅加强了内部管理、协调、监督，也为申报单位提供了"一表式"服务，大大提高了工作效率。共受理投诉12件、建议7件、咨询963件、举报26件。办结率100%，满意率98%。受理正常砍伐移植和非正常修剪树木、占用绿地申请92件，办理92件，办结率100%，满意率100%。与2007年相比，办件率上升3%，办结率上升2%，满意率上升4%。办结审核城市园林绿化企业资质核准4件。办结设计方案10件，办结率100%，满意率达100%。

【党建和廉政建设】 一是加强党员干部的政治理论学习。重点学习党的十七大、十七届三中全会精神、《科学发展观读本》、省、市九次党代会精神以及中央、省市领导的重要讲话等内容。推动学习型单位的创建，扎实开展"终身学习活动周"的活动，提高政治理论水平。二是进一步加强基层党组织和党员队伍建设。坚持"三会一课"制度，按程序对到届的17个党支部进行换届选举工作，对条件成熟的玉门河公园和火车站游园管理处组建党支部，精心培养，发展预备党员16名。三是加强反腐倡廉，党风廉政建设。以领导机关和领导干部为重点对象，核实严重侵害单位、群众利益的信访件。认真开展政风行风评议活动，加强政风行风建设。开展对重点建设工程招投标、政务大厅园林窗口行政审批等领域的监督检查，有效地防止以权谋私行为的发生。积极开展查纠不正当交易行为和治理商业贿赂工作，净化园林绿化市场，推进市场诚信体系建设。

【园林绿化业务管理】 一是出台《太原市公园条例》，为公园规划、建设、管理和保护提供法规依据。落实《太原市城市绿化条例》、《太原市城市绿线管理办法》和《绿色图章》制度，全年收缴配套绿化工程建设资金3016万元，查处违章145件；发动203户、113家单位参加种植纪念树、纪念林活动，鼓励30家单位认建绿地14738平方米。二是加强培训教育，提高自身素质。全年举办各类理论、业务、法制、安全管理等培训班10余期，培训各级干部职工1700余人次，为各项工作顺利完成奠定了理论基础。加强课题研究及苗木的引种驯化工作，为城市园林绿化提供物质基础。加强古树名木的保护工作，完成117株重点濒危古树的防腐固化复状工作。三是安全生产常抓不懈。深入细致开展安全隐患排查治理活动，每月定期召开安全工作例会，安排部署安全、生产工作，深入实地检查、督导安全工作，全年未发生重大治安生产责任事故。四是开展机关纪律作风整顿，服务态度明显改善，办事效率进一步提高；五是积极投身城乡清洁工程，扎实开展政风行风评议活动，积极参加行风热线节目，园林系统形象得到进一步提升，为太原市创造全国卫生城市做出贡献。六是积极参加全国性学术交流活动，在"中国文化传承与发展研讨会"上，参评论文被中国公园协会评选出一等奖2篇、二等奖2篇、优秀奖13篇，取得较好成绩，扩大了太原市园林绿化工作的影响。

大 同 市

城 乡 建 设

【综述】 2008年是大同市城市建设年，也是历史上城市基础设施建设单年投资最大、工程量最大的一年，结合道路建设改造、古城保护对部分街区的违章建筑、临时建筑一并进行整治，古城面貌发生极大的变化，在社会各界中引起极大的反响。

大同市修葺一新的东城墙

【城市道路建设】 2008 年建设改造的道路有御河西路、西环路、迎宾路、向阳东西街、南环路、西三环安置小区道路，道路建设总长度为 30.9 公里，工程计划投资（包括征地、电力、交通设施、路灯）21.84 亿元。御河西路，北起 109 国道和 208 国道交汇处，南到京大高速，全长约 15.51 公里，道路红线 50 米，总投资约 7.03 亿元，由北京建工路桥公司、北京市政建设集团公司、中交一公局第三公司承建，由山西方园监理公司、上海华申监理公司、山西协诚监理公司监理。西环路，起点为同泉路五岔路口处，终点为周家店环岛交叉口，道路全长约 2.8 公里，道路红线 50 米，总投资约 1.05 亿元，由大同市市政工程公司承建，山西省建设监理公司监理。迎宾东西路，起点西环路交叉口，终点御河西路，道路全长约 3.9 公里，道路红线 48 米，总投资约 1.16 亿元。由北京市政集团公司承建，上海华申监理公司监理。向阳东西街，工程起点为庆周路，终点为滨河路，道路全长约 3.39 公里，道路红线 36 米，总投资约 0.66 亿元，由大同市市政工程公司承建，山西宇通监理公司监理。为保证道路施工保质按时完成，组建由市建委牵头、各相关部门参与的大同市道路建设指挥部，综合协调管理道路工程建设，促进工程的顺利实施。采取协同交管部门划定临时交通路线、交通高峰期建设路段开放施工通道、重要道口设置临时匝道等措施，大大缓解城市交通拥堵现象。在施工现场使用金属围挡、施工土方覆盖防尘网、施工路段增设洒水车、运料车辆加盖苫布、杜绝混凝土的现场搅拌，这些措施取得很好的防尘效果，减少了道路施工对城市的污染。

【新农村建设】 2008 年完成 9 个农业县区住房特困户的摸底、审查，选出 9223 户作为第一批重点解决对象上报省建设厅。继续组织实施村镇规划的制定和审查工作，着力提高规划的质量和水平，全市村镇规划任务完成在全省排名第一，省建设厅提出特殊表扬。积极推进省级历史文化名镇名村、旅游文化名镇名村的申报工作，全力促进县域旅游经济的发展。由于工作成绩突出，国务院参事来同调研期间对大同市村镇建设工作给予高度的评价。

【工程质量安全】 2008 年是国务院确定的安全生产"隐患排查年"，大同市建委开展了安全生产百督查专项活动，针对房屋建筑、市政工程施工过程中易发生的安全事故重点督查，检查 12 个县区、43 家施工企业、272 个单位工程，发现各类隐患 547 条。开展全市范围内的学校建筑质量、抗震设防安全大排查，检查范围主要是学校的教学楼、学生宿舍、食堂、厕所、浴室等公共建筑。通过督查，强化建筑施工安全生产管理，提高建筑施工安全生产保障力度，细化隐患排查机制，有效遏制重大事故的发生，保持建筑领域安全生产形势的持续稳定，为北京举办奥运会和大同市经济社会发展创造安全稳定的社会环境。

【建筑节能】 按照党中央、国务院落实科学发展观和建设资源节约型社会的有关精神，结合大同市"转型发展、绿色崛起"的战略目标，创造性地开展建筑节能各项工作，取得良好的经济、社会效果。2008 年 6 月，市人大通过《大同市建筑节能条例》，这是全国第一个地级市出台的建筑节能条例，标志着大同市建筑节能工作进入一个新阶段。

【抗震救灾】 2008 年四川发生了建国以来最为严重的地震灾害，大同市建委按照市委、市政府的统一部署，全力投入到四川过渡安置房建设工作中。

接到地震灾区安置房建设任务后，经建委党组研究决定，由建委党组成员、纪检组长宋江儒负责前方安置房建设指挥工作，由建委党组成员、副主任常进庭负责后方安置房生产及运输工作，并抽调专业人员组成工作组，协调援建工程的各个环节，为工作的顺利开展打下坚实的组织基础。地震后的11天，就派出工作组进入地震灾区，随后由10家施工单位组建的建房突击队开赴重建工地，为了按时、保质、足量完成建设任务，大同市三建、四建、泰瑞等十家施工企业挑选700多名职工进入四川灾区的十个安置施工现场。由于灾区安置点位、安装数量一变再变，安装板房的图纸频繁变动，选派大同市建筑设计研究院、设计二院的专业设计人员进入施工现场，按要求随时进行设计，保障建设的顺利进行。地灾后的四川灾区酷热潮湿，蚊虫猖獗，余震不断，次生灾害频发，基础设施受损严重，建房突击队员们水土不服，饮食不习惯，生活遇到极大的困难。而且分配给大同市的援建点的地理位置大多地处山区，组织施工和运输十分困难，连援建人员的生命都时刻受着危胁，是全省各市中条件最艰苦的。在特殊的环境中，全体援建人员发扬不怕苦、不怕累，连续作战的精神，攻坚克难，严格按照现场指挥部要求的时限，抓紧组织施工，受到当地灾区人民群众和各级领导的赞誉和肯定。

城乡规划

【综述】 以"加快转型发展、实现绿色崛起"为总体目标，进一步转变思想，创新理念，加强规划管理，提高工作效率。按照市委市政府的工作部署，在深化完善城市规划编制、加强规划项目审批监督管理、《城乡规划法》宣传落实、城市环境综合整治、古城保护与重点文物建筑修复、城市道路拓宽改造和街景立面整治、拆除违章建筑等方面做了大量具体工作，圆满完成各项工作任务，为实现"双轴双城、分开发展"城市建设发展战略部署，促进独具特色的现代化区域中心城市建设提供强有力的规划保障。

【规划管理】 按照市委、市政府"建立诚信政府，共铸和谐大同"的一系列指示精神，不断完善规划管理机制，深化政务公开。一是修改印发"大同市规划管理局办事指南"，明确公开规划审批程序和受理条件，公开违法建设查处程序和听证程序；二是利用新闻媒体、场地及时公布和宣传规划编制成果，并组织召开听证会，对重大规划事项广泛听取社会各界的意见。2008年11月24日，"大同市2008年城市规划建设成果展"在市展览馆开展，受到省、市领导的肯定和赞许，市民反映强烈，许多热心市民就今后的大同市城市规划建设提出自己的宝贵的意见和建议；三是利用办公楼大厅内安装的巨型电子显示屏，对城市规划管理法规和审批程序进行每天滚动公示，保证了广大民众的知情权；四是利用办公楼前公示牌及时公示规划审批结果和违法建设查处情况；五是利用规划项目公示牌，在建设项目现场公示规划审批技术标准和强制性内容；六是利用道路两侧规划公示栏对御河南北路贯通工程规划方案进行公示，让全市人民共同监督开发建设单位的规划实施情况；七是通过大同日报、大同晚报发布公告，向全社会公开征求2009年拟建城市道路和桥梁工程的意见和建议，共收到群众来电、来信400余份（件）。

【规划效能监察】 在抓好局机关效能监察工作的同时，按照国家省市关于城乡规划效能监察的指示和工作部署，修订完善一系列规划管理制度。如小型环境艺术规划项目的审批由3个工作日办结改为当日办结；规划建设项目缩短审批周期，取消上报规划要点这一环节，从而减少10个工作日。同时，修改完善《机关工作程序手册》，进一步加强考勤、人员外出动向预告制、值班制、机关绩效考核制和目标管理责任制。通过一系列措施的的落实，全局工作人员的工作积极性和办事效率得到很大提高，机关效能建设和政风行风工作取得明显成效。

【审批制度改革】 在建设工程规划审批方面，严格按照城市规划和国家技术规范审批，特别是涉及公众利益的建设项目一律实行批前公示制度和征求意见制度，重大建设项目实行规委专家论证制度。在市政管线规划审批方面，始终坚持管线协调会制度，对全年管线项目进行统一协调安排，避免重复建设和道路“拉链现象”。在环境艺术规划管理方面，严格按照《大同市户外广告（招牌）设置技术标准》的规定和要求审批。

2008 年，共受理建设项目 62 项；提出 65 个地块的规划设计条件；受理各类环境艺术项目 71 件；受理各类市政工程项目 96 件；清理名城保护区内在建项目 27 项，清理名城保护区外在建项目 57 项，并针对不同情况提出处罚意见；会同市房管局编制并上报《大同市 2008～2010 年住房建设规划》和 2008 年度、2009 年度住房建设计划。完成御河西路、迎宾东西路、宾西路、西环路、向阳东西街、城市棚户区安置小区周边道路改造工程的规划审批和涉及道路建设各种管线工程的规划定位和协调工作。

【整治城市环境】 2008 年 4 月初开始，采取分段竞标的方式，委托中国建筑设计研究院、北京市建筑设计研究院、山西省建筑设计研究院、太原市建筑设计研究院、太原理工大学建筑设计研究院等设计单位对迎宾东西路、宾西路、南三环、西三环、御河南北路、向阳东西街等 8 条道路的街景立面进行设计。大同市规划管理局成立迎宾东西路街景立面整治实施工作组对迎宾东西路和宾西路涉及整治的公建共 14 栋（19 个单位），底商住宅共 29 栋（192 个商户）进行统一立面装修工作及临街住宅楼外墙粉刷工作。截至 2008 年底，迎宾东西路和宾西路的所有公建楼、底商住宅楼的立面装修和外墙粉刷工程全部完工，南三环、西三环、御河南北路、向阳东西街四条道路两侧建筑物的前期调查、对接工作已经完成，施工图设计工作进展顺利。

【违法建设查处】 按照市委市政府开展城市道路拓宽改造和环境综合整治的工作安排，对近几年违法建设进行彻底的清理整顿，推行违法建设重处重罚制度，提高建设单位遵守城市规划的自觉性和主动性。2008 年 3 月份以来，市政府综合整治城市环境，对迎宾东西路和宾西路、南三环、西三环、御河南北路、向阳东西街等道路拓宽改造工作中影响城市道路景观、占压道路红线的违章建筑进行一次性拆除；对全市软体广告进行彻底清理整顿；对古城内影响十大文物古迹周边环境的建筑进行规划控制和整治拆除；对近几年来违反城市规划审批或规划手续不全的违章建筑的清理和查处。

2008 年，共拆除各类违章建筑房屋 1889 间，二层以上楼房 33 栋，拆除面积总计约 10.1821 万平方米，拆除各类广告牌、店名招牌、擎天柱等构筑物 670 块，全年累计拆除各类建（构）筑物面积 60 万平方米。在街景立面装修过程中拆除护窗及杂物蓝 460 个，动用大型机械设备 2340 台次，清运建筑垃圾 54650 余方，出动执法人员 1760 余人次，出动执法车辆 385 车次。

【城中村改造建设】 改善城中村居民生活居住环境，提升城市功能，促进城乡一体化和城镇化发展。2008 年，先后对城市规划区内、主城区周边的永宁村、小站村、五里店村、周家店村、新中村、白马城村、智家堡村、马军营村、新胜村、新泉村、永久村、五爱村、新旺村等十几个城中村进行规划设计和改造建设。规划建设总用地面积 304.28 公顷，建筑规模共计 527.83 平方米。

【城市道路建设】 按照“高水平设计、高质量建设、高标准管理”要求，完成御河西路、迎宾路、向阳街、南环路以及西环路安置小区配套道路等工程规划设计工作。2008 年，完成道路改造建设共 8 条，总长度约 30.5 公里。

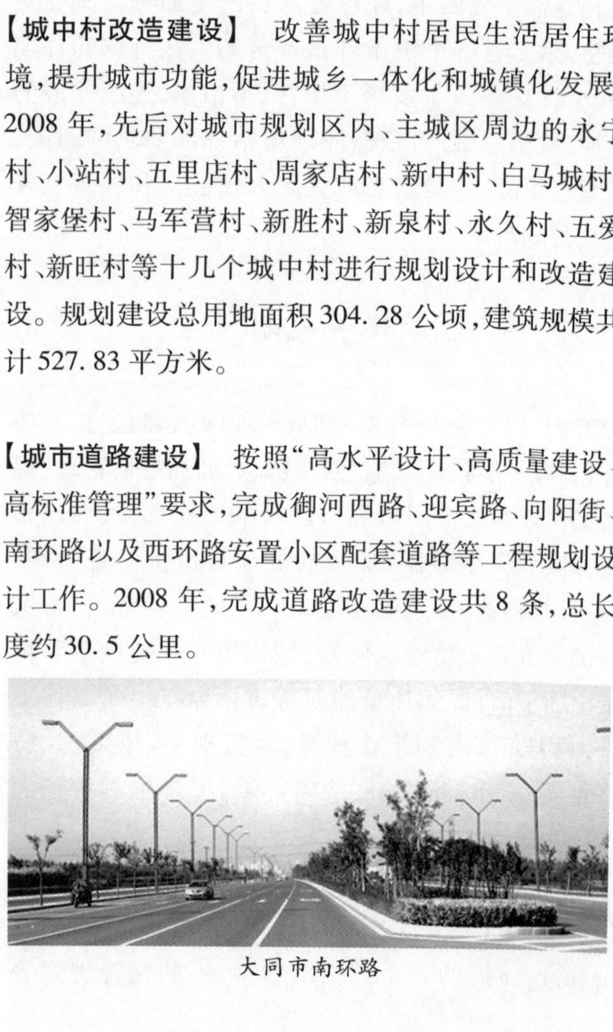

大同市南环路

【提案议案办理和群众信访】 进一步提高提案议案办理效率和质量，推行“三位一体”的办理考核体系（即：从健全内部办理制度、打造高效办理平台、强化部门职能到位的途经出发）和“六项办理制度”，形成上下贯通，便捷高效的承办工作网络，提案议案办理工作逐步走上程序化、规范化、制度化的轨道。按照公开公正、依法办理的原则，制定群众信访举报事项办理程序和信访接待责任制，提高依法治理水平。全年共办理信访案件66件，办结率达92%，接待来访群众1600余人次；办理提案议案37件，2008年被评为提案议案办理先进单位。

【宣传落实《城乡规划法》】 2008年是新《城乡规划法》实施的第一年，按照建设部、省建设厅的要求，开展《城乡规划法》落实年活动，成立以大同市规划管理局、大同市监察局、大同市人民政府法制办公室、大同市机关效能建设领导组四家单位联合的城乡规划法落实年活动工作领导组，制定《开展城乡规划法落实年活动工作方案》和《城乡规划法落实年活动宣传工作计划》。2008年8月5日，在市红旗广场开展声势浩大的《城乡规划法》宣传活动，通过展示近几年城市规划编制成果展板、新闻媒体宣传、现场为群众答疑并分发宣传资料等多种形式，有效地宣传《城乡规划法》。在《大同日报》公开刊登《城乡规划法》知识竞赛题，开展有奖知识竞赛活动，共收到社会各界人士及规划系统工作人员答卷180份，掀起学习《城乡规划法》的热潮。

【深化完善城市规划】 按照市政府“高水平规划、高标准建设，高效能管理”的指示，对相关规划进行深化完善，为城市建设提供科学向导和实施依据。委托中国城市规划设计研究院编制《大同市2008～2030年城市空间发展战略规划》，截至2008年底，已完成规划成果，并通过专家评审。委托中国城市规划设计研究院历史文化名城研究所编制《大同历史文化名城保护规划》，前期调研和基础资料收集工作进展顺利。委托法国夏帮杰公司、德国意厦公司、澳大利亚考克斯公司三家国外知名规划编制单位，为御东新区编制《大同御东新区概念性总体规划和核心区概念性城市设计》，经过两次评审最终由中国规划设计研究院吸取法国、德国两家编制单位各自的优点编制《御东新区核心区控制性详细规划》。委托上海市城市综合交通规划研究所编制《大同市交通发展战略规划》，委托同济大学建筑设计研究院、中国建筑设计研究院、东南大学建筑研究院及北京市建筑设计研究院四家知名设计单位编制《东小城商业中心规划》。

【城市规划展示馆】 为了加强城市规划宣传公示力度，提高广大市民及各界士了解、关注、参与大同城市规划建设的积极性和主人翁精神，在原大同展览馆正厅改造设置“大同市城市规划展示馆”，北京对点视觉艺术设计有限公司策展设计。

【党建工作】 2008年，按照市委党建工作指示精神，从加强领导班子思想建设入手，党组中心组带头认真学习十七大以来的中国特色社会主义理论和胡锦涛总书记的一系列重要讲话精神，以开展学习实践科学发展观活动为契机，不断加强政治学习，提高政治素质，不断推动党风廉政建设和反腐败建设向纵深发展。在学习过程中始终坚持以科学发展观为指导，把以人为本、关注民生作为重要内容，紧紧抓住群众最现实、最关心、最直接的生产、生活、居住和城市生态环境建设、城市基础设施建设等问题，不断改进领导方式方法，真正做到深怀爱民之心，恪守为民之责。坚持召开民主生活会制度和重大问题由党组会议集体研究决定制度，建设工程项目会议集体研究制度，日常重要事项由局务会议讨论决定的三会制度，从而增强各项工作的公开性和透明度，减少工作失误。

四川省汶川地区发生大地震之后，局党组组织全局干部职工开展献爱心活动，全力以赴支持抗震救灾工作。大同市规划系统累计向灾区捐款6万余元，并派出多名人员赴四川灾区参加灾后重建工作。

阳 泉 市

【概况】 截至2008年底，阳泉市城市人口68.02万人（不包括两县），其中非农业人口54.46万人，非农业人口较2007年增加1.03万人。城市面积651.99平方公里，其中，建成区面积51.23平方公里，城镇化水平达到58.48%。全年全市城市基础设施建设完成投资48433万元（不含住宅），其中，城市燃气完成投资1248万元、占总投资的2.58%，集中供热完成投资14764万元、占总投资的30.48%，公共交通完成投资3117万元、占总投资的6.44%，道路及排水完成投资16621万元、占总投资的34.32%，园林绿化完成投资12683万元、占总投资的26.18%。

重点工程建设

【四件实事】 2008年的阳泉市政府工作报告中提出扎扎实实为人民群众办好15件实事，由建设系统负责完成的有4件。第一，计划新建经济适用住房53.2万平方米，其中，新建廉租住房3.325万平方米、665套，解决廉租住房保障对象483户；启动解决农村困难群体的住房问题。第二，全市计划新增燃气用户6500户，对40台燃煤设施进行燃气化改造。第三，全面实现省级园林城市创建目标，计划人均公共绿地面积达到7.5平方米，绿地率达到31%，建成区绿化覆盖率达到36%。第四，完成白草堰南路、深圳街拓宽和兴隆商业步行街改造建设工程；新建3座免费公厕；更新20辆公交车，800辆出租车。截至2008年底，上述4件实事全部完成。

【城市基础设施重点工程建设】 2008年，市委、市政府提出要进一步加强城市基础设施重点工程建设，其中，由建设系统负责完成的有16项。其中，百项工程9项，即桃河公园河道梯级蓄水二期工程、北山中路东段工程、桃南中西路大修工程、平坦立交桥改造工程、宏成大桥建设工程、污水处理厂中水回用工程、市区燃气网改造工程（改造管网4公里，完成投资500万元）、氧化铝供气部分站区改造、市区燃煤设施改造工程（完成投资——600万元）；重点工作7项，即四条城市道路中小修工程（泉中北路南段、南大西街政府广场至燕川食府段、新华东街东段、城市广场东路）、简子沟铁路跨线桥维修工程、北岭南路排水改造工程、义井河污水管网续建工程、完成开发东区热源厂二期工程计划任务、完成辰光供热系统改造工程计划任务、完成城乡环境卫生一体化管理的队伍组建等工作。

【桃河公园河道梯级蓄水二期工程】 桃河蓄水二期工程分两段进行，一是阳煤集团工程处至西河口段，长2551米；二是华联商厦至五渡桥段，长1948米。工程于2008年9月9日开工，12月31日竣工。共铺设中水管道6.7公里，建溢流坝61座、蓄水池62个，形成蓄水面积30.5万平方米，完成投资6500万元。

【北山中路东段工程】 该路东起泉中北路，向西经居馨花园、银龙湾小区、巨兴小区，至电石厂东端，长760米，宽25米，设计为城市主干道Ⅱ级标准，概算投资1390万元。工程于2008年1月9日开工，截至年底，按计划完成土方回填碾压1万立方米，完成投资36万元。

【桃南中西路大修工程】 该工程东起桃河桥南端，西至赛鱼桥南端，全长6.16公里，宽20米。工程于2008年5月15日开工，9月25日竣工。施工过程中累计开挖外运路槽土方5.81万立方米，回填天然沙砾3.24万立方米；更新直径400毫米的排水管道

53趟，共计642米；砌雨水井111座；铺筑60厘米厚厂拌水稳层、10厘米厚改性沥青混凝土路面3.95万平方米；更新路沿石6364米，铺装人行道3.2万平方米；安装11米高400瓦钠灯路灯153套；树坑换填土方4154立方米，更新、补植国槐及垂柳等行道树905棵，更新人行道绿化灌木1.4万余株；工程共完成投资2973.3万元。

【平坦立交桥改造工程】 该工程包括连接匝道和主桥续建两部分，其中匝道工程长42.4米，宽10.7米，为三跨钢筋砼连续箱梁；主桥续建工程从立交桥至北端桥台处，跨径长278米，宽17米～20.5米，为钢筋混凝土箱梁。桥梁道路设计为城市主干道，概算投资2300万元。工程于2008年5月25日开工，截至年底，按计划完成1#～7#墩柱及盖梁以下部分施工任务，完成投资706.97万元。

【宏成大桥建设工程】 该桥位于深圳街南口跨越桃河处，为双索面稀索独塔斜拉桥，桥长154米，宽27.5米。工程于2007年10月18日开工，2008年9月28日竣工，完成投资2600余万元。

【污水处理厂中水回用工程】 该工程主要包括两个方面的建设。一是阳煤集团氧化铝厂再生水利用管网及泵站建设工程。工程已于2007年4月竣工，二是桃河蓄水泵站及配套滤站建设工程。工程于2007年6月18日开工，2008年12月20日竣工。分别建设5000立方米清水池、泵站、滤站等各一座，完成投资1300万元。

【市区燃气管网改造工程】 该工程属续建工程，是对全市12条中压煤气管线、2.5公里违章占压线、100座阀门井、50台调压器进行改造，对200公里煤气管线进行防腐检测，200公里煤气管线进行阴极保护，工程估算投资1.14亿元，计划改造年限5年。工程于2005年开工，2008年改造管网4.61公里，完成投资523万元。截至2008年底，该工程累计改造管网28.79公里，完成投资3258万元。

【氧化铝供气部分站区改造项目】 该项目是氧化铝供气改造工程的子项目，计划对氧化铝厂加压机房、压缩机、高低压配电室、计量调压等供气设备进行改造。2008年，按计划完成60米义井河段管线敷设工程，完成投资110万元。

【市区燃煤设施改造工程】 该项目系阳泉市利用矿井瓦斯气替代燃煤设施进行环境综合治理的重点工程，拟对全市工业炉窑、燃煤锅炉、茶浴炉、餐饮大灶等燃煤设施及配套管网设施进行燃气化改造，概算投资1.25亿元。工程于2006年开工，2008年改造燃煤设施43台，完成投资615万元。截至年底，该工程累计改造工业炉窑21座、燃煤锅炉63台、茶浴炉27台、餐饮大灶147户，完成投资4560万元。

【北岭南路排水改造工程】 该工程北起北岭供热站，南至大阳泉村。2008年6月1日开工，11月10日竣工。该工程共敷设排水管道35米，砌筑排水渠及涵洞290米，铺筑混凝土路面450平方米，完成投资约43万元。

【义井河污水管网续建工程】 该工程西起王家裕桥，向东沿义井河铺设污水管网至市污水处理厂。工程于2007年10月15日开工，2008年7月10日竣工。该工程共铺设主干管8.12公里、支管1.7公里，完成投资1613.5万元。

【开发东区热源厂二期工程】 该工程于2008年4月1日开工，12月30日竣工，共新建改建热力交换站4座，安装锅炉2台，实现供热能力240万平方米，完成投资9000万元。

【辰光供热系统改造工程】 该项目是利用新热源，解决辰光供热系统设备陈旧、故障频繁等问题而采取的一项改造措施。2008年，按计划完成改造工程的前期准备工作。

房 地 产 业

【概况】 2008年,市区新建房屋竣工面积37.69万平方米,其中住宅竣工面积31.66万平方米。截至2008年底,市区住宅建筑总面积达到1046万平方米,住宅使用总面积达到760.6万平方米,住宅居住总面积达到659.2万平方米。年末市区居住人口45.74万人,市区人均住宅使用面积达到16.63平方米,人均住宅居住面积达到14.41平方米,住宅建设进一步加快,居民居住条件继续改善。

在继续稳步出售公有住房,加速推进住房分配商品化、社会化进程的同时,进一步加深住房分配货币化改革,有力地推动公有住房的出售。2008年,共出售公房946套,出售面积5.1万平方米。截至年底,全市参加住房公积金的职工人数达到18.69万人,占应参加职工人数的83.5%;全年归集住房公积金3.49亿元,累计归集13.78亿元(含两县、郊区及阳煤集团)。全市各物业管理公司代管房屋建筑总面积532万平方米,其中住宅建筑面积460万平方米,物业管理面积覆盖率达49.81%(新建住宅小区物业管理面积覆盖率达到了100%)。

【经济适用房建设】 2008年,全市实际新开工建设经济适用住房55.54万平方米、7116套。其中,企业职工集资建房开工面积2.39万平方米、283套;国有重点煤矿棚户区改造新建住宅25.72万平方米、3860套;康居苑城市棚户区改造项目开工面积3.73万平方米、444套;盂县裕新苑小区开工10万平方米、1011套;平定县嘉山小区开工1.7万平方米、280套;郊区南炉新区开工12万平方米、1238套。

【廉租房建设】 2008年,全市实际新开工建设廉租住房5.43万平方米、1100套。其中,阳泉市政府集中新建廉租住房0.53万平方米、100套,国有重点煤矿棚户区改造配建廉租住房2.57万平方米、505套,县、区开工新建廉租住房2.325万平方米、495套。2008年,市建设局通过多种渠道,解决廉租住房保障对象844户,落实廉租住房保障资金5103.23万元,其中,市、县财政预算安排897.23万元,争取中央预算内新增廉租住房资金1045万元,企业自筹3161万元。

阳泉市国有重点煤矿棚户区改造项目

【住房制度改革】 一是继续稳步出售公有住房,加速推进住房分配商品化、社会化进程。全年审批按房改标准价补差获得全部产权的住户851户,建筑面积5.42万平方米;以房改成本价购房的住户946户,建筑面积5.1万平方米。二是加大住房保障力度,切实解决城市低收入家庭住房困难的问题。首先,开展全市城市低收入家庭住房状况调查和建档工作。2008年全市低收入住房困难家庭总数为3848户(1.33万人),城市低收入家庭标准为家庭每月可支配收入不达396元;最低收入住房困难家庭标准为家庭人均每月可支配收入不达198元,住房困难家庭标准为人均建筑面积不达10平方米。最低收入住房困难家庭1725户(0.56万人),人均住房面积在10平方米以下的家庭有1364户(0.44万人)。通过发放廉租住房租赁补贴落实保障家庭795户。其次,集中新建廉租住房,康居苑工程已于2008年8月开工建设,工程规模0.54万平方米,100套,计划2009年8月竣工。阳煤集团棚户区配建廉租住房开工建设2.57

万平方米、505套。再次，积极争取中央和省政府廉租住房扶持资金支持，落实中央预算内新建廉租住房补助资金97万元，国有重点煤矿棚户区配建廉租住房补助资金也已落实。市发改委、市建设局、市国土资源局等部门通力协作，完成全市关于中央新增1000亿元投资保障性住房建设项目的落实工作。落实廉租住房项目（含城市棚户区）11项，总建设规模31.36万平方米、5292套，计划总投资4.97亿元；落实煤矿棚户区改造2项，总建设规模65万平方米、9066套，计划总投资8.37亿元。

【房地产交易】 2008年，全市房地产交易量稳步上升，房地产交易市场进一步活跃。全年共办理各类房屋权属登记7541件，总建筑面积达148.03万平方米，其中，办理初始登记1864件、建筑面积38.57万平方米，转移登记4550件、建筑面积42.84万平方米，抵押登记677件、建筑面积34.65万平方米，注销登记402件、建筑面积31.45万平方米，预告登记48件、建筑面积0.52万平方米。办理各类房地产交易（含转让、抵押、租赁等）5635件，交易建筑面积82.52万平方米，成交金额11.2亿元，其中，办理购买商品房手续1946件、建筑面积22.56万平方米、成交金额41102.7万元（其中商品住宅1776套，成交面积19万平方米，成交金额31289.8万元；办理购买经济适用房鉴证手续10户，成交面积0.082万平方米，成交金额69.45万元），办理房改售房620户、成交面积4.43万平方米、成交金额1929.55万元，办理房改补差956户、成交面积6.41万平方米、成交金额959.82万元，办理拆迁办证58户、成交面积0.41万平方米、成交金额144.06万元，办理继承赠与等手续117件、成交面积0.9万平方米、成交金额269万元，办理房改房首次上市504户、成交面积3.53万平方米、成交金额6969.83万元，办理其他存量房上市315户、成交面积3.33万平方米、成交金额8370.6万元（其中，住宅294件、成交面积2.5万平方米、成交金额4782.82万元）。全年办理住宅抵押554户，抵押面积6.21万平方米，抵押金额6445.11万元；办理非住宅抵押112户，抵押面积27.46万平方米，抵押金额45097万元；办理在建工程抵押1件，抵押面积0.86万平方米，抵押金额960万元；办理房屋租赁登记备案452件，登记备案面积6.42万平方米。

【房地产市场管理】 根据国家有关规定，从2008年1月1日起，全市统一实施商品房预（销）售合同网上签约和登记办理工作。截至2008年底，全市住宅类可售套数5371套，成交套数2095套，成交面积24.13万平方米，成交均价2581.63元/平方米；非住宅可售套数3644套，成交套数321套，成交面积2.13万平方米，成交均价4396.39元/平方米。楼盘总数56幢，已售套数2416套，可售套数9015套。入网销售项目总数56个，全市房地产供应面积112.33万平方米。2008年，新增项目26个、总建筑面积360.46万，可售套数4738套、面积67.1万平方米，入网企业46个。全年办理房地产资质45件次，其中新设立房地产企业14个、核定等级企业16个，房地产开发企业总计103个。办理商品房预售40宗，预销售面积96.88万平方米。

【房地产市场秩序专项整治活动】 为进一步规范房地产市场秩序，促进全市房地产业健康发展，2008年，市建设局先后印发《关于立即开展房屋及配套设施安全隐患排查的紧急通知》、《关于限期办理房屋权属登记的通知》、《关于加强房地产广告管理的通知》、《关于对房地产开发企业项目进行摸底的通知》等文件，并及时转发了山西省建设厅《关于加强房地产市场监管规范市场秩序的通知》，对在建并已进入商品房预售环节的房地产开发项目进行全面清理，重点查找并纠正房地产主管部门及其工作人员违规审批、滥用权力和房地产企业发布虚假广告、囤房惜售、哄抬房价、合同欺诈以及违规强制拆迁等行为进行查处，依法打击扰乱房地产市场秩序的违法违规行为。

【物业管理】 2008 年，市建设局采取一系列措施进一步提高物业管理水平。首先是广泛利用新闻媒体、街头宣传和讲座等形式，大力宣传《物权法》，加强住宅小区管理，新成立小区业主委员会实行备案制。2008 年，佳禾小区业主委员会、铁三局住宅小区业主委员会和静苑小区业主委员会分别在市建设局作了备案登记。其次是进一步完善物业管理规章制度，加强对物业管理行业的宏观管理。再次是加强维修基金专户管理。全年共收缴维修基金 807 万元，累计收缴维修基金 3152 万元，已启用维修基金 4.69 万元。四是规范物业管理企业的主体资格管理。全年新审批办理物业管理企业资质 4 家，累计全市物业管理企业达到 41 家。

【援川建房】 2008 年 5 月 12 日，四川汶川发生特大地震后，全市建设系统积极投入到抗震救灾行动中。一是建设系统各单位、各部门和广大党员干部、职工先后为灾区捐款 91 万元，交纳“特殊党费” 18.9 万元。市抗震办公室、市房地产交易中心（市房屋产权产籍登记中心）、市工程建设监理事务所等单位纷纷为阳泉市援川建房前方指挥部捐赠办公及生活用品，提供施工车辆，为全市援川建房工作的顺利开展作出了贡献。二是市建设局先后从市建筑工程质量监督站、市工程建设监理事务所、市污水处理厂等单位抽调 40 余名工程技术人员赶赴灾区开展过渡安置房建设工作。经过 60 天的艰苦奋战，先后在四川省都江堰市安龙镇泊江村、安龙镇官田村、中国水电十局、四川省都江堰市玉堂镇蓝光安置点等处共建设安置房 3163 间，总建筑面积 5.9 万平方米（其中住房 2847 间，建筑面积 5.3 万平方米；公共厨房 206 间，建筑面积 3860.4 平方米；公共厕所、淋浴间 13 个 91 间，建筑面积 1721.3 平方米；商店 2 个 5 间，建筑面积 93.7 平方米；诊所 2 个 4 间，建筑面积 75 平方米；公共用房 10 间，建筑面积 187.44 平方米），圆满完成了过渡安置房建设任务。

住房公积金管理

【主要业务指标完成情况】 2008 年，阳泉市共归集住房公积金 34961.32 万元，完成年度任务的 233.07%，办理支取 4589.45 万元，为 1204 户职工发放住房公积金个人贷款 12977.1 万元，完成年度计划目标任务的 144.19%，个贷率为 20.94%；2009 年，阳泉市共归集住房公积金 43884.31 万元，完成年度计划指标的 199.48%，累计支取公积金 8412.86 万元，发放个人住房公积金贷款 27927.5 万元，完成年度计划任务的 279.28%，个贷率为 31.40%。2008 年 4 月，被省建设厅授予“山西省 2007 年度住房公积金管理工作先进单位”称号；5 月 1 日，在全省“五一”立功表彰大会上被省劳动竞赛委员会荣记“集体三等功”。

【归集扩面取得新成果】 2008 年 4 月 24 日，召开全市住房公积金归集管理工作会议，各单位一把手参加。同天，举办首期全市住房公积金管理业务培训班，规范全市住房公积金缴存工作，近 200 人参加培训。会议的召开，在全市掀起规范缴存公积金的热潮。仅 5、6 两个月，全市就有 45 个单位，2193 人调整公积金缴存比例，月增缴存额 52.57 万元；公积金缴存人数由 4 月底的 186128 人，增加到 6 月底的 187767 人；归集额为 8313.23 万元，同比增长 129.12%。

【优质服务得民心】 2008 年 3 月，贷款开始施行“三三一一”工作制，即中心审批三天、银行办理三天、中心划拨一天、银行放款一天。12 月 26 日，服务大厅正式启用，新的服务大厅实行"一条龙服务、一站式办公、一网式运作"的管理模式，联合市公证处以及建设银行、工商银行、中国银行，实现多项业务在更高平台上的重新整合。12 月 3 日，开展上门式服务，一天内为固庄煤矿 69 名职工集中办理贷款 726.6 万元。

【专项治理成果显著】 2008 年 4 月，成立住房公积金专项治理工作领导组，组织开展住房公积金专项治理工作。此次整治工作，全市 7 个自行归集的单位中，5 个单位全部整改到位，共为 9752 名职工补缴住房公积金 5382.4 万元；两家未建立公积金制度的企业为其 6819 名职工开设住房公积金账户、缴存金额达到 1456 万元。

【关心社会公益事业】 2008 年 5 月 13 日，全体员工为四川汶川地震灾区捐献阳泉市第一笔捐款 1660 元；随后，响应中华全国总工会号召，第二次捐款 7950 元；中心全体党员为灾区交"特殊党费" 4700 元，三次捐款共计 14310 元。8 月，积极配合市妇联组织实施的"春蕾计划"行动，开展"关心孩子，奉献爱心"捐款活动，资助 3 名农村贫困学生上学，直到这 3 名学生高中毕业。

城 乡 规 划

【城乡规划管理】 2008 年，市规划局积极推行"阳光规划"，充分发挥规划委员会作用，规划成果和经规划审批的建设项目公示率达 100%。重新修订了《城乡规划审批流程》、《规划管理人员岗位责任制度》等制度，坚持"一书三证"制度，全年共发放《建设项目选址意见书》66 个，《建设用地规划许可证》88 个，《建设工程规划许可证》205 个，《竣工规划认可证》101 个，批准建设工程面积 1464227 平方米。开展《城乡规划法》学习和培训工作，累计培训人员约 240 人，占全市从事规划工作人员总数的 96%。

【执法检查】 2008 年，市规划局组织对全市 2005 年以来的工程建设项目进行了执法检查，共检查 129 个单位 666 个项目，对未批先建、未按规划实施等不规范的工程，责令其限期整改。同时，为支持全市重点工程建设，市规划局配合完成南外环路、李荫路等城市环境综合整治任务，全年共拆除各类临时建筑 5000 余平方米。

【城市房屋拆迁】 2008 年，市规划局强化拆迁资质管理，加大对违法违规拆迁行为的查处力度；加强了拆迁扬尘管理，要求扬尘污染防治协议与拆迁许可证同时发放。完成了义井河综合治理一期工程、深圳街拓宽等重点工程拆迁扫障，共核发《房屋拆迁许可证》16 个，批准拆迁面积 9.19 万平方米，拆迁住户 1475 户，完成拆迁面积 4.21 万平方米，拆迁住户 755 户。

【勘察设计和图审工作】 2008 年，市规划局严格执行《建设工程勘察设计管理条例》和《建设工程设计合同管理办法》，规范勘察设计单位的市场行为。严格按照《建设工程标准强制性条文》和《建设工程设计规范》的有关规定，加强施工图审查，施工图审查覆盖率达 100%。为加强资源节约型和环境友好型城市建设，全年共发放建筑节能认定书 96 个。规划基础信息工作明显增强，全年完成地形测绘 20 余项，完成娘子关泉域水资源保护 1:2000 航测地形图 23 平方千米、1:1000 航测数字化图 10 平方千米，完成深圳街等 8 条城市道路纵横断面的测量任务。

【城乡一体化规划方案】 城乡一体化规划以市委、市政府《统筹城乡发展推进城乡一体化实施意见》为总纲，以经济发展、规划建设、基础设施、社会事业、生态环保、社会保障、管理体制等七方面的一体化为重点内容，规划范围覆盖全市城乡。"七个一体化”规划又包含35个专项规划，专项规划中除社区管理规划年内不计划编制、机构设置方案不宜上报外，其余33项已全部完成，编制责任单位涉及市发改委、经委、规划局、国土资源局、建设局、交通局、劳动和社会保障局、环境保护局、公安局等34家单位。

【住房建设规划】 为了进一步完善以市场为主导、多渠道、多层次的住房分类供应体系，满足不同收入层次居民的住房需求，2008年，市规划局对阳泉市住房建设进行了规划，规划期为2008年至2012年。该规划预计到规划期末（2012年），基本实现常住人口户均拥有或租住一套住房，完全解决双困家庭的住房问题，规划期内建设各类住房45650套，总建筑面积388.1万平方米（其中商品住房建筑面积110万平方米，政策性住房建筑面积278.1万平方米），人均住房建筑面积达到26.5平方米。市区住房用地供应总量预计约为300万平方米（含存量土地盘活），其中商品住房用地约为85万平方米，政策性住房用地约为215万平方米。

【供热规划调整】 2008年，由于受国家“关小上大”关停小火电机组等宏观政策的影响，阳泉组团原规划热源辰光电厂将关闭、河坡电厂扩容异地新建、市区供热热源须进行调整。市区供热将以四座热电厂（新建河坡电厂、阳光发电厂、龙川发电厂、阳煤远期热电厂）为城市主要热源。2008年，市规划局对全市供热规划进行调整。在原有热网的布局下，根据各热源情况以及地形特点，采用科学合理的技术手段加以调整，以适应热源供热能力的要求。同时，在满足技术要求的情况下，在市区龙川发电厂热网、阳光发电厂热网与新建河坡发电厂热网之间，增设联通管道，以保证各热源故障状态下的供热保障。平定组团以阳光发电公司和龙川发电公司作为主要热源。荫营组团以新建河坡电厂为主要热源。

【平定县县域城镇体系规划】 2008年，市规划局对平定县县域城镇体系进行规划，规划期限分近期和远期两个阶段，近期为2007年至2010年，远期为2011至2020年。规划到2020年，形成10万人以上的城镇1个，1万人以上的城镇3个，0.5万人以上的城镇3个，其他乡驻地达到1个城镇组团人口规模，基本满足配套相对完善的基础设施和社会服务设施的人口要求，城镇化水平明显提高，城镇基础设施和社会服务设施基本满足人民小康生活要求，初步形成与县域经济发展、环境生态建设相协调的城镇体系。

【盂县县域城镇体系规划】 2008年，市规划局对盂县县域城镇体系进行规划，规划期限分近期和远期两个阶段，近期为2006年至2010年，远期为2011年至2020年。预计到2020年，该规划区域内将形成10万人以上的城镇1个，其他乡驻地达到1个城镇组团人口规模，基本满足配套相对完善的基础设施和社会服务设施的人口要求。

【石太铁路沿线综合治理绿色通道规划】 该工程是阳泉市创建国家园林城市的重要组成部分，从2007年至2008年，累计拆除规划范围内的各类建筑物65942平方米；建设或筹建安置楼10栋53420平方米，综合整治护坡1公里，粉刷楼房55栋。绿化建设地被类植物19800平方米，公共绿地6块35316平方米，防护林带9段14212平方米，累计完成投资13160万元，基本完成了工程规划确定的近期目标。

【义井河综合治理一期工程】 义井河综合治理一期工程是市“百项工程”之一，也是城市旧区改造的安置基地。工程于2008年3月31日正式开工，年内工程主体已经完工，累计完成投资4385万元，占总投资的97%。

【娘子关生态保护与发展规划】　娘子关镇作为国家级历史文化名镇和阳泉市的重要水源地，历来把生态环境、历史文化名镇、水源地保护放到首位，在保护的基础上寻求发展，正确解决本地经济发展和生态环境保护的矛盾。2008 年，市规划局对此规划的近期目标为 2008 年至 2010 年，远期从 2010 年至 2015 年。通过对现状条件的分析，确定从“宏观—中观—微观”的规划工作思路，编制全镇的宏观战略规划、中观镇区控制性规划和当前急需建设的微观镇区片区建设规划。规划引导策略分为历史文化名镇保护、水源地保护、特色产业引导、生态保护与发展、人口控制疏散、基础设施完善、公共环境整治等 6 大策略，通过规划，把生态环境保护与历史文化名镇保护、水源地保护、城镇各项事业发展、产业结构有机结合起来，促进生态效益、经济效益和社会效益的统一。

【大阳泉古村保护与发展规划】　为更好得保护和发展大阳泉古村，市规划局对其进行了规划。此规划的性质是山西省阳泉市重点文物保护单位，是山西省少有的保存较好、面积较大、以明清时期地方传统风貌为主体的、空间格局完整、建筑特色鲜明的古代集镇建筑群；是阳泉市的“城中村”之一；是城市未来新文化、经济增长点。规划保护区范围总用地面积 78.5 公顷，其中核心保护区面积 26.4 公顷，建设控制区面积 31 公顷，生态保护区面积 3.4 公顷，建设发展区面积 17.7 公顷。规划保护大阳泉古村所在区域的整体环境，村落空间格局，村落街巷肌理和传统院落、建筑以及其他人文历史遗存，对有价值的传统院落、建筑进行合理的修缮与利用，把古村落建设成为以特色旅游产业为主体的综合性地方历史文化展示、体验区，通过完善市政交通等基础设施，为村庄的可持续发展打下基础。

【抗震救灾援川建房规划】　四川汶川大地震发生后，市规划部门按照市援建工程指挥部要求，抽调 9 名业务骨干组成技术援建分队，开展援建房的规划工作。援建技术小分队紧急奔赴四川灾区后，深入到重灾区四川彭州市丹尔山镇、磁峰镇以及都江堰市青城山镇、蒲阳镇等地进行采点选址，并于 2008 年 6 月 5 日，在全省率先完成 1500 套的选址任务，同时还完成这些住宅及部分配套设施的规划设计工作，为全市援建工程的顺利开工奠定了基础。援建任务结束时，市规划局共向当地政府移交各类图纸 3 大本 30 多份，没有出现一例技术问题。在援川建设工作中，援川小分队共规划建设 4 个安置点，共计 3163 间安置房，配套设施为 13 个公共厕所、13 个公共淋浴间、2 个商店、2 个诊所、10 间公共用房，安置房完全达到质量标准，并于 2008 年 7 月 16 日全部移交给当地政府。

城　乡　建　设

【市政工程建设管理】　阳泉市市政工程管理局市政工程总产值完成 10042 万元，首次突破亿元大关，实现连续 5 年年均增长千万元的历史性突破，5 年总增长量达 7152.9 万元。其中，市政工程有限公司完成生产总值 7972.27 万元，市区道路养护所完成生产总值 272.33 万元，市区路灯管理所完成生产总值 593.65 万元，排水设施管理所完成 131.58 万元，组织其他部门及单位完成工程任务 1072.17 万元。全年市政工程管理局（公司）新增固定资产 260 万，总资产达 9040 万元。

【市政设施】　2008 年底，全市城市道路长度累计达到 383.6 公里；城市道路面积累计达到 458.2 万平方米，人均拥有城市道路面积 8.43 平方米。城市排水管道长度累计达到 212.42 公里，排水管道密度 4.14 公里/平方公里。全市路灯盏数达到 13267 盏。

【市政设施管理】　2008 年，市市政工程管理局（公司）充分发挥专业养护的优势，加大各类设施查巡力度，提高市政设施损毁补缺的效率。同时，建立和巩固设施丢失联系反馈机制，有效地避免设施丢失各分管部门互相推卸，无人管理的局面。对于没有交纳道路规费的破路方，要求其自行组织恢复；为确保质量，要求恢复方签订质保书、交纳质保金；在其恢复过程中，安排专人进行全程监管，确保工程质量；如届时恢复质量不符合规范要求，需重新交纳规费，由市财政安排恢复。通过各方努力，全市市政设施有很大的改善。

【道路改造】 白草堰南路北起新华东街，南至阳光广场，长 138.09 米，宽 12 米，工程于 2008 年 10 月 6 日开工，11 月 25 日竣工，完成投资 100 万元。深圳街拓宽工程于 2008 年 7 月 10 日开工，截至年底，按计划完成 100 米挡墙的砌筑和 20 间办公用房（拆除补偿）的建设任务，完成投资 140 万元。兴隆商业步行街改造工程是对兴隆街、楼儿街、长顺街、福盛巷等 4 条街区的排水管道、路灯等设施进行综合改造，并将该街区改造成商业步行街。该工程总长 684.67 米，面积 9049.41 平方米，于 2008 年 5 月 15 日开工，10 月 31 日竣工，完成投资 800 万元。

【城市道路中小修工程】 该工程共维修道路 4 条（泉中北路南段、南大西街政府广场至燕川食府段、新华东街东段、城市广场东路），共维修面积 2.83 万平方米，完成投资约 530 万元。泉中北路南段维修工程，南起阳钢转盘，北至青年路口，长 290 米，宽 24 米至 34 米，工程于 2008 年 4 月 30 开工，5 月 9 日竣工，共维修道路面积 1.1 万平方米，完成投资 226.78 万元。南大西街政府广场至燕川食府段维修工程，全长 500 米，宽 24 米，工程于 2008 年 4 月 22 开工，5 月 3 日竣工，共维修道路面积 1.2 万平方米，完成投资 194.99 万元。新华东街东段维修工程，东起工商大厦路口，西至市林业局，长 380 米，宽 10 米，工程于 2008 年 4 月 12 日开工，4 月 26 日竣工，共维修道路面积 3165 平方米，完成投资 94.08 万元。城市广场东路维修工程，南起桃北中路，北至北大街，长 300 米，宽 7 米，工程于 2008 年 5 月 5 日开工，5 月 14 日竣工，共维修道路面积 2100 平方米，完成投资 14.07 万元。

【兴隆步行街改造】 该工程范围包括兴隆街、长顺街、楼儿街、福盛巷四条街巷，总长 684.67 米，宽度不等，总面积 9049.41 平方米。其中兴隆街长 315.58 米，面积 4466.12 平方米；长顺街长 164.34 米，面积 2595.6 平方米；楼儿街长 92 米，面积 897.27 平方米；福盛巷长 112.75 米，面积 1090.42 平方米。

工程主要内容有规范煤气、热力、自来水、通信等各专业地下管线，更新污水管道、新增雨水管道、排水系统达到雨污分流，新增消火栓，取消原有人行道、街面用花岗岩铺砌，取消原有路灯、新安装 48 套庭院式路灯，改造部分商铺、台阶等。

兴隆步行街改造工程于 2008 年 5 月 15 日开工，10 月 31 日完成。工程累计开挖外运土方 7676.21 立方米，回填天然沙砾 3022 立方米；铺设直径 300 毫米混凝土管道 472.56 米，直径 400 毫米混凝土管道 564.28 米，直径 500 毫米混凝土管道 195.67 米，直径 600 毫米混凝土管道 66 米，直径 1200 毫米混凝土管道 236 米；新砌井室 148 座，安装方形井盖 133 套，圆形井盖 18 套，单雨水篦 46 套，双雨水篦 4 套，截流蓖 2 套；改造直径 300 毫米自来水管道 350 米，108 毫米自来水管道 120 米，直径 108 毫米煤气管道 125 米，直径 159 毫米热力管道 150 米，直径 80 毫米通信管道 375 米，直径 100 毫米电力保护管 115 米；铺设直径 50 毫米路灯电缆保护管 1050 米，安装路灯 48 套；安装地下消火栓 9 套；铺筑 30 厘米厚的厂拌水稳层路基 9049.41 平方米，花岗岩路面 8945.51 平方米；改造台阶 185 米；安放花岗岩隔离圆球 35 个；累计完成投资 800 万元。

【南庄路安装LED路灯】 按照城市化标准的要求，以及国家路灯行业协会推广节能减排的倡导，2008年9月，市政工程管理局首次在南庄路安装使用国内研制开发的、较为先进的LED路灯灯具，将该路（南庄桥北口至南大街段）原有的400瓦高压钠路灯全部替换成100瓦的LED路灯，共铺设电缆线1700米，安装灯杆、灯具48套。LED路灯与普通高压钠灯具相比有节电、使用寿命长等特点，据测算，一盏LED路灯比一盏普通高压钠灯节电70%。南庄路新安装的48套LED路灯，一年电费能节省3万余元，使用寿命比普通高压钠灯长4倍。LED路灯的安装使用成功，使南庄路成为阳泉市首条LED节能灯具照明示范路。

【市政业务拓展】 截至2008年，市市政工程管理局已经拥有一个亿的市政生产能力。2008年，在全面完成市委、市政府交办的市政任务的基础上，市政管理公司在平定、盂县、开发区等地承揽一批工程，仅平定县即承揽到3500万元的市政工程，为下一步拓展市场积累经验，奠定了基础。

【城市供水和节约用水】 2008年，全年城市供水管道累计达到592公里。全年城市供水总量7166万立方米，其中，居民家庭用水2053万立方米，占供水总量的29%。城市供水人口达到54.46万人，供水普及率100%，人均日生活用水量136.98升。全市全年完成节水344万立方米，对促进经济发展，缓解城市用水紧张状况起到了重要作用。

【自来水公司概况】 2008年，市自来水公司全年供水产值（按现行价计算）完成7774.79万元，完成年计划的108.03%；全年有效供水量完成3220.6万吨，实现利润32.41万元；水质综合合格率100%，供水设施修复及时率100%；完成全员劳动生产率（现行价）66794元/人/年，完成年计划的100.2%；有效供水单位电耗1754千瓦时/千立方米，供水单位成本2.44元/立方米；污水处理费（代收）完成600万元。

【"奥运"期间城市供水安全】 2008年是中国奥运年，也是阳泉市自来水公司的企业管理年，公司以北京奥运会的召开为契机，提高城市供水安全的保障水平。首先，加强软、硬件建设的投入，全面提升安全管理等级。一是加强水质检验，增加检验频次；二是强化值班门卫力量，严格人员、车辆出入登记制度；三是加强水源监管，对取水口、水源泵站、配水厂等重点部位安装监控设备；四是在加氯点配置空气呼吸器、连体防护服、滤毒罐，在保证安全生产的同时，也消除对周边居民可能造成侵害的隐患；五是对调配水池、人孔及排气孔采取更换、封闭、加固等防范措施。其次，分别组织消防培训、消防预案和泄氯事故预案演练。两个演练加强消防、泄氯等安全设备设施使用的熟练程度，有效地提高安全管理水平。在确保奥运期间城市供水安全的基础上，全年全市实现安全生产管理水平的提升。

【节能降耗】 市自来水公司是以电能为主要生产消耗的企业，为贯彻国家节能减排政策，进一步挖掘节电潜力，在原有避峰运行制度的基础上，于2008年1月起对生产管理科调度室全体工作人员实行生产调度避峰运行考核制度，主要对东线水源泵站、一级泵站、二级泵站的避峰运行节约电费情况进行考核。生产调度避峰运行考核制度与奖金发放和工作表现直接挂钩，真正做到多劳多得、不劳不得；奖金采取逐月考核兑现，年底根据全年实际节约电费情况进行清算。2008年，全年避峰运行同比多节电50.97万元。

【降低管网漏失】 2008年，市自来水公司以减少"产销差率"为突破口，努力降低管网漏失，对公司供水的产销差率从现状、成因到对策进行深入分析研究，形成《产销差率长期居高不下的分析及对策》，并引进先进技术、规范产水计量设施，为准确考核产销差率和管网水漏失奠定基础，使企业在降低供水产销差率上取得明显成效。2008 年，全年查漏共计 103 次，有效地控制漏失率约 59.6 立方米/小时，仅北大西街 DN600 铸铁管漏点的发现，就避免了 200 立方米/天的漏失。

【《供用水合同》文本修订】 2008 年 10 月 13 日，市自来水公司特邀请法律顾问，组织由有关部门、科室负责人和公司分管领导参加的专题会议，针对以往《供用水合同》中存在内容不够全面，责任不够明确，双方权利与义务描述不规范等问题进行认真研讨，并参照规范的合同文本，结合企业供水实际，对《供用水合同》进行修改完善。新申请用水、改水、水表改造等涉及自来水供应的事项，都将以规范合同的形式确定下来。重新修订后的《供用水合同》共四类，分别适用于需加设二次加压设备的供水工程、一般供水工程、供水工程开工前和供水承诺等项目，合同中对用水地址、用水类别、水量、水价、结算方式、产权界定、工程费用承担、二次加压及原水消毒等方面进行详细约定，同时也对合同权利义务转让的责任等相关事宜进行规范。《供用水合同》文本的修订，供用水双方的权利义务更加明确，合同文本更加规范，双方责任承担更加公平合理，合同条款更加符合实际。

【居民水价调整】 由于水源泵站的启用，电费、主辅材料等各种成本价格的增长等因素，经市政府研究同意，按照省物价局晋价商字[2006]308 号《关于调整阳泉市城市供水价格的通知》精神，自 2008 年 12 月 1 日起，市自来水公司对居民水价进行调整，调整后的居民水价由原来的 1.65 元/吨调整为 2.10 元/吨，以当月的抄见水量为准。

【城市燃气】 2008 年，全年新增燃气供气管道 22 公里，供气管道累计达到 488 公里，全市新增燃气用户 7045 户，全市燃气用户累计达到 132832 户。2008 年，燃气供气总量 50647.73 万立方米，全市居民用气普及率达到 85.81%。

【燃气燃煤设施改造】 2008 年，全市（不含两县和阳煤集团）实际共新增燃气用户 6720 户，改造燃煤设施 43 台。其中改造舒康洗浴中心、国泰耐火公司等单位燃煤锅炉 9 台、工业学校等单位茶浴炉 2 台、市消防队等单位餐饮大灶用户 32 户，完成投资 615 万元。

【煤气公司概况】 截至 2008 年年底，市煤气公司完成工业总产值 4550 万元，比 2007 年增长了 27%；全年销售煤气 1.65 亿立方米，比 2007 年翻了一番；煤气收费率 98.8%；用户灶前压力合格率 100%；气质合格率 100%；维修及时率为 100%。

【煤气用户快速增加】 2008 年，新增煤气居民用户达到 6720 户，煤气公司用户数量累计达到 78393 户（其中居民用户 77820 户，工业、营业及福利用户 573 户），煤气供气区域已经全部覆盖城区、开发区，并已延伸到郊区、平定及市区周边，实现企业用户规模和供气规模的同步快速增长。

【氧化铝一期供气工程投产达效】 氧化铝供气一期工程自 2008 年 1 月 3 日正式供气运行后，截至 2008 年底已经投产达效，保证氧化铝的正常生产需要。煤气公司的供气规模也有所提高，全年供气量比上年实现翻番，总供气量达到 1.65 亿立方米。

【管网改造工程】 2008 年，市煤气公司针对全市近 50% 的供气管网及设施老化腐蚀严重、部分管网腐烂漏气、安全隐患严重的问题，实施安全改造工程，完成开发东区管网改造 4.612 公里，完成投资 523 万元。此工程解决部分严重腐烂漏气管道安全问题的同时，结合城市发展需要，通过同步扩容改造，有效提高管网设施的供气能力，对于保证全市各类用户的正常用气和城市的发展奠定了基础。

【集中供热】 2008年市区全年新增集中供热面积113.17万平方米（其中，住宅新增集中供热面积85.98万平方米），集中供热面积累计达到1446.89万平方米（其中，住宅1099.3万平方米），供热普及率达到82%。

【市热力公司概况】 2008年，市热力公司坚持外抓发展、内抓管理的方针，坚定不移地扩大供热范围、扩张供热规模。截至年底，公司共签订入网合同65份，新增供热面积100.42万平方米，公司所辖入网供热面积达到937.3万平方米，入网供热用户达到90226户，其中居民用户87220户、非居民用户3006户，受益群众超过30万人。随着供热规模的不断增长，公司的主营业务收入也在持续增加。在2008年至2009年采暖期内，截至2008年底，实现热费收入8981.99万元。

【热力公司热源厂二期工程建成投运】 热力公司热源厂二期工程投资9000万元，安装2台64MW（兆瓦）强制循环高温热水链条无烟煤锅炉，新增供热能力200万平方米，使调峰热源厂达到设计的450万平方米的供热能力。同时建设相应的配套管网设施，共计敷设一次网2.5公里、二次网28公里，新建改建热力站4座，安装各类阀门1280台套。热源厂二期工程的实施，使全市总的供热能力达到1070万平方米，缓解了使供热能力短缺的矛盾，并全面提升供热系统的安全性、稳定性和经济性，与河坡电厂形成双源双网、互补互调的供热格局。

【公共交通】 截至2008年底，阳泉市拥有城市公交标准运营车辆614标台（其中，市公共交通总公司381标台，阳煤集团运输处139标台，个体运营车辆94标台），每万人拥有公共交通车辆11.27标台。市公共交通总公司拥有运营线路31条，运营线路长度403公里。2008年全市公共交通客运总量达到12274万人次，较上年增加2815万人次。截至2008年底，城市客运出租汽车累计达到1411辆。

【公共交通公司概况】 2008年，市公共交通总公司认真贯彻执行优先发展城市公共交通的方针政策，力保安全运行，较好地完成了各项任务。全年总营运公里达1882万公里，比上年增加270万公里，增长16.75%；客运总量完成9248万人次，比上年增加882万人次，增长10.54%；票款收入完成5728万元，比2007年增加996万元，增长21.05%；职工人均收入983元/月，比2007年增加116元，增长28%。

【公共交通总公司移交市交通局监管】 经市政府常务会议研究决定，将市建设局承担的城市客运行政管理职能划归市交通局，实行由一个部门统一管理的客运管理体制。2008年11月12日，由市建设局监管的公共交通总公司移交市交通局监管。

【城市出租车行业管理】 2008年，阳泉市城市客运交通管理处进一步加强出租车行业管理，规范运营行为，全年共召开出租车行业经理负责人会议20次，召集行业从业人员会议12次，下基层进行调查研究10次，采取5项措施保障了出租车客运行业健康稳定发展。一是加强对出租车经营企业收费行为的监管力度，实行帐目公开，将收费依据、收费项目、收费标准和服务承诺上墙公示，规范收费行为；二是制定全市城市出租汽车经营企业和驾驶员之间的管理服务合同，对出租车经营企业和出租车驾驶员之间的关系进一步规范；三是制定出租汽车驾驶员管理规定和出租汽车车容车貌管理规定，进一步规范出租车驾驶行为和出租车整洁美观；四是出租车经营权和车辆产权纠纷得到妥善解决，行业管理步入稳定；五是编制印发《阳泉市城市出租汽车驾驶员服务手册》2000 册，加大对从业人员法制教育宣传力度，提高服务水平。

【城市绿化概况】 "创建国家园林城市"工作稳步推进，先后完成桃南中西路绿化、南山公园儿童公园综合改造、南大街桃北路道路绿化、石太铁路城区段沿线景观绿化等一批质量好、品位高、景观佳的精品工程。全年建成区累计新增各类绿地面积 199.89 万平方米，绿化覆盖面积达到 1934.58 万平方米，绿化覆盖率 37.79%，比上年增加 3.16 个百分点，人均公共绿地面积达到 8.79 平方米。2008 年 12 月 10 日，阳泉市顺利通过山西省省级园林城市达标验收专家组验收，全面实现 2008 年全市创建省级园林城市的目标任务。

阳泉保晋文化园

【阳泉植物园建设工程】 位于市区东部王母堖山上，南与山西北方晋东化工有限公司接壤，东临义白路，与开发区隔桃河相望。一期工程于 2007 年 11 月奠基，2008 年共铺设道路面积 5000 余平方米，修筑水渠 400 余米，累计完成投资 600 余万元。

【桃南中西路绿化工程】 东起天元商厦西至赛鱼桥，对沿线的行道树更新补植，工程投资概算 300 万元。工程于 2008 年 9 月开工，12 月竣工，开挖土方 3854 立方米，回填种植土 3854 立方米，栽植各类行道树 803 株，种植绿篱苗木 15000 株。

【南山公园儿童公园综合改造工程】 主要针对公园原有基础设施、配套设施和绿化景观进行综合改造。工程于 2008 年 3 月开工，12 月竣工。对两个公园内的十余处重点景区修复，新增照明灯具、座椅、垃圾筒等 200 余套配套设施，对公园门区、园内道路、健身场所、水电管网等基础设施进行改造和绿化，栽植各类苗木 77628 株，完成改造面积 12 万余平方米，完成投资 1596.68 万元。

【南大街桃北路道路绿化综合改造工程】 于 2008 年 4 月开工，6 月竣工，主要是完成南大街（市一中至工商大厦段，全长 900 米）和桃北路（桃河桥至阳煤大桥段，全长 2800 米）沿线的绿化隔离带植物更新改造工作。该工程共种植丁香、国槐、樱花、卫矛等各类乔灌木 13 万余株，绿地总建设面积 0.84 万平方米，新增绿化面积 0.44 万平方米，新建景观护栏 4800 余米，组合花盆 38 组，共完成投资 268.87 万元。

【石太铁路城区段沿线景观绿化工程】 于 2008 年 9 月开工，截至 2008 年底已完成白羊墅西货场段、赛鱼货场、桃南路阳煤总仓库东侧和水文站等 4 处地段和沿线部分零星绿地建设工程，共栽植各类乔灌木 2491 株，开挖土石方 1.37 万立方米，回填种植土 1.89 万立方米，砌筑挡墙 1840 立方米，铺装广场 462.25 平方米，拆除面积 659.95 平方米，安砌道牙 325.2 米，全部工程共新增绿化面积 1.5 万平方米，完成投资 410 万元。

【小游园建设】 位于朝阳街圆珠笔厂东侧，于 2008 年 3 月开工，6 月竣工，园内共栽植了 9 大色系 40 多个品种的牡丹 800 余株，栽植各类乔灌木 9338 株，播种草坪 0.86 万平方米，布置景石 57.5 吨，堆砌假山 174 吨，新建绿地 1.24 万平方米，完成投资 397.76 万元；常青园建设工程，位于南深沟路北，于 2008 年 3 月开工，6 月竣工，园内共栽植各类苗木

8962株，播种草坪0.78万平方米，布置景石4.5吨，堆砌假山、驳岸493吨，共新建绿地1.11万平方米，完成投资201.5万元；樱花园建设工程，位于德胜街东侧旧火车站旁，于2008年2月开工，5月竣工，园内共栽植早樱、晚樱和美女樱等各类樱花120余株，栽植各类乔灌木8482株，播种草坪1379平方米，安置景石15.5吨，共新建绿地0.24万平方米，完成投资147.49万元；乐园，原新泉桥小游园，后调整至城区供电局南侧，总占地面积约1200余平方米，工程于2008年11月初正式开工，截至2008年底，已完成游园内地形整理、广场铺砌等工作，共栽植桧柏、法桐、白皮松、玉兰等各类乔木80余株，完成投资50余万元。

【阳盛街泉中路等市区街道行道树补植工程】 于2008年4月开工，11月竣工，重点完成阳盛街、泉中北路等22条市区主要街道行道树补植工作，工程共开挖土方1684立方米，恢复树池861个，恢复人行道0.29万平方米，安砌树池挡板1598.4米，种植行道树885株，共完成投资89.72万元。

【南外环路绿化改造工程】 于2007年11月正式开工，截至2008年底共完成拆除面积1008.29平方米，开挖土石方1.12万立方米，回填种植土1.53万立方米，砌筑石质挡墙246.5平方米，安砌道牙1264.9米，恢复人行道276.3平方米，栽植各类乔木8393株，种植草坪面积1.12万平方米，新建绿地面积4万余平方米，完成投资450万元。

【环境卫生概况】 2008年，全市环卫清扫保洁面积367万平方米；城市生活垃圾无害化处理量完成17.74万吨，无害化处理率达到81%；全年污水处理量2531万立方米，污水处理率65%。

【城乡环境卫生一体化管理机构建设】 2008年6月24日，市政府常务会原则通过市建设局制定的《城乡环境卫生一体化管理工作实施方案》，市机构编制委员会会议研究决定，成立阳泉市城乡环境卫生管理局，其牌子挂在阳泉市建设局，负责统筹协调全市的城乡环境卫生管理工作。

【道路保洁】 2008年，城区环卫处以创建卫生城市和城乡环境卫生清洁整治工作为主线，结合城市网络化管理，立足环卫实际，积极工作，道路保洁质量不断提高。一是增加保洁人员，加大保洁力度。在原有的113名保洁员的基础上，又抽调300名“4050”人员充实保洁队伍，保证每班次保洁人员在200人左右。二是调整保洁作业时间。保洁时间由原来的早8时至下午6时调整为早7时30分至下午7时30分。三是保洁员分路段巡回作业，管理员分片跟班检查，每班签字4次。四是保洁员在作业路段交接班，解决交接班时的空岗问题。五是分管副处长、所长不定期进行路面查岗、查作业、查质量的检查。六是实行捆绑式责任、奖罚一体，以增强作为意识，拉长责任链条，将分管副处长、所长、管理员、管理科包片员、保洁员五个环节捆绑在一起形成责任带，确保117万平方米的道路保洁水平的提高。

【道路清扫】 城区环卫处承担着137.1万平方米的道路清扫任务，清扫员工159名，人均清扫面积8000平方米以上。为提高清扫质量，城区环卫处采取一系列措施使道路清扫水平稳步推进。一是实行管理人员跟班作业制度，把日常管理变为现场管理。二是实行清扫工作目标责任制，做到“时间、任务、质量、地段”四落实。三是实行人工清扫和机械化清扫相结合的新机制。四是严格执行《环卫作业管理考核办法》的各项规定，道路清扫质量得到提高和巩固。

【垃圾清运】 城区环卫处针对垃圾清运中存在的“车走地盘不净”和垃圾点管理难、反弹大的问题，采取以下措施：一是严格“日产日清”、“车走地盘净”；二是加强对司装人员的管理；三是对主要街道、繁华地段实行日产多清，保证垃圾点干净；四是每天对辖区内的540个垃圾点的容器进行清洗，保证垃圾容器干净卫生；五是启动新的垃圾收运体制。10月26日，位于开发区东部的一号垃圾中转站投入适用，标志着新的垃圾收运方式的开始，市区日产的350立方米垃圾均由该中转站处理，充分显示该设备技术超前、吞吐力强、运转高效、操作便捷的特点，有效解决垃圾中转难、二次污染的问题，改善工作环境，减轻劳动强度，提高工作效率。

【公厕管理】 为解决管理难度大、水电维修消耗多、清扫保洁质量不高等问题，城区环卫处及时完善公厕管理的内部监督机制，提升管理水平，完成了负责的24座水冲厕和70座承掏厕的管理任务。一是实行“定人、定厕、定指标”的管理模式，以提高管理效果。二是修订《水冲公厕管理规定》，从运行时间、清扫保洁、消杀、水电管理、设备管理五个方面进行明确规定。三是管理员分片管理，每班4次签字制，杜绝迟开门、早关门、脱岗现象。四是加大督促检查力度，管理科、分管副处长、中心领导不定期进行检查，对脱岗、卫生不符合要求的公厕清扫员，每周召开一次检查情况通报会。五是实行“每周四晚集中清扫”制度，每周四晚8点每座公厕集中所有清扫保洁员进行一次彻底清扫，由管理员验收、中心主任抽查，对不符合要求的限期整改，整改不好的按规定扣罚。

【环卫收费】 2008年确定的年度收费任务是380万，全年共完成收费任务420万，较2007年又有新突破，确保环卫事业的稳定发展。

【村镇建设】 一是积极开展新农村建设规划和小村镇总体规划编制。阳泉市郊区、平定县和盂县的县域城镇体系规划编制完成，郊区旧街乡、盂县牛村镇、孙家庄镇、梁家寨乡的总体规划，大阳泉村的历史名村保护规划编制完成。二是完成阳泉市农村困难群众住房调查工作，为下一步解决农村困难群众住房工作做好准备。三是建制镇绿化工作进展顺利，省补助绿化资金全部到位，取得小资金带动大绿化的良好效果。2008年全市的建制镇绿化覆盖率达到22.5%。四是积极开展旅游小村镇和历史文化名村名镇的申报工作。娘子关镇被评为旅游名镇、小河村被评为旅游名村。同时，为保护阳泉的古村落，郊区大阳泉村向省建设厅申报历史文化名村名镇。

2008年，全市农村新增住房面积45.14万平方米，农村人均净增住房面积0.88平方米，农村人均住房面积达到25.9平方米，试点镇共完成村镇建设项目42个，完成投资6.9亿元。

【农村困难群体住房】 2008年，为解决农村困难群体住房，市建设局完成全市农村困难群体的调查摸底，并分别与各县区签订《2009年解决农村困难群体住房工作目标责任书》，明确解决农村困难群体住房工作的组织领导、保障措施和目标任务。

建筑施工

【建筑施工概况】 2008年，全市共有在建工程278项，建筑面积504.48万平方米，工程造价47.64亿元；竣工26项，竣工面积42.29万平方米，造价3.46亿元。市区在建工程156项，建筑面积298.42万平方米，工程造价30.85亿元；竣工11项，竣工面积13.43万平方米，造价1.27亿元。郊区在建工程54项，建筑面积62.79万平方米，工程造价5.84亿元；竣工5项，竣工面积6.59万平方米，造价0.53亿元。平定县在建工程29项，建筑面积55.12万平方米，工程造价3.8亿元；竣工2项，竣工面积0.6万平方米，造价0.04亿元。盂县在建工程39项，建筑面积88.15万平方米，工程造价7.15亿元；竣工8项，竣工面积21.67万平方米，造价1.62亿元。

【建筑安全生产监督管理】 2008年，全市建筑安全生产监督管理工作以建筑施工安全生产隐患排查为重点，以专项整治为突破口，强化职工的安全培训和安全教育，加大建筑施工安全生产监管力度，积极开展安全生产检查，有效地遏止重特大事故的发生。2008年，全市共组织开展安全大检查11次，累计检查建筑工程1870项次，下达隐患整改通知书83份，停工整改通知书111份，排查出各类安全隐患4100多项。全市接受山西省政府隐患排查督查2次，山西省建设厅安全隐患排查督查4次，建设部工程质量安全隐患排查督查1次，阳泉市政府隐患排查督查1次，受到了各级检查组的好评。全年建设工程开工前安全生产条件审核率达100%；百亿元施工产值死亡率为0，年负伤频率0.4‰；建筑工程安全监督覆盖面市区达到100%，县区达到30%；特殊工种持证上岗率100%；全年创建安全质量标准化工地23个。

【安全质量标准化工地创建活动】 市建设部门继续加大建筑施工安全质量标准化管理工作力度，采取日常巡查与定期考核相结合的方式，加大对建设项目安全质量标准化工作的监管力度。对申请创建安全质量标准化工地的工程进行针对性指导，对新开工项目耐心帮助、从基础抓好，对安全质量标准化工作较差的项目针对存在问题进行现场监督整改。2008年，有23项工程申请创建安全质量标准化工地，经过考核评审，华通路桥集团有限公司承建的平定师范学校培训楼等8项工程推荐为山西省建筑安全质量标准化工地。

【建筑施工专项治理】 市建设部门为排查隐患，深入各建筑工地开展了以施工坍塌、施工用电、塔吊倒塌及高处坠落等为主要内容的专项整治，并印发《关于立即开展建筑施工起重机械设备及脚手架工程专项检查的通知》。按照各方责任主体的职责，从专项施工方案的编制、审核、审批入手，对各方责任主体是否认真履行职责、人员是否持证上岗、起重机械是否制定安装（拆除）方案等方面进行认真检查，严格要求。特别是针对建设部在全市进行工程质量安全督查中提出的禁止使用钢管悬挑式脚手架的问题，对全市建筑工程脚手架进行拉网式检查，要求使用钢管悬挑式脚手架的施工单位，一律整体拆除，重新制定方案、重新审批、重新搭设；对拒不整改的一律责令暂停施工。对起重机械进行防倒塌专项检查，共检查塔吊327台、龙门架186部、施工电梯19部。通过检查，办理备案使用手续的塔吊291台、龙门架146部、施工电梯19部。针对全市高砌坡较多的实际情况，加强了对挡土墙工程的监管。新建的挡土墙必须进行招投标，对多年的旧挡土墙按照谁的产权谁负责的原则，由产权单位进行自查，发现重大隐患，必须立即拆除，把挡土墙的安全隐患消除在萌芽状态。全年共检查挡土墙工程32项，保证新建的挡土墙有勘察、有设计、有施工、有监理，切实消除重大安全隐患。

【建筑节能】 一是将建筑节能列入专项审查范围，严格查验建筑节能设计备案登记表和节能设计图。要求建设单位、施工单位严格按照建筑节能设计图纸和施工规范施工；要求监理单位严格审查建筑材料生产企业、做好监理日志，切实把好材料准入关；对于没有按照节能设计图纸施工、不符合建筑节能标准的工程，不通过建筑节能专项验收。市建设局全年共办理建筑节能设计审查备案350余份，面积近170万平方米。二是加强建筑节能日常监管，全年组织5次专项检查，共检查建设单位80余家，工程项目合计600余项次。对不规范的工程，下发整改通知书，并要求责任方及时按规范进行整改，全年共发出整改通知书90份。三是加强建筑节能工程质量监控。施工方每一道工序完工后先进行自检，发现问题自行整改，建设单位、监理单位组织验收并签字认可后方可进入下一道工序，形成一套切实有效的节能工程质量监控体系，以确保建筑节能工程质量。四是实行建筑节能公示制度。要求建设单位将所建、所销售的建筑节能实施情况在施工现场、销售场所显著位置进行公示，接受社会监督。五是全市建筑节能普查工作全面完成，建立建筑项目数据库和节能改造计算表。其中，既有居住建筑项目，共384项、建筑面积达到139.37万平方米；市区既有建筑项目，共124项、建筑面积达到50.87万平方米。六是根据市内实际情况研究制定《阳泉市部分既有居住建筑节能改造实施方案》和《既有建筑供热计量及节能改造项目清单》，为开展既有建筑节能改造奠定了基础。七是加强建筑节能产品检测和专项检查工作。为加强建筑节能产品的质量管理，确保建筑节能实施效果，市建设局根据山西省建设厅《关于开展建筑节能认定技术（产品）监督抽查工作的通知》的精神，对部分建筑节能产品进行抽样检测。

【建筑施工安全生产隐患排查治理】 排查的重点有13项。(1)贯彻落实安全生产法律法规和标准的情况；(2)安全生产责任制、安全生产规章制度的建立及落实情况；(3)建筑工程项目总包单位、分包单位安全生产许可证取证情况；(4)《建筑工程安全防护、文明施工措施费用及使用管理规定》的执行及费用的提取和使用情况；(5)“三类”人员、特种作业人员的持证上岗情况；(6)施工组织设计及专项施工方案的编制、审批、交底、施工及验收等情况；(7)施工现场临时用电设施执行《施工现场临时用电安全技术规范》(JGJ46～2005)的情况；(8)深基坑、高大模板等危险性较大工程安全专项施工方案的制定和落实情况，以及超过规定范围的危险性较大工程的专家组论证和审查情况；(9)建筑工程周边危险源的排查识别及监控治理情况；(10)建筑施工起重机械的安装、拆卸、检验检测、使用、维修保养及备案登记等情况；(11)安全帽、安全带和安全网等安全防护用品的采购、验收、保管、发放、使用、更换、报废等规章制度的执行情况；(12)根据《突发事件应对法》对应急救援预案的修订情况，应急救援的演练情况，应急队伍、物资、设备的配备情况；(13)《生产安全事故报告与调查处理条例》落实情况，坚持“四不放过”原则，对发生事故的企业、有关责任人进行责任追究和现场隐患整改情况。

排查治理工作分两个阶段进行。第一阶段是3月15日之前，为安排部署阶段。市建设局下发了《关于进一步开展建筑施工安全生产隐患排查治理工作的实施方案》(阳建建发)，成立了建筑施工安全生产隐患排查治理工作领导组。全市各县(区)建设局、各建设、监理、施工单位结合自身实际情况，制定本单位的隐患排查治理工作实施方案，成立工作机构，做到职责明确，人员到位。第二阶段从3月15日至12月底，为排查治理阶段。排查治理阶段分三个时段进行。

第一时段(3月15日至4月底)：一是抓紧整改2007年隐患排查治理专项行动中遗留问题的整改，暂时难以整改的，制定措施，落实资金、材料、设备，明确整改责任人及整改时限，确保隐患的彻底整改。二是结合施工现场的实际，对施工作业人员开展有针对性的安全教育和培训，增强职工的安全生产意识和防范事故的能力。三是排查、识别施工现场危险性较大的工程及易发生重大事故的部位、环节，制定预防监控措施和应急救援预案。四是对复工工程项目进行认真细致的隐患排查治理，未经复查或复查不合格的工程，不得复工，严防施工过程中发生安全事故，确保全国“两会”期间的建筑施工安全生产工作。

第二时段(5月至10月底)：一是针对雨季汛期暴雨等自然灾害多发频发的特点，把基坑、边坡等作为排查治理的重点，建立健全预防预警和应急预案，落实防汛、防坍塌等安全技术措施。二是把预防高处坠落、脚手架坍塌、起重设备倒塌、施工坍塌及施工用电等事故隐患作为排查治理重点，开展专项排查、专项整治，对排查出的事故隐患要加快整改，坚决遏止重大事故的发生。三是对近年来发生较大事故的企业、多次发生事故的企业、无视监管、管理混乱的企业以及存在重大隐患的工程项目进行重点排查,重点监管,夯实基础,提高企业安全管理水平,确保"奥运会"及国庆"黄金周"期间的安全生产。

第三时段(11 月至 12 月底):一是指导督促各施工单位制定冬季施工安全技术方案,落实冬季施工安全技术措施。二是认真排查整改各类事故隐患,督促落实防滑、防冻、防火、防煤气中毒以及预防暴风雪等气象灾害等措施。三是认真总结隐患排查治理工作的成果和经验教训,提出改进措施和要求,完善隐患排查治理及重大危险源监控管理制度,健全隐患排查治理工作的长效机制。全年共组织开展 11 次安全隐患排查治理,排查出各类安全隐患 4100 项,排查率达 100%,隐患整改率达 98.1%,建筑工程安全生产工作进一步得到强化。

城 市 管 理

【综述】 积极开展城市管理工作,全市城市环境面貌发生明显变化,2008 年,阳泉市城市管理行政执法局被山西省建设厅授予"城市执法监察先进集体"称号。

【推进城区网格化城市管理】 按照《阳泉市人民政府〈关于在城区试行网格化城市管理的实施方案〉》的要求,市执法局成立市网格化城市管理领导组办公室,出台网格化管理考核办法、管理标准、管理流程等规章制度,印发《城市管理责任与标准(试行)》和《网格化城市管理督查办法(试行)》等文件,明确各部门、各单位在城市管理工作中的具体职能,推动了城区网格化城市管理试点工作顺利开展。一是运用单元网格管理法,划分基本管理单元。按照网格化城市管理领导组办公室的安排,城区执法大队将辖区 16.19 平方公里划分为 135 个网格单元,单元网格按照城市管理事项的发生频率,划分为一类网格(市容环境卫生管理事项相对较多的街面)38 个,二类网格(市容环境卫生管理事项相对较少的街面)45 个,三类网格(社区网格)37 个,四类网格(市直部门单位管辖的公共场所)15 个。在人员配备上,一、二类网格配备城管执法人员、卫生保洁员,由城管执法人员担任网格负责人。三类网格配备环境卫生自治队伍 5 人至 10 人和相应的城管执法人员,网格负责人由社区主任担任。四类网格由市直部门按相关标准自行负责管理。这样就在空间层面上形成四个递进的、逐渐细化的管理层面,每个层面都有明确的城市管理责任人,形成健全、完善的管理网络。二是建立健全城管、环卫人员定点值守、徒步巡逻、机动巡查相结合的工作制度。对主要街面,充实工作人员,采取增加巡查班次的办法,及时处置主要街面和重点地段乱摆乱设、乱倒垃圾的现象;对次支干道,适时组织执法人员巡查,发现问题及时处理,切实做到既保证重点地段,又兼顾一般区域,对容易出现脏、乱、差现象的重点部位,明确 10 个执勤点,安排专人值守;对网格内的违章违法行为,由网格单元的管理者负责做好日常监管工作;对突出问题需要集中整治时,调动执法力量,采取集中行动进行解决。做到集中整治和日常监管相结合,避免出现管理空档,形成"大队管面、中队管片、队员管格"的"三位一体、三级联动"网格化管理机制。三是形成一套比较科学合理的网格化管理流程。具体程序是城区指挥中心接受任务后,对需解决的问题进行分类,派遣相关的专业部门到现场进行处理,处理完毕后,通过区指挥中心向市指挥中心报告处理结果,市指挥中心派出监督员进行现场核查。实行网格化管理以来,有效地提高城市管理效率。问题发现率达到 90% 以上,任务派遣准确率达到 95% 以上,问题处置率为 85%。问题的平均处理时间为 13 个小时,结案率为 83%,平均每周处理问题 245 件左右,提高执法和管理的效率。四是建立完善网格化管理督查机制和考核奖惩机制。市执法局和大队均建立督查组,负责对网格化城市管理责任单位履职情况进行督促检查，并建立情况报告制度，将检查情况每周进行通报。城区执法大队建立内部考核制度，量化考评标准，对网格工作人员进行认真考核，奖勤罚懒。通过考核，使管理人员明确自己的职责，有效调动大家的工作积极性，增强工作责任心和事业心，提高执法效率和水平。

【推进综合执法改革】 市执法局党组按照市委、市政府有关城市管理工作的指示精神，认真总结执法局成立6年来的经验，客观分析管理体制和运行机制及队伍建设等方面存在的问题和原因，站在实践科学发展观、全面提升城市品位的高度，积极探讨新路子、新方法，不断完善综合执法的体制机制建设，收到较好的效果。一是努力探索建立政府主导、部门协调、综合执法、群众参与的新机制。市执法局建立与市建设局、规划局、环保局、工商局、卫生局、交通局、交警支队、市政局、市爱卫办等部门的联席会议制度，定期不定期召集联席会议，共同研究解决城市管理中的新问题。实现信息共享，建立齐抓共管的机制。二是市执法局制定《城市管理责任与标准》，详细划分市直具有城市管理职能的部门的管理责任，建立市执法局与各部门的联系机制，明确各部门完成任务的时限及考评办法，形成各部门联动的优势。三是推进城管进社区工作，城管贴进百姓，让百姓参与城管的氛围正在形成。城区执法大队成立社区中队，具体指导社区城管工作。城区新华东社区在积极争取"4050"人员进社区的同时，动员关心和热爱城市管理事业的退休人员，参与社区环境卫生管理工作，给市民参与城市管理工作带个好头。各区执法大队在城管进社区工作上进行了积极的实践。四是实施联合执法。根据城市管理任务需要，市执法局联合建设、规划、环保、交警等部门夜查建筑施工工地，及时制止违章违法行为，联合城区公安局打击泉中北路破坏绿化设施的行为，联合工商局清洗商业门脸门窗，联合交警支队解决新农贸市场门前秩序混乱问题等等，联合执法有效地解决城市管理中的棘手问题。

【城市管理实行跟踪督查办理】 市城市管理行政执法局充分发挥监督检查职能，对城市管理实行靠前指挥，跟踪督查办理。督查办理的重点是建筑景观、公共设施、环境卫生、广告标志、公共场所、城市绿化、环境保护、道路交通、占道经营、城市进出口、城乡结合部、居民小区、建筑工地、道路开挖与抢险等方面存在的问题。全年共跟踪督查办理211件城市管理事项。

【便民市场管理办法】 进一步规范便民市场管理，方便群众生活，维护市容环境卫生，根据国务院《城市市容和环境卫生管理条例》、《山西省城市市容和环境卫生管理实施办法》和《阳泉市城市管理相对集中行政处罚权试行办法》的有关规定，结合阳泉市实际，市执法局出台便民市场管理办法。便民市场是指为方便市民生活需要，经批准占用公共场地从事农副产品、生活必需品经营的摆摊设点场所。便民市场的规划、选址由市城市管理行政执法局负责，市政府审核批准。各区政府(管委会)及城市管理行政执法分局、城市管理行政执法大队负责做好日常监督管理工作。公安、工商、卫生、食品、质监、文化、物价等有关职能部门分别按照各自职责，与城管执法部门共同做好便民市场的管理工作。设置便民市场的原则是方便群众、不妨碍交通、不扰民、不影响市容环境卫生。设置地点必须在居民小区或居民小区周边，场地开阔平坦，便于维持秩序和清理卫生。严禁在城市主干道两侧和车站、广场等重要公共场所以及机关、学校、医院、部队等单位周边设置。进入便民市场的经营户应当按照规定办理有关审批手续。便民市场的设置一要在市场的主要出入口悬挂明显的标志，并设置标有管理标准、责任人、投诉电话等内容的标牌；二要市场内须留出足够的交通通道；三要统一规划定位、统一经营设施、统一经营时间。便民市场必须配备垃圾容器和清扫工具，设有专人及时打扫清理。非封闭式的便民市场,经营户还应自备保洁工具,做到自行保洁。保证摊位及周围卫生清洁,严禁乱倒污水,乱堆杂物。对违反有关规定,应当受到行政处罚的行为,由有关行政管理部门予以处罚。对于多次违反有关规定、未按要求整改以及不服从管理的予以取缔。

【出台户外临时性宣传活动管理规定】 为加强户外临时性宣传广告的管理,规范审批、监督等管理程序,维护城市市容环境整洁,2008年,市执法局出台阳泉市对户外临时性宣传活动管理规定。户外临时性宣传广告是指利用建筑物、构筑物、树木、道路、场地、空间及其他设施,开展招商、招生、庆典、展销、发布等活动,发放各种宣传品、悬挂条幅、墙体软广告、彩虹门等临时性宣传广告。单位或个人因开展招商、招生、庆典、展销、发布等活动,确需发放各种临时性宣传广告者,应持相关材料和文件,需事先到市政执法局办理审批手续,严格按照市城市管理行政执法局批准的时间、地点,设置、发放、悬挂,届时拆除。

【城市管理行政处罚案卷评查活动】 市城市管理行政执法局根据市政府办公厅《关于组织开展行政处罚案卷评查活动的通知》于2008年8月对所属的城区、矿区、郊区、开发区城市管理行政执法大队的行政处罚案卷进行自查自评工作。共自查自评城管行政处罚一般程序案卷97起,反映出市城市管理行政执法局办理行政处罚案件的基本情况。

长　治　市

【综述】 2008年长治市建设管理局、房地产管理局、规划勘测局、园林局及住房公积金管理中心主要抓了省、市政府签订的建设目标任务、城市建设、市政公用设施建设、住房保障建设、城市规划、园林绿化和城市管理等工作,完成全年的工作目标。

节日期间的八一广场鲜花盛开

重点工程建设

【城隍庙广场建设工程】 城隍庙广场工程占地面积大约55亩,总投资约17268万元,完成投资约16500万元。其中,地上建筑工程全面完工,广场景观建设基本完成,庙道巷道路建设完工,明清古建筑彩绘工作全部完工。

【图书馆文化广场建设工程】 该项目分为公交停车一场搬迁和文化广场建设两部分,总投资2880万元。按照市政府建设计划安排,长治市建设管理局承担公交一场停车场的建设、搬迁任务。公交停车场建设的选址、设计、招标等工作已完成,停车场开始建设。

【市政公用设施建设工程】 以延安路为重点的5项市政工程顺利完工。2008年开工建设的有延安路改扩建工程、长安路改造工程、出入口道路绿化工程、支干道工程(职业技术学院路、康园学校路、轴承厂小区道路)、创建文明城市道路维修及设施完善等5项工程。其中,延安路改扩建工程是市政府年初确定的12件实事之一。道路全长5270米,总投资约2.06亿元,是长治市市区南北方向的生活主干道、长治市“九纵九横”道路骨架网的重要组成部分。与道路同期修建了电力、通讯、自来水、煤气、排水等管沟。10月，道路已按计划通车；另外，长安路改造工程、太长高速出入口道路绿化工程、支干道工程建成通车，完成投资2421万元，改造道路3280米。同时，根据市委、市政府创建全国文明城市要求，投资2974万元，对市区范围的道路、街巷、休闲座椅、无障碍设施进行大修、整治。

【城市照明工程建设】 城市照明设施投资786.30万元，安装完成石头街、六府巷、安古巷等60条小街小巷路灯设施；安装完成紫金东西街、长太高速公路连接线、旧长邯路等6条路灯新建工程，城市路灯平均亮灯率达到99.53%，亮化设施亮灯率达到90.27%。

【长治环城水系综合治理工程】 初步编制出长治市环城生态水系总体规划方案。根据市委、市政府要求，对长治市环城生态水系总体规划方案进行修改论证，初步制定出综合治理方案，并报市政府审批。

【热电联产集中供热一期工程】 热电联产集中供热一期工程是长治市2008年城市建设计划重点工程，总投资2.5亿元。其中：漳泽电力公司至市区12KM主管网投资1.8亿元，市区配套工程投资1亿元。工程设计供热能力500万平方米。工程于7月开工，按设计需9个月工期完成的工程量，仅用4个月时间竣工并投产。截至2008年底，长治市主城区集中供热总面积达到820万平方米。

【长治市长北污水处理及回用工程】 长治市长北污水处理及回用工程是国家“十一五”规划的城镇污水处理设施建设项目和国家“三河三湖”专项资金建设项目，也是省长王君批示全省重点建设的28座污水处理厂之一。该工程的设计规模为日处理污水7.5万吨，回用水5万吨/日。采取A2/O+混凝过滤工艺，总投资约2.8亿元，选址在长北黄碾镇黄南村西南，浊漳河南源。整个工程建设周期约为两年。

2008年，长治市长北污水处理回用工程正式立项，同年10月14日，该工程环境影响报告获山西省环保局批复（晋环函[2008]781号），11月16日，该工程可行性研究报告获省发改委批复（晋发改城环发[2008]1316号）。

【城镇污水处理厂建设】 2008年，长治市计划内在建的县污水厂共8座。

1. 襄垣县污水处理厂设计规模1.5万吨/日，总投资3100万元，设计工艺为氧化沟工艺，2008年1月土建完工，3月进行单机调试，6月进行联合试车，7月投入运行；

2. 壶关县污水处理厂设计规模1.5万吨/日，总投资3939万元，设计工艺为A2/O工艺，2008年1月土建完工，3月进行单机调试，6月进行联合试车，7月投入运行；

3. 武乡县污水处理厂设计规模0.8万吨/日，总投资4397.49万元，设计工艺为A2/O工艺，2008年1月土建完工，3月进行单机调试，6月进行联合试车，7月投入运行；

4. 沁县污水处理厂设计规模0.8万吨/日，总投资2970万元，设计工艺为生物处理法，2008年1月进行基础工程，9月构筑物浇筑，12月土建完工；

5. 屯留县污水处理厂设计规模2万吨/日，总投资6150万元，设计工艺为氧化沟工艺，2008年4月23日开工建设，9月进行基础工程建设，12月底完成基础工程建设；

6. 长子县污水处理厂设计规模1.5万吨/日，总投资4544万元，设计工艺为活性污泥法，2008年9月30日开工建设，10月中旬开始基础工程建设，12月底完成基础工程；

7. 平顺县污水处理厂设计规模1万吨/日，总投资3700万元，设计工艺为生物处理法，2008年10月1日开工建设，11月进行三通一平，12月进行基础工程建设；

8. 沁源县污水处理厂设计规模1万吨/日，总投资4635.01万元，设计工艺为A2/O工艺，2008年10月1日开工建设，12月完成基础工程建设。

（注：长治市污水处理厂、长治县污水处理厂、黎城县污水处理厂和路城市污水处理厂2007年以前建成并投入运营。）

【城镇生活垃圾处理设施建设】 2008年长治市共有4个生活垃圾处理厂立项或开工建设。

1.4月15日，屯留县生活垃圾综合处理厂破土动工。该项目位于屯留县路村乡前苏北村，占地35亩，总投资3728万元，日处理生活垃圾200吨；

2.6月，武乡县生活垃圾无害化处理厂开工建设，该项目距县城3.5公里，占用沟壑地70亩，设计库容量65万吨，日处理能力80吨，使用年限为15年，总投资4032万元。该项目一期工程于2008年8月30日完工，开挖土方2.1万立方米，铺设防渗膜11750平方米，完成投资400万元；

3.9月，黎城县生活垃圾卫生填埋场经山西省发改委批复立项。该项目位于黎城县西仵乡东旺村，占地104亩，填埋库容量111万立方米，日处理垃圾90吨，可使用17年，总投资3507万元；

4.11月，平顺县保洁生活垃圾无害化填埋场工程立项，完成可行性研究报告和环境影响报告的批复。场址在青羊镇张开村张家凹沟，设计总占地面积8.92公顷，日处理生活垃圾85吨，使用年限为13年，总投资2680万元。

住房政策与制度改革

【住房制度改革】 2008年共受理核准房改成本价出售公房单位56个、219幢、1260户、115267.275平方米；标准价补足成本价出售公房44个单位，163幢，1668户、141985.19平方米。截至2008年底，全市累计成本价出售公房67548户，5467871.278平方米；标准价补足成本价出售公房186个单位，490幢，5695户，443652.708平方米，公房出售比率进一步提高。

【住房补贴发放】 全年共受理申请住房补贴审核的单位26个，职工82人，其中无房户职工29人，未达标户职工53人，发放补贴金额169.66万余元。截至2008年12月底，长治市累计审核发放住房补贴301个单位，1189人，补贴金额2714.83万元。住房补贴发放工作在全省属领先地位。

【廉租住房货币补贴】 市直廉租住房货币补贴：2008年7月，长治市对8个主街道50个社区中申报廉租住房补贴的低保户家庭进行入户调查，于7月27日在《长治日报》公示504户低保家庭中无房和住房面积不达标的住房困难户。经核实，符合补贴条件的有484户、1314人。9月2日，又对符合廉租住房保障条件的484户、1314人发放了租赁补贴，发放金额1422780.48元。所属县（市）区廉租住房补贴情况：2008年9月初，房地产管理局联同市财政部门，对长治市所属县（市）区下发2008年廉租住房保障专项补助资金和工作奖励资金，并全部到位，各县（市）区已完成对低保户中无房户、人均住房面积不达标的住房困难家庭摸底调查工作，现正处于张榜公示阶段。经公示无异议的，将正式发放廉租住房租赁补贴。

保障性安居工程建设

【保障性住房建设】 2008年上半年完成对全市城镇低收入家庭住房情况的全面摸底调查，掌握了全市符合住房保障条件的城镇低收入居民的总量、现状、分布情况，摸清了保障性住房的真实需求，建立城镇低收入住房困难家庭住房档案，制定了解决城镇低收入家庭住房困难的工作目标、发展规划和年度计划。城区城建局协同民政部门和各街道社区克服人员少、任务重等诸多困难，相互密切配合，层层把关，严格工作流程，实行责任倒查，收到实效，取得较好成绩。

全市全年经济适用住房新开工建设26.519万平方米、3172套，完成省政府下达任务指标的147%；棚户区改造新开工15.76万平方米，1911套，完成省政府下达任务指标的315%；廉租住房开工建设3.495万平方米，700套，完成省政府下达目标任务的112%；9月初，对市属县（市、区）下发廉租住房保障专项补助资金766.22万元，2369户住房困难的低保家庭享受到了政府发放的住房补贴。实现低保家庭住房补贴应保尽保。潞城市房管局保质保量地完成山西天脊集团3万平方米、332户的经济适用房建设任务，并在中华大街、学府街、环城水系拆迁改造工作取得成效，廉租房建设工作走在全市的前列，并受到省建设厅的表彰。沁县建设局视百姓疾若为己任，深入群众，积极宣传住房保障方面的相关政策，保证为280户低保家庭住房困难户840人足额发放住房补贴32.07万元。经济适用房和廉租住房柏后小区建设项目是长治市人民政府响应国家号召，实施的一项惠民工程，项目位于长治市城区柏后村，规划占地78.28亩，总建筑面积14万平方米，总投资2.52亿元。其中，廉租房规划占地46.98亩，总建筑面积8万平方米，总投资1.2亿元，建设廉租住房1632套，用于解决城市低保家庭住房问题。

【经济适用住房建设】 市直经济适用住房申请审核工作：2008年8月26日，市房地产管理局面向社会公告，关于低收入住房困难家庭申购经济适用住房工作正式开展，实行“先定住房后盖房”的经济适用住房建设和分配制度。此工作开展以来，前来咨询、领取《经济适用住房申请审核表》的群众已近万余人。市直经济适用住房建设：为切实解决长治市低收入家庭住房困难，年初市政府已在城区柏后村下达用地指标78.28亩，建设经济适用住房3万平方米、廉租住房2万平方米；2008年长治市确定建设经济适用住房的市直企业六家，建设面积7.6万平方米、1293套。开工建设的企业两家，开工面积6万平方米、981套，其中配建廉租住房0.21万平方米、42套。开工项目中，3.9万平方米装饰安装，2.1万平方米主体封顶。所属县（市）区经济适用住房建设情况：长治市所属11个县（市）区2008年拟建经济适用住房23.47万平方米、3410套。截至2008年底，已开工建设的经济适用住房17.519万平方米、1691套，其中黎城经济适用住房新建小区1.8万平方米、110套已全部竣工。

【棚户区改造】 市直企业棚户区改造情况：长治市确定进行城市居民棚户区改造的市直企业10家，改造面积36.9万平方米、4587套。截至2008年底，开工建设的企业5家，开工面积13.1万平方米、1615套，其中配建廉租住房0.605万平方米、119套，其余五家企业正在进行拆迁。所属县（市）区棚户区改造情况：长治市所属县（市）区进行棚户区改造的有武乡、沁县、黎城、壶关4个县，截至2008年底，除壶关县两个项目外，其余三个县改造项目均已开工，开工面积2.66万平方米、296套。

【廉租住房建设】 市直廉租住房的建设：2008年，市政府已在城区柏后村下达用地指标，建设廉租住房2万平方米，截至2008年底，征地补偿款已全部到位，基础放线也基本完成；所属县（市）区廉租住房的建设：2008年长治市所属县（市）区新、配建廉租住房2.245万平方米、450套。除沁源和平顺2县外，其余9个县均已开工，开工面积1.495万平方米、300套。其中：襄垣配建廉租住房0.1万平方米、20套，武乡回购廉租住房0.025万平方米、5套已全部竣工。

住宅与房地产业

【房屋产权产籍登记】 2008年，长治市完成房屋登记面积125.24万平方米，注销登记6万平方米，发放房屋所有权证9713册，他项权证543册，完成档案立卷33146卷，协助司法机关查封房产不得进行权属转移和抵押登记的40余起。3月份对产权产籍档案馆进行改造扩容，安装全自动消防报警设备，完成档案目录查询系统的开发利用，完善档案馆的各项规章制度。

【房地产交易】 2008年共完成各类房地产交易业务5968起，成交面积139.38平方米，成交金额9.55亿元。其中：商品房交易2125起，成交面积102.82万平方米，成交金额5.82亿元；存量房交易1157起，成交面积15.08万平方米，成交金额2.36亿元；房屋租赁登记2686起，成交面积21.48万平方米，成交金额1.37亿元。

【物业管理】 一是积极宣传和贯彻落实《物权法》和新的《物业管理条例》以及住房与城乡建设部一系列物业管理配套规章办法，特邀建设部全国城建培训中心的专家到长治市举办“长治市物业管理政策法规培训班”。二是加强物业管理企业资质管理，扩大物业管理覆盖面。截至2008年底全市已有物业管理企业76家，物业管理面积达到810多万平方米。三是进一步提高全市物业管理企业服务质量，漳山电厂工业园区被国家建设部评为“全国物业管理示范工业园区”，是全省唯一获此殊荣的物业企业。四是制定《住宅专项维修资金使用管理办法》，对原有的管理系统进行升级，建立触摸屏查询系统，极大地方便业主和有关单位的查询。同时，根据国家有关规定对首次交存维修资金的比例进行调整，解决原来维修资金交存比例不合理的问题。截至2008年底，当年归集物业专项维修资金2544万元，累计归集维修资金余额达到7155万元。

【房地产市场秩序专项整治】 按照国家八部委联合下发的《关于开展房地产市场秩序专项整治工作方案的通知》精神和市政府的要求，由房地产管理局牵头联合市工商局等单位组成联合检查组，对全市的房地产市场进行专项检查，检查的重点包括：房地产开发企业未取得《商品房销售许可证》擅自发布销售广告、房地产销售广告虚假宣传、广告发布单位违规承担房地产广告业务、未取得“五证”擅自销售等方面内容。通过整顿和规范房地产市场秩序使一些滥用权力、权钱交易、偷税漏税等行为得到有效遏制，房地产领域存在的违法违规行为得到有效控制。长治市房地产发展公司在凯悦房地产开发公司经理携款潜逃后，为不使出资购房户受损，通过政府的考察及招投标，接揽续建阳光假日城的三期工程，妥善解决开发商与购房者的矛盾，保障购房者的利益，有力地维护房地产市场。黎城县房产管理局对工程造价进行严格审核，对工程成本构成进行逐项严格监审，对国家规定的收费标准只准予下限收取，挤掉水份、挤掉房外支出等具体办法，将黎城县的房价控制在1300元/平方米左右，价位为全市最低。

【党风廉政建设】 以房地产交易租赁、产权过户、物业管理、房屋拆迁、商品房开发等业务为重点，采用发布公告、开通热线电话、征求群众意见等方法，彻底整治执法人员在各项业务的执法中存在的不良行为。对党风廉政建设和反腐败工作任务进行责任分解，全面落实党风廉政建设责任制，深入开展政风行风评议工作，积极参加市纪委、监察局在电台开办的“行风热线”，直接与群众对话，解决群众提出的各种问题。同时在市电台开办“房地产热线”，认真宣传和解答房地产政策、法规，引导群众正确认识房地产市场。加强精神文明建设，紧密结合业务工作，开展形式多样的“迎奥运，讲文明，树新风”活动，一些单位和个人受到省建设厅和市文明委的表彰。

住房公积金管理

【住房公积金管理机构调整】 市住房公积金管理中心转为全额事业单位，住房公积金增值收益的40%全部由财政调控用于补贴廉租住房建设补充资金；潞安矿业集团公司住房公积金管理中心与企业资金混同管理的住房公积金1.39亿元已进入住房公积金专户。襄垣县、屯留县、长子县、壶关县、平顺县、沁县、沁源县、长治县，管理部工作人员按事业单位人员录用办法进行社会招考。未建立住房公积金制度的9个县(区)已全部将住房公积金列入财政预算，于2008年起全面建立住房公积金制度。住房公积金逾期项目贷款清收本金150万元。对于恶意欠款不还的市城区房地产开发公司，向中级人民法院提起诉讼，抵押房产正在拍卖中。根据省建设厅监管办的要求，长治市住房公积金管理中心将全省住房公积金监管信息系统建设资金60万元列入2009年预算。2008年5月长治市住房公积金网站正式开通。

【住房公积金业务发展】 2008年进一步加大住房公积金政策宣传力度，将住房公积金制度列入市人大年度执法范围，认真进行住房公积金专项治理，各项业务都取得新的突破。截至2008年12月底，新建住房公积金制度单位2700余个，新增职工3.5万名，当年归集住房公积金7.2亿元，完成目标任务的180%，住房公积金金制度的覆盖面由53%增加到60%；支取使用住房公积金1.11亿元，发放个人住房公积金贷款857户，金额9611万元，完成目标任务的120%。全市累计归集29.9亿元，累计支取5.89亿元，累计发放个人住房贷款3.65亿元，为改善城镇居民居住水平、保障中低收入家庭解决住房问题发挥积极作用。

【住房公积金专项治理】 一是住房公积金制度基本普及。未建立住房公积金制度的9个县(区)已全部将住房公积金列入财政预算，从2008年起全面建立住房公积金制度。其中，襄垣县、沁源县、长治县、郊区等4个县区按10%为财政统发工资人员配套住房公积金，平顺县、屯留县等2个县按5%为财政统发工资人员配套住房公积金，长子县预算900万元为财政统发工资人员配套住房公积金，以上7个县2008年总计为3万名县区干部职工缴存住房公积金7732万元。沁县和壶关县按低起步的原则以3%预算住房公积金，由于财力较为紧张年底前未配套到位。二是住房公积金管理机构调整结束。长治市住房公积金管理中心内设机构、人员已全部到位。潞城市、武乡县、黎城县已建住房公积金管理机构并开展业务，市政府安排市审计部门对其进行资产移交审计；在未开展住房公积金制度的襄垣县、屯留县、长子县、壶关县、平顺县、沁县、沁源县、长治县，管理部工作人员按事业单位人员录用办法进行社会招考。三是住房公积金逾期项目贷款清收力度进一步加大。市住房公积金中心多次沟通协调，采取分解任务、法律追诉等方式，共计回收项目贷款本息250万元。截至2008年底所欠住房公积金项目贷款本金1480万元，利息1088万元。四是自行归集住房公积金单位已全部进行移交。五是住房公积金缴存比例和基数差距过大的问题得到有效解决。截至2008年底，住房公积金缴交比例较高的人行、移动、银监局等10家单位由比例不一的30%、15%、12%统一降到10%；中级人民法院、饲料公司、电缆厂及城区所有事业单位等40余家比例较低的也由原先两个5%、6%提高到个人6%、单位10%。

【开通住房公积金门户网站】 经过科学规划，精心设计，2008年5月长治市住房公积金网站开通，住房公积金信息更加公开，管理更加透明，政策宣传力度进一步加大，为了解民情民意、加强监督打下很好的基础。

【住房公积金管理委员会换届】 长治市第一届住房公积金管理委员会于2002年12月成立。2008年5月，成功进行换届，市委常委、常务副市长董岩为主任委员。7月召开二届一次全体会议，讨论通过《长治市住房公积金管理办法》和《长治市住房公积金按揭贷款暂行管理办法》，并以长政发[2008]105号印发。在建立住房公积金决策机制的6年间，总计回收项目贷款3678万元，占应回收总额的45%，其中住房公积金本息2475万元。住房公积金管委会机制的健全为长治市住房公积金的安全运作、保值增值、健康发展提供了坚强保障。

建筑节能

【建筑节能管理】 2008年长治市承担既有建筑节能改造3个项目,建筑面积3.67万平方米,总投资919万元,共落实中央、省级、市级配套资金411万元。全年共办理建筑节能设计认定378项、共计339栋楼。其中:市区111项195栋楼,各县(市)区123项222栋楼,总建筑面积500万平方米,保证新建建筑执行50%节能标准设计率100%、施工阶段执行50%节能标准率100%。办理建筑节能技术产品备案32项、20个品种。

【长治市建筑节能审图管理中心成立】 经长治市机构编制委员会批准,长治市建筑节能审图管理中心成立,为长治市建设管理局下属正科级全额预算事业单位。主要职责为:拟定全市建筑节能发展规划;组织实施建筑节能设计图的项目审批;负责施工图设计文件政策性核准备案和建筑节能设计认定;负责工程项目建筑节能竣工验收;查处有关图审、节能违法违章行为。

规划勘测

【规划编制】 由长治市规划勘测局委托西北大学城市与区域发展研究院与长治市规划设计院共同编制的《长治1+5城市群发展战略规划》,于2008年10月27日通过专家评审,并向社会公示征求意见,规划以主城区(含城市新区)为中心城市,带动周边壶关县、长治县、长子县、屯留县、潞城市5座县城协调发展,构成1+5组团式城市群,凸显山西省四个区域中心城市之一的功能。该规划的编制,对于加快长治市经济和社会发展,提高城镇化率具有重要的现实意义,更具有长远的战略意义。

根据市政府2008年工作安排,按照省建设厅要求,完成《长治市住房建设计划》(2008、2009)、《长治市住房建设规划》(2008~2012)的编制、报批、备案工作。《长治市住房建设计划》(2008、2009)的编制和报送工作受到省建设厅的通报表彰。

编制完成《老顶山与主城区连接地段控制性详细规划》,并通过专家评审。

编制完成史家庄、鹿家庄、邱村、南关村、李家庄、化家庄、角沿村、南石槽村八个村的"城中村"改造规划,已通过评审并经市政府批准。

根据《城乡规划法》的相关规定,长治市控制性详细规划的编制工作已全面启动,2008年城市建成区的控规覆盖率达到70%。

【规划管理】 一是规划审批管理,严格执行"一书两证"制度。坚持实行项目审批业务例会制度,集体研究,共同把关,重大项目报市政府审批,避免审批方面的暗箱操作,提高审批工作的透明度,保证公开、公平、公正。2008年以来共召开项目审批业务会16次,办理发放:《建设项目选址意见书》31份;《建设用地规划许可证》17份;《建设工程规划许可证》79份。二是管理服务制度化。加强内部管理,简化审批程序,建立政务公开制度。在市图书馆二楼设立城市规划公示厅,向社会公开展示规划成果及重点工程建设情况;积极推行规划公示制度,各建设工地全部按要求统一制作公示牌,实施规划批前及批后公示管理;实行制度上墙、窗口办公等等,提高工作效率。

【规划执法】 2008年,规划监察执法力度不断加大,严厉查处各类违法建设行为。经市政府批准,2008年市规划勘测局成立长治市城乡规划监察大队。6月份公开招聘监察人员,8月份投入监察管理工作。为便于高效开展规划监察工作,又将规划监察大队内部划分为四支队伍:第一支是规划监察特勤中队,实行全封闭军事化管理,执行强制停工、拆除违法建设及其他紧急突发的规划监察任务;第二支是规划巡查中队,对各类违法建设工程及时进行巡查处理;第三支是规划监察督察中队,对审批后的在建工程进行跟踪式批后管理，并对其他规划监察中队的执法情况进行督察；第四支是规划警务室，由市公安局直接选派两名民警进驻规划局，随时参加强制停工或强行拆除行动，预防并制止阻碍规划执法、暴力抗法等治安案件的发生。

积极探索实施规划联合执法体制。成立规划管理联合执法领导组，统一指挥调度全市规划管理联合执法工作，成员由规划局、建设局、监察局、市检察院反渎职侵权局、长治日报社、长治广电总台、市公安局巡特警支队及供电、供水等相关单位负责人组成。领导组下设办公室，设在市规划勘测局，负责组织、协调各部门联合查处，依法制止违法建设行为。市城乡规划联合执法领导组办公室把具体工作任务细化分解到各成员单位，由市规划勘测局牵头，各有关部门对违法建设采取断水断电、强制停工等强制措施，取得一定成效。2008 年，开工在建的建设项目共 137 项。正常办理规划手续的 79 项；经监察管理，已办理规划手续的 16 项，实施停工后正在办理手续的 35 项；边建设边办理手续的 7 项；对严重违反规划的违法建设项目共组织实施强行拆除行动 16 次，拆除面积约 17410 平方米。

【法律法规宣教】 集中开展《城乡规划法》的普法宣传工作，2008 年年初就组织开展一系列宣传活动。1 月 1 日《长治日报》全文刊登《城乡规划法》；1 月 1 日至 3 日，在八一广场和单位办公楼前进行宣传咨询活动，专门印刷了《城乡规划法》、《规划项目审批工作流程示意图》等宣传册共计 3000 份，向广大市民群众散发；1 月 14 日《长治日报》刊登市委常委、常务副市长董岩的讲话《深入学习 <城乡规划法>，继续提升长治市的魅力城市品位》；1 月 4 日《长治日报》刊登宋锦书局长的《城乡规划法》答记者问；长治电视台 5 个频道以流水字幕形式滚动播出宣传《城乡规划法》的标语；制作并出动宣传彩车在市区、郊区主要街道进行宣传，普及《城乡规划法》和城市规划管理方面的相关知识，努力提高全社会民众遵守《城乡规划法》、服从规划管理的基本意识。按照省建设厅、监察厅、省政府法制办、省政府效能办的要求，8 月 5 日为《城乡规划法》集中宣传日，长治市在英雄中路举行声势浩大的《城乡规划法》宣传活动，《长治日报》刊登《城乡规划法》知识竞赛试题，各县（市）区及社会各界踊跃参与，共收到参赛试卷 1314 份。通过多种形式宣传，取得可喜的成效，全社会城乡规划意识明显增强。

《城乡规划法》颁布实施后，专门投入经费，及时给执法人员购买《城乡规划法条文释义》、《城乡规划法解说》等书籍资料。先后派送部分骨干分三批赴北京、上海、杭州等地参加《城乡规划法》及相关法律知识培训。1 月 8 日至 9 日，组织《城乡规划法》全员培训，机关全体，局属单位市规划设计院及各县（市）区规划管理业务骨干参加学习。6 月 16 日至 8 月 16 日，对新招聘规划监察人员进行为期两个月的集中军事化培训，其中文化课培训以熟悉《城乡规划法》相关内容及如何开展规划执法为主。健全和规范执法文书管理，全面使用省建设厅制作的建设行政执法文书统一格式。针对部分执法人员法律文书填写不规范情况，8 月 26 日，专门对执法文书填写人员进行专项培训，并由办公室制作一套主要执法文书规范填写样本，印发到各规划监察执法小组，使执法工作从内容到形式都进一步系统规范。

【迎奥运与维稳工作】 2008 年 7 月 9 日，参加市委、市政府组织大接访活动，在北郊公园东大门平台，局长宋锦书率班子成员热情接待来访群众，尽量当场解决群众的合理诉求，对当场不能解决的问题，向群众说明原因，讲清政策。根据市级领导大接访活动任务分解，长治市规划勘测局负责处理南街都市骏景小区违规开发、演武巷 10 号楼影响采光等六项信访事件。接到任务后，局长宋锦书率相关科室负责人分别主动约见各上访人员代表，了解上访者的主要诉求，进行调查研究，使这几起信访事件全部得到妥善解决。

2008 年 9 月底，长治市委、市政府向群众公布市委书记和市长办公电话，接听群众举报社会稳定与安全生产隐患。长治市规划勘测局十分重视此项工作，责成专人负责，对群众反映的居民采光、建筑间距、违法建设等方面的问题认真调查处理，并按要求回复。截至2008年底，共办理回复“长治市社会稳定安全生产联系卡”118项，有力地维护社会的稳定和谐。

【行风评议】 积极部署开展政风行风评议工作。及时将2008年度的政风行风承诺公示在网上进行发布；继续设立举报箱，公布举报监督电话（2183166、2183171）；从社会各界聘请19位政风行风评议监督员，以便及时得到对存在问题的反馈；向社会各界发放意见建议征求表50余份；参加市广电总台的“行风热线”；9月28日上午，局长宋锦书参加由市行评办和市广电总台联合主办的“政风行风面对面”栏目，对群众提出的问题进行现场解答；11月21日下午，局领导班子成员和各科室、单位负责人在九楼会议室集体收听省建设厅、省电台举办的《行风热线》。11月25日，市人大副主任程记则带队市人大检查组一行11人，检查贯彻落实《城乡规划法》工作开展情况，检查组对长治市规划勘测局的工作成绩给予充分肯定。11月26日下午市规划勘测局组织召开廉政建设及行风评议听证对话会，从社会各界聘请12名行评监督员参加会议。2008年共收到群众投诉举报69起，受理后全部予以及时处理，办结率达100%。

【党风廉政建设】 按要求成立党风廉政建设领导小组，坚持实行工作例会制度，定期研究责任制工作开展情况。制定《市规划勘测局党风廉政建设和反腐败工作任务责任分解意见》，将全局党风廉政建设和反腐败工作量化成数十项指标，逐项落实到各科室、单位，实现廉政建设工作任务由虚变实，由软变硬，由模糊变清晰。2008年市规划勘测局没有发生过一起违法违纪案件。

【深入学习实践科学发展观】 2008年10月份，按照市委要求，结合自身实际，积极开展学习实践科学发展观活动，着重抓了活动准备、学习培训、专题调研、集中讨论四项工作。成立以常正元同志为组长，班子其他成员为副组长的市规划勘测局科学发展观领导小组。在抓好学习培训的基础上，围绕人民群众关心的、服务对象需要的、政府部门关注的一些热点、难点问题进行调研。

城市建设

【城乡建设计划经济指标】 从2006年11月起市区垃圾全部由市垃圾处理中心进行综合处理，生活垃圾无害化处理率已达到100%，垃圾无害化处理量达到25万吨，超出计划指标4.17%。截至10月底，污水排放量达到4963万立方米，污水处理率达到82.7%，超出计划指标13.7个百分点。根据长治市城市供热规划要求，着手进行热电联供一期管网工程主管网建设，已完成投资2.8亿元，市外市内主管网建设工程已全部完工，机组改造工程也全部完成，全市供热面积达到820万平方米，超出计划指标320万平方米，城市集中供热率达到78.5%，超出计划指标8.5个百分点；农村居民人均住宅建筑面积达到25.44平方米，超出计划指标0.41平方米。

【城市供水】 2008年，长治市供水总公司完成供水量3845.24万立方米，超年计划3.93%；完成售水量3236.88万立方米，超年计划6.06%；通过规范营销管理和抓好管道施工技术改造，漏失率逐年下降；全年销售总收入7121.5万元；水费回收率99.53%；职工人均收入有大的增幅；污水处理工作得到长治市委、市政府政策支持，实现按实际处理量拨付运行费用，2008年处理污水3565万立方米，下半年实现满负荷运行。

【城市供水户表改造】 2008年，长治市供水总公司户表改造工程共签定合同90份，筹措改造资金

1573 万余元，涉及用水户 12324 户。在管网改造工程中，供水总公司积极争取长治市政府建设资金，完成投资 570 余万元的延安路 3500 米、长安路 1700 米的配套管网改造工程。自筹资金 170 余万元完成小辛庄 1300 米、壶口 600 米和庄里 460 米管网建设。

【城市集中供热】 2008 年，长治市热力公司根据热电联供一期漳电机组改造工程，主城区铺设关杜庄南线、延安路、机场路、府后街 4 条主线管网，共铺设 10.25 公里，加上支线管网铺设 3 公里。合计铺设管网 13.25 公里。新建换热站 15 座，新增供热面积 500 万平方米，集中供热面积达到 820 万平方米。供热价格执行长治市物价局 2003 制定的价格。居民用户：每月每平米 3.4 元（按使用面积算）；非居民用户：每月每平米 4.5 元（按建筑面积计算）；低保户：每月每平米 3.2 元（低保以民政部门发放的证件为准）。2008 年燃煤每吨 600 元左右，运行成本与收费价格严重倒挂，政策性亏损严重。

【热电联产集中供热一期工程】 热电联产集中供热一期工程是长治市 2008 年度城建重点工程。由漳泽电厂 2×210MW 机组改造提供热源，工程规模为：DN500 毫米 ~ DN1200 毫米供热主管网 20.6KM，新建换热站 15 座，供热管道全部采用聚氨酯直埋保温技术。工程总投资约 2.8 亿元，其中漳泽电厂投资 1.8 亿元，市政府投资 1 亿元，增加集中供热面积 500 万平方米。工程于 7 月 6 日开工，11 月 12 日竣工投产。

【城市照明】 2008 年 1 月 24 日，市区六府巷等 50 条小街小巷路灯新建工程完工；6 月 24 日，投资 1029 万元的西大街、城南路、城东北路路灯新建工程开工建设，延安路路灯改造工程（包括延安路中路、延安南路、延安南路延伸段三部分）开工建设，投资 371.1 万元，共安装路灯 255 组。

9 月 12 日，市创建全国文明城市指挥协调会，市长张保，市委常委、宣传部长范丽霞，市委常委、军分区司令员张创虎，市委宣传部副部长、市文明办主任郝黎华，市委督察室主任丁文松集体研究后明确：长治市亮化办的管理职能由市照明管理处承担。

12 月 8 日，长太高速公路市区连接线太阳能路灯工程开工建设。该工程共投资 732 万元，安装跟日型太阳能路灯 274 组，是长治市第一项利用太阳能供电的路灯工程。

2008 年 12 月 8 日，城北街、府后东西街路灯改造工程立项建设，总计投资 560 万元。

【城市公交】 2008 年 5 月 26 日，长治市公交总公司正式启动 GPS 智能调度系统工程，在公交 1 路线站点设置电子站牌 33 个，成为山西省首家运用此技术的公交企业；长治市公交总公司积极推广使用新型环保的煤层气燃料，全年新购车辆全部为双燃料环保车。双燃料车减少废气排放，降低运营成本，燃油和燃气对比，一年节省资金 723 万元；截至 2008 年末，IC 卡中心充值总金额达 1087 万元，持卡人数突破 68000 人。举行普通 IC 卡 7 折惠民活动 3 次，销售张数和充值金额均比上年翻了一番。

开通了 309 路市区至天脊集团，311 路市区至长治县高河煤矿等线路；开通复兴小区至长钢的昼夜职工通勤车，惠丰厂、人民公园至长运驾校的职工通勤车，太行技校至屯留康庄工业园区昂生制药厂的职工通勤车，长治县技校至客运中心的学生通勤车；9 路终点站延伸至城南生态园。

【长治市公交总公司成立 40 周年】 2008 年 6 月 18 日，长治公交总公司隆重庆祝 40 华诞。市委副书记曹燎原，市政协主席王云亭，市委常委、常务副市长董岩，市人大副主任程计则参加庆典大会并为公交车换型及公交新线路的开通剪彩。此次换型车辆总计 69 辆，主要投入 309 公交新线的运营和 6 路、9 路、18 路和 307 路公交线路车辆的更新。

【双层公交车投入运营】 2008 年 12 月 5 日，两辆

69座扬州亚星双层公交车投入公交2路线运营，结束长治市无双层公交车的历史。

【公交场站建设】 2008年7月9日，长治市发改委下文（长发改金融发[2008]279号、280号），征用柏后村土地44.05亩用于公交东客站停车场建设，征用马坊头村土地37.53亩用于公交城南停车场建设。

【城市出租汽车】 2008年1月长治市建设管理局出台《长治市城市出租汽车年度考核管理办法》和《长治市城市出租汽车及驾驶员年度考核管理办法》及《长治市出租汽车行业会议纪律、出租汽车公司（中心）经理外出请假制度、出租汽车行业值班制度》；4月起，将每周三设立为全行业“出租稽查日”全员上路进行进行稽查；7月8日长治市编委会议研究同意，长治市城市客运管理处由自收自支单位变更为全额预算事业单位；2008年9月1日起，长治市市区出租汽车行业统一从业人员着装和出租车座套、计价器统一更换为带打印功能的税控计价器。

【城市生活COD减排】 2008年年共审核、办理、发放《城市排水许可证》191份，山西省政府下达长治市新增城市生活COD减排指标1387.986吨。其中，长治市污水处理厂905.256吨；襄垣县污水处理厂114.2吨；武乡县污水处理厂90吨；壶关县污水处理厂81.6吨；天脊集团生活污水处理厂115.48吨；襄垣煤矿生活污水处理厂81.45吨。在具体减排指标落实和完成中，困难较大，主要因为襄垣、武乡、壶关三县污水处理厂刚刚建成，管理及技术力量薄弱，经验缺乏。后在长治市排水管理处帮助下，圆满完成省政府下达的减排指标。

【医疗垃圾处置】 2008年长治市医疗垃圾处置量570吨，集中处置的医院49家，诊所193家。

【城市煤气】 2008年，长治煤气化总公司气源厂实现销售收入8.56亿元、货款回收9.3亿元。供气系统新增焦炉煤气居民用户6657户、营业用户6户、福利用户10户，新增管道煤层气居民用户39户，累计拥有焦炉煤气居民用户81073户、工业用户4户、营业用户42户、福利用户87户（按1块表为1户计），管道煤层气居民用户2833户、营业福利用户3户，新运行煤气管网19.66公里，累计运行煤气管网304.6公里，全年销售焦炉煤气4544.3万立方米，销售煤层气48万立方米，两气销售收入3281.5万元，实现全部销售收入7061.5万元。长治煤气化总公司2008年全年实现销售收入9.27亿元，上缴税金7617万元。

【液化石油气供应】 截至2008年底，长治市共有液化石油气储配站27个。其中：市区7个，郊区4个，县（市）区16个；储气罐50个，拥有残液回收罐7个，据不完全统计，长治市在用各种型号液化石油充装气瓶6万余只，储气能力1300立方米，年供气量13000吨，用气户51000户。液化石油气在激烈的市场竞争中稳步发展，成为管道煤气不可缺少的重要补充。

长治市无液化石油气气源，液化石油气站所需要的气源，都是各自联系外地气源供气，大部分从河南洛阳、河北石家庄、陕西永坪、晋边等地进气。2008年，随着燃煤价格的变化，液化石油气的价格波动较大，市场零售价浮动在5元/公斤至8元/公斤。

【煤层气（天然气）管理及供应】 2008年长治市人民政府出台了《长治市煤层气（天然气）综合开发利用管理办法》；当年，长治市拥有煤层气（天然气）经营企业6户，煤层气主要用于部分居民、汽车加气；长治市煤层气汽车加气站建成3户，分别为：长治市凌云工贸有限公司、晋城市银焰新能源股份有限公司长治淮海加气站和长治市城区绿源能源开发有限公司。市区有油改气车辆2000辆，年用气量约2410万立方米。其中长治市城区有天然气用户近万户，近 2000 辆出租汽车、400 辆公交车、300 辆教练车、环卫车、工具车等车辆进行了天然气加气汽车改装。

【城市居民煤层气供气】 2008 年长治市向居民供气的企业有 2 家，分别为长治煤气化总公司、晋城市银焰新能源股份有限公司长治淮海加气站。长治市有煤层气居民用户约 6000 户，主要分布在淮海小区和西街。

【县(市)城集中供热】 2008 年长治市各县(市)区共有 8 个县(市)(包括潞城市、长子县、长治县、屯留县、壶关县、襄垣县、沁源县、武乡县)实行集中供热，供热总面积达到 1118.2 万平方米。其中住宅建筑面积 761.6 万平方米；公建建筑总面积 356.6 万平方米。已实行集中供热的 8 个县(市)中除襄垣县、沁源县集中供热为热电联供外，其余均是自有燃煤锅炉供热。平顺县集中供热工程开工建设，设计供热面积 122 万平方米，总投资为 3800 余万元。

【园林绿化建设成效显著】 2008 年 2 月 15 日，长治市按照“大树进城，一街一景，成片连线，提位升档”的改造思路，铺开市区七条主干道(英雄北路、英雄中路、太行西街、太行东街、208 国道市区段、长兴中路、英雄南路)绿化改造工程。截至 2008 年 4 月底，绿化改造工程顺利完工，共计种植胸径 15 公分以上大规格银杏、法桐、蜀桧等乔木 1784 余株，各种花灌木 10 万余株。社会义务绿化共种植各种苗木 28.5 万株，新增绿化面积 20.187 万平方米。城市建成区绿化覆盖率达到 46.8%，绿地率达到 43.5%，人均公共绿地面积达到 11.74 平方米。为迎接国庆节，在长治市区主要公园、桥头、街道两侧、灯杆、交叉口等 60 余处布置 20 余个品种近 100 万盆鲜花。此次鲜花摆放的规模、数量创历史新高，大型立体花坛、花墙、花钵、实木花桶等鲜花摆放形式以及一些新材料、新技术的应用在长治市均属首次。

【重点绿化工程】 2008 年 3 月 15 日至 7 月 15 日，由山西省建设厅资助的北关桥游园绿化示范工程完工，新增绿化面积 17787 平方米。该游园建成后与滨河游园相互衔接，融为一体，成为市区水系生态环的重要组成部分。5 月 1 日至 6 月 14 日，紫金东街延伸段绿化工程完工，新增绿化面积 2.2 万平方米。7 月 5 日，八一广场主广场的整体景观改造工程顺利完工，铺装广场地面 16900 平方米、绿地挡土墙立面和压顶石 1260 平方米，广场中心新建电脑音控喷泉一座，增设广场护栏 260 米，升级广场亮化设施，并对广场地面基础设施进行维修更新。7 月 25 日至 11 月 1 日，新区四条路(湖滨路、北一环路、北外环路、体育中路)绿化工程完工，种植雪松、法桐、楸树、卫茅、红叶小檗、金叶女贞等多种乔灌木，新增绿化面积 4.2 万平方米。

长治市街景

【湿地公园保护工作】 2008 年 6 月 26 日，《长治国家城市湿地公园保护管理办法》由市政府正式颁布实施，7 月 21 日起，正式对长治国家城市湿地公园核心区域进行封闭保护。

建筑业

【建筑工程施工招标】 2008 年全市共完成建设工程施工报建发包 256 项，工程总投资 36.01 亿元。其中，房屋工程施工招标 181 项，建筑面积 255.53 万平方米，工程总投资 28.92 亿元。市政基础工程(含园林工程)招标 75 项，工程投资 7.09 亿元。

市区 2008 年共完成建设工程施工报建发包

112项，工程总投资154658.53万元。其中，房屋工程施工招标68项，建筑面积119.06万平方米，工程投资121326.37万元；市政基础工程（含园林工程）招标44项，工程投资31397.03万元。另外市区还对设备招标5项，投资1926.13万元；工程监理招标4项。

【建筑工程劳保统筹费收缴】 长治市全年共计收缴劳保统筹费2600万元并全数上缴财政，向企业拨付劳保统筹费1060万元，全年财政下拨机构经费105万元，为维护建设系统的蓬勃发展做出积极的贡献。

【援建四川地震灾区活动板房工程质量管理】 对四川灾区过渡活动板房生产情况进行监督。长治市建筑工程质量安全监督站对长治市援建四川地震区板房，分组对灾区过渡活动板房的生产情况进行24小时监督，共监督活动板房生产8万平方米，保障过渡活动板房的工程质量。赴四川灾区对活动板房安装情况进行监督。

长治市建筑工程质量安全监督站分别派七名同志（尚凌虹、杨鹏宇、常锋、刘超、唐少平、李云龙、张大力）赴四川省都江堰市蒲阳镇、向娥乡爱莲新村等监督活动板房安装2400套，完成监督任务，被山西省人事厅、山西省建设厅授予山西省建设系统抗震救灾"先进集体"。

【工程造价管理】 2008年长治市建筑经济管理站对全市建筑施工企业工程造价管理工作进行了动态考核，有128家施工企业动态考核合格，新办理施工企业规费计取标准22家；办理临时规费计取标准84家，征收定编费210余万元；出版《长治工程造价管理信息》双月刊共六期，将原来指导价表中的材料由380余种增加到520余种；组织了年度长治地区造价员考试报名工作，报名人数398人；组织年度长治地区造价工程师网络教育工作，参加人员85人；完成了年度长治地区造价工程师初始注册申报工作，初始注册22人；完成了2008年度长治地区造价工程师执业资格考试报名初审工作，报名人员177人；完成了年度工程造价咨询企业资质动态考核工作，动态考核合格的咨询公司9家。

【创建全国无障碍城市】 2008年5月23日，长治市政府成立长治市创建全国无障碍城市工作领导组，领导组下设办公室，设在市住房保障和城乡建设管理局，李秀亭兼任办公室主任。5月16日长治市政府出台《长治市创建全国无障碍建设城市实施方案》（长政办发[2008]73号）。6月~9月，对全市无障碍设施及道路进行摸排调查，对不合格单位，多次下发整改通知书，并进行了详细的监督指导工作，到2008年底，长治市区主要街道（太行东街、太行西街、英雄路）铺设盲道11800米，缘石坡道126处，无障碍坡道210处，无障碍设施由空白变为90多处。

【援川过渡安置房建设】 "5·12"汶川大地震发生后，长治市建设管理局接到为灾区人民生产、安装过渡安置住房的任务后，全局上下紧急行动起来，制订计划、方案，联系原材料、生产厂家，积极与原材料生产厂家协调沟通，安排建筑、节能、质监等各个部门抓紧援川过渡房的生产。

长治市人民政府援建村镇为都江堰市蒲阳镇上游村、玉堂镇蓝光和向峨乡，是"5.12"地震都江堰市受灾最严重的地区之一，长治市承担全省施工条件最差、施工难度最大的援建任务。长治市以建设管理局干部职工为主的援建队伍，从5月22日开始，通过全体援建人员54天的艰苦奋战，在四川省都江堰市蒲阳镇、向峨乡、玉堂镇等乡镇的29个过渡安置点上，运输312车次，对口支援都江堰市的32个村寨，累计投入各类人员约300人，提前5天完成3471套过渡安置房及配套设施建设任务，总建筑面积64760平方米，解决地震灾区13000余名受灾群众的过渡安置问题。7月15日长治市建设管理局代表长治市人民政府向四川省都江堰市人民政府及蒲阳镇、向峨乡和玉堂镇人民政府交付过渡安置房 3471 套及配套设施，圆满超额完成省委、省政府下达的援建任务。长治市建设管理局被建设部评为“全国抗震救灾先进集体”，被中华全国总工会授予援川突击队“工人先锋号”两项荣誉称号。

晋城市

【综述】 2008 年，全市建设系统在市委、市政府的正确领导下，按照四位一体特色城镇化建设的总体思路，坚持以科学发展观为统领，以打造现代化宜居城市为目标，以完善功能和改善民生为重点，精心组织，强化落实，圆满完成年度工作任务，援川建房工作受到国家住房与城乡建设部表彰，城乡建设事业在又好又快发展中迈出新的更大步伐。

【住房安居工程】 1. 政策体系。晋城市人民政府出台《关于解决城市低收入家庭住房困难问题的实施意见》（晋市政发[2008]4 号）、《晋城市经济适用住房管理办法》（晋市政办[2008]87 号）、《晋城市廉租住房保障办法》（晋市政发[2008]19 号）、《晋城市低收入家庭资格认定办法》、《晋城市廉租住房保障资金管理办法》。编制完成《晋城市 2008～2012 年住房建设发展规划》文本、《晋城市 2008 年住房建设计划》和《晋城市 2009 年住房建设计划》，并向社会公布。

2. 经济适用住房建设。全市启动经济适用房建设 15.5 万平方米、2100 套，占省政府下达任务的 258%。其中：市区启动 10 万平方米、1280 套，高平市启动 2 万平方米、300 套，阳城县启动 1.8 万平方米、264 套，陵川县启动 0.16 万平方米、26 套，沁水县启动 1.54 万平方米、230 套。

3. 廉租住房建设。全市启动廉租住房建设 19084 平方米、317 套，占省政府下达任务的 129.8%。其中：市区启动 8414 平方米、120 套，主体完工，2009 年 6 月底之前可完成配套交付使用，高平市启动 1250 平方米、25 套，阳城县启动 5620 平方米、96 套，陵川县启动 800 平方米、16 套，沁水县启动 3000 平方米、60 套。

4. 城市居民棚户区改造。启动杨洼、郝匠、白水、苗孟庄、中后河、东关、太平仙、莲川、前书院 9 个社区的城市居民棚户区改造工作，新建住房开工面积 38.11 万平方米（其中竣工面积 86188 平方米），占省政府下达晋城市任务的 102%。

5. 廉租住房货币补贴。全市落实廉租住房补贴资金 582 万元，货币补贴标准由去年的每人每月每平方米 1.4 元提高到 4 元，通过申报程序认定廉租住房保障对象 559 户，其中市区 262 户、高平市 50 户、阳城县 132 户、陵川县 45 户、沁水县 70 户，并全部做到应保尽保，从源头上满足困难家庭特别是低保户等弱势群体“有钱租房、租得上房”的基本需求。

【基础设施建设】 1. 市区煤层气综合利用项目竣工通气，2008 年 10 月，顺利完成气源置换投入运行，储气调峰能力由 4 万立方米提高到 17 万立方米，年供气能力达 1.01 亿立方米，燃气管网覆盖市区建成道路的 80% 以上。全年新增管道燃气居民用户 1 万户，对 26 台、56 吨位的锅炉实行煤改气，五大重点环保控制区域实现煤层气全覆盖，市区 3 万户居民、59 家公福用户、147 家商业用户使用上清洁高效的煤层气。

2. 城市路网骨架进一步拉开，实施四条城市道路建设工程，投资规模 12.7 亿元，总长度 11.6 公里，总面积 54 万平方米。东南出入口通道形成路基，泽州北路延伸段开工并完成部分路基建设，延伸两河景观 1.1 公里，有效缓解市区西北部的交通压力，提升新老城区的整体形象。太洛路北石店段拓宽改造工程前期进展顺利。

3. 集中供热覆盖率达到 79%，完成五期供热续建项目和恒光热电联供扩展项目，市区新增供热能力160万平方米，集中供热能力累计达到953万平方米，覆盖率从上一年的66%提高到79%。对287家用户下达整改通知，完成67家用户内部供热系统改造，对部分供热管网进行整合，配套建设泽州广电、公路局、食品厂、省运4个换热站，敷设管网5公里，为小区域管网切换、科学调配热源创造条件，增强了供热的稳定性。采取平价供煤措施，保证集中供热和15个区域性小区供热的燃煤供应，是全省第一家提出热价不涨的地市，并提前5天实行供热，保证人民群众温暖过冬。

4. 集中供水增大辐射，以保障城市居民饮水安全为目标，一年贯通供水管网8414.75米，新增集中供水片区8个，重点发展城乡结合部和城中村居民用户1956家，具备了向14个片区供水的条件。1～3号水源井改造工作迅速启动，准备工作全部到位。水质检测指标由原来的35项增加至42项，通过省水质检测认证评审，水质合格率达到100%。

5. 市政设施改造升级，风台街（太行路至兰花路）路段1.5公里、2.5万平方米的路面进行罩面大修，彻底解决路面出现的坑槽、龟裂、脱皮等问题。市区黄华街、文昌街、红星街和文博路14720平方米的人行道进行大面积改造。太洛路东谢匠至司徒段进行局部大修，对全部路段坑槽进行维修。建立城市路灯监控系统并正式运行，新城区9632盏路灯全部实现自动化、数字化节能管理。

【特色城镇化建设】 1. 推进城乡规划一体化进程，修编中心城市总体规划。晋城市市域城镇体系规划（2006～2020）、陵川县和沁水县的县域体系规划完成。新完成乡镇总体规划16个，全市74个乡镇总体规划覆盖率达到73%，其中高平市、陵川县率先实现乡镇总体规划的全覆盖。新完成新农村建设规划180个，累计达到845个，占全市2216个行政村的38.13%。新完成3个历史文化名村保护性规划，累计完成8个，占全市24个历史文化名镇名村的33.3%。

2. 出台《关于进一步推进特色城镇化建设的意见》（晋市政发［2008］26号），特色城镇化布局形成。确立中心城市、县城、小城镇、新农村四位一体、整体推进的特色城镇化发展战略。明确指导思想、城乡规划、基础设施、居民住房、公共服务、生态环境、经营管理、产业发展、配套政策、组织领导等10个方面的目标、任务和要求。召开全市特色城镇化建设阳城现场会。

3. "县县有工程"进展顺利。高平市污水处理厂一期工程（1.5万吨）投入试运行，阳城县污水处理厂一期工程（1.8万吨）投入试运行，沁水县污水处理工程（1万吨）开工建设，陵川县污水处理工程（1.2万吨）加紧筹备前期。

4. 县城建设日新月异。高平市完成10项城建工程，阳城县完成8项城建工程，陵川县完成12项城建工程，沁水县实施一批基础设施项目。四个县城在道路、绿化、住房、学校、医院、集中供热、煤层气、污水处理、生态公园等建设方面取得明显成效。

5. 农村住房解困工作在高平试点。右玉现场会以后，晋城市成立解决农村困难群众住房问题领导组，全面推进农村住房解困工作。启动400户农村住房解困试点工作，已开工建设249户，其中193户竣工。

6. 新增3个中国历史文化名镇名村。泽州县大阳镇、阳城县上庄村、沁水县窦庄村被命名为中国历史文化名镇名村，晋城市的中国历史文化名镇名村达到7个。

【抗震救灾成效显著】 1. 主动抗击冰雪灾害。2008年元月25日～26日，晋城市遭受50年一遇的冰冻积雪天气，市建设局组织600余名共产党员、2200多名干部职工，出动30多部机械车辆，顶寒风，抗冰雪，对市区主要交通干道9.3公里、46万平方米的路面积雪冻冰进行铲除，确保市区交通顺畅、市民出行安全。

2. *援川建房受到建设部表彰*。从2008年5月22日接受任务起，举全局之力，倾注真情，攻坚克难，展开千里援建行动，于7月16日提前28天完成3453间、6.5万平方米的过渡安置房援建任务，全部一次验收合格交付使用，700多名突击队员安全胜利凯旋，展示晋城形象，弘扬晋城精神，受到住房城乡建设部的表彰。

3. *率先组织捐款奉献爱心*。"5·12"汶川特大地震发生后，市建设局党委第一时间作出部署，展开捐款和慰问四川籍农民工行动，5月13日下午组织全系统捐款，总额达到312.82万元，成为全市率先组织捐助灾区的单位。

【城市应急保障水平提高】 市政府投资230万元，购置城市燃气应急抢修车、城市供热应急抢修车、城市供水综合抢修车和城市应急送水车四辆功能完善、服务便捷的城市应急车辆，进一步增强城市应急保障能力。挑选技术骨干组建市政、热力、燃气、自来水四支抢险应急分队，共计800名，达到召之即来、来之能战的要求。制定《市政公用行业应急保障方案》及一系列的配套办法，建立应急指挥系统，规范监控、预报、调度、处置等应急程序，保证反应灵敏、科学应对、处置及时到位。

【全年安全生产无事故】 结合春季开工项目多、五一黄金周、安全生产月、国庆中秋节假日、奥运安保、雨季汛期、冬季用气高峰、元旦春节等不同阶段的特点，开展11次隐患排查治理行动，共排查治理隐患3463项，建立重大危险源隐患档案并实行跟踪督查。先后开展建筑工程突发事件、燃气储配站意外失火、水厂漏氯、沥青储罐消防等有针对性的安全应急演练，提高安全事故实战处置技能。建立安全生产目标责任制考核体系，突出建筑施工、城市燃气、城市供水、城市供热、直管公房、出租汽车、城市防汛、市政设施等8个重点，明确53家企业和基层单位的安全管理责任主体，形成主体明确、责任到人、层层抓安全、人人保安全的安全防控体系。组织开展大范围的安全宣传教育活动。按规定督促全行业落实5000万元安全经费，建筑施工三类人员持证上岗率达到95%，建筑安全监督备案率达到100%，有5个施工现场被评为省级安全标准化工地，实现第七个安全生产平稳年。

【节能减排迈出新步伐】 建立既有建筑节能项目库，共1040项、522万平方米，其中居住建筑项目633项、322万平方米，机关办公和大型公共建筑项目407项、200万平方米，集中供热分户控制改造面积104万平方米，凤翔北区和凤屏小区既有建筑节能改造试点工作启动。实行建筑节能设计备案制度，全年办理建筑节能设计认定备案项目72个、建筑面积70万平方米。有5家生产企业的6种技术（产品）获得省建设厅认定。新建建筑节能50%的目标全部实现，五大环保控制区域实现供热供气全覆盖，每年替代燃煤2.37万吨，降低二氧化硫排放量182吨，减少粉尘748吨。完成煤改气锅炉26台、56吨位，每年可减少燃煤12.1万吨，减少二氧化硫排放1542吨，减少烟尘排放7200吨，减少城市生活垃圾2.92万吨，实现节能5.42万吨。市区污水处理厂出水各项指标经环保检测全部达标，通过国家环保部的抽检，日处理污水达5.4万吨，年处理污水1949万吨，完成COD消减量4092吨，污水处理率达到100%。市区有13家单位达到节水型企业（单位）标准，计划用水管理率达到95%，供水管网漏失率下降2.44%，达到17.69%，是下降幅度最大的一年。

【城建服务理念彰显】 52件人大代表建议和政协委员提案件全部如期办理，反馈满意率100%。12319城建服务热线全年办理事项1.2万件，出动维修车877次，维修人员2400余人（次），为市民提供及时便捷的服务。彻底解决5个历史遗留的信访问题，特别是在解决2003年以来涉及到1055户居民的房屋拆迁问题，以及出租汽车司机上访问题中，工作积极主动，方法措施得当，社会反响良好。汇迁小区的居民送来“人民的公仆一心为居民”、“全心全意为居民办实事的好局长”两面锦旗。在煤层气与用户对接工作中，简化入网程序，开通绿色通道，免费印发5万册图文并茂的《煤层气安全用气手册》和2万张宣传资料，设立了20个置换服务点，制作480个“供热服务牌”和5000张“换热站名片”，分别悬挂在热用户单位或小区的醒目位置，免费发放给用户。深入城中村和城乡结合部向自备井用户开展宣传、提供服务，免费发放节水手册6000份。积极参加行风大家谈、百姓热线、民主评议等活动，现场解答、办理群众提出的问题。

【建筑工程管理】 制定实施《建筑施工企业管理考核办法》，对全市76家建筑企业实行差别化动态管理，进一步规范从业行为。制定实施《工程监理企业管理考核办法》、《标后跟踪管理办法》、《评标专家管理办法》、《预拌混凝土质量管理规定》、《建设工程质量检测管理实施细则》、《建设项目招标代理机构管理考核办法》。推行建筑工程属地管理，监管权限下放县区。实行非政府投资工程农民工工资保障金制度，全年收取554.98万元，保证农民工工资及时足额发放。推行住宅质量分户验收制度，抽查18项住宅工程，1500户、14.5万平方米通过分户验收，住宅工程质量投诉明显下降。

【客运出租更新有序推进】 出台《晋城市客运出租汽车管理办法》（晋市政办[2008]31号）。制定客运出租汽车更新方案、经营者准入细则、挂靠经营管理办法、企业规范考核细则、应急预案等一整套更新操作办法和管理制度。更新485台出租汽车并投入使用。更新后的出租汽车全部为出厂原装双燃料、发动机排量在1.6升以上、达到欧Ⅲ排放标准的新车，统一车身式样、颜色，车内统一安装GPS终端、显示屏、计价器，车外统一顶灯、图案，全面提升行业服务水平和城市文明形象。

【党风廉政建设】 举办感动城建演讲赛，编制身边典型学习手册。举办“庆七一、迎奥运”廉政文艺汇演。组织党员领导干部到晋普山监狱接受教育。坚持重大节日提前廉政警示。开展以六个一为主要内容的反腐倡廉“警示教育月”活动。一是韩守元局长主讲一次廉政教育课，二是开展一次抗震救灾事迹演讲赛，三是上一堂法律法规学习课，四是集中全观看一次警示教育片，五是撰写一篇警示教育心得体会，六是举行一次廉政书法比赛。采取四项措施进一步贯彻民主集中制，一是科学调整班子分工，二是建立班子成员信息资源共享制度，三是通过开好民主生活会解决自身问题。四是对建设局的38项行政许可项目，除涉及面较大的10项外，其余28项全部委托分管领导直接审批，不断规范招标投标制度，健全住房保障制度，完善建筑市场管理制度，规范出租客运行业管理制度。在全系统25个直属单位设立纪检监督员，邀请部分人大代表、政协委员、群众代表作为的行风监督员。积极参加行风大家谈、百姓热线、民主评议等活动，广泛接受群众评议和社会监督。

朔　州　市

城　乡　建　设

【概述】 2008年是全面贯彻落实党的十七大精神的重要一年，也是构建和谐朔州，全面提升城市化水平的关键一年。2008年，在市委、市政府的正确领导和上级主管部门的具体指导下，朔州市建设局广大干部职工以创建“两宜”城市为目标，以改善城市综合服务功能为重点,以落实年度目标责任制为中心,根据年初制定的工作计划,精心组织,明确责任,确保城市建设各项工作的顺利推进,取得良好的工作成绩。2008 年朔州市被省政府评为省级园林城市,市建设局连续三届六年被评为省级文明单位。

【全面完成省政府下达的重点工作任务】 2008 年,省政府给朔州市下达的任务共有三大项:政策性住房建设、建设领域 6 项指标、"县县有"工程。

1. 政策性住房建设。制定、出台《朔州市解决城市低收入家庭住房困难发展规划(2008 - 2010 年)和 2009 年计划》、《朔州市 2008 - 2012 年住房建设规划》、《朔州市 2009 年住房建设计划》、《朔州市人民政府办公厅关于 2007 年 2008 年市区城市居民廉租住房申请条件保障标准和经济适用住房申购条件的通知》及《朔州市城市居民棚户区改造实施方案》等扶持政策性住房发展相关政策。超计划完成了省政府为朔州市下达的各项政策性住房任务,2008 年完成经济适用住房 24.7 万平方米,3750 套,超省定任务 17.62%;廉租住房 6.2 万平方米,1330 套,超省定任务 3.33%;同时筹集廉租住房资金 8546 万元,完成省定任务的 100%。其中:建设资金到位 7314.62 万元,完成目标任务的 100%;住房租赁补贴资金 1171.38 万元,完成任务的 100%;完成城市居民棚户区改造新建住房 39.306 万平方米,4968 套,超省定任务的 45.58%。

2. 建设领域 6 项经济社会发展指标。

(1)城市绿化。全市城市建成区绿化面积新增 60 万平方米,绿化覆盖率达到 35%。实际完成公园、小游园、广场等城市公共绿地绿化建设项目 5 项、道路绿化建设项目 7 项、居住区绿化建设项目 6 项、单位庭院绿化建设项目 6 项。全市建成区新增绿地面积 60 万平方米,绿地面积达到 996 万平方米,绿化覆盖率提高 2 个百分点,绿地率达到 41.74%,绿化覆盖率达到了 43.3%,人均公共绿地面积达到 8.85 平方米。

(2)城市生活垃圾无害化处理。2008 年市垃圾处理厂建成并投入运行,全年产生生活垃圾 11.7 万吨,生活垃圾无害化处理量达到 7.38 万吨,生活垃圾无害化处理率达到 63%。

(3)城市污水处理。2008 年市区实际产生污水总量 1533 万吨,污水处理量达到 1456.35 万吨,污水处理率达到 95%,减少 COD 排放量 2743 吨;加快了中水回用项目的建设,中水回用率达到 30%。朔州市污水再生利用工程项目日处理规模为 3.2 万吨,工程总投资 5617 万元。厂区占地面积为 32.4 亩,输水管线长 15 公里,为双向输送。累计完成投资 1800 万元。

(4)城市集中供热建设。2008 年,投资 1.2 亿元对整个市区进行供热管网扩容改造,新增换热站 5 座、3 台区域供热锅炉,扩容改造 2 个热源站,供热管网改造约 2 万多延长米。中心城区新增供热面积 50 万平方米,集中供热总面积达到 462 万平方米,供热普及率达到 75%。

(5)城镇居民人均住宅建设。根据统计显示:到 2008 年底,全市城镇人均住宅建筑面积达到 32 平方米,比 2007 年人均 31.58 平方米提高了 0.42 平方米。

(6)农村居民人均住宅建筑面积。截至 2008 年底,农村居民人均住宅建筑面积已达到 25.12 平方米。

3."县县有"工程。截至 2008 年底,山阴县、应县、怀仁县污水处理厂已建成并投入运行;右玉县污水处理厂已完成前期准备工作;应县、怀仁、平鲁生活垃圾处理厂已完成前期准备工作,并已批复立项;山阴县、右玉县生活垃圾处理厂已完成前期准备工作,等待省发改委批复立项;朔城区七里河公园、平鲁区新建南山公园、应县塔北生态公园、怀仁县北坛公园全部建成,山阴县东城综合公园已完成前期准备工作,年底开工建设。

【城市基础设施建设成绩显著】 2008 年,按照市委四届三次全体扩大会议对朔州市"中心城市进一步拉开框架,提升品位"的要求,重点建设了与人民群众生活密切相关的道路、供水、供热、污水处理、垃圾处理等城市基础设施重点工程建设。同时全面完成了大运路市区段改造、民福立交、火车站站前广场、“一路三街”等城市基础设施重点工程建设项目。

1. 大运路市区段改造工程。大运路市区段改造工程北起朔城区飞翔水泥厂，南至恢河大桥，全长8.94公里。工程设计路面宽度50米，三块板式，为双向八车道城市干道，于10月5日完工并通车。

2. 民福立交工程。民福立交工程位于民福街与大运路交叉口。工程包括民福街主线道路、大运路主线道路、立交匝道道路、匝道桥、大运路跨民福街线桥工程、大运路跨七里河桥工程、民福街跨七里河桥工程以及人行道路工程。工程于2007年11月20日开工，截至2008年底，民福西街立交桥大运路主线道路和大运路跨线桥、大运路七里河桥、民福西街七里河桥工程已完工并交付使用。

3. 火车站站前广场工程。整个工程分为A、B、C三大区域。截至2008年底，A区、B区工程全部完工；C区正在进行铺装绿化工作。

4. 污水处理厂中水回用工程。

5. 工程总投资7200万元，日处理垃圾350吨，使用年限为18年，服务范围为朔州市整个市区。截至2008年底，垃圾填埋区一库区、二库区已全部完工；三库区土方完成90%，环场道路完成85%，累计完成工程量97%。

6. 一路三街工程。一路为顺义路，三街为民福西街西延、友谊街、露北街，于2008年7月2日开工。截至2008年底，顺义路、友谊街、露北街工程机动车道、非机动车道全部完工，人行道平整完毕；民福西街西延工程一标段排水管线已铺设完毕，二、三标段正在进行拆迁准备工作。

7. 火车站站房改造工程。2007年10月10日开工建设，截至2008年底，基础工程已完工，回填土工程正在施工。

8. 图书馆工程。工程占地46786.67平方米，建筑面积14905平方米，截至2008年底，工程主体已完工，正在进行室内外装修。

9. 博物馆工程。工程占地40980平方米，建筑面积15827平方米，截至2008年底，主体已完工。

10. 新闻大楼工程。计划总投资9300万元，建筑面积33000平方米，截至2008年底，主体已封顶。

11. 体育馆工程。计划总投资3000万元，建筑面积9000平方米，截至2008年底，主体工程已完工，正在进行内部装修和配套设施建设。

12. 文化艺术中心工程。建筑面积40000平方米，截至2008年底，工程主体已完工，正在进行室内外装修。

13. 公安大楼工程。包括公安技侦大楼、消防指挥大楼、交警指挥大楼三个项目，计划总投资10540万元，建筑面积44700平方米，截至2008年底，主体已完工，正在进行室内外装修。

14. 海关进出口商品检验检疫服务大厅工程。工程投资3708万元，建筑面积7550平方米。截至2008年底，工程主体已完工，正在进行室内外装修。

15. 五星级朔州宾馆工程。计划总投资35000万元，建筑面积20000平方米，截至2008年底，工程基础已全部完工，正在进行主体建设。

【城市综合管理水平日益提高】 2008年，继续推进以净化、亮化、绿化为主要内容的“三化”工作，城市管理水平进一步提高，人居环境得到显著改善。一是增加清扫王、洒水车、果皮箱、垃圾箱等环卫设施，对市辖区域170万平方米的硬化路面每天普扫两次，主要路段、重要场合做到全天设人保洁，生活垃圾基本做到了日产日清；二是加大市政设施维护力度。整修重铺振华东街12960平方米，完成市内主干道路日常补修路面16300平方米，补修广场砖4000平方米。补铺沥青路面1017平方米，对迎宾路修补重铺27287平方米，完成市府东街人行道铺装7600平方米、古北街人行道铺装5400平方米，整修人行道4000平方米，马邑路维护人行道6700平方米，安泰街围墙190米，开发路提升检查井50多座。为确保城市排水、排污畅通，全年更换雨、污水井盖、井圈489套。清理淤井380座，疏通雨污排水5600多米；三是完成了开发路、中心广场、七里河公园、道路两侧部分建筑物的楼体和民福东街亮化工程，共安装各类灯具7000多套，并对市区主干道两侧86家单位的96栋楼体进行了亮化；为府南小区、民福小区等五个大的居住小区安装两台变压器和121盏路灯，初步解决了大的居住小区路灯照明问题。同时更换市体育广场各种照明灯200多盏；完成了南垣街亮化96盏；大运路安装路灯200多盏，鄯阳街安装路灯180盏。四是加大了市容市貌的综合整治力度。全年查处市政工程方面违章1180余起，查处市容环卫方面违章321起，查处园林绿化方面8起，取缔不规范市场6处。集中设置市场5处，对所有摊点实行划行归市。

【建筑市场管理】 进一步完善了建设工程项目报建制度、工程项目监理制度、施工许可制度、质量监督制度、竣工备案制度等建设项目管理程序和审批制度，重点加强了开工建设和竣工验收管理，对不符合开工条件的坚决不予发放施工许可证，对未取得施工图审查合格书的坚决不予发放施工许可证；对全市55项在建工程项目进行两次质量大检查，下发执法意见书6份，整改通知书5份，对3项违法工程项目实施了停工、罚款处理；2008年工程质量一次验收合格率达100%，工程优良率达35%。

【建筑安全管理】 在加强日常监管的基础上，一是认真开展了全市建筑安全隐患排查治理专项工作，成立治理工作领导组，制定实施方案，对全市55项在建工程项目进行了三次建筑安全生产大检查，下达安全隐患整改通知书45份，停工通知书7份，使安全事故隐患消除在萌芽状态。二是加强宣传教育，不断提高广大建设者的安全意识。对全市建筑施工企业的负责人、项目经理、安全员、电工、电焊工、架子工、起重机械操作人员共计1200多人次进行了年度安全生产教育培训，进一步提高建设工程三方主体的安全意识。开展安全生产月宣传活动，提高全社会对建筑安全生产的认识。通过加强管理，全市建设工程项目安全生产状况进一步改善，市属监管企业在建工程未发生一例安全伤亡事故。三是强化安全管理，创建标准化工地。组织市属施工企业负责人、全市在建工程项目经理、安全员共计180人现场参观学习市文化艺术活动中心、市新闻大楼施工现场创建安全质量标准化工地的有关安全资料和现场安全防护经验、措施介绍等，并在朔州电视台、朔州报社等新闻媒体进行重点宣传报道，突出宣传“治理隐患，防范事故”的安全宣传月活动主题，形成“以人为本、关爱生命”的良好舆论氛围，提高全社会对建筑安全生产工作的认识。四是组织应急救援演练，提高事故自救能力。组织系统相关单位、施工企业开展以高处坠落、物体打击、触电等为内容的重大事故安全救援预案演练，演练采取现场打分、现场讲评、互相观摩的方式，取得明显的效果，企业职工和现场施工人员初步掌握了在紧急事故情况下如何进行自救、互救，各相关单位及时对应急救援预案中存在的缺陷进行了修正完善，使应急救援预案更科学、可操作性更强，全面提高了系统应对突发事件和救援队伍的实战能力，为实现有效处置突发事故打下坚实的基础。

【建筑节能】 按照省、市政府和省建设厅的要求，加大建筑节能工作的管理力度，紧密结合地方实际，坚持从抓认识入手，抓培训起步，用试点引路，重质量效果，严格监管，不断强化建筑节能的各项工作，收到较好的效果。一是把建筑节能工作纳入基本建设程序中，从工程报建到竣工以及产权证发放等各个环节，建管、招标、质监、图纸审查等有关科室全力配合，严格把关，建立健全建筑节能长效监管体系；二是从提高市民特别是建筑行业从业人员的建筑节能意识入手，通过举办培训班和讲座等形式对建筑节能的有关政策，法律、法规和技术规范进行宣传，使全市有关建筑管理人员基本掌握建筑节能的有关政策、法律法规和技术规范，为全面推进建筑节能工作提供了有力的人员、技术保障。三是严把设计、审图、验收备案和节能产品审查登记关。要求各建筑设计单位在施工图设计时严格按50%的节能标准进行设计，设计图纸中均要有节能设计专篇和热工计算书。2008年城镇新开工建筑设计图纸中均有节能设计专篇的热工计算书，设计阶段节能标准执行率100%；四是加快了供热改造、可再生能源利用、既有建筑改造和政府机关办公建筑的节能监管体系建设等建筑节能专项工作。2008年新建建筑中可再生能源应用比例达到8%，对市政府和市委办公楼1.82万平方米进行建筑节能保温改造，2008年8月既有住宅建筑节能改造3.6万平方米全部开工。

【招投标管理】 进一步加强有形建筑市场的建设与管理，规范市场各方主体的交易行为，增加交易透明度，从源头上预防和遏制工程交易中的各种不正之风，确保招投标活动公开、公正、公平进行。每一项工程招标前，都在纪检工作人员监督下通过电脑专家库随机抽取确定评委；在招标过程中，邀请市人大、市纪委和建设局主管领导现场监督。通过健全招投标制度，建设工程的交易行为逐步由隐蔽变公开，由无形变有形，由无序变有序，市场主体行为初步得到规范，工程招标投标率大幅度提高，工程质量和安全生产得到保证。2008年，全市建设工程项目119项，工程报建率达到100%，招投标率达到100%；2008年共收缴劳保统筹费1033.8万元，收缴率86%。

【房地产市场整顿】 2008年，继续加强整顿和规范房地产秩序整治力度，及时调整充实了领导组，制定《朔州市建设局关于规范房地产市场工作方案》，与市监委、规划局、国土局、财政局、审计局、房管局等单位密切合作，联动查处，分阶段、按步骤地把房地产市场秩序专项整治工作不断引向深入。在检查过程中，对存在未向买受人提供《住宅质量保证书》和《住宅使用说明书》问题的房地产开发企业下达整改通知书37份，对存在未严格执行节能强制性措施问题的房地产开发企业下达整改通知书36份，对没有使用商品房销售规范合同的10家房地产开发企业下达整改通知书10份；对5家未办理商品房预售许可证的房地产开发企业下达整改通知书；截至2008年底，这些问题全部得到纠正。

【廉政文化教育】 一是局里统一购买由省建设厅原纪检组长唐桂莲编著的《人生警示录》，发放给系统内每一位党员同志，作为日常党风廉政教育的学习资料；二是组织机关党员、干部以及企事业单位的党政负责人集中观看李真、慕绥新、马向东腐败案件等警示教育片进行反面教育；三是编制廉政口号100条，每天在单位大屏幕上连续播放，使单位广大干部职工在潜移默化中受到廉政教育；四是举办全市建设系统廉政文化书画展，共展出书法、绘画、篆刻、摄影作品43幅。

【援川过渡安置房建设】 2008年省援建办给朔州市下达了建造1000套过渡安置房，20个集中供水点、20个公共卫生间、20个垃圾收集点、1所小学、1个诊疗所、1个粮食与商品零销点、1所中学、100－200个公共厨房，总建造面积约25289平方米的援助四川地震灾区过渡安置房建设任务。市建设系统广大干部职工按照市委、市政府的安排部署，倾全力开展赴川援建工作。仅用37天就完成了都江堰市7个点1467间安置房的建设任务，建筑面积27765.8平方米。比省里确定的完成时间提前40天，在全省第二家完成建设任务，第一家完成验收移交工作，而且费用在全省是最低的，市建设局被省建设厅和省人事厅评为抗震救灾先进集体。

【民主评议政风行风】 不断加强领导，完善制度，通过设立举报箱、举报电话、聘请行风监督员、发放行风调查问卷等形式，把系统内的行风建设工作不断引向深入。对群众反映强烈的供热问题，加大了供热管网扩容和改造工程建设力度。一是投资90多万元，对理想家园经济适用住房供热管网进行了改造；二是成立专门的改制领导组，投资1000万元，对马邑供热站的锅炉和管网进行了全面改造，解决了理想家园小区和马邑小区内居民的供热问题。

【推进政务公开】 一是朔州建设局的20项行政许可项目和有关资质审批的6个项目全部进入政务大厅窗口统一受理；二是调整政务大厅窗口的工作人员，选派素质高、业务精的人员进入政务大厅；三是全面推行首问责任制、服务承诺制、限时办结制等制度，进一步加强对行政执法人员的监督，极大地提高工作效率；四是制定办事指南，大大方便群众办事。

住房公积金管理

【概况】 朔州市住房公积金管理中心组建于2004年2月，是直属市政府的副处级事业单位。2008年，全市新增住房公积金26885.02万元，新增缴存职工1400人，为全市1115户家庭发放个人住房贷款11975.06万元；通过住房公积金专项治理，共收回两项资金597.4万元，其中项目贷款本金500万元，违规出借资金97.4万。

【管理体制和运行机制】 进一步严肃住房公积金属地化管理政策，向体制机制要安全，使管理体制和运作机制更趋规范。在规范管理体制方面，依照属地化管理规定，将山阴县、平朔煤炭工业公司、王坪煤矿、小峪煤矿、矿业公司（简称“一县四企”）的住房公积金全部纳入市中心管理，在全省第一家实现对辖区内的住房公积金的“四统一”管理。在规范内部运行机制方面，按照中心内部决策、运行、监督三权分立的思路，进一步调整现行管理方式，设置办公室、政策法规科、运行监管科、归集支取中心、个人贷款中心、会计核算中心、信息中心和六个县区管理部。其中，办公室、政策法规科和运行监管科主要承担中心的行政管理职能，具体负责制订政策、监督检查和考核等管理职能，4个中心主要行使具体的业务办理职能，6个管理部作为各中心的延伸，主要负责协助各中心办理辖区内的具体业务，实现管办彻底分离。

【基础设施建设】 强化基础设施投入，向硬件建设要效率，业务发展能力实现新的提升。一是投资220多万元对市中心实施信息化改造，全面提升数据处理、安全保障能力，提升全市住房公积金信息化水平。二是投资20万元全面改善办公条件，提升业务能力，为市中心和县区管理部更新办公设备，配置电脑，达到每人一台电脑。三是投资20多万元扩建改造业务大厅，新增业务大厅和办公用房350平方米，银行、担保、评估等相关业务单位和部门全部集中到业务大厅后，实行一条龙服务，方便办事群众，提高办事效率。

【政风行风建设】 一是将深入学习实践科学发展观活动和开展政风行风评议工作有机结合起来。确定了“坚持以服务对象为本，安全、作用、满意、形象四位一体”和“为缴存人服务”的主题，积极推进全市住房公积金监督管理工作从规模扩张到品质提升的战略转变，从公开办事制度、搞好服务等方面入手，采取召开动员会、建立中心联络员队伍、开展政风行风建设承诺、开通政风行风热线、参加政风行风面对面节目、政风行风监督栏目、设置意见箱、公布举报电话和评议电子信箱等形式，实行首问负责、限时办结、一次性告知以及责任追究等制度，开展“创建群众满意服务明星工作人员”评选活动。二是针对公积金工作与群众关系密切的特点，出台《主管值周制度》，推出“一条龙服务、延长服务时间、上门服务”等为民、便民、利民的措施，既满足群众需求，又极大提高办事效率。三是全员使用推广普通话服务，结合前期礼仪培训成果，出台《政风行风建设工作制度与服务规范》，全面树立服务至上的理念，以优质服务面对广大群众。四是在中心网站开通政风行风专栏，公布监督电话，认真解决群众反映的热点难点问题，努力使缴存人满意。印制《住房公积金知识100问》“口袋书”10万册，发放到每个缴存人手中，以加深缴存人对住房公积金制度的关注和了解；安装LED显示屏，将中心的各项业务流程、政策法规等在显示屏上公布，全方位、多角度地加强住房公积金的宣传力度。

园　林　绿　化

【综述】 2008年朔州市园林绿化部门以“三个代表”和科学发展观为指导，以加快建设塞外最宜居、最宜发展城市为目标，统筹人与自然和谐发展，统筹经济发展与环境建设，唱响“以人为本，共建绿色家园”的主旋律，加大园林绿化力度，加快特色城镇化进程，改善城市生态环境，提升城市综合承载能力和竞争力，提高城市管理水平和效能，努力建设“满目绿色”的园林城市和“功能完善、环境友好、管理创优”的现代化宜居城市，促进经济和社会全面协调发展，为构建和谐朔州做出了积极贡献。

【创建国家园林城市】 创建园林城市是落实科学发展观、实现可持续发展，增强城市环境竞争力、推动经济社会发展的“基础工程”，也是提升城市现代化水平，造福全市人民的“民心工程”。为此，朔州市园林绿化局成立创建国家园林城市办公室，组织有关人员前往晋城、长治考察学习创建国家园林城市先进经验，认真调查分析朔州市城市园林建设实际，按照市委、市政府的安排，编制出台朔州市创建国家园林城市实施方案，并于2008年5月9日下午在朔城区政府召开创建国家园林城市和省级宜居城市动员大会，对创建国家园林城市进行统一部署和总动员，为朔州市“两城”创建奠定了坚实基础。为圆满完成创建任务，树立精品意识，制定科学的实施方案，进一步完善工作机制，层层建立工作目标责任制，按照相互配合、密切协调的工作要求，做到目标明确、责任到人、措施到位、精心组织，高标准、高质量地建设。圆满完成“朔州古城墙公园”、“物产广场”、“女人街园林广场”以及“市府街”、“民福街”拆墙透绿、沿街花池等城市绿化建设任务，增加城市绿地面积10万平方米，完成城市绿化建设投资4855万元。

【绿地管理】 加强城市绿地跟踪管理，分片区由专人全天侯巡查，责任到人，定期对全市园林绿化工程进行检查与验收，并建立社会监督机制，动员社会力量加强对城市绿化规划、建设和管理工作的监督，确保城市绿化种一块地、活一片绿、成一个景。七里河公园为提高公园景观，重点对大草坪地区重新规划，调整植物配置，更新草坪品种，增设喷灌设施，完善游园道路，安装景观射灯，强化环境建设，提高游园档次。市中心广场在原有植物的基础上，适当增加节日花卉立体景观的摆放时间，在实际养护工作中，在“早、全、细、新”上下大功夫，逐步营造一个四季常青，花香四溢的公园环境。花卉广场内饲养观赏鸽，全面提高广场绿化环境质量和园艺景观效果。

【应时花卉及道路补植】 主要完成市府街、开发路、振华街、民福东街等城市主干道绿化补植，栽植国槐、白腊、油松、桧柏等大乔木364株，补栽小乔桧、紫叶小蘖等色带2000平方米，栽植应时花卉6万平方米100万株，完成投资300万元。

【公园广场月夜文化活动】 按照市委、市政府安排部署，市园林绿化局在市府中心广场、七里河公园、体育广场等地，成功举办朔州首届“走出家门、走进广场、走近艺术、走向文明—岁月如歌”广场公园月夜文化系列展演活动。以共赏月夜文化为主题，共享和谐生活，共建宜居城市，家庭艺术教育社会化，舞台艺术表演街头化，使家庭教育与社会文明交融，市民素质与城市发展共进，朔州城市整体形象得到进一步提升。活动开展以来，七里河公园、中心广场、体育广场每天晚上人声鼎沸、秩序井然，公园广场入园人数同比增长30%。市民在休闲中享受着艺术的熏陶，感受着文化的魅力，市民文化素质得到有效提高。

晋　中　市

【概述】 2008年，全市城市建设围绕建设山西中部最具活力的经济带和城市群的战略目标，夯基础，强服务，增能力，提品位，城市的基础功能日益完善，城市的服务职能日益增强，城市的集聚能力不断提高，城市的整体综合实力持续增强，城市对全面建设小康社会的促进作用进一步发挥。

【中心城市功能建设】 一是加强城市两集中、两处理建设。加快城区第一污水处理厂改造升级、医疗垃圾处理厂投入运行，首期日处理5万吨生活污水、日利用4万吨再生水的第二污水厂，完成主体工程建设。生活垃圾处理厂完成填埋区建设，实现垃圾无害化填埋。加大集中供热的覆盖范围，坚决取消小锅炉，新增集中供热面积260万平方米，集中供热普及率增加7个百分点，达58%。相继完成晋中—太原30公里、榆次—修文8公里应急管道的建设，天然气管网中压管道铺设10公里，扩大集中供气普及率，方便群众生活。二是加强绿化美化建设。完善新城绿化，推进绿地建设，改造玉湖公园，建设体育主题公园，完善环城林带，构建城在林中，人在景中的绿化环境。2008年，新增绿化面积177.6万平方米，绿化覆盖率、绿地率、人均公共绿地分别达到35.3%、30.5%、9.5平方米。三是加快污染企业的搬迁工作。通过工业向园区集中，推进"退二还三"工作，关闭、淘汰落后产能项目，关闭晋中焦化煤气公司等污染严重的企业，降少城市污染源，为发展第三产业创造条件。在抓好环境建设做好职能承接的同时，晋中市积极主动，加强与太原的衔接，完善设施，实现资源共享。在建设迎宾西街、龙湖西街、使赵街、杨盘街等加强太原、晋中交通联系道路的基础上，又开工建设工业园区8号路西延工程，进一步强化与太原南部区域联系；实施新城供水管网建设，开工太中银铁路、纬四街、龙湖桥的建设，完善新城设施，进一步密切太原晋中的联系；开工晋中—太原综合通道工程，承接太原机场等太原南部的污水，解决太原南部片区污水出路问题；晋中—太原—修文—应急煤气管道工程使太原、修文的煤气实现互通互补，增强抗风险的能力。积极发展房地产业，加强太原晋中交界处房地产开发，适应太原、晋中两市人民的需求。截至2008年底，太原晋中同城化步伐加快，规划实现对接，基础设施共享，晋中的环境优势进一步加强，晋中房地产销售的20%由太原市民购买，两市日往来人数超过4万人，晋中作为省城居住卧城的条件日渐成熟。二是完善基础设施，发挥城市群的龙头地位。2008年，投资25亿元，实施8大类42项市政重点工程，涉及城市道路、桥梁、管网、污水、垃圾处理，供热、供气、绿化、市场建设、城市棚户区改造等完善功能的城市建设，铺开35项市政重点工程，竣工27项，完成投资7亿元。城区汇通路南出口、汇通路南段维修改造、思凤桥及其引道、安宁东街建设，20条小街巷维修，环城东路及32条无灯街巷的亮化等工程的实施，完善城市骨干道路网和微循环系统，提高道路出行率，城市交通环境得到改善；集中供热、供气、垃圾、污水、绿化等工程改善城市生态环境，市城区二级以上天气突破了300天。安宁街排水工程、综合通道工程进一步缓解排水系统紧张状况；经过几年的建设，中心城市的功能进一步增强，人居环境逐步优化，晋商传统文化与现代城市交融于一体，城市的吸引力在增强，由此吸引中央电视台2008年11月，在市城区举办"电影爱晋中"开栏晚会，晋中的知名度进一步提高，文化休闲城市的建设进一步推进。

【县城与十大名镇协调发展】 按照市区、平遥、介休为中心，梯次推进城市群的原则，全市加快城市建设步伐，致力建设中心城市、功能城市，特色城镇协调发展的城镇体系空间发展格局。市城区发挥比较优势，加强错位发展，努力创建卫生、园林、旅游、文明城市，为转移太原的部分职能作好前提准备。平遥县以打造国际旅游目的地为目标，围绕旅游抓城建，抓好城建促旅游，加强古城保护和新城开发。介休市以打造区域中心城市为目标，加快城市的转型发展，加强城区拓展延伸。其它8个县基本形成以太谷为代表的晋商文化与现代城市相结合的城市特色。灵石县扩大城市框架，扩展城市规模，美化城市景观，提高城市品位，形成以灵石为代表的工业化与现代化城市相结合的城市特色。祁县保护古城，改造旧城、建设新区，形成以其为代表的旅游城市与文化特色相结合的城市特色。左权县加强生态建设，形成以其为代表的山水森林城市特色。十个重点镇以产业发展为依托，加强城镇服务功能的完善和城镇生态环境、卫生环境的改善，城镇的产业功能优势得到增强，城镇的集聚力显著提高，重点镇的人口集聚功能也在增强。

【产业发展和区域布局】 全市各类园区数量达到12个，其中工业园区10个，农业科技园区1个。市城区完善主城区设施，完善行政办公、商业服务、居住、旅游设施。北部新城定位为科研、商贸、居住等功能，截至2008年底，已完成基础设施建设、土地的统一征收，为下一步的综合开发打下扎实基础。编制完成物流专业规划，依托鸣李现有的集装箱货场和火车站的优势，启动鸣李组团的仓储中心和现代化物流中心建设。加强园区基础设施建设，将园区建设做为经济发展的重要抓手，榆次工业园区、修文工业园区、晋中经济技术开发区各有侧重，优化办事环境，吸引大批的工业项目落地生根，吸纳不同类型的企业入驻，实现工业向园区的集中，改变工业占地无序发展的状况。在推进工业相对集中的同时，通过规划引导、控制，住宅小区的集中建设趋势更加明显。开发商开发的连片小区、城中村改造的住宅、新农村建设形成的农村单元住房等小区迅速兴起，住宅与办公混杂，功能配置混乱的现象明显减少。2008年，全市开工住宅小区115个，施工面积359万平方米，投资规模45.66亿元。平遥县永安区总建筑面积10.07万，通过功能区分实现土地的集约利用，进一步实现城市配套设施合理、节约土地，节约能源，方便管理，有序化、规范化发展的建设目标。

【城市基础设施建设】 全市开工市政重点工程116项，完成投资28.9亿元，道路桥梁等路网工程与集中供热、供气、垃圾、污水等公用事业工程同步推进，并呈现出道路建设投资所占比例下降，公用事业投资增加的特点，城市基础设施进一步完善。介休市、昔阳县、灵石县、左权县以道路建设带动城市建设，拉大城市框架。介休市三年新建道路35公里，改造20公里，城市规划区达到50平方公里，三贤大道南接大运高速公路，北连108国道，横跨南同蒲铁路，贯穿介休城区，进一步奠定介休市大太原经济圈南部核心城市的地位。灵石县永吉大道建设拉近灵石县城与静升新区的距离，为静升新区开发创造条件。昔阳江口西街贯通城市东西，巴洲工业园区主干道拉大城市框架，扩展了城市空间。左权县文滨路工程，进一步完善新城路网建设，新城功能进一步完备，为新城发展奠定了基础。

在加快城市主干道建设的同时，全市工作重心向民心工程倾斜，加强小街巷的建设与维护。全市完成171条街巷的改造，市城区完成21条，平遥县完成48条，太谷县完成19条，祁县完成7条，介休市完成11条、灵石县完成16条，榆社县完成10条，昔阳县完成10条，和顺县完成14条，左权县完成9条，寿阳县完成6条。小街巷大规模的维修改造，改善了城市形象，提升了城市品位，方便了市民生活。供气供热涉及百姓的直接利益，全市将供气供热做为民生工程来抓。介休市累计投资2.5亿元加强集中供热，2008年集中供热面积达360万平方米，同时，推进城市第二气源建设，用气户数达2.9万户；平遥县两个集中供热公司向城区供热，覆盖率达50%，其中仅平遥峰岩集中供热公司供热面积就达100万平方米，直接取消燃煤锅炉585个；太谷新增集中供热面积40万平方米，达到195万平方米；灵石县热电联供三期工程，静升新区供热工程、供气工程同时推进，新区供气能力每日达4000立方米；和顺投资4067万元，供热供气工程同步建设，新增集中供热面积40万平方米；左权县投资660万新增集中供热面积10万平方米。平川县市使用上绿色能源天然气，平遥天然气入户达8000户，太谷天然气用气户新增3300户，祁县新增2户企业和1600户居民用户。

各县市政府高度重视垃圾处理、污水处理工作，大力度推进，基本完成目标。市城区第二污水处理厂完成主体工程，介休、祁县、太谷、寿阳、灵石、和顺已投入试运行；平遥、左权、榆社、昔阳的污水处理厂经过管网改造，处理能力已大大提高。介休市的垃圾处理厂实现发电，市城区的垃圾处理厂实现卫生填埋。

【城市公益性服务设施建设】 2008年，多数县市建设了多项服务市民生活的公共服务设施。介休市投资2亿元建成标准高、功能完备的介休一中，投资3000万元新建北坛小学；祁县致力解决“看病难”，祁县人民医院占地54亩，建筑面积2.8万平方米；灵石县发展文化事业，建设文化活动中心，包括影剧院、博物馆、展览馆、图书馆、老年大学、青少年活动中心，健身活动中心等场所，建成后将为全县人民提供一个休闲、娱乐、健身的场所；和顺县建设学校、青少年活动中心、体育健身馆、广播大楼及财政核算中心；榆社县实施中学体育场馆、宾馆改造，建设疾控中心；左权县定位为东山旅客集散中心，规划建设了二级客运汽车站，占地42亩，主体建筑3728平方米，站前广场4500平方米，停车场1.4万平方米。

【城市综合整治】 全市按照“四城联创”的目标，推进环境的改善，着力于“脏、乱、差”问题的解决，城市环境综合整治和城乡清洁工程实现环境整治的全方位推进，各县市都将市政建设、河流整治、生态建设、公路干线、景区景点、村庄治理统筹考虑，实现城市管理的全覆盖。在实践中，逐步建立任务分解、责任到人、考核严格的长效管理机制。各地结合实际，形成各有特色的管理机制。介休市齐抓共管，实行环卫人员，城管执法，交通干警3个责任管理机制，建立协调管理、部门配合、信息反馈、突发事件处理等4个城市管理责任体系，进一步完善执法管理。太谷县将市场建设作为改善城市环境的主要工程，近两年建成和开工建设的市场达6个，创新办法，主干道上首次实行上装果皮箱、下装地坑式垃圾中转站的模式，既减少占地面积，减少工作程序，提高管理效率。

运　城　市

【概述】 2008年，运城市城市建设紧紧围绕“强化城市功能，提高城市品位”总目标，进一步加快城市基础设施建设，全市共完成建设投资25.13亿元。市区新开各类建设工程35项，总投资6.64亿元，新增城市道路18公里。总投资9426.38万元的生活垃圾无害化处理场建成投入使用，结束了运城市没有生活垃圾无害化处理场的历史。日处理生活垃圾100吨的大型生活垃圾中转站，当年开工当年建成投入使用，有效解决了垃圾清运二次污染的问题。全市新增绿化面积342.59万平方米，绿化覆盖率达到27.75%。市区新增绿化面积69.56万平方米，绿化覆盖率达到39.5%。运城市区第二座污水处理厂——城东污水处理厂及河津、新绛、稷山污水处理厂开工建设。市区新增天然气用户33000户。新绛、闻喜、河津、稷山、夏县五县(市)天然气实现通气点火。万荣、临猗、永济三个县(市)天然气管道开工建设。

【城乡规划】 2008年，《城乡规划法》颁发实施后。运城市成立城乡规划委员会，制订《运城市城乡规划委员会章程》《运城市城乡规划专家委员会工作规划》。成立并派驻运城经济开发区规划分局和空港新区规划分局，正科级建制，各核定全额事业编制4名，科级职数2名，多年来规划管理政出多门的问题得到初步解决。市区完成北郊新区建设控制性规划编制、圣惠小区控制性规划编制和绿地、水域规划编制。全市编制完成7个县域村镇体系规划、15个建制镇总体规划和15个乡总体规划。

【城市道路建设】 2008年，运城市区新建条山街、周西路、国粮街、禹西路4条道路，疏通铺安街西段、南城墙路、葡萄园二巷、东城墙路、槐东中路、槐东南路6条道路，改造维修解放路立交桥路面和货场西路，新增城市道路18公里。

【城市园林绿化】 2008年，运城市区完成绿化面积69.56万平方米，建成区绿化覆盖率达到33.6%，比上年增长了1.8个百分点。重点实施红旗街、葡萄园街、禹西路、机场路北侧、铺安街、学苑路、运三高速出入口等21项道路绿化工程和市府南院、环保局(二期)等5个街头小游园。位于市区西部,占地120亩,绿化面积占87%的圣惠公园(一期)建成并免费对外开放,为市民提供又一休闲娱乐的好去处。

【城市环境整治】 2008年,运城市区根据市政府每季度末开展一次环境专项整治的要求,先后开展门头牌匾、垃圾管理、夜市摊点、店外经营、环境卫生五大专项整治,共取缔户外广告1000余平方米,取缔夜市摊点67处、大中型饭店13家、店外经营61家。垃圾清运苫盖率和临街工地围栏率达到95%。环境保洁时间由原来的14小时延长到18小时。对建筑垃圾清运实行24小时监管。撤销垃圾明点和地坑式垃圾集装箱15个,规划社区垃圾中转站84个,新建26处。市区23条主干道两侧门店,共签订"门前三包"责任书17000份,签订率为97%。在执法检查中先后对53家违规门店进行处罚或新闻媒体曝光,通过专项整治,使市容市貌明显改观。

【完善环卫设施设备】 2008年,市区环卫设施设备购置共投资420余万元,为上年的3倍。新建大型压缩式垃圾中转站一座,新建垃圾收集房7座,新增果皮箱300个,新建水冲式高标准公厕7座,购置大型道路清扫车2辆,喷雾降尘车3辆,使垃圾清运机械化率由原来的35%提高到80%,机械化清扫保洁率达到30%。

【保障性住房建设】 2008年,运城市政府制定出台《运城市经济适用房管理办法》和《运城市廉租住房保障办法》,并为保障性住房建设一次性划拨土地343亩,可满足市区今后三年的建设用地。"四季绿城"经济适用房首期1000套住房开工建设并完成申购工作。全市全年完成经济适用房建设任务30万平方米,为任务的117%;完成廉租住房建设任务3.25万平方米,为任务的108%,中心城市符合条件的440户居民得到了廉租住房保障,其中53户享受到实物配租,387户享受全额货币补贴。占地200亩、总建筑面积18万平方米的首个国家康居示范工程——运城外滩首府项目主体工程完成,成为全市"四节一环保"、高技术集成、高度舒适的住宅样板工程。

【援助四川地震灾区过渡安置房建设】 四川汶川"5·12"特大地震发生后,运城市建设局受市委、市政府委托,承担起过渡安置房建设任务。5月24日,建设系统60多名干部职工,带领800余名建筑工人,千里驰援,奔赴灾区,经过昼夜奋战,至7月15日,仅用50天时间就高标准、高质量提前完成3648套、69493.13平方米过渡安置房建设任务。在全国抗震救灾总结表彰大会上,运城市建设局被建设部评为先进集体,市建设局总工程师王世斌被建设部评为先进个人。曹醒侨、刘平均、吴世良等24人荣获省政府抗震救灾先进个人称号。

【建筑市场管理】 2008年,全市先后三次对工程管理、质量安全和一线建筑技术工人共1509人次进行了技术培训和资格鉴定。在建筑企业动态考核中,依照有关规定取消18家建筑企业的资质,进一步规范建筑市场管理。

【天然气】 2008年,运城市区建成占地5.9亩的天然气门站一座,日供天然气能力为100万立方米。建成主干线中压管道80公里、支干线中压管道110公里,三条主干线从东至西贯穿全城,①侯安路—禹都大道—南风广场;②侯安路—红旗街—圣惠路;③空港新区—机场大道—工农街。安装使用天然气小区达到105个,用户33000户。工、商业用户有澳兴果业、运城宾馆、凤凰生态园、香格里饭店、空港度假村等37家。"蓝天碧水"工程初见成效,市区空气质量二级以上优良天数达到340天(其中一级天数40天),比2007年增加了34天,杜绝三级天气。

【天然气置换人工煤气】 2008年11月15日,为了整合资源,减少浪费,节能减排,根据运城市委、市政府的要求，市供气供热办公室联合市质检局、公安局、消防支队、安监局、盐湖区交警队、市经纬燃气公司和民生天然气公司等部门，经过反复协商，周密安排，将市区7200户人工煤气用户全部置换为天然气，并对原人工煤气管道进行了调压和检漏，实现安全平稳置换。

【热电联产】 2008年，运城市区热电联产集中供热工程启动。热源由关铝电厂提供，由凤源热力有限公司建设经营。当年建成主管网20公里，换热站30座，铺设二次网12.6公里，供暖面积达到700万平方米，使圣惠南路以东、盐湖西街以北、韩信路以西、南同蒲铁路以南区域享受到集中供热。为改善大气环境，在市环保局的配合下，还拆除集中供热范围内的燃煤锅炉房126座。根据省物价局《关于运城市热电联产集中供热价格等有关问题的复函》（晋价商字［2008］205号）和《关于2008年度小区锅炉供暖价格的通知》（运价房字［2008］204号），确定热电联产区域内的居民用户（含学校、幼儿园、养老院）集中供热价格为每平方米16元（建筑面积）。

【城市供水】 2008年，市供水公司效益创历史最高年。全年完成引水总量1399万立方米，比上年增加120万立方米，增长9%；供水总量1353万立方米，比上年增加161万立方米，增长13.5%；销售水量1175万立方米，比上年增加143万立方米，增长13.9%；实现销售收入2346万元，比上年增收296万元，增长12.1%；水质综合合格率99.2%，达到国家标准。

【市供水公司换届】 2008年下半年，市供水公司领导换届选举，确定焦鹏为党委书记、董事长，闫建国为总经理，张存虎为监事主席、工会主席，王钢印为党委副书记、纪检委书记，刘连生为副总经理。

【公交客运燃油补贴】 2008年，为落实国家公交客运燃油补贴政策，运城市首次对全市公交、出租车辆进行详细核查，并对每辆车经营者姓名、车号、车价值进行社会公示，接受群众监督，同时加大对"黑出租车"的打击力度，全市共核定公交客运车5000辆，国家燃油补贴4800万元，全部按时直接发到经营者手中。

【工程清欠】 根据国务院用三年时间基本解决建筑领域拖欠工程款和农民工工资问题的要求，采取各种有力措施，加大清欠力度，至2008年底全市共清理拖欠工程款943项，清理拖欠资金65452.57万元，清理率为99.7%，清理率在全省排列第一，受到劳动和社会保障部、住房城乡建设部和全国总工会表彰，被评为"全国农民工工资支付情况专项检查先进单位"。

【住房公积金管理】 2008年，全市住房公积金归集总额达到22.33亿元，比2007年增长32.45%；归集余额16.98亿元，比2007年增长28.83%；个贷余额6.5亿元，比上年增长20.04%，均为历史最高年。10月，运城市住房公积金管理中心服务大楼奠基。

【运城市规划勘测局挂牌成立】 2008年12月23日，运城市规划勘测局挂牌成立，正处级建制，为市政府直属事业单位。局长由市政府在全国范围内公开选拔，局领导职数6人，科级职数7名，核定编制25人。原市建设局所属的规划科、市规划设计院、规划管理处机构撤销，人员划归市规划勘测局使用。内设科室有办公室、计划财务科、规划编制科、城市规划科、规划用地科、规划督查科、监察室。主要职能为负责组织编制、补充、修订、调整市城镇体系规划、城乡总体规划、市属各区内的分区域规划及控制性详细规划并监督实施，负责收取城市基础设施配套费，指导全市城镇体系规划，负责全市规划设计行业管理。

【人事机构设置】 2008年10月，经运城市委、市政府批准,市建设局增设“运城市房地产管理局”、“运城市市政公用管理局”、“运城市园林局”、“运城市住房保障管理中心”四个二级局,除运城市住房保障管理中心为副处级自收自支事业单位外,其余为副处级全额事业单位,隶属运城市建设局。

【行风监督】 2008年,运城市建设局主要通过三条渠道强化行风监督:一条是开通12319城建监督热线,坚持全天24小时服务,随时听取市民投诉和咨询;另一条是聘请包括市人大代表邱德福、牛建中在内的15名行风监督员,坚持每半年召开一次行风监督员例会,虚心听取他们的意见,发现问题及时纠正;第三条是每年向社会各界发放500份《行风政风征求意见表》,广泛征求社会各界对城建工作的意见,并及时将处理结果给予反馈。

【解决农村困难群众住房问题】 2008年12月24日,运城市解决农村困难群众住房问题现场会在永济市召开,省建设厅总规划师李锦生出席会议并讲话,市政府常务副市长张建合、各县(市、区)分管城建的副县(市、区)长、城建局长等出席会议。2008年,永济市被列为全省农村解困试点县之一,解困任务300户,实际完成400户,他们的主要经验是:“省、市、县帮扶,乡、村、户实施”。为扩大筹资渠道,在省、市、县补助全部到位的基础上,还动员社会捐款100万元。为解决投工投劳问题,村党员干部带头义务帮工,困难群众参加工程建设的全过程,既加快了工程进度,又保证了工程质量。这一成功经验,很快在全市广泛推广。

忻 州 市

【综述】 在市委、市政府的正确领导下,认真贯彻“三个代表”和科学发展观,积极落实省建设厅和全市经济工作会议精神,围绕推进城乡发展这条主线,推进党风廉政建设、政风行风建设和各项建设事业,精心组织,狠抓落实,各项工作中取得显著成绩。

【政策性住房建设】 1. 国有重点煤矿棚户区改造目标任务,由轩岗煤电公司和原平市政府负责承建。已开工建设35.35万平方米、4793套;建设资金投入1.2亿元,完成年初确定的目标任务。

2. 城市居民棚户区改造,改造新建住宅2.29万平方米、284套,完成目标任务的112.8%和114.5%。同时印发《忻州市城市危旧房屋改造的实施意见》,进一步明确危旧房屋改造的范围、运作程序、拆迁补偿安置等方式。

3. 新征土地建设经济适用住房,开工建设21.8万平方米,其中新征土地开工建设经济适用住房1.26万平方米、158套,为目标任务的12.6%和11.29%;全市利用存量土地建设经济适用住房20.54万平方米、3540套,其中市本级开工建设3.25万平方米、634套,占目标任务的106%和124%;所属县市开工建设17.29万平方米、2906套,占目标任务的107%和107.5%,截至2008年底将全部竣工投入使用。

4. 新建廉租住房,开工2.52万平方米、502套,占目标任务的25.2%和25.15%。市本级新征土地建设经济适用住房5万平方米和新建廉租住房5万平方米的建设任务。截至2008年底,小区规划评审、图纸设计、地质勘察、农民土地补偿、“三通一平”等工作已完成,征用土地已批复,全市筹集廉租住房保障资金4558万元,其中用于新建廉租住房建设资金3930万元;用于租赁补贴资金628万元,解决廉租住房补贴保障对象3898户。

5. 启动解决农村困难群体的住房建设,共摸排出需要解决住房的困难户51271户,其中低保户13510户,不宜集中供养的五保户6940户,农村低保边缘户18100户,因灾因病造成的困难户12721户。据此,市政府确定的2009~2012年解决农村困难群体住房工作计划。

6. 编制完成2008～2012年《忻州市住房建设规划》和《忻州市解决城市低收入家庭住房困难发展规划(2008～2012)及年度计划》，突出政府保障性住房的重要地位。

【城乡规划】 1. 2008年忻州市城市规划年度实施计划4月底编制完成。忻州古城保护与整治规划全面完成，由忻府区政府组织实施；代县历史文化名城保护规划经经过专家评审；保德县县城总体规划已经修编完成。

2. 忻州市抗震减灾、城市照明、环境卫生、建筑节能等4个专项规划及控制性详规调整初稿编制完成。忻州市城区的控制性详规编制完成，覆盖率达到90%。原平市近期建设用地控制性详规编制完成，覆盖率达到80%。各县市在规划实施过程中，均实行批前公示和批后公示，完善规划听证制度和专家咨询机制，落实了规划行政责任追究制度。认真开展《城乡规划法》宣传年和落实年活动，以查处随意改变规划和无规划建设行为为重点，进一步规范忻州市的执法行为，对违法违规的建设行为进行严肃处理，案件查处率达到100%。

3. 县域城镇体系规划，镇、乡总体规划和新农村建设规划取得进展。全年共向全市免费发放《农村住宅通用图集》近9000册。繁峙、保德、代县、定襄等县积极组织编制县域体系规划；大牛店镇、东冶镇、三岔镇、砂河镇、刘家塔镇、豆村镇、阳明堡镇、石咀乡等地规划正在编制中；其它县(市)也积极筹集资金，着手对小城镇的规划编制工作。新农村建设规划进展缓慢。

【经济社会发展六项指标】 1. 城市污水处理率。全市有4座污水处理厂建成并投入运行。其中忻州市污水处理厂2007年8月建成，日处理能力为4万吨，污水处理率42%；原平市污水处理厂2007年9月运行，日处理能力为3.5万吨，污水处理率76%，均超额完成了年初下达的目标任务。五台山风景区、宁武东寨污水处理厂日处理能力分别为0.5万吨和0.4万吨。代县、繁峙两县污水处理厂工程已竣工；静乐县污水处理厂进行提升改造，年底投入运行；五台、神池、宁武、定襄、岢岚五县污水处理厂正在建设中；偏关、五寨、河曲三县已完成工程建设前期准备工作；保德县已上报可研报告。

2. 城市建成区绿化覆盖率。忻州城区新增绿化面积35.88万平方米，绿化覆盖率增加1.71个百分点，其中道路绿化新增绿化面积2.75万平方米；公园、游园、广场新增绿化面积1.99万平方米；居住区绿化1万平方米；庭院绿化0.14万平方米；环城林带绿化30万平方米。分别超过年初目标任务的43.5%和0.54个百分点，建成区绿化面积达到304.2万平方米，绿化覆盖率达到14.49%。各县市区建成区新增绿化面积110万平方米，绿化覆盖率达到14.22%。全市建制镇绿化覆盖率达到14.2%。城市生态文化特色公园建设取得新进展，忻州市儿童公园完成前期准备工作，各县的生态文化特色公园建设按计划进行，部分竣工的区域已投入使用，如偏关塔梁公园、神池的西海子公园、宁武的栖凤公园、繁峙的滨河公园等。

3. 垃圾无害化处理。原平市新建的垃圾无害化处理场，年底前投入运行；代县、静乐、宁武三县垃圾无害化处理场开工建设；忻州市城区、五台山风景区、偏关、保德、五寨、河曲、繁峙、神池、岢岚、定襄、五台县生活垃圾无害化处理场完成项目前期准备工作。

4. 城市集中供热普及率。热电联产集中供热和实施煤改气集中供热，两项工程全部完工，市本级集中供热普及率增加到60%。

5. 城镇居民人均住宅面积达到28平方米，超目标任务1.7个百分点。

6. 农村居民人均住宅建筑面积达到25.1平方米，超过目标任务0.22个百分点。

【城建工程】 城区道路踏铺改造，投资3188万元，对忻州城区3条主干道、6条人行道、10条小街小巷、4条主要街道进行改造踏铺，总面积达30.5万平方米，方便群众出行。城市照明，投资2970万元，完成新建东路等18条小街小巷的路灯改造，新增路灯417基，基本消灭城市“盲区”。城市供排水，在水源地安装报警监测装置，全年设备完成率达95%，水质合格率在99%，发展九龙岗新区、顿村村委等3个较大用户，结束该区域没有自来水的历史。公共交通，5月份组建新的福祥公司，更新公交车辆112辆，在火车站、花园街规划建设公交专用停车场，配备车辆清洗设备，票价由原来的1.5元调整为1元。住房建设，全市经济适用住房开工建设21.8万平方米，其中新征土地开工建设1.26万平方米，158套。城区集中供热，新增供热面积260万平方米。城市环境卫生，投入188万元，购买8台垃圾收集车，全天在各条街道收集垃圾，真正做到街道上无垃圾。城区强弱电入地，基本完成和平街、长征街的弱电入地和长征街的强电入地。天然气建设，城区共用天然气居民用户16000户，公福用户90户，最大日耗气25万立方米。

【建筑市场管理】 1. 工程项目管理。对工程报建和施工许可证办理程序，进行重新梳理，建立健全公开办事制度。全年共受理工程报建项目59项，颁发施工施可证60个，建筑面积101万平方米，总投资119386.6万元。县属所有领取施工许可证的房屋建筑和市政基础设施工程，取得施工图纸审查合格证书和审查备案率均达到100%；建筑工程劳保统筹保险费共收取1900万元，收缴率达到85%以上，同时向施工企业及时足额拨付1650万元，拨付率达到90.6%；按规定及时向省办上解风险调剂积累金，上解率达到100%；建设工程档案共办理工程备案手续34项，接收竣工档案140余卷，合格率达到85%以上。

2. 严格工程项目招投标制度。截至2008年底，市区完成招标55项，招标率达100%，中标额9.6亿元，建筑面积84.8万平方米。各县市区完成招标88项，中标额4.3亿元，建筑面积68万平方米，推广应用工程量清单计价评标办法，建筑工程的施工合同和监理合同备案率均达到100%。商品房销（预）售合同备案率达到85%，建筑工程项目担保率达到30%以上。

3. 强化工程质量监管。截至2008年底，共报监工程38项，建筑面积26万平方米，建设工程报监监督率达100%；工程质量一次验收合格率达100%；工程验收备案率达80%。

4. 规范建筑市场。组织召开建筑市场综合执法大检查，对城区58个在建工程项目进行逐个督查，先后共发出整改意见书101份，发出停工通知书4份，检查告知书13份，对一些严重违反法定建设程序擅自施工，使用不合格建筑材料等有关责任主体和责任人进行处罚，有力地促进建筑市场的规范。

5. 确保建筑施工安全。严格建筑企业安全生产许可审查，先后排查出安全隐患1400多处，下达整改通知书183份，排除重大安全隐患10起，房屋建筑和市政工程及城市市政设施运营未发生一次重大事故，排查率、重大隐患整改率、监控率达到100%；事故按规定上报及时率达到100%。

6. 实施新建建筑节能“双百工程”。按照省建设厅实施建筑节能“双百工程”的要求，结合实际初步建立建筑节能“五项制度”，开展节能专项监管，新建高层建筑全部按设计要求进行节能施工，新建建筑节能50%设计标准执行率达100%；施工阶段执行率达到100%；新建建筑采暖具有分户计量和分户控制功能的比例达到100%。可再生能源利用在两个较大小区推广，华苑小区采用地源热泵供暖8万平方米；君华苑小区利用太阳能供游泳、洗浴、热水和庭院景观灯及路灯等。

【五台山申遗】 1. 核心景区综合整治，景区内共拆除建筑面积104374平方米。

2. 世遗专家考察线路的整治。对考察沿线和视线范围内的不协调景物进行整治，拆除大小广告牌匾3100块，对保留的商业摊点统一制作了广告牌匾；对考察线路上与景观不协调的临街建筑通过剔除水泥勾缝、喷涂墙体进行改造，共喷涂墙体 12 万平方米；核心区弱电入地工程已全部完成，强电入地缆化工程已完成 60%。

3. 一期拆迁范围内的植被恢复工程。共恢复植被面积 20.7 万平方米，共铺设管道 4973 米，铺设园路 1615 米，栽植乔、灌、花、草 11.8 万平方米，种植农田 1.05 万平方米，广场铺设 6834 平方米。实现游览步道、观赏广场、服务设施相点缀，山体绿化区、农田景观、寺庙绿化带相协调，乡土树种、观赏植物、风景树木相搭配，再现历史风貌。

4. 进山线路的整治工作。沿线 4 个县市区共完成申遗线路通道绿化 260 公里，拆除违章临建 380 多处，规范广告 2528 个，重新制作大型广告 39 幅，清运填埋垃圾 8.5 万立方，喷涂墙壁 8.5 万平方米，清理河道 7 公里，整治河滩 100 余亩。

5. 服务基地建设。主要是"一心三区"的建设，即：游客服务中心、旅游服务区、移民商住区和行政管理区。

【抗震救灾和援川建房】 忻州市援川建房的目标任务是：援建都江堰市青城山镇、崇义镇飞桥村、桂桥村、罗桥村和界牌村五村六个点的过渡性安置房 1235 套，援建总面积 23712 万平方米。受领任务后，市委、市政府高度重视，市委书记张建欣专门作出重要批示，市长李平社多次组织召开专门会议进行安排部署，并制定实施方案，成立由王学英副市长任组长的援川建房安置领导组，领导组下设办公室，设在市建设局，综合协调生产、运输、工程建设、后勤保障等工作。2008 年 5 月 23 日派人赴川进行前期工程选址和工程规划工作，2008 年 5 月 28 日首批突击队员入川，进行工程建设前期工作，经过 45 个日日夜夜的艰苦奋战，全体援建突击队员，克服了余震不断、高温湿热、水土不服的重重困难，精心组织，科学施工，全力以赴，连续奋战，高标准、高质量地提前完成援建任务。7 月 10 日，875 套住房、200 套公用厨房、14 套公共淋浴房、16 套公共厕所、5 套商店、4 套诊所、13 套供水点、14 套垃圾点，共 1235 套过渡安置房，全部移交当地政府，总面积 23712 平方米。

【学习实践科学发展观活动】 根据市委、市政府开展的"进一步解放思想，促进跨越式发展"大讨论的有关精神，紧紧围绕"实践科学发展观在忻州"这一主题，紧扣"如何统筹城乡发展，推进特色城镇化建设"这一专题。通过"细化课题、找准问题、破解难题"，在着力解决影响和制约科学发展的观念，认真解决群众切身利益方面做了大量的工作，有了新的突破。

【党风廉政及政风行风建设】 先后制定出台党风廉政建设、政风行风评议、精神文明工作等四个规范性文件。完善出台了社会服务承诺、首问负责、行政过错责任追究、行政不作为责任追究、限时办结等六项制度。

临汾市

城乡建设

【综述】 2008 年，临汾市建设系统广大干部职工，紧紧围绕年初省政府建设工作目标责任书确定的各项任务，抢抓机遇，开拓创新，求真务实，锐意进取，经济社会发展六项指标、保障性住房建设、棚户区改造等重点工作基本实现了预期目标，全市建设事业保持健康、稳定、良好的发展态势。

【经济社会发展六项指标】 依据市政府文件制定下发建设领域经济社会发展 6 项指标和 2008 年实施方案及计划，并与各县(市、区)签订目标责任书。

截至2008年10月30日，一是临汾市区生活垃圾无害化处理工程建设已完成；霍州市垃圾处理工程可行性研究报告于2008年3月上报省发改委待批；侯马市生活垃圾无害化处理场，设计能力日处理380吨，于2008年10月15日投入运营，实际日处理300吨，共处理垃圾4500吨。二是临汾市污水处理厂污水处理量达到1636吨，减少COD排放量4756吨；中水回用工程总投资6489万元，正在进行建设，完成投资4600万元；侯马市污水处理厂设计能力为4万吨/日，其中一期工程2万吨/日，土建和安装工程已全面完成；霍州市污水处理厂于2008年9月18日开工，正在进行厂区工程建设。三是市区新增供热面积100万平方米，供热普及率达到75%，设市城市增加供热面积130万平方米，供热普及率达到65%。四是城镇居民人均住宅建筑面积达到28.93平方米。五是农村居民人均住宅建筑面积达到25.80平方米。六是市区建成区新增绿化面积47.07万平方米，秋季绿化可新增绿化面积30万平方米，于2008年11月底全面完成。

【各县市区“县县有”工程】 2008年，各县（市、区）根据省建设厅安排，立足实际，多方筹资，启动实施一大批污水处理项目和生活垃圾无害化处理项目，使城市公用设施更加完善，环境质量稳步提升。侯马市污水处理厂已投入运营；襄汾县污水处理建设工程已经完成；霍州市污水处理工程于9月18日开工建设；汾西县污水处理工程完成厂区土建工程的80%；翼城县、曲沃县、洪洞县、古县污水处理厂均开工建设；临汾市第二污水处理厂、蒲县、安泽县污水处理厂可行性研究报告省发改委批复，准备开工建设；吉县、大宁县污水处理厂可行性研究报告省发改委批复，正在进行初步设计；永和县、隰县、浮山县、乡宁县污水处理厂正在进行可行性研究报告的编制工作。临汾市区、侯马市、吉县、古县生活垃圾无害化处理厂建成并开始运行；曲沃县、襄汾县、洪洞县、浮山县、永和县、汾西县生活垃圾无害化处理厂可行性研究报告省发改委批复，准备开工建设；霍州市生活垃圾无害化处理厂可行性研究报告上报省发改委，等待批复；翼城县、安泽县、蒲县、隰县、大宁县、乡宁县正在进行生活垃圾无害化处理厂可行性研究报告的编制工作。市区从广大市民关心的热点、难点问题出发，启动实施解放路畅通改造工程、鼓楼西精品街改造工程、滨河西路北段建设工程、南外环道路及立交桥建设工程、马务桥加宽加固工程等六项道桥工程；市区集中供热工程、生活垃圾转运站工程、医疗废物处置工程、第二污水处理厂工程、中水回用工程等五项环境治理工程；漪汾花园、西关花园、古城花园等三项住房工程；三源文化、威风锣鼓等两项雕塑工程，城市框架进一步拉大，城市品位进一步提升。

【经济适用房和廉租住房建设】 2008年省政府下达的经济适用房和廉租住房任务为：全年完成经济适用房建设25万平方米、4160套，新建廉租住房3万平方米、606套，货币补贴廉租住房保障对象1500户，落实廉租住房建设保障资金1500万元。截至2008年底，全面完成省政府下达的经济适用房和廉租住房目标任务。

【国有重点煤矿棚户区改造】 按照棚户区改造规划总体目标，加强对霍州煤电集团的督促指导，2008年新建工程全面开工，续建工程进展顺利。新开工5.45万平方米、990套，完成目标任务100%；续建工程19.17万平方米、29栋住宅楼，其中机厂、云厦、辛置等三个小区4.64万平方米、10栋楼已竣工；辛置矿塔底沟二区4.65万平方米、10栋楼主体基本完成；圣佛“汾东花苑”小区二期工程9.88万平方米、9栋楼主体正在施工。

【拆迁及房地产市场管理】 在房地产市场管理方面，制定《临汾市2009年住房建设规划》、《临汾市2008～2012年住房建设规划》和《临汾市2008～2012年城市低收入家庭住房保障发展规划》，并且全部向社会公布，明确廉租住房、经济适用房和中低价位、中小户型普通商品住房建设用地比例，分别为年度住房用地供应总量的20%和5%。在城市房屋拆迁管理工作中，为遏制违法违规拆迁行为，规范拆迁市场秩序，切实维护拆迁当事人合法权益，按照年初制定的2008年度城市房屋拆迁计划，认真贯彻执行《山西省城市房屋拆迁条例》，严格执行拆迁许可证和验收制度，城市房屋拆迁项目验收率达到100%。

【城乡生态绿化建设】 在春季、秋季绿化中围绕“三城联创”的目标，动员社会各方面力量，加大绿化建设力度。截至2008年底，市区新增绿化面积47.07万平方米，其中：新增道路绿化面积22.9万平方米，新增公共绿化面积6万平方米，新增庭院绿化面积18.17万平方米，完成全年目标任务的91.75%，秋季市区可新增绿化面积30万平方米，11月底全面完工。各县（市、区）城市建成区共新增绿化面积229.89万平方米，完成任务的153.26%，绿化覆盖率达到21.5%。其中，侯马新增绿化面积100万平方米，霍州市新增绿化面积0.5万平方米，其他县（区）新增绿化面积129.39万平方米。同时，结合新一轮城市总体规划修编，积极完善《临汾市城市绿地系统规划》，到2008年底进入基础资料收集整理阶段。

【建筑节能】 一是加强建筑节能教育和培训。专门编制临汾市建筑节能工作文件汇编，印发各基层单位，同时组织工程建设各方认真学习《民用建筑节能条例》、《公共建筑节能条例》、《节能设计》、《节能材料》、《节能施工》标准，大大提高节能意识和业务素质。二是狠抓节能设计和施工工作。积极进行节能材料认定，共认定十余家节能企业20种节能材料；狠抓节能设计、节能审查，规范办理节能设计认定书，全市共进行建筑节能设计项目136个、面积73万平方米，100%的达到了50%节能设计要求；全面推行节能施工、节能监理、节能检查，全市所有主体完工项目都进行节能施工，并组织进行建筑节能专项验收，先后对广奇写字楼、广奇公寓楼、公安指挥中心等进行节能专项验收。三是积极推进既有建筑节能改造。出台《临汾市既有建筑节能改造实施方案》《临汾市既有建筑节能改造实施计划》，在侯马市、曲沃县、乡宁县等县市开展12万平方米既有居住建筑节能改造。与此同时，积极开展政府办公楼和大型公共建筑能耗普查，为建立能耗监测体系打下坚实基础。四是开展可再生能源利用工作。在洪洞、襄汾等地开展地源热泵利用工作，在侯马、临汾等县市开展太阳能利用工作，使可再生能源利用率达到10%。

【施工图审查】 一是《关于进一步加强施工图审查工作的通知》，严格图纸审查制度，审查不合格的图纸，不准通过，不准使用，不得颁发施工许可。二是进一步加强审图机构建设，规范审图行为，严格审图程序，提高审图质量，没有出现错审、漏审现象。三是进一步开拓审图市场，扩大审图面，2008年共审施工图136项、73万平方米，使施工图审查率达到100%。四是落实县级管理人员，强化审图备案工作，实现省市县三级备案，备案率达100%，圆满完成年度审图工作目标。

【建筑市场管理】 截至2008年底，全市竣工工程58项、面积42.83万平方米，工程质量一次验收合格率达到100%，工程质量优良率达到35%，房屋建筑和市政工程百亿元产值死亡率为0，重大隐患整改率、监控率达到100%。全市在建的房屋建筑、市政工程284项、面积338万平方米，共创建标准化工地176个，达标率达到62.1%。全市招标工程187项、面积220万平方米，造价34亿元，实招标工程187项，招标率为100%。建筑工程施工合同监理合同备案187项，备案率100%。建筑工程项目担保中的投标担保152项，担保金额1488万元，担保率为81%，房地产开发项目履约、支付担保43项，担保金额8264万元，担保率为50%。收缴建筑工程劳保费1600万元，收缴率为87%。积极推进政府投资工程组织实施方式改革，全市培育出11个代建机构。

【村镇建设管理】　一是曲沃县、浮山县、乡宁县、古县4个县域村镇体系规划已经编制完成，侯马市已按要求完成村庄布点规划，安泽县、汾西县、翼城县已完成初步成果；侯马市高村乡、翼城县桥上镇、襄汾县景毛乡等13个乡镇总体规划已编制完成，技术评审已完成；襄汾县大邓乡、古县古阳镇、蒲县黑龙关镇等18个乡镇年底前已完成；尧都区、侯马市、翼城县等13个县(市区)共168个推进村的社会主义新农村建设规划已经完成编制和技术评审，全面完成省建设厅下达的编制任务。二是积极与文物、旅游等部门配合，通过抓旅游小城镇和文物普查工作，推动汾西师家沟村、襄汾县汾城镇、丁村等历史文化名镇名村的科学保护和永续利用工作。三是按照省政府启动解决农村困难群众住房问题，对全市17个县(市、区)农村困难群众住房进行了详细的调查和统计汇总。17个县(市、区)农村居住人口269.3万人、67.3万户，其中农村困难群体37057户，约占全市农村户数的5%；农村低保户中的住房困难户7581户，不宜集中供养的五保户中的住房困难户2225户，农村低保标准边缘的住房困难户17216户，农村因灾因病造成的住房困难户10035户。在搞好调查摸底的基础上，把古县作为全省2008年解决农村困难群众住房问题的试点县，2008年完成解困任务为300户。截至2008年底，解困住房建设任务已完成主体建设177户，正在建设120户，正在筹备开工的3户。

【建设系统安全生产】　坚持建设施工安全、市政设施运行安全、城市应急处置三管齐下，齐抓共管。一是在2007年全面开展建筑施工安全质量标准化和安全生产隐患排查活动的基础上，紧紧围绕“安全隐患排查治理年”主题目标，坚持“安全第一、预防为主、综合治理”的方针，不断强化安全监管力度，创新安全管理手段，通过安全隐患排查治理和专项督查进一步规范企业安全行为，落实各方主体安全责任，消除各类安全隐患，全年未发生建筑施工安全事故。实现四个100%，即各县(市、区)建筑安全监督站和各责任主体单位隐患排查治理的制度建立率达100%；各建设、监理、施工单位及各安全监督站对隐患的排查率达100%；重大隐患和违法建设的公告率达100%；重大安全隐患的整改监控率达100%。二是认真开展“百日安全大排查”活动，加强市政公用设施安全管理，强化日常运行维护，强化供水、供气、供热、公交、客运人员安全意识，确保安全服务和安全运营，同时按照防汛防灾要求，全面落实市政公用设施设备的安全保障措施，提高防灾抗灾能力。三是制定完善相关应急方案，建立健全应急预案演练制度，不断提高安全应急处置的针对性和可操作性，同时组建和充实专业抢险救援队伍，配备专业人才和设备、器材，提高应急处置水平。此外，积极开展应急培训教育，一旦发生险情，能做到科学抢险、安全施救，确保最大限度减少人员和财产损失，防止次生事故发生。

城 乡 规 划

【综述】　2008年，在市委、市政府的正确领导下，在市人大、市政协的支持指导下，全市城乡规划工作紧紧围绕市委、市政府的工作大局，服务中心，履行职责，精心编制规划，严格规划审批，狠抓执法管理，城乡规划各项工作有条不紊地推进，取得明显成效，临汾市规划局被省建设厅授予2008年度城市规划工作先进集体。

【加强城乡规划工作】　2008年市委、市政府组织召开专题研究城乡规划工作的会议10余次。市委、市政府主要领导亲自参与规划论证，工作力度和资金投入是前所未有的。市人大多次专题听取城乡规划工作汇报，市政府专门印发《关于进一步加强城乡规划工作的通知》，市政协组织对规划局进行评议，为全市城乡规划工作向纵深发展奠定了良好基础。

同时各县(市、区)领导把城乡规划列为城镇化建设的首要任务,城乡规划委员会制度基本确立并有效行使职能,先规划后建设的原则基本得到落实。按照《城乡规划法》要求,城乡规划编制经费列入各级财政预算,在制度上得到有效保障。2008 全市规划编制共投入 1500 万元,创临汾市规划经费历年新高。

临汾市举办《城乡规划法》知识电视大赛

【城乡规划编制】 坚持以总体规划为纲,重点推进控制性详细规划覆盖率,优先考虑与市民百姓息息相关的民生问题,在完成《临汾市城市发展战略规划》的基础上,相继启动和完成《市域城镇体系规划》、《临汾市总体规划修编》、《临汾市近期建设规划》、《临汾市旧城区控制性详细规划》、《临汾市综合交通系统规划》、《临汾市绿地系统规划》、《城中村改造研究》等 30 多项规划,为城市规划管理工作提供了翔实的科学依据。除隰县外,16 个县市区的总体规划编制全部完成。《曲沃东城区控规》、《洪洞东城区控规》、《汾西新城控规》、《霍州南下庄居住工业综合区控规》等规划成果已进入实施阶段。截至 2008 年底,中心城区、侯马市、霍州市近期建设用地控制性详细规划覆盖率达到 55% 以上。有 8 个县域城镇体系规划、15 个建制镇总体规划、16 个乡集镇规划、233 个村的新农村建设规划及汾西县师家沟村历史文化名村规划已编制完成。规划编制设计市场化运作更加成熟,公开招标、邀请招标等制度的建立、实施,有力促进了规划设计方案水平的提高。

【阳光审批】 全面贯彻《城乡规划法》,严格执行"一书三证"(《建设用地规划许可证》、《建设工程规划许可证》、《乡村建设规划许可证》、《建设项目选址意见书》制度,严把建设项目的规划审批关,坚持实行"审批依据、申报材料、审批流程、办结时限、收费标准"五公开,严控规划各项主要技术经济指标,注重健全各项配套设施功能,严审建筑设计规范及相邻要求,切实维护公众利益。2008 年,共发放建设项目选址意见书的 17 个,总用地面积 50 余万平方米;建设用地规划许可证 10 个、总用地面积 20 余万平方米、建设工程规划许可证 49 个、危房改造意见书 5 份、乡村建设规划许可证 2 个,总建筑面积 40.15 万平方米。同时,受理市政管线规划建设项目 13 件,完成 33 个建设项目管线设计方案及施工图的审查,受理 14 个修建性详细规划项目,办理 3 个县市大型项目选址,参与并确定煤博会、港洽会等重大项目 100 多个,对 2004 年以来发放的《选址意见书》及《建设用地规划许可证》建立电子档案管理体系。

【规划监察】 2008 年共立案查处违法建设案件计 41 起,违法建筑面积 17 余万平方米,收缴罚款 500 余万元。在"环境百日综合整治六大行动"拆除违法建设行动中,共办理下达《拆除决定书》200 余份,集中拆除违法建筑约 1200 户,建筑面积达 50 余万平方米,有效地遏制违法建设的蔓延,维护《城乡规划法》的权威性、严肃性。加强对规划设计单位的行业管理,完成全市登记的 6 家规划编制单位资质的验资、年检、初审工作。

【城市测绘】 对市区范围内变化较大区域的 1/千地形图进行补测,补测面积 20 余平方公里,收集、补测、编绘市政区 1/10 图一份、1/万地形图 22 幅计 570 平方公里;市区 1/千地形图 433 幅计 108 平方公里;市旧城区地形图 96 幅计 24 平方公里。完成市区 120 平方公里区域内 GPS 卫星精确定位平面控制测量，共测量 GPS 点 102 个，水准测量路线长约 30 公里，使得临汾市的平面、高程控制网基本满足未来规划建设发展的需要。完成建筑放样 24 个单位计 69 幢、验线 20 家及重点工程滨河西路北段道路工程放线，自来水给水管线竣工测量 10.7 公里，集中供热管线竣工测量 3 公里。完成临汾市综合交通现状调查与资料收集、市管网综合规划的前期工作和城区地下管线调查工作。

【学习宣传城乡规划法】 积极组织开展学习宣传《城乡规划法》活动，通过现场解答、咨询服务、图片展览、散发传单、出动宣传车和刊登报纸等多种形式，举行大规模的宣传活动，组织全市规划建设系统的干部职工对《城乡规划法》进行为期 3 天的学习培训班，录制一台主题为“推行阳光规划、共享和谐社会”的《城乡规划法》趣味知识大赛，组织全市规划建设系统的领导骨干及专业技术人员 30 余人，前往上海同济大学城市建设培训中心进行为期 15 天的“城市规划建设干部专业培训班”，获得良好的培训效果。重视政风行风评议，提升服务质量，树立队伍形象，先后制定 50 余条规章制度和 10 余款工作措施，提高管理水平。

住房公积金管理

【综述】 2008 年，临汾市住房公积金管理工作，以科学发展观统领全局，以国家七部委开展的住房公积金专项治理工作为契机，深入贯彻《住房公积金管理条例》，紧紧围绕与省建设厅签订的年度目标责任书要求以及临汾市政府的安排部署，积极解决工作中存在的问题，扎实搞好基础工作，不断扩大覆盖面，稳步发展个贷业务，加强内部管理监控，全年工作目标任务得到较好的落实，各项业务工作得到新的发展。

【住房公积金归集】 市、县两级住房公积金管理中心深入贯彻落实临汾市人民政府《关于进一步完善住房公积金制度的通知》，不断加强同各级政府、财政部门的联系沟通，积极申请落实财政新增补助资金。临汾市住房公积金管理中心（以下简称市中心）主要领导带队，深入到没有为预算内行政事业单位建立公积金以及财政补助不能足额到位的县市，直接与政府领导和财政局长座谈对话，全面建立公积金。吉县财政将补助职工住房公积金列入预算，为其行政事业单位建立公积金制度。至此，临汾市所辖县市区的行政事业单位全部建立公积金制度。各县市区普遍按规定调整缴存基数和比例，尧都区、隰县由原来的四项基本工资提高到全额工资，吉县将个人比例由原来的 2% 提高到 5%，财政补贴比例由原来的 3% 提高到 5%，古县财政补贴由原来的四项基本工资的 6% 提高到全额工资的 10%，临汾开发区将财政补贴比例由原来的 8% 提高到 10%，大宁将财政补贴比例由原来的 2% 提高到 5%，大多数县市区财政补助资金能按时足额到位。归集的重点逐步转移到条管单位和民营企业以及停缴、断缴的国有企业和单位。出台《临汾市住房公积金催建催缴管理办法》，采取电话催建、催缴，下发催建、催缴通知书，深入相关单位做工作等措施，积极扩大公积金的覆盖面，让更多的职工享受到公积金的优惠政策。2008 年全市共归集住房公积金 62589.32 万元，超额 2.2 亿元完成省定任务目标。新增缴存职工 14195 人，超 9195 人完成省定新增缴存人数任务目标。全市参建单位 3315 家，缴存职工 222126 人，累计归集公积金 220100.36 万元，覆盖率达到 76.95%。

【住房公积金个人贷款】 一是对个人住房贷款的工作流程和操作步骤以及贷前、贷中、贷后各个环节进行详细规定。二是市、县两级均明确个贷岗位职责，分别设置受理岗、调查岗，实行严格的责任追究制度。所有贷款由市住房公积金审贷委员会审核，统一审批，层层把关。三是各级确定专人加强贷款管理，与受托银行密切联系，及时掌握还款情况。四是市中心提出“三真实，两到位，一及时”的要求，

"三真实"是借款人主体真实，防止不符合条件的人借用他人名义骗贷；借款用途真实，防止将贷款挪做他用；各种贷款资料真实，防止在资料上弄虚作假。"两到位"是贷前调查了解到位，贷后监控到位。"一及时"是发现不及时还款的及时催收。五是要求受理贷款业务人员做到受理咨询服务好，不厌其烦；现场调查严把关，认真细致；资料输入不出错，先输后贷，保安全。六是先后印发《关于在全市范围内对住房公积金个人住房贷款安全风险进行集中检查的通知》（临市房金［2008］60 号），《关于对个人住房贷款安全风险集中检查继续整改的通知》（临市房金［2008］79 号），开展个贷安全风险大检查活动。七是为防止借款人骗贷，出台《关于发放住房公积金个人住房贷款若干问题的紧急通知》（临市房金［2008］90 号），杜绝购买违规建设住房、二手房假交易、城市居民占用农民土地建房等情况的贷款。八是重点关注个贷有逾期问题的县市，及时召开有问题县市的个贷专项会议，印发《关于限期清理个人逾期贷款的通知》（临市房金［2008］92 号），对个人住房逾期贷款的回收提出明确要求和时限，逾期情况得到较好的控制。2008 年全市共向 3516 户职工家庭发放贷款 26179.6 万元，超额 6179.6 万元完成省定任务目标。全市累计向 17099 户职工家庭发放住房公积金贷款 94579.9 万元。

【住房公积金管理】 一是修订出台 23 项规章制度，汇编成册下发到各县市，使中心业务活动都有章可循，业务操作都有规范标准。二是 17 个县市的住房公积金监管系统全部联通，基本实现电算化管理，由市中心首次统一为缴存职工按时结息，对县级管理机构的监管得到有效加强。三是组织全市公积金专管会计、信贷人员、统计人员进行集中培训考核，业务水平有进一步提高；四是坚持每季度末分批召开全市公积金财务状况分析汇报会，分别就本季度归集、个贷发放、逾期贷款清收等工作进行分析研究，针对各县的具体问题下发财务管理意见书。五是市中心结合专项治理工作，在健全内控机制，堵塞管理漏洞等方面制定出台《住房公积金查询、复核规定》、《内部稽核制度》、《网络设备管理制度》。六是市中心稽核科随时对发现的问题，深入到全市 17 个县市中心进行检查稽核，下发整改意见书，促使存在的问题及时得到整改。七是加强效能建设，市中心住房公积金服务"窗口"业务部，实行"首问负责制"和"一站式"服务，郑重向社会做出公开承诺，让职工进一个门，办所有事，杜绝"门难进，脸难看，事难办"的不良现象。八是深入开展"文明单位"、"青年文明号"等创建活动，广泛接受社会监督，得到广大单位和缴存人的好评。

【逾期项目贷款清收】 出台《临汾市清理回收住房资金逾期贷款和挤占挪用资金工作实施方案》，强调清收工作的重要性，明确清收工作的指导思想和目标、基本原则、具体要求。按照国家、省、市公积金专项治理工作的要求，临汾市住房公积金管委会、监察局、纠风办以及相关县市的监察、纠风部门共同进行清收。市委常委、常务副市长、住房公积金管委会主任成洪才两次分别向有清收任务的 5 个县市长发加强逾期项目贷款清收的信函，要求县市政府领导高度重视这项工作，协调有关部门尽快收回逾期资金。市住房公积金管委会副主任委员带队，深入基层，协助县市清收，通过与县市长直接对话，下发整改意见书等措施，促使逾期项目贷款清收工作取得一定进展。蒲县、永和两县逾期项目贷款本息共计 29.29 万元（本金 19.8 万元，利息 9.49 万元）由财政垫付已全部收回，侯马由财政垫付收回本金 197.81 万元（含售房款），洪洞收回本金 328.5 万元，霍州收回本金 113.8 万元。全市当年收回逾期项目贷款本金 659.9 万元。

【住房公积金专项治理】 2008 年 5 月 20 日，住房和城乡建设部等七部门联合开展住房公积金专项治理。临汾市政府领导对此高度重视，结合本地实际，迅速安排部署，积极贯彻落实。及时出台《关于开展住房公积金专项治理的实施方案》（临市房金

[2008]93号),明确本次专项治理工作的指导思想、目标任务、工作重点、方法步骤、组织机构和具体要求。成立以市委常委、常务副市长成洪才为组长的市住房公积金专项治理领导组,研究专项治理工作,结合临汾市实际情况和国家审计署、省审计厅、市审计局等历次审计时所提出的问题和审计建议,明确提出临汾市专项治理的四项重点工作:一是理顺管理机构,收回下属16个县市的住房公积金管理机构;二是清理回收逾期项目贷款和挤占挪用资金;三是纠正损害国家和职工权益的突出问题;四是查处各类违纪违法行为。各县市成立相应机构,出台方案,将公积金专项治理纳入政府议事日程和督办事项,强化领导,提高认识,落实工作责任;各级专项治理领导组办公室加强专项治理的督促检查,及时总结工作经验。设立专门的举报投诉电话或信箱,接受社会和群众监督。各级管理中心组织全体工作人员认真学习《住房公积金管理条例》、《专项治理实施意见》以及财政部门的有关规定文件,进一步熟悉掌握政策和把握这次专项治理的精神实质,对各项业务管理工作进行认真全面的自查自纠。针对出现的问题,认真对待,全力整改。审计报告中涉及的霍州市管理费用、侯马市对职工欠息的问题得到纠正。对自查自纠中查找出的永和县5个自行归集管理公积金的单位予以纠正,34.08万元已补交县中心。对市工商企业咨询中心、珠宝矿业有限公司、市农业银行、市银河证券4家单位超标准缴存住房公积金等问题进行纠正。

吕　梁　市

【概述】　2008年是全面贯彻落实党的十七大精神的开局之年,也是市建设局确定的"市政工程建设推进年"。按照省、市工作的总体部署和要求,以中心城市拓展提升为龙头,以项目建设为核心,按照抓住重点、解决热点、突破难点、完善亮点和夯实基点的工作思路,全力加快特色城镇化进程,认真完成省政府五个方面46项指标对口任务,全面落实省政府"十二件实事"和市政府"十件实事"交办的重点工作,圆满完成援川建房任务,城市规划、建设、管理各项工作推进顺利。

【六项指标完成情况】　1. 集中供热普及率目标任务为市区集中供热普及率达到60%,设市城市(含县级市)集中供热普及率达到65%以上。截至2008年底,市区集中供热率达到61%,比上年提高9个百分点;设市城市(含县级市)达到了62%,比上年提高5.7个百分点。

2. 污水处理率目标任务为中心城区污水处理量达到400万立方米,污水处理率达到45%,设市城市(含县级市)污水处理率达到37.5%。截至2008年底,市区污水处理率达到45%,比上年提高5个百分点;孝义市污水处理率达到68%,比上年提高3个百分点;汾阳市污水处理及回用工程项目,已报省发改委立项,污水管网配套已完成50公里,污水厂项目已开工建设。

3. 城市生活垃圾无害化处理率目标任务为市区垃圾无害化处理率达到100%;设市城市(含县级市)垃圾无害化处理率达到31.8%。截至2008年底,吕梁市区生活垃圾无害化处理率达到100%,垃圾清运量7.8万吨;孝义、汾阳垃圾无害化处理厂均已完成前期立项工作。

4. 城市绿化覆盖率目标任务为中心城区建成区新增绿化面积22.18万平方米以上,绿化覆盖率提高1.4个百分点,全市城市建成区绿化覆盖率达到24%。截至2008年底,全市绿化覆盖率达到26.59%,比上年提高1.53个百分点;市区绿化覆盖率达到34.17%,比上年提高1.85个百分点。

5. 城镇居民人均住宅面积(平方米)目标任务为城镇居民人均住宅面积达到23平方米。截至

2008 年底全市城镇居民人均住宅面积达到 24.04 平方米，市区城镇居民人均住宅面积达到 25 平方米。

6. 农村居民人均住宅面积目标任务为农村居民人均住宅面积达到 28.96 平方米。截至 2008 年底全市农村人均住宅面积达到 28.96 平方米，市区农村人均住宅面积达到 29.57 平方米。

【省市政府实事全面展开】 1. 经济适用房建设和廉租住房建设。省下达吕梁市住房保障工作任务是全年建设经济适用房 15.5 万平方米，新建廉租住房面积 3 万平方米，解决廉租住房保障对象 1800 户，落实廉租住房资金 4850 万元。到 2008 年 12 月初，全市经济适用房开工面积 26.92 万平方米，3875 套；竣工面积 20.2 万平方米，2697 套。新建廉租住房开工面积 9.144 万平方米，1716 套，落实廉租住房资金 4920.86 万元，解决廉租住房保障对象 3888 户；竣工面积 4.9641 万平方米，992 套。

2. 城市居民棚户区改造。省下达吕梁市城市居民棚户区改造任务是新建住房面积 12.1 万平方米。截至 2008 年底，有 4 个项目开工面积达 16.9 万平方米，竣工面积 13.6 万平方米。

3. 国有重点煤矿棚户区改造。省下达吕梁市的任务是：汾阳矿业集团孝义项目，新建住房面积 0.6168 万平方米，77 套。截至 2008 年底，新建住房开工面积 12.8 万平方米，1452 套；竣工面积 4.5 万平方米，625 套。

【规划编制管理】 突出抓好市区规划的管理工作，重点加快各县市各类控制性详规、修建性详规和专业规划的编制进度，一是突出《城乡规划法》的宣传工作。印发《吕梁市建设局宣传贯彻<城乡规划法>宣传方案》，在吕梁日报组织专版刊登《城乡规划法》全文；开展《城乡规划法》有奖知识竞赛，并深入全市 12 个县（市）开展宣传活动；印发宣传手册、传单等 12000 余份，使《城乡规划法》深入人心。二是狠抓规划的编制工作。编制完成交城、中阳两个县城总体规划和市区、兴县、交城 3 个近期建设规划；完成《吕梁市区城北、城南、城东片区控制性详细规划》、《吕梁市区北川河景观规划》、《兴县县城新区（河北片）控制性详细规划》等 6 个控制性详细规划和《吕梁市区防洪规划》、《孝义市旧城保护规划》、《兴县蔡家崖历史文化名村保护规划》3 个专项规划。展开岚县、孝义、临县三个县市总体规划、《吕梁市城市总体规划（修编）》、《一市四县区城市协调发展战略规划》和《吕梁市区凤山公园规划》、《汾阳市集中供热规划》等 12 个专项规划的编制工作，全市规划体系进一步健全和完善。三是全面加大规划监管和批后管理力度。组织召开建设工程规划批后管理工作会议，出台《吕梁市建设工程规划批后管理办法》、《规划综合验收标准》，制定《吕梁市建设局建设工程规划放线申请表》等 9 个可操作性表格，进一步健全完善规划批后管理基础工作；健全和完善工程项目竣工验收申报制度，严格按照规划验收内容、程序进行，全年核发竣工规划认可证 12 份；经市编委批准组建了规划监督处，专门负责批后管理工作。

【特色城镇化建设】 以小城镇自身特点为依托，以乡镇政府驻地为重点，以工业小区为基础，以特色产业和龙头企业为纽带，科学规划城镇布局，重点对纳入全市"十一五"规划的 30 个特色小城镇加大扶持力度，逐步构筑布局合理、功能完善、特色鲜明、协调发展的城镇体系。2008 年，进一步加大城镇规划的编制评审、绿化验收、全市农村特困群众住房困难户调查的工作力度。

规划评审方面：全年组织评审体系规划、镇（乡）总体规划、新农村建设规划、历史名镇村保护规划、工业集中区总体规划共计 119 个，办理选址 13 项。7 个县市完成开发区和工业集中区总体规划编制。

绿化验收方面：对 2007 年下达的 17 镇进行绿

化验收，对2008年省下达绿化资金的建制镇进行抽查，绿化率达到17.5%，超0.2个百分点完成省对吕梁市建制镇的绿化任务要求。

全市农村特困群众住房困难户调查方面：深入各县市对全市农村特困住房困难户进行认真的摸底调查，截至2008年底，全市共有住房贫困户45274户，其中低保户18231户，农村低保标准边缘的住房困难户15717户。

争取政策扶持方面：中阳宁乡镇争取国家和省小城镇补助资金300万元，天宁镇申请省级补助资金200万元；中国历史文化名镇（村）临县碛口镇、西湾村国家保护性补助资金750万元；汾阳市杏花村镇、临县碛口镇小城镇基础设施项目补助资金350万元；2008年小城镇规划补助资金60万元；体系规划、小城镇规划、历史文化名镇（村）保护规划等补助资金300万元。

【城市路网格局建设】 坚持以项目建设为纽带，以完善城市路网格局为重点，以创造畅通吕梁为目标，按照完善一批、改造一批、新建一批的原则，着力构建健全的交通网络体系。投资4亿余元，完善滨河北路东延二期工程、沙会则大桥工程；改造兴隆街、交通路、滨河西路、滨河北西路、龙凤大桥应急维修隔离栏及栏杆，并对市区所有的道路进行维护维修；新建滨河东路、碧水路、莲花池南路、南关菜市场道路。新建龙凤北大桥，加速长治路桥建设进度，截至2008年底，桥墩、桥台、预制构件已全部完成。全部工程完成后，市区框架可向北拓展5公里，新增城区面积约8平方公里，区域中心城市初具规模。

【民生工程建设】 2008年紧紧围绕广大市民关注的热点问题，重点加大了与老百姓衣食住行密切相关的事关民生的供热、供气、供水及防洪减灾等的建设治理力度，大力实施民心工程，城市的功能和品位得到进一步提升。

供热方面：全年投资5亿余元，重点实施了城北、城南、城东三大供热工程，取缔取暖锅炉新增集中供热面积600万平方米，市区集中供热能力达到700万平方米，可基本实现市区及周边村庄全覆盖。

供气方面：加强安全监管，对全市供气基础设施安全隐患进行全面排查治理，实现燃气安全充足供应。特别是在下半年焦碳市场萎缩带来的气源不足的情况下，一方面协调有关部门降低成本，加强管理，另一方面积极争取政府补贴，确保燃气的充足供应，维护社会稳定。

供水节水方面：对主要供水设施进行维修和更换，制定和出台各类应急预案，特别是在奥运期间，对水源地、水厂等生产重地实行严格的巡检制度，强化安全、稳定的供水体系。加强节水工作，对餐饮业、宾馆业、洗浴业等高耗水行业实行重点管理，大力宣传节约用水，营造出节水、爱水、惜水从我做起的良好社会氛围。

防洪减灾方面：重新编制完成城市防洪应急预案；对吆驴沟、王家庄沟、刘家庄沟等灾害易发地段进行清淤、疏通，对居民造册登记，明确撤避路线，保证居民紧急情况避险的需求。投资3000万元兴建城市防洪排洪工程，提升城市防洪能力。

【城市绿化亮化和美化工程】 2008年，突出实施“碧水蓝天”工程，城市品位得到进一步提升。全年投资近2亿元完成凤山亮化一期工程、三山绿化二期工程；改造实施西崖底农贸市场绿地景观工程、滨河北西路三角带小游园绿化工程，为市区新增两个标志性的街头小游园。铺开北川河河道整治工程和蓄水工程、景观带绿化工程及凤山亮化二期工程和虎山亮化工程。对市区建设北街等主要街道绿地进行全面补植，在市区所有公园、广场及滨河南北路、龙凤桥等主要地段布置了街景花坛。市区的环境卫生得到进一步改善，山青、水碧、天蓝的新城区日渐突显出来。

【城市建设领域管理】 2008年将城乡脏乱差治理、

违法建设查处和建筑安全生产作为城市管理工作的突破口，突出实施城乡清洁工程，全面规范建筑市场秩序，全方位提升城市管理和服务水平。

1. *清理“三脏”*。一是清理建筑工地脏，统一规划，市区施工现场设置施工围挡，每天至少进行两次洒水降尘。二是清理建筑楼体脏，对滨河南北两路39座建筑楼体进行亮化，主要街道建筑物基本保持卫生清洁。三是清理市区街道脏，完善环卫设施，加强道路机械化清扫工作，市区共购置清扫车四部，市区道路机械化清扫率达到60%以上。配设密闭垃圾厢60个、垃圾筒200个，集中开展“垃圾不落地”整治活动。

2. *提高环卫工人待遇*。提高重点路段环卫工人的工资待遇，内一环清扫人员月收入提高到800元，清运车司机月工资由900元提高到1500元，装卸工月工资由800元提高到1200元。

3. *对城乡结合部进行集中整治*。对东出口环境进行集中整治，安排清扫车、洒水车各1部全天保洁、洒水除尘，组成26人的环卫清扫队负责滨河南路交通路至高崖弯桥路段的路面清扫保洁作业；将307国道龙凤南街南口至离临柳纪念碑段纳入市区环卫清扫保洁范围，有效改善汾离高速离石西出口段周边的环境卫生质量。对市区路面及排水设施进行改造维护，硬化小街巷26条2600平方米，修补人行道2万余平方米，疏通、改造排水设施6000余平方米，配备完善井盖雨篦累计970套，新建成污水粪便集中收集点2座，饭店、酒店门前排污隔油池3座。

4. *治理“三乱”*。一是治理广告乱。规范户外广告和利用城市建筑物悬挂标语条幅的设置审批，清理店招广告牌、占道灯箱广告170余块。设立专门的广告管理机构负责沿街门店广告牌匾监督管理。二是治理城市客运乱。严格按线行车、按点进站运营；对市区运行的27辆公交客运车辆进行更新，新增75辆出租车辆，依法查扣“黑出租”27辆，罚款19万余元。三是治理市场乱。占用城市道路的经营摊点全部予以取缔，要求冷饮摊点全部入店经营；取缔呈祥路夜市，共取缔摊点70余户，同时将龙凤北街早市从龙凤北大街北段迁至袁一路西段。

5. *扫除“五种不文明行为”*。一是随地吐痰和随地便溺的问题。公厕人员管理上，实行末位淘汰管理制度，针对部分公厕建成后在用电用水方面存在的问题，用电进行城网改造，用水接入供水公司管网。二是乱倒垃圾和污水的问题。生活垃圾实行定时定点倾倒，兴隆街、新华街等六街道推行生活垃圾袋装化收集；单位集体宿舍院内、房地产商开发的小区内按规定配置垃圾收集设备，由市容环卫部门负责上门收集倾倒；市区所有的早夜市小吃摊点全部配置垃圾桶和污水桶，做到随产随清，保持摊点周边干净整洁。三是乱涂乱画乱张贴和乱散发小广告的问题。同专业广告公司签订一年的小广告、野广告清理协议，并负责每日清理，由环卫处督促检查，按合同规定奖罚。全年累计清理乱张贴、乱喷涂的广告17万余条。四是破坏公物和践踏草坪的问题。增加管护和监察人员，24小时值班，加大监察和巡查力度，严禁广场、公园进行各种经营性活动。五是盗窃下水井盖的问题。材质上，新配备或更换的全部采用重型防盗井盖或无回收利用价值的混凝土、石材侧排水井盖；安装工艺上，由原来的砖混底座更改为钢结构混凝土底座，使底座和井盖连为一体，既防损毁又防盗窃。

6. *监督管理*。通过12319城市服务热线和市政处巡查两种渠道，及时发现，及时配备完善。

【建筑市场监管】 1. *工程招标投标*。全年全市招标项目共计201项，中标价约42.1亿元，应招标率实招标率达到100%。市区范围内的市政基础设施工程全部进行公开招标。

工程质量管理：5、9、11月份组织三次质量大巡查，共查出工程质量问题86个，工程质量隐患26个，并及时予以处理，工程质量问题得到有效整改。对质量监督机构人员加强培训全部持证上岗。

2. 违法建设查处。本着教育为主、处罚为辅;以规范市场为目标、以处罚为手段的原则,全年组织专项检查10余次,共检查各类建设工程项目107项,下达整改通知书83份、停工通知书92份、行政处罚决定书47份,罚款77.4万元。

3. 建筑安全管理。2月27日省政府电视电话会议之后,全面启动安全生产"隐患治理年"各项工作。全年参加各类安全生产工作会议22次,印发和转发有关安全生产的文件50余份,召开大型安全生产专题会议6次,检查施工项目183项,受检面积233.1万平方米,下达隐患整改通知书146份,下达停工整改指令37份,查出各类安全隐患1057条,完成整改915条,完成整改率87%,查封未经检验的塔吊101台,下达行政处罚决定书2份,罚款24万元,及时消除一大批事故隐患,确保全市建筑市场安全稳定的良好态势。

4. 组建成立城建管理警察支队。全年处理涉及治安案件22起,依法传唤、警告40余人次,带离现场65人次,制止群体性事件13起,消除道路交通安全隐患8起,及时化解干群矛盾,保障市政重点工程的顺利进行。

5. 建筑节能减排。全面贯彻落实中央节能减排政策,按照节水、节能、节地、节材的总体要求,全面开展节约型行业建设。在建筑节能上制定强制性规定,未取得建筑节能认证的项目一律不得进行招投标。积极开展"吕梁市建筑节能监督管理处"的筹建工作。

【"5·12"对川援建工作】 一是积极响应党中央的号召,积极向灾区捐款捐物奉献爱心,共捐款70余万元。二是成立领导机构,抽调办公人员,落实办公场所,购置办公设施,建立起强有力的援建房领导指挥体系,印发《吕梁市援助四川地震重灾区受灾群众过渡安置房建设实施方案》,全面铺开援建房工作。按照抓环节、保质量、促进度的总体思路,抽调系统精兵强将,兵分儿路,多管齐下。一路先期入川考察援建点规划建设情况,做好相关准备工作;二路进驻活动板房生产厂家督促生产、监督质量、确保进度;三路综合调度、保障运输。有力地保障预期目标任务的全面落实,圆满完成省下达的生产、安装任务。共完成安置房2574套,配套设施726套,总建筑面积60669.47平米,期间投入运输车辆197辆,共计运送410车次。吕梁市援建工作得到省市多次表扬,生产安装全省排队第三。为学习和发扬援川精神,吕梁市于8月12日召开援川建房卫生防疫庆功表彰大会,对市建设局等15个先进集体、郭明水等108名先进个人进行表彰。

【机关建设】 1. 机关党建:深入持久地开展"讲党性、作表率、促发展"活动和"继续解放思想、推进科学发展"大讨论活动,签订2008年度党建工作目标责任状,明确目标,强化责任。

2. 反腐倡廉:严格执行建设系统市政工程建设中廉洁自律的十项规定,起草和完善三十余个制度性文件,有效防止工程建设中违法违纪行为;对70余工程项进行行贿犯罪档案查询,有效的减少和遏止职务犯罪。

3. 效能建设:累计下达督办通知26期,下达督查通报11期,督办事项288项,已落实245项;12319城建热线共接听市民咨询和投诉电话12000余人次,解决市民实际问题8000余件,比去年同期增长300%;政务大厅全年共接件223件,办结215件,全年应进窗口审批项目进驻率、窗口工作人员到岗到位率、应进窗口收费项目进驻率、窗口办结率达到四个100%,服务对象因窗口服务不到位上访的案件为零。

4. 信访稳定工作:健全和完善各类信访工作制度,全面实行分级负责,全年共接待群众来访125批次,500余人次,未发生一起越级上访案件,有力地保障建设系统的稳定与和谐。

地方法规规章及规范性文件

地方法规

山西省民用建筑节能条例

（2008 年 9 月 25 日山西省第十一届人民代表大会常务委员会第六次会议通过）

第一章　总　则

第一条　为加强民用建筑节能管理，降低民用建筑能耗，提高能源利用效率，根据《中华人民共和国节约能源法》和《民用建筑节能条例》等有关法律、行政法规，结合本省实际，制定本条例。

第二条　本省行政区域内城镇的新建民用建筑节能、既有民用建筑节能改造、民用建筑用能系统运行节能、可再生能源在民用建筑中的应用以及相关监督管理工作，适用本条例。

鼓励农民自建住宅和农村集中连片的民用建筑，使用建筑节能材料，采取建筑节能措施。

第三条　本条例所称民用建筑节能，是指在民用建筑的建设、改造和使用过程中，按照国家和省民用建筑节能标准，采用节能型的建筑结构、技术、工艺、材料、设备，加强用能系统运行节能管理，降低建筑能耗的活动。

第四条　鼓励民用建筑节能科学技术研究和产品开发，推广使用民用建筑节能的新技术、新工艺、新材料、新设备，扶持太阳能等可再生能源在民用建筑中的应用，推行先进的供热、供水、供气、供电方式，提高能源的利用效率。

第五条　县级以上人民政府应当加强对民用建筑节能工作的领导，制定民用建筑节能中长期规划和政策，采取有关措施，健全民用建筑节能服务体系，引导、扶持民用建筑节能事业的发展。

第六条　县级以上人民政府应当安排民用建筑节能资金，用于支持下列民用建筑节能工作：

（一）民用建筑节能的科学技术研究和标准制定；

（二）既有民用建筑围护结构和供热系统的节能改造；

（三）可再生能源在民用建筑中的应用，民用建筑节能示范工程、节能项目的推广；

（四）民用建筑节能器具有条件、有计划的发放；

（五）民用建筑节能服务体系和监管体系的建设；

（六）其他需要政府支持的民用建筑节能工作。

民用建筑节能资金的使用和管理办法由同级人民政府制定。

第七条　县级以上人民政府建设主管部门负责本行政区域内民用建筑节能的监督管理工作，主要履行下列职责：

（一）宣传、执行有关民用建筑节能的法律、法规；

（二）拟订民用建筑节能中长期规划并组织实施；

（三）拟订引导、扶持民用建筑节能事业发展的配套政策和措施；

（四）提供与民用建筑节能相关的信息、技术、培训等服务；

（五）对新建民用建筑节能、既有民用建筑节能改造以及民用建筑用能系统运行实施监督管理；

（六）法律、法规规定的其他职责。

县级以上人民政府建设主管部门可以委托符合《中华人民共和国行政处罚法》第十九条规定条件的建筑节能管理机构，实施民用建筑节能监督管理的具体工作。

县级以上人民政府其他有关主管部门应当在各自职责范围内，做好民用建筑节能的相关工作。

第八条　省人民政府建设主管部门可以根据国家民用建筑节能相关标准和本省实际，制定严于国家标准或者行业标准的地方标准。省人民政府建设主管部门可以根据国家制定、公布的民用建筑节能技术、工艺、材料、设备推广使用目录和本省实际，制定本省推广使用的补充目录。

第九条　广播、电视、报纸、网络等大众传播媒体应当加强对民用建筑节能法律、法规、标准和其他知识的宣传，并对民用建筑节能行为进行舆论监督。

第十条　县级以上人民政府应当对在民用建筑节能工作中做出显著成绩的单位和个人予以表彰和奖励。

第二章　新建民用建筑节能

第十一条　编制城市详细规划和镇详细规划，应当按照民用建筑节能的要求，确定建筑的布局、形状和朝向。

第十二条　设区的市、县（市、区）人民政府城乡规划主管部门下达的民用建设工程项目规划设计条件，应当包含节能、节地、节材等民用建筑节能指标。设区的市、县（市、区）城乡规划主管部门依法对民用建筑进行规划审查，应当对其设计方案是否符合民用建筑节能强制性标准征求同级建设主管部门的意见；不符合民用建筑节能强制性标准的，不得颁发建设工程规划许可证。

第十三条　建设、设计、施工单位在选用民用建筑节能技术、工艺、材料和设备时，应当执行国家制定并公布的推广使用、限制使用、禁止使用目录和本省制定并公布的推广使用补充目录。严禁在民用建筑工程项目中使用不符合产品质量标准的民用建筑材料和设备。

第十四条　建设单位应当按照有关民用建筑节能的法律、法规和标准，委托工程设计、施工图设计文件审查、施工、监理、检测单位从事相关的民用建筑节能活动。建设单位应当在施工现场的显著位置公示民用建筑节能相关信息。

第十五条　设计单位及其注册执业人员，应当按照民用建筑节能强制性标准和可再生能源的利用要求进行设计。施工图设计文件应当包括民用建筑节能设计和建筑使用能耗的专项说明。

第十六条　施工图设计文件审查机构应当对施工图设计文件中民用建筑节能内容是否符合民用建筑节能强制性标准和可再生能源利用要求进行专项审查，审查合格的，报具有管理权限的建设主管部门或者其委托的建筑节能管理机构备案。未经备案的，建设主管部门不得招标备案，不得发放施工许可证。

第十七条　施工单位及其注册执业人员应当按照民用建筑节能强制性标准和施工图设计文件要求进行施工。施工单位应当建立施工材料、设备查验制度,配备专人对进入施工现场的材料和设备进行查验,并将查验结果记录在案。未经查验或者经查验不符合施工图设计文件要求和产品质量标准的,不得使用。

第十八条 监理单位及其注册执业人员应当依法对民用建筑节能的施工情况实施监理,发现施工单位未按照民用建筑节能强制性标准和施工图设计文件要求施工的,应当责令其改正;施工单位拒不改正的,应当及时报告建设单位和有关主管部门。监理单位的注册执业人员应当对进入施工现场的墙体材料、保温材料、门窗、采暖制冷系统和照明设备等进行查验。未经查验或者经查验不符合施工图设计文件要求和产品质量标准的,监理单位的注册执业人员不得签字,施工单位不得使用。

第十九条 建设单位组织竣工验收,应当邀请相关专家和建筑节能管理机构的人员,对民用建筑的围护结构、采暖制冷系统和照明设备等是否符合民用建筑节能强制性标准进行验收;未经验收或者验收不合格的,不得出具竣工验收合格报告。

第二十条 民用建筑节能测评机构依法取得相应的资质和计量认定合格证后,方可从事建筑能效测评。民用建筑节能测评机构应当对其测评报告的真实性和准确性负责。

第二十一条 机关办公建筑和大型公共建筑的所有权人应当委托民用建筑节能测评机构,对建筑能效进行测评和标识,并将测评结果予以公示,接受社会监督。鼓励房地产开发企业对居住建筑的建筑能效进行测评和标识。

第二十二条 实行集中供热的民用建筑应当安装供热系统调控装置、分户用热计量装置和室内温度调控装置。公共建筑应当安装用电分项计量装置。

第二十三条 民用建筑的公共走廊、楼梯等部位照明和建筑装饰性景观照明应当选用节能灯具,采用合理的控制方式,降低照明电耗。

第二十四条 房地产开发企业销售商品房,应当向购买人明示所售商品房的能耗指标、节能措施和保护要求、保温工程保修期等信息,在商品房买卖合同和住宅质量保证书、住宅使用说明书中载明,并对其真实性负责。

第三章 既有民用建筑节能改造

第二十五条 既有民用建筑节能改造应当根据当地的经济、社会发展水平和地理气候条件等实际情况,与城市基础设施改造、旧城改造、城中村改造、小区综合改造相结合,有计划、分步骤地实施。

第二十六条 既有民用建筑节能改造应当符合民用建筑节能强制性标准,优先采用低成本改造措施。既有民用建筑的围护结构改造和供热系统改造应当同步进行;装饰装修工程和节能改造应当同步进行。

第二十七条 设区的市、县(市、区)人民政府建设主管部门应当会同房地产管理、机关事务管理等主管部门,对本行政区域内既有民用建筑的建设年代、结构形式、用能系统、能耗指标、寿命周期等进行调查统计和分析,制定既有民用建筑节能改造计划,明确节能改造的目标、范围和要求,报同级人民政府批准后组织实施。机关办公建筑、政府投资和以政府投资为主的公共建筑,应当率先进行节能改造。

第二十八条 居住建筑和本条例第二十七条第二款规定以外的其他公共建筑不符合民用建筑节能强制性标准的,在尊重建筑所有权人意愿的基础上,可以结合改建、扩建,逐步实施节能改造。

第二十九条 实行集中供热的民用建筑进行节能改造的,应当安装供热系统调控装置、分户用热计量装置和室内温度调控装置;公共建筑进行节能改造的,还应当安装用电分项计量装置。

第三十条 居住建筑和教育、科学、文化、卫生、体育等公共建筑的节能改造费用,由人民政府、建筑所有权人共同负担。具体办法由省人民政府制定。

第三十一条 县级以上人民政府应当制定优惠政策,推动社会资金参与既有民用建筑的节能改造。投资人有权按照约定获得投资收益。

第四章 民用建筑用能系统运行节能

第三十二条 民用建筑所有权人或者使用权人

应当保证建筑用能系统的正常运行，不得损坏建筑外墙、屋面、外窗等围护结构和室内供热、供水、供气、供电管网等用能系统。公共建筑所有权人、使用权人或者其委托的物业服务企业应当制定节能管理制度和操作规程，明确节能工作岗位责任，加强对建筑用能系统的监测、维护，提高用能系统运行效率。

第三十三条 机关办公建筑和大型公共建筑应当充分利用自然采光，使用节能灯具，优化照明系统设计，改进电路控制方式，严格控制建筑外部泛光照明和装饰照明。

第三十四条 使用空调采暖、制冷的机关办公建筑和大型公共建筑，室内空调温度设置夏季不得低于26摄氏度，冬季不得高于20摄氏度。但特殊用途的除外。提倡居住建筑和其他公共建筑参照前款规定，对室内温度进行合理调控。

第三十五条 县级以上人民政府建设主管部门应当对本行政区域内机关办公建筑和大型公共建筑的采暖、制冷、供气、照明等能耗进行监测、统计和分析评价，并将能耗情况向社会公布。

第三十六条 实行公共建筑能耗定额和超定额加价制度。省人民政府建设主管部门应当根据公共建筑的类型和能耗统计情况，制定公共建筑的能耗定额。超定额加价的具体办法由省人民政府制定。

第三十七条 设区的市、县（市、区）人民政府建设主管部门应当制定本行政区域内供热单位的能耗指标；对超过能耗指标的，应当要求供热单位限期改进并监督实施。

第三十八条 供热单位应当建立健全管理制度，改进技术装备，实施计量管理，加强对供热系统的监测、维护，保证供热系统的运行符合民用建筑节能强制性标准。

第五章 可再生能源的应用

第三十九条 新建民用建筑的建设单位应当根据建筑项目所在地的实际情况，优先选择太阳能、浅层地能和再生水源等可再生能源，用于采暖、制冷、照明和热水供应等。民用建筑的可再生能源利用设施建设，应当与建筑主体工程同步设计、同步施工、同步验收。

第四十条 省人民政府建设主管部门应当结合本省实际，制定太阳能与建筑一体化标准，编制相关图集并组织实施。

第四十一条 鼓励既有民用建筑的所有权人或者使用权人安装使用太阳能等可再生能源。

既有民用建筑所有权人或者使用权人安装使用可再生能源设施设备的，建设单位、物业服务企业应当为其提供便利条件。但影响民用建筑质量与安全的除外。

第四十二条 安装使用可再生能源设施设备的，县级以上人民政府应当给予一定支持。

第四十三条 各类民用建筑应当配套设计、安装雨水回收利用设施。鼓励对民用建筑的屋顶、墙面等部位实施绿化，降低建筑能耗。

第六章 法律责任

第四十四条 违反本条例规定，县级以上人民政府建设、规划等有关主管部门及其工作人员有下列行为之一的，对直接负责的主管人员和其他直接责任人员依法给予处分；构成犯罪的，依法追究刑事责任：

（一）对设计方案不符合民用建筑节能强制性标准的民用建筑项目颁发建设工程规划许可证的；

（二）对施工图设计文件不符合民用建筑节能强制性标准和可再生能源利用要求的民用建筑项目颁发施工许可证的；

（三）其他滥用职权、玩忽职守、徇私舞弊的。

第四十五条 违反本条例规定，建设单位有下列行为之一的，由县级以上人民政府建设主管部门责令改正，处20万元以上50万元以下罚款：

（一）要求设计、施工单位违反民用建筑节能强制性标准进行设计、施工的；

（二）要求施工单位使用不符合施工图设计文件要求的墙体材料、保温材料、门窗、采暖制冷系统和照明设备的；

（三）使用列入禁止使用目录的技术、工艺、材料、设备的。

第四十六条　违反本条例规定，建设单位对不符合民用建筑节能强制性标准的民用建筑项目出具竣工验收合格报告的，由县级以上人民政府建设主管部门责令改正，处民用建筑项目合同价款2%以上4%以下罚款；造成损失的，依法承担赔偿责任。

第四十七条　违反本条例规定，设计单位未按照民用建筑节能强制性标准进行设计，或者使用列入禁止使用目录的技术、工艺、材料、设备的，由县级以上人民政府建设或者规划主管部门责令改正，处10万元以上30万元以下罚款；造成损失的，依法承担赔偿责任。

第四十八条　违反本条例规定，施工图设计文件审查机构对不符合民用建筑节能强制性标准和可再生能源利用要求的施工图设计文件出具审查合格书的，由县级以上人民政府建设主管部门责令限期改正，处1万元以上5万元以下罚款。

第四十九条　施工单位未按照民用建筑节能强制性标准和施工图设计文件要求进行施工的，由县级以上人民政府建设主管部门责令限期改正，处10万元以上50万元以下罚款。

第五十条　违反本条例规定，施工单位有下列行为之一的，由县级以上人民政府建设主管部门责令限期改正，处10万元以上20万元以下罚款：

（一）使用列入禁止使用目录的技术、工艺、材料、设备的；

（二）使用不符合施工图设计文件要求的墙体材料、保温材料、门窗、采暖制冷系统和照明设备的。

第五十一条　违反本条例规定，监理单位发现施工单位未按照民用建筑节能强制性标准和施工图设计文件要求进行施工，不予制止或者制止无效未报告建设单位和有关主管部门的，由县级以上人民政府建设主管部门责令限期改正；逾期未改正的，处10万元以上30万元以下罚款；造成损失的，依法承担赔偿责任。

第五十二条　违反本条例规定，建筑节能测评单位在测评过程中，不执行技术标准、技术规范或者出具虚假测评报告的，由县级以上人民政府建设主管部门处5万元以上10万元以下罚款。

第五十三条　违反本条例规定，房地产开发企业销售商品房，未向购买人明示所售商品房的能耗指标、节能措施和保护要求、保温工程保修期等信息的，由县级以上人民政府建设或者房地产主管部门责令限期改正；逾期未改正的，处3万元以上5万元以下罚款；对以上信息作虚假宣传的，由县级以上人民政府建设或者房地产主管部门处5万元以上20万元以下罚款。

第五十四条　设计单位、施工图设计文件审查机构、施工单位、监理单位和房地产开发企业违反本条例规定，情节严重的，由本省颁发证书的主管部门依法降低资质等级或者吊销资质证书；资质证书由国家或者其他省、自治区、直辖市有关主管部门颁发的，由省人民政府建设主管部门建议其依法处理。

第五十五条　违反本条例规定，注册执业人员未执行民用建筑节能强制性标准的，由县级以上建设主管部门依法责令停止执业3个月以上1年以下；情节严重的，由本省颁发证书的主管部门依法吊销执业资格证书，5年内不予注册。执业资格证书由国家或者其他省、自治区、直辖市有关主管部门颁发的，由省人民政府建设主管部门建议其依法处理。

第七章　附　则

第五十六条　本条例所称民用建筑，是指居住建筑和公共建筑。

本条例所称公共建筑，是指机关办公建筑和商业、服务业、教育、科学、文化、卫生、体育等其他公共建筑。

本条例所称机关办公建筑，是指国家机关、党派、人民团体办公建筑。

本条例所称大型公共建筑，是指单体建筑面积在2万平方米以上的公共建筑。

本条例所称民用建筑节能强制性标准，是指国家和省制定并公布的民用建筑节能标准中的强制性规定。

第五十七条　本条例自2008年12月1日起施行。

太原市公园条例

(2008年6月25日太原市第十二届人民代表大会常务委员会第九次会议通过,2008年9月25日山西省第十一届人民代表大会常务委员会第六次会议批准)

第一章　总则

第一条　为了加强本市公园的规划、建设、管理与服务,创造良好的人居环境,根据有关法律、法规的规定,结合本市实际,制定本条例。

第二条　本市行政区域内的公园以及公园周边景观和规划确定的公园用地的规划、建设、管理与服务适用本条例。

第三条　市、县(市、区)人民政府应当将公园事业纳入国民经济和社会发展计划。政府管理的公园,其维护和管理费用应当列入财政预算。

鼓励自然人、法人和其他组织参与投资公园建设或者以资助、捐赠等方式支持公园事业的发展。

第四条　市人民政府应当按照保护历史文化名城和改善人居环境的要求,发展公园事业。

规划、建设公园应当按照保护生物多样性的原则,加强对自然资源的有效保护和科学利用。

第五条　市园林行政主管部门负责本市公园的管理工作,组织实施本条例。市人民政府确定由有关部门、组织管理的公园,应当按照法律、法规和本条例的规定,做好公园管理工作,并接受市园林行政主管部门的业务指导。其他有关行政主管部门应当按照各自的职责,做好公园管理工作。

县(市、区)园林行政主管部门按照职责分工,负责本辖区内公园的管理工作,业务上受市园林行政主管部门指导。

公园管理机构或者业主单位负责本公园的日常管理工作。

第六条　任何单位和个人都有保护公园的义务,有权对违反本条例的行为进行劝阻、举报。

第七条　市、县(市、区)人民政府及有关部门对在公园建设、管理与服务中成绩显著的单位和个人,应当给予表彰和奖励。

第二章　规划与建设

第八条　市园林行政主管部门应当会同市有关行政主管部门根据城市总体规划、城市绿地系统规划编制公园发展和建设计划,经市人民政府批准公布后实施。

第九条　编制公园修建性详细规划,应当符合规划行政主管部门提供的规划条件。规划编制完成后,由园林行政主管部门按照程序组织专家评审、论证,经规划行政主管部门审查,报同级人民政府批准后实施。

第十条　城市各级各类公园应当布局合理,分布均匀,服务半径一般不超过500米。

新建公园应当优先选择历史文化遗址、遗迹及其他具有纪念意义的区域地点。

新建居住区应当根据居住人口规模建设社区公园,并按照居住组团不少于每人0.5平方米、居住小区(含组团)不少于每人1平方米、居住区(含小区与组团)不少于每人1.5平方米的标准进行规划、建设。

旧城改造区建设社区公园面积可酌情降低,但不得低于相应标准的50%。

城市道路和河道两侧,有条件的应当结合周边环境建设公园。

第十一条　公园应当设置防灾避难场所,并按照国家规定配套建设相应设施。

第十二条　公园绿化应当科学合理地配置植物群落,注重生态和景观效应。公园的绿化用地面积应当不少于公园陆地面积的65%。

已建成公园的绿化用地比例未达到规定标准的,不得新建、扩建各类建(构)筑物。

第十三条　新建、改建、扩建公园，建设单位应当委托有资质的单位提出公园建设项目设计方案。

公园建设项目设计方案应当符合公园发展和建设计划、公园修建性详细规划，符合国家有关技术标准和规范。

公园建设项目设计方案由园林行政主管部门组织论证，广泛征求各界意见，并提出意见。

公园建设项目设计方案，应当报规划行政主管部门批准。

第十四条　公园设计应当确定公园的游人容量，游人人均占有公园的陆地面积不得低于 15 平方米。

公园应当根据规划设置游人集散场地和机动车、非机动车停车场点。

第十五条　在公园出入口、主要园路、建（构）筑物出入口及公共厕所等处应当设置无障碍设施。

第十六条　公园内的公共厕所、休闲座椅等设施应当按照公园设计规范设置，与公园功能相适应，与公园景观相协调，不得建设有碍景观的建（构）筑物和其他设施。

餐厅、茶座、咖啡厅、小卖部、照相服务部等商业服务设施应当按照批准的公园设计方案，统一设置。

第十七条　公园建设项目的设计、施工、监理应当由具有相应资质等级的单位承担。

第十八条　任何单位和个人不得擅自占用公园用地，不得擅自改变公园用地性质，不得擅自改变公园的功能。

规划确定的公园用地，因公共利益确需调整的，规划行政主管部门应当征得园林行政主管部门的同意，按照同类、就近补足面积的原则，制定调整方案，报同级人民政府批准。

已经占用公园土地、房屋的单位和个人，应当限期迁出。

第十九条　建设单位在公园内进行工程施工，应当征得公园管理机构的同意，报有关部门批准。意，报有关部门批准。

在公园内进行工程施工，不得破坏公园景观及各类设施，不得影响游人安全。对可能影响游人安全的，应当设置安全警示标志，并在工程险要处采取有效的安全保障措施。施工结束后，施工单位应当及时清理现场，恢复原貌。

第二十条　市政公用工程涉及公园用地的，应当采取避让措施。确需穿越公园或者临时占用公园土地的，建设单位应当事先征得园林行政主管部门同意。

第二十一条　公园内水、电、燃气等管线应当隐蔽设置，不得影响公园景观及树木生长，不得危及游人人身及财产安全。

已建成公园不符合前款要求的，应当进行改建。

第二十二条　公园内引进游乐和商业服务项目，应当采取公开招投标的形式。

第二十三条　公园内设置游乐设施，应当符合公园规划和国家有关标准和规范。设置大型游乐设施，建设单位应当组织编制公园环境、景观影响报告书。

游乐设施的设置、变更、报废应当在实施前十五日内依法到园林行政主管部门和质量技术监督部门办理手续。

第二十四条　禁止损毁、改建、拆除公园内原有文物建筑及其附属物，不得建设影响原有风貌和格局的建（构）筑物。

对无法以人力再造和无法再生的自然景观或者具有特殊历史文化价值的人文景观，不得改变原有风貌和格局。

恢复历史文化遗址、遗迹应当按照有关文物保护的规定执行。

第二十五条　规划行政主管部门应当会同园林行政主管部门划定公园周边控制范围，综合公园、专类公园的周边控制范围不得少于 100 米。

公园周边的建（构）筑物的高度、轮廓、色彩等应当与公园景观相协调。第二十六条　新建、改建、扩建公园项目的竣工验收，建设单位应当组织设计、施工、监理等有关单位及专家参加。未经验收或者验收不合格的，不得交付使用。

第二十七条　园林行政主管部门及其他有关部门应当加强对公园建设项目过程的监督，发现问题及时纠正。

第三章　管理与服务

第二十八条　公园实行分级、分类管理。公园的等级、类别由市园林行政主管部门按照有关规定确定，报市人民政府批准后公布。

第二十九条　公园的园容管理应当符合下列要求：

（一）按照园林植物栽植和养护的技术规程，进行养护和管理，绿化植被长势良好；

（二）保持建筑、游乐、服务等设施完好；

（三）依法对古树名木、文物古迹、优秀近代建筑实行重点保护，并设置简介牌；

（四）保持环境整洁，环境卫生设施完好；

（五）保持水体清洁，符合观赏标准；

（六）噪声不得超过环境保护部门规定的标准；

（七）公园的各类牌示保持整洁完备，牌示上的文字图形规范、清晰。

第三十条　公园的安全管理应当符合下列要求：

（一）有健全的安全管理制度；

（二）设备、设施的操作人员持证上岗；

（三）除老、幼、病、残者专用的非机动车外，其他车辆未经同意不得进入公园；

（四）公园建（构）筑物、高大游乐设施、公园制高点等安装防雷设备；

（五）有消防水源、消防设施，消防通道畅通；

（六）对设备、设施定期维护检查，保持完好、安全、有效；

（七）非游泳区、非滑冰区、防火区、禁烟区及其他游人禁止入内的区域设置明显的禁止标志。

第三十一条　公园内的经营者应当在指定的地点按照经营范围依法经营，遵守公园的管理制度，不得擅自扩大经营面积、搭建经营设施。

公园服务人员应当经过培训，并且佩带标志，遵守服务规范。

第三十二条　经批准在公园内举办大型群众性活动，搭建舞台、展台等临时设施的，不得影响公园景观。举办活动期间，活动举办单位应当及时清除垃圾等各类废弃物；活动结束后，应当及时清理场地，拆除临时设施，恢复公园景观、绿地、设施原状。对公园树木、草坪、设施造成损坏的，应当赔偿。

举办大型群众性活动之外的其他活动，应当征得公园管理机构的同意，并依法办理相关手续。

第三十三条　在公园内拍摄影视作品影响游园秩序的，应当经公园管理机构同意，并向有关部门报告。涉及文物的，应当经文物行政主管部门批准。

第三十四条　公园入口处明显位置应当设置游园示意图、公园简介、游园须知，殿堂、展室入口处应当设置简介，主要路口应当设置指示标牌。

第三十五条　公园应当每天开放。因故不能开放或者变更开放时间的，应当向园林行政主管部门报告，并提前公告。

第三十六条　公园管理机构应当按照公园规定的游人容量接待游人。第三十七条　发生突发事件需要进入公园避灾避险的，公园管理机构应当及时开放避难场所。

事件消除后，应当恢复重建，所需费用由同级财政承担。

在公园开放期间，遇有突发事件，公园管理机构应当按照应急预案采取相应措施，并及时向园林行政主管部门和有关部门报告。

第三十八条　动物园应当加强对观赏动物的饲养、保护、繁殖和研究，扩大珍稀、濒危动物种群，依法做好动物的引进、交换、调配工作。

动物园因科学研究、驯养繁殖、展览等特殊情况，需要交换、转让、出售、借展、收购、利用动物或者其产品的，应当向市园林行政主管部门备案。

动物伤亡或者发生疫情应当在24小时内向市园林行政主管部门报告。

第三十九条　公园内禁止下列行为：

（一）向湖面、水系、喷泉内排放污水，倾倒有毒有害物质；

（二）倾倒垃圾、渣土、流体废弃物，堆放物料；

（三）炸鱼、电鱼、网鱼或者在非钓鱼区垂钓；

（四）在非指定区域内游泳、滑冰、踢球；

（五）损坏公园内建筑、雕塑、座椅、牌示及绿化、照明、健身、经营、安全、通讯、保洁等设施；

（六）恐吓、投打、伤害动物或者在非投喂区投喂动物；

（七）燃放烟花爆竹、焚烧枯枝落叶、燃烧物品；

（八）跨越围墙、栏杆，移动座椅、保洁设施，攀爬园林建筑和雕塑；

（九）攀折、刻划、钉栓、摇晃树木、采摘花果、采集种籽；

（十）携带具有侵害性和易传播疾病的宠物入园；

（十一）随地吐痰、便溺，乱丢果皮（核）、烟头、口香糖等废弃物；

（十二）在树木、建（构）筑物等各类设施上涂抹、悬挂张贴以及散发各类广告宣传品；

（十三）算命、看相等迷信活动；

（十四）强行兜售物品；

（十五）影响园容和游览秩序的其他行为。

第四章　法律责任

第四十条　违反本条例规定的行为，由有关部门组织实施行政处罚。有关部门可以委托依法成立的管理公园事务的事业性组织实施行政处罚。

第四十一条　违反本条例规定，有下列行为之一的，由上一级人民政府或者有关部门责令限期改正，对直接负责的主管人员和其他直接责任人员，依法给予处分；构成犯罪的，依法追究刑事责任：

（一）非经法定程序同意占用公园用地或者改变公园用地性质的；

（二）擅自改变公园功能的；

（三）未按规定设置防灾避难场所的；

（四）未按国家规定标准和规范规划、建设公园的；

（五）滥用职权、徇私舞弊、玩忽职守的其他行为。

第四十二条　违反本条例规定，有下列行为之一的，按下列规定处罚：

（一）未按国家规定标准建设社区公园的，按差额面积每平方米处以 5000 元以上 1 万元以下罚款；

（二）新建公园的绿化用地面积未达到公园陆地面积的 65% 的，按缺建面积每平方米处以 100 元以上 500 元以下罚款；

（三）公园建设项目设计方案未经批准进行建设或者擅自改变公园建设项目设计方案以及公园建设项目竣工后未按规定验收的，责令改正，可并处以 1 万元以上 5 万元以下罚款；

（四）改变无法以人力再造和无法再生的自然景观或者具有特殊历史文化价值的人文景观原有风貌和格局的，处以 1 万元以上 5 万元以下罚款；造成损失的，依法承担赔偿责任；构成犯罪的，依法追究刑事责任。

第四十三条　违反本条例第十八条规定，有下列行为之一的，按下列规定处罚：

（一）擅自占用公园用地的，责令限期退出，恢复原状，并按照占用面积每平方米处以 300 元罚款；造成损失的，依法承担赔偿责任；

（二）擅自改变公园用地性质的，责令限期改正，恢复原状，并处以绿地建设费用四至五倍的罚款；

（三）擅自改变公园功能的，责令限期恢复功能，并处以 1 万元以上 10 万元以下罚款。

第四十四条　违反本条例规定，有下列行为之一的，按下列规定处罚：

（一）擅自闭园的，责令改正，并处以 500 元以上 2000 元以下罚款；

（二）车辆未经批准进入公园的，责令改正；拒不改正的，可处以 50 元以上 100 元以下罚款；

（三）在公园内从事商业服务的经营者擅自扩大经营面积或者搭建经营设施的，责令限期改正，并处以 500 元以上 2000 元以下罚款。

第四十五条　违反本条例第三十九条规定，按下列规定处罚：

（一）违反第一项规定的，责令停止违法行为，限期治理或者清理；造成后果的，可并处 1000 元以上 1 万元以下罚款；

（二）违反第二项、第七项、第十一项、第十二项规定的，责令改正；拒不改正的，可处以10元以上500元以下罚款；

（三）违反第三项规定，责令改正；拒不改正的，可处以50元以上500元以下罚款；造成后果的，依法承担民事责任或者刑事责任；

（四）违反第四项、第五项、第六项、第八项、第九项、第十项、第十三项、第十四项规定的，责令改正；拒不改正的，可处以10元以上300元以下罚款；造成损失的，依法赔偿损失。

第四十六条　违反城市规划管理、文物管理、游乐设施管理规定的，按照有关规定处罚。

第四十七条　对游人在公园内因意外事故造成人身伤害和财产损失的，应当分清责任，依法处理。

第五章　附则

第四十八条　本市森林公园的规划、建设、管理与服务，国家有规定的，按照国家规定执行；国家没有规定的，参照本条例执行。

第四十九条　本条例所称的公园是指具有良好的园林环境、较完善的设施，具备改善生态、美化城市、游览观赏、休憩娱乐和防灾避险等功能，并向公众开放的场所，包括：综合公园、专类公园、社区公园、街旁绿地等。

本条例所称综合公园是指内容丰富，有相应设施，适合于公众开展各类户外活动的规模较大的绿地。

本条例所称专类公园是指具有特定内容或者形式，有一定游憩设施的绿地。

本条例所称社区公园是指为一定居住用地范围内的居民服务，具有一定活动内容和设施的集中绿地。

本条例所称街旁绿地是指位于城市道路用地之外，有一定休憩设施，相对独立成片的绿地，包括街道广场绿地、小型沿街绿化用地等。

第五十条　本条例自2008年11月1日起施行。

大同市建筑节能条例

（2008年6月19日大同市第十二届人民代表大会常务委员会第四十次会议通过，2008年11月28日山西省第十一届人民代表大会常务委员会第七次会议批准）

第一章　总　则

第一条　为了加强建筑节能管理，降低建筑物使用能耗，提高建筑能源利用效率，根据《中华人民共和国节约能源法》、《中华人民共和国建筑法》等有关法律、法规，结合本市实际，制定本条例。

第二条　在本市行政区域内从事建筑的新建（改建、扩建）、既有建筑节能改造及建筑用能系统运行管理等活动及实施对建筑节能的监督管理，适用本条例。

第三条　本条例所称建筑节能，是指在建筑物的规划、设计、建造和使用过程中，采用节能型的建筑技术、材料和产品，在保证建筑物使用功能和室内热环境质量的前提下，降低建筑能源消耗，合理、有效地利用能源的活动。

第四条　市、县（区）人民政府应当将建筑节能工作纳入本级国民经济和社会发展计划。

第五条　市建设行政主管部门负责本市建筑节能的监督管理工作。市建筑节能管理机构受市建设行政主管部门委托，具体实施本市建筑节能的监督管理工作。

县（区）建设行政主管部门负责辖区内建筑节能的监督管理工作。

市建设行政主管部门负责投资总额在300万元

以上建设项目的建筑节能监督管理工作，县(区)建设行政主管部门负责投资总额在300万元以下建设项目的建筑节能监督管理工作。

发展和改革、经济、规划、国土资源、房产、市政公用、环境保护、财政、物价、质监、工商等部门应当在各自职责范围内，做好建筑节能监督管理工作。

第六条　建设行政主管部门应当加强建筑节能的宣传培训工作，组织从事建筑节能及相关管理活动的单位，对其从业人员进行建筑节能专业知识培训。未经建筑节能教育、培训或考核不合格的人员，不得从事有关建筑节能技术和管理工作。

第二章　一般规定

第七条　市、县(区)建设行政主管部门应当编制建筑节能专项规划报本级人民政府批准后组织实施。

第八条　规划主管部门编制城市详细规划，应当在建筑物的布局、形状和朝向等方面综合考虑建筑节能和建筑能源利用的要求。

第九条　市建设行政主管部门应当按照技术先进、经济合理的原则完善本市建筑节能技术标准体系。

第十条　市建设行政主管部门应当会同有关部门按照国家有关规定健全建筑节能技术、产品认定公告制度及取样送检制度，及时公布并更新推广使用目录和限制或者禁止使用目录。

第十一条　新建(改建、扩建)、既有建筑节能改造工程竣工综合验收前，应当根据有关规定进行专项验收。

第十二条　实行建筑节能项目能效评定制度。

第十三条　对具备可再生能源应用条件的新建(改建、扩建)建筑或者既有建筑节能改造，应当优先采用可再生能源。

建设可再生能源利用设施，应当与建筑主体工程同步设计、同步施工和同步验收。

第三章　新建建筑节能

第十四条　新建建筑工程项目，应当执行建筑节能强制性标准，对尚未达到建筑节能标准的既有建筑，在改建、扩建时涉及建筑围护结构和用能系统的，应当按照建筑节能强制性标准要求采取建筑节能措施。

建筑工程项目应当按规定安装用热计量装置、室内温度调控装置和供热系统调控装置。

建筑物照明工程应当合理选择照度标准、照明方式、控制方式并充分利用自然光，选用节能型产品，降低照明电耗，提高照明质量。建筑物的公共走廊、楼梯内等部位，应当安装使用节能灯具。

民用建筑应当配套设计节水设施，居住建筑用水设计采用分户计量。

大型公共建筑和规划面积10万平方米以上的居住建筑应当配套设计雨水回收利用、中水回用设施。

第十五条　新建建筑工程项目，立项报告或者可行性研究报告中无建筑节能专题论证内容的，发展改革行政主管部门不予立项。

城市规划主管部门在下达建设工程规划设计条件时应当有建筑节能方面的明确要求。

第十六条　施工图审查机构要严格按照建筑节能设计标准进行审查，不符合建筑节能强制性标准的，施工图设计文件审查结论应为不合格。

第十七条　未经施工图审查机构审查合格的工程，市、县(区)建设行政主管部门不予办理工程报建、招标备案手续，不得颁发施工许可证，工程质量监督机构不予办理质量监督注册。

对未按节能设计施工的工程，工程质量监督机构不予验收、备案。

第十八条　不符合建筑节能标准的建设工程，建设行政主管部门不得批准开工建设；已经开工建设的，应当责令停止施工、限期改正；已经建成的，不得销售或者使用。

第十九条　设计单位应当按照建筑节能强制性标准进行设计。初步设计阶段应当按照国家有关规定编制建筑节能设计专篇和项目热工计算书；施工图设计阶段应当落实初步设计审批意见和建筑节能强制性标准规定的技术措施。

第二十条　经施工图审查机构审查合格的建筑工程项目，施工图审查机构应当将施工图设计文件等相关资料报送建筑节能管理机构备案，建设单位凭备案文件向建筑节能管理机构申领《建筑节能设计认定书》。

第二十一条　建设单位应当按照建筑节能标准委托建设项目的设计。不得明示或暗示设计单位、施工单位降低建筑节能标准；不得明示或暗示施工单位使用不符合建筑节能技术要求的材料、产品、设备和建筑构配件。

按照合同约定，由建设单位采购相关材料、产品、设备和构配件的，建设单位应当保证符合建筑节能强制性标准和施工图设计文件要求。

第二十二条　施工单位应当对进入施工现场的墙体材料、保温材料、门窗、采暖制冷系统、照明设备进行查验，对产品说明书和产品标识上注明的能耗指标不符合建筑节能强制性标准及施工图设计文件的，不得使用。

对国家应当实行见证取样和送检的材料、部品，施工单位应当在建设单位或者监理单位监督下进行现场取样，送建筑节能检测机构进行检测。

第二十三条　监理单位应当按照建筑节能标准、设计文件的规定和要求实施监理；对不符合规定要求的，应当要求施工单位改正。墙体、屋面等保温工程隐蔽前，监理工程师应当采取旁站、巡视和平行检验等形式，对保温工程实施监理。

未经监理工程师签字，墙体材料、保温材料、门窗部品、采暖空调系统、照明设备不得在工程上使用或者安装，施工单位不得进行下一道工序的施工。

工程监理完成后，监理单位应当在建筑节能分部工程质量记录表中明确建筑节能标准的实施情况。

第二十四条　建设工程质量监督机构应当将建筑节能纳入建筑工程质量监管的重要内容，加强对建筑节能工程施工过程的监督检查。在提交建设工程质量监督报告中，应当有建筑节能的专项监督意见。

第二十五条　建筑工程项目竣工验收前，建设单位应当持有关批准文件，以及设计、施工、监理、产品等资料，向建设行政主管部门申请建筑能效评定。

建设行政主管部门收到申请后，对资料齐备的，应当在15日内完成建筑能效评定工作。经评定达到建筑节能强制标准要求的，根据评定结果发给相应的建筑能效标识和证书；经测评达不到建筑节能强制标准要求的，应当出具建筑能效不合格意见。

建筑节能管理机构具体实施建筑能效评定和建筑能效标识、证书的发放。

第二十六条　建设单位应当将建筑能效标识在建筑物显著位置予以公示。

第二十七条　建筑围护结构保温工程的保修期限不得低于5年。保温工程的保修期，自竣工验收合格之日起计算。保温工程在保修范围和保修期限内发生质量问题的，施工单位负有保修义务。

第二十八条　房地产开发企业在销售商品房时，应当向购买人明示所售房屋的能源消耗指标、节能措施及保护要求、保温工程保修期等基本信息，并在房屋买卖合同和住宅质量保证书、住宅使用说明书中予以载明。

第四章　既有建筑节能

第二十九条　既有建筑节能改造应当遵循下列原则：（一）技术可行，经济合理；（二）建筑围护结构改造应当与用能系统改造同步进行；（三）符合建筑节能强制性标准要求；（四）确保结构安全，不影响建筑使用功能。

第三十条　建设行政主管部门应当会同有关部门依照国家要求和本市建筑节能专项规划，提出既有建筑节能改造的分步实施计划，报本级人民政府批准后组织实施。

第三十一条　对公共建筑进行节能改造，应当安装室内温度调控装置、用电分项计量装置；对实行集中供热的公共建筑进行节能改造，还应当安装用热计量装置和供热系统调控装置。

第三十二条　既有建筑节能改造应当将国家机关办公建筑和大型公共建筑作为重点。

前款规定以外的其他公共建筑和居住建筑的建

筑节能改造应当尊重所有权人的意愿，逐步实施。

既有建筑节能改造费用按照国家有关规定予以保障。

鼓励社会资金投资既有建筑节能改造。

第三十三条　国家机关办公建筑、政府投资和以政府投资为主的公共建筑的节能改造，应当制定节能改造方案，经充分论证，并按照国家有关规定办理相关审批手续后，方可进行。

市、县(区)人民政府及其有关部门、单位不得违反国家有关规定和标准，以节能改造的名义对既有建筑进行扩建、改建。

第三十四条　既有建筑节能改造工程竣工验收前，建筑所有权人应当向建设行政主管部门申请建筑能效评定。评定合格的由市建设行政主管部门颁发节能建筑能效标识和证书。

第三十五条　建设行政主管部门应当会同有关主管部门对既有公共建筑用能系统运行的节能实施监督管理：(一)建立和完善国家机关办公建筑和大型公共建筑的节能监管体系；(二)制定公共建筑用能设备运行标准以及采暖、制冷、热水供应、照明能耗统计制度；(三)对采用空调采暖、制冷的公共建筑，实行室内温度控制制度；(四)制定国家机关办公建筑和大型公共建筑的单位能耗限额；(五)建立国家机关办公建筑和大型公共建筑的能源审计、能效公示制度。

第五章　激励措施

第三十六条　市、县(区)人民政府应当安排建筑节能专项资金，用于支持下列活动：(一)建筑节能政策、法规、规划的制定，建筑节能宣传、教育与培训；(二)建筑节能的科学技术研究、标准制定和示范工程；(三)节能建筑能效评估和标识；(四)国家机关办公建筑和大型公共建筑的能耗统计和能效审计；(五)既有建筑节能改造；(六)可再生能源在建筑中的应用；(七)更低能耗建筑和绿色建筑的发展；(八)促进节能型的建筑结构、材料、设备和产品的产业化；(九)在建筑节能工作中做出显著成绩的单位和个人的奖励。

第三十七条　市、县(区)人民政府应当引导金融机构对既有民用建筑节能改造、可再生能源在民用建筑中的应用、更低能耗建筑工程以及绿色建筑等项目提供支持。

第三十八条　经能效评定获得证书和标识的建筑工程项目、经有关部门认定的建筑节能技术和产品，按照国家有关规定享受相应的优惠政策。

第六章　法律责任

第三十九条　违反本条例规定，有下列行为之一的，由建设行政主管部门依照有关法律、法规的规定予以处罚：(一)设计单位未按照建筑节能强制性标准进行设计的；(二)施工图审查机构出具虚假审查合格报告的；(三)建设单位明示或者暗示设计单位、施工单位违反建筑节能强制性标准进行设计、施工的；(四)建设单位采购的相关材料、产品、设备及建筑构配件不符合建筑节能强制性标准和施工图设计文件要求的；(五)建设单位明示或者暗示施工单位使用不符合建筑节能强制性标准和施工图设计文件要求的材料、产品、设备及建筑构配件的；(六)施工单位未按照建筑节能强制性标准进行施工的；(七)施工单位对国家应当实行见证取样和送检的材料、部品，未在建设单位或者监理单位监督下进行现场取样，送建筑节能检测机构进行检测的；(八)施工单位使用能耗指标不符合建筑节能强制性标准和施工图设计文件的墙体材料、保温材料、门窗、采暖空调系统、照明设备的；(九)监理单位未按照民用建筑节能强制性标准实施监理的；(十)房地产开发企业在销售商品房时，未向购买人明示所销售房屋的能效水平、节能措施及保护要求、节能工程质量保修期等基本信息的。

第四十条　建设单位开工建设不符合强制性节能标准的项目或者将该项目投入使用的，由建设行政主管部门责令停止建设或者停止使用，限期改造；不能改造或者逾期不改造的项目，由建设行政主管部门依法予以处罚。

第四十一条　违反本条例规定，建设单位有下列行为之一的，由建设行政主管部门责令限期改正，并予以处罚：（一）建筑工程项目未经建筑能效评定，或者建筑能效评定不合格组织竣工验收并出具竣工验收合格报告的，处建筑项目施工合同价款2%以下的罚款；（二）使用伪造的节能建筑能效标识或者冒用建筑能效标识的，处1万元以上10万元以下的罚款；（三）未将建筑能效标识在建筑物显著位置予以公示的，逾期未改正的，处1万元以下的罚款。

第四十二条　建设行政主管部门、其他主管部门、建筑节能管理机构的工作人员在建筑节能监督管理工作中玩忽职守、滥用职权、徇私舞弊的，依法给予行政处分；构成犯罪的，依法追究刑事责任。

第七章　附　则

第四十三条　鼓励临时性房屋建筑和农民自建自用住宅建筑采用节能措施。

第四十四条　本条例所称大型公共建筑，是指单体建筑面积2万平方米以上的公共建筑。

第四十五条　本条例自2008年12月1日起施行。

地方规章

太原市城乡建设档案管理办法

（太原市人民政府令第67号）

第一条　为加强城乡建设档案管理，充分发挥城乡建设档案在城乡规划、建设、管理中的作用，根据《中华人民共和国档案法》、《中华人民共和国城乡规划法》、《建设工程质量管理条例》等有关法律、法规的规定，结合本市实际，制定本办法。

第二条　本办法适用于本市行政区域内城乡建设档案的报送、接收、保护、利用和管理工作。

第三条　本办法所称城乡建设档案，是指在城乡规划、建设、管理活动中直接形成的，对国家和社会具有保存价值的文字、图纸、图表、声像、电子文件等各种载体的文件材料。

第四条　市、县（市、区）人民政府应当加强对城乡建设档案工作的领导，把城乡建设档案事业纳入市、县（市、区）国民经济和社会发展规划，所需经费列入本级财政预算。

第五条　城乡建设档案管理实行集中管理与分级管理相结合的原则，保证城乡建设档案信息的完整、准确、系统、安全和有效利用。

第六条　市规划行政主管部门负责本市行政区域内城乡建设档案的管理工作。

市城建档案管理机构具体负责本市规划区内城乡建设档案的日常管理工作。

县（市）规划行政主管部门负责本行政区域内城乡建设档案的管理工作；乡镇人民政府负责本行政区域内乡镇建设档案的管理工作。

市、县（市）档案管理机构对本行政区域内的城乡建设档案业务工作进行监督、指导。

政府有关部门应当在各自职责范围内做好城乡建设档案管理工作。

第七条　建设单位应当根据本单位实际情况，配备专（兼）职管理人员，提供必要的工作条件，建立健全工作制度；收集、保管本单位的城乡建设档案，并向城建档案管理机构移交。

第八条　城建档案管理机构重点管理下列档案资料：

（一）各类城乡建设工程档案：

1、工业、民用建筑工程；

2、市政基础设施工程；

3、公用基础设施工程；

4、交通基础设施工程；

5、园林建设、风景名胜建设工程；

6、市容环境卫生设施建设工程；

7、城市防洪、抗震工程；

8、军事工程档案资料中，除军事禁区和军事管理区以外的穿越市区的地下管线走向和有关隐蔽工程的位置图。

（二）各类地下管线（包括城乡供水、排水、燃气、热力、电力、电信、工业等地下管线）以及相关的人防工程档案。

（三）建设系统各专业管理部门（包括城乡规划、勘测、设计、施工、监理、园林、风景名胜、环卫、市政、公用、房地产管理、人防等部门）形成的业务管理和业务技术档案。

（四）有关城乡规划、建设及其管理的方针、政策、法规、计划方面的文件、科学研究成果和城市历史、自然、经济等方面的基础资料。

（五）其他具有保存价值的城乡建设档案。

第九条　建设单位在办理《建设工程规划许可证》、《建设工程施工许可证》时，城建档案管理机构应当将工程竣工后需移交的工程档案内容和要求书面告知建设单位，并与建设单位签订《建设工程档案移交责任书》。

地下管线工程建设单位，在与城建档案管理机构签订《建设工程档案移交责任书》前，应当与有相应资质的测绘单位签订《太原市管线建设工程跟踪测绘合同》，以确保跟踪测绘数据的真实、准确。

规划行政主管部门应当将具有相应资质的测绘单位名单定期向社会公示。

规划、建设行政主管部门在核发《建设工程规划许可证》、《建设工程施工许可证》时，应当查验《建设工程档案移交责任书》。

第十条　地下管线工程建设单位在申请办理《建设工程规划许可证》前，应当到城建档案管理机构查询施工地段的地下管线、设施等隐蔽工程档案，取得该施工地段地下管线、设施等隐蔽工程现状资料。

第十一条　建设单位在组织工程竣工验收前，应当申请城建档案管理机构对建设工程纸质档案、声像档案、电子档案进行专项预验收。

城建档案管理机构应当在收到建设单位预验收申请10个工作日内出具预验收意见。对建设工程档案符合要求的，出具建设工程档案认可文件；对不符合要求的，建设单位应当按照要求编制、补充、完善。

建设、规划行政主管部门在办理建设工程竣工验收备案、建设工程竣工规划验收时，应当查验城建档案管理机构核发的建设工程档案认可文件。

第十二条　建设单位在建设工程竣工验收合格之日起6个月内，向城建档案管理机构移交档案原件或者副本。

城建档案管理机构在收到符合规范要求的建设工程档案后，向移交单位核发《建设工程档案合格证》。

第十三条　建设单位应当在地下管线工程跟踪测绘或者补测补绘竣工验收后15日内，向城建档案管理机构移交其测绘成果。

未移交以及未按时移交测绘成果，或者移交的测绘成果资料不齐全、不准确，致使其他建设单位、施工单位因无法查阅有关资料或者查阅的资料内容不准确造成施工损坏地下管线工程的，地下管线工程的建设单位应当依法承担相应责任。

地下管线普查结束后15日内，政府有关部门应当向城建档案管理机构移交其普查成果。

第十四条　建设系统各专业管理部门形成的业务管理和业务技术档案，凡具有永久保存价值的，在本单位保管使用1至5年后，按有关规定向城建档案管理机构移交。有长期保存价值的档案，由城建档案管理机构根据城乡建设的需要选择接收。

县(市)城建档案管理机构应当定期向市城建档案管理机构移交城乡建设档案目录。

房地产权属档案的管理,按国家有关规定执行。

第十五条　改建、扩建和重要部位维修的建设工程,建设单位应当组织勘察、设计、监理、施工单位根据实际情况修改、补充和完善原建设工程档案;结构和平面布置等改变的,应当重新编制建设工程档案,并在工程竣工验收后6个月内向城建档案管理机构报送。

地下管线专业管理单位应当将更改、漏测、废弃部分的地下管线工程档案及时修改补充,并在15日内向城建档案管理机构报送。

第十六条　地下管线工程覆土前,建设单位应当委托具有相应资质的工程测绘单位进行竣工测绘,形成准确的竣工测绘数据文件和管线工程测绘图,并符合相关技术标准和城乡建设档案管理的要求。

第十七条　施工单位在施工中发现未建档的地下管线,应当及时通过建设单位向规划、建设行政主管部门报告;规划、建设行政主管部门查明未建档的管线性质、权属,责令地下管线产权单位进行补测补绘,并在15日内向城建档案管理机构报送。

第十八条　城乡建设档案工作人员应当忠于职守,遵纪守法,具备城乡建设档案管理的相关专业知识。

第十九条　城建档案管理机构应当做好档案的防火、防盗、防虫、防潮、防霉、防鼠、防光、防尘、防有害气体等工作,保持库房适当的温度和湿度,及时抢救损坏和变质的城乡建设档案。需要永久保存的城乡建设档案,应当采取光盘、磁带、硬磁盘及其他现代技术手段备份保存。

第二十条　城建档案管理机构应当建立城乡建设档案的接收、收集、整理、保管、统计、鉴定、销毁、编研、提供利用等管理制度;建立城乡建设档案信息管理系统,对城乡建设档案进行动态管理。

城建档案管理机构应当对本市规划区内大型、重点工程项目进行跟踪服务,形成的档案及时归档。

第二十一条　城建档案管理机构应当充分利用城乡建设档案信息资源,建立城乡建设档案资料信息库、目录库,汇编城乡建设档案综合信息,为社会提供城乡建设基础数据、信息咨询和技术服务。

第二十二条　城建档案管理机构出具的载有本单位法定代表人的签名或者印章标记的缩微品以及其他复制形式的城乡建设档案,具有与城乡建设档案原件同等的效力。

第二十三条　公民、法人或者其他组织利用已开放的城乡建设档案,须持有介绍信、身份证等合法证件。外国人或者外国组织利用开放的城乡建设档案,应当按规定报经有关部门批准。

第二十四条　城乡建设档案的利用实行便民原则。对需要提供技术咨询服务的,按有关规定执行。

第二十五条　城建档案管理机构应当按照《中华人民共和国政府信息公开条例》的有关规定,向社会公开馆藏结构、案卷目录信息,以方便社会公众利用;对涉及秘密或者公开后危害国计民生和社会稳定的城建档案信息,应当执行国家有关保密的法律和行政法规的规定。

第二十六条　有下列情形之一的,由规划行政主管部门或者本单位给予表彰奖励:

(一)在城乡建设档案管理工作或者理论研究中成绩显著的;

(二)抢救或者捐赠珍贵城乡建设档案资料的;

(三)其他应当予以表彰奖励的。

第二十七条　建设工程竣工验收后,建设单位未在规定期限内向城建档案管理机构移交建设工程档案的,由规划行政主管部门责令改正,按照下列规定处以罚款:

(一)逾期3个月以下的,处1万元以上3万元以下罚款;

(二)逾期3个月以上6个月以下的,处3万元以上5万元以下罚款;

(三)逾期6个月以上9个月以下的,处5万元以上8万元以下罚款;

(四)逾期9个月以上的,处8万元以上10万元以下罚款。

对单位直接负责的主管人员和其他直接责任人

员，处单位罚款数额5%以上10%以下罚款。

第二十八条 违反本办法规定，有下列情形之一的，由任免机关或者监察机关对直接负责的主管人员和其他直接责任人员依法给予行政处分：

（一）无故延期或者不按照规定归档、报送的；

（二）涂改、伪造、损毁、丢失城乡建设档案的。

第二十九条 城乡建设档案管理人员玩忽职守、滥用职权、徇私舞弊、造成城乡建设档案损失的，对直接负责的主管人员和其他直接责任人员依法给予行政处分；构成犯罪的，依法追究刑事责任。

第三十条 当事人对行政处罚决定不服的，可以依法申请行政复议或者提起行政诉讼。

第三十一条 本办法施行前的城乡建设工程档案，工程已竣工验收的，由建设单位在本办法施行之日起6个月内向相应的城建档案管理机构移交。

第三十二条 本办法自2009年2月1日起施行。

省人民政府文件

山西省人民政府关于健全和完善住房保障体系切实解决城市低收入家庭住房困难的通知

晋政发[2008]2号

各市、县人民政府，省人民政府各委、厅，各直属机构：

近年来，我省积极贯彻落实国家房地产市场宏观调控政策，构建以廉租住房制度为主体的多层次住房保障体系，实施安康居住工程、国有重点煤矿和城市居民棚户区改造，调整住房供应结构，增加住房有效供给，城市居民的住房条件得到明显改善。但部分市、县廉租住房制度建设滞后，有的城市保障标准不到位，经济适用住房户型偏大，销售行为不够规范，城市低收入家庭住房困难还没有得到根本解决。各级、各部门要深入贯彻落实《国务院关于解决城市低收入家庭住房困难的若干意见》（国发[2007]24号，以下简称《若干意见》）精神，健全和完善住房保障体系，切实解决城市低收入家庭的住房困难。

一、指导思想与基本原则

（一）指导思想。

把健全和完善住房保障体系、解决城市低收入家庭的住房困难作为践行“三个代表”重要思想、全面落实科学发展观和建设和谐山西的重要内容，列入政府工作的重要议事日程，以调整住房供应结构、稳定住房价格为主线，以健全和完善廉租住房制度、改进和规范经济适用住房制度为重点，以建立健全住房保障体系为目标，构建多层次解决城市低收入家庭住房困难的住房政策体系。

（二）基本原则。

1. 坚持统筹规划、分步实施的原则。根据当地经济社会发展与低收入家庭住房需求情况，编制住房建设规划，将住房建设规划纳入国民经济和社会发展规划。并按照住房建设规划，编制廉租住房制度建设和经济适用住房发展规划与年度实施计划，稳步解决城市低收入家庭的住房困难。

2. 坚持政府主导、社会参与的原则。要按照低收入群体住房需求总量，制订保障性住房的扶持政策和建设资金筹措方案，并积极引入社会资金，加快保障性住房的建设。

3. 坚持量力而行、适度保障的原则。要根据当地的财力状况和居民住房情况，合理确定廉租住房保障对象的家庭收入标准、住房困难标准和保障面积标准，既要满足低收入家庭基本居住需要，又要与财政的承受能力相适应，与当地社会保障的整体水平相协调。

4. 坚持经济适用、功能齐全的原则。要按照发展节能省地环保型住宅的要求，依照国家有关政策、技术、标准和规范，优选规划设计，完善使用功能。积极推广应用先进、成熟、经济适用的新技术、新工艺、新材料和新设备，实现“户型不大功能全、造价不高品质优、占地不多环境美”的目标。

二、工作目标与任务

（三）健全和完善城市廉租住房制度，改进和规范经济适用住房制度，加大普通商品住房的建设力度，形成多层次的住房保障体系。其基本模式是：通过市场配置方式解决高收入家庭和中等收入家庭住房，政府保障低收入家庭和最低收入家庭住房。即：高收入家庭供应商品住房；中等收入家庭供应普通商品住房和“两限两竞”商品住房；低收入家庭供应经济适用住房；最低收入家庭，政府提供廉租住房进行实物配租或发给住房租赁补贴；无力购买经济适用住房的低收入家庭，租赁经济适用住房；购买力不足的低收入家庭，先购买一部分面积，租赁一部分面积，待条件允许后，再购买其余面积。

（四）2008 年底，所有县（市）符合廉租住房租赁补贴规定的保障对象，基本做到应保尽保；“十一五”期末，全省廉租住房制度保障范围由城市最低收入住房困难家庭扩大到低收入住房困难家庭。

（五）2008 年，基本完成全省国有重点煤矿棚户区改造任务，力争 2010 年前基本完成城市居民棚户区改造任务。

（六）2008 年，各市、县大力开展旧住宅区综合整治工作，力争 3 ~ 5 年完成旧住宅区综合整治工作；根据农民工住房需求，建设向农民工出租的集体宿舍和住宅。

三、切实推进廉租住房制度建设

（七）编制廉租住房制度建设规划、年度实施计划。市、县人民政府要根据最低收入家庭的住房状况和当地社会、经济发展水平，组织编制廉租住房制度建设规划和年度实施计划，纳入住房建设规划。

（八）合理确定廉租住房保障对象收入标准、住房困难标准和住房保障标准。城镇居民住房基本保障面积一般不超过当地人均住房建筑面积的 60%。廉租住房实物配租的面积，原则上 2 人（含）以下家庭控制在建筑面积 30 平方米以下，3 人家庭控制在建筑面积 40 平方米以下，4 人（含）以上家庭控制在建筑面积 50 平方米以下。市、县人民政府要按照当地统计部门公布的家庭人均可支配收入和人均住房水平，结合城市经济发展水平和财政承受能力等因素，合理确定本地廉租住房保障对象的家庭收入标准、住房困难标准和住房保障面积标准。廉租住房保障对象的家庭收入标准、住房困难标准和保障面积标准要实行动态管理，每年向社会公布一次。

（九）健全廉租住房保障方式。城市廉租住房保障实行货币补贴和实物配租相结合的方式。货币补贴是指市、县人民政府通过向符合廉租住房保障对象申请条件的家庭发放租赁补贴，以增强其在市场上承租住房能力的方式；实物配租是指市、县人民政府及有关部门、单位向符合廉租住房保障对象申请条件的家庭，按照廉租住房保障面积标准提供住房，并收取租金的方式。

各市、县要切实提高廉租住房的保障水平，实物配租的比例不得低于 30%。国有重点煤矿和城市居民棚户区改造、符合《若干意见》要求的单位集资合作建房范围内符合廉租住房保障条件的最低收入住房困难家庭,在回迁安置时,以实物配租方式给予保障;对孤、老、病、残等短期内脱困无望和其他急需救助的家庭,市、县人民政府以实物配租方式予以保障。

(十)统一廉租住房的建设标准。新建廉租住房,要坚持经济适用、舒适便捷的原则,并符合节能、省地、环保的要求,在较小的户型内实现基本使用功能。新建廉租住房,以一室一厅一厨一卫户型为主,适当建设少量的二室一厅一厨一卫户型。单套户型建筑面积控制在50平方米以内。建设标准为:室内水泥地面,内墙面普通涂料,户内安装木制门,入户安装普通防盗门、符合节能标准的普通窗户、普通卫生洁具,水、电、暖、气四表出户,分户计量。

(十一)规范廉租住房的建设模式,增加廉租住房房源。市、县人民政府要集中新建一批廉租住房、出资收购一批存量住房、改造一批直管公房、整理一部分社会捐赠住房用作廉租住房。新建廉租住房建设用地不低于年度居住用地供应总量的5%。经济适用住房建设项目中,按建筑面积的10%配建廉租住房,由政府按核定的经济适用住房基准价格回购,房屋产权归政府所有;普通商品住房开发项目中,按建筑面积的5%配建廉租住房,由当地建设(房地产)行政主管部门统一管理,使用期为5年,租金和产权归房地产开发企业所有;国有重点煤矿和城市居民棚户区改造、企业集资建房项目中,按照改造、建设范围内廉租住房保障对象实现应保尽保的目标,配建廉租住房。

(十二)确保廉租住房保障资金来源。要根据廉租住房建设规划和年度实施计划,切实落实廉租住房保障资金:一是各级财政要将廉租住房专项资金纳入年度预算安排。二是住房公积金增值收益在提取贷款风险准备金和管理费用之后全部用于廉租住房建设。三是土地出让净收益用于廉租住房保障资金的比例不得低于10%,廉租住房保障任务重的市、县,要适当提高其比例。四是廉租住房租金收入实行收支两条线管理,专项用于廉租住房的维护和管理。

四、切实规范和改进经济适用住房制度

(十三)编制经济适用住房发展规划和年度实施计划。市、县人民政府应当根据住房建设规划,编制经济适用住房发展规划和年度实施计划,适时向社会公布经济适用住房的建设规模、项目布局等。

(十四)规范经济适用住房的建设管理。经济适用住房要由市、县人民政府确定的实施经济适用住房管理的非营利性机构组织建设。

(十五)增加经济适用住房的供应。各市、县要根据当地城市低收入家庭的住房需求,每年安排建设一定规模的经济适用住房,经济适用住房建设用地不低于年度居住用地供应总量的20%。

(十六)规范经济适用住房供应对象。经济适用住房供应对象为城市低收入住房困难家庭。城市低收入住房困难家庭,应当是家庭人均可支配收入低于当地城镇居民人均可支配收入80%的无房户和现人均住房建筑面积低于当地人均住房平均水平60%的家庭。市、县人民政府要根据当地的经济发展水平,每年向社会公布一次经济适用住房供应对象的家庭收入标准和住房困难标准。

(十七)合理确定经济适用住房标准。市、县人民政府要综合考虑当地经济发展水平、群众生活水平、住房状况、家庭结构和人口等因素,本着"自住、够用"的原则,科学合理确定经济适用住房的套型面积和套型比例,套型建筑面积控制在60平方米左右。

(十八)规范经济适用住房的申请购买管理。符合经济适用住房申请购买条件的申请人,向市、县人民政府提出购买申请,经审查批准,可持签署审核意见的《购买经济适用住房申请表》,选购一套相应面积标准的经济适用住房。曾享受过福利分房或购买过经济适用住房的家庭不得再购买经济适用住房。已经购买经济适用住房的家庭又购买其他住房的,原经济适用住房由政府按规定回购。

(十九)规范经济适用住房的上市交易管理。经济适用住房属于政策性住房,购房人拥有有限产权。购买经济适用住房不满5年,不得直接上市交易,购房人因各种原因确需转让经济适用住房的,由政府按照原购买价格并考虑折旧和物价水平等因素进行回购。购买经济适用住房满5年,购房人可转让,政府可优先回购。各城市政府要根据当地经济适用住房供需情况,合理确定回购经济适用住房套数,确保经济适用住房房源能满足低收入家庭的需求。购房人转让经济适用住房,应按照当时同地段普通商品住房与经济适用住房差价的一定比例向政府交纳土地收益等价款,交纳土地收益的比例由城市人民政府确定。购房人向政府交纳土地收益等价款后,也可以取得完全产权。上述各项规定应在经济适用住房购房合同中予以载明。政府回购的经济适用住房,继续向符合条件的低收入住房困难家庭出售。

(二十)改进经济适用住房制度。要建设“租赁型”和“产权共有型”经济适用住房,变单一销售为租售并举,让无力购买和购买力不足的低收入家庭,通过租赁和部分购买、部分租赁经济适用住房的方式,解决基本住房需求。国有重点煤矿棚户区和城市居民棚户区改造范围内,无力购买经济适用住房,但又不符合廉租住房申请条件的低收入住房困难家庭,以租赁经济适用住房的方式,解决其基本住房需求。

(二十一)规范单位集资合作建房管理。单位集资合作建房纳入当地经济适用住房供应计划和用地计划管理,其建设标准、优惠政策、供应对象、产权关系等均按照经济适用住房的有关规定执行。距离城区较远的独立工矿企业和住房困难户较多的企业,在符合城市规划的前提下,利用自用土地,经城市人民政府批准后可组织实施单位集资合作建房。满足本单位住房困难职工购买后多余的住房,由城市人民政府统一向符合经济适用住房购买条件的家庭出售,或以成本价收购后用作廉租住房。单位集资合作建房不得向非经济适用住房供应对象出售,严禁向社会出售。各级国家机关一律不得搞单位集资合作建房;任何单位不得新征用或新购买土地搞集资合作建房。

五、切实改善其他住房困难群体的居住条件

(二十二)积极推进国有重点煤矿和城市居民棚户区改造。各有关市要继续推进国有重点煤矿棚户区改造,坚持节约资源、节约土地的原则,切实做好腾空土地的复垦、利用工作,同时要做好棚户区改造新建住房的分配(销售)、配套设施建设、物业管理等项工作。各市人民政府要采取政府主导、市场运作的方式,抓紧组织实施城市居民棚户区改造。腾空的土地要按照规划设计条件,向社会公开出让;新建小区配套建设的生活服务设施,要进行社会化、市场化运作,吸引社会资金投资建设。太原、大同两个城市居民棚户区改造试点市,要为全省城市居民棚户区改造工作创造经验。其他城市要制订城市居民棚户区改造实施方案、房屋拆迁补偿和改造优惠政策,并报省人民政府备案。自2008年起,全省组织实施城市居民棚户区改造。

(二十三)积极开展旧住宅区综合整治。要以改善低收入家庭居住环境和保护历史文化街区为宗旨,遵循政府组织、居民参与的原则,积极研究旧住宅区整治的办法和机制,对房屋、道路和各种管线年久失修、服务设施不配套、环境脏乱差的旧住宅小区进行综合整治,改善旧住宅区的环境。

旧住宅区综合整治的内容包括:整修房屋,清理垃圾,补建、改造配套设施,路面硬化,小区绿化、亮化,拆除违章建筑,进行建筑节能改造等。

要总结推广临汾市旧住宅区整治的成功经验,采取业主出资一部分、政府补贴一部分、社会捐赠一部分的办法，筹集旧住宅区综合整治所需资金。市、县财政要投入专项资金，用于旧住宅区综合整治；开发建设单位未按规划要求配套建设服务设施和进行绿化的，要按预算补缴欠建工程款项，补缴资金全部用于小区整治；开发建设单位擅自增加建筑容积率，造成小区绿地、配套服务设施不足的，要补缴绿化和配套费，补缴资金全部用于小区治理改造；同时，要发动社会力量，开展旧住宅区综合募捐活动，募集资金。

（二十四）多渠道改善农民工居住条件。各市、县要根据农民工数量及分布情况，督促用工单位及社会机构，向农民工提供符合农民工居住安全要求、具备基本卫生条件的租赁型住房。农民工集中的区域，要按照集约用地的原则，集中建设向农民工出租的集体宿舍或住宅；居住区建设时，要规划建设一定数量的农民工住宅或宿舍，重点满足为居住区服务的农民工住房需要；城中村改造时，要集中建设向农民工出租的集体宿舍或住宅；鼓励并规范原村民经依法批准建设的富余住宅向农民工出租；市、县可比照经济适用住房建设的相关优惠政策，组织建设一定数量的符合农民工特点的住房，以农民工可承受的合理租金向农民工出租。

六、完善配套政策和工作机制

（二十五）落实解决城市低收入家庭住房困难的建房用地和经济政策。各市、县要切实保证廉租住房、经济适用住房建设用地的供应，根据住房建设规划，在土地供应计划中予以优先安排，在申报年底用地指标时单独列出。廉租住房、经济适用住房建设用地实行行政划拨方式供应。

廉租住房和经济适用住房建设、棚户区改造、旧住宅区整治一律免收城市基础设施配套费等各种行政事业性收费和政府性基金，经营服务性收费，征得相关企业同意后，可按下限减半计收。社会各界向政府捐赠廉租住房房源的，执行公益性捐赠税收扣除的有关政策。社会机构投资廉租住房、经济适用住房、棚户区改造、旧住宅区整治的，可同时给予相关的政策支持。

（二十六）建立省住房保障工作厅际联席会议制度。省住房保障工作厅际联席会议由省建设厅、省发展改革委、省民政厅、省财政厅、省国土厅、省国税局、省地税局、省物价局、人民银行太原中心支行等单位参加，协调解决住房保障工作中遇到的问题。厅际联席会议，每半年召开一次。各部门要协调配合，形成齐抓共管的合力。

省建设厅会同省发展改革委、省财政厅、省国土厅等有关部门制定完善廉租住房和经济适用住房管理的有关规定；省民政厅会同有关部门制定城市低收入家庭资格认定办法，并会同省建设厅等有关部门对城镇低收入住房困难家庭组织摸底调查和登记工作；省财政厅会同省建设厅、省民政厅等有关部门制定廉租住房保障专项补助资金的实施办法；省发展改革委会同省建设厅提出对财政困难的县（市）新建廉租住房项目的支持办法；省财政厅、省国税局、省地税局认真落实好廉租住房、经济适用住房建设和住房租赁的税收支持政策；人民银行太原中心支行会同省建设厅、省财政厅等有关部门研究制定对廉租住房和经济适用住房建设的金融支持政策。

（二十七）解决城市低收入家庭的住房困难是地方各级政府的重要职责。市、县人民政府要把解决城市低收入家庭住房困难摆上重要议事日程，加强领导，落实相应的管理工作机构和具体实施机构，配备业务能力强、政策水平高、工作作风过硬的工作班子。同时，要接受人民群众的监督，每年在《政府工作报告》中报告解决城市低收入家庭住房困难年度计划的完成情况。

（二十八）各市、县要组织开展城市低收入家庭住房状况调查，建立城市低收入住房困难家庭住房档案。

（二十九）继续抓好国务院关于房地产市场各项调控政策措施的落实。各地要认真贯彻落实《国务院关于解决城市低收入家庭住房困难的若干意见》(国发[2007]24号)及《国务院办公厅转发建设部等部门关于调整住房供应结构稳定住房价格意见的通知》(国办发[2006]37号)精神,深化住房供应结构调整,引导形成合理的住房建设和消费模式。城市新审批、新开工的住房建设,套型建筑面积90平方米以下住房面积所占比重,必须达到开发建设总面积的70%以上;廉租住房、经济适用住房和中低价位、中小套型普通商品住房建设用地的年度供应量不得低于居住用地供应总量的70%。

(三十)加强监督检查。省建设厅会同省监察厅等有关部门负责本通知事项执行情况的监督检查,对工作不落实、措施不到位的市、县,要通报批评,限期整改,并追究有关领导责任。对在解决城市低收入家庭住房困难工作中以权谋私、玩忽职守的,要依法依规追究有关责任人的行政和法律责任。

(三十一)此前文件精神与本通知不一致的,以本通知为准。

二〇〇八年一月九日

山西省人民政府关于实施城市居民棚户区改造的指导意见(试行)

晋政发[2008]3号

各市、县人民政府,省人民政府各委、厅,各直属机构:

为深入贯彻落实科学发展观,推进民生建设,促进社会主义社会和谐发展,省人民政府决定,2008年全面启动城市居民棚户区改造,现提出如下意见:

一、指导思想与基本原则

(一)指导思想。

城市居民棚户区改造,是实践党的宗旨、邓小平理论和"三个代表"重要思想,落实科学发展观,构建社会主义和谐社会的具体体现。城市居民棚户区改造要与创建宜居城市,完善住房保障体系和改造"城中村"相结合,与降低城市中心区人口密度和社区建设相结合,按照建设资源节约型、环境友好型社会的要求,优化配置土地资源,建设节能省地型住宅,从根本上改善居民的居住和生活环境。

(二)基本原则。

1. 统筹规划与分步实施相结合。要统筹考虑城市人口密度、基础设施水平、公共设施状况、环境质量及经济条件等因素,调整和优化城市布局,完善和提升城市功能。依据城市总体规划,编制城市居民棚户区改造规划;根据改造总任务,制订改造计划,合理确定改造时序,既要分步实施,又要加快改造进度。

2. 保护与改造相结合。要严格按照保护规划,保护好历史文化名城、街区和文物古迹。历史文化街区和文保单位保护范围内的建筑要按照原样维修整治,拆除乱搭滥建的违章建筑,恢复历史原貌。建设控制地带内的建筑要符合保护规划,建筑的高度、造型、色彩要与传统建筑相协调,维护历史文化名城、街区的整体风貌和格局。

3. 科技引导与节约资源相结合。要按照国家及省有关建筑节能的规定,严格执行建筑节能标准,应用先进的住宅建筑技术,建设节能省地型住宅。要按照建设资源节约型社会的要求,充分利用存量土地,节约、集约利用土地资源,充分利用太阳能、地热能等可再生能源,合理利用地下水,充分利用再生水资源，建设雨水收集和污水处理系统。

4. 依法拆迁补偿安置与保障住房相结合。要按照棚户区居民的住房实际和承受能力，制订科学合理的拆迁补偿安置方案，给予合理补偿安置。城市居民棚户区改造要与住房制度改革相衔接，与住房保障体系建设相结合，对廉租住房保障对象，改造时要给予保障。

5. 城市居民棚户区改造与社区建设相结合。城市居民棚户区改造新建小区，不仅要配套建设完善的公共服务设施，还要配置一定规模的社区服务和物业管理用房，为小区建成投入使用后的社区服务、物业管理创造物质条件。同时，要发展社区服务业，大力开发就业岗位，优先安排困难家庭劳动力从事物业管理和社区服务。

二、改造范围与目标任务

（一）改造范围。城市规划区内国有土地上和独立工矿区内，使用年限久、房屋质量差、基础设施不配套、交通不畅、消防隐患大、环境脏乱差的集中连片平房和简易楼房。

（二）目标任务。“十一五”期间，基本完成城市居民棚户区改造任务，从根本上解决 12.37 万户、40.21 万人的住房问题。

三、组织领导与运作方式

（一）组织领导。城市居民棚户区改造工作在省人民政府的统一领导下组织实施。各市人民政府要成立专门机构，指导和协调当地城市居民棚户区改造工作，并负责制订城市居民棚户区改造实施方案、房屋拆迁补偿和改造优惠政策，拟订城市居民棚户区改造区片的详细实施方案，审核改造和安置区片的规划设计方案和建筑设计方案。地方各级人民政府要提高认识，加强领导，狠抓落实，层层签订责任状，市、县（市、区）长负总责、亲自抓，分管领导具体抓，一级抓一级、层层抓落实，确保城市居民棚户区改造顺利实施。

（二）运作方式。城市居民棚户区改造采取政府主导、市场运作的方式。城市政府是棚户区改造的责任主体，负责编制改造规划和方案，落实优惠政策，筹措建设资金，统一指挥、协调改造。城市居民棚户区改造要建立项目法人制度，依法进行公开招投标，实行工程质量终身负责制。城市居民棚户区改造以易地安置为主，腾空的土地按照规划设计条件，向社会公开出让，其土地收益用于城市居民棚户区改造。新建小区配套建设的生活服务设施，按照“谁投资，谁所有，谁受益”的原则，进行社会化、市场化运作，吸引社会资金投资建设。企业内的居民棚户区，在符合城市总体规划、土地利用规划的前提下，由企业自行改造。

四、拆迁补偿安置与住房保障

拆迁补偿安置采取产权调换和货币补偿相结合的方式。为保障被拆迁城市棚户区内居民的基本住房需求，应以产权调换为主。依法实行产权调换和货币补偿，属于私有房屋的，按照《城市房屋拆迁管理条例》和《山西省城市房屋拆迁条例》的有关规定执行。属于租住的公有房屋的，符合房改条件尚未参加房改的棚户区居民，可先进行房改后，按照私有房屋接受补偿安置，也可在回迁安置时，以房改价购买相应面积标准的住房。

符合廉租住房保障条件的，按照廉租住房政策给予保障，对军烈属、残疾和孤寡符合廉租住房保障条件的居民优先给予保障。支付不起最小户型全部房价的居民，本人可先购买部分产权；其余部分为公有产权，可交纳租金租用，待具备购买能力后，再自愿购买。

拆除居住 3 年以上的自建、自住无证房屋，且属居住人唯一住房的，按照房地产评估机构评估净值的 50% 给予补偿。居住人为独立户的，可按同类地段经济适用住房价格，购买一套面积为 45 平方米的住房；一簿多户的，每户可按同类地段经济适用住房价格，购买一套面积为 45 平方米的住房。拆除依附私有房屋、租住公有房屋自行搭建的无证房屋，居住人居住3年以上的，按照房地产评估机构评估净值的50%给予补偿，不予安置。

各市、县人民政府要结合城市居民棚户区改造，通过就地或异地建设、收购二手住房等方式，筹集一批租赁型经济适用住房，并按照廉租住房政策储备一批廉租住房，以满足无力购买回迁安置住房的住房困难家庭的需求。

五、建设标准与功能质量

(一)建设标准。新建小区规划设计既要注重现实性，又要具有前瞻性。户型设计要创新理念，力求在有限的空间内，寻求最佳舒适度。新建住房的套型，既要符合国家现行的住房套型面积规定及比例要求，又要考虑居民的居住实际，以中小户型为主，最小户型不低于45平方米，最大户型不超过90平方米。同时，要保持住宅户型和功能的拓展性，既要满足拆迁安置的需求，又要兼顾未来居民生活水平提高和住房消费升级的需要。

(二)功能质量。新建小区要完善小区配套服务设施，按标准建设市政基础设施，按规划建设公共服务设施，方便群众生活。严格执行建筑节能标准，建筑节能要达到50%以上。建筑的围护结构要采用性能好的保温隔热材料，供能、用能系统要选用高效建筑供能、用能设备。实现水、电、气、热四表出户，具备分户控制、分户计量、按量收费条件。应用垃圾处理、雨水收集和污水处理、中水回用技术，充分利用再生资源。精心设计小区绿化，绿地率要达到30%以上。充分利用计算机、通信与网络、自动控制等先进技术，实现物业管理智能化，真正把小区建成设施齐全、生活便利、生态良好、环境优美的现代化住宅小区。

六、资金筹措与优惠政策

(一)资金筹措。城市居民棚户区改造所需资金可从以下渠道筹措：各级人民政府城市居民棚户区改造专项补贴资金，腾空土地用于商业开发或商品房建设公开出让所得土地收益，银行贷款，环保、文物保护等专项资金，购房人缴纳的购房款，市、县人民政府用于廉租住房建设的专项资金，招商引资，其他。

(二)政策支持。城市居民棚户区改造搬迁居民住宅建设用地，以行政划拨方式供应，按经济适用住房供地程序划拨。为安置城市居民棚户区住户建设的住宅一律免收城市基础设施配套费等各种行政事业性收费和政府性基金，所涉及的18项经营服务性收费在征得相关企业同意后按低限减半收取(见附表)。城市居民棚户区改造项目以划拨方式取得土地使用权的，不征契税；被拆迁居民因拆迁而重新购置普通住房的，其购买住房总价尚未超出房屋拆迁补偿费、安置补助费或虽已超出但不超过30%的，免征契税。新建住宅小区供电、供水、燃气、供热、排水、网络通讯、有线电视、道路等市政公用设施，由上述各相关单位(部门)出资配套建设。各城市人民政府要根据实际情况，制定相关扶持政策。

七、管理与监督

城市居民棚户区改造工作政策性强、涉及面广，各级、各部门要树立全局观念，密切配合，通力协作，各司其职，各负其责。要建立"绿色通道"，提高办事效率，凡涉及城市居民棚户区改造的审批事项，要简化程序，特事特办。各市公积金管理中心要简化贷款手续，对符合贷款条件的个人，优先发放贷款。各市人民政府要实施全方位监管，加强监督检查，及时发现并解决各种问题，坚决制止城市居民棚户区改造中非法损害居民利益的行为。各级监察机关和审计部门要加强对资金使用等各环节的监督，坚决杜绝挪用、占用城市居民棚户区改造资金现象的发生。各级建设部门要加强工程质量监管，认真执行工程竣工验收备案制度，严把工程质量关。

地方各级人民政府要高度重视城市居民棚户区改造工作，将其作为近期一项重点工作来抓，切实加强管理，认真组织实施，确保省人民政府确定的目标任务如期实现。要认真落实责任制，各项工作要确立专门负责人，建立项目责任审批卡，对因工作不力影响工程进度、不能按期完成任务的，要追究有关负责人和责任人的责任。对玩忽职守、以权谋私、严重干扰城市居民棚户区改造等的，要依法依规追究责任。同时，要加强宣传，借助各种新闻媒体，深入宣传城市居民棚户区改造的意义、政策措施和实施办法等内容，使广大城市居民理解城市居民棚户区改造，支持拆迁改造，推进城市居民棚户区改造的顺利进行。

附件：棚户区改造项目所涉及的经营服务性收费项目

二〇〇八年一月九日

附件：

棚户区改造项目所涉及的经营服务性收费项目

序　号	收　费　项　目	收　费　依　据
1	土地价格评估费(宗地)	晋价涉字[1995]9 号计价格[1994]2017 号
2	规划设计费	[1993]价费字 168 号
3	工程勘察设计收费	晋价房字[2002]55 号计价格[2002]10 号
4	招标代理服务收费	晋价房字[2003]57 号计价格[2002]1980 号
5	文物考古调查费	晋价费字[1997]312 号计价费[1997]1220 号
6	文物考古勘探费	晋价费字[1997]312 号计价费[1997]1220 号
7	房地产中介服务收费	晋价涉字[1995]124 号计价格[1995]971 号
8	地产交易服务手续费、咨询服务费	晋价房字[2001]111 号
9	土地档案使用咨询费	晋价涉字[1992]390 号晋价涉字[1992]60 号
10	城建档案技术咨询服务收费	晋价服字[2004]285 号
11	工程建设监理费	晋价涉字[1993]100 号
12	施工图设计文件审查费	晋价房字[2002]202 号
13	建设工程造价咨询服务费	晋价房字[2001]332 号
14	有形建筑市场交易服务费	晋价房字[2003]155 号
15	招标文件编制成本费	晋价房字[2003]107 号
16	建设项目前期工作咨询收费	晋价房字[2000]17 号
17	防雷技术服务收费	晋价服字[2006]81 号
18	房产交易手续费	晋价房字[2002]120 号

山西省人民政府办公厅关于
加快既有建筑节能改造工作的意见

晋政办发[2008]10号

各市、县人民政府，省人民政府各委、厅，各直属机构：

实施对既有建筑的节能改造，全面推进我省建筑节能工作，不仅是降低能耗、节约能源、实现节能目标的需要，也是减少污染、改善环境、实现可持续发展的必然要求。为贯彻落实《国务院关于印发节能减排综合性工作方案的通知》(国发[2007]15号)，经省人民政府同意，现就加快既有建筑节能改造工作提出如下意见：

一、提高认识，明确既有建筑节能改造的工作目标

(一)目前建筑能耗已经占社会能源总消耗量的30%。我省既有建筑绝大多数的建筑围护结构保温隔热性能较差，供热系统缺乏计量和分室调温装置，单位建筑面积能耗是气候相近发达国家的3倍以上。因此，加快既有建筑节能改造是全省节能减排工作的重要组成部分，是当前建筑节能工作的重点。

(二)指导思想。以科学发展观为指导，以建设资源节约型环境友好型社会为目标，按照经济适用和兼顾美观的原则，依据建筑节能设计标准和规范，实施对围护结构的隔热保温改造，实施对外窗的隔尘降噪保温改造，实施对采暖系统的分室调温按热计费改造，实施对电器照明设施的更新优化改造，积极推广中水回用、雨水收集、可再生能源的应用，提高既有建筑的能源利用效率。

(三)工作目标。“十一五”期间，以机关办公建筑和大型公共建筑为突破口，带动既有建筑节能改造，提高运行管理水平，建立和完善能效测评、用能标准、能耗统计、能源审计、能效公示、用能定额、节能服务等各项制度，确保完成国家下达我省城镇既有建筑节能改造任务460万平方米。2008－2009年，省、市政府办公建筑要率先实施节能改造，各级建筑节能工作领导组成员单位的办公建筑要列入第一批改造计划。

二、统筹规划，实施对既有建筑的节能改造

(四)地方各级人民政府应当组织有关部门，对本行政区域内既有建筑进行全面摸底调查，并依据不同建筑的使用年限、结构以及内部供热设施运行等实际情况，科学合理制订本地区建筑节能改造总体规划和年度改造计划，制订既有建筑节能改造专项实施方案，建立既有建筑节能改造项目库，确定重点改造区域和项目，并力求与旧城改造、建筑修缮、城市热源改造有机结合起来。

(五)实施对围护结构的改造。按照《既有采暖居住建筑节能改造技术规程》规定的综合耗煤量指标限值，确定对墙体系统、屋面系统保温的具体做法，重点以外墙外保温技术为主，做到保温隔热、防水、防潮、装饰一体化，同时做好对阳台、顶板、楼梯间、外廊等部位的封闭，提高围护结构的综合保温效果。

(六)实施对建筑外窗的改造。外窗是建筑热量散热的主要部位，对原来密封性、隔热保温效果差的外窗进行“推拉变平开、单玻变双玻、通体变断桥”改造，使其达到保温隔热、密封降尘的效果。对有条件的可推广使用三层玻璃、加贴玻璃保温膜等新型外窗。

(七)实施对供热系统的改造。房屋供热采暖系统改造，是既有建筑节能改造的重点，通过改造实现“分室调温、分户可控、计热收费”目标。各市要认真贯彻落实省人民政府办公厅《关于加快城镇供热体制改革的意见》(晋政办发[2004]38 号)和省物价局、建设厅《山西省城镇供热计量收费暂行办法》,做好供热体制改革和热计量收费工作。

热计量方式应结合现有住户和供暖系统实际来确定,对原有室内采暖系统比较新,稍加改造即可实现分室调温的,在楼前加装热计量总表的基础上,可采用热分配表方式;对原有室内采暖系统比较旧,需要彻底改造的,在实现分户控制、分室调温的基础上,可采用热量表方式。

(八)实施对电器照明设施的改造。改造的核心工作是对电器设备的更换和系统运行模式及方式的优化。居住建筑要重点对节能灯具的选用、综合布线、室内灯光亮度的合理配置,以及与自然光的结合等进行节能改造。公共建筑首先要解决灯具选择和灯光配置不当造成能源浪费问题,更换高效节能灯具,尽可能采用自然光和太阳光纤照明,取消不必要的外部景观照明设施;其次要优化各种电器、电梯、中央空调等设备用电控制系统,改造用电和电计量系统。

(九)积极推广可再生能源应用。利用太阳能、地热能、风能等可再生能源是替代石化类能源的重要途径。地源热泵技术是可再生能源应用的重要途径,可以实现对建筑物的高效供热和制冷,具有经济实惠、节能、环保等多方面的优势,符合国家环境保护与能源节约的政策,机关办公建筑和大型公共建筑节能改造中应优先考虑采用地源热泵技术;太阳能利用具有经济、实惠特点,既有住宅建筑节能改造要充分考虑利用太阳能,实现太阳能建筑一体化,利用太阳能为建筑物提供生活热水、冬季采暖和夏季制冷的需求,高档住宅小区可以结合光伏电池技术为建筑物提供电能。

(十)节能改造要与小区综合改造结合起来。在既有建筑节能改造过程中,有条件的住宅小区可以将基础设施、居住环境等一起进行综合改造,拆除违章建筑,将小区道路改造、庭院绿化、屋顶"平改坡"、临街建筑外墙美化相结合,增加自行车棚与汽车停放场地,增加雨水收集、照明消防设施,改善小区居民的居住环境。

三、加强监管,提高机关办公建筑和大型公共建筑的能源利用效率

(十一)实施建筑能耗监测。为切实推进机关办公建筑和大型公共建筑节能管理工作,提高建筑能效,各市要按照建设部、财政部《关于加强国家机关办公建筑和大型公共建筑节能管理工作的实施意见》(建科[2007]245 号),对机关办公建筑和大型公共建筑安装分项能源计量装置,通过远程传输等手段,及时采集能耗资料,实现对机关办公建筑和大型公共建筑能耗的适时动态监测。2008 年 12 月底前,要建立起省级机关办公建筑和大型公共建筑能耗监测平台,实现对建筑能耗数据传输、汇总分析。各市要按时完成与省级建筑能耗监测网的联接基础工作。

(十二)建立能耗统计制度。要根据《建筑能耗统计报表制度》、《建筑能耗数据采集标准》(JGJ/T154-2007)要求,积极开展能耗统计工作。首先,对机关办公建筑和大型公共建筑的建筑面积、使用功能、结构形式、年度能耗总量等基本信息进行普查;其次,根据能源分类计量和用电分项计量实施情况,分季度、年度调查统计和分析,实行建筑能耗(电、水、燃气、热量)统计制度。各市要在 2008 年 6 月底前完成基本信息调查,12 月底前完成按季度、年度对分类耗能的采集统计。

(十三)开展建筑能源审计。根据《国家机关办公建筑和大型公共建筑能源审计导则》和能耗统计结果,选取各类型建筑中的部分高能耗建筑,或部分具有标杆作用的低能耗建筑进行能源审计。从 2008 年开始,每年在各类型建筑单位面积能耗排名前 50% 比例的建筑中选取审计对象进行审计,对能效高的典型建筑按类型各选取不少于 3 个作为标杆建筑进行审计。

(十四)实行建筑能效公示。对建筑能耗基本信息和审计结果在政府或指定的官方网站以及当地主流媒体上进行公示，以促进业主加强节能管理与改造工作。2008年底前，要实现建筑基本能耗信息和审计结果的公示。2009年开始，逐步增加分项能耗指标、综合能效排名、合理参考能耗水平等公示内容，每年对各类型建筑单位面积能耗排名前20%比例的建筑进行公示，对能效高的建筑按类型各选取3个作为标杆建筑进行公示。

（十五）加强运行节能管理。机关办公建筑和大型公共建筑所有权人、业主或其委托的物业管理单位，要设立专门的能源管理岗位，聘任具有节能专业知识的人员，负责本单位的能源管理工作，通过规范用能行为、优化系统运行、安设调节装置、完善运行管理制度等措施，切实降低运行能耗。地方各级人民政府有关部门要定期监督检查运行节能管理工作情况，并监测节能效果。

（十六）制定建筑用能超定额加价制度。在建筑能耗统计和审计基础上，省建设厅要会同有关部门和相关研究机构，根据不同建筑类型、建筑物的能耗统计情况，研究制定分类建筑用能标准和用能定额，具体超定额耗能加价办法由省物价局会同省建设厅研究制定。

（十七）推行合同能源管理。合同能源管理是一种新型的市场化节能机制，服务商在业主建筑能耗检测报告的基础上，提出优化改造方案，并承担改造费用，与业主签订能源管理服务合同，从系统节能改造后所获得的节能效益中逐年按比例回收改造费用，并在一定年限后与用户共享节能收益。要积极引导各类建筑节能服务主体参与节能改造与建筑物的运行管理，推行合同能源管理方式，采用市场化手段推进既有建筑节能改造，实现多元化、多渠道解决改造资金。

四、完善政策，形成既有建筑节能改造的激励约束机制

（十八）设立建筑节能专项资金。按照国务院《节能减排综合性工作方案》（国发[2007]15号）要求，结合财政部《北方采暖区既有居住建筑供热计量和节能改造奖励资金管理暂行办法》（财建[2007]957号）、《国家机关办公建筑和大型公共建筑节能专项资金管理暂行办法》（财建[2007]558号）等，县级以上人民政府要在财政预算中安排一定资金，支持既有建筑节能改造、重点节能工程建设、节能新机制的推广、节能管理能力建设等。省人民政府将设立建筑节能专项资金，用于省级机关办公建筑的节能改造、建筑节能监管体系建设（建筑能耗监测平台、建筑能耗统计、审计、公示等补助支出）、省级机关住宅节能改造补贴，以及建筑节能的技术标准编制、新型建筑结构体系研发、更低能耗建筑节能示范工程项目的贷款贴息等。省级建筑节能专项资金额度与使用办法由省财政厅会同省建设厅制定。各市人民政府也要参照省级建筑节能专项资金，每年安排一定资金，保障既有建筑节能改造工作的顺利开展。

（十九）加大可再生能源建筑应用的支持力度。各市要按照建设部、财政部《关于推进可再生能源在建筑中应用的实施意见》（建科[2006]213号）和《财政部、建设部关于可再生能源建筑应用示范项目资金管理办法》（财建[2006]460号），认真组织可再生能源建筑应用项目的资金补助申报工作，充分利用国家现有政策。同时，要加大地方财政的支持力度，对政府投资的学校、医院、行政事业办公建筑等公益性项目，供热制冷系统优先选用热泵系统，所需资金从各级政府固定资产投资中解决；其他项目选用热泵系统的，从各级政府固定资产投资中给予一次性补助，补助标准为：地下（表）水源热泵35元/平方米，地源热泵和再生水源热泵50元/平方米；学校、医院、福利院等公益事业建筑安装太阳能热水（开水）系统的，由各市财政给予适当的补助。具体补助办法由各市人民政府制定。

（二十）积极争取国家对建筑节能监管能力建设的资金补助。中央财政对建立能耗监测平台将给予一次性定额补助，并对建筑能耗统计、建筑能源审计、建筑能效公示等工作，予以适当经费补助。国家将根据需要安装的分项计量装置数量等，核定监测平台建设补助金额；根据建筑能耗统计、建筑能源审计、建筑能效公示的工作任务，核定相应经费补助金额。各市要积极向国家申请上述资金。各市财政也要设立专门配套资金支持节能监管体系的建立与运营。

（二十一）依靠科技创新，完善相关技术标准。依托大专院校、大型建筑设计单位、施工企业、工程质量检测机构，加快研究和制订可再生能源在建筑中的应用标准，建筑能耗统计、能效审计、能耗定额、能效测评、运行节能管理等相关配套标准，修订建筑物修缮定额标准，研究制定中介服务收费标准、服务质量评价标准，为建筑节能管理提供支持。

（二十二）加强宣传和组织领导。既有建筑节能改造工作涉及面广、难度大、任务重。地方各级人民政府及各部门要充分发挥舆论的导向与监督作用，大力宣传开展既有建筑节能改造工作的重要意义和成功经验，努力营造有利于促进建筑节能的社会氛围。要采取切实可行的措施，形成协调配合、运行顺畅的工作机制，统一部署并落实相关部门和单位的责任和分工。要建立既有建筑节能改造工作的奖惩考核机制，要把节能量纳入本地单位 GDP 能耗降低的考核目标体系，将节能管理目标及任务完成情况列为对各地、各有关部门及人员工作绩效评价的重要内容。

二〇〇八年二月五日

山西省人民政府办公厅关于实施山西省省级行政机关和全额事业单位办公建筑节能改造方案的通知

晋政办发[2008]27 号

省人民政府各委、厅，各直属机构，省直各单位：

为推动省级机关办公建筑节能改造的顺利进行，省发展改革委、省建设厅编制《山西省省级行政机关和全额事业单位办公建筑节能改造方案》（以下简称《节能改造方案》），已经省人民政府同意。现就实施《节能改造方案》有关事项通知如下：

一、提高认识，充分发挥省级机关节能的示范和带头作用

我省既有建筑约 4.4 亿平方米，量大面广，能耗较高，尤其是机关办公建筑能耗是普通住宅能耗的 4.5 倍，节能改造势在必行。"十一五"期间国家下达我省 460 万平方米的建筑节能改造任务，要求机关办公建筑带头实施节能改造。启动省级机关既有办公建筑节能改造，不仅可以充分发挥省级机关节能的示范和引领作用，同时有利于总结经验，测算和完善各项经济技术指标，对制定节能改造政策提供帮助，从而有力推动全省既有建筑节能改造工作。省直各部门、各单位要增强责任感和紧迫感，从深入贯彻落实科学发展观的高度，充分认识开展既有建筑节能改造的重要意义，积极主动地开展好节能改造工作。

二、认真组织，切实做好实施《节能改造方案》各项工作

（一）做好能耗监测与统计分析。省直各部门、各单位要根据建设部、财政部《关于加强国家机关办公建筑和大型公共建筑节能管理工作的实施意见》（建科[2007]245 号），积极配合做好建筑能耗监测平台建设，通过安设分项计量装置等，对改造前的能耗状况进行全面调查分析，做好改造前后节能效果对比的各项准备工作。

(二)组织编制好节能改造实施方案。省直各部门、各单位要根据《节能改造方案》要求,结合各自办公建筑特点,科学合理编制项目可研报告和具体实施方案,经充分论证后按照有关规定办理相关工程报建手续。按照符合标准、分类实施、施工方便、经济合理的原则,委托实力强、有经验的设计单位,进行办公建筑节能改造施工图设计。

(三)做好节能改造的实施和验收工作。要严格按照设计要求和施工技术规范,实施对围护结构的隔热保温改造、外窗的隔尘降噪保温改造、采暖系统的分室调温按热计费改造、电器照明设施的更新优化改造。有条件的单位要积极采用中水回用、雨水收集、可再生能源应用等技术,提高既有建筑的能源利用效率;选用节能材料要符合有关技术标准和我省的政策要求,严禁质量低劣的产品进入施工现场,保证施工质量和节能改造效果。改造完成后要组织工程竣工验收,分析对比节能改造效果。

(四)严格防止借节能改造名义大拆大建。认真执行国家关于严格控制党政机关办公楼建设的有关规定,不得借节能改造的名义进行扩建、改建,不得进行超标准装修。有关部门要严格审查各单位编制的节能改造可研报告和具体实施方案,与节能无关的改造内容不得列入。

三、明确责任,确保节能改造顺利进行

省直各部门、各单位是节能改造的实施主体,主要领导是实施节能改造的第一责任人,要指定专门机构和专门人员具体落实节能改造工作。

省发展改革委要把省级机关和全额事业单位办公建筑节能改造纳入基本建设程序,改造费用除项目单位自行筹集外,可从省煤炭可持续发展基金中解决。根据改造任务的总体安排,按照省建设厅审查合格的改造实施方案,由省发展改革委下达投资计划。

省财政厅要按照省发展改革委下达的投资计划,按时将改造资金拨付项目实施单位,并做好资金的使用监管工作。

省建设厅要对省直各部门、各单位编制节能改造可研报告、改造实施方案等工作,给予技术支持和指导,同时加强对改造过程的监督检查,及时总结节能改造经验并加以推广。

二〇〇八年四月九日

《山西省省级行政机关和全额事业单位办公建筑节能改造方案》要点

为落实《山西省人民政府关于印发山西省节能减排综合性工作方案的通知》(晋政发[2007]32号)和建设部、财政部《关于加强国家行政机关办公建筑和大型公共建筑节能管理工作的实施意见》(建科[2007]245号)的有关要求,发挥省级机关节能示范带头作用,省发展改革委和省建设厅委托省建筑设计研究院编制《山西省省级行政机关和全额事业单位办公建筑节能改造方案》(以下简称《节能改造方案》),主要内容如下:

一、改造范围

《节能改造方案》中选择的改造对象,主要是纳入省级财政预算的省级行政机关和没有经营性收入的全额事业单位办公建筑,共56个单位、112个改造项目,共计改造面积71.35万平方米。

二、改造原则

(一)符合标准。最低要满足先行的50%节能标准。对于一些结构可靠、预期寿命较长的大型办公建筑,可按照65%节能标准实施改造。

(二)分类实施。对不同年代、不同结构类型的建筑,采取不同的改造措施。《节能改造方案》中把建筑物按年代划分为四个类别,即:1959年以前的建筑、1960-1980年的建筑、1981-2005年的建筑、2006-2007年的建筑。

(三)施工方便。充分考虑施工简便,尽量不影响正常的工作,降低劳务费等。

(四)经济合理。在满足要求的前提下,选用材料尽量经济实用,并坚持修旧利废。

三、技术方案

办公建筑节能改造主要包括五部分：

（一）外墙

主要对建筑物外墙实行外保温或内保温，《节能改造方案》中对不同结构类型的外墙提出不同的改造措施。

1. 原外墙为砖混结构、框架结构、水刷石、涂料的建筑墙面实施外保温。

2. 原外墙为剪力墙结构、面砖饰面或玻璃饰面的实施内保温。

（二）外窗

外窗是热量散失的主要部位，主要对原来密封性差、隔热保温效果差的外窗实施"推拉变平开、单玻变双玻、通体变断桥"的改造，使其达到保温隔热、密封降尘的效果。

1. 原外窗为钢窗的，拆除旧窗，更换为单框双玻塑钢窗。

2. 原外窗为普通铝合金窗或普通塑钢窗的，增设单玻塑钢窗。

3. 原外窗为木窗的，可采用加密封条的方法，以达到气密性的要求。

（三）屋面

屋面主要增强其隔热、保温和防水功能，有条件的建筑可实行"平改坡"，或进行屋顶绿化。

1. 原屋面严重破损的，清除原屋面，增设60mm厚挤塑聚苯板保温隔热。

2. 原屋面无损坏者，在现有的屋面上喷射聚氨脂保温材料。

（四）采暖系统主要提高采暖系统的热利用效率，实施分户控制、分室调温，减少热量的浪费。

1. 1980 年以前的建筑，由于管道老化，实行全部改造。

2. 1981 年以后的建筑，实施局部改造。

（五）电气照明系统

主要更换节能灯具和实行电气自动控制，达到节约用电的目的。

1. 2005 年以前的建筑物，由于不符合当前建筑照明标准的要求，实施线路和灯具全部更换。

2. 2006 年以后的建筑物不进行改造。

（上述改造措施，《节能改造方案》在第三部分"节能改造方案"中，对 112 个改造项目一一确定具体改造技术方案）。

四、费用测算

在《节能改造方案》的第四部分"主要技术指标"中，根据每个单体工程的改造技术方案和当前的标准定额，分别测算外墙、外窗、屋面、采暖系统、电气系统等节能改造的费用构成，经初步核算，总需资金 1.84 亿元，平均造价为 257.93 元/平方米。

五、进度安排

《节能改造方案》在第五部分"节能改造资金使用及实施周期计划"中，提出了分三期改造完成的进度安排：2008 年改造项目 37 项 22.77 万平方米，投资额 5437.16 万元；2009 年改造项目 38 项 31.08 万平方米，投资额 7888.92 万元；2010 年改造项目 37 项 17.51 万平方米投资额 5076.92 万元。

六、效益分析

《节能改造方案》在第六部分"节能 50% 标准改造效益分析"中，做了效益分析：

（一）经济效益

经节能改造后 71.35 万平方米的办公建筑每年可节约采暖能耗约 1.05 万吨标准煤，可减少采暖、制冷、照明等费用支出约 2000 万元，9 年即可收回投资。通过节能改造还可大大延长建筑物的使用寿命。

（二）环保效益

按照节约 1.05 万吨标准煤计算，每年可减少 CO^2 排放 2.24 万吨，减少 SO^2 排放 0.026 万吨，减少悬浮颗粒 0.0037 万吨，将在很大程度上改善省城太原的空气质量。

（三）社会效益

节能改造后冬季可提高室温 4～5 度，夏季可降低室温 3 度，极大地改善保温、隔热、隔音、降尘效果，提高办公舒适度和办公环境。

山西省人民政府办公厅
关于印发2008年全省重点工程项目的通知

晋政办发[2008]34号

各市、县人民政府，省人民政府各委、厅，各直属机构：

2008年省重点工程建设项目已经省人民政府研究确定，现印发给你们。各市、县、省直有关部门及承建单位要认真按照我省重点工程管理的要求，积极主动地为重点工程创造良好的外部环境和建设条件，确保重点工程顺利建设，尽快发挥投资效益。

二〇〇八年四月二十四日

附件：

2008年重点工程项目名单

一、国家重点工程(3项)

1. 阳泉新元煤矿
2. 山西西龙池抽水蓄能电站
3. 张峰水库

二、省重点工程(60项)

1. 太原机场改扩建工程
2. 中国(太原)煤炭交易中心
3. 山西体育中心
4. 山西大剧院
5. 山西省图书馆
6. 山西科技馆
7. 山西大医院
8. 山西省地质博物馆
9. 漳山电厂二期2×600兆瓦工程
10. 兆光电厂二期2×600兆瓦工程
11. 塔山电厂2×600兆瓦工程
12. 轩岗电厂2×600兆瓦工程
13. 大同二电厂三期2×600兆瓦工程
14. 古交电厂二期2×600兆瓦工程
15. 平遥热电厂2×200兆瓦工程
16. 平朔煤矸石电厂二期2×300兆瓦工程
17. 山西省风力发电项目包括右玉、平鲁、宁武、神池、新荣等风电项目
18. 国家西电东送项目包括晋东南1000千伏特高压输变电示范工程，府谷电厂至河北、神木电厂至河北、侯村至石家庄北、大同至房山、神头至保定500千伏输变电新建和串补工程，宁东至山东、晋城至江苏直流输变电工程等项目的山西段
19. 山西电网500千伏输变电工程
    ①古交500千伏输变电工程
    ②阳泉500千伏输变电工程
    ③吕梁500千伏输变电工程
    ④朔州500千伏输变电工程
    ⑤稷山500千伏输变电工程
    ⑥西龙池水电站送出工程
    ⑦塔山电厂送出工程
    ⑧兆光电厂送出工程
20. 阳城至翼城高速公路
21. 晋城至济源(省界)高速公路
22. 运城南环高速公路
23. 闻喜至济源高速公路
24. 五保高速公路(五台山至忻州段、忻州至保德段)
25. 灵丘至平鲁高速公路(灵丘至山阴段、山阴至平鲁段)
26. 临汾至吉县高速公路
27. 汾阳至邢台高速公路

28. 阳泉至盂县高速公路
29. 太原公路主枢纽武宿货运中心
30. 山西能源工业国际分销物流港
31. 山西岢岚至瓦塘铁路
32. 太焦与侯月铁路连接线
33. 山西大同大学
34. 山西医科大学新校区
35. 太原科技大学晋城校区
36. 吕梁学院扩建工程
37. 运城学院扩建工程
38. 山西金融职业学院新校区
39. 山西煤炭职业技术学院新校区
40. 太原师范学院新校区
41. 五台山风景区旅游服务基地工程
42. 天然气和煤层气输气管道建设项目
43. 西山晋兴斜沟煤矿
44. 潞安高河 600 万吨/年矿井
45. 大同麻家梁矿井
46. 华晋焦煤王家岭煤矿
47. 山西潞安煤基合成油示范厂
48. 晋城高硫无烟煤合成油示范厂
49. 太钢集团公司调产项目
①太钢自备电厂
②清洁工厂项目
③5 万吨无缝钢管改造
④精密带钢技术改造
50. 山西焦化 90 万吨/年焦炉技改项目(干熄焦)
51. 山西瑞恒 20 万吨/年聚氯乙烯项目
52. 太原南方重型汽车有限公司搬迁改造项目
53. 万家寨引黄工程北干线
54. 坪上应急引水工程
55. 运城北赵引黄工程
56. 夹马口北扩工程
57. 龙华河水库枢纽工程
58. 引沁入汾和川枢纽工程
59. 采煤沉陷区综合治理工程包括大同、霍州、汾西、晋城、潞安采煤沉陷区项目
60. 国有重点煤矿棚户区拆迁改造工程(同煤集团等)

三、省重点预备项目(27 项)

1. 五台山飞机场
2. 吕梁飞机场
3. 吴家庄水库工程
4. 柏叶口水库工程
5. 松塔水库
6. 汾河中下游加固疏浚工程
7. 石太高速铁路周边绿化工程
8. 太原东山瑞光热电厂 2×300 兆瓦工程
9. 国投晋城热电厂 2×300 兆瓦工程
10. 河曲电厂二期 2×600 兆瓦工程
11. 临汾热电厂 2×300 兆瓦工程
12. 山阴煤矸石电厂 2×300 兆瓦工程
13. 右玉煤矸石电厂 2×300 兆瓦工程
14. 大唐太原二电厂七期 2×300 兆瓦工程
15. 王曲电厂二期 2×600 兆瓦工程
16. 晋煤集团晋城赵庄电厂 2×600 兆瓦工程
17. 晋能朔州热电厂 2×300 兆瓦工程
18. 太中银铁路吕临支线
19. 太原煤气化公司龙泉矿井
20. 潞安集团多晶硅项目
21. 霍州化工公司 24 万吨合成氨 40 万吨尿素联产项目
22. 太钢吕梁 500 万吨/年特种钢项目
23. 同煤集团 100 万吨/年氧化铝项目
24. 太原至佳县高速公路
25. 高平至陵川高速公路
26. 长治至平顺高速公路
27. 大同至呼和浩特高速公路大同至右卫段

山西省人民政府办公厅转发省建设厅关于认真贯彻实施《中华人民共和国城乡规划法》进一步加强城乡规划工作的意见的通知

晋政办发[2008]54号

各市、县人民政府,省人民政府各委、厅,各直属机构:

省建设厅《关于认真贯彻实施〈中华人民共和国城乡规划法〉进一步加强城乡规划工作的意见》已经省人民政府同意,现转发给你们,请认真贯彻执行。

二〇〇八年六月十二日

关于认真贯彻实施《中华人民共和国城乡规划法》进一步加强城乡规划工作的意见

(省建设厅2008年6月)

城乡规划是政府指导和调控城乡发展建设的重要手段,也是一项重要的公共政策。依法加强城乡规划工作,对于贯彻落实科学发展观,构建社会主义和谐社会,保障特色城镇化健康有序发展具有十分重要的意义。为认真贯彻实施《中华人民共和国城乡规划法》(以下简称《城乡规划法》),进一步加强全省城乡规划工作,提出如下意见:

一、认真学习宣传,深刻认识贯彻实施《城乡规划法》的重要意义

《城乡规划法》是在总结《城市规划法》和《村庄和集镇规划建设管理条例》施行情况,及近年来我国城乡规划工作经验的基础上,以科学发展观为指导制定的一部突出城乡规划的公共政策属性,注重节约资源,保护环境,坚持可持续发展,关注民生,维护社会公平的法律。地方各级人民政府要高度重视《城乡规划法》的贯彻实施,认真组织学习,广泛宣传,提高社会各界的城乡规划法制意识,依法搞好城乡规划工作。

二、依法加强和规范城乡规划编制

地方各级人民政府要认真履行组织编制城乡规划的法律责任,加大对城乡规划编制经费的投入,完善由城镇体系规划、城市规划、镇规划、乡规划和村庄规划构成的规划体系。市、县人民政府要按照《城乡规划法》的要求,完善城镇总体规划的内容,划定规划区内的“三区四线”,明确规划的强制性内容;加大城镇控制性详细规划编制力度,到2010年,设市城市和县人民政府驻地镇规划建设用地控制性详细规划的覆盖率达到100%;其他建制镇的总体规划、近期建设地段的详细规划要基本完成;依据城镇总体规划,编制道路交通、给水、排水、供热、供气、园林绿化等专项规划;对在县域村镇体系规划中确定的保留与发展村庄,要编制新农村建设规划,列入新农村建设试点村、重点推进村的要确保当年完成规划编制;加大城乡历史建筑的普查和保护力度,到2010年,历史文化名城、名镇、名村的保护规划和保护区、建控地带的保护性详细规划要全部完成。

市、县人民政府及城乡规划主管部门要对已编未批或在编的各类规划进行一次清理,对不符合有关法律法规和标准规范的予以作废;对符合有关法律法规和标准规范的,依据《城乡规划法》的规定,做好报批、批复及备案工作。城市和开发区的总体规划,历史文化名城名镇、名村保护规划报省人民政府审批;县人民政府驻地镇的总体规划,城市的近期建设规划、控制性详细规划报省建设厅备案;城市和县人民政府驻地镇的各类专项规划,经市、县城乡规划主管部门审查,报市、县人民政府批复后纳入城镇

总体规划，并报上一级城乡规划主管部门备案。其他建制镇的总体规划、乡规划和新农村建设规划由镇、乡人民政府组织编制，经市、县城乡规划主管部门审查，报上一级人民政府审批。城乡规划一经批准必须严格执行，任何单位和个人都不得擅自修改。确需修改的，要严格按照《城乡规划法》的有关规定执行。修改城镇总体规划的，组织编制机关应对规划实施情况进行总结，并向原规划审批机关提出专题报告，经同意后，方可开展修编工作。修改城镇控制性详细规划的，组织编制机关应当对修改的必要性进行论证，征求规划地段内利害关系人的意见，并向原规划审批机关提出专题报告，经同意后，方可开展修编工作。修改后的规划按照《城乡规划法》的规定重新履行报批程序。

市、县和乡(镇)人民政府及城乡规划主管部门不得将城乡规划编制任务委托给不具备相应城乡规划编制资质等级的单位。城乡规划编制单位不得超越资质等级承揽规划编制任务，编制城乡规划不得违反国家有关标准、上位规划和城乡规划主管部门提出的规划条件。

三、严格实施城乡规划

城市人民政府要依据城市总体规划、近期建设规划编制城市规划年度实施计划，对本年度城市规划的编制、土地储备和使用权出让、城市基础设施和公共设施及住房的建设进行综合安排。严格实行城乡规划许可制度。开发区的设立应当符合《山西省城镇体系规划》和城镇总体规划，并取得省建设行政主管部门核发的选址意见书。国家和省投资主管部门审批或者核准的建设项目，由省建设行政主管部门核发选址意见书；市、县投资主管部门审批或者核准以及由各级投资主管部门备案的建设项目，由项目所在市、县城乡规划主管部门核发选址意见书。在城镇规划区内以划拨方式提供国有土地使用权的建设项目，在取得城乡规划主管部门核发的建设用地规划许可证后，方可划拨土地。未取得建设用地规划许可证的，城乡规划主管部门不得核发建设工程规划许可证。以出让方式提供国有土地使用权的，由城乡规划主管部门依据控制性详细规划提出规划条件，作为国有土地使用权出让合同的组成部分。未编制控制性详细规划、未取得城乡规划主管部门提供的规划条件的地块，不得出让；规划条件未纳入土地出让合同的，土地出让合同无效，城乡规划主管部门不得核发建设用地规划许可证。在乡、村庄规划区内，不符合乡村规划的建设项目，不得办理乡村建设规划许可证。

市、县城乡规划主管部门要加强对建设项目的批后监管，依法对建设工程是否符合规划条件予以核实。对未取得规划竣工认可证的，房屋产权登记机关不得办理产权登记。

四、加强城乡规划法规建设与监督检查

市、县人民政府城乡规划主管部门要依据《城乡规划法》，结合本地城乡规划工作的具体情况，加强城乡规划法规建设。尽快修订现行的规章制度，完善城乡规划法规体系，为城乡规划的编制、审批、实施、修改和监督检查提供依据。

省、市政府建立规划督察员制度，加强对城乡规划编制、审批、实施和修改的监督检查。市、县人民政府每年要将总体规划的实施情况向同级人大常委会进行报告。编制和修改城乡规划，在报送审批前，规划编制机关要将规划草案进行公告，并采取听证会、论证会或者其他形式，征求专家和公众的意见。

市、县人民政府城乡规划主管部门要加大对违法行为和违法建设的查处力度，保证城乡规划的有效实施。省建设行政主管部门将与省人大城建环保工委、省监察厅、省人民政府法制办、省人民政府效能办组织开展以学习、宣传《城乡规划法》，查处随意改变规划的行为和违法建设为主要内容的《城乡规划法》落实年活动。通过活动，提高地方各级人民政府、各有关部门及全社会的城乡规划法制意识，逐步形成依法编制、实施、修改、监督规划的社会环境，维护《城乡规划法》的权威性和严肃性，保障特色城镇化和新农村建设的健康有序发展。

附件：

《中华人民共和国城乡规划法》落实年活动工作方案

2008年是《中华人民共和国城乡规划法》（以下简称《城乡规划法》）实施的第一年，按照建设部和监察部的要求，今年，我省将结合《城乡规划法》实施情况调研、城乡规划效能监察，组织开展《城乡规划法》落实年活动。为组织开展好此项工作，特制订如下方案。

一、工作思路与目标

（一）工作思路

《城乡规划法》落实年活动以学习宣传《城乡规划法》、查处随意改变规划的行为和违法建设为重点，集中三个月的时间，通过大规模的学习宣传和查处违法案件，形成贯彻落实《城乡规划法》的社会氛围。

（二）工作目标

通过开展此项工作，达到使全社会及政府各级领导、城乡规划部门工作人员“提高一个认识、树立三个意识、杜绝三种行为”（即提高对城乡规划地位和作用的认识；树立先规划后建设的意识、依法编制实施和监督规划的意识、违法必究的意识；杜绝随意改变规划的行为、随意违反规划的行为、侵害公共利益和利害关系人利益的行为）的目标。维护城乡规划的法律权威性与严肃性，保障特色城镇化快速健康发展。

二、工作重点与内容

（一）召开电视电话会议，对开展《城乡规划法》落实年活动进行动员部署。

（二）开展《城乡规划法》学习宣传月活动

集中一个月的时间，在全省范围内开展多种形式的《城乡规划法》学习宣传活动。

1. 省建设厅举办《城乡规划法》培训班和讲座。对分管城乡规划工作的市、县长，市、县城乡规划部门的主要负责人及业务骨干进行培训。

2. 组织开展全省《城乡规划法》知识竞赛，在《山西日报》组织专版，宣传《城乡规划法》。

3. 市、县利用新闻媒体、出动宣传车、街头宣传咨询等多种方式，开展大规模、广泛深入的宣传活动。

（三）开展执法检查

1. 市、县对城乡规划的编制、修改、审批、备案及实施情况进行自查自纠，包括规划的编制、修改是否符合法定程序，委托规划编制单位是否符合资质要求，规划的审批和备案手续是否完善，城乡建设是否超越规划确定的建设用地范围，规划区内的各项建设是否办理规划许可或者按照规划许可的内容进行建设等。对存在的问题及时纠正，对不完善的方面进行完善；对长期形成的难以处理的违法建设，要借助此次活动，予以集中处理；对典型的违法案件要进行公开处理和曝光。

2. 各市对所属县（市）落实年活动开展情况进行检查，包括学习宣传情况、城乡规划编制、实施情况，重点是随意改变经批准的城镇总体规划及违法建设查处情况、新农村规划编制情况；对部分典型违法案件进行查处，对所属县（市）开展落实年活动的情况进行排队，对工作开展不力的县（市）进行通报批评。

3. 省人大城建环保工委、省监察厅、省建设厅、省人民政府法制办、省人民政府效能办联合对各市落实年活动的开展情况进行检查，重点是11个设区城市总体规划的实施情况和新农村规划编制情况，包括城市建设是否超越总体规划确定的建设用地范围，城市总体规划的修改和新农村规划的编制是否符合法律规定，对各市开展落实年活动的情况进行排队和通报，对部分典型违法案件进行查处。

（四）召开落实年活动总结表彰大会。总结全省开展落实年活动的工作情况，表彰先进单位和个人，并对全省的城乡规划工作进行再部署。

三、工作组织

全省《城乡规划法》落实年活动由省人大城建环保工委、省监察厅、省建设厅、省人民政府法制办、省人民政府效能办联合组织。设立综合协调组、宣传报道组、督导检查组、学习培训组等工作机构，分别负责有关工作。

四、时间安排

(一)2008 年 7 月上旬,召开全省电视电话会议,对落实年活动进行动员部署。各市同时对本市的工作作出安排。

(二)7 月 1 ~7 月 31 日,省、市、县(市)三级同时开展《城乡规划法》宣传月活动。

(三)7 月 1 日 ~8 月 31 日,市、县自查自纠。

1. 各市、县按照省确定的工作重点与内容,进行自查自纠(7 月 1 日 ~8 月 15 日);

2. 各市对所属县(市)落实年活动情况进行检查,查处典型违法案件,将本市开展工作的情况向省作出书面总结报告(8 月 16 日 ~31 日)。

(四)9 月 1 日 ~9 月 30 日,省对各市进行检查。

(五)10 月 1 日 ~11 月 30 日,省对落实年活动进行总结,对检查中发现的典型案件进行查处。12 月,召开落实年活动总结表彰会议,对落实年活动进行总结,表彰先进单位和个人,再部署全省城乡规划工作。

五、工作要求

深入贯彻实施《城乡规划法》,认真开展《城乡规划法》落实年活动,依法加强和规范城乡规划工作,是推进特色城镇化战略实施的重要途径。各市、县人民政府要高度重视,加强组织领导。市、县有关部门和单位要密切配合,按照省里的统一安排,结合当地实际,认真制订工作方案,组织开展好此项活动。各地的宣传月活动要周密组织,采取多种形式,真正起到使社会了解《城乡规划法》、执行《城乡规划法》、维护城乡规划的效果。要借助这次活动,规范城乡规划的编制、修改、审批和备案。对违法建设要进行一次全面的清理和查处,要敢于碰硬、不留死角,要通过公开查处和曝光,造成声势,起到警示作用。

通过此次活动,各级城乡规划主管部门进一步建立健全规章制度,规范行政行为,逐步形成以法管理的长效机制。

山西省人民政府关于解决农村困难群众住房问题的意见

晋政发[2008]25 号

各市、县人民政府,省人民政府各委、厅,各直属机构:

为全面贯彻落实科学发展观,切实解决农村民生问题,构建和谐的农村社会,省人民政府决定启动解决农村困难群众的住房问题。现提出如下意见:

一、目标和原则

(一)工作目标

全省农村困难群众中现有住房困难户约 32 万户。省人民政府决定,2008 年先安排 3000 户开展试点,启动解决农村困难群众的住房安全问题,2009 年至 2012 年,每年解决 1.7 万户。在本届政府任期内,解决 7.1 万户仍居住在危房中的困难户,构筑农村人民群众生命安全保障工程,到 2020 年全部解决农村困难群众住房问题,实现农村困难群众住有居所的目标。

(二)基本原则

——统筹规划,分期分批推进。根据困难群众的经济状况,按照先无房、危房户,后其他困难住房的要求,科学制订解决农村困难群众住房问题(以下简称“解困”)的规划。

——因地制宜,分类分户解决。结合当地实际情况,既要切实解决农村困难群众的住房问题,又要充分考虑各方的承受能力,区别不同对象和住房困难类型,按照旧房维修、危房改建、无房新建等不同类型逐户解决。

——先易后难，满足安全居住。根据经济安全实用、节地节能节材的要求，要先易后难，坚持低标准起步，广范围覆盖，以满足安全适用的居住需求。

——政府主导，社会多方参与。根据各地经济发展的水平，要立足于农户自力更生，鼓励群众互帮互助，建立政府补助、住户投入、社会帮扶解决困难群众住房问题的机制。

——节约用地，坚持一户一宅。解决农村困难群众新的住房后，应收回原宅基地，防止在解困工作中，造成土地资源的浪费。

二、方法和措施

（一）解困对象

1. 解困对象标准。解困对象，是生活在农村贫困线以下的下列人员，并属于居住在上世纪50年代前建造、不能保障安全的简易土窑洞、简陋土坯房的住户或房屋已经倒塌的无房户：

（1）经县级民政部门确认的农村低保户；

（2）经县级人民政府确认的农村低保边缘住房困难户；

（3）经县级人民政府确认因灾因病返贫的住房困难户；

（4）经县级民政部门确认不宜集中供养、享受国家定期抚恤补助的农村重点优抚对象。对违反计划生育政策的困难家庭，而子女有经济能力，但不履行赡养义务造成住房困难的，不在此次解决范围。

2. 解困对象认定。认定农村住房解困对象，按下列规定执行：

（1）农村低保户和优抚对象，由县级民政部门审查认定。

（2）农村低保户和优抚对象中的住房困难户，由县级建设部门审查认定。

（3）农村低保边缘和因灾因病返贫的住房困难户，由县级建设部门会同民政部门审查后，报县级人民政府认定。城市和县城规划区内的农村住房困难户，不在此次解决的范围；已经或规划在地质灾害治理搬迁村、整体移民搬迁村的困难群众住房问题，在整村搬迁时一并解决；已经在残疾人危房改造中解决了住房的农村贫困残疾人，不再重复解决。今后，解决经民政部门认定的扶贫搬迁和残疾人困难群众住房问题时，可适用农村困难群众住房政策，但不能重复适用其他优惠政策。

（二）解困方式

在解决农村困难群众住房问题中，坚持个人自筹与政府补助相结合，多方面多渠道筹集解困资金；坚持旧房利用与新房建设相结合，多方式多手段推进解困工作；坚持统一组织建设维修与住户自行修缮相结合，多途径多方法完成解困任务。解困工作要与新农村建设结合起来，与村庄整治、土地整理、村庄绿化结合起来，优先考虑新农村建设试点村和重点推进村困难群众住房问题。按照新农村建设规划的要求，结合移民搬迁、残疾人住房改造，结合农村困难群众的意愿，采取新建、改建、修缮、置换或其他方式，做好解困工作。

1. 新建住房。对没有住房或现住房已不能居住的，利用本村现有住房也无法解决的，可采取新建的方式解决。

2. 改建住房。对原住房已成危房但还有一定利用价值的，可采取对原住房进行改建的方式解决。

3. 修缮住房。对原住房已经严重破损，但修缮后还能使用的，可采取修缮原住房的方式解决。

4. 置换住房。对于没有住房的，除采取新建住房外，还可在本村置换解决。即在原住户自愿前提下，收购现有依法批准建设的空置住房进行维修后，安排没有住房的困难群众居住。各地也可结合当地实际情况，探索并采用更加切实可行的农村住房解困方法，报省建设厅综合认定后推广。

（三）解困要求

1. 建筑面积。新建和改建住房的，建筑面积可按困难群众户籍人口确定，一般控制在25－45平方米之间。修缮住房的，按现有住房面积修缮。置换住房的，参照新建住房的面积标准掌握。

2. 质量标准。解决农村困难群众住房问题，以改变房屋院落面貌、消除房屋安全隐患为前提，确保农村困难群众住房“安全、实用、经济”。具体要求是：

(1)新建和改建住房的，应为一层砖混或砖木结构的平房，铺水泥地面，刷内外墙壁，性能要安全适用。

(2)修缮住房的，根据实际情况，可选做墙壁维护、屋顶维修、铺水泥地面、刷内外墙壁，性能要安全适用。

(3)置换住房的，应购买置换一层砖混或砖木结构的平房，铺水泥地面，刷内外墙壁，性能要安全适用。

(四)补助标准

在解决农村困难群众住房问题时，省、市、县三级财政平均每户补助 11000 元，具体每户补助的标准，由各市、县人民政府根据当地实际，按照新建、改建、修缮、置换、租赁等情况和人口多少、面积大小的不同，具体测算确定。

(五)资金筹措与管理

1. 解困资金的筹措。解困补助资金原则上由省、市、县财政按照 4:3:3 的比例配套解决。2008 年省财政安排农村住房解困补助资金 1320 万元，2009 年 - 2012 年每年安排 7480 万元，专项用于农村困难群众住房补助，以后随着解困任务的扩大增加安排。解困工作的摸底调查、建立档案、工作培训、监督管理等工作经费，由各级财政根据工作需要专项列支。

2. 解困资金的管理。省、市两级财政专项补助资金分两次下达，上半年先行下达补助总额的 70%；下半年经检查验收完成任务后，再下达其余的 30%。省、市两级财政专项补助资金下达后，连同各县的补助资金一并在银行专户储存管理，上年结余部分可滚动到下年继续使用，由各县级建设部门根据各乡(镇)、农村的工作进度，按照管理程序的规定拨付。

(六)工作程序

解决农村困难群众住房问题，按照下列程序开展工作：

1. 个人申请。符合解决农村困难群众住房条件的家庭，向村民委员会提出书面申请，填写《山西省解决农村困难群众住房问题申请表》，并提供户籍、住房和低保等证明材料。

2. 评议公示。村民委员会对收到的解困申请，经村民代表会议进行评议，初定解困对象，并予以公示，广泛听取群众意见。评议公示后，对符合条件的，村民委员会签署意见报乡(镇)人民政府；对不符合条件的，应向申请人说明情况和依据。

3. 审查公示。乡(镇)人民政府对村民委员会上报的申请材料，要及时进行审查。必要时，可采取入户调查、邻里访问、信函索证等方式，对申请人的住房和家庭经济情况等进行调查核实。符合条件的，报县级建设、民政部门审批；不符合条件的，将材料退回所在村委会，并说明原因。审查结果应在乡(镇)人民政府政务公开栏进行公示。

4. 核准上报。县级建设部门会同民政部门，对乡(镇)人民政府上报的申请材料进行汇总复核。民政部门主要对低保户和优抚对象进行复核，建设部门主要对住房困难情况进行复核。对符合条件的，核准其享受住房解困优惠政策，并按本地实际情况提出分年、分批解困计划，报县级人民政府批准后组织实施，并由县级人民政府向市建设部门、民政部门申请补助。

5. 平衡计划。市建设部门会同民政部门，根据当年本市任务的要求，对各县(市、区)上报的当年农村住房解困计划，进行平衡调整，制订当年的实施方案，报市人民政府审定后，将本年度的农村住房解困计划和实施方案，以市人民政府的文件报“山西省解决农村困难群众住房工作联席会议”。

6. 组织实施。各市、县人民政府要严格按照省人民政府要求，认真组织落实本地解困工作，并建立相应的工作目标和责任追究制度。各市、县要在上一年的第四季度，完成下一年农村住房解困的申请、评议、审查、核准等工作，每年年初确定本市、县农村住房解困任务、工作计划和实施方案。

三、组织和保障

(一)加强组织领导

成立以分管住房建设的副省长为召集人，省建设厅、省财政厅、省民政厅、省国土厅、省审计厅、省扶贫办、省残联等有关部门负责人为成员的“山西省解决农村困难群众住房工作联席会议”。联席会议办公室设在省建设厅，负责解困住房工作的规划、指导、协调和组织等相关事宜，负责确定住房困难户以及解困的具体组织实施工作，办理联席会议交办的其他工作。各市、县人民政府要加强对此项工作的组织领导，建立相应的机构，各乡(镇)要有专人负责此项工作。地方各级人民政府要安排相应的工作经费、配备必要的交通工具和办公设备，创造良好的办公条件，积极推进农村住房解困工作。

(二)明确工作责任

解困工作实行目标责任制管理，本届政府任期内解决的7.1万户解困任务将下达给各市，由各市分解落实到县(市、区)，确保解困任务按期完成。地方各级人民政府要明确任务、各负其责、狠抓落实。省直各有关部门要在省委、省人民政府的领导下，认真履行各自的职责，省财政厅要按照年度解困任务，负责安排解困资金，监管解困资金使用。省民政厅负责认定农村低保户和优抚对象等困难群众，配合省建设厅搞好具体组织实施工作。省国土资源厅负责解决必需的农村解困住房宅基地用地计划指标，解决列入计划的农村地质灾害治理村的困难群众住房问题，并将有关信息提供给联席会议办公室。省审计厅负责解困资金的审计监督工作。省扶贫办负责解决移民搬迁村的困难群众住房问题，并将有关信息提供联席会议办公室。省残联负责解决农村残疾人困难群众住房问题，并将有关信息提供联席会议办公室。省人民政府将定期对各市解困工作完成情况进行检查，并将检查情况进行通报。

(三)完善工作机制

解困工作要坚持“省、市给予资金支持，加强工作指导；县(区)人民政府是责任主体，负责组织落实”，建立“层层分解解困任务、级级落实目标责任、及时反馈工作信息、定期督查解困工作、年终考核目标任务”的目标工作责任制，建立长效、动态的解困工作机制与监管机制。建立完善公示制度、严密审核制度、透明资金拨付制度。

(四)制订解困规划

各地农村住房解困联席会议办公室，要组织搞好调查研究，摸清住房困难情况、建立住房解困档案、扎实搞好前期工作，在全面、准确掌握农村困难群众住房情况的基础上，坚持“分期分批推进、分户分类实施”的原则，依据农村困难群众安全适用居住的标准，按照实事求是、因地制宜和切实可行的要求，制订本市、县解困工作的总体规划、年度计划，提出下一年度的工作计划、解困名单和实施方案。

(五)搞好政策衔接

在移民整村搬迁、地质灾害治理搬迁和农村残疾人危房改造中，住房问题已经得到解决的困难群众，不再作为此次的解决对象。要搞好政策衔接，避免重复补助。在保持原各项工作责任主体和资金渠道不变的前提下，建立“山西省解决农村困难群众住房信息网”，公布移民整村搬迁、地质灾害治理搬迁、残疾人危房改造、农村住房解困等情况。

(六)开展产权登记

省建设厅要积极创造条件，组织学习《房屋登记办法》(建设部令第168号)，开展农村住房产权登记培训，研究制订实施细则，尽快开展农村房屋产权登记发证工作，加强房屋产权产籍的管理。

(七)注重业务培训

解决农村困难群众住房问题，是一项政策性强、涉及面宽、影响力大的系统工程。各地要通过专家讲课、案例分析等形式，加强对农村建筑工匠的技术培训，不断提高农村个体建筑工匠的专业素质，使农村建设工匠能初步掌握建筑施工的规范和标准，进一步适应农民建房由传统砖木结构向现代钢筋水泥结构转变的需要。

(八)加强舆论宣传

各地要通过广播、电视、报纸、网络、宣传栏和标语等形式,宣传解困工作的重要意义,形成全社会积极支持配合解困工作的良好氛围。要引导社会各界广泛参与,发动企事业单位、社会团体、民间组织和群众,以捐资、出物、投工等方式开展帮扶和互助,为改善农村困难群众的居住条件作出积极贡献。

二〇〇八年八月二十五日

山西省建设厅文件

关于2007年安康居住工程进展情况的通报

晋建房字[2008]11号

各市建设局(建委)、房地局:

省政府向全省人民承诺的"改善城镇困难居民住房状况,建设安康工程住房500万平方米,6万户困难居民搬进新居,各市建设一批廉租房改善特困居民住房困难",在各市政府和建设、房地产部门的精心组织下,已全部兑现。现将2007年安康居住工程完成情况通报如下:

一、目标责任制完成情况

(一)超额完成各项任务。全省安康居住工程竣工面积718.4万平方米,完成目标任务的143.7%;新建廉租住房竣工3.5万平方米,完成目标任务的124.5%;解决廉租住房保障对象住房2754户(套),完成目标任务的157.37%;落实廉租住房保障资金1962.85万元,完成目标任务的121.46%。

(二)形成齐抓共管的良好局面。省政府与各市政府签订《2007年安康居住工程目标责任书》后,各市政府按照目标责任书的要求,与所属县(市)签订目标责任制,分解目标任务,并组织建设、计划、规划、财政、国土、民政、统计、物价等有关部门共同参与安康居住工程的实施,明确各自责任,真正形成各级、各部门齐抓共管的良好局面。

(三)廉租住房制度建设取得较大进展。全省11个设区城市和96个县(市)全部建立廉租住房制度,实行廉租住房申请、审核、公示、轮候、年度复核及退出制度。

二、存在的问题

(一)部分城市经济适用住房供应量偏小。阳泉市无经济适用住房竣工项目;运城市经济适用住房竣工3.84万平方米,仅占安康居住工程竣工面积的6.6%;长治市经济适用住房竣工10.65万平方米,占安康居住工程竣工面积的20.5%。

(二)个别城市套型结构比例不符合要求。市套型建筑面积90平方米以下住房所占比重不足

50%，不符合《国务院办公厅转发建设部等部门关于调整住房结构稳定住房价格意见的通知》（国办发[2006]37号）中“新开工的商品住房总面积中，套型建筑面积90平方米以下住房面积所占比重，必须达到70%以上”的要求。

附件：

1. 各市安康居住工程建设情况；
2. 各市新建廉租住房情况；
3. 各市廉租住房保障资金落实情况；
4. 各市廉租住房保障对象住房落实情况。

二〇〇八年元月八日

各市安康居住工程建设情况

序号	城市名称	目标任务（万平方米）	竣工面积（万平方米）	完成目标任务的比例（%）
1	朔州	33.5	56.69	169.22
2	大同	85	134.4	158.12
3	临汾	40	59.15	149.13
4	晋城	37.46	52.79	140.92
5	运城	45.4	58.4	128.63
6	吕梁	48	59.47	123.98
7	太原	90.75	96.64	106.49
8	阳泉	40	42.39	105.98
9	忻州	40	41.99	104.98
10	晋中	64.6	64.6	100
11	长治	51.86	51.86	100
	全省	500	718.38	143.7

各市新建廉租住房情况

序号	城市名称	目标任务（万平方米）	竣工面积（万平方米）	完成目标任务的比例（%）
1	晋中	0.42	0.765	182.14
2	阳泉	0.09	0.14	155.55
3	临汾	0.18	0.26	144.44
4	太原	0.45	0.64	142.2
5	运城	0.33	0.363	110
6	大同	0.29	0.30	103.4
7	朔州	0.162	0.164	101.2
8	长治	0.3	0.3	100
9	吕梁	0.25	0.25	100
10	晋城	0.24	0.24	100
11	忻州	0.10	0.10	100
	全省	2.812	3.5	124.5

各市廉租住房保障资金落实情况

序号	城市名称	目标任务（万平方米）	竣工面积（万平方米）	完成目标任务的比例（%）
1	阳泉	60	250.35	417.25
2	忻州	50	100	200
3	运城	20	37	185
4	朔州	45	77.5	172.22
5	临汾	150	205	136.76
6	吕梁	40	42	105
7	太原	420	420	100
8	大同	600	600	100
9	晋城	146	146	100
10	晋中	55	55	100
11	长治	30	30	100
	全省	1616	1962.85	121.46

各市廉租住房保障对象住房落实情况

序号	城市名称	目标任务（万平方米）	竣工面积（万平方米）	完成目标任务的比例（%）
1	忻州	20	100	500
2	阳泉	100	408	408
3	晋城	140	386	275.71
4	运城	60	137	228.33
5	临汾	120	198	165
6	大同	800	1000	125
7	朔州	30	37	123.33
8	吕梁	50	58	116
9	太原	240	240	100
10	长治	150	150	100
11	晋中	40	40	100
	全省	1750	2754	157.37

关于加强商品房销(预)售监管的通知

晋建房字[2008]21号

各市建设局、房地产管理局：

为规范商品房销售行为，建立公开、透明的房地产市场秩序，维护消费者的合法权益，现就加强商品房销(预)售监管有关事项通知如下：

一、严格商品房预售行政许可制度。

在我省境内销(预)售商品房，必须按照《山西省城市房地产交易管理条例》的规定，向项目所在地建设(房地产)行政主管部门申请办理商品房预售许可，不得以收取定金等形式变相销售商品房，违反预售许可规定的，依照《山西省城市房地产交易管理条例》第四十七条的规定，没收违法所得，并处已收取预付款1%以下的罚款。

二、加强商品房销(预)售行为的监管。

房地产开发企业和房地产中介服务机构销售商品房，应当遵循公开、公平和诚实信用的原则，在商品房销售场所应当公开相关信息，内容包括：房地产开发企业名称，所售楼盘名称、地址、房号、销售状态、户型、房屋层高、建筑面积、套内建筑面积、公摊系数及公摊的共有面积、平方米售价、层次差价、总价款、交付时间及销售优惠方式。同时，应当公开与商品房销售相关的收费项目及其标准和依据，前期物业服务单位名称及物业服务内容、收费标准。

三、规范商品房代销售行为。

房地产中介服务机构代销新建商品房，在商品房销售场所除公开上述商品房相关信息外，还应当公开房地产开发企业委托代销证明文件。房地产中介服务机构提供有偿服务和代收费用的，应坚持买卖双方自愿原则，并在合同中明确服务内容、有偿服务或代收费用标准及额度。

四、公开商品房销售计价方式。

房地产开发企业和房地产中介服务机构销售商品房，应当公开商品房计价方式、平方米售价和楼层系数；销售过程中调整商品房计价方式、平方米售价、楼层系数的，应当在调整前公开调整变动的内容，并保留调整前的相关资料。

五、充分发挥房地产信息系统的作用。

各市建设(房地产)主管部门、房地产开发企业和房地产中介服务机构，要利用房地产信息系统，将商品房销售条件、销售进度等房地产信息予以公布，让消费者通过互联网、多媒体、电子信息公告等多种方式了解房地产市场信息。房地产开发企业和房地产中介服务机构，应当在商品房销售介绍、告知牌、项目表或销售手册中，公开商品住房销售信息，建立公开透明的房地产市场环境。

六、各市、县房地产主管部门，要切实负起责任，严格商品房销售中的程序，加强监管。

省建设行政主管部门，将对各市、县商品房预售进行抽查，对在抽查中发现的问题，在全省通报批评。

二〇〇八年一月十四日

关于实行建设监理服务收费专户管理的指导意见

晋建建字［2008］49号

各市建设局（建委），各有关单位：

为了贯彻落实《国家发展改革委、建设部关于印发〈建设工程监理与相关服务收费管理规定〉的通知》（发改价格［2007］670号）精神，切实规范建设工程监理行为，维护监理市场正常秩序，保证《关于进一步加强建设监理市场管理的意见》（晋建建字［2007］199号）和《建设工程监理合同备案管理办法》（试行）（晋建建字［2007］200号）落到实处，现就监理服务收费专户管理提出以下意见：

一、适用时间与范围

从2008年3月1日起，山西省新开工程在监理合同备案时，实行监理服务收费专户管理制度，试行期为2年。

二、适用主体

建设单位委托监理后，办理施工许可证前，应就《建设工程监理合同》向工程所在地建设行政主管部门（以下称建设行政主管部门）备案，并按照合同约定将监理费先行打入监理专户。建设行政主管部门对备案条件进行查验，不符合条件的，不予备案。

三、专户设置

各设区市应尽快成立市级建设监理协会或监理行业自律委员会，由其在指定银行设立全市统一的监理服务收费专用帐户，并对账户费用进行管理；如无条件，可依托相关协会代管（以下均称为专户管理机构）。

建设行政主管部门应当对帐户进行监督和检查。

四、缴纳与支付

建设单位在办理监理合同备案时，应按照合同约定将监理费用先行由本单位账户一次性打入监理专户。建设行政主管部门对监理合同及相关资料进行查验，符合要求的，同意备案。专户管理机构收到建设单位备案后的《监理合同》、《建设工程监理合同备案登记表》、银行进帐单后，开具工程监理服务收费专户管理统一收款单（附件1）。收款单一式四联，其中第一联存根，第二联收款单位凭证，第三联交款单位凭证，第四联监理企业凭证。第三、四联同时交给建设单位，建设单位凭第四联要求监理企业开具税务发票。

工程开工后，专户管理机构根据工程进度将监理费分期拨付给监理企业。原则上房屋建筑工程，工程开工拨付监理费不少于30%；工程主体完工验收合格拨付不少于70%；工程建设项目竣工验收合格拨付至95%。剩余的5%作为监理工作质量保证金，监理工作结束、工程监理管理资料移交给建设单位后，拨付给监理企业。

监理费的拨付也可采取按工程进度款审批值支付监理费的方式进行，但首付款、主体完工的拨付比例不得低于上述规定。其它工程监理费的拨付方式应在监理合同中明确。

对于监理合同额较大、超过100万元的工程，建设单位在办理合同备案时，可先行向监理专户打入合同额20～30%的监理费。监理费的缴纳和拨付采取按监理费季度平均值的方式进行，即本季度末将次季度应给付的监理费及时打入专户，由专户管理机构根据申请拨付给监理企业。建设单位应及时缴纳监理费，逾期未缴纳的，专户管理机构可向建设单位发出催交通知单，无故拖延的，可建议建设行政主管部门向项目发出停工通知。

专户管理机构对专户费用进行管理，在管理过程中所发生的服务费用，由专户管理机构与监理企业协商。

五、拨付程序

一般房屋建筑工程拨付程序：

（一）建设单位将监理费用缴入专户且建设监理合同已备案，监理企业凭以下资料向专户管理机构申请拨付该项费用：

1. 建设单位出具的项目监理机构进场证明、项目监理机构人员配置情况（查看原件，复印件留存）；

2. 专户管理机构开出的监理服务收费专户管理统一收款单（第四联）；

3. 监理企业开具的工程建设监理费税务发票复印件；

4. 工程监理费拨付申请表（一式3份，建设单位、监理单位、专户管理机构各留存一份，附件2）。

专户管理机构审核工程监理费拨付申请表及相关资料，符合条件的，收回监理服务收费专户管理统一收款单（第四联），在3日内办理拨付手续，并开具工程监理服务收费专户管理结算单（附件3）。结算单一式三联，第一联存根，第二联监理企业记帐凭证，第三联专户管理机构记帐凭证。

（二）工程建设项目主体完工验收合格后，监理企业凭以下资料向专户管理机构申请拨付该项费用：

1. 工程主体完工验收合格单（查看原件，复印件留存）；

2. 监理企业开具的工程建设监理费税务发票复印件；

3. 工程监理费拨付申请表（一式3份，同上）。

专户管理机构审核工程监理费拨付申请表及相关资料，符合条件的，在3日内办理拨付手续，并开具工程监理服务收费专户管理结算单（同上）。

（三）工程建设项目竣工验收合格后，监理企业凭以下资料向专户管理机构申请拨付该项费用：

1. 工程竣工验收合格单（查看原件，复印件留存）；

2. 监理企业开具的工程建设监理费税务发票复印件；

3. 工程监理费拨付申请表（一式3份，同上）；

专户管理机构审核工程监理费拨付申请表及相关资料，符合条件的，在3日内办理拨付手续，并开具工程监理服务收费专户管理结算单（同上）。

（四）工程监理资料整理完毕、移交给建设单位后，监理企业凭以下资料向专户管理机构申请拨付该项费用：

1. 建设单位开具的工程监理管理资料移交证明；

2. 监理企业开具的工程建设监理费税务发票复印件；

3. 工程监理费拨付申请表（一式3份，同上）。

专户管理机构审核工程监理费拨付申请表及相关资料，符合条件的，在3日内办理拨付手续，并开具工程监理服务收费专户管理结算单（同上）。

以合同约定方式拨付监理费的，应提交监理企业开具的工程建设监理费税务发票复印件和工程监理费拨付申请表（一式3份，同上），但在首付款、主体完工和项目竣工验收后应提供相应的证明文件。以工程进度款审批值支付监理费的，还应提交工程进度资料。

六、监理费的确定及调整

工程监理委托合同应当明确监理服务收费严格执行《建设工程监理与相关服务收费管理规定》。如遇工程量变更，应当按施工合同、监理委托合同约定或相关规定及时办理工程价款变更，按照规定费率确定监理费的增减。

工程项目超期，未按监理委托合同约定工期完工的，监理费应按实际超期工程量进行调整，由建设单位与监理企业协商，另行签订监理委托合同或补充协议，并按规定备案、缴纳和拨付监理费。

七、专户的监督与管理

专户管理机构应加强对专户资金的管理，建立工程档案，并就拨付、使用情况定期通报。省建设监理协会应对各设区市专户管理工作进行指导，对全省监理企业的行业自律行为进行监督。要定期召开自律委员会工作会议，通报情况，提出意见和建议，对严重违反规定的企业和行为，要向建设行政主管部门提出处罚建议。

建设行政主管部门应加强对监理费及在监工程的监督和管理。要定期访问监理现场，听取建设单位对工程监理的意见和建议，检查项目监理机构人员到位情况、工作质量和服务水平，保障建设单位合法利益，保障工程质量和施工安全。对未按合同约定履行监理职责、监理工作不到位、服务质量差的，要在工程建设监管信息系统上进行通报，记入企业不良行为记录，并依法给予处罚。

各设区市建设行政主管部门要按照要求，尽快明确专户管理机构，建立监理专户，将准备工作情况上报省建设行政主管部门。各设区市也可按照本指导意见制定具体的实施办法。

二〇〇八年一月三十一日

关于进一步规范我省住宅小区和商住楼通信配套设施建设的通知

晋建标字［2008］99 号

各市建设局（建委），各电信运营企业：

山西省工程建设地方标准《住宅小区通信配套设施建设标准》（DBJ04－257－2008，以下简称《标准》）已经颁布，自 2008 年 4 月 1 日起实施。为进一步规范住宅小区和商住楼通信配套设施建设行为，保障电信运营企业平等接入和公平竞争，切实维护消费者自由选择电信业务的权益，满足人民群众对信息化生活不断增长的需求，现将有关工作通知如下：

一、《标准》的颁布和实施是推进我省信息化建设的重要内容，是规范建设市场行为的重要依据，是维护广大人民群众合法权益的重要保证。各市建设局（建委）、房管局和电信运营企业要高度重视并认真贯彻落实，积极组织学习宣传，督促房地产开发单位按照《标准》要求组织设计和施工。

二、住宅小区和商住楼通信设施建设应与城市发展和电信发展规划相适应。住宅小区及商住楼的设计和建设应同步建设建筑规划用地红线内的通信管道和楼内通信暗管、暗线，预留用于安装通信线路设施的集中配线交接间，住宅小区及商住楼通信设施建设所需投资一并纳入相应住宅小区或商住楼的建设项目概算。

三、我省住宅小区通信配套设施建设应严格执行《标准》的技术要求。各市建设局（建委）、施工图审查机构、质量监督机构要从规划、设计、施工图审核、施工、监理、质监到竣工验收等环节加强对《标准》实施的管理和监督，应采取有效措施将《标准》的技术内容纳入设计审查及工程质量监督管理中，切实保证《标准》的贯彻落实。

四、各电信运营企业和各建设单位要严格按照建设部和信息产业部联合下发的《关于进一步规范住宅小区和商住楼通信管线及通信设施建设的通知》（信部联规［2007］24 号）及省建设厅和省通信管理据联合下发的《关于加强全省电信设施预留预设建设管理的通知》（晋建法字［2005］240 号）要求，在住宅小区和商住楼通信配套设施建设中，不得签订垄断性协议，不得以任何方式限制其他电信运营企业进入住宅小区和商住楼，保障电信业务的平等接入，确保电信用户的自由选择权和通信服务质量。

五、为进一步配合《标准》的贯彻和实施，省建设厅和省通信管理局将联合组织开展《标准》的宣贯和培训工作，提高行业从业人员准确理解、掌握《标准》技术内容的能力，推动我省住宅建筑信息技术的进步。

六、省建设厅和省通信管理局将适时检查《标准》的执行情况，各级建设行政主管部门要将《标准》的执行与日常审批检查结合起来，切实把施工图审核和竣工验收两个环节的管理和把关工作落在实处。对在各项检查中发现的违反《标准》的工程项目要依法严肃查处，保证新建、改建、扩建工程符合《标准》的要求。

二〇〇八年三月十七日

关于进一步加强工程竣工结算备案工作的通知

晋建标字［2008］113 号

各市建设局（建委）：

为了有效防止建设领域工程款和农民工工资拖欠，加强建设工程竣工结算管理，根据《建筑法》、建设部《房屋建筑工程和市政基础设施工程验收备案管理暂行办法》及财政部、建设部《建设工程价款结算暂行办法》等法律和规章的有关规定，各建设单位在办理房屋建筑工程和市政基础设施工程竣工验收备案时，应加强工程竣工结算备案工作。具体要求如下：

一、建设单位应按照财政部、建设部《建设工程价款结算暂行办法》中规定的时限或合同约定，完成工程竣工结算及其审查工作。

二、建设单位应在《房屋建筑工程和市政基础设施工程验收备案管理暂行办法》规定的时限内，向工程所在地的建设工程造价管理部门办理工程竣工结算备案，并提供下列资料：

（一）中标通知书；

（二）建设工程施工合同；

（三）结算书、设计变更、签证以及与竣工结算有关的资料；

（四）工程概况表。

三、建设工程造价管理部门应当对备案资料进行审核。

审核具体内容如下：

（一）承发包双方自行办理竣工结算的，承发包双方经办人员是否具有造价人员执业资格、结算书内容是否合法完整；

（二）发包方委托工程造价咨询企业办理或审查结算的，工程造价咨询企业是否持有建设行政主管部门颁发的相应工程造价咨询企业资质证书、经办人员是否具有造价人员执业资格、竣工结算是否有承发包双方签字盖章等；

（三）承发包双方是否依据建设工程施工合同约定的条款办理竣工结算。

四、建设工程造价管理部门自收到备案资料之日起5日内，对所报资料审核完毕。

工程竣工结算备案表一式四份，建设单位、施工企业、工程造价咨询企业各留存一份。

各市建设工程造价管理部门留存一份工程竣工结算备案表，并按季度汇总上报省建设工程造价管理部门。

五、工程概况表、工程竣工结算备案表由省建设行政主管部门统一制作。

六、未办理工程竣工结算备案的，依照《建设质量管理条例》第五十六条处罚。

二〇〇八年三月二十一日

关于公布“山西省城市园林绿化示范工程”和“山西省城市园林绿化优秀工程”的通知

晋建城字［2008］223号

各市建设局（建委）、园林局：

通过全省园林绿化工作者的辛勤努力，我省城市园林绿化水平显著提高，城市生态和人居环境质量明显改善，也涌现出一批在组织、设计、施工和管理等方面有突出成效的优秀工程。为表彰先进，带动和促进全省城市园林绿化精品建设，经我厅评定，“太原市玉门河公园续建工程”等5项工程为“山西省城市园林绿化示范工程”，“大同市御河生态林八标段建设工程”等10项工程为“山西省城市园林绿化优秀工程”（名单见附件）。对评定为“山西省城市园林绿化示范工程”的，每项奖励10万元，评定为“山西省城市园林绿化优秀工程”的，每项奖励5万元，奖励资金用作对获奖工程建设作出突出贡献个人的奖励。

希望受表彰工程的建设组织单位再接再厉，在推进我省园林城市创建和建设园林绿化精品上再创佳绩。各有关单位要认真学习受表彰工程的建设组织和管理经验，增强园林绿化精品意识，坚持高质量、高起点、高效益，继续加快城市园林绿化建设步伐，着力提高园林绿化建设质量和水平，全面、快速推进我省的生态文明建设。

二〇〇八年三月三十一日

附件：

“山西省城市园林绿化示范工程”、“山西省城市园林绿化优秀工程”名单：

一、山西省城市园林绿化示范工程

1. 太原市玉门河公园续建工程
2. 临汾市迎宾大道及滨河西路绿化工程
3. 长治市太长高速路市区连接线道路绿化工程
4. 晋城市东出入口景观绿化工程
5. 朔州市七里河污染治理与景观绿化一期工程

二、山西省城市园林绿化优秀工程

1. 大同市御河生态林八标段建设工程
2. 忻州市人民公园
3. 晋中市迎宾绿苑
4. 吕梁市区水西生态园建设工程
5. 阳泉市保晋文化园
6. 运城市人民公园改造工程
7. 孝义市崇义园改造工程
8. 侯马市文明路带状公园
9. 右玉县县城生态园工程
10. 壶关县神山游园广场建设工程

关于进一步推行建设工程担保制度的通知

晋建建字［2008］129 号

各市建设局（建委）：

按照原国家建设部的要求，省建设厅从 2004 年 11 月起在全省范围内推行建设工程保证担保制度，先后印发了《关于在建设工程项目中实行保证担保的若干规定》（晋建建字［2004］318 号）等六个政策性文件；共培育专业工程担保机构 29 个；在晋中、阳泉、临汾、长治、运城等 5 个地市开展了工程担保工作，大同、晋城等市也相继出台相关规定；2007 年全省共承接担保项目 618 项，担保总额达到 59565.77 万元。为了进一步推行工程担保制度，现就有关事项通知如下：

一、进一步提高对工程担保工作的思想认识，扎实有效地推行工程担保制度。要充分认识到在建筑领域推行工程担保制度，对于构建和谐稳定的建筑市场环境，规范建设工程各方主体的行为，防止工程款拖欠，降低工程风险，逐步完善以信用为基础的新型建筑市场管理手段起着举足轻重的作用。各市要将工程担保管理工作纳入 2008 年度的建设工作目标责任制中，努力实现责任制中提出的"建设工程项目担保率达到 30%"的目标。继续深入推行工程保证担保准入制、工程担保合同备案制、工程担保保证金统一账户管理制、统一的工程担保风险金制及担保机构的资信评级制，为在全省范围内推行工程担保工作提供有力的制度保证，为创造竞争有序的市场环境奠定扎实的框架基础。

二、着力培养专业化的工程担保机构，加强从业人员的培训。担保机构处于工程担保制度的核心地位，担保机构的诚信、担保能力和风险管理水平直接影响着工程担保推行的效果，各市要积极培育和发展一定数量、具有一定专业技术力量和风险防范能力的专业化担保机构，形成具有一定竞争力的担保市场。同时要注重对工程担保从业人员的培训和指导，保证工程担保从业人员的知识结构要到位、人员组成要合理、服务意识要增强、责任观念要提高，为我省建立一支思想素质高、专业水平硬、办事能力强的专业化队伍。

三、继续扩大担保品种，拓宽业务范围，完善业务流程。各市要严格按照省建设厅《关于在建设工程项目中实行保证担保的若干规定》（晋建建字［2004］318 号）的文件规定，全面推行以投标担保、业主支付担保、履约支付担保为主的工程担保制度，要重视和利用各种融资担保，以拓宽工程担保的渠道，降低担保成本，扩大业务范围。对于同一工程项目出现业主和施工单位是一家的问题，为降低工程风险，保证工程质量，必须进行工程担保。对于投标担保，为简化程序，可由投标人与担保机构双方签订担保合同，不再要求必须有招标人签字盖章。对于资金到位好，信用等级高的业主或施工单位，可适当降低担保合同中规定的保证金比例要求。

四、加强工程担保市场监管，规范工程担保行为。各市要加强自身监管队伍的建设，建立严格的监管制度，不断提高管理人员的业务水平。严格按照《关于进一步加强建设工程保证担保管理工作的通知》（晋建建字［2006］230 号）文件规定，签订投标担保合同后，在开标前进行备案；签订业主支付担保合同或承包商履约担保合同后，在办理施工许可证前进行备案，没有备案的一律不得办理有关手续。为体现公平原则，各市可对备案合格的担保机构进行统一编号，将编号通知本地区的各招标（施工）管理部门，按编号顺序由轮到的担保机构为被担保人办理工程担保业务。在工程完结后，须提供由工程质量监督部门出具的竣工验收单或由业主出具的工程款付清证明，方可退还保证金。禁止只收费不服务、低价担保的行为，严禁超能力担保或无资格担保，积极督促担保机构建立健全对被担保人和项目的保前评审、保后服务和风险监控制度。

五、逐步建立担保机构的信用档案，积极推行市场清除机制。各市可根据建设部《关于加快推进建筑市场信用体系建设工作的意见》（建市［2005］138 号）和省建设厅《关于印发〈建设市场主体不良行为记录公示管理办法〉的通知》（晋建建字［2005］105 号）等文件规定，加快对担保机构建立信用档案。工程担保监管部门要不定期地对担保活动情况进行实地检查，发现问题及时纠正，对担保机构、业主和承包商出现的违法违规行为要严肃查处，并计入市场主体信用档案。对信用记录良好的担保机构在合同备案、动态考核、担保余额的控制等方面可适当照顾；对信用记录连续出现问题的可暂停其担保业务，严重的终止其担保活动，收回其担保备案证书。

六、加大工程担保制度的宣传，力争在尚未开展工程担保工作的市全面展开。根据《关于加快推行工程保证担保制度的通知》（晋建建字［2006］109 号）的要求，各地从 2006 年 7 月 1 日起一律实行工程担保，并在房地产开发项目上强制推行。截至目前，我省仍有太原、大同、晋城、忻州、朔州、吕梁等 6 个市尚未开展此项工作，对于这些市，要求其建设行政主管部门通过各种途径，采取各种形式，加强工程担保制度的宣传，进一步开展有关法律法规、管理规定和我省已出台的六份文件的学习工作。要借鉴已开展工程担保市的经验，结合本地的实际情况，选取一到两个试点，在摸索和总结试点经验的基础上，以点带面，争取在全省全面推开。

二〇〇八年四月三日

关于进一步加强《山西省施工图审查管理系统》使用工作的通知

晋建设字［2008］132 号

各市建委（建设局）、规划局，各市施工图审查管理机构，各施工图审查机构：

《山西省施工图审查管理系统》（以下简称《系统》）运行以来，为加强施工图审查全过程监督管理，规范审查行为，提高工作效率，起到重要的作用。但仍有少数审查机构尚未使用《系统》，造成全省统计数据不准确，影响行业管理。为规范我省施工图审查及管理行为，现将进一步加强《系统》使用工作的有关事项通知如下：

一、所有施工图审查机构均须使用《系统》，并于 2008 年 4 月 15 日前，将 2006 年 1 月 1 日起所有审查项目全部录入《系统》。逾期未完成此项工作的，记入审查机构不良行为记录，在媒体曝光。

二、对申领建设工程施工许可证的工程，各级颁证部门于 2008 年 5 月 1 日起均须登录《系统》进行核实，没有通过《系统》取得《施工图审查合格书》的，视作施工图审查不合格，不予颁发建设工程施工许可证。

三、各施工图审查机构要通过《系统》做好施工图审查备案工作，各市、县施工图审查管理机构应加强施工图审查备案管理，对各审查机构审查项目进行检查，发现问题，及时纠正，并将情况上报省施工图审查管理机构。

四、市级施工图审查管理机构应对县级施工图审查工作进行督查，促其完善制度，确保申领施工许可证的项目全部取得施工图审查合格书。省建设厅将在年内对施工图审查工作进行抽查，抽查结果向市、县进行通报。

五、请各市于 4 月 15 日前将市、县施工图审查备案管理人员名单和市、县颁发施工许可证查询人员名单报省施工图审查管理机构。

二〇〇八年四月三日

关于认真贯彻落实《山西省人民政府办公厅关于加快既有建筑节能改造工作的意见》的通知

晋建科字［2008］137 号

各市建设局（建委）、建筑节能办（中心），厅有关处室（单位）：

为认真贯彻落实《山西省人民政府办公厅关于加快既有建筑节能改造工作的意见》（晋政办发［2008］10 号，以下简称《意见》），的各项要求，经研究，现就有关事项通知如下：

一、认真学习和领会《意见》精神。加快推进既有建筑节能改造是实现我省“十一五”建筑节能目标的关键，各市、各有关单位要充分认识建筑节能改造工作的重要性和紧迫性，认真组织学习讨论，领会《意见》（附 2）精神，熟悉《意见》中确立的各项制度、措施和涉及的技术标准，提高工作的组织和贯彻能力，把推进既有建筑的节能改造和加强对大型公共建筑的节能管理列为本地本部门重要工作之一。

二、抓紧落实相关政策和措施。各市应尽快从以下三方面抓好落实工作：一是认真组织编制当地既有建筑节能改造专项规划，建立既有建筑节能改造项目库，指导项目单位编制可行性研究报告；二是启动机关办公建筑和大型公共建筑节能监管体系建设，建立并实施建筑能耗监测、能耗统计、能源审计和能效公示等制度，开展对机关办公建筑和大型公共建筑节能管理和改造试点；三是要增强工作的主动性，按照《意见》和省政府办公厅［2008］20 次会议纪要（附件 3）要求，争取当地政府和有关部门支持，落实建筑节能工作资金，并加快制定可再生能源应用等激励政策，为实现“十一五”建筑节能目标提供保障。

三、加强监督考核。根据《意见》的总体部署，省建设厅对各项工作任务进行初步分解（见附件 1），各市建设局（建委）及相关单位要对分解任务逐项落实，明确责任人和工作进度，加强监督和考核，定期向省建设厅报告本地区（单位）落实工作的进展情况。省建设厅在每年两次的省级建筑节能专项检查中对工作目标履行情况进行专项考核，并公布考核结果。

二〇〇八年四月三日

关于表彰2007年全省建设工作目标责任制完成先进单位的决定

晋建办字［2008］145号

各市建设局（建委）、规划局、房地局、市政局、园林局、环卫局、综合执法局、住房公积金中心：

2007年，在省委、省政府的正确领导下，在各市政府和省直有关部门的大力支持下，经过全省建设系统广大干部职工的共同努力，圆满完成省政府交给的两项重点工作任务，经济社会发展建设领域六项指标顺利实现，建设工作目标责任制全面完成，取得显著成绩，涌现出一批先进单位。为表彰先进，激励广大干部职工继续努力和奋勇当先，经研究决定，对一年来在完成建设工作目标责任制中做出突出成绩的32个单位予以表彰。

希望受到表彰的单位再接再厉，取得更优异的成绩。全省建设系统的广大干部职工要学习先进，开拓进取，为做好2008年的建设工作，推动全省建设事业又好又快发展做出积极的贡献。

附件：2007年全省建设工作目标责任制完成先进单位名单

二〇〇八年四月七日

附件：

2007年全省建设工作目标责任制完成先进单位名单

全省城市规划工作先进单位（4个）

太原市规划局　大同市规划管理局

阳泉市规划局　晋城市规划局

全省城市基础设施建设工作先进单位（3个）

太原市市政管理局　大同市市政公用局

临汾市建设局

全省城市市容环境管理工作先进单位（2个）

长治市建设管理局　太原市市容环卫局

全省城市执法监察工作先进单位（3个）

太原市城市管理行政执法局

阳泉市城市管理行政执法局

长治市规划勘测局

全省工程建设管理工作先进单位（3个）

太原市建设管理委员会

晋中市建设局　忻州市建设局

全省建筑节能管理工作先进单位（3个）

大同市建设委员会

太原市建设管理委员会

阳泉市建设局

全省村镇建设工作先进单位（3个）

大同市建设委员会

吕梁市建设局

晋城市建设局

全省住宅和房地产管理工作先进单位（3个）

大同市房产管理局

太原市房地产管理局

临汾市建设局

全省住房公积金管理先进单位（4个）

忻州市住房公积金管理中心

阳泉市住房公积金管理中心

运城市住房公积金管理中心

晋中市住房公积金管理中心

全省城市绿化工作先进单位（4个）

太原市园林局　　晋城市园林局

长治市园林局　　朔州市园林局

全省建设法制和机关建设工作先进单位（3个）

运城市建设局　　朔州市建设局

大同市建设委员会

关于2007年建设工作目标责任制完成情况的通报

晋建办字［2008］146号

各市建设局（建委）、规划局、房地局、市政局、园林局、环卫局、综合执法局、住房公积金中心：

2007年，各市建设行政主管部门认真落实年度工作目标责任制，精心组织、周密部署，做了大量的工作，圆满完成了各项任务，现将有关情况通报如下：

一、建设工作目标责任制完成情况

（一）城市规划工作。各市继续加强规划编制和实施的监管工作，控制性详细规划的覆盖率进一步提高，各类专业规划编制工作进展良好。太原市城市规划编制经费创历史新高，达到6221.5万元。运城市编制城市景观规划。临汾市委托北京林业大学编制《近期绿地系统规划实施计划》。吕梁市所有建设项目、重大城市建设项目全部经过城市规划委员会审查，审查率100%。阳泉市制定城乡一体化规划编制纲要。大同市加大违法建设查处力度，实行建设项目跟踪检查、项目审批责任追究等四项制度。运城市对全市城乡规划进行交叉大检查。长治市查处各类违法建设232起。晋城市制定无片区详细规划不审批制度等9项制度。

（二）城市基础设施建设和城市管理工作。各市普遍加大市政基础设施建设的投资力度，强化城市管理，城市功能不断完善，城市环境明显改善。临汾市启动实施22项基础设施建设工程，总投资26亿元。太原、大同、吕梁市城市市政基础设施投资大幅增长，分别比上年增长200%、150%和143%。长治市建成我省第一个国家级城市湿地公园。晋中市组织建设大型专题公园，建设规模达500余亩。太原市绿化总规模达5000亩，拆违建绿、拆违还绿成绩显著。运城市实现中水利用新突破，建成输水管网2.2公里。长治市生活垃圾无害化处理率达100%。太原市政府制定数字化城市实施方案，开展整治无照占道经营专项行动，并在400余辆环卫作业车上加装了GPS卫星定位系统。运城市成立城市综合管理指挥中心和城市综合管理监督中心。全省创建园林城市成效明显，壶关县获国家级园林县城称号，孝义、右玉、怀仁、武乡获省级园林县城称号。

（三）工程建设管理工作。各市以建立建筑市场信用体系为中心，加大治本力度，市场秩序进一步好转，工程质量和安全生产形势平稳，工程担保工作取得新进展。多数市国有投资和国有投资占主导地位的工程项目全部实行工程量清单计价。太原市建筑业劳务分包交易备案登记率达98%，建设工程劳动保险费收缴1.6亿元。大同市对严重违规的工程作罚款处罚，共追缴各种规费400多万元，罚款101万元。朔州市在工程质量监管中实行交叉验收和巡查评比等管理办法。晋城市出台《晋城市非政府投资工程农民工工资保障金管理办法》。运城市加强县级施工图审查工作，开展专项检查。太原市开展以“综合治理、保障平安”为主题的安全生产月活动和7项专项检查活动。

（四）村镇建设工作。大同、太原市县域村镇体系规划和建制镇总体规划基本完成，晋城、晋中、吕梁、大同、太原、阳泉、运城等7个市落实村镇规划补助配套资金。吕梁、晋城市村镇建设项目“一书一证”和“一书两证”发放率达到90%以上。晋城、阳泉、晋中市共有6个村镇进入“中国历史文化名镇名村”名录，并有10个古村镇完成保护规划的编制。晋中、吕梁、太原市第一批亚行贷款小城镇项目完成亚行和国外专家的考察及技术援助前期准备工作。晋城、长治市建制镇绿化覆盖率不断提高，人居环境明显改善。太原、临汾、运城市加大对农村住房建设的指导，编制完成新农村住宅图集。大同、晋城、阳泉市认真组织开展农村困难群众住房问题的调查研究。

（五）住宅和房地产管理工作。太原市积极增加中低价位、中小户型住房供应，拟建龙康新苑项目建筑面积达53.86万平方米。晋中市成立廉租住房管理办公室，并将原有5.4万平方米直管公房全部纳入廉租住房保障体系，保障对象1800余户。大同市开工建设城市棚户区改造安置小区两个，可安置居民4845户。太原市确定棚户区改造项目10个，已有9个开始拆迁工作。晋城市开展城市住房状况摸底调查，提出解决城市低收入家庭住房的意见。太原市修订《太原市经济适用住房管理办法》等规定，将供应对象的收入标准进行调整，确保真正惠及低收入家庭。各市积极开展房地产市场专项整治工作，长治市对112家房地产类企业、机构进行排查。吕梁、太原、临汾、朔州市新建小区物业管理企业招标率达100%。忻州市加大商品房预售的信息服务和监管力度。大同、运城、朔州、吕梁市城市房屋拆迁项目验收制度执行率达到100%。

（六）建筑节能工作。11个市的新建建筑设计阶段执行节能标准基本达到100%。太原市颁布《太原市绿色建筑标准》。大同市开展了建筑节能立法工作。太原、大同、阳泉、晋城市成立了建筑节能监管机构。阳泉市给每个新开工的项目发放《建筑节能通知书》。运城市要求建设单位在开工前签订《建筑节能承诺书》。太原、晋中市提前试行建筑节能专项验收制度。忻州市对违反建筑节能标准的有关主体进行处罚。全省共确定可再生能源应用等节能示范工程27项，太原市“国瑞苑”被列为国家级示范工程。

（七）政府投资工程建设组织方式的改革工作。太原组建城市建设管理中心，完成或开工建设各类市政基础设施项目36项。临汾市政府工程实行代建项目10项，投资10亿元。运城市组建代建企业2家。吕梁市在交城县进行代建试点。

（八）住房公积金管理。各市积极扩大住房公积金覆盖范围，加大个人住房贷款发放力度，呈现出住房公积金归集快速上涨、个人住房贷款持续增长、资金流向更趋合理的良好局面。太原、阳泉、晋城、吕梁、大同等市加大住房公积金制度的宣传力度。忻州、晋中市全面理顺了辖区内公积金管理体制。运城市把贷款额度提高到10万元，将还款期限延长至12年。朔州市所辖6个县区2007年全部建立住房公积金制度。长治、临汾等市借助审计部门审计加大项目贷款的清收力度。

（九）党风廉政和行风建设工作。各市以“转变作风、狠抓落实”和贯彻落实十七大精神为主线，深入开展治理商业贿赂工作，不断加强建设系统党风廉政、政风行风和精神文明建设。运城市开展自查自纠工作，对治理商业贿赂涉及的6个方面34个问题进行认真整改。临汾市建设部门全年共收到市民意见、建议和投诉4626件，办理4573件，办结率达到98.8%，满意率98.8%。太原市在房管系统实行机关中层干部任职廉政保证金和廉政承诺制度。朔州市制定出台了《朔州市建设局便民措施》。大同市建立重点部门、重点岗位人员谈话、任职廉政谈话等四项制度。晋城市 12319 城建服务热线实行 24 小时值班制度，积极推行上门服务。

此外，各市在建设科技、建设法制、建设工程档案移交、建设统计、一线操作人员岗位培训与技术鉴定等方面都按照目标责任制要求做大量工作，基本上完成年初确定的工作目标。

二、存在的主要问题

（一）城市规划工作。一是城市规划管理需要进一步规范，批后监管有待加强；二是部分城市规划存在随意调整，不严格实施的情况；三是多数城市控制性详细规划覆盖率不高，规划审批、备案手续不完备。

（二）城市基础设施建设和城市管理工作。一是土地和资金仍是制约城市绿化工作的主要因素；二是市政公用行业特许经营各方行为尚待依法进一步规范；三是城市基础设施建设水平不高，精品少；四是城中村仍未纳入规范化管理，脏乱差和安全问题突出。

（三）工程建设管理工作。一是建筑市场秩序仍需规范，违法工程建设行为在一些城市时有发生；二是政府投资工程建设组织实施方式改革和工程保证担保制度的实施进展不快，多数城市代建制仍处于起步阶段。

（四）村镇建设工作。一是新农村建设规划编制资金管理不顺；二是农村住房解困工作尚未引起足够重视；三是小城镇建设资金总量匮乏。

（五）房地产业管理工作。一是房地产开发投资占全社会固定资产投资比重偏小；二是存量住房交易不活跃。

（六）建筑节能工作。一是部分城市建筑节能监管机构不健全，节能标准规范在施工阶段执行不好；二是可再生能源在建筑中规模化应用比例还不高；三是多数城市既有建筑节能改造工作还未正式启动。

（七）住房公积金管理。一是部分城市管委会决策职责未能充分发挥；二是一些县（县级市）行政事业单位财政补助部分还未完全到位；三是部分城市住房公积金管理体制还没有理顺，违规发放的项目贷款和挤占挪用的资金尚未收回。

（八）自身建设。一是一些城市存在建设管理部门职能交叉的问题，需要进一步调整理顺；二是多数城市建设管理部门信息化建设滞后，难以适应城市发展的需要。

三、下一步的工作要求

（一）要高度重视责任制落实工作，将考核放在重要位置。要加强领导，明确责任，建立部门协调联动机制，紧密结合本地区、本部门的实际，扎实有效地推进各项工作，确保目标责任制确定的各项任务全面完成。

（二）要加大考核力度，强化督察。建立中期督察、过程考核等制度，及时总结经验，发现问题，解决问题。

（三）要建立相应的奖惩制度和责任追究制度，维护责任制的严肃性。

（四）要不断创新，逐步完善目标体系、目标考核机制。今年，省建设厅对指标体系进行了调整和优化，减少了一般工作要求性指标，力图使目标设置更科学。各地要根据新的指标体系，结合实际，对市县两级的目标责任制进行改进和完善，以利于推动工作。

二〇〇八年四月七日

关于2007年省政府重点工作完成情况的通报

晋建办字［2008］147号

各市建设局（建委）、规划局、房地局、市政局、园林局、环卫局、综合执法局、住房公积金中心：

2007年，各市认真落实省市政府签订的重点工作目标责任制，紧紧围绕省政府确定的国有重点煤矿棚户区改造、安康居住工程和经济社会发展建设领域六项指标等重点工作，精心组织、周密部署，在组织领导、责任分解、督办考核、强化落实等方面做了大量的工作，成效显著，主要任务圆满完成，现将完成情况通报如下：

一、完成情况

省政府重点工作涉及人民群众切身利益，事关建设和谐山西的大局，是认真落实科学发展观的重要举措，体现以人为本、关注民生的执政理念。各市政府始终给予高度重视。多数市成立由市长或分管市长担任组长的专项工作领导组，健全工作机构，落实经费和人员，逐级分解任务，定期督查、重点督办，有力地促进重点工作的顺利完成。

（一）国有重点煤矿棚户区改造

各市政府全面落实各项优惠政策，在土地、规划等方面大力支持，各企业精心组织，稳步推进，全省国有重点煤矿棚户区改造超额完成全年目标任务。截至2007年底，全省国有重点煤矿棚户区改造开工建设住房306.03万平方米、42538套，完成目标任务的153.02%和128.90%。其中：大同市（同煤集团）开工建设169.38万平方米，太原市（西山煤电集团）开工建设35万平方米、临汾市（霍州煤电集团）开工建设33.68万平方米，阳泉市（阳煤集团）开工建设25.02万平方米，晋中市（汾西矿业集团）开工建设22.03万平方米，吕梁市（汾西矿业集团）开工建设20.92万平方米，以上各市均完成目标任务。忻州市（轩岗煤电集团）举行棚户区改造启动仪式。

各市完成情况排名如下：

完成任务好的城市：大同市

完成任务较好的城市：太原市、阳泉市、临汾市、晋中市、吕梁市

（二）安康居住工程建设。各市政府按照目标责任书的要求，积极组织建设、计划、规划、财政、国土、民政、统计、物价等有关部门共同参与安康居住工程的实施，明确责任，形成各级、各部门齐抓共管的良好局面，超额完成各项任务。全省安康居住工程竣工面积718.4万平方米，完成目标任务的143.7%；新建廉租住房竣工3.5万平方米，完成目标任务的124.5%；解决廉租住房保障对象住房2754户（套），完成目标任务的157.37%；落实廉租住房保障资金1962.85万元，完成目标任务的121.46%。11个设区城市和96个县（市）全部建立廉租住房制度，实行廉租住房申请、审核、公示、轮候、年度复核及退出制度。

各市完成情况排名如下：

完成任务好的城市：大同市、太原市、临汾市

完成任务的城市：运城市、朔州市、阳泉市、晋城市、吕梁市、忻州市、晋中市、长治市

（三）经济社会发展建设领域六项指标

截至2007年底，全省11个设区城市新增绿化面积862.68万平方米，城市建成区绿化覆盖率达到33.61%，超出目标任务0.43个百分点；城市生活垃圾无害化处理量达到121万吨，超出目标任务6万吨，城市生活垃圾无害化处理率达到35.3%，超出目标任务0.3个百分点；城市污水处理量达到32500万立方米，超出目标任务2500万立方米，城市污水处理率达到63.3%，超出目标任务0.3个百分点；城市新增供热面积2053万平方米，超出目标任务53万平方米，城市集中供热

普及率达到65.1%，超出目标任务0.1个百分点；城镇居民人均住宅建筑面积达到27平方米，完成目标任务；农村居民人均住宅建筑面积达到25.52平方米，超出目标任务0.29平方米。

各市完成情况排名如下：

完成任务好的城市：太原市、大同市、朔州市、晋中市、阳泉市、长治市、临汾市、运城市、晋城市

完成任务的城市：忻州市、吕梁市

二、存在的主要问题

（一）国有重点煤矿棚户区改造工作。一是个别城市至今尚未落实建设用地；二是个别煤矿企业对户型面积标准控制不严，部分住房套型面积超出70平方米。

（二）安康居住工程建设工作。一是个别城市套型面积比例不够合理，套型建筑面积90平方米以下的开发面积偏少；二是经济适用住房建设用地供应不足。

三、今年的工作要求

（一）继续加强省政府重点工作的组织领导。建立部门协调联动机制，着力形成齐抓共管的局面。各有关部门要各负其责，分工协作，确保各项任务的全面完成。

（二）加大考核力度，强化督查。各地要建立健全中期督查、考核验收等制度，针对存在的问题，采取有效措施，推动各项工作的落实。

（三）建立相应的奖惩制度和责任追究制度，形成激励机制。对完成工作好的部门、个人要予以表彰，对完成不好的要予以批评。

二〇〇八年四月七日

关于切实做好国有重点煤矿棚户区改造拆迁安置和腾空土地利用工作的通知

晋建房字［2008］148号

各有关市国有重点煤矿棚户区改造领导组办公室、建设局（建委）、房地局、各国有重点煤矿：

自2006年实施国有重点煤矿棚户区改造以来，大部分项目已经竣工，进入棚户居民安置、腾空棚户拆除阶段。做好棚户居民安置和腾空土地利用工作，是实现棚户居民的住房权益，巩固发展棚户区改造成果的具体体现。为确保棚户居民安置、棚户拆除和腾空土地利用工作的顺利推进，现将有关事项通知如下：

一、制定科学合理的安置方案，实现棚户居民的基本住房权益

一是抓紧制定科学合理的拆迁安置方案。尚未制定拆迁安置方案的煤矿企业，要依据《山西省人民政府关于实施国有重点煤矿棚户区改造的意见》（晋政发［2006］8号），抓紧制定拆迁安置方案。制定拆迁安置方案，要组织专家论证，并在棚户区改造范围内进行公示，充分征求群众的意见，倾听群众的诉求。拆迁安置方案经市国有重点煤矿棚户区改造领导组办公室审核批准后，方可组织实施。

二是加大拆迁安置政策的宣传力度。拆迁安置方案批准后，煤矿企业要充分利用媒体资源，通过广播、电视、网络、标语等宣传工具，广泛宣传棚户区改造拆迁安置政策，让群众了解党和政府的关怀，了解拆迁安置方案，支持拆迁安置工作，营造和谐拆迁、和谐改造的舆论氛围，确保棚户居民安置与棚户拆除工作的顺利进行。

三是做好棚户居民安置工作。棚户居民安置工

作，要依法按程序组织实施，实行“阳光回迁”，全面落实“全公开”、“两参与”（律师、居民代表参与）、“三一致”（公开内容与实际操作一致、前后政策一致、相邻地块适用政策一致），赢得群众的理解、支持和配合。选房、购房具体办法，要向社会公示，安置户数和花名要及时报当地房管部门核对，核对以后向社会公布。要妥善处理好群众普遍反映的问题。

供水、供电、供气、供热等市政设施不足或托幼、学校、商业服务、医疗卫生等公共服务设施不完善的，要抓紧完善，满足居民的日常生活需要。同时，要通过社会化运作的方式，引导物业服务企业根据业主的消费需求、意向和支付能力，提供管理维护房屋及其配套设施设备、维护环境卫生等物业服务，营造良好的居住环境。要按照建设部与财政部的规定，建立住房专项维修资金制度，归集住房专项维修资金，保障住房的维修和正常使用，让群众搬得高兴，住得安心。

二、认真做好腾空棚户拆除工作，科学合理地利用腾空土地

一是组织编制腾空土地利用规划。各市人民政府要按照晋政发［2006］8 号、晋政发［2008］2 号文件和省政府关于国有重点煤矿棚户区改造专题会议纪要［2006］1 次、2 次的要求，组织人员编制棚户区改造腾空土地利用规划，明确腾空土地利用的总体布局、控制标准、土地整理、环境质量等内容。能够就地拆迁建设的，要尽量就地拆迁改造；有商业利用价值的，要按规定向社会公开出让，出让土地的收益要做为政府对棚户区改造的资金补贴用于棚户区新建小区建设；受地质等条件限制，原地确实不能改造建设，需要异地建设的，原来的棚户房和危房必须全部推倒，拆除棚户房屋后的腾空土地要规划成服务矿工生活的公共活动场所或绿化、美化矿区的绿地。确实没有利用价值的土地，必须恢复生态，以免形成新的环境污染。

二是做好腾空棚户的拆除工作。居民搬迁后，腾空的棚户房必须全部推倒。要做到搬出一户、拆除一户，搬出一片、拆平一片，确保搬得出，不回流。拆除工作要由煤矿企业组织具有拆除资格的专业队伍实施，严禁擅自拆除，防止发生安全事故。由于影响其他房屋结构安全、影响其他居民正常生活，不能马上拆除的腾空棚户，煤矿企业要安排专人进行管理，防止居民回流，形成新的棚户区。

三是抓好腾空土地利用规划的实施。煤矿企业是国有重点煤矿棚户区改造腾空土地利用规划的实施主体，具体负责土地整理、绿化美化、生态恢复和工程建设等具体任务的实施和组织管理。要按照腾空土地利用规划确定的工作目标和市人民政府的安排，拟定详细的实施计划，倒排工期做好日程安排，组织好腾空土地利用规划的实施。

三、加强组织领导，明确工作责任

市人民政府要将国有重点煤矿棚户区改造拆迁安置和腾空土地利用工作，列入政府工作的重要日程。采取与煤矿企业签订目标责任制等方式，明确目标，落实责任。

市国有重点煤矿棚户区改造领导组要切实加强监督、管理和指导，认真审核拆迁安置方案，督促指导煤矿企业做好拆迁安置工作，搞好腾空土地的整理、生态恢复、绿化美化等工作，认真落实统计报表制度。同时，要抓紧整理拆迁安置和腾空土地利用工作的有关材料，汇总有关数据，做好迎接国有重点煤矿棚户区拆除利用与生态建设检查的准备工作。领导组各成员单位要密切配合，通力协作，各司其职，各负其责，共同推进国有重点煤矿棚户区改造工作。

煤矿企业要认真落实领导责任制，由一把手总负责，分管领导具体负责，成立相应的工作机构，组织好拆迁安置和腾空土地利用规划的实施，确保国有重点煤矿棚户区改造工作的顺利推进。

二〇〇八年四月七日

关于2007年全省建设领域节能减排监督检查工作情况的通报

晋建科字［2008］185号

各市建设局（建委）及有关局，各市建筑节能管理中心（办）：

根据《关于做好迎接建设部建设领域节能减排监督检查工作的通知》（晋建科函字［2007］484号）要求，2007年12月10日至14日，省建设厅组成6个检查组分赴全省11个设区城市，对建筑节能、供热体制改革、城市污水和垃圾处理设施建设运行管理等方面内容，进行建设领域节能减排监督检查工作。现将有关检查情况通报如下：

一、检查的基本情况

（一）建筑节能工作进一步加强

本次检查共抽查设计和在建项目101项，其中居住建筑和公共建筑项目约各占一半，总建筑面积134.18万m2。从检查总体看，2007年各市能够围绕我省确定的建筑节能目标，结合自身实际，突出工作重点，狠抓机构建设和监督落实，加大宣传力度，较好地完成各项工作任务，主要表面在以下几个方面：

一是着力加强组织机构和政策体系建设。继太原、大同、阳泉、晋城成立建筑节能（办）管理中心以来，临汾、吕梁、运城有了明确的机构和人员，长治、忻州、朔州也正在积极筹备之中。据统计，截至2007年底，省、市两级建筑节能管理人员达到110人。太原、大同、运城、吕梁4市以政府文件出台了建筑节能管理意见或办法。太原市编制了《绿色建筑标准》和建筑节能专项规划，积极推动大型公共建筑节能管理，并充分利用墙改专项基金对建筑节能产品推广给予支持，在全省起到带头示范作用。

二是强化监管，加大执法力度。强化对新建建筑执行强制性节能标准的监管，逐步落实建筑节能各项基本制度，太原、阳泉、大同、晋中4市开始实施专项验收制度。太原市建立日常检查、专项检查、巡核查三结合工作机制；大同市建筑节能管理中心二年来深入243个施工现场，采取“讲、考、评、促”形式，落实省建设厅有关建筑节能各项制度和措施；阳泉市采取日常检查、联合检查和抽查等手段，组织多次专项检查，积极推动当地建筑节能工作的开展。

三是积极推动可再生能源在建筑中的应用。太原市在国瑞苑项目中推广污水源热泵技术，并被确定为第三批国家级可再生能源应用示范项目，运城、晋中、忻州、大同4市也积极推广地源热泵技术和太阳能建筑一体化建设，阳泉市积极推动城市道路太阳能照明。

四是开展建筑节能宣传和培训工作。大同、太原两市通过电视、报纸等媒体设专题、讲座、专栏，建筑节能宣传工作成绩突出；阳泉、临汾、吕梁、忻州、运城、朔州6市加强建筑节能技术培训，并利用各种会议开展建筑节能宣传。

与2006相比，大同、太原、阳泉3市工作扎实，措施得力，临汾、运城、吕梁、忻州、晋城5市工作有所加强。建筑节能考核情况（总分190分）：大同168分、太原167分、阳泉161分、临汾148分、运城145分、忻州138分、吕梁136分、长治127、晋城126分、晋中125分、朔州95分。

（二）供热体制改革稳步推进

11个设区城市能够认真落实供热体制改革有关法规、政策和技术标准。一是基本完成城镇取暖费“暗补”变“明补”工作，制订最低收入困难群体采暖保障措施；热改工作正在向县级市和部分县城推进。二是新建建筑分户控制与热计量严格执行设计标准和规范。三是太原、大同、阳泉、晋城、运城等城市积极开展既有公共建筑和居民住宅的分户控制、分户计量改造规划的编制工作，全省累计完成既有建筑供热分户控制改造的面积达3000多万平方米。四是除长治、忻州、朔州3市外，其他8市制订供热突发事件的应急预案等应急办法。五是全省40多家供热企业改制工作正在有序开展。

推进供热计量收费试点。阳泉、太原、大同、临汾、晋城、长治、运城7市积极开展热计量收费试点。大同、长治两市起草了推进两部制价格实施意见，正在协调物价部门和供热企业，抓紧出台有关办法。其中，阳泉市物价局批准出台《阳泉市供热计量两部制热价试行收费标准》，制定热费收缴办法和细则，2007年市财政投入3000万元进行供热计量改造。

城市供热体制改革检查评分情况（总分100分）：大同92分、晋城90分、阳泉88分、太原88分、长治80分、吕梁72分、忻州68分、临汾67分，运城66分、晋中65、朔州64分。

（三）城市污水处理能力逐年提高

本次省检查组实地查看26座污水处理厂和11个在建项目。据统计，截至2006年底，全省建成污水处理厂41座，在建污水处理厂36个，全省污水处理能力达155万m3/日，污水处理率为60.02%，其中太原市污水处理率达65%，大同市污水处理率达72.1%。污水排放除太原北郊污水处理厂达一级A标，绝大部分城市为一级以下标准。2007年1～10月COD削减量81832吨，新增污水主管线长度126.39Km；预计2008年新增COD削减量15000吨，全省新增污水处理能力64.9m3/日。

11个设区城市和6个县级市、17个县全面开征城市污水处理费。阳泉、临汾等5个城市对收费标准进行调整。太原、临汾、大同等市实行城市污水处理厂进水、出水水量、水质的监测和在线监控，并配合环保部门推进联网工作，确保了污水处理厂的达产达标运行。

污水再生水利用取得初步成效。新建太原市杨家堡污水处理厂、大同市西郊污水处理厂、阳泉市污水处理厂、临汾市污水处理厂等污水回用工程，并在太钢、太化、临钢等企业和太原市迎泽宾馆、国贸等酒店推广中水回用系统。同时，积极推广雨水利用，太原市龙观天下等一批小区建成雨水收集系统。

（四）生活垃圾处理设施运行与建设管理成效明显

经对全省11个设区市的14个垃圾处理场进行检查，据初步统计，全省垃圾无害化处理能力7250吨/日，简易填埋4200吨/日。

2007年通过实施煤炭可持续发展基金补助等措施，全省共投资8亿元新建垃圾无害化处理厂。截至2007年底，阳泉、吕梁已建成2座无害化垃圾填埋场；太原、长治、晋城、朔州、晋中、临汾、运城等城市生活垃圾无害化填埋场和大同市垃圾焚烧场正在建设中，2008年可望投入运行，预计新增无害化处理能力4500吨/日，届时全省无害化处理率将达到45%。

太原、大同、晋中、晋城、运城5个市编制市容环境卫生专业规划，除朔州外的其它城市正在加紧编制之中。

二、存在的主要问题

（一）建筑节能工作不够细致深入

一是部分项目建筑节能设计无热负荷计算书，或计算不精确，细部节能设计欠缺，公共建筑入口处未安装热计量表；二是有些项目存在建筑节能施工技术方案内容不完善，项目总监对节能专项方案把关不严；三是未对建筑节能材料进行必要的复检；四是建筑节能专项验收、建筑能效评定工作尚未全面启动；五是建筑节能信息公示制度有待加强。

（二）供热设施老化，供热计量收费没有突破性进展

一是供热体制改革由于机制、资金多方原因，分户控制虽逐步推进，但热改的核心工作供热计量

收费没有突破性进展；二是供热节能宣传力度不足，不能有效调动企业和居民节能积极性；三是供热价格倒挂比较严重，供热企业存在亏损经营，直接影响供热质量和安全；四是部分城市供热设施老化，更新改造资金筹集困难较大，存在一定安全隐患。

（三）污水排放标准低，监管手段落后。一是城市污水管网建设滞后，污水处理设施不能满负荷运行，存在技术落后、工艺设备老化，排放标准低，中回水利用低，污泥处置不彻底；二是污水处理收费标准不到位，部分城市的污水处理费尚未调价，污水处理建设运营得不到保障；三是污水厂运营监管手段落后，部分城市污水处理厂需进一步完善出水水质监控设施和污泥处理工艺。

（四）垃圾无害化处理总体水平偏低。一是垃圾处理设施建设投入不足，垃圾无害化处理总体水平较低；二是城市生活垃圾处理费征收缺乏手段，垃圾处理费不能及时足额征收；三是垃圾填埋场产生的滤液、废气收集工作需要进一步完善，大部分城市垃圾运输设备无监控设施。垃圾的资源化和再生利用能力欠缺。

三、下一步工作建议

（一）加强建设领域节能减排能力建设。

各市要严格按照关于印发《建设部关于落实<国务院关于印发节能减排综合性工作方案的通知>的实施方案》的通知（建科［2007］159 号）要求，落实各项工作目标和措施，加强对建设领域节能减排管理，建立和完善节能减排监测体系。强化对从业人员的相关法规和技术标准培训，提高全社会节能减排意识，建立健全节能减排工作责任制和问责制，形成有利于推动建设领域节能减排强有力工作格局。

（二）加快节能减排制度与技术标准建设。

继续把好新建建筑节能关，落实节能设计认定制度，切实推进节能专项验收工作，对机关办公建筑和大型公共建筑实行建筑能耗统计、能效评定、能源审计和能效公示制度。制定和实施地方城市供热系统热计量改造规划和供热突出事件的应急预案，加快出台城市供热二部制价格。

深化污水处理行业改革，拓宽资金渠道，加快污水处理建设步伐，积极推行特许经营制度；全面完成城市污水处理费标准的调整工作；制定污水处理行业地方性技术规范和标准，加强对污水处理厂运营的指导和监督管理，确保污水处理厂的正常运营。建立健全垃圾处理收费制度，加快建立完善城市生活垃圾分类收集、分类处理技术标准体系建设，鼓励废物回收和综合利用，做好防渗处理、有效回收处理滤液及废气，防止造成二次污染，实现垃圾的减量化、资源化，提高垃圾处理效率。

（三）落实好现有的政策和资金。

认真落实《山西省人民政府办公厅关于加快既有建筑节能改造工作的意见》等相关政策，切实推动当地既有建筑节能改造和可再生能源在建筑中应用，加快组织实施市级机关办公建筑和大型公共建筑能耗监测平台建设。

各市要认真落实好 2007 年全省城镇污水、垃圾处理、绿化建设专项补助资金，加快补助项目建设和运行管理，有关市要严格按照项目设计标准，精心组织施工建设，并做好组织验收工作，保证在建项目质量和工期；未争取到城镇污水处理和垃圾处理补助的市、县要做好项目的可行性研究，保证项目申报质量，争取列入全省补助项目库。

（四）加大执法力度，严格监督管理。

各市要按照《节约能源法》的有关规定，依法强化节能监督管理，并严格落实国家节能减排的各项政策规定，定期开展节能减排专项执法检查，加强对建设领域重点用能单位和排污企业的监督管理。对不按照节能标准进行组织建设、设计、施工图审查、施工、监理的企业，依照有关法律进行处罚；对城市污水和垃圾处理场站的处理数量、设备运行情况、运营处理数据、环境监测报告等进行检查，严肃查处各类违法违规行为和事件，保障建设领域节能减排工作的深入开展。

二〇〇八年四月二十五日

关于在全省建设系统深入开展政风行风评议工作的实施意见

晋建办字［2008］203号

各市建设局（建委）、规划局、房地局、市政局、园林局、环卫局、执法局：

为进一步提高行政效率，努力建设服务型政府、法治政府和人民满意的政府，厅决定2008年在全省建设系统深入开展以“端正政风行风、优化发展环境”为主题的政风行风评议活动。为确保这项活动深入扎实有效地开展，现提出实施意见如下：

一、总体要求

全面贯彻落实党的十七大精神，以邓小平理论和“三个代表”重要思想为指导，深入贯彻落实科学发展观，坚持围绕中心、服务大局、以人为本、关注民生、标本兼治、创建并举、突出重点、统筹推进，进一步坚持“管行业必须管行风”的原则，严格落实政风行风建设责任制，促进部门和行业转变作风，提高行政效率、执法水平和服务质量，切实解决损害群众利益的突出问题，使建设系统的政风行风建设进一步加强，为推进建设事业又好又快发展提供有力保证。

二、评议对象

建设部门被确定为全省2008年50个部门和行业评议对象之一；建设系统的供水、供气、供热、公交行业（包括基层站、所），被确定为重点评议对象。

三、评议内容和重点

（一）评议内容

1. 完成工作目标责任制的情况。按照省、市委、政府的安排部署，完成本部门、本行业及本单位的重点工作任务，把省、市政府承诺的实事落到实处。

2. 解决损害群众利益的突出问题情况。要以关注民生、改进作风为主线，从解决具体问题入手，围绕人民群众最关心、最直接、最现实的利益问题，进一步加大治理力度，坚决纠正漠视群众疾苦、与民争利的行为，着力解决群众反映强烈的突出问题。主要包括工作纪律松驰，服务态度生硬，“门难进、脸难看、话难听、事难办”的问题；敷衍塞责、推诿扯皮、效率低下的问题；办事不公、暗箱操作的问题；执法行为不规范、越权执法的问题；行政不作为、乱作为等问题。

3. 创优发展环境的情况。认真贯彻落实《山西省人民政府关于改进机关作风优化政务环境全面提高政府公信力和执行力的决定》（晋政发［2006］18号）、《行政机关及工作人员行政过错责任追究暂行办法》及首问负责制、限时办结制、责任追究制等具体制度的执行情况，切实解决在执法和行政过程中存在的“权钱交易”、“不给好处不办事”等问题。

4. 推行政（事）务公开的情况。各服务窗口要有切实可行的办事依据、办事规则、办事纪律，有公开透明的办事要求、办事时限、办事程序，有认真负责的回告结果，方便企业和群众办事，方便人民群众监督。

5. 依法履行职责的情况。各参评部门和行业要建立和完善收费公示制度，切实解决存在的各种乱加价、乱罚款、乱集资摊派、乱评比达标、乱拉赞助举办节庆活动的问题，坚决纠正一些行业协会利用行政权力强制入会、摊派会费、搭车收费、指定服务、擅自制定应由政府定价的收费项目和标准、违规收费，以及设立“小金库”、乱收滥支、坐收坐支等问题，严肃查处市场中介组织进行价格欺诈、提供虚假信息、搞恶性竞争等违法违规行为。

6. 纠正损害群众消费权益的情况。各部门和行业要建立和完善行业行为准则和职业道德规范，推进部门和行业的文明诚信建设和道德规范建设，坚决纠正各部门和行业，特别是公共服务行业利用特殊地位和管理优势限制消费者权利、设置服务陷阱、推行强制服务、指定消费或搭车收费等损害消费者权益的问题，督促有关部门和行业提出解决涉及服务质量和乱收费问题的治本措施，努力从源头上防止各种不正之风。

7. 严格财务管理的情况。各参评部门和行业要严格按照有关法规，加强财务管理，切实解决违反财经纪律的问题，突出抓好对住房公积金的监管，及时发现和严肃查处贪污、截留、挤占、挪用、骗取住房公积金等行为，及时发现和查处各种偷税、漏税、逃税行为。

8. 加强行业作风建设的情况。要建立健全抓政风行风建设的工作机构，从人大、政协聘请一批政风行风监督员参加评议监督。要在规范行风调查、明察暗访、听证对话等日常评议工作的基础上，强化日常监督。通过督导检查、明察暗访、通报情况、督促整改等活动，推动政风行风建设，促进管理改革创新。在全系统广泛开展专题评议、点题评议，建立“以上促下、以下评上、群众评干部、基层评机关”的机制和办法，真正起到群众评议、群众监督的作用。要发挥专门机关的外部监督、新闻媒体的舆论监督和广大群众的社会监督作用，形成监督合力。

（二）评议重点

全省建设部门的评议重点要围绕实施“五大惠民工程”开展评议，切实解决城乡困难群众住房问题。要把供水、供气、供热、公交等行业及基层站（所）和窗口服务单位作为评议的重点。通过民主评议，切实解决群众普遍关注和反映的各种乱加价、乱收费、乱罚款、乱集资、乱摊派、吃拿卡要和以权谋私小团体利益、个人利益等问题。

四、评议方法和步骤

政风行风评议工作实行政府统一组织、分级实施，条块结合、上下联动，突出重点、全面评议，自评为主、督导为辅的方法进行。省建设厅负责组织本系统的政风行风评议工作。

第一阶段：宣传发动和部署阶段（2008 年 4 月 1 日至 4 月 30 日）

建立健全评议组织机构，制订实施意见，召开评议工作动员大会，部署年度评议工作；要聘请政风行风监督员，明确职责，做好发证、培训和管理工作；要逐级建立服务对象评议代表数据库，要按当地行评办要求推荐服务对象为评议代表（厅 600 名），报各级行评办；继续积极参与“政风行风热线”、“政风行风面对面”节目；要设立评议意见箱，公布举报电话，设立电子评议信箱。

第二阶段：调查评议与整改反馈阶段（2008 年 5 月 1 日至 10 月 31 日）

多方收集意见、走访服务对象、召开评议代表座谈会、发放问卷调查表进行反馈；要开展专项调查，找准 2 - 3 个最突出的问题，进行自查自纠，写出调查报告，6 月底前报各级行评办；要组织召开集中评议大会，进行面对面评议；要进行明察暗访，每季度至少一次；要整改反馈，对提出的问题梳理归类；要组织问卷测评；要建章立制，逐步建立靠制度管权、按制度办事、用制度管人的长效机制。

第三阶段：工作考核和总结阶段（2008 年 11 月 1 日至 2009 年 3 月 31 日）

测评考核分三个比例计分：问卷测评和工作考核按 70%：30%，基层考核和上级考核按 60%：40%，日常考核和年终考核按 70%：30% 的比例计入总分。工作考核方法，依据“日常工作规范”、“解决损害群众利益突出问题”、“创优发展环境”三项指标进行。其中：解决损害群众利益突出问题占50%、创优发展环境占30%、日常工作占20%。评议结果纳入党风廉政建设责任制、政府目标责任制考核、文明单位（行业）评选等，并作为考核部门及其主要领导工作绩效的重要依据。

五、组织领导和实施

政风行风评议工作坚持和完善党委（组）统一领导、党政齐抓共管、部门和行业各负其责、行评办组织协调、人大政协监督支持、干部职工广泛参与、新闻媒体密切配合、条块紧密结合和纠评建相互促进的领导体制和工作机制。建设系统政风行风评议工作，实行条块结合、分级实施、上下联动、整体推进。

六、工作要求

搞好政风行风评议工作，是推进政风行风建设的重要抓手，是党风廉政建设的重要内容。今年，我们要坚决纠正建设系统存在的损害群众利益的不正之风，重点解决好建设项目征地拆迁、拖欠农民工工资、出租汽车行业管理、住房公积金以及供水、供气、供热、公交等涉及群众利益的突出问题和不正之风。为此，当前我们要突出抓好以下三个方面：一要扎实开展民主评议；二要扎实推进问题整政；三要扎实搞好建章立制。为确保这项工作推进有力、取得实效，首先要加强组织领导；其次要创新开展工作；第三要动员各方参与。希望各级建设部门和企事业单位要把政风行风评议工作与推进各项工作任务的完成结合起来，与行政效能建设结合起来，与解决部门和行业的突出问题结合起来，扎实工作，开拓创新，以建设系统良好的形象取信于民。

二〇〇八年五月八日

关于在全省推广大功率LED系列照明产品的通知

晋建科字［2008］193号

各市节能工作领导组，各市建设局（建委），各市节能办、建筑节能中心（办），各有关单位：

绿色照明工程是国家“十一五”十大重点节能工程之一。照明用电占全国用电量的12%左右，采用高效节能灯替代传统路灯和普通白炽灯可节电60～80%，节电潜力巨大。LED半导体照明产品由于具有高效、节能、寿命长、无污染、运行费低等特点（见附表），比其它类型节能产品具有明显优点，已成为新一代照明节能的主流产品，并在新加坡、西方发达国家和我国北京、上海等地采取各种措施进行推广。

山西光宇光源有限公司是我省生产大功率LED系列照明产品的专业高科技企业，拥有多项国家专利，其LED封装材料和散热技术达到世界先进水平，特别是大功率LED照明产品比国内外同类产品具有显著优势。广泛应用于道路照明、建筑景观照明、普通家用照明，特种照明等。

为充分发挥山西光宇光源产品优势，切实推进绿色照明工作，山西省节能工作领导组办公室、山西省建设厅研究，决定在全省范围内推广大功率LED系列照明产品和技术，现将有关事项通知如下：

一、加强宣传和组织实施工作。推广高效LED照明灯具，替代传统能耗高的家用、市政道路与景观照明，大幅度节约照明节能是我省节能工作的重要组成部分，各市各有关部门要大力宣传，制订具体推广措施，把推广高效节能灯具作为完成节能降耗任务的重要工作来抓。

二、各市节能主管部门及相关部门要按照财政部、国家发改委《关于印发<高效照明产品推广财政补贴资金管理暂行办法>的通知》（财建［2007］1027号）要求，组织大宗用户及城乡居民用户高效照明产品的申购和统计工作，并于每年的4月1日和8月1日前分别报省财政厅和省节能主管部门。

三、明确重点推广领域。县级以上城市新建道路、建筑物景观照明，城市路灯的节能改造要优先采用大功率LED光源；政府投资的公益性建筑、机关办公建筑的节能改造、列入省级建筑节能示范工程应首先考虑使用LED系列照明产品。

四、加强监督检查。各市节能主管部门、建设主管部门要对辖区内各市政道路建设、工程设计、施工图审查、施工、监理等单位推广节能照明产品定期进行监督检查，严禁传统路灯和普通白炽灯在新建道路和建筑中使用。

二〇〇八年五月九日

关于开展村镇房屋产权登记发证工作的通知

晋建村字［2008］249号

各市建设局（建委、房地局），各县（市、区）建设局：

为加强村镇集体土地上房屋权属登记管理，维护房屋所有权人的合法权益，根据《物权法》、《村庄和集镇规划建设管理条例》、《房屋登记办法》、《房屋登记簿管理试行办法》和《房屋权属证书、登记证明填写说明》等法律法规的规定，我省将于2008年7月1日起正式开展村镇集体土地上房屋产权登记发证工作。现将有关事项通知如下：

一、充分认识村镇房屋产权管理的重要意义

村镇集体土地上的房屋是权利人的重要财产，积极稳妥开展集体土地上的房屋权属登记，对于保护有关当事人特别是农民的合法权益，构建和谐社会，具有十分重要的意义。为了搞好这项工作，建设部第168号令专门发布了《房屋登记办法》。《房屋登记办法》针对国有土地上房屋登记和集体土地上房屋登记的差异性，专设第四章“集体土地范围内房屋登记”，对集体土地范围内房屋所有权登记和他项权登记的申请程序、收件资料和审核要求等作明确规定。为了有序推进这项工作，建设部又下发《关于积极稳妥推进集体土地范围内房屋登记发证工作的通知》。国家发改委和财政部联合下发《关于规范房屋登记费用计费方式和收费标准等有关问题的通知》。各市、县建设（房地产）行政主管部门，要认真学习村镇房屋产权管理的有关规定，全面、准确掌握村镇房产登记管理的主要内容和各项规定，不断提高业务水平，做好房屋产权管理工作。

二、稳步推进村镇房屋产权登记发证工作

在村镇集体土地上，依法利用宅基地建造村民住房和利用其他集体所有建设用地建造房屋的产权登记发证，应遵照《房屋登记办法》中第二章和第四章中的有关规定，按申请、受理、审核、记载于登记簿、发证等程序进行。同时，要把握好以下规定：

（一）村镇集体土地上房屋登记的原则

办理村镇房屋产权登记，应遵循房屋所有权和房屋占用土地使用权主体一致的原则。村镇集体土地上村民住房，以宅基地上独立建筑为基本单元进行登记；在共有宅基地上建造的村民住宅，以套、间等有固定界限的部分为基本单位进行登记。非住房以房屋的幢、层、套、间等有固定界限的部分为基本单元进行登记。

（二）村镇集体土地上房屋登记的有关规定

1. 所有权初始登记。村镇集体土地上房屋所有权初始登记，按照《房屋登记办法》第四章第八十三条有关规定，提交相关材料；房屋登记机构受理申请后，按照第八十四条有关规定进行公告。公告无异议或者异议不成立的，方可予以登记。

2. 房屋所有权变更登记、转移登记。按照《房屋登记办法》第八十五、八十六、八十七条等有关规定，提交相应材料后进行登记。

3. 抵押权登记。依法以乡镇、村企业的厂房等建筑物设立抵押，申请抵押权登记的，按第八十八条的规定提供相应材料后进行登记。

4. 地役权登记、预告登记、更正登记、异议登记等，可参照国有土地范围内房屋登记的有关规定进行。

5. 集体土地上房屋所有权登记应自受理申请之日起60个工作日内，将申请登记事项记载于房屋登记簿或者做出不予登记的决定。

（三）加强对房屋登记薄的管理

房屋登记簿对保障房屋交易安全，保护房屋权利人及相关当事人的合法权益有着重要作用。登记簿内容应包括房屋基本状况、房屋权利状况以及其它状况部分。未经合法程序，不得对登记簿记载的内容进行更改，登记簿应永久保存并妥善保管。

（四）认真搞好房屋权属证书、登记证明的填写工作

房屋权属证书、登记证明的填写是房屋产权登记发证工作的重要内容，要严格按照建设部《关于印发房屋权属证书、登记证明填写说明的通知》（建办住房［2008］36号）要求，认真进行填写。填写要尽量使用计算机缮证、绘图；用手工填写时，必须用钢笔、黑色墨水或墨汁填写，书写端正、清晰。

三、严格执行房屋登记费用的有关规定

为规范房屋登记收费行为，保护权利人合法权益，国家发展改革委员会和财政部联合下发《关于规范房屋登记费用计费方式和收费标准等有关问题的通知》（发改价格［2008］924号)。《通知》规定，房屋登记费按件收取，不得按照房屋的面积、体积或者价款的比例收取。住房登记一套为一件；非住房登记的房屋权利人按规定申请并完成一次登记的为一件。农村利用宅基地建设的住房登记，不收取房屋登记费，只收取房屋权属证书工本费10元；非住房房屋登记收费标准为每件550元。各房屋产权登记部门要严格按规定执行，不得以各种名义向农民乱收费。

四、严格房屋产权登记部门和人员的责任

开展村镇集体土地上房屋登记，涉及广大农民群众的切身利益，工作量大、政策性强，要尊重农民的意愿，采取自愿申请的原则，不强制要求农民登记。我省在村镇集体土地上开展房屋产权登记发证工作，使用建设部统一制定式样、统一监制、统一编号的房屋权属证书和登记证明；对已开展集体土地上房屋登记发证工作的地方，原权属证书继续有效，权利人也可以申请重新登记换证，但不强制要求权利人重新登记换证。房屋登记机构及其工作人员要严格按《房屋登记办法》办事，对违反规定办理房屋登记的，要依法追究法律责任。

各级建设（房地产）行政主管部门要及时发现、研究、总结开展村镇集体土地上房屋登记工作中遇到的新情况和新问题，并将好的建议及时上报省建设厅村镇建设管理处。

山西省建设厅党组关于在全省建设系统开展向戎金亮同志学习活动的决定

晋建党字［2008］16号

各市建设局（建委）、规划局、房地局、市政局、园林局、环卫局、执法局，厅直各单位：

戎金亮同志生前是忻州市援川建房突击队员。6月8日赴四川省都江堰市崇义镇飞桥村、桂桥村，参加过渡安置房的建设工作。在援建工地，他加班加点，任劳任怨，由于连日奔波，劳累过度，于6月24日突发脑溢血，经抢救无效，倒在了抗震救灾的第一线，献出年轻的生命。日前，忻州市劳动竞赛委员会给他追记“特等功”、忻州市委授予他“忻州市抗震救灾优秀共产党员”、省委组织部追授他为“山西省抗震救灾优秀共产党员”。

戎金亮同志出生在一个普通农民家庭，中学毕业以后，被招为造纸厂临时工。在厂里，他严格要求自己，爱厂如家，对同事亲如兄弟姐妹，别人眼里的苦累脏活，在他眼里成家常便饭。由于他工作出色，从班组长一直干到车间主任，并于1995年光荣地加入中国共产党。造纸厂关闭失去工作之后，他不气馁，不等不靠，不怨天忧人，不给组织上找麻烦，买辆农用三轮车，干起小运输。虽然下岗，但他共产党员的责任没有减弱，他的三轮车几乎成半个公车，经常无偿帮助孤寡老人拉运谷子。有的村民盖房人手缺，他连人带车全搭了进去，事后还不要一分钱。村里整治环境卫生的队列里更是少不了他的身影，平素给人义务拉运也是常事。

戎金亮同志家境贫寒，但他心系灾区，在“5·12”特大地震发生后，先是捐出身上仅有的100元钱，后又缴纳特殊党费50元。得知市里组建援川建房突击队，他不顾自己家里正在盖房，主动报名参加。在半个多月的援建工作中，他总是挑最苦最累的活干。高温、潮湿、蚊虫叮咬，加上时间紧、任务重，许多人都吃不消，但戎金亮同志从没有叫过一声苦，喊过一声累。工友们都说，戎金亮做事细心、认真，给灾区干活就像给自己干一样。一次，中午12点多了，送饭车早已在下面等候，正在架上干活的戎金亮和大家商量：“要不，咱们今天晌午迟吃上半个钟头饭，把活紧着干完算。”大家同意了他的意见，一直干到1点钟才下来吃饭。还有一次，别人都蹲在阴凉地里吃饭，只有戎金亮一个人还在太阳下满头大汗地干活，领导劝他吃了饭再干，他头也不抬地说：“我先和好灰，等他们吃完饭抹灰就不误事。”他就是这样一个实实在在特别能吃苦的人。就在因公殉职的当天，他还一个人完成七八个人的封边和抹灰任务，一直干到晚上九点钟。

戎金亮同志是一位农民工，一名普通共产党员，他的一生虽然短暂，没有惊天动地的业绩，但在平凡的工作岗位上竭尽所能，做出了不平凡的贡献。他是农民工的榜样，援川建房人员的杰出代表，建设行业的骄傲。他的先进模范事迹充分体现了一名共产党员在关键时刻以国家和人民利益为重的鲜明本色，为广大党员干部树立学习的榜样。为了彰显戎金亮同志的先进模范事迹，进一步推动援助四川地震灾区过渡安置房建设任务的全面完成，推动建设事业的健康发展，省建设厅党组决定，在全省建设系统开展向戎金亮同志学习的活动。

学习戎金亮同志，就是要学习他时刻牢记自己是一名共产党员，始终保持对党和人民的真挚感情，不忘入党誓言，舍小家、顾大家，危难之时挺身而出，为灾区人民分忧解愁的崇高境界。学习他助人为乐，先人后己，几十年如一日的高尚情操。

学习他自立自强，艰苦奋斗，为人厚道，朴实无华的优秀品德。学习他干一行、爱一行、钻一行、精一行的敬业精神。学习他肯于吃苦，不怕牺牲，不计报酬，不讲条件的奉献意识。

全省建设系统各级党组织要切实加强对学习活动的领导，把开展向戎金亮同志学习活动作为当前贯彻党的十七大精神、胡锦涛总书记在中央召开的抗震救灾先进基层党组织和优秀共产党员代表座谈会上提出的要求的重要内容，使学习活动真正发挥弘扬正气、凝聚人心、振奋精神的重要作用。要充分运用各种新闻媒体，采取生动有效的形式，广泛深入宣传戎金亮同志的先进事迹。号召广大党员牢记全心全意为人民服务的根本宗旨，始终保持共产党员的先进性，以实际行动为抗震救灾和经济社会发展多做贡献。激励全省建设系统广大干部职工按照省委、省政府的决策部署，大力弘扬抗震救灾精神，以更加坚定的信心、更加饱满的热情、更加昂扬的斗志，一手抓抗震救灾，一手抓建设工作。把共产党员的先锋模范作用体现在做好本职工作上，体现在支援抗震救灾和全面完成各项工作任务上来，为促进全省建设事业又好又快发展做出积极的贡献！

二〇〇八年七月九日

关于切实做好城市房屋拆迁管理工作的通知

晋建房字［2008］318号

各市建设局（建委）、房地局，阳泉市规划局：

为贯彻落实全国处理信访突出问题及群体性事件电视电话会议、全国建设系统信访工作会议和《住房和城乡建设部关于进一步做好城市房屋拆迁管理工作的通知》（建住房［2008］120号）精神，进一步加强城市房屋拆迁管理，给北京奥运会安全顺利举办营造良好的社会环境，现就城市房屋拆迁管理工作的有关事项通知如下：

一、开展矛盾纠纷排查工作，集中精力化解拆迁矛盾纠纷

各市、县要按照“分级负责、归口管理”、“谁主管谁负责”的原则，积极开展矛盾纠纷排查化解，重信重访专项治理工作，集中精力化解拆迁矛盾纠纷，最大限度地避免或减少越级上访、重复上访或集体上访，维护正常的信访秩序和社会稳定。要组织人员对目前尚未化解和仍未息访的信访案件，认真进行梳理，建立台帐。对尚未化解的案件，要明确责任单位和人员，采取有力措施，尽快化解。对经多方做工作仍未化解或不息访，并有赴省进京上访倾向的，要落实教育稳控责任，严防敏感期间赴省进京上访。对稳控责任不落实，在敏感期间赴省进京上访的，要追究有关单位和人员的责任。

二、规范拆迁程序和行为，切实做好拆迁补偿安置工作

各市、县要切实加强对拆迁单位的资格管理和拆迁项目许可后的监管，严格按照《城市房屋拆迁管理条例》、《城市房屋拆迁估价指导意见》、《山西省城市房屋拆迁条例》和《城市房屋拆迁项目验收办法》等规定的权限和程序履行职责，严格执行申请房屋拆迁许可、公示、评估、订立协议等程序。近期，要以查处违法拆迁、不合理补偿、安置不落实为重点，对拆迁项目进行一次全面检查。对压低补偿标准，采取中断供水、供热、供气、供电等方式以及以暴力、胁迫手段实施拆迁的，要依法严肃处理。年底前，要严格控制拆迁项目、行政裁决和强制拆迁的数量。对近一段时间确需实施拆迁的，房屋拆迁管理部门要严格拆迁许可管理，从严审查。对确需实施强制拆迁的，必须严格依照法定程序进行。

三、建立和完善预警处理机制，做好应急预案

各市、县要建立和完善拆迁信访案件预警处理机制，对可能发生的群体性事件，一经发现要及时逐级报告，对可能发生横向串联的上访事件在逐级上报的同时，要及时横向通气，做到尽早预防。要密切关注新闻媒体对城市房屋拆迁情况的报道，及时发现，及时处置，防止事态蔓延发展。对拆迁法规调整过渡期可能出现的新情况、新问题，要加强分析研判，做好应急预案。同时，要密切关注城市房屋拆迁信访问题的动向，有关情况要及时向当地人民政府和省建设厅报告。

二〇〇八年七月二十日

关于公布2007年度厅级村镇规划和村镇建筑设计优秀成果评选结果的通知

晋建村字［2008］351号

各市建设局（建委、规划局）、各有关规划设计单位：

为贯彻落实《城乡规划法》，进一步提高我省小城镇和新农村规划设计、村镇建筑设计成果质量，充分发挥广大设计工作者的积极性和创造性，更好地为我省小城镇和新农村建设服务，我厅根据《关于在全省新农村建设规划设计中开展创优活动的通知》（晋建村字［2007］111号）的要求，于2007年12月份开展厅级村镇规划和村镇建筑设计优秀成果评选，组织有关规划、建筑设计、古村镇保护等方面的专家，分别对申请参加设计评优的39个项目进行了认真的评议。经专家初审、专家委员会审定，评出一等奖5项，二等奖8项，三等奖12项。现将获奖名单予以公布。

希望获奖单位和个人继续努力，多编制高质量、高水平的村镇规划和建筑设计成果，为《城乡规划法》的实施和全省村镇建设做出新的贡献。

二〇〇八年八月八日

附件：

2007年度厅级村镇规划和村镇建筑设计优秀成果评选结果

表一

奖　次	申报项目名称	申报单位	获奖人员
一等奖（5项）	柳林县县域村镇体系规划	山西省城乡规划设计研究院	翟顺河　郭文炯　张玉民　栗碧英　温俊卿　郑甲苏　任　英
	应县县域村镇体系规划	山西省城乡规划设计研究院	张玉民　郭文炯　任　英　陈建军　栗碧英　郑甲苏　温俊卿
	灵石县夏门历史文化名村、保护规划	西安建筑科技大学城市规划设计研究院	王树声　高必征　汤道烈　李祥平　肖　波　李慧敏　王波峰
	平定县娘子关历史文化名镇保护规划	华中科技大学建筑与城市规划设计研究院	何　依　曾　文　秦　潇　刘　娴　刘　斌　张　毅　邓　巍
	阳泉市郊区义井镇小河历史文化名村保护规划	山西伯辰建筑规划设计有限公司、北京交通大学建筑系	薛林平　刘　捷　田新林　王力恒　张　轩

2007 年度厅级村镇规划和村镇建筑设计优秀成果评选结果

表二

奖次	申报项目名称	申报单位	获奖人员
	兴县县域村镇体系规划	山大文景城乡规划设计事务所	霍耀中 邢超文 刘平则 李旭平 王爱民 秦鑫 苏惠
二等奖（8项）	运城市万荣县汉薛镇总体规划	山西省城乡规划设计研究院	马杨悦 冯亚琴 畅月萍 白新强 王勇 王宁 王翠平
	吕梁市汾阳市杏花村镇总体规划	山西省城乡规划设计研究院	王小玲 米伟山 刘渊 王慧斌 左勇 陈宏吉 刘成
	吕梁市汾阳市杏花村镇总体规划	山西省城乡规划设计研究院	王小玲 米伟山 刘渊 王慧斌 左勇 陈宏吉 刘成
	吕梁市临县雷家碛乡雷家碛村新农村建设规划	山西省城乡规划设计研究院	王刚 刘宇峰 崔洪彦 李双贵 路广英
	太原市杏花岭区杨家峪大窑头村新农村建设规划	山西省城乡规划设计研究院	任英 胡震峰 邢永生 刘明国 曹小练
	大同市开发区樊庄村新农村建设规划	山西省城乡规划设计研究院	安笑梅 高丽英 张卫东 李喜民 尹佳佳
	泽州县南岭乡葛万村新农村建设规划	泽州县村镇规划设计室	张生太 祁建龙 王向阳 刘禄平 徐玥霞
	晋城市北石店镇大张村新农村建设规划	晋城市规划设计研究院	赵旭花 赵余庆 韩存德 刘明华 李晓东
三等奖（12项）	怀仁县县域村镇体系规划	山西省城乡规划设计研究院	弋雪宁 薛晓虎 刘立群 薛达 王爱科 徐海源 苏旭
	浑源县县域村镇体系规划	山西省城乡规划设计研究院	占晓林 宁学军 阴信 李俊英 杨利锋 杨丽霞 张凤莲
	襄垣县县域村镇体系规划	长治市规划设计院	张乐原 赵建平 王惠军 秦海兵 杨秀清 牛永峰 王可文
	晋中市太谷县范村镇总体规划	山西容海城市规划设计院	梁建生 徐文军 吴勇 蒋祥 韩绍忠 赵晓霞 尚朝辉
	吕梁市临县八堡乡地灵山村新农村建设规划	山西省城乡规划设计研究院	崔洪彦 刘宇峰 王刚 李双贵 路广英
	高平市马村镇西牛庄村新农村建设规划	晋城市规划设计研究院	齐小峰 王文平 马飞鹏 董娜 马媛媛
	万荣县南张乡东苏冯村新农村建设规划	运城市规划设计院	周轶捷 杜建华 赵应红 解景泽 秦春仙
	闻喜县郭家庄镇西宋村新农村建设规划	运城市建筑设计研究院	杨旭 丁文科 冯志芳 裴红梅 李玉娟
	长治市李元镇马森村—贤友村新农村建设规划	长治市规划设计院	赵建平 王惠军 王丽文 刘晓明 常小勇
	沁源县灵空山镇上兴居村新农村建设规划	长治市规划设计院	张乐原 秦海兵 胡玉峰 王惠军 刘晓明
	吕梁市中阳县宁乡镇弓家湾住宅小区建筑设计	山西容海城市规划设计院	张子亮 段阳萍 刘永刚 鹿川 李文龙 李丽红 辛孝明
	泽州县川底乡天户村2#住宅楼建筑设计	泽州县建筑设计室	王青 马程 王海妮

关于加强房地产市场监管规范市场秩序的通知

晋建房字［2008］420 号

各市建设局（建委）、房地局：

加强房地产市场监管，规范房地产市场主体行为是房地产宏观调控的重要内容。近几年，根据住房和城乡建设部的部署，我厅相继开展了房地产交易秩序整顿、城市房屋拆迁市场整顿、房地产市场秩序专项整顿，有力促进了全省房地产市场秩序的明显好转。但仍然存在房地产开发行为不规范、房地产信息透明度低、中介服务行为不规范、物业服务不到位等问题，野蛮拆迁、违规预售时有发生。为进一步加强房地产市场监管，切实规范房地产市场秩序，促进房地产业健康发展，现就有关事项通知如下：

一、加强房地产开发项目监管，规范房地产开发建设行为

（一）加强房地产开发项目管理。房地产开发企业必须依法从事房地产开发经营活动，对于未取得房地产开发企业资质证书进行开发、房地产开发项目资本金达不到标准、已开发建设项目严重拖欠工程款的，建设行政主管部门不得审批或同意其开发建设项目。

（二）规范房地产开发项目转让行为。房地产开发企业转让房地产开发项目的，应当符合《城市房地产管理法》第三十八条、第三十九条规定的条件，并在土地使用权变更登记手续办理完毕之日起 30 日内，持房地产开发项目转让合同到房地产开发主管部门备案。对于擅自转让项目的，依据《城市房地产管理法》、《城市房地产开发经营管理条例》进行处罚。

（三）严格《房地产开发项目手册》管理。房地产开发企业应当将房地产开发项目建设过程中主要事项记录在《房地产开发项目手册》中，每年 1 月向房地产开发主管部门报送上一年度的《房地产开发项目手册》，并进行备案。

（四）加强房地产开发项目工程质量管理。房地产开发项目应按照规定办理施工图设计文件审查、质量监管和施工许可证，并按有关规定委托具有相应资质等级的工程监理单位实施监理，竣工验收后及时办理项目竣工验收备案手续。房地产开发企业应对其开发建设的房地产项目质量承担责任，其开发建设项目工程质量低劣或发生重大质量安全事故的，建设主管部门应责令改正，并依据《建筑法》、《建筑工程质量管理条例》和《房地产开发企业资质管理规定》进行处罚。

（五）严格实行住宅质量保证书和住宅使用说明书制度。房地产开发企业向购买人交付商品房时，应当提供住宅质量保证书和住宅使用说明书，并严格按照住宅质量保证书承诺的内容进行保修。凡未按规定发放的，将依据《房地产开发企业资质管理规定》进行处罚。

（六）加大对房地产开发违规行为的查处力度。各市建设、房地产行政主管部门，要加强对房地产开发企业的监督管理，严肃查处违法违规行为，重点查处在集体土地上进行房地产开发经营，违规预售，未经验收、备案或将验收不合格的工程擅自交付使用等不良行为。对存在违法违规的企业，一经查实，记入企业不良经营行为；对危害严重、社会影响面大的企业，及时向社会曝光，并予以降级直至注销资质证书。

（七）加强房地产开发企业的入晋管理。外省（市）入晋从事房地产开发经营的企业，要在省建设厅备案后方可进行开发，未备案的房地产开发企业，一律不得在我省从事房地产开发经营行为。

二、加强商品房销（预）售监管，规范商品房销售行为

（一）严格商品房预售行政许可制度。凡从事房地产开发经营的企业和房地产中介服务机构，预售商品房，必须取得商品房预售许可后方可预售，对不具备商品房预售条件的房地产开发项目，建设（房地产）行政主管部门不得核发《商品房预售许可证》。严禁以收取定金、认购、排号等形式变相销售，对违反规定的房地产开发企业和中介机构，要按照《山西省城市房地产交易管理条例》的规定，没收违法所得，并处以收取预付款1%以下的罚款。

（二）加强商品房销（预）售行为的监管。房地产开发企业和房地产中介服务机构销售商品房，应在商品房销售场所悬挂《建设用地规划许可证》、《国有土地使用权证》、《建设工程规划许可证》、《建设工程施工许可证》和《商品房预售许可证》。未悬挂或悬挂不全的，建设（房地产）行政主管部门应责令其停止销售活动。商品房交易使用《商品房买卖合同》（示范文本），并明确与商品房销售相关的收费项目及其标准和依据，前期物业服务单位名称及物业服务内容、收费标准。

（三）建立房地产市场信息公开制度。各市房地产行政主管部门要建立和完善房地产市场信息平台，及时向社会公布商品住房、政策性住房的房源及供应信息，并适时更新房源及项目信息，确保住房信息的及时、全面、准确披露。一是向社会公开廉租住房年度计划及项目建设信息。即：年度新建廉租住房的面积、套数及项目分布情况，项目建设单位、位置、建设面积、套数、户型面积、小区基本规划设计条件、配套情况等。二是向社会公开经济适用住房和限价普通商品住房年度计划及项目建设信息。即：年度经济适用住房和限价普通商品住房项目数量、建设规模、套数、项目分布情况，项目的建设单位、位置、建设面积、套数、户型面积、按幢平均价格、基本规划条件、配套设施情况等。

（四）建立销售项目信息公开制度。房地产开发企业应当将销售商品房项目信息向社会公布。房地产开发企业在取得预售许可证后，向社会公开商品住房项目建设计划及项目建设信息的情况。公布内容包括：项目名称、位置、土地面积、建筑面积、容积率、绿化率、楼间距、建筑高度、总套数、预售许可证号、房地产开发企业名称、楼房幢数、工程进展计划及时间安排、套型面积的类型及套数、各种套型面积的分布情况、各种套型所占比例、销售价格、基础设施和公共服务设施配套及物业管理等信息。

三、加强房地产中介市场监管，规范估价、经纪服务行为

（一）建立房地产估价行业监督举报机制。通过房地产估价行业监督举报，查处房地产估价机构竞相压价、给回扣、卖牌子等不良行为，营造公平、公正的执业环境。各市建设、房地产行政主管部门要主动与相关部门和行业组织建立情况通报、信息共享工作机制，依法查处不正当手段获取估价业务、给回扣、高评低估等扰乱市场行为。各级建设、房地产行政主管部门，要加强对辖区内房地产估价机构注册人员、信用档案、估价报告质量、经营业绩情况的检查，对违规行为及时进行查处和向社会公示。

（二）加强房地产经纪机构监管。凡从事房地产经纪活动的经纪机构，应向工商行政管理部门申领营业执照，并在一个月内到房地产管理部门办理备案。未取得房地产中介资格擅自从事房地产中介业务的，房地产管理部门依照《城市房地产中介服务管理规定》进行查处；房地产经纪服务机构代销新建商品房，应当公开房地产开发企业委托代销证明文件。房地产经纪机构提供有偿服务和代收费用的，应坚持买卖双方自愿原则，并在合同中明确服务内容、有偿服务或代收费用标准及额度；不得要求购房人签订商品房认购书和支付购房订金。

房地产经纪机构隐瞒事实，给买房人造成损失的，房地产经纪机构应当承担赔偿责任。经纪机构不得代理、销售不符合预销售条件的商品房。

（三）强化房地产中介机构从业人员的管理。房地产中介机构从业人员承办业务，由所在中介机构统一受理，不得以个人名义承办房地产中介服务。中介机构从业人员不得利用工作之便索取收受委托合同以外的任何财物，或者其他不正当利益。由于中介人员的违规行为造成严重后果的，其从业中介机构要承担责任。

四、加强房屋权属登记管理，规范房屋登记行为

（一）健全房地产管理机构。房地产管理机构是行使房屋权属登记发证职能的主体，各市要按照《城市房地产管理法》的要求，健全具有政府行政职能的房地产管理机构，依法行使房屋权属登记发证职能。按照《城市房地产管理法》和《房屋登记办法》的要求，依法行使房屋权属登记发证行为。房屋所有权发证机关必须是市、县房地产行政主管部门，且一个市、县只能由一个部门登记发证，其他任何部门均无权进行房屋权属登记发证工作。

（二）加强房屋权属登记工作的管理。房屋权属登记，是《物权法》确立的登记制度，各市建设（房地产）行政主管部门要按照住房和城乡建设部《房屋登记办法》的规定，依法建立健全各类房屋登记的操作规程，规范登记业务流程，完善房屋登记工作标准，推行规范化管理，不断提高登记部门的工作和服务水平。

（三）推行房屋交易、权属登记一体化管理。各市建设（房地产）行政主管部门，要进一步完善房地产交易与权属登记一体化工作，简化房地产交易与权属登记手续，缩短办事时限。要改被动服务为主动服务，采取一条龙服务、上门服务等措施，提高办事效率。

五、加强城市房屋拆迁管理，规范拆迁行为

（一）加强城市房屋拆迁全过程管理。加强对拆迁单位的资格管理和拆迁项目许可后的监管，严格按照《城市房屋拆迁管理条例》、《城市房屋拆迁估价指导意见》、《山西省城市房屋拆迁条例》和《城市房屋拆迁项目验收办法》等规定的权限和程序履行职责，严格执行申请房屋拆迁许可、公示、评估、订立协议等程序。未经拆迁项目验收或验收不合格的项目，不得发放《建筑工程施工许可证》。拆迁方案不落实的项目，不得发放拆迁许可证。所有拆迁项目，拆迁补偿资金必须按时到位，设立专门帐户，专款专用，并足额补偿给拆迁人；不得以项目未来收益或其他不落实的资金作为拆迁补偿资金来源。政府行政机关不得干预或强行确定拆迁补偿标准，以及直接参与和干预应由拆迁人承担的拆迁活动。

（二）严肃查处违规拆迁行为。充分利用经济、法律、行政手段，对城市房屋拆迁中的违法、违规行为进行严肃查处，从源头上杜绝野蛮拆迁、暴力拆迁等违法违规拆迁行为。对侵害居民利益的问题，要坚决纠正，对影响恶劣、后果严重的大案、要案，要依法进行查处。既要严肃查处拆迁人的违法违规行为，也要查处拆迁管理部门和管理人员管理不到位、监管不力，以及失查、失职和渎职行为。对违法违规拆迁的单位和个人要依法给予相应的处罚，对失查、失职的政府管理部门和工作人员要依法追究行政责任，切实保护被拆迁居民的根本利益。

（三）开展矛盾纠纷排查工作。按照“分级负责、归口管理”、“谁主管谁负责”的原则，积极开展矛盾纠纷排查化解，重信重访专项治理工作，集中精力化解拆迁矛盾纠纷，最大限度地避免或减少越级上访、重复上访或集体上访，维护正常的信访秩序和社会稳定。要组织人员对目前尚未化解和仍未息访的信访案件，认真进行梳理，建立台帐。对尚未化解的案件，要明确责任单位和人员，采取有力措施，尽快化解拆迁矛盾纠纷。

六、加强物业服务监管，规范物业服务行为

（一）加强物业管理服务行为的监管。加大对无资质或开发企业内设机构从事物业管理，不按合同约定的内容和标准提供服务，擅自提高收费标准、巧立名目收费或服务收费不实行明码标价，擅自占用物业共用部位和相关场地牟取利益等违法行为的查处力度，保障业主的权益。同时，要增强业主与物业管理企业的合同意识，增强业主物业服务消费意识，推进业主自我管理和约束的民主与自律机制，规范物业服务市场各方主体的行为。

（二）规范业主大会和业主委员会的运行机制。完善业主大会制度，规范业主大会和业主委员会的成立及运行，指导业主成立业主大会，选举产生业主委员会，制定和修改业主大会议事规则、管理规约，选聘和解聘物业服务企业，研究有关共有和共同管理权利的重大事项。引导广大业主正确行使自身拥有的所有权、共有权和共同管理权，自觉履行相应的义务和责任，维护全体业主的合法权益，为人民群众构建和谐稳定诚信的生活环境。

（三）提高物业服务质量。以“扩面提质”为中心，提高物业管理质量和水平，逐步拓展物业服务内容和范围，提高物业管理的覆盖面，推行物业管理项目招投标，实行从业人员上岗培训，以创建物业管理示范项目为引导，全面提高物业管理服务的整体水平。

各级建设（房地产）行政主管部门要从构建和谐山西的高度，把加强房地产市场监管作为重点工作来抓，研究建立长效工作机制，坚决打击房地产领域违法违规行为，切实规范房地产市场秩序，营造规范、文明、和谐的房地产市场发展环境。

二〇〇八年九月二十三日

关于开展解决农村困难群众住房问题工作的通知

晋建村字［2008］463号

各市建设局（建委）：

近期，省政府下发了《山西省人民政府关于解决农村困难群众住房问题的意见》（晋政发［2008］25号，以下简称《意见》），决定从今年起，逐步解决农村困难群众住房问题。为了尽快启动并全面开展这项工作，现将有关事项通知如下：

一、加强组织领导。

解决农村困难群众住房问题（以下简称解困），是深入贯彻落实科学发展观的内在要求，是构建社会主义和谐社会的客观任务，是全面建设小康社会的重要举措。各市要充分认识做好解困工作的重要性和紧迫性，抓紧启动，逐步推进。尽快报请所在市人民政府成立领导机构，明确工作职责。组织相关人员学习《意见》主要内容，重点开展程序操作、解困对象认定、档案管理等内容的培训。加强与新闻媒体的联系，加大对解困工作的重要意义、经验做法等的宣传报道力度，营造政府主导、全社会共同参与的良好氛围。

二、制定解困规划。

各市、县（市、区）要根据2020年底前基本完成全省解困工作的要求，结合当地实际，按每届政府任期划分工作阶段、分期推进解困的原则，编制本地区解困规划。各设区市要在2009年3月底前，完成编制工作；各县（市、区）要在2009年6月底前完成。2008年12月底前，各市、县（市、区）要根据各市人民政府确认的解困目标责任制，制定2009年解困计划，在计划中明确各类型解困数量，所属乡（镇）、村的具体任务、完成时限、竣工验收等内容。

三、建立解困档案。

解困对象确定后，各县（市、区）要同时建立纸质、电子两类解困档案。档案主要内容包括个人姓名、家庭住址、收入状况、困难户类型、原住房质量、解困方式、补助情况、解困后住房图片等，按乡（镇）、村分类存档保存。加强解困档案管理，安排专人负责档案收集、整理、归档、保管等工作，确保解困一户，归档一户。

四、启动解困工作。

积极加强与当地民政部门协调，严格按照《意见》规定的程序和要求，认定 2009 年解困对象。按照无房新建、危房改建、旧房修缮、空房置换的基本原则，结合当地实际，尊重群众意愿，逐户确定解困方式。以上两项工作应于 2009 年 3 月底前完成。在此基础上，各地也可探索、采用其它解困方式。

五、确保解困质量。

各地要按照建设成本节约、基本功能具备、工程质量保证的要求，组织专业人员进行新、改建住房的方案设计，明确住房结构、地面、屋顶、内外墙等方面的建设要求，并将设计方案存入解困档案。要选用技术水平较高的工匠参与解困住房建设，并选用质量合格的原材料，对改建或修缮难度大的，要进行专门研究，确定合理的建筑方案。解困住房完成后，县（市、区）建设主管部门要组织乡镇政府和村委会逐户进行检查验收，对违规行为要严格查处。

六、强化资金监管。

各市、县（市、区）建设行政主管部门要严格按照解困计划，报请当地政府及时落实 2009 年度配套资金。解困补助资金要专款专用，实行预决算管理，确保及时足额到位。我厅将联合有关部门，定期对解困资金使用情况进行督查，对挤占、挪用解困资金等违规行为严肃处理。

二〇〇八年十月十八日

关于进一步做好建设行业信息工作的通知

晋建办字［2008］491 号

各市建设局（建委）、规划局、房地局、市政局、园林局、环卫局、执法局，厅直各单位，各有关大型企业：

2006 年《关于进一步加强建设信息工作的通知》（晋建办字［2006］140 号）下发以来，在全省建设系统各级领导的高度重视下，通过广大信息工作者的努力工作，我省建设行业信息工作得到较快发展。特别是《山西建设信息》在加强业务指导，推进经验交流，加大宣传力度等方面发挥了重要作用，有力推动了全省建设事业的较快发展。近两年来，全省国民经济持续快速健康发展，建设行业在经济社会中的地位日益提高，对经济增长的贡献不断加大，建设事业迎来了大发展的良好机遇。在新的机遇期，全面推进建设事业又好又快发展，需要进一步下力气做好建设行业的信息工作。一方面，建设行业各级领导需要更加及时、准确、全面地了解全省建设行业中的重要情况，作为掌握情况、制定决策、指导工作的参考和依据；另一方面，随着形势的发展，信息渠道越来越宽，信息载体也更加丰富，对搞好信息工作提出了新的更高要求。为适应形势发展的需要，全面提升全省建设系统信息工作水平，现就进一步做好建设行业信息工作有关事项通知如下：

一、完善工作机制

1. 明确职责。建设系统各部门办公室是为领导决策和实施决策服务的综合办事机构。搞好信息工作是各部门办公室的一项重要职责，衡量办公室服务层次和质量的一个重要标志就是信息工作。各部门办公室要责无旁贷地成为收集、加工处理信息的中心，成为向各级领导反馈信息的主渠道。

2. 重组队伍。一支精干高效的信息员队伍，是搞好信息工作的基本保证。厅办公室和厅信息中心已经在全省建设系统分别建立了信息员和通讯员队伍。为了适应新形势的要求，鉴于两者职能和任务相近及人员变动等原因，决定各单位重新确定一名工作人员，担任“山西省建设行业信息员”，全面负责本系统本部门信息新闻采编报送工作。信息员要求具有较高的政治敏锐性、较强的责任心和一定的文字功底。各单位信息员要认真填写《山西省建设行业信息员登记表》，并于10月29日前报省建设厅办公室。电话传真：0351－3580228，电子邮箱：xxbs@ sxjs. gov. cn，联系人：孙永斌。原山西省建设系统通讯员不再履行相关职责。

3. 延伸网络。为了及时全面、准确地掌握来自最基层和工作第一线的信息，各市建设主管部门要进一步把信息网络向基层延伸，在所属县（市、区）建设部门建立信息报送点，建立完善省市县三级信息网络。每个县级建设部门确定一名信息员，负责收集当地建设方面的信息，经各市汇总后，统一上报。

二、规范报送工作

1. 报送内容。今后一个时期，全省建设行业信息工作要围绕省委、省政府确定的“十一五”期间主要任务和发展目标，重点报送建设工作目标责任制贯彻落实情况，本地本单位建设工作主要任务进展情况、阶段性工作动态，建设系统重大突发事件、社会关注和群众关心的城乡建设热点话题，本地本单位在工作中好的做法和经验，以及行业发展形势、存在的问题及对策、措施和建议等。厅办公室将定期发布《近期信息报送要点》。

2. 报送形式。信息稿件可采用文字、图片等形式，所反映的情况必须真实可靠，名称、时间、数字等一定要核实准确；信息编写要主题鲜明、文题相符、言简意赅，力求用简练的文字和有代表性的数据反映事物的概貌和发展趋势；信息反映的内容力求做到有情况、有分析、有预测、有建议，能够为领导实施科学决策提供服务。

3. 报送程序。为确保信息稿件真实、准确，上报前要严格按照规定进行审核把关。各市报送的信息需经单位分管领导审定后方可上报；厅机关处室、直属单位报送的信息需经处室或单位负责人审定。

4. 报送时间。时效性是信息能否发挥作用的重要保证。广大信息员要进一步树立时间观念，充分利用现代化信息传输手段，报送信息必须使用电子版，电子邮箱：xxbs@ sxjs. gov. cn。遇有紧急重大情况，必要时可简化手续，直接用电话先报告简要情况，事后再补办相关手续和补报文字材料。

三、健全考核制度

1. 考核标准。各市建设局（建委）每月报送的信息不少于15条（篇），每季度至少报送1条问题类信息；各市规划、房地、市政、园林、环卫、执法等单列的部门，每月报送的信息不少于5条（篇）；厅机关各处室和直属单位每月报送的信息不少于2条。

2. 计分方法。信息报送和采用实行量化考核。各单位完成基本报送条数者，计基础分10分；超过基本报送条数后，每报送1条信息计1分。被省部级信息刊物采用，单条信息计10分，综合采用（与其他相关信息综合编发在一起）计5分，被省部领导批示的加 10 分；被《山西建设信息》、《山西建设》或山西建设厅网单独采用，每条计 5 分，综合采用计 2 分，调研文章每条计 10 分，厅领导批示的计 5 分，同时采用的按上述标准累计计分；对厅里点题限时报送的信息和突发性、问题性信息，迟报 1 条扣 5 分，漏报 1 条扣 10 分。

3. 定期通报。根据得分情况，厅办公室每季度对各市直属单位分别进行排名，并通过《山西建设信息》在全省范围内予以通报，年底根据通报情况进行综合考核。

4. 严格奖惩。从 2009 年起，信息工作纳入全省建设系统年度目标责任制考核。每年对信息工作突出、报送稿件采用量较多、得分较高的单位（市建设主管部门、机关各处室和厅直属单位）进行一次表彰；对撰写稿件被采用较多，所在单位信息工作得分较高，排队比较靠前的优秀信息员进行表彰，并给予一定的物质奖励。各市建设主管部门信息工作连续两次排在全省最后一位的，进行书面通报批评，连续三次排在全省最后一名的，当年不得被评为全省建设系统优秀或者先进工作单位；厅机关处室、直属单位信息工作连续两次排在本厅末位的，本处室的信息员在年终考核中原则上不得评为先进个人，连续三次排在末位的，本处室当年不得评为先进处室。

各市建设主管部门，可参照本办法对所辖县（市、区）信息员进行管理。

四、加强组织领导

全省各级建设主管部门要切实提高对信息工作重要性的认识，把信息宣传作为一项重要的基础性工作紧紧抓在手上，与其它工作同安排、同检查、同落实。要认真落实信息工作责任制，主要领导是主要责任人，分管领导是第一责任人，信息员是直接责任人，努力形成各负其责、齐抓共管的工作格局。分管信息工作的领导要亲自指导、亲自参与，带头深入基层调研，引导信息员明确工作思路，把握工作重点，为他们出题目、出点子、压任务、教方法。要关心信息员的工作和生活，为他们创造良好的工作条件和生活环境。

二〇〇八年十月二十七日

山西省财政厅　山西省建设厅

关于加强廉租住房保障资金使用管理的通知

晋财综［2008］68 号

各市财政局、建设局（房地局）：

按照《国务院关于解决城市低收入家庭住房困难的若干意见》（国发［2007］24 号）的规定和《山西省人民政府关于建立健全和完善住房保障体系，切实解决城市低收入家庭住房困难的通知》（晋政发［2008］2 号）文件要求，为实现 2008 年底前，全省设区城市及所辖县（市）对符合规定住房困难条件、申请廉租住房保障的城市低保家庭做到应保尽保，将党中央、国务院和省委、省政府对城市最低收入家庭住房困难的关怀落到实处，现就加强廉租住房保障资金使用管理通知如下，请认真贯彻执行。

一、各市收到廉租住房保障补助资金后，应当按照符合廉租住房保障条件的户数分配廉租住房保障补助资金，迅速下达到实施住房保障工作的所属市、县。廉租住房保障补助资金实行专项管理、分账核算，并严格按照规定用途使用，不得截留、挤占、挪作他用，也不得用于平衡本级财政预算。若有结余，可结转下年度安排使用。

二、廉租住房保障补助资金，主要用于住房保障工作中的租赁补贴。用于廉租住房补贴开支后仍有结余的，可用于弥补购买、改建、租赁廉租住房。廉租住房租赁补贴的发放，各市、县廉租住房管理部门要按照廉租住房供应方式，严格申请、公示、审核等制度，及时、准确地发放给最低收入住房困难家庭。

三、购买、改建、租赁廉租住房使用廉租住房保障补助资金，使用方案和使用计划应当经省财政厅、建设厅批准后方可使用。申报程序为：县（市）廉租住房管理部门提出廉租住房资金使用方案和使用申请，经同级财政部门审核同意，联合报市财政、廉租住房管理部门；经市财政部门和廉租住房管理部门提出审核意见，联合报省财政厅、建设厅审批。

1. 购买廉租住房资金使用方案，应当包括购买房屋套数、户型、面积、价格，房屋位置，房屋出售单位、购买价格、资金使用计划等内容以及购买意向协议。

2. 改建廉租住房资金使用方案，应当包括已收购旧有住房和腾空的公有住房房屋位置、房屋现状、户型、面积、设施设备情况，改造、维修工作方案及工程预算等内容。

3. 租赁廉租住房资金使用方案，应当包括租赁房屋套数、户型、面积、租金标准，房屋位置，房屋出租单位、资金使用计划等内容以及租赁意向协议。

四、购买、改建和租赁廉租住房，由市、县（市、区）廉租住房管理部门根据省财政厅、建设厅的批复，持工程合同和工程进度、购（租）房合同，提出预算拨款申请，经同级财政部门审核后，由同级财政部门拨付。

五、市、县（市、区）财政部门在安排廉租住房保障资金时，首先要按照《住房公积金管理条例》（国务院令第350号）的规定，确保将住房公积金增值收益计提贷款风险准备金和管理费用后的余额全部用于廉租住房保障。其次要按规定将土地出让净收益不低于10%的比例用于廉租住房保障。上述两项资金不足的，市、县财政必须通过本级预算安排。省财政厅下达各市的财政转移支付资金，已经考虑了廉租住房保障因素，各地要统筹使用。省财政厅、建设厅下达的廉租住房保障专项补助资金和廉租住房保障工作奖励资金等补助性资金，要严格按规定管理使用。

六、每年年度终了，市、县（市、区）廉租住房管理部门应当按照财政部的要求，向同级财政部门报送当年廉租住房保障情况和下年度廉租住房保障计划，同时报送中央廉租住房保障专项补助资金收支情况。年度廉租住房保障支出出现资金结余，经同级财政部门批准后，可以结转下年安排使用，廉租住房行政主管部门和财政部门在编制、审核下年度廉租住房保障支出项目预算时，要将上年滚存结余资金一并纳入其中。

七、各市财政部门应当会同廉租住房行政主管部门，将市、县（市、区）年度廉租住房保障资金筹集、使用和管理情况写成书面材料并附表，于次年2月10日前报省财政厅和省建设厅备案。

八、各级财政部门要加强对廉租住房保障资金筹集和使用情况的监督检查。对于不按照规定筹集、安排使用和管理廉租住房保障资金的，要严格按照《财政违法行为处罚处分条例》（国务院令第427号）等有关规定进行处理，并依法追究有关责任人员的责任。

二〇〇八年十月二十七日

附　录

城乡建设主要经济技术指标与数据

全省及各市城镇化率

城镇化率:%

市（地）名称	2005 年	2007 年	2008 年	市（地）名称	2005 年	2007 年	2008 年
全　省	42.11	44.03	45.11	朔州市	42.00	43.82	44.90
太原市	82.40	81.50	82.00	忻州市	33.46	35.60	36.70
大同市	48.20	50.13	51.10	吕梁市	31.79	34.71	35.80
阳泉市	55.17	57.38	58.48	晋中市	39.50	41.60	42.70
长治市	37.30	39.61	40.45	临汾市	34.65	36.36	37.44
晋城市	41.29	43.20	45.22	运城市	31.07	33.90	35.20

22 个城市的城市面积及建成区面积

单位：平方公里

城市名称	城市面积	建成区面积	城市名称	城市面积	建成区面积
太原市	1460.00	238.00	晋中市	1311.00	38.28
古交市	1526.59	15.80	介休市	743.70	17.55
大同市	2080.00	91.20	吕梁市	1339.00	15.00
阳泉市	651.99	51.23	孝义市	945.80	12.00
长治市	334.00	45.30	汾阳市	1175.30	12.00
潞城市	630.00	7.30	临汾市	1316.00	37.40
晋城市	2164.80	31.00	侯马市	274.00	18.47
高平市	946.00	8.30	霍州市	765.00	14.00
朔州市	2185.00	23.00	运城市	640.00	30.00
忻州市	1982.00	21.40	永济市	1221.06	20.60
原平市	2571.00	9.57	河津市	893.10	18.00

全省 22 个城市基本情况

指标名称	计算单位	2005 年	2007 年	2008 年	
				实际数	居全国的位次
现有道路总长度	公里	4965.00	5176.70	5446.20	—
现有道路总面积	万平米	7137.00	8075.00	9045.00	—
人均拥有道路面积	平方米	8.21	8.55	9.54	26
现有桥梁	座	680.00	406.00	434.00	—
市区公交车运营线路网长度	公里	2600.00	3935.00	3828.00	—
公交车辆	标台	4565.00	5982.00	6231.00	—
平均每万人拥有公交车辆	标台	5.42	6.62	6.85	31
日供水能力	万立米	346.01	442.14	444.04	—
人均日生活用水量	升	122.00	124.65	120.90	29
用水普及率	%	92.23	92.86	93.27	18
排水管道总长度	公里	3352.00	4367.00	4536.00	—
公共绿地面积	公顷	5418.59	6738.00	7243.00	—
人均公园绿地面积	平米	6.23	7.13	7.64	27
建成区绿化覆盖面积	公顷	21428.60	25230.00	27569.00	—
建成区绿化覆盖率	%	30.21	32.58	35.16	19
燃气普及率	%	70.69	79.50	82.64	21
污水处理能力	万立米/日	120.00	152.20	164.40	—
污水处理率	%	56.23	63.30	71.40	15
有污水处理能力的城市	个	13	17	20	—
生活垃圾无害化处理能力	吨/日	3473.00	6636.00	11678.00	—
生活垃圾无害化处理率	%	16.62	35.30	47.47	27

全省 11 个市（不含县城）城市建设固定资产投资完成额

城 市 名 称	投资完成额（万元）		
	2005 年	2007 年	2008 年
全　省	455078	933663	1182812
太原市	174022	417914	376340
大同市	43362	133746	210830
阳泉市	40843	41625	48434
长治市	48232	27934	54886
晋城市	9150	19109	16705
朔州市	11539	15001	34189
忻州市	5764	20908	30223
晋中市	23918	64947	95534
临汾市	24351	111947	127650
运城市	12600	39629	48113
吕梁市	12084	40903	139908

风景名胜区范围

序号	风景名胜区名　　称	所在行政区	景区范围（km^2）	外围保护区（含景区）（km^2）	备　　注
1	五台山	五台、繁峙县	599.00	684.12	国家级风景名胜区
2	恒　山	浑源县	147.51	359.62	国家级风景名胜区
3	壶　口	吉县	100.00	150.00	国家级风景名胜区
4	北武当山	方山县	70.50	90.17	国家级风景名胜区
5	五老峰	永济市	300.00	300.00	国家级风景名胜区
6	晋祠—天龙山	太原市	186.00	210.00	省级风景名胜区
7	绵　山	介休市	54.10	90.87	省级风景名胜区
8	石膏山	灵石县	30.00	74.92	省级风景名胜区
9	姑射山	临汾市	40.00	60.00	省级风景名胜区
10	碛　口	临县	50.00	145.00	省级风景名胜区
11	芦芽山	宁武、五寨县	321.00	321.00	省级风景名胜区
12	赵杲观	代县	46.67	46.67	省级风景名胜区

注：外围保护区（含景区）为禁止采矿区。

风景名胜区总规编制基本情况

风景名胜区名　称	批准时间	规划时间、期限	管　理　机　构	行　政级　别
五台山	1982	2006～2025	五台山管理局	正处
恒　山	1982	2006～2020	恒山风景名胜区管理委员会	副县
壶　口	1988	1989～2010	壶口风景名胜区管理委员会	正处
北武当	1994	正在修编	北武当山风景名胜区管理委员	副处
五老峰	1994	正在修编	五老峰风景名胜区管理处	股级
晋祠—天龙山	1987	2002～2010	太原市文物局	正处
绵　山	1987	2006～2025	三佳煤化公司	—
石膏山	1987	1991～2010	石膏山旅游文化发展公司	—
姑射山—仙洞沟	1987	1991～2010	姑射山风景管理处	股级
碛　口	1999	编制中	碛口风景名胜区管理局	正处
芦芽山	2001	编制中	芦芽山风景区管理局	正处
赵杲观	2005	未编制	赵杲观风景区管理领导组	副处

国家级风景名胜区基本经营情况

风景名胜区名　称	风景名胜区（平方公里）		游人量（万人次）		经营收入（万元）		经营支出（万元户）	
	面积	其中：供游览面积	游人	其中：境外游人	收入	其中：门票收入	支出	其中：维护支出
国家级	993	235	370	203	21032	17685	21839	2382
五台山	376	53	281	192	17052	14046	17954	1405
恒　山	147	42	65	10	3100	3100	3000	700
壶　口	100	60	10	0	200	200	156	156
北武当山	70	50	6	1	310	150	250	100
五老峰	300	30	8	0	370	189	479	21

建制镇投资及建设情况

市（地）名称	建设总投资（万元）						人均住宅建设面积（平方米）
	合计	住宅	公共建筑	生产性建筑	公用设施		
					自来水	道路	
全省 2005 年	206249	103533	39186	24536	2480	36164	22.44
全省 2007 年	253080	109948	49111	56076	10527	27418	25.97
全省 2008 年	229662	103638	36262	28030	7081	19291	26.88
太原	9926	5775	873	947	161	969	26.85
大同	4391	1431	532	339	118	841	24.32
阳泉	23351	13096	2993	1712	653	1131	25.15
长治	23598	8406	3533	2976	974	3812	26.69
晋城	46200	14426	6861	5336	1757	5049	29.05
朔州	5582	2816	1292	250	393	334	28.44
忻州	8877	5023	240	900	156	501	25.99
吕梁	29454	9923	7054	5887	948	2421	27.96
晋中	11654	5878	570	1330	696	418	24.81
临汾	19985	10854	4487	1508	563	1066	26.32
运城	46644	26010	7054	6845	662	2749	28.04

100 个省级重点镇建设情况

名称	本年开工项目（个）	完成投资（万元）				
		合计	中央财政	地方财政	银行贷款	社会投资
全省	515	923884	31170	357619	69382	441253
太原	40	54531	—	17200	—	37151
大同	32	227716	29420	85936	60000	52360
吕梁	30	46876	—	3957	1400	37059
晋城	79	161911	—	64060	4000	93841
朔州	43	42380	300	6741	2562	32777
忻州	49	32378	—	—	—	32378
晋中	23	69415	—	8397	—	60018
长治	19	8040	—	2701	420	8359
阳泉	37	58900	—	44461	—	14439
临汾	78	57465	1450	18685	1000	36390
运城	85	161962	—	125481	—	36481

村镇设置、规划完成情况

市（地）名称	村镇概况（个）			规划完成情况（个）			
	建制镇	乡集镇	行政村	县域村镇体系规划	建制镇总体规划	乡总体规划	新农村建设规划
全省2005年	561	635	28321	21	218	35	—
全省2007年	563	633	28167	33	326	117	2011
全省2008年	563	633	28167	16	44	52	2000
太　原	21	31	1009	0	2	5	117
大　同	33	66	1948	—	—	10	156
阳　泉	20	12	960	2	2	1	71
长　治	68	64	3448	2	4	5	236
晋　城	48	26	2213	1	1	7	127
朔　州	18	51	1684	0	0	0	121
忻　州	59	126	4893	0	0	0	231
晋　中	59	59	2749	3	7	3	228
临　汾	75	76	2968	4	4	9	233
运　城	81	55	3186	2	7	5	254
吕　梁	81	67	3109	2	17	7	226

乡集镇投资及建设情况

名　称	建设总投资（万元）						人均住宅建筑面积（平方米）
	合计	住宅	公共建筑	生产性建筑	公用设施		
					自来水	道　路	
全省2005年	98906	47614	22574	15420	897	12263	27.54
全省2007年	126935	58863	26118	26750	3902	11302	25.59
全省2008年	126645	61637	23097	15220	3504	11101	26.04
太　原	17688	10198	3951	1793	237	381	27.94
大　同	14237	5815	2750	1814	272	1567	24.50
阳　泉	2928	1817	215	600	10	108	25.10
长　治	13460	5479	2019	2493	504	1386	25.58
晋　城	12801	5299	1693	987	1055	1545	27.54
朔　州	11588	3542	2862	2415	505	1585	26.25
忻　州	5523	3846	300	420	98	447	25.08
吕　梁	10687	3931	2015	2394	267	898	28.66
晋　中	3111	1552	250	280	90	153	24.77
临　汾	13386	7919	3401	380	326	556	26.08
运　城	20956	12239	3641	1644	140	2475	26.69

村庄投资及建设情况

名　　称	建设总投资（万元）						人均住宅建筑面积（平方米）
	合计	住宅	公共建筑	生产性建筑	公用设施		
					自来水	道　路	
全省 2005 年	694317	488169	83309	73985	1548	47305	24.16
全省 2007 年	1129603	637075	128519	186965	50418	126626	25.57
全省 2008 年	1151224	709884	109365	117335	37306	94834	26.04
太原	84170	43871	9609	11103	3988	9888	26.84
大同	72961	37341	7725	7476	1753	8886	24.27
阳泉	33897	23336	3137	1446	1664	2495	25.19
长治	117472	57831	11799	17872	7705	14158	25.69
晋城	133018	54511	11641	9051	9615	25832	27.07
朔州	68065	30862	8233	8905	2273	8294	24.71
忻州	75193	55995	7251	3188	581	7162	24.90
吕梁	83658	40375	9234	24787	1709	5097	28.88
晋中	77682	52125	3875	9210	1858	4122	24.99
临汾	114386	82793	14283	6719	3554	2670	26.24
运城	290722	230844	22578	17578	2606	6230	26.03

建筑业主要经济技术指标与数据

全省建筑业概况

指标名称	计算单位	2005 年	2007 年	2008 年	2008 年为（%）	
					2005 年	2007 年
建筑企业个数	个	1618	2492	2052	126.82	82.34
总承包企业个数	个	757	1151	857	113.21	74.46
专业承包企业个数	个	783	1162	1092	139.46	93.98
劳务企业个数	个	78	179	103	132.06	57.54
改制企业个数	个	4	7	9	225.00	128.57
期末平均从业人员	万人	55	69	71	129.09	102.90
本年新开工面积	万平方米	2097	2626	2768	132.00	105.40
竣工工程面积	万平方米	1639	1833	1926	117.51	105.07
建筑业总产值	万元	8492165	10607041	13554415	159.61	127.79
建筑业增加值	万元	2354900	2966800	3459752	146.92	116.62
建筑业竣工产值	万元	4331755	4911692	4084129	94.28	83.15
工程结算收入	万元	8735626	10726817	12578924	143.99	117.27
劳动生产率	元/人	135882	153725	180646	132.94	117.51
利润总额	万元	93202	194566	243212	260.95	125.00

全省工程勘察设计咨询业概况

指标名称	计算单位	2005 年	2007 年	2008 年	2008 年为（%）	
					2005 年	2007 年
一、基本情况						
企业个数	个	368	400	438	119	110
从业人员	人	26526	28781	30340	114	105
其中：具有技术职称人员	人	21275	22029	23296	109	106
注册执业人员	人	2166	2439	2859	132	117
二、业务完成情况						
工程勘察完成合同额	万元	38947	55012	68856	177	125
工程设计完成合同额	万元	141390	222328	257011	182	116
工程技术管理服务完成合同额	万元	26448	189342	192575	728	102
工程承包完成合同额	万元	55385	74049	238400	430	322
境外工程完成合同额	万元	369	380	80	22	21
三、财务状况						
勘察设计营业收入合计	万元	287772	437661	600047	209	137
境内收入：	万元	287272	437155	599180	209	137
其中：工程勘察收入	万元	43918	48115	65254	149	136
工程设计收入	万元	117434	174390	221088	188	127
工程技术管理服务收入	万元	6723	10007	10849	161	108
工程承包收入	万元	74756	154652	257430	344	166
其他收入	万元	44440	49992	44559	100	89
境外收入：	万元	499	506	867	174	171
勘察设计利润总额	万元	18145	29620	32354	178	109

分地市建筑业概况

市(地)名称	建筑业总产值(万元)	竣工产值(万元)	房屋建筑施工面积(万平米)	本年新开工面积(万平米)	房屋建筑竣工面积(万平米)	从业人员年平均人数(万人)	工程招标率(%)	公开招标率(%)	利润总额(万元)	利税总额(万元)
全省2005年	8492165	4331755	4049	2097	1639	55.0	100.00	99.20	93202	374025
全省2007年	10602921	1637649	4839	2544	1165	64.0	99.90	99.89	194560	542712
全省2008年	13554415	4084129	6254	2768	1926	71.0	100.00	95.50	243212	648808
太原	7501889	1309010	3038	934	453	31.1	100.00	100.00	109551	367268
大同	769248	524657	534	345	334	6.2	100.00	100.00	2600	23460
阳泉	733749	233562	257	109	45	4.0	100.00	100.00	51000	79500
长治	458278	267633	387	180	168	3.4	100.00	100.00	3983	16444
晋城	257979	105668	161	75	79	1.8	100.00	100.00	10285	10871
朔州	445759	322497	143	122	117	2.5	100.00	100.00	12000	21800
忻州	407067	254738	265	193	146	4.5	100.00	100.00	8892	18613
晋中	865545	165741	354	180	103	4.2	100.00	100.00	6514	26401
临汾	1028036	416254	412	197	123	5.5	100.00	100.00	18944	56401
运城	793363	301971	443	272	198	5.4	100.00	100.00	14093	15700
吕梁	293502	182398	260	161	160	2.4	100.00	95.00	5350	12350

全省重点工程建设情况

指标名称	计算单位	2005 年	2007 年	2008 年
重点工程项目	个	45	63	63
其中:国家重点	个	6	4	3
省重点	个	39	59	60
在建工程项目	个	31	53	56
其中:国家重点	个	5	4	3
省重点	个	26	49	53
未开工工程项目	个	2	10	7
竣工工程项目	个	12	10	12
其中:国家重点	个	1	1	0
省重点	个	11	9	12
优良率	%	85.85	87.50	88.30
年度计划总投资	亿元	365.67	327.68	388.61
实际完成投资	亿元	365.84	306.25	377.27
其中:国家重点	亿元	41.96	27.87	9.48
省重点	亿元	323.88	278.38	367.79
到位资金	亿元	327.45	306.41	376.44
其中:国家重点	亿元	33.51	33.31	11.38
省重点	亿元	293.93	273.10	365.06

省城公益性工程基本情况

工程项目	占地面积（亩）	建筑面积（万平方米）	总投资（亿元）	场馆设施及功能	2008年进展情况
山西大剧院	80	7.32	7.3	1600座主剧场一座，600座小剧场一座，公共大厅，化妆间，排练厅，及相应配套设施用房。	8月28日开工建设，进入施工建设阶段。
山西科技馆	70	2.8	2	常设展厅，临时展厅，天象厅（环球影院），动感影院，培训教室，实验室，科学报告厅，青少年科技活动中心及其它。	工程于2008年7月2日开工建设，进入施工建设阶段。
山西图书馆	60	4.99	3.5	藏书700万册，阅览室15个，可同室容纳3000人，藏书库多功能厅，400座报告厅，配套辅助用房。	工程于2008年7月30日开工建设，进入施工建设阶段。
中国（太原）煤炭交易中心	660	10（一期）	10	煤炭交易中心，会议中心，展览中心及商业、服务配套设施。	开展前期工作。
山西体育中心	1238		20	6万人主体育场1个，8000人体育馆1个，4000人游泳跳水馆1个，综合训练室1个，自行车赛场1个，及其它配套设施。	开展前期工作。
山西大医院	285	22	10	防、保健、医疗、教学、科研、康复与一体。	开展前期工作。

全省建设工程招投标情况

指标名称	计算单位	2005 年	2007 年	2008 年	2008 年为(%)	
					2005 年	2007 年
发包工程个数	个	1086	2107	2160	199.00	102.52
发包工程造价	万元	1180000	231823	3650087	309.00	157.00
实行招标工程个数	个	1086	2107	2160	119.00	103.00
实行招标工程造价	万元	1180000	2289359	3650087	309.00	157.00
招标率	%	100.00	99.90	100.00	100.00	99.90
公开招标工程个数	个	989	1991	2062	208.00	104.00
公开招标工程造价	万元	1070000	2150700	3392760	317.00	158.00
公开招标率	%	91.60	99.10	95.50	104.00	96.40
邀请招标工程个数	个	97	116	98	101.00	84.50
邀请招标工程造价	万元	110000	138659	257327	224.00	186.00
邀请招标率	%	8.40	5.90	4.50	53.60	76.30
应公开招标工程中实行公开招标工程个数	个	982	1991	2062	210.00	104.00
应公开招标工程中实行公开招标工程造价	万元	1070000	2150700	3292760	317.00	158.00
应公开招标工程公开招标率	%	99.20	99.89	100.00	101.00	100.00

各市建设工程招标情况

指标名称	发包工程（个）	实行招标工程（个）	招标率（%）	公开招标工程（个）	公开招标率（%）	邀请招标工程（个）	应公开招标工程中实行公开招标工程（个）	应公开招标工程公开招标率（%）
全省	2160	2160	100.00	2062	95.50	98	2062	100.00
太原	395	395	100.00	395	100.00	0	395	100.00
大同	47	47	100.00	45	100.00	2	45	100.00
阳泉	48	48	100.00	48	100.00	0	48	100.00
长治	281	281	100.00	281	100.00	0	281	100.00
晋城	29	29	100.00	28	100.50	1	28	100.00
朔州	119	119	100.00	119	100.00	0	119	100.00
忻州	157	157	100.00	157	100.00	0	157	100.00
晋中	377	377	100.00	313	100.00	64	313	100.00
临汾	294	294	100.00	290	100.00	4	290	100.00
运城	172	172	100.00	172	100.00	0	172	100.00
吕梁	241	241	100.00	214	95.00	27	214	100.00

施工图审查情况表

<table>
<tr><th colspan="3" rowspan="2"></th><th rowspan="2">计算单位</th><th rowspan="2">2005 年</th><th rowspan="2">2007 年</th><th rowspan="2">2008 年</th><th colspan="2">2008 年为(%)</th></tr>
<tr><th>2005 年</th><th>2007 年</th></tr>
<tr><td colspan="3">(一)基本情况</td><td></td><td></td><td></td><td></td><td></td><td></td></tr>
<tr><td colspan="3">审查机构数量</td><td>个</td><td>35</td><td>37</td><td>37</td><td>106.00</td><td>100.00</td></tr>
<tr><td colspan="3">从业人员</td><td>个</td><td>728</td><td>828</td><td>845</td><td>116.00</td><td>102.00</td></tr>
<tr><td colspan="3">(二)施工图审查情况</td><td></td><td></td><td></td><td></td><td></td><td></td></tr>
<tr><td colspan="3">勘察项目数</td><td>个</td><td>2110</td><td>1689</td><td>2739</td><td>130.00</td><td>162.00</td></tr>
<tr><td colspan="3">设计项目数</td><td>个</td><td>2389</td><td>1689</td><td>2739</td><td>115.00</td><td>162.00</td></tr>
<tr><td colspan="3">市政项目数</td><td>个</td><td>65</td><td>31</td><td>15</td><td>23.00</td><td>48.00</td></tr>
<tr><td colspan="3">建筑面积</td><td>万平方米</td><td>1473</td><td>1209.7</td><td>1826</td><td>124.00</td><td>151.00</td></tr>
<tr><td colspan="3">投资额</td><td>亿元</td><td>130</td><td>113.94</td><td>184</td><td>142.00</td><td>161.00</td></tr>
<tr><td rowspan="6">审查发现违反国家强制性条文数</td><td rowspan="2" colspan="2">勘察</td><td>条次</td><td>4211</td><td>3050</td><td>4693</td><td>111.00</td><td>154.00</td></tr>
<tr><td>条次/项</td><td>2</td><td>1.8</td><td>1.72</td><td>86.00</td><td>96.00</td></tr>
<tr><td rowspan="2" colspan="2">设计</td><td>条次</td><td>19837</td><td>14264</td><td>27907</td><td>141.00</td><td>196.00</td></tr>
<tr><td>条次/项</td><td>8.3</td><td>8.45</td><td>10.24</td><td>123.00</td><td>121.00</td></tr>
<tr><td rowspan="2" colspan="2">市政</td><td>条次</td><td>41</td><td>14</td><td>7</td><td>17.00</td><td>50.00</td></tr>
<tr><td>条次/项</td><td>0.63</td><td>0.45</td><td>0.47</td><td>75.00</td><td>104.00</td></tr>
<tr><td rowspan="6">审查发现严重安全隐患数</td><td rowspan="2" colspan="2">勘察</td><td>条次</td><td>336</td><td>92</td><td>168</td><td>50.00</td><td>183.00</td></tr>
<tr><td>条次/项</td><td>0.16</td><td>0.05</td><td>0.06</td><td>38.00</td><td>120.00</td></tr>
<tr><td rowspan="2" colspan="2">设计</td><td>条次</td><td>606</td><td>560</td><td>1290</td><td>213.00</td><td>230.00</td></tr>
<tr><td>条次/项</td><td>0.25</td><td>0.33</td><td>0.47</td><td>188.00</td><td>142.00</td></tr>
<tr><td rowspan="2" colspan="2">市政</td><td>条次</td><td>251</td><td>6</td><td>3</td><td>1.00</td><td>50.00</td></tr>
<tr><td>条次/项</td><td>3.86</td><td>0.19</td><td>0.2</td><td>5.00</td><td>105.00</td></tr>
</table>

各市统筹机构收缴、拨付、补贴养老保险费概况

单位:万元

单 位	收 缴	拨 付	补 贴
全省 2005 年	25084.00	18855.00	4645.50
全省 2007 年	39752.20	29913.11	3953.15
全省 2008 年	47061.75	34431.59	6136.56
省 办	274.14	1432.44	1495.00
太原市统筹办	16959.00	14633.00	1450.71
大同市统筹办	4733.70	1604.69	602.95
朔州市统筹办	1033.88	869.60	53.00
忻州市统筹办	2304.79	1782.23	211.00
晋中市统筹办	7419.08	4695.18	355.00
阳泉市统筹站	1477.56	1049.06	289.00
长治市统筹办	2352.06	1371.05	947.00
晋城市统筹办	3603.50	2789.74	235.00
临汾市统筹办	3843.37	2350.83	274.00
运城市统筹办	1291.77	935.37	171.00
吕梁市统筹办	1768.90	918.40	52.90

房地产业主要经济技术指标与数据

房地产业开发主要指标

指 标 名 称	计算单位	2005 年	2007 年	2008 年	2008 年为(%)	
					2005 年	2007 年
房地产开发完成投资	亿元	177.99	258.93	326.72	183.56	126.18
商品房施工面积	万平方米	2266.50	3383.30	3891.00	171.67	115.01
商品房竣工面积	万平方米	667.30	796.90	882.80	132.29	110.78
商品房销售面积	万平方米	688.70	913.50	904.40	131.32	99.00

城镇住宅建设情况

指 标 名 称	计算单位	2005 年	2007 年	2008 年	2008 年为(%)	
					2005 年	2007 年
建设完成投资	亿元	1723145	3525849	4416276	256.29	125.25
施工面积	万平方米	2540.2	5016.5	5497.83	216.43	109.59
竣工面积	万平方米	1015.4	1827	1831.85	180.41	100.27

廉租住房及资金落实情况

城 市	保障对象(户)				落实资金(万元)
	小 计	租赁补贴	实物配租	租金核减	
山西省	102631	91995	8767	1869	114317.00
太原市	6411	6121	0	290	28338.00
大同市	42476	41703	204	569	22634.00
阳泉市	1944	844	1100	0	5418.50
长治市	3984	2958	861	165	7304.00
晋城市	620	620	0	0	2780.80
朔州市	13439	12229	1210	0	12530.00
晋中市	6243	4238	1643	362	7858.90
忻州市	16491	14260	2231	0	10082.00
临汾市	1520	1520	0	0	1979.60
运城市	3650	3297	353	0	3291.80
吕梁市	5853	4205	1165	483	12099.00

城镇居民人均住房建筑面积及排序

单位:平方米/人

城市	数值	排序	城市	数值	排序
全省	28.00	—	朔州	32.83	2
太原	28.54	6	忻州	26.40	8
大同	24.67	10	晋中	27.85	7
阳泉	24.70	9	临汾	28.98	5
长治	31.11	4	运城	33.77	1
晋城	31.40	3	吕梁	24.04	11

全省住房公积金缴存使用情况

指标名称	2005年	2007年	2008年	2008年为(%)	
				2005年	2007年
缴存人数(万人)	215.55	253.45	276.11	128.10	108.94
缴存总额(亿元)	157.63	309.57	385.21	244.38	124.43
缴存余额(亿元)	117.36	230.87	288.01	245.41	124.75
发放个人贷款总额(亿元)	26.59	52.99	70.12	263.71	132.33

物业管理项目获奖情况

指标名称	计算单位	2007年	2008年
获全国物业管理示范住宅小区称号	个	0	3
获全省物业管理示范住宅小区(工业区)称号	个	14	10

市政公用行业主要经济技术指标与数据

22 个城市道路长度

城市名称	道路长度(公里)		
	2005 年	2007 年	2008 年
太原市	1728.34	1770.00	1770.00
古交市	166.32	236.00	236.00
大同市	610.00	612.00	625.00
阳泉市	295.52	383.00	383.60
长治市	288.08	319.00	341.00
潞城市	55.00	46.00	49.50
晋城市	323.00	121.00	122.90
高平市	89.00	80.70	83.60
朔州市	141.89	103.00	121.00
忻州市	73.51	95.00	95.00
原平市	45.43	45.00	46.00
晋中市	230.62	205.00	227.20
介休市	102.08	110.00	117.30
吕梁市	47.20	86.00	120.00
孝义市	52.20	78.00	105.10
汾阳市	60.00	77.00	82.00
临汾市	143.73	193.00	204.00
侯马市	173.82	185.00	196.10
霍州市	61.95	72.00	75.00
运城市	145.00	161.00	170.70
永济市	96.00	82.00	90.00
河津市	73.00	83.00	148.00

22 个城市道路面积

城市名称	道路面积(万平方米)		
	2005 年	2007 年	2008 年
太原市	2295.9	2489	
古交市	155.2	165	
大同市	913.0	1230	
阳泉市	407.6	452	
长治市	350.7	400	
潞城市	86.0	65	
晋城市	282.0	280	
高平市	175.5	118	
朔州市	318.5	330	
忻州市	104.4	151	
原平市	117.0	117	
晋中市	335.7	521	
介休市	135.3	146	
吕梁市	113.0	211	
孝义市	100.5	212	
汾阳市	69.6	136	
临汾市	268.5	398	
侯马市	302.4	132	
霍州市	63.0	75	
运城市	260.0	214	
永济市	200.6	184	
河津市	115.0	130	

22个城市燃气普及率

城市名称	燃气普及率(%)		
	2005年	2007年	2008年
太原市	96.26	97.52	98.03
古交市	59.47	82.96	84.22
大同市	55.01	70.30	71.37
阳泉市	84.46	85.50	85.81
长治市	66.10	65.35	70.28
潞城市	41.30	30.22	41.55
晋城市	62.67	84.38	85.61
高平市	47.41	86.74	87.53
朔州市	69.53	76.01	76.39
忻州市	57.14	72.03	79.06
原平市	60.74	78.10	79.96
晋中市	76.07	96.93	96.59
介休市	63.13	60.61	89.74
吕梁市	59.09	68.48	77.60
孝义市	35.81	72.28	69.62
汾阳市	19.15	45.01	45.01
临汾市	79.44	85.01	90.70
侯马市	39.17	86.01	69.91
霍州市	37.12	41.13	75.45
运城市	48.57	75.96	83.31
永济市	55.71	60.00	65.69
河津市	—	42.74	47.41

22个城市人均公共绿地面积

城市名称	人均公共绿地面积(平方米)		
	2005年	2007年	2008年
太原市	8.55	6.72	7.58
古交市	1.38	5.18	5.93
大同市	3.46	4.63	5.16
阳泉市	6.58	6.63	8.80
长治市	5.58	5.59	5.67
潞城市	8.40	7.42	7.77
晋城市	12.00	11.59	11.61
高平市	1.63	7.43	10.43
朔州市	7.77	23.25	9.74
忻州市	4.76	1.10	1.13
原平市	1.76	1.14	1.69
晋中市	4.00	7.82	9.37
介休市	10.06	13.03	7.31
吕梁市	8.18	14.74	10.36
孝义市	7.16	12.59	13.92
汾阳市	6.91	14.54	14.27
临汾市	5.50	11.26	11.26
侯马市	8.99	8.83	9.30
霍州市	3.79	3.85	6.18
运城市	3.06	4.48	7.55
永济市	4.24	2.74	2.85
河津市	2.16	2.09	10.78

22 个城市每万人拥有公交车辆

城市名称	每万人拥有公交车辆(标台)		
	2005 年	2007 年	2008 年
太原市	7.43	7.43	7.25
古交市	6.03	7.84	7.72
大同市	3.34	5.50	4.16
阳泉市	7.46	9.32	11.27
长治市	4.56	4.48	5.41
潞城市	6.40	5.63	10.63
晋城市	6.43	8.16	8.24
高平市	1.90	2.11	2.04
朔州市	4.32	4.89	5.86
忻州市	3.48	3.45	5.08
原平市	0.97	1.90	2.45
晋中市	6.50	13.83	16.37
介休市	3.71	3.70	3.91
吕梁市	4.91	2.49	3.09
孝义市	2.60	3.83	4.24
汾阳市	5.32	3.79	3.79
临汾市	4.64	8.34	9.42
侯马市	2.82	9.87	10.43
霍州市	2.73	2.21	1.82
运城市	6.86	9.80	9.41
永济市	4.93	5.14	2.92
河津市	—	3.68	3.28

22 个城市污水处理能力

城市名称	污水处理能力(万立米/日)		
	2005 年	2007 年	2008 年
太原市	54.80	53.60	55.60
古交市	1.88	5.10	3.30
大同市	16.50	21.00	25.50
阳泉市	20.35	8.00	8.00
长治市	13.98	14.00	14.00
潞城市	2.00	2.00	2.00
晋城市	5.00	15.00	7.50
高平市	—	—	1.50
朔州市	2.58	7.50	4.00
忻州市	6.50	6.50	6.50
原平市	5.00	3.50	5.00
晋中市	6.29	4.00	5.00
介休市	—	—	1.50
吕梁市	—	1.00	1.00
孝义市	—	4.50	2.00
汾阳市	—	—	
临汾市	7.00	7.00	7.00
侯马市	—	1.00	2.00
霍州市	—	—	—
运城市	—	5.00	6.00
永济市	2.00	4.00	4.00
河津市	—	—	2.00

奖励荣誉

【全省优秀工程勘察设计项目评选】 2008年度全省优秀工程勘察设计项目评选　根据《关于2008年度全省优秀工程勘察设计评选活动的通知》（晋建设函字[2009]11号）精神，山西省建设厅委托山西勘察设计协会，组织各行业的有关专家对全省建筑、规划、交通、水利、电力等11个行业申报的104个项目进行技术性评定，经全省勘察设计评审委员会综合评议，并经厅办公会审定，共有91个申报项目获奖，其中一等奖26项，二等奖33项，三等奖23项。

【全国物业管理示范住宅小区（大厦、工业区）评选】 经住房和城乡建设部考评验收，山西省太原市丽华苑小区（山西丽华物业管理有限公司）；山西省晋中辰兴国际文教城（晋中好佳物业管理有限公司）；山西省大同市金色水岸龙园（大同翔龙集团物业管理有限责任公司）；山西省大同市绿园3号院（大同市绿园物业管理有限责任公司）等4个小区物业管理被评为2008年度全国物业管理示范住宅小区（大厦、工业区）。

【表彰全国解决建设领域拖欠工程款工作先进单位和先进个人】 2008年10月28，住房和城乡建设部表彰一批先进单位和先进个人。

山西省获得“全国解决建设领域拖欠工程款工作先进单位”的荣誉称号的单位有：太原市建设管理委员会、晋城市建设局、临汾市建设局、运城市建设局。

山西省获得“全国解决建设领域拖欠工程款工作先进单位”的先进个荣誉称号有：李万龙、贾文梅、贾秉前、陈志强、赵晓东、马海义、李晓曦、裴天德、刘官虎、薛宏伟、吴世良、常月明、刘　皋、马玉林。

【省建设厅关于表彰全省建设工作先进集体的决定】 2008年，在省委、省政府的正确领导下，在各市政府和省直有关部门的大力支持下，经过全省建设系统广大干部职工的共同努力，圆满完成了省政府交给的各项重点工作任务，经济社会发展建设领域六项指标顺利实现，建设工作目标责任制全面完成，取得了显著成绩，涌现出一批先进集体。为表彰先进，激励广大干部职工继续努力和奋勇当先，经研究决定，对一年来在建设工作中做出突出成绩的35个单位予以表彰。

省建设厅召开全省建设系统学先进、树典型座谈表彰会，为我省获得全国建设系统劳动模范称号的代表颁奖。

2008 年度山西省住宅和房地产管理工作

先进集体(4 个)

太原市房地产管理局

大同市房产管理局

朔州市房地产管理局

忻州市建设局

2008 年度山西省城市规划工作

先进集体(5 个)

太原市规划局

长治市规划局

晋城市规划局

晋中市规划局

临汾市规划局

2008 年度山西省城市园林绿化工作

先进集体(4 个)

太原市园林局

长治市园林局

晋城市园林局

朔州市园林局

2008 年度山西省城市市容环卫管理工作

先进集体(3 个)

太原市市容环境卫生管理局

长治市建设局

晋中市建设局

2008 年度山西省城市基础设施建设管理工作

先进集体(4 个)

太原市市政管理局

大同市市政公用局

朔州市建设局

运城市建设局

2008 年度山西省城市执法监察工作

先进集体(2 个)

太原市城市管理行政执法局

阳泉市城市管理行政执法局

2008 年度山西省工程建设管理工作

先进集体(4 个)

太原市建设管理委员会

阳泉市建设局

晋中市建设局

临汾市建设局

2008 年度山西省建筑节能工作

先进集体(4 个)

太原市建设管理委员会

大同市建设委员会

阳泉市建设局

运城市建设局

2008 年度山西省村镇建设管理工作

先进单位(4 个)

大同市建设委员会

晋城市建设局

朔州市建设局

吕梁市建设局

2008 年度山西省住房公积金管理

先进集体(5 个)

太原市住房公积金管理中心

忻州市住房公积金管理中心

吕梁市住房公积金管理中心

临汾市住房公积金管理中心

运城市住房公积金管理中心

2008 年度山西省风景名胜区管理工作

先进集体(1 个)

五台山管理局

2008 年度山西省解决农村困难群众住房问题

先进集体(1 个)

右玉县建设局

2008年度山西省省级优秀工程勘察设计项目获奖名单

表一

奖次	申报项目名称（全称）	申报单位名称	获奖人员
优秀工程设计一等奖	太原邮电综合业务楼	山西省建筑设计研究院	张学锋 李振朝 陈刘钢 邓奇敏 杨三发 周涛 张明科 樊秀民 李霰 曹志英 王学文 刘艳云 宋剑波 申健颖 史朝红
	山西省人民医院外科大楼	太原市建筑设计研究院	齐冬晖 嘉更虎 王旭霞 许琳 李俊英 王雅洁 张蔚 张爱萍 李耀锋 上官安星 白建顺 郭文华 蔡冰 马旭平 杜小鸽
	八路军太行纪念馆改扩建工程	山西省建筑设计研究院	乔明 何庆 冀华 邢树嫦 薛清华 卫晓东 赖忠毅 温江红 张英霞 侯志豪 王辉 曹若渊 刘继文 李卫华 冀艳蕾
	省道南太线南坡—榆社城东段改建工程	山西诚达公路勘察设计有限公司晋中分公司（原：晋中分局勘测设计所）	胡森林 赵保平 乔华 宋庆瑞 胡志刚 王永强 秦永前 毛晓峰 张丽娜 王晨 李鹏 贾红梅 刘军 连景鹏 马秀芳
	国道209线河津至临猗一级公路	山西交科公路勘察设计院	赵队家 王新生 刘升泉 赵国珠 冯军龙 米春明 武利军 韩大千 李卫妮 王蕊丽 任南华 马雅琴 李文秀 王娟 卫三耀
	长治～晋城高速公路	山西省交通规划勘察设计院	聂承凯 王秀平 帖智武 张晨晖 王敬 汪伟 马健中 张正星 张卫华 郭晓军 潘铁 平静芳 张明欣 桑明泰 王志刚
	山西永济热电厂2×300MW空冷机组技改工程	山西省电力勘测设计院	赵勇 刘俊然 林慧榕 李景一 王振泽 夏南 丰玲 李福林 闫殊 李永青 黄琪 冯永欣 余玲 任彩玮 韩爱兰
	常平22OKV变电站新建	山西省电力勘测设计院	高昂 张奋光 刘志强 吕建国 朱术贵 杨小光 郭亚昌 王桂花 张颖 马涛 李琴 马淑丽 申红强 曹媛 刘敏
	高平兴高焦化有限公司余热电厂	山西意迪光华电力勘测设计有限公司	张志刚 焦艳花 王伟 赵瑞平 严鑫 刘振国 孟江红 赵晓花 孟照亮 韩波 张树红 王义军 杨永明 任彩玮 董凤云
	粟海铝业110KV变电站	运城市电力设计院	杨志峰 王运平 张红莲 陈建杰 李秀萍 惠改玲 闫崇阳 吴宏武 赵华田 马孟临 张龙亮 姜亚梅 樊勖皓 李鹏
	平陆220KV变电站新建	山西省电力勘测设计院	高昂 张奋光 刘志强 王洪峰 朱术贵 史卓鹏 李昊灵 刘蕾 张颖 马涛 史志宏 马淑丽 申红强 刘宇 王治国
	国投昔阳能源有限公司黄岩汇煤矿	太原市明仕达煤炭设计有限公司	耿玉鹏 贺民强 胡开宇 王晓亮 王晓宏 申晓剑 张志江 张宏伟 崔磊 武军波 张海霞

2008 年度山西省省级优秀工程勘察设计项目获奖名单

续表一

奖 次	申报项目名称(全称)	申报单位名称	获 奖 人 员
优秀工程设计一等奖	山西省横泉水库枢纽工程	山西省水利水电勘测设计研究院	孙万功 卢天杰 李效勤 刘小梅 李杜元 郝满仓 王建峰 张凌峰 张玉民 董建莉 乔 立 王增国 张庆保 马银珍 张红云
	太钢不锈钢股份有限公司热连轧厂新建 & 续建全氢煤气罩式炉工程	太钢(集团)设计院(有限公司)	刘 滨 张文斌 鲍春艳 曹天勇 王国鹏 柴晓军 康宇龙 甄晋萍 韩瑞芳 冯艳霞 赵 钰 白云燕 余润田 郝德锐 韩 锋
	江苏利土德化学工业园建设工程 50kt/a 苯胺装置	赛鼎工程有限公司化学工业第二设计院宁波工程有限公司	马文华 宋立新 许志龙 郭仁君 张 志 王爱兵 张宇红 陈 俊 徐 斌 黄艺珠 周 剑 章 燕 刘明亮 温雪莲 梁宏伟
	天脊集团高平化工有限公司 4060 项目	赛鼎工程有限公司	李 晓 赵焰飞 韩宝莲 赵学仁 李素萍 贺润鸿 程建斌 孙即梅 段月亲 杨玉娴 李 强 杨 华 武银福 梁晓宇 贾宝忠
	天脊煤化工集团合成扩建项目 CO^2 尾气脱硫	山西省化工设计院	曹 阳 成国日 李顺香 王明明 刘金亮 郝启刚 马新华 李晓鑫 王彩菊 施俊鹏 李红宝 白越川
优秀工程设计二等奖	山西医科大学第一医院住院楼	山西省建筑设计研究院	阎 炜 吴 岚 屈秦晖 罗 岚 闫玉峰 杨晓红 苏敏芳 赵彤霞 张 恒 周 涛 卫 莉 马康杰 张 莉 杨玉兰 李红波
	晋城市多功能综合馆建设指挥部—综合楼	山西省第二建筑设计院	吴建平 崔振武 郭志斌 安 锦 连志强 牛乐生 秦春莺 盖志科 王岩波 韩永福 罗孔明 杨卫龙 杨金玲
	山西日报闻汇大厦	山西省建筑设计研究院	周 涛 赵晓星 冉靖华 刘国佐 田艳平 罗 岚 孔繁荣 任泉军 郑卫卫 杨晓红 张 恒 马康杰 张 莉 张明科 樊秀民
	孝义市鑫府苑住宅小区	山西省建筑设计研究院	苏敏芳 李 源 张建伟 张立芳 苏巧梅 董长祥 卫彦荣 顾南勇 梁鹏花 尹永青 程 波 程 权 王业辉 刘永兴 张志明
	太原进山中学教学楼	山西中创建筑设计有限公司	董晓龙 张 鸿 寇云云 王少燕 张小丽 李伟霞 张亚星 牛建宇 陈才华 王 宇 张 鹏 许青青 杨鑫鑫 段成锴 高元平
	109 国道右玉哑巴岭~平鲁二道梁县际公路改建工程	山西诚达公路勘察设计有限公司朔州分公司	苗官琮 张文杰 党彦荣 王伟炳 王海刚 李生喜 郭 莉 曲晓燕 康瑞芳 谷霄丽 杨艳梅 李小霞 刘晓东
	柳林电厂—金罗变电站 22OKV 架空送电线路工程	山西省电力勘测设计院	刘志强 王进发 阎 涛 宋立军 侯小加 崔宏斌 谢江宁 谢东升 符本义 秦 君

2008年度山西省省级优秀工程勘察设计项目获奖名单

续表二

奖次	申报项目名称(全称)	申报单位名称	获奖人员
优秀工程设计二等奖	三营盘110KV变电站	太原供电设计研究院	邵宏 唐宏 王淑丽 续君兰 张耀宏 游耀丽 郭红英 张晓镭 张晓红 田毅 张萍
	山西汾西矿业集团中兴峁上110KV输变电工程	山西致雨电力有限公司	陈智敏 施丽娜 杨典志 孙风梅 秦晓云 张娜 杨昭 宋涛
	稷山佛东110KV变电站工程	运城市电力设计院	杨志峰 张红莲 王运平 阎重阳 姜亚梅 马孟临 赵花田 李秀萍 王文星 惠改玲 原艺峰 樊勖皓 李鹏 杨淑珍
	三营盘110Kv输变电工程	太原供电设计研究院	邵宏 唐宏 王淑丽 续君兰 王国勤 王润元 刘春霖 陈涛 杨美英 代春义 张萍
	朔州辛庄220KV变电站	山西意迪光华电力勘测设计有限公司	王敏 李自助 刘振国 王巨文 孟照亮 郭力 杜君 张树红 赵斌 付圣智 王义军 吕元 费红磊 陆斌 刘娜
	阳泉煤业集团煤矸石发电厂3号135MW机组接入系统220KV送电线路工程	阳泉华海电力设计院有限公司	张俊刚 郝志芳 马建华 郑保京 李宏 杨婷
	山西灵石县红杏煤矿有限公司一矿初步设计	晋中市煤炭规划设计研究院	韩建萍 武海平 魏增光 耿栋 陈新玲 范玉梅 王志强 施引全 武林海 闫智信
	山西兰花集团东峰煤矿股份有限公司矿井	太原市明仕达煤炭设计有限公司	崔景奎 贺民强 崔兆华 张艳军 王晓宏 贾海青 郭瑞红 郭阿娟 杨丽芬 王彩俊 郭丙林
	山西省汾河二库枢纽工程技施设计	山西省水利水电勘测设计研究院	林宗禹 吴存虎 燕荷叶 董健莉 李永平 曹继彦 张润生 马素菁 傅天清 石桂萍 张鲁晋 张帆 郝娅婵 杨学宏 王好收
	太钢BOC气体有限公司空压机、氮压机及配套工程	太钢(集团)设计院(有限公司)	高晔明 白静萍 高磊 秦红梅 李遇春 米宏民 王彦虎 李建明 王素珠 王宝国 白灵宝 韩文元 沈业全 张建新 刘景峰
	太钢(集团)临汾钢铁有限公司中板热处理完善工程	太钢(集团)设计院(有限公司)	李向东 李霞 韩瑞芳 齐春龙 王时斌 夏志宏 秦藜丽 姚建斌 张春晓 白泽华 王万江 原丽军 仇明山 乔志明 乔更香
	山西晋丰煤化工有限责任公司“36·52”项目一期工程年产18万吨总氨、26万吨尿素	山西省化工设计院	郝启刚 曹阳 向兵 杨直 施俊鹏 李风川 马新华 成国日 李喜延 李宏 张然 李红宝 张晓霞 白越川 刘建宇

2008 年度山西省省级优秀工程勘察设计项目获奖名单

续表三

奖 次	申报项目名称(全称)	申报单位名称	获 奖 人 员
优秀工程设计二等奖	山西亚宝药业集团有限公司亚宝工业园建设工程综合制剂车间	山西省医药规划设计院(有限公司)	李传青 常玉忠 巴 峰 闫旭梅 李文娟 贾海霞 裴晋平 张 丽 王晓辉 李会艇 席海娟 王旭升 王 红 王 斌 杨兆庆
	山东海化煤业化工有限公司甲醇工程	赛鼎工程有限公司	张冬草 武麦桂 段月亲 黄顺泰 刘建卫 谢 伟 侯兴山 杨 伟 乔海星 荣 鹤 杨小林 康贵星 李 晶 冯纪章 段建武
优秀工程设计三等奖	太原理工大学轻纺工程与美术学院学生餐厅	山西亚达建筑设计研究院	张凤翔 曹云霞 孟聪龄 郑 磊 张明真 解雪松 王 芳 王秀荣 宁晓波 邵雨生 宁晓波 侯官胜 温 渊 王秀华
	新兴时代广场(君豪国际)	山西省建筑设计研究院	何 庆 穆翠峰 王丽萍 张 婕 武文斌 武树青 赵 顺 张 苇 毛继宏 张媛媛 朱宝仁 李明华 张 艳 张列亚 张志明
	阳光地带 M10 楼座	太原市建筑设计研究院	蒲 净 康 宁 任晓燕 上官安星 梁向宏 尹 琦 许建平 李华美 贾 勇 杨太华 樊永胜 吴建义 徐用生 王中文 冯光太
	中国农业银行吕梁分行办公大楼	吕梁市建筑勘察设计院	王全福 张翠萍 赵艳梅 刘海明 高全新 柯玉琴 张佩琳 郝艳蓉 侯连连 王秀丽 贾旭亮
	古县文化活动中心	山西省建筑工程设计公司	温 刚 周叶瑛 周伟德 吉志强 付丽娟 张雁红 兰 勇 秘春明 孙生文 张稳学 郭小丽 王秀敏 李艳萍 曹天宏 杨之勇
	省道长平线长治～壶关一级公路	山西省公路局太原公路分局勘测设计院	宋平兴 李汾生 任保欢 李玉琴 贾 春 郭凤俊 周 鑫 伍高建 连树斌 王红伟 李艳春
	省道岢大线蔡家崖至岐道段改建二级公路	吕梁宇星公路勘察设计院	李兴柱 邓文斌 李 靖 高建军 郭春兰 闰俊枝 刘国华 高建斌 李勇耀 刘瑞平 吴凤生 郭艳英 王瑜清 郭晓魁
	省道 S211 虎山线杀虎口右玉县城段改建工程	山西诚达公路勘察设计有限公司朔州分公司	张文杰 党彦荣 王海刚 吴志军 郭 莉 杨艳梅 谷霄丽 曹佳媛 曲晓燕 康瑾理 康瑞芳 李生喜 李小霞
	阳泉开发东区 110KV 变电站新建工程	阳泉华海电力设计院有限公司	张俊刚 郝志芳 赵利军 曲艳芬 李 萍 张士斌 李 宏 王彩虹
	左云小京庄 110KV 变电站新建工程	大同供电设计院	张明生 李一权 卢小平 匡满武 陈建丰 赵清芳 赵雁文 朱亚奇 仝小琴 程 柯 郭志利 白 岩 葛丽美 李培林 姚秀文

2008年度山西省省级优秀工程勘察设计项目获奖名单

续表四

奖次	申报项目名称（全称）	申报单位名称	获奖人员
优秀工程设计三等奖	临钢110Kv变电站接入系统改造工程襄汾至临钢110Kv线路部分	临汾电力设计院	赵晋毅　丁荣凤　单建春　李家庆　范国平
优秀工程设计三等奖	灵石110Kv弓家庄变电站工程	晋中电力设计院	王爱英　生一健　房有涛　张　伟　原宇华　常静芳　张晓萍　吴京田　赵　力　许学亮　许永安
优秀工程设计三等奖	乡宁西坡110Kv变电站工程	临汾电力设计院	赵晋毅　丁荣凤　狐晓宇　席晋奎　苏鹏伟　张惠民　张连贵　周卫国　赵　群　孙红斌
优秀工程设计三等奖	阳煤二矿+470水平西大巷主运输系统改造	山西国辰建设工程勘察设计有限公司	刘万江　郭　刚　任发伍　吕建华　荆俊峰　宋志生　陈　忠　荆保平　宋晋龙　张建明　王安安　王乐西　庞国豪　靳素梅　张占英
优秀工程设计三等奖	沁县月岭山水库除险加固工程	长治市水利勘测设计研究院	郭清宇　孙景峰　王东升　彭卫军　牛红霞　赵　军　宋支砚　邢　燕　范民民　董云飞　马书梅　王晓坤　闫中庆　孙景鹏　王永强
优秀工程设计三等奖	小定河上游山西省桑干河灌区应县节水改造工程设计	朔州市水利勘测设计院	常　文　马瑞文　孟汉靖　朱宏福　刘　义　李翰宙　李福梅　姚以昭　郑秀丽　康振生　陈天贵　郭　伟　王云青　谭　斌　贾建成
优秀工程设计三等奖	太钢六扎厂2300轧机电气系统改造工径	太钢（集团）设计院（有限公司）	沈业全　许　晓　张建新　王时斌　白静萍　秦春荣　张文胜　石秀峰　李　霞　高晔明　梁晓杰　卜丽云　冉晓红
优秀工程设计三等奖	太钢三高炉扩容大修4#热风炉工程	太钢（集团）设计院（有限公司）	邢德川　薛晋安　冯莉君　胡　婕　王晓蓉　唐红英　张丽萍　杨立红　李新春　原丽军　郭效斌　高　峰　杨永峰
优秀工程设计三等奖	江苏宏达化工新材料股份有限公司30kt/a有机硅材料工程	赛鼎工程有限公司	王宇光　隋保友　叶和平　赵武勇　陈　俊　章　燕　郭震宇　周　剑　徐　斌　王爱兵　刘明亮　杨利军　温雪莲　颜焕敏
优秀工程设计三等奖	山西泰源药业有限责任公司易地GMP改建工程综合制剂车间	山西省医药规划设计院（有限公司）	郭鲜竹　贾海霞　裴晋平　李文娟　王晓辉　巴　峰　徐　桥　闫旭梅　常玉忠　郝正光　李会艇　程　杰　席海娟　郭丽君　王　红
优秀工程勘察一等奖	内蒙古包头第二热电厂2×300MW空冷供热机组扩建工程岩土工程勘测	山西省电力勘测设计院	于爱文　马领康　赵书明　李建春　赵锦明　樊国瑞　王田晓　白新春　贾建勋　胡亚平　赵　环　吴耀祖　张秋瑞　康学毅　白建平
优秀工程勘察一等奖	山西省人民医院高层住宅楼	山西省勘察设计研究院	许有国　张立辉　郭凤武　来凤芷　党　军　韩文科　闫　军　刘文京　王军海　李宇峰　李晓光　尉亚东　梁建国　景秀琴　陈　晖

2008 年度山西省省级优秀工程勘察设计项目获奖名单

续表五

奖　次	申报项目名称(全称)	申报单位名称	获　奖　人　员
优秀工程勘察一等奖	黄河万家寨水利枢纽有限公司调度中心大楼	山西省勘察设计研究院	梁建国　郭凤武　贾迎泽　原永智　王鸿喜 张立辉　许有国　李宇峰　梁　进　尉亚东 李晓光　韩文科　杜洁林　景秀琴　孙　丽
优秀工程勘察二等奖	太原滨东花园 A、B、C、D、E、F、G、H 座住宅楼岩土工程勘察	山西省勘察设计研究院	李树荣　郭凤武　贾迎泽　原永智　王鸿喜 梁建国　李晓光　韩文科　李文和　景秀琴 陈　晖　孙　丽　梁　进　刘丛亚　党　军
	山西赵城新能源热电有限公司王开水源地供水水文地质勘查报告	山西省地质工程勘察设计院	樊国强　魏　放　郭启明　李选利　阎冬梅 尤小艳　阎晓虹　王胜利
	塔吉克斯坦～乌兹别克斯坦公路改扩建工程详细工程地质勘察报告(沙赫里斯坦隧道)	山西省第八地质工程勘察院	王续祥　宁联元　程自刚　苏中明　崔宏文 贾社康　李转运　雒　浩　卫建昌　王志强
优秀工程勘察三等奖	临汾市公安指挥中心岩土工程勘察项目	山西省勘察设计研究院	梁　进　杨来俊　贾迎泽　王军海　刘丛亚 杨晓丽　原永智　胡孟卿　梁贵荣　刘文京 闫　军　景秀琴　乔惠莉
	迎泽家园 14 号高层住宅岩土工程勘察项目	山西省勘察设计研究院	王合意　薛云英　郭凤武　贾迎泽　原永智 韩文科　梁　进　闫　军　刘文京　景秀琴 王仙玲　肖晋丽
	太航 102#底商综合楼基坑支护工程	山西省勘察设计研究院	段武奎　杨来俊　贾迎泽　李永伟　贺永俊 胡孟卿　惊建峰　乔中鑫　梁建国　冯晓庆 张海峰
	山西丹峰化工有限公司年产 10 万吨甲醇项目	山西省勘察设计研究院	杨新荣　郭凤武　贾迎泽　原永智　李玉海 刘国鹏　王军海　杜洁林　叶海东　景秀琴 乔惠莉　李小云
优秀计算机软件二等奖	山西省公路地质卫星遥感 GIS 系统	山西省交通规划勘察设计院	马健中　郑亚丽　孙雅洁　刘清平　韵耀斌 刘丽珍　胡剑雨　常晋伟　张效纲　马　君
优秀规划设计一等奖	五台山风景名胜区总体规划	山西省城乡规划设计研究院	李喜民　张卫东　高丽英　翟顺河　范华民 白新强　安笑梅　孟兆国　马杨悦　杨丽霞
	山西省新绛历史文化名城保护规划	山西省城乡规划设汁研究院华中科技大学城市规划设计研究院	何　依　宇学军　占晓林　阴　佶　李俊英 王艳红　曾　文　丁可人　刘　娴　傅泽秋

2008年度山西省省级优秀工程勘察设计项目获奖名单

续表六

奖次	申报项目名称(全称)	申报单位名称	获奖人员
优秀规划设计一等奖	太原不锈钢工业圆周围片区控制性详细规划	太原市城市规划设计研究院	卫长乐 刘亚文 曲晓东 关玲娟 赵 晴 王 键 赵 荣 韩 宇 金 春 卫小琴
	汾河太原城区段治理美化二期工程北延伸段修建性详细规划	太原市城市规划设计研究院、太原市建筑设计研究院、山西省建筑设计研究院、山西省城乡规划设计研究院	王富华 武 辉 冀东晓 蒲 净 梁向宏 亓文斐 闫文刚 李喜民 张卫东 张学峰 冯高磊 马 波 卫长乐 褚旭东 上官安星
优秀规划设计二等奖	太原市近期建设规划(2006~2010年)	太原市城市规划设计研究院	邢超文 史一东 赵 舰 卫小琴 王爱明 秦 鑫 汪 杰 裴 军 周宇峰 罗彩霞
	运城市新区控制性详细规划	山西省城乡规划设计研究院	范华民 高丽英 白新强 李喜民 张卫东 李平丽 尹佳佳 翟顺河 傅泽秋 孟兆国
	山西省大同旧城区控制性详细规划	上海同济城市规划设计研究院 大同市规划设计研究院	邵 甬 李东明 顿明明 张伊娜 姚 凯 胡力骏 王国华 崔文军 宋智军 苑晨钢
	沁水县县城总体规划	山西省城乡规划设计研究院	薛 达 巨 涛 王爱科 弋雪宁 刘立群 苏 旭 刘永平 王庆云 傅泽秋 焦云祥
	五台山风景名胜区旅游服务基地修建性详细规划	山西省城乡规划设计研究院	李喜民 范华民 张卫东 高丽英 李平丽 白新强 尹佳佳 翟顺河 傅泽秋 孟兆国
优秀规划设计三等奖	太原市城市综合交通规划	太原市城市规划设计研究院、上海市城市综合交通规划研究院	陈必壮 王富华 蒋晗芬 陈永顺 王凤莲 赵 俊 卫长乐 吴 钰 石玉山 张 宇 胡纯杰 周文华 武 辉 史一东 曾春海
优秀规划设计一等奖	左权县滨河新区修建性详细规划	山西省城乡规划设计研究院	薛冠宇 宁学军 翟顺河 张海林 程建胜 阴 佶 陈海源 李俊英 杨官允 杨利峰 毛立波
	平遥汇丰生态苑居住区修建性详细规划	山西省城乡规划设计研究院	高晓戌 赵 亮 代 智 邓小军 刘俊杰 张明轩 王 刚 武 晶 李 谨 王光瑞

2008 年度山西省省级优秀工程勘察设计项目获奖名单

续表七

奖 次	申报项目名称(全称)	申报单位名称	获 奖 人 员
优秀规划设计一等奖	陕西省榆林市城市绿地系统专项规划	山西省城乡规划设计研究院	薛冠宇 宁学军 傅泽秋 焦云祥 阴 佶 杨丽霞 占晓林 陈海源 李俊英 杨官允 杨利锋
优秀规划设计一等奖	大同市金色水岸龙园小区规划设计	大同市规划设计院	李东明 孟庆华 王国华 王国庆 马玉平 高云龙 付雁军 苑晨钢 宋智军 牛小兰
优秀村镇设计一等奖	应县县城村镇体系规划	山西省城乡规划设计研究院	张玉民 郭文炯 任 英 栗碧英 陈建军 郑甲苏 温俊卿
优秀村镇设计一等奖	灵石县夏门历史文化名村保护规划	西安建筑科技大学城市规划设计研究院、山西城邦城市规划设计有限公司	王树声 高必征 汤道烈 李祥平 肖 波 李慧敏 李欣鹏 王波峰 赵怀杯 吴昌晶
优秀村镇设计二等奖	柳林县县域村镇体系规划	山西省城乡规划设计研究院	翟顺河 郭文炯 张玉民 栗碧英 温俊卿 郑甲苏 任 英
优秀村镇设计二等奖	阳泉市郊区小河历史文化名村保护规划	山西佰辰建筑规划设计有限公司、北京交通大学建筑系与艺术系	薛林平 于丽萍 刘 捷 田新林 王力恒 张 轩 欧 曼 李志新
优秀村镇设计二等奖	万荣县汉薛镇总体规划	山西省城乡规划设计研究院	马杨悦 冯亚琴 畅月萍 白新强 王 勇 王 宁 杨 旭
优秀村镇设计三等奖	汾阳市杏花村镇总体规划	山西省城乡规划设计研究院	王小玲 米伟北 孟兆国 王慧斌 左 勇 刘 渊 刘 成 陈宏吉 白海峰 马 达
优秀村镇设计三等奖	临县雷家碛乡雷家碛村建设规划	山西省城乡规划设计研究院	王 刚 刘宇峰 崔洪彦 李双贵 路广英
优秀村镇设计三等奖	太原市杏花岭区大窑头村新农村建设规划	山西省城乡规划设计研究院	任 英 邢永生 刘明国 曹小练 胡震峰

2009 年

特　　载

大力推进棚户区改造　切实保障和改善民生

——王君省长在全国城市和国有工矿棚户区改造会议上的发言

（2009 年 12 月 28 日）

棚户区改造是党中央、国务院保障和改善民生的重大举措。近年来特别是今年，山西省大力推进棚户区改造工作，取得了明显成效。今年开工建设廉租住房和经济适用住房、棚户区改造、农村困难群众危房改造共计 35.9 万户（套）、2119 万平方米；其中，城市和国有工矿棚户区改造完成 15.3 万户（套）、991 万平方米。截至目前，累计完成棚户区改造 26 万户（套）、1836 万平方米，占总任务（39.7 万户）的 65%。主要做法和体会，有以下几点：

一、领导重视是前提

党中央、国务院高度重视棚户区改造工作，出台了一系列政策措施。我们认真贯彻落实中央决策部署，规划“十一五”期间全部完成国有重点煤矿棚户区改造任务；从 2008 年起，用 3－5 年时间完成城市居民棚户区改造任务。从 2006 年起，连续 4 年把棚户区改造写入《政府工作报告》，作为省政府向全省人民承诺办好的实事。特别是去年以来，我们站在保障和改善民生的战略高度，站在促进山西转型发展、安全发展、和谐发展的高度，将棚户区改造作为重要的惠民工程，摆在经济社会发展的突出位置；将棚户区改造项目打包列入省级重点工程，加大推进力度。建立由省主要领导牵头、各有关厅局参加的工作机制，形成了强大的工作合力。

二、政策配套是关键

我们先后制定了《关于实施国有重点煤矿棚户区改造的意见》、《关于实施城市居民棚户区改造的指导意见（试行）》等一系列文件，出台了推进棚户区改造的具体政策措施。在土地供应方面，棚户区改造新征建设用地，以行政划拨方式供应，并在年度用地计划中优先安排。“十一五”以来棚户区改造已划拨土地 1.8 万亩（累计减免土地出让金 54 亿元）。在税费减免方面，免收棚户区改造的行政事业性收费、政府性基金，对经营服务性收费按低限实行减半收取，累计免收约 30 亿元；免收经营管理中的营业税、房产税、城镇土地使用税等，免收额累计达 7000 万元。在公用设施方面，由供电、供水、供热、供气等相关部门出资配套建设。同时，鼓励引导金融机构加大对棚户区改造的支持力度，形成了加快推进棚户区改造的政策合力。

三、资金到位是保障

我们按照个人出资、政府和企业补助的原则，多渠道筹措建设资金。省级财政对负担较重的同煤集团，给予每平方米200元的补贴，累计补助8.3亿元；对其他国有重点煤矿棚户区改造，给予每平方米60元的补贴，累计补助1.7亿元；对棚户区集中的太原、大同两市，一次性分别给予5000万元的补贴。去年四季度以来，国家实施扩大内需政策，加大了对棚户区改造的支持力度，对国有煤矿棚户区改造的相关配套工程给予50%的补贴，同时，我省按15%配套补助资金1.8亿元。截至目前，除国家补贴6.1亿元外，我省棚户区改造投入资金275.9亿元，其中城市棚户区和国有重点煤矿棚户区改造投资分别为195亿元、80.9亿元。在国有重点煤矿棚户区改造中，省级财政投入11.8亿元，企业投资40亿元，个人负担29.1亿元。

四、机制创新是动力

在确保资金、土地等要素供给的同时，积极推进机制创新。创新项目审批机制，成立了由发改、国土、环保、建设等相关部门组成的省重点工程行政审批中心，进一步简化审批程序，对涉及棚户区改造项目的建设用地、环评、立项审批手续实行统一受理、集中办公、限时办结，大大提高了办事效率。创新补偿安置机制，采取产权调换和货币补偿相结合的方式进行，对需要异地安置的，先建安置住房，后拆迁改造；对经济困难家庭，采取实物配租或先购买部分产权、租赁部分产权，待具备购买能力后，再自愿购买其余产权的方式，予以安置。创新工作推进机制，通过召开调度会、协调会、现场推进会，及时掌握情况，研究解决问题，总结推广经验，加快建设进度。

五、督促检查是手段

实行目标责任考核制度，每年省政府与市政府、市政府与县（市）政府和企业签订棚户区改造目标责任书，纳入经济社会发展指标考核范围，形成了层层有任务、一级抓一级的工作格局。实行工程建设月度通报制度，各市每月上报工程进度和投资完成额；省政府分管领导每月听取一次情况汇报，协调解决有关问题；省政府根据完成情况进行排名，定期不定期组织督查，强化全过程监管。实行约谈制度，由纪检部门牵头，监察、审计、建设等相关部门参加，跟踪督查项目建设情况，对进展慢、资金和土地不落实的市县政府主要领导进行约谈。今年以来先后对2市9县22人进行了约谈。

我们将认真贯彻落实这次会议精神，学习借鉴兄弟省市的成功经验，进一步完善政策措施，加大投入力度，力争用3年时间全部完成我省城市和工矿棚户区改造任务，把这项民心工程、德政工程抓紧抓好、抓出成效，让人民群众共享改革发展成果，向党中央、国务院交上一份满意的答卷。

一幢幢高楼拔地而起，棚户区居民一批接一批迁住新居。

省委常委、常务副省长李小鹏
在全省保障性安居工程建设推进现场会议上的讲话

（2009 年 6 月 27 日）

很高兴参加今天的会议。上午，大家参观了大同市保障性安居工程建设成果，刚才，省建设厅阎晨曦同志通报了全省保障性安居工程建设情况，大同市郝月生同志介绍了大同市保障性安居工程建设的经验，太原市吉久昌同志和晋中市李年善同志分别作了交流发言。

下面，我就推进全省保障性安居工程建设讲几点意见，供大家参考。

一、统一思想，提高认识，增强保障性安居工程建设的责任感和紧迫感

住房是民生之要。实施保障性安居工程，既是改善民生、构建和谐社会的重大举措，又是拉动经济、促进积极平稳较快发展的有效措施。各级各部门要进一步统一思想，提高认识，着力抓好这项惠民生、促发展的工程。

（一）实施保障性安居工程，是体现为人民服务根本宗旨的重要内容

让广大人民群众共享改革发展成果，是党和政府工作的出发点和落脚点。实施保障性安居工程，是实践党的宗旨和落实科学发展观的具体体现。党的十七大确定了“住有所居”的目标，去年，中央把加快保障性安居工程建设作为扩大内需、促进经济增长十项措施中第一项，对保障低收入人群住房工作提出目标和要求。今年 3 月，国务院在长沙召开全国保障性安居工程工作会议，李克强副总理出席会议并作重要讲话，他强调：加快建设保障性安居工程建设，既能扩大投资又能带动消费，既能促进增长又能改善民生，是应对危机，推动发展的一个重要切入点。省委、省政府高度重视保障性安居工程建设，把保障性安居工程建设作为促进经济平稳较快发展和实现“三个发展”的重要组成内容，投入了大量的人力、物力和财力，多次召开会议研究保障措施、建设规模、投资方式等重要问题。今年 4 月，省政府印发了《关于鼓励和培育住房消费促进房地产市场健康发展的若干意见》，6 月 24 日，省政府常务会议又审议通过了《关于贯彻全国保障性安居工程工作会议精神加快保障性安居工程建设的通知》，进一步明确了加快推进保障性安居工程的政策措施，对下一步的工作提出明确要求。党中央、国务院，省委、省政府站在立党为公、执政为民高度，高度重视保障性安居工程建设，各市也必须站在深入学习实践科学发展观、贯彻落实中央和省一系列重要部署的高度，认真抓在手上，抓出成效，让人民群众真正享受到改革开放的成果，真正感受到党和政府的温暖。

（二）实施保障性安居工程，是拉动经济增长的迫切要求

受国际金融危机的影响，我省经济面临严峻形势。在这样的形势下，加大以基础设施为重点的固定资产投入就成为促进经济平稳较快增长的最主要的力量，显得尤为重要。保障性安居工程是重要的基础设施建设，加快建设保障性安居工程，对于增加投资，扩大内需，拉动相关产业发展，带动居民消费升级，缓解就业压力，抵御金融危机等，都具有十分重要的意义和作用。按年初确定的目标，2009 年我省保障性安居工程年度投资约 320 亿元，如果任务全部完成，就可以带动钢铁、水泥等相关产业 540 亿元 ~700 亿元的需求，可以带动其它商品 420 亿元 ~480 亿元的销售额，就可以在本行业解决 41 万人

就业，并带动相关行业增加83万个就业岗位。拉动作用非常显著。所以说，加快保障性安居工程建设，是抵御金融危机，促进经济平稳较快增长的迫切要求。

（三）实施保障性安居工程，是改善民生的现实需要

我省是中部欠发达地区，经济发展长期相对滞后，群众住房困难问题比较突出。到2008年底，我们的城镇居民还有24.99万户人均住房建筑面积不足10平方米，还有33.5万户经济适用住房供应对象，还有11.47万户居民居住在国有重点煤矿棚户区和城市棚户区，我们的农村还有41.2万户困难群众的住房需要改造，全省保障性安居工程住房总需求为111.16万套、6068万平方米。大力改善城乡居民住房条件，加快保障性安居工程建设，又好又快地保障低收入群体住房需求，是各级党委政府的责任，是以人为本，关注民生，构建和谐社会的现实需要。

二、明确目标，加快进度，扎实推进保障性安居工程建设

保障性安居工程，主要包括：廉租住房、经济适用住房、棚户区改造（国有重点煤矿棚户区改造、城市居民棚户区改造和省属国有非煤矿山棚户区改造）、农村困难群众危房改造（困难群众危房改造、扶贫移民搬迁、残疾人危房改造）和采煤沉陷区治理等5大类。其中，廉租住房项目，全部由政府投资建设；经济适用住房项目，小区外基础设施由市县财政投资建设，其余由个人出资；国有重点煤矿棚户区改造，以职工个人筹资为主，省市财政补助、企业补助、市场化运作等办法筹资为辅；城市居民棚户区改造，由各市政府通过市场化运作方式筹集资金；国有非煤矿山棚户区改造，参照执行城市居民棚户区改造政策。农村住房困难群众危房改造，由国家、省市县分别补助。采煤沉陷区治理，由国家、省市县及个人共同投入。

国家对廉租住房、国有重点煤矿棚户区改造、农村群众危房改造工作给予资金支持。新建廉租住房，国家对我省享受西部政策的50个县区每平方米补助400元，对享受中部政策的69个县区每平方米补助300元。国有重点煤矿棚户区改造，主要对小区配套设施建设给予补助，2008年，拨付我省1.13亿元。农村群众危房改造，每户给予5000元补助。

年初，省政府把保障性安居工程建设列为今年为人民群众办的“十件实事”之一，并确定了3年建设目标，即从2009年到2011年，全省共建设62.1万套、3502万平方米保障性安居工程住房。其中，2009年建设26.95万套、1719万平方米，年度总投资约320亿元。

目标和任务确定后，各级各部门讲政治、顾大局、想办法，共同推进保障性安居工程建设，取得了明显成效。截至6月25日，全省保障性安居工程已开工1003.45万平方米，完成投资63.49亿元，开工率为60.93%，投资完成率为20.32%。开工率比较高，但投资完成率不够，与年初确定的目标相比，差距还比较大，任务非常艰巨，所以，我们要进一步采取措施，加大力度，加快保证性安居工程建设。

（一）统筹建设保障性安居工程

各市要根据低收入群众住房需求，研究确定本市保障性安居工程建设规模和布局，科学编制保障性安居工程建设三年规划和年度计划。要优先安排建设用地，加快供地审批。要同步规划、建设好配套设施和公共服务设施。要处理好商品房与保障性安居工程的关系，尽量让保障性安居工程与商品住房共享公共设施。独立建设的保障性安居工程，要争取建在基础设施已经完善的地段。今年列入计划的项目，已开工的，要倒排工期，限期完工；未开工的，要在做好前期工作的基础上，力争7月底前全部开工，开工后连续施工。要提前做好明年项目用地审批、环评、立项、可研和初设批复等前期准备工作，为明年的工作打好基础。

（二）多渠道筹措建设资金

加快保障性安居工程建设，资金是关键。在积

极争取和用好国家和省的建设资金的同时，更重要的是研究地方资金筹措办法，尤其是廉租房的建设资金。在经济比较困难的情况下，6月24日，省政府常务会议决定，今年省财政对52个国定、省定贫困县和5个插花县的廉租住房建设，按中央预算内投资补助标准给予1∶1配套补助。各市要认真学习领会中央和省有关保障性安居工程建设的精神，多个渠道、多种形式解决廉租住房资金问题。要积极稳妥探索“租售并举”的模式。

（三）落实好住房消费的政策措施

为进一步扩大内需、促进经济平稳较快增长，加快保障性安居工程建设，今年4月，省政府印发了《关于鼓励和培育住房消费促进房地产市场健康发展的若干意见》，在重申国家有关政策的基础上。确定了全省保障性安居工程建设用地总量，2009～2011年，每年供应12000亩，随报随批；从加大保障性住房建设力度等4个方面，提出13项鼓励措施。各市要认真学习贯彻，在加快保障性安居工程建设的同时，促进房地产业市场健康发展。

（四）加强建设过程监督

保障性安居工程，是一项领导关心、社会关注、群众企盼的民生工程。涉及保障性安居工程的审批事项，要开辟“绿色通道”，简化办理程序，实行限时办结。要严格执行有关建设程序和标准，强化建设过程中各个环节的监督检查和安全管理，确保建设质量。要按规定加强对资金使用情况的监督、检查和审计，定期报告资金筹集和使用情况。对疏于管理、进展缓慢、配套资金不到位的，要进行行政问责。对挪用、挤占国家和省补助资金的，要对有关责任人进行查处。

（五）抓好供应管理

保障性安居工程，关系低收入群众的切身利益，要建好，更要供好。各市要加强保障性安居工程的供应管理，规范供应程序，建立健全公开、公平、公正的供应机制。要准确掌握低收入群众的生活和住房困难，合理划定保障对象准入条件，严格执行廉租住房三审核、两公示、一公布、年复核，经济适用住房两审核、两公示、一公布制度。棚户区改造、农村危房改造、采煤沉陷区治理住房分配，也要制定公开透明的分配办法，坚持阳光操作，接受媒体、群众和社会监督。对于违法违规、弄虚作假的，有关部门一定要严肃处理。

三、加强领导，落实责任，确保各项建设任务的圆满完成

保障性安居工程建设，任务艰巨，使命光荣。各级各部门要高度重视，切实加强领导、加大力度、齐心协力、共同推进。

（一）加强领导

各级各部门要从保持经济平稳较快增长，促进社会和谐稳定的大局出发，把保障性安居工程建设摆上重要议事日程，真正放在心上，抓在手上。

省政府成立了全省保障性安居工程建设领导组，把今年全省的保障性安居工程全部打包列为今年的省级重点工程，并把它作为重中之重，定期专门研究，解决问题，督促进度。各市也要成立由市长挂帅，分管副市长任副组长，建设（房地产）、发改等部门参加的保障性安居工程建设领导组，充分发挥领导组的综合协调作用，及时协调解决工作推进过程中遇到的问题和困难。要抽调精兵强将，组成强有力的工作机构，采取集中办公等方式，加强保障性安居工程建设的组织管理和督促检查，以强有力的组织领导，确保目标任务的全面完成。

（二）落实责任

省直各部门要增强大局意识，各司其职，各负其责，及时沟通，协调配合，积极主动做好保障性安居工程建设的政策指导、组织实施和监督检查工作，帮助市县解决问题，推进工程建设。各市也要制定详尽的组织实施方案，不但要明确资金筹措的办法和渠道、明确项目建设进度要求，还要把责任和任务落实到具体部门、具体的领导成员、具体的承办机构和承办人。

(三)搞好宣传

要充分借助各类媒体,通过多种形式,广泛宣传加快保障性安居工程建设的重要意义和取得的成效。要准确解读国家和地方的有关政策措施,让更多的人了解和参与到这项得民心、惠民生的社会工程中。为保障性安居工程营造良好的社会氛围和建设环境。要及时向社会公布保障性安居工程发展规划、建设计划、项目分布、建设进度、分配办法等信息,全面、全程接受社会舆论和人民群众监督。

同志们,加快保障性安居工程建设,是时代赋予我们的重任,是全省人民对我们的重托。让我们以对党、对人民高度负责的态度,加倍努力、狠抓落实,依法依规做好各项工作,推动2009年建设项目早开工、早投产,为实现全省经济社会全面协调可持续发展,做出应有的贡献。

6月27日,全省保障性安居工程建设推进现场会在大同市召开

深入贯彻落实科学发展观　推动建设事业平稳较快发展

——王国正厅长在全省建设工作暨党风廉政精神文明建设工作会议上的报告

(2009年2月24日)

同志们:

这次全省建设工作暨党风廉政精神文明建设工作会议的主要任务是,坚持以科学发展观为指导,深入贯彻落实全国、全省经济工作会议、省十一届人大二次会议和全国住房城乡建设工作会议精神,总结2008年建设工作和党风廉政建设工作,部署2009年工作,表彰2008年建设工作、援川建房和党风廉政、精神文明、政风行风建设先进集体和先进个人。省委、省政府对这次会议非常重视,省委常委、副省长李小鹏会前多次听取汇报,对开好会议提出了明确要求,下午还要专门与各位分管市长和建设部门负责同志进行座谈,向各市颁发2009年建设工作目标责任状,并做重要讲话,希望大家认真贯彻落实。

下面,我讲三方面的意见:

一、2008年工作回顾

2008年是极不平凡的一年。一年来,全省建设系统按照省委、省政府的总体部署,紧紧围绕年初确定的总体思路和"55621"工作任务,强化措施,狠抓落实,突出重点,整体推进,各项工作都取得了预期效果。

(一)六项经济社会发展指标全面完成。

全省11个设区城市绿化覆盖率达到35.27%,同比提高1.66个百分点。22个设市城市污水处理率达到65.3%,同比提高2个百分点。城市生活垃圾无害化处理率达到45.2%,同比提高9.9个百分点。城市集中供热普及率达到70.2%,同比提高5.1个百分点。城镇人均住房建筑面积达到28平方米,同比增加1平方米。农村人均住房建筑面积达到25.96平方米,同比增加0.39平方米。

(二)保障性住房建设、房地产开发和住房公积金监管取得显著成绩。

国有重点煤矿棚户区改造新建住房开工

147.29 万平方米,为目标任务的 1.47 倍;城市居民棚户区改造新建住房开工 284.31 万平方米,为目标任务的 2.84 倍。经济适用住房开工 393.2 万平方米,为目标任务的 1.51 倍。新建廉租住房开工 77.4 万平方米,为目标任务的 1.94 倍;归集廉租住房保障资金 66806.7 万元,为目标任务的 1.19 倍;货币补贴保障廉租住房保障对象 51136 户,为目标任务的 1.34 倍。农村住房解困 3000 户试点任务圆满完成,超额完成了省政府的十件实事。

房地产开发完成投资 326.7 亿元,同比增长 26.2%;城镇住宅投资 441.6 亿元,同比增长 25.3%;商品住宅投资 277.9 亿元,同比增长 19.8%。物业管理覆盖率达到 44.1%,同比提高 1.1 个百分点。太原天赐康缘和大同水泉湾等 4 个项目通过国家康居示范工程规划设计方案初评。大同金色水岸等 4 个项目被评为"全国物业管理示范住宅小区",太原阳光地带等 20 个项目被评为"全省物业管理示范住宅小区(大厦)"。

全省新增住房公积金缴存职工人数 14.31 万人,总人数达到 276.11 万人,覆盖率达到 70.96%;新增住房公积金归集额 86.25 亿元,同比增长 10.87%,总额达到 385.21 亿元;全年共为 2.01 万户职工发放个人贷款 17.20 亿元,同比增长 27.49%,累计发放 70.12 亿元;全年提取廉租住房补助资金 2207.3 万元,提取总额达到 8483.72 万元,已有 4106.81 万元用于廉租住房建设;清理回收历史遗留的住房公积金逾期项目贷款、挤占挪用资金 5831.6 万元,占应清收总额的 47.73%。

(三)"县县有"工程建设和城镇污水处理厂 COD 减排工作扎实推进。

全省新建成城镇污水处理厂 27 座,在建 43 座,正在开展前期工作的 28 座。新建成生活无害化垃圾处理场 5 座,在建 21 座,正在开展前期工作的 78 座。新建成生态文化公园 16 个,在建 94 个,正在开展前期工作的 14 个。

2008 年 4 月份,省政府明确城镇污水处理厂 COD 减排工作由我厅负责,并将新增 1.8 万吨减排量任务以目标责任制形式下达。为了确保这项新任务圆满完成,我们采取了定期召开厅党组专题会议、确定专人负责、实行包片赴市督促检查和现场办公、建立统一台帐和日报制度等有力措施,向各市下达了目标任务。各市与所辖县市签订了责任书,对承担减排任务的污水处理厂进行督促检查,对工作推进不力的污水处理厂实行问责制,确保了减排工作的顺利推进。全省共完成城镇污水处理厂新增 COD 减排量 2.155 万吨,超出省政府下达指标任务 0.355 万吨。张宝顺书记、王君省长分别在我厅完成情况的报告上作出批示,对此项工作给予了充分肯定。

(四)城乡规划取得新成果。

2008 年是《城乡规划法》实施的第一年。为深入落实规划法,在全省范围内组织开展了以宣传落实规划法、查处随意改变规划和违法建设行为为重点的落实年活动,省、市、县分别召开了动员会、新闻发布会,开展了知识竞赛等活动,共发放知识竞赛题和宣传材料 90 多万份,对在建项目进行了拉网式排查,共拆除违法建设 30 多万平方米。通过开展宣传落实年活动,使全省上下特别是各级领导干部进一步增强了规划意识和依法实施规划的自觉性。各市普遍反映,这次规划法宣传落实年活动力度大、范围广,对规范城乡规划起到了实实在在的促进作用。

与此同时,进一步加强城乡规划特别是经济圈和城市群规划的编制工作,完成了《太原经济圈规划》和《太原市总体规划》初步成果,准备近期提交省规委会审议;完成了《介孝汾城镇群规划》、《长治 1+5 城镇群规划》纲要;阳泉城乡一体化规划正在编制之中。编制完成了 20 个县域村镇体系规划、65 个小城镇总体规划、2000 个新农村建设规划和 5 个历史文化名镇名村保护规划。

(五)重点工程和省城十项重点建筑建设进展顺利。

2008 年,省政府共安排 63 项重点工程建设项目，计划投资388.61亿元。截至12月底，全省累计完成投资377.47亿元，占投资计划的97.1%，同比提高4个百分点；累计到位资金367.85亿元，占计划的94.7%，同比提高1.5个百分点。年内有建成投产任务的10个项目全部完工；计划开工的19个项目有12个开工建设；在建36项工程进展顺利。

“省城十大建筑”中，太原国际机场新航站已于2008年7月中旬投入使用，山西省科技馆、山西省图书馆、山西省大剧院、太原美术馆和太原铁路南站已经开工建设，山西体育中心将于近期开工。

（六）五台山申遗取得阶段性成果。

完成了核心区拆迁整治、生态绿化、移民商住区一期工程建设、展示中心建设、游客接待中心建设、进山考察线路整治、台顶整治、采矿区生态景观恢复等8项重点工程。2008年9月8日至13日，世界遗产专家对五台山进行了实地考察评估。目前，五台山申遗工作进入到了世界遗产组织机构评审阶段，今年6月份将在西班牙评审表决。

（七）建筑节能工作稳步推进。

加大建筑节能推进力度，可再生能源在新建建筑中应用项目24个、面积220万平方米，约占新建建筑的10%，运城丽锦、城西人家、山西实验中学新校区等7个项目列入国家示范工程。启动既有建筑节能改造项目27个、53.58万平方米。启动省直机关办公楼节能改造项目9个、15.69万平方米，大型公共建筑节能改造项目10个、10.89万平方米。启动了机关办公建筑和大型公共建筑节能监管体系建设。颁布实施了《山西省民用建筑节能条例》，标志着我省的建筑节能工作走上了法制化轨道。

（八）建筑业和勘察设计业健康发展。

全省全年预计完成建筑业总产值1200亿元，同比增长13.2%；实现增加值333亿元，同比增长12.3%；全省建筑业从业人员73万人，人均建筑业产值16.43万元；工程质量综合监管成效显著，19项工程获省“汾水杯”称号，43项工程获省优良工程。初步建立起建筑市场监管信息系统，实行了监理服务收费专户管理制度。开展了建筑业企业、招标代理机构动态考核。

预计完成勘察设计总产值62.18亿元，同比提高14.3%；实现收入50.32亿元，同比提高13.7%。对在册勘察设计单位进行了集中清理整顿，取消13家、黄牌警告29家。制定出台了《山西省抗震设防超限高层建筑工程界定规定》。编制出台了节能降耗的农村“吊炕”标准设计图集。

（九）安全生产态势平稳。

认真落实省委、省政府安全生产工作会议精神，深刻汲取9.8襄汾溃坝事故教训，结合建设行业的安全生产实际，开展了安全隐患排查治理活动。强化对住宅工程、市政基础设施工程和大型公共建筑的监督管理，全省城市行政区域内工程质量验收合格率100%，工程优良率33.7%，同比提高0.9个百分点。认真开展施工图审查工作，纠正违反强制性条文32607条次、严重安全隐患1461处，从源头上严把了质量安全关。全省房屋建筑和市政工程发生等级以上安全事故7起，与上年持平；死亡8人，同比减少3人，低于全国平均水平和省政府责任书确定的指标。

（十）援助四川灾区过渡安置房建设任务圆满完成。

按照省委、省政府的安排，在各市政府、各有关部门的共同配合下，组织260多家企业、12000多名建设职工赴四川灾区进行过渡安置房建设。经过55天的奋战，累计安装完成37277套，提前25天超额完成了援建任务。在任务总量3万套以上的省区中，我省是最早完成全部任务的省区，受到国家有关部门、援建地政府和灾区人民群众的一致好评，涌现出了一大批先进集体和以优秀共产党员戎金亮为代表的先进个人。援川建房太原突击队被党中央、国务院和中央军委联合授予“全国抗震救灾英雄集体”，罗清宇被授予“全国抗震救灾模范”；太原、晋中、朔州市援建突击队分别被全国总工会授予“抗震救灾重建家园工人先锋号”称号；晋中市建设局等9个单位被建设部授予"全国住房城乡建设系统抗震救灾先进集体"，郝培亮等18人被授予"先进个人"；太原市建管委等44家单位被省人事厅、省建设厅联合授予"山西省建设系统抗震救灾先进集体"，孙荣琨等328人被授予"先进个人"。在接受对口支援四川茂县的灾后重建任务后，先后派出4个专家工作组，50多名专业技术人员，完成了10个乡镇的农房重建施工指导工作，22个乡镇的村镇规划调研和全县范围内的41万平方米危房鉴定工作。

同志们，回顾2008年建设工作，我们深深感到，过去一年取得的成绩，是省委、省政府正确领导的结果，是省人大、省政协监督和支持的结果，是各市县高度重视、全力推进的结果，是全省建设系统广大干部职工求真务实、扎实工作的结果。在此，我代表厅党组，向辛勤工作在建设战线的广大干部职工，向长期关心支持建设工作的各级领导、有关单位和社会各界的朋友们，表示衷心的感谢！

二、当前建设工作面临的形势

去年下半年以来，受金融危机影响，世界经济增长明显减速，国内经济增长明显减缓，我省经济也出现了大幅度下滑。在经济发展放缓和消费需求萎缩的大环境下，我省建设行业基础弱、管理差的矛盾显得更加突出，建设工作面临的形势更为严峻，建设事业发展的压力进一步加大。一是房地产业发展不足。2008年，全省房地产开发投资仅占全国同期房地产开发投资的1.1%，在全国排第24位；房地产开发投资占全省城镇固定资产投资的比重长期徘徊在10%左右，远远低于20%的全国平均水平；房地产开发利用国内贷款比重仅为7.1%，比全国平均水平低10个百分点；房地产业增加值占GDP的比重小，2007年仅为2.3%，低于全国4.5%的平均水平。二是城镇建设和管理还不能完全满足人民群众的需求。市政公用事业改革滞后，投资渠道单一，多元化的投融资格局和科学合理的市政公用行业价格形成机制还没有建立；市政公用产品保障和服务水平有待进一步提高，城市市政基础设施特别是污水、垃圾处理水平明显偏低，城市污水处理厂、垃圾处理场建设滞后，完成国家下达的减排任务压力大；城市管理现代化程度不高，一些城市重建轻管，影响建设效益的发挥；村镇建设管理机构薄弱，管理工作滞后。三是建筑市场不规范，建筑业企业不大不强。施工单位出卖资质、违法转包分包，监理、招标代理等中介机构行为不规范等问题尚未从根本上得到遏制；建筑业企业结构仍不尽合理，特、一级企业少，中、小企业多，大企业不大不强，中、小企业不精不专，市场竞争力不强；建筑业经济效益增长缓慢与全省经济社会发展较快的矛盾比较突出，建筑业的支柱产业作用发挥得不够。四是一些影响行业和谐发展的不稳定因素和深层次矛盾仍然存在。城镇房屋拆迁、建筑工程款拖欠、出租客运等方面还有一些容易引发群众上访的问题，小区物业管理等事关群众切身利益的问题还没有得到彻底解决，建设行业安全生产形势仍很严峻等等。

对上述困难和问题，我们要有清醒的认识，并在工作中认真加以解决。在看到问题的同时，更要看到面临的有利条件：

一是国家出台了一系列扩大内需、促进经济增长的政策措施，为建设行业发展带来了新的机遇。为积极应对金融危机对我国经济造成的影响，确保经济平稳较快发展，中央采取积极的财政政策和适度宽松的货币政策，出台了"国十条"等一系列扩大内需、促进经济增长的政策措施，今明两年启动4万亿元的投资规模，将直接增加钢材、水泥、煤炭等的需求。省委、省政府提出要以基础设施建设为抓手，全面扩大各领域投资，今明两年在国家鼓励支持的领域项目总投资约6500亿元，由此带动全社会固定资产投资1万亿元，重点是铁路建设，公路建设，机场建设，电源点及电网建设，大型煤矿建设，农田水利建设，节能减排和生态环境建设，农村公共事业建设，城市基础设施建设和以住房为重点的民生改善，企业技术改造、产业结构调整等领域。这些为加快建设事业发展，特别是建筑业、房地产业发展和城市基础设施建设带来了新的机遇。

二是省委、省政府实施“三个发展”战略，对建设行业发展提出了新的要求。当前，我省正处于重要的发展战略机遇期，工业化、城镇化快速发展。面对新的形势，省委、省政府作出了“转型发展、安全发展、和谐发展”的重大决策，进一步明确了我省科学发展的主攻方向。全省经济工作会议和省十一届人大二次会议，对今年我省经济社会发展作出了全面部署，也明确了建设工作的主要任务。省委、省政府要求建设行业在推动全省经济平稳较快发展中发挥主力军作用，特别是重点工程建设要成为拉动全省实现“三个发展”的火车头。省人民政府2009年工作目标责任制分解中，明确由建设部门牵头完成的工作有11项，配合完成的工作有近60项，建设工作的任务十分繁重。这就要求我们要紧紧围绕和全力服务于“三个发展”战略，扎扎实实抓好落实，为保增长、扩内需、调结构、重民生作出更大贡献。

三是开展深入学习实践科学发展观活动，为建设行业发展打下了坚实基础。目前，厅机关和各直属单位开展学习实践科学发展观活动已经进入总结阶段，下一步，各市也将全面开展这项活动。通过开展深入学习实践科学发展观活动，查找出了影响和制约行业科学发展5个方面的突出问题，并针对性地提出了解决问题的办法和措施，研究制定了今后一个时期的总体发展思路，确定了集中抓好的重点工作。所有这些，必将进一步统一思想，振奋精神，充分调动全省建设行业广大干部职工的积极性，为我们做好建设工作打下坚实的基础，提供良好的条件。

综上所述，当前建设行业既面临着严峻的挑战，也面临着难得的机遇，总体上讲机遇大于挑战。只要我们审时度势、科学决策，周密部署、扎实工作，就一定能够变压力为动力，化挑战为机遇，推动全省建设事业实现平稳较快发展。

三、2009年工作安排

2009年是深入贯彻落实科学发展观，积极应对国际金融危机，推动山西实现“三个发展”的关键之年。做好今年的建设工作意义重大。今年全省建设工作的总体思路是：深入贯彻落实科学发展观，全面贯彻全国、全省经济工作会议、省十一届人大二次会议和全国住房城乡建设工作会议精神，围绕省委、省政府“三个发展”目标，紧紧抓住国家扩大内需、促进经济增长的战略机遇，着力抓好房地产业和建筑业发展，切实加快城市基础设施和重点工程建设，充分发挥建设行业促进全省经济平稳较快发展主力军作用；全面推进保障性安居工程建设、节能减排、特色城镇化发展、行业安全生产、党风廉政和精神文明建设等各项工作，努力开创建设事业发展的新局面。

按照上述总体要求，重点抓好以下十个方面的工作。

（一）着力推进房地产业稳定健康发展，充分发挥房地产业在扩大内需中的积极作用。

房地产业是国民经济的重要支柱产业，对于拉动需求、促进增长、增加就业和改善民生具有重要作用。要抓住国家扩大内需的有利时机，切实加快房地产业发展。一是要鼓励和培育住房消费。认真贯彻落实国务院办公厅《关于促进房地产市场健康发展的若干意见》和省政府《关于鼓励和培育住房消费促进住宅和房地产业健康发展的若干意见》，在加快保障性住房建设的同时，加快高中档住房和中低价位、中小套型普通商品住房建设，满足各类人群的住房需求。认真落实国家存量住房转让减免税政策，培育存量住房交易市场；规范住房租赁市场，实行租售并举，多渠道解决群众住房问题。二是要引导和支持房地产开发企业以合理价格促进商品住房销售。配合有关部门积极支持房地产开发企业合理融资需求，加大对中低价位、中小套型普通商品住房建设项目的信贷支持力度。引导房地产开发企业积极承担社会责任，在鼓励和培育住房消费，稳定房地产市场中发挥积极作用。三是要明确和强化地方政府稳定房地产市场的职责。根据中央要求，稳定房地产市场由省级人民政府负总责，市县人民政府抓落实。各市县要切实担负起这一责任，在执行中央和省政策规定的同时，及时提出鼓励和培育住房消费的措施，加强房地产市场监管，认真化解各种矛盾和纠纷，确保房地产市场稳定。四是要切实加强房地产市场监测分析。各市要在今年6月底前建立健全房地产市场信息系统，加强房地产统计工作，定期做好房地产市场分析。

（二）着力推进城市基础设施建设，为促进经济增长作出积极贡献。

城市污水、垃圾处理，供水、供气、供热，道路桥梁，城市绿化，市容环卫，公益场馆等市政基础设施建设和城市综合改造等，对于拉动需求、促进经济增长具有较大的推动作用。要加大投资力度，加快建设步伐。一是要加快城镇污水、垃圾处理设施建设。按照省政府今明两年所有县级以上城镇都要建成污水处理厂并正常运行的要求，在建的43座城镇污水处理厂年底全部建成，剩余的28座年内全部开工建设，并敷设完成污水处理厂配套管网1416千米；在建的21座城镇生活垃圾无害化处理厂年底全部建成，开工新建28座。要抓紧完善项目前期工作，做好项目储备和筛选，积极配合各级发改委争取国家和省对污水、垃圾处理设施特别是贫困县污水、垃圾处理设施建设的资金支持；拓宽融资渠道，加快城镇污水、垃圾处理设施建设市场化进程。加强对污水、垃圾处理项目建设的指导，及时协调解决建设过程中的困难和问题。加快推进城镇污水中水回用设施建设，实现资源循环利用。二是要加快城市供水、供气、供热设施建设。进一步修订城市供水、供气、供热专项规划，加大城市供水水质的监测力度，开展城市供气管网的安全评估，研究制定保障城市供热的政策措施，确保城市供水、供气、供热安全。建立健全预警机制，提高应对与处置停水、停气、停热突发事件的能力。逐步建立城市地下管线档案动态管理系统，为城市各项基础设施建设提供决策依据。协调推进城市道路桥梁、公益场馆建设和城市综合改造，全面加强城市基础设施建设。三是要加快园林绿化建设。深入开展园林城市创建活动，切实加强对创建工作的引导和管理，指导重点市、县争创国家和省级园林城市（县城），推动全省城市园林绿化工作。组织开展城市绿地系统与防灾避险规划编制工作，突出城市绿地系统改善生态和防灾避险的功能。推动生态文化公园建设，研究制定支持公园建设的政策措施，加快建设进度，提高建设水平。各市、县要进一步加大资金投入，不断扩大城市绿地面积，增加城市绿量，特别是要提高城市中心区和老城区绿地率。同时，要进一步抓好市容环卫工作。

（三）着力推进重点工程建设，使重点工程建设成为拉动我省“三个发展”的火车头。

按照省委、省政府的安排，今年已确定重点工程项目152项，总投资5920亿元，计划完成投资1500亿元以上。省委、省政府对重点工程建设高度重视，下午将要召开全省重点工程建设动员大会，张宝顺书记出席会议，王君省长作动员讲话并给各市政府颁发责任状，小鹏副省长、仁亮副省长分别与重点项目法人签订目标责任书。省重点工程建设领导小组要求各市成立相应的重点工程建设领导机构。省直有关厅局派专人到省重点工程审批中心集中办公，对列入省重点工程的项目统一办理有关审批手续。我们一定要认真贯彻动员大会精神，切实加大指导、协调、服务和监管力度，确保各项重点工程建设任务完成。一是要优化重点工程建设环境。统筹协调重点工程用地指标，优先保障重点工程建设用地需要；建立协调拆迁补偿的省级联席会议机制，制定重点工程建设拆迁征补程序和标准；实行重点工程“特事特办”，建立审批“绿色通道”，加快审批速度；按照有关文件，认真落实减免有关费用的额度和比例。二是要加快推进建设系统承担的各项重点工程建设。列入重点工程的保障性住房、污水垃圾处理设施和“省城十大建筑”建设，由建设部门组织实施。我们一定要按照省政府的要求，严密组织，扎实推进。特别要切实加快“省城十大建筑”建设进度，保证质量，保证工期，确保两到三年内全部建成投入使用。

(四)切实加快保障性安居工程建设,逐步满足低收入困难群众住房需求。

建设廉租住房250万平方米,以实物配租方式解决5万户城市最低收入居民的住房问题,以货币补贴方式保障19.9万户城市低收入家庭住房基本需求;新建经济适用住房364万平方米,解决5.2万户城市低收入住房困难家庭的住房问题;城市居民棚户区改造新建住房300万平方米,让4.6万户棚户居民住进新居;国有重点煤矿棚户区改造新建住房217万平方米,让3.3万户矿工及家属住进新居;解决1万户农村困难群众住房问题。这是省政府承诺为全省人民群众办好的十件实事之一,各市、县要从推进"三个发展"的高度,确保把实事办实、办好。一是要扎实推进廉租住房建设。按照调整后的廉租住房保障3年规划,积极做好廉租住房项目申报工作,落实好建设用地和配套资金,确保年度建设计划的圆满完成。二是要加快推进经济适用住房建设。规范经济适用住房供应,严格执行申请、审核、公示、轮候制度,确保经济适用住房让那些应该享用的住户得到享用。同时,要积极研究解决既不符合购买经济适用住房,又无力购买普通商品住房家庭住房问题的政策措施。三是要加快推进城市居民棚户区改造。坚持政府主导、市场运作的原则,搞好城市居民棚户区改造,在改善居民居住条件的同时,改变城市面貌,提升城市形象。四是要基本完成国有重点煤矿棚户区改造。各市、县要配合发改委积极争取中央国有重点煤矿棚户区改造资金支持;主动协调国土资源部门,搞好国有重点煤矿棚户区改造用地供应,确保改造任务完成。同时,抓好省属国有重点非煤矿山企业棚户区改造试点;研究铁路系统棚户区改造政策措施,指导各市、县开展地方国有煤矿企业和地方国有非煤矿山企业棚户区改造试点;配合林业部门实施林区(场)棚户区改造。五是要加快解决农村困难群众住房问题。积极争取国家农村危旧房改造有关政策。加快编制各市、县(市、区)解困规划和实施方案,将解困任务逐级分解落实到县乡村。六是要加大住房公积金个人住房贷款工作力度。在确保安全的前提下,通过提取和发放贷款的方式,帮助中低收入职工家庭解决住房困难。

(五)积极推进城镇污水处理厂COD减排和建筑节能工作,确保国家和省安排任务全面完成。

一是要全面完成城镇污水处理厂新增COD减排任务。城镇污水处理厂COD减排是国家和省考核的一项硬指标,各市一定要高度重视,认真抓好。省里将报请省政府出台保障城镇污水处理厂建设和运营的政策措施,建立健全合理的收费制度,完善污水处理价格机制,确保已建成城镇污水处理厂正常运行。各市、县要进一步规范污水处理厂的运营管理,建立统一台帐,完善日报制度。同时,建立污水处理信息系统和在线监测系统;加大督查力度,对承担今年COD减排任务的城镇污水处理厂进行重点督办,确保年度指标任务的圆满完成。二是要加快推进建筑节能工作。全省设区城市新建建筑节能标准执行率达到100%、县城达到90%以上,可再生能源在新建建筑中的应用比例达到16%以上;力争完成既有居住建筑供热计量和节能改造206万平方米。深入实施新建建筑"双百工程",积极推广低能耗建筑和绿色建筑。太原、大同两市要率先实施新建建筑节能65%的强制性标准。积极推进既有建筑节能改造,完成一批省市办公建筑节能改造,完善既有居住建筑节能改造方案,加大既有居住建筑节能改造力度。研究制定鼓励推广可再生能源在建筑中应用的经济政策,编制《山西省太阳能与建筑一体化设计标准》,加快太阳能在建筑中的应用。颁布《建筑能效测评与标识标准》,启动建筑能效测评与标识工作。

(六)扎实推进太原经济圈、重点小城镇和新农村建设,加快特色城镇化进程。

全省城镇化率增长1个百分点左右,设区城市规划建设用地控制性详细规划覆盖率达到70%。1~2个城市(县城)达到国家园林城市标准,3-4

个城市（县城）创建省级园林城市，1～2个城市有1～2项达到单项宜居城市的标准。编制完成县域村镇体系规划18个，小城镇总体规划60个，新农村建设规划2000个，历史文化名镇名村保护规划10个。一是要强化城市规划的编制与实施管理。按照高起点规划、高质量建设、高水平管理、高效率服务的要求，加强城市规划编制与实施管理。晋中、临汾、运城、侯马等城市要做好总体规划修编，各市要做好县城总体规划的完善工作。认真编制城市规划年度实施计划，统筹安排建设项目，为项目建设做好前期准备。报请省人大制定《山西省城乡规划条例》，健全城乡规划法规体系；继续争取解决规划督察员配置问题，进一步加强对城市规划实施情况的监督检查，保障规划的有效实施和城市的科学发展。二是要推进以太原晋中同城化为重点的太原经济圈构建。完成太原经济圈规划、太原市城市总体规划、介孝汾城镇群规划的编制与报批。指导晋中按照同城化发展的要求，搞好城市总体规划修编。提请省政府成立太原经济圈构建领导协调机构和办事机构，组织编制太原晋中同城化有关规划，协调太原、晋中两市的规划建设，加快太原晋中同城化步伐。阳泉市要尽快完成城乡一体化规划编制工作，长治市要做好1+5城镇群规划的编制与实施，增强中心城市对经济发展的影响力、带动力和对区域经济的辐射力。三是要提请省政府开展特色城镇化考评和“城镇化示范工程”考核。对全省11个设区市年度城镇化工作进行考核，编制城镇化发展年度报告。对不同类型的优秀城镇化工程进行评比，并由省人民政府命名为“山西省城镇化示范工程”，引导和促进全省城镇化健康发展和城乡区域协调发展。各市要按照省里的要求做好相应工作。四是要深入推进宜居城市创建。按照“政府组织、部门负责、社会参与、群众监督、因地制宜、讲求实效”的原则，进一步加强宜居城市创建工作。建立相应工作机制，将各地创建的总体工作和单项工作都纳入省政府对地方政府的考核评价体系，促进城市发展模式转变，实现城市的可持续发展。太原等5市要扎实开展全国无障碍城市创建工作。五是要加强小城镇和新农村建设。抓好村镇规划的实施管理和县域工业项目的选址工作，促进村镇安全发展。加强100个重点小城镇、历史文化名镇、旅游名镇、园林城镇的建设，力争在特色小城镇建设上取得新突破。抓好亚行小城镇贷款项目的实施管理，搞好世行古村镇保护利用研究，命名第三批省级历史文化名镇名村。抓好建制镇绿化工作，改善小城镇人居环境。研究平川地区和县城（城市）附近地区“村收集、镇转运、县（市）处理”的农村生活垃圾处理模式，制定小城镇生活污水处理规划和技术导则。开展农村房屋产权产籍登记，加强对农民建房的服务指导和新农村住宅图集的推广。

（七）加大改革力度，推动建筑业进一步做大做强。

完成建筑业总产值1350亿元，同比增长12%；完成增加值376亿元，同比增长13%。一是要研究制定加快建筑业改革与发展的指导意见。抓住国家实施扩大内需的大好机遇，充分发挥建筑业国民经济支柱产业和在民生工程、基础设施、生态环境建设及灾后重建中的实施主体作用，在建筑业中长期发展规划、建筑市场规范、建筑业企业改革改制、大型龙头企业集团培育和科技创新、人才培养等方面提出具体措施，推动建筑业尽快做大做强，在全省经济发展中占有更大份额。二是要积极争取资金支持。帮助建筑业企业积极争取国家扩大内需中安排的鼓励企业技术改造、减轻负担和加快自主创新、结构调整方面的资金支持。同时要争取商业银行对企业技术改造的信贷支持，提高企业科技进步和自主创新能力。三是要加快培育和壮大一批优势企业。以产权制度改革为核心，加快建筑业企业股份制改革。通过兼并、重组、联合等方式，培育和壮大一批资金雄厚、人才密集、技术先进，集科研、融资、勘探、设计、咨询、施工为一体，具有国际竞争力的大型龙头企业集团，增强企业的市场竞争力。

（八）强化安全生产工作措施，促进行业安全发展。

随着扩大内需投资建设项目的增多、建设规模的扩大和建设速度的加快，建设行业安全生产的压力将进一步加大。要全面贯彻省委、省政府关于安全生产工作的总体部署，扎扎实实开展省政府确定的为期一年的安全生产专项整治活动，促进建设行业安全生产形势的稳步好转。一是要抓好建筑施工安全。依法整治房屋建筑和市政工程建设项目，对在建项目进行一一排查和分类整治，对违法建设项目坚决予以取缔，并依法查处有关责任单位和责任人；对建设手续不全的项目，要责令立即停工，参建单位撤离现场，限期完善有关手续；对手续完善的项目，要加强监管，落实建设单位、监理单位和施工单位的主体责任。建筑施工企业要认真落实安全生产主体责任，切实把各项规章制度落实到具体工程项目。规划、建设、房地产、执法等各部门要切实履行监管责任，既要各负其责，也要相互联动、形成合力，严厉打击违法违规建设行为。同时要加强县级安全监管机构建设，充实监管力量，提高建筑安全监管水平。二是要抓好市政公用设施运营安全。开展市政公用设施安全运营专项整治，强化安全运行监管，制定完善市政公用行业安全监管各项保障措施，搞好城市供水、垃圾处理等行业信息系统的试运行和培训工作，尽快在全行业建立起一套快速、便捷的信息报送机制，确保市政设施运营安全。三是要抓好住房使用安全。组织开展住房安全隐患排查工作，对直管公房、单位自管房、物业服务企业管理的居住小区、房地产开发企业在建和待售的商品住房项目、棚户区改造项目和拆迁项目进行重点排查，对危旧住房集中的片区，落实专人负责，挂牌上岗，定期查验，实行重点巡查和监控。对存在安全隐患的项目，逐项落实责任单位和督办单位，以挂牌督办和目标责任制的形式下达整改任务，促进安全隐患的排查和消除。四是要抓好工程质量安全。突出抓好施工图审查工作，强化对住宅工程、大型公共建筑及市政基础设施工程的巡查监管，确保工程质量。

（九）全力做好五台山申遗工作，推进五台山长远发展和永续利用。

五台山申遗是一件全省人民关注、有利于五台山长远发展和永续利用的大事。按照申遗要求，今年要重点做好两个方面工作：一是要认真做好世界遗产大会审议前的有关准备工作。今年6月将在西班牙召开第33届世界遗产大会，审议五台山自然与文化混合遗产项目。在此之前，要按照中国常驻联合国教科文组织代表团的要求，做好有关自然与文化补充材料的报送工作，密切关注世界自然保护联盟（IUCN）审查自然遗产的情况，配合国家有关部委做好对21个世界遗产委员会成员国的宣传工作，为审议通过五台山项目创造条件。二是要不断提高五台山风景名胜区的管理水平。要着眼于五台山长远发展，抓紧实施五台山服务基地及相关配套设施建设，高起点、高质量、高标准统一规划和整体开发，建设与五台山环境相协调的高水平综合服务功能区。组织拟定二期拆迁工作计划和实施步骤，巩固前期整治成果，进一步改善景区环境，提高整体管理水平。

（十）认真做好市场秩序整顿、行政审批制度改革、党风廉政和精神文明建设等工作，促进行业和谐发展。

一是要认真做好建设行业市场秩序规范整顿工作。在建筑市场方面，进一步完善招标投标、施工许可、市场监管、工程担保、信用体系建设等方面的制度，规范市场主体行为。在房地产市场方面，持续开展市场秩序整顿，严肃查处房地产开发、商品房交易、物业管理、城市房屋拆迁等环节的违规行为。在勘察设计市场方面，制定出台《勘察设计注册人员管理办法》和《勘察设计质量管理办法》，进一步加大对勘察设计企业资质和注册执业人员的监管力度，建立健全勘察设计质量管理体系，推进超限高层建筑工程抗震设防专项审查工作，开展建筑工程方案设计招投标试点，坚决打击压质压价、恶性竞争等严重扰乱勘察设计市场的行为。

二是要认真做好清理工程款拖欠、城市房屋拆迁和出租汽车行业安全稳定工作。加强防止拖欠工程款和农民工工资长效机制的建设，从源头上遏制新欠的发生，协助劳动保障部门妥善处理好农民工工资拖欠问题。加强对房屋拆迁许可证办理、公示、评估、签订协议等环节的全过程监管，严格审核拆迁方案，严格执行拆迁项目验收制度，严厉查处城市房屋拆迁过程中的违法违规行为，切实保证被拆迁居民的根本利益。强化出租汽车客运行业监管，严格市场准入，规范企业经营，加强对从业人员的职业培训，同时加大打击非法营运活动的力度，确保全省出租汽车客运行业和市场的和谐稳定。

三是要认真做好行政审批、公积金监管和劳保统筹工作。加快开发行政审批网络软件系统，尽快推行网上申请和网上审批。建立全省住房公积金监管信息系统，实施对各市住房公积金业务运行的适时监管和预警预报；深化住房公积金专项治理，做好逾期项目贷款、挤占挪用资金等历史遗留问题的纠正处理工作；建立和完善住房公积金监管的规章制度，防范资金风险。抓好建筑工人养老保险费的收缴、拨付和安全运行工作，严把审批关，完善管理监督机制，加大审计检查力度，确保专款专用。

四是要认真做好援茂重建的技术援助工作。继续在全系统选派年富力强、业务精湛的优秀专家和优秀管理人员赴四川茂县实地开展技术支援，高质量完成好灾区农房重建的技术指导和服务工作。

五是要认真做好反腐倡廉工作。工程建设领域历来是腐败问题的高发区，在当前国家扩大内需，实施投资拉动战略的形势下，工程建设领域的反腐形势更加严峻。对此，各级建设部门要有清醒的认识，切实增强做好反腐倡廉工作的紧迫感和责任感，按照省委、省政府的要求，把反腐倡廉工作摆在突出位置，列入重要议程。要把好招标投标关，严格执行招标投标程序，坚决杜绝违规违法交易，确保公开、公平、公正。要加强对规划许可、施工许可、开发许可等行政审批环节的监督检查，严肃查处违法违规行为。

六是要认真搞好精神文明建设。围绕中心，服务大局，切实加强社会主义核心价值体系建设，不断提高干部职工思想和职业道德素质；继续推进以窗口行业为重点的精神文明创建活动，不断提高全系统的工作和服务水平；大力加强作风建设，弘扬求真务实优良作风，真正把思想和精力集中到做好实实在在的工作上来。

同志们，做好今年的建设工作，使命光荣，责任重大。让我们在省委、省政府的正确领导下，以邓小平理论和“三个代表”重要思想为指导，深入贯彻落实科学发展观，紧紧围绕“三个发展”战略，与时俱进，开拓创新，扎实工作，全面完成省委、省政府交给的各项工作任务，为全省经济社会平稳较快发展作出新的更大贡献！

2月24日全省建设工作会在太原召开

唯有建设出美景　敢教山西换新颜

——王国正厅长在《中国建设报》发表署名文章

（2009 年 9 月 23 日）

共和国走过一个甲子，新中国喜迎 60 华诞。建国 60 年来，经过几代建设工作者的不懈努力，我省住房和城乡建设事业取得了长足发展和巨大成就，为全省经济社会持续稳定较快发展作出了突出贡献。

一、特色城镇化快速推进，城乡面貌发生了巨大变化

建国以来至改革开放之前，山西城镇化经历了起步发展、起伏发展、发展停滞三个阶段。改革开放以来，特别是进入新世纪以来，我省把实施特色城镇化、新型工业化、农业现代化作为兴晋富民新的发展战略加以推进，城镇化和城镇步入了多元化快速发展的新阶段。

城镇化水平大幅提高。截至 2008 年，城市总数由建国初期的 4 个增加到 22 个，太原、大同、长治等 11 个中心城市得到较快发展，一批工矿型、旅游型、交通型等特色小城市迅速崛起；城镇人口由 1978 年的 464.79 万人增加到 1538.58 万人，城镇化水平由 19.18% 提高到 45.11%，年均提高 0.86 个百分点。

城市综合承载力不断提升。截至 2008 年，城市自来水生产能力由建国初期的 0.99 万吨/日提高到 444.04 万吨/日，用水普及率达到 93.27%；城市集中供热从无到有，供热面积达到 22186.4 万平方米，集中供热普及率达到 70.2%；城市人工煤气与天然气从无到有，供气总量达到 177758.43 万立方米，液化石油气达到 53822.3 吨，燃气普及率达到 82.64%；城市公共交通车辆从无到有，达到 6231 辆，每万人拥有公交车辆 6.85 标台；城市道路长度由 166.83 公里提高到 5446.2 公里，道路面积由 94.62 万平方米提高到 9045 万平方米，人均城市道路面积达到 9.54 平方米；城市园林绿地面积由 11.9 万平方米提高到 25266 万平方米，建成区绿化覆盖率达到 35.16%；城市污水处理从无到有，处理能力达到 131.14 万吨/日，处理率达到 71.4%；城市生活垃圾无害化处理从无到有，处理能力达到 7090 吨/日，处理率达到 47.47%。城市面貌发生了巨大变化，城市居民生活条件明显改善，中心城市和城镇群竞争力逐年提高。

小城镇得到迅速发展。截至 2008 年，建制镇达到 563 个，一批工业强镇、商贸重镇、旅游大镇和历史文化名镇迅速崛起；1990 年到 2008 年，乡镇铺装道路从 2157 公里增加到 8220 公里；建制镇用水普及率由 60.3% 增长到 85%，乡用水普及率由 52.9% 增长到 82.1%。到 2008 年底，建制镇镇区绿化覆盖率达到 20.79%，人均公园绿地面积达到 1.28 平方米；乡绿化覆盖率达到 16.88%。小城镇功能逐步健全，发挥了对县域经济的集聚作用，加快了农村城镇化进程。

农村人居环境明显改善。截至 2008 年，全省集中供水行政村比例达到 66.99%，通公交或客运班车的行政村比例达到 63.02%，主要道路硬化的行政村比例达到 67.94%，有生活垃圾收集点的行政村比例达到 58.32%，农村生产生活条件明显改善。

二、住宅和房地产业快速发展，城乡居民住房条件明显改善

1978 年改革开放我省房地产业开始起步，1991 年起进入市场形成阶段，2000 年步入快速发展阶段。“十五”期间，全省房地产开发投资完成 532.1 亿元，比“九五”期间增长 293.2%；住宅施工面积

5417.1 万平方米，比"九五"期间增长 116.6%。2008 年，全省房地产开发投资完成 326.7 亿元，是 1990 年的近 115 倍，占全省 GDP 的 4.71%，较 1990 年提高了 4.05 个百分点；商品房销售面积 904.4 万平方米，是 1990 年的 14 倍。

目前，我省已初步构建起以市场配置解决高收入家庭和中等收入家庭住房，以建设经济适用住房和廉租住房、实施棚户区改造保障低收入家庭和最低收入家庭住房，以建立公积金制度改善中低收入家庭住房条件的多层次住房保障体系。截至 2008 年，全省 11 个设区城市和 96 个县（市），全部建立了廉租住房制度，119 个县（市、区）全部建立了住房公积金制度；全省累计建成经济适用住房 1467.4 万平方米，廉租住房以实物配租方式保障 1.1 万户，国有重点煤矿棚户区改造 597.5 万平方米、8.117 万套，城市棚户区改造 346.04 万平方米、4.5 万套，城镇人均住房建筑面积由 1995 年的 16.4 平方米提高到 28 平方米。全省实有村镇住宅建筑面积 7.7 亿平方米，比 1990 年增加 2.64 亿平方米；人均住宅使用面积达到 26.13 平方米，比 1990 年增加 4.17 平方米。2008 年，完成 3000 户农村困难群众危房改造。

三、建筑业不断发展壮大，成为国民经济重要支柱产业

建筑业改革发展取得显著成效。建筑业规模逐年扩大，结构调整稳步推进，行业改革不断深化，市场秩序日益规范，工程质量明显提高。1978 年到 2008 年，全省累计实现全社会建筑业增加值 2277.4 亿元，年平均增长 17.2%，占全省 GDP 的 5.7%；实现利税总额 290.1 亿元，年平均增长 20.6%。2008 年，全省建筑业总产值完成 1282.6 亿元，比 1978 年增长 118.52%；全员劳动生产率 16.1 万元/人，比 1978 年增长了 62.1 倍。全省建筑企业共有 31 项工程获中国建设工程奖（国家优质工程）——鲁班奖。

勘察设计业持续壮大。60 年来，特别是改革开放以来，勘察设计业从无到有，实现了持续快速发展。2008 年，全省勘察设计单位从 1978 年的 80 家增加到 554 家，增长了 6 倍；完成施工图投资额由 1985 年的 23.89 亿元增加到 549.95 亿元，增长了 22 倍；营业收入由 1985 年的 4820 万元增加到 60 亿元，增长了 124 倍，人均营业收入由 5400 元增加到 19.78 万元，增长了近 40 倍。

四、重点工程建设取得重大进展，对国民经济的拉动作用不断增强

我省于 1983 年开始实施重点工程战略。25 年来，全省共建成包括煤炭、电力、水利、交通、工业调产和城市基础设施等重点工程近 300 项，极大地提高了全省基础设施水平，改善了经济发展环境和人民群众的生产生活条件，促进了经济结构的战略性调整，推动全省经济社会实现了全面、协调、可持续发展。截至 2008 年，全省重点工程建设累计完成投资额 3370 亿元，重点工程投资额长期占到全省全社会全年固定资产投资总额年均投资额的 10% ~15%，对全省 GDP 增长贡献率达到 8 ~12%，形成了较大的投资乘数效应，成为重要的经济发展引擎。

60 年来，我省住房和城乡建设工作之所以取得了巨大成就，主要得益于我们在工作中始终坚持和把握了以下几点：

——坚持把科学发展作为推进住房和城乡建设事业快速发展的根本要求。在每一个历史时期，我们都紧密结合国家和我省五年发展规划，认真制定行业和产业发展规划，着力推进行业科学发展。改革开放以来，特别是近年来，以科学发展观为指导，编制并组织实施了《山西省城镇体系规划》、《山西省城镇化发展纲要》等一批规划，有力推进了全省城镇建设，加快了城乡一体化进程，提高了城镇化发展水平。

——坚持把深化改革作为推进住房和城乡建设事业快速发展的强大动力。60 年来，通过持续深化城乡建设管理体制改革，推动行政管理职能、行政管理方式和行政审批制度发生了深刻变革；通过积极探索城乡规划管理方式改革，逐步增强了城乡规划引导和调控城镇化、城市健康发展的作用；通过全力推进城镇住房制度改革，建立健全多层次的住房保障体系，大大改善了城乡群众的住房条件；通过大力推进建筑企业和工程建设管理制度改革，推动建筑行业步入了健康发展的快车道。

——坚持把改善民生作为推进住房和城乡建设事业快速发展的出发点和落脚点。住房和城乡建设工作与人民群众生产生活息息相关。多年来，特别是近年来，山西省委、省政府高度重视保障性住房建设工作，连续6年将其作为省政府向全省人民承诺办好的实事之一，并纳入了构建和谐山西主要工作及指标考核体系和市、县考核评价体系。今年，又将保障性安居工程打包列入省重点工程加以集中推进。6年来，累计为31.42万户城乡中低收入家庭解决了住房问题，赢得了人民群众对政府的信赖。

——坚持把完善政策措施作为推进住房和城乡建设事业快速发展的重要举措。1990年以来，全省共出台建设类地方性法规15部，出台建设类地方政府规章12部，涵盖了城市规划、建筑市场管理、建筑工程招投标管理、城市客运管理、城市燃气、城市绿化、城市节水、城市房屋拆迁、物业管理等城乡建设与管理的各个方面。与此同时，各级建设行政主管部门先后颁布了一系列规范性文件，对指导和推进全省住房和城乡建设事业健康发展发挥了巨大的作用。

回顾过去，倍感自豪；展望未来，更觉任重。我们将以科学发展观为指导，总结经验、发扬成绩，开拓创新、奋发进取，不断开创全省住房和城乡建设事业的新局面。

王国正厅长在山西广播电台政风行风建设《厅长专访》上的谈话

（2009年9月27日）

主持人好，听众朋友们好！

首先，我代表省住房和城乡建设厅对社会各界多年来对我厅政风行风建设所给予的高度重视、极大关注和全力帮助表示诚挚的感谢！

刚才，主持人让我谈谈住房和城乡建设厅政风行风评议工作的重点和亮点，我想简要谈两个方面的情况。

一、我厅政风行风评议工作的重点

基于我厅在全省社会经济发展中所处的地位和作用，以及住房城乡建设系统各行业在人民群众生产、生活中服务性很强的特点，我们按照“谁主管、谁负责”、“管行业必须管行风”的原则，围绕促进部门和行业转变工作作风、提高行政效率、提高执法水平和提升服务质量这一目标，突出抓好重点部门、重点行业和重点问题。重点部门有：建设局（建委）、规划局、房地局、市政局、园林局、环卫局、执法局。要求这些部门转变政府职能、抓好行政审批、提高办事效率、严格依法行政、规范执法行为、正确履行职责、落实好执法责任制。重点行业有：供水、供热、供气、公交、出租客运等公用事业和窗口服务行业。要求这些行业进一步改进工作作风、提升服务质量水平，通过落实“首问”、“首办”、“承诺”等便民利民措施，自觉为企业和群众排忧解难。要求各级住房和城乡建设部门和企事业单位在抓好重点部门和重点行业的同时，要把影响我省创优发展环境、制约三个发展、严重损害群众利益的不正之风作为重点问题进行评议。

二、我厅政风行风评议所做的主要工作

住房城乡建设系统从业人数多，行业种类多，所管辖涉及社会管理、公共服务的事项多，与百姓利益息息相关。根据这个特点，厅党组坚定不移、坚持不懈地狠抓政风行风建设。今年以来，主要做了以下工作：

第一，围绕中心、服务全局。为积极应对金融危机，省委、省政府作出了加快重点工程建设、推动经济平稳较快发展的重大决策。我厅作为省重点工程办公室所在部门，担负着推进全省重点工程建设的重任。为了有效推进工作，全厅上下干部职工夜以继日，经常加班加点，超常规投身到重点工程、保障性住房建设、农村危房改造、污水垃圾处理设施建设和省城四项工程建设，体现出了良好的精神风貌和扎实的工作作风，在政风行风建设方面树立了良好的形象。

第二，转变作风、提高效能。为深化政务公开，简化审批环节，提高审批效率，厅专门成立了行政审批大厅，实行一个窗口对外，"一站式"服务。今年以来，一是将3级建筑企业资质及建筑劳务企业资质等6项行政许可下放市级建设部门办理，审批管理重心下移，方便了企业。二是制定了网上行政许可工作流程，规范了审批工作，大大提高了审批工作的效能。实行了审批责任卡制度，强化了工作职责。三是与省监察厅共同建立了行政审批电子监察系统，实现了行政许可项目的网络审批和监督，受到社会广泛赞誉。

第三，落实承诺、解决民生问题。一是加快保障性安居工程建设。省委将抓好住房安居工程作为"五大惠民工程"之一，省政府连续几年将保障性安居工程建设列为承诺为全省人民群众办好的十件实事之一。我厅按照省委、省政府的安排部署，积极推进保障性安居工程建设，截至8月底，开工完成投资194.65亿元，占年度计划的62.31%（不含扶贫移民搬迁和残疾人危房改造）。二是加快城镇污水、垃圾无害化处理项目建设，力争今明两年全省所有市县都建成污水处理厂并正常运行；城镇垃圾无害化处理项目进展顺利。城镇污水、垃圾处理厂（场）的建成运行，将进一步改善城镇居民的居住和生活条件。

第四，专项治理、重点纠风。今年以来，我厅在全系统深入开展了四项专项治理活动。一是继续开展住房公积金专项治理。通过专项治理，确保住房公积金安全、完整，实现"住有所居"目标，切实解决群众住房问题。二是开展房地产开发中违规变更规划、调整容积率问题的专项治理。通过专项治理，完善政策，健全制度，严肃查处违法违规案件，促进城乡规划部门依法行政，确保房地产市场健康发展。三是纠正城市房屋拆迁中损害群众利益的行为。通过开展这项工作，进一步加强对城市房屋拆迁的监管，严肃查处违反程序拆迁、拆迁补偿安置不到位以及采取暴力手段违法强拆强迁等损害群众利益的问题，维护人民群众的合法权益。四是加强对行业协会和市场中介组织的监管，规范服务和收费行为。厅属行业协会、学会比较多，加强对这些社团组织的监管是我厅的一项重要工作内容。通过清理整顿，坚决制止利用行政权力乱收费、乱办班、私设"小金库"等违法违规行为。加强了对中介组织的监管，推动中介组织自律，使市场中介组织健康发展。

改善人居环境　推动和谐发展

——王国正厅长对全省建设行业发展民生事业的调查

当前，省建设厅正在按照省委的统一部署，集中开展深入学习实践科学发展观活动。活动开展以来，我按照厅党组的统一安排，认真学习了《深入学习实践科学发展观活动领导干部学习文件选编》等三个规定读本和省委书记张宝顺、代省长王君在全省学习实践活动动员大会上的重要讲活，并围绕实现“转型发展、安全发展、和谐发展”这个活动主题，集中时间就全省建设行业发展民生事业进行了专题调研。

胡锦涛总书记指出：“我们要始终不渝地坚持全心全意为人民服务的根本宗旨，时刻把群众的安危冷暖放在心上，真诚倾听群众呼声，真实反映群众愿望，真心关心群众疾苦，着力保障和改善民生，着力解决人民群众最关心、最直接、最现实的利益问题。”近年来，全省建设系统坚持以科学发展观为指导，紧紧围绕以人为本这个核心，始终突出改善民生这个主题，深入落实省委、省政府走出“四条路子”，实现“三个跨越”，建设新基地、新山西的战略部署，下功夫认真做好住房保障、市政公用等建设领域与人民群众生活息息相关的重点工作，为改善全省人居环境、推动山西和谐发展作出了积极贡献。

一、基本情况

我们坚持把做好住房保障、市政公用等重点工作作为重中之重，加强领导、精心组织，突出重点、狠抓落实，为民人群众办好许多实事、好事。

（一）突出解决中低收入家庭住房困难，住房保障水平不断提高。高度重视并认真解决中低收入家庭住房问题，不断提高住房保障能力。一是建立完善政策法规体系。2002 年以来，省人大常委会审议通过了《山西省城市房地产交易管理条例》、《山西省城市房屋拆迁条例》等 4 部地方性法规。省政府印发了《关于加强住宅与房地产业发展若干问题的决定》、《关于加强经济适用住房建设管理的通知》、《关于建立和完善城镇廉租住房制度的通知》、《关于实施国有重点煤矿棚户区改造的意见》、《关于健全和完善住房保障体系切实解决城市低收入家庭住房困难的通知》、《关于实施城市居民棚户区改造的指导意见（试行）》等规范性文件，为住房保障工作顺利开展提供了政策法规支持。二是大力实施安康居住工程。2004 年至 2007 年，通过实施安康居住工程，建设经济适用住房 1074.18 万平方米、11.63 万套；新建廉租住房 49.01 万平方米、9758 套，解决廉租住房保障对象 2.05 万户；落实廉租住房保障资金 2.44 亿元。2006 年至 2007 年，国有重点煤矿硼户区改造开工建设住房 449.95 万平方米、61233 套。全省 11 个设区城市和 96 个县（市），全部建立了廉租住房制度。今年 1 月至 9 月，全省新建经济适用住房项目开工 266.2 万平方米，占目标任务的 102.38%；新建廉租住房开工 32.88 万平方米，占目标任务的 82.2%；落实廉租住房保障资金 3.7 亿元。国有重点煤矿棚户区改造新建住房开工 118.24 万平方米，占目标任务的 118.24%。三是启动解决农村困难群众住房工作。省政府决定今年启动解决农村困难群体的住房工作，并纳入十件实事中。根据省政府的安排，我们确立了“分批推进，分类解决，先易后难，多方参与，一户一宅”以及低标准先行起步，广范围逐步覆盖和村党支部组织、党员干部帮工、干部群众齐上手的工作思路，分别在北部、中部、南部确定了两批共 6 个县（市）作为农村住房解困试点，解困任务共 3000 套。同时，加强了对试点县的指导。截至目前，已完成 2057 户，剩余任务预计 11 月底前全部完成。

（二）大力发展市政公用事业，城市承载能力不断增强。市政公用事业与人民群众生活息息相关。

一是加快城市污水和垃圾处理设施建设。全省已建成城市污水处理厂 61 座，污水处理能力达到 188.79 万吨/日。污水处理率由 2000 年的 35.77% 提高到 2007 年的 63.3%。建成垃圾处理场 14 座，处理能力 7090 吨/日。2007 年，设市城市垃圾无害化处理率达到 35.3%。污水回用工作开始起步，2007 年中水回用量达到 7894 万吨。二是加快发展城市燃气，特别是天然气。2007 年，全省 22 个设市城市燃气普及率达到 79.5%，用气人口总数 751.07 万人。其中使用液化气的人口数为 186.92 万人，人工煤气为 165.39 万人，天然气为 398.76 万人。三是抓好城市集中供热工作。加大政府投入力度，推进城市供热分户控制、分户计量改造。2007 年，全省 22 个设市城市供热普及率达到 65.1%，供热面积 17336.6 万平方米，其中住宅供热面积 12031.6 万平方米。所有新建建筑基本上实现了分户控制，既有建筑正在逐步改造。四是切实保障城市供水。兴建了阳泉娘子关、太原引黄等长距离引水工程，实施了部分城市的老旧供水管网改造工程。2007 年，全省 22 个设市城市综合供水能力和供水普及率分别达到了 442.14 万吨/日和 92.96%，城市公共供水水质合格率达到了 95% 以上。五是全力做好公共交通工作。推行公交优先，落实城市公交燃油补贴，2007 年，全省城市共有公交车辆为 5836 台，平均每万人拥有公交车辆数为 6.62 标台。在公交行业推行“油改气”工作，全省有 2000 余辆公交车进行了“油改气”。

（三）积极开展创建和整治活动，城市人居环境持续改善。一是大力开展“园林城市”创建活动。不断巩固和扩大绿化成果，切实改善城市生态环境，截至 2007 年底，全省城市绿化三大指标明显提高，22 个设市城市建成区绿化覆盖率、绿地率、人均公共绿地面积分别为 32.58%、26.31%、7.13 平方米。长治市黑水河综合治理、晋城市“东西两河”综合治理和太原市城西水系综合治理等一批绿化精品工程荣获建设部颁发的“中国人居环境范例奖”。长治、晋城、壶关被住房和城乡建设部授予“国家园林城市（县城）”称号。长治市湿地公园被住房和城乡建设部命名为“国家城市湿地公园”。二是全面启动“宜居城市”创建活动。2007 年，启动了以“布局合理、功能完善、环境友好、管理创优”为主要内容的宜居城市创建活动。今年上半年，确定了创建宜居城市考评的总体框架和具体内容，制定印发了《山西省创建宜居城市考核评比标准（试行）》。太原、长治、朔州等城市先后召开了创建宜居城市动员大会，创建工作正在有序推进。三是集中开展城市综合整治工作。2003 年以来，全省各地持续加大城市综合整治的执法力度，开展拆除违建、整顿马路市场、清理“小广告”等专项整治工作，逐步建立完善了评比考核的责任体系，初步形成了一套行之有效的长效工作机制，使城市综合整治走上了长效管理的良性循环。特别是今年在全省开展“城乡清洁工程”以来，各地城市面貌和城市形象得到了极大改善。

二、存在不足

近年来，虽然我们在住房保障和市政公用方面做了大量工作，也取得了一定成绩，但与人民群众的实际需求相比，还有很大差距。主要表现在：

一是政策性住房建设用地供应不能满足需求。城市规划区内的建设用地不足，而少量的建设用地又大多以出让方式供应，政策性住房建设用地供应量偏小。尤其是国有重点煤矿棚户区改造中西山煤电集团、同煤集团 2008 年所需新增建设用地，至今尚未落实。

二是城市基础设施总体水平仍需提高。近年来，城市供水、供电、供热等基础设施投资较多，发展较快，在改善城市生产与生活条件方面发挥了重要作用。但在污水和垃圾处理、道路和桥梁建设等基础设施上投入不足，导致城市基础设施总体水平仍处于较低水平，在全国较为落后。

三是市政公用行业改革亟需加快。近年来，围绕推进市政公用行业改革做了大量工作，取得了一定成效，但与发达城市相比仍存在较大差距。城市供水、供气、供热、污水处理、垃圾处理及公共交通等社会公益行业的改革仍需大力推动，鼓励越来越多的企业参与城市基础设施的投资、经营与管理，尽快建立和完善特许经营制度，逐步告别目前垄断经营的局面，在市政公用事业改革领域取得实质性进展。

三、推进措施

实现山西转型发展、安全发展、和谐发展，建设行业承担着十分繁重的任务。特别是做好住房保障和市政公用等重点工作，对于促进民生改善、推动和谐发展具有十分重要的意义。

（一）切实加强政策性住房供应管理，进一步提高住房保障水平

督促、指导各市加快编制和完善低收入家庭住房保障规划，确定保障目标，细化保障措施，确保经济适用住房建设用地不低于居住用地的20%，廉租住房不低于5%。稳步推进国有重点煤矿棚户区改造和政策性住房建设，增加中低价位、中小户型住房的供应，加快解决城市低收入家庭的住房问题。

（二）稳步推进市政公用行业改革，进一步提高行业监管水平

1. 加快建立和完善特许经营制度。认真宣传和贯彻落实《山西省市政公用事业特许经营条例》，在《山西省市政公用事业特许经营政府监管标准体系》框架下，加快实施市政公用行业服务规范和地方性标准，增强项目监管工作的规范性和操作性。指导各地在充分考虑当地实际的基础上，通过程序确定特许经营者，择优选择投资者，强化市场准入与退出、运营成本与安全、产品供应与服务质量、价格与收费、管线网络系统及市场竞争秩序等方面的监管，杜绝“一卖了之”的错误做法，切实保障城市公众利益和公共安全。

2. 不断深化供热体制改革。一是指导各地积极落实省政府出台的“暗补”变“明补”政策，重点解决好企业和困难群体的热补问题。二是指导各地加大政府投入力度，重点抓好既有公共建筑和居民住宅分户控制、分户计量收费的有关政策，推进城镇供热体制改革。三是指导各地做好冬季供热保障工作，确保广大市民温暖过冬。

3. 抓好污水处理设施运营管理。一是指导各地结合全省COD减排工作的总体要求，推进城市排水管网建设，协调解决好农民截流浇地等问题，提高对生活污水的收集能力，保证污水处理设施的运行负荷率。二是积极组织开展污水处理厂运行培训工作，要求企业建立严格的取样、检测、化验和台账制度，进一步规范设施的日常运行管理，强化安全生产意识。三是按照国家和省政府的有关要求，指导各地抓好城市排水许可制度的建立和落实，保障管网、泵站、污水处理厂等各类城镇排水设施的安全和正常运行。四是配合物价、财政部门进一步推进污水处理费的开征、调价、征收和使用管理工作，保障污水处理设施的稳定运行。

4. 推进城市环卫工作。一是督促正在建设的垃圾卫生填埋场，按照相关技术标准和规范高质量进行施工。二是总结和推广各市环境卫生集中整治的先进经验和做法，着力推进“城乡清洁活动”，改善人居环境。三是深入贯彻住房和城乡建设部《关于加强城市公共厕所建设和管理的意见》，加强公共厕所城乡统筹规划建设，提升城乡环卫基础设施水平，促进公共厕所管理工作的规范化、标准化和法制化。

（三）全面开展宜居城市创建活动，进一步提高城市管理水平

1. 深入推进宜居城市创建活动。将“宜居城市”创建活动进一步推向深入，全力打造布局合理、功能完善、特色彰显、环境友好的现代化宜居城市。一是注重城市规划，系统研究城市定位、产业布局、发展规模、资源配置与环境保护的关系，为城市可持续发展提供科学依据和保障。二是完善城市功能，加快城市道路、供水、燃气、供热、公交等市政基础设施建设，充分发挥城市的辐射带动作用。三是以创建国家生态园林城市为契机，加大植树造林、绿化家园的力度，建设生态文明，改善城市人居环境。四是按照“政府组织、部门负责、社会参与、群众监督、因地制宜、讲求实效”的原则，推动地方政府重视和加强宜居城市创建工作，在全省建立相应工作机制，将

各地创建的总体和单项工作纳入省政府对地方政府的考核评价体系,促进城市发展模式转变,推动城市的可持续发展,力争年内评选产生1到2个单项"宜居城市"。

2. 继续抓好城市园林绿化工作。加强组织领导,狠抓省政府与各城市签订的2009年经济社会发展指标目标责任书中城市绿化的落实工作,制定建立绿化工程建设考核验收标准体系,切实抓好省补资金的落实,突出建设一批绿化精品示范工程。一是指导各地加大资金投入,按照建设生态文明和宜居城市的有关要求,进一步扩大城市绿地面积,增加城市绿量,突出居民聚集区的公共绿地建设。努力提高城市中心区和老城区绿地率。二是在对各市县现有公园状况进行摸底调查的基础上,按照省政府推进"三个一"工程的安排部署,尽快出台《创建省级示范公园实施办法》,通过评选"省级示范公园"引导和推进各地的公园建设。三是结合住房和城乡建设部要求,指导各地开展对城市绿地系统规划的编制和修编,增加绿地系统防灾避险规划的内容,并尽快组织实施。四是加强对"园林城市"创建工作的引导和管理,选择重点市、县推进开展园林城市(县)的创建活动,并完成对2006年省级园林城市(县城)的复审工作。

3. 指导落实数字化城市管理试点工作。指导和推动太原、长治、晋城等城市认真抓好"数字化城镇"的试点工作,推进城镇规划、建设和管理网络化、智能化和数字化,力争以点带面,逐步铺开,有所突破。建立评价和考核机制,切实提高城市管理效率和服务水平,利用数字化的手段和技术,提高市政公用设施优化调度和应急管理水平。

五台山成功申报世界遗产

2009年6月26日,西班牙当地时间中午12时36分(北京时间下午18时36分),在西班牙塞维利亚召开的第33届世界遗产大会正式审议表决:中国五台山以文化景观列入世界遗产名录。

五台山成功申遗,成为我国第38个世界遗产,第二个世界文化景观遗产。五台山申遗成功后,中国成为继意大利、西班牙之后的第三大世界遗产国,山西则与北京、四川名列我国世界遗产前三甲,北五台、南庐山,属于其中难得的文化景观。7月9日,住房和城乡建设部向山西省委、省政府发来贺信,对五台山申遗成功表示热烈的祝贺,指出:"五台山申遗成功,表明它的突出普遍价值得到了全世界公认,实现了全人类共享资源、共同保护的目标"。

世界遗产名录包括自然遗产、文化遗产、自然与文化双遗产、文化景观遗产四种。文化景观是在1992年在美国圣菲召开的联合国教科文组织第16届世界遗产委员会上提出并设立的世界遗产类型。按照《保护世界文化和自然遗产公约》的表述,文化景观是"自然与人类的共同作品",既具备文化遗产的价值,同时也具备一定的自然价值。就其审议程序来讲,既要通过文化遗产的咨询机构审议,也要通过自然遗产的咨询机构审议。文化景观就是文化与自然相辅相成,它主要体现的是人类长期的生产、生活与大自然所达成的一种和谐与平衡,与以往单纯层面的遗产相比,突出了人与环境共存共荣和可持续发展的理念。从这个意义上看,文化景观遗产标志着人类现代文明的一大进步。

一、十年申遗历程,一朝梦想成真

从1999年五台山酝酿申遗到2004年五台山正式提出申遗,经过了5年时间;从正式提出申遗到申遗成功,又走过了5年时间。十年间,五台山申遗经过了3个大的阶段,最终梦想成真。

(一)酝酿申报世界文化遗产阶段。

五台山这座享誉世界近2000年的佛教名山、清凉胜地，既是一个拥有世间罕见的佛教建筑群和大量造像、雕塑、壁画、经书、音乐的艺术宝库，又是一方拥有大片良好植被、大量飞禽走兽的自然净地。1999年，五台山地方政府和管理局提出了五台山以文化遗产申报世界遗产，并开展了一些工作。但由于对申遗工作缺乏深入全面了解，几年来申遗工作没有真正实质性的进展。随着全球性的世界遗产申报热和中国列入世界遗产名录的名胜数量不断增加，申遗的难度也越来越大。2003年底，当五台山着手申报世界文化遗产时，国家文物局已经公布了"世界文化遗产预备名录"，五台山在名录中排名第十七位。世界遗产组织规定：一个国家一年只能申报两个世界遗产项目，其中必须有一个自然遗产项目。根据这一规定和五台山在国家"世界文化遗产预备名录"中的排名，五台山要想申报世界文化遗产，最早也要到2012年。这就是说，五台山申报世界文化遗产还需要九年的等待。

（二）组织申报世界自然与文化双遗产阶段。

根据国家部委分工，文化遗产由国家文物局负责，自然遗产、自然与文化双遗产由建设部负责。如何使五台山早日申报成世界遗产，能否通过建设部，改走申报自然与文化双遗产之路。鉴于五台山的自然遗产资源价值与世界自然遗产的评价标准存在一定差距，退一步讲，即便申报双遗产不一定成功，但同样可以保证申报文化遗产取得成功，使五台山申遗早日申报。

基于这样的思路，2004年2月16日，省建设厅专程向国家建设部呈报了《关于五台山风景名胜区列入世界遗产预备清单的报告》（晋建城字［2004］40号），经过协调、沟通取得了建设部的支持。3月6日，省政府对忻州市政府《关于召开五台山申报世界自然与文化遗产论证会的请示》（忻政［2004］16号）作出批复，同意五台山申报世界自然与文化双遗产。为了争取提前报出，省建设厅前后几任领导多次带队赴京，前往有关部门阐述五台山的独特价值，争取支持。通过开展大量反复细致的工作，经建设部组织专家论证和中国联合国教科文组织全委会、建设部和国家文物局两次联席会议研究讨论，最终将五台山列入2008年国家自然与文化双遗产预备名录首位。2006年7月5日，建设部召开自然与文化双遗产名录新闻发布会，宣布了这一决定。2008年1月17日，正式向世界遗产中心报出了五台山申遗文本。2008年全世界申报世界遗产41处，文本通过31处，五台山名列其中。

（三）申报世界文化景观阶段。

2009年5月12日，世界遗产中心对五台山申遗项目作出了拟提交第33届世界遗产大会审议的决议草案，提出"决定不以自然标准将中国五台山列入世界遗产名录"，理由是五台山地质遗产方面的价值不具备特殊性、唯一性；文化遗产则暂缓列入世界遗产名录，理由是需补充关于五台山佛光寺的保护规划及监测和有关法律、法规的文件，待2010年第34届遗产大会再行审议。同时，建议"五台山应该被作为文化景观来保护"。

当天下午，省建设厅副厅长、省五台山申遗领导组办公室主任任在刚就立即赶赴建设部、中国联合国教科文组织全委会了解情况，请求支持。建设部立即组织召开紧急专题会议，研究对策，提出意见。当晚立即返回太原，第二天上午（5月13日上午），省委常委、副省长、省五台山申遗领导组副组长李小鹏紧急召集省建设厅、省文物局的主要负责同志共同研究五台山申遗中遇到的紧急情况，首先听取省建设厅的汇报，并根据建设部的意见，针对所面临的状况，提出了在当前的紧急状况下应采取的紧急措施，同时组建了五台山申遗紧急工作小组，立即赴京征求国家有关部委（局）的意见，开展工作。5月18日，工作小组在京召开五台山申遗专题会议，邀请有关部委领导和专家对世界遗产中心做出的决议草案进行研究分析，与会领导和专家建议：按照决议草案提出的文化景观，争取使五台山列入世界遗产名录。围绕这一新的定位，五台山申遗工作小组的全体同志在李小鹏副省长的带领下，分别拜会了教育部、中国联合国教科文组织全委会、外交部、住房和城乡建设部、国家文物局等部委的领导，做了大量沟通协调工作。与此同时，组织有关专家、学者、教授一边做好有关补充材料的编制和报送工作，一边起草说贴，争取各方面的支持。通过40多天的紧张工作，做出了大量详尽的应对方案。2009年6月22日－30日，第33届世界遗产委员会在西班牙塞维利亚召开，会议期间，申遗工作小组按照临行前李小鹏副省长确定的工作方针、基本原则和职责分工，在我国常驻联合国教科文组织师淑云大使的指导下，分别对遗产组织、友好国家、大会工作人员，进行了深入细致的宣传推荐、耐心讲解和友好沟通。每晚召开会议，针对当天情况进行沟通，研究对策，同时对下一步的工作进行部署。经过夜以继日、艰苦不懈的努力，最终五台山以文化景观成功列入世界遗产名录。

自2004年2月五台山申遗正式启动，到2009年6月申遗成功，历经5年零4个月的时间，最终获得了成功。五台山申遗，历经坎坷、一波三折，十年艰辛、一朝收获；激动人心、来之不易，价值所在，当之无愧。

7月1日，五台山申遗工作组凯旋

二、省委、省政府高度重视，各级各部门协力推进

五台山申遗成功是省委、省政府正确领导的结果，是国家有关部委指导和积极支持的结果，是省直有关部门和忻州市、五台县、五台山风景名胜区政府、五台山管理局共同努力的结果。

省委、省政府对五台山申遗工作高度重视，省委书记张宝顺同志多次听取汇报，提出要求；三任省长亲自担任领导组组长，多次上山考察指导、现场办公；四任分管省长一任接着一任抓，多次召开会议协调解决问题，赴北京沟通汇报、争取支持，为五台山申遗成功提供了坚强的组织保证。

2006年6月，省政府召开"五台山申报世界遗产工作协调会"，提出五台山申报世界自然与文化遗产工作由省建设厅牵头。8月，省政府成立了五台山风景名胜区申报世界自然和文化遗产领导组，领导组组长由省长担任，领导组办公室设在省建设厅，负责五台山申遗的具体工作。几年来，省建设厅按照省委、省政府关于五台山申遗的部署与要求，认真履行工作职责，充分发挥职能作用，做了大量卓有成效的工作，付出了艰辛的劳动，为五台山成功申遗发挥了巨大作用。

（一）建立五台山申遗工作目标责任制。

省建设厅作为五台山申遗领导组办公室所在单位，厅党组每年都将五台山申遗列为全厅的重点工作来抓，把省政府确定的五台山申遗35项工作任务细化为15个方面52项具体工作，以签订目标责任制的形式，倒排工期，明确任务和完成时间，责任到人；建立月报、进展情况通报和督办工作制度，对重点工作进行检查和督办，先后下发17份督办函，并及时将有关重要情况上报省政府。厅党组书记、厅长王国正同志高度重视五台山申遗工作，多次带领工作人员赴京和到五台山实地协调解决五台山申遗中的困难和问题。

（二）组织编制五台山申遗文本并完成报送工作。

聘请清华大学、北京大学、云南理工大学等大学的知名专家教授，历经1年多时间，在深入调查研究的基础上，编制了《五台山自然与文化遗产申遗文本》。文本编制过程中，邀请世界自然保护联盟、国际古迹遗址理事会等国内外30多位专家学者进行了实地考察指导；提请住房和城乡建设部会同中国联合国教科文组织全委会、国家文物局及有关专家、教授、学者，先后三次召开会议对文本进行论证，确保了文本编制工作按时保质完成。2007年9月26

日，向世界遗产中心报送五台山申遗文本及有关图纸、光盘进行初审；2008 年 1 月 17 日，将修改后的申遗文本报送世界遗产中心；2008 年 3 月 5 日，五台山申遗文本通过了世界遗产中心组织的审查。

（三）组织编制五台山风景名胜区三项规划。

根据五台山申遗要求，从有利于五台山永续利用出发，省建设厅牵头，组织忻州市政府、五台县政府、五台山管理局和省直有关部门及专家、学者，编制完成了《五台山风景名胜区总体规划》、《世界遗产提名地保护与管理规划》，组织编制完成并经住房和城乡建设部批准了《五台山风景名胜区旅游服务基地修建性详细规划》，对五台山的总体布局、道路交通、绿地系统、景观环境和工程建设时序进行了详细规划，形成了五台山发展的规划保障体系。同时，提请省人大将五台山保护列入立法计划。2006 年 9 月和 11 月，省人大常委会审议颁布了《关于加强五台山风景名胜区保护的决定》和《山西省风景名胜区条例》两部地方性法规，为五台山申遗提供了法规保障和依据。一年时间，为五台山申遗连续颁布两部法律，这在山西省人大的立法历史上也是少有的。

（四）开展大量组织协调和指导服务工作。

省五台山申遗办公室具体负责申遗的组织协调和沟通服务工作，任务重、头绪多，工作量大。2007 年 6 月以来，省建设厅副厅长、省五台山申遗办主任任在刚怀着争取五台山申遗成功的强烈愿望和必胜信心，不辞辛苦、不怕劳累，先后 55 次带队赴五台山，深入到开矿现场、五个台顶和拆迁整治、生态恢复、移民商住区工地及拆迁户居民家庭，实地调查，了解情况，掌握第一手材料，及时研究和解决五台山景区环境综合整治中的各种问题；先后 56 次带队赴建设部和中国联合国教科文组织全委会汇报工作，11 次到省外实地考察、学习请教、追踪专家，7 次到国外与世界遗产组织磋商、进行沟通和汇报，争取方方面面的支持，为五台山申遗成功付出了巨大努力。五台山申遗成功后，任在刚深有感触地说：“我们要拿出一定要成功的精神去申遗，每一点机会都不能错过，不能让人说不成功是你那一点没做到，我们不留遗憾”。

与此同时，在五台山申遗过程中，省政府办公厅、财政厅、发改委、外事办等省直有关部门主动配合，积极支持；省文物局做了大量文化价值的挖掘和认定工作；忻州市、五台县、五台山风景名胜区政府和五台山管理局完成了景区环境整治等大量基础性工作。

三、巩固申遗成果，推进五台山永续利用

佛教圣地和清凉胜境珠联璧合的五台山申报世界遗产终获成功，证明了她的自身价值和品位，赢得了世界的认可与尊重。五台山成功跻身世界遗产名录，既是一个崇高荣誉，更是一份新的责任。

（一）认真总结五台山申遗成功经验，推动全省申遗工作。

目前，世界遗产共有 890 项，本年度参加审查、表决的 37 个项目，仅有 13 项通过。我国申遗连续 15 年年年有收获，2009 年与五台山同时出洋赶考的河南嵩山受阻重审，未获通过，这意味着我国今后的申遗之路将异常艰难。认真总结五台山申遗的成功经验，为今后我省恒山等地的申遗提供借鉴，十分必要。事实上，五台山申遗过程中的确有许多好的做法和好的经验，比如：《五台山自然与文化遗产申遗文本》被世界遗产中心主任誉为：“列入世界遗产理由的比较分析部分准备得非常好，可以作为缔约国准备申报世界遗产的范例。”同时，五台山申遗的组织领导、协调沟通、环境整治等许多工作都值得总结。

（二）按照更高的标准和要求，对五台山实施更加科学的管理和更加严格的保护。

五台山申遗成功，不能说是功德圆满，只能说是刚刚开始。第 33 界世界遗产大会对世界遗产的保护和传承提出了更为苛刻的要求与命题，如果保护不力，违反了《保护世界文化和自然遗产公约》，将被课以除名。今年，已列入世界遗产名录的德国易北河就因保护不力，被清除出世遗名录。五台山申遗成功就已表明，五台山不再只是山西的五台山、中国的五台山，而是世界的五台山。因此，必须严格按照《保护世界文化和自然遗产公约》的规定，对五台山实施更加科学的管理和更加严格的保护，不断把五台山的各项保护工作提高到一个新的更高的水平。

（三）着力推进五台山科学开发和永续利用，为推动山西转型发展作出贡献。

转型发展是山西实现又好又快发展的根本途径。山西要实现转型跨越发展，第三产业承担着十分重要的任务，其中旅游服务业大有可为。五台山申遗成功，为做强做大旅游及相关产业、推动我省实现转型发展，找到了新的兴奋点、共振点和扩张点。必须借势谋事，在科学规划的指导下，在积极有效开展保护的基础上，对五台山进行科学开发，使已经传承了2000年的五台山得到更加科学的保护，让五台山的自然和文化价值完整而真实地传于后世，得到永续利用，为推动山西实现转型发展作出积极的贡献。

省住房和城乡建设厅组建

2009年9月4日省政府办公厅印发《山西省住房和城乡建设厅主要职责内设机构和人员编制规定》（晋政办发〔2009〕141号），设立山西省住房和城乡建设厅（以下简称省住房城乡建设厅），正厅级建制，为省人民政府组成部门。

一、职责调整

（一）将原省建设厅的职责划入省住房城乡建设厅。

（二）取消国务院及省人民政府已公布取消的行政审批事项。

（三）将原省建设厅指导城市客运的职责划转省交通运输厅。

（四）将原省经委管理的轻工行业管理办公室承担的室内装饰装潢资质管理职责划入省住房城乡建设厅。

（五）加快建立住房保障体系，完善廉租住房制度，着力解决低收入家庭住房困难问题。

（六）加强城乡规划管理，推进建筑节能，改善人居生态环境，促进城镇化健康发展。

（七）加强对重点工程建设的协调、服务、监督、管理。

（八）将城市管理的具体职责交给设区的市人民政府，并由设区的市人民政府确定市政公用事业、绿化、供水、节水、排水、污水处理、市政设施、园林、市容、环卫和建设档案等方面的管理体制。省住房城乡建设厅负责行业指导、监督、协调。

二、主要职责

9月1日，山西省住房和城乡建设厅挂牌

（一）承担规范全省住房和城乡建设管理秩序的责任。贯彻执行党和国家关于住房建设和住房保障、城乡规划、工程建设、城市建设、村镇建设、建筑业、房地产业、市政公用事业、工程勘察设计咨询业的方针、政策、法律、法规，组织实施国家住房和城乡建设事业的发展战略和中长期规划。起草全省住房和城乡建设的地方性法规，研究提出全省住房和城乡建设重大问题的政策建议，拟定全省住房和城乡建设的发展战略、中长期规划并监督执行。

（二）承担保障全省城镇低收入家庭住房的责任。拟定全省住房保障相关政策并指导实施，拟定全省廉租住房规划及政策，会同有关部门做好省有关廉租住房资金安排，监督各市组织实施，编制全省住房保障发展规划和年度计划并监督实施。

（三）承担推进全省住房制度改革的责任。拟定适合省情的住房政策，指导全省住房建设和住房制度改革，拟定全省住房建设规划并指导实施。

（四）承担依法组织编制和实施全省城乡规划的责任。指导全省城镇化工作。拟定全省城乡规划的政策和规章制度，指导全省城乡规划编制并监督实施，会同有关部门组织编制全省城镇体系规划，负责省人民政府交办的城市总体规划、区域城镇体系规划的审查报批，参与全省土地利用总体规划的审查，负责国家和省审批、核准的建设项目的选址，指导城市地下空间的开发和利用，指导和管理城镇勘察、市政工程测量、城市建设档案工作。

（五）承担建立全省科学规范的工程建设标准体系的责任。组织制定工程建设实施阶段的省级标准，制定和发布工程建设全省统一定额和行业标准，拟定全省建设项目可行性研究评价方法、经济参数、建设标准和工程造价的管理制度，拟定全省公共服务设施（不含通信设施）建设标准并监督执行，指导监督国家和省各类工程建设标准定额的实施和工程造价计价，组织发布全省工程造价信息。

（六）承担规范全省房地产市场秩序、监督管理房地产市场的责任。会同或配合有关部门组织拟定全省房地产市场监管政策并监督执行，指导全省城镇土地使用权有偿转让和开发利用工作，提出全省房地产业的行业发展规划和产业政策，制定全省房地产开发、房屋权属管理、房屋租赁、房屋面积管理、房地产估价与经纪管理、物业管理、房屋征收拆迁的规章制度并监督执行。

（七）监督管理全省建筑市场、规范市场各方主体行为。指导全省建筑活动，组织实施房屋和市政工程项目招投标活动的监督执法，拟定全省勘察设计、施工、房屋建筑内外装饰装修、建设监理的规章制度并监督和指导实施，拟定全省工程建设、建筑业、勘察设计的行业发展战略、中长期规划、改革方案、产业政策、规章制度并监督执行，拟定规范全省建筑市场各方主体行为的规章制度并监督执行，组织协调全省建筑企业参与国际工程承包、建筑劳务合作，负责对进入施工现场的建设工业产品进行监督管理。

（八）承担指导全省城市建设的责任。研究拟定全省城市建设的政策、规划并指导实施，指导全省城市市政公用设施建设、运行、安全和应急管理，负责全省城市建设项目的审查报批工作，参与指导全省城市规划区内地下水的开发利用与保护工作，参与全省城市防洪的有关工作，指导全省城市市容环境综合治理和城建监察工作。拟定全省风景名胜区发展规划、政策并指导实施，负责国家级和省级风景名胜区的审查报批和监督管理，组织全省世界自然遗产的申报，会同文物等有关主管部门组织全省世界自然与文化双重遗产的申报，会同文物主管部门负责全省历史文化名城（镇、村）的保护和监督管理工作。

（九）承担规范和指导全省村镇建设的责任。拟定全省村庄和小城镇建设政策、管理办法并指导实施，指导全省村镇规划编制、调整和实施，指导全省农村住房建设、住房安全及危房改造，指导全省小城镇、村庄基础设施和人居生态环境的改善工作，负责全省村镇建设试点工作，指导全省重点镇建设，指导全省村镇房屋产权产籍的管理工作。

（十）承担全省建筑工程质量安全监管的责任。拟定全省建筑工程质量、建筑安全生产和竣工验收备案的政策、规章制度并监督执行，组织或参与全省工程重大质量、安全事故的调查处理，拟定全省建筑业、工程勘察设计咨询业的技术政策并指导实施，负责制定全省施工图设计文件审查办法并监督执行，负责制定全省各类房屋建筑及其附属设施和城市市政设施建设工程的抗震技术标准及规定并指导实施。

（十一）承担推进全省建筑节能、城镇减排的责任。会同有关部门拟定全省建筑节能的政策、规划并监督实施。组织实施全省重大建筑节能项目，指导全省房屋墙体材料革新，推进城镇减排工作。拟定全省住房和城乡建设行业科技发展规划和经济政策，组织全省住房和城乡建设行业重大科技项目攻关和科技成果转化。

（十二）负责全省住房公积金监督管理，确保公积金的有效使用和安全。会同有关部门拟定全省住房公积金政策、发展规划并组织实施。制定全省住房公积金缴存、使用、管理和监督制度，监督全省住房公积金和其他住房资金的管理、使用和安全，管理全省住房公积金信息系统。

（十三）开展住房和城乡建设方面的国际、省际交流与合作。

（十四）承担对全省重点工程建设的协调、服务、监督、管理责任。

（十五）承办省人民政府交办的其他事项。

三、内设机构

根据上述职责，省住房城乡建设厅设 15 个内设机构和省重点工程建设办公室、机关党委、离退休人员工作处。

（一）办公室（综合处）。

负责文电、会务、机要等机关日常运转工作；承担信息、安全、保密、新闻宣传、信访和机关文书档案工作；起草重要文稿；负责制定机关工作规章制度，组织协调政务公开工作，督察督办重要工作事项；研究全省住房和城乡建设事业发展战略和重大政策问题，并提出政策建议；指导城市建设档案、建设稽查和机关后勤服务工作；负责本厅外事工作。制定行政审批工作制度；负责本厅建设类行政许可项目的集中办理工作；负责建设类企业出入省备案登记工作；负责全省建设类行政审批事项咨询。

（二）人事教育处。

承担机关和直属事业单位的人事劳资、机构编制管理工作；拟定全省住房和城乡建设行业教育培训规划和年度计划并组织实施，指导和管理全省住房和城乡建设行业职工队伍培训和继续教育工作；承办全省住房和城乡建设行业专业技术职称评审和行业各类专业技术人员执业资格管理工作；组织协调全省住房和城乡建设行业职业技能岗位培训并进行业务指导；组织拟定全省住房和城乡建设行业各类专业技术人员、技术工人从业管理办法并监督实施；负责制定全省住房和城乡建设行业人才发展规划并组织实施。

（三）法规处。

组织起草全省住房和城乡建设地方性法规、规章草案；承担有关规范性文件的合法性审核工作；指导全省住房和城乡建设普法、行政执法、行政执法监督、行政复议和行政应诉；承办本厅行政复议和行政诉讼工作。

（四）住房改革与发展处。

拟定适合省情的住房政策；指导全省住房建设和住房制度改革；会同有关部门拟定全省城镇住房制度改革的综合配套政策；组织编制全省住房建设规划和年度计划并指导实施。

（五）住房保障处。

拟定全省住房保障政策并指导实施；承办国家和省廉租住房建设资金和补贴资金安排的有关事项；组织编制全省住房保障发展规划和年度计划并监督实施。

（六）城乡规划处。

拟定全省城镇发展战略，制定城镇化和城乡一体化发展目标与措施，拟定城乡规划和文化遗产保护规划的政策，组织编制和监督实施全省城镇体系规划，指导城乡规划编制并监督实施。承担省政府交办的城市总体规划、城镇体系规划的审查报批和监督实施；负责开发区（产业区）规划的审查报批和监督实施；负责历史文化名城（街区）保护和监督管理的有关工作；指导城镇勘察、市政工程测量、城市地下空间开发利用和城市雕塑工作；核发国家和省审批、核准的建设项目选址意见书；负责城乡规划编制单位的资质管理。

（七）标准定额处。

组织拟定全省工程建设地方标准、经济定额、建设项目评价方法、经济参数和建设标准、建设工期定额、公共服务设施(不含通信设施)建设标准;拟定全省工程造价管理的规章制度并监督执行;指导监督全省各类工程建设标准定额的实施;负责发布全省人工、材料、机械等费用的调整系数;负责全省工程造价咨询单位的资质管理。

(八)房地产市场监管处。

承担全省房地产市场的监督管理;拟定全省房地产市场监管和稳定住房价格的政策、措施并监督执行;指导全省城镇土地使用权有偿转让和开发利用工作;拟定全省房地产业的发展规划、产业政策和规章制度;负责全省房地产开发企业、物业服务企业、房屋中介的资质管理;组织建设并管理全省房屋权属信息系统。

(九)建筑与勘察设计市场监管处。

拟定规范全省建筑市场各方主体行为、房屋和市政工程项目招投标、施工许可、房屋建筑内外装饰装修、建设监理、合同管理和工程风险管理的规章制度并监督执行;拟定全省工程建设、建筑业、勘察设计的行业发展政策、规章制度并监督执行;指导全省建筑企业参与国际工程承包和建筑劳务合作;负责全省施工许可证审批工作;负责全省工程担保管理工作,负责建筑行业劳动保险的有关工作;负责全省建筑施工企业、建筑安装企业、建筑装饰装修企业、建筑制品企业、建设监理单位、勘察设计咨询单位的资质管理,认定全省从事各类工程建设项目招标代理业务的招标代理机构的资格。

(十)城市建设处。

拟定全省城市建设和市政公用事业的发展战略、中长期规划、改革措施、规章;指导全省城市供水、节水、排水、垃圾处理、供气、供热、城市道路及综合交通设施建设、城市照明、园林、市容环境治理、城建监察等工作;指导城镇污水处理设施和管网配套建设;指导城市规划区的绿化工作。指导全省城市市政公用设施建设、运行、安全和应急管理。负责全省风景名胜区的规划审查报批和保护、利用、建设的监督管理工作;指导全省城市规划区内生物多样性工作,参与指导全省城市规划区内地下水的开发利用与保护工作,参与全省城市防洪的有关工作;参与全省城市建设项目和市政公用事业建设项目可行性研究报告的审查工作;参与拟定全省城市建设专项资金使用计划;参与全省大中型城市建设项目和市政公用事业建设项目的竣工验收工作;承担全省风景名胜区、世界自然遗产项目和世界自然与文化双重遗产项目的有关工作。

(十一)村镇建设处(亚行贷款山西省小城镇建设项目办公室)。

拟定全省村庄和小城镇发展战略和镇、乡、村规划、建设和管理的政策、规章制度并指导实施;指导并监督全省县域村镇体系规划和镇、乡、村规划的编制和实施;指导和管理全省村镇建设技术服务和标准设计、通用设计推广工作;指导全省农村住房建设、住房安全和危房改造;组织指导全省村镇建设试点工作;指导全省村镇人居环境改善和重点镇的建设;指导全省受灾地区村镇重建和大型建设项目地区的迁移建设工作;指导全省村镇房屋产权产籍管理工作;指导全省村镇规划区内的基础设施建设和村容镇貌管理工作;提出全省进城定居农民的住房政策建议;承担全省历史文化名镇、名村保护和监督管理的有关工作。

(十二)工程质量安全监管处(工程建设抗震办公室)。

拟定全省建筑工程质量、建筑安全生产和建筑工程竣工验收备案的政策、规章制度并监督执行;组织或参与全省工程重大质量、安全事故的调查处理;组织拟定全省建筑业、工程勘察设计咨询业技术政策并监督执行;组织全省工程建设标准设计的编制、审定和推广;组织编制全省城乡建设防灾减灾规划并监督实施;拟定全省各类房屋建筑及其附属设施和城市市政设施的建设工程抗震设计规范;拟定全省施工图设计审查管理办法并监督执行;负责全省工程竣工验收项目备案;指导和监督房屋和市政工程施工现场管理、工程质量、劳动安全工作;负责对进入施工现场的建设工业产品进行监督管理;承担建筑行业人身意外伤害保险管理工作。

（十三）建筑节能与科技处。

拟定全省建筑节能政策和发展规划并监督实施；负责以节能降耗为主要内容的建设行业新产品、新技术、新设备的推广应用；组织实施重大建筑节能项目。指导全省房屋墙体材料革新工作，负责新型墙体材料的使用管理工作；组织拟定全省住房和城乡建设行业科技发展规划和经济政策；组织重大科技项目研究开发；组织全省住房和城乡建设行业科技成果、新技术、新材料和新产品的研究、开发与鉴定；组织全省国际科技合作项目的实施及引进项目创新工作；管理全省行业科技成果，指导科技成果的转化推广；负责管理全省进入住房和城乡建设行业的建筑材料、设备及制品的检测、鉴定和推广工作。

（十四）住房公积金监管处。

拟定全省住房公积金政策和发展规划并组织实施；制定全省住房公积金缴存、使用、管理和监督制度；监督全省住房公积金和其他住房资金的管理、使用和安全；管理全省住房公积金信息系统。

（十五）计划财务处。

组织编制全省住房和城乡建设中长期发展规划和年度计划；参与全省研究建设领域财税价格政策；组织编制全省行业技术引进规划；参与审查全省城市基础设施项目可行性研究报告并负责项目立项审核、报批工作，指导全省城市基础设施建设项目的实施；负责全省年度城市建设计划和住房开发计划的审核报批工作；负责本厅管理的各类专项建设资金的下达；指导和管理全省行业对外经济技术合作与招商引资工作；负责管理全省行业经济信息统计工作，并进行经济分析；负责机关各项资金与国有资产管理及本系统行政事业性收费工作，指导和监督直属单位财务与国有资产管理和行业经济活动的内审工作。

省重点工程建设办公室。

组织拟定全省重点工程建设管理办法、重点工程项目法人责任制管理办法并监督实施；会同省有关部门提出年度重点工程项目；参与全省重点工程项目可行性研究等建设前期工作；参与全省重点工程竣工验收和监督招标投标工作；协调解决全省重点工程建设中的重大问题。

机关党委负责厅机关和直属单位的党群工作。

离退休人员工作处负责机关离退休人员的管理服务工作，指导直属单位的离退休人员管理服务工作。

纪检监察机构按晋办发〔2005〕17 号文执行（行政编制 4 名已划转省纪检委统一管理）。

四、人员编制

省住房城乡建设厅机关行政编制为 102 名（含离退休人员工作处编制 10 名）。其中：厅长 1 名、副厅长 3 名，总工程师 1 名，总规划师 1 名，省重点工程建设办公室主任 1 名（按副厅长级高配）；正副处长职数 43 名（含机关党委专职副书记 1 名，离退休人员工作处领导职数 3 名）。

五、其他事项

（一）城市地铁、轨道交通方面的职责分工。省住房城乡建设厅指导城市地铁、轨道交通的规划和建设；省交通运输厅指导城市地铁、轨道交通的运营。两部门要加强协调配合，确保城市地铁、轨道交通规划与城市公共交通整体规划的有效衔接。

（二）新型墙体材料的职责分工。省住房城乡建设厅负责新型墙体材料的使用管理工作；省经信委负责新型墙体材料的生产组织工作。

（三）节能减排职责的分工。省发改委负责全省节能减排综合协调工作；省经信委负责全省节能降耗工作；省环保厅负责全省污染减排工作。省发改委具体负责第一产业、第三产业（不含房地产业）节能工作；省经信委具体负责工业和信息化领域节能工作；省住房城乡建设厅具体负责建筑节能工作和城镇生活减排有关工作；交通运输厅具体负责交通运输节能工作；省政府机关事务管理局具体负责公共机构节能工作。

（四）将原省建设厅直属的省城市出租汽车客运管理处成建制划转省交通运输厅管理。

（五）所属事业单位的设置、职责和编制事项另行规定。

省城十大建筑

【概述】 省城十大建筑位于太原市小店、晋源、万柏林三个区，总建筑面积110万平方米，总投资约100亿元，涉及文化、体育、科技、卫生、交通运输等领域。

2009年省城十大建筑全面开工建设，并围绕2011年在太原市召开的中国中部投资贸易博览会的召开，精心组织、倒排工期，超额完成了形象进度计划。特别是中国（太原）煤炭交易中心展览中心钢结构工程顺利封顶，为迎接“中博会”顺利召开奠定了基础。

【太原铁路南站】 是我国铁路“十五”规划石家庄至太原铁路客运专线的重要配套工程，是石太客运专线上最大的客运站。客运站位于太原市东南小店区，距太原市中心约7.9公里，距世纪大道长风街约2.8公里。

太原南站是集高速、普速铁路和公交、出租等市政交通设施为一体的区域性综合立体交通枢纽，共设10个旅客站台22股道。设2个基本站台和8个中间站台。建成后将办理南同蒲、北同蒲、太焦线、石太线、石太客运专线和新建太中银及即将开工建设的太原西南环线、大西客运专线旅客列车的始发终到及停站通过作业。

太原铁路新站效果图

太原南站建筑造型与风格体现太原作为一个历史文化名城的独特气质，设计主旨为“唐风晋韵”，造型体现了唐朝之风，外墙装饰蕴含着晋韵之美，总建筑面积200000平方米，其中客运站房建筑面积54771平方米，站房主体建筑外墙东西长330米，南北宽212米。站台雨棚位于站房主体建筑南、北侧，每侧长209米，宽243米，站房主体高38.78米。从上到下依次为：高架候车层、站台层和地下出站层。

工程于2008年12月28日开工建设，截至2009年12月底，西站房的钢筋混凝土结构和屋面钢结构基本完成，金属屋面加工制作完成40%，室内的二次结构砌筑工程正在进行；高架候车厅的旅客地道1~8节施工完成，2/B~1/D轴的钢结构完成60%，基本完成全年目标任务。

【太原机场改扩建工程】 系机场运行以来的第二次改扩建，是保障北京2008年奥运会的一项重要工程。本期改扩建按满足2015年旅客吞吐量600万人次、货邮吞吐量9.7万吨、飞机起降7.1万架次设计。

太原国际机场新航站效果图

主要建设规模为：飞行区等级指标为4E级，同时兼顾F类飞机的备降要求，将现有跑道和平行滑行道由3200米延长至3600米，跑道宽度由现有的60米拓展至75米。新建航站楼5.5万平方米，新建站坪21万平方米，增加机位18个，货机坪2.5万平方米，货运库 1.05 万平方米，停车场 4.6 万平方米。

太原机场 2 号航站楼的设计，既体现山西省当地的地域特色，又极富现代感，多块大型三角弧线造型屋面高低起伏、错落有致，状如“山”的象形体，远观，航站楼整体造型尤如鲲鹏展翅、翱翔苍穹，整体设计寓意“三晋腾飞”。

截至 2009 年 12 月底，完成幕墙和挑檐的玻璃和石材、铝塑板等面层 80% 的安装，水暖电管道等安装工程完成 80%，外围新增结构工程和房中房结构基本完成，弱电系统布线和配电工程基本完成。

【中国（太原）煤炭交易中心】 位于太原市长风商务区北端，中心文化绿岛北侧。项目总规模 23 万平方米包括展览中心、交易大楼、国际会议中心和商务配套等功能。本项目分两期建设，一期包括 5.1 万平方米的展览中心和 5.5 万平方米的交易大楼两个子项。二期为 12.35 万平方米的会议中心。总建筑面积 23 万平方米（地上 18.95 万平方米；地下 4.05 万平方米）

太原煤炭交易中心效果图

工程于 2009 年 6 月 3 日开工建设，截至 2009 年 12 月底，交易大楼工程完成塔楼二层主体结构，裙楼工程完成地下一层结构和一层夹层结构的 50%；展览中心屋面钢结构于 12 月 4 日吊完最后一榀，补档焊接正按计划进行；能源冷却中心工程土建施工基本完成，总体进度略有提前。

【山西体育中心】 位于太原市晋源区中南部，东临滨河西路，西接晋阳湖，占地 1238 亩，总投资 20 亿元。设 60000 座主体育场、8000 座主体育馆、3000 座游泳跳水馆、1500 座自行车馆、综合训练馆和运动员训练基地，并预留了国际体育交流中心等配套工程设施用地。该项目建成后，可承担国内综合性大型体育赛事和国际单项赛事，同时满足专业队日常训练、群众健身活动和体育产业发展的需要。

山西体育中心效果图

工程已于 2009 年 3 月 27 日开工建设，截至 2009 年 12 月底，四个场馆钢筋混凝土结构先后封顶。

【山西大剧院】 位于太原市长风商务区文化岛中心，占地 80 亩，总投资 7.3 亿元，总建筑面积 73158 平方米。其中平台以上建筑面积 53330 平方米，平台以下建筑面积为 19828 平方米，建筑层数为 9 层，总高度 56.8 米。主要包括 1628 座大剧场、1170 座音乐厅、458 座小剧场、排练厅、琴房、演播室、展台休息厅、贵宾厅、化妆间、道具服装间等功能用房。

山西大剧院效果图

山西大剧院位于贯穿太原市区东西的学府街城市轴线上，背倚西山，面临汾河，设计师以独具匠心的建筑理念，简明洗练的设计手法，创造出一座舒展大方、极富雕塑美感的时代建筑。

工程于2008年8月28日开工建设，该工程的音乐厅部分于2009年11月28日完成主体结构，大剧场和小剧场正按计划进行五层结构和基础工程施工，圆满完成了全年目标。

【山西省图书馆】 位于太原市长风商务区文化岛西北角，占地60亩，总投资3.5亿元，总建筑面积49900平方米，其中地上建筑面积40200平方米，地下建筑面积为9700平方米。建筑层数东侧为4层，西侧为5层，总高度31米。主要包括基本书库、开架阅览室、报告厅、展厅、设备用房、办公用房等。

山西省图书馆在形态设计中融书籍剪影的堆叠手法，汾河沉积岩的横向肌理、传统石窟的竖向密肋为一体，在精神理念中传承山西古建"街巷"、"庭院"的文化特性，高低错落的生态绿化带、丰富变化的下沉庭院和开放式阅览平台共同创造出一个人性化的共享交融空间，让读者在自然和阳光中激发思想的火花，真正体现"以人为本，以阅读为本"的设计理念。

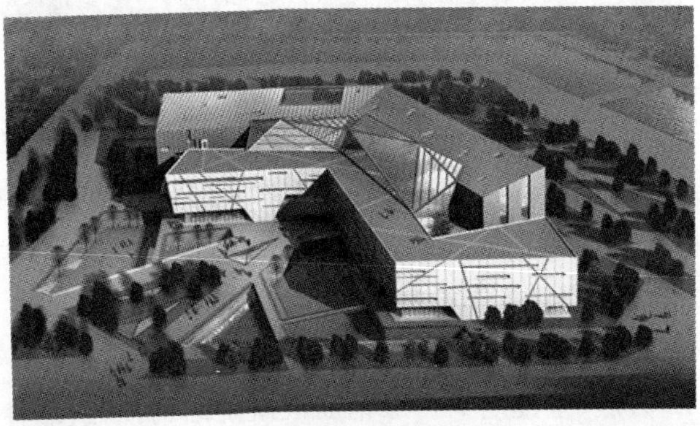

山西图书馆效果图

工程于2008年7月30日开工建设，2009年10月23日实现钢筋混凝土结构封顶，完成地基基础分部的质量验收工作，提前完成结构施工任务。截至12月底，完成五层结构的封闭砌筑工程，完成了屋面保温层、室内排水管道、通风管道、电气扫管的施工。

【山西省科技馆】 位于太原市长风商务区文化岛东南，占地70亩，总投资2亿元，总建筑面积28000平方米，其中地上建筑面积25550平方米，地下（辅助用房）建筑面积为2450平方米。建筑层数为地上4层，地下1层，总高度29.7米。主要包括展厅、穹幕影院、4D影院、天文台、学术报告厅、科技培训、业务管理与后勤保障服务用房等。

山西科技馆效果图

山西省科技馆作为山西科技、经济、文化的展示中心和教育中心，力求将三晋大地古建筑艺术和技术文明进行提升和传承，设计以"时间切片"的空间理念体现科技时代的不断进步。完整形体的扭动削减，立面石材与玻璃幕墙由中间至两侧的渐变节奏，彰显出建筑自身的力量美和韵律美。建筑风格虚实相间，刚劲硬朗，具有典型的北方建筑地域特征。

工程于2008年7月2日开工建设，截至2009年12月底，主体结构按期完工。

【山西大医院】 位于太原市龙城大街99号，占地438亩，规划建设面积22万平方米，设计病床2000张，一期投资10亿元。

山西大医院是集医疗、教学、科研、防保、急救、康复六位一体的综合性医院，在设施、设备、人才、技术、管理、服务等方面在国内位居先进行列。大医院建设目标是"立足省情、依托京津、六位一体、国内先进”，坚持“以人为本、功能完善、布局合理、便捷适用、绿色节能、适度超前”的建设原则。

山西大医院效果图

工程于2009年6月25日开工建设，截至2009年12月底，主楼工程完成地下钢筋混凝土结构，提前20天达到±0.00；裙楼工程完成地下钢筋混凝土结构的50%（计划完成37%），超额完成全年目标。

【太原博物馆】 位于长风商务区文化岛大平台南侧，紧邻山西大剧院和山西省科技馆。项目总用地187.34亩。项目总投资估算5.6亿元。总建筑面积76186平方米，其中博物馆建筑面积40846平方米，平台建筑面积35340平方米。建设内容有建筑结构、给排水工程、暖通工程、消防工程、电气工程、外装修工程、平台景观绿化工程等。

太原博物馆效果图

该项目由法国安德鲁设计事务所设计，灵感来源于“中国红灯笼”，主要建筑为5个相对独立又互相连通的圆锥型体块，以中国红和青铜色为建筑外墙主色调。中国红表达了我国民族文化的元素，青铜色蕴含了历史文化内涵。

工程于2009年9月30日举行奠基仪式。

【太原市美术馆】 位于长风商务区文化岛北部。该项目方案由美国PSC建筑设计事务所完成，并由东南大学建筑设计研究院和太原市建筑设计研究院进行深化设计。项目总用地6.2万平方米，总建筑面积3.2万平方米，投资估算为3.7亿元，结构形式为钢框架结构，计划建设工期为3年。建设内容包括：美术馆主体工程、室内外装修工程、给排水工程、暖通工程、电气工程、电梯安装、室外配套工程以及景观绿化工程等。

太原美术馆效果图

建成的太原市美术馆与文化岛内的大剧院、图书馆、科技馆、博物馆共同将山西省的经济发展提高到一个新的高度，为山西省的招商引资提供一个优越而良好的环境，并成为未来文化交流的核心。

工程2009年7月1日开工建设，截至2009年12月底，主楼地下一层钢筋混凝土结构顶板、墙柱完成40%；地下钢柱全部安装完成，并且安装了部分地上一层的钢柱；车库除受高压线影响部分外，其他的墙柱和顶板混凝土结构基本完成。

大 事 记

2009 年山西省住房和城乡建设工作大事记

一 月

16 日

四川省阿坝州副州长李川一行代表阿坝州和茂县来省建设厅进行春节慰问。王国正厅长、李锦生总规划师接见了李副州长一行，并对李副州长的到来表示欢迎。

18 日

省委常委、副省长李小鹏在北京会见世界自然保护联盟保护地委员会负责人戴维·谢佩德、自然遗产专家吉姆·桑塞尔和联合国亚太经济社会代表刁鸣生，厅领导王国正、任在刚，省政府副秘书长韩和平，忻州市市长李平社及五台山风景区负责人参加会见，并就五台山申报世界自然和文化遗产等相关工作进行了座谈。

戴维和桑赛尔先生对山西省各级政府与相关部门在五台山申报世界遗产工作中做出的努力和顺利完成世界自然保护联盟对五台山实地考察评估表示敬意。

24 日

全省重点工程建设动员大会在太原召开。省委副书记、省长、省重点工程建设领导小组组长王君出席并讲话。厅领导王国正、张立光、任在刚、闫晨曦、郝耀平、郝培亮、李锦生、赵建宏、赵友亭出席。

同日，全省建设工作座谈会在太原召开。省委常委、副省长李小鹏出席会议并讲话。

同日，全省建设工作暨党风廉政精神文明建设工作会议在太原召开。王国正厅长、郝耀平组长分别作了工作报告。厅领导张立光、任在刚、闫晨曦、郝培亮、李锦生、赵建宏、赵友亭出席会议。

26 日

省建设厅召开深入学习实践科学发展观活动总结大会。王国正厅长作学习实践活动总结讲话，张立光副厅长主持会议。省委第八指导检查组副组长、晋中学院党委副书记史忠新作重要讲话，厅领导任在刚、郝耀平、李锦生、赵友亭，省经委纪检组正处级检查员毕基思出席会议。

27 日

省委常委、副省长李小鹏出席山西省最大的保障性住房项目——大同市保障性住房建设工程开工奠基仪式，厅领导王国正、任在刚、赵建宏陪同。

二 月

11 日

山西省建设系统评选表彰领导组会议召开。省委组织部副部长、人事厅厅长张高宏，厅领导王国正、李锦生出席会议并讲话，郝培亮总工程师主持会议。

17 日

省建设厅召开平遥古城范家街历史文化街区保护示范项目和平遥县域城乡体系规划研讨会。李锦生总规划师主持会议。

三 月

10 日

省建设厅总规划师李锦生、省发改委副主任段进存出席赴川援茂农房重建技术指导人员动员培训会。

12 日

中共山西省委、山西省人民政府印发《山西省人民政府机构改革方案》(晋发[2009]13号),组建省住房和城乡建设厅,为省政府组成部门。将省建设厅指导城乡客运以外的职责划入省住房和城乡建设厅,不再保留省建设厅。同时,明确省住房和城乡建设厅承担保障城镇低收入家庭住房,推进住房制度改革等责任。

20日

在纪念依法治省工作十周年暨"法治山西"建设动员大会上,省建设厅荣获"依法行政十佳单位"称号。

26日

财政部和世行项目官员一行7人来山西省检查世行技援五期(TCC5)子项目《山西省古村镇保护利用与减贫方略的研究》进展情况,并对项目进行专题指导。李锦生总规划师陪同检查。

四 月

15日

省委常委、副省长李小鹏出席省重点工程建设领导小组办公室组织召开的重点工程督查动员会,并做重要讲话。厅领导王国正、赵建宏参加会议。

17日

厅领导王国正、赵建宏与省建总公司领导就安全生产进行约谈。

18日

省委常委、副省长李小鹏到省城十大建筑建设现场进行调研,厅领导王国正、赵建宏、赵友亭陪同。

21日

山西省污水处理特许经营推进会暨市政工程协会排水及污水处理专业委员会会议在太原召开。闫晨曦副厅长出席会议并作重要讲话。

五 月

22日

厅党组成员、副厅长张立光出席在太原召开的《山西省城乡规划条例》立法论证会,会议由省政府法制办党组成员、副巡视员傅平主持。

27日

省建设厅"三下乡"暨扶贫慰问送温暖活动在壶关县晋庄镇举行,郝耀平组长出席活动并作重要讲话。

六 月

11日

由省商务厅纪检组长孙兆岚带队的全省领导干部作风建设专项督察组到省厅督察指导并召开了省建设厅领导干部作风建设汇报会,厅党组成员、副厅长张立光主持会议并作重要讲话,厅领导闫晨曦、郝耀平出席会议。

19日

由住房城乡建设部科技司组织、山西省建设厅协办的"中德技术合作—既有建筑节能改造宣讲会"在太原召开。住房城乡建设部科技司韩爱兴副司长、厅总工程师郝培亮出席了宣讲会。

26日

第33届世界遗产委员会会议在西班牙塞维利亚召开,山西省五台山以文化景观被列入《世界遗产名录》。

29日

山西省第二批茂县灾后农房重建技术指导人员返晋,厅领导王国正、张立光、郝耀平、李锦生会见援川技术人员。

七 月

1日

厅党组成员、副厅长闫晨曦出席全省保障性安居工程建设新闻发布会,省委宣传部新闻处处长张晋斌主持。

2日

五台山申遗工作组凯旋。王国正厅长、省政府王清宪秘书长、省文物局施联秀局长、忻州市政府李平社市长等领导前往机场迎接。

7日

全省建筑领域、重点工程管理廉政教育培训班在省委党校举办。省委常委、省纪委书记金道铭出席会议并作重要讲话。王国正厅长作了专题辅导,省纪委常务副书记刘巩作了动员讲话。

10～22 日

国家环保部污染减排核查组对山西省上半年污染减排情况进行了核查。由省建设厅负责推进的全省城镇污水处理厂生活 COD 减排成效显著，实现了时间过半、任务过半。

八　月

18 日

住房和城乡建设部城市建设司刘贺明司长一行来山西省进行了为期六天的全国建设工程质量监督执法大检查，厅领导张立光、郝培亮出席汇报会。

九　月

1 日

省委常委、副省长李小鹏为山西省住房和城乡建设厅成立揭牌。新组建的省住房和城乡建设厅在职能定位上由原省建设厅的经济管理部门变为社会管理和民生保障的主要部门，更加突出民生改善和城乡统筹。

24 日

省直工会工委领导慰问原厅总工程师、全国劳动模范方奎光，厅领导张立光陪同。

27 日

省住房和城乡建设厅举办"喜迎新中国 60 华诞山西省住房和城乡建设成就展"，厅领导王国正、张立光、闫晨曦、郝培亮出席。

十　月

10 日

省委副书记、省长王君来到省城十大建筑建设工地，亲切慰问工程建设者。省委常委、常务副省长申联彬，省委常委、太原市委书记申维辰，省委常委、副省长李小鹏，副省长牛仁亮、陈川平、张平、刘维佳、张建欣等一同调研慰问。

10 日

厅党组成员、总工程师郝培亮召开赴德国学习人员完成学业归来工作座谈会。

16 日

《山西省城乡规划条例》（草案）论证会在省人大召开，会议邀请部分在并的省人大常委会组成人员出席。

26 日

省委常委、副省长李小鹏出席全省环卫行业先进模范代表座谈会，厅领导王国正、张立光陪同。当晚，山西省第 13 个环卫工人节颁奖晚会在太原市青年文化宫举行，省人大常委会常务副主任杨安和、省政协副主席周然观看晚会，厅领导王国正、张立光、任在刚、李锦生陪同。

十一月

11～12 日

由李锦生总规划师和省财政厅潘贤掌副厅长带队，山西省谈判代表团一行 8 人赴北京，与亚行代表就山西省亚行贷款小城镇建设项目进行贷款谈判。草签了《贷款协定》、《项目协定》及《赠款协定》文本。

24 日

省委书记、省人大常委会主任张宝顺，省委副书记、省长王君等到省城十大建筑工地进行考察，厅党组成员、副厅长张立光陪同。

26 日

《山西省城乡规划条例》经省十一届人大常委会第十三次会议审议通过，自 2010 年 1 月 1 日起施行。1991 年 9 月 19 日制定，1997 年 12 月 4 日修订的《山西省实施〈中华人民共和国城市规划法〉》办理同时废止。

十二月

20 日

山西省全国人大代表到省重点工程工地进行实地视察，厅党组成员、副厅长张立光陪同。

22 日

中纪委惩防体系办督察组组长朱孟明一行到省城十大建筑工地调研，厅领导郝耀平、赵友亭陪同。

全省住房和城乡建设工作概况

重点工程建设

【综述】 2009年在省委、省政府的正确领导下，在全省经济形势严峻的情况下，按照保增长、扩内需、促发展的总体要求，省重点工程建设领导小组全力推动，各市政府主动协调，特别是广大人民群众积极配合参与，全省重点工程建设始终保持了良好的增长势头，投资完成额、投资完成率、固定资产投资增长率均远高于去年同期，带动全省全社会固定资产投资总额实现预期投资目标，为山西省经济总体企稳回升、保持平稳较快发展做出了重要贡献，起到了"火车头"的积极带动作用。

省委常委、常务副省长李小鹏20余次深入四项工程建设工地现场办公

【省重点工程全年累计完成情况】 省级重点工程152项，计划投资5920.70亿元，2009年计划投资总额1494.23亿元，占2009年全社会固定资产投资总额的33.2%。省重点工程全年累计完成投资1533.68亿元，投资完成额比2008年同期增加1156.41亿元，同比增长3.1倍；累计完成投资占年度投资计划的102.3%，投资完成率比2008年同期高7个百分点；省重点工程累计到位资金约为1440.53亿元，占年度计划的96.1%。

【省重点工程完成分类情况】 1. 保障性安居工程5项，年度计划投资322.97亿元，实际完成投资329.02亿元，为计划的101.9%。407个子项目，1995万平方米，33.58万套住房全面开工建设。有效解决城乡低收入家庭的住房困难问题，兑现了省委、省政府向全省人民作出的承诺。

2. 农业水利基础设施项目15项，年度计划投资76.10亿元，实际完成投资90.27亿元，为计划的118.6%。全省农业示范园工程全面开工建设，全年完成中低产田改造任务203万亩。引黄北干线工程、全省应急水源工程顺利开工建设。张峰水库经过四年多的奋力建设，成功蓄水并完成输水工程；北赵引黄、夹马口北扩工程实现新增面积100万亩以上的建设任务。

3. 铁路项目18项，年度计划投资98.05亿元，实际完成投资101.86亿元，为计划的103.9%。太中银铁路、准格尔至朔州铁路、南同蒲榆次至侯马北电气化改造、北同蒲应县至原平新建取直线工程及北同蒲韩家岭至应县增建四线工程、大秦铁路4亿吨配套站场扩能改造和大秦线牵引供电系统扩能改造工程等续建工程进展顺利。改造完成大包铁路电气化大同枢纽联络线及配套工程、北同蒲韩家岭至大新线应急改造工程和石太客专扫尾等项目，形成营运里程189公里。特别是新开工建设大同至运城至西安客运专线、山西中南部铁路通道、太原枢纽西南环线、太原至兴县铁路、吕梁至临县铁路、侯马至禹门口扩能改造、邯长铁路改造、新建太原铁路局调度指挥中心等8个项目，铁路建设总里程达到3276公里。

4. 高速公路项目15项，年度计划投资354.23亿元，实际完成投资392.06亿元，为计划的110.7%。计划开工高速公路项目绝大多数开工建设，多个预备项目提前开工。在建高速公路总里程接近2000公里，灵丘－山阴－平鲁、五台山－忻州－保德、太原－佳县、临汾－吉县等27条高速公路开工建设。

5. 机场项目6项，年度计划投资5.76亿元，实际完成投资5.91亿元，为计划的102.8%。吕梁、大同、运城三个机场开工建设，五台山、临汾、长治机场正在积极筹备。

6. 医疗卫生、文化教育项目18项，年度计划投资54.07亿元，实际完成投资51.64亿元，为计划的95.5%。全省共有3834所中小学危房改造项目开工，竣工学校3174所，开工面积485.95万平方米，竣工面积405.21万平方米，超额完成年度任务。山西省心血管病医院门诊楼、山西省中医药研究院门诊楼投入使用；山西地质博物馆完成主体工程。

7. 节能减排和生态建设项目6项，年度计划投资48.91亿元，实际完成投资50.85亿元，为计划的104.0%。启动汾河流域环境生态治理和西山地区改造等两大综合性工程，全省新建的56座垃圾无害化处理和污水处理厂项目全部开工建设。建成污水处理厂43座，垃圾处理厂21座。完成石太高速铁路周边绿化工程，增加全省林地面积5万多亩；完成山西省林火视频监控系统工程，形成覆盖全省的森林监控网络。

8. 产业结构调整项目15项，年度计划投资65.80亿元，实际完成投资56.22亿元，为计划的85.4%。建成年产10万吨合成油的晋城高硫无烟煤合成油示范厂；完成覆盖全省的农村数字电视多媒体综合示范网，实现信息村村通。太钢集团通过技术改造，发展成规模、技术、效益全球一流的特大型钢铁联合体和特种不锈钢生产基地。

9. 自主创新和科技制造项目2项，年度计划投资5.20亿元，实际完成投资3.97亿元，为计划的76.4%。太原长安重型汽车有限公司搬迁改造项目全部完成，形成年产5万辆重型载重卡车的生产能力；太重集团风电自主化等项目顺利完成，在振兴山西省装备制造业方面发挥示范带头作用。

10. 电力项目29项，年度计划投资312.32亿元，实际完成投资306.85亿元，为计划的98.2%。霍州电厂、轩岗电厂等一批大型坑口电站，长治热电厂、晋城热电厂、临汾河西热电厂等一批热电联产项目和右玉、山阴等一批煤矸石电源点项目开工建设，在建的23个电源项目总装机容量达到1641.15万千瓦。大同二电厂三期2×600MW工程、兆光电厂二期2×600MW工程和2个风电项目投产，装机容量247.5万千瓦。改造完成10千伏以上电网线路2880公里。

11. 煤炭能源项目13项，年度计划投资117.62亿元，实际完成投资104.79亿元，为计划的89.1%。开工建设现代化矿井8座，在建矿井规模7440万吨/年；同煤集团同忻矿井等3座现代化煤矿建成投产，投产矿井规模达到2200万吨/年。3条天然气支线管道投产运行，晋城至博爱煤层气管道项目和世行贷款压缩煤层气液化项目开工建设。

12. 省城十大建筑年度计划投资37.93亿元，实际完成投资40.24亿元，为计划的106.1%。省城十大建筑全面开工建设，围绕2011年中博会的召开，精心组织、倒排工期，超额完成形象进度计划。中国(太原)煤炭交易中心展览中心钢结构工程顺利封顶。

【省级重点工程开工竣工情况】 152项省重点工程建设项目中，开工建设135项，开工率88.8%，比2008年高8个百分点。年内有22个项目竣工投产，投入使用。

【年度目标责任制完成情况】 全省152项省重点工程项目有134项签订含年度投资计划的目标责任制。73个项目完成或超额完成年度投资计划,23个项目接近完成年度投资计划,且形象进度基本达到目标要求。

【行政审批中心运行情况】 2009年省政府批准成立由省发改委、国土厅、住房城乡建设厅、水利厅、林业厅、环保厅、文物局组成的省重点工程行政审批中心,对涉及重点工程的19项审批事项进行集中受理、及时分配、分别审批、限时办结。省重点工程行政审批中心于4月1日正式运行,全年共受理217项审批事项,在规定期内办结206项,无一项超时办理,接受项目单位咨询600多人次,为加快重点工程前期审批起到积极的推动作用,为保证重点工程顺利建设提供有力支持。

【调度会、专题协调会情况】 全年省重点工程建设领导小组共召开调度会12次,召开专题会、协调会、推进会60余次,主要针对影响铁路、机场、电力、高速公路等行业重点工程建设进度的问题进行协调解决。特别是对于需要由国家审批,行政区域跨度大,影响因素多的铁路项目组织发改、环保、国土、建设等部门的骨干力量,集中进行攻坚,使三年才能完成的项目前期手续,缩短到一年内完成,是山西铁路项目审批历史上的奇迹。

【省政府工程建设管理】 2009年四项工程建设得到社会各界的广泛关注,特别是张宝顺书记率领所有省委常委、王君省长率领省政府全体班子成员及组成部门负责人亲临现场视察指导,为重点工程营造了良好的建设氛围。在省委常委、副省长李小鹏的亲自主抓下,在省住房和城乡建设厅的直接领导和太原市政府及省直各有关部门的大力支持下,省工务局全体人员进驻现场办公,放弃所有节假日,吃住在工地,靠前指挥,全力以赴推进工程建设。全局上下抓关键、攻难题、破常规、求突破,同舟共济,奋勇拼搏,全年完成4.81万吨钢材的绑扎安装、66.7万平方米模板的搭设、20.72万方混凝土的浇筑,累计完成投资16.4亿元,占项目总投资的57%,占年度投资计划的105%,顺利实现总建筑面积24万平方米的6座单体建筑主体结构的封顶。其中,省图书馆、科技馆主体结构施工分别用时188天、176天,如期完工。山西体育中心项目,自行车馆主体结构施工用时168天,比计划工期提前43天;体育馆165天,比计划工期提前41天;主体育场170天,比计划工期提前35天;游泳跳水馆主体结构基本完工。在全省重点工程建设中发挥表率和示范作用,为山西省做好"三保"、拉动经济企稳回暖做出积极贡献,得到省委、省政府的肯定和社会各界的认可。

住房政策与制度改革

【概述】 2009年,紧紧围绕中心工作,扎实做好全省住房建设政策研究,进一步落实住房分配货币化政策,积极推进公有住房出售工作,对全省住房改革和发展进行政策研究和指导。

【住房补贴资金发放】 按照《山西省人民政府印发山西省住房分配货币化实施意见的通知》(晋政发[2000]13号)精神,继续推进全省住房分配货币化实施工作。截至2009年年底,全省共有34649名(其中,省直单位7629名)职工领取住房补贴,发放住房货币化补贴总金额41470.32万元(其中省直单位10367.58万元)。2009年职工领取住房补贴人数新增加3072人(其中:省直单位新增726人),发放住房货币化补贴金额3577.92万元(其中:省直单位发放1305.48万元),位于全国中等水平。

【省直事业单位住房货币化】 以提高山西大学、太原理工大学等高校副高职称人员住房货币化补贴面积标准为突破口，启动山西大学、太原理工大学、山西财经大学、太原科技大学、山大工程学院、山西财贸职业技术学院、山西水利职业技术学院等高校住房分配货币化工作，完成填表摸底，进入申报阶段。同时加快省直事业单位住房分配货币化实施进程，省直事业单位填表摸底工作全面展开。

【住房制度改革政策指导和咨询】 加强住房制度改革的政策指导和咨询服务，批复中国建材地勘中心山西总队、国家开发银行山西分行、太原海关、兵器工业总公司二零七研究所等4个单位住房分配货币化实施方案；完成对审计署太原特派办、国营825库住房分配货币化方案的审核备案工作；对省监狱管理局所属王庄煤矿、山西省邮政管理局、中储总公司山西分公司进行住房分配货币化政策指导；对省国资委所属破产企业进行货币化补贴政策咨询；对国防科工委系统国有企业离休人员集体上访，多次协调，化解矛盾。累计接待群众来访近百人次，提供电话政策咨询170余次，积极指导住房制度改革工作。

【公有住房出售】 针对晋城市公有住房出售的实际情况，批复晋城市房改办《关于启动公有住房产权买断工作的请示》，对已按标准价出售的公有住房在自愿的基础上，职工按成本价补足房价款及利息后，产权归个人所有，促进公有住房出售工作的健康发展。对山西省国税局、省文联等单位职工成本价购买单位旧房进行政策指导，对山西省储备局86岁老职工已租住单位旧房出售工作进行协调指导，使其购买所住旧房。全省公有住房出售稳步推进。

【编撰总结住房制度改革成果】 建国60周年之际，撰写山西省住房制度改革30年大事记，撰写十一届三中全会以来住房制度改革情况，编写《山西建设公报》住房制度改革篇，撰写《我省住房制度改革取得的成就》，认真回顾总结住房制度改革22年来的基本历程和宝贵经验。

【国有工矿棚户区基本情况摸底调查】 根据国务院和山西省全面启动城市和国有工矿棚户区改造的总体安排部署，省住房城乡建设厅与省国有资产监督管理委员会联合印发《关于对省属国有工矿企业棚户区情况进行调查的通知》（晋建发函字[2009]682号），对省属15个国有工矿棚户区进行摸底调查。印发《关于开展国有工矿棚户区改造基本情况调查摸底工作的通知》（晋建发函字[2009]697号），对全省国有工矿棚户区的情况全面摸底调查。初步统计，全省国有工矿企业棚户区居民共有6.01万户，建筑总面积243.91万平方米，为2010年全面启动国有工矿棚户区改造工作做好各项准备。

【房地产行业调研】 协助住房和城乡建设部赴吕梁市调查枣林苑经济适用住房小区公开以商品房价格出售的问题；参加建设部调研组赴太原、大同调研房地产市场情况；参加住房城乡建设部组织的《保障性住房建设标准》审定会；参加山西省“扩大内需，促进经济增长政策落实情况”第四轮督查，并多次赴保障性安居工程项目进行调查和检查指导；根据住房和城乡建设部要求，组织开展全省“推进住宅产业现代化，提高住宅质量”的专题调研工作。通过调研，更加全面、准确地掌握全省住房建设的基本情况，为制定相关政策奠定基础。

保障性安居工程建设

【综述】 王君省长在省十一届人大二次会议上的《政府工作报告》，明确将解决城市低收入群体的住房问题纳入省政府向全省人民承诺办好的十件“实事”之中。省政府与各市政府签订目标责任状。目标任务确定后,各级各部门通力协作,共同推进保障性住房建设。

【健全和完善住房保障政策】 省政府两次印发文件,明确加快保障性住房建设的政策措施。一是2009年~2011年每年供应保障性住房建设用地12000亩。二是新增市县财政预算外有关专项资金、中央代地方发行的国债资金、廉租住房保障对象自愿购买住房的价款、清房补缴的超标价款、市县行政事业性收费5个筹资渠道,并将土地出让净收益用于廉租住房建设的比例由不低于10%提高到不低于20%。三是明确省级财政对52个国定、省定贫困县和5个插花县按中央预算内投资补助标准给予1:1配套补助。四是创新住房保障机制,未参加住房制度改革的廉租住房保障对象,可按住房制度改革购买公有住房的政策,自愿购买一套廉租住房。

【争取国家廉租住房补助资金】 全年共争取国家廉租住房建设补助资金9亿元,廉租住房保障专项资金3.9281亿元,两项合计12.9281亿元,为缓解市、县的资金压力,加快廉租住房建设和实施货币补贴发挥重要作用。

【召开现场推进会】 6月份,省政府在大同市召开保障性住房现场推进会,组织各市分管副市长、建设、发改、财政、国土、监察、规划、房管和重点办的负责同志,参观学习大同市的经验和做法,有力地推动保障性住房建设工作。

【加强监督检查】 一是坚持月报、通报制度,每月通报各市的建设进度和存在问题,适时提出解决问题的办法和措施。二是各市、县健全完善工作协调机制,组织有关部门现场办公,开辟行政审批绿色通道,推进保障性住房建设。三是组织4个督查组,分赴各市对保障性住房项目进展情况进行督查。督查组深入各市、县召开现场办公会,督促解决督查过程中发现的问题和建设过程中存在的困难。

【发放住房补贴】 各市、县按照符合廉租住房保障条件的家庭基本实现应保尽保的要求,通过发放租赁补贴、进行租金核减等方式,保障17.4万户廉租住房保障对象的基本住房需求,共发放补贴资金3.58亿元。

【保障性住房建设】 2009年,共开工建设保障性住房2119万平方米、35.9万套,完成投资317.85亿元,建设面积为年度目标任务的1.29倍,是建设规模最大、完成投资额最高的一年。在12类省重点工程中,投资完成额排第2位。12月28日,国务院在大同市召开全国城市和工矿棚户区改造工作会议,31个省、市分管保障性住房建设的负责同志参加会议,王君省长代表省政府在会上作交流发言,中央政治局常委、国务院副总理李克强出席会议,充分肯定山西省城市和工矿棚户区改造工作。

住宅与房地产业

【综述】 2009年,山西省把鼓励和培育住房消费,促进房地产市场的平稳健康发展作为应对国际金融危机的重要举措,加快产业发展、稳定住房价格、规范市场秩序、提升住房品质,取得明显成效。

【房地产市场运行情况】 *房地产开发投资快速增长。*全年完成房地产开发投资477.3亿元,比2008年增加149.3亿元,投资增幅达到45.5%,在全国排第1位。房地产开发投资占全国房地产开发投资的比重比2008年提高0.2个百分点，占全省城镇固定资产投资的比重比2008年提高0.5个百分点。全年完成商品住房投资379.5亿元，同比增长65.9%。

住房价格保持基本稳定。2009年，全省商品住房销售价格绝对值保持在2600元/平方米左右，1～12月平均销售价格为2566元/平方米，商品住房销售价格低于全国和中部6省平均水平，比全国平均销售价格低1911元/平方米，在全国排第25位；比中部6省平均销售价格低247元/平方米，排第3位，在周边5省（自治区）中排第4位。存量房屋交易保持基本稳定，交易面积为246.4万平方米，单月交易面积保持在20万平方米左右。

住房供应结构和建设品质得到改善。城镇居民人均住房建筑面积由2008年的28.04平方米，提高到2009年的29.73平方米，净增1.69平方米。中小户型商品住房投资和建设规模快速增长。2009年1～12月，90平方米以下商品住房完成投资142.3亿元，同比增长160.5%；新开工面积为813.8万平方米，同比增长182.1%。积极创建国家康居示范工程，太原文湃苑和大同御景苑等7个项目相继通过住房和城乡建设部住宅产业化促进中心组织的国家康居示范工程规划设计方案和可行性研究报告评审，列入国家康居示范工程项目，创建国家康居示范项目总数达到13个，在全国排第5位。太原晋瑞苑住宅小区被列入国家可再生能源建筑应用示范项目，在降低能耗、减少排放方面起到示范作用。太原市近几年引进北京当代、上海绿地、广州恒大、富力、星河湾、深圳茂业、大连万达等一大批国内知名房地产开发企业，并在购地、基础设施配套、拆迁等方面给予大力支持，促进住房供给增加和住房品质提升。恒大花园、富力城、昌盛双喜城、天赐康缘等项目实现全部或部分商品住房全装修销售，提高装修标准化、模数化、通用化水平。

物业服务稳步推进。物业管理覆盖率达到45%，比2008年提高0.9个百分点。物业服务企业总数达到785家，大同市云馨物业公司晋升为物业服务一级资质，实现物业服务企业一级资质零的突破；二级资质企业新增4家，达到19家。太原和信广场和晋中田森佳苑等8个项目被评为全省物业管理示范项目。

【房地产市场监管情况】 整治“楼霸”取得显著成效。印发《关于加强新建小区装修和材料搬运管理的紧急通知》（晋建房字[2009]390号）和《关于加强新建住宅小区装修管理的通知》（晋建房字[2009]450号），在全省开展整治“楼霸”工作，共排查新建住宅小区116个，对存在非法吊装、搬运和买卖装潢材料的22个新建住宅小区进行整治，抓捕违法犯罪人员35名，破获故意伤害、寻衅滋事、强迫交易等违法犯罪案件30余起。太原市整治“楼霸”工作行动迅速，措施得力，成效明显，受到住房和城乡建设部的充分肯定。

规范房地产交易与权属登记的操作流程。太原、阳泉、晋中、忻州、朔州、临汾、运城7市实现房地产交易与权属登记一体化管理，通过整合和梳理办事流程，缩短时限，提高工作效率；阳泉、晋中两市通过业务数据库、图形数据库、档案数据库的适时传递和测绘成果与登记管理系统的关联，实现房地产交易与权属登记档案网络化管理。大同市投资280万元，开发建设房地产市场信息系统。

拆迁信访量明显下降。印发《关于做好全国“两会”期间拆迁信访工作的紧急通知》（晋建房函字[2009]77号）和《关于做好国庆期间信访接待工作的通知》（晋建房字[2009]364号），对全国“两会”期间和国庆期间城市房屋拆迁等问题赴省、进京上访预防和处置工作进行安排部署，实现全国“两会”期间和国庆期间零上访，赴省上访量明显下降。2009年，赴厅拆迁上访22批次、46人次，比2008年分别下降18.2%和15.2%。积极参与政风行风评议活动，及时解决群众反映的问题，着力提高群众的满意度。

违规变更规划、调整容积率专项治理工作顺利开展。省住房和城乡建设厅、省监察厅共同印发《关于对房地产开发中违规变更规划、调整容积率问题开展专项治理的通知》，开展房地产开发中违规变更规划、调整容积率问题专项治理工作，分安排部署、自查自纠、检查抽查、巩固与深化4个阶段进行。

建立存量房屋交易与房地产开发月报、分析制度。建设房地产市场信息平台，推进房地产市场信息网上发布和数据网上采集工作，房地产市场监测的时效性和准确性显著提高。

【新建住宅小区装修管理】 为进一步规范新建住宅小区装修秩序，营造良好的装修环境与和谐稳定的住区生活氛围，省住房和城乡建设厅印发《关于加强新建住宅小区装修管理的通知》（晋建房字［2009］450号），要求各级建设（房地产）部门充分认识新建住宅小区装修管理的重要性，切实加强新建住宅小区的装修管理，维护和管理好小区内的公共部位和共有设施，确保共有设施的正常运行和业主的权益不受侵害。

新建住宅小区装修期间，除房地产开发、物业、装饰企业以外，任何企业和个人不得进入小区干扰业主的装修活动，更不允许强买强卖和强行运送装饰材料。房地产开发和物业服务企业发现小区内利用外置吊装设施搬运材料或垄断装修材料搬运等干扰业主正常装修的现象，要及时予以制止；不听劝止的，要报公安、工商等有关部门进行处理。

各级建设（房地产）部门要与公安等有关部门协同配合，共同打击新建住宅小区中干扰业主正常装修的“楼霸”行为，依法查处房地产开发和物业服务企业存在的违法违规行为，维护正常的装修秩序。

对干扰业主自行选择装修材料运送方式，阻挠业主使用电梯运送装修材料，未经业主同意进入小区强行从事搬运或输出劳务，强买强卖装修材料等扰乱业主正常装修的“楼霸”行为，从严、从快、依法予以打击。对利用外置吊装设施从窗口、门洞吊送材料和物品的行为坚决制止，及时予以拆除。因外置吊装损坏公共部位、共有设施的，依法进行索赔；导致安全事故的，依法追究相关人员的法律责任。

对组织、参与、指使或故意纵容他人垄断装修材料搬运或存在与“楼霸”签订内部协议，收取管理费等违法违规行为的房地产开发和物业服务企业，依法进行降低资质等级、记入不良经营记录等处罚，并限期整改；逾期不整改或整改不到位的，注销企业资质，并将其列入黑名单，三年内不允许再申报相关资质；触犯法律的，及时移送公安等部门处理。

住房公积金管理

【住房公积金专项治理】 按照住房城乡建设部等国家部委的统一部署，继续深入开展住房公积金专项治理工作。推动太原、朔州、长治等市进一步理顺辖区内住房公积金管理体制，历史形成的逾期项目贷款和挤占挪用资金回收成果明显，全年共清收逾期项目贷款4244.77万元，截至年底，逾期项目贷款和挤占挪用资金本金由原来的12217.57万元减少为2141.2万元。省住房和城乡建设厅会同省财政厅委托中介机构对吕梁、大同、忻州、运城、晋城、晋中等6个城市2008年住房公积金缴存使用管理情况进行了审计。

【住房公积金统计工作】 按照住房城乡建设部的要求，进一步规范住房公积金统计数据报送工作，按季度对全省各市住房公积金缴存使用情况进行通报。同时，建立全省住房公积金统计快报制度，完成年度全省住房公积金缴存使用情况的统计年报和全年住房公积金缴存使用情况统计月报和季度通报工作。

【住房公积金支持保障性住房建设试点工作】 根据住房城乡建设部关于试点工作的总体要求，经过分析调研和实地考察，省政府同意并经住房城乡建设部、财政部等国家有关部门批准，运城市被列为山西省利用住房公积金进行保障性住房建设试点城市，试点前期工作有序推进。

【住房公积金归集和使用】 2009年全省新增住房公积金缴存额106.79亿元，同比增长23.80%；职工离、退休和购、建、大修住房等共提取住房公积金24.34亿元，同比增长31.49%；全省共为缴存职工发放住房公积金个人贷款2.63万笔、21.90亿元，贷款额同比增长27.31%。截至2009年底，全省住房公积金累计缴存总额达491.07亿元，同比增长27.79%，缴存余额为369.53亿元，同比增长28.72%；全省职工累计提取住房公积金121.55亿元；全省共为缴存职工发放住房公积金个人贷款12.99万笔、91.79亿元，个人贷款余额为53.82亿元，同比增长28.51%，住房公积金个贷率为14.57%。

建设科技与建筑节能

【概述】 2009年，全省建设科技和建筑节能工作以推进资源节约型、环境友好型社会建设为重点，认真贯彻执行国务院《民用建筑节能条例》和《山西省民用建筑节能条例》，以健全机构、制定政策、完善标准为基础，以强化监管、加强培训、扩大宣传为手段，以试点示范、创新经济激励机制为引导，突出工作重点，注重机制创新，狠抓监督落实，比较圆满地完成了各项工作任务。

【建设科技】 省级工法评审工作。将2007～2008年通过的省级工法进行汇总筛选，评选出42项申报国家级工法。2009年共组织申报200余项省级施工工法，其中197项通过年审。

大力推广新技术新产品。2009年向全省推广混凝土预制拼装多用塔基基础研究应用等三个新技术新产品。

开展节能新技术相关课题研究。组织开展"高能级强夯置换技术"8项节能新技术课题研究，其中《建筑抗震加固与节能改造一体化研究》、《城市"窑居式"建筑自保温体系研究》被住房城乡建设部列入全国建筑节能新技术研究目录，在全国20余篇研究论文中，山西省有2篇入选，并在《建设科技》杂志上刊登。

新技术应用示范工程工作。省科技馆等40项工程被列为山西省建筑业新技术应用示范工程。

9月1日，常务副省长李小鹏在太原市调研建筑节能示范工程

【建筑节能监管】 建筑节能技术（产品）监管。2009年共组织认定4批、共计365项建筑节能技术（产品）（其中82项为换证产品），同时建立市场清除机制，不合格的产品不准进入工程现场。

建筑能效测评与标识工作。一是山西省《建筑能效测评标识与标准》由省工程建设标准定额站发布，2009年6月1日起正式实施；二是确定5个建筑能效测评机构，并对5个机构测评的项目进行评审，晋中东升经济适用房建安小区1#住宅楼被评为建筑能效标识一星级建筑；三是对建筑能效测评标识进行全社会征集；四是编制完成山西省建筑能效测评软件。

建筑节能检查。11 月 4 日至 11 日开展全省 2009 年建筑节能专项检查，检查在建及竣工项目 77 个，下达责令整改通知书 4 份、执法建议书 8 份；

【既有建筑节能改造】 既有居住建筑节能改造工作有序开展。 一是印发《关于对既有居住建筑节能改造实行目标责任管理的通知》（晋建科字[2009]16 号），与各市签订第一批既有居住建筑节能改造责任书；二是省政府办公厅印发《关于全省既有居住建筑节能改造进展情况的通报》（晋政办函[2009]183 号）；三是省政府办公厅印发《关于 460 万平方米既有居住建筑节能改造省级配套奖励资金落实请示的会议纪要》（[2009]15 次），省级财政将按照中央财政的补贴标准（45 元/平方米）进行 1∶1 的配套补助；四是印发《关于加强既有居住建筑节能改造工程管理的通知》（晋建科函字[2009]308 号）、《关于规范 460 万平方米既有居住建筑节能改造若干技术问题的通知》（晋建科函字[2009]309 号）两个指导性意见，并将既有居住建筑节能改造纳入全省"三保"帮扶督查范围；五是于 3 月 23 日至 4 月 10 日对各市既改工作进展情况进行督查和现场服务；六是建立月报制度并编发《山西省既有居住建筑节能改造工作简报》，及时掌握既改进展情况，总结交流各市的工作经验。截至 2009 年底，全省已开工项目 78 个，共计 332 万平方米；已竣工项目 36 个，共计 120.6 万平方米。

省直机关办公建筑和大型公共建筑节能改造工作。 2009 年全省共启动省人大机关办公楼等 6 个改造项目，共计 8.63 万平方米。

【可再生能源在建筑中应用】 "山西晋瑞苑"申报国家级可再生能源示范项目；中国煤炭博物馆被列入国家级太阳能光电与建筑一体化示范项目；启动可再生能源建筑应用示范城市、示范县工作，临猗县被正式列为可再生能源建筑应用示范县，太原市被纳入可再生能源建筑应用示范后备城市；根据住房城乡建设部、财政部"金太阳工程、金屋顶计划"的要求，编制《山西省可再生能源光电建筑应用实施方案》。截至 2009 年底，全省新建成可再生能源规模化应用建筑 363.86 万平方米，占新建建筑的 18%。

【机关办公建筑和大型公共建筑节能监管体系建设】 组织编制《山西省省直机关办公建筑和大型公共建筑节能监管体系建设项目可行性研究报告》，省发改委正式立项，首期补助资金落实；平台建设所需硬件、软件政府招标采购工作结束，设备正在安装调试中；初步确定省环保厅等 7 个单位办公建筑作为首批监测试点，方案已基本完成；开展节约型校园建设，太原理工大学、山西大学列入国家示范项目。

【建筑节能培训】 召开"全省建设工程施工工法培训班"，近 500 人参加培训，工法编纂水平得到很大提高，收到良好效果。举办"全省建筑节能条例宣贯培训班"，培训学员 300 余人，极大地提高建筑节能从业人员的法律意识。住房和城乡建设部科技司、德国合作技术公司于 6 月中旬在太原组织召开既有建筑节能改造经验与技术宣讲会，近 200 人参加会议，了解、学习国外建筑节能改造的先进技术和经验。

【建筑节能宣传】 做好建设科技与建筑节能的宣传，成功举办"第三届山西绿色建设科技产品展览会"，展期三天，共有 100 多个厂家、400 余种产品参展，2 万余人参观，收到良好效果。编发《建设科技与建筑节能信息》12 期，60 余条信息。6 月中旬配合省节能办组织"节能宣传周"活动，制作宣传展板和宣传册等，以多种形式提高宣传效果，参与群众达

1万多人。通过各种途径进行广泛宣传,编印以《节能建筑让家更暖,天更蓝》为主题的建筑节能宣传册;联系新闻媒体对长治奥瑞特小区节能改造项目进行采访,并在《山西新闻联播》、《山西晚报》、《山西经济日报》上进行专题报导。

【全省建筑节能专项检查】 为贯彻落实《山西省民用建筑节能条例》,进一步推进全省建筑节能工作的深入开展,组织有关人员于11月4日至11日,分4组对全省11个地级市、22个县(市)的建筑节能工作进行专项检查。通过听取工作汇报、询问详细情况、查阅相关文件、审查设计图纸、抽查施工现场等方式,共检查在建及竣工项目77个。对违反建筑节能标准强制性条文的工程项目,当场下达责令整改通知书4份、执法建议书8份,共涉及22个项目。从检查的总体情况看,全省建筑节能工作有了明显进步。

1. 政策法规逐步完善。各市县建设行政主管部门对国家、省的建筑节能法律、法规及相关政策高度重视,及时转发并制定贯彻落实意见。太原市制定《太原市绿色转型促进条例》,并以市人民政府令颁布《太原市绿色转型促进条例实施办法》;临汾市出台《推进建筑节能工作实施方案》;阳泉市进一步加大建筑节能专项验收工作力度,出台《关于加强建筑节能工程专项验收管理的若干规定》、《关于加强建筑节能工程检测管理的通知》等文件;大同市制定《"十一五"后一年和"十二五"建筑节能规划》、《既有建筑节能改造长远规划及五年规划》等。

2. 机构建设大大加强。全省11个设区城市中有7个市建设行政主管部门成立建筑节能管理专门科室,9个市成立建筑节能中心(办),其中有4个为全额事业单位,3个为差额事业单位,办公经费得到有力保障。部分县成立建筑节能管理机构,如侯马、应县、介休、右玉、临猗及大同市的大部分县等;没有成立专门机构的县将建筑节能工作委托给质量监督等部门管理,并安排专门人员负责。截至2009年底,全省11个设区城市的建筑节能监管人员达120余人。

3. 新建建筑节能水平逐步提高。各市县按照省住房和城乡建设厅印发的《建筑节能监管试行办法》,严格执行六项监管制度。部分市县还在此基础上制定适用于当地的监管办法,对建筑节能工作进行指导,收到很好的效果。运城市通过与业主单位签订建筑节能承诺书、制定建筑节能专项验收明白卡等,对施工过程进行全方位监管;忻州市建立建筑节能法律责任告知制度等六项制度;临汾市在新建建筑中强制性安装热计量表;太原市所有新建建筑都实现分室控制;大同市规定禁止使用推拉窗,高层三层以下及多层两层以下必须粘面层,单体建筑必须使用一种新型墙材,公共建筑2万平米以上、居住建筑10万平米以上必须配备中水利用、雨水回收设施;左云县在新农村建设中积极推广超导热能转换器燃煤采暖系统。全省县级以上城市新建建筑设计阶段节能标准执行率达100%,施工阶段节能标准执行率11个设区城市达100%、全省达91.1%。

4. 既有居住建筑节能改造工作进展较好。各市都成立专门的节能改造领导组,编制改造方案,大部分市的既改工作开始实施,并根据改造过程中出现的情况,创立许多新举措。资金投入方面:太原市安排5000万元专项资金,对改造项目每平米给予90元补助;吕梁市、长治市对改造项目每平米分别给予90元、45元补助;朔州市采取政府担保、银行贷款、财政逐年归还的方式解决补助资金。改造施工方面:晋中市将节能改造纳入基本建设程序进行管理;阳泉、运城两市的节能改造工作由供热公司牵头,大力推进供热计量改造;朔州市将府南小区节能改造与小区综合改造相结合,改善居民的居住环境;长治市采用设计施工一体化模式,提高施工效率,降低改造成本。2009年底全省节能改造已开工项目78个、332万平方米;完成项目36个、120.61万平方米。

5. 可再生能源在建筑中应用取得明显突破。

各市对可再生能源在建筑中应用的重视程度不断提高。太原市建立可再生能源建筑应用奖励补助资金,2009 年落实专项资金 5000 万元;吕梁市成立太原可再生能源供热公司吕梁分公司,由市政府授权特许经营,确定吕梁大学、民兵综合训练基地即交口片区实行可再生能源供热。同时太原、运城、吕梁、忻州、临汾等 5 个市,临猗、介休、侯马、应县、永济、右玉、平定、沁县、平遥等 9 个县专门编制《可再生能源应用专项规划》,除临汾市外,其余各市县还积极申报可再生能源应用示范城市、示范县,其中临猗县被列为可再生能源建筑应用农村县级示范,太原市被纳入可再生能源建筑应用后备示范城市。截至 2009 年底,全省新建成可再生能源规模化应用建筑 363.86 万平方米,占新建建筑的 18%。

6. 宣传培训扎实有效。随着建筑节能工作的不断深入,各市建筑节能宣传培训工作逐步加强,通过电视、报刊、网络、论坛、宣传小册等灵活多样的形式,为提高社会各阶层的节能意识发挥重要作用。太原市经市政府批准,在电视上免费滚动式播出建筑节能公益广告;晋城市编制"建筑是凝固的音乐,节能让它更动听"等宣传语,在广播电台进行播出;忻州市印发《民用建筑节能法律、法规汇编》850 册,在元宵节期间上街集中宣传;运城市、吕梁市利用节能宣传周等活动散发宣传材料,悬挂宣传条幅;大同市召开《大同市建筑节能条例》新闻发布会,在《大同日报》上解读有关建筑节能法律法规。同时长治、晋城、阳泉、忻州等市通过举办技术培训班和知识竞赛的方式,提高建筑节能技术人员和管理人员的技术水平。

【建筑节能工作专题汇报会议】 2009 年 9 月 1 日上午,省委常委、副省长李小鹏同志听取省住房和城乡建设厅关于建筑节能工作形势任务、进展情况、存在问题等情况的汇报,研究下一步推进建筑节能的有关工作。会议认为,建筑节能已列为国家三大重点节能领域之一,做好这项工作有利于减少建筑能耗,改善能源供需矛盾;有利于提高居民居住的舒适度,提高生活水平;有利于减轻大气污染,改善环境质量;有利于改造和提升传统建材业、建筑业。

城乡规划

【综述】 2009 年,全省城乡规划工作围绕省委、省政府提出的保增长、保稳定、保民生和《城乡规划法》的贯彻实施,以《山西省城乡规划条例》制定和服务重点工程建设为重点,以房地产开发中违规变更规划调整容积率专项治理为抓手,深入开展城镇化推进有关准备工作,加强城乡规划法规建设,进一步完善规划体系、规范规划管理、强化规划监督,增强规划的指导与调控作用,圆满完成各项工作,规划的指导和调控作用不断加强。

【城镇化水平】 2009 年全省常住人口为 3427.36 万人,城镇人口为 1576.09,城镇化水平达到 45.99%,比 2008 年提高 0.88 个百分点。

【制定《山西省城乡规划条例》】 省人大常委会将制定出台《山西省城乡规划条例》(以下简称《条例》)列入 2009 年省人大立法计划。省住房和城乡建设厅成立以王国正厅长为组长的《条例》起草工作领导组。为保障《条例》的制定出台、提高《条例》立法质量,省住房和城乡建设厅多次与省人大和省政府法制办的有关人员到省内和省外进行调研;抽调部分市县长期从事城乡规划管理的人员一起参与起草;与有关厅局主动协调沟通;还就有关问题到住房城乡建设部、国务院法制办和全国人大法制工作委员会专门请示,先后对条例草案进行近百次的修改完善。2009 年 11 月 26 日,山西省第十一届人民代表大会第十三次会议审议通过《条例》,于2010年1月1日起正式施行。

《山西省城乡规划条例》立法调研

【支持和服务重点工程建设】 围绕全省重点工程建设这一中心,加班加点,及时为山西中南部出海铁路通道、大同至西安铁路客运专线(山西段)、黄陵至韩城至侯马铁路(山西段)、太原铁路枢纽西南环线、长邯铁路复线以及两渡煤矿、张家庄煤矿、南关煤矿和霍州煤矿棚户区改造等60余项重点工程核发建设项目选址意见书,为重点工程审批、核准创造有利条件,促进重点工程的开工建设。

【推进城镇化】 一是完成"山西省特色城镇化评价指标体系"研究工作,征求11个设区城市人民政府对研究成果的修改意见,根据各市的意见修改完善研究成果和测评软件,并对11个设区城市2006年和2007年的城镇化情况试算,试算结果与平时掌握情况基本一致,具备在全省开展测评的条件。二是完成《太原经济圈规划》编制工作,并征求太原、晋中、阳泉、吕梁和忻州5市和省有关部门的意见,具备提交省政府研究讨论的条件。同时,完成《介孝汾城镇组群规划纲要》编制工作,并征求有关市和省有关部门的意见。三是长治市完成长治1+5城镇群规划研究,阳泉市完成阳泉市城乡一体化规划纲要编制工作。

【城乡规划编制】 一是指导部分城市开展总体规划修编工作。太原、晋城、临汾、运城、晋中等市开展城市总体规划修编工作。太原市完成总体规划编制,按程序提请省政府研究讨论;省政府批复晋城市城市总体规划;临汾市、运城市完成总体规划修编,并经评审通过;晋中市启动城市总体规划修编工作。二是进一步加强城镇控制性详细规划编制工作。省政府与各市签订的目标责任书将城镇控制性详细规划作为一项考核指标,各地按照目标责任书要求进一步加大城镇控制性详细规划编制工作,全省城镇建设用地控制性详细规划覆盖率有较大提升,11个设区城市建设用地控制性详细规划覆盖率平均达到70%。

【房地产开发中违规变更规划调整容积率专项治理】 根据住房和城乡建设部、监察部《关于对房地产开发中违规变更规划、调整容积率问题开展专项治理的通知》(建规[2009]53号)要求和"治理房地产开发中违规变更规划、调整容积率问题专项工作电视电话会议"精神,省住房和城乡建设厅、省监察厅联合在全省组织开展以"完善容积率管理的政策、制度,加强对控制性详细规划修改特别是建设用地容积率管理情况的监督检查和严肃查处违纪违法案件"为重点的房地产开发中违规变更规划调整容积率问题专项治理工作,对2007年1月1日至2009年3月31日期间办理规划许可的所有房地产项目进行清理。据统计,全省各地共自查项目3505个,自查用地面积14063.44万平方米。其中,调整容积率项目有123个,补交规费收入8075.92万元,罚款4658.42万元。

【历史文化遗产保护】 一是积极争取国家支持。2009年,向住房城乡建设部积极争取,为新绛县争取历史文化名城保护资金80万元。二是省政府公布一批省级历史文化名城和街区。为加强全省城镇历史文化遗产保护工作,2009年,省住房和城乡建设厅、省文物局联合印发《关于申报山西省历史文化名城和历史文化街区的通知》(晋建规字[2009]387号),省政府印发《关于公布第二批山西省历史文化名城及第一批山西省历史文化街区的通知》(晋政函[2009]129号),公布太谷、孝义、介休、左云为山西省第二批历史文化名城,太原市南华门历史文化街区等14个街区为山西省第一批历史文化街区。三是代县完成历史文化名城保护规划编制工作,并由省政府批复实施。四是在太原申报国家历史文化名城工作中,多次与住房城乡建设部沟通,邀请部有关领导到太原,就申报国家历史文化名城进行现场指导,省政府及时印发《关于公布第二批山西省历史文化名城及第一批山西省历史文化街区的通知》,为太原申报国家历史文化名城创造条件。五是平遥县完成平遥古城保护控制性详细规划和平遥古城管理规划编制工作,开展范家街历史文化街区保护与利用工程实施工作。

【机构队伍建设】 截至2009年底,全省11个地级市除吕梁市外都设立城乡规划主管部门,11个县级市中介休市、霍州市、高平市设立城乡规划主管部门,85个县中平遥县、阳城县、黎城县、盂县设立城乡规划主管部门。截至2009年底,全省共有城乡规划编制单位55家,其中甲级资质3家,乙级资质18家,丙级资质34家。2009年全省共有10人通过注册城乡规划师考试,截至2009年底,全省共有251人取得注册规划师执业资格合格证。

【批复《晋城市城市总体规划(2008~2020年)》】

2009年4月14日省人民政府印发关于《晋城市城市总体规划(2008~2020年)》的批复。

1. 原则同意《晋城市城市总体规划(2008~2020年)》。

2. 晋城市要依托煤炭等资源优势和交通及区位优势,在现有煤炭产业的基础上,大力发展洁净能源、煤化工和旅游产业,延伸产业链,提高附加值,减轻环境污染。要在改造提升传统产业的同时,发展与主导产业相关联的产业和新兴产业,实现支柱产业的多元化。加强与长治等周边城市及中原地区的联系和协作,发挥比较优势,加快经济发展。

3. 市域城镇发展以中心城区为核心、高平市区、阳城市区为两极,以晋长高速公路、太焦铁路、207国道构成的交通廊道为主轴,逐步强化中心城区至凤城、端氏至润城、龙港至崇文三条轴线,形成带动全市城镇及经济社会发展的框架。进一步完善市域交通、供水、燃气、电力、通讯等基础设施及教育、文化、卫生等公共设施,统筹协调区域和城乡,促进城乡一体化发展。

4. 城市规模:近期(2010年)中心城区人口50万人左右,建设用地控制在55平方公里以内;远期(2020年)中心城区人口70万人左右,建设用地控制在76.2平方公里以内。

5. 中心城区采取“两区四片”的组团式布局结构,即主城区、金村区、北石店片、南村(金匠)片、巴公片和高都片。各区片之间以快速交通相联系,以生态绿地相隔离。要依托主城区,逐步发展其他区片,旧区改建和新区发展相结合。要注重保护老城和高都古镇的传统格局与风貌,加强对历史街区和文保单位的保护,实现历史文化遗产的永续利用。

6. 结合国家及省近期提出的重大建设工程,统筹解决好项目建设与城市发展的关系,使重大项目建设与城市发展相得益彰、相互促进。完善城市综合交通体系,处理好公路、铁路与城市道路的关系。加强对水源的保护,解决好丹河中心城区段及其支流和西部边山的防洪问题,高度重视采空区对城市建设的影响,逐步建立包括防洪、消防、人防、抗震和地质灾害防治等比较完善的城市综合防灾体系。

7. 加强城市环境综合治理和生态建设,按照规划搬迁和治理市区内污染扰民的企业;充分利用中心城区周围的自然山体、河流水系及规划确定的区片之间的隔离带搞好绿化，使城市绿化与自然景观相结合，形成良好的生态环境和人居环境。

城市建设

【城市面貌和人居环境】 1. 省政府确定的城市园林绿化任务圆满完成。截至年底，全省建成区(含县)共新增绿化面积2148.85万平方米，完成年度任务量的124.97%；11个设区城市共新增绿化面积899.46万平方米，完成全年任务量的142.8%，城市绿化覆盖率平均提高1.45个百分点。全省共投入绿化资金43.9亿元。

2. “园林城市”创建活动深入开展。组织对省级园林城市(县城)的申报办法和评选标准进行修订。侯马、襄垣、长子等地不断加大投入，努力调动社会各方积极性，城市绿化覆盖率达到40%。2009年，太原、侯马、潞城、怀仁、武乡被住房城乡建设部命名为“国家园林城市(县城)”；介休市、长子县、襄垣县、左权县、古县等5个市县被省政府正式命名为“省级园林城市(县城)”。

3. 城市公园建设迈出新步伐。制定了《山西省城市公园考核指标》，省住房和城乡建设厅、省发改委联合印发《关于加快推进城市公园建设的意见》，对公园的规划设计、建设、管理和服务提出具体要求。到年底，全省已有40%的县(市)建成至少1个具有生态文化特色的综合公园，超出省政府确定的目标任务10个百分点。此外，新绛县绛守居园池公园被列为国家重点公园。

4. “宜居城市”创建活动积极推进。按照省政府《关于开展创建宜居城市活动的意见》(晋政发[2007]16号)要求，成立山西省创建宜居城市领导组，将11个设区城市的创建工作列入省政府年度责任目标，加大对创建工作的推动力度。太原、朔州、侯马、孝义等城市成立创建领导组，制订工作方案，组织完成自查，创建工作积极推进。同时，为更加科学合理地开展创建活动，组织建立宜居城市创建评审专家库，完成考核标准的修订工作。

【城镇污水、垃圾处理和节水工作】 1. 城镇污水处理工作保障有力。省政府出台《关于加快城镇污水处理设施建设和保障运行的通知》(晋政发[2009]35号)，就设施规划建设、污水处理费征收、运行经费保障、提高设施管理水平、强化行业监管等方面提出明确要求。二是制定《山西省城镇污水处理企业运营考核评价标准》；举办三期污水处理厂关键技术岗位培训，实行持证上岗制度；建立污水处理信息系统填报通报制度；对晋中、晋城、侯马、孝义、寿阳、榆社等40余个市县实地指导。三是召开全省污水处理特许经营推进会，省住房和城乡建设厅与北京、重庆两家公司签订战略合作协议，太原、晋中、大同、侯马、灵石等市县的污水厂建设和运营采取BOT(建设—经营—转业)等合资合作方式，在特许经营方面迈出实质性步伐。全省投入运行的82座污水处理厂，全年累计处理污水50786.37万吨，平均负荷率达到68.9%，累计削减COD14.8万吨。

2. 城镇生活垃圾处理能力有效提升。一是建立“全国城镇生活垃圾处理管理信息系统”填报通报制度，畅通信息通道，强化运行监管，全省垃圾无害化处理设施安全稳定运行，垃圾资源化进程不断加快。全年投入运行的20座生活垃圾无害化处理设施累计处理生活垃圾238.98万吨。太原、大同、介休等城市的生活垃圾焚烧发电厂均已投入运行，年累计发电近1.2亿千瓦时；长治市生活垃圾综合处理厂日处理能力600吨，其中40%通过堆肥利用，30%用于焚烧发电；太原市启动投资1.14亿元、日处理能力450吨的餐厨垃圾处理工程。二是积极探索垃圾处理收费方式改革，太原市委托煤气公司代收，征收率达到90%；晋城市将垃圾处理费同水费捆绑征收，有效提高征收率；晋中市采取直接收取、联合收取和委托代收等形式征收处理费用，使征收形式更加灵活主动。

3. 城市节约用水工作得到加强。省住房城乡建设厅、省发改委、省经委联合印发《关于进一步加强城市节水工作的意见》，对全省城市节水规划、水价改革、宣传教育等工作提出要求。印发《山西省节水型城市申报与考核办法》和《山西省节水型企业（单位、校园、小区）考核管理办法》，启动“省级节水型城市”和“节水型企业（单位、校园、小区）”创建活动，并组织开展“节水宣传周”活动。

【城镇污水、垃圾处理设施建设】 按照省政府“两年内，各市、县全部建成污水处理厂并正常运营”的要求，进一步加大以污水、垃圾处理设施为重点的市政公用设施建设力度，取得一定成效。截至2009年底，在建43座城镇污水处理厂全部建成；新建28座城镇污水处理厂已全部开工建设，全省共敷设污水处理厂配套管网1425千米，超出目标任务9千米。在建21座城镇垃圾无害化处理厂全部建成，新建28座城镇生活垃圾无害化处理厂已全部开工建设，完成年度目标任务。

【生活COD减排】 经国家环保部污染减排核查组核定，2009年，全省城镇污水处理厂完成新增生活COD减排量2.511万吨，同比增长17个百分点，扣除因人口增长因素增加的新增生活COD排放量1.01万吨，完成生活COD净减排量1.501万吨，同比增长25个百分点，占国家下达山西省目标任务1.29万吨的116%，占山西省全年COD净减排完成总量1.44万吨的104%，圆满完成2009年度生活COD减排任务。

【公共服务和城市管理】 1. 开展市政公用设施专项规划修编工作。省政府印发《关于加快完善市政公用设施专项规划促进市政公用行业健康发展的通知》（晋政办函[2009]4号），对市政公用设施专项规划的内容、范围、编制要求、经费保障以及实施管理提出明确要求。编制印发《山西省绿地系统规划编制纲要（试行）》等8个市政公用行业的专项规划编制纲要，各地按照要求积极开展修编工作。

2. 全力抓好城市供热保障工作。省政府印发《关于认真做好2009年冬季全省城镇供热和解决农村取暖用煤问题的通知》等4个明传电报，省住房和城乡建设厅印发《关于对全省城市供热监管工作进行考核的通知》等一系列文件，并建立供热日报和通报制度，强化全省城市供热工作。

3. 抓好城市供热管理。大同市创新管理模式，实现城市供热“全覆盖，全接管”。省住房和城乡建设厅、省物价局共同印发《关于城市供热价格管理有关问题的通知》，具体安排部署2009年热价调整工作，规范热价调整工作，明确供热“两部制”热价的计算方法。太原、阳泉、运城等城市出台相关政策，并开展供热分户计量试点工作。

4. 切实加大城市供水监管力度。对全省170座城市（县城）自来水厂的供水水质进行调查，编制完成《2009～2012年山西省城市供水水质保障和设施改造规划》；开发并试行城市供水信息监管系统；制定《山西省城市公共供水企业（单位）运行考核暂行标准》，有力保障城市供水安全。此外，国家水质监测网太原监测站通过国家的实验室资质认定，达到新国标106项水质指标的检测能力。

5. 市容环卫行业发展迈出新步伐。召开全省市容环卫工作会议，会同省总工会组织全省环卫行业“清洁家园迎接国庆”百日竞赛活动，举办全省环卫行业先进模范代表座谈会和颁奖晚会，表彰一批先进单位和个人。起草《山西省城市市容和环境卫生管理条例（草案）》，并会同省政府法制办开展相关工作；启动“山西省城市环境卫生信息监管系统”,加强行业监管。

6. 积极推进“数字化城市管理”工作。抓好“12319”城建服务热线运行管理,大力推行“数字化城市管理”新模式。太原市通过国家“数字化城市管理”试点的验收,晋城市积极开展硬件建设,累计完成投资500万元。

【市政设施运营安全】 开展市政公用设施安全运营专项整治工作,制定专项整治方案,多次组织召开专题会议和专项培训,共抽查市政公用企业597个,依法取缔68个,停业整顿64个。修编城市供水、供气、供热、桥梁、公共交通的重大事故应急预案;太原市、忻州市、晋中市和阳泉市的市政行业应急处置队伍在太原市拉练,提高应急反恐处置保障能力。同时,在国庆、汛期、日食等特殊时期,印发《关于加强市政公用行业安全工作的紧急通知》等一系列文件,确保市政公用行业安全稳定运营。

【风景名胜区管理】 1. 切实抓好风景名胜区监管工作。省政府印发《关于实施山西省风景名胜区体系规划的意见》,明确风景名胜区管理的指导思想、发展目标和基本原则,对景区规划编制、资源保护和强化监管等方面提出了具体要求;印发《关于做好风景名胜区和列入国家自然遗产暨自然与文化双遗产预备名录申报工作的通知》,并完成对运城市百梯山等9个景区申报省级风景名胜区的论证和审核工作。5个国家级景区的总体规划完成省内评审,其中五台山景区总体规划通过部际联席评审会议;芦芽山、碛口景区的总体规划已上报省政府。此外,还加强“一书两证”管理工作,对全省风景名胜区内建设项目的选址、管理进行规范。

2. 风景名胜区申遗工作取得重大进展。按照省政府关于五台山申遗工作的总体安排部署,多次赴住房和城乡建设部、文化部、外交部等国家有关部委开展沟通协调工作,忻州市、五台县和景区组织完成核心景区综合整治、移民商住区建设等九项重点工程,确保第33届世界遗产大会将五台山以文化景观列入世界遗产名录,申遗工作获得圆满成功。同时,住房和城乡建设部将壶口列入我国自然遗产名录,将恒山、芦芽山列入我国自然和文化遗产名录;恒山参加“泰山扩展四岳”申报世界自然和文化遗产的有关工作也正在积极推进。

【晋城市煤层气综合利用工程申报“中国人居环境范例奖”】 晋城市煤层气综合利用工程,经济、社会和生态效益显著,它的成功经验和作法,对全省产煤市、县开展煤层气综合利用有限好的典型示范带动作用,也对全国其他产煤区的安全生产、能源综合利用、环境保护和节能减排工作开展,具有很好的借鉴和示范作用。由于该项目符合“中国人居环境范例奖”中“减少空气污染项目”的评选主题及内容,7月15日,省住房和城乡建设厅向住房和城乡建设部推荐其申报“中国人居环境范例奖”。

村镇建设

【综述】 2009年,全省村镇建设行业充分发挥小城镇在加快城镇化进程、扩大内需、拉动经济增长、吸纳返乡劳动力中的桥梁和纽带作用,加快解决农村困难群众住房问题,加强特色小城镇建设、村镇规划编制及实施监管,强化古村镇保护利用,村镇规划、城镇基础设施建设、人居环境改善、农村住房建设等各项工作发展迅速,取得明显成效。全省共有乡镇1196个,其中镇563个(县城驻地镇85个),乡633个。建制镇镇区总人口279万人,建成区面积518平方公里,镇区平均人口约5900人,1.1平方公里,乡建成区总人口133万人,建成区面积271平方公里，平均每乡约2100人。

【农村危房改造】 全省完成农村危房改造12000户，超过目标任务20%。总结和推广榆次区模式、永济模式、石楼模式、阳城模式、阳高模式和右玉模式等六种主要模式的做法和经验，保障全省农村危房改造任务的顺利完成。同时，按照《关于在全省开展城市房屋抗震性能和农村危房调查工作的通知》（晋政办发［2009］112号），在全省开展农村危房调查，建立包括住户基本情况、危房状况、申请资料、改造情况等内容的危房改造档案，在国定贫困县开通农村危房改造农户档案管理信息系统。摸清全省农村危房现状统筹安排危房改造任务，并掌握和监管农村危房改造工作。

【村镇规划】 加快村镇规划编制，推进城乡规划全覆盖。全年共编制完成县域村镇体系规划18个，小城镇总体规划65个，村庄规划2000个。严格抓好规划的技术评审，开展规划成果评优，提高规划编制水平和成果质量。全省共评出省级优秀规划成果22项；阳泉市小河历史文化名村保护规划等4项规划获全国优秀城乡规划设计奖，山西省获奖数居全国前列。强化村镇规划实施监管，严格管理村镇范围内规划“一书一证”、“一书两证”发放，促进村镇安全发展。

【小城镇建设和管理】 一是加强建制镇绿化工作。2009年底全省建制镇绿化覆盖率达21.9%。开展园林城镇创建活动，马兰镇、润城镇、李阳镇、义安镇、下良镇、晋庄镇6个镇被省政府公布为“山西省园林城镇”，全省村镇生态环境得到较大改善。二是创建旅游名镇名村。开展第二批山西省旅游名镇名村申报工作，择优推荐旅游名镇名村参加全国特色景观旅游名镇名村考核。6个村镇被住房和城乡建设部、国家旅游局公布为全国特色景观旅游名镇名村，数量居全国第二。会同有关部门发放农旅卡，鼓励城市居民到旅游村镇旅游，扩大农村消费，推动村镇旅游业发展。三是加快小城镇基础设施和公共服务设施建设。建立全省小城镇建设项目库，加强建设项目管理。编制《山西省小城镇污水处理规划》，指导全省村镇排水管网和污水处理设施建设。

【古村镇保护】 组织申报第四批“中国历史文化名镇名村”，大阳镇、师家沟村、李家山、厦门村、窦庄村、上庄村等6个村镇被住房和城乡建设部、国家文物局公布为“中国历史文化名镇名村”，全省国家级历史文化名镇名村个数达到18个，居全国前列；开展山西省第三批历史文化名镇名村的申报评定工作，共有30个村镇被省政府公布为省级历史文化名镇名村，全省以汾河流域、沁河流域、黄河沿岸和长城边关要塞为脉络的“三河一关”古村镇保护格局基本形成，历史文化资源得到有效保护。同时，委托国内知名院校编制完成历史文化名镇名村保护规划38个，积极开展世行赠款古村镇减贫研究项目，邀请国内知名专家和高校咨询机构进行深入调查研究，提出古村镇保护、利用与减贫的模式及政策建议。

【村镇房产】 加强农民建房指导，加大新农村住宅设计图集的推广使用力度，引导农民建设经济安全适用、节地节能节材的住房。完成年初农村人均住房的指标任务，农村人均住宅建筑面积增加0.51平方米，年底达到26.47平方米。

【汾阳市贾家庄镇被命名为山西省园林城镇】 经山西省园林城镇专家考评组实地考评、山西省园林城市评审委员会评审通过，省人民政府命名汾阳市贾家庄镇为“山西省园林城镇”。

贾家庄镇位于我省吕梁市汾阳市北郊，建成区面积154公顷，镇区人口1.13万人。截至2008年9

月，镇建成区绿化覆盖率达到38%，人均公共绿地达到19.4平方米。

建筑与勘察设计市场监管

【综述】 2009年，全省完成建筑业总产值1826.10亿元，同比增长34.72%；实现建筑业增加值469.30亿元，同比增长28.80%。具有建筑业资质等级的总承包和专业承包建筑业企业实现利润总额30.56亿元，同比增长25.65%；实现利税总额84.71亿元，同比增长30.56%；建筑业从业人员85.67万人，同比增长7.09%；全员劳动生产率达到21.31万元/人，同比增长33.28%。全省共有建筑业资质企业2468家，其中总承包企业946家，专业承包企业1359家，劳务分包企业163家，工程监理企业217家，工程招标代理机构146家。

【建筑市场管理】 加强对建筑市场主体行为的动态监管，开展建筑业、设计、监理企业和招标代理机构的动态考核。对不符合资质标准要求、不遵守法律法规、市场行为不规范的企业，公示其不良行为记录直至吊销资质证书，全年参加动态考核的四类企业共计3206家，依法注销306家建筑业、9家设计、18家监理、22家招标代理机构的资质、资格，清退率分别占到同类企业的10%以上。组织开展施工许可证专项检查，共检查在建项目2739个。通过资质处罚和市场清出，全省建筑行业结构体系更趋合理，市场秩序更为规范。

建筑市场诚信体系和信息化建设步伐加快。初步建立起建筑业、勘察设计、工程监理、招标代理机构及相关注册执业人员基本信息数据库，为山西省建筑市场监管信息系统建设奠定了坚实的基础。通过系统完成建筑业企业动态考核，实现省内建筑业企业基本信息的全省共享。诚信体系建设取得长足进步，对发生不良行为的企业通过平台进行公示，做到诚信激励、失信惩戒，有效规范企业的市场行为。

【建筑业管理制度建设】 为了更好地指导各级建设行政主管部门增强服务意识，依法监管建筑市场，保障投资项目质量和效益，省住房和城乡建设厅、省重点工程建设领导小组办公室联合印发《关于进一步加强工程建设监督管理工作的通知》（晋建建字[2009]207号）；为了加快推进工程建设进度，确保年度投资计划的完成，省政府办公厅印发《关于加强冬季施工管理确保工程建设顺利推进的通知》（晋政办函[2009]205号）。针对部分工程在建设过程中暴露出监管缺失和监管不严的问题，印发《关于进一步规范国有投资房屋建筑和市政基础设施工程招标投标活动的若干规定》、《关于加强建筑工程施工许可管理的通知》、《关于加强省外入晋企业备案管理工作的通知》等文件，进一步指导与服务全省工程建设，保障工程建设依法合规，受控运行，更好地发挥投资效益。

【开展专项检查】 为了促进有关法律法规在工程建设中的贯彻实施，省住房和城乡建设厅组织开展建筑市场主体行为综合执法大检查、工程质量监督大检查、安全生产专项整治等针对性的专项检查。对在检查中发现的问题及存在的质量、安全隐患，及时督促整改，强化市场各方主体的责任意识，保证工程建设各项工作的顺利推进。2009年8月份，组织并接受住房和城乡建设部组织的安全督查和质量大检查，受到肯定和鼓励。2009年11月份，组织开展对全省2739个在建项目进行施工许可证专项检查，进一步规范建筑市场主体行为，保证建筑市场规范有序运作。为了确保工程质量安全，对2009年发生安全事故的29个单位主体和27名从业人员分别实施行政处罚，并公示其不良行为，做到失信惩戒，及时遏制当前全省工程事故频发的势头。

【勘察设计】 2009 年全省勘察设计咨询业营业收入 65.58 亿元，为上年的 114%。其中：工程勘察收入 7.85 亿元，工程设计收入 23.85 亿元，工程技术管理服务收入 1.70 亿元，工程承包收入 31.05 亿元，其他收入 4.13 亿元，境外收入 0.52 亿元。人均完成营业收入 22.08 万元，为上年同期的 112%。

2009 年，山西省工程勘察设计咨询业共有企业 409 个。其中：甲级单位 70 个，乙级单位 217 个，丙级单位 96 个，设计施工一体化单位 1 个，其他单位 25 个。全省勘察设计咨询业期末从业人员 31057 人，其中技术人员 21459 人，占职工总数的 69%，在技术人员中，高级职称 6131 人，中级职称 8793 人，初级职称 6170 人，其他技术人员 365 人。具有注册执业资格的人员 3181 人，占技术人员的 14.8%，其中，一级注册建筑师 244 人，二级注册建筑师 451 人，一级注册结构工程师 455 人，二级注册结构工程师 169 人，注册岩土工程师（岩土）172 人，其他各类注册执业人员 1690 人。

2009 年全省住房和城乡建设系统科技活动费用支出 18740.87 万元；科技成果转让收入总额 4942.47 万元；企业累计拥有专利 93 项；企业累计拥有专有技术 84 项；企业获国家级、省部级奖 190 项，其中国家级 24 项；参加编制国家、行业、地方技术标准 43 项，其中国家级 10 项；参加编制国家、行业、地方标准设计 15 项，其中国家级 6 项。

【招标投标】 2009 年，全省全年共招标房屋和市政基础设施建筑类 2236 项，招标率 100%；应公开招标工程 2236 项，实际公开招标 2236 项，公开招标率 100%；工程造价 527.69 亿元，节资金额 5 亿元。加强对评标专家的动态管理，健全各类评标专家库，建立起全省统一的包括 7 大类、66 个专业共计 3072 名专家的评标专家库。加强对招标投标工作的监督指导，加强建设工程交易中心的建设，进一步完善评标规则，在晋城、长治等市开展资格后审、异地抽取评标专家、工程量清单计价招标分部分项合价等试点工作，积累经验，有效规范工程招标投标行为。

【养老保险和工程担保】 2009 年，全省房屋建筑和市政基础设施工程报建项目 2324 项，招标工程造价 527.69 亿元，其中公开招标 2236 项，邀请招标 88 项，累计中标 25.31 亿元。全省应招标项目招标率达到 99.8%。收缴劳保费 40471.31 万元，拨付 23726.71 万元，劳保费收缴比去年同期增长 12%。实施担保工程项目 396 项，担保额 52894.98 万元。

质量安全监管

建设工程质量监管

【综述】 实现全省城市行政区域内工程质量验收合格率 100%，工业项目一次试车成功，工程备案率达 95% 以上，杜绝建设工程重大质量安全事故，工程质量处于受控状态。

【工程质量监督管理】 加大对施工项目的随机巡查力度，强化对建设工程结构安全、使用功能和环境质量的监督管理。严格执行《质量通病防治细则》和《住宅工程分户验收管理办法》等国家和省有关法律、法规及规范标准，逐步将消除工程质量通病活动延伸到整个工程建设领域。

【建设工程质量检测管理】 按照《建设工程质量检

测管理办法》,对全省的质量检测机构进行整顿,开展质量检测机构资质就位工作。召开检测机构负责人会议,制订《山西省试验检测机构发展规划》。

7月30日,全省工程质量监督检查部署会召开

【开展“质量安全年”活动】 根据住房城乡建设部统一部署,全省各地充分利用网络、电视、广播、报纸和杂志等宣传手段,采取竞赛、演讲、咨询、专题讲座、报刊专栏、宣传单等多种形式,紧紧围绕“质量安全年”活动主题,加大宣传声势,累计印发各种宣传单10万余份,组织各种形式的培训5000多人次,在电视、广播上共做专题节目13起。

【全国建设工程质量监督执法检查】 8月17日至22日,以住房和城乡建设部城市建设司刘贺明副司长为组长的全国建设工程质量监督执法检查组一行7人对山西省进行检查,随机抽查太原、长治、襄垣的6项在建工程(其中公共建筑2项,市政桥梁1项,住宅工程3项)。检查组领导和专家们充分肯定山西省工程质量管理方面的一些经验和做法,对山西省的质量管理工作提出一些很好的建议。

【工程质量监督管理队伍建设】 全面开展质量监督机构人员的考核工作。继续推进监督机构和人员考核工作,通过培训、考试、考核,将综合素质低、业务水平差的人员清理出监督队伍,进一步规范监督工作,强化各级工程质量监督机构的组织建设和工作制度建设。

【全省工程质量监督系统机构改革】 为保证监督队伍稳定,确保工程质量监管工作的正常开展,省质监总站向全国各省、市质监站进行调研,同时召开全省工程质量监督站站长座谈会,对取消监督费后山西省工程质量监督机构经费落实情况、人员思想状况及机构工作现状进行研讨。

建设系统安全生产监管

【综述】 2009年,是国务院确定的“安全生产年”,是省政府确定的“安全生产专项整治年”。1月~11月,全省共发生房屋建筑及市政工程生产安全事故14起,死亡25人,死亡人数超出省政府下达的15人的控制指标;城市基础设施运营发生事故起数为零;重伤率为零;未发生一次死亡6人以上的生产安全事故;百亿元施工产值死亡率为1.33,基本完成了2009年安全生产目标责任书所列的安全控制指标。

【安全生产专项整治】 根据省政府提出的“三个不论”,即企业不论非法、合法,不论规模大小,不论隶属关系都要进行整治和排查的要求,将建筑施工企业、市政运营企业、房屋建筑和市政工程项目作为建设行业排查整治的对象,狠抓落实。

1. 及时做好安排部署和宣传发动工作。省住房和城乡建设厅党组在1月9日研究、制定了《全省建设系统安全生产专项整治工作方案》,后经省政府办公厅转发全省实施。2月17日,省政府召开“全省建筑施工和市政运营安全生产专项整治动员部署电视电话会议”,对全省建设系统专项整治工作进行动员和部署,并就省住房和城乡建设厅负责的两项重点整治工作进行详细部署,李小鹏副省长出席会议并作重要讲话。各市、县组织所属县、区管理部门和辖区内的企业和在建工程项目召开动员部署会,有的县(区)还专门召集手续不全的在建工程项目负责人参加会议,将专项整治精神传达到企业和项目。

2. 细化专项整治工作标准、强化专项整治人员培训。省住房和城乡建设厅组织有关专家编制“建筑施工安全生产专项整治工作用表”，统一检查内容、统一检查格式，要求所有施工企业、在建工程项目和管理部门全部使用该表进行检查和自检。3月17日~22日，省住房和城乡建设厅在太原市举办全省建筑施工安全生产专项整治培训班，各市建设行政主管部门、安全监督机构、建筑施工企业、在建工程项目和监理单位的有关人员共100多人参训。这些人员回到各市后作为师资骨干又对各市有关人员进行培训，全省在第二阶段共计培训专项整治人员2300多人。

3. 狠抓专项整治工作的落实，切实搞好“回头看”。一是省住房和城乡建设厅及时召开会议研究专项整治工作，解决各个阶段存在的有关问题。二是各市强化对所属县区和直管企业的检查和督查，共组成督查组62个，出动500多人次开展督查工作。三是各级建筑安全监督机构对直接监管的在建项目进行全面检查。四是在各市、县检查的基础上，省住房和城乡建设厅于3月25日至4月9日，组成4个督查组对各市建筑施工企业和省建总公司、中铁十二局等5个省属、中央驻晋建筑施工企业进行督查。五是在第三阶段，省住房和城乡建设厅抽调有关处室负责人、各市建设局分管安全工作的副局长和有关专家，组成六个联合检查组共计66人，于6月9日至8月9日，分赴全省11个市128个县(市、区、开发区)认真开展第三阶段的省市县三级联动分类整治检查活动。联合检查组在县级政府分类整治的基础上，共检查1178家建筑施工企业、市政运营企业和2001项在建房屋建筑和市政工程，下达行政执法建议书482份，对115家企业重新分类，对虽取得施工许可证，但施工现场管理混乱、存在重大隐患的在建工程停工整改33个。其中：建议依法取缔的建筑施工企业3家、市政运营企业68家。责令停业整顿的建筑施工企业103家、市政运营企业64家。依法加强安全监管的建筑施工企业360家、市政运营企业471家；建议依法取缔房屋建筑工程6项、市政工程18项。责令停工整顿的房屋建筑工程362项、市政工程50项。责令限期整改的房屋建筑工程982项、市政工程124项。依法加强安全监管的房屋建筑工程216项、市政工程181项。六个检查组共检查出重大隐患2284条，一般隐患9409条。六是11月20日至11月30日，在各市“回头看”再检查的基础上，省市组成3个联合检查组，按照省政府要求对晋中市、忻州市、晋城市进行“回头看”再检查，共抽查县(市、区)10个，检查建筑施工企业53个、项目60个。

4. 安全生产专项整治成效显著。全省建设系统安全生产专项整治共组成检查(督查)组716个，按照省政府的要求进行为期一年的安全生产专项整治。共整治建筑施工企业和市政运营企业2483个，注销建筑施工企业资质证254个，注销建筑施工企业安全生产许可证129个。整治在建工程项目3320项，下达隐患整改通知单6357份，登记备案起重设备7021台，封停未进行备案登记的起重设备4512台，没收和销毁不符合安全标准的器具172台(套)。

【开展建设系统“三项建设”】 1. 加强建筑安全生产法制体制机制建设。一是加强建筑安全生产法制建设。省住房和城乡建设厅经过前期论证、调研、征求意见，完成《山西省建筑工程质量和建筑安全生产管理条例》修订起草工作，并列入省人大2010年立法修订项目。二是进一步完善监管体制。在省级机构改革中，省住房和城乡建设厅向省政府上报的“三定方案”中增设质量安全管理处，具体负责全省建设行业安全管理和协调工作，并且要求各市在机构改革中也要根据市级管理部门既有安全管理，也要直接监管工程项目的实际情况，做好安全管理机构的设置；三是建立健全安全生产工作机制，提高建筑安全行政监管效能。2月23日召开的全省建设工作会议上，李小鹏副省长与各市分管建设工作的副市长签订目标责任状，将省政府下达省住房和城乡建设厅的安全生产责任目标分解到各市，形成抓建设与抓安全齐抓共管的良性机制；四是印发《2009年省建设厅工作目标责任分解》（晋建办字［2009］79号），将安全责任目标分解到厅领导、具体处室（站、办）以及部门负责人、具体承办人，进一步落实政府监管主体责任；五是对厅安委会成员进行调整时，对各位厅领导负责的安全工作进行细化，对安委会成员的安全职责予以明确，建立“一岗双责”的安全生产责任体系。六是完善应急救援处置机制。首先，根据山西省突发公共事件总体应急预案和省政府办公厅《关于制订和完善突发公共事件应急预案的通知》（晋政办发［2007］46号）要求，制订发布《山西省建设工程重大质量安全事故应急预案》等8个应急救援预案。其次，全省加强应急救援的演练，尤其在“安全生产月”中各市县全面开展应急演练工作，开展以应对建筑施工五大伤害为主的应急演练，通过演练提高预案的可操作性、科学性，磨合各个应急环节，提高建设系统的应急救援和处置突发事件能力。第三是投入使用“亿美满意通短信平台”服务系统，发布重要情况、恶劣气候预警，在7月22日日全食、11月9日强降雪气候、专项整治时期和国庆期间向全省建筑安全站长、安全监管人员、企业负责人和项目负责人等有关人员发布加强安全管理和天气预警信息20000余条。

2. *加强建筑安全监管队伍建设*。进一步落实政府安全监管主体责任，规范监管行为，提高监管水平，3月16日印发《关于对全省建筑安全监督机构和监督人员进行考核的通知》（晋建建函字［2009］90号），制定《建筑安全监督机构考核标准》和《建筑安全监督人员考核标准》，用1年左右时间完成对全省建筑安全监督机构的设置、监督人员配备、制度建设、监督工作质量和监督人员的业务知识、业务素质的考核。投入10余万元研发“山西省建筑安全监督管理信息系统”，将合法的房屋建设和市政工程纳入到监管系统中，充分利用科技手段使安全监管规范化、信息化、程序化。

3. 加强建筑安全生产保障能力建设。一是加强建筑安全生产应急救援体系建设，提高事故预防与应对能力。省市两级的建设主管部门完成应急救援预案的编制报审工作，县级建设主管部门的应急救援预案正在报审之中。大多数市、县进行应急救援演练。二是省、市重点工程根据施工进度分别开展以预防建筑施工“五大伤害”为主要内容的应急救援演练。在建筑施工企业安全生产许可证的延期审批工作中，把安全措施费的计提、使用作为一个重要的内容进行审核。在日常安全监管中，各级安全监管机构重点检查建设单位对安全措施费的及时支付情况和施工单位对安全措施费的足额使用情况；三是出台鼓励加大安全投入行为的相关政策，将监理单位、施工单位的安全业绩纳入工程招投标的评分体系。

【开展建设系统“三项行动”】 5月18日，省住房城乡建设厅印发《全省建设系统安全生产“三项行动”实施方案》（晋建建字［2009］243号），细化安全生产执法、治理、宣传教育行动的主要内容，将“三项行动”与全省建设系统专项整治工作紧密结合，严格分类整治，严格实施建筑施工许可制度、安全生产许可证制度，落实建筑起重机械备案制度、“三类人员”、“特种作业人员”持证上岗等制度。5月20日，召开全省建设系统安全生产“三项行动”动员部署大会，各市建设局、园林局、风景名胜管理机构、太原市市政局、大同市市政管理委员会、省建总公司、中央驻晋建筑施工企业分管安全生产专项整治工作负责人60余人参加会议。

1. *安全生产执法行动*。一是对专项整治检查出的安全隐患，均下达行政处罚建议书，将“三类企业”、“三类工程项目”按照分级属地监管的原则，要求属地政府逐个落实监管部门、分管领导、监管人员的监管责任（即“三落实”）；二是在2009年建筑施工企业资质动态考核中，依法对122家施工企业实施停业整顿，依法注销252家未取得安全生产许可证的施工企业资质证书；三是对未按规定申请安全生产许可证延期的129家企业，依法注销其安全生产许可证；四是为进一步遏制建筑施工生产安全事故频发的势头，9月5日，省住房和城乡建设厅党组召开会议专题研究应对措施，并印发《关于今年以来全省建筑施工生产安全事故相关责任单位和人员处罚情况的通报》（晋建办字［2009］419号），对发生建筑施工生产安全事故所涉及的29个建设、施工、监理等事故相关单位和27名从业人员分别实施经济处罚、停业整顿、降低资质等级、暂扣安全生产许可证、吊销安全生产许可证、限制参加工程投标活动、清出建筑市场和限期停止执业资格、撤销资格证书、吊销资格证书等行政处罚。同时对以上责任单位和责任人的不良行为记入建筑市场诚信体系。

2. *安全生产治理行动*。一是加强建筑起重机械安全使用管理，严禁未备案、未登记的起重机械投入使用，登记备案起重设备7021台，封停未进行备案登记的起重设备4512台；二是科学规范系统治理建筑施工危险、危害因素，2009年3月份印发《建筑施工安全生产专项整治工作用表》（晋建建字［2009］153号），要求全省对危险性较大的分部分项工程、限制禁止使用技术、重大危险源监控管理等进行全面系统治理；三是省住房和城乡建设厅和省重点工程建设领导小组办公室联合印发《关于进一步加强工程建设监督管理工作的通知》（晋建建字［2009］207号），进一步落实工程建设监管主体责任和安全生产主体责任；四是开展生产安全事故治理行动。4月17日，省住房和城乡建设厅约请山西建筑工程（集团）总公司主要负责人就所属子公司山西省第一建筑工程公司和山西省第三建筑工程公司相继发生的朔州"4·7"和长治"4·16"事故进行安全生产诫勉约谈。4月20日，省住房和城乡建设厅在长治市长北污水处理及回用工程施工现场召开现场会，李小鹏副省长出席会议并作重要讲话。7月10日，由省住房和城乡建设厅的6位副厅级领导带队赴各市对集中开展安全隐患排查治理工作情况进行督查。9月2日，省住房和城乡建设厅就河南省施工企业在山西省连续发生吕梁"8·12"、晋城"8·25"、吕梁"9·1"等3起生产安全事故的情况，对河南省建设厅驻山西省建筑管理处进行约谈。9月4日，省住房和城乡建设厅安委会主任、厅长王国正亲自给各市市长去信，通报2009年1~9月全省建设系统生产安全事故的情况以及各市生产安全事故的排名情况。9月9日，省住房和城乡建设厅约请晋城市建设局就其属地发生的"7·4"高处坠落较大事故和"8·25"起重伤害事故进行安全生产诫勉约谈。9月30日，约请吕梁市人民政府分管建设工作负责人和市建设局主要负责人及安全生产工作分管负责人就吕梁市发生4起事故、造成9人死亡的建筑生产安全事故情况进行安全生产诫勉约谈。

3. *宣传教育行动*。一是全省编辑安全生产专项整治简报532期，印发13995份，制作电视专题节目14期。二是深入开展"安全生产月"活动，发放宣传资料10000余份。三是做好三类人员继续教育工作，研发三类人员和特种作业人员网上报名系统、考试信息管理系统，建立动态数据库，进一步规范从业人员培训教育管理；四是4月7日，省住房和城乡建设厅印发《建筑施工特种作业人员管理规定实施细则》（晋建建字［2009］152号），对全省建筑电工、建筑架子工等11个工种的8000多名建筑施工特种作业人员进行培训考核。

【落实省政府的"八项制度"】 省政府出台"八项安全生产制度"以后，省住房和城乡建设厅党组根据工作实际，制定安全生产制度建设目录，要求建立和完善安全生产管理制度。3月12日，印发山西省建设系统安全生产隐患排查治理工作制度、山西省建设系统重大隐患和等级事故举报制度等10项安全生产制度，其中修订4项，新制订制度6项。各市、县建设局认真落实省政府"八项制度"，按照"八项制度"的要求健全规章制度，完善相应的组织机构，指导协调安全生产工作和应急管理工作，做到有记录、有台账、有档案。阳泉市建设局印发阳泉市建设系统安全生产隐患排查治理工作制度等10项安全生产制度。

【开展行业间交叉互检】 省住房和城乡建设厅积

极组织与省煤炭厅、水利厅间的交叉检查工作，共检查长治、朔州、阳泉3个市及潞城、襄垣、屯留、壶关、应县、右玉、阳泉郊区等7个县(市、区)的建设主管部门和68个建筑施工企业、市政运营企业、工程项目。三个市总体排名是长治、阳泉、朔州。

在做好交叉检查工作的同时，及时安排布置省建总公司、中铁三局、中铁十二局、中铁十七局和中化二建等5家省属和中央驻晋建筑施工企业进行交叉互检，省住房城乡建设厅对交叉互检情况进行督查。从检查情况看，省建总公司等5家企业均能按照要求制定三项行动、专项整治活动方案，设置工作机构，各项工作资料基本齐全，对查出的隐患均能及时整改，基本完成了规定动作。5家企业的检查得分均在380分以上。

施工图设计审查

【综述】 全省施工图审查机构共完成房屋建筑工程施工图审查3227项，市政工程147项，总投资额281.26亿元，建筑面积2349万平方米；共纠正违反强制性条文25639条次(其中：勘察3067条次，平均每项违反强条0.94条次；房屋建筑22322条次，平均每项违反强条9.50条次；市政250条次，平均每项违反强条1.70条次)，严重安全隐患1736处。

【规范施工图设计文件及审查行为】 一是印发《关于进一步规范施工图设计文件及审查行为有关事项的通知》(晋建设函字[2009]534号)，全省施工图审查行为不断得到规范；二是启用修订后的《山西省施工图(勘察报告)审查合格书》；三是调整施工图审查备案方式，简化程序，统一要求，提高效率。

【开展综合检查】 按照《关于对2009年度全省施工图审查工作进行综合检查的通知》(晋建设函字[2009]175号)，开展对审查机构的年度综合检查，共检查36家机构的108项施工图，其中公共建筑46项、居住建筑59项、市政项目3项。检查出错漏审强制性条文68条次，平均每项0.61条次；安全隐患87条次，平均每项0.78条次；一般性条文1327条次，平均每项12条次。同时，对2009年一季度违反强制性条文数较多的15家勘察、设计单位下发行政处罚决定书。处罚前，分析原因，征求专家意见，举行申辩会，听取被处罚单位的申诉，做到事实清楚、定性准确、程序合法。并责成被处罚单位制定整改措施，加快制定内部质量管理体系，严格内部管理，对违法、违规行为起到震慑作用。

【审查人员继续教育】 完成对全省建筑、市政专业审查人员的继续教育培训和考核，培训质量显著提高。一是针对全省综检中存在的突出和常见问题，委托施工图审查专家库的专家编写专门教材，并亲自授课；二是结合工作需要，从人防部门聘请专家就人防专业进行专门授课，大受欢迎；三是市政专业的培训，采用刚刚颁布施行的国家标准和标准目录，作为培训教材，提高培训的时效性。参加培训和考核的人员占审查人员总数的95%以上，培训结束后，进行考核，试题答案和成绩在系统上进行公示。

【审查人员专职化】 为进一步推进审查人员专职化进程，在2008年调研工作的基础上，2009年专门到基层及省社保等有关单位进行深入调研，详细分析山西省施工图设计审查专业技术人员的资源状况，提出调研报告。

【《山西省施工图审查管理系统》的使用】 加强对审查机构的动态考核，把使用《系统》作为动态考核的依据并记入信用档案；加强各部门、各市之间的沟通、协调，确保所有审查项目进入系统。把使用系统作为监督检查清出制度的重要内容之一。对审查机构进行不定期的抽检，发现漏报和瞒报进行严肃处理。

【施工图审查统计分析】 进一步完善施工图审查月报制度，要求各市管理机构和各审查机构按时、如实上报备案和审查情况，及时汇总统计审查情况，对首次审查合格率、违反强制性条文和安全隐患“三项指标”的变化进行认真深入分析，为勘察设计质量管理提供科学、客观、真实的数据。同时，将统计分析结果及时公布，为勘察设计单位动态管理提供适时、准确的依据。

【技术服务】 组织专家库专家、各专业组组长召开七次会议，对审查中发现的疑难问题，不明确问题，各市处理不一、模棱两可的问题，进行统一梳理，分专业进行逐一解答，并加以分析，提出解决措施，指导审查人员、工程勘察设计人员正确和准确运用国家现行建筑规范与强制性标准。

【行业自律】 召开全省施工图审查行业自律工作座谈会，建立健全行业自律工作机构，对各市管理机构和审查机构多次约谈和走访，保证行业始终沿着健康、有序的道路发展。

标准与定额

【修订国家标准】 2009 年 3 月，组织标准编制组和有关专家召开国家标准《屋面工程技术规范》、《屋面工程质量验收规范》修订工作会议，对《屋面工程质量验收规范》征求意见稿进行全面讨论和修改，讨论《屋面工程技术规范》修订的相关内容。11 月，在北京召开国家标准《地下防水工程质量验收规范》和《屋面工程质量验收规范》审查会，两标准审查委员会通过对两标准及强制性条文的审查，提出具体的修改意见，建议编制组尽快修改完善，形成报批稿。

【制订、修订地方标准】 审定《建筑工程质量检测管理规程》、《玻化微珠系统整体式保温建筑应用技术规程》、《仿瓷涂料》、《行道树栽植技术规程》、《蒸压粉煤灰砖建筑技术规程》、《烧结煤矸石多孔砖建筑技术规程》等 10 项山西省工程建设地方标准，并报住房和城乡建设部标定司备案。10 月中旬和 12 月下旬，分两次组织建筑节能系列标准各编制组召开修订工作会议，确定按照公安部、住房和城乡建设部《关于印发〈民用建筑外保温系统及外墙装饰防火暂行规定〉的通知》（公通字［2009］46 号）要求和现行国家、行业建筑节能相关标准，全面修订山西省建筑节能系列标准。

【创建无障碍建设城市】 2009 年 2 月中下旬，根据住房和城乡建设部办公厅、民政部办公厅、中国残疾人联合会办公厅和全国老龄工作委员会办公室《关于开展创建全国无障碍建设城市中期检查工作的通知》（建办标函［2008］816 号）要求，省政府无障碍建设领导组办公室组织省住房城乡建设厅、民政厅、残联和老龄工作委员会办公室对太原、大同、长治、晋城和运城市创建“全国无障碍建设城市”进行中期检查。通过听取汇报、座谈了解、实地查看等方法，从无障碍设施建设的组织管理、城市道路无障碍设施建设和改造、建筑物无障碍设施建设与改造、居住区和居住小区无障碍设施建设与改造等方面对太原、大同、长治、晋城、运城等 5 市共 23 处的城市道路、公共建筑、居住区和居住小区的无障碍设施抽查检查。5 月底，组织 5 个创建市建设行政主管部门相关负责同志召开无障碍建设城市创建工作座谈会。9 月中旬，组织 5 个创建市建设和残联两部门相关负责同志参加住房和城乡建设部和中残联在青岛召开的全国无障碍建设中期指导暨培训会议。

【贯彻落实《建设工程工程量清单计价规范》】 根据 2008 版《建设工程工程量清单计价规范》，组织完成《山西省建设工程工程量清单计价规范实施细则》（草案）的修订工作，出台《山西省建设工程造价信息动态管理办法》，并编写相关的条文说明。

【计价依据的修编和制订】 根据《建设工程工程量清单计价规范》(2008)和《全国统一建设工程劳动定额》(2009),华北标准图集《建筑构造通用图集》(2005),对2005年《山西省建设工程计价依据》进行修订。组织编制发布《山西省建筑节能项目预算定额》、《山西省建设工程其他费用标准》,为合理确定和有效控制工程造价提供指导性依据。

【工程造价的确定和信息】 建立和完善适应市场形成工程造价的机制,指导各市造价管理部门完善有关信息的收集和发布制度,组织完成材料信息价格的发布工作。根据国家和省有关规定及市场行情,在年初进行了人工单价水平的测算,从全省经济发展情况考虑,没有调整人工单价。完成工程造价指数的测算工作。开发完成工程造价指数配套计算的软件,并进行测试。完成城市住宅成本信息的收集、整理、上报工作。根据2009年工程造价信息联络员会议精神和部里的具体要求,在资料收集困难的情况下圆满完成城市住宅成本信息的收集、整理、上报工作。

【工程造价咨询企业动态考核和资质延续管理】 通过对工程造价咨询企业上报的大量数据进行汇总、整理、分析,编制完成2008年度全省工程造价咨询企业业绩年度分析报表,数据量和准确性,都比上一年度的报表有极大提高。完成全省咨询企业近3年行业基本数据调查工作。

行政审批

【网上行政审批系统建设】 认真推进行政审批制度改革工作,重点抓好网上行政审批系统建设,在加快开发行政审批网络软件系统,推行网上申请和网上审批方面完成以下工作:一是向省审改办报送工程建设招标代理机构资格核准等6项纳入行政审批电子监察系统行政许可项目;二是完成并上报纳入行政审批电子监察系统行政许可项目的网上审批工作规程;三是筹备电子监察网络的建设和系统开发;四是省住房和城乡建设厅成为省直厅局中第一家安装电子监察系统的单位;五是拟定3项企业资质网上试运行工作方案并组织有关处室进行试运行模拟操作。

【优化行政审批流程】 按照建设服务型政府的要求,进一步推行行政许可统一、联合、集中办理,减少审批环节,缩短行政时限,降低行政成本,提高行政效率,做到全面高效服务。二是按照公开透明的办事原则和建设阳光政府的要求,根据省效能办要求在政务大厅内设置投诉箱,公布投诉电话,对纳入大厅办理的行政许可事项和政务大厅工作人员守则制作公开栏公示,进一步推行政务公开。企业资质工作按流程要求,严格时限办理。按照工作进程,从受理、审查、公示,到申述、审批(报部)、证书制作(领取)等全过程进行监督,从时间上把握工作进程。为申报资质单位提供更好服务,使资质受理审查工作实现由数量型向质量型的转变。

【制度建设】 一是编制行政审批工作制度汇编,约12万字,涵盖企业资质、执业(从业)人员注册(考核)、省外企业备案等主要内容;制定工作手册、工作指南共7册、43万字,分别对工作岗位、工作职责、工作要求等做具体规定。二是制定下发《综合处复印机和纸张使用管理规定》、《综合处政务大厅值班管理办法》、《综合处政务值班人员管理规定》、《综合处突发事件处置办法》、《综合处打扫环境卫生管理规定》等制度,进一步完善和规范处内工作月统计报表制度。经过大家不懈努力,制订规章制度26册,143万字左右,规范各类配套表格592种,制度建设工作取得阶段性成果,得到厅领导的充分肯定和积极支持。

【行政审批档案管理】 对已审批企业的申请资料进行集中整理、归档，共装盒7000多盒，按时按件存入省城建档案馆，工作形成申请材料每月移交、审批档案每季度移交的工作制度。集中时间，集中力量，对大厅成立至今三年多来全部审批资料进行统一编号装订归档，分类存放档案柜中，并由专人保管，便于查阅，共汇编装订351册。科学规范的档案管理，有效地提升政务大厅行政许可的管理水平。

【提高注册效率】 集中受理造价工程师延续注册1064人、城市规划师延续注册189人，组织专家审查，并在建设信息网上进行公示，一方面方便各初审部门和企业完善资料，另一方面有利于社会监督，增加工作的透明度，提高工作效率。

【规范资格考试报名】 会同省人事部门做好建设类执业资格考试工作，圆满完成8大类3.38万人次的报名工作，多方协调，提前部署，早做安排，3万多人的考试报名无投诉，无差错。

计划与统计

【建设领域6项经济社会发展指标】 省住房和城乡建设厅印发《"十一五"时期地区经济社会发展指标体系建设领域6项指标推进措施及年度考核办法》，并在省人民政府向各市人民政府签发目标责任状的基础上，通过分解年度目标、细化工作任务，加大督查力度，积极协调相关部门加大投资力度等措施，确保了全省建设领域6项经济社会发展指标目标任务圆满完成。其中，城市污水处理率达到75.24%，比2008年提高3.84个百分点，超出省政府下达68%目标任务7.24个百分点；城市生活垃圾无害化处理率达到62.89%，比2008年提高15.42个百分点，超出省政府下达55%目标任务7.89个百分点；城市集中供热普及率达到78%，比2008年提高7.8个百分点，超出省政府下达75%目标任务3个百分点；11个设区城市建成区绿化覆盖率比2008年提高1.45个百分点，超出省政府下达新增1个百分点目标任务0.45个百分点；城镇居民人均住宅建筑面积能达到29平方米，比2008年增加1平方米，完成省政府下达29平方米目标任务；农村居民人均住宅建筑面积达到26.47平方米，比2008年增加0.51平方米，超出省政府下达25.65平方米目标任务0.82平方米，超出"十一五"规划目标任务0.47平方米。

12月2日，晋中第二污水处理厂及再生水回用工程竣工

【市政公用设施建设指标】 以城镇污水、垃圾处理设施建设为重点，推动市政公用设施建设，超额完成省政府下达的各项指标任务。其中，11个重点城市污水处理率达到76.8%，比2008年提高3.84个百分点，超出省政府下达新增2个百分点目标任务1.84个百分点；11个重点城市生活垃圾无害化处理率达到64%，比2008年提高5.01个百分点，超出省政府下达新增3.5个百分点目标任务1.51个百分点；全省新增集中供热面积2800万平方米，超出省政府下达新增集中供热面积2200万平方米目标任务600万平方米，11个重点城市集中供热普及率达到81%，比2008年提高3.2个百分点，超出省政府下达新增3个百分点目标任务0.2个百分点。在完成好省政府下达的各项指标的同时，其余市政公用设施各项指标进展顺利，其中，全省全年共完成城镇

市政公用设施建设固定资产投资285亿元，比2008年增长75.3%；城镇污水处理率达到69.4%，比2008年提高5.81个百分点；城镇生活垃圾无害化处理率达到37.79%，比2008年提高10.95个百分点；城镇集中供热普及率达到64%，比2008年提高11个百分点；城镇燃气普及率达到72.62%，比2008年提高6.26个百分点；城镇用水普及率达到92.87%，比2008年提高3.06个百分点；城镇建成区绿化覆盖率达到33.52%，比2008年提高2.01个百分点；城镇人均道路面积达到10.52平方米，比2008年提高0.48平方米。

12月20日住房城乡建设部到我省检查节能减排工作

为加快市政公用设施建设项目的推进速度，省住房和城乡建设厅积极开展市政公用设施建设项目的前期工作，与省发改委共同组织召开项目可行性研究报告技术审查会，帮助市县完善项目前期工作，加快项目申报速度，全年共审查城镇市政公用设施建设项目72项，其中，污水处理项目21个，垃圾处理项目25个，供热项目15个，燃气项目3个，供水项目3个，道路桥梁项目4个，绿化项目1个，为以上项目争取国家及省补助资金创造条件，并对以上项目的后续工作进行跟踪指导。积极与省发改委、省财政厅协调，加大对市政公用设施建设项目的投入力度，全年共争取到中央及省级补助资金119438.7万元，极大地促进山西省城镇市政公用设施建设步伐。

【汾河流域治理工程建设】 积极做好汾河流域生态环境治理修复与保护工程，截至2009年底，原拟建的10座城镇生活污水处理厂已建成5座，在建5座；原在建的14座城镇生活污水处理厂，有11座已建成并投入运行。

【推进“污水处理和垃圾填埋”工程建设】 省住房和城乡建设厅负责推进文水县污水处理厂、文水县生活垃圾卫生填埋场的建设，本年内积极协调省发改委、省国土厅等相关部门对项目存在的手续问题，予以解决；组织专业技术人员对项目实施过程中存在的问题，进行现场指导；积极协调发改、财政部门对资金短缺问题，予以解决，共争取国家和省级补助资金1574.76万元。年底，文水县污水处理厂主体工程已完工，进入扫尾工程阶段，文水县生活垃圾卫生填埋场土方工程已完成，进入铺膜阶段。

【统计工作】 一是完成2008年《山西建设公报》的编辑整理工作；二是完成每月一次的建设领域经济形势分析工作，编发17期旨在及时反映全省建设情况、介绍工作经验、揭示工作中存在问题的专题工作简报，为省政府进行宏观经济调控和决策重大经济工作提供决策依据；三是举办城市（县城）建设统计培训班，对各市、县具体从事城市（县城）建设统计报表工作的统计人员进行专题培训；四是完成2008年山西省城市（县城）建设统计年报的编制上报工作；五是完成2008年版《山西经济年鉴》涉及省住房和城乡建设厅相关内容的材料及统计数据的撰写工作。

教育与培训

【一线操作人员培训与鉴定】 全省共完成职业技能培训14620人，技能鉴定14550人；培训“中英艾滋病策略支持项目山西建设系统管理骨干暨骨干师资"150 名;会同山西省劳动竞赛委员会、省教育厅、省劳动和社会保障厅共同举办"山西省第三届职业院校技能大赛",共决出一等奖 4 个、二等奖 9 个、三等奖 13 个、优秀奖 15 个。

【农民工业余学校创建】 截至 2009 年底,全省建筑面积超过 5000 平方米、工程造价超过 1000 万元的房屋建筑工地创建农民工业余学校 270 所,进农民工业余学校接受培训的建筑业农民工达 7 万余名。

【高级职称评定】 高级工程师评审工作,经过周密部署、合理安排、科学组织、严格把关,顺利完成 184 名申报人员的材料受审和 179 人的考试及论文答辩工作。经评审,154 名同志获得高级工程师任职资格,评审通过率为 83.6%。

【山西省建筑职业技术学院】 教育教学成果丰硕。成立有 78 位行业企业专家参加的 7 个专业建设指导委员会,新增设市政工程技术和基础工程技术两个专业。《工程测量》等 3 门课程被评为省级精品课程,《构造艺术》等 2 门课程被评为院级精品课程。在全国和全省组织的各类教学竞赛中,有 40 余名教师和 120 余名学生取得优异成绩。

就业工作扎实有效。进一步加大毕业生就业指导服务和校内有形就业市场建设力度,建成毕业生就业洽谈室。2009 年底举办的 2010 届毕业生供需见面洽谈会,参会用人单位达到 250 多家,比上年增加 40 多家,带来约 5000 个就业岗位,达成就业意向 2000 多人。

基础设施明显改善。新增计算机 200 余台,对计算机工程系和计算机教室进行整体搬迁,大大改善教学环境。建成通风与卫生洁具安装实训馆,新建古建筑实训室。

【山西省城乡建设学校】 招生规模实现新突破。2009 年共计招生 1781 人,注册学生人数近 4500 人,创造城建学校历史之最。同时,毕业生就业率连续 3 年保持在 98% 以上,2009 年达到 98.4%。

师资队伍建设和教学改革迈出新步伐。2009 年,1 名校长被评为"山西省中等职业教育教学名校长",4 名教师被评为"省级专业带头人",4 名教师被评为"省级骨干教师",2 名教师被评为"山西省中等职业教育教学名师",3 名教师参加国家级骨干教师培训。该校按照"强化公共基础,拓宽专业基础,精化岗位技能"的教改方针和教会学生"两个学会,三项基本功和一个岗位模块"的教改目标,启动新一轮教学改革。

技能大赛中取得丰硕成果。在全省职业院校技能大赛上,该校建筑工程算量组、测量组、砌筑组选手共获 3 个一等奖、3 个二等奖,汽车运用与维修专业选手共获 1 个团体一等奖、1 个团体二等奖、1 个个人二等奖,学校获得优秀组织奖。被省直文明委授予"文明和谐单位标兵"称号,被住房和城乡建设部评为"思想政治工作先进单位"。校党委被评为"省直先进基层党组织"、"全省住房和城乡建设系统先进党组织",鉴定所继续保持省级"青年文明号"称号。

建设法制

法规建设与行政复议

【建设立法】 按照五年立法规划和年度立法计划,列入省人大、省政府 2009 年立法计划和省住房和城乡建设厅 2009 年立法任务的《山西省城乡规划条例》经过反复修改、广泛调研和多方面论证工作，由山西省第十一届人民代表大会常务委员会第十三次会议于2009年11月26日通过，自2010年1月1日起施行。对《山西省建筑工程质量和建筑安全生产管理条例》、《山西省抗震设防条例》和《山西省违反城乡规划行政处分规定》等三个立法项目进行深入细致地调研、论证等准备工作，报送省人大、省政府并列为2010年建设立法计划项目。组织有关处室对住房和城乡建设部、省人大、省政府法制办和省直有关部门的54件法律、法规、规章和规范性文件，提出182条修改意见，其中大部分被采纳。

【行政执法】 配合省人大城建环保工委，对关系城乡整体协调发展和人民群众切身利益的《城乡规划法》执行情况进行监督检查，着力依法查处违法规划和违法建设行为，切实维护城乡规划的权威性和严肃性。对全省建设系统29个市、县建设行政主管部门贯彻实施行政诉讼法、行政复议法和行政处罚法的情况，采取看案卷、查现场等方式进行检查，及时总结经验、找出问题、提出要求，为下一步严格规范全省建设系统的行政执法行为、提高执法人员素质、制定限制自由裁量权的基准制度和更好地指导山西省建设执法工作奠定了基础。根据省政府法制办安排，对全省建设系统行政执法人员进行摸底、组织培训、考核，并为考核合格的261名省级建设行政执法人员颁发执法证件。按照省政府法制办要求，对省住房和城乡建设厅24个直属事业单位中有法律授权或者有委托执法权的11个事业单位的法律依据进行逐一清理。

【普法教育】 组织《山西省建筑节能条例》宣贯培训班，全省建设系统节能专业负责人、法制工作负责人、节能专业科室和法制科科长（处长）及工作人员308人参加培训，在相关行政决策层面普及这部新颁布的建设类地方性法规。根据依法治省领导组要求，组织省住房和城乡建设厅2008年度公职人员法律考试，280余名同志参加，全部合格。制作展板，印刷资料，安排人员进行“3·15”消费者权益保护日现场宣传。

【行政复议】 省住房和城乡建设厅每两年召开一次全省行政诉讼和行政复议工作会议，集中学习《行政诉讼法》、《行政复议法》和《行政复议实施条例》，贯彻落实省委、省人大、省政府、住房和城乡建设部关于行政诉讼、行政复议工作会议精神，畅谈学习体会，交流办案经验。每两年进行一次全省建设系统《行政诉讼法》、《行政复议法》及《行政复议法实施条例》执行情况检查活动。检查的内容包括行政诉讼应诉情况、行政复议案件申请的内容、办案程序、案件处理结果、基本经验和存在的主要问题，及时纠正发现的问题，促进行政诉讼、行政复议工作的有效开展。2009年，共计收到行政复议申请39件，经审查后不予受理的12件，建议到有受理权限的行政主管部门申请复议的2件，因具体行政行为主体不合法予以撤销的1件，终止的2件，维持的5件，采取调解等其他方式处理的15件，正在进行受理审查的2件。复议后从未引发行政诉讼案件，真正做到“定纷止争，案结了事”。

【规范性文件审查备案】 由省住房和城乡建设厅制定的《关于乙级工程造价咨询企业资质延续有关问题的通知》等5件规范性文件全部严格按照法定程序，在征求有关部门意见，法规处审核，报送省政府法制办进行规范性文件审查、备案后公布实施。

【行政诉讼法律宣传】 充分利用会议宣传、培训宣传、上街宣传、网站宣传等形式，使《行政诉讼法》逐步深入人心，营造人民群众关注行政诉讼工作的氛围。省住房和城乡建设厅在“12·4”法制宣传日、新颁布法律法规宣传月等活动中，发放宣传资料19000余份，制作宣传展板16期64幅，并就广大人民群众关心、关注的热点民生问题，给予耐心细致的答疑解惑，积极引导广大群众依法维护自身的合法权益，通过正当途径和法律程序反映自己的合法诉求。

住房和城乡建设稽查

【概述】 2009 年全省建设稽查机构及执法人员齐心协力、迎难而上、强化监管、严惩违法，全年共查处违法违规案件1000余件，对涉及违法违规建设主体依法实施行政处罚，有效地遏制建设领域违法违规行为，保障建设市场有序发展。

【专案稽查工作】 继续加强专案稽查工作力度，拓宽投诉举报渠道，强化部门协作能力，受理大量上访事件，查处一批违法违规案件，切实维护企业和百姓的合法权利，履行建设稽查工作职责。一是全力做好住房和城乡建设部、省委、省政府及相关部门批转案件和自发现案件、投诉举报案件的查处工作，全年共受理案件 32 件，其中，涉及房地产 10 件、建筑市场8 件、质量安全5 件、城乡规划7 件、拖欠工程款2件，现已结案 28 件。二是强化建筑安全事故追究处罚，本着“从严、从快、从重”的原则，对 2009 年发生的 27 起安全事故，下达行政处罚决定书 46 份，涉及单位 29 个，涉及个人 17 个，降低资质等级 3 家、吊销资质 1 家，吊销工商执照 2 家，停业整顿 6 家、吊销个人执业资格 12 人、停止个人执业资格 9 人，对违规的省外入晋企业，向其建设主管部门提出处罚建议，并在全省范围通报。三是加强与相关部门的协办联查，积极配合省纪检委、安监局对一些违法建设案件依法查处。

【专项检查、综合执法工作】 全年共检查项目 206 个，涉及违法违规项目 34 个，下达执法建议书、行政处罚决定书、责令改正通知书、停工核查通知书 25 份。一是上半年开展全省市政、园林绿化、城市照明工程专项执法检查和全省房屋建筑工程综合执法检查，在各市自查自纠的基础上，省检查组对各市、县工作进行全面检查和项目抽查，通过检查掌握各市工程建设情况，对检查中发现的违法违规行为进行处理。二是在全省建筑质量大检查、全省建筑节能大检查和全省在建项目施工许可专项检查中严格履行执法职责，及时下发处罚建议书、整改通知书、处罚决定书等执法文书，对涉及相关责任单位和个人依法进行处罚。三是参与对全省建设行政诉讼、行政复议、行政处罚检查工作，规范全省建设执法行为，有效地推动建设法治工作。

【规划容积率专项整治】 根据国家和省《关于对房地产开发中违规变更规划、调整容积率问题开展专项治理的通知》要求和有关会议精神，制定《全省房地产开发中违规变更规划、调整容积率问题专项治理工作方案》和《检查实施方案》，明确专项治理自查自纠、检查抽查阶段工作的具体步骤、工作方法、工作内容。通过召开座谈会、调研督导以及在山西省建设信息网设立“专项治理专栏”、编订《工作简报》等加强对专项治理工作的监督和宣传。按照阶段性要求，2009 年底组织对各市自查自纠项目进行“回头看”工作，各市共检查房地产项目 3512 个，检查用地面积 14095.04 万平方米，补交规费 10691.05 万元，专项治理工作有序进行。

【重点工程检查】 根据中央对扩大内需、促进经济增长加强监督检查的要求，建立山西省扩大内需促进经济增长及重点工程建设监督检查联席会议，厅稽查办抽调 10 人作为联席会议成员，会同省纪检委、发改委、财政厅、审计厅等部门在全省集中开展六轮扩大内需促进经济增长及重点工程监督检查工作，共检查省政府确定的涉及住房保障、电力、交通、煤焦等领域的 152 项重点工程项目，对存在的问题进行督促整改。通过检查，进一步确保中央扩大内需促进经济增长政策措施和省委、省政府决策部署落到实处，保证全省重点工程建设的顺利、安全、廉政实施。

【治理商业贿赂】 按照省治贿办和住房城乡建设部治贿办的要求，厅稽查办认真贯彻落实治理商业贿赂各项文件精神，专项治理工作持续扎实有序的推进。一是根据人事变动实际情况和工作需要，及时调整治理商业贿赂领导组成员；二是及时转发治理商业贿赂相关文件，认真汇总全省建设系统治理商业贿赂情况，并按时上报全省工作情况；三是参加由省纪检委、监察厅主办的全省建筑领域和重点工程管理干部廉政教育培训班，并传达培训有关精神，使大家受到深刻的廉政教育。

【制度建设】 一是进一步规范行政处罚行为，保证处罚执行到位，提高执法效率，制定《住房和城乡建设行政处罚执行办法》、重新审定24种执法文书；二是草拟《建设市场不良行为记录与公示管理办法（试行）》，制定建设市场主体不良行为信息的收集、记录、统计、公布制度，2009年对33家单位和17个人记不良行为记录一次，对4家单位记严重不良行为记录一次，在全省范围内进行通报，并上报住房和城乡建设部。三是加强案件组织配合，建立专家论证机制，对存在质量问题的项目，组织专家进行多轮次论证，确保案件处理合法、公正；四是为掌握和研究各市建设执法情况和违法违规案件发生的动态规律，印发《关于报送2009年度行政处罚情况的通知》；五是为加强房地产市场秩序专项整治工作，推进工程建设领域突出问题专项治理和房地产开发中调整容积率问题专项治理工作，提高房地产行政管理和房地产企业人员的政策法规水平和业务素质，分期组织《房地产政策法规培训班》，培训人员600余人。

党风与廉政建设

【综述】 2009年，以制度建设为突破口，以源头治理为基础，以工程建设领域突出问题专项治理为重点，认真履行纪检监察职能，扎实开展各项工作，有力推进全系统党风廉政建设和反腐败工作深入开展。

【分解任务，认真督导】 一是集中部署党风廉政建设任务。2009年2月24日，在太原召开全省建设工作暨党风廉政精神文明建设工作会议，传达贯彻上级会议精神。郝耀平组长作题为《以科学发展观为统领，加强反腐倡廉和精神文明建设，为全省建设事业平稳快速发展提供坚强保证和精神动力》的工作报告，安排部署2009年党风廉政建设工作，明确坚持一个统领（以科学发展观统领建设系统反腐倡廉工作），落实一个规划（认真落实建设系统建立健全惩防腐败体系工作实施办法），强化四项监督（强化对中央、省扩大内需，拉动经济增长部署安排的项目、资金分配、使用的监督，强化对建设系统贯彻落实科学发展观具体工作的监督，强化对重点工程的监督，强化对领导班子、领导干部的监督），狠抓四个重点（城乡规划管理领域反腐倡廉建设，工程招投标活动的制度完善、监督制约，房地产市场秩序整治，住房公积金监管）的总体工作思路。二是分解细化党风廉政建设任务。印发《中共山西省住房和城乡建设厅党组2009年党风廉政建设和反腐败工作主要任务分解意见》，对厅领导班子9名成员、18个处室、46项主要任务进行明确，形成厅主要领导全面负责，重大问题亲自过问，班子成员抓职责范围内的党风廉政建设，带头履行好"一岗双责"，各处室积极承担，党员干部广泛参与的工作格局。三是加强对全系统党风廉政建设的督导检查。8月19日、9月3日分别在大同和长治两市召开全省住房城乡建设系统纪检监察工作（南、北）座谈会，11个市40多个建设行政主管部门汇报了2009年以来纪检监察工作的进展情况，探讨研究当前需要着力推进的重点工作，并及时下发通报，有力地指导全省建设系统的党风廉政建设。

【建章立制，规范运作】 确定在全省建设系统深入开展制度建设年活动。一是规范行业行为,减少制度弹性空间。为确保省工务局承建的省城四大政府投资的公益性工程建成廉洁工程,结合四大工程实际情况,制定出台《山西省政府工程建设事务局承建重点工程廉政监督暂行办法》;针对工程建设领域招投标活动中存在的问题,分别召开省厅、市(县)局有关管理部门、施工企业、代理机构等多层次的调研座谈会10多次。组织协调省工务局内部制定《工程项目施工招标投标办法》、《工程项目材料设备招标管理办法》、《工程款支付管理办法》、《工作人员过错追究管理办法》等项制度、办法;针对社团管理中存在的一些问题,修订加强社团等中介组织的管理办法,进一步规范协会社团行为。二是规范工作人员行为,强化纪律约束。进一步修定完善厅直系统党员领导干部廉洁从政的若干规定;制定山西省住房和城乡建设厅开展"加强党性修养弘扬良好作风"活动实施方案,出台贯彻落实省委组织部、省纪委《关于领导干部进一步改进工作作风严肃工作纪律的若干规定》的意见;重申《省建设厅工作人员行为规范》、《省建设厅直属机关党委党风廉政建设有关规定》、《省建设厅机关首问责任管理办法》、《省建设厅机关限时办结管理办法》、《省建设厅机关行政过错责任追究办法》、《省建设厅机关行政不作为责任追究办法》六项办事公开办法;三是落实党风廉政建设责任制,强化"一岗双责"。认真分解任务,明确责任,加强考核,将党风廉政建设的46项任务及责任,分解融入到各项业务工作中,并明确分管厅领导和处室(单位)负责人的职责和任务,出台党风廉政责任制考核办法。上述制度办法的制定,对于规范工作人员行为,推进廉洁从政,起到有效的促进作用。12月,省纪委分别召开强化监督现场会和深化改革推进源头治理工作会议,省住房和城乡建设厅的经验做法受到金道铭书记的高度肯定,郝耀平组长作《以制度建设为突破口,强化廉政监督工作》和《积极推进招投标制度建设,促进建筑市场健康发展》的大会发言。

【专项治理工作】 一是继续深化住房公积金专项治理。进一步加大对住房公积金逾期项目贷款的清理回收力度,全省清理回收历史遗留的住房公积金逾期项目贷款和挤占挪用资金4244.77万元。二是集中开展"小金库"专项治理。成立厅专项治理领导机构和办公室,制定印发方案,组织各单位进行自查自纠,共清理24户违规资金64.25万元。三是认真组织房地产开发中违规变更规划、调整容积率问题开展专项治理。按照安排部署、自查自纠、检查抽查、巩固深化四个阶段划分,确定详细的时间段和工作任务,深入各地抓好督导落实,四是深入开展工程建设领域突出问题专项治理。11月6日,省工程建设领域突出问题专项治理工作电视电话会议后,省住房和城乡建设厅成立以厅党组书记、厅长王国正为组长的厅工程建设专项治理领导组及办公室,明确职责分工;依据上级实施意见和实施方案,在广泛调研的基础上印发实施方案;指导专项治理工作扎实开展;认真组织参加省工程建设专项治理工作汇报会有关准备,12月18日,张立光副厅长带有关处室到省工程建设专项治理办公室汇报情况,受到省纪委监察厅领导的高度肯定;强化对开展专项治理工作的督促指导,促进自查自纠阶段工作迅速、扎实、有效进行,12月30日,组织各市建设行政主管部门共80余人召开全系统工程建设自查自纠阶段工作进展情况汇报会议,印发《关于填报<住房和城乡建设系统工程建设领域突出问题专项治理排查情况补充统计表>的通知》、《关于扎实搞好工程建设领域突出问题专项治理自查自纠阶段工作的通知》等文件。省纪委常委、监察厅副厅长、省专项治理领导组副组长兼专项治理办主任邢顺喜出席会议并讲话,充分肯定了省住房和城乡建设厅工程建设专项治理工作。

【监督制约工作】 一是加大对中央和省扩大内需促进经济增长建设系统重大项目落实情况的监督检查,印发《关于进一步加强全省住房城乡建设系统落实中央和省扩大内需促进经济增长政策监督检查工作的意见》,成立领导组和办事机构。驻厅纪检组组织有关业务处室,对保障性住房建设、农村困难群众住房解困、污水垃圾处理等重点工程项目进展情况、资金使用情况进行监督检查,对存在的问题督促整改。二是针对建筑市场存在的一些不规范行为,对建筑施工企业、招投标代理机构动态考核,取消253家施工企业、22家招标代理机构的资格。三是开展作风纪律检查,两节期间,严明“八个不准”、“五个坚决杜绝”,扎实开展“改进作风、文明过节”廉政文化宣传月活动。6月中旬接受省委作风建设考核组检查,受到较高的评价。四是积极主动地参与省城四大重点工程12个标段的招标活动,实施现场监督。

【廉政宣传教育】 一是认真传达贯彻上级一系列会议精神,统一思想,提高认识,不断增强自觉性和责任感。2月下旬,结合召开全省建设系统党风廉政建设会议,传达中纪委十七届三次全会和住房和城乡建设部党风廉政建设会议精神,对全系统党风廉政建设、政风行风建设工作做全面系统的安排部署。召开党组会、党组扩大会、直属系统干部大会,认真传达全省党风廉政建设干部大会和省纪委九届四次全会会议内容,及时研究建设系统反腐倡廉工作。3月底召开会议传达贯彻全省行政监察工作会议和行政执法座谈会精神。厅党组对反腐倡廉高度重视,基本上是凡开党组扩大会,多数厅长办公会,都要听取反腐倡廉进展汇报,并作研究,提出要求,勤加检点,全厅上下反腐倡廉意识大为增强,廉政氛围进一步浓厚。二是采取多种形式,不断强化廉政教育的针对性、实效性。结合科学发展观的学习实践教育,组织全系统干部职工听取专家教授讲座、大讨论,各级党组织召开扩大的民主生活会,外出参观考察,选派干部到各级党校轮训等多种方式强化廉政教育,筑牢思想道德防线。三是将《建设领域反腐倡廉典型案例》,印发到全省各级建设部门和相关企事业单位,作为警示教育的一本生动的反面教材,各方面反映教育效果良好。四是按中纪委、省纪委要求,元旦、春节期间扎实开展文明过节、廉洁过年的教育,开展“改进作风、文明过节”廉政文化宣传月活动,收到较明显的效果。在“七一”期间由厅主要领导讲一次以党风廉政为主要内容的党课,收看一次警示教育的光盘。

【电子监察系统建设】 2009年1月份,根据国家有关规定,结合山西省实际,将建筑业企业三级资质及安全生产许可证两项审批事项下放到市级建设行政主管部门,进一步减少审批事项。

重新修定政务大厅的审批办法及流程,进一步明确大厅和各业务处室的职能划分,将工程建设招标代理机构资格核准、城市规划编制单位资质认定、建筑施工企业安全生产许可证核发、建筑施工企业主要负责人、项目负责人和专职安全生产管理人员安全生产考核、房地产估价师注册、一级建造师注册6项行政许可项目,纳入省监察厅的第一批电子监察名单,厅内部电子监察和电子审批网络系统正在加紧建设。

【行风政风和纠风工作】 以解决社会关注程度高、群众反映强烈的突出问题为重点,加大专项治理力度,积极与政府有关部门协作强化监督检查,规范城镇房屋拆迁、推进住房保障体系建设,促进中央关于解决民生问题的政策不折不扣落到实处。针对建筑领域、建设系统的特点,下功夫纠正公共服务行业利用特殊地位和管理优势限制消费者权益、强制服务、指定消费和乱收费损害消费者权益的问题。根据情况,每年确定一些重点治理项目,有侧重地解决几个群众反映强烈的突出问题,坚持把解决损害群众利益问题作为党风廉政建设的工作重点,促进社会和谐与稳定。加大纠风工作力度,以提升全行业文明素质为目标,改进政风行风,提升建设系统整体形象。建立665名政风行风评议代表数据库,并从中聘请9名监督员参加厅组织的督查调研,抽取50名评议代表参加省行评办组织的政风行风评议问卷测评。6月9日,省住房和城乡建设厅党组成员、纪检组长郝耀平和建管处、城建处等8个处室负责人走进政风行风热线，现场解答人民群众提出的诸多问题，对于现场未能解答的，下线后都给当事人一一答复，得到了广大群众的认可。

【案件查办工作】 在党风廉政建设中，坚持治标与治本的有机结合，高度重视查案工作。以领导机关和领导干部为重点，瞄准建设领域腐败现象易发多发的关键环节、重点部位，抓住损害群众利益的突出问题，注重从信访举报、专项检查和社情民意等渠道发现线索。重视做好来信来访和案件查处工作，2009年1－12月份，严肃查处34个案件，其中城乡规划7件，招投投标5件，工程质量安全6件，施工许可3件，违反分包及拖欠工程款3件，房地产开发10件，截至2009年底，已办结29件。驻厅纪检组监察室共收到6件投诉举报信件，其中住房和城乡建设部纪检组转办1件，已全部办结。

精神文明与机关党建工作

【理论成果学习】 在全省住房和城乡建设系统组织开展党的路线方针政策教育、形势任务教育和党章党史党纪教育等经常性教育活动。2009年以来，省住房和城乡建设厅党组（党委）以中心组学习、厅党组（扩大）会议和专题讲座辅导等各种形式，组织中心组成员和机关处以上干部及直属单位主要领导，集中学习10次；参加12次由省委组织部和省直工委共同举办的“文源讲坛”讲座。组织厅直系统20批80名处级干部参加省直工委举办的学习实践“转型发展、安全发展、和谐发展”培训班，不断提高广大党员干部职工对做好全省住房和城乡建设工作的责任感，极大地增强工作积极性和自觉性。

【加强和改善党组织建设】 调整选配部分党支部委员，按程序和规定批准新设立省工务局党支部，选举任命支部书记和委员。加强学习型党组织建设和党员管理教育工作，向各级党组织和党务工作者发放《党费工作手册》，为厅党组成员和各党支部征订各类党建杂志和读物。厅党组及各单位党委分别按照征求意见、对照“六个着力、六个切实”内容，召开党员领导干部民主生活会。组织812名入党积极分子（其中学生592名）参加省直分校组织的入党前培训，全年共发展190名党员（其中学生党员140名、重点工程一线人员6名）。“七一”前夕，集中表彰厅直系统一年来在“创先争优”活动和党风廉政建设工作中涌现出的21个先进党组织、158名优秀共产党员、18名优秀党务工作者和24名党风廉政建设先进工作者，通报被山西省劳动竞赛委员会和省直劳动竞赛委员会表彰的1个“五一”奖状、25个奖章和9个记一等功的单位及个人。

【加强作风建设】 一是分“坚定理想信念、增强党性观念，严肃党的纪律、增进党的团结，弘扬良好作风、提高工作效率”三个专题，大力开展“加强党性修养弘扬良好作风”系列活动，教育引导广大党员进一步树立良好作风。二是大力学习弘扬“右玉精神”，进一步加强作风建设，自觉把促进中心工作和重大任务的完成情况作为检验、考核党建工作的标准，在推动发展、服务群众、凝聚人心、促进和谐等方面取得明显成效。三是以庆祝“五一”国际劳动节、“五四”青年节为契机，组织开展“爱党爱国牢记振兴中华民族使命；加强团结强化纪律改进机关作风；勤奋创新全力推进重点工程建设”主题活动，实地参观太原卫星发射中心。四是通过组织开展“走进建设工地，转变机关作风”主题活动，实地参观学习山西省科技馆、山西省图书馆、山西大剧院、山西体育中心和太原市火车南站等各项重点工程建设情况，将党建工作延伸到建设中心工作一线。五是抓紧学习省委、省政府分解到省住房和城乡建设厅和各项任务，为群众解决、兑现一批反映强烈、突出的实事好事。

【完善党建工作长效机制】 发挥党组(党委)抓党建的关键作用,建立党组(党委)书记负总责、分管领导具体抓、机关党委综合协调、支部(总支)书记"一岗双责"的党建工作体系。逐步完善机关党建制度体系,全面梳理、清理机关党的建设各项制度规定,修订完善党员学习培训、管理监督、扩大民主、联系服务群众等制度。初步建立党内激励、关怀、帮扶机制,为加强机关党的执政能力建设提供可靠保证。

【文明和谐单位创建】 充分发挥工会、妇女、青年和群团组织的作用,开展丰富多彩的文娱庆祝活动。一是组织开展喜迎新中国60华诞,山西省住房和城乡建设成就展活动,用10块展板、100多幅图片分领导重视篇、特色城镇化、住宅和房地产业、建筑业发展、重点工程建设、创建园林城市、建设系统法制化建设、五台山申遗、大事记等9个专题,生动展示山西省住房和城乡建设60年来所取得的成就。二是组织全系统开展歌咏比赛、演讲比赛、成就展、爱党爱国主题教育、悬挂国旗、走访慰问等各项庆祝活动,山西建筑职业技术学院参加省直机关歌咏比赛获得优秀组织奖,山西省城乡规划设计研究院举行"欢庆祖国60华诞喜迎建院30周年"文艺演出。三是开展节日访贫和捐赠慰问活动。春节前,组织6000余元的物品,对壶关县晋庄镇农村困难户进行慰问。5月底,由厅党组成员、纪检组长郝耀平带队,厅机关相关处室和厅属"四院两校"主要负责人、厅扶贫工作队全体队员以及山西建筑职业技术学院的文艺演出队赴晋庄镇慰问,向该镇中小学捐赠价值50万余元的教学用品,并对部分扶贫项目进行实地考察,落实扶贫资金100余万元。中秋节前,向帮扶对象太原市平板玻璃厂送去慰问金5000元。国庆节前,由厅领导带队,各相关处室负责人组成慰问组,走访慰问新中国成立前参加革命工作的老干部、老工人、老党员、老战士、革命烈士遗属、伤残军人和全国劳动模范,向慰问对象发放慰问金。各直属单位党委也分别采取座谈、上门走访、外出参观、庆祝生日等形式,慰问"三老同志"。四是组织"博爱一日捐"献爱心活动,并为捐助50元以上产单位和个人发放省红十字会爱心捐助证书。

城建档案与建设信息

【城建档案首次纳入地方法规】 2009年11月26日,山西省第十一届人民代表大会常务委员会第十三次会议通过的《山西省城乡规划条例》首次对城建档案做出规定:一是批准的城乡规划,由组织编制机关按照国家和本省的有关规定,送交同级城乡建设档案机构存档。二是建设单位或者个人办理建设工程规划许可证,应当提供建设工程档案报送责任书等材料。三是建设工程竣工后,建设单位或者个人应当持建设工程竣工核实技术报告、建设工程档案认可文件等材料,申请规划条件核实。四是建设单位或者个人应当在竣工验收后6个月内向城乡规划主管部门或者其委托的城乡建设档案机构报送有关竣工验收资料。《条例》(草案)论证期间,山西省人大法制委员会副主任委员邓永明、王晓明于8月16日赴太原市城建档案馆进行立法调研,听取省内有关专家对《条例》(草案)中关于城建档案的建议和意见。

【出台资质审批档案管理规定】 为规范建设类资质审批档案的管理,维护厅机关档案的完整与安全,保障厅机关内部和社会各方面的查考和利用,省住房和城乡建设厅制定建设类资质审批档案管理规定,要求厅综合处和城建档案馆指定专人,明确职责,共同做好此类档案的形成、积累、整理、移交、保管和利用工作。

【规范城建档案专业技术咨询服务收费】 2009 年 9 月，省物价局印发《关于进一步规范城建档案专业技术咨询服务收费标准的通知》，要求各城建档案馆接受工程项目建设单位和其他相关单位委托，提供技术咨询服务，应遵循自愿有偿原则，与委托单位签订服务协议并按有关规定提供质量合格的服务。其中，档案技术服务费由工程档案编制审核（含编制方案设计、业务技术培训、跟踪技术服务、竣工资料审核、技术咨询）费、声像档案制作费、组卷整理费、纸质档案数字化费、装具收费、竣工图编制费、设备出租费等构成；档案利用费由阅卷服务费、档案复制费、档案保护费、证明费等构成。

【城建档案信息化建设】 为贯彻落实建设部《全国城建档案信息化建设规划与实施纲要》，省住房和城乡建设厅于 2009 年 9 月召开全省城建档案信息化建设研讨会，推进全省城建档案计算机管理水平，为建立数字城建档案馆奠定基础。与会人员结合各自的具体实践，认真讨论、修改《山西省城建档案信息化建设方案》。会后，省住房和城乡建设厅正式印发此方案，指导全省城建档案信息化建设。省城建档案馆先后组织忻州、晋城、晋中、高平、古交、永济等市城建档案馆负责同志赴广州、深圳、珠海、南京、苏州等市城建档案馆进行专题考察、学习。

【进一步加强城建档案工作】 2009 年 5 月，省住房和城乡建设厅印发《关于进一步加强城建档案工作的通知》，要求各市建设局（建委）、规划局一是加强对城建档案工作的领导，把城建档案事业纳入建设事业发展规划和年度计划，纳入重要议事日程，争取当地政府的重视和支持，使城建档案工作进一步适应全面建设小康社会新目标的需要。二是抓好城市地下管线档案的收集和管理，以新建地下管线工程档案的报送管理为重点，加强地下管线档案的接收和收集工作，积极开展地下管线档案信息的综合动态管理。三是加大建设工程档案的管理力度，把城建档案工作纳入建设行政管理各个环节中，特别是在规划许可、施工许可、工程验收、工程备案及房地产权登记等方面，确保城建档案完整、系统、准确、安全、及时地报送城建档案机构。四是开展城建档案信息化建设，推进中小城市城建档案工作，把电子档案信息与纸质档案信息整合起来，更好地为城市规划、建设和管理服务。五是全面提升中小城市城建档案业务管理水平，积极开展城建档案规范化管理和综合评估工作。

【信息化和电子政务】 省住房和城乡建设厅将公开的政府信息进行分类整理，建立索引目录，向公众公开。为方便公众依法获取政府信息，建立依申请公开网上受理平台，进一步完善政府信息公开专栏的功能。2009 年向省政府网站报送公开政府信息 730 条，在省住房和城乡建设厅政府信息公开网站主动公开信息 1091 条。

在省住房和城乡建设厅门户网站建设和管理上，始终坚持求真务实、开拓创新、突出特色的原则，为各级政府部门和社会公众做好服务。年初，在省政府组织的全省政府网站测评活动中，省住房和城乡建设厅门户网站获得第三的好名次。全年对网站功能设置及管理进行改善，突出公共网络平台在宣传及舆论导向方面起到的积极作用，先后开设“2009 年全省建设工作会议、深入学习实践科学发展观、聚焦重点工程、房地产开发容积率专项治理、工程建设领域突出问题专项治理”等专题。在网站首页增设“网上调查”和“民意征集”两个栏目，增强与公众的互动交流。全年网站访问量为 60 万人次，同比提高约 20%，全年发布信息总量为 3027 条，同比提高约 5.1%。

加强局域网络终端设备维护管理工作。截至 2009 年底省住房和城乡建设厅的计算机保有量约 400 台，由厅信息中心安排专人负责计算机的维护工作，及时解决技术问题，本年度共解决和处理各种计算机技术问题 135 次，对涉密计算机进行隔网处理，为每个处室、站、办配发专用存储介质，解决技术问题，有效杜绝网络泄密事件的发生。采用网闸将内网审批和外网发布隔离，节省经费开支，并基本达到目前需求。完成公积金监督管理信息系统的省级系统硬件部署工作。完成监察厅行政审批电子监察系统在省住房和城乡建设厅的部署。

电子政务应用系统开发建设及应用步伐。从4月开始筹备开发厅内部行政审批系统，10月底，完成纳入省监察厅电子监察的三项行政许可事项（工程建设项目招标代理机构资格核准、城乡规划编制单位资质认定及建筑施工企业安全生产许可证核发）相关网上行政审批系统开发，先后完成《房地产开发统计报表管理系统》、《山西省城市市政公用行业信息监管系统》、《山西省城市环境卫生信息监管系统》、《山西省城市供水信息监管系统》、《山西省建筑业企业管理系统》的开发建设与培训运行等工作。截至2009年底，完成网上审批的建筑业企业共计1119家。

【建设行业重点工作宣传报道】 1. 积极组织全省各大新闻媒体聚焦重点工程。2月，组织中央驻晋媒体和省级主流媒体23家，对“全省重点工程建设动员大会”进行重点报道，会后发稿80余篇，为全省建设重点工程吹响了号角。4月初，与省委宣传部联系，省建设厅、省重点工程建设领导小组办公室印发《关于加强重点工程建设宣传报道的通知》，拉开全年重点工程建设宣传的序幕。自4月起，组织开展“聚焦重点工程记者采风”活动。期间，与省委宣传部、省重点办联系，起草采风活动的策划方案，联系9家省级主流媒体，走访10个地市，深入27个重点工程项目，报道新闻126篇，并协助山西电视台、山西日报记者深入各市重点工程项目收集资料，进行采访。在山西电视台、山西日报、山西经济日报、山西人民广播电台开辟“聚焦重点工程专栏”；在山西日报头版开设“聚焦重点工程系列摄影报道”栏目，同时，开办《重点工程周刊》，每周对全省重点工程建设进行重点报道。编制《全省重点工程建设重点项目汇编》，向中央驻晋媒体及省级主流媒体发送，为媒体提供重点工程新闻素材。截至2009年12月底，中央驻晋媒体和省内报纸、电视台、电台、网络共报道重点工程900余篇，其中，报纸450篇、电视台260篇、电台130篇、网络80篇。上百名记者深入重点工程施工现场进行实地采访，以消息、通讯、综述、评论等多种新闻形式全方位、多角度地报道了重点工程建设的好经验、好做法及典型事迹和模范人物，在全社会掀起建设重点工程的热潮，持续营造出关心、支持重点工程建设的良好舆论氛围。先后以“慰问活动”、“新闻评选”等主题策划一系列宣传活动。7月，省委办公厅、省政府办公厅印发《关于开展重点工程项目建设者慰问活动的通知》，开展向重点工程项目建设者慰问活动。期间，省委、省政府组织20多个厅局多次到一线工地进行慰问；省广播电视局主办“送千场电影进百项工程放映活动”，极大地鼓舞大家的士气。8月，省委宣传部、省重点工程建设领导小组办公室、省新闻工作者协会印发《关于评选山西省首届重点工程建设好新闻的通知》，组织开展“首届重点工程建设好新闻评选”活动，截至2009年底，共收集全省11市主流媒体的新闻作品共90余篇。12月，策划“重点工程年终盘点”活动。在《山西日报》刊发两篇题为“非常记忆——2009山西重点工程篇：铺开新画卷展望新山西”，“非常记忆——新闻会客厅：用激情和智慧绘就山西新画卷”文章；在山西卫视《山西新闻联播》报道1～11月份全省重点工程建设进展及取得的成绩。认真做好《山西省重点工程建设简报》信息收集、编写、出版、发行工作。为做好重点工程建设宣传工作，拓宽重点工程建设信息宣传渠道，成立重点工程宣传报道组，由专人负责重点工程简报的信息收集、编写、印刷、发行等工作。简报以快、简、准为特点，全方面地报道重点工程的建设动态。截至2009年底，共编写简报44期，并及时送达省委、省政府，确保领导了解、掌握全省重点工程建设情况。

2. 开展建国60周年宣传活动，积极收集信息，制作宣传专题。整理、编写《山西省住房和城乡建设60年大事记》、《山西省住房和城建设60年成就谈》，并以专版形式在《中国建设报》刊发，全面、真实、生动地展现山西省60年来住房与城乡建设发展的变化。以“山西60年城市建设的变化”为主题，策划、制作时长18分钟的《新城市新山西》专题片，在住房城乡建设部大厅展播一个多月。开展“60周年住房城乡建设成就有奖征文”活动，收到来稿80余篇。9月中旬，设计、制作以“喜迎新中国60华诞山西住房和城乡建设成就展”为主题的宣传展板，从领导倍加重视城乡建设、特色城镇化快速推进、住宅和房地产快速发展、建筑业不断发展壮大、重点工程取得重大进展、创建园林城市等十方面，通过一组组数据对比，全面、客观地介绍60年来全省住房和城乡建设取得的成就，发生的巨大变化。

3. 开展“五台山成功申遗”系列宣传报道。在山西电视台《第一访谈》节目对任在刚副厅长进行专访；第一时间在《山西日报》报道申遗成功的喜讯，并重点报道五台山申遗工作人员凯旋归来的新闻现场；在《山西青年报》用13个专版报道五台山申遗的全过程。编辑出版《山西建设—五台山申遗特刊》，收集整理申遗10年间的图片资料，完整记录省住房和城乡建设厅在申遗工作中付出的艰辛与努力。

4. 6月制订全省保障性安居工程建设推进现场会宣传方案，组织省级媒体对会议进行宣传报道，成功组织“全省保障性安居工程建设新闻发布会”，中央驻晋、省级媒体等30余家记者参加新闻发布会，会后共发50余篇报道。对省城四大建筑以及全省污水、垃圾处理工程建设情况通过报纸、电台、电视台进行大量的宣传报道。

5.《山西建设》编辑出版。年初，杂志正式由月刊改成双月刊，全年共出版8期，包括2本专刊(2008年工作集锦专刊、五台山申遗专刊)，发行16000余册。

6. 日常采访报道工作。2009年，按照厅党组对新闻宣传工作的部署和要求，对省住房和城乡建设厅重大活动、会议及时安排专职记者进行摄像摄影，编写新闻稿件，编辑影像资料，在电视台、电台、报刊、网站等媒体发布信息。全年，参加省住房和城乡建设厅重大活动、会议160次；送往电视台播出新闻条数50余条；配合山西电视台《第一访谈》、《记者调查》、《追踪报道》、《黄河电视台》及《山西日报》完成近20期专题节目；送往广播电台、报社及其他重要媒体刊登播出信息总数达到800余条。

人 事 管 理

【省住房和城乡建设厅党组成立】 中共山西省委组织部2009年5月26日印发晋组干[2009]136号文件，经省委常委会议2009年5月22日研究决定：成立省住房和城乡建设厅党组。王国正同志任省住房和城乡建设厅党组书记；郝耀平同志任省纪委派驻住房和城乡建设厅纪检组组长(试用期截至2009年8月)。经省委组织部部务会议2009年5月22日研究决定：张立光、任在刚、闫晨曦、郝培亮、李锦生、赵健宏、郝耀平同志任省住房和城乡建设厅党组成员。

【人事任命】 2009年6月5日，省人民政府印发晋政任[2009]26号文件，按照山西省人大常委会[2009]4号通知，经2009年6月4日山西省第十一届人民代表大会常务委员会第十次会议通过，决定任命王国正为山西省住房和城乡建设厅厅长。

经山西省人民政府2009年5月27日第39次常务会议通过，决定任命：张立光、任在刚为山西省住房和城乡建设厅副厅长；闫晨曦为山西省住房和城乡建设厅副厅长(试用期截至2009年7月)；郝培亮为山西省住房和城乡建设厅总工程师；李锦生为山西省住房和城乡建设厅总规划师。

直属单位与社团工作

山西建筑职业技术学院

【综述】 2009年，山西建筑职业技术学院在上级党组织和主管部门的正确领导下，院党委带领全院师生员工认真贯彻学习党的十七大和十七届三中、四中全会精神，坚持以邓小平理论和“三个代表”重要思想为指导，深入贯彻落实科学发展观，在教学建设与改革、招生就业、制度建设、后勤改革、校园文化建设、基层党组织建设和反腐倡廉建设等方面取得明显进步。在教育部首次进行的全国普通高等学校毕业生就业工作先进集体评选表彰活动中，山西建筑职业技术学院被评为先进集体，受到通报表扬。文明和谐单位创建活动成效显著，荣获山西省文明和谐单位荣誉称号。

【学习实践科学发展观】 在对学习实践活动进行群众满意度测评中，有233名党员干部参加测评投票，其中193票满意，40票基本满意，满意率达到100%。这次学习实践活动的一个重要成果，就是院党委紧密结合山西建筑职业技术学院实际，深入调查研究，广泛听取群众意见，虚心学习先进院校经验，进一步明确学院办学定位和内涵发展、特色发展、和谐发展的发展思路，提出“一二三四五”的工作思路，即：围绕一个中心—提高教学质量；强化两大特色—行业特色和职业特色；建好三支队伍—教师队伍、辅导员班主任队伍、干部队伍；增强四种能力—教师的实践能力、学生的就业能力、干部的创新能力和学院的可持续发展能力；加强五项建设—班子建设、制度建设、实习实训基地建设、校园文化建设和反腐倡廉建设。同时，进一步统一对人才培养目标和人才培养模式的认识。对教学工作提出“一二三四”的目标要求，即：创建一个团队—优秀教学团队；完善两个体系—理论教学课程体系、实践教学课程体系；打造三个精品—精品教材、精品课程、精品专业；构建四个网络—专家网络、企业网络、主管部门网络、校友网络。

2009年，围绕“一二三四五”的工作思路和“一二三四”的教学工作目标要求，突出重点，整体推进各项工作，收到比较好的效果。

【提高教学质量和办学核心竞争力】 召开教学工作会议、精品课程建设工作会议、精品专业和教学团队建设工作会议以及教研室工作座谈会等。召开思想政治理论课教学改革座谈会和首次图书馆工作会议。高度重视专业建设工作，成立有78位行业企业专家参加的7个专业建设指导委员会，并积极开展专业讲座等活动。新增设市政工程技术和基础工程技术两个专业。注重发挥好教学工作委员会和专业建设指导委员会的重要作用。推进二级管理，下达教学系部经费计划。研究制定和修订精品课程、精品专业、优秀教学团队建设与管理办法和教学成果奖励办法。《工程测量》、《建筑卫生设备》、《建筑装饰制图—阴影透视》等3门课程被评为省级精品课程。《构造艺术》、《建筑电气》等2门课程被评为院级精品课程。新开设选修课14门。加强教学运行管理,建立领导听课制度。对期中教学检查中发现的问题,认真进行整改。加强考试管理,对7门主干课程实施教考分离,严肃考风考纪。组织进行全院首届说课交流活动。

【教学研究竞赛】 2008年9月到2009年8月,全院教师共发表论文96篇;共主编、参编教材24本,其中主编"十一五"国家级规划教材1本。山西建筑职业技术学院申报立项的山西省教育科学"十一五"规划专项课题,已有4项顺利结题并通过鉴定。在高职高专建筑类专业指导分委员会组织的首届建筑类专业青年教师说课大赛中,1名教师荣获二等奖,1名教师荣获三等奖。在中国建设教育协会举办的第三届建筑类多媒体课件大赛中,1名教师获一等奖,4名教师获二等奖,2名教师获三等奖,4名教师获优秀奖。在全省高校思想政治理论课"优秀教学案例"、"精彩教案"和"精彩多媒体课件"评选中,1名教师荣获"优秀教学案例"一等奖和"精彩多媒体课件"二等奖,1名教师荣获"优秀教学案例"三等奖。在全国大学生英语竞赛中,山西建筑职业技术学院获一等奖1项、二等奖2项、三等奖3项,1名教师荣获指导教师一等奖。在全国大学生数学建模竞赛中,山西建筑职业技术学院9个参赛队有8个获奖,其中荣获大专组全国二等奖1项、省级一等奖1项、二等奖4项、三等奖3项。在第三届山西省职业院校建筑技术技能大赛中,山西建筑职业技术学院12名参赛选手获得"山西省规划院杯"建筑工程测量大赛一等奖1项,"山西省宏图建设杯"建筑砌筑大赛二等奖1项、三等奖1项,"海盛杯"建筑工程算量大赛二等奖2项。学院被大赛组委会授予优秀组织奖。在"亚龙杯"全国大学生智能建筑工程实践技能竞赛中,2名学生被高职高专教育土建类专业教学指导委员会授予优胜奖。在第四届全国高职高专教育建筑类专业指导分委员会优秀毕业设计大赛中,山西建筑职业技术学院荣获一等奖1项、二等奖2项、三等奖2项。

【教师队伍建设】 1名教师晋升为教授,2名教师晋升为副教授,19名教师晋升为讲师。22名中青年教师通过在职进修取得硕士学位。2名教师被评为山西省高职高专院校"双师型"教学名师、3名教师被评为"双师型"优秀教师。1名教师被省人力资源和社会保障厅、省教育厅授予山西省模范教师称号,并被省教育厅、省妇联授予山西省教育系统巾帼建功标兵称号。建筑装饰系被授予山西省教育系统先进集体称号。建筑材料与检测教学团队被评为山西省普通高等学校优秀教学团队。教师队伍的"双师"素质又有新的提高,生师比进一步趋向合理。

【工学结合、校企合作】 召开校企合作、工学结合座谈会。与山西建工(集团)总公司等大型企业主要领导就校企合作事宜进行交流。成立山西省城乡规划设计研究院山西建院工作站。院主要领导带队,先后赴黑龙江、徐州、四川、湖北、广西、浙江、河南等建筑类高职院校调研学习国家示范性高职院校建设和工学结合、校企合作等先进经验,并到大同、朔州、临汾、运城等市召开校企校友座谈会听取意见,走访用人单位,了解学生顶岗实习情况。

【建立健全规章制度】 先后制定印发《青年教师参加实践锻炼实施办法》、《教学科研成果奖励办法》等14项规章制度。计划制定和修订的学院章程等16项基本制度和79项管理制度、30项岗位职责已完成起草修改任务。与此同时,建立实施学期工作汇报制度、处务会议制度和教研室活动制度。不断完善教职工代表大会制度,推进民主管理和民主监督。对二届一次教代会期间收到的60项提案和建议,已落实40余项。

【固定资产清查】 已完成固定资产账实核对,为逐步健全固定资产管理体制,建立固定资产使用台账,实现计算机系统网络化管理奠定基础。

【档案工作】 全面开展接收、整理档案的工作,修订完善档案管理办法,升级档案管理软件,编制检索工具。2001年以来形成的党群、行政文件和2003

年以来的毕业生学籍档案、教研科研档案、声像档案等已全部整理归档。

【教学环境改善】 院图书馆新购纸质图书9000余册，接受教职工捐书700余册。通过政府招标形式，购置计算机200余台。对计算机工程系和计算机教室进行整体搬迁，大大改善教学环境，并增加图书馆馆舍面积。建成通风与卫生洁具安装实训馆，新建古建筑实训室。

【后勤社会化】 对校园保洁和冬季供暖实行通过招标委托专业保洁公司和供暖公司承包的方式，相应改革临时用工制度。正在积极推进学生食堂和教职工食堂由法人单位承包经营的改革。

【抗击甲流】 2009年，甲型H1N1流感波及山西省，对山西建筑职业技术学院正常的教学秩序和师生健康造成一定影响。对此，把甲流防控工作作为重大政治任务来抓，多次召开党委会议、院长办公会议和院甲型H1N1流感防控工作领导小组会议，传达贯彻上级有关会议和文件精神，先后出台工作应急预案、工作实施细则等多项防控文件，对防控工作进行安排部署，采取有力措施，加强防控宣传和工作督查，开展以甲流防控为主题的爱国卫生运动，严格执行体温检测、因病缺勤缺课登记追踪和专题班会、日报告等制度，设立隔离区，调整教学计划。院领导多次深入宿舍、食堂、东校区、医务所和隔离区检查指导工作。同时加大防控投入，购买温度计1224支、红外线测温仪2个、消毒液20箱，为全院师生配发口罩8500个，多次对学生宿舍、教室、办公室等重点场所进行消毒杀菌，免费为师生煎制预防甲流中药汤剂。经过全院师生的共同努力，山西建筑职业技术学院甲流防控工作取得阶段性效果。

【招生就业工作】 2009年停招中专生，中专生在校生人数由上年的3222人减少为1541人，比例由29.9%下降16.6%。高考招生首批录取专业由往年的2个增加到7个，首批录取专业新生占到新生总数的68%，全院新生报到率高达95%以上。高考招生录取分数线继续高于三本，稳居全省高职院校榜首，艺术类招生专业分数线高于二本。成人教育和各类培训工作进一步加强。职业培训规模达到8856人。

12月12日，学院与山西四建集团有限公司签订学生订单式培养协议

始终把毕业生就业当作一项重大政治任务和核心工作抓紧抓好。进一步加大毕业生就业指导服务和校内有形就业市场建设力度，建成毕业生就业洽谈室。2009年，全院共有毕业生3700余人，是近年来毕业生人数最多的一年。在高校毕业生就业形势依旧十分严峻的情况下，院系共同努力，稳定省内就业市场，拓展省外就业市场，拓宽就业渠道，保持较高的就业率。年底举办的2010届毕业生供需见面洽谈会，参会用人单位达到250多家，比上年增加40多家，带来约5000个就业岗位，达成就业意向2000多人。

【落实各项资助政策】 共有1656名高职生享受国家助学金补助，享受金额157.35万元；635名中专生享受国家助学金补助，享受金额47.625万元。进行年度国家奖学金、励志奖学金和学院奖学金评选活动，为10名优秀学生发放国家奖学金8万元，为222名优秀学生发放国家励志奖学金111万元，为797名优秀学生发放学院奖学金60.48万元。608名学生申请国家助学贷款，助学贷款金额349.88万元；为100余名学生办理2009－2010年生源地助学贷款手续；为20余名毕业生办理义务兵服役学费补偿和贷款代偿手续。

【全面实施素质教育】 坚持把德育放在教育工作的首位，全面落实立德树人的要求。进一步加强和改进思想政治教育，将社会主义核心价值体系的要求贯穿到教学和日常管理中，引导学生树立社会主义理想信念，培养学生的集体主义精神、团队合作意识、基本道德规范和法制意识。重视发挥好课堂教学在学生思想政治教育中的主导作用和思想政治理论课的主渠道作用。召开学期辅导员、班主任工作会议和专职辅导员工作交流暨培训大会。修订学生工作和辅导员管理制度，编印《辅导员班主任工作手册》，进一步加强对辅导员、班主任工作的检查指导和考核。面向社会公开招聘12名专职辅导员，内聘兼职辅导员26名，为2009级新生班级全部配备专职辅导员。

【校园文化建设】 “我爱你中国”主题演讲赛、“我爱麦克风”校园歌手大赛、“鲁班杯”室内设计大赛等一系列活动，大大丰富学生业余文化生活。组织学生积极参加暑期“保护母亲河”等青年志愿服务队活动和“三下乡”扶贫慰问送温暖活动。举办高雅音乐进校园报告会，邀请中国著名指挥家卞祖善来院讲学。在“5.12”纪念活动中，组织青年学生为四川省青川县大禹乡学生捐献各种图书520本。结合建国60周年纪念活动，大力弘扬以爱国主义为核心的民族精神和以改革开放为核心的时代精神，举办“移动杯”我和我的祖国演讲赛和“爱国歌曲大家唱—祖国万岁”学生大合唱比赛。举办以“关注心理健康、共建和谐校园”为主题的“5.25”大学生心理健康活动。在山西省首届“文明风采”竞赛活动中，3名学生获摄影作品一等奖；1名学生获论文作品一等奖。隆重召开纪念五四运动90周年表彰先进暨新团员宣誓大会。召开纪念“五四”青年节座谈会。志愿者协会与太原市公交二公司举行“文明共建”10周年庆典活动。

【学生“阳光体育”运动】 举办第八届田径运动会。在第17届山西省大中学生田径运动会上，山西建筑职业技术学院田径代表队获得1枚银牌、4枚铜牌，6人13次破院记录，取得优异成绩。

【党风廉政建设】 坚持和完善党委领导下的院长负责制，提高领导班子的办学治校能力，制定《山西建筑职业技术学院党政领导班子议事规则》等制度，召开院党委会议19次、院长办公会议13次。凡属“三重一大”问题都经过党委会集体讨论决定，对事关学院改革发展全局的重大问题和涉及教职工切身利益的重要事项，广泛听取群众意见。

坚持举办业余党校，对474名入党积极分子进行培训。发展学生党员131名，为党组织增加新鲜血液。

山西省建筑设计研究院

【经济效益稳步提升】 2009年，面对全球金融危机对建筑设计行业带来的冲击与挑战，院领导班子审时度势，通过认真反思和审视历年来在经营工作方面的得与失，深入剖析技术队伍特征，充分利用国家拉动内需采取积极有效的财政政策和积淀多年的品牌优势，创新理念，不畏困难，全院经营工作呈现出前所未有的良好态势。设计四所率先提前四个月超额完成全年目标，设计二所、设计八所、设计五所等也相继提前超额实现全年目标，全院整体经济效益得到大幅度提升。2009年，全院共完成建筑工程设计项目286项；工程勘察22项；完成施工图面积4511575m2；CAD出图26453张；完成规划编制7项；编制可行性研究报告17项；编制概预算13项；完成办公楼节能改造方案8项；承接工程监理13项；参加各类项目投标68项，中标34项；全院共签订各类合同总额13568万元；完成总产值11768万元；实现总收入10791万元（截止12月31日），为总目标的103.5%；新增固定资产61.7万元，上缴国家税金800万元，继续被太原市及杏花岭区授予“诚信纳税先进单位”称号。数据表明，2009年是再攀高峰的一年，也是取得良好经济效益和社会效益实现新的历史性突破的一年。

【技术管理进一步完善】 一是完成质量管理体系、环境体系、职业健康安全体系“三标”认证的复审工作，并针对“三标”体系运行过程和复审中发现的问题和不足积极制定改进措施，从而为提升全院整体技术实力和管理水平，为客户提供满意的产品和优质的服务提供有力保障，也为进一步拓展市场提供技术支持。二是承担全省十大工程——太原飞机场改扩建、山西大剧院、奥体中心训练基地等三个项目进展顺利，设计进度与深度完全达到工程要求。特别是煤炭物流港项目的全部签约，无论从工程的复杂程度和技术难度还是经济效益的额度都实现在重点工程领域一次新的突破。技术服务得到业主和省重点办的充分认可。据不完全统计，仅去现场或驻场服务的各专业人员就达2000人次之多。三是技术质量措施收到实效。在全年院级工程质量检查的48项工程中，优良品率有较大提升。“汾河美化工程二期北延详细规则”等10项工程分别获省优、部优设计；“山西博物馆”获建国60周年全国建筑设计行业“建筑设计大奖”；“太原火车站”等6项工程获省“十佳设计成果”；“中国八五新住宅设计方案”获省“十佳技术创新成果”；同时还获得省“十佳民用建筑勘察设计院”、“中国建筑电气工程设计成就奖”，在住房和城乡建设部等相关部门做的社会调查评比中，被评为“中国最具业主满意度的设计机构”。四是继续推进计算机软件国产化、正版化工作进程，被评为“全国勘察设计行业建国60周年国产CAD软件应用先进单位”。

【人才环境进一步优化】 积极鼓励职工参加各类继续教育，建立青年后备人才库，两年来，全院有217名职工参加不同专业的继续教育和注册资格等各类教育培训，其中，48人分别获得结构工程师、建筑师注册资格或高中级职称。太原机场航站楼、山西大剧院、煤炭流物流中心等重大项目中，项目负责人、专业骨干大多由90年代毕业、40岁左右的年轻专业技术人员担任。在全省勘察设计行业纪念建国60周年的表彰活动中，冯高磊等4人获省“十佳建筑师”称号；赖忠毅等17人获省“百佳勘察设计工程师”称号；院长张学锋获得建国60周年全国建筑设计行业“管理创新奖”的荣誉称号，有30多名技术骨干在山西省城乡建设专业领域担任专家委员，成为全省建筑设计行业的学术带头人，全院已形成以高级专家领衔，一大批年轻尖子人才为骨干的素质人才团队。定期表彰“最有创意的工程师”、“生产技术能手”、“文明职工标兵”等各种类型在本职岗位上做出突出贡献的先进人物，并通过院报、光荣榜等形式作专题宣传，培养树立自己的典型，用身边人、身边事启发教育带动职工，在全院形成“争当先进、赶超先进”的健康向上氛围。

【精神文明创建】 坚持围绕全院发展目标，以软硬件建设为措施，以高雅艺术活动内容，丰富职工的精神文化生活，不断增强企业的向心力和凝聚力。坚持履行社会责任，圆满完成四川茂县灾后重建的设计任务，由设计八所承担的六所乡镇小学、一所全日制高中学校、幼儿园及两所医院的设计任务，共有48个单项、12个总图、建筑面积达18万平方米。截至2009年底，6所乡镇小学及医院已全部使用，全日制高中学等部分投入使用，为山西省顺利完成茂县灾后重建任务做出突出贡献，先后被住房和城乡建设部、省委省政府、省人事厅、省住房和城乡建设厅授予“抗震救灾先进单位”称号，罗庆京获“省五一劳动奖章”，杨友为、刘晓星荣立“一等功”，杨来俊、苏敏芳等4名同志获“省抗震救灾先进个人”称号。积极参加社会公益活动，在太原市“百校兴学”设计投标活动中，共参加18项，其中中标14项，为大寨展览馆以及厅扶贫点——壶关县静庄等义务设计多个项目。文明和谐创建工作受到省文明委领导的充分肯定和高度赞扬,连续13年获“省直文明和谐单位标兵”、连续10年获“省级文明和谐单位”称号。

【党风廉政建设】 一是认真抓好科学发展观活动。在活动满意度测评中,顾客满意度为100%,院内测评中,满意度为99%。二是认真抓好干部的从业警示教育,坚持从“讲责、定责、履责、考责、问责”五个五一节入手,强化党风廉政责任制的意识、任务、过程、效果和运用的落实,严格党员领导干部廉洁自律及领导班子民主生活会制度,坚持中层干部年度考核排名公告制度及末位淘汰制度,并按照院的有关规定对3名因工作调整的中层干部进行离任审计。在经营活动中,坚持秉承“质优、价优、服务优”的“三优原则”,坚决杜绝商业贿赂行为的发生。

山西省勘察设计研究院

【各项经济指标完成情况】 2009年,全院共签订合同464项,合同金额2.36亿元(其中建勘公司共签订合同1.02亿元);完成合同收入2.01亿元(其中建勘公司完成合同收入0.82亿元),在市场占有和生产能力方面,省勘察设计研究院和建勘公司均实现历史性的突破。院实现工程款进账收入1.02亿元,首次突破亿元大关;二级单位完成上交641.68万元,比计划超上交275万元;职工收入稳步提高,工资全部发放到位,三项费用按期缴纳。全年各项经济指标均创出历史最好水平。产品合格率为100%,优良品率90%以上,合同履约率100%;无重大安全事故发生,继续保持安全生产的良好局面。

【经营工作】 2009年,省勘察设计研究院认真分析市场,全面应对危机,最大限度调动全员经营的积极性。2009年初先后分两个组,分别由两名院领导带队,赴西北进行市场调研,认真分析市场发展的趋势和存在的机遇,制定科学合理的应对措施。一是通过大小会议,给全体职工尤其是中层干部分析市场形势,讲解应对措施。二是继续坚持院、处及职工三级经营、按比例核定上交、超上交奖励等激励措施。三是注重保持经营政策的连贯性和一致性。

完善经营管理,规范市场行为,为巩固和扩大市场奠定基础。对工程业绩、人员信息、设备档案等内容进行分类整理,初步建立招投标信息库,完善经营工作的基础性资料。安排专人多次参加二级单位的投标活动,为规范标书编制奠定基础。全年对已完成的13项大型项目,重点开展客户回访工作。

加大工作力度,全力拓宽市场,促进经营工作的良性发展。2009年,面对整体经济发展的大环境,省勘察设计院采取扩大信息渠道、集约经营、项目延伸、市场渗透等多种灵活有效的措施应对危机,取得良好的经营业绩。

【技术质量管理】 继续加大质量管理力度,建立审核人制度,实现审核技术资源在全院共享,提高内业资料审核的控制力度。全年在认真贯彻质量管理体系和三审三校制,使技术质量工作持续有效的按照管理体系文件运行,处于受控状态。2009年底,建立试验员和描述员持证上岗制度。

不断完善技术管理制度。建立技术人员信息档案,重新修订科技委员会章程,制订工程项目质量管理制度,调整注册人员管理和注册津贴发放办法,完善初级职称评定程序,规范项目报优及评审办法,建立技术干部例会制度。

增强技术培训的针对性、实用性。2009年,根据工作实际,采取“请进来、送出去”的培训方式,先后以“地质灾害、机场勘察”等14项课题为内容,组织内部培训12次,参加人员计465人次;同时通过行业协会、学会等组织,扩大技术交流的层面,积极派人参加相关学术会议和外部培训20余次。

【新技术、新工艺应用】 2009年共引进、应用新技术、新工艺10余项,比较典型的有:面波技术在土洞探测、滑坡勘察和不同条件下的边坡稳定性分析技术的应用,深孔静探技术的应用,为勘察技术的创新提供方向。大口径凿井工艺的实施和总结,为开辟新的业务创造条件。旋挖机加机动洛阳铲组合工艺的应用,提高工作效率,保证工程质量。锚杆、土钉墙与灌注桩组合应用、双排桩的应用为基坑支护设计方案做到安全、经济合理提供新的思路。

【安全生产】 积极推行项目管理工作,逐步改变项目管理的粗放模式,极大地促进生产管理水平的提升,有效降低经营风险,使项目管理工作更加程序化、规范化。继续巩固安全生产管理的基础性工作,及时调整院二级安全组织机构,将安全生产责任层层分解到位,进一步完善安全生产的组织和制度措施。继续坚持对外业现场进行每周安全责任登记备案制度,深入开展安全文明工地创建活动。

【生产设备管理】 2009年,先后投入102万元,购置钻机井架、试验用数控电动击实仪等设备59台套,维修强夯机、试验站自动采集系统等。在设备管理方面,通过成立设备管理中心,对废旧设备进行统一集中管理。建立设备档案和设备资源信息库,出台《设备操作规程汇编》,明确设备使用、保养、维护的程序。

【基础性管理工作】 加强财务监督力度,完善财务管理办法。先后出台《年度资金管理办法》及补充规定、《院办理财务业务工作相关规定》等制度。为加强资金管理,对现金、差旅费、民工费、租车费等实行事先审批、专项管理,取得明显效果。

做好机构调整工作,为实现整体目标创造条件.2009年初成立"离退休人员管理办公室",保证对离退休人员的服务工作。于8月份撤消"修配厂",对人员进行合理分流,及时避免因经济困难而产生的隐患和风险。为解决水文处的实际困难,在保留原单位基本构架的基础上,创新组织机构设置方式,进行有效资源整合,成立独立核算的"水井一处"和"水井二处"。

【党建设和精神文明建设】 省勘察设计研究院党委对2009年工作进行全面部署,制定院党委中心组和党员干部理论学习全年计划。深入开展党风廉政建设工作,进一步完善党风廉政建设责任制,并将该项制度层层分解,督促检查、加强落实。

积极倡导企业文化建设,加大宣传力度,持续推进精神文明建设工作。继续以"青年文明号"、"文明和谐单位"、"安全文明工地"三个创建为载体,以企业文化建塑为主线,大力弘扬"艰苦创新、励精图治"的企业精神,着力建设体现省勘察设计研究院特色的企业文化体系。

山西省城乡规划设计研究院

【综述】 2009年,实现设计费收入6609万元,与去年5730万元相比增长15.3%。优秀设计项目获国优奖1项,部优奖1项,获山西省优秀勘察设计奖15项,获厅级奖39项。2009年获得省劳动竞赛委员会颁发的"五一劳动奖状",获得省人事厅、省住房和城乡建设厅授予的"山西省建设系统抗震救灾先进集体",被省直工委和省住房和城乡建设厅党组授予"先进基层党组织"和"党风廉政建设先进集体"称号,连续两年被评为"省直文明和谐单位",被山西省勘察设计协会评为"山西省十佳设计院"。孟兆国、张怀、薛冠宇、符岐、薛晓虎五位同志荣获“山西省五一劳动奖章”、阴佶、刘成两位同志荣获“城市规划行业抗震救灾先进个人”、高彦龙被省直工委评为“优秀共产党员”、袁树君获省科技奉献一等奖、刘振江被评为“山西省百佳勘察设计工程师”、田教育、陈建军、马杨悦等17位同志分别被省住房和城乡建设厅授予“优秀共产党员”、“优秀党务工作者”、“党风廉政建设先进工作者”。“欢庆祖国60华诞喜迎建院30周年”文艺演出取得圆满成功。

院长翟顺河在省城乡规划设计研究院工作会议上作报告

【经济收入稳步增长】 截至2009年1月20日，共签订合同286项，合同额达10532余万元，实现收入6609万元。从合同结构来看，规划类项目占33.34%，市政可研类项目占53.72%，建筑类项目占12.94%。

【设计产品质量全面提升】 制订《关于审定人员专业分配的通知》、《关于对优秀设计项目的奖励规定》。成立技术委员会，对重大项目方案进行决策，取得良好效果。2009年，在山西省优秀勘察设计评选活动中，申报17个项目，获奖15项；在山西省住房和城乡建设厅优秀勘察设计评选活动中，获奖38项，其中一等奖6项，获奖项目较往年增加。质量管理上，接受北京恒标质量认证公司的监督审核，并一次通过。

【党风廉政建设】 紧紧围绕中心工作和院工作目标，以构建教育、制度、监督并重的惩治和预防腐败体系为重点，不断推进党风廉政建设和反腐败工作，为各项事业快速发展保驾护航，提供有力的纪律保障。制定并下发《院党委贯彻落实2009年党风廉政建设和反腐工作任务分解意见》；根据中央关于党政机关厉行节约、反对浪费的规定和要求，结合实际情况，向各部门下发《关于加强经费管理厉行节约的通知》；同时，院党委会研究制定《关于开展院“小金库”专项治理工作的实施意见》。

监督检查要到位。将进一步深化文明和谐单位的创建活动，特别要加强对领导班子和中层干部的党性修养和作风建设，学习“右玉精神”，弘扬良好作风。

开展思想政治工作要与开展企业文化建设相结合，企业文化是企业的灵魂和持续发展的精神支柱，是企业核心竞争力的重要组成部分。可通过多种方式的活动培养员工的素质和品德，培养员工对企业的忠诚度，培养员工发展目标的执着信念，最终达到个人的人生策划与院的发展同步即价值观的认同。

山西省建筑科学研究院

【经营收入实现稳步增长】 2009年，面对金融危机冲击的严峻形势和超出寻常的市场竞争环境，山西省建筑科学研究院紧紧抓住国家扩大内需、促进经济增长和全省推进特色城镇化与新农村建设的良好机遇，及时调整经营思路，积极参与省市重点工程的建设，努力在铁路、教育、交通、水利、煤炭、市政等领域开拓业务，生产经营总收入达到4830万元，比去年增加690万元，保持经济收入稳步增长。特别是节能与绿色建筑研究所、岩土工程研究所、建筑材料研究所均超额完成计划指标的5倍以上。防水工程处、结构与检测研究所、建筑工程设计二所等部门积极拓展业务，扩大市场份额，取得较好的经济效益。职工人均年收入稳步提高，达到5.5万元。

【科技创新】 按照院六届四次职代会的决议，科研经费提取比例达到5%，2009年投入科研经费达90余万元。2009年，新开《低成本氨基系高效减水剂的研发》、《端氨基聚醚的合成》、《建筑节能关键技术研究》等3项课题；参加国家标准《农村危险房屋鉴定标准》、《城镇综合防灾规划标准》和《城市抗震防灾规划标准》的编制和修订工作；承担《既有建筑节能改造检测与评价标准》、《仿瓷涂料》、《建筑工程地基检测技术规程》、《人工地基检测文件编制标准》、《建筑能效测评与标识标准》等5项地方标准的编制工作。

【重点实验室和中试基地建设】 2009年，出台《山西省建筑科学研究院仪器设备管理办法》，加强设备管理，投入105万元为技术开发实验室购置较为先进的仪器设备和软件。如配备数字超声波探伤仪、RS-STOIC超声检测仪、拾振器、建筑门窗现场检测仪、导热系数测定仪，购置建筑设计与结构计算软件等，改善科研实验条件。此外，还加大对中试基地的管理力度，涂料中试基地累计销售WHA固化剂25吨，催化剂5吨，实现收入240余万元；外加剂中试基地年销售各类外加剂1000余吨。

【引进和培养人才】 2009年，坚持以品德、能力和业绩为重点的人才评价和激励制度，加强育才、选才、聚才和用才。调整三个部门的主要负责人和技术负责人，引进执业注册人员和专家型人物，15名专业技术人员参加执业注册考试。

【学术交流和培训】 2009年，发挥《山西建筑》的优势，鼓励技术人员积极发表论文，参加学术活动。全院职工在各类期刊上共发表论文40余篇，有110余人次参加国家认证认可委员会、中国合格评定国家认可委员会、省技术监督局、土木建筑学会、勘察设计协会等单位组织的学术交流和培训活动。例如：5月份的全国地震工程与减灾研讨会、6月份的既有建筑节能改造经验与技术宣讲会、8月份的检查机构与实验室认可评审员培训、10月份的中国国际建筑防水技术会、11月份的实验室资质认定评审准则培训等。

【工程质量管理和安全教育】 2009年，山西省建筑科学研究院坚持把工程质量和安全管理作为头等大事来抓，坚持以质量和诚信赢得更多的市场份额，树立良好的建科品牌。

1、加强质量体系和计量认证的管理。通过ISO 9001国际质量体系认证的复评审，完成院站计量认证的年度审核和监督评审工作。完成节能检测、墙体材料、地基检验等11大类实验室资质认定扩项申报工作，并通过省质量技术监督局组织的扩项评审。

2、积极进行新业务资质申报工作。完成特种工程和能效测评资质的申报，并取得资质证书，进一步扩大施工与节能检测业务范围，使山西省建筑科学研究院成为山西省唯一的省级能效测评机构。此外还完成设计资质换证工作。

3、遵守合同，诚信经营。坚持“技术创新、质量上乘、科学公正、严格标准、诚信服务、持续改进”的质量方针，靠诚信扩大市场份额。2009年共签定技术服务合同269份，合同金额4212万元，完成各类技术咨询检测报告 2182 份。承揽多项大型工程和重点工程的技术服务工作。例如：太原市教育局、平陆教育局、广灵教育局中小学校舍安全鉴定及加固设计工程；省城十大重点工程、12 条高速公路、10 条铁路、5 项水利工程、4 个电厂的材料检测；太原南站和山西省体育中心、太原大学新址桩基检测；太原大学新址、当代集团、太原儿童医院新址勘察；西山热电官地沟灰场和西山煤电坝基加固等。

4、改进服务质量，赢得社会好评。2009 年，工程检测各环节，检测人员层层把关，科学公正地出具检测报告；在工程勘察设计和施工中，各工序均由技术人员负责，确保第一手资料的真实性，严守合同，诚信服务，受到客户好评。山西省建筑科学研究院荣获山西省钢筋混凝土行业 15 年突出贡献奖；魏利国获个人突出贡献奖；闫玉峰、王敏泽 2 名同志荣获“山西省百佳勘察设计工程师”称号；王芳芳获省“科技奉献奖”个人三等奖。被太原市评为“建筑业统计先进单位”。

5、加强生产安全教育、完善安全管理制度，确保施工安全。设立安全生产管理部，出台《保证安全生产投入的管理办法》，印发《安全生产事故应急救援预案》等安全管理制度。各有关部门在进入工地现场前都要按要求进行安全教育，设立安全员，进行安全隐患排查，杜绝事故，确保施工安全。

【精神文明建设】 1、继续开展深入学习和实践科学发展观活动。以深入学习实践科学发展观活动为契机，认真解决在思想、作风以及工作方面存在的突出问题，扎扎实实地开展深入学习实践科学发展观“回头看”，对职工提出的有关科研、经营、后勤建设等方面的问题，及时进行整改，同时转变作风，理顺关系，增强干劲。

2、严格党风廉政建设责任制的落实，建设廉洁高效的学习型领导班子。院领导班子成员认真执行《关于实行党风廉政建设责任制的规定》，模范遵守“廉洁自律十不准”的要求。坚持树行业新风，推行院务公开，开展制止商业贿赂活动。坚持抓班子、抓中层，层层抓好党风廉政建设责任制的落实，形成廉洁高效的良好氛围。坚持“学以致用、用以促学、学用相长”的原则，把运用科学理论做为学习的根本目的。积极参加上级党组织举行的培训和院党委组织的中心组学习，10 月份，班子成员参加省直工委举办的贯彻落实科学发展观处级干部理论培训。坚持班子成员民主生活会制度，通过班子成员间的批评与自我批评，坦诚交流，沟通思想、统一认识，增强领导班子的凝聚力和领导力。

3、开展“十个一”创新活动，建设一支高素质的职工队伍。院工会通过在全院职工中开展“十个一”竞赛活动，增强职工争先创优和在本职岗位上创新、奉献的自觉性，形成比、学、赶、帮、超的良好氛围。2009 年度经过严格评选，梁大伟被评为技术创新能手；节能与绿色建筑研究所、岩土工程研究所、建筑材料研究所、财务部被评为 2009 年度院先进集体；温爱萍等 27 名同志被评为先进工作者；杨鸿雁等 11 名同志被评为工会积极分子。

4、开展创建活动，培育先进的企业文化，增强职工凝聚力。院党委组织职工开展“博爱一日捐”和为受强降雪灾害影响而生活困难的单位和个人捐款，共计捐款 8570 元。院工会、团支部组织职工开展丰富多彩的文体活动。5 月，院工会、共青团组织“十个一”获奖者及团员青年赴山东半岛参观考察。9 月，组织职工考察常家庄园，到省农科院果树研究所进行采摘活动。10 月，团支部组织参加“建勘杯”篮球比赛。经过全院职工的共同努力，连续 10 年获得省直“文明和谐单位”称号；结构与检测研究所获省级“青年文明号”称号，并通过复审。

山西省城乡建设学校

【招生规模扩大】 2009年，共计招生1781人，注册学生人数近4500人，创造城建学校历史之最，毕业生就业率达到98.4%。

【基础设施建设】 新校区学生宿舍楼已经完工，成功申报“中央财政支持奖励的实训基地建设项目”，到位奖励资金225万元。2008年申报成功的“中等职业教育基础设施能力建设教学楼项目”开工建设。

省城建学校学生实训

【师资队伍建设和教学改革】 2009年，王海平等4名教师被评为“省级专业带头人”，张国华等4名教师被评为“省级骨干教师”，赵文莉、王海平2名教师被评为“山西省中等职业教育教学名师”，王雪萍等3名教师参加国家级骨干教师培训。

【学生获奖情况】 2009年，全国和全省职业院校技能大赛中取得丰硕成果。全省职业院校技能大赛上，建筑工程算量组、测量组、砌筑组选手共获3个一等奖、3个二等奖，汽车运用与维修专业选手共获1个团体一等奖、1个团体二等奖、1个个人二等奖，学校获得优秀组织奖。

代表山西省组成的建筑工程技术专业代表团，在全国职业院校技能大赛上，全团9名选手不畏强手，顽强拼搏，全部获奖，获得建筑工程测量项目二等奖、三等奖各1个，获得建筑工程算量项目1个二等奖、2个三等奖。山西省城乡建设学校的组团是山西省代表团中唯一1个全团获奖的团队，受到省教育厅的多次表扬。汽车运用与维修专业选手获得汽车二级维护团体二等奖，这是汽车运用与维修专业选手连续3年在全国大赛上获奖。

【培训鉴定工作】 2009年，培训科共计完成8298人次的培训。鉴定所完成机关事业单位培训鉴定2175人、建设行业一线工人技能鉴定培训6200人、学生计算机、测量放线工的取证达1250人、省劳动厅职业资格技能培训鉴定70人。

【精神文明建设】 学校成功承办2009年山西省职业院校技能大赛开幕式，获得“山西省职业院校技能大赛优秀组织奖”，被省直文明委授予“文明和谐单位标兵”称号，被住房和城乡建设部评为“思想政治工作先进单位”。校党委被评为“省直先进基层党组织”、“全省住房和城乡建设系统先进党组织”，鉴定所继续保持省级“青年文明号”称号。

【人事制度改革】 加强师德教风建设，依法治教和以德治教相结合。制定《专职班主任管理办法》，学校召开全体教职工大会进行学习动员，针对社会反响强烈的问题，进行清理整顿，促使广大教师把精力放到做好本职工作上。深化人事制度改革，优化师资队伍。2009年选送3名教师参加全国骨干教师培训。实施名师带动战略，继续开展青年教师锻造工程。学校积极创造条件，鼓励教师成名、成家，通过塑造名师带动更多的青年教师健康成长。举办教职工技能大赛和青年教师业余学校，选送4名教师参加全省中等职业教育名师评选，4名教师参加骨干教师评选。

社团工作

【建筑业协会】 2009年山西省建筑业协会被国家民政部授予“全国先进社会组织”。主要工作：一是，以庆祝新中国成立六十周年为契机，组织人力编辑出版《山西建筑业六十年》大型文集，开展表彰“山西六十项精品建设工程”，弘扬建筑业在社会经济建设中做出的辉煌成就；以会刊《山西建筑业》为阵地，重点宣传全省建筑业广大职工面对世界金融危机的挑战，转危为机，大干快上，全省重点工程的精神风貌及企业转型升级的先进典型，以此调动广大建设者生产积极性，对促进全行业发展起到积极作用。二是，开展行业培训。对全省9000多名二级建造师及72名已认证的职业经理人进行继续教育培训；还对254名混凝土外加剂检验工进行岗前培训。三是，完善激励机制，进一步开展创优争先活动。全省共表彰建筑工程“汾水杯”质量奖工程41项；优秀建筑企业76个，优秀经理52名，优秀项目经理208名，用户满意企业22个，用户满意工程22项。承办参加全国建筑业抹灰工技能大赛。四是，继续开展群众性的全面质量管理活动，坚持一年一度进行全省施工企业优秀QC小组成果发布交流，共评出140个优秀QC成果。其中有30项荣获全国优秀QC成果奖。五是，与成诚律师事务所合作，继续为会员企业提供法律维权服务。免费为会员企业就合同管理举办“法律知识讲座”受课的企业经营管理人员达800多人。六是，受建设行政主管部门委托协会质量专业委员会，组织人力，制定《山西省建筑工程检测管理规程》，并协助地方对《城市园林绿化工程质量验收规程》进行修订和完善。七是，协会自身建设得到进一步加强，会员单位已有257个，基本上涵盖全省大中型各类所有制建筑企业。

【建筑装饰协会】 积极推动家装市场健康发展。针对家装市场投诉率较高的问题，协会提出家装市场“五统一”，在2007年出台合同示范文本和家装企业资质统一管理的基础上，2009年出台住宅装饰质量验收标准，以地方标准的形式由山西省建设厅正式发布实施，填补山西省住宅装饰装修一项空白。同省消费者协会共同出台《山西省住宅装饰装修投诉及争议解决办法》。制定行业自律诚信宣言。同消费者协会共同开展全省家装企业20强和优质服务经销店的评选活动。通过评选带动和规范全省家装企业和市场行为，使山西省家装行业平稳有序和健康发展。2009年4月24日至26日，在太原煤炭博物馆成功举办2009第三届中国（山西）国际建筑装饰材料博览会暨家装精品展示会。博览会特邀省人大常委会副主任安焕晓、省政协常务副主席郭良孝、中国建筑装饰协会副秘书长王毅强、综合部主任艾鹤鸣、省工商行政管理局副局长薛维栋、省建设厅副厅长张立光、省建筑职业技术学院院长于世玮、省消费者协会秘书长王铎以及省建设厅相关处室负责人出席开幕式。参展商有120余家，展位180个，占地面积3000多平米，近千种材料展品。参展商在展会期间促销活动比较活跃，成交额约8000万元人民币，参观者达万人，据展会实际问卷调查，消费者满意度在90%以上，为今后继续办好展会积累宝贵的经验。举办2009年“对话设计界”太原室内设计高峰论坛。认真组织开展第六届三晋杯建筑工程装饰奖、先进企业和优秀项目经理的评审工作。共有41项工程获山西省第六届三晋杯建筑工程装饰奖，34

人获优秀项目经理称号，评出先进企业23家。9项工程获得国家建筑工程装饰奖。其中建筑幕墙类工程2项：山西安民装饰设计工程有限公司设计施工的风源大厦外装工程、山西省建筑装饰工程总公司设计施工的工行山西分行外装工程。公共建筑装饰类7项：山西三利装饰工程有限公司设计施工的太原市新康隆商城室内工程、山西海翔装饰设计工程有限公司设计施工的运城市车检中心室内外工程、山西泓海环保装饰机电工程有限公司设计施工的山西大远煤业有限公司办公楼室内外工程、山西厚德建筑装饰集团有限公司设计施工的天一宫名人会馆室内装饰工程、北京市建筑工程装饰有限公司设计施工的丽华大酒店室内外工程、深圳远鹏装饰设计工程有限公司设计施工的花园国际大酒店1－2层中餐厅室内工程、海南皇城装饰实业有限公司设计施工的山西交通投资大厦室内外工程；同时丽华大酒店和山西交通投资大厦还获得公共建筑装饰设计奖。山西省有14位同志获得2009年全国建筑装饰工程优秀项目经理称号；史应标会长和霍小强副会长被授予新中国成立60周年建筑装饰行业百名功勋人物称号；李江、薛安民、刘永华三位总经理获全国建筑装饰行业优秀企业家称号；刘委、朱锦萍总经理获全国建筑装饰行业杰出女企业家称号，张淑云、李菲、刘佳妮、郭彩琴、王红红五位同志获全国建筑装饰行业杰出女企业高管称号。省建筑装饰协会被中国建筑装饰协会授予全国住宅装饰装修行业管理、促进、提高先进协会。

【监理协会】 2009年是建国60周年，山西省建设监理协会先后组织三个活动。⑴《纪念建国60周年优秀征文活动》，全省共收到123篇优秀征文，经评审组审核评定殷正云等10名同志的作品获一等奖，李绍普等20名同志的作品获二等奖，陈荣贵等30名同志作品获三等奖；⑵《纪念建国60周年优秀摄影比赛活动》，全省共收到217幅摄影作品，由省摄影家协会副主席郭宗敏，建设厅副厅长张立光等同志组成作品评选委员会，评选出武镇海等10名同志的作品为一等奖，张守义等20名同志的作品为二等奖，李国基等30名同志的作品为三等奖；省监理协会将获奖的60幅作品，推荐给中国建设监理协会组织的“首届中国建设监理摄影比赛”评委会，全省有11幅作品获奖，其中山西和祥建通王小娟的《监理驻地》获一等奖，山西协诚王积瑞的《变（风景）》获二等奖，山西诚正监理的闫志宇等9幅作品获得三等奖，山西省建设监理协会获得全国唯一一名组织奖。⑶“三爱”活动。配合省科协“五个十”评比活动开展爱祖国、爱科学、爱建设的三爱活动，购买3000余张选票，为山西省建设系统杰出人物、优秀品牌入选做贡献。通过以上这些活动的开展，交流监理体会和经验，探讨监理理论和发展，展示监理成就，宣传监理先进事迹，提高监理行业的凝聚力，扩大监理的社会影响，鼓舞监理从业人员的士气。为适应监理市场需求，进一步提高从业人员业务水平，协会先后多次组织考前培训和继续教育工作。全省共有498名同志考取全国监理工程师执业资格，有3037名同志取得监理工程师注册证书，进一步扩大山西省监理从业人员队伍。与此同时开展监理工程师继续教育工作，举办全国注册监理工程师继续教育培训班8期，有2129人参加学习；举办省级监理工程师继续教育培训班12期，有3877人参加学习。为适应工程质量材料检测见证取样工作，举办7期见证取样员培训班，共有1410人取得见证取样员资格，全年共为工程建设监理企业培训教育各类人员近万人。为鼓励先进，树立典型，推动全省工程监理事业健康发展与繁荣，省建设监理协会继续开展评优活动，授予山西省建设监理有限公司等45家监理企业为“2009年度山西省工程监理先进企业”称号，授予关霖等77名项目总监为“2009年度山西省优秀总监工程师”称号，授予杨晓等80名监理工程师为“2009年度山西省先进监理工程师”称号。

【勘察设计协会】 山西勘察设计协会根据中国勘察设计协会中设协字[2009]第03号文和晋质协字[2009]14号文要求，对2009年度全省申报的工程建设勘察设计优秀QC小组进行评选申报。本年度共获得国家级及省、部级优秀质量管理小组12个，其中山西省电力勘测设计院机务部环物QC小组、山西省建筑设计研究院综合设计四所QC小组获国家工程建设(勘察设计)优秀质量管理小组奖；中铁工程设计咨询集团太原设计院电气化所QC小组等11个QC小组获山西省优秀质量管理小组奖。太原理工大学建筑设计研究院设计三所QC小组、山西省第二建筑设计院建筑所质量优化设计QC小组获山西省质量信得过班组。太原钢铁(集团)设计院(有限公司)获山西省质量管理小组活动优秀企业。中铁工程设计咨询集团有限公司太原设计院霍凤义获山西省质量管理小组活动卓越领导者。中铁工程设计咨询集团有限公司太原设计院胡昕、山西省地质工程勘察院杨欣荣获山西省质量管理小组活动优秀推进者称号。在中华人民共和国成立60周年之际，为总结山西省工程勘察设计行业建国以来、特别是改革开放30年来取得的辉煌成就，宣传、表彰取得突出成就和做出杰出贡献的先进集体和个人，进一步推进勘察设计行业又好又快发展，2009年10月16日在太原召开山西勘察设计协会四届二次理事会暨表彰大会。大会得到山西省住房和城乡建设厅、山西省民政厅等部门的大力支持，山西省住房和城乡建设厅党组成员、副厅长张立光，山西省重点办主任赵建宏，山西省公务局局长赵友亭，山西省民政厅民间组织管理局局长吴建强等领导出席会议并作重要讲话。会议由山西省住房和城乡建设厅工程质量安全监管处处长、山西勘察设计协会秘书长项连斌主持，刘文林理事长作协会工作报告，山西省公务局赵友亭局长做“省城十大建筑设计介绍”的专题报告。大会对在勘察设计工作中做出突出贡献的先进集体、先进个人、优秀设计成果和技术创新成果进行表彰。协会特邀山西省住建厅有关处室和兄弟协会负责人出席会议。大会共表彰山西省十佳勘察设计院20个(工业院和民用院各十个)，山西省十佳设计成果20项(工业类和民用类各十项)，山西省十佳技术创新成果10项，山西省十佳建筑师10名，山西省百佳勘察设计工程师118名，山西省勘察设计行业优秀协会6个，协会优秀工作者13名。根据《关于开展全国及山西省工程勘察与岩土行业第二批“诚信单位”评估工作的通知》(晋勘设协函字[2009]12号)的安排，山西勘察设计协会在全省各工程勘察单位自评自报的基础上，组织有关专家进行综合评审、推荐，并经协会理事长、副理事长审定，山西省建筑科学研究院等7个单位被评为山西省工程勘察与岩土行业第二批“诚信单位”，推荐山西省建筑设计研究院等5个单位申报国家工程勘察与岩土行业“诚信单位”。完成第一批国家级工程勘察与岩土行业“诚信单位”复审工作的初审工作。截至2009年底山西省工程勘察与岩土行业共有国家级“诚信单位”11个，省级“诚信单位”26个。进一步推进全省勘察设计行业软件正版化、国产化的工作。协助国内勘察设计软件开发商做好产品的宣传、推荐工作。山西省建筑设计研究院等7个单位获“全国工程勘察设计行业国庆60周年国产CAD软件应用先进单位”称号。华荣等三人获“全国工程勘察设计行业国庆60周年信息化突出贡献人物”称号。进一步做好创新评优工作协助政府完成2008年度全省优秀工程勘察设计评选工作，有104个项目参加评选，共评出一等奖26项、二等奖33项、三等奖32项。进行2009年度全省工程勘察、建筑设计行业和市政公用工程优秀勘察设计评选活动。共有95项工程项目参加评选，共评出一等奖19项、二等奖28项、三等奖27项。

各市住房和城乡建设工作

太原市

住房和城乡建设

【综述】 2009年,按照“南移西进、北展东扩、提升品质、重塑形象”的城市建设总要求,围绕“改造一个旧城、建设一个新城、开发一个古城”的三城联动总思路,在扩大城市规模、完善城市功能上下功夫,在改善人居环境、提升城市形象上见实效,在塑造建筑精品、打造亮点片区上求突破,确保各项目标任务的顺利实施,促进城建事业平稳快速发展。

【城市基础设施建设】 2009年是国家应对金融危机、加大投资、拉动内需的重要之年。为深入落实中央和省扩大内需促进经济增长的政策措施,实现以投资拉动经济平稳快速发展的目标,市委、市政府实施城市建设投资超百亿、项目超百个的“双百工程”。全市共开工重点工程建设项目97项,完成投资117.26亿元。

一是道路桥梁工程,共计37项。其中:迎泽西大街微循环改造、漪汾桥改造、柴村桥改造、双塔东西街改造、钢园路改造、千峰南路南段改造、旧晋祠路改造、三给街改造、道路微表处等工程全面完工;南内环桥改造、桃园南北路改造、金刚堰路改造、南中环街改造、并州东西街改造、和平北路北段改造、和平北路南段改造改造、千峰北路打通等工程主路完工通车;祥云桥、南中环桥、五龙口街改造、滨河西路南延、丽华苑过街天桥、跻汾桥、南内环东街打通、石太客运专线道口改造、平阳路改造、晋阳街拓宽改造、金桥东西街、滨河东路北延、恒山路拓宽改造、体育南路打通、真武路改造、府东街东延、长风街西延、龙城南北街及其路网、胜利东街打通等工程正在按计划实施。小街小巷改造工程全年共下达改造计划84条,截至2009年底,完成建设74条。

二是园林绿化工程,共计16项。其中:汾河治理美化南延工程已完成南中环至长风桥段工程,并正式对外开放;长风桥至祥云桥段东岸水利工程完工;学府公园、漪汾公园、汾河景观亮化、滨绣园改造、滨河东路南延绿化等工程已全面完工;汾河治理美化北北延、环城高速互通绿化改造等工程已完工;太榆路绿化、动物园周边环境整治、晋商会馆、太山植物园建设、王家巷道路周边绿地改造、迎泽西大街三角地公园绿化等工程正在按计划实施。小游园建设工程完成5个小游园建成任务。道路配套绿化工程完成恒山路、千峰南路、长风东街、双塔东西街、旧晋祠路等新建改建道路的配套绿化工程。

三是长风商务区建设工程,共计7项。截至2009年底全面完工。内河及内河桥建设工程基础施工进展顺利。

四是防洪治污工程,共计7项。其中:大同路雨洪泵站、迎泽西大街雨洪泵站、龙城大街雨水泵站、三王雨水泵站工程全部完工。晋阳街雨洪泵站工程,截至2009年底,池壁钢筋捆扎、模板支设基本完成;2号、3号生化池完成部分地板浇筑和钢筋捆扎,污泥处理系统过渡方案已实施完成,进入调试阶段。河西北中部污水处理厂改扩建工程、4号二沉池土建基本完成、3号二沉池地板混凝土浇筑、桩基工程与设备已完成,丈子头垃圾中转站工程、泵房施工、办公楼、压装车间的基础工程和水、电、道路等配套设施建设进展顺利。

五是集中供热工程,共计2项。其中:河西热源厂扩网工程已全部完工。二电六期集中扩网工程正在进行管网建设。

六是节能减排工程,共计4项。其中:天然气置换工程,完成10.3万户置换工作。既有建筑节能改造工程,两批共计205万的改造计划,可再生能源利用工程,建筑面积186.15万平方米,截至2009年底,已完工50.65万平方米,在建135.50万平方米。一户一表改造工程,已完成3.1万户的改造工作。

七是片区建设工程,共计12项。截至2009年底,长风商务区正在进行省五大建筑的施工;南客站片区拆迁工作已基本完成;龙城新区正在进行路网建设和招商引资工作,山西大医院、星河湾项目、物流园区、首开项目等已开工建设;钟楼街——鼓楼片区正在进行前期工作;新村赵庄片区已启动经济适用房的建设;恒大绿洲一期工程已对外出售,二期工程已开工建设;富力城已对外发售;枣园新区、湖滨会堂片区已开工建设;龙潭片区正在组织建设;东峰新城已完成控规编制;长风居住区报批可研工作进展顺利。

八是电力设施工程,共计4项,主要包括220千伏龙城输变电工程、110千伏恒大输变电工程、110千伏杨庄输变电工程、滨河东路供电项目入地工程,截至2009年底,两座110千伏输变电工程已基本完工。

九是其他建设工程8项,截至2009年底基本完成。

针对2009年太原市城建重点工程项目多、规模大、时间紧、任务重的实际,为确保按期高质量完成建设任务,紧紧围绕规划设计、组织实施、工程监理、资金保障四个重要环节,狠抓工作落实。一是优选国内外一流设计队伍进行设计,邀请上海同济设计研究院设计祥云桥工程、南中环桥工程,美国哈佛大学PSC建筑设计事务所设计太原美术馆,法国安德鲁设计事务所设计太原博物馆,保证建设工程的高品位。二是优选国内一流施工队伍进行建设,通过公开招投标选择上海基础公司、中铁大桥局、中铁十二局等一批全国特级企业参与城市建设,提高工程建设标准。三是优选一流监理队伍强化管理,通过邀请参与公开招标的方式选择上海工程建设咨询公司、武汉桥梁科研院、天津路驰监理公司等国内一流监理队伍进行工程监理,提高工程建设质量。四是抓好项目建设融资工作,与省工商银行建立城市建设战略合作关系,2009年实现融资贷款64.1748亿元,累计完成贷款116.0238亿元,有效解决城市建设的资金“瓶颈”问题,保障重点工程的顺利推进。

【城市管理服务】 一是加强公用事业保障工作。在城市供水方面,实施引黄水深度处理、东南部加压站建设、老旧管网更新工作,2009年,共完成城市公共供水1.88亿立方米,水质综合合格率为100%;实施天然气置换工程,完成天然气置换10.3万户,开展燃气市场专项整顿规范工作,确保用气安全,1~11月完成煤气供应4.3亿立方米、天然气供气2.3亿立方米;完成河西热源厂续建工程,新建改建热力站69座,全市实现供热扩网979万平方米。二是积极开展宜居城市创建工作。按照“政府组织、部门负责、社会参与、群众监督、因地制宜、讲求实效”的原则,在全市大力开展以“布局合理、功能完善、环境友好、资源节约、管理创优”为主要内容的创建活动,现各项工作正抓紧实施,全面推进,有望实现两个以上单项宜居城市标准。三是不断完善市政、园林、环卫绩效考核制度。坚持实施每月一次的市政、园林、环卫绩效考核制度,并将考核结果通过新闻媒体向社会公布,确保市政、园林、环卫各管养单位作业始终处于职能部门严格考核和社会各界的有效监督之中,长效管理机制初步建立。四是强化12319城建服务热线职能。全年共接听市民来电56102个,其中咨询类18个、建议类2954个、投诉类53130个。投诉电话办理及时率96.42%,办结率99.44%,市民满意率95.7%。

【建筑业管理】 一是加强建筑市场的管理。截至2009年底，全市共招标251次，中标价145.51亿元，建筑面积807.24万平方米，应招标工程招标率100%。共竣工验收工程105项，验收合格率100%；建筑工程施工合同备案163项，备案率100%；监理合同备案128项，备案率98%；实际竣工备案工程105项，竣工备案率100%。二是开展建设工程质量检查工作。2009年7月16日至7月31日，组织45名专家组成3个检查组对全市范围内在建工程进行工程质量监督执法检查，共检查工程项目191项，建筑面积613.15万平方米，强化工程质量管理。2009年8月4日至8月11日，省住房和城乡建设厅对太原市进行质量监督执法检查，随机抽查各类工程10项，有力地促进太原市各项工作的落实。2009年8月18日至8月22日，国家住房和城乡建设部对太原市进行质量安全监督执法检查，共抽查各类工程项目3项（其中1项公共建筑、1项住宅、1项市政项目），取得较好成绩。三是开展排查隐患治理工作。2009年4月28日至5月28日，组织对各城区建设系统安全生产专项整治及“三项行动”工作进行督查，共排查各类企业174家，排查出证照不全或过期企业26家，停业整顿25家，限期整改1家；排查各类工程项目678项，排查出未取得施工许可证项目90项、手续不全或手续齐全但存在安全隐患的项目277项，已责令停工或限期整改；排查特种设备未检测备案、施工用电不规范、深基坑维护不到位等安全隐患26项，封停施工设备13套，停工整改7项，限期整改6项。6月9日，参加省建设系统安全生产联合检查组，形成省、市、县三级联动，展开对全市各县（市、区）的建筑施工安全及市政运营安全的检查，截至2009年底，共检查各类项目756个，下达行政执法建议书168份，促进安全生产工作落实。

【房地产业管理】 一是加强房地产市场监管。2009年太原市房地产业随着国际、国内经济形势的好转，呈现了蓬勃发展的态势，完成投资大幅增长，在建、新建商品房面积激增，市场成交量有效放大，商品房价格稳中有升，房地产市场秩序井然，稳定发展。1~11月份，房地产开发投资126.37亿元、同比增长68.39%。商品房施工面积1659.58万平方米，同比增长56.22%；新开工面积379.68万平米，同比增长68.2%；竣工90.53万平方米，同比增长21.37%。其中住宅施工面积1371.23万平方米，同比增长58.12%；新开工面积308.44万平方米，同比增长46.65%；经济适用房建设完成投资3.68亿元，经济适用房施工面积166.3万平方米，新开工43.62万平方米。商品房销售146.55万平方米，同比增长60.26%，实现销售金额70.65亿元；其中住宅面积136.48万平方米，销售金额61.77亿元，住宅成交均价为5086元/平方米，基本持平于去年同期水平。二是进一步规范开发建设行为。把市场整顿和规范的工作贯穿到资质审查过程中，结合资质的审查对企业存在的不规范行为进行整顿。太原市大多数房地产开发公司规模小，开发能力有限，部分开发企业为了减小投资风险，获取较大利润，在城乡结合区利用村民集体土地进行开发建设，或与一些企业联合开发建设，这种违规行为不仅严重扰乱太原市房地产市场经济秩序，而且存在的配套设施不齐全、公用事业建筑不配套，房屋产权证无法办理等因素容易造成上访事件。针对此类问题，要求企业立即停工，马上整改，并在房地产项目手册中予以记录，针对存在违法违规开发项目的企业，在资质审查过程中予以相应处罚。三是严厉查处“楼霸”行为。针对太原市部分高层住宅在装修装修过程中存在“楼霸”这种严重损害业主合法权益的行为，按照市委、市政府指示精神，牵头对楼霸整治工作进行周密安排，以城区负责、街办配合、各职能部门监督查处为主，积极采取有力措施，排查辖区范围内高层住宅小区肆意抬高搬运费、垄断装修材料搬运、暴力强买强卖等“楼霸”行为。针对存在的问题，通过各职能部门给予相应处罚，及时出台规范太原市装饰材料搬运、吊运规范性意见，制定长效预防机制，促进市场秩序的好转。

【城中村改造】 一是进一步完善政策。借鉴西安、郑州等地城中村改造的先进经验，制订《关于加快推进太原市城中村改造工作的总体思路》及相关配套政策，经市城中村改造领导组例会审议通过，市政府办公厅印发《太原市城中村改造若干问题的实施意见》，进一步明确项目改造计划、集体经济转制、人口数据、旧村拆迁安置、监督考核等内容。起草《太原市城中村改造工作问责暂行办法》，并以市纪检委、市监察局名义发文，进一步规范城中村改造工作，促进各级政府、市直相关部门认真履行职责，推动改造工作。二是加强旧村拆迁工作。把旧村拆除作为城中村改造的一项重要工作来抓，配合千峰北路打通、南内环街东延、南中环街改造、府东街东延、滨河西路南延等重点工程建设，对涉及的城中村的旧村进行部分拆除。2009 年，全市共完成城中村旧村拆除 42 万平方米。三是加强城中村建设管理工作。在计划管理方面，对建筑面积在 20 万平方米以下的城中村改造项目由市城改办审定下达计划，20 万平方米以上的城中村改造项目由市城改办审核，市城中村改造工作领导组工作例会审定下达计划。在规划管理方面，完成 23 个村的城中村改造安置用地范围划定工作，对 15 个村进行现场踏勘，正在协调相关部门进行划定；编制完成《太原市城中村改造专项规划》。在基础管理方面，完成 153 个城中村基础数据备案文本登记的填制收集，形成规范化、程序化的档案管理模式；开展城中村改造基础信息系统的建设，年底完成正式成果。四是加强宣传培训工作。5 月份，组织召开城建系统城中村改造工作业务专题讲座，邀请郑州市城改办副主任张庚仁作了全面讲授，太原市相关人员 300 余人参加培训。9 月份，组织相关职能部门利用一周的时间赴各区进行业务知识培训，以新出台的《太原市城中村改造若干问题的实施意见》为重点，送政策下基层，讲解太原市已出台的城中村改造各项政策，解答基层城中村改造工作人员的困惑和疑问，参加培训的区城改办工作人员、村干部、驻村特别助理达 600 人。此外，太原日报社联合推出《聚集城中村改造》专栏，刊登城中村改造工作的政策及动态，对全市城中村改造工作进行宣传报道。

【小村镇建设】 一是认真做好全市解决农村困难群众住房困难及国家农村危房改造工作。2009 年出台《太原市人民政府关于加强农村困难群众住房解困工作的实施意见》，按照《意见》精神，积极组织解困工作的实施，组织各县（市、区）完成解困任务的分解并落实各级财政解困配套资金。截至 2009 年底，550 户已全部竣工。2009 年 7 月申报国家农村危房改造工程项目后，省政府提出娄烦县 617 户列入同年农村危房改造计划中，截至 2009 年底，617 户已全部开工，其中 250 户完成改造。二是认真做好村镇规划工作。娄烦县县域城镇体系规划的修改完善工作进展顺利；1 个镇总体规划已完成编制评审；5 个乡集镇总体规划已基本完成编制工作。三是认真做好小城镇建设工作。在继续组织小城镇的基础设施建设同时，突出重点，扶持有条件的小城镇优先发展，积极争取国家、省级小城镇建设专项资金；加大太原市建制镇绿化美化工程力度，积极争取建制镇绿化补助资金，对各建制镇的绿化美化工程进行审查验收，组织各建制镇抓好镇区及主要出入口干道两旁的绿化、美化工作，新增绿化面积 38.03 万平方米，全市建制镇绿化覆盖率达到 20.41%；积极组织村镇基础设施与古建民俗等资源的建设和保护，积极开发培育太原市旅游村镇，推荐古交市马兰镇为省级园林小城镇，组织进行晋源区店头村评为省级历史文化名村。四是认真做好农村住房建设工作。组织全市除城中村以外行政村，以新农村建设为龙头，以康居示范小区为典型引路，加强住房建设。全市农村新增住房 41.6 万平方米，人均住房建筑面积达到 26.62 平方米。

【建筑节能】 一是巩固新建建筑“双百”成果。建立三结合工作机制，控制两个环节，强化三个备案，实现在建成区办理建筑相关手续的可控项目设计和施工阶段执行强制性节能标准达标率基本达到 100%。实行建筑节能设计认定，对所有办理建设施工许可证的受控项目靠前管理，全部办理《建筑节能设计认定书》。截至 2009 年底，全市建筑节能认定项目221个，控制面积395万平方米，按照50%的节能标准，可节约标准煤5332.5吨，减少排放二氧化硫106.65吨，悬浮颗粒79.38吨。实行建筑节能专项验收，把建筑节能作为建设工程质量验收的重要内容来抓，取得较好效果。实行建筑节能信息公示，对2008年以来在建工程项目和在售60个项目，全部在施工现场和售楼现场对建筑用能情况、节能措施和建筑（用）热方式、耗热量指标等信息进行公示，并组织开展专项检查，有效保证节能措施的落实。二是强化可再生能源在建筑中的规模化应用。制定出台《关于进一步加强绿色建筑与建筑节能工作保障供热节能减排的通知》，积极推进建筑供（热）能主体多元化、运营多模式、能源多结构，鼓励可再生能源建筑应用。完成《太原市再生能源建筑利用规划纲要》（讨论稿），召开可再生能源规模化应用示范项目现场交流会、太阳能利用政策研讨及技术交流会、可再生能源建筑规模化应用推介会、太阳能光电建筑应用推广会等系列宣传推广活动，提高社会各方面对可再生能源在建筑中规模化应用的认知度。本着“建成一批、示范一批、开工一批、储备一批，总体规划，积极推进”的原则，建立可再生能源建筑应用项目库，进行有序培育和管理。2009年新建建筑中可再生能源应用面积开工186.15万平方米，完成68.7万平方米，累计应用面积550万平方米。山西省煤炭博物馆80kwh建筑与太阳能光电一体化应用项目获得“国家第一批建筑与太阳能光电一体化示范”称号。太原市可再生能源应用初步形成污水源、浅层水源、土壤源、深层高温地下水源“四轮驱动”的地源热泵应用技术及太阳能光电、光热与建筑一体化的综合利用格局。三是积极稳妥推进既有建筑节能改造。出台《太原市既有居住建筑供热计量及节能改造奖励资金管理暂行办法》、《太原市既有居住建筑节能改造项目管理暂行办法》，为既有建筑节能改造提供政策依据。在太原电视台进行为期两个月的既有建筑节能改造公益宣传，在《太原日报》刊登既有建筑节能改造公告，调动既有建筑产权单位申报节能改造的积极性。研究确定既有建筑节能改造政策措施，对两批既有居住建筑实施节能改造项目进行研究审议，有力地推动既有建筑节能改造工作。截至2009年底，全市已有31个项目、212.05万平方米通过评审论证，并分批下达给项目申报实施单位，完成改造81.47万平方米。

城乡规划

【综述】 2009年，太原市规划局正式更名为市城乡规划局，全年紧紧围绕省住房和城乡建设厅与市政府签订的目标责任，全面实施“城乡统筹、民生为先”的规划主战略，共完成指令性城乡规划编制及研究任务12项，投入规划编制经费5000余万元；共组织召开局长办公会11期，业务审查会议82次，提交审查了1260余个项目，办结各类案卷1906件，规划选址1849.7公顷，建筑单体审批总面积782万平方米；完成40余条城市主、次干道和66条小街小巷方案审查和规划审批工作；基本实现了年初市政府确定的主城区控规全覆盖工程目标；召开8次案件审理会，处罚案件165件，上缴财政违建罚没款2000余万元，拆除国有土地违法建设30余处、2万余平方米。总规修编、历史文化名城申报、轨道交通线网规划、西山地区综合整治，以及省、市重点工程等工作取得重要进展，班子和队伍建设、党风廉政和政风行风建设、文明和谐标兵单位创建等工作取得明显突破，公开承诺事项全部兑现。

【城乡规划编制】 一是进一步完成《太原市城市总体规划（2008～2020）》与土地利用等问题的衔接；二是认真履行申报国家历史文化名城办公室职责，完成历史街区、历史风貌区、历史建筑名录的确定及100余处历史建筑街区的挂牌工作；三是组织编制完成《西山地区综合整治规划》成果；四是编制完成《太原市轨道交通线网规划》最终方案；五是编制完成《太原市公共交通规划》最终成果；六是从战略规划和控制规划两个层面积极推进八大功能区建设，全面梳理对接各区政府、管委会在八大功能区建设中的113个项目，截至2009年底，已办理或正在办理86项；七是继续推进“五个一百”的民生工程，积极为22家改制困难企业提供规划技术支持，履行24中等32所学校、48个项目的建筑审批程序，配合完成城乡清洁工程各城区景观示范街建筑立面设计和户外广告综合整治工作；八是组织编制“一河两岸”、南沙河两岸及双塔景区地区的修建性详细规划设计方案，并分别完成设计成果；九是编制完成《千峰片区用地控制规划》等56个片区规划，审查完成《晋祠片区用地控规局部修改规划方案》等52个片区规划调整方案；十是就新农村规划工作与各城区政府进行政策对接和广泛宣传，组织受理六城区的25个省级新农村试点村与推进村建设规划方案，审查通过24个新农村规划方案；十一是会同市城改办划定35个133规划方案；十二是大力推进城市居民保障性住房建设。履行马道坡片区棚户区改造等20余万平方米的建设工程规划审批程序，完成西华苑三期等160余万平方米经济适用房项目的建设工程规划审批程序；十三是组织完成防洪、供热、燃气、加油加气、绿线等一系列涉及民生的专项规划编制工作。在支持省、市重点工程规划工作中，完成龙潭片区改造大连万达广场等项目的审批，受理并完成太原美术馆、太原博物馆、湖滨广场等省、市重点工程项目的建筑方案审查；在对外交通上，积极参与太兴铁路、西南铁路环线，以及京昆高速、大运高速公路等方案编制及可研评审，拉开全市大交通枢纽框架；对各区拉动内需推荐的178个项目，逐一进行核实和对接。一年来，共组织承办规委全会1次，组织规委主任会议2次，规委办公室会议25次，审查重点规划项目100余项；组织专家论证会和评审会120余次。

【城乡规划制度体系】　按照科学发展观的要求，全面启动城乡规划编制、审批、管理制度体系的修改、完善、制定和汇编工作。在控制性规划编制方面，针对控规没有覆盖全市而影响和制约城乡规划发展的现状，出台《太原市控制性详细规划实施暂行规定》；针对重点工程项目、民生工程等规划审批，出台《关于服务扩大内需、简化办事程序、改进工作作风、提高工作效率的意见》、《关于局技术审查会议相关事宜通知》等；针对违法建设的查处工作，形成《关于对违法建设专项整治摸底情况的分析报告》，健全完善《太原市规划局案件审理会制度》等16项制度，印发《太原市规划管理执法责任分区图》。同时，结合开展专项治理工作，制订《太原市经营性建设用地容积率调整管理办法》等制度；进一步探讨新农村建设规划，出台《太原市新农村建设规划的审批流程》、《太原市规划局乡村规划许可证审批流程》。结合制度建设情况，装订印发汇集293项的《市规划局城乡规划管理法规文件汇编》，科学合理、完整严密的城乡规划制度体系逐步得以建立。

【城乡规划管理工作】　正式组建城乡规划执法大队，优化管理人员组合，开展各专项活动，不断加大规划管理力度。在规划审批上，严把“一书两证”的审批关，严格网上审批制度和会议系统的使用规定，不断创新审批思路，开通绿色通道；进一步理顺执法体系，组织召开规划执法会议，在窗口接件系统中设置分段监督、全程、全时段监控违法建设软件系统，加大规划违法建设的查处力度；积极有效地解决信访问题，细化领导联系点及其职责分工，对22个信访积案确定包案领导和相关处室负责制，先后组织召开信访专题会议15次，组织大接访活动13次，接待上访群众140余人次，接访案件53个，有效解决赴市集体上访案件17起，妥善处理“12319”和“12345”二级平台反馈及省市信访部门转办的各类案卷2511件；通过规划网站等多种形式宣传规划，广泛征求意见建议，营造公开、透明的政策环境。先后举办了建国60周年城乡规划图片展；办理各类公示项目307件，公告167件，放验线812件，竣工验收275件，规划展示大厅公示132个规划项目，累计接待参观群众8万人次，接待参观团队125批次，收到市民意见建议千余份。不断加大市区户外广告的综合整治力度，制定完善22条示范街道户外广告整治实施方案，加强严管街及重要场所广告设施设置的管控力度。2009年共拆除各类违法和不规范广告4620余块、5.15万平米，沿街设置公益广告3.5

万余平米。

【发挥分局的联系纽带作用】 10个规划分局克服人员少、任务重的不利因素，顾大体、识大局，自觉把工作重心从静态管理向动态管理转型，充分发挥市、区两级的综合协调作用。六城区分局在配合所在区政府应对金融危机严峻挑战过程中，对各规划项目手续的办理采取专人负责，跟踪服务。在城市基础设施综合整治和全市城乡清洁工程工作中，工作人员始终深入一线，采取疏导与拆迁相结合，自拆与强拆相结合，配合市局和区政府逐家逐户开展说服动员工作，为城市主次干道、小街小巷，以及主要地段的综合整治投入大量的人力、物力、财力和精力，确保各项重点工程任务的圆满完成。在政风行风双评工作中，注重摆正双重位置，在热情做好规划服务的基础上，不断加大城乡规划的宣传力度，在推进城乡统筹的大局中发挥积极作用。各园区分局，注重用好手中的权力，严格按照全市总体规划布局及规划审批流程，积极配合管委会搞好规划服务。规划执法大队借助组建起步的契机，树理念、提思路；抓制度、打基础；扬正气、促发展，强化内部管理和外部监督检查，积极主动开展工作，为城乡规划执法工作营造了新的健康空间。

【学习实践科学发展观活动】 紧紧围绕“关注民生民意、统筹城乡规划、和谐廉洁从政”的主题和载体，深入开展学习实践科学发展观活动，在高标准完成3个阶段、12个环节“规定动作”基础上，着眼于绿色转型、城乡统筹、八大功能区建设，以及省市重点工程等关键性工作，共形成37篇调研报告，归纳整理社会各界反映的意见建议30余条，全面查找影响和制约科学规划的突出问题，深刻剖析产生问题的主客观原因，形成针对性强、观点明确、达成共识的分析检查报告，整改问题20余项。2009年项目审批效率与2008年同期相比总体提高了25%，全市政风行风年中督查服务对象满意度测评中取得小组名列前茅的好成绩。

【党风廉政建设】 注重加强关键岗位和重点环节工作人员的教育培训工作，积极开展清查“小金库”专项治理工作。严格规范地开展房地产开发领域违规变更规划、调整容积率专项治理活动。共核查各类审批案卷3138件，自查999项房地产开发项目，重点对自查出涉及容积率变更的51个项目进行自纠。

市 政 管 理

【综述】 2009年是太原市应对金融危机，加大城市基础设施投资，实现经济企稳回升的重要之年。全市市政管理工作紧紧围绕市政府2009年度目标责任，以“三保一促”为核心，以“六大项目群”建设为依托，以“市政跨越年”为动力，大力实施中心城区道路改造提档工程，积极推进节能减排工程，统筹安排小街小巷改造工程，

【市政工程建设】 2009年，以中心城市道路提档工程、小街小巷改造工程、污水处理工程、回迁安置工程“四大工程”为着眼点，以打造高标准、高规格、高水平“精品市政”为切入点，以加大内外协调力度、加大施工现场管理力度、加大依法招投标监督力度为立足点，以解决施工前期工作瓶颈、解决工程质量与工期矛盾为突破点，共组织实施“六街”（晋阳街、迎泽西大街微循环、双塔东西街、并州东西街、金桥东西街、三给街）、“五路”（滨河东路北延、恒山路、旧晋祠路、平阳路、和平北路）、“三桥”（漪汾桥改造、柴村桥改造、迎泽桥维修）、“三厂”（河西北中部污水处理厂改扩建、杨家堡污水处理厂升级改造、城南污水处理厂新建）以及84条小街巷工程，共112项市政建设重点工程建设项目。其中，续建工程19项、新建工程93项，累计完成投资32.81亿元，圆满完成预期工作任务。

【市政设施养护管理】 各管养部门坚持“理顺管理体制、强化管理职能，推进科学管养、确保社会效益，引深社区服务、构建和谐社会，提升队伍素质、树立

良好形象"的工作思路,狠抓城市道路、桥梁、照明、河渠、污水处理等管养工作,共完成养护工作量4506.47 万元。

1. 道路桥梁。根据城市道路的技术等级和数量,统一安排维修资金、计划和机械设备的调配工作,特别加强主、次干道养护,努力做到"六注重、六提高",继续推进"五型"转化工作,推动城市道路维护水平不断提高。全年养护桥梁 58 座,其中包括对西客站人行天桥、尖草坪立交桥挡墙进行加固,对康乐街、五一广场等四座人行天桥进行油漆粉刷,完成投资 491 万元。六是注重科技进步,提高技术水平。积极应用新技术、新工艺,提高养护机械化水平,依靠科技进步提高道路维修养护水平。城市主干道、次干道、排水管网、桥梁等市政设施完好率分别到93.6%、84.5%、64.3% 和 63.57%。

2. 城市照明。一是细致排查,精心呵护,完成处理事故 1623 件,利用旧有照明设施更换坞城路等处灯头 164 个。二是严把细节,多重管理,工程建设质量为先。深入一线,努力做到"三严把",即严把"业务管理"严把"工程监管":;严把"接管质量"。全年共监管全市照明工程 68 项,全市新增、改建灯杆 6500 基,灯具 12000 余盏,线路 30 余万米。验收接管新建南路、千峰南路等符合标准的街道 40 条,对长期无人管理的桃园东四巷和水西关北一条进行接管。三是积极推广 LED 光源,体现城市区域特色。滨河东路 24 座新旧楼、长风街、迎泽大街 70% 以上楼体使用 LED 灯。长风桥、南内环桥、迎泽桥、漪汾桥、胜利桥、柴村桥采用 LED 线状灯和洗墙灯11000 余米,窗花灯 120 套,拉索灯 182 套,七彩投光灯 1014 套,风帆灯 598 套。太原市 14 条主要街区分为景观大道片区、商业灯饰片区、住宅灯饰片区、行政灯饰片区、公园灯饰片区 5 个片区,依据各街区不同的功能定位,统筹设计,力求亮度适中,风格简约,城市夜景蓝图已初现其形。全市着灯率达98.38%,设施完好率达 85.7%,巡视及时率达95%,处理及时率达 100%。

3. 污水处理。2009 年雨污水提升量达 1639.5 万立方米,完成年计划 117.11%;污水处理量达9614.4 万吨,完成年计划的 105.65%;出水水质达标排放 100%;污泥处置量达 4.62 万吨;全市污水处理率达 72.91%;再生水回供量达 740.84 万立方米;市政设施运营安全隐患排查率、整改率、监控率均达 100%;中水回用量达 741 万吨,完成年计划的134.7%;设备完好率达 95.1%;新增 COD 减排量1269.21 吨,超额完成市政府下达的年减排 COD724 吨以上的减排任务。

4. 河渠维护。结合"城乡清洁工程",进一步加大河渠清淤治理力度,组织完成狄村排洪渠亲贤街至坞城池入口清淤工程、许坦排洪渠清淤工程、王村排洪渠清淤工程、马庄沟清淤工程、黑驼沟清淤工程及五号缓洪池清淤工程、北张缓洪池清淤工程、享堂缓洪池清淤工程,共计清运淤泥、垃圾 10382 立方米,清理河道面积 4.7 万平方米。全市河渠设施完好率达 96.14%,巡视及时率达 100%,及时处理率及交办问题处理率达 100%。

5. 城市防汛。针对 2009 年气象条件总体偏差的特点,坚持"立足大局,突出重点,兼顾一般,确保社会效益"的原则,提高城市防洪标准,增强城市防洪泄洪能力,保障城市平安度汛。加强领导,进一步修订完善防汛应急预案,成立专业化、高效能的应急防汛抢险大队,对晋阳街、平阳路、和平北路等一批在建重点工程实施重点监控,汛期前全面完成所辖防洪设施的清淤疏浚,确保设施设备的正常运行和防汛排洪管网的畅通。

【法制建设】 在认真宣传贯彻《太原市城市排水管理办法》的基础上,推进《太原市城市排水管理条例》的立法进程;修编《太原市污水专业规划》《山西省城镇污水处理厂运营监管办法》,推进城市排水事业健康发展;编订《2009 年普法依法治理工作要点》,完善立法机制,提高立法质量;积极参与《太原市机动车停车场管理办法》等地方性法律法规条文的修改、补充和建议;修订《太原市城市道路养护绩效考核管理办法》,推广城市道路综合养护,减少打补丁等小修碎补项目,提高城市道路养护效果。

【质量管理】 完善三级质量管理体系，将质量控制由单纯的施工质量向功能、效益、环境等综合质量拓展。全年共发现质量安全问题及隐患931项，下发问题整改通知单353份；下发停工整改通知书18份。针对细部工程下发加强工程质量安全管理通知17份；对81家在建市政工程报监资料情况和27家完工工程项目资料情况进行公示。全年受监工程重点工序关键部位抽检率100%，反映工程质量问题及时率100%，应监工程覆盖率100%，安全排查率达100%。

【监督管理】 严格督察考核。每半年对直属单位进行全方面调研督察，强化过程管理，增强执行能力，增强效能建设。二是加大污水预处理工作检查力度。全市100家医疗行业、20余家大型餐饮业、28家大型洗浴业实现达标排放。三是严格掘路、施工占用便道、排水许可等审批管理。全年共审批掘路318项，上缴掘路费847.8万元；审批施工占用便道158项，上缴占道费75万元；完成排水许可证年检103户，新发放许可证317户。四是介入改扩建工程管理，先后与31个改扩建工程施工单位签订原有市政设施保护协议书，发现并监督改正影响市政设施运行问题422处。

【安全生产管理】 一是加强组织领导，明确责任。成立领导组，层层分解签订目标责任书。二是对全市35个在建市政工程的报建手续、施工资料、文明施工现场的安全管理等全面检查，对检查中发现的56处隐患进行整改，提高安全生产水平。三是广泛开展消防安全知识培训，针对甲型HINI流感疫情，加强健康知识宣传，确保现场人员自身安全。四是制订《处置大规模恐怖袭击事件应急保障预案》，参与全市反恐应急演习，完善应急机制，确保市政设施安全。五是开展国庆60周年安全生产专项整治工作，排查整改雨污水设施、市政道路、桥梁设施等安全，实现隐患排查率100%，整改率100%。

【科技创新】 一是大力推广经济节能的道路养护新材料、新技术和新工艺。在解放南路、新建北路实施沥青灌缝的道路预防性养护技术，在节约养护资金的同时，提高养护水平。二是开展城市道路检查井施工技术的研究，改善使用功能，延长维修周期，保证行车安全。三是以污水资源化利用为主线，努力开发新产品和新市场，实现排水业务横向拓展。协调太化、小店区农业用水的回供工作，将再生水广泛利用于园林绿化、道路浇地、建筑施工。四是争取专项资金，开展“桥梁管理系统”项目研究，研发工作已基本完成。

【机构改革改制】 以排水行业产业化发展为突破口，不断深化市政系统改革改制。一是就特许经营协议谈判涉及污水处理项目建设的土地使用权、各类税费优惠政策、超标进水、职工安置及施工进度和措施等若干细节问题进行洽谈，取得实质性进展。二是进一步探索污水管网的管理方式，制定《太原市排水管理处污水管网管理办法(试行)》；试行对新兰路段污水管网的市场化管理，变上下管理为委托管理。三是考察目前全国排水行业的多种运行模式，主动研究和思考太原排水定位发展。四是由太原市排水管理处、山西省市政工程协会与北京中润博环保科技有限公司联合组建的山西省第一家市场化运作的污水处理专业运营公司—山西中润博水务有限公司揭牌，此举改写了山西省建设领域没有真正市场化意义的生产运营水务企业的历史，在推进市政公用事业改革进程中，具有里程碑的意义。五是根据《太原市人民政府机构改革方案》的文件精神，组建市城乡管理委员会，按照权责一致的原则，合理界定和调整部门的职能。

【市政服务进社区】 自2006年市政服务进社区活动开展以来，逐步把不属于市政的社区设施纳入管养范围，主动热忱服务，解决社区灯不明、水不畅、路不平等影响群众生活的“难题”。三年来，共养护社区道路126.75万平方米，疏通社区管道799.06平方米，清掏社区检查井、进水井47万口，更换井盖2264套，处理社区突发应急事件6394件，更新道路照明设施 341 条，安装路灯 6000 多盏，发放便民服务卡 1 万余份，通过便民服务卡反映问题 5000 多件并及时办结。2009 年 9 月，北京大学中国地方政府研究院邀请中央政策研究室、中办调研室等 10 多位中央领导、专家来并专题调研，实地考察社区，与居民亲切交流，并撰写题为《太原市政树立服务型政府新形象》的调研报告，省、市主要领导对此作专门批示，《太原日报》《太原工作》等媒体专题报道。

【构建文明和谐市政】 以文明和谐创建工作为主线，建立以党组书记牵头负总责、各单位党组织负责人协调配合的文明和谐创建工作领导机制，局党组统一领导一把手负总责，党政齐抓共管的工作格局。2009 年获得荣誉有：局系统连续 9 年保持市级“文明和谐行业”称号，文明和谐单位 20 个，其中：全国文明单位 1 个，省文明和谐单位 1 个，市文明和谐单位标兵 12 个，市文明和谐单位 6 个，2009 年被市文明委确定为省级“文明和谐行业”申报单位；团中央和建设部授予的“青年文明号”3 个；荣膺 2008 年度“防震减灾工作先进单位”、“百强帮百村先进单位”、“先进基层党组织”、太原市三墙路道路工程荣获山西省市政金杯示范工程奖。

园林绿化

【综述】 2009 年是太原市园林绿化史上具有里程碑意义的一年，也是全市园林系统开拓创新，工作取得新进展、新突破、新成效的一年。在市委、市政府的正确领导下，以创建国家园林城市为主线，以“围绕创建抓园林，打造精品上水平”为发展方向，以“科学规划、集约发展、生态优先”为根本方针，精心组织，狠抓落实，发动和依靠全市广大人民群众，大力组织实施扩绿增量、重点工程、义务植树、大型花展等工作。全市园林绿化工作在创新中求深化，在落实中求实效，园林绿化工作上一个新的台阶，各项园林绿化指标均超额完成市政府下达的任务。据统计，建城区新增绿化面积 272.15 公顷，新增公共绿地 212.94 公顷。绿化覆盖率、绿地率、人均公共绿地分别增加 1.14%、1.138%、0.79 平方米，累计达到 35.79%、30.98%、9.09 平方米，分别完成年计划的 114.4%、113.8% 和 158.6%。新增居住区绿化面积 20.69 万平方米、单位绿化面积 22.94 万平方米，分别完成年计划的 133.47% 和 131.1%。

太原市园林局局长王忠陪同市领导视察漪汾公园建设工地

【园林绿化重点工程建设】 紧密围绕打造“繁华、舒适、现代、一流”省会城市这一核心目标，突出抓好园林绿化建设项目的设计、建设、管理三个环节，建成一批规划设计高起点、建设管理高质量的精品绿化工程。在具体实施中，坚持突出重点、分类指导、整体推进，共实施重点工程 55 项。其中学府公园、漪汾公园等 26 项建设工程已完工，晋商会馆、动物园周边整治及馆舍等 25 项建设工程在建，太山植物园、恒山路公园等 4 项建设工程正在筹建中。新建游园 8 个，改造游园 2 个。全市重点绿化工程投资 3.1 亿元，共栽植乔木 5.1 万株，灌木、球类 7.4 万株，绿篱、色块植物 40.6 万平米、花卉 17.3 万平米，铺植地被、草坪 32.1 万平米。在各项工程建设中，严格要求，每个建设工程都注重品位，精雕细琢。按照一流设计、一流队伍、一流质量的总要求科学组织实施，逐步呈现出鲜明的城市园林特色。

【街旁绿地建设】 按照“统一组织、分级实施、社会参与、讲求实效”的原则，抢抓宝贵的绿化时节，全市总动员，全民齐参与，开展植绿大行动攻坚战，努力提升“三绿”指标，提高城市绿化品位，改善城市生态环境，为创建国家园林城市奠定坚实基础。完成道路绿化新工程34条,改造道路13条,行道树补栽道路39条。新建街头绿地27块,改造绿地14块。打造20条盆景花卉一条街示范工程和垂直绿化示范街工程,提高景观效果,提升城市品位。古交市马兰镇被省政府命名为山西省园林城镇。

【道路绿化养护管理】 坚持建管并重原则,不断完善绿化管理长效机制,加强领导、明确任务、落实责任,按照"重点地区重点管"的原则,对重点绿地增加专业养护力量,在重点时段进行全天候监管维护,并科学、快速、高效防治各种病虫害,保证全市园林绿化景观的和谐、优美与安全。联合建管、财政、环卫等单位进行12次全面检查,加大病虫害防治,组织督促全市绿化管护队伍加强绿地日常养护和精细化管理,做到见缝插绿,使黄土不露天。各养护单位严格按照《城市道路一级管养标准》,分别制定本单位绿化养护考核标准和评比细则,落实责任,逐步实现依法养绿、护绿,实现"景不断链、绿不断线"。

【全社会参与绿化太原】 太原市园林绿化局各部门各单位领导重视,措施得力,舍得投入,迅速落实各项绿化任务。园林系统各单位及时提供技术服务,社会绿化工作呈现出进展速度快、栽植数量多、专业水平高、绿化意识强的明显特点。扎实开展义务植树活动,义务植树24万株。认建(认养)绿地4.44万平方米,栽植纪念林926株。在全市开展"创建园林化单位,园林化居住区"评比活动,发动各有关单位对所辖单位庭院、居住小区及门前"三包"地段进行植树绿化。各单位在苗木种植上,注重绿化植物和品种的多样性,力求做到品种与区域的协调统一,经年终组织检查验收,共评出园林化单位(居住区)32个,为提高单位社会形象和生态效益打下良好基础,为城市增添新的生机和活力。

【节日期间园林绿化】 节日期间,组织园林专业队伍和各辖区单位,在城区主干道、重要节点、广场、公园等地以摆放大型立体花坛、花箱、绿地内种植等方式摆花,并发动市区主次干道沿线机关、企事业单位、商业门店等在门前摆放时令花卉125万多盆。在摆花工作中,注重设计造型,做到点、线、面协调配置,摆花与造型相结合,摆花与喷泉相结合,花钵与景观相结合,花卉品种合理搭配,形式灵活多样,充分体现园林艺术的感染力,为节日的太原营造了祥和喜庆的气氛。

【举办公园文化节】 公园文化节本着"政府主办、公园承办、社会协办、公众参与"的原则组织实施。文化节的活动分为动态和静态两部分,静态的如建国60周年建设成就展、荷花展、牡丹郁金香展、菊花展等;动态的如社区大舞台、民间传统艺术表演、革命传统电影为主要活动内容的消夏文化周等。在开展的"一园一品"活动中,各公园积极挖掘自身文化内涵,丰富游园内容,举办精彩纷呈、各具特色的公园文化节,集中展示园林艺术的独特魅力,体现广大园林工作者的当代风采,为市民带来高雅的视听享受,同时深深感受到公园浓郁的文化气息,赢得广大市民的欢迎。太原市还参加"第七届中国(济南)国际园林花卉博览会",建成"太原园",扩大对外的影响力,受到住建部和园博会领导的一致肯定和好评。

【行业管理】 严格按照核定的受理事项、依据、程序、时限进行审批。2009年受理正常砍伐移植和非正常修剪树木、占用绿地申请189件,勘察现场200余次,办理189件,办结率、满意率均达100%。办结审核城市园林绿化企业资质核准4件。论证、审核设计方案13件,办结率100%。从严执法,收缴配套绿化工程建设资金3328万元,超任务328万元。加大保绿护绿执法力度,查处违章242件,现场勘察310起,有效遏制毁绿行为的发生。强化绿线管理,完成50幅绿地证附图的绘制、公示。全年处理各类投诉、建议、举报共3067起,其中12319城建服务热线2168起,12345政府便民热线92起,数字化城市管理87起,市民来访、来电720起,结案率100%,群众满意率达99.53%,荣获2009年度太原市12319城建服务热线"先进单位"光荣称号。加强对全市公园系统行业管理,按照太原市星级公园标准,对全市33个公园进行督查,促进公园各项管理措施的落实。加强园林绿化市场建设的管理,出台太原市园林绿化企业资质、工程质量管理等规范性文件,对太原市园林绿化企业资质证书进行审核换证,对10家"遵章守信、质量优良"企业进行表彰,绿化建设管理逐步走上规范化、制度化的轨道。

【园林绿化科学养管】 为保持园林绿化建设的持续发展,以实现"科学兴绿、以绿养绿"发展战略,进一步加大科技投入,加强科研管理工作。把科研创新融于园林绿化养护管理中的各个环节,以科研创新带动园林行业发展,促进园林主业的发展。紧紧围绕全市园林绿化工作实际,结合建设节约型园林,按照"统一规划、科研带动、项目引领、孵化发展"的工作思路,开辟"科学实验基地",成立课题组,现已完成《太原市植物多样性保护规划》等课题7项,其中《大树移植提高成活率技术》获山西省农村技术承包二等奖。加大科研力度,"药陶土复配水溶胶"物理隔层防治小蠹虫技术研究国内领先。

【应对特大暴雪】 2009年11月10日,太原市突降五十年不遇的特大暴雪,城市公园、280条道路、16.6万株乔灌木受损,给城市交通、安全构成严重威胁。面对突如其来的雪灾,本着"保安全、保畅通、减损失"的原则,紧急启动市、区两级应急预案,紧急购买配备机具,租赁高空车、铲车等,雇用专业人员进行修剪、清理工作。主要领导坐阵指挥,班子成员分区包片,赴一线检查指导,园林全体职工到公园、道路共同清扫积雪,累计投入人员2.3万人次,车辆机具3200台次,对受灾树木进行处理,把自然灾害带来的损失降到最低程度。

【国家园林城市创建】 太原市继2005年被命名为省级园林城市的殊荣后,2009年力争高起点向创建国家园林城市的目标迈进。在创建活动中,做到"五到位":一是组织领导到位。召开创建动员大会,制定《太原市2009年创建国家园林城市实施方案》,成立以市长为组长的创建工作领导组,为创建工作提供组织保障。二是部门协作到位。树立全市一盘棋思想,城建、环保、市政、房地等相关部门及各城区相互配合、相互协作、多方联动,发挥重要作用。三是宣传到位。充分发挥新闻媒体和各类宣传载体的舆论导向作用,进行全方位、多角度、多层次的创建国家园林城市大宣传,与市委宣传部组建"创建国家园林城市专题宣传报道组",在市电视台开辟创建专题节目,在省、市报刊发创建专版,制作《创建国家园林城市专题片》,印发《创建国家园林城市画册》,张贴《太原市城市绿化条例》、《太原市公园条例》以及创建标语画1.4万张,编制《创建国家园林城市工作汇报多媒体片》,为创建活动营造浓厚的社会舆论氛围。四是督促检查到位。由市委、市政府办公厅牵头,新闻媒体及相关部门抽调专人组成督查组,对创建工作存在问题进行全方位督查,下发355份督导通知书,有力地促进问题解决。五是工作落实到位。市政府连续多次召开申报国家园林城市工作相关会议进行安排部署,市园林局认真落实创建国家园林城市的标准和要求,作为一号工程,不折不扣地落实。经过全市上下不懈努力,顺利通过省级园林城市复查和国家园林城市的验收,太原真正成为三季有花、四季有绿的风光优美的国家园林城市。

【党建工作】 深入开展学习实践科学发展观活动,引深争先创优活动,领导干部的自身素质明显提高,党员的先锋模范作用得到进一步发挥。积极推进达标支部建设,认真落实民主集中制、"三会一课"制度,增强基层组织的凝聚力和战斗力。开展"党员示范岗"等活动,党员的先锋模范作用得到充分发挥。"七一"前夕,发展预备党员16名,对11名优秀党务工作者和63名优秀共产党员进行表彰。

【党风廉政建设及政风行风工作】 以党员领导干部为重点,建立健全廉政建设目标管理责任制。以党性党风党纪教育为主线,开展向王瑛同志学习、从政警示等系列教育活动,在加强教育防范的同时,加强廉政监察。紧紧抓住全市园林绿化建设工程质量、工程资金使用情况、经营性土地使用权出让、行政审批等腐败现象易发领域和关键环节进行监督检查。在园林绿化系统31个单位中开展“小金库”专项治理工作,进行清查。继续强化园林绿化行业政风行风建设,加大行政效能建设和治理商业贿赂的工作力度,进一步引深文明和谐单位的创建活动。

大 同 市

住房和城乡建设

【综述】 2009年是大同古城保护、御东区开发、城市基础设施建设承上启下的关键一年,大同市住房和城乡建设委员会新一届领导班子在市委、市政府的领导下,在人大、政协的监督指导下,坚持依法治国的基本方略,依法行政、严格按法定程序办事,紧抓城市基础设施建设这一中心,围绕新农村建设、建筑节能、建筑质量与施工安全、建筑市场整顿等重点工作,按照省、市下达的工作目标,全力推进各项工作,取得显著的成绩。

【城市道路桥梁改造】 2009年建设改造38条道路(其中城区28条、御东区10条),28座桥梁(3座御河大桥、1座十里河大桥、5座铁路顶进桥、1座大沙沟桥、10座道路下穿立交桥、7座干渠桥及北出口互通工程)。全长100多公里,投资总额约40亿元。

【新农村建设】 对2008年完成的乡集镇总体规划和新农村建设规划,分两批进行评审,完成14个乡集镇总体规划、89个村的新农村建设规划的评审工作,完成天镇县新平堡镇的保护规划,旅游规划和南郊区村庄布局规划的评审工作。积极推进11个乡的总体规划和155个村庄的新农村建设规划任务。完成第五批国家历史文化名镇、名村的申报工作和全国特色景观旅游名镇(村)的推荐工作。确定天镇县新平堡镇作为第五批中国历史文化名镇名村进行申报,并将新平堡镇作为全国特色景观旅游名镇向省住房和城乡建设厅和省旅游局进行推荐申报。

2月27日,大同市保障性住房建设工程开工

【农村危房改造工作】 认真做好危房改造前期工作,积极向省住房和城乡建设厅、市政府申请农村危房改造专项补助资金。2009年10月份中央及省危房改造资金共达3796万元足额下达各县区确保工程顺利进行。为确保危房改造工作落实到户,制订实施方案,将任务分解到户并建立分户档案。按照公平、公开、公正的原则,根据乡、镇上报的基础数据资料,各县区深入农村逐一审查复核,逐户摸底,对困难户现有住房逐户登记列表建档,做到房人统一,并留存相关影像资料。各村对危房改造对象张榜公示,接受群众的监督,市建委村镇科进行电子档案的录入与整理。最终确定大同市各县区共有危房304195户,急需改造的215471户。为确保大同市改造工作扎实有效切实推进,做到高质量、高效率,在工程开工后印发关于危房改造工程中要注重安全、确保高质量的通知,并成立大同市危房改造领导组不定期的地县区、乡、村的危房改造工作进行督促检查指导。为了加大危房改造力度,积极申报国家扩大内需的农村危房改造项目,在原有1300户的基础上,又争取危房改造任务4000户,共计5300户。

【建筑节能】 2009年上半年继续强化新建建筑设计阶段节能50%标准,做好施工阶段节能65%试点,推进绿色建筑示范工程与两项低能耗示范工程,加强国家机关办公建筑和大型公共建筑节能监管,加强建筑节能材料和产品质量的监管,建立健全节能材料和产品质量监管,抓好可再生能源建筑一体化规模应用,建筑节能工作在全省排名一直处于领先地位。

【建筑质量与施工安全】 2009年按照省住房和城乡建设厅、市委、市政府的统一部署,开展建筑安全专项整治工作,已经完成第一、二阶段整治,发现302条隐患并全部处理,现正在进行第三阶段整治工作。截至2009年底,未发生一起工程安全事故。

工程质量监督1017个单位工程,872.6万平方米,其中新建890个单位,680.6万平方米。道路工程31条,总长110公里,桥梁工程30座,雨水管线146公里,污水管线121公里,电力管线63公里。截至2009年底已经完成72项工程质量鉴定,下发1200余份《质量监督抽查通知单》,并对城建工程加大监督力量,收到良好的效果。

【建筑市场整顿】 全面完成214家建筑业企业资质动态考核工作,其中一级3家,二级37家,三级174家。并开展监理企业资质动态考核。招标代理机构动态考核及延续注册工作。受理建设工程项目报建59项。其中房屋建筑工程549万平方米,投资238.95亿元;道路工程24.39千米,投资12.82亿元;园林绿化工程306万平方米,投资5亿元。共完成招投标206项,建设投资达159亿元,连续四年保持高增长(2006年15亿,2007年31亿,2008年55亿)。

【勘察设计管理】 完成46家勘察设计单位考核,完成261个项目的图纸审查,积极推进勘察设计单位CAD技术的应用工作。征收城市基础设施配套费1300万元。加强工程造价咨询企业管理,14家造价咨询企业共完成编制、审核各类工程造价1.73亿元,节约资金近0.21亿元。

城乡规划

【综述】 2009年,在古城保护和重点文物建筑修复、城市基础设施建设、城市环境综合整治、生态绿化与公共基础设施建设、保障性住房建设、道路拓宽改造及街景立面整治工程、城市规划编制、项目审批与监督管理、拆除违章建筑等方面做了大量具体工作,圆满完成各项工作任务,为实现大同市"古城保护、新区建设、矿区提升"的城建战略举措,促进城市社会经济发展,打造"宜居、利居、乐居"的世界文化遗产旅游城市和独具特色的现代化区域中心城市提供强有力的规划保障。

【科学规划加强名城保护】 大同市是国务院首批公布的24个历史文化名城之一。按照"整体保护、重点修复、科学规划、分步实施"的原则,针对古城内不同保护对象采取相应的保护、控制、更新和整治措施,制定分类、分层次规划,科学有效的引导古城保护工作。先后对古城3.28平方公里范围内的文物建筑、传统民居及周边建设情况进行调查摸底,协助市文物局确定文物建筑周边环境整治范围,委托设计单位编制古城保护及重点文物修复的有关规划和设计,为古城保护工作提供科学的规划保障。同时,按照市政府提出的"一体两翼"空间结构和发展构思,大力发展文化旅游产业。即:"重点围绕保护古城区与开发建设御东核心区为主体,提升城市文化品位,创新文化产业,打造现代化区域中心城市;以世界文化遗产云冈石窟、国家风景名胜区恒山为两翼,科学、高效、有序的推进历史文化名城的保护和发展,推动城市文化复兴和经济崛起,为打造世界文化遗产旅游城市提供规划支撑。

【各县区规划管理指导工作】 按照新《城乡规划法》的有关规定,指导监督并组织左云县、浑源县编制《左云县县城总体规划》、《浑源县县城总体规划》以及左云县申报全国历史文化名县、历史街区，进一步强化各县区规划编制、项目审批、监督规划实施情况等管理工作，逐步建立城乡规划一体化管理工作机制。

【保障性廉租住房的规划设计】 2009年，按照市委市政府制定的《大同市城市房屋拆迁补偿安置暂行办法》和保障性住房建设计划，在城市东南西北四方位规划布置十大安置小区及保障性住房，对因城市环境综合整治、道路改造、文物保护与修复等原因被拆迁人进行补偿安置。同时，委托国内知名设计单位对各安置小区进行高水平的规划和建筑设计。结合紧抓国家拉动内需机遇，本着“高效便捷、简化程序”原则，对保障性住房和廉租住房建设项目的规划审批开通绿色通道，有效的促进保障性住房和廉租房建设工程的顺利实施。

【信息公开】 一是利用电视台、电台、报纸等新闻媒体及道路两侧规划公示栏及时公布宣传规划成果，并不定期的组织召开听证会，对重大规划事项广泛听取社会各界的意见；二是利用办公楼安装的巨型电子显示屏，对城市规划管理法规和审批程序进行每天滚动公示，保证广大民众的知情权；三是利用全市人大政协“两会”会场，展览馆和红旗广场等公共活动场所进行城市规划建设成果展览、公示和宣传，广泛听取市人大（政协）代表、广大群众对城市规划的意见和建议，推进城乡规划的民主、公开进程。

【审批制度改革】 2009年，在规划管理和审批方面，坚持以人为本和依法行政理念，不断创新管理机制，规范审批程序、严把“一书三证”审批关，积极营造便民利民、高效廉洁、公正公开的服务环境。在建设工程规划审批方面，严格按照城市规划和国家技术规范审批。对全市重点建设项目采取特事特办的方法，高效、快速办理，为投资建设争取时间。在市政管线规划审批方面，始终坚持管线协调会制度，年初统一安排各管线单位的管网工程，有效地制止道路反复开挖的“拉链”现象。在环境艺术规划管理方面，严格按照《大同市户外广告（招牌）设置技术标准》的规定和要求审批，按照市政府安排，完成迎宾街等改建道路的灯光亮化工程，并对华严寺、善化寺、文庙、关帝庙四大景区、新建路、工农路等11条道路灯光亮化工程进行设计和施工。

截至2009年底，共受理各类建设项目167件，核发《建设项目选址意见书》156份、《建设用地规划许可证》58份、《建设工程规划许可证》28份，提出110个地块的规划设计条件；受理各类市政管线项目121件，核发选址要点2份、《建设项目选址意见书》24份、《建设用地规划许可证》21份、《建设工程规划许可证》74份；受理各类环艺项目30余件。对全市重点大型建设项目进行选址论证和规划审批。如大西高铁的选址论证、阿拉宾度大同生物制药和山西威奇达药业有限公司搬迁选址论证、灵丘县、广灵县两个风力发电厂、江苏雨润农产品物流中心、塔山电厂“二期”工程、廉租房建设项目等。

【违法建设查处】 为了彻底遏制全市违反城乡规划建设的行为，制定《关于严格规划管理坚决制止违法建设的通告》，并在《大同日报》刊登公开规划监察执法人员职责范围，进一步强化规划监察力度，有效遏制违法建设行为。开展城市环境综合整治，对新建路、工农路、同丰路、青年路、友谊街、红旗街等道路拓宽改造工作中影响城市道路景观、占压道路红线的违章建筑进行一次性拆除。2009年4月由大同市规划管理局牵头，在城区公安分局，城区综合执法大队和市建委、房管、土地等部门的配合下，依法强制拆除大有仓5号院电焊器材厂住宅楼，拆除面积5400平方米。截至2009年底，共立案查处违法建设案件72件，实施罚款1019万元；拆除各类违法建筑面积58400平方米，清运建筑垃圾43480方。查处违法广告牌安装案件25件，拆除擎天柱广告牌3根、落地广告牌6块。

【容积率专项治理】 根据省住房和城乡建设厅和省监察厅《关于对房地产开发中违规变更规划、调整容积率问题开展专项治理的通知》精神，成立大同市专项治理工作领导组，制定《关于对房地产开发中违规变更规划、调整容积率问题进行专项整治的工作方案》，印发大同市规划管理局关于建设用地容积率规划管理（暂行）规定和容积率与土地出让金挂钩的管理办法。组织人员对2007年1月1日至2009年3月31日期间72个房地产项目清理检查工作，清理出存在变更用地、容积率变化共17个项目。针对存在问题及时进行整改，依据《大同市关于超容积率补地价有关问题的通知》，对违规建设单位下发处罚决定，并对擅自改变原审批方案增加容积率的项目进行查处处罚。全市未经审批擅自提高容积率的违规建设项目核定罚款总计10928.1万元，截至2009年底，收缴6328.68万元。

【街景立面整治】 2009年6月，由市政府组织实施城市道路街景立面整治工作。采取分段竞标的方式，委托中国建筑设计研究院、北京市建筑设计研究院等设计单位对新建路、同丰路、工农路、青年路等11条道路两侧建筑街景立面进行方案设计及施工图设计。制订印发《大同市城市道路街景立面整治工作实施方案》和《关于对城市道路街景立面进行综合整治的通告》，将涉及立面整治的11条道路分标段分配给规划局、市政管委会、环卫局等11家单位15个小组负责装修整治工作。由市政管委会、环卫局、房管局等10家单位分别负责新建路、工农路、红旗街、友谊街、青年路五条道路各标段共计公建58栋，底商118栋的立面装修工作；负责御河西路、南环路、西环路、同丰路、向阳街、校南街六条道路各标段共计公建33栋，底商74栋的立面装修工作。凭借2008年城市道路街景立面整治工作经验，派出5名有经验、技术全面的联络员到其他10个小组（每人负责2个小组），协助各单位逐门逐户进行摸底、调查、登记、发放“通告”和装修图纸、现场技术指导。

【城市道路桥梁建设】 进一步完善古城城市功能、加快建设御东新区，按照“高水平设计、高质量建设、高标准管理”的要求，完成新建路、工农路、同丰路、红旗街、友谊街、校南街、南环东西延、雁同路东延等21条城市主次干道（总长度约109.88公里）新建和扩建改造工程的规划审批及地下管网设计并对跨御河的兴云桥、雁同桥、南环桥等5座桥梁进行方案设计和施工图设计。2009年底，兴云桥、雁同桥、南环桥3座桥梁正在施工建设。

【筹建大同城市规划展览馆】 从2008年10月，委托北京对点视觉艺术设计有限公司对大同市规划展览馆进行展陈设计并施工建设。2009年5月10日展览馆开工建设，截至2009年底，建设工程进入后期布展及收尾阶段。规划展览馆在原展览馆的基础上重新设计布展，分为六个展厅，总面积约为6000余平方米，以“书”的形式，运用模型、沙盘、照片、实物陈列等传统表现形式和电子沙盘、手影互动、城市形象片、4D影院等新媒体现代手段相结合的展现形式，展示大同的历史、现在和未来。市民通过参观规划展览馆可以深切感知大同城市建设发展进程，进一步了解规划、参与规划，对未来城市建设建言献策，做到“人民城市人民建，人民城市人民管”。

【城市总体规划补充完善】 委托中国城市规划设计研究院编制完成《大同（2008～2030年）城市空间发展战略规划》、《大同市御东区发展规划》、《大同市口泉分区发展规划》、《大同市御东核心区城市设计》。开展《大同市城市总体规划（2006～2020年）》的修编调整前期准备工作。截至2009年底，已委托中国城市规划设计研究院进行总规评估，修编工作按照规划编制法定程序进展顺利。委托中国城市规划设计研究院历史文化名城研究所、上海市城市综合交通规划研究所编制《大同历史文化名城保护规划》、《大同市交通发展战略规划》。委托中国城市规划设计研究院编制《大同市装备制造园区发展规划》、《塔山循环经济产业园区发展规划》、《阳高县龙泉工业园区发展规划》、《大同市经开区医药园区发展规划》。委托清华安地建筑设计研究院编制完成《大同市鼓楼西街片区修建性详细规划》。委托易道(上海)环境规划设计有限公司、贝尔高林、北林帝景公司、北京土人景观与建筑规划设计研究院编制《御河东岸生态景观规划》、《大同市御东区文瀛湖景观规划》、《十里河生态景观规划》、《浑源神溪村生态景观规划》、《北魏鹿园生态景观设计》、《东小城广场景观设计》、《十里河植物园设计》、《煤气公司工业遗址公园》。委托中国建筑设计研究院、北京建筑设计研究院、同济大学建筑设计研究院等单位对公安局、国家安全局、中级人民法院等十大公建及沙岭、古城村等十三个自然村城中村改造项目进行规划和建筑设计。委托著名设计大师科恩、矶琦新及中国城市规划设计院崔凯对御东区大剧院、博物馆、美术馆、图书馆四大公共设施进行方案设计。委托北京、上海、太原等市政院对新建路、工农路、同丰路等21条道路改造工程及两侧街景立面进行规划和建筑设计。委托上海桥梁研究所对跨御河的东马路、开源街两座桥梁进行设计。

【机关效能建设】 2009年,结合机关效能监察和政风行风建设工作,按照市政府提出的"改变工作作风、提高工作效率"的工作要求,在修订完善一系列规划管理制度和审批程序的基础上,加强机关效能建设和和政风行风建设,进一步减少建设项目审批程序,提高办事效率。如小型环艺项目的审批由3个工作日办结改为当日办结;规划建设项目取消上报规划要点这一环节,减少10个工作日。对全市"招商引资"项目和重点工程开启"绿色通道"审核程序,主动上门服务,深入沟通指导,解决技术难题,做到随到随办、随办随结。对涉及公众利益的廉租房建设、安居工程、城市公共基础设施建设等民心工程一律实行特事特办。

【学习实践科学发展观】 2009年,在践行科学发展观方面,一是从加强领导班子政治思想和党风廉政建设入手,党组中心组带头认真学习十六大、十七大以来胡锦涛等中央领导关于科学发展观的一系列重要讲话精神;二是局领导把关注民生作为重要内容,坚持"以人为本"的原则,真正做到深怀爱民之心,恪守为民之责;三是把学习实践科学发展观与学习《城乡规划法》等城乡规划相关法律法规和技术规范相结合,创新城乡规划管理工作;四是局领导紧抓业务知识学习,并积极组织督促科室人员学习,鼓励从事专业技术人员报考城市注册规划师,形成比学、帮学浓厚的学习气氛,全面提高全局职工的业务水平;四是局党组坚持召开民主生活会制度和重大问题由党组会议集体研究决定制度,建设工程项目会议集体研究制度,日常重要事项由局务会议讨论决定的三会制度,从而增强各项工作的公开、民主性和透明度。

【提案议案办理和群众信访工作】 2009年,提案议案的办理工作紧紧围绕市政府的总体工作思路和重大工作开展,逐步走上程序化、规范化、制度化的轨道。全年共办理提案议案41件,多次被评为提案议案办理先进单位。群众信访工作做到早接访、早处置,对于居民住户相邻的建设项目提前干预,预防出现居民上访事件,提高依法治理水平。全年,共办理信访案件68件,办结率达82%。

阳　泉　市

【综述】 截至2009年底,阳泉市城市人口57.15万人(不含两县和郊区农业人口),其中暂住人口1.82万人,城市人口较2008年增加0.87万人。城市面积651.99平方公里,其中,建成区面积51.48平方公里。城镇化水平达到59.1%。2009年全市城市市政公用设施建设完成投资106043万元(不含住宅)。完成投资按行业分:城市供水完成投资1395万元,占总投资的1.32%;城市燃气完成投资1355万元,占总投资的1.28%;集中供热完成投资32750万元,占总投资的30.88%;道路及排水完成投资55584万元,占总投资的52.41%;园林绿化完成投资13781万元,占总投资的13%;城市环境卫生完成投资1178万元,占总投资的1.11%。

重点工程

【污水处理厂再生水项目】 市污水处理厂再生水项目由四部分组成,概算总投资7055.75万元。该项目主要包括以下内容:一是泵站和管网输送系统,于2006年开工,2007年4月已完工并具备运行条件,完成投资1980万元;二是自动化控制系统,于2008年5月开工,2009年4月已完工进入运行,完成投资330万元;三是主电配送系统,2009年完成设备采购,完成投资600万元;四是双模法水处理系统,于2009年4月开工,当年完成车间土建主体,安装部分工艺管道及设备,完成投资2846万元。

【坡头高速路出口改造工程】 该工程主要是结合高速收费站改造和307国道改线工程对现状绿地和原洗车站东西两侧绿地进行景观改造提升,分两部分实施,一是移植和调整现有绿地内的苗木。二是对保留的绿地进行提升,在丰富植物品种的同时,增加亮化和园林小品等配套设施。工程于2009年10月1日开工,截至年底,完成新植树木330株,移植树木800余株,起挖灌木3895株,外运渣土780立方米,砌筑花岗岩道牙140余米,砌筑挡墙1100余立方米,开挖土石方28000余立方米,铺装广场300余平方米,安装灯具210余套,并安装新姿雕塑一座,完成投资270万元。

3月28日,省长王君视察阳煤集团棚户区改造工程

【兴隆商业步行街改造】 该工程于2008年5月15日开工,至2009年底,完成步行街的道路、路灯、排水、雕塑设计等工程,完成投资1000万元。

【桃河北岸河堤建设】 该工程西起五渡公路桥,东至五渡铁路桥,全长881.9米。工程于2009年3月开工,7月底竣工,完成投资约900万元。

【北山中路东段工程】 该工程起点为泉中北路,向西接至市电石厂东,长680米,宽25米。工程于2008年1月开工,至2009年底基本线型已形成,完成投资561.16万元。

【热电联产(龙川热源)管网工程】 该工程于2009年4月开工,10月底完工,共铺设管网38公里,新建大型换热站1座,完成投资3.4亿元(其中市热力公司完成投资2.3亿元、龙川电厂完成投资1.1亿元),新增供热能力500万平方米。

【桃河城区上游段(芦湖桥—赛鱼)河道治理】 该工程从芦湖桥至原西收费站,全长5.5公里,估算投资1.45亿元,工程分两期实施。一期工程于2009

年5月1日开工，至年底已完成一期水工部分建设任务，完成投资9600万元，新增绿化面积17.3万平方米。二期绿化工程于2009年11月22日开工建设。

【赛鱼路大修工程】 该工程从高速公路坡头出口至河神庙，全长10.74公里，估算投资1.8亿元。工程分两期实施，一期工程于2009年8月1日开工，10月31日完工，完成高速公路坡头出口处至赛鱼桥主干道大修，共完成投资8200万元。

房地产业

【概况】 全市实有住房总建筑面积1638.78万平方米，全市城镇人均住房建筑面积达到29.75平方米。全年办理公有住房成本价出售审批1.76万平方米、278套，其中直管公房0.49万平方米、80套；标准价补差审批4.88万平方米、650套，其中直管公房0.86万平方米、32套；全年归集售房金额1249.85万元，其中直管公房归集205.73万元。同时，积极探索住房分配货币化，在具备条件的单位推行住房分配货币化工作。先后对市国税局、市银监分局两家单位制定的住房分配货币化方案予以批复。

【房地产交易市场管理】 2009年，全市房地产交易量稳步上升，房地产交易市场进一步活跃。全年共办理各类房屋登记7370件，建筑面积120.17万平方米。其中，办理初始登记1633件，建筑面积20.05万平方米；转移登记4156件，建筑面积43.75万平方米；抵押登记775件，建筑面积38.87万平方米；注销登记315件，建筑面积11.92万平方米；预告登记491件，建筑面积5.58万平方米。

全年共办理各类房地产交易（含转让、抵押、租赁等）5018件，交易建筑面积82.46万平方米，成交金额11.93亿元。其中，办理购买商品房手续1705件，建筑面积20.55万平方米，成交金额42886.54万元（其中商品住宅1539套，成交面积16.89万平方米，成交金额33655.77万元；经济适用房13套，成交面积0.12万平方米，成交金额114.81万元）；办理房改售房282户，成交面积1.73万平方米，成交金额643.56万元；办理房改补差338户，成交面积2.73万平方米，成交金额335.11万元；办理拆迁办证208户，成交面积1.99万平方米，成交金额1421.7万元；办理集资、清房购买、继承、赠与、互换、拍卖、判决、抵顶等手续281件，成交面积2.1万平方米，成交金额1424万元；办理房改房首次上市559件，成交面积4.01万平方米，成交金额8099万元；办理其他存量房上市475件，成交面积3.88万平方米，成交金额8404万元（其中，住宅466套，成交面积3.74万平方米，成交金额7079万元；办理非住宅9件，成交金额556万元）；办理现房住宅抵押470件，抵押面积9.55万平方米，抵押金额5420万元；办理现房非住宅抵押140件，抵押面积17.6万平方米，抵押金额40524万元；办理在建工程抵押6件，抵押面积8.44万平方米，抵押金额7100万元；办理预购商品房抵押权预告登记146件，抵押面积1.72万平方米，抵押金额2938.5万元；办理房屋租赁登记备案408件，登记备案面积8.16万平方米。

【保障性住房建设】 2009年，山西省政府下达阳泉市保障性住房建设任务为60.08万平方米（8640套），实际开工82.55万平方米（10705套），完成省政府目标任务的137.40%，当年完成投资7.23亿元。其中，(1)国有重点煤矿棚户区改造项目。目标任务是开工新建住房45.26万平方米（6280套），实际完成45.53万平方米（6310套），是目标任务的100.60%，完成投资3.32亿元。(2)经济适用住房建设。目标任务是开工新建11万平方米（1600套），实际开工11.23万平方米（1366套），是目标任务的102.09%,完成投资1.01亿元。(3)廉租住房建设。目标任务是开工新建3.82万平方米(760套),实际开工新建5.3万平方米(1024套),是目标任务的138.74%,完成投资5847万元,其中市区开工1.08万平方米(216套)、平定县开工2.7万平方米(564套)、郊区开工1.02万平方米(144套)、盂县开工0.5万平方米(100套)。(4)城市棚户区改造。全市开工新建20.49万平方米(2005套),完成投资2.32亿元。其中大连路西改造工程二期开工6.8万平方米(700套)、天桥以东旧区改造开工3.2万平方米(312套)、平定县城中村改造开工5.5万平方米(456套)、房地产开发涉及拆迁棚户区建设安置住房开工4.99万平方米(537套)。

【廉租住房制度建设】 根据国家和省逐步将城市低收入住房困难家庭纳入廉租住房保障范围的要求,2009年,阳泉市开展城市低收入家庭住房状况调查工作,基本摸清全市城市低收入家庭住房状况及住房需求。经市政府批准,将全年人均可支配收入低于上年城镇人均可支配收入50%(人均月收入约为554元)且人均住房建筑面积低于10平方米的家庭纳入廉租住房保障范围,保障面积标准由人均住房建筑面积10平方米调整为13平方米;租赁补贴标准由每平方米每月4.51元调整为9元。按照新的保障标准,全市符合条件的住房家庭4816户。

【住房制度改革】 2009年底,全市城镇居民人均住宅建筑面积达到29.75平方米。居民居住状况继续改善。住宅建设和房地产开发业拉动GDP作用明显。同时,全市各物业管理公司代管房屋建筑总面积达到612万平方米(其中住宅建筑面积530万平方米),物业管理面积覆盖率达52.61%。

深化住房制度改革。2009年,在继续稳步出售公有住房的同时,加速推进住房分配商品化、社会化进程。全年出售公房278套,出售面积1.76万平方米。

公积金归集率进一步提高。截至2009年底,全市参加住房公积金职工19.18万人,占应参加职工人数的85.9%;当年归集住房公积金4.38亿元,累计归集18.17亿元(含两县、郊区及阳煤集团)。

【房地产市场整顿】 2009年,市住房和城乡建设局为进一步规范房地产市场秩序,促进全市房地产业健康发展,一是加强资质管理,规范市场准入。按照国家有关法规,对进入阳泉市房地产市场的房地产开发企业、估价机构和物业服务企业的资信、人员及办公场所及相关条件严格审核。全年共办理房地产开发企业资质审批58项,其中新审批10家;办理房地产估价机构资质审批3项,其中新审批1家;办理物业服务企业资质审批25项,其中新审批物业服务企业10家。二是强化预售监管,规范销售行为。进一步规范商品房预售许可审批,完善商品房预售合同登记备案制度,严肃查处未取得商品房预售许可证擅自进行销售或发布房地产广告的非法行为。全年有58.82万平方米(4803套)商品住宅办理商品房预售许可证,办理商品房预售备案62.96万平方米(5531套)。三是加强住宅专项维修资金的管理。进一步加大住宅专项维修资金的收缴和管理力度,督促房地产开发企业及时将代收资金归入市专设账户,截至2009年底,已累计归集资金3954.06万元。同时,批复7个住宅小区的维修资金使用申请,拨付维修资金25.8万元。四是培育服务理念,提升物业管理水平。把完善业主大会制度,规范业主大会和业主委员会的运行为重点,引导居民积极开展小区自治,正确行使权利,自觉履行义务。同时抓好物业服务企业的管理工作,规范物业服务市场主体行为。积极引进外地优秀物业服务企业参与市内小区管理,吸收先进的服务理念和管理经验,全面提升物业管理水平。五是引导房地产开发企业切实履行社会责任。严格要求开发企业努力营造文明、安全、卫生的施工环境，建立良好售后服务，切实维护购房者合法权益。

【直管公房管理】 截至2009年，由市住房和城乡建设局负责管理的直管公房有16.91万平方米、3374户。市建设部门进一步采取措施，强化管理。一是建立、健全档案，为直管公房的管理奠定了基础。二是抓好房屋租金的收缴。截至年底，已收缴租金111.12万元，收缴率达到年计划的102%。三是加强住房的维修管理。建立各项维修制度，实行社会服务承诺，为住户提供优质高效服务，切实保证住房的正常、安全使用。小修及时率达到95%以上，住房完好率达到75%以上，住房安全率达到100%。

【公积金政策逐步完善】 2009年1月1日，开始使用统一格式的《住房公积金贷款借款合同》，改变以往职工办理公积金贷款与银行签订合同的方式，实现职工办理公积金贷款与公积金中心签订借款合同，方便贷款职工，提高贷款的安全系数。6月10日，修订九项贷款、支取办法。

【住房公积金归集扩面】 2009年4月3日，举办"住房公积金记者行"活动，一个月内走访全市30余家单位，追缴住房公积金800多万元。7月，在全国住房公积金管理工作会上，归集扩面工作作为经验在会上交流。

【住房公积金宣传】 2009年4月3日，在《住房公积金管理条例》颁布十周年之际，联合各委托银行在全市举办了大型的纪念宣传活动。2009年全年通过本市主流媒体进行宣传达90余篇（次）。共编写各类新闻宣传稿件100余篇，被国家住房公积金信息采用1篇，被省级新闻媒体采用8篇，被市委信息科采用3篇，被市级新闻媒体采用50余篇。11月，宣传工作在全国公积金主任培训班上进行经验交流。

【住房公积金工作先进】 2009年，阳泉市住房公积金管理中心作为全省唯一地市级中心在全国340余个中心进行经验交流；被评为全省"住房城乡建设系统精神文明建设工作先进单位"；评为城区社会治安综合治理红旗单位，实现综治工作红旗单位三连冠。

城乡建设

【市政设施概况】 2009年，阳泉市市政工程管理局（阳泉市商品道路开发总公司）内抓管理，外树形象，较好地完成各项生产任务。全年完成市政工程总产值1.36亿元。其中，市政工程有限公司完成生产总值1.03亿元；市区路灯管理所完成工程性生产总值523.5万元，亮灯率保持在98%以上；市区道路养护所完成360万元，市政设施修复及时率达100%；排水设施养护管理所完成197.3万元；其他单位完成0.23亿元。

路政监察规费收入达153.58万元，赛鱼路经营管理站截至9月25日共收取车辆通行费980万元。

【市政设施管理】 2009年，市政工程管理局以服务市民为出发点，加强市政管理工作。一是路政监察室根据工作实际完善城市道路及市政设施日常巡查制度，保证巡查率达100%。二是市区道路养护所及时对德胜东街、三角线路、泉中北路等路段的破损路面进行补修；清理因大雨造成狮脑山路散落的岩石和淤土，并在危险地段砌筑护坡，解决市民的行路困难，消除安全隐患；对桃河桥、泉中路铁路跨线桥等市区桥梁进行清洗，给市民创造干净、整洁、明亮的城市环境。三是排水设施养护管理所按照对外服务承诺"水无塞"的要求，不定时、不定期、多点、多面检查管网畅通情况，做到“接到报修不过夜，发现问题不迟缓”，全年共清挖雨水井 2937 座、污水井 1092 座、截流井 33 座；换雨蓖、截流蓖 345 块；换污水井盖 72 块(套)；疏通管道 12800 米，有力保证全市地下排水管网的畅通。四是市区路灯管理所为消除安全隐患，对路灯专用变压器等关键部位进行专项检查，发现问题及时处理，并对破损设备进行更换，保证路灯设施的安全运行。同时加强路灯监控和巡查，及时发现问题，及时解决，确保亮灯率达 98% 以上。

【道路排水】 2009 年，阳泉市城市道路长度累计达到 423.4 公里；城市道路面积累计达到 545.21 万平方米。人均拥有城市道路面积 9.54 平方米。城市排水管道长度累计达到 291 公里，排水管道密度 5.65 公里/平方公里。全市路灯盏数达到 14470 盏。

【城市供水和节约用水】 2009 年，全年城市供水管道累计达到 592 公里。全年城市供水总量 6754.77 万立方米，其中，居民家庭用水 2016.37 万立方米，占供水总量的 29.85%。城市供水人口达到 57.15 万人，供水普及率 100%，人均日生活用水量 129.56 升。2009 年完成节水 263 万立方米，对促进经济发展，缓解城市用水紧张状况起到重要作用。

【供水质量管理】 2009 年，市自来水公司加大对城市供水质量的管理。一是在三级泵站新建加氯消毒工程，弥补了 30 多年前娘子关一期工程的设计缺陷，彻底解决无法满足猫脑山配水厂以东用户饮用达标自来水的历史遗留问题。该项目投资近 200 万元，并以年增加 20.23 万元消毒成本换来 15 万人饮用达标自来水。二是先后投资近 54 万元，对公司化验室通风、电路、气路、给排水等系统及工作环境进行规范和改造；投资 55 万余元，对四路低本底 αβ 测量仪、原子吸收分光光度计、紫外分光光度计等 15 台(套)老化检测设备进行更新，并通过省级验收实现扩项，可检测项目由原来的 41 项扩展为 47 项，在全省同行中处于较高水平。

【西线地表水技术改造工程】 2009 年，市自来水公司以新建地表水处理系统为手段，以实现经济水源增加产量、降低成本、提高利润为目的，投资约 1000 万元实施西线地表水技术改造工程。该项目将仅有蓄水功能的 2.3 万立方米水池通过改建实现“预沉”和“蓄水”双功能。同时，通过新建沉淀反应池和滤池、新旧系统的衔接改造、新建北山加压站等措施，使西水源产量大幅提高，使已有的西线双输水管线实现投资效益，并解决配水无法满足产、输能力的矛盾。由此，基本完善西线产、输、配体系，使各体系功能得以充分发挥，西线经济水源产水量年可增长 100 万吨左右，吨水成本降低 0.024 元。

【自来水公司概况】 2009 年，市自来水公司围绕“安全供水、优质服务、加强管理、加快发展”的工作思路，加快实施供水基础设施建设步伐，继续做大做强供水事业，提高安全供给能力，提升服务水平，稳步推进企业文化建设，各项工作继续保持良好的上升态势。全年实现供水产值 8363.36 万元，比上年增加 588.57 万元；完成有效供水量 3303.98 万吨，比上年增加 2.59%；水质综合合格率 99.78%；供水设施修复及时率为 100%；完成全员劳动生产率 50574 元/人年，比上年增加 3.01%；有效供水单位电耗为 1659 千瓦时/千立方米，比上年降低 1.18%；代收污水处理费 620.03 万元，比上年提高 11.72%。

【城市燃气】 2009 年，全市新增燃气供气管道 51.2 公里(不含两县)，供气管道累计达到 539.78 公里。新增燃气用户 12927 户，城市燃气用户累计达到145759户。2009年燃气供气总量45456.05万立方米,全市居民用气普及率达到86.60%。

【城乡一体化燃气进展】 按照全市加快城乡一体化燃气发展的总体要求,2009年,市煤气公司加快向市区周边乡镇农村的供气管道等基础设施的建设,供气覆盖范围已经扩展到市区东部、北部周边乡镇农村,城乡燃气用户数量连年以10%左右的速度快速增长,全年发展居民用户5558户。

【煤气公司概况】 2009年,市煤气公司发挥阳泉市煤层气资源丰富、优质洁净、价格低廉的优势,着力加快对耐火业、陶瓷业、铝业、食品加工业、材料制造业以及燃煤锅炉、茶浴炉、餐饮大灶、公共食堂等单位的"以气代煤"燃煤设施改造。随着供气范围不断延伸,供气区域不断扩大,企业供气规模得到快速扩张,供气量连年快速增长。全年完成工业总产值4982万元,销售煤气1.24亿立方米,煤气收费率达到99%,用户灶前压力合格率达到100%,气质合格率达到100%,维修及时率达到100%。

【集中供热】 2009年,市区全年新增集中供热面积193.07万平方米(其中住宅169.90万平方米),集中供热面积累计达到1639.96万平方米(其中住宅1269.20万平方米),供热普及率达到85.88%。

【供热设备检修改造】 供热设备及管网的夏季检修改造工作是确保冬季良好运行、优质供暖的基础。2009年,在检修改造工作中市热力公司确立"双检四保"的检修目标("双检"即全面无死角检修、保质定量检修,"四保"即保设备管网无病运行、保热网附件可调可控、保供热设备经济配置、保热网工况优化平衡)。从4月初停暖后,市热力公司立即全面转入检修改造工作,至4月底检修工作基本完成。共清洗换热器141台、除污器122台,检修更换循环泵、补水泵及电机272台,检修改造站内外各类阀门13232个,检修电气柜368面,清理井室2100余座,拆除更换庭院管及用户室内管道5354米,完成投资312万元。通过检修改造,保证冬季的稳定供热,没有发生任何因设备故障造成停暖的事故。

【热力公司概况】 2009年,市热力公司完成热电联产(龙川热源)管网工程建设任务,供热规模、供热区域、经济实力进一步增长,供热质量和服务质量持续提升,实现经济效益和社会效益的双丰收。全年实现供热产值1.41亿元,比上年净增2567万元,增长22.2%;签订入网合同89家,受理面积112.88万平方米,查处补签私接整体用户9家。入网供热面积达到1072万平方米,用户总数达到102161户,其中居民98070户、非居民4091户。供热面积首次突破1000万平方米、供热用户首次突破10万户。

【城市绿化概况】 2009年,全市各级、各部门以改善城市生态和区域生活环境为出发点,扎实推进创建国家园林城市步伐。全年建成区累计新增各类绿地面积53.15万平方米,绿化覆盖面积达到1989.15万平方米,绿化覆盖率38.64%,人均公共绿地面积达到8.83平方米。

【市区公共绿地景观提升工程】 该工程主要包括市区部分公共绿地的改造提升、对市区主要街道行道树的补植补种和行道树树池恢复等内容。2009年完成了彩石园八卦广场整修,在体育馆游园、彩石园等多个游园栽植地被植物2.2万株,乔木1000余株,花灌木18300余株。同时还成功举办南山公园国庆菊展,共摆放63个品种的菊花、22个品种的其他花卉15万株。工程完成投资300万元。

【南山公园儿童公园综合改造工程】 南山公园、儿童公园综合改造工程于2008年3月开工,当年完成改造面积12万余平方米。2009年工程重点是在2008年的基础上进行续建，南山公园新植苗木18572株，完成改造面积2.1万平方米；儿童公园栽植苗木22139株，完成改造面积1.4万平方米。两个公园的综合改造工程累计完成投资2194.78万元，2009年完成投资为561.78万元。

【义白路二期绿化工程】 义白路二期绿化工程主要是对一期工程中存在的部分绿化断垄地段进行补植完善，于2009年9月开工，共完成种植火炬、侧柏、新疆杨等各类乔灌木10089株，新增绿化面积3万平方米，完成投资211万元。

【植物园建设工程】 阳泉植物园位于市区东部王母垴山上，南与山西北方晋东化工有限公司接壤，东临义白路，与开发区隔桃河相望，规划占地面积73公顷，投资概算1.69亿元，工程计划建设周期5年。工程于2007年开工，已完成道路铺设、修筑水渠等工作。2009年重点组织完成施工图设计、园内“海棠春雨”景区的施工图纸编制和招投标工作等，累计完成投资2800万元。

【环境卫生概况】 2009年，全市环卫清扫保洁面积371万平方米；城市生活垃圾无害化处理量完成20.28万吨，无害化处理率达到91.02%；全年污水处理量2901.9万立方米，污水处理率达到82.24%。

【小城镇建设】 2009年，全市小城镇建设步伐进一步加快。一是农村困难群众住房解困工作进展顺利。年内省政府下达了300户解困任务，实际完成329户，其中盂县220户、平定94户、郊区15户，解困房已全部竣工并交付使用。二是积极开展规划编制工作。先后编制完成平定县、盂县和郊区的县域村镇体系规划、71个新农村建设规划；平定县巨城镇、锁簧镇、岔口乡，盂县西潘乡和郊区西南舁乡的总体规划及郊区大阳泉村的历史名村保护规划的编制工作已着手开展。三是扎实搞好乡镇建设管理工作。以荫营镇、冠山镇、秀水镇3个镇为试点，进一步加强乡镇的建设管理工作，完善镇容镇貌管理制度，强化文明村镇建设，镇区卫生和镇容镇貌进一步改善。

建筑施工

【概况】 2009年全市共有在建工程334项，建筑面积549.92万平方米，工程造价54.71亿元。其中：市区(含城区、矿区、开发区)在建工程227项，建筑面积364.35万平方米，工程造价37.33亿元；平定48项，建筑面积86.82万平方米，工程造价7.12亿元；盂县22项，建筑面积51.20万平方米，工程造价5.83亿元；郊区37项，建筑面积47.55万平方米，工程造价4.43亿元。

【建筑安全生产监督管理】 全年共组织开展建筑施工安全大检查12次，督查建筑施工企业76个，督查建筑工程项目600多项(次)，排查各类安全隐患2000多项，注销17家企业的安全生产许可证，下发行政处罚通知书13份，下达隐患整改通知书30份，下达停工整改通知书93份。全年建设工程开工前安全生产条件审核率达100%；百亿元施工产值死亡率为0，年负伤频率0.12‰；建筑工程安全监督覆盖面市区达到100%，县区达到27%；特殊工种持证上岗率100%；全年创建安全质量标准化工地23个。

【建筑施工安全生产专项整治】 2009年是省委、省政府确定的安全生产“专项整治年”，为确保这项工作落到实处，市建设部门一是召开全市建设系统安全生产专项整治动员大会，下发《关于印发全市建筑施工安全生产专项整治实施方案的通知》(阳建建发[2009]32 号),明确专项整治的内容、方式、方法、步骤、措施和任务,明确各县区,各建设、施工、监理及监管单位等责任主体的职责,提出具体的工作要求,公布专项整治举报电话和电子邮箱。二是制定《关于在阳泉市实施建筑工程项目安全生产联名责任状公示制度的通知》(阳建安发[2009]7 号),与各相关单位签定责任状,在施工现场出入口显要位置设置公示牌,对建设项目的主管单位、监管单位等相关责任单位和责任人进行公示,明确各单位的安全生产责任,广泛接受社会监督,进一步强化各责任单位及责任人的安全生产责任意识,促进专项整治工作的落实。三是重点对市内注册的 28 个房屋建筑及市政工程施工企业的安全生产专项整治工作进行多次督查检查。查安全管理机构的建立、安全管理人员的配置、专项整治方案的制定、经费的落实以及专项整治工作开展情况,查企业安全生产管理制度、安全生产责任制的建立健全及落实情况,推动施工企业逐步完善了从公司到项目、从项目到班组、从班组到工人的安全生产管理体系,进一步调动施工企业抓安全抓管理的主动性,促进施工企业安全生产管理工作的落实。四是抽调各县区建筑安全执法人员、部分施工企业安全管理专业技术人员共 18 人,组成 2 个专项整治联合督查小组,对在建工程进行全面的督查整治。对未办理施工许可证的 71 项工程,按照分级属地管理的原则,分别下达停工整改通知书,责令建设单位停止工程建设,完善相关手续,并责令监理单位停止监理业务,施工单位停止施工活动,施工人员撤离现场;对证照齐全、合法经营的建筑施工企业及房屋建筑和市政工程项目,加大监督检查力度,强化日常监管。通过认真督查,及时消除各类安全隐患,有力地促进全市的建筑施工安全生产。

【安全预警工作】 2009 年,市建设部门继续把安全预警工作放在重要位置,一是按照国家住房和城乡建设部、省住房和城乡建设厅对起重机械备案登记工作要求,下发《关于转发省建设厅〈关于建筑起重机械备案有关问题的意见〉的通知》(阳建安发[2009]8 号),对全市建筑施工起重机械进行备案。已办理起重机械备案 568 台,其中塔吊 408 台、物料提升机 128 台、施工电梯 32 台;办理起重机械登记使用 162 台,其中塔吊 121 台、物料提升机 18 台、施工电梯 23 台;清理各种淘汰起重机械 13 台。二是针对高、中考期间建筑施工安全生产及施工扰民问题,及时下发《关于加强高、中考期间建筑工程施工管理的通知》(阳建安发[2009]10 号),对高、中考期间施工现场安全生产和文明施工进行了详细的安排布置并进行监督检查,确保高、中考的顺利进行。三是针对 2009 年夏季气温较高的情况,为保障施工现场一线施工人员的生命安全和身体健康,维护职工权益,保持高温季节的施工生产生活秩序,下发《关于做好高温季节施工现场防暑降温工作的紧急通知》(阳建安发[2009]14 号),对施工单位开展防暑降温、疾病防治及作息时间等提出具体指导意见。四是针对 2009 年上半年全省建筑安全事故频发的状况,及时下发《关于 2009 年上半年全省建筑施工安全生产事故的通报》(阳建安发[2009]15 号),对 7 起事故逐一通报,再次给各建筑施工单位及责任人敲响警钟,做到防患于未然,全力抓好安全生产。五是针对 11 月份强降雪对建筑工程施工造成的严重影响,及时下发《关于近期强降雪气候安全生产相关工作的通知》(阳建安发[2009]23 号),对强降雪情况下建筑施工现场防雪、防滑、防煤气中毒、防火、防盗、防坍塌等工作提出具体要求,并开展冬季施工安全检查。

【安全质量标准化工地创建活动】 2009 年,市建设部门在深入开展安全生产专项整治的同时,结合阳泉市提出的“三城同创”工作目标,大力推进建筑施工现场安全生产标准化工作。一是下发《关于建筑施工现场环境卫生集中整治的紧急通知》(阳建建发[2009]58 号),提出整治的重点内容、整治标准及保障措施。二是按照省住房和城乡建设厅颁布的《建筑工程施工安全管理标准》,对施工现场的安全管理、安全防护等统一尺度,严格要求。三是重点对场地的硬化、围墙(围挡)的美化、现场周边环境卫生的保洁、拖带抛洒现象的治理等进行严格的督查整治。督促施工现场新建围挡 570 米,重新粉刷、整修围挡 890 米,出入口道路硬化约 1300 平方米,清理生产生活垃圾 300 余吨,使施工现场环境卫生状况得到进一步改善。在全省卫生城市检查验收中,受到检查组的好评。2009 年,全年申报建筑安全标准化工地 45 个,年底达到竣工具备评审条件的 23 个。

【建筑节能】 2009 年,市建设部门进一步加强建筑节能监管力度。一是严把施工图审查备案关。加强建筑节能设计深度管理,鼓励提高建筑节能设计标准,确保设计深度满足规范标准。二是严把建筑节能施工质量关。对检查中发现的问题及时下达整改通知书,做到整改不到位工程不验收。三是严把材料进场关。对进入现场的节能保温材料进行审查登记,要求必须有复检报告和省住房和城乡建设厅的节能产品认定证书。四是组织编制《阳泉市城市建筑节能规划》,经专家论证后正在修编。2009 年,组织 4 次建筑节能大检查,共检查工地 189 项(次),下达整改通知书 82 份。市区建筑节能工程执行率达 100%,平定、郊区、开发区建筑节能工程执行率达 90% 以上,盂县建筑节能工程执行率约 70%。

城市管理

【综述】 2009 年,紧紧围绕城市管理工作目标,有步骤、按计划开展工作,全市城市环境面貌发生明显变化,阳泉市城市管理行政执法局(以下简称市执法局)被山西省住房和城乡建设厅授予"城市执法监察先进集体"称号。

【通道、河道、街道治理】 一是积极推动各县区政府和市级城市管理各职能部门按照以块为主、条块结合的原则,在各自的辖区范围和职能范围内,动员全社会的力量组织开展市容环境整治活动。二是充分发挥环境综合整治领导组办公室监督检查职能,用督办的形式要求相关职能部门和产权单位对 443 个公话亭,32 个交接箱和 48 根通讯电杆进行油漆和刷新;对 150 个站杆站牌、50 个候车棚进行清洗,对南庄桥、华盛桥、义井桥等 12 座桥梁进行了粉刷,涂刷面积 12234.8 平方米,清洗长度 1241.24 米,粉刷墙壁约 40000 平米。三是加大环卫部门全市垃圾清运、公厕管理、街道保洁工作力度。城区更新垃圾桶 800 个,果皮箱 600 个,购置移动式保洁筒 100 个,配备垃圾夹 500 个,保洁人员由过去的 80 人增加到 400 人,全天候不间断对城市道路进行清扫。四是对城市主要大街、交通要道、城市出入口、商业中心区、各类市场、大型广场等人流物流车流密度较大的地段进行了规范整治,有效解决这些区域摊点乱摆乱设、门店乱吊乱挂、车辆乱停乱放等问题。五是推进"门前包卫生、包绿化、包秩序"责任制的落实,取缔占道经营,纠正"伸舌头"等现象。六是集中力量整治广告牌匾、拆除条幅(吊挂)及软体广告、拆除违章亭棚、整顿马路市场等。七是制定城市严管街管理办法,由市政府确定 20 条严管街,启动城市严管街创建活动,活动期间共取缔马路占道摊点 600 余个,治理店外伸舌头 764 处,下达拆除大型墙体广告通知书 17 份,拆除墙体广告 119 块,覆盖喷涂广告 60000 余处,清洗张贴广告 15000 余处,清理破旧对联 1600 余幅,清理移动广告牌匾 967 块,拆除广告条幅 1264 条,清理沿街店铺张贴物 3968 处,清理隔离护栏 3780 余米,严管街面貌焕然一新。

【违法违规行为查处】 一是取缔马路摊点,规范街路管理。针对群众反映强烈的南庄路、官坊街、小酱沟以及德胜街、大连路、河边街、南山中路、迎宾路、滨河世纪城、新农贸等地区进行集中整治，对马路摊点、“伸舌头”经营坚决予以取缔。二是整顿广告发布秩序，治理城市“牛皮癣”。市执法局围绕广告牌匾、各式条幅、各种灯箱广告造成的视觉污染，对全市主要街区的广告牌匾、乱吊乱挂下大力清理整治。三是拆除违章临时建筑，净化城市生活空间，对馨康家园、宏泉小区进行清理整治，规范整顿门店60余个，栽种更换树木300余棵，为创建国家园林城市提供绿化用地，为改善城乡环境打下了基础。四是加强建筑工地管理，遏制各类违规行为。针对市民投诉较多的建筑工地管理问题，市执法局印发关于开展扬尘污染综合整治的实施方案，组织开展建设施工工地专项整治活动。实行每个工地至少有两名执法人员管理的分片包点负责制，对分布全市的建设工地进行有效监管。同时，组织协调环保、建设、公安交警等部门开展联合执法，对市区范围内的建筑工地进行突击夜查，查处纠正夜晚施工噪声案件32起，下达责令改正通知书32份，有效监控建筑施工垃圾乱倒，沿途抛洒等违法行为。五是开展城市噪声污染专项整治活动。每年6月，市执法局均开展以服务高考、中考为重点的控制城市噪声污染专项整治活动。印发关于“高考”和“中考”期间加强城市噪声控制的通知，协调、督促各施工单位和夜市门店及时停止噪声扰民行为，为考生创造舒适的考试环境，赢得人民群众的支持和赞誉。六是开展城市公用设施专项整治。市执法局对城市主、次干道两侧的公用设施管护不到位、影响城市景观的现象，采取多种督办方式，督促产权单位解决。协调市网通分公司、供电分公司、公交总公司等相关职能部门和产权单位，对通讯设施、沿街邮政广告设施、人行道上电力设施、公交设施上的张贴物、喷涂物进行清洗，同时对相关标识、标线进行刷新。

【网格化城市管理】 2009年，在城区实行城市网格化管理试点工作的基础上，将城市网格化管理工作在全市范围内全面开展。截至2009年底，矿区基本完成城市网格化管理的调研论证工作，制定起草城市网格化管理实施方案，划定单元网格，明确责任对象，初步确立“大队管面、中队管片、队员管格”的“三位一体、三级联动”网格化管理机制。开发区城市网格化管理前期准备工作进展顺利。

【执法人员法制教育培训】 为提高城管执法人员业务能力和政策水平，推进城市管理行政执法工作和谐发展，市执法局认真落实“五五”普法依法治理规划，加大城管行政执法人员的宣传教育、培训学习、检查考核工作力度。两年来，各执法分局和执法大队组织城管执法人员学习《中华人民共和国城乡规划法》、《中华人民共和国物权法》、《中华人民共和国行政复议法》、《山西省重大行政处罚决定备案办法》等法律、法规；组织市、区城管业务骨干，参加国家建设部、省建设厅举办的法律、法规培训班，同时，邀请市中级人民法院法官，就《中华人民共和国民法通则》、《中华人民共和国刑法》等进行专题讲座。通过法律、法规学习教育培训工作的开展，执法队员增强学法、守法、正确运用法律的能力，法制意识和法律素养显著提高。

【执法文书专题培训】 阳泉市城市管理行政执法局于2009年2月组织全市城市管理行政执法人员，对城市管理行政执法文书的正确适用和规范填写进行培训。培训内容主要是行政处罚决定程序中的简易程序、一般程序和听证程序，并根据模拟案情制作城市管理行政处罚案卷。通过学习城管执法文书，切实提高广大城管执法人员对应用好执法文书的认识，在执法过程中做得更加规范、合法、有效，促进全市城市管理行政执法工作持续、健康、有序发展。

【出台城市严管街管理办法】 严管街范围：南大街（彩石园—义井桥北口）；泉中路（南山公园北门—李家庄桥）；桃南路（赛鱼桥南口—桃源桥南口）；桃北路（西收费站口—五渡桥北口）；北大街（河神庙—滨河世纪城华盛北路口）；兴隆街地区（楼儿

街、长顺街、福胜巷、桥北街、华盛街、福寿街、新建路、天桥等)；南山北路；德胜街(含聚兴街)；武警路；深圳街；洪城河路；平坦路；矿山路；煤山路；大连路；天津路；宁波路；烟台路；虹桥路；南庄路(南庄路口—五号桥)。

管理标准：城市道路要保持平坦、完好、畅通；沿街建(构)筑物要保持外形完好、整洁，不得在阳台、出沿及楼(房)顶堆放、吊挂杂物等有碍观瞻；户外广告、招牌、标志牌、灯箱等户外设施的设置应注重美学，突出主题，内容和规格应与街景协调，做到牢固安全，不影响交通，并保持完好、整齐、美观；城市绿化以绿为主，以美取胜；城市道路、广场、车站或其他公共场所应定人定期清扫、洒水、保洁并做好消毒措施；商店门面整洁、橱窗洁净，布置美观；临街施工单位应文明作业，建筑工地要符合管理要求，特别要设置隔离护墙、要硬化出入口，竣工时应及时清理和平整现场；各类机动车、自行车按规定停放，摆放整齐，不占用盲道停车，不影响行人通行。

管理方法：建立定人、定岗责任制，明确责任范围、任务、权限和工作目标，并将任务层层分解、落实到各层级和每个执法队员，每条街道或区域必须有固定执法人员负责，实行错时工作制，实施"纵向到底、横向到边"无缝隙管理。考核监督：建立绩效考核检查通报制度，成立考核组，建立考核台帐。绩效考核检查分为明查和暗访每月各进行一次，明查吸收被考核单位参加，暗访随机检查不定期进行，由考核组定期通报考核结果。考核结果分为优秀、达标、基本达标、不达标(差)四个档次，具体标准为：优秀(90 分以上)、达标(89 ~ 70 分)、基本达标(69 ~ 60)、不达标(59 分以下)。每季度总评一次，达到优秀等次的按市财政局补助该单位的公用经费补助额的 2%，给予奖励；每季度总评中在基本达标(含基本达标)等次以下的按市财政局补助该单位的公用经费补助额的 2%，予以经济处罚；年度内，对连续三个月检查考评不达标的单位，市财政局将按不达标平均所差分数的比例扣减对该单位的补助经费；年度内，凡三次以上考核(含三次)不达优秀的单位，取消该单位年度先进单位的参评资格。

【城市管理行政处罚优秀案卷观摩】 阳泉市城市管理行政执法局于 2009 年 11 月组织开展城市管理行政处罚优秀案卷观摩活动。此次城市管理行政处罚优秀案卷观摩，是在对全市 2008 年以来已办结城市管理行政处罚一般程序案件卷宗，在自查自评的基础上，按照评查标准产生的前 30 份案卷，全市执法分局和大队 180 名城管执法人员观摩行政处罚优秀卷宗现场。

【开展专题法制讲座】 2008 年 10 月，阳泉市城市管理行政执法局邀请市中级人民法院赵丽萍和裴元钊法官，就《中华人民共和国民法通则》、《中华人民共和国刑法》进行了专题讲座。全市城市管理行政执法人员聆听了讲座。讲座中，赵丽萍和裴元钊分别就中华人民共和国民法通则和刑法的基本原则、物权、民事权利，犯罪的主要表现形式、特征、立案标准以及处罚规定，并紧密结合城市管理行政执法工作中的实际案例，做了详细的介绍、讲解和具体的分析。

长 治 市

【综述】 2009 年长治市建设管理局、房地产管理局、规划勘测局、园林局及住房公积金管理中心主要抓了省、市政府签订的建设目标任务、城市建设、市政公用设施建设、住房保障建设、城市规划、园林绿化和城市管理等工作，达到了预期的目的，完成了各项工作指标。

重点工程建设

【长治市长北污水处理及回用工程开工建设】 2009 年 2 月 12 日，长治市长北污水处理及回用工程作为长治市2009年“双十工程”首批建设的十八个重点工程项目代表，在长治市郊区黄碾镇黄南村西南厂区隆重奠基。3月18日，长治市长北污水处理及回用工程正式破土动工，主要进行厂区施工前的“七通一平”工作；4月16日~6月20日，停工整改阶段；6月20日~11月30日，厂区1#、2#二沉池，2#生物池，1#、2#酸化池主体工程基本完工；外管网二标段即长治市郊区故县生活区至污水处理厂厂区西入水口共3.2千米工程基本完工。

【长北污水处理工程安全事故】 2009年4月16日下午5时零5分左右，在长北污水处理厂厂区临时排水改线工程施工现场，施工单位山西省第三建筑工程公司，在沟渠边坡支护过程中突然发生土方坍塌，造成四死一伤的较大安全事故；经调查认定，事故发生主要原因为：施工方在边坡支护过程中麻痹大意，不按国家《建筑工程安全生产管理规定》执行，违章施工、违规操作所致。

【长治市城镇污水处理厂建设】 2009年长治市县城污水处理厂开工建设的有沁县、屯留、长子、平顺和沁源县。

1. 沁县污水处理厂设计规模0.8万吨/日，总投资2970万元，设计工艺为生物处理法，2009年1月开始设备安装，4月完成设备安装，6月单机调试，8月联合试车，9月建成投运；

2. 屯留县污水处理厂设计规模2万吨/日，总投资6150万元，设计工艺为氧化沟工艺，2009年1月开始构筑物浇筑，4月完成构筑物浇筑，5月开始设备安装，8月开始单机调试，10月开始联合试车，11月投运；

3. 长子县污水处理厂设计规模1.5万吨/日，总投资4544万元，设计工艺为活性污泥法，2009年1月开始构筑物浇筑，3月开始设备安装，5月完成设备安装，6月联合试车，7月投运；

4. 平顺县污水处理厂设计规模1万吨/日，总投资3700万元，设计工艺为生物处理法，2009年1月开始构筑物浇筑，4月完成构筑物浇筑，开始设备安装，7月完成设备安装，开始联合试车，9月投运；

5. 沁源县污水处理厂设计规模1万吨/日，总投资4635.01万元，设计工艺为A2/O工艺，2009年1月开始构筑物浇筑，4月完成构筑物浇筑，开始设备安装，7月完成设备安装，开始联合试车，9月27日投运。

【长治主城区照明工程】 2009年8月17日，开发二路太阳能路灯工程开工建设，共安装太阳能路灯20盏；9月20日，市区八一广场主席台前安装4组中华灯，总投资30万元。

【县级垃圾处理设施建设】 2009年，长治市县城生活垃圾处理设施有长子县、长治县、黎城县、襄垣县。

1. 长子县城市生活垃圾卫生填埋场以晋发改设计发[2009]1814号文批准建设。该项目设计占地60亩，库容72万立方米，日处理生活垃圾87吨，服务期限17年，投资概算2300万元；

2. 长治县生活垃圾综合处理工程项目2月启动开展实施，截至2009年底，完成“三通一平”招投标及考察等工作，6月初正式开工建设。该项目位于长治县西池乡北仙泉村西600米处，设计日处理生活垃圾120吨，项目投资估算3990万元；

3. 黎城县生活垃圾卫生填埋场3月动工兴建，2009年底通过工程初验；

4. 襄垣县生活垃圾处理厂10月开工建设，2009年11月底完工，填埋场库容量11万立方米，拦截坝长75米，开通硬化进场道路200米。该项目位于古韩镇东北阳村东外环东侧，建设规模为日处理生活垃圾200吨，设计服务年限20年。

【城市河道工程建设】 长治市城区“三河一渠”（即：石头河、黑水河、南护城河和东防洪渠）排污管网全长共40.2km，2009年3月主城区排污管网改扩建工程被列为省重点工程,2009年7月建设项目环境影响报告,由省环保厅批复,12月长治市主城区环城水系综合治理截污工程可行性研究报告由省发改委批复,2009年还从省发改委争取到工程建设资金1500万元,以及截污管网工程国家级以奖代补资金400万元。

住房政策与制度改革

【公有住房出售】 全年共受理核准房改成本价出售公房55个单位,235幢,1062户,99906.5平方米;标准价补足成本价出售公房51个单位,37幢,156户,86287.78平方米;转让公有住房19个单位,21幢,47户,3172.53平方米。截至2009年12月底,全市累计成本价出售公房68610户,556.7万平方米;标准价补足成本价出售公房237个单位,52.9万平方米。

【住房补贴发放】 2009年共受理申请住房补贴审核的单位38个,职工221人,其中无房户职工115人,未达标户职工106人,发放补贴金额4352185.68元。截至009年12月底,长治市累计审核发放住房补贴328个单位,1583人,补贴金额2714.83万元。

保障性安居工程建设

【棚户区改造】 长治市棚户区改造新开工36.6万平方米、4025套,其中市直企业新开工28万平方米、3226套,所属县(市)新开工8.6万平方米、799套。

【经济适用住房】 长治市经济适用住房新开工28.643万平方米、3689套。其中,市本级新开工12.35万平方米、1888套,所属县(市)新开工16.293万平方米、1801套。市直柏后小区经济适用住房建设项目5.3万平方米、880套,截至2009年底,主体基本封顶;长治市城区第一批符合经济适用住房保障条件的住房困难家庭约1300余户,已于2008年12月公示,并于2009年5月份完成选号及选房工作,首批选中经济适用住房房号的住户已预交了部分购房款。第二批经济适用住房申请审核工作已于2009年11月份审核完毕,并于11月13日在《长治日报》、《上党晚报》上进行公示,共公示1907户。

【廉租住房】 长治市廉租住房新开工8.41万平方米、1539套。其中:市本级新开工5.78万平方米、1024套,所属县(市)新开工2.63万平方米、320套。市直柏后小区5万平方米、800套(包括了2008年的2万平方米、400套和2009年的3万平方米、600套),于2008年11月底全部开工建设,2009年主体基本封顶。

【廉租住房租赁补贴】 根据长治市所属县、市、区所申报的低收入家庭保障数据,2009年全市符合廉租住房货币补贴申请条件的家庭共计12140户,补助资金2026.64万元。7月,长治市房地产管理局会同市财政部门,根据《财政部、住房城乡建设部关于下达2009年中央廉租住房保障专项补助资金的通知》(财综[2009]31号)和《省财政厅、建设厅关于下达廉租住房保障专项补助资金的通知》(晋财综[2009]27号)精神,将上级廉租住房保障专项补助资金2026.64万元下达至各县、市、区财政专户。年底沁源、襄垣、长治县和黎城均已完成公示,其余县、市、区正在对申报家庭进行调查摸底工作。

住宅与房地产业

【房屋产权产籍登记】 2009年,长治市房屋产权产籍监理处完成房屋登记面积149.01万平方米,注销登记87.79万平方米,发放房屋所有权证10270册,他项权证840册,预告登记证明78份,产权档案立卷17259卷，协助司法机关查封房产不得进行权属转移和抵押登记的30余起。3月，召开全市产权管理与房地产开发企业业务协调会和抵押登记与金融企业业务协调会。4月份负责登记簿和缮证的工作人员调整至政务大厅办公，改善了登记工作的衔接环节。7月，启动了房产档案电子信息数据库工作，聘请专业机构对馆内的20余万卷档案全部进行了数字化管理，并委托长治市博文科技有限公司开发“产权登记网络管理系统”。12月，根据《长治市机构改革方案》，长治市房屋产权产籍监理处划入长治市住房保障和城乡建设管理局直属管理。

【房地产交易】 2009年，共完成各类房地产交易业务6187起，成交面积69.44万平方米，成交金额10.99亿元。其中：商品房交易2059起，成交面积23.47万平方米，成交金额6.48亿元；存量房交易1249起，成交面积16.12万平方米，成交金额2.93亿元；房屋租赁登记2879起，成交面积29.85万平方米，成交金额1.58亿元。

【物业管理和公房管理】 一是积极宣传和贯彻落实《物权法》和新的《物业管理条例》以及住房与城乡建设部一系列物业管理配套规章办法。二是加强物业管理企业资质管理，扩大物业管理覆盖面。截至2009年，全市已有物业管理企业84家，物业管理面积达到860多万平方米。

各房管所严格按照国家规定的修缮标准和操作规程，按市政府下拨的维修经费，统筹安排，精心施工，公房维修及时率达90%以上，房屋完好率达到65%以上。

住房公积金管理

【住房公积金业务指标完成情况】 截至2009年底，长治市新建住房公积金单位393个，新增职工12600名，完成目标责任制的158%，当年归集住房公积金8.4亿元，完成目标责任制的187%；支取住房公积金1.7亿元；发放个人住房贷款1.13亿元，完成目标责任制的226%。现全市累计为2700个单位、24.2万职工建立住房公积金，覆盖面由60%增长至64%，累计归集住房公积金38.1亿元，累计支取7.59亿元，累计发放个人住房贷款4.78亿元，支持7000余名职工购买住房。9个县区住房公积金管理部正式挂牌成立，并同时在广播、电视、报纸、网站进行大规模宣传，共计发放各类宣传资料三万余份。新成立的9个县区管理部当年归集达到1.7亿元，累计归集达2.4亿多；山西振东集团为旗下900余名职工建立住房公积金制度，使国家的住房保障政策进一步惠及非公企业领域；2009年长治市公积金管理中心转为参照公务员管理单位。

【住房公积金专项治理】 沁县召开县人大会，将建立住房公积金制度列入沁县2009年十大惠民工程之一，现实现归集400万元；壶关县也通过常务会议积极推行住房公积金制度，现实现归集240万元。全年回收住房公积金逾期项目贷款本息1537万元。截至2009年底，全市住房公积金逾期项目贷款本金4992万元全部收回，保证了职工住房公积金的完整，拖延十年的遗留问题提到解决。违规使用住房公积金的行为得到纠正。长治市煤气公司自行归集公积金459.86万元全部进入中心专户，并按规定分配到个人帐户。

建筑节能

【既有建筑节能改造】 2009年承担既有建筑节能改造3个项目，建筑面积6.6万平方米，总投资1650万元，共落实中央、省级、市级配套资金391.3万元。安全局住宅楼、城建局八一广场家属院全面竣工，颐圣苑小区、五环实业家属楼完成分户计量和热平衡改造。

【建筑节能管理】 全年共办理建筑节能设计认定书182项，建筑面积352.5万平方米，保证新建建筑执行50%节能标准设计率100%、施工阶段执行50%节能标准率100%；办理建筑节能技术产品备案38项，22个品种；建筑节能专项验收工程43项，建筑面积60.7万平方米；供热系统热计量改造485户，建筑面积7万平方米，新建建筑中基本实现分户计量，分室调控；可再生能源应用面积37043.59平方米，其中益东国际大酒店地源热泵综合示范工程充分开发利用广大的地表可再生能源，降低资源耗费状况，为全市相似特点项目的采暖、空调等提供示范借鉴作用。

【建筑及建筑节能指标完成情况】 建设工程验收合格率、工程应公开招标率、建筑工程施工合同和监理合同备案率、房屋建筑和市政工程施工图审查合格率、超限高层建筑工程抗震设防审查通过率等均完成100%；新建建筑节能50%节能标准执行率、新建建筑采暖具有分户计量和分户控制功能比例、新建建筑中可再生能源应用比例均完成100%，既有建筑节能改造完成3.19万平方米指标任务。

规划勘测

【城市专项规划】 《2009年度规划实施计划》由长治市规划勘测局编制完成，并经市政府批复，报省住房和城乡建设厅备案；由长治市规划勘测局牵头编制的《老顶山与主城区连接地段控制性详细规划》已编制完成并通过专家评审；《八一广场及周边地段修建性详细规划》长治市规划勘测局编制完成并通过专家评审；由长治市规划勘测局牵头编制的《主城区建设用地控制性详细规划》于2009年5月8日通过技术评审；由长治市规划勘测局牵头编制的《长治太行山大峡谷风景旅游区总体规划》编制完成并于9月24日通过专家技术评审。

【规划审批】 2009年，严格按照审批权限，核发"一书三证"，继续实行规划审批业务例会制度，集体研究，共同把关，重大项目报市政府审批，避免审批方面的暗箱操作，提高审批工作的透明度，做到公开、公平、公正。2009年度，共召开项目审批业务会15次，办理发放《建设项目选址意见书》17份、《建设用地规划许可证》25份、《建设工程规划许可证》76份、《乡村规划许可证》2份，"一书三证"发放率达到100%。

【城乡规划监察】 2009年，继续实施规划监察联合执法机制，加强规划监察管理力度，坚决取缔违法建设。共查处违法建设218起，其中，对10起违法建设采取切断电源的联合执法手段实施停工，拆除各类违法建设108起，拆除面积2万多平方米，违法建设查处率达到100%。根据市政府安排，负责完成70处户外广告牌匾、61处建筑工地施工围挡整治工作。

【规划管理建章立制】 制定《长治市城乡规划管理技术规定》，经2009年3月29日市政府第15次常务会研究通过，2009年7月1日起实行。制定《行政处罚自由裁量执行标准》和《规范行政处罚自由裁量权工作实施办法》，明确行使规划行政处罚自由裁量权基本程序及执行标准。结合容积率专项整治工作，建立《建设用地容积率管理规定》、《容积率变更通报制度》(国土、规划、财政等部门)、《容积率变更责任追究制度》等三项制度。

城乡建设

【城市建设指标完成情况】 全市(含县城)市政公用设施固定资产投资达到26.28亿元，超计划1.28亿元；人均城市道路面积达到9.15平方米，超计划1.25平方米；全市集中供热普及率达到72.6%，超计划2.6(百分点，下同)；城市集中供热普及率达到

82.8%,超计划0.8;全市城镇用水普及率达到94.84%,超计划4.84;全市污水处理率达到80.7%,超计划0.7;城市污水处理率达到85.47%,超计划5.47;全市(含县城)中水回用率达到17.4%,超计划3.4;全市燃气普及率达到77.2%,超计划7.2;新增生活COD减排量达到2000吨,超计划200吨;新增污水管网长度达到169公里,超计划69公里;全市生活垃圾无害化处理率计划58.8%,达到49%;城市生活垃圾无害化处理率完成100%;中心城区医疗垃圾无害化处理率达到100%,超计划20;全市城镇建成区绿化覆盖率达到43.39%,超计划1.89%。**【城市集中供热】** 2009年长治市市区热网二期工程敷设管网25公里,改造换热站8座,新建换热站20座,新增供热面积200万平方米。累计换热站投入运行共85座、管网敷设共76公里,长治市集中供热面积突破1000万平方米。共完成热费收入7700万元,回收率达到98.8%。供热价格执行长治市物价局2003年制定的价格。居民用户:每月每平米3.4元(按使用面积算);非居民用户:每月每平米4.5元(按建筑面积计算);低保户:每月每平米3.2元(低保以民政部门发放的证件为准)。2009年燃煤平均每吨500元左右,运行成本与收费价格严重倒挂,政策性亏损严重;2009年11月10日气温突降,寒流提前到来,面对几十年一遇的特大暴风雪,长治市热力公司立即启动了应急预案,所有具备供热条件的用户提前到11月12日晚供热。

【城市供水】 2009年,长治市供水总公司筹措360万元资金,完成了延安南路、鸿源路、太行南路等路段的管网改造3.55公里;筹措1653万元资金对79项10510户用水户实施"一户一表、水表出户"改造,户表改造总户数增加至4.8万余户,为下一步实行"阶梯式"水价奠定了收费基础;在加强水费回收和查处违章用户的基础上,借助长治市加快"1+5"同城化和水资源费上调后的有利时机,扩大市场,促使长治钢铁集团生活区实施了管网改造工程,该客户由原先的日用水量8000立方米增加至11500立方米;三水厂加压设备改造后,长北地区用水量由原先的月均8万立方米提高到现在的10万立方米,接近长北地区三年的规划用水量;中水回用作为城市可持续发展的重要一环,4月23日漳山中水回用工程全面竣工并投入使用后,共向漳山供应中水261万立方米。通过污水处理运行和销售中水,长治市供水总公司全年增收600万元;12月31日,长治市物价局以长价管字[2009]125号对《推进"差别水价"和"阶梯水价"适当调整自来水价价格》进行了批复,自2010年1月1日起执行。

【城市河道建设管理】 2009年园林绿化总面积7.7万平方米,包括湿地面积2.7万平方米和荷花7000平方米;亮化面积2.8万平方米完成30万平方米道路、游园平台、水面、干库区垃圾的清扫、打捞工作,6月底以前,共补栽树木696棵,草坪2976平方米,绿篱24380株,水面种植睡莲500芽,为净化水质,先后换水1万立方米,粉刷栏杆1260平方米,清理淤泥750立方米,清理水草1000余平方米;为创建"安全本质型"城市,结合上级安全生产专项整治工作及开展"安全生产月"活动,编制"山西省长治市主城区河道防洪规划"及"防洪应急预案"。

【环境卫生】 2009年长治市市区清扫面积达到521万平方米,主次干道实行"两扫全天候保洁",背街小巷实行"两扫两保"。紫金东西街、长兴路等主次干道更换分类果皮箱1000个。市区处理生活垃圾22万吨,无害化处理率达100%;10月28日,长治市第一座现代化大型城市垃圾处理设施—城南垃圾转运站竣工剪彩,该站由城区政府和长治清华机械厂合作建造,位于城区五马农工商公司中山头村,占地面积2000平方米,投资约400万元,日处理垃圾300吨;11月,长治市为1800名一线环卫工人办理工伤、养老、失业、医疗、生育共5种保险,并签定劳动合同。

【城市出租汽车管理】 2009 年 7 月 17 日长治市人民政府第 19 次常务会议审议通过，出台了《长治市城市出租汽车管理办法》，自 2009 年 12 月 30 日起实施；9 月起，经长治市人民政府批准同意，开展对市区 121 辆出租汽车更新、经营权转让及部分出租汽车经营权延续工作；12 月 25 日起，根据长治市公安局、长治市交通局、长治市建设管理局《关于对长治市客运出租汽车行业实施治安管控的联合公告》，为长治市市区 1800 辆出租车免费统一安装了 GPS 卫星定位及 LED 报警系统。

【医疗垃圾处置】 2009 年处置量 920 吨，集中处置医院 77 家，诊所 367 家。

【城市煤气】 2009 年 4 月 30 日，长治市委、市政府作出由山西三元煤业股份有限公司对长治煤气化总公司进行托管重组的决策，任命三元煤业股份有限公司董事长方志有为长治煤气化总公司党委书记、总经理；2009 年全年，长治煤气化总公司气源厂实现销售收入 6.34 亿元、货款回收 8 亿元。供气系统新增焦炉煤气居民用户 11306 户、营业用户 9 户、福利用户 7 户，累计拥有焦炉煤气居民用户 92379 户、工业用户 4 户、营业用户 50 户、福利用户 71 户（按 1 个单位为 1 户计），管道煤层气居民用户 2833 户、营业福利用户 2 户（2009 年拆除 1 户），新运行煤气管网 22.3 公里，累计运行煤气管网 326.9 公里，全年销售焦炉煤气 4598.4 万立方米，销售煤层气 49.1 万立方米，两气销售收入 3514.9 万元，实现全部销售收入 5142.2 万元。长治煤气化总公司 2009 年全年实现销售收入 6.93 亿元，上缴税金 3514 万元。

【公共交通】 截至 2009 年末，长治市公交总公司 16 条公交线路、249 部公交营运车辆实现智能化调度，清洁能源公交车达到 294 部，占到营运车辆的 52%，与燃油车相比，成本下降 48%，尾气中一氧化碳、二氧化碳、碳氢化合物、固体微粒的年排放量分别从燃油车的 3.6 亿立方米、662 万立方米、23 万立方米、4 吨下降到现在的 1.8 亿立方米、77 万立方米、12 万立方米、1.8 吨，下降 50%、88%、48%、55%，改善了城市空气质量；342 辆公交营运车辆上安装了车载电视，硬件投资 50 万元；9 月 20 日，3、8、10、11、16 路矿郊线路实现了 IC 卡收费，同日，公交 IC 卡惠丰充值点正式开始营业；9 月 17 日，在长治县委、县政府的大力支持下，长治公交总公司组建了长治县分公司；开通了长治县 1 路、2 路新线路，并实行免费运营；12 月 19 日，开通惠丰厂至昌盛超市的 19 路新线，市区无人售票线路增加至 11 条；停运 10 年之久的公交 7 路线恢复运营，始发站客运中心，终点站潞城市枣臻，填补了部分道路的公交空白；应有关单位需求，相继开通热电厂、防爆电机厂和城区小飞龙学校通勤车，方便企业职工和在校学生；将 3 路线上有营运手续的 16 部个体面包车进行收编，规范客运市场；在政府财政的大力支持下，购入新型环保公交车 131 部，对 1 路、9 路、13 路、17 路、18 路、20 路、21 路、313 路、长治县 1 路、2 路等线路公交车进行补充、更新换型，并在国庆 60 周年，举行公交历史上规模最大的一次车辆更新仪式，内外线首次使用空调车，填补历史空白；完善《公交安全生产应急预案》、《公交突发公共事件总体预案》、《交通事故应急预案》等安全生产管理措施。

【城市美化成效显著】 5 月 8 日，长治市 2009 年城市美化动员大会召开，决定从 2009 年 6 月开始，全面启动 18 个项目的城市美化工程，重点是市区 14 条主要街道、4 个大型环岛、8 处桥头和 11 处重要交通路口，最终高标准、高质量地种植摆放 80 个品种各类鲜花 105 万盆，增添花具 1 万余件。工程中首次组织花境摆放，运用花球、花伞、花塔、特别是雪松花树这一北京奥运会后方才兴起的艺术造型，采用大理石花盆、欧式支架灯杆花盆等新型花具，增添垂吊牵牛、非洲凤仙等61个品种的鲜花，将“八音会”和“杂技”等上党地域文化以城市软雕塑的独特形式引入到城市美化中，通过“空中吊花、墙体挂花、盆中插花、绿地种花”等丰富多样的布置手段，共建成60余处精品景点，展示出8大类39种新颖独特的艺术造型，实现由单一平面美化向立体综合美化的转型发展。

【十万大苗进城】 2009年2月1日开始，由长治市园林局牵头负责对市区33条道路和沿线公园、广场、游园、市区环城林带、七个出入口为主的绿地进行一次大规模升级改造，共种植40余个品种的树木6.1万株，各类花灌木200余万株，新建街头景点6个，疏林广场14个，此外市园林局还通过整体规划设计，督导三区一县、市直16个大口、市内22个小区和129个庭院，顺利完成种植各类大苗7.4万株的义务植树任务。专业种植和社会种植大苗共计13.5万株。通过此次大规模的绿化建设，完成环城林带补空达标任务，消灭无树街道15条，完成21条道路行道树补植补种任务，做到了市区所有空地全部绿化，所有缺失行道树全部补齐，全面完善市区的绿地生态系统。

【长治市国家城市湿地公园管理处成立】 2009年8月根据长治市机构编制委员会办公室《关于成立长治市国家城市湿地公园管理处的通知》(长编办发[2009]131号)，长治市国家城市湿地公园管理处正式成立，为副处级全额事业单位，归口市建设管理局管理，主要职责是为长治市国家城市湿地公园提供管理服务，具体负责湿地公园规划、控制范围内的管理、保护与利用工作。长治城市湿地规划总面积达58.72平方公里。

【湿地公园保护】 2009年，为确保长治国家城市湿地公园生态功能的恢复做了以下工作：继续认真执行《长治市人民政府令》第(5)号，对湿地核心区实行严格封闭管理；加强湿地内部管理工作，起草“长治国家城市湿地公园管理机制运行方案”并经市政府常务会议讨论通过；加大对湿地内部环境的整治力度，关闭渔塘9个，退耕还湿80余亩，拆除核心区内违章建筑6处1000余平方米，清除核心区建筑垃圾1200立方米并全部恢复植被；湿地总体规划原则通过建设部专家评审，《长治湿地生态保护与修复项目实施方案》通过专家评审并由省发改委下达方案批复，与此同时，湿地入口处生态防护林种植、补植等项目先期启动。

【园林绿化管理】 游乐设施开展专项检查，2009年4月29日，长治市园林局与市质监局首次联合对市内公园、游园、广场的游乐设施运营情况进行专项检查，特别是对运行年限超过10年的大型游乐设施及超负荷运行的进行了重点检查。2009年5月底，针对全市罕见旱情，积极开展对市区绿化植物的“浇水抢活活动”，日动用水车77台，利用拖拉机、水罐、农用车等设备100余台(套)，打井50眼，浇水2000余车次，确保绿化植物的健康生长。

长治滨河游园

【村镇建设指标完成情况】 完成建制镇建成区绿化覆盖率24.08%，农村居民人均住宅建筑面积完成25.94平方米，解决农村困难群众住房1050户，已于11月底全部完工，完成投资6300万元。

建　筑　业

【建设工程招投标】 2009年，全市共完成建设工程施工报建发包452项，建筑面积420.97万平方米，工程总投资 47.26 亿元。其中:房屋工程施工招标 417 项、建筑面积 420.97 万平方米,投资 44.44 亿元;市政基础工程(含园林工程)招标 35 项,总投资 2.82 亿元;市区全年共完成建设工程施工报建发包 100 项,总投资 20.57 亿元。其中:房屋工程施工招标 86 项,建筑面积 120.16 万平方米,总投资 19.83 亿元;市政基础工程(含园林工程)招标 6 项,总投资 7299.29 万元;设备招标 1 项,总投资 84.15 万元;工程监理招标 7 项。

【建筑工程劳保统筹收缴】 全年共计收缴劳保统筹费 2744 万元并全额上缴财政专户,向企业拨付劳保统筹费 1100 万元,全年财政下拨机构经费 110 万元。

【全国建设工程质量监督执法检查组莅临长治市检查】 8 月 20 日,全国建设工程质量监督执法检查组一行 7 人莅临长治市,对体育馆项目、云步街 1#楼、襄垣县田园小区 1#楼进行工程质量监督执法检查,并在随后召开的反馈会中,提出整改建议。

【安全专项整治】 为配合山西省"安全专项整治年"专项整治工作的开展,长治市建筑工程质量安全监督站开展起重机械备案的审查登记工作。

【工程造价管理】 2009 年长治市建筑经济管理站对全市建筑施工企业工程造价管理工作进行动态考核,133 家施工企业动态考核合格;新办理施工企业规费计取标准 22 家;向社会公布材料价格信息和工程造价指数,出版《长治工程造价管理信息》双月刊六期,发行量达到 1200 份;按季度向省标定站上报 2009 年建筑工种人工成本信息和城市住宅建筑工程造价指标;组织了 2009 年度长治地区造价工程师考试报名工作,报名人数 175 人;组织了 2009 年度长治地区造价员继续教育与续期考核工作,参加培训 719 人;完成了 2009 年度长治地区造价工程师续期注册工作;完成了 2009 年度长治地区造价工程师初始注册工作,初始注册 11 人,并对山西金策工程造价咨询有限公司等 8 家咨询企业认真开展咨询企业资质延续工作。

【创建全国无障碍城市】 长治市人民政府 2009 年 1 月 19 日制定出台《长治市关于开展创建全国无障碍建设城市自查工作方案》(长政办发[2009]3 号)。2009 年 2 月 20 日,山西省创建全国无障碍建设城市检查组对长治市进行了中期检查。2009 年,长治市的无障碍设施建设工作逐步走向规范,主城区新修道路全部铺设有盲道和人行缘石坡道,主要道路盲道和人行缘石坡道已基本改造完成;市区公共厕所无障碍设施已部分改造完成;政府主要办公建筑、残疾人通道、停车位、厕所、残疾人使用标志等已部分改造完成;主要的医疗服务部门、商场、超市、银行、宾馆、酒店、车站、图书馆、博物馆等也相应新建和改造一批无障碍设施;城市主要道路和建筑物无障碍设施在长治市城区方便了老年人、儿童和残疾人的生活。2009 年底,长治市市区主要街道(太行东街、太行西街、英雄路、紫金东街、紫金西街、东大街、长兴路)修建缘石坡道 400 处,铺设盲道 30000 米,各种无障碍改造建筑共 104 处,其中政府办公建筑 10 处、商业服务建筑 20 处、文体纪念观演体育建筑 2 处、医疗建筑 2 处、室外公共厕所 10 处、铁路旅客车站 1 处、汽车站 1 处、民用机场 1 处、康复中心 1 处、养老机构 1 处、居民小区 1 处、还为 54 户残疾人家庭进行无障碍设施的装配。

晋 城 市

【综述】 2009 年,晋城市大力实施四位一体特色城镇化发展战略，紧紧围绕建设宜居城市目标，突出以人为本，密切关注民生，加强城乡统筹，抓住国家应对经济危机、加大民生工程和基础设施建设的有利契机，以拉大城市框架、完善城市功能、提高城市综合承载力和辐射带动力为重点，高起点、严标准、快节奏地组织实施一大批城建工程，市区涉及28项、投资总额167亿元，当年建成18项，完成投资30亿元，年度各项指标任务和2件为民办实事项目全部兑现。

绿阴覆盖的晋城市泽州路

【住宅与房地产开发】 2009年全市城镇居民人均住宅建筑面积达到32平方米，人均增加0.6平方米；农村居民人均住宅建筑面积达到27.52平方米，人均增加0.46平方米。在国家、省、市宏观调控政策的刺激下，全市商品房开发呈现出增速加快、规模扩大、拉动增长的良好态势，新开工面积达到121.8万平方米，完成销售面积45.5万平方米，销售收入13.65亿元，带动50多个相关产业的发展，占新增GDP比重1.5个百分点。

【经济适用房建设】 全市开工建设经济适用住房面积25.3万平方米、3282套，全市符合条件的申报对象6021户，解决比例54.5%。其中：市区21.5万平方米、2712套，首批1312套已主体竣工，第二批1400套全部开工；市区符合条件的申报对象2993户，解决比例90.6%。高平市2万平方米、306套主体竣工；符合条件的申报对象1073户，解决比例29.5%。阳城县1.8万平方米、264套主体竣工；符合条件的申报对象1115户，解决比例23.7%。陵川县和沁水县符合条件申报对象（调查摸底）分别是110户和730户。

【廉租住房对象应保尽保】 全市列入廉租住房保障对象的家庭共831户，较去年增加218户，其中市区383户，其它四个县（市）448户（高平市30户，阳城县104户，陵川县148户，沁水县104户）。

通过实物配租和货币补贴相结合的方式已对831户家庭全部实现应保尽保，实物配租比例16%、货币补贴比例84%。其中市区132户家庭已经入住新建的廉租住房，实物配租比例35%，货币补贴按每月4元/平方米的标准全部发放到户，货币补贴比例65%。各县启动建设廉租住房1.43万平方米、270套，其中高平市0.15万平方米、30套，阳城县0.56万平方米、96套，陵川县0.42万平方米、84套，沁水县0.3万平方米、60套。

【农村住房解困】 2009年市政府全面启动农村住房解困工作，制定《实施方案》，编制解困规划，省级补助资金352万元，市级配套资金264万元，县级配套资金264万元，全市800户农村解困任务全部完成，建设住房面积8万平方米，其中高平市210户、泽州县180户、阳城县190户、陵川县100户、沁水县120户。800户中新建的335户，改建的130户，修缮的171户，置换的82户，购房的31户，集中安置的51户。

【市区城中村改造】 出台《关于进一步规范市区"城中村"改造工作的通知》，明确四大原则，一是"统一规划、政府引导、村为主体、市场运作、自求平衡、分步实施"；二是"村民自治、民主决策、民主管理、阳光作业"；三是先拆迁安置，后开发建设；四是确保被拆迁户利益不受损害，确保集体资产不流失，确保社会稳定，确保工程质量和安全；促进城中村改造工作的有序实施。市区14个城中村改造项目有8个开工建设，累计完成投资10.9亿元，占总投资规模的9%，开(竣)工面积80.4万平方米，占规划建筑面积的16.7%，回迁面积11.7万平方米，有862户“村民”住进配套完善的现代化小区，过上了市民的生活。郝匠、东关、白水、杨洼等现代化建筑设计新颖、特色鲜明

【规范房地产市场管理】 出台《晋城市住宅专项维修资金使用细则》、《晋城市房屋拆迁管理办法》和《房地产开发企业和房屋拆迁单位动态考核办法》。累计缴存、归集专项维修基金3800万元。

【房屋产权登记】 发证1534册，发证面积52.8万平方米。办理各类房地产转让1800起，过户建筑面积23万平方米；办理房地产抵押110起，建筑面积9万平方米；房屋租赁登记备案1800起，建筑面积60万平方米；房屋所有权预告登记和抵押权预告登记600起，面积8万平方米。

【城市路网建设】 全市(含县城)实施城市道路工程13项，新增道路长度16.5公里。其中市区东南出入口通道和泽州北路延伸段竣工通车，新增道路里程5.98公里、面积26.85万平方米，辐射周边11个城中村的发展，带动城市6平方公里的开发建设。同时，对后巷、下东关、东谷洞、晋韩路、苗孟路、庙台底、吕宅巷和新市西街3.9公里、2.4万平方米8条街巷进行整治，对泽州公园环周边1.6万平方米人行道进行铺装和改造，进一步提升城市品位。高平市、阳城县、陵川县、沁水县实施11项道路工程，新增道路长度10.5公里。

【煤层气综合利用】 2009年煤层气利用继续向城乡居民辐射延伸，全市煤层气居民用户新增5万户，累计达到13.1万户，其中城市居民10.8万户，农村居民2.3万户。主城区、北石店区、巴公区、阳城县城、陵川县城、沁水县城和凤城、龙港、嘉峰、端氏、南村、崇文等6个乡镇及54个村、约40万人使用上了清洁煤层气。其中市区范围新增2.1万户，用户总数累计达到5.1万户、近18万人，是之前建市20年发展煤气用户的3倍，同时128台常年燃煤锅炉全部实现煤改气，1700多辆公交出租汽车全部实现油改气，300多个社会服务企业成为煤层气用户。煤层气综合利用项目成为晋城市继两河治理和东南出入口生态修复工程后，第三个被国家住房和城乡建设部评为“中国人居环境范例奖”的工程。

【燃气行业年检】 与91家燃气经营企业签订安全责任书，公布2009年燃气器具销售目录，组织8期培训班，实验室检测通过省质监局的计量认证，具备7个项目的检测能力。

【燃气安全】 市政府出台《关于进一步加强晋城市燃气安全管理工作的通知》，市建设局组织开展为期8个月的“燃气安全进万家”活动，入户安检达到3.93万户，查改故障燃气表231块、软管老化721户；储配站隐患整改84项，管线防腐层破裂修复240处，违章占压管线整改5处。同时停产整顿16个燃气经营站点，燃气安全保障水平整体上台阶。

【城市集中供热】 城市(含县城)集中供热面积新增157万平方米，其中市区新增102万平方米(热力52万、恒光热电40万)，市区集中供热普及率达到81%；四个县城都加强了集中供热工程建设，高平市集中供热能力达到24万平方米，阳城县集中供热能力达到75万平方米，陵川县集中供热能力达到80万平方米，沁水县集中供热能力达到82万平方米。

【城市供水管网建设】 2009年新建改建城市供水管网81.6公里，其中市区新建改建供水管网44.5公里，区域供水环境进一步优化，解决旧城区2万多人的用水困难，部分片区用水紧张的状况得到缓解；阳城县城新建水厂1座，敷设供水管网14公里，新增供水能力1.2万吨；陵川县敷设供水管网23.1公

里，县城居民全部使用上安全水、达标水。

【城市污水处理】 2009年完成城市污水深度处理工作，各项前期工作，10月9日正式开工建设，计划工期1年，设计深度处理能力7.5万立方米/日，出水水质一级A标准，回用水规模为5万立方米/日，再生水回用配套管网8.7公里。建成以来，基本满足电厂、园林、绿化、河道、环卫、洗车等行业用水，为建立城市循环水系奠定扎实基础。

【乡镇规划】 截至2009年底，全市74个乡镇已基本实现总体规划全覆盖的目标。全市（不含城区）需要编制新农村建设规划的村庄1995个，2009年完成规划编制125个，累计完成978个，覆盖率达到49%，其中高平市77.8%，泽州县61.7%，沁水县58%，陵川县18%。同时，启动沁水县嘉峰至郑庄沁河流域、阳城县润城沁河流域、阳城县泽州县北留周村、环城高速内、任庄水库—金村—围滩丹河流域、城区北石店、阳城县皇城相府等一大批城乡一体化片区规划、特色城镇化片区规划和风景名胜区规划。

【县县新三有建设】 4个县城全部建成生态文化公园，全部启动生活垃圾无害化处理场前期，高平市、阳城县、沁水县全部建成污水处理厂并开始试运行（高平市日处理能力1.5万吨，阳城县日处理能力1.5万吨，沁水县日处理能力1万吨），陵川县污水处理厂开工建设。

【乡镇五个一建设】 全市74乡镇全面推开五个一工程建设，实施建设项目147个，投资规模11.5亿元，有24个乡镇实现四个一。在五个一工程带动下，乡镇掀起人居环境建设的热潮，学校、医院、供水、住房、垃圾处理等公共服务设施的规模进一步扩大、标准进一步提高，北留、润城、巴公等一批工业强镇、旅游重镇、历史名镇的产业集聚、人口吸纳能力显著增强。

山西省园林城镇——阳城县润城镇

【历史文化名镇名村】 2009年，晋城市有一镇两村被评选为中国历史文化名镇名村（泽州县大阳镇、沁水县嘉峰镇窦庄村、阳城县润城镇上庄村），截至2009年，全市历史文化名镇名村达到34个，其中：中国历史文化名镇1个，中国历史文化名村6个，山西省历史文化名镇5个，山西省历史文化名村22个，占到全省的三分之一。

中国历史文化名村——沁水县西文兴村一角

【建筑施工安全】 排查建筑施工项目303个，停工整顿项目101个,停工整顿建筑企业16个,公开通报和处罚了阳城县凤城镇佳馨住宅小区5号楼工程起重伤害事故和郝匠社区城中村改造11号楼工程起重伤害事故,有效遏制安全事故的发生,提高安全生产运行水平,有4个工地达到省级安全标准化工地,7个工地达到市级安全文明工地标准,获省优工程10项、市优工程12项。

【安全应急演练】 先后举行燃气泄露、供水管道爆裂、高空坠落、机械伤害、土方坍塌等9次较大规模的现场应急演练,提高突发事件的实践处置能力。

【安全责任主体单位排查和培训】 共排查建筑施工企业180个、建设监理企业22个、非煤矿山企业1个、市政公用企业36个、房地产经营企业79个、房屋拆迁企业8个、物业管理企业32个、燃气生产企业(站点)140个、出租客运企业15个,排查各种隐患1625条。同时,开展安全生产专项整治培训、煤层气安全技术培训、燃气从业人员培训,培训人员1397人。

【建设领域节能减排政策】 市政府出台《晋城市关于推进建筑中可再生能源的实施意见》,印发《关于进一步加强城镇生活污水处理厂建设运营管理工作的通知》,启动既有建筑节能改造奖励政策。

【既有建筑节能改造】 制定《晋城市30万平方米既有居住建筑供热计量与节能改造实施方案》,选定12项建筑面积达52.7万平方米的既有建筑节能改造项目,开工改造建筑面积15.9万平方米。

【新建建筑节能】 共办理建筑节能设计认定备案89项,建筑面积71.69万平方米(其中公建26项、13.63万平方米,民建63项、58.06万平方米),新建建筑节能50%的设计标准施工阶段执行率均达到100%。

【建筑节能产品(技术)】 有3家生产企业的5种产品(技术)通过省建筑节能认定,截至2009年,全市共有9家企业的12种产品(技术)通过省认定,包括煤矸石砖、聚苯板、复合夹芯板、铝合金门窗、保温防水装饰系统等。

【COD减排】 市区污水处理厂保持稳定运行,完成污水处理量1995万吨,较2008年增加35万吨;完成COD消减4485吨,较2008年增加251吨,污水处理率保持在95%以上。

【宜居城市创建】 成立晋城市宜居城市创建活动领导组及其办公室,调查124项宜居城市考核指标现状,形成《晋城市创建宜居城市分析报告》,出台《晋城市创建宜居城市活动实施方案》,明确创建目标与责任。在各方面的共同努力下,环境友好类单项的30项指标已基本达标。

【客运出租】 启动以组建党员先锋号、评比文明服务标兵、规范企业管理为主要内容的客运出租提升服务、打造形象活动,爱心免费送考生6000人次,发放燃油补贴1500万元,查处非法营运车辆340辆、违规出租车394台次,罚款46.1万元。

【城市节水】 推广节水型器具2700套,对申报的24家节水型企业进行考核验收,编制完成《晋城市城市节水中长期规划》文本。制订《晋城市城市节约用水管理办法》和《晋城市城市污水处理费征收使用管理办法》。

【建筑市场管理】 制定印发《关于加强晋城市建设工程项目管理工作的通知》,《关于进一步规范建设工程交易中心窗口服务事项的通知》,完成建设工程发包17项,建筑面积39.8万平方米,工程造价7.33亿。办理建筑施工许可项目25项。完成招投标项目监督38项,建筑面积约60万平方米,招标率达100%。

【工程质量监督】 监督工程160个、面积233万平方米，其中2009年新开工项目34个、面积52万平方米。工程竣工备案34项，备案率100%，监督抽测950次，记不良行为记录25次。获得市优工程12项、省优工程10项。

【建筑劳保统筹】 以抓征收、求稳定、促和谐为重点，通过规范管理和优化服务，再创历史新高，全年收缴劳保统筹费5180万元，同比增长7%，按规定拨付3900万元，补贴特困企业280万元，为促进全市建筑企业的健康发展和维护社会稳定发挥积极作用。

【建设系统党建工作】 开展"立足在岗位，建设新晋城"的主题实践活动，引导党员干部和职工实践"奉献城建、感动城建、共享城建"的理念，启动和开展客运出租行业"提升服务，打造形象"活动，局党委作出学习出租司机王建红同志拾金不昧事迹的决定。广泛开展立功竞赛活动，23名同志荣获"五一"奖章或记功表彰，还有4个集体荣获记功和评为"工人先锋号"。出台《开展城乡建设和谐行动的工作方案》，被市委、市政府授予"构建和谐社会先进单位"、"和谐机关"、"政风行风群众满意部门"的荣誉称号，市自来水公司连续6年被评为省级文明单位，市政公司、热力公司、煤气公司被评为和谐企业。

朔　州　市

住房和城乡建设

【概述】 2009年，全市建设系统广大干部职工在市委、市政府的正确领导和省建设厅的具体指导下，以学习实践科学发展观活动为统领，全面贯彻落实党的十七届四中全会精神，紧紧围绕一条主线(以省级宜居城市和国家级园林城市创建活动为龙头)，突出四个重点(城市基础设施建设、政策性住房建设、城市管理长效机制、建筑工程质量安全)，实现三个突破(环境友好、功能完善、管理创优)，不断提升城市品位，改善城市形象，推动城市功能转型，使城市的综合服务功能得到进一步发挥，各项工作均取得了较好的成绩。

【学习实践科学发展观活动】 在全市开展第二批学习实践科学发展观活动中，朔州市建设局被确定为市委书记田喜荣的联系点。田喜荣在朔州市建设局调研讲话中提出"值得研究的11个课题"，指明了朔州市城市建设发展思路，为学习实践活动定下了"务实"的主基调，成为朔州市建设局开展学习实践活动的立足点和出发点，活动于8月下旬圆满结束，被市委学习实践科学发展观活动领导小组遴选为朔州市第二批学习实践活动唯一的一家市直典型单位。

【朔州市大运路市区段道路改造工程】 南起神木铁路立交桥，北至朔城区飞翔水泥厂，全长10公里。概算总投资8.5亿元，其中道路和交通工程投资3.6亿元，拆迁安置费用近5亿元。沿途涉及朔城区4个乡(办事处)的9个村庄。共拆迁近1000户、30万平方米的建筑物和地上附着物，需建设近20万平方米的回迁安置房。工程从2007年10月上旬正式开工，2008年10月1日前实现路桥全线贯通，2009年完成人行道、路灯及绿化等配套工程。

【市民福西街立交桥工程】 位于民福西街与大运路交叉口，为三层全互通立交，大运路上跨民福街，人行系统下穿民福街，工程概算投资2.1亿元。工程内容包括民福街主线道路、大运路主线道路、交交匝道道路、匝道桥、大运路跨(民福街)线桥、大运路跨七里河桥、民福街跨七里河工程以及人行道路工程，民福街主线道路长 1194.142 米，大运路主线道路长 1599 米，立交匝道总长 39993 米。大运路跨线桥长 130 米，民福街跨七里河桥长 125 米，匝道桥共设 10 座，桥面宽 8 米，立交内设置人行系统，共设人行通道 10 个。工程于 2007 年 11 月 20 日开工，截至 2009 年底，基本完工。

【朔州市火车站站房改造工程】 总建筑面积为 8127 平方米，概算投资 8347 万元，主体为两层，总高度 21 米，其中候车大厅净层高 12 米，两侧办公用房层高 9.5 米，候车大厅按最多容纳旅客 1800 人设计。站台票房立面造型采用中轴对称、优化廊柱装饰设计，体现了朔州厚重的辽金文化背景。该项目主体工程总投资 3600 万元，由太原铁路局和市政府合作共建，其中市政府投资三分之二，太原铁路局投资三分之一。该工程于 2008 年 10 月 10 日正式开工建设。2009 年底主体工程已完工。

【开通“12319”城建服务热线】 热线从试运行以来，共受理市民投诉类问题 246 件，咨询类问题 38 件，建议类 25 件，办结率达到 95.47%，回访率 100%，群众满意度达 96.34%，很好地解决了一些历史遗留问题，极大地方便居民生活。

【创新城市管理体制机制】 按照市委、市政府的要求，2009 年初确定“十一个城市管理的重点课题”，落实责任领导和责任单位，形成环卫管理体制机制创新的基本思路。针对环卫管理力度不大、市民城市意识不强的问题，制定《提升城市文明形象、净化城市环境实施方案》、《规范市区摊点占道经营实施方案》及《城市建筑及装潢垃圾集中清运办法》等专项整治方案；推进朔州市环卫作业规范化、标准化、长效化，在充分调研的基础上制订《朔州市城市管理标准》、《朔州市环境卫生保洁标准》、《朔州市城市管理行政处罚实施细则》、《环境卫生考核细则》及《物业管理服务企业考核细则》。制定《环卫管理体制改革方案》，探讨建立监管和作业分离的城市环卫管理体制；针对城市垃圾收运管理不规范的问题，制定《朔州市上门收运垃圾服务实施办法》，逐步在市区范围内试行垃圾收集、转运、处理集中有偿收运。

【加大环卫设施投入力度】 2009 年，市政府多渠道筹措资金，市区环卫设施投入资金相当于原有环卫设施的总和。年内共投资 350 多万元，新增了大型清扫车两辆、除雪车 1 台、高压清洗车和洒水车两辆、摆臂式垃圾清运车两辆、生活垃圾流动回收车 5 辆、环卫巡查车两辆等环卫装备机械；新增 386 个果皮箱、30 个垃圾集装箱、8 个下沉式垃圾收集站；在七里河公园改造高标准水冲公厕一座，按照省级宜居城市要求标准，13 座高标准水冲公厕即将开工建设，同时计划购置 15 座流动公厕，建设地址已确定。截至 2009 年底，市环卫清洁中心共有 4 台大型清扫车、8 辆摆臂式垃圾清运车、3 辆洒水车和一批清洗车、除雪车、装载机、吸粪车等大型环卫机械，环卫作业机械化程度显著提高，环卫保洁质量得到进一步提升，环卫工人的劳动强度极大地降低。市区道路清扫面积扩大到 172 万平方米，主干机动车道全部实现了机扫，机扫面积达 100 万平方米，机扫率接近 60%，日清运垃圾能力达到 150 吨，全部做到了日产日清。

【拓展城市管理工作思路】 把城中村、城乡结合部、城市出入口作为环境卫生综合整治重点，在管理范围上由大街大路向小街小巷延伸拓展，落实管理“网格化”，实行统筹协调、全方位管理。新建日福隆集贸市场，彻底取缔了马邑路马路市场，采取分流、疏导的办法取缔了民福西街和市府东街两条城市主干道上的临时市场，有效地解决这些严重影响市区管理水平的“老大难”问题，彻底改变重点管理区域的环境卫生状况；建立了日巡查、周通报、月考核机制，以朔州市建设局城乡科为牵头单位，加强对环卫工作的督查力度，追求管理精细化，实现作业到位、督查到位、管理到位、责任到位，实行查漏、补缺、整合定位、建构总体工作流程的全天候、“无缝隙”管理，做到了重点时段有保障、薄弱时段跟得上、管理区域无盲点、整改问题不放松，市区保洁时间由原来的10个小时增加到现在的15个小时；第三，市环卫清洁中心把原来由市园林局管理的花池、绿化带、分车带、树坑内的杂物清理工作列入环卫日常保洁范围，对市区主要路段每天进行8－10次的洒水、降尘，有效地净化了城市道路，减少城市大气污染。第四，大力推进生活垃圾一级收运方式变革。在开发路、振华街、民福街等主要街道采取发放通告、主要路口疏导、耐心宣传引导等办法，积极试行定时、定点上门巡回流动收集垃圾的办法，取消主要街道和公共场所周边的生活垃圾收集箱，大力推行居民生活垃圾袋装化、城市中心地区无箱化、运输全程密闭化的“生活垃圾不落地”管理模式，杜绝生活垃圾收运过程中的二次污染。第五，在服务观念上从“就管理抓管理”向“管理就是服务”拓展，树立“保姆式”服务意识，提高市民对城市管理工作的理解度和满意度。

【开展市容市貌集中整治】 制定《提升城市文明形象净化环境实施方案》及《规范市区摊点占道经营实施方案》等专项整治方案，重点对市区内的环境卫生、乱搭乱建、乱贴乱挂、乱堆乱扔、乱设摊点等影响市容环境的突出问题进行了集中整治。截至2009年底，累计查处各类违章4500余起，其中查处占道乱设乱摆违章摊点1800余个，查处店外经营摊点210余个，取缔流动摊点960余个，查处乱写、乱画、乱搭、乱贴500余起；查处违章广告牌匾260余起，拆除过期破旧广告牌匾230余个，查处乱扔、抛撒等违章180余起，拆除影响市容市貌违章建筑9处，整顿夜市秩序出动工作人员500余人次；同时整修破损路面1350平方米，清洗疏通雨、污水管道1040米，更换检查井、雨污水井盖各310多套，使市民对市容市貌满意度达到90%以上。

【规范出租客运市场秩序】 加强出租客运行业管理，提高出租客运行业的服务质量，促进客运出租事业的健康发展，多次开展出租客运市场秩序的专项整治活动，重点对伪照运营证照的“套牌车”、私自安装出租汽车顶灯、违规使用计价器等行为进行专项整治。截至2009年底，累计查处不打表违规出租汽车200余台次，查处黑车100多台次，有效地规范了出租客运市场经营秩序，维护了乘客和经营者的合法权益。同时认真贯彻落实国家对出租汽车燃油补贴政策，及时足额发放了出租汽车燃油补贴。

【保障性住房建设】 2009年，加快廉租住房、经济适用住房建设、棚户区改造和农村困难群体住房解困住房建设。省政府给朔州市下达的任务是：新建经济适用住房58.89万平方米，9438套；建设廉租住房31.81万平方米、6362套；城市居民棚户区改造新建住房131.09万平方米，16398套；农村解困住房800户。截至2009年底，全市800户农村住房解困任务已全部完成，全市保障性安居工程项目开工面积341.11万平方米，42381套，超省定任务53.80%；完成投资381714万元，超省定任务22.63%。其中：经济适用住房开工面积56.62万平方米，9367套，占省定任务的96.15%；完成投资51557万元，占省定任务的65.51%。廉租住房项目开工面积33.755万平方米，6878套，超省定任务的6.11%；完成投资36210万元，占省定任务的74.67%；城市居民棚户区改造项目开工面积250.735万平方米，26136套，超省定任务的91.27%。完成投资293947万元，超省定任务的58.12%。同时，对全市符合廉租住房补贴条件的2811户发放补贴资金265.47万元。

【建筑市场管理】 2009年，进一步完善建设工程项目报建制度、工程项目监理制度、施工许可制度、质量监督制度、竣工备案制度等建设项目管理程序和审批制度，重点加强了开工建设和竣工验收管理，对不符合开工条件的坚决不予发放施工许可证，对未取得施工图审查合格书的坚决不予发放施工许可证,“三不”现象(不报建、不招标、不监理)、“三无”工程(无规划许可证、无用地许可证、无施工许可证)、明显减少,“三率”指标(项目报建率、招投标率、监理覆盖率)显著提高。同时加强建筑市场执法检查工作。建设领域的违法违章建设,由于不受监督,无法保证工程质量,存在很大的安全隐患,严重影响群众的生命安全和切身利益。2009年,朔州市建设局局联合市监察局开展为期近两个月的建设工程项目执法检查,对全市范围内所有在建的房屋建筑工程项目进行“拉网式”的检查,通过听取汇报、实地查看相关手续和暗访等形式对每一个项目从立项、规划“两证一书”、土地审批手续、勘察、设计、施工图审查、公开招标、委托监理、节能设计认定、质监注册、安全生产备案、施工许可证的发放等各个环节逐一进行登记、建档。全市受检工程项目112项,其中市管项目27项,县区85项。截至2009年底,正在针对检查发现的问题,按照有关法律、法规进行严肃处理。

【建筑安全生产管理】 认真开展建设系统专项整治工作。组织召开安全生产专项整治动员会,成立领导组,制订安全生产专项整治工作方案,对全市所有建筑施工企业的主要负责人、项目负责人、专职安全管理人员共1200余人进行年度安全生产培训教育,对全市建筑施工企业的三类人员共600余人进行培训考核。同时,针对事故隐患的动态特性,在加强不间断日常监督检查的基础上,集中开展4次大规模的专项整治活动,全市共检查了96个工程项目,其中,房屋建筑工程90个市政基础设施工程6个,对4个建筑施工企业进行了停业整顿,累计下发执法意见书59份,其中停工通知书8份,隐患整改通知书51份。查出事故隐患636条,现已整改617条,整改率达97%。对所有的房屋建筑工程和市政基础设施工程及建筑施工企业建立档案。通过检查,全面提高了县(区)和建设、施工、监理、市政运营单位的安全生产意识,规范安全生产行为,消除安全隐患。

【招标投标管理】 截至2009底,全市入市交易招标项目36项,总投资6.16亿元,建筑面积14.03万平方米,招投标率达100%。全年通过市检察院预防职务犯罪工作部门查询行贿犯罪档案36次,投标企业未发现行贿犯罪记录。一年来通过进一步加强法制建设,不断完善全市建设工程招投标法规体系,努力推进招标投规范化建管和依法行政;施行公开办事制度,提高招投标活动的透明度,积极稳妥的调整招投标监管行为,加强标底编制单位的动态管理,努力管理招标监督管理水平;加强了评标专家的管理工作,促进了招投标管理市场的健康发展。

住房公积金管理

【概况】 2009年,全市新增住房公积金53572.93万元,同口径增长99.3%;新增住房公积金缴存职工8983人,全市总缴存职工人数达到86073人,覆盖率为60.1%;新增各类提取10539.44万元,同口径增长88%;累计归集总额为165307.16万元,归集余额132290.80万元。新发放个人贷款22463.24万元,同比增长87.58%。累计发放住房公积金个人贷款总额为53273.92万元。全市累计已有6137户家庭通过住房公积金贷款改善住房条件。

【政策创新】 在近年来住房公积金缴存政策执行已相对到位的情况下,2009年以来主要是围绕增强资金盈利能力,以提高全市住房公积金缴存单位的按月缴交率为重点,以对管理部进行逐月通报为主要手段,严格要求实行按月缴存制度,并坚决杜绝跨年度核定。2009年9月中旬出台《关于对住房公积金贷款信用良好者试行奖励性提取的通知》,对现行的提取政策作了进一步完善。规定凡能做到按月还款者,每年可以提取一次本人及配偶住房公积金账户内的存储余额。2009年6月底,市住房公积金管委会印发《关于住房公积金促进住房消费和房地产市场健康发展的若干意见》,出台了涉及提高额度、延长期限、降低首付、放宽范围等9项具体措施。2009年,委托担保公司对14户房地产开发企业的15个项目进行按揭贷款担保评审,对9户室内装修企业进行备案审查,并以中心文件在市内主要媒体和和中心的门户网站公布,同时还为14个楼盘颁发"朔州市个人住房公积金按揭贷款合作项目"牌匾。

【业务规范建设】 修订完善住房公积金归集业务管理办法和归集业务操作细则,全面规范各管理部及经办机构的缴存业务。2009年2月,出台《关于调整县区个人住房公积金按揭贷款有关规定的通知》,6月份出台《关于住房公积金促进住房消费和房地产市场健康发展的若干意见》、《关于对室内住房装修企业进行备案审查的通知》、《个人住房公积金贷款实施细则》、《调整个人住房公积金贷款流程》和《住房公积金监督办法》等业务管理办法20多项。结合施行新模式和新业务系统,重新修订现行的业务规程。8月制订出台《朔州市住房公积金归集业务管理办法》、《朔州市住房公积金归集业务操作细则》、《朔州市住房公积金异地缴存实施细则》、《关于对住房公积金贷款信用良好者试行奖励性提取的通知》,并修订完善缴存业务方面的表格,制定出台《朔州市住房公积金缴存、提取业务档案管理办法》。9月,出台包括二手房、装修房、自建房和拆迁安置房、商业性住房贷款转公积金贷款、异地贷款等贷款实施细则,基本形成以中心为龙头,以个人贷款为纽带,以按揭贷款为主要形式,中心、银行、开发企业协调配合的作用发挥机制。

【理论研究】 一是2009年5月受部公积金监管司委托,朔州市住房公积金中心以《住房公积金决策参考》编委会名义,组织和主持召开"住房公积金新定位"专题研讨会,提出的住房公积金新定位,为住房公积金制度的发展规划新的方向,已为主管高层采纳。二是2009年9月,朔州市公积金中心出面组织,湖北黄石中心承办,召开"完善住房公积金制度座谈会"。三是联合国内20多家城市公积金管理中心共同创办的《住房公积金决策参考》,试刊以来广受好评,已成为指导行业工作、服务高层决策的重要工具,并成为朔州对外宣传的名片。

【队伍建设】 经市政府批准,2009年按照专业对口或相近原则,从市人才库和北京林大、西安交大、山西财大、山西大学等高校一次选拔补充17名应往届本科大学毕业生,住房公积金管理人员结构得到极大改善。从2009年3月份开始,结合人员补充、政策和业务流程调整,先后5次对中心的新老人员工进行以新政策和基本业务知识与业务操作技能为主要内容的业务培训。

园林绿化

【城市园林绿化重点工程建设】 1. 安泰街景观绿化建设工程。完成景观绿化建设总面积70209平方米,其中园路广场人行道硬化面积30280平方米,新增绿地面积39929平方米,种植油松、云杉等乔木11种1372株,紫丁香、金叶槐等灌木12种1601株,金叶榆、水腊、紫叶小蘖等色带8种77000株(3392.35平方米),栽植木本花卉丰花月季900株,铺种草坪16390平方米。工程总投资1500.22万元,完成投资1425.20万元,占工程总量的95%。

2. 张辽路(大运路)绿化工程。中央分车带、两侧人行道绿化全部完成,12米路侧绿带建设任务部分完成(大部分路侧绿带由于拆迁未完、两侧楼房建设占地不能施工),新增绿地面积56798.5平方米,工程总投资7521.29万元,完成投资2632.45万元,占工程总量的35%。

3. 桑干河上游河道综合整治工程。工程总投资7726.2万元,所有前期准备工作均完成,项目的全部投资已落实,其中开发行贷款5000万元,政府配套资金2726.2万元。并完成工程招投标工作,确定施工承包单位,但由于拆迁及征地补偿工作尚未进行完毕,无法正常施工。

4. 高速路出入口绿化工程。工程总投资 3105.78 万元，所有前期准备工作均完成，项目的全部投资已落实，其中开发行贷款 2325 万元，政府配套 908 万元。并完成工程招投标工作，确定施工承包单位，但由于拆迁及征地补偿工作尚未进行完毕，无法正常施工。

【国家园林城市创建工作】 2009 年，市政府组织召开创建国家园林城市攻坚动员大会，成立创建国家园林城市指挥部，对朔州市创建国家园林城市进行统一部署和总动员，并印发朔州市创建国家园林城市实施方案。市园林局专门成立创建国家园林城市领导小组，组织有关人员认真调查分析朔州市城市园林建设实际，比照国家园林城市标准，对上报材料进行收集整理，并编制完成创建国家园林城市申报材料总计 11 册，100 余万字。申报图册图片、影像资料收集工作有序进行，收集园林绿化建设图片 2000 余张，为国家园林城市创建奠定了坚实基础。

晋 中 市

【概述】 2009 年，围绕建设山西中部最具活力的经济带和城市群的目标，以深入学习实践科学发展观活动为契机，以实施拉动内需的重点工程项目为抓手，以落实年度责任目标任务为中心，以解决与市民紧密相关的民生工程为基础，以规范行业管理为重点，全力推进城镇化建设，城乡建设各项工作取得新的进展，为促进全市经济发展和保障民生服务作出了新的贡献。

【城乡基础设施建设】 2009 年，国家实施的拉动内需的政策，为城市建设的迅速发展创造良好的机遇。全市紧抓这难得的机遇，大力加强历史欠账严重的和当前急切需要增强的基础设施项目建设。全市开工市政重点工程项目 93 项，完成投资 22.7 亿元，完成投资额同比减少 21.4%；房地产开发和保障性住房建设开工项目 63 项，新开发面积 349.32 万平方米，完成投资 44.32 亿元，与上年基本持平；村镇建设项目开工 132 项，完成投资 15.3 亿元，同比减少 13%；建筑工程在建项目 596 个，房屋建筑施工面积 869 万平方米，完成投资 90 亿元，与上年基本持平。总体上看，城乡建设基础设施固定资产投资呈旺盛局面。市城区市政重点工程（含住房、规划、绿化）项目开工 38 项，完成投资 9.54 亿元，同比增长 58.3%，为建市以来市政重点工程建设年完成投资之最。一系列项目的实施，进一步提高基础设施的服务水平和服务能力。全市城市新增道路面积 36 万平方米，生活垃圾处理厂已建成 1 座，8 座正在紧张推进，新增污水管网 361.11 公里，新增燃气管网 30 公里，新增集中供热面积 1095 万平方米，新增城市住房面积 349.32 万平方米；全市污水日处理率提高 32 个百分点，达 71%，垃圾无害化处理率提高 22 个百分点，达 24%，集中供热普及率提高 12 个百分点，达 69%，燃气普及率提高 9 个百分点，达 81%，城镇人均住宅面积提高 1 平方米，达 28.8 平方米。市城区污水处理率、垃圾处理率、集中供热普及率三项指标分别提高 6 个、25 个、12 个百分点，分别达 71%、26%、69%。

全市村镇新建道路 10 条，长 91.41 公里，新增排水管网 15 公里，新增住房面积 180 万平方米，新增各类建筑面积 16.7 万平方米，新增绿化面积 10 万平方米，农村人均住宅建筑面积提高 1 平方米，达 27 平方米。承担的 5 项经济发展指标除垃圾处理率外，均达到省政府的要求。

【城市管理】 全市以“四城联创”为契机，实施绿化、亮化、美化，净化工程，大力加强城市环境的管理，建设、园林、规划各类城市建设管理专业管理机构相互配合，形成分工合作，相互补充的城市管理体系。各单位同时加强硬件设施建设和配套管理制度的软件建设，促进城市管理的规范化和上档升级。全市共铺开片区、棚户区改造5个，规范各类摊点5604个，规范建筑工地300个，清理违法小广告5.4万平方米，维修照明设施3005次，维修路面16.5万平方米，补缺、修复各类井盖2012处，增加公共厕所11座，特别是在市城区，积极探索市容管理的新途径，将宣传教育贯穿于日常管理中，将保障民生与加强管理紧密结合起来，在重点路段新设置不锈钢"便民告示栏"10块，方便公用信息的发布，组织开展"城管进校园，文明伴我行"主题活动，增强市民参与城市管理的意识。改造堡新街和玉湖东路便民市场1639平方米，安置经营户273户；在安宁桥站北街重新设置早市，划定220个摊位，安置经营户96个；进一步规范商贸城夜市、锦东街夜市、铁华夜市等3处夜市，为解决下岗人员就业问题创造条件。利用12345和12319热线平台，充分发挥市民对城市的监督作用，及时发现城市管理中的问题，及时进行维修处理，确保城市管理设施的完好率。在强有力的管理机制下，城市管理工作逐步上档升级。

平遥古城墙

【行业指导】 2009年，晋中市住房和城乡建设局，特别加强对行业的指导，加强监督，加强检查，促进行业健康发展。针对前半年各项工程开工不足的实际，强化调查研究，强化市场整顿，强化应对政策，先后下发行业指导性文件90个。针对2009年首次实施的热电联供工程，市政府印发《晋中市城区集中供热管理办法》，成为市城区供热的第一个规范性文件，为晋中供热管理的规范化提供依据。在积极做好政策研究的同时，加大检查督导的力度，组建6个专项工作组先后20余次深入县市，对保障性住房、污水处理厂、垃圾处理厂建设、安全生产管理等重点工作进行督导。市政府向市民承诺办理的十件实事圆满完成。特别是房地产业和建筑业两大产业有效克服金融危机的冲击，从下半年开始，实现恢复性的增长，全年房地产开发面积、交易面积、建筑工程建设规模与上年基本持平。

【项目建设】 针对2009年项目多、工程量大、建设范围广、技术要求高、协调难度大的实际，住房和城乡建设局抽调30名懂业务、协调能力强的干部职工投入项目建设中，全程为项目建设服务，顺利完成30.2公里污水管网、31.7公里热电联供一次管网、20.8公里二次管网、36座换热站，20条小街巷、第二污水处理厂和保障性住房建设等任务。

【房地产业管理】 房地产业逐步回升并迅速增长。全市房地产业完成投资44.3亿元，与上年基本持平，按房地产业带动相关产业1: 1.9（从全国而言）系数计算，带动全市建材、装修、家具、家电、运载诸多行业实现产值84.17亿元；房地产亿元投资按保守估计直接提供2000个就业岗位计算，为全市提供88600个就业机会；按近十年来全国房地产投资对固定资产拉动的弹性系数5、对GDP拉动的弹性系数7来计算，拉动固定资产投资221.5亿元，拉动GDP332.3亿元。

【市政公用设施配套能力增强】 2009年，排水管网、垃圾处理厂，污水处理厂、集中供热等市政公用设施投资为9.2亿元，占到年初计划投资的35%，特别是市城区，仅排水管网工程和热电联供投资占到年度市政重点工程建设市政项目计划投资的40.5%，新增污水管网31.7公里，实现热电联供面积300多万平方米。国家在晋中污水管网投资达1.36亿元，仅市区达1700万元。

【民生工程受到关注】 全市完成78条小街巷的维修改造，完成目标任务的111%，完成保障性住房建筑面积174.32万平方米，完成目标任务的125.8%，其中经济适用房建设、廉租住房建设、城市棚户区改造分别完成任务的137.9%、148.8%、101.4%，保障性住房建设面积与普通商品房面积平分秋色，旗鼓相当，民生问题得到进一步解决。

【建筑工程领域安全生产管理】 重点加强建筑工程安全生产管理工作，及早召开专题会议部署，认真落实安全生产管理责任制，加大安全生产管理投入，推进安全生产专项治理，健全安全生产管理制度，严格安全许可管理，强化安全生产宣传工作，切实消除建筑工程领域安全生隐患，在建设项目多、工程规模增长的形势下，基本实现建筑工程安全零事故的目标，城建事业保持安全稳定发展环境。

运 城 市

【概述】 2009年，紧紧抓住国家扩大内需、促进经济增长的战略机遇，进一步加快基础设施建设，强化城市功能，市区全年完成建设投资4.77亿元，新建改造道路3条，加固桥梁1座。各县(市)完成基础设施建设投资20.2亿元，新建改建各类工程174处。市区新增集中供热面积180万平方米，集中供热普及率达86%。市区第二座污水处理厂——城东污水处理厂建成投入使用，使市区污水处理率达到95%；稷山、河津、夏县污水处理厂建成投入使用；永济伍姓湖、闻喜、绛县、万荣、风陵渡、平陆污水处理厂开工建设，全市污水处理率达58.6%。市区新建天然气管道36公里，新增天然气用户1万户，闻喜、绛县、稷山、万荣等县(市)开始使用天然气，全市天然气普及率达到57%。城市管理以迎接国庆60周年为契机，全市开展“创双优，迎国庆”活动，市容市貌、村容村貌有新的变化。全市新建经济适用房面积35.8万平方米，新建廉租房面积4.88万平方米，发放廉租住房保障补助资金805万元。完成1000户农村解困住房改造。

【机构改革】 2009年，根据山西省委、省政府《关于印发运城市人民政府机构改革方案的通知》(晋字[2009]23号)，运城市建设局更名为“运城市住房保障和城乡建设管理局”，正处级建制。主要职责调整为，将原市建设局承担的城市客运及出租车行业管理职责划入市交通运输局，将原市经委管理的室内装饰装潢资质、新型墙体材料使用职责划入市住房城乡建设局。主要任务为，加快建立住房保障体系，完善廉租房制度，着力解决低收入家庭住房困难问题；加强县域体系规划和乡(镇)、村的规划建设管理，推进建筑节能，改善人居生态环境，促进城镇化和新农村建设健康发展；加强对市政重点工程建设的协调、服务、监督、管理。

【村镇体系规划】 2009年，运城市完成万荣、垣曲、绛县3个县城村镇体系规划；完成嵋阳镇、七级镇、河底镇、部家庄镇、礼云镇、凹底镇、通化镇、万安镇、北张镇9个建制镇总体规划；完成上郭乡、北辛乡、北景乡、里望乡、小梁乡、柴家乡、超家乡、阳村乡8个乡镇总体规划。稷山县完成县域镇体系规划、镇乡总体规划和58个新农村规划，在全市率先实现城乡规划全覆盖。

【建筑安全管理】 为加强建筑安全监督管理，运城市从3月4日至5月28日，先后采取建筑企业自查自纠，县级主管部门自查，市、县联合交叉检查和省、市、县三级联合检查的方法对全市建筑安全隐患进行拉网式大排查。在检查中全市共组织17个检查组，120名专业技术人员参与，投入专项资金100万元，分别对全市59个建筑施工企业、149个市政运营企业、320个在建工程，进行重点检查，共查出安全隐患3100个，下达停工通知70份，下达整改通知422份，罚款52万元。通过专项整治，各建筑企业还规范各类安全制度，制订安全生产应急预案，全市建筑安全形势明显好转，全市全年发生较大事故为零。比较好的县(区)有芮城、万荣、闻喜、垣曲和运城市经济开发区。

【安全生产】 2009年，为运城市“安全生产年”。4月，在市、县安全生产联合执法检查中，先后对全市59家建设施工企业、149家行政运营企业、320家在建工程进行拉网式安全隐患大排查大治理，共查处安全隐患3100个，下达停工通知书70份，下达整改通知书420份，隐患整改率达95%。通过安全生产年活动，全市安全生产形势大为好转，全年没有发生一起大的安全事故。

【城市园林绿化】 2009年，运城市新增绿化面积305.4万平方米，建成区绿化覆盖率达29.63%。市区完成条山街、国粮街等5条道路绿化和7个小游园及航天公园建设，新增绿化面积55.84万平方米，建成区绿化覆盖率达40.5%。永济市新增绿化面积70.6万平方米，绿化覆盖率达37.5%，开始申报省级园林城市。新绛县绛守居园池，被住房城乡建设部命为国有重点公园。

【城市管理】 2009年9月，为迎接国庆60周年，运城市区开展“创双优，迎国庆”城市环境综合整治活动，共清运死角无主垃圾2500余吨，清除杂草3600平方米，新安装分类回收垃圾箱340个，撤销垃圾明点4处，取缔禹西路、人民路、盐湖大道、国粮街露天烧烤摊点37家，并对29条主次干道进行维修、洒油11万平方米，修补路面5900平方米，维修人行道彩砖3930平方米，更换人行道路沿石1760米，街道路灯亮化率达95%。在12月份召开的全省环卫工人表彰大会上，运城市2个环卫班组获先进班组称号，6名环卫工人获省级先进个人称号，6号环卫工人获优秀“城市美容师”称号。

【市政府出台农村住房解困实施意见】 2009年1月，运城市政府出台《关于解决农村困难群众住房问题的实施意见》(运政发[2009]3号)，确定从2009年至2012年，全市每年解决1800户，共计解决7200户仍居住在危房中的困难户。住房建设结合困难群众意见，采取新建、改建、扩建、修缮、置换五种方式，面积一般控制在25~45平方米之间。所需资金由省、市、县三级财政平均每户补助11000元，按照4:3:3的比例配套解决。从2009年至上2012年，市财政每年安排594万元，专项用于农村困难群众住房补助。同时要引导社会各界广泛参与，发动企、事业单位，社会团体，民间组织和群众，以捐资、出物、投工等方式开展帮扶和互助，为改善农村困难群众的居住条件作出积极贡献。

【可再生能源应用】 2009年10月，财政部、住房城乡建设部，根据临猗县申报，对该县农村地区推广可再生能源建筑应用进行了实地考察。经过专家组认真评审，充分论证，确定临猗县为国家可再生能源建筑应用示范县(全省唯一示范县)，要求2010~2011年建成示范面积45万平方米，国家补助资金1800

万元。重点是加快农村中小学校、医院、住宅小区和新农村示范村的建筑供暖设施设备改造，推广应用清洁、可再生能源的太阳能、浅层地能，推进节能环保新兴产业的发展。

【新技术新产品推广应用】 2009 年 4 月 22 日，运城市集成节能抗震建筑应用现场会在山西铝厂召开，各县（市、区）建设局、教育局、旅游局高速公路管理局及市直相关部门负责人参加会议。市人大副主任荆青莲、省建设厅科技处长郝增元等出席会议并讲话。由会议成员组成的专家组，对山西晋铝资源综合利用开发公司研发生产的轻钢结构 ASA 板镶嵌式集成节能抗震建筑材料体系进行评审，认为该产品质量轻，环保保温隔热性能好，抗震防火能力强，施工周期短，安全度可靠，达到国家节能环保住宅标准，符合山西省新技术、新产品要求，同意认证，并要求在全省推广应用。

【建设领域突出问题专项治理】 根据中共中央用两年时间集中开展工程建设领域突出问题专项治理工作的要求，运城市住房城乡建设局在自查自纠中，重点对 2008 年元月以来，使用政府投资和国有投资在 50 万以上的工程建设项目进行逐项排查。运城市区涉及工程项目 28 个，总投资 12.12 亿元，13 个县（市、区）涉及工程项目 197 个，总投资 2.59 亿元，共查出各类问题 183 个，其中市区 114 个，对查出来的问题都按有关规定全部进行整改和处理。

【棚户区改造】 2009 年 3 月，位于运城市区解放南路以西、府东街以南、南城墙路以北、凤凰路以东范围内的棚户区改造工程全面启动。工程总拆迁面积 22.5 万平方米，涉及住户 1173 户。规划建设 8 栋 6 层住宅，9 栋 11 层小高层住宅，6 栋 19 层高层住宅，2 栋 24 层高层住宅，共可安置住户 1600 户，同时配建有地下停车场、学校、幼儿园、医疗室、超市、会所及蔬菜市场等，总建筑面积 32 万平方米，总投资 6.5 亿元，小区绿化率达 45%。此工程为全市规模最大、标准最高的棚户区改造项目，被住房和城乡建设部列为利用住房公积金贷款支持的国家试点项目。

忻 州 市

【综述】 “扭住五个发展、打好五个攻坚战、做好五个表率”的总体要求和“加快城乡发展、强化五个建设”的工作思路，开拓创新，真抓实干，取得“三大工作亮点、三个进一步提高、三个初见成效”的显著成绩。“三大工作亮点”是城乡规划调控作用增强，城市管理有了新突破，党风廉政、政风行风、精神文明建设成效明显。“三个进一步提高”是城镇生活污水、垃圾无害化处理有了新的提高，城建工程建设水平有了新的提高，五台山申遗工作取得成功。“三个初见成效”是保障性住房建设取得显著成效，建筑市场管理取得明显成效，建筑节能工作稳步推进，取得良好效果。

【保障性住房建设】 1. 廉租住房建设。开工 17 个项目，13.189 万平方米、2665 套，占目标任务的 112.9% 和 113.1%，完成投资 11574.2 万元。

2. 经济适用住房建设。开工 20 个项目，22.8 万平方米、3020 套，占年度目标任务的 108.4% 和 101.2%，完成投资 21993 万元。

3. 城市危旧房（棚户区）改造。开工 13.89 万平方米、1611 套，完成投资 16970 万元。

4. 轩岗煤电公司棚户区改造。改造新建 9.44 万平方米、1416 套，分别占目标任务的 103% 和

100%，工程已六层封顶，完成投资8350万元。

5. 解决农村困难群众住房。解困工程进展顺利，市级配套资金297万元，县级330万元，个人自筹67.3万元资金全部到位。全市新建356户、改造140户、修缮270户、置换225户、其他9户，共计1000户，截至2009年11月中旬全部完工。2009年9月份，省政府又给忻州市宁武县追加指标500户，已全部落实到位。2009年，全市城镇居民人均住宅建筑面积达到27.5平方米，农村居民人均住宅建筑面积达到25.5平方米，分别超目标任务0.2个和0.1个百分点。

7月16日，省住房和城乡建设厅领导慰问忻州市经济适用房建设工作者

【城镇生活污水处理】 忻州市有7座污水处理厂建成并投入运行，分别是忻府区、原平市、静乐、宁武、代县、繁峙和五台山风景区，1～11月份共处理污水2567.5万立方米，COD消减量为0.69万吨，污水处理率达到57%。其中忻州城区和原平市污水处理量达到1119.44万立方米和693.35万立方米，污水处理率为87.2%和79.9%。截至2009年底，忻州市有6座在建污水处理厂，分别是五台、神池、定襄、河曲、岢岚、偏关。截至2009年底进展情况是：五台县、神池县的已建成，投入运行，各项出水指标均达到城市污水处理一级B排放标准。定襄县污水处理厂设备安装完工。河曲县污水处理厂厂区建设完工。岢岚县污水处理厂的土建工程和管网辅设等外围工程基本完工。偏关县污水处理厂围墙、综合办公楼、变配电室主体等工程已完工，钢筋混凝土卸荷平台浇筑完成70%，进水井提升泵基础砼、清水池、消毒池等主休工程浇筑完毕，2009年年底可完成工程量的70%。五寨县污水处理厂计划总投资5677万元，处理污水1.2万吨/日，已完成投资1860万元。保德县污水处理厂总投资6500万元，处理污水1.5万吨/日，截至2009年底，已完成厂区回填土、围墙、边坡护理、管网5000米等工程。

【城镇生活垃圾无害化处理】 忻州市有3座在建的城镇生活垃圾无害化处理场，分别是代县、宁武、五寨县。截至2009年底的进展情况是：代县的已建成，并投入使用。宁武县生活垃圾处理工程，截至2009年底已完成投资1210万元。忻州市有5座新建的城镇生活垃圾无害化处理场，分别是市本级（含定襄县）、保德、岢岚、神池、河曲县。忻州市城区生活垃圾焚烧发电项目是省重点工程。项目由忻州市洁晋发电有限公司实施，分两期建设，总投资2.8亿元，一期投资2.2亿元。2009年8月28日举行开工奠基仪式，保德县生活垃圾无害化处理场总投资2400万元，处理90吨/日，2009年投资960万元，完成投资270万元。岢岚县生活垃圾无害化处理场总投资2526万元，处理45吨/日，2009年投资1000万元，截至2009年底，完成投资240万元，完成“三通一平”。神池县垃圾场总投资2761万元，处理60吨/日，完成投资65万元。河曲县总投资2526万元，处理60吨/日。

【城乡规划】 完成忻州市开发区、云中生活居住区、北中部新区三路两街、九龙岗新区、逯家庄片区及团结西街片区6个控制性详细规划，控规面积完成1335万顷，使忻州城区控规覆盖率达到80%以上。投资310万元，编制忻州城区排水专项规划和长征街色彩规划；完成忻州城区地下管网普查工作，市区地下管线数据库和管线规划系统正在建立。截至2009年底岢岚、五台、河曲三县的总体规划修编工作已基本完成。县域村镇体系规划,镇、乡总体规划和新农村建设规划也取得一定的进展。宁武、保德两县村镇体系规划正在编制中;建制镇总体规划已完成规划评审2个,5个正在编制中;5个乡的总体规划也基本编制完成;新农村建设规划由市委新农办负责实施。忻州城区共核发选址意见书8项,核准面积约36万平方米;建设用地规划许可证15项,批准用地面积46.7万平方米;建设规划许可证74项,批准建筑面积94万平方米;完成各项规划评审10个。各县市区在规划实施过程中,均实行批前公示和批后公示,完善规划听证制度和专家咨询机制,落实规划行政责任追究制度。

【城区道路改造】 投资3800万元,对忻州城区5个路段和10条小街小巷进行改造,总面积达15万平方米,均于2009年9月底按期完工。

【城市照明工程】 投资189万元,对学府街东段、利民西街西段、大运路辅道等12条街道的路灯进行新增和改造。此项工程2009年9月底完工,新增和改造路灯171基。

【水厂建设】 坪上引水工程忻州水厂建设项目计划投资1.94亿元,日供水10万吨,该项工程可研报告已通过技术评审、截至2009年底,土地已落实,立项工作进展顺利。

【城区医疗废物处理工程】 该项目是中央投资的重点工程,工程预算投资1400万元。截至2009年底,可行性研究和环境影响评价报告均通过评审,土地预审批手续完成。

【城区绿化工程】 2009年,城区已完成绿化面积22.03万平方米,占目标任务的109.6%,其中,花园式机关(庭院)建设新增绿化面积9.74万平方米;道路绿化新增绿化面积1.69万平方米;公园、小游园、广场新增绿化面积1.4万平方米;居住区绿化新增绿化面积2.8万平方米。建成区环城林带新增绿化面积6.4万平方米。所辖县市区城区绿化覆盖率提高1个百分点,新增绿化面积110万平方米。绿化覆盖率达到16.22%。城区九龙岗森林公园和云中河生态公园建设,这两项工程均由忻府区政府牵头筹建,九龙岗森林公园是全市九大工程之一,规划面积4572亩,总投资约1.6亿元,整个工程分三年建成。云中河生态公园已开始河道治理工程建设。城市生态文化特色公园建设,偏关、保德、岢岚、静乐、五寨、河曲、定襄、繁峙8县已建成。宁武、神池、五台3县基本建成,原平市设计工作基本完成,代县已完成项目论证。

【集中供热全覆盖工程】 全城区集中供热126个站点均可正常投入运行。全市集中供热普及率由2008年的42.5%增加到2009年的68.25%;忻州城区集中供热普及率达到85%。

【花园式机关(庭院)建设】 共完成新增绿化面积97406平方米,比原计划超额完成1186平方米。

【城市管理】 制定市容环境卫生管理标准,管理工作由封闭转为开放、由部门管理转为社会化管理、由纵向管理向纵横管理。在环境卫生管理上,推行保洁全天候,管理无缝隙,责任全覆盖,做到清扫保洁一体化,大街小巷一样净,重点解决乱倒的问题;在市场秩序管理上,坚持避开大街进小巷,避开小巷进社区,形成主次街道一样整齐,重点解决乱摆的问题;在建(构)筑物主体管理上,按照道路街景色彩,清除数字垃圾、拆除屋顶广告、规范店名牌匾,重点解决乱画乱挂的问题;在城区道路管理上,修好破损的、补齐丢失的,重点解决乱挖的问题;在规划执法管理上,对城区道路两侧的"违章建筑进行拆除",重点解决乱建的问题。2009年共送达拆除整改通知书7500余份;宣传整治资料8000份;拆除违章广告牌1500平方米;拆除违章建筑1400平方米;规范广告牌匾1500平方米;取缔条布广告460条;净化门店橱窗玻璃16000平方米；清除“牛皮癣”广告20000余条；取缔占道经营2.8万人次；与沿街单位签订“五包”责任书120份。

【建筑市场管理】 截至2009年底，全市建筑业产值完成约25亿元，实现利税3000万元。忻州城区招标备案47项，公开招标47项，公开招标率达100%；其中国有投资30项，中标金额8亿元，全部采用工程量清单，招标投标率达100%；各县市区招标备案141项，中标金额11.5亿元，面积73.5万平方米。处理未招标、未办理施工许可证开工建设项目6起，处以罚款158万元。全年共办理发包许可证77项、施工许可证54项。建筑工程应招标工程招标率、施工合同、监理合同备案率、房屋建筑和市政工程施工图审查合格率、超限高层建筑工程抗震设防审查通过率均达到100%；建筑工程劳保统筹保险费共收取2882万元，向施工企业返还2114万元。建筑工程档案办理备案手续37项。合格率达90%以上。报监工程111项，建筑面积59万平方米，报监监督率达100%，工程质量一次验收合格率达100%，验收备案率达90%。

【综合执法检查】 重点对工程项目招投标、工程建筑规划、建筑节能、工程质量、安全生产、法律法规执行情况分三个片区对全市范围内的153个在建工程项目进行了严格排查，针对发现的问题，先后提出整改意见书41条，下发隐患整改通知书17份，检查告知书29份，停工通知书19份，对10个建设项目进行了处罚，共罚款260万元。

【建筑安全生产】 召开全市建筑业安全生产动员大会，并与所有建筑施工企业签订安全生产责任书。培训各类企业生产管理人员120名，为进一步规范建筑市场秩序，强化安全生产奠定了基础，全年全市未发生一起较大安全事故。

【建筑节能】 制定《民用建筑节能项目法律责任告知书》，出台《忻州市民用建筑节能监督管理办法》和《忻州市民用建筑节能管理流程》三个规范性文件。向忻州城区在建项目的施工、监理、图审、设计单位送达民用建筑节能项目法律责任告知书52份。制作民用建筑节能信息公示通知书，对市内在建工程设置节能信息公示牌。对12家节能产品认定备案企业在忻州建设网上进行公示。全年共办理建筑节能设计认定49项，发放认定证书134份，办理验收备案20项；对建筑节能工作进行专项检查，发出责令改正通知书22份，行政处罚5份，收缴罚款18.6万元；新建高层建筑全部按设计要求进行节能施工，新建及在建项目节能50%的设计标准执行率达100%，分户控制达100%。

【既有建筑节能改造】 2009年开工面积达2.3万平方米，2.04万平方米完成入户调查和改造方案，其中1.22万平方米完成改造前立项、报建，进入招投标阶段，可再生能源水源热泵技术在建筑中的应用面积达5.16万平方米，应用面积比例达到16%以上，太阳能热水应用面积达到20万平方米。

【五台山申遗】 2009年重点抓五台山核心景区二期拆迁；旅游服务中心、展示中心、游客中心、移民商住区和行政管理区的建设；服务基地停车场、景区绿化美化等重点工作，全部按计划顺利完成，为五台山申报世界文化景观申遗成功做出应有的贡献。

【工程建设领域突出问题专项治理】 对房地产开发、工程建设领域规划、招投标等进行专项治理，截至2009年底，共处理未招标、未办理施工许可开工建设的违规案件6起，处以罚款158万元，查办违纪违规案件结案率达98%以上。

【精神文明建设】 开展社会主义精神文明创建活动，下大力培植国家级、省级青年文明号创建工作，忻州市房地产交易管理中心、忻州市12319城建服务热线中心两单位分别跨入国家级、省级

"青年文明号"行列。

临 汾 市

住房和城乡建设

【综述】 2009年,坚持"加快建设、打造精品、强化保障、注重管理、服务人民、改善民生"的方针,抢抓机遇,开拓创新,强化措施,狠抓落实,保障性安居工程、城镇污水处理厂、垃圾处理场及园林绿化建设等重点工作快速推进,取得明显成效。

【保障性住房建设】 全市建设系统认真按照市委、市政府的安排和部署,加大项目督促协调力度,加强资金技术扶持,全力加快建设步伐,切实满足中低收入家庭的住房需求。

1. 经济适用住房:临汾市共26个建设项目,计划总投资5.4亿元,截至2009年底,17个项目开工建设,开工面积31.35万平方米、5225套,完成省定目标任务的107.3%,其中:市区开工建设9万平方米,各县市区开工建设22.34万平方米。

2. 廉租住房:临汾市实际立项23个项目,建设面积31.33万平方米、6265套,计划总投资3.9亿元,截至2009年底,17个项目开工建设,面积23.12万平方米、4625套,完成省定目标任务的254%,其中:市区开工3.71万平方米,各县市区开工19.41万平方米。

3. 城市居民棚户区改造新建住房:临汾市共两个项目,截至2009年底均已开工建设,开工面积4万平方米、440套。一是市区同世达实业公司棚户区改造项目,面积2万平方米、220套,截至2009年底已开工建设;二是侯马市铁十局三处家属院改造项目,面积2万平方米、220套,截至2009年底已全部竣工。

4. 解决农村困难群众住房:解决农村困难群众住房1200户。临汾市将任务分解到5个县区,分别为:古县300户,翼城300户,浮山、吉县、尧都区各200户。截至2009年底1200户已全部完成,占省定目标任务的100%,累计完成投资5035万元。

5. 人均住宅面积:截至2009年底,临汾市城镇居民人均住宅建筑面积达到29.48平方米,农村居民人均住宅建筑面积达到26.95平方米。基本达到省定目标。

【道路桥梁建设】 2009年全市启动实施道路桥梁建设工程35项,概算总投资18.54亿元,截至2009年底,开工35项,竣工26项,其余9项正在紧张施工建设。市区启动实施了"两桥十街(路)"改造建设工程,锣鼓大桥建设工程已竣工通车,成为山西省第一座雕塑桥梁、中国首座锣鼓景观大桥,五一东路铁路立交桥拆迁摸底工作已经结束,部分工程将开工建设;旧城区广宣街、平阳北街、车站西街、平阳中街、迎春南街、洪家楼街、广场南路、朝殿南路等8项道路拓宽改造工程全面完工;河西新区滨河西路北延道路工程南段1000米全部完工,西关大桥西延道路工程正在进行征地拆迁,即将开工建设。

【文化雕塑工程】 根据建设"文化之城"的战略方针,短短一年多时间,先后建成"三源文化"雕塑、威风锣鼓民俗文化雕塑、解放路"街景雕塑"、"百年变迁"人物雕塑、古韵文化园"文物组雕"、环卫绿化"主题雕塑"以及博浩园、教授花园小区雕塑等20余件城市雕塑。尤其是通过拓宽改造把马务大桥建成山西第一座雕塑桥梁、中国首座锣鼓文化景观大桥,被吉尼斯总部评为"雕有石鼓最多的桥梁",创造临汾建设史上第一个世界吉尼斯纪录;"三源文化"雕塑被建设部评为全国优秀雕塑作品。

【城市污水处理】 截至2009年底,汾西、洪洞、古县污水处理厂全面竣工；曲沃、翼城、霍州市、蒲县、乡宁、吉县、临汾市第二污水处理厂正在进行土建施工；隰县污水处理厂正在进行"三通一平"；大宁、浮山、安泽、永和、壶口污水处理厂正在进行前期准备工作。市区污水处理量达到2000万立方米，处理率达到82.85%；市区和县级市污水处理量达到2500万立方米，处理率达到75%；全市污水处理率达到51%，新增生活COD减排1600吨，新增污水管网129.5公里。

【城市生活垃圾无害化处理】 截至2009年底，临汾市区、古县、吉县、壶口景区垃圾无害化处理厂已建成；蒲县、大宁县、永和县垃圾无害化处理厂开工建设；襄汾垃圾无害化处理厂"三通一平"完成；霍州、汾西等11个县市垃圾处理厂正在进行前期准备工作。据10月份统计，市区生活垃圾无害化处理量达到3万吨，处理率达到26%；市区和县级市生活垃圾无害化处理量达到14.28万吨，处理率达到36%；全市生活垃圾无害化处理率达到16%。

【城市集中供热】 截至2009年底，完成供热面积230万平方米，其中：市区新增供热面积160万平方米，侯马完成供热面积40万平方米，霍州完成供热面积10万平方米，襄汾县集中供热热源厂设备安装完成，古县完成供热面20万平方米；市区、永和、翼城、隰县、安泽、汾西、乡宁、蒲县、洪洞管网工程正在施工。

【城市供气工程】 2009年临汾市启动城市供气工程5项，完成供气扩户16700户。截至2009年底启动建设4项，完成煤气、天然气扩户12000户，其中：侯马6500户，霍州2000户，翼城2500户，汾西1000户。全市燃气普及率达到65%。

【城市供水工程】 2009年临汾市启动供水工程3项，其中：乡宁县新建水处理车间一座，侯马市供水管网改造16公里，霍州供水扩户2000户。截至2009年底，侯马市已完成管网建设9.5公里；霍州市扩户完成1000户；乡宁水处理车间已完成打桩、水池工程，年底全部完工。全市供水普及率达到92%。

【园林绿化建设】 截至2009年底，一是市区新增绿化面积38.3万平方米，完成目标任务的102%，绿化覆盖率达到31.4%。二是全市建成区新增绿化面积210.3万平方米，完成目标任务的112%，建成区绿化覆盖率达到26.9%。三是建成了一批生态文化特色公园，截至2009年底侯马市民公园、翼城九龙公园、汾西晨曦公园、蒲县标志性公园等9个公园已竣工向群众开放，霍州中镇广场公园、隰县堆金山公园、大宁翠微山公园等5个公园正在建设。四是加快国家、省级园林城市创建步伐，10月份，国家住房和城乡建设部考核组对侯马市进行了检查验收，基本达到国家园林城市创建标准。五是加快建制镇绿化建设，全市建制镇新增绿化面积295万平方米，绿化覆盖率达到20.58%，提高1.03个百分点，共计完成投资3800万元。

【建筑市场管理】 一是调整重组了建筑业协会、房地产协会、装修业协会，加强行业自律规范。二是全面开展房地产市场秩序整顿、建筑企业违法施工整顿、建筑装饰装修市场整顿三大执法监察整顿，共计检查建筑工程358项，面积379万平方米，造价46亿元，其中违法施工项目195项，有效遏制了违法施工行为。三是制定出台《整顿建筑企业违法施工方案》《建筑装修管理办法》《执法追究责任制度》《违法违章建设通报制度》《安全质量检查制度》，建设执法和建筑管理逐步规范。截至2009年10月底，共验收工程116项，验收合格率100%；工程竣工验收应备案项目116个，备案项目107个，备案率达到92.2%；创建房屋建筑和市政工程标准化工地332个，达标率为79%；应招标工程项目295个，实招标工程项目295个，招标率为100%；建筑工程新开工项目153个，施工合同、监理合同备案项目153个，备案率 100%；建筑施工百亿元产值死亡率为 0，市政工程和建筑工程没有发生死亡 3 人以上的安全事故。

【建筑节能】 一是狠抓新建建筑节能工作，截至 2009 年底，共完成勘察设计项目 169 项、126 万平方米，全部达到 50% 的节能标准和施工标准，全部实行分户计量和分户控制；二是狠抓既有建筑节能改造工作，5 万平方米基本完工，12.5 万平方米完成管网改造；三是狠抓可再生能源利用工作，新建建筑可再生能源利用率达 16.5%，四是严格施工图审查，审图率达到 100%，审图备案率达到 100%，超限高层建筑抗震设防审查通过率达到 100%。

【市容环境管理】 2009 年，坚持"改造一条道路，改善一片环境，方便一方百姓"的指导思想，对解放路、平阳街等七条道路的人行道、台阶、立面、广告、牌匾，以及亮化、绿化等市容设施，全面进行高标准更新改造，市容环境明显改善。同时将城乡结合部 20 条街巷、130 万平方米的清扫保洁收回统一管理，使城市环境卫生有所改观。先后在解放路、迎春街、平阳街、向阳路、洪家楼等十几条主干道新建 16 座国家一级标准化公厕，由专人管理 24 小时向市民免费开放，有效缓解市民"上厕难"的问题。与此同时，全面启动文明街道建设"百日整治"活动，将市区七十多条街道划分为三个等级，实行标准化、规范化管理，实行"门前'四包'责任制""街路长负责制""城市管理岗位责任制""城市管理责任追究奖惩办法""城市管理督查制度"等，城市管理工作开始向规范化、标准化、制度化转变。

城乡规划

【综述】 以落实全市的重点工作、重点项目为目标，按照"优化城市环境，完善城市功能，塑造城市特色，提升城市品位"的工作思路，立足部门职能，精心编制规划，严格规划管理，充分发挥城乡规划对城市建设的综合调控作用，各项城乡规划编制工作有条不紊地推进，并取得一定的成绩。

【城乡规划编制】 为了对临汾市城市居住条件、社区环境、公共环境、人文环境、经济环境及生态环境等作出科学的定位，自 2008 年 5 月，临汾市政府委托中国城市规划设计研究院进驻临汾市，着手新一轮的《临汾市总体规划（2009～2020）》、《临汾市市域城镇体系规划（2009～2020）》修编工作，通过省住房和城乡建设厅组织的专家评审，2009 年 8 月 26 日经临汾市第二届人民代表大会常务委员会第二十八次会议审议通过。在完成《市区教育设施布局规划》、《市区医疗设施布局规划》、《城市建筑与色彩研究》、《鼓楼南北四条精品街街景规划》等专项规划的基础上，编制完成《汾河临汾城区段生态环境综合治理修复与保护工程规划》、《临汾市商务中心详细规划》等一系列规划；相继完成对《古城遗址公园工程》、《平阳北街道路改造工程》、《西关桥西延（一期）工程》、《临汾市垃圾压缩转运站工程》、《迎春街道路改造工程》、《广宣街道路改造工程》、《大运高速引线》以及《滨河西路还迁安置住房工程》等工程的技术审查、行政许可和工程实施过程中的监管、服务工作。重点推进《市区城中村改造规划研究》、《临汾市城市综合交通规划》、《临汾市绿地系统规划》等涉及改善民生的专项规划编制工作。2009 年，市区共投入规划资金 1100 万元。

2009 年度临汾市规划任务共有 9 类 259 项。截至 2009 年底，设区城市建设用地范围内控规覆盖率已达到 60% 以上，加快城乡一体化规划编制步伐，加强对县市城乡规划的指导和监管工作，启动侯马市、洪洞县、汾西县城市总体规划的修编工作，完成古县、吉县、蒲县总体规划修编工作，待技术审查；完成翼城县、汾西县、蒲县和古县 4 个县域村镇体系规划、10 个建制镇总体规划、7 个乡总体规划、1 个历史文化名镇名村（浮山县响水河镇东陈村）总体规划和 233 个新农村建设规划，并进一步完善各县（市）控制性详细规划的技术审查、备案工作。

【重点工程规划】 2009年以来，为全面配合城市重点工程建设，着眼于提高城市文化内涵和整体水平，进一步拉大城市框架，增强城市承载能力和服务功能，完成市区《汾河临汾城区段生态环境综合治理修复与保护工程》、《临汾市"漪汾花园"廉租住房建设工程》、《新农村还迁安置住房建设项目》、《市民航机场项目》等26项保增长、扩内需重点工程的前期研究和建设用地选址、定位等工作。组织完成《汾河临汾城区段生态环境综合治理修复与保护工程》、《临汾市新高中》、《临汾市新医院》、《临汾市博物馆》规划设计方案的招投标及专家评审等工作，《临汾市新高中、新医院》"的规划方案已经确定。

【规划审批】 2009年市区共发放工程类建设项目选址意见书9件，建设用地规划许可证15件，规划设计条件通知书9件；建设工程规划许可证70件，总建筑面积64万平方米，危房改造意见书27份，建筑面积1.1万平方米；市政管线类规划选址意见书6份，建设用地规划许可证3件，建设工程规划许可证13件。

【规划监察】 2009年共查处违法建设115起，违法建筑面积10万余平方米，收缴罚款628.7余万元，查处率100%，结案率98%。有效地遏制违法建设的蔓延，维护《城乡规划法》的权威性、严肃性。2009年12月份，市政府组织监察、土地、建设、规划等相关部门联合开展违法、违规建筑专项治理工作，成立专门的综合机构，对18家建设单位（个人）下发行政处罚决定。

【规划法规宣传】 一是2009年3月份召开"落实科学发展观规划管理暨开发企业座谈会"，邀请市区20余家开发企业代表、供电、供水部门领导，行风评议员以及新闻媒体的朋友参加，广大参会代表畅所欲言，从深层次上认识到城市规划的重要性，发出"遵守《城乡规划法》，和谐开发建设"的倡议书，收到良好的效果；二是根据市委、市政府安排部署，结合《城乡规划法》宣传，组织为期一周的城乡规划及2009年市区重点工程项目规划公示咨询宣传活动，共发放社会调查问卷1000余份，并认真解答群众反映的热点、焦点问题；三是将各类城乡规划成果公布于众，推行"阳光规划"，广泛听取市民群众反馈的意见，网上解答市民各种疑问100余个，增强规划的透明度；四是组织规划听证会，听取利害关系人的意见，维护城乡规划的严肃性和权威性。

【工程建设领域专项治理】 2009年共清查建设项目58项，其中未按照法定程序办理工程规划许可证的建设项目20项、随意改变建设位置的2项、涉及扩大建筑面积的15项、增加建筑高度的有8项，并对上述违法项目单位给予行政处罚。

住房公积金管理

【综述】 2009年，积极应对金融危机带来的不利影响，不断夯实基础工作，坚持以"服务社会，保障民生"为重点，在住房公积金的归集、提取、个人贷款、安全管理、完善制度以及队伍建设、文明服务等方面做了大量工作，推动全市住房公积金各项业务健康发展，在改善职工住房条件方面发挥有效的作用。

【归集额和覆盖率持续增长】 2009年年初临汾市将市直财政供养人员公积金补贴比例由10%提高到12%。霍州、襄汾、翼城、安泽缴存基数由原来的四项基本工资调整到全额工资，尧都区补贴比例由5%提高到10%，隰县补贴比例由5%提高到6%，汾西补贴比例由3%提高到5%，蒲县补贴比例由5%提高到7%，永和补贴比例由3%提高到5%。经临汾市公积金管委会二届二次会议审议通过，决定从2009年7月起，将职工个人缴存比例从5%提高到6%。2009年，全市归集住房公积金7.2亿元，超额3.2亿元完成年度任务目标，累计归集达29.21亿元；当年新增缴存职工5152人，超152人完成任务目标，覆盖率达到80.41%，较2008年增长3.46个百分点。

【公积金贷款】 为了满足更多缴存职工住房消费需求，进一步加大和规范个贷业务，2009年6月29日，临汾住房公积金管理委员会二届二次会议审议通过《关于提高个贷额度和延长个贷期限的议案》，决定从2009年7月起，住房公积金个人住房贷款最高贷款额度在临汾城区由15万元提高到20万元，其他除尧都区外的16个县市区由10万元提高到15万元；贷款年限在临汾城区由15年延长到20年，其他除尧都区外的16个县市区由10年延长到15年。全市当年共向3300户职工家庭发放贷款2.79亿元，超额7913.39万元完成省定任务目标。全市累计向20399户职工家庭发放住房公积金贷款122493.29万元。

【资金运营安全与经济效益双赢】 各管理机构根据要求和自身实际情况，在保证留足职工贷款和提取的前提下，将沉淀在银行的资金全部转存为各个档期的定期存款，避免国家宏观调控降低存款利率的负面影响，保证职工缴存公积金的保值增值，当年有10个县市增值收益超过百万，全市实现增值收益4705.18万元，增值收益率为1.85%，在全省排名第一。

【加强资金监管】 一是对市本级及16个县市的管理机构进行资金安全性大检查。进一步明确工作职责，规范操作程序，加强岗位牵制。二是印发《关于规范住房公积金账户设立问题的通知》，开展账户清理规范工作，各管理机构的管理工作更趋规范。三是积极与市人行协调，在8月底将存量贷款纳入人行征信监督系统，进一步增强借款职工自觉还款的意识。四是对各管理机构进行全面稽核审计，对发现的问题及时下发整改意见书，并认真督促予以落实。在加强内部监管的同时，积极接受省市审计、财政部门的年度工作审计，对监督部门提出的问题，及时进行整改落实。

吕　梁　市

【概述】 2009年，紧紧抓住国家扩大内需，加大基础设施建设力度这一历史机遇，更新发展观念，转变发展方式，破解发展难题，勇挑发展重担，着力完善城市规划编制，加快特色城镇化建设步伐，大幅度提升城镇化率，加快实施市政基础设施重点建设工程，继续引申提升市民素质创建卫生城市活动，不断提高城市规划、建设、管理水平。

【学习实践科学发展观活动】 以深入学习实践为基础，以解放思想为先导，以解决问题为关键，用更宽的视野审视自身，从更深的层次分析问题，在更高的平台上谋划发展，圆满完成学习实践活动3个阶段9个环节的工作任务，得到中央、省委和市委学习实践活动领导组、指导检查组领导的充分肯定，并作为市学习实践活动先进典型进行推广，群众对市建设局学习实践活动情况的满意率达100%。

【六项指标完成情况】 1. 集中供热普及率目标任务为：中心城区集中供热普及率达到80%，全市（含县城）集中供热普及率达到53%以上。截至2009年底，中心城区集中供热率达到80.25%；全市（含县城）集中供热普及率达到了53%。

2. 污水处理率目标任务为：中心城区污水处理量达到350万立方米，污水处理率达到46%，设市城市（含县级市）污水处理率达到31%。截至2009年底，市区污水处理率达到47%，比上年提高2个百分点；设市城市（含县级市）污水处理率达到38.77%。孝义市污水处理率达到68%，比上年提高3个百分点；汾阳市污水处理及回用工程项目，已报省发改委立项，污水管网配套已完成50公里，污水厂项目已开工建设。

3. 城市生活垃圾无害化处理率目标任务为：市区垃圾无害化处理率达到100%；设市城市（含县级市）垃圾无害化处理率达到35%。截至2009年底，市区生活垃圾无害化处理率达到100%，设市城市（含县级市）垃圾无害化处理率达到35.07%，垃圾处理量8.1万吨；孝义、汾阳垃圾无害化处理厂均已开工建设。

孝义市垃圾无害化处理场施工现场

4. 城市绿化覆盖率目标任务为：中心城区建成区新增绿化面积15万平方米，绿化覆盖率提高1个百分点，全市城市建成区绿化覆盖率达到27%。截至2009年底，市区绿化覆盖率达到35.2%，比上年提高了1.07个百分点，全市绿化覆盖率达到28.07%，比上年提高了1.48个百分点。

5. 城镇居民人均住宅建筑面积目标任务为：城镇居民人均住宅面积达到24.5平方米。截至2009年底，全市城镇居民人均住宅面积达到27.06平方米，市区城镇居民人均住宅面积达到26平方米。

6. 农村居民人均住宅建筑面积目标任务为：农村居民人均住宅面积达到28.98平方米。截至2009年底，全市农村人均住宅面积达到28.98平方米，市区农村人均住宅面积达到29.59平方米。

【省政府和市政府"十件实事"】 省政府和市政府"十件实事"中涉及建设系统的一项即：解决1300户农村困难群众、2081户棚户区居民、2630户城市低收入群体的住房问题；新建16.46万平方米、3292套廉租房。

截至2009年底，全市经济适用房开工面积19.655万平方米，占目标任务的114%；新建廉租住房开工面积16.587万平方米，占目标任务的101%；城市居民棚户区改造新建住房开工面积60.3万平方米（含拆迁安置房47万平方米），占目标任务的453%；解决农村困难群众住房1300户，占目标任务的100%。

【城乡规划工作】 组织编制《下安火车站周边建设修建性详细规划》、《城南新区控制性详细规划及核心区城市设计》、《城北教育园区修建性详细规划》、《园丁苑住宅小区修建性详细规划》等规划。完成《柳林县总体规划》、《临县总体规划》、《汾阳总体规划》的修编工作；完成5个县域城镇体系规划，30个镇乡总体规划，226个新农村建设规划，2个历史文化名镇村保护规划。制作完成1：500的《吕梁市城区规划展示模型》；完成图书馆、艺术中心、青少年活动中心规划方面的手续。在此基础上，逐步建立"规划监督巡查、批后管理、执法查处"联合体系，强力推进规划监管工作。一是加大总体规划的修编完善速度，全力推进"一市四县区"的规划编制工作，为省直管县后吕梁市的承载做好充分的规划准备工作；二是在原有规划的基础上，在重点控制的建设用地范围内勘测测量，已编制完成的控制性详细规划、修建性详细规划，高标准要求，严格进行修编完善，留足教育、医疗等公益性用地和绿化用地。未编制的，立即开展控制性详细规划、修建性详细规划的编制工作；三是在规划过程中严格建筑设计方案（包括建筑高度、立面设计等）审查，经审查批准后方可实施；四是由各业务科室牵头，开展各类专业规划编制工作；五是对已办理规划等手续的建设项目的手续及规划执行情况进行核查；六是加大违法建设查处力度，开展全市集中整治违法建设专项行动。

【重点工程建设】 完成北川河综合整治工程；滨河北路东延二期、高速西出口道路拓宽改造、沙会则大桥、兴隆街改造、交通路改造、建成区道路完善二期部分工程6项道路桥梁工程；集中供热、市区边山边沟排洪、公共交通停靠站3项城市公用事业建设工程；虎山、凤山亮化、市区游园景观工程3项市区美化亮化工程，共12项市政重点工程。

【北川河综合整治】 工程创造了吕梁城建史上的多个之最：工程覆盖区域最大，工程综合治理一次建成，建设工期最长历时四年，建设投入最多，达11亿元。获得的投资效益也最大，一次性扩城8平方公里，北城区生态环境质量变为最优，成为示范性工程，功能最全，及环境治理、景观休闲、道路桥梁、防洪蓄水等功能于一体。同时，完成凤山和虎山亮化二期、市区次干道改造一期等工程可研、立项等前期工作。截至2009年底，文化广场和石州桥、东川河大桥拓宽改造已开工，站前广场和火车站周边配套基础设施建设等项目也正在顺利推进中。

【市区绿化建设】 投资6700万元实施滨河西路和北川河部分景观及居住区、庭院的绿化，三山小游园完成油松、白皮松等大树的栽植。

【拓宽城建融资渠道】 在进一步巩固与国家开发银行信用合作的同时，积极向建设银行融资贷款，达成8亿元的建设项目贷款合作意向，到位贷款7.5亿元，有力地保障重点市政工程顺利实施。

【城市管理】 一是健全机构，加强队伍建设。积极推动城市管理服务中心的设立，进一步理顺和健全城市管理机构，并招收208名城市协管员，对200余名执法人员进行培训。二是集中整治市容市貌。以开展市区市容环境卫生整治为切入点，着力加大市容市貌、广告管理、环境卫生等专项整治力度。取缔违章占道经营500批次、早夜市占道户456户和6处马路市场；重点实施市区大街小巷、城乡结合部的垃圾死角清除工作，清倒市区龙凤大街、东过境路、高速东出口等处建筑垃圾、渣土10万立方米，对所有街道的垃圾收集设施进行整理修缮，并新增环保果皮箱128个，保证道路两侧地面整洁，无暴露垃圾；清理乱设大小广告牌匾560余块，对步行街、世纪广场250余户商业门店橱窗、外墙乱贴乱挂的宣传品进行清理，组织人员对市区主要道路、街巷7000余条“野广告”进行彻底清除。三是强化管理和执法力度。积极开展违法建设专项整治行动，全年共检查各类建设项目169项，下达整改通知书119份、停工通知书139份、依法拆除团结路临街门店的所有外接小房，拆除大交线6处违章建筑，处罚违法建设项目18个，罚款155.48万元，查处各类违法建筑26个2844平方米。

【城市供热】 累计投资6000余万元，顺利完成了吕梁市城南、城北区集中供热管网整合扩容工程，供热面积增加至近400余万平米。自动化控制系统工程全部完工并顺利投入运行。进一步加大技改力度，投资300余万元对换热站和供热管网进行技术改造，对60个单位进行分户改造，有力的保证今冬的供热质量。同时，狠抓职工军事化训练，组织技术人员到海尔集团集中培训，进行集中供热应急比武演练。

【城市供气】 加强安全监管，对全市供气基础设施安全隐患进行全面排查治理，并争取市财政补贴1500万元，实现燃气正常安全供应。

【城市供水节水】 重点实施上安水源地输水管网、输电线路的改造和二水厂的改造，确保供水覆盖率和普及率达95%以上。对主要供水设施进行维修和更换，制定和出台各类应急预案。进一步加强节水工作，对餐饮业、宾馆业、洗浴业等高耗水行业实行重点管理，大力宣传节约用水，营造出节水、爱水、惜水从我做起的良好社会氛围。

【城市防洪减灾】 重新编制完成城市防洪应急预案；编制完成市局抗击冰雹灾害应急预案，成立应急领导组，组建300余人的抢险队伍，并在2009年冬的冰雪灾害防范应对工作中发挥积极的作用，确保市区防范冰雹灾害工作的有序进行。开展城市房屋抗震性能调查；对吆驴沟、王家庄沟、刘家庄沟等灾害易发地段进行清淤、疏通，对居民造册登记，明确撤避路线，保证居民紧急情况避险的需求。

【工程招标投标】 全年全市招标项目共计141项，中标价约33.42亿元，国有投资建设项目（包括市区范围内的市政基础设施工程）全部进行公开招标，社会投资多数也实行公开招标。出台《吕梁市房屋建筑与市政基础设施工程项目标前监管暂行办法》和《吕梁市房屋建筑与市政基础设施工程项目事后监管暂行办法》，并于5月份正式实施。编制完成《吕梁市建设工程施工招标文件》范本，完善全市房屋建筑与市政基础设施工程政府评标专家库。查处未招标开工建设项目10余项，处罚建设单位、承包商180余万元，取消36个投标人的投标资格，废止3项招投标活动。

【工程质量管理】 严格按照《市政工程质量监督要点》进行监督，对市政工程项目参建单位及其人员的质量行为实施全过程全方位的政府监督，在市政工程建设过程中，始终贯彻"预防为主"的质量方针，采取积极主动的质量管理和控制措施，把质量问题和质量隐患消除在萌芽状态。先后对13个县（市）区的建设工程质量进行监督执法检查，共检查在建工程项目130个，总建筑面积780000平方米，其中居住建筑91个，公共建筑39个，下发《质量问题整改通知书》36份，对8个因参建责任主体存在严重违规的质量行为、工程资料存在较大问题及工程结构实体存在质量隐患的工程给予了暂停施工的处罚。

【建筑安全管理】 紧紧围绕"安全生产专项整治年"活动要求，做了大量艰苦细致的工作。制定《2009年吕梁市建设系统安全生产专项整治工作方案》、《2009年吕梁市区建设行业安全生产专项整治的实施办法》、《吕梁市建设系统安全生产隐患排查治理工作制度》等10项安全生产制度和《全市建设系统安全生产"三项行动"实施方案》，转发和印发各类有关安全生产的文件46份。敢于动真碰硬，查处一批安全生产违法违规行为，施工现场的安全管理和文明施工水平得到明显提高。全市共排查建筑施工企业82家，注销建筑施工企业安全生产许可证6家，排查建筑工程383项，排查面积507万平方米，发现各类隐患3064条，下发隐患整改通知单331份，下达停工通知单52份，及时消除一大批事故隐患，确保全市建筑市场安全稳定的良好态势。

【建筑节能减排】 城镇新开工建筑面积40余万平方米，其中市区新开工建筑面积56734.7平方米。新开工建筑全部执行建筑节能设计标准，设计阶段建筑节能设计标准执行率为100%；施工阶段建筑节能标准执行情况较有进步，大部分建筑施工单位能按图施工，施工阶段执行建筑节能标准达到80%以上，严格实施分户控制、分户计量装置标准。编制吕梁市区既有居住建筑节能改造规划方案，落实省里下达吕梁市既有建筑节能改造建筑面积10.5739万平方米。

地方法规规章及规范性文件

地 方 法 规

山西省人大常委会关于修改《山西省城市供水和节约用水管理条例》的决定

（2009 年 3 月 26 日山西省第十一届人民代表大会常务委员会第九次会议通过）

山西省第十一届人民代表大会常务委员会第九次会议决定对《山西省城市供水和节约用水管理条例》作如下修改：

第十九条修改为："用水单位和个人应当按照规定的计量标准和水价标准按月缴纳水费，无正当理由连 60 日未缴纳水费的，供水单位可采取限制用水措施，直至停止供水。

采取停止供水措施的，供水单位应提前 10 日通知用水单位和个人，并报告县级以上人民政府，对其中重要的用水单位采取停止供水措施的，必须报经县级以上人民政府批准。被停止供水的用水单位和个人按规定缴纳了足额水费的，供水单位应当及时恢复供水。"

本决定自公布之日起施行。

《山西省城市供水和节约用水管理条例》根据本决定作修改后，重新公布。

山西省城市供水和节约用水管理条例

（2000 年 1 月 18 日山西省第九届人民代表大会常务委员会第十四次会议通过，根据 2009 年 3 月 26 日山西省第十一届人民代表大会常务委员会第九次会议关于修改《山西省城市供水和节约用水管理条例》修正）

第一章　总则

第一条　为加强城市供水和节约用水管理，保护和合理开发利用城市供水水源，发展城市供水事业，保障城市生活、生产和其他各项用水，保护供水用水单位和个人的合法权益，根据有关法律、法规的规定，结合本省实际，制定本条例。

第二条　凡在本省行政区域内从事城市供水和使用城市供水的单位和个人，均须遵守本条例。

本条例所称城市供水是指城市公共供水、自建设施供水和二次供水。

第三条　县级以上人民政府建设行政主管部门主管本行政区域内的城市供水和节约用水工作。

第四条　城市供水和节约用水工作实行开发水源和计划用水、节约用水相结合的原则。

第五条　县级以上人民政府应当组织建设、城市规划、水和地质矿产等行政主管部门共同编制城市供水水源开发利用规划，并将其作为城市供水发展规划的组成部分，纳入城市总体规划。

编制城市供水水源开发利用规划，应当从城市发展的需要出发，并与水资源统筹规划和水长期供求计划相协调；应当根据当地情况，合理安排利用地表水和地下水；应当优先保证城市生活用水，统筹兼顾工业用水和其他各项用水。

第六条　县级以上人民政府建设、水、环境保护、地质矿产、卫生等行政主管部门应当按照各自职责加强对城市饮用水水源的保护和管理。

任何单位和个人都有保护水资源和节约用水的义务，并有权对非法开采水资源、浪费水和污染水质的行为向当地人民政府及其有关部门举报。

第七条　对在城市供水和节约用水工作中做出显著成绩的单位和个人，由县级以上人民政府给予表彰、奖励。

第二章　供水工程

第八条　城市供水工程建设，应当符合城市总体规划，与城市发展相适应，并按照城市供水发展规划及其年度建设计划进行。

第九条　需要取用城市规划区内地下水的，须经建设行政主管部门审核同意并签署意见后，由水行政主管部门审批，水行政主管部门可以授权建设行政主管部门或者其他有关部门审批。未经建设行政主管部门审核同意，水行政主管部门或其授权的部门不予颁发取水许可证。

在城市饮用水水源保护区内，任何单位和个人不得擅自凿井取水；对已建成的严重影响城市公共供水水源开采量的自备水源井，应当限量取水，直至关闭。

第十条　申请取用城市规划区内地下水有下列情形之一的，不予审核同意和批准：

（一）城市公共供水管网到达的地区；

（二）可以利用地表水供水的；

（三）没有回灌措施的地下水严重超采区；

（四）建筑物或者构筑物安全保护区；

（五）城市规划确定的公共供水水源地和发展区；

（六）其他不宜取水的地方。

第十一条　城市新建、改建、扩建的工程项目需要增加用水的，其工程项目总概算应当包括供水工程建设投资；需要增加城市公共供水量的，应当将其供水工程建设投资交付县级以上人民政府建设行政主管部门，由其统一组织城市公共供水工程建设。

第十二条　使用城市公共供水的单位和个人，需自建二次供水设施的，应当经城市公共供水单位审核同意，并对该设施二次供水的水质检验合格后，方可联网供水。

第三章　供水经营

第十三条　城市供水单位必须经资质审查合格并到工商行政管理机关登记注册后，方可从事经营活动。

第十四条　自建设施对外供水的单位，由县级以上人民政府建设行政主管部门统一安排供水计划。

第十五条　城市供水单位应当建立健全水质检测制度，按照规定进行计量认证。

用水单位和个人使用的二次供水设施，应当由城市公共供水单位定期进行清洗消毒。

第十六条　城市供水单位应当在每年第一季度向社会公布年度供水服务目标和服务措施及上一年度服务目标的实施结果。

供水服务目标应当包括下列内容：

（一）供水最低服务水压；

（二）供水水质；

（三）抢修及时率；

（四）抄表、收费服务；

（五）其他服务指标。

第十七条　城市供水单位应当保持不间断供水。由于工程施工、设备维修等原因确需停止供水的，应当经县级以上人民政府建设行政主管部门批准并提前24小时通知用水单位和个人；因发生灾害或者紧急事故，不能提前通知的，应当在抢修的同时通知用水单位和个人，尽快恢复正常供水，并报告县级以上人民政府建设行政主管部门。

第十八条　城市供水价格应当按照生活用水保本微利、生产和经营用水合理计价的原则制定，逐步实行科学的计量收费办法。

城市供水单位应当指导用水单位和个人对生活、生产、经营等用水，实行分装水表计量。用水单位和个人拒不分装水表的，按其中最高类别水价计收水费。

禁止盗用或者转供城市公共供水。

第十九条　用水单位和个人应当按照规定的计量标准和水价标准按月缴纳水费，接到水费通知单15日内未缴纳水费的，自第16日起按照国家有关规定加收滞纳金；逾期60日仍未缴纳水费和滞纳金的，供水单位可采取限制用水措施，直至停止供水。

采取停止供水措施的，供水单位应提前10日通知用水单位和个人，并报告县级以上人民政府，对其中重要的用水单位采取停止供水措施的，必须报经县级以上人民政府批准。被停止供水的用水单位和个人按规定缴纳了足额水费和滞纳金的，供水单位应当及时恢复供水。

第二十条　城市供水单位应当接受用水单位和个人的监督。

供水单位的供水水质、水压必须符合《生活饮用水卫生标准》和《城市供水企业资质管理规定》的要求。因水质、水压、水价和供水服务，给用水单位和个人造成不良影响和经济损失的，用水单位和个人有权向当地人民政府建设、物价、卫生等行政主管部门投诉。有关部门应当及时受理，并给予处理和回复。

第四章　节约用水

第二十一条　城市用水实行定额管理制度。

县级以上人民政府建设行政主管部门应当制定科学合理的用水定额。对超计划用水的单位和个人按规定收取超计划用水加价费。可用城市超计划用水加价费的积累建立城市节约用水发展资金。

城市居民生活用水不得实行用水包费制。

第二十二条　新增或增加用水量实行核准制度。

用水单位和个人不得擅自改变用水性质和转让计划用水指标。

第二十三条　新建、改建、扩建的工程项目在上报工程设计任务书和扩初设计时，须附有县级以上人民政府建设行政主管部门对用水工艺和用水量的审核意见。

第二十四条　因基本建设等需要临时用水的，应当到县级以上人民政府建设行政主管部门申请临时用水计划指标，持批准文件到城市供水单位办理有关手续。

第二十五条　用水单位应当提高水的重复利用率。

工业用水的重复利用率低于50%的，未经建设行政主管部门批准，不得增加用水量。

第二十六条　新建、改建、扩建的工程项目，应当配套建设相应的节约用水设施，并与主体工程同时设计、同时施工、同时使用。县级以上人民政府建设行政主管部门应当参加节约用水设施的竣工验收。

第二十七条　用水单位和个人应当按照有关规定安装使用质量合格的节约用水设备和器具。

禁止生产、销售国家已明令淘汰的用水设备和器具。

第二十八条　用水单位应当保证节约用水设施正常运行，不得擅自停止使用或者拆除。

第二十九条　企业应当将节约用水纳入企业技术改造计划，每年从企业更新改造资金中划出一定比例用于节约用水技术改造；应当完善用水设备的计量制度，定期开展水平衡测试工作。

第三十条　鼓励开展污水资源化的研究和开发，加快污水净化设施的建设，提高净化污水利用率。

城市排水设施和污水集中处理实行有偿使用和有偿服务。

新建工程项目符合国家规定条件的应当建设中水设施。

第五章　设施维护

第三十一条　在规定的城市供水管道及其附属设施的地面和地下的安全保护范围内，禁止挖坑取土或者修建建筑物和构筑物等危害供水设施安全的活动。

第三十二条　城市公共供水单位负责从取水口至结算水表的公共供水设施的管理和维护，包括用水单位和个人自行建设与公共供水管道连接的并按照有关规定办理产权移交手续的管道及其附属设施的管理和维护。

从结算水表至用水单位和个人的供水设施，由产权所有者负责管理和维护。

第三十三条　城市专用消防栓由城市供水单位安装、维修和管理，公安消防机构负责监督检查，严禁任何单位和个人私自启用。消防单位应当在火警后3日内将失火时间、地点、用水量报送城市供水单位。

第三十四条　水表应当经法定计量检测单位检测合格，并按照国家规定的周期进行检定。

因水表发生故障或者由于其他原因无法抄表计量的，当月用水量按前3个月平均用水量计收水费。

因用水单位和个人造成无法抄表计量的，供水单位有权要求其限期改正。逾期不改正的，当月用水量按水表额定流量计收水费。

用水单位和个人对结算水表计量有异议的，经法定计量检测机构对水表进行校验，水表误差率超过国家规定标准的，检验费由供水单位负责；水表误差率不超过国家规定标准的，检验费由用水单位和个人负责。

第六章　法律责任

第三十五条　违反本条例规定，城市公共供水单位和自建设施供水单位有下列行为之一的，由县级以上人民政府建设行政主管部门责令改正，可并处5000元以上30000元以下的罚款；情节严重的，报经县级以上人民政府批准，可以责令停业整顿；给用水单位和个人造成经济损失的，应当依法赔偿；

对负有直接责任的主管人员和其他直接责任人员，其所在单位或上级机关可以给予行政处分：

（一）供水水质不符合国家规定标准的；

（二）供水水压达不到最低服务水压的；

（三）擅自停止供水或者未履行停水通知义务的；

（四）未按照规定检修供水设施或者在供水设施发生故障后未及时抢修的。

第三十六条　违反本条例规定，有下列行为之一的，由县级以上人民政府建设行政主管部门责令限期改正，可并处3000元以上30000元以下罚款；造成经济损失的，应当依法赔偿；情节严重的，除下列第（二）项行为外，经县级以上人民政府批准，可以在一定时间内停止供水：

（一）盗用或者转供城市公共供水的；

（二）在规定的城市公共供水管道及其附属设

施的安全保护范围内进行危害供水设施安全活动的；

（三）擅自将自建设施供水管网系统与城市公共供水管网系统连接的；

（四）产生或者使用有毒有害物质的单位将其生产用水管网系统与城市公共供水管网系统直接连接的；

（五）在城市公共供水管道上直接装泵抽水的；

（六）擅自拆除、改装或者迁移城市公共供水设施的。

第三十七条　建设工程施工危害城市公共供水设施的，由县级以上人民政府建设行政主管部门责令其停止违法行为；造成经济损失的，由责任方依法赔偿；对负有直接责任的主管人员和其他直接责任人员，由其所在单位或者上级机关给予行政处分。

第三十八条　新建、改建和扩建的工程项目未按照规定配套建设节约用水设施或者节约用水设施经验收不合格的，由县级以上人民政府建设行政主管部门限制其用水量，并责令其限期完善节约用水设施，可并处5000元以上30000元以下罚款。

第三十九条　违反本条例规定，有下列行为之一的，由县级以上人民政府建设行政主管部门责令其限期改正，并可限制或者核减其供水量；逾期不改正的，可停止供水：

（一）未经审核同意取用城市规划区内地下水的；

（二）违反规定擅自供水的；

（三）擅自转让用水计划指标的；

（四）未经批准擅自改变用水性质的；

（五）应当进行水平衡测试而未进行测试的。

第四十条　县级以上人民政府建设行政主管部门可以委托符合行政处罚法规定条件的单位行使本条例规定的行政处罚权。

第四十一条　建设行政主管部门的工作人员玩忽职守、滥用职权、徇私舞弊的，由其所在单位或者上级机关给予行政处分；构成犯罪的，依法追究刑事责任。

第七章　附则

第四十二条　本条例具体应用中的问题，由省人民政府负责解释。

第四十三条　本条例自公布之日起施行。

山西省城乡规划条例

（2009年11月26日山西省第十一届人民代表大会常务委员会第十三次会议通过）

第一章　总　则

第一条　根据《中华人民共和国城乡规划法》和其他有关法律、行政法规的规定，结合本省实际，制定本条例。

第二条　在本省行政区域内制定和实施城乡规划，在规划区内进行建设活动，适用本条例。

第三条　制定和实施城乡规划，应当遵循城乡统筹、合理布局、节约土地、集约发展和先规划后建设的原则，改善生态环境，保护自然资源和历史文化遗产，保持地方特色和传统风貌，维护公共利益和公民的合法权益，符合防灾减灾、公共安全、国家安全的要求，促进人口、资源、环境、经济、社会、文化全面协调可持续发展。

城市、镇总体规划以及乡规划和村庄规划的编制，应当依据国民经济和社会发展规划，并与土地利用总体规划相衔接。

第四条　各级人民政府应当依法科学编制城乡规划。经依法批准的城乡规划，必须严格执行，未经法定程序不得修改。

各级人民政府应当将城乡规划的编制和管理经费纳入本级财政预算。

各级人民政府应当建立由人民政府及其相关部门负责人、专家和公众代表组成的城乡规划委员会，对城乡规划编制和实施的重大事项进行研究，为决策提供依据。

第五条　省人民政府城乡规划主管部门负责全省的城乡规划管理工作。

市、县人民政府城乡规划主管部门负责本行政区域内的城乡规划管理工作。

第六条　制定和实施城乡规划应当遵守国家、省有关标准和技术规范，应用先进科学技术。县级以上人民政府应当依据有关法律、法规和标准、技术规范，制定适合本行政区域的城乡规划管理技术规定。

对城乡规划编制和实施的优秀项目，县级以上人民政府应当给予表彰。

第二章　城乡规划的制定

第七条　城乡规划包括城镇体系规划、城市规划、镇规划、乡规划和村庄规划。

城镇体系规划包括省域城镇体系规划、市域城镇体系规划、县域城镇体系规划和城镇密集地区规划。城市规划、镇规划分为总体规划和详细规划。详细规划分为控制性详细规划和修建性详细规划。

第八条　省人民政府组织编制省域城镇体系规划，报国务院审批。

市人民政府组织编制市域城镇体系规划，报省人民政府审批。

县人民政府组织编制县域城镇体系规划，报设区的市人民政府审批，并报省人民政府城乡规划主管部门备案。

省、设区的市人民政府可以组织编制城镇密集地区规划。跨设区的市行政区域的城镇密集地区规划，由省人民政府审批；跨县级行政区域的城镇密集地区规划，由设区的市人民政府审批，并报省人民政府城乡规划主管部门备案。

城镇体系规划的期限一般为20年。

第九条　市人民政府组织编制城市总体规划，报省人民政府审批。省人民政府所在地的市以及国务院确定的市的总体规划，由省人民政府审查后，报国务院审批。

镇人民政府组织编制镇总体规划，报市或者县人民政府审批。县人民政府所在地镇总体规划，由县人民政府组织编制，报设区的市人民政府审批，并报省人民政府城乡规划主管部门备案。

历史文化名城总体规划报省人民政府审批；历史文化名镇总体规划报设区的市人民政府审批。

城市、镇总体规划的期限一般为20年。

第十条　城镇体系规划，城市、镇总体规划，乡规划确定需要编制规划的村庄，应当编制村庄规划。城市、镇总体规划确定的建设用地范围内的镇、乡、村庄，不再编制镇规划、乡规划和村庄规划。

镇、乡人民政府组织编制乡规划、村庄规划，报市或者县人民政府审批。历史文化名村规划报设区的市人民政府审批。

第十一条　市、县人民政府所在地镇的控制性详细规划，由市或者县人民政府城乡规划主管部门组织编制，报市或者县人民政府批准，并报本级人民代表大会常务委员会和总体规划审批机关备案。其他镇的控制性详细规划，由镇人民政府组织编制，报市或者县人民政府审批。

国务院审批总体规划的市的控制性详细规划报省人民政府备案。

第十二条　城乡规划确定的建设用地内的独立开发区总体规划，由设区的市人民政府城乡规划主管部门组织编制，经设区的市人民政府审查后，报省人民政府审批。

开发区的控制性详细规划，由开发区所在地市、县人民政府城乡规划主管部门组织编制，报设区的市人民政府审批，并报省人民政府城乡规划主管部门备案。

城乡规划确定的独立产业用地总体规划或者控制性详细规划，由所在地市或者县人民政府城乡规划主管部门组织编制，报市或者县人民政府审批，并报上一级人民政府城乡规划主管部门备案。

第十三条　历史文化名城、名镇、名村、街区、保护区和历史建筑应当编制保护规划，保持和延续传统格局和历史风貌，维护历史文化遗产的真实性和完整性。

省级历史文化名城、名镇、名村、街区、保护区，由省人民政府公布；市级、县级历史文化保护区、历史建筑由同级人民政府公布。

第十四条　专项规划由县级以上人民政府有关主管部门会同城乡规划主管部门或者城乡规划主管部门组织编制，经同级人民政府审批后，纳入城乡规划，并报城镇体系规划、总体规划审批机关的城乡规划主管部门和有关主管部门备案。法律、法规另有规定的，从其规定。

第十五条　县级以上人民政府有关部门应当根据编制城乡规划的需要，及时向城乡规划组织编制机关提供有关基础资料。

县级以上人民政府城乡规划主管部门应当依法做好城镇勘测工作。

第十六条　城镇体系规划应当包括区域城镇化和城乡统筹发展战略与目标，城镇与乡村居民点功能定位、规模和布局，产业空间布局，区域公共设施与基础设施布局，生态环境与资源保护，禁止、限制和适宜开发的地域范围以及空间管制措施等内容。

自然与历史文化遗产、风景名胜区、自然保护区、湿地、森林公园、水源保护区以及水系等必须控制开发的地域和公路、铁路、机场、邮政、电信、供电、供水、排水、供热、供气、防洪、水利枢纽、广播电视、垃圾处理等区域基础设施以及文化、教育、卫生、体育等公共服务设施布局，应当作为城镇体系规划的强制性内容。

第十七条　城市、镇总体规划应当包括下列强制性内容：

（一）规划区范围；

（二）规划区内建设用地规模；

（三）干道系统网络、交通枢纽；

（四）邮政、电信、供电、供水、排水、供热、供气、广播电视、垃圾处理等基础设施用地；

（五）文化、教育、卫生、体育等公共服务设施用地；

（六）水源地和水系；

（七）基本农田和绿化用地；

（八）资源与生态环境保护；

（九）自然与历史文化遗产保护；

（十）预防和减轻地震、洪水等灾害；

（十一）其他。

第十八条　乡规划应当包括乡域内的村庄发展布局，农村生产生活服务设施、公益事业等建设用地布局，禁止、限制和适宜建设的地域范围以及空间管制措施等内容。

第十九条　控制性详细规划应当包括下列强制性内容：

（一）规划地块的土地用途；

（二）建筑高度、建筑密度、容积率、绿地率等指标规定；

（三）基础设施、公共服务设施和防灾减灾设施配套建设的指标和布局等。

规划地块有历史文化遗产的，其控制性详细规划还应当包括历史文化遗产保护的建设控制指标和规定以及保护区界线等。

第二十条　城镇体系规划、城市总体规划、县人民政府所在地镇总体规划在报送审批前，应当先经本级人民代表大会常务委员会审议，常务委员会组成人员的审议意见交本级人民政府研究处理。

镇、乡人民政府组织编制的镇总体规划和乡规划在报送审批前，应当先经镇、乡人民代表大会审议，代表的审议意见交本级人民政府研究处理。

村庄规划在报送审批前，应当经村民会议或者村民代表会议讨论同意。

第二十一条　城乡规划报送审批前，组织编制机关应当依法将规划草案通过媒体、展览、张贴等方式予以公告，并采取论证会、听证会或者其他方式征求专家和公众的意见。公告的时间不得少于30日。

第二十二条　城乡规划批准前，审批机关应当组织专家和有关部门或者委托具有相应资质的技术机构进行审查。

批准的城乡规划，由组织编制机关依法在专门场所向社会公布，并按照国家和本省的有关规定，送交同级城乡建设档案机构存档。

第三章 城乡规划的实施

第一节 一般规定

第二十三条 县级以上人民政府应当依据城镇体系规划，有序推进城镇化进程，促进城乡经济社会一体化发展。区域基础设施建设应当符合城镇体系规划和城市、镇总体规划。

第二十四条 城镇的建设与发展，应当优先安排道路、供电、供水、排水、供热、供气等基础设施和文化、教育、卫生等公共服务设施。

城镇新区开发和建设中的土地使用强度指标，应当符合国家和省有关标准和技术规范。

城镇旧区改建，应当合理确定拆迁和建设规模，有效利用既有建筑，注重保护历史文化遗产和传统风貌，有计划地对危房集中、基础设施落后的地段进行改建。

第二十五条 工矿型城镇的建设，应当以产业多元化和新型产业发展、基础设施和公共服务设施建设、居民住房条件改善、生态环境综合治理为重点，增强城镇的辐射带动能力。

第二十六条 乡和村庄建设，应当从农村实际出发，尊重村民意愿，优先安排生产、生活必需的道路、供电、供水、排水、学校、卫生所、文化站等设施，体现乡村特色。

第二十七条 市、县、镇人民政府应当制定近期建设规划。近期建设规划应当经同级人民代表大会常务委员会或者镇人民代表大会审议，并报总体规划审批机关备案。

近期建设规划的期限为5年，与国民经济和社会发展规划的起止年限一致。

第二十八条 市、县人民政府应当制定市、县人民政府所在地镇的规划年度实施计划，对年度基础设施、公共服务设施、绿化、住房建设以及规划编制等做出安排。年度实施计划还应当包括上年度计划的执行情况。

年度实施计划经同级人民代表大会常务委员会审议，审议的意见交本级人民政府研究处理。

年度实施计划应当予以公布，并报总体规划审批机关的城乡规划主管部门备案。

第二十九条 建设单位或者个人申请办理规划许可手续，应当按照本条例的规定提交相关材料。法律、法规没有规定的，不得作为规划审批的前置条件。

第三十条 市、县人民政府城乡规划主管部门或者省人民政府确定的镇人民政府在作出直接关系他人利益的规划许可决定前，应当将拟许可的事项及内容在项目所在地的醒目位置予以公示；必要时采取听证会等形式，听取利害关系人的意见。许可决定作出后，应当向社会公布。

第三十一条 城乡规划编制单位应当按照规划条件编制修建性详细规划。工程设计单位应当按照规划条件编制建设工程设计方案和施工图。

第三十二条 在城市、镇规划区内临时使用土地或者进行临时建设的，建设单位或者个人应当向城乡规划主管部门申请办理临时用地规划许可证、临时建设规划许可证。

第三十三条 城市地下空间的开发利用，应当符合城市规划，履行规划审批手续。

建设项目包含地下工程的，应当与地上工程同时办理规划许可手续。单独开发的地下交通、商业、仓储、能源、通信、管线、人防工程等建设项目，应当向城乡规划主管部门申请办理规划许可手续。

市、县人民政府应当建立城镇地下建筑物、构筑物以及管线动态管理系统。

第二节 建设项目选址规划管理

第三十四条 城乡规划主管部门应当参与建设项目前期有关可行性论证和审查工作。

国家规定需要办理选址意见书的建设项目，建设单位应当按照以下规定向城乡规划主管部门申请核发选址意见书：

(一)国家和省有关部门审批或者核准的建设项目以及设立开发区,向省人民政府城乡规划主管部门申请核发选址意见书;

(二)市、县人民政府有关部门审批或者核准的建设项目,向同级人民政府城乡规划主管部门申请核发选址意见书;

(三)县级以上人民政府有关部门备案的建设项目,向项目所在地市、县人民政府城乡规划主管部门申请核发选址意见书。

第三十五条　办理选址意见书应当提供选址申请表、选址方案图等材料。需要编制规划选址研究报告的,还应当提交具有相应资质的单位编制的规划选址研究报告。

城乡规划主管部门对符合城乡规划的,核发选址意见书,并提出规划条件;不符合的,不予核发,并书面告知理由。

上级城乡规划主管部门核发选址意见书的建设项目,项目所在地市、县人民政府城乡规划主管部门应当提出初审意见。

第三十六条　未按照本条例规定取得选址意见书或者选址意见书过期的,有关部门不得审批或者核准建设项目。

选址意见书有效期为 2 年。需要延期的,应当在期满前 30 日内向核发机关申请延期,经批准可以延期 1 次,期限不得超过 1 年。

第三节　建设用地规划管理

第三十七条　建设单位或者个人办理建设用地规划许可证,应当提供建设项目审批文件、建设工程初步设计方案等材料。需要编制修建性详细规划的,还应当提交修建性详细规划方案。以出让方式取得国有土地使用权的,还应当提供国有土地使用权出让合同。

城乡规划主管部门对符合控制性详细规划和规划条件的,核发建设用地规划许可证;不符合的,不予核发,并书面告知理由。

第三十八条　国有土地使用权出让合同应当包含城乡规划主管部门提供的规划条件,未确定规划条件的地块,不得出让国有土地使用权。

规划条件应当包括地块的位置、界线、面积、使用性质、容积率、建筑密度、建筑高度、日照要求、绿地率、停车位指标、主要出入口方位、控制点标高、各类规划控制线、必须配置的基础设施、公共服务设施等内容。工业、仓储、基础设施和公共服务设施等用地的规划条件,可根据具体情况确定。规划条件应当符合节能要求。

第三十九条　签订国有土地使用权出让合同,土地主管部门不得改变城乡规划主管部门提供的规划条件;核发建设用地规划许可证,城乡规划主管部门不得擅自改变作为国有土地使用权出让合同组成部分的规划条件。

第四十条　国有土地使用权经依法转让后,受让方应当持转让合同等材料,向原核发建设用地规划许可证的城乡规划主管部门申请办理变更登记。

转让国有土地使用权,不得改变原出让合同的规划条件。

第四节　建设工程规划管理

第四十一条　建设单位或者个人办理建设工程规划许可证,应当提供使用土地的有关证明文件、建设项目审批文件、建设工程设计方案、建设工程档案报送责任书等材料。需要编制修建性详细规划的,还应当提交修建性详细规划。

市、县人民政府城乡规划主管部门或者省人民政府确定的镇人民政府,对符合控制性详细规划和规划条件的,核发建设工程规划许可证;不符合的,不予核发,并书面告知理由。

经审定的修建性详细规划、建设工程设计方案的总平面图,应当在项目所在地予以公布。

第四十二条在城市、镇规划区内改变建筑物外型和色彩、设置雕塑、户外广告等,应当向市、县人民政府城乡规划主管部门或者省人民政府确定的镇人民政府申请办理建设工程规划许可证。

第四十三条　分期建设的项目，建设单位应当组织编制项目整体的修建性详细规划，提出分期建设计划，向市、县人民政府城乡规划主管部门或者省人民政府确定的镇人民政府分期申请办理建设工程规划许可证。同一建设期应当包括相应的配套设施和绿地。

第四十四条　核发施工许可证，不得改变建设工程规划许可证的内容。对未取得建设工程规划许可证的建设项目，不得核发施工许可证。

第四十五条　建设工程开工前，建设单位或者个人应当向市、县人民政府城乡规划主管部门或者省人民政府确定的镇人民政府申请放线；在基础工程或者隐蔽工程施工前，申请验线。经验线合格后，方可进行基础工程或者隐蔽工程建设。

建设工程放线前，建设单位或者个人应当在施工现场醒目位置设置公示牌，公开建设项目规划许可内容。

第四十六条　在乡、村庄规划区内进行乡镇企业、乡村公共设施和公益事业建设的，建设单位或者个人应当向镇、乡人民政府提出申请，由镇、乡人民政府报市、县人民政府城乡规划主管部门核发乡村建设规划许可证。符合乡规划、村庄规划的，核发乡村建设规划许可证；不符合的，不予核发，并书面告知理由。

在城市、镇规划区内进行乡镇企业、乡村公共设施和公益事业建设的，建设单位或者个人应当向市、县人民政府城乡规划主管部门申请核发乡村建设规划许可证。符合城市、镇总体规划的，核发乡村建设规划许可证；不符合的，不予核发，并书面告知理由。

村民住宅建设的规划管理办法，由省人民政府制定。

第五节　其他规定

第四十七条　建设单位或者个人应当按照规划条件进行建设；确需变更的，按下列程序办理：

（一）向市、县人民政府城乡规划主管部门提出变更申请，说明变更的内容和理由。

（二）城乡规划主管部门对不符合控制性详细规划的，不予批准；可以变更的，对变更内容进行公示后，由城乡规划主管部门作出是否同意变更的决定，必要时采取听证会等形式，听取利害关系人的意见。

（三）城乡规划主管部门应当将变更后的规划条件通报同级土地主管部门，并予以公布；建设单位或者个人应当及时将依法变更后的规划条件报土地主管部门备案。

第四十八条　建设工程竣工后，建设单位或者个人应当持建设工程竣工核实技术报告、建设工程档案认可文件等材料，向市、县人民政府城乡规划主管部门申请规划条件核实。符合规划条件的，核发建设工程竣工规划认可证；不符合规划条件的，按照本条例第六十三条的规定处罚。

未取得建设工程竣工规划认可证的，不得组织竣工验收，房屋权属登记机关不得办理权属登记。

建设单位或者个人应当在竣工验收后6个月内向城乡规划主管部门或者其委托的城乡建设档案机构报送有关竣工验收资料。

第四十九条　建设单位或者个人在申请建设工程规划条件核实前，应当对建设工程设计方案和修建性详细规划确定拆除的原有建筑物、构筑物和其他设施，以及因施工需要搭建的临时建筑物、构筑物和其他设施，进行拆除并清理场地。

第四章　城乡规划的评估和修改

第五十条　城镇体系规划，城市、镇总体规划的组织编制机关应当委托城乡规划编制单位或者组织专家，对城镇发展和规划的实施情况进行研究，并采取论证会、听证会或者其他方式征求公众意见，定期对规划实施情况作出评估。组织编制机关应当将评估结果报本级人民代表大会常务委员会或者镇人民代表大会和原审批机关备案。

经研究和评估，需要对规划进行修改的，组织编制机关应当向原审批机关提出报告。

第五十一条　城市、镇总体规划修改分为修编、调整和补充。

修编城市、镇总体规划的，组织编制机关应当向原审批机关提出专题报告，经同意后，编制修编纲要或者修编方案。修编后的规划，按照本条例第九条、第二十条、第二十一条、第二十二条的规定报批。

调整城市、镇总体规划的，组织编制机关应当向原审批机关报送调整方案，经同意后，进行调整。调整后的规划，经原审批机关的城乡规划主管部门审查同意后，由组织编制机关报同级人民代表大会常务委员会或者镇人民代表大会和原审批机关备案，并公布实施。

补充城市、镇总体规划的，由组织编制机关报同级人民代表大会常务委员会或者镇人民代表大会和原审批机关备案后公布实施。

第五十二条　控制性详细规划修改分为修编、调整和补充。

修编控制性详细规划的，应当对修编的必要性进行论证，并采取论证会、听证会等形式征求专家、利害关系人的意见，向原审批机关提出专题报告，经同意后，编制修编方案。修编后的控制性详细规划应当按照本条例第十一条、第十二条、第二十一条、第二十二条的规定报批。

调整控制性详细规划的，应当提出调整方案，并采取论证会、听证会或者其他方式征求专家、利害关系人的意见，经原审批机关同意后公布实施，并按照本条例第十一条、第十二条的规定备案。

补充控制性详细规划的，报原审批机关备案后公布实施。涉及利害关系人利益的，应当征求其意见。

控制性详细规划修改涉及城市、镇总体规划强制性内容的，应当先修改总体规划。

第五十三条　修改近期建设规划的，应当将修改后的近期建设规划，报同级人民代表大会常务委员会或者镇人民代表大会和总体规划审批机关备案。

第五章　监督检查

第五十四条　各级人民政府每年的政府工作报告应当包含城乡规划编制和实施情况。

各级人民政府应当向本级人民代表大会常务委员会或者镇、乡人民代表大会和规划审批机关报告城乡规划的实施情况，并接受监督。

第五十五条　省、设区的市人民政府应当建立城乡规划督察员制度，对城乡规划的编制、审批、实施、修改进行监督检查。

城镇体系规划和城市、镇总体规划的审批机关应当定期对规划的实施情况作出评价，并进行动态监测。国务院审批的规划实施情况，由省人民政府进行评价。

第五十六条　城乡规划主管部门对违法建设作出责令停止建设的决定后，建设单位和施工单位应当停止建设；拒不停止建设的，城乡规划主管部门应当书面通知供水、供电单位停止对施工场地供水、供电，供水、供电单位接到通知后，应当依法及时采取相应的措施。

第五十七条　城乡规划主管部门违反本条例规定作出行政许可的，上级城乡规划主管部门有权责令其撤销或者直接撤销该行政许可。因撤销行政许可给当事人合法权益造成损失的，作出行政许可的机关应当给予赔偿。

第六章　法律责任

第五十八条　依法应当编制城乡规划而未组织编制，未按法定程序编制、审批、修改城乡规划，或者擅自增加规划审批条件的，由上级人民政府责令改正，通报批评；对有关人民政府负责人和其他直接责任人员依法给予行政处分。

第五十九条　县级以上人民政府城乡规划主管部门和有关主管部门有下列行为之一的，由本级人民政府或者上级人民政府有关主管部门责令改正，通报批评；对直接负责的主管人员和其他直接责任人员，依法给予行政处分：

（一）违反控制性详细规划提供规划条件或者擅自改变规划条件的；

（二）对符合法定条件的申请人未在法定期限内核发选址意见书、建设用地规划许可证、建设工程规划许可证、乡村建设规划许可证的；

（三）对未取得建设工程规划许可证或者未按照建设工程规划许可证的规定，核发施工许可证的；

（四）对未取得建设工程竣工规划认可证或者未按照建设工程竣工规划认可证的规定，办理权属登记的；

（五）其他玩忽职守、滥用职权、徇私舞弊的。

第六十条　城乡规划编制单位有下列行为之一的，由项目所在地市、县人民政府城乡规划主管部门责令限期改正，处以合同约定的规划编制费1倍以上2倍以下的罚款；情节严重的，由原发证机关并处责令停业整顿、降低资质等级或者吊销资质证书；造成损失的，依法承担赔偿责任：

（一）超越资质等级许可的范围，承揽城乡规划编制业务的；

（二）违反国家、省有关标准编制城乡规划的；

（三）违反上位规划编制城乡规划的；

（四）违反规划条件编制修建性详细规划的。

未依法取得资质证书承揽城乡规划编制工作的，由县级以上人民政府城乡规划主管部门责令停止违法行为，依照前款规定处以罚款；造成损失的，依法承担赔偿责任。

第六十一条　工程设计单位违反规划条件编制建设工程设计方案和施工图的，由项目所在地城乡规划主管部门责令改正，处以合同约定的设计费1倍以上2倍以下的罚款。

第六十二条　未经放线、验线，擅自进行建设的，由项目所在地城乡规划主管部门责令停止建设，限期改正。

第六十三条　在城市、镇规划区内，建设单位或者个人未取得建设工程规划许可证或者未按照建设工程规划许可证的规定进行建设的，由县级以上人民政府城乡规划主管部门责令停止建设；可以采取改正措施消除对规划实施的影响的，责令限期改正，处建设工程造价5%以上10%以下的罚款。逾期不采取改正措施或者无法采取改正措施消除影响的，责令限期拆除；不能拆除的，没收实物或者违法收入，可以并处建设工程造价10%以下的罚款。

前款所指可以采取改正措施的违法建设工程，应当符合下列条件：

（一）处于城乡规划确定的建设用地范围内，且不影响控制性详细规划实施的；

（二）不危害公共安全、公共卫生，不影响基础设施和公共服务设施正常运行的；

（三）不违反城乡规划确定的自然与历史文化资源保护要求的；

（四）没有引起相邻纠纷、不良社会影响，或者经过改正后可以消除的；

（五）市、县人民政府规定的其他条件。

施工单位对未取得建设工程规划许可证的项目进行建设或者未按照建设工程规划许可证的规定进行建设的，在收到城乡规划主管部门责令停止建设的决定后继续施工的，由项目所在地城乡规划主管部门处工程合同价款1%以上3%以下的罚款。

第六十四条　在乡、村庄规划区内未依法取得乡村建设规划许可证或者未按照乡村建设规划许可证的规定进行建设的，由镇、乡人民政府责令停止建设、限期改正；逾期不改正的，可以拆除。

第六十五条　建设单位或者个人未按规定向城乡规划主管部门报送有关竣工验收资料的，由所在地市、县人民政府城乡规划主管部门责令限期补报；逾期不补报的，处1万元以上5万元以下的罚款。

城乡规划主管部门可以委托符合《中华人民共和国行政处罚法》第十九条规定条件的城乡建设档案机构实施前款规定的处罚。

第六十六条　城乡规划主管部门作出责令停止建设或者限期拆除的决定后，当事人不停止建设或者逾期不拆除的，城乡规划主管部门应当向本级人民政府报告，人民政府应当责成有关部门采取查封施工现场、强制拆除等措施。强制拆除的费用由违法当事人承担。

第六十七　条违反本条例规定构成犯罪的，依法追究刑事责任。

第七章　附　则

第六十八条　本条例所称市，是指按照行政建制设立的设区的市和县级市。

历史建筑，是指经市、县人民政府确定公布的具有一定保护价值，能够反映古代、近代、现代历史风貌和地方特色，未公布为文物保护单位，也未登记为不可移动文物的建筑物、构筑物。

总体规划修编，是指改变规划期限或者对规划确定的用地规模、用地发展方向和总体布局等进行重大变更的行为。

总体规划调整，是指变更规划区范围、基础设施、公共服务设施、自然与历史文化资源保护、防灾减灾等内容的行为。

总体规划补充，是指不改变前两款规定的内容，将经过研究和评估提出的、以及专项规划确定的需要对总体规划的部分内容进行完善的行为。

控制性详细规划修编，是指改变控制性详细规划确定的土地用途、道路红线、绿线、蓝线、黄线、紫线以及教育、文化、体育、卫生等公共设施用地和防灾减灾设施用地等内容的行为。

控制性详细规划调整，是指变更规划确定的支路走向、宽度，建筑高度，建筑密度，容积率等内容的行为。

控制性详细规划补充，是指不改变前两款规定的内容，对控制性详细规划的部分内容进行完善的行为。

第六十九条　本条例自2010年1月1日起施行。1991年9月19日制定、1997年12月4日修正的《山西省实施〈中华人民共和国城市规划法〉办法》同时废止。

太原市城市供热管理条例

（2008年10月30日太原市第十二届人民代表大会常务委员会第十一次会议修订，
2009年3月26日山西省第十一届人民代表大会常务委员会第九次会议批准）

第一章　总则

第一条　为加强城市供热管理，维护热用户、供热单位和热源单位的合法权益，推进节能降耗，保障城市供热，根据国家有关规定，结合本市实际，制定本条例。

第二条　本条例所称城市供热，是指由热电联产、区域锅炉、工业余热和分散锅炉等所产生的热水，通过管网供给的生产和生活用热。

本条例所称热源单位，是指为供热单位提供热能的单位。

本条例所称供热单位，是指利用热源单位提供或者自身生产的热能从事供热经营的单位。

本条例所称热用户，是指消费供热单位热能的单位和个人。

第三条　本条例适用于本市行政区域内城市供热的规划、建设、管理、经营和使用。

第四条　城市供热实行统一规划和管理，以集中供热为主导，多种方式相结合，有计划地取消分散燃煤锅炉供热。

鼓励和支持社会力量发展城市集中供热。

鼓励利用可再生能源、清洁能源供热。

积极推行分户计量用热。

第五条　市人民政府应当加强对城市供热工作的领导，协调解决供热工作中的重大问题。

市供热行政主管部门负责本市的供热管理工作，组织实施本条例。

县（市、区）供热行政主管部门负责本辖区内的供热管理工作，并接受市供热行政主管部门的指导和监督。

发展和改革、规划、财政、物价、税务、国土资源、环境保护、市政、房地、质量监督等有关部门，应当按照各自职责，做好供热管理工作。

第二章　规划建设与设施管理

第六条　市供热行政主管部门应当会同有关部门编制城市供热专项规划，经市人民政府批准并公布后实施。

市供热行政主管部门应当按照城市供热专项规划，编制城市供热近期建设计划，经市人民政府批准后，组织实施。

城市供热专项规划应当符合土地利用总体规划并纳入城市总体规划。

新建、改建、扩建的供热工程，应当按照城市供热专项规划及近期建设计划进行。

第七条　城市建设和改造应当按照城市供热专项规划，配套建设供热设施或者预留供热设施建设用地。

配套建设的供热设施用地或者预留的供热设施建设用地，任何单位和个人不得擅自占用或者改变用途。

第八条　市供热行政主管部门应当根据城市供热专项规划、近期建设计划，制定集中供热扩网计划。有关供热单位应当按照集中供热扩网计划发展集中供热。

第九条　新建建筑的供热系统应当符合国家建筑节能标准，采用高效、节能、环保型设备，实行分户控制、分户计量。

改建、扩建建筑应当按照前款规定，对供热系统进行分户控制、分户计量改造。

违反前两款规定的，规划行政部门不得进行规划审批，建设行政部门不得颁发施工许可证。

第十条　政府应当组织有关部门制定对既有建筑供热设施的改造计划，逐步实行分户控制、分户计量。

第十一条　供热工程建设，由供热行政主管部门和规划、国土资源、环境保护、质量监督等部门依法审核并办理有关手续后，方可进行建设。从事供热工程施工的单位，必须具有相应的资质证书。

热源、热网管道等供热设施的改拆、移动，应当经供热行政主管部门批准。

第十二条　供热工程竣工后，建设单位应当依法组织竣工验收，并于验收合格之日起十五日内将竣工验收资料以及有关部门的验收意见报供热行政主管部门备案。供热工程未经验收或者验收不合格的不得投入使用。

与供热工程有关的供热单位应当参加供热工程竣工验收。

第十三条　新建、改建、扩建城市道路时应当依据城市供热专项规划同时设计和敷设热网管道。

城市热网管道确需穿越单位、厂区或者宅院时，相关单位和个人应当予以配合。因穿越施工造成设施损坏的，建设单位应当予以修复；无法修复的，应当给予赔偿。

第十四条　新建建筑物或者构筑物与热网管道的间距应当符合城市总体规划和国家制定的《城市热力网设计规范》、《城市工程管线综合规划规范》。新建、改建、扩建建筑的地下管线与热网管道交叉、相邻、并行涉及热网管道安全的，相关管线单位应当协商解决。

在热网管道周围种植树木、堆放物料等行为，不得影响热网管道的安全。

第十五条　供热设施维修、养护责任按下列规定划分：

（一）热源单位厂区内的供热设施由热源单位负责维修、养护；

（二）实行间接供热的供热设施，从热源厂出墙一米至供热单位所属热力站出墙一米，由供热单位负责维修、养护；热力站出墙一米至热用户室外即二次管网、庭院网，有单位的由单位负责维修、养护，无单位的由供热单位维修、养护或者由政府责成有关方面维修、养护；

（三）实行直接供热的供热设施由供热单位负责维修、养护；

（四）居民热用户室内的供热设施由居民维修、养护。

前款第二项、第三项规定的维修、养护费用标准按价格主管部门的规定执行，并在价格调整中计入热价成本。

第十六条　供热单位、热源单位、热用户应当对其管理的供热设施进行定期维修、养护，及时消除安全隐患，保障安全运行。

第十七条　政府应当设立供热设施更新改造专项资金，专门用于对公共供热设施的更新改造。

第三章　供热管理

第十八条　城市供热推行特许经营制度。

供热单位未经供热行政主管部门批准不得停业、歇业。

第十九条　政府应当建立供热应急保障制度，确保城市供热安全。

第二十条　热源单位应当与供热单位签定供热合同。热源单位应当按设计规模和设计参数向供热单位提供确保供热质量的热量。

热电厂主管部门应当按照以热定电的原则，以满足热负荷为主要目标制定热电厂的生产、供应计划，确保热电厂供热。

第二十一条　热源和热网管道应当安装监测仪器、仪表和净化装置。燃料的使用，烟尘、二氧化硫、氮氧化物的排放，产生的噪音以及固体废物的处理等必须符合环保要求。

第二十二条　本市居民生活供暖期间为：当年十一月一日至次年三月三十一日。因特殊情况，政府可以调整供暖期间。

居民热用户室温应当保持在18±2℃。非居民热用户的室内温度执行国家规范标准或者由供用热双方在供热合同中约定。

第二十三条　供热单位、热源单位应当保证供热设施正常运行。因设备故障等原因不能正常供热的，应当及时组织抢修并通知热用户，同时报告供热行政主管部门，并在规定时间内恢复正常供热。

室外温度低于《城市热力网设计规范》标准或者因其它不可抗力因素影响，不能正常供热的，供热单位应当及时向供热行政主管部门报告，并向社会公告。

第二十四条　供热单位应当建立承诺制度，自觉接受社会监督。

第四章　用热管理

第二十五条　热用户用热应当与供热单位签订合同。

第二十六条　热用户使用的采暖系统应当符合

供热技术规范，并做好日常巡查、维护和检修工作，防止跑、冒、滴、漏。

热用户不得损坏或者擅自改拆、移动热网管道、标志、井盖、阀门、仪表等供热设施，不得擅自安装散热器和扩大用热面积，不得改变供热设施使用性质及运行方式，不得在室内供热设施上安装取水装置或者擅自放掉和取用热网管道软化水。

热用户确需改动室内供热设施的，应当向供热单位提出申请，并按照供热单位提出的技术要求改动。

第二十七条　因下列情况之一，室内温度达不到规定标准的，由热用户承担责任：

（一）室内供热设施不能正常使用的；

（二）人为造成门窗等保温设施不保温的；

（三）擅自改变房屋结构或者室内供热设施的；

（四）擅自在供热设施上安装使用热交换器、散热器、取水装置的；

（五）室内装修或者其他设施严重遮挡散热器，影响供热效果的；

（六）其他由热用户自身原因造成室内温度达不到规定标准的。

因上述原因给其他热用户造成损失的，由责任人负责赔偿。

第五章　收费管理

第二十八条　城市供热实行交费用热。居民热用户热费按使用面积计收，非居民热用户热费按建筑面积计收。已经安装分户用热计量装置的，应当实行计量收费。

特殊层高建筑热费的收费标准由市人民政府规定。

第二十九条　政府应当建立城市供热煤炭价格联动机制和供热煤炭价格监测系统。

供热单位有权向价格主管部门或者供热行政主管部门提出调整供热价格的书面建议。

因不能及时调整供热价格，致使供热单位亏损的，政府应当对供热单位进行成本核算后给予临时补贴。

第三十条　城市供热的具体收费办法由市人民政府制定，并按照价格法的规定程序报请批准后，公布实施。

第三十一条　热费由供热单位向热用户收取；空闲房的热费由供热单位向产权人收取。

第三十二条　热用户应当在每年十一月一日前交纳热费。对已交纳热费的，供热单位应当及时供热；对逾期未交费的，由供热单位向热用户发出限期缴费通知书。通知书发出十五日内仍不缴费的，供热单位有权限制或者暂停供热，也可以向人民法院提起诉讼。

第三十三条　政府应当对享受城市最低生活保障待遇和其他困难家庭给予热费补助。

第六章　投诉及争议处理

第三十四条　供热行政主管部门、供热单位应当设立和公开供热投诉服务电话，实行二十四小时人员值班。

第三十五条　在采暖期开始后的十日内，供热单位接到供热质量投诉的，应当在接到投诉后的五小时内到达现场处理；在采暖期的其他时间，应当在接到投诉后的二小时内到达现场处理。

热用户委托的供热单位对供热设施漏水的投诉，应当在接到投诉后的二小时内到达现场抢修。

第三十六条　因供热纠纷或者其他原因需对供热温度进行测量，应当在门窗正常关闭一小时以上的情况下，将计量器具置于被测房间中心，计量器具的稳定读数为实际供热温度。供热温度测量的具体操作规范，由市供热行政主管部门会同市质量监督行政主管部门规定。

供用热双方均可委托法定的计量技术机构对供热温度进行测定。质量监督行政主管部门应当对计量技术机构从事供热温度测量的活动进行监督。

第三十七条　经测定,确认被测房间供热温度不达标,属于供热单位原因的,供热单位应当采取措施,保证供热温度达到规定标准。供热温度不达标与达标的期间,为室温不合格天数,供热单位应当按照天数和计费面积退还热用户热费。

第三十八条　供热单位在采暖期内未供热的,应当在每年 5 月 31 日前,按照实际未供热天数向热用户退还热费。

第三十九条　供用热双方发生供热争议的,可以按照供热合同协商解决,可以申请供热行政主管部门调解,也可以依法申请仲裁或者提起民事诉讼。

第七章　法律责任

第四十条　违反本条例规定,供热单位有下列情形之一的,由供热行政主管部门予以处罚:

(一)未经批准停业、歇业的,责令限期改正,并依法采取措施督促其履行义务;

(二)不按规定时限供热的,责令限期供热,并可处以应退还热用户热费的百分之五以上百分之十以下的罚款;

(三)因供热单位原因供热达不到规定室温的,责令限期恢复正常供热;超过限期仍然达不到规定室温的,可处以应退还热用户热费的一倍以上三倍以下的罚款;

(四)擅自改拆、移动供热设施的,责令限期改正,并可处以所造成损失的一倍以上三倍以下的罚款。

第四十一条　违反本条例规定,热源单位未按合同约定提供足够的热量造成热用户室温不达标的,由供热行政主管部门责令限期改正,并可处以供热单位应退还热用户热费的一倍以上三倍以下的罚款。给供热单位造成损失的,热源单位应当给予供热单位赔偿,赔偿金额按计费面积和时间等实际损失计算。

第四十二条　违反本条例第十四条规定,在热网管道周围种植树木、堆放物料等行为,影响热网管道安全的,由供热行政主管部门责令改正;造成损失的,依法赔偿。

第四十三条　违反本条例规定,擅自建设供热工程的,由供热行政主管部门会同有关部门,责令停止建设,并处以工程总造价的百分之三以上百分之五以下的罚款。

第四十四条　违反本条例规定,热用户有下列行为之一的,由供热行政主管部门按下列规定处罚:

(一)损坏或者擅自移动、拆除供热设施的,责令恢复原状;造成损失的,依法赔偿;

(二)热用户所属的供热设施,因设计安装或者失修,影响供热质量或者造成跑、冒、滴、漏事故未及时排除的,责令限期修复;造成损失的,依法赔偿;

(三)未经批准擅自接通供热管道的,责令限期拆除;拒不拆除的,对单位可处以 5000 元以上 5 万元以下的罚款,对个人可处以 500 元以上 5000 元以下罚款;

(四)擅自在供热设施上安装使用热交换器、散热器、取水装置的,责令限期拆除;造成损失的,热用户应当按应交供热费总额的百分之五十以上百分之一百以下予以赔偿。

第四十五条　供热行政主管部门的工作人员玩忽职守、滥用职权、徇私舞弊的,依法给予行政处分;构成犯罪的,依法追究刑事责任。

第四十六条　违反治安管理规定的,由公安机关按照《中华人民共和国治安管理处罚法》的规定予以处罚。第八章附则

第四十七条　本条例自 2009 年 5 月 1 日起施行。

地方规章

太原历史文化名城保护办法

（太原市人民政府令第72号）

第一章　总　则

第一条　为了加强太原历史文化名城的保护与管理，继承和弘扬优秀历史文化遗产，根据《中华人民共和国城乡规划法》、《中华人民共和国文物保护法》、《历史文化名城名镇名村保护条例》等有关法律、法规规定，结合本市实际，制定本办法。

第二条　在太原市区历史文化名城保护范围内从事规划、建设、管理和其他活动的，均应遵守本办法。

第三条　太原历史文化名城的保护，实行科学规划、严格保护、抢救第一、合理利用的原则。正确处理历史文化名城保护与城市建设和社会发展的关系。

第四条　市、区、镇人民政府应当加强对历史文化名城保护工作的领导，把历史文化名城保护工作纳入国民经济和社会发展计划，将保护经费列入本级财政预算并逐年增加。

第五条　市人民政府设立历史文化名城保护委员会，其主要职责：

（一）指导历史文化名城的保护工作；

（二）审议历史文化名城保护工作的重大事项；

（三）协调历史文化名城保护工作的相关事项

历史文化名城保护委员会下设办公室，办公室设在市规划主管部门，具体负责其日常事务工作。

第六条　市规划主管部门会同市文物主管部门负责对历史文化名城的保护、监督和管理工作。

发展改革、建管、国土、房产、市政、财政、园林、水务、文化广播、宗教、民政、旅游等有关部门，按照各自职责做好历史文化名城的保护工作。

第七条　任何单位和个人都有保护历史文化名城的义务，并有权对保护规划的制定和实施提出建议，对破坏历史文化名城的行为进行劝阻、检举和控告。

第八条　政府应当对保护历史文化名城做出突出成绩的单位和个人，予以表彰奖励。

第二章　保护内容

第九条　太原历史文化名城的保护内容包括：府城整体格局、历史文化街区、历史文化风貌区、历史建筑以及历史文化名城依法应当保护的其他内容。

第十条　府城保护内容包括：河湖水系、传统街巷格局、建筑高度、城市景观线、建筑色彩等。

府城保护应当针对不同区域采取不同方式。

第十一条　历史文化街区包括：南华门历史文化街区、东三道巷历史文化街区、明太原县城历史文化街区、矿机苏式住宅历史文化街区、太重苏联专家楼历史文化街区等。根据历史文化街区保护的原则，应当保持其历史遗存真实性、传统风貌完整性与历史文化街区居民生活的延续性。

第十二条　历史文化风貌区包括：文庙－文瀛湖历史文化风貌区、督军府－钟楼街历史文化风貌区、迎泽大街历史文化风貌区、城西水系历史文化风貌区、小东门街历史文化风貌区等。

第十三条　历史建筑包括：太原古县城关帝庙、市政府南北办公楼、原晋绥铁路银行大楼、迎泽宾馆西楼、工人文化宫、山西大学主楼、太原火车站、太重－金工二金工厂房、太重苏联专家住宅楼等建（构）筑物。

第三章　保护规划

第十四条　市规划主管部门会同市文物主管部门应当依据国家有关历史文化名城保护规划的编制要求，组织编制历史文化名城保护规划，由市人民政府报省人民政府批准后公布实施。

保护规划报送审批前，应当广泛征求社会公众和专家的意见。

其他各类专项规划和详细规划应当符合历史文化名城保护规划。

第十五条　经依法批准的历史文化名城保护规划公布后，任何单位和个人不得擅自修改；确因公共利益需要调整的，应当广泛征求社会公众意见，并组织专家论证，报原批准机关批准后公布实施。

第十六条　历史文化名城保护规划应当符合以下要求：

（一）与国民经济和社会发展计划相衔接；

（二）注重保护传统格局、历史风貌和空间尺度；

（三）严格控制建筑的高度、体量、色彩和风格；

（四）适应城市居民生活和工作环境的需要。

第十七条　对历史文化名城保护范围内不符合历史文化名城保护规划、详细规划的建（构）筑物及其他设施，应当按照规划要求进行改造。不能改造的，依法迁建或者拆除。

未纳入历史文化名城保护规划的，但能体现历史文化名城特色的建（构）筑物、自然景观和人文景观，由市规划主管部门会同有关部门进行勘查。对符合条件的，报市人民政府批准后，纳入规划控制范围并向社会公布。

第四章　保护措施

第十八条　建设单位和个人在保护规划范围内进行建设，应当符合修建性详细规划的要求，依法取得市规划主管部门的批准。未经批准，不得擅自开工建设。

设计单位应当按照保护规划的要求进行设计，不得违反规划要求向建设单位提供设计图纸。市规划主管部门对保护规划范围内的建设项目进行审批时，应当征求市文物主管部门和专家的意见，不得违反保护规划要求进行项目审批。

第十九条　具有保护价值的建筑，不得违法拆除、改建和扩建。

建设项目选址应当避开具有保护价值的建筑、古树名木和人文景观等；确因公共利益需要不能避开的，应当对其尽可能实施原址保护。

实施原址保护的，建设单位应当事先确定保护措施，报相关部门批准，并将保护措施列入可行性研究报告或者设计任务书。

无法实施原址保护且必须迁移异地保护或者拆除的，建设单位应当提供可行性论证报告、迁移新址资料以及其他相关资料，由市规划主管部门会同相关部门进行审查后，报市人民政府批准。

拆除国有保护类建筑中具有收藏价值的壁画、雕塑、建筑构件等文物，由市文物主管部门指定的文物收藏单位收藏。

第二十条　对历史文化街区内的建筑，应当按照下列规定进行分类保护：

（一）不可移动的文物，依照文物保护法律、法规的规定进行保护；

（二）具有保护价值的建筑，按照本办法规定进行保护；

(三)其他建筑,按照历史文化街区保护规划的要求进行保护。

第二十一条 列入历史文化名城保护范围内的历史建筑,存在安全隐患的应当进行维修和防汛排险。

历史建筑内的住户,因政府规划确需要搬迁的,由政府拨款迁出并妥善安置。

第二十二条 市规划主管部门应当会同市文物主管部门组织对历史文化街区和具有保护价值的历史建筑进行普查,制定图则,建立保护档案,向社会公布并进行挂牌监督。

市规划主管部门应当与挂牌区域的单位或者个人签订保护管理协议,同时将管理协议抄送给所在地的街办、乡(镇),进行监督管理。

第二十三条 市人民政府应当对历史文化街区和具有保护价值的建筑,自公布之日起设置保护标志。

任何单位和个人不得涂改、损毁、非法移动、拆除保护标志。

第二十四条 对保护类建筑,所有人、管理人、使用人应当按照有关保护规划和修缮标准使用、管理、维护和修缮。修缮标准由市房产主管部门会同市规划、文物主管部门制定。

保护类建筑由所有人负责维护和修缮。所有人、管理人、使用人另有约定的,从其约定。

所有人不具备修缮能力的,经所有人同意,保护类建筑所在区人民政府可以决定以支付现金或者产权调换的方式收购。

第二十五条 对保护类建筑进行修缮前,应当按照规划要求申报修缮设计方案,由市规划主管部门会同相关部门进行审批。

任何单位和个人不得擅自改建、扩建、维修或者拆除保护类建筑。

第二十六条 任何单位和个人不得擅自更改具有保护价值的传统街巷、区域等历史名称;确需更名的,应当依法向市地名主管部门申请并征求规划、文物主管部门的意见。

第二十七条 任何单位和个人不得在历史建筑上设置户外广告、存放易燃易爆物品、安装影响其安全的设施。

第五章 保护利用

第二十八条 在历史文化名城保护范围内,应当有计划地恢复能够反映本市历史风貌和地方特色的、有纪念意义的建筑物和设施,并可以利用具有代表性建筑物、传统民居设立博物馆、文化馆等公共文化场所。

第二十九条 对下列重要历史遗址应当设置纪念性保护标志:

(一)重大历史事件发生地、名人古居或者重要活动场所;

(二)历史上有重要影响的行政、军事、文化教育机构或者其他团体的重要场所;

(三)重大考古发掘或者发现的场所;

(四)历史形成的著名老街。

上述历史遗址具有重要价值的应当恢复。

第三十条 在历史文化街区、历史文化风貌区、历史建筑区域,鼓励社会各界、国内外组织和个人,以投资、捐赠、提供技术服务等多种方式参与历史文化名城的保护和合理利用。

在保护历史风貌特色的前提下,可以进行餐饮、书画、娱乐、旅游等项目的开发利用。

第三十一条 市文化广播、商务、民政等主管部门,应当对本市的历史事件、地名典故、诗词歌赋、地方戏曲、传统工艺、饮食文化、民风民俗等文化遗产,进行搜集、整理、研究和利用。

第三十二条 鼓励举办具有太原民俗风情特色的各类传统文化活动。

第六章 罚 则

第三十三条 在历史文化名城保护范围内,依法负有保护职责的国家机关及其工作人员,违反本办法规定,有下列情形之一的,由其上级行政机关或者监察机关依法追究其行政责任;构成犯罪的,依法追究其刑事责任：

（一）擅自修改历史文化名城保护规划的；

（二）违法调整历史文化街区范围的；

（三）违反规划要求进行审批的。

第三十四条　违反本办法规定，设计单位违反规划要求向建设单位提供设计图纸的，由规划主管部门责令限期改正，可处合同约定设计费 1 倍以上 2 倍以下的罚款，但最高罚款不得超过 3 万元。

第三十五条　违反本办法规定，涂改、损毁、非法移动、拆除保护标志牌的，由规划主管部门责令限期改正。逾期不改正的，对单位处 1 万元以上 3 万元以下的罚款，对个人处 1000 元以上 1 万元以下的罚款。

第三十六条　违反本办法规定，擅自改建、扩建、维修或者拆除保护类建筑的，由规划主管部门责令限期改正、恢复原貌或者采取其他补救措施。造成严重后果的，依照《历史文化名城名镇名村保护条例》处罚。

第三十七条　违反本办法规定，在历史建筑上设置户外广告、存放易燃易爆物品、安装影响其安全的设施的，由规划主管部门责令限期改正。造成严重后果的，对单位处 1 万元以上 3 万元以下的罚款；对个人处 1000 元以上 1 万元以下的罚款。

第三十八条　当事人对行政处罚决定不服的，可依法申请行政复议或者提起行政诉讼。逾期不申请行政复议、不起诉，又不履行处罚决定的，由作出行政处罚决定的行政机关申请人民法院强制执行。

第七章　附　则

第三十九条　本办法中，府城是指：东至建设路，西至新建路，南至迎泽大街，北至北大街的区域。

历史文化街区是指经省人民政府公布的保存文物特别丰富、历史建筑成片集中、能够较完整和真实地体现传统格局和历史风貌并具有一定规模的区域。

历史文化风貌区是指历史建筑或者传统建筑比较集中，且该地段在城市发展各个历史阶段一直保持某种特殊文化内涵或者表现城市发展的某个阶段独特城市面貌的片区。

历史建筑是指经市人民政府确定公布的具有一定保护价值，能够反映历史风貌和地方特色，未公布为文物保护单位，也未登记为不可移动文物的建筑物、构筑物。

第四十条　在历史文化名城保护范围内，涉及文物、晋阳古城遗址、古树名木等的保护，法律、法规另有规定的，从其规定。

第四十一条　本办法自 2009 年 12 月 16 日起施行。

大同市地下设施检查井井盖管理办法

（大同市人民政府令第 62 号）

第一条　为了加强城市地下设施检查井井盖的维护和管理，确保行人和车辆安全，根据有关法律法规，制定本办法。

第二条　本市城市规划区内的城市道路、广场铺装的电力、通讯、有线电视、交通信号、照明、燃气、热力、供水、排水、环境卫生等各种地下设施检查井、阀门井、消火栓、雨污排水井等的井盖、井箅及其附属设施（以下统称地下设施检查井井盖）的管理，适用本办法。

第三条　市市政行政管理部门负责本市城市规划区内地下设施检查井井盖的监督管理工作。

市市政设施管理机构根据市市政行政管理部门的委托，负责城市井盖的具体管理工作。

市城市规划、公安、广播电视、市容环境卫生等行政管理部门按照各自职责，做好地下设施检查井井盖的监督管理工作。

第四条 井盖由其产权单位负责巡查、养护、维修管理。所有权人、管理人、使用人之间约定管理责任的，从其约定。

涉及地下管线的施工工地、拆迁区域以及未经竣工验收确定责任管护单位的井盖，由建设单位负责管护。

变更管护责任的，当事人双方应当办理交接手续。

第五条 井盖必须符合国家或地方产品质量标准。

井盖安装工程的设计和施工，必须符合有关的设计和施工技术规范。城市道路范围内的井盖安装工程竣工，必须经验收合格后方可交付使用。井盖设施应当完好无翻盖，井体顶面与周围路面要齐平，相对高差要符合有关行业技术规范，确保行人和车辆通过时无响动、不移动、不损坏。

对不符合质量标准及设计和施工技术规范的井盖，由市市政行政管理部门责令施工单位维修和更换。

第六条 井盖必须标明检查井的使用性质和产权单位。没有标志的，应当由井盖产权单位负责更换。

禁止不同类别的井盖混用。

第七条 井盖设施产权单位应当遵守下列规定：

（一）建立井盖设施管理档案，并将现有井盖设施位置、规格、材质、数量以及新建、改建、废弃井盖设施等资料，报市市政行政管理部门备案。

（二）建立井盖设施的巡查管理制度和维护责任制度，进行日常巡查管护。发现井盖缺失、损毁、移位、震响，应当及时予以补装、更换、维修；发现井盖设施下沉、塌陷，应当立即设置警示标志、采取排险措施，及时进行维修。

（三）接到投诉或者维修通知后，应当在2小时以内到达现场，对缺失、损毁的井盖，立即予以补装、更换；对下沉、塌陷的井盖设施，立即采取排险措施，及时进行维修。

第八条 井盖产权单位应当公布服务电话，建立联动机制。巡查中发现不属于本单位产权的井盖缺失、损毁的，应当立即设立警示标志，并通知相关产权单位及时进行补装、更换或者维修，并在该产权单位工作人员未到达现场之前做好安全防护措施。

第九条 市市政行政管理部门及其管理机构应当加强井盖的监督管理。发现井盖缺失、损毁或接到举报电话，应当立即通知产权单位及时进行补装、更换或者维修。

第十条 任何单位和个人不得擅自移动、圈占、圈压井盖。

巡查、维修人员打开井盖进行检查、养护、维修等作业时，应当按规定在井口周围设置护栏、标志或采取其他安全措施。施工结束应当及时清理现场，恢复原状。

第十一条 任何单位和个人发现盗窃、损毁、圈占、违法收购井盖的行为，都有权制止或者向公安机关、市市政行政管理部门或产权单位举报。有关部门、单位接到举报后应当及时核实处理。

对制止和举报盗窃、损毁、圈占、违法收购井盖行为的有功人员，市人民政府应当予以表彰或奖励。

第十二条 碎、裂、废、旧井盖的回收，应当由市市政行政管理部门会同市公安机关指定井盖定点回收单位，禁止个人、非定点单位收购井盖设施。

第十三条 违反本办法，井盖上未标明使用性质的产权单位的，由市市政行政管理部门责令限期改正；逾期未改正的，按照每个井盖处以500元罚款。

第十四条 违反本办法，井盖产权单位接到投诉或维修通知后不执行的，由市市政行政管理部门责令限期改正；逾期未改正，超过12小时的，处以2000元罚款；超过24小时的，处以5000元罚款；造成人身伤亡和财产损失的，处以5000元以上2万元以下罚款，并依法承担民事责任。

第十五条 违反本办法，擅自移动、圈占、圈压井盖的，由市市政行政管理部门责令限期改正；逾期未改正，由市市政行政管理部门处以500元以上1000元以下罚款。

第十六条　违反本办法，毁坏、盗窃、非法收购井盖设施的，由市市政行政管理部门处以2万元以下罚款；违反《中华人民共和国治安管理处罚法》的，由公安机关依法处罚；构成犯罪的，依法追究刑事责任。

第十七条　因井盖丢失、损坏、移位或擅自移动井盖面而造成人身伤亡和财产损失的，由井盖产权单位依法承担赔偿责任。井盖产权单位依法赔偿损失后，有权向造成井盖丢失、损坏和擅自移动井盖的直接责任人追偿。

赔偿或者追偿发生纠纷的，当事人可以向人民法院起诉，也可以申请市市政行政管理部门调解；当事人对调解不服的，可以向人民法院起诉。

第十八条　井盖行政管理部门、市政设施管理机构、产权单位及其工作人员玩忽职守、滥用职权、徇私舞弊的，严格实行责任追究。构成犯罪的，依法追究刑事责任；尚不构成犯罪的，依法给予行政处分。

第十九条　县（区）城镇的井盖管理可参照本办法执行。

第二十条　本办法自2009年11月1日起施行。

大同市燃气安全管理办法

（大同市人民政府令第64号）

第一章　总　则

第一条　为了加强燃气安全管理，保障燃气的正常供应和安全使用，维护消费者和经营者的合法权益，促进燃气事业的发展，根据有关法律、法规的规定，结合本市实际，制定本办法。

第二条　本办法所称燃气是指天然气、人工煤气、液化石油气等气体燃料。

第三条　本办法适用于本市行政区域内燃气的规划、建设、经营、使用、设施保护及燃气器具的生产、销售、安装、维修等安全管理活动。

第四条　燃气安全管理应当遵行安全第一、预防为主、统一规划、协调发展、节能高效、优先保障居民用气的原则。

第五条　市市政行政管理部门是本市燃气行政管理部门。

各县燃气行政管理部门负责所辖区域内的燃气管理工作。

各区燃气管理工作由市市政行政管理部门统一管理。

市、县安全生产监督、发展与改革、规划、质量技术监督、工商、环境保护、公安消防、价格等部门应当按照各自职责，协同做好燃气安全管理工作。

第六条　任何单位和个人都有维护燃气设施安全的义务，对破坏燃气设施以及可能造成燃气事故的行为有权制止和举报。

第二章　规划和建设

第七条　市、县燃气行政管理部门会同有关部门依据城市总体规划编制本地区的燃气发展规划，报同级人民政府批准后实施。

新建、改建、扩建燃气工程项目和建设供应站（点），应当符合燃气发展规划，进行环境保护论证和安全评价，并按照国家有关建设项目审批程序报有关部门批准后实施。

因建设需要确须改动燃气设施的，建设单位应当报经燃气行政管理部门批准。改动燃气设施所需费用由建设单位负担。建设单位申请改动燃气设施,涉及规划等其他部门的,还应当依法办理相关手续。

第八条 城市的建设和改造,应当依照燃气发展规划,配套建设燃气设施。

燃气工程应当与主体工程同时设计、同时施工、同时验收。室内燃气设施的设计和施工,坚持安全、美观、方便生活的原则。

第九条 燃气工程的设计、施工、监理,应当由具有相应资质的设计、施工、监理单位承担,严格执行有关技术标准和规范。

第十条 燃气工程竣工后,建设单位应当组织竣工验收;未经验收或者验收不合格的,不得投入使用。

经验收合格的燃气工程,燃气供应企业应当及时供气。

燃气工程建设单位、施工单位和供气单位应当建立完整的燃气工程技术档案。

第十一条 任何单位和个人不得阻挠依法批准的燃气工程项目的施工安装。

第三章 燃气经营安全

第十二条 管道燃气的经营实行特许经营制度,其他燃气的经营实行许可经营制度。

从事管道燃气输配和销售经营活动,须经市燃气行政管理部门依法确定特许经营者,并签订特许经营协议。

管道燃气经营企业应当为燃气管网覆盖范围内的用户提供气源。

第十三条 燃气经营企业及燃气供应站(点),应当由燃气行政管理部门进行资质审查,经审查合格领取《城市燃气企业资质证》或《供气许可证》后,向工商行政管理部门申请设立登记,并领取营业执照,方可供气。

第十四条 燃气经营企业应当具备下列条件:

(一)建设项目符合城市燃气规划,工程验收合格;

(二)有稳定和符合国家标准的燃气气源;

(三)有安全评价机构出具的安全评价报告并达到安全运行的要求;

(四)燃气生产、输配、储存、充装、供应等设施符合国家的相关标准和消防安全、建设质量要求;

(五)有与经营规模相适应的注册资本和经过燃气专业培训合格的专业技术人员及操作人员;

(六)有完善的经营管理体系和安全管理制度;

(七)有包括基建、生产运行、技术设备、物资、安全生产等完整的资料和档案;

(八)有健全的安全事故抢险预案,有与供气规模相适应的抢险机构、人员、仪器、设备和交通工具;

(九)从事液化石油气经营的企业,有运输、装卸、储存、灌装、残液回收等完整的生产设施;

(十)法律、法规规定的其他条件。

第十五条 燃气供应站(点)应当由具有燃气经营资质的燃气企业设立,并符合下列条件:

(一)有与经营规模相适应的营业场所;

(二)有符合国家燃气质量标准的稳定气源;

(三)有与经营规模相适应的,符合国家有关标准和规定的燃气设施和消防设施;

(四)有相应数量、经过专业培训合格的管理人员、技术人员;

(五)有健全的规章制度和安全责任制度。

第十六条 燃气经营企业及燃气供应站(点)的合并、分立、停业、歇业及经营场所的变更,应当在30日前向市、县燃气行政管理部门提出申请,经批准后方可实施。

第十七条 因燃气工程施工等原因,需要调整用气量、降低供气压力或暂停供气的,燃气经营企业应当在48小时前通知用户,不可抗力及意外事故除外。

第十八条 燃气经营企业及燃气供应站(点)应当遵守下列规定:

(一)燃气的压力、气质应当符合国家规定的标准;

（二）保证安全稳定供气，不得无故停止供气；

（三）燃气供应站（点）应当配备必要的计量设施，并在显著位置悬挂燃气定点供应站（点）标志牌；

（四）钢瓶的灌装量和残液量应当符合国家规定标准，并按规定抽取残液；

（五）按照规定送检钢瓶，禁止将超过检验期限或者检验不合格的钢瓶供给用户；

（六）禁止向无《供气许可证》的单位或个人提供经营性气源；

（七）燃气供应站（点）只能销售本企业所提供的燃气；

（八）不得强制用户购买指定的燃气器具；

（九）禁止用槽车直接向钢瓶灌装液化石油气；

（十）未经验收或验收不合格的燃气工程不得供气；

（十一）其他应当遵守的规定。

第十九条　燃气经营企业及供应站（点）的特种作业人员，应当经过岗位培训，经考核合格后持证上岗。

第四章　燃气设施和器具安全管理

第二十条　燃气设施是指燃气生产、储运、输配、供应的各种设备及其附属设施。

燃气计量表及计量表前的管道及其附属设施，由燃气经营企业负责维护和更新，产权所属单位和用户应当给予配合；燃气计量表后的管道及其附属设施，由用户负责维护。

第二十一条　在生产、供应、输配、储存燃气的场所不得明火作业。确需要动用明火作业时，应当按照有关规定，经批准后实施，并采取有效的隔离和防范措施。

第二十二条　在燃气输配管道及附属设施安全保护范围内，禁止下列行为：

（一）修建建筑物、构筑物和设置集贸市场、停车场、电线杆；

（二）堆放重物或易燃、易爆物品；

（三）倾倒、排放腐蚀性物品；

（四）擅自挖坑取土、种植深根植物；

（五）擅自进行焊接、烘烤、爆破等作业；

（六）其他损坏燃气设施或者危害燃气设施安全的行为。

第二十三条　燃气经营企业及燃气供应站（点）应当按规定安装燃气泄漏报警装置，确保经营场所及周边的安全。

提倡用户安装使用燃气泄漏报警装置。

第二十四条　燃气器具包括以燃气为燃料的灶具、公用炊事器具、热水器具、烘烤器具、取暖器具、交通运输工具、锅炉、冷暖机以及燃气计量器具、钢瓶、调压器、燃气报警器具等。

燃气器具生产企业必须依法取得产品生产许可证和安全质量论证后，方可生产。

第二十五条　在本市销售的燃气器具必须经具备资格的检测机构进行气源适配性检测、质量检测或认证，符合本地燃气使用要求，列入大同市燃气器具销售指导目录，由燃气行政管理部门定期向社会公布。

第二十六条　生产经营燃气器具的单位，应当在本市设立维修站或委托有资质证书的单位负责售后维修服务。

第二十七条　从事燃气器具安装、维修的单位，经市燃气行政管理部门资质审查合格并取得燃气器具安装维修资格证后，方可从事安装、维修业务。其从业人员应当经岗位培训，考核合格后持证上岗。

第五章　燃气使用安全

第二十八条　燃气经营企业应当建立燃气用户档案，与用户签订供气用气合同，明确双方的权利和义务。

燃气用户有权就燃气安全及收费、计量、服务等向燃气供应企业查询，对不符合国家有关规定的行为可以向燃气行政管理部门或其他有关部门投诉，受理投诉的部门应当在接到投诉之日起 15 日内将处理结果答复投诉人。

第二十九条　燃气的计量应当使用符合国家计量标准的燃气计量装置，并定期进行校验。未进行校验的燃气计量装置，不得安装和使用。

管道燃气用户对燃气计量提出异议的，燃气经营企业应当在3日内提请法定检验机构校验燃气计量器具。

第三十条　燃气用户应当遵守安全用气规定，不得实施下列行为：

（一）擅自改换液化石油气钢瓶检验标记；

（二）盗用或者转供燃气；

（三）转灌瓶装气、倾倒残液和对液化石油气钢瓶加热；

（四）在设有燃气管道设施的房间住人、放置炉火和使用明火检查泄漏；

（五）在公共建筑和民用建筑内集中存放装有燃气的钢瓶；

（六）将燃气管道作为负重支架或者电器设备、避雷设施的接地导线；

（七）擅自拆封、拆卸、安装、改装燃气计量器具、燃气设施；

（八）未经燃气经营企业同意，擅自安装、使用或者维修以管道燃气为燃料的热水器、空调器等燃气器具；

（九）进行危害室内燃气设施安全的装饰、装修活动；

（十）在地下建筑、高层建筑、古建筑、文物保护单位以及人员密集的场所使用钢瓶燃气。

（十一）擅自移动、覆盖、涂改、拆除以及损坏燃气设施安全警示标志；

（十二）法律、法规禁止的其他行为。

第六章　燃气安全监督管理

第三十一条　燃气行政管理部门及有关部门应当对燃气的工程建设、工程质量、经营、使用、设施保护、消防安全等方面进行安全监督检查，发现安全隐患的，应当及时通知有关单位或者个人立即排除；对不能立即排除的，必须采取有效的安全防范和监控措施。

第三十二条　任何单位和个人发现燃气事故或者事故隐患时，应当立即向燃气经营企业或者燃气行政管理部门、安全生产监督、公安消防、质量技术监督等部门报告。

燃气经营企业接到事故或者事故隐患报告后，应当立即组织抢险抢修，并同时报告燃气行政管理部门或者其他有关部门。

燃气行政管理部门和公安消防等部门应当建立燃气安全预警联动机制，接到事故或者事故隐患报告后，立即处理。

第三十三条　燃气经营企业应当成立专职安全管理机构，配备专职安全管理人员，对企业职工进行安全培训。

第三十四条　燃气经营企业应当建立健全安全管理、安全检查、安全防护、维修保养、事故抢险、抢修、安全事故责任追究等制度，有关情况应当有书面记录。燃气设施存在事故隐患或者发生故障的，应当及时排除，确保燃气设施安全运行和正常供气。

第三十五条　燃气经营企业应当制定燃气事故应急救援预案，报燃气行政管理部门及有关部门备案。

第三十六条　燃气经营企业应当设置专业抢修队伍、配备防护用品、修理器材、交通工具、通讯设备等，并向社会公布抢修电话。

燃气经营企业实行二十四小时值班制度，发现燃气设施损坏、事故隐患或接到燃气事故报告时，应当立即组织抢修、抢险。

第三十七条　燃气经营企业应当在重要燃气设施所在地段设置统一、明显的燃气设施安全警示标志，并配备专职人员进行巡回检查。

第三十八条　除消防、抢险救灾等紧急情况外，未经燃气经营企业同意，任何单位和个人不得开启或者关闭燃气管道上的公共阀门。

第三十九条　燃气经营企业在进行抢修、抢险时，对影响抢修、抢险的园林绿化设施、市政设施或其他设施可以采取必要的应急措施，并按规定通知设施管理单位。造成直接经济损失的，应当按规定予以合理补偿。

第四十条　燃气经营企业应当对用户安全用气给予技术指导，每年免费对燃气计量表后的管道及其附属设施进行一次安全检查，对检查出的安全隐患应当书面通知用户。

第四十一条　燃气用户应当配合燃气经营企业实施安全检查工作，并在检查记录上签字。

第四十二条　燃气用户应当对室内燃气设施及用气设备进行日常检查，发现室内燃气设备异常、燃气泄漏、无故停气时，应当关闭阀门、开窗通风，禁止在现场动用明火、开关电器、拨打电话，并及时向供气单位报修。

第四十三条　房屋产权、社区居民委员会、物业管理等相关单位应当配合燃气经营企业进行安全检查工作，并协助燃气经营企业对燃气安全隐患实施紧急处置。

第四十四条　发生燃气安全突发事件，燃气经营企业应当根据燃气应急预案，立即采取相应措施先行处置，并根据事件等级，按照程序向燃气、安全生产监督、公安消防、质量技术监督等部门报告。

第七章　法律责任

第四十五条　违反本办法，有下列行为之一的，有关部门应当依法责令其停止违法行为，对勘察、设计单位或者工程监理单位处合同约定的勘察费、设计费或者监理酬金1倍以上2倍以下罚款；对施工单位处工程合同价款2%以上4%以下罚款，可以责令停业整顿，降低资质等级；情节严重的，吊销资质证书；有违法所得的，予以没收：

（一）未取得设计、施工、监理资质证书或者未按照资质等级承担燃气工程设计、施工任务的；

（二）未按照有关技术标准和规范设计、施工、监理的。

第四十六条　违反本办法，新建、改建、扩建、燃气工程项目和建设燃气供应站（点）未按照国家有关建设项目审批程序报有关部门批准开工建设的，有关部门应当依法责令其停止施工，限期改正，处工程合同价款1%以上2%以下罚款。

第四十七条　违反本办法，燃气工程未经验收或者验收不合格投入使用的，有关部门应当依法责令其停止施工，限期改正，处工程合同价款2%以上4%以下罚款；造成损失的，依法承担赔偿责任。

第四十八条　违反本办法，燃气经营企业及燃气供应站（点）未取得相应资质或者未经资质审查供气的，市、县燃气行政管理部门应当责令其限期改正，可并处5000元以上3万元以下罚款。

第四十九条　违反本办法，燃气经营企业及燃气供应站（点）合并、分立、停业、歇业及经营场所的变更未办理登记的，市、县燃气行政管理部门应当责令其限期改正，可并处5000元以上3万元以下罚款。

第五十条　违反本办法，擅自中断供气或降低燃气压力的，市、县燃气行政管理部门应当责令其限期改正，或并处1万元以上3万元以下罚款；给用户造成损失的，应当依法承担赔偿责任。供用气双方有合同约定的，依照合同法有关规定处理。

第五十一条　违反本办法，燃气经营企业及燃气供应站（点）有下列行为之一的，市县燃气行政管理部门应当按照下列规定予以处罚：

（一）向无供气许可证的单位和个人提供用于销售的燃气的，责令其限期改正，或并处5000元以上3万元以下罚款；

（二）限定用户购买本企业或者其指定的相关产品以及指定安装单位为用户安装燃气器具的，责令其改正，可并处1000元以上1万元以下罚款；

（三）用槽车直接向钢瓶灌装液化石油气的，责令其限期改正，可并处5000元以上3万元以下罚款。

第五十二条　违反本办法，未经批准在生产、供应、输配、储存燃气的场所明火作业的，市、县燃气行政管理部门应当给予警告，责令其改正，可并处2000元以上2万元以下罚款。

第五十三条　违反本办法，在燃气输配管道及附属设施安全保护范围内，有下列行为之一的，市、县燃气行政管理部门应当责令其改正，可并处500元以上5000元收下罚款：

（一）修建建筑物、构筑物和设置集贸市场、停车场、电线杆；

（二）堆放重物或易燃、易爆物品；

（三）倾倒、排放腐蚀性物品；

（四）擅自挖坑取土、种植深根植物；

（五）擅自进行焊接、烘烤、爆破等作业；

（六）其他损坏燃气设施或者危害燃气设施安全的行为。

第五十四条　违反本办法，有第三十条规定行为之一的，市、县燃气行政管理部门应当给予警告，并责令其改正。对个人可并处100元以上500元以下罚款，对单位可并处500元以上1000元以下罚款；违反《中华人民共和国治安管理处罚法》的，依法予以处罚；构成犯罪的，依法追究刑事责任。

第五十五条　违反其他法律、法规、规章规定的，由有关行政管理部门依法处罚。

第五十六条　发生燃气安全事故，应立即依法调查处理，严格追究有关生产经营单位和有关个人的责任；造成财产损失和人员伤亡的，依法追究民事赔偿责任；构成犯罪的，依法追究刑事责任。

第五十七条　燃气行政管理部门和相关部门及其工作人员滥用职权、玩忽职守、徇私舞弊、监管缺失的，严格实行责任追究。构成犯罪的，依法追究刑事责任；尚不构成犯罪的，依法给予行政处分。

第八章　附　则

第五十八条　本办法自2009年11有1日起施行。

大同市房屋租赁管理办法

（大同市人民政府令第65号）

第一条　为了加强房屋租赁管理，维护房屋租赁市场秩序，保障房屋租赁当事人的合法权益，根据《中华人民共和国城市房地产管理法》等法律、法规的规定，结合本市实际，制定本办法。

第二条　本市城市规划区内住宅、工商业用房、办公用房、仓库、地下室及其他房屋租赁以及相关管理活动，适用本办法。

实行政府定价的公有住宅和廉租住房的租赁、按国家有关规定执行。

第三条　本办法所称房屋租赁，是指出租人将其房屋出租给承租人使用，并获得收益的行为。

第四条　下列行为应纳入房屋租赁管理：

（一）以联营、承包、入股等名义提供房屋给他人使用，只获固定收益或者分成收入而不负责盈亏责任的；

（二）以柜台、摊位等形式将房屋内的场地分割提供给他人使用，由使用人支付约定租金或者交付收益提成的；

（三）酒店（旅社、饭店、宾馆、招待所等）将其客房或者其他房屋提供给他人作为固定办公或者经营场所，并经工商登记为注册地址，由使用人支付约定租金的；

（四）以其他形式将房屋有偿提供给他人使用的。

第五条　房屋租赁当事人应当遵循自愿、公平和诚实信用的原则，并依法缴纳税费。

第六条　市房产行政管理部门是本市房屋租赁的行政管理部门。

市房产交易管理机构具体负责本市城市规划区范围内的房屋租赁管理及登记备案工作。

第七条　市工商、地方税务、公安等有关部门应按各自职责做好房屋租赁管理工作。

街道办事处(乡镇人民政府)、居民(村民)委员会及物业服务企业应当协助做好辖区内房屋租赁管理工作。

第八条　有下列情形之一的房屋不得出租：

(一)未依法取得房屋所有权证书或者其他合法权属证明的；

(二)司法机关或行政机关依法裁定、决定查封的；

(三)共有房屋未取得其他共有人书面同意的；

(四)房屋所有权或使用权权属有争议的；

(五)不符合安全标准的；

(六)属于依法发布房屋拆迁公告范围内的；

(七)已抵押房屋未经抵押权人同意的；

(八)法律、法规规定禁止出租的其他情形。

第九条　房屋租赁当事人应当依法签订书面租赁合同。租赁合同内容由双方当事人约定，一般应包括下列条款：

(一)租赁当事人的身份证件或主体资格证明；

(二)房屋的坐落、面积、结构、装修、附属设施和设备状况；

(三)租赁用途；

(四)租赁期限；

(五)房屋交付日期、租金支付方式；

(六)房屋使用要求和修缮责任；

(七)房屋转租的约定；

(八)变更和解除合同的条件；

(九)双方当事人的权利和义务；

(十)违约责任和争议的解决方式；

(十一)当事人约定的其他条款。

房屋租赁合同内容应当真实、合法，不得损害他人和公共利益。

第十条　房屋租赁实行登记备案制度。

房屋租赁当事人应当自房屋租赁合同签订或者变更之日起30日内，到市房产交易管理机构办理登记备案。

转租房屋应当办理转租登记备案手续。

房屋租赁期限届满，出租人与承租人协商约定延长租赁期限的，租赁当事人应当重新办理登记备案手续。

未经登记备案的房屋租赁合同，不得对抗第三人。

第十一条　办理房屋租赁登记备案，可以由当事人申请，也可以书面委托他人或者从事房屋租赁业务的经纪机构代为办理。

对已出租房屋未办理登记备案的，应当限期补办房屋租赁登记备案手续。

第十二条　办理房屋租赁登记备案，应当提交下列材料：

(一)房屋租赁合同；

(二)房屋所有权证书或者其他合法权属证明；

(三)当事人的身份证件或主体资格证明；

(四)出租委托代管房屋的，还须提交委托人授权出租的证明；

(五)出租共有房屋的，还须提交其他共有人同意出租的证明；

(六)出租已抵押房屋的，还须提交抵押权人同意的证明；

(七)转租房屋的，还须提交原出租人同意的证明；

(八)出租农民宅基地范围内的房屋，还需要提交宅基地使用证明。

第十三条　申请房屋租赁登记备案，出租人应当按照国家、省、市有关规定缴纳房屋租赁手续费。出租人不能按时缴纳的，承租人应当代缴。承租人代缴的，可以抵顶租金。

第十四条　市房产交易管理机构应当自受理登记备案申请之日起3个工作日内，对申请人提交的材料进行核实。对符合登记备案条件的，予以登记备案，并发给《房屋租赁登记备案证明》；对不符合条件的，不予登记备案，并书面告知理由。

禁止伪造、涂改、转借或转让《房屋租赁登记备案证明》。

第十五条　房产、工商、地方税务、公安等部门应当加强房屋租赁管理协调配合，建立信息交流制度。

房产行政管理部门应当定期将出租房屋租赁登记备案有关情况通报给公安、工商、地方税务等部门；工商部门在办理工商营业执照、公安机关在办理暂住户口登记及暂住证时，对于生产、经营、居住场所为出租房屋的，应当查验房产行政管理部门出具的房屋租赁登记备案证明。对发现没有办理房屋租赁登记备案的，应当将有关情况通报给房产行政管理部门或房产交易管理机构。

第十六条　以营利为目的，房屋所有权人将以划拨方式取得使用权的土地上建成房屋出租的，出租人应当按照国家有关规定将租金中所含土地收益上缴国家。

第十七条　房屋出租人应当如实申报房屋租赁价格，并依法缴纳税款。对申报租金明显低于市场同类房屋租金标准又无正当理由的，由地方税务部门参照房屋租赁市场指导租金标准计征税款。

第十八条　地方税务部门负责出租房屋税收征管工作，也可以委托房产行政管理部门代征。代征部门应当认真履行代征义务，不得擅自减、免、缓征税款，并接受地方税务部门的监督检查。

第十九条　房屋出租人应当在登记备案后7日内，持《房屋租赁登记备案证明》与出租房屋所在地公安机关签订治安责任保证书，并承担下列责任：

（一）不得将房屋出租给无合法身份证件的人员使用；

（二）发现承租人有违法犯罪活动或者有违法犯罪嫌疑的，应当及时报告公安机关；

（三）对房屋进行经常性安全检查和维护，保证房屋使用安全。

第二十条　房屋承租人应当如实向出租人提供合法有效的身份证件。属于外来暂住人员的，应当在承租房屋后3日内到公安机关申报暂住户口登记。

第二十一条　房屋承租人不得利用租赁房屋从事生产、加工、储存、经营易燃、易爆、有毒、有害等危险品和其他违法活动，不得损害公共利益或者妨碍他人正常工作、生活。

第二十二条　从事房屋租赁业务的经纪机构代理出租房屋的，应当与出租人签订出租代理合同，查验租赁双方当事人的身份证件和房屋所有权证书，如实提供房屋租赁信息，并告知当事人或代理当事人申办房屋租赁登记备案手续。

从事房屋租赁业务的经纪机构不得代理不符合出租条件的房屋。

第二十三条　因城市建设或公共利益需要拆迁租赁房屋的，租赁关系按照房屋租赁合同的约定处理；房屋租赁合同未作约定的，按照国家、省、市房屋拆迁的有关规定处理。

第二十四条　违反本办法，将不得出租房屋出租的，由房产行政管理部门责令停止违法行为，对个人出租房屋的可并处200元以上500元以下罚款；对单位出租房屋的可并处500元以上1000元以下罚款。

第二十五条　违反本办法，房屋租赁当事人未在规定时限内办理登记备案手续的，由房产行政管理部门责令当事人限期补办手续；逾期仍未办理的，对住宅租赁当事人可并处200元以上500元以下罚款；对非住宅租赁当事人可并处1000元以上5000元以下罚款。

第二十六条　违反本办法，伪造、涂改、转借、或转让《房屋租赁备案证明》的，由房产行政管理部门没收其证明，可并处500元以下罚款。

第二十七条　违反本办法，房屋租赁经纪机构代理不符合出租条件的房屋或提供虚假房屋租赁信息，以及未应当事人委托办理房屋租赁登记备案的，由房产行政管理部门责令限期改正，可并处1000元以上3000元以下罚款。

第二十八条违反本办法，有下列行为之一的，由公安机关按照下列规定予以处罚；构成犯罪的，依法追究刑事责任：

（一）房屋出租人未与房屋所在地公安机关签

订治安责任保证书的,责令补办手续,逾期不补办的,可并处月租金5倍以下的罚款;

(二)房屋出租人将房屋出租给无合法身份证件的人居住和使用的,处以月租金3倍以下罚款;

(三)房屋出租人发现承租人利用所租房屋进行违法犯罪活动,不向公安机关报告的,处以月租金10倍以下罚款;

(四)房屋承租人利用出租房屋非法生产、加工、储存、经营易燃、易爆、有毒、有害等危险物品的,没收物品,可并处月租金10倍以下罚款。

第二十九条　房屋租赁管理等有关部门、管理机构及其工作人员玩忽职守、滥用职权、徇私舞弊的,依法给予行政处分;构成犯罪的,依法追究刑事责任。

第三十条　本办法自2009年12月1日起施行。

省人民政府文件

山西省人民政府办公厅关于加快完善市政公用设施专项规划促进市政公用行业健康发展的通知

晋政办函[2009]4号

各市、县人民政府,省人民政府有关部门:

根据省人民政府《关于开展创建宜居城市活动的意见》(晋政发[2007]16号)的要求,全省正在开展以"布局合理、功能完善、环境友好、资源节约、管理创优"为主要内容的宜居城市创建活动。为推动宜居城市创建活动科学合理、健康有序地开展,促进全省市政公用行业健康发展,现就有关事项通知如下:

一、市政公用设施专项规划的内容

1. 城市绿地系统(含绿地防灾避险)规划;

2. 城市燃气(含天然气、焦炉煤气、煤层气等)规划;

3. 城市供热规划;

4. 城市道路交通规划;

5. 城市市容环卫(含公共厕所、垃圾处理)规划;

6. 城市排水、污水处理与中水回用规划;

7. 城市供水与节约用水规划;

8. 城市照明规划。

二、编制市政公用设施专项规划的范围

1. 已编制完成市政公用设施专项规划的市、县,经评估能够满足指导市政公用设施建设的,可不用再行修编,但要将不修编的报告,连同原规划成果一并上报省建设厅。

2. 已编制完成市政公用设施专项规划的市、县,经评估不能满足指导市政公用设施建设的,要按新的规定要求,对原各个市政公用设施专项规划进行修编。

3. 正在编制市政公用设施专项规划的市、县,要按新的规定要求,编制各个市政公用设施专项规划。

4. 尚未编制市政公用设施专项规划的市、县，要按新的规定要求，加快编制各个市政公用设施专项规划。

三、编制市政公用设施专项规划的质量及要求

1. 编制市政公用设施专项规划要委托具有乙级以上城市规划资质的单位承担编制任务。

2. 编制市政公用设施专项规划时，要广泛征求各方面的意见，建立公众参与、专家评审、政府决策的科学机制；编制完成后要进行考核评优。

3. 专项规划编制的内容深度。各市、县要依据城市总体规划的发展目标、市政公用行业的规范标准和省建设厅制定的市政公用设施专项规划的编制纲要，编制各个市政公用设施专项规划，作为市政公用设施建设的强制性内容组织实施。

4. 专项规划成果的审批程序。各市、县编制完成的各个市政公用设施专项规划由上级市政公用主管部门组织评审通过后，经同级人民政府批准，报省建设厅备案，并向社会公布。

5. 专项规划编制的完成时间。各市、县要在2009年底基本编制完成各个市政公用设施专项规划，省建设厅要于2010年组织一次检查，将检查结果在全省进行通报，并向省人民政府报告。

四、编制市政公用设施专项规划的经费保障

各地人民政府要将市政公用设施专项规划的编制工作，列入年度工作计划，加强组织领导，健全工作机构，并将专项规划编制经费纳入公共财政预算，切实予以保证。届时省人民政府创建宜居城市活动领导组办公室将组织进行检查和考核验收。

五、市政公用设施专项规划的实施管理

各地人民政府在市政公用设施专项规划编制完成后，要严格按照法定权限和法定程序进行审批，经批准的市政公用设施专项规划具有法律效力。各市、县人民政府要按照市政公用设施专项规划，搞好市政公用设施建设项目的前期工作，做好市政公用设施建设的项目储备，推进市政公用行业健康发展。各个市政公用设施专项规划确需变更时，要严格按照法定程序进行调整。

二〇〇九年一月八日

山西省人民政府关于加强重点工程建设工作的通知

晋政函[2009]14号

各市人民政府，省人民政府各委、厅，各直属机构：

为了深入落实中央扩大内需促进经济增长的政策措施，实现以投资拉动全省经济平稳快速发展的目标，省人民政府决定进一步加强重点工程建设工作。现将有关事宜通知如下：

一、成立山西省重点工程建设领导小组

（一）成立山西省重点工程建设领导小组（以下简称领导小组，成员名单见附件）。领导小组的职责是：贯彻省委、省人民政府的战略部署；统一领导重点工程建设，协调解决重点工程建设中的重大问题调动各方面积极因素，推动重点工程建设。

（二）领导小组下设办公室，办公室设在省建设厅，其职责是：落实领导小组的决策；检查、督促各市、各有关部门按职责分工做好相关工作；推动重点工程建设，完成领导小组交办的其他任务。

二、建立制度，强化管理

（一）实行集中办公。省建设厅、省国土资源厅、省水利厅、省林业厅、省环保厅、省文物局等有关厅局派专人到省重点工程审批中心集中办公，对列入省重点工程的项目（含储备项目）统一办法有关审批手续，实行集中受理，及时分配，分别审批，限时办结。

（二）完善会议制度：1. 每年召开一次全省重点工程工作会议，总结上年工作，部署当年工作。2. 省长不定期召开领导小组会议，研究解决重点工程的重大问题。3. 分管省长定期（每季度或每月）召开调度会议，研究解决重点工程建设中的重要问题。4. 分管省长不定期召开专题会议，及时解决工程建设中的具体问题。

（三）强化目标责任制。1. 领导小组同各重点工程项目法人签订责任制，明确项目的建设规模、建设工期、工程质量、投资控制和奖惩办法。2. 同相关市政府签订提供协调服务、加强周边环境建设、建立征地拆迁包干负责的责任制。3. 同省直相关部门签订行政审批集中受理、限时办结、实施绿色通道机制的责任制。对责任制完成好的单位和个人给予表彰奖励；对没有完成责任制的予以批评和处罚。具体奖惩办法，由省重点办与相关部门研究拟定，报省人民政府批准后实施。

（四）建立联系协调机制。各市政府要成立相应的重点工程建设领导机构，切实加强领导，加大力度，保证重点工程建设顺利进行；省重点工程建设领导小组办公室负责建立领导小组内部以及与各市的工作联系和协调机制。

三、认真落实各项优惠政策

各地、各有关部门要深入学习领会中央关于扩大内需、促进经济平稳较快发展的一系列政策精神，严格执行国家及山西省对重点工程收费项目减免的相关政策。省重点办要结合山西实际，学习借鉴兄弟省（区、市）在重点工程建设方面好的经验和做法，研究提出山西省推动重点工程建设的政策措施。

二〇〇九年二月十四日

附件：

山西省重点工程建设领导小组成员名单

组　长：王　君　省委副书记、省长

副组长：申联彬　省委常委、常务副省长

李小鹏　省委常委、副省长（负责铁路、机场、电力、水利、住房、城市污水和垃圾处理、省城“十大建筑”项目）

牛仁亮　副省长（负责公路、农林、煤炭、天然气和煤层气、医疗卫生、教育文化、节能减排和生态建设、产业结构调整、自主创新和高科技项目）

令政策　省政协副主席

成　员：王清宪　省人民政府秘书长

李建功　省人民政府副秘书长

韩和平　省人民政府副秘书长

崔国红　省人民政府副秘书长

李宝卿　省发展改革委主任

洪发科　省经委主任

杨森林　省监察厅厅长

李东福　省教育厅厅长

李连琪　省公安厅常务副厅长

郑建国　省财政厅厅长

杜创业　省国土资源厅厅长

王国正　省建设厅厅长

段建国　省交通厅厅长

潘军峰　省水利厅厅长

孙连珠　省农业厅厅长

耿怀英　省林业厅厅长

张明亮　省文化厅厅长

高国顺　省卫生厅厅长

郝志运　省审计厅厅长

刘向东　省环保局局长

杨文章　省统计局局长

籍振芳　省旅游局局长

施联秀　省文物局局长

李福龙　省物价局局长

张根虎　省安监局局长

王守祯　省煤炭局局长

赵建宏　省重点办主任

郭争荣　省总工会副主席

李战志　省民航机场管理局局长

武　汛　太原铁路局局长

王抒祥　省电力公司总经理

领导小组下设办公室，办公室主任：王国正(兼)，副主任：赵建宏(兼)。办公室成员为领导小组各成员单位主要业务处处长。

山西省人民政府办公厅关于印发2009年全省重点工程项目的通知

晋政办发[2009]30号

各市、县人民政府，省人民政府各委、厅，各直属机构：

2009年全省重点工程建设项目已经省人民政府研究确定，现印发给你们。各市、县、省直有关部门及承建单位要认真按照山西省重点工程管理的要求，积极主动地为重点工程创造良好的外部环境和建设条件，确保重点工程顺利建设，尽快发挥投资效益。

2009年重点工程项目名单

一、省重点工程项目(152项)

(一)保障性安居工程类：(5项)

1. 全省采煤沉陷区治理工程
2. 全省棚户区拆迁改造工程

包括煤矿、非煤矿山和城市等棚户区改造

3. 全省廉租房建设工程
4. 全省经济适用房建设工程
5. 晋瑞苑节能示范小区建设项目

(二)农业水利基础设施类：(15项)

农业项目

1. 山西省1000万亩中低产田改造项目
2. 山西省现代农业示范区建设项目

包括晋中、大同、运城现代农业示范区项目

水利项目

3. 张峰水库(国家重点工程)
4. 万家寨引黄工程北干线(国家重点工程)
5. 坪上应急引水工程
6. 运城北赵引黄工程
7. 夹马口北扩工程
8. 龙华口水电站工程
9. 引沁入汾和川取水输水工程
10. 柏叶口水库工程
11. 松塔水电站工程
12. 禹门口提水东扩工程
13. 泽城梯级水电站工程
14. 戎家庄梯级水电站工程
15. 25项应急水源工程

(三)铁路公路机场基础设施类：(39项)

铁路项目

1. 太中银铁路(国家重点工程)
2. 准格尔至朔州铁路
3. 大同至运城至西安客运专线
4. 山西中南部铁路通道
5. 太原枢纽西南环线
6. 运城至三门峡铁路
7. 太原至兴县铁路
8. 新建吕梁至临县(孟门)铁路
9. 和顺至邢台铁路
10. 邯长铁路改造
11. 南同蒲榆次至侯马北电气化改造
12. 北同蒲韩家岭至应县增建四线及应县至原平取直工程
13. 大包铁路电气化改造大同枢纽联络线及配套工程

14. 北同蒲大新至韩家岭扩能改造应急工程

15. 侯西线侯马至禹门口扩能改造及大侯连接线

16. 大秦铁路4亿吨站场扩能及牵引供电系统改造工程

17. 新建太原铁路局调度指挥中心

18. 石大铁路客运专线(扫尾)

公路项目

19. 阳城至翼城高速公路

20. 闻喜至济源高速公路

21. 五保高速公路(五台山至忻州段、忻州至保德段)

22. 灵丘至平鲁高速公路(灵丘至山阴段、山阴至平鲁段)

23. 临汾至吉县高速公路

24. 汾阳至邢台高速公路

25. 阳泉至盂县高速公路

26. 太原至佳县高速公路

27. 太原至古交高速公路

28. 晋城环城高速公路

29. 长治至临汾高速公路

30. 榆次龙白至祁县城赵高速公路

31. 大同至右玉高速公路

32. 三门峡黄河二桥

33. 太原公路主枢纽武宿货运中心

机场项目

34. 吕梁飞机场

35. 运城飞机场扩建工程

36. 大同飞机场扩建工程

37. 五台山飞机场

38. 临汾飞机场

39. 长治飞机场迁建工程

(四)医疗卫生、文化教育类:(18项)

1. 山西大同大学

2. 山西医科大学新校区建设

3. 运城学院扩建工程

4. 吕梁学院扩建工程

5. 太原师范学院新校区建设

6. 太原科技大学实验教学综合楼

7. 太原工业学院图书馆

8. 山西金融职业学院新校区建设

9. 山西煤炭职业技术学院新校区

10. 太原电力专科学校朔州校区

11. 山西大学图书馆

12. 中小学危房改造项目

13. 山西省心血管病医院门诊住院楼

14. 山西省中医药研究院门诊住院楼

15. 山西省妇幼保健院综合楼

16. 山西省地质博物馆

17. 省级社会保障服务中心大楼

18. 省农科院迁建项目

(五)节能减排和生态建设类:(6项)

1. 全省城市污水处理厂项目

包括在建的43座和新开工建设的28座以及配套管网

2. 全省城镇垃圾无害化处理项目

包括在建的21座和新开工建设的28座

3. 太原西山地区综合改造项目

4. 汾河流域环境生态修复治理与保护工程

5. 石太高速铁路周边绿化工程

6. 山西省林火视频监控系统工程

(六)产业结构调整类:(15项)

1. 太钢集团公司调产项目

2. 山西焦化集团公司调产项目

3. 山西瑞恒20万吨/年聚氯乙烯项目

4. 晋城高硫无烟煤合成油示范厂

5. 同煤集团有限责任公司60万吨/年甲醇项目

6. 茂盛煤化利用粉焦与焦炉煤气制醋酸项目

7. 五台山风景区旅游服务基地工程

8. 平遥古城环境整治工程

9. 大同云岗石窟景区环境治理项目

10. 山西能源工业国际分销物流港

11. 长治市物流中心

12. 山西省科技基金发展总公司省科技成果转化综合服务平台项目

13. 中国移动山西公司农村数字电视多媒体综合信息示范网

14. 山西翱翔铝业年产20万吨铝型材项目

15. 希尔顿太原酒店项目

（七）自主创新和科技制造类：（2项）

1. 太原南方重型汽车有限公司搬迁改造项目

2. 太原重工临港装备制造基地和风电、车轴技术自主化等项

（八）电力类：（29项）

1. 山西西龙池抽水蓄能电站（国家重点工程）

2. 大同二电厂三期2×600兆瓦工程

3. 古交电厂二期2×600兆瓦工程

4. 中电投临汾热电厂2×300兆瓦工程

5. 兆光电厂二期2×600兆瓦工程

6. 轩岗电厂2×600兆瓦工程

7. 瑞光（晋中）热电厂2×300兆瓦工程

8. 平遥热电厂2×200兆瓦工程

9. 国电霍州电厂2×600兆瓦工程

10. 国电长治热电厂2×300兆瓦工程

11. 国投晋城热电厂2×300兆瓦工程

12. 大唐临汾河西热电厂2×300兆瓦工程

13. 柳林联盛煤矸石电厂2×300兆瓦工程

14. 山阴煤矸石电厂2×300兆瓦工程

15. 河曲电厂二期2×600兆瓦工程

16. 右玉煤矸石电厂2×300兆瓦工程

17. 交城煤矸石电厂2×300兆瓦工程

18. 神华河曲煤矸石电厂2×300兆瓦工程

19. 河坡电厂改扩建2×300兆瓦工程

20. 国投大同煤矸石电厂2×135兆瓦工程

21. 阳城煤矸石热电厂2×135兆瓦工程

22. 大唐太原二电厂七期2×300兆瓦工程

23. 山西省风力发电项目包括右玉、平鲁、宁武、神池、新荣等风电项目

24. 国家西电东送项目包括侯村至石家庄北、大同至房山三回500千伏输变电新建和串补工程，宁东至山东600千伏直流输变电工程等项目的山西段

25. 山西电网110千伏输变电建设工程

26. 山西电网220千伏输变电建设工程

27. 山西电网500千伏输变电建设工程

28. 山西电网1000千伏特高压建设工程

29. 山西省城乡电网改造项目

（九）煤炭能源类：（13项）

1. 阳泉新源煤矿（国家重点工程）

2. 西山晋兴斜沟煤矿

3. 潞安高河600万吨/年矿井

4. 大同麻家梁矿井

5. 华晋焦煤王家岭煤矿

6. 山西平朔矿区东露天煤矿项目

7. 山西岚县矿区龙泉煤矿项目

8. 同煤集团同忻矿井

9. 阳泉煤业寺家庄煤矿

10. 同煤集团东周窑煤矿

11. 晋城兰花玉溪煤矿

12. 天然气输气管道建设项目

13. 煤层气综合利用项目

（十）省城十大建筑：（10项）

1. 新建太原铁路客运南站

2. 太原飞机场改建工程

3. 中国（太原）煤炭交易中心

4. 山西体育中心

5. 山西大剧院

6. 山西图书馆

7. 山西科技馆

8. 山西大医院

9. 太原博物馆

10. 太原美术馆

二、省重点预备项目（42项）

1. 晋国博物馆

2. 山西检验检疫局综合楼

3. 吴家庄水库

4. 汾河中下游加固疏浚工程

5. 大同至张家口高速铁路
6. 京原线电气化改造
7. 太焦线电气化改造
8. 高平至陵川高速公路
9. 长治至平顺高速公路
10. 临汾环城高速公路
11. 大同至天镇高速公路
12. 运城至芮城高速公路
13. 平鲁至朔州城区高速公路
14. 平定至阳曲高速公路
15. 大同至浑源高速公路
16. 闻喜至合阳高速公路
17. 朔州飞机场
18. 孝义新阳煤矸头电厂 2×300 兆瓦工程
19. 王曲电厂二期 2×600 兆瓦工程
20. 晋煤集团晋城赵庄电厂 2×600 兆瓦工程
21. 山西左权发电厂 2×600 兆瓦工程
22. 娘子关电厂 2×600 兆瓦工程
23. 塔山电厂二期 2×600 兆瓦工程
24. 漳泽电厂扩建 2×1000 兆瓦工程
25. 同煤怀仁煤矸石电厂 2×200 兆瓦工程
26. 朔州热电厂 2×300 兆瓦工程
27. 侯马热电厂扩建 2×300 兆瓦工程
28. 永济热电厂改扩建 2×300 兆瓦工程
29. 高平电厂煤电一体化项目
30. 盂县电厂煤电一体化项目
31. 平定县冠山文化旅游景区工程
32. 运城盐湖区生态治理工程
33. 桑干河上游环境综合治理工程
34. 阳泉郊区新北大街建设工程
35. 山西惠农淀粉年产 12 万吨玉米淀粉深加工项目
36. 山西丰谷农业年产 500 吨辣椒红色素项目
37. 潞安集团多晶硅项目
38. 同煤集团 100 万吨/年氧化铝项目
39. 太钢吕梁 500 万吨/年特种钢项目
40. 山西七一能源公司 60 万吨/年甲醇项目
41. 山西瑞恒 60 万吨/年聚氯乙烯项目
42. 首钢翼城煤电钢一体化项目

二〇〇九年二月二十日

山西省人民政府办公厅
关于规范和加强政策性住房供应管理的通知

晋政办发[2009]31 号

各市、县人民政府，省人民政府各委、厅，各直属机构：

住房是民生之本，安居乐业是社会和谐的基础。近年来，地方各级政府高度重视发展改善民生，健全和完善住房保障体系，着力解决城市低收入住房困难家庭的基本住房需求，但政策性住房仍存在供应程序不够规范，供应对象把握不准确等问题。为切实规范政策性住房供应程序，加强政策性住房申请、审核、公示、轮候等环节的监督与管理，经省人民政府同意，现就有关事项通知如下：

一、供应对象

（一）廉租住房保障对象为：具有当地城镇非农业户口的城市低收入住房困难家庭。

家庭成员结婚以后，尚未分户的家庭，按分户核定人均住房建筑面积。

部分为城镇非农业户口、部分为农业户口的家庭，只保障城镇非农业人口。

（二）经济适用住房供应对象为：具有当地城

镇非农业户口的城市低收入住房困难家庭。城市低收入住房困难家庭，是指家庭人均可支配收入低于当地上年度城镇居民人均可支配收入80%。人均住房建筑面积低于当地上年度人均住房平均面积60%或无住房的家庭。

申请部分购买、部分租赁经济适用住房的家庭支配收入，应当低于当地上年度城镇居民人均60%。

其家庭人均可支配收入的申请租赁经济适用住房的家庭，其家庭人均可支配收入应当低于当地上年度城镇居民人均可支配收入的40%。

符合廉租住房保障的家庭．亦可申请购买经济适用住房。

租赁公有住房的家庭，在购买取得经济适用住房的同时，应退出租住的公有住房。

已享受福利分配住房的家庭，未退出福利住房的，不得购买经济适用住房：已按房改政策购买公有住房的，不得购买经济适用住房；已购买经济适用住房的，不得再购买经济适用住房。

（三）限价普通商品住房的供应对象为：具有当地城镇非农业户口的城市中等收入住房困难家庭。城市中等收入住房困难家庭，是指家庭人均可支配收入在当地上年度城镇居民人均可支配收入的80%至120%之间，人均住房建筑面积低于当地上年度人均住房平均面积80%的家庭。

已取得经济适用住房购买资格，自愿放弃购买经济适用住房的家庭，可优先购买限价普通商品住房。已购买限价普通商品住房的家庭，不得再购买限价普通商品住房。

二、供应方式

（一）廉租住房的保障模式为：实物配租、租赁补贴和租金核减。孤、老、病、残等短期内脱困无望和其他急需救助的家庭，应优先给予实物配租。实物配租的比例不得低于30%。

（二）经济适用住房供应模式为：购买有限产权型、部分购买部分租赁产权共有型和租赁型。

（三）限价普通商品住房供应模式为：购买全部产权：

三、供应程序

（一）廉租住房保障，实行申请、审核、公示、登记、轮候制度。

1. 申请程序

廉租住房保障对象，向户口所在地社区居委会提出廉租住房保障申请，并提交下列证件与资料：

①《廉租住房保障申请表》

②户口本及同户籍家庭成员身份证；

③收入情况证明材料；

④住房情况证明材料；

⑤市、县人民政府规定的其他证明材料。

2. 审核、公示程序

社区居委会受理申请之日起，就申请人的家庭收入、家庭住房状况，采取入户调查、组织听证等方式调查核实，15日内提出核查意见。符合条件的，上报街道办事处。不符合条件的，书面通知申请人，并说明理由。

街道办事处自收到申请材料之日起，根据社区居委会上报的证件与资料，采取邻里访问、信函索证等方式，调查核实申请人的家庭收入和住房状况，30日内提出初审意见并在户口所在地社区进行公示，户口所在地和居住地不属同一社区的，同时应在居住地社区进行公示，公示期限为7日。公示无异议或异议不成立的将审核意见和申请材料一并报送市、县（市、区）建设（房地产）行政主管部门。

市、县（市、区）建设（房地产）行政主管部门自收到材料之日起，会同同级监察、民政部门，以联合办公或召开联席会议的形式，对申请人家庭收入和住房状况是否符合规定条件进行审核，15日内提出审核意见。符合条件的，在申请人工作单位和户口所在地社区进行公示，户口所在地和居住地不属同一社区的，同时应在居住地社区进行公示，公示期限为15日。不符合条件的，书面通知申请人，并说明理由。

公示期间有异议的，由监察部门奉头，同级建设（房地产）、民政部门协助进行复核。申请人对审核结果有异议的，可以向监察部门申诉。

3. 登记、轮候和签约程序

对经公示无异议或者异议不成立的，市、县（市、区）建设（房地产）行政主管部门作为廉租住房保障对象予以登记，书面通知申请人，并向社会公布登记结果。

已登记为廉租住房保障对象的家庭，申请货币补贴的，市、县（市、区）建设（房地产）行政主管部门与其签订租赁住房补贴或租金核减协议，予以发放租赁住房补贴或核减租金；申请实物配租的，按住房困难程度和申请顺序，并考虑其收入水平确定轮候顺序，进行轮候。轮候到位的，市、县（市、区）建设（房地产）行政主管部门与其签订廉租住房租赁合同，予以配租廉租住房；尚未轮候到位的，轮候期间按照货币补贴方式予以保障。

发放租赁补贴、核减租金和配租廉租住房的结果及轮候顺序，要向社会公布。

4. 年度复核与退出

（1）复核

已领取租赁住房补贴、享受租金核减或者配租廉租住房的廉租住房保障对象，按年度向户口所在地街道办事处如实申报家庭人口、收入及住房等情况。

街道办事处对申报情况进行核实后，在户口所在地社区进行公示，户口所在地和居住地不属同一社区的．同时应在居住地社区进行公示，并将申报情况及核实结果报市、县（市、区）建设（房地产）行政主管部门。

市、县（市、区）建设（房地产）行政主管部门会同同级监察、民政部门，根据城市低收入住房困难家庭人口、收入、住房等变化情况，调整租赁住房补贴额度或实物配租面积、租金等。

（2）退出

对不再符合条件的家庭，发放租赁住房补贴的，停止发放；实行租金核减的，不再进行租金核减；实行实物配租的，收回廉租住房，承租人愿意购买的，可按当年的房改成本价购买。

家庭收入及住房等情况不再符合廉租住房保障条件的，要及时向户口所在地街道办事处进行申报。

（二）经济适用住房供应，实行申请、审核、公示和轮侯制度。市、县人民政府可制定经济适用住房申请、审核、公示和轮侯的具体办法，并向社会公布。

1. 申请程序

购买（租赁）经济适用住房资格，实行街道办事处（镇人民政府）、市、县人民政府逐级审核并公示的方式认定。

符合购买（租赁）经济适用住房条件的城市低收入住房困难家庭，向户口所在地街道办事处（镇人民政府）提出经济适用住房购买申请。并提交下列证件与资料：

①《购买（租赁）经济适用住房申请表》；

②户口本及同户籍家庭成员身份证；

③家庭成员收入证明：

④家庭住房情况证明；

⑤市、县人民政府规定的其他证明材料。

2. 审核、公示程序

街道办事处自受理申请之日起，采取入户调查、邻里访问、信函索证等方式，核实申请人的家庭收入和住房状况，15 日内提出初审意见并在户口所在地社区进行公示，户口所在地和居住地不属同一社区的，同时应在居住地社区进行公示，公示期限为 7 日。公示无异议或异议不成立的，将审核意见和申请材料一并报送市、县建设（房地产）行政主管部门。

市、县建设（房地产）行政主管部门自收到申请材料之日起，会同同级监察、民政部门进行审核，15 日内提出审核意见。符合条件的。在申请人工作单位和户口所在地社区进行公示，户口所在地和居住地不属同一社区的，同时应在居住地社区进行公示，公示期限为 15 日。不符合条件的，书面通知申请人，并说明理由。

公示期间有异议的，由监察部门牵头，同级建设（房地产）、民政部门协动进行复核。申请人对审核结果有异议的，可以向监察部门申诉。

3. 轮候、购买（租赁）程序

经公示无异议或者异议不成立的，在《购买（租赁）经济适用住房申请表》签署审核意见。按住房困难程度和申请顺序．确定轮侯顺序。批准购买（租赁）经济适用住房的结果及轮候顺序，要向社会公布。

轮候到位的申请人，持签署审核意见的《购买（租赁）经济适用住房申请表》，选购一套与核准面积、标准相对应的经济适用住房。

申请部分购买、部分租赁经济适用住房的，市、县建设（房地产）行政主管部门根据本地经济适用住房供求状况，按照核准的购买面积、租赁面积，与其签订部分购买、部分租赁协议，并提供相应面积标准的经济适用住房。

申请租赁经济适用住房的，市、县建设（房地产）行政主管部门要根据本地经济适用住房供求状况，按照核准的租赁面积，与其签订租赁协议，予以配租经济适用住房。

（三）限价普通商品住房供应，实行申请、审核制度

1. 申请程序

符合购买限价普通商品住房条件的城市中等收入家庭，向市、县建设（房地产）行政主管部门提出购买申请，并提交下列证件与资料。

①《购买限价普通商品住房申请表》；

②户口本及同户籍家庭成员身份证；

③家庭成员收入证明；

④家庭住房情况证明；

⑤市、县人民政府规定的其他证明材料

2. 审核、公示程序

市、县建设（房地产）行政主管部门自收到申请材料之日起，会同同级监察、民政部门进行审核，15 日内提出审核意见，符合条件的，在申请人工作单位和户口所在地社区进行公示。户口所在地和居住地不属同一社区的，同时应在居住地社区进行公示，公示期限为 15 日。不符合条件的，书面通知申请人，并说明理由。

经公示有异议的，由市、县监察部门牵头，同级建设（房地产）、民政部门协助进行复核；经公示无异议或者异议不成立的，批准申请人购买，在《购买限价普通商品住房申请表》签署审核意见。

3. 购买程序

符合条件的申请人，持签署审核意见的《购买限价普通商品住房申请表》，选购一套限价普通商品住房。

四、管理与监督

地方各级政府要把政策性住房供应摆在发展改善民生的各项工作之首，坚持公开、公正、公平和每户家庭只能购买一次政策性住房的原则，严格执行政策性住房供应程序，切实抓好政策性住房供应和申请资格审核工作。各级领导要高度重视，一手抓加快政策性住房建设，一手抓加强政策性住房供应管理，扎扎实实解决城市低收入家庭的住房困难。

各相关部门要各司其职，各负其责，协调配合，共同做好政策性住房供应管理工作。

民政部门负责对申请人家庭收入情况进行核查，并根据廉租住房申请条件，签署审核意见。

建设（房地产）部门负责对申请人家庭住房情况进行核查，并根据政策性住房申请条件，签署审核意见。

监察部门与建设（房地产）、民政部门共同负责对申请人资格进行核查，牵头对投诉内容进行复核，对审核、公示、供应程序及行政效能进行监察，并签署审核意见。

监察部门会同建设（房地产）、民政等有关部门负责政策性住房供应程序执行情况的监督检查。对工作不落实，供应程序不规范的市、县，要通报批评．并追究有关领导责任。对政策性住房供应中以权谋私、玩忽职守的，要依法依规追究有关责任人的行政和法律责任。

社区居委会及街道办事处负责对申请人的家庭收入和住房状况进行核实，根据政策性住房申请条件，提出初审意见，并将初审意见和申请材料一并报送建设（房地产）部门进行审核。

申请人及有关单位、组织或者个人应当主动配合有关部门调查核实，如实反映有关情况，提供有关材料。

二〇〇九年二月二十四日

山西省人民政府关于鼓励和培育住房消费促进房地产市场健康发展的若干意见

晋政发［2009］11号

各市、县人民政府，省人民政府各委、厅，各直属机构：

为贯彻落实国家“保增长、扩内需、调结构、重民生”的宏观经济政策，合理引导房地产投资，鼓励和培育住房消费，促进房地产市场健康发展，特提出如下意见。

一、加大保障性住房建设力度

（一）2009~2011年工作目标：以实物配租的方式，保障22.8万户廉租住房保障对象的基本住房需求，解决20万户经济适用住房供应对象的住房困难，全力完成城市居民棚户区改造，继续推进农村危房改造。

2009年，完成国有重点煤矿棚户区改造，启动省属国有重点非煤矿山企业棚户区改造，解决40万户农村困难群众、棚户区居民、城市低收入群体的住房问题。

（二）确保保障性住房建设用地供应。2009~2011年，每年供应保障性住房建设用地12000亩。市、县人民政府要确保保障性住房建设用地供应，随报随批。

（三）多渠道筹集廉租住房建设资金。各级人民政府要认真贯彻落实《国务院关于解决城市低收入家庭住房困难的若干意见》（国发［2007］24号）及《国务院办公厅关于促进房地产市场健康发展的若干意见》（国办发［2008］131号）精神，多渠道筹集廉租住房建设资金，具体办法另行制定。

（四）多渠道筹集廉租住房房源。市、县人民政府要采取集中新建、分散配建、改造公房、收购旧房等方式，筹集廉租住房房源。

（五）合理利用企事业单位存量住宅用地。市、县人民政府利用企事业单位的存量住宅用地，统一组织建设经济适用住房，优先供应本单位住房困难职工，剩余的住房市、县人民政府统一调剂，面向社会保障经济适用住房供应对象的基本住房需求，或市、县人民政府公开选聘房地产开发企业建设限价普通商品住房，向既不符合购买经济适用住房条件，又无力购买普通商品住房的城市中等收入家庭出售。

二、鼓励普通住房消费

（六）减轻居民合理购买自住普通商品住房的负担。个人首次购买90平方米及以下普通住房的，契税税率暂统一下调到1%；个人销售或购买住房暂免征收印花税；个人销售住房暂免征收土地增值税。

自2009年1月1日至12月31日，个人将购买不足2年的非普通住房对外销售的，全额征收营业税；个人将购买超过2年（含2年）的非普通住房或者不足2年的普通住房对外销售的，按照其销售收入减去购买房屋的价款后的差额征收营业税；个人将购买超过2年（含2年）的普通住房对外销售的，免征营业税。

（七）下调购房首付款比例和贷款利率。金融机构对居民首次购买自住普通住房和改善型普通住房提供贷款，其贷款利率的下限扩大为贷款基准利率的0.7倍，最低首付款比例由30%调整为20%。

（八）调整住房公积金贷款政策。个人住房公积金贷款按照中国人民银行公布的同期同档次利率执行，最长贷款期限由20年延长到30年，最高贷款额度可根据各市房价情况适当提高；开展个人住房公积金异地贷款业务，允许住房公积金缴存人在全省范围内异地申请办理公积金贷款。

（九）鼓励金融机构支持房地产开发企业合理的融资需求。商业银行要根据信贷原则和监管要求，加大对中低价位、中小套型普通商品住房建设特别是在建项目的信贷支持力度；对有实力有信誉的房地产开发企业兼并重组有关企业或项目，提供融资支持和相关金融服务。支持资信条件较好的企业经批准发行企业债券，开展房地产投资信托基金试点，拓宽直接融资渠道。

三、加强房地产市场监管

（十）市、县人民政府要承担起落实国家、省优惠政策和稳定房地产市场的职责，按照保增长、扩内需、调结构、重民生的总要求，结合本地实际，制定鼓励和培育住房消费的政策措施。根据居民住房需求，科学合理确定土地供应总量、结构和中小户型普通住房的比例，促进房地产市场健康发展。

（十一）加强保障性住房建设、供应及价格管理。保障性住房办理立项、规划、用地、建设手续实行限时办结制度，提高办事效率；经济适用住房用地实行供后监管制度，经济适用住房建设用地，不得随意改变性质和用地条件，确需变更的，市、县人民政府收回土地使用权，由国土资源部门依法按程序公开出让；严格控制经济适用住房和廉租住房套型面积和供应对象，严格执行申请、审核、公示、轮候制度，规范保障性住房供应程序；加强经济适用住房价格和廉租住房租金管理，严格按规定程序审批经济适用住房销售价格和廉租住房租金标准，并向社会公示经济适用住房销售价格。

（十二）规范市场主体行为。加强房地产企业资质动态管理，严格执行房地产企业准入和清出制度；严格执行商品房预售许可制度；严禁以收取定金、认购、排号等形式变相销售商品房；严格执行拆迁项目验收制度，坚决查处城市房屋拆迁的违法违规行为；拓展物业服务内容和范围，提高物业管理服务水平。

四、创优房地产市场环境

（十三）开展城市建成区内集体土地上房屋权属登记试点。加强城市建成区集体土地用途管理，坚决杜绝在集体土地上建设销售房屋。城市建成区集体土地已建设的房屋，凡符合城市规划和土地利用规划，经竣工验收备案的，按同类地段地价补缴土地出让金及缴清相关税费，并按规定办结相关手续后，可申请办理房屋权属登记。权属登记试点细则，经省人民政府批准后试行。

（十四）规范行政事业性收费和政府性基金的收取。收取行政事业性收费和政府性基金的商品住房建设项目，在商品房预、销售后按收费标准的下限收取。各市、县要严格执行财政部、国家发展改革委《新型墙体材料专项基金征收使用管理办法》（财综［2007］77号）和财政部、国家经贸委《散装水泥专项资金征收和使用管理办法》（财综［2002］23号）的规定，凡新建、扩建、改建建筑工程，已按《新型墙体材料目录》规定使用新型墙体材料的，不得收取新型墙体材料专项基金；已使用商品混凝土的建设项目，不得收取散装水泥专项资金。

（十五）建立健全房地产市场信息公开机制。房地产开发企业在取得预售许可证后，向社会公开商品住房项目建设计划及项目基础设施、公共设施配套、物业管理等情况，包括：项目名称、建设单位名称、项目位置、绿化率、楼间距、预售许可证号、套型面积、套型比例、销售价格、建筑节能等信息。各级房地产、统计部门要及时、全面、准确地发布市场供求信息，增强市场信息透明度。

（十六）加强房地产统计和市场监测分析。各市、县要建立健全房地产市场信息系统和统计制度，加强统计工作和市场监测分析，完善市场监测和风险预警预报机制，充分利用现代化信息技术手段采集市场信息，及时发现市场运行中的新情况、新问题，提高调控措施的预见性、针对性和有效性。房地产企业要按照统计制度和市场监测的要求，及时采集上报有关数据资料。

（十七）坚持正确的舆论导向。要以加快保障性住房建设，鼓励住房合理消费，促进房地产市场健康发展为基调，大力宣传国家及省的各项政策措施及其成效，着力稳定市场信心。严肃处理散布虚假信息、恶意炒作、误导消费预期等行为，加强市场经济条件下风险意识的宣传和教育工作，引导广大群众树立正确的住房消费观念。

二〇〇九年四月十四日

山西省人民政府办公厅关于认真贯彻全国保障性安居工程工作会议精神加快保障性安居工程建设的通知

晋政办发［2009］97 号

各市、县人民政府，省人民政府各委、厅，各直属机构：

为深入贯彻落实国务院在长沙市召开的全国保障性安居工程工作会议精神，加快保障性安居工程建设，切实改善城市低收入家庭和农村困难群众的住房条件，现将有关事宜通知如下：

一、进一步提高认识，切实加快保障性安居工程建设

（一）加快保障性安居工程建设，既是应对国际金融危机，保持经济平稳较快发展的有效措施，又是改善民生的重大举措。各地、各有关部门要进一步统一思想，提高认识，从保增长、保民生、保稳定的大局出发，按照“三个发展”的要求，切实抓好保障性安居工程建设。

（二）切实加强保障性安居工程建设的组织领导。各地要成立保障性安居工程领导组，市长、县长任组长，分管副市长、副县长任副组长，建设（房地产）、发展改革、监察、民政、财政、国土资源、审计、税务、物价、扶贫、残联、银监等为成员单位，统一协调保障性安居工程建设工作。各成员单位要各司其职，各负其责，协调配合，共同推进保障性安居工程建设工作。

（三）制订规划。各地要根据本级《2009～2011 年住房建设规划》和《住房和城乡建设部、国家发展改革委、财政部 2009～2011 年廉租住房保障规划》，编制 2009～2011 年住房保障规划和年度建设计划。

（四）2009～2011 年目标任务。2009 年，以实物配租方式保障 10.35 万户廉租住房保障对象的基本住房需求，解决 5.2 万户经济适用住房供应对象的住房问题，解决 9.16 万户棚户区居民的住房问题；2010 年，以实物配租方式保障 7.9 万户廉租住房保障对象的基本住房需求，解决 7.4 万户经济适用住房供应对象的住房问题，解决 2.21 万户棚

户区居民的住房问题；2011 年，以实物配租方式保障4.55万户廉租住房保障对象的基本住房需求，解决7.4万户经济适用住房供应对象的住房问题，解决0.1万户棚户区居民的住房问题。2009~2011年，完成5.1万户农村困难群众危房改造任务。

（五）掌握保障对象底数。各市、县人民政府要组织建设（房地产）、民政、发展改革、财政、监察、统计、残联等相关部门开展本行政区廉租住房保障对象实名制调查，进一步摸清保障对象住房现状及需求，于9月底前建立电子信息和纸质档案，并上报省保障性安居工程领导组办公室。

二、加大保障性安居工程建设投入，落实好税费优惠政策

（六）加大廉租住房建设投入。2009 年省级财政对52个国定、省定贫困县和5个插花县按中央预算内投资补助标准给予1∶1配套补助。各地要按照廉租住房建设规模，将建设支出纳入本级年度预算，切实加大预算安排规模，不留资金缺口。

（七）多渠道筹集保障性安居工程建设资金。廉租住房建设资金，主要通过中央预算内投资补助、省级廉租住房建设补助、市县财政预算安排廉租住房建设专项、市县财政预算外有关专项、土地出让净收益（不得低于20%）、住房公积金增值收益（提取贷款风险准备金和管理费用后的全部余额）、中央代地方发行的国债（重点用于廉租住房建设）、银行贷款（包括项目贷款和软贷款）、社会各界自愿捐赠、廉租住房保障对象自愿购买住房的价款、清房补缴的超标价款、市县行政事业性收费（确定一定比例）等渠道筹集。

经济适用住房建设资金，主要通过融资、预销售等方式筹集。

煤矿棚户区改造资金，主要通过中央政府补助、地方政府配套、企业自筹和职工合理负担等办法筹集。

城市居民棚户区改造资金，坚持政府主导、群众参与、市场运作的原则进行筹集。

农村困难群众危房改造资金，主要通过省、市、县财政补助农民自筹相结合的方式筹集。

（八）设立融资机构。市、县可设立专门的融资机构，代表政府向金融机构争取项目贷款和软贷款，专项用于保障性安居工程项目建设。

（九）土地出让净收益、住房公积金增值收益和行政事业性收费中归集的廉租住房建设资金，按上一年度收益核定，下一年度统筹安排使用，结余部分，可滚存使用。

（十）建立保障性安居工程建设资金监督机制。保障性安居工程建设资金要严格按照国家及省的有关规定，实行专户存储，分账核算，专款专用。财政、审计部门要加强对资金筹集和使用情况的监督、检查与审计，并定期向政府报告资金筹集与使用情况；检查的重点是中央和省补助资金使用情况及市、县预算安排与规定渠道筹集资金使用情况。要建立资金到位及使用考核机制。廉租住房建设资金的筹集和使用情况，每年要向社会公布一次，接受群众的监督。

（十一）落实国家规定的各项税费支持政策。保障性安居工程免收各项行政事业性收费和政府性基金。廉租住房经营管理单位按政府规定价格向规定保障对象出租廉租住房取得的租金收入，免征营业税和房产税；廉租住房建设用地以及廉租住房经营管理单位按照政府规定价格向规定保障对象出租的廉租住房用地，免征城镇土地使用税；廉租住房经营管理单位与廉租住房相关的印花税，以及廉租住房承租人涉及的印花税，予以免征；廉租住房经营管理单位购买住房作为廉租住房房源，免征契税。

三、创新保障机制，多种形式保障低收入家庭住房需求

（十二）探索租售并举的廉租住房保障新机制。未参加住房制度改革的廉租住房保障对象，可按住房制度改革购买公有住房的政策，自愿购买一套廉租住房。廉租住房出售价格 =（成本价——

每平方米建筑面积每年工龄折扣数额×折扣工龄）+成本价×（地区差价系数+朝向系数+层次系数）。成本价由征地和拆迁补偿费、勘察设计和前期工程费、建安工程费、住宅小区基础设施建设费、管理费、贷款利息和税金7项构成。对于廉租住房保障对象购买的廉租住房，房屋权属登记机关须在《房到所有权证》“附记”栏中注明“廉租住房”和“有限产权”字样。有限产权的廉租住房实行上市准入制度：在取得《房屋所有权证》后不满十年的，不得上市交易，包括：出售、出租、转让、继承、赠与等；因特殊原因需要上市交易的，由市、县住房保障部门按原价扣除折旧后回购，用于住房保障房源。在取得《房屋所有权证》后满十年的，可上市交易，但须按交易时的市场价补足土地出让金，并退还购买时减免的各项优惠税费。所购廉租住房上市交易的家庭，不得再申请享受保障性住房政策。

有条件的市、县，可实行经济适用住房对象与廉租住房保障对象衔接，保障对象可自愿选择购买或租住经济适用住房。保障对象购买普通商品住房的，市、县可酌情予以补助，但上市交易时必须全额退还补助款项。

各地在执行过程中，应制定实施办法或细则，亦可先试点后推广，但必须确保依法合规，确保公开、公平、公正、积极稳妥推进。

（十三）积极发展公共租赁住房。公共租凭住房，是政府提供优惠政策，限定套型面积和租赁价格，面向住房困难和购买能力不足的家庭出租的、具有保障性质的非盈利性租赁住房。各地要采取政府投资和引导社会资金投资建设公共租赁住房，解决既不符合租住廉租住房条件，又买不起经济适用住房的低收入家庭的住房问题。鼓励企事业单位建设职工公寓，用于解决本单位新就业职工的住房问题。乡镇人民政府及村委会应统一修缮闲置房屋，适量建设周转房，集中解决无经济收入、无劳动能力，居住危房的农村困难群众住房问题。

四、统筹规划合理布局，加强保障性安居工程建设管理

（十四）各地要统筹规划商品住房与保障性安居工程。规模较大的居住小区，在编制修建性详细规划时，要将普通商品住房、经济适用住房、廉租住房统筹考虑，分区建设，共享基础配套设施和公共服务设施。独立建设的保障性安居工程项目，要尽量选择基础配套设施和公共服务设施完善的地段；在基础配套设施和公共服务设施不完善的地段建设的，须按照《城市居住区规划设计规范》规划建设基础配套设施和公共服务设施。

（十五）做好保障性安居工程项目前期工作。各地要抓紧落实保障性安居工程项目建设条件，已列入年度建设计划的，要优先安排项目选址规划，加快用地审批、环评、立项、可研和初设批复等，确保项目按时开工建设。同时，要建立项目储备库，为明年工作做好准备。

（十六）加强保障性安居工程建设管理。要严格执行有关建设程序和标准，强化建设过程中各个环节的监督检查和安全管理，确保建设质理。对配套资金不到位、进度缓慢或疏于管理造成损失的，建设（房地产）部门要在全省通报批评并限期整改。

（十七）加强经济适用住房项目批后监管。凡是按经济适用住房立项的住宅建设项目，一律不得变更为商品房开发项目。严查以经济适用住房名义立项、获取划拨土地，而变相进行商品房开发的行为，对有关责任人要依法依规严肃处理。

（十八）健立和完善公正、公平、公开的供应机制。各地要公开保障性安居工程供应信息，准确掌握低收入群众的生活和住房困难，合理划定保障对象准入条件，严格执行廉租住房三审核、两公示、一公布、年复核和经济适用住房两审核、两公标、一公布制度。棚户区改造、农村困难群众危房改造住房分配，也要制定公开透明的分配办法，坚持阳光操作，接受媒体、群众和社会监督。要健全

供应公示监督机制，建立保障性安居工程供应档案。

二〇〇九年七月十三日

山西省人民政府办公厅关于加强冬季施工管理确保工程建设顺利推进的通知

晋政办函[2009]205号

各市人民政府，省人民政府各委、厅，各直属机构：

为了切实加强冬季施工管理，确保工程建设顺利推进，现就有关事项通知如下：

一、提高认识，明确责任，切实加强对工程项目冬季施工的组织领导

今年以来，全省上下认真贯彻省委、省人民政府“转型发展、安全发展、和谐发展”和“保增长；保民生、保稳定”的决策部署，加大基础设施和民生工程建设力度，特别是一大批省市重点工程项目的开工建设，对于拉动投资，促进全省经济企稳回升发挥了重要作用。但是，工程建设推进中还存在进展不平衡、有些工程应开未开、实物工作量小等问题，离完成年度投资计划仍有一定差距。因此，各地要充分利用冬季时间，切实把加强工程项目冬季施工管理作为一项重要工作紧紧抓在手上，进一步加大工作力度，在保证质量、安全的前提下加快施工进度，争取更多的工程竣工投产。各市人民政府要切实加强对工程项目冬季施工的组织领导，明确由分管副市长负责。各级工程建设主管部门要根据职责，加强对各类工程项目冬季施工的督促检查和跟踪指导。各有关部门要加强协调，主动配合，积极做好工程项目冬季施工的各项工作。特别是各级重点工程建设领导小组办公室要切实做好重点工程冬季施工的指导协调和监督检查。

二、科学组织，精心管理，确保工程项目冬季施工优质安全高效

（一）统筹安排好冬季施工工作。

各市人民政府要结合工作实际，提出搞好工程项目冬季施工确保质量安全的指导意见，要按照“属地管理”的原则，进一步落实政府有关部门质量安全的监督责任和工程项目参建各方的主体责任。各工程建设主管部门要制订工程项目冬季施工的工作方案，明确管理制度、提出工作要求、制定保障措施、编制应急预案。各级重点工程建设领导小组办公室要认真编制重点工程建设推进计划和实施方案，及时上报省重点工程建设领导小组办公室。各工程项目建设单位要根据年度投资计划及进展情况，倒排工期，确定节点控制目标，加大人力、物力、财力投入，确保完成投资额和实物工作量达到年度计划要求。

（二）严格执行冬季施工技术规程。

各工程项目建设部门、各项目责任主体要根据当地气候条件和工程特点，科学编制各类工程技术导则，制订详细的冬季施工方案，严格按照工程冬季施工规程和相关标准组织实施。施工中要采取可靠的质量保证措施，对桩基、柱、梁板等关键部位，钢筋制作加工和混凝土配制、拌合、运输、浇注、养护等重点工序要重点控制。特别要加强安全生产管理，提高安全生产意识，做好防坠落、防风、防火、防冻、防滑、防中毒工作，防止各类安全事故的发生。

（三）搞好冬季施工的监督检查。

省人民政府将于近期组织各工程建设主管部门对全省工程项目冬季施工情况进行抽查，严肃冬季施工管理的各项规定和纪律，严格执行责任追究制度，对存在严重违反规范、规程施工，造成重大质量安全事故的项目和相关单位、部门要严肃查处，并追究其责任人及有关人员的责任。各市人民政府要组织有关部门做好对本行政区工程项目冬季施工的监督巡查，认真检查进度、管理、质量、安全等措施的落实情况，推广先进经验，通报存在的问题；对检查中发现的进度跟不上、操作不规范、质量不合格、存在安全隐患的要及时予以纠正，该返工的责令返工、该停工的责令停工。具体监督检查情况要在每月15日前向省工程建设主管部门报告，省市重点工程项目同时要向省重点工程建设领导小组办公室报告。各主管部门和省重点工程建设领导小组办公室要定期对各市工程项目冬季施工情况进行通报。各建设单位要组织各方主体加大对工程项目冬季施工的自查力度，及时发现问题及时整改。

三、加强协调，确保工程建设顺利推进

各市人民政府要加强对工程项目冬季施工的组织领导，完善部门联动机制，及时研究解决项目建设中遇到的困难和问题。各级国土、规划、建设主管部门要加强协调合作，快速高效办理工程建设有关手续，保证工程建设依法合规受控；各级人力社会资源保障部门要加大劳动用工管理力度，加强对工程劳动用工管理和工资支付管理，加大劳动合同和工资保证金的监管力度，维护广大农民工的切身利益，确保全省工程建设用工质量和数量的稳定；各级统计部门要完善工程建设统计制度，促进工程实物量快速形成有效统计工作量，真实反映工程建设进度；各级财政、审计部门和重点工程建设单位尤其要结合重点工程项目建设的实际需要，积极筹措建设资金，建立与工程建设进度要求相适应的资金管理使用机制，重点解决好资金管理、拨付和工程结算各环节问题，对已完工作量和经审定的冬季施工措施费及时进行审核认定、拨付，加快资金流转，为重点工程提供可靠的资金保障；各级纪检监察机关要配合有关职能部门做好工程项目的监督检查，建立健全责任追究制度，严肃查处违法违规行为，确保全省工程建设顺利完成。

二〇〇九年十月三十日

山西省人民政府关于加快城镇污水处理设施建设和保障正常运行的通知

晋政发[2009]35号

各市、县人民政府，省人民政府各委、厅，各直属机构：

搞好城镇污水处理工作。是推进生态文明建设的重要内容。也是落实科学发展观的重要举措。到“十一五”末，全省共需建设城镇污水处理厂132座，截至2009年9月底已建成80座，省人民政府要求2009～2010两年内各市、县(市、区)要全部建成污水处理厂并正常运营。为了确实解决好污水处理设施建设和运行中存在的建设资金不足、管网不配套、运行经费缺乏和技术力量薄弱等突出问题，加强城镇污水处理设施建设和运行工作，现将有关事宜通知如下：

一、积极推进城镇污水处理设施规划建设

(一)完善城镇排水和污水处理规划　各市、县(市、区)要按照有关法律法规的规定，根据当地经济社会发展需求。进一步修订完善包括城镇排水、污水处理和中水回用在内的专项规划，并与当地土地利用总体规划相衔接。修订完善后的规划要于2009年底前，按照国家和山西省规定的审批程序批准后，报省住房城乡建设厅备案，并认真组织实施。

（二）多渠道筹措污水处理设施建设资金　要加大国家补助资金的争取和省级资金保障的力度。省发展改革委、省住房乡建设厅要指导有关市、县（下、区）加快污水处理项目建设的前期准备工作，所有在建和待建项目要尽快达到申请中央资金和省级资金的要求。

市、县（市、区）人民政府是城镇污水处理项目建设的责任主体，必须按照项目建设资金筹措方案，保证地方承诺的配套资金落实到位。所属县城污水处理厂建设任务较重且县级配套资金落实困难的设区城市，要充分利用现有的融资平台，可由市人民政府统一组织，县人民政府作出还款承诺，以污水处理收费权做质押，对所属县城污水处理厂建设资金不足部分进行统借统还，加大污水处理厂建设资金筹措的力度。在此基础上，通过多种形式的招商引资，鼓励专业实力强的水务投资公司以 BOT、BT、TOT、合资合作等方式参与污水处理厂建设，多渠道筹集建设资金，积极推进污水处理设施建设。

（三）加快城镇污水处理项目实施进度　在建的污水处理项目所在地的市、县（市、区），要平格按照批准的建设规模、工程内容、处理工艺和时间要求，科学组织，强化措施．落实责任，扎实推进。2008 年开工建设的项目，要力争于 2009 年底全部建成。

待建的污水处理项目所在市、县（市、区）要按照省人民政府目标责任制的要求按时开工。各级发展改革委、建设（市政）、国土、环保等部门要在严把审批质量关的同时，简化审批程序，提高办事效率。加快完成项目审批环节的有关工作。污水处理厂建设项目要按照省重点工程领导小组的要求，纳入集中审批范围。城镇污水处理项目建设用地指标由各级人民政府统筹解决。已纳入国家资金补助范围的项目，要严格按照中央投资项目要求的建设进度予以推进；对其他项目．要尽快落实建设资金。加快实施进度，确保 2010 年底前建成。

（四）尽快完善现有城镇污水处理及相关配套设施　各市、县（市、区）要进一步加大污水配套管网的建设力度，提高污水收集能力，确保污水处理厂运行后的实际处理负荷率 1 年内不低于设计能力的 60%。3 年内不低于设计能力的 75%。已运行的污水处理厂，处理水质、水量无法满足国家和省有关要求的，要及时实施升级改造。要将污泥的处置和利用设施纳入污水处理厂的建设当中，防止二次污染。同时，城镇污水处理厂要按照国家和省的要求，配套完善中控系统和在线监测设施。

（五）加快污水回用设施的规划建设　所有城镇污水处理项目都要根据当地实际，规划建设污水回用设施，已建成的要逐步进行改造。各级价格主管部门要按照定价权限，会同建设（市政）部门，在低于城市公共供水价格的基础上，科学确定城市污水回用水的价格。电力、钢铁、化工、建筑施工、园林绿化、市政道路养护、洗车和城市景观等行业用水必须使用满足行业用水水质标准的回用水；鼓励其他行业使用满足本行业用水水质标准的回用水。对应使用而拒不使用回用水的单位，相关部门不予立项审批或核减其用水指标，限制其使用城市公共供水，关闭其自备水源。

二、继续做好污水处理费征收工作

（六）积极做好污水处理费征收工作　要切实做好污水处理费的征收工作，到 2009 年底，全省所有未开征污水处理费的县（市、区）都要开征。2009 年底前，全省 22 个设市城市居民用水的污水处理费征收标准不低于 0.8 元/吨，其他用水的污水处理费征收标准不低于 1.0 元/吨；2010 年底前．所有县城居民用水约污水处理费征收标准不低干 0.8 元/吨。其他用水的污水处理费征收标准不低于 1.0 元/吨。对于城镇生活困难的群众，可由各市、县（市、区）人民政府制订具体政策给予补贴。

（七）提高污水处理费征收率　各市、县＜市、区）要制定出台污水处理费征收办法，完善征收机制，落实征收责任，建立征收激励机制，提高征收率。对公共供水用户要积极推行自来水和污水收费一票制；自备井用户要加装计量装置，按照计量收费，不加装计量装置的，按照水泵的额定流量收费。对于长期拖欠、拒缴的单位和个人，要加大处罚力度。省、市、县（市、区）三级都要建立完善污水处理收费台账，建立和完善月报制度，各级审计部门要加大对污水处理费征收的审计力度，加强对污水处理费征收使用的监督管理。到 2009 年底，各市、县（市、区）公共供水用户和自备井用户的污水处理费征收率要力争达到 90% 以上。

三、不断完善污水处理运行经费保障机制

（八）确保运行经费足额到位　各市、县（市、区）必须保障污水处理设施正常稳定运行。征收的污水处理费要按照“收支两条线”管理，足额用于污水处理设施运营和建设。不足部分由同级财政列出专项资金解决。各市、县（市、区）要制定出台污水处理运行经费核拨办法，当地财政部门按照同级建设（市政）部门对处理水量的考核结果按时核拨运行经费，吨水平均标准不低于物价部门批准的污水处理费平均征收标准。

（九）实行以奖代补政策　鉴于城镇污水处理还处于发育阶段，省级财政从 2010 年开始，对县污水处理设施的运行采取奖励性补助政策，予以扶持 5 年。奖励补助经费与污水处理量挂钩，补助标准为 0. 10 元/吨，由省财政厅按照省住房城乡建设厅根据”全国城镇污水处理信息系统”核定的年实际处理量和污水处理费征收情况给予安排，具体办法由两部门共同制定。各级财政、建设（市政）、审计部门要加强监督检查。对截留、挪用运行经费或补助资金的。要追究有关单位和人员的责任。地万各级人民政府和有关部门要支持污水处理产业的发展，特别是在用电方面实行工业用电中的优惠电价。

四、着力提高污水处理设施运营水平

（十）加强技术岗位培训　各市、县（市、区）要加大技术人才的引进和培训工作力度，加强污水处理技术保障，培训经费由同级财政予以解决。省级财政要列出专项资金用于污水处理技术培训，省住房城乡建设厅要依托有实力的污水处理运行单位建立培训基地。统一组织开展技术培训工作，并对重点和关键岗位实行持证上岗。

（十一）推行特许经营制度　各市、县（市、区）要按照有关规定和程序，积极推行特许经营制度。通过公开招标选择具有污水处理运营资格的经营者，规范签订特许经营协议，明确经营者的权利、责任和义务。通过 TOT 等方式回收的资金要首先用于城镇污水处理厂配套管网建设、运行经费保障以及中水回用、污泥处置工作。对暂不具备特许经营条件的，要实行政事分开、政企分三，使污水处理运营单位成为产权清晰、独立核算、自主经营的实体；可在核定实际处理量及处理成本的基础上，积极推行托管运营模式。由各地建设（市政）部门与运营单位签订委托经营协议及服务合同。明确运营单位的责任、权利与义务。凡运行的污水处理厂两年内都要完善特许经营条件，实现规范的特许经营。在改革改制过程中，各地要按照《山西省人民政府关于进一步加快市政府用事业改革与发展的意见》（晋政发［2006］13 号）要求，在落实各项支持和引导政策的同时，转变观念，加强监管，做好人员安置和资产处置工作，确保特许经营制度的顺利实施。今后，新建成的污水处理厂一律不得再以事业性质单位管理和运营。

鼓励有条件的市、县（市、区）根据实际情况，依托现有国有或国有控股企业，成立集城市供水、排水、污水处理等于一体的城镇供排水集团，并可按照特许经营制度，在全省范围实行跨区域污永处理厂的建设和经营。

五、切实加强污水处理设施建设和运行监管工作

（十二）加强污水处理设施建设的组织领导　省人民政府已将城镇污水处理建设项目纳入全省重点工程范畴。各市、县（市、区）人民政府要加强组织领导，制定切实可行的推进措施和办法，层层分解。责任到入，抓好落实，确保项目按照下达的建设进度计划如期建成。

(十三)强化污水处理监管体系　省住房城乡建设厅要尽快制定出台污水处理设施运行技术规范、监管标准和有关政策措施。建立完善行业监管体系,加大监督、指导力度。各市、县(市、区)也要结合当地实际,制定出台污水处理监管、考核办法,采取有力措施,切实规范污水处理设施的建设和运行管理工作。

(十四)明确责任,加强监管　各地人民政府要把确保污水处理设施的按期建成投运和正常规范运行纳入工作责任目标考核体系。对污水处理设施未按期建成投运、建成后不能稳定规范运营、擅自停运或处理不达标、污水处理费未按相关规定征收和使用的监察部门要会同有关部门进行行政问责,严格实施责任追究制,发展改革部门积极争取国家城市基础设施建设资金的支持,并进一步加大对污水处理及配套设施建设的资金投入,加强对资金使用的督察和指导。建设(市政)部门要加强污水处理行业技术指导,建立和完善运营监管体系,加强动态考核管理,将污水处理量、COD减排任务与以奖代补资金挂钩。财政部门要会同有关部门争取国家专项资金支持,加强对污水处理费使用以及国家和我省下拨专项资金使用情况的监管,建立资金使用监管和保障制度。环保部门要加强对污水处理厂排放水质的监督监测,加强对污水处理厂收水范围内重点工业污染源的监控,与建设(市政)部门共同完善污水处理运营监管网络。

二〇〇九年十一月十三日

山西省人民政府办公厅关于印发山西省推动重点工程建设考核奖励办法的通知

晋政办发[2009]151号

各市、县人民政府,省人民政府各委、厅,各直属机构:

《山西省推动重点工程建设考核奖励办法》已经省人民政府同意,现印发给你们,请认真贯彻执行。

二〇〇九年十一月十六日

山西省推动重点工程建设考核奖励办法

为全面贯彻落实省委、省人民政府"保增长、扩内需、调结构、重民生"的经济发展战略,充分调动各市人民政府加大重点工程管理力度、加快重点工程建设的步伐,切实掀起重点工程建设新高潮,推动省、市重点工程早开工、早建设、早投产、早日发挥投资效益和经济效益,制定山西省推动重点工程建设考核奖励办法。

一、考核对象

以省辖市为单位,对全省11个市进行综合评比考核

二、考核内容

建立量化考核评比办法,考核指标主要为:

(一)省、市重点工程投资完成总额。

(二)省、市重点工程投资计划完成率。

(三)各市城镇固定资产投资同比增长率。

三、考核方式

按以上三项指标,每个月分别进行排队并在适当范围公布,年终再按三项指标分别进行总排队,取每一项的前三名进行表彰和奖励。

四、考核组织

考核奖励由省重点工程建设领导小组统一领导和组织。

五、其他要求

(一)各市范围内的省、市两级重点工程发生重大质量安全事故的,取消涉及的市受表彰奖励资格。

(二)发现虚报统计数字,弄虚作假的,取消涉及的市受表彰奖励资格。

(三)各市、各部门、各投资主体对省里交办的有关重点工程管理协调事项督办不力,未完成事项出现的概率较大,酌情取消受表彰奖励资格。

六、奖励办法

在年终考核排名中位列各项指标前三名的市,经省重点工程建设领导小组审核后,报省人民政府批准,给予50万元奖励,奖金由各市按贡献大小考核分配。

七、其他

对省级152项重点工程主管单位的考核奖励参照本办法执行。

二〇〇九年十一月十六日

山西省人民政府办公厅关于进一步做好城镇供热工作的通知

晋政办发电[2009]183号

各市、县人民政府，省人民政府有关部门：

进入供热采暖期以来，全省城镇供热基本保持稳定，但也有一些城市不同程度地出现了供热问题。城镇供热事关广大人民群众的切身利益和社会稳定，各地、各部门一定要从保民生、暖民心、维稳定、促和谐的高度出发，充分认识做好当前城镇供热工作的极端重要性和紧迫性，切实将保障城镇供热作为当前的首要任务和重点工作抓紧抓好，具体工作要做深、做细、做实，全力以赴保障城镇供热的安全稳定。根据省人民政府领导的指示精神，结合当前全省城镇供热实际，现就进一步做好城镇供热工作通知如下：

一、全力加快工程建设

各地要将尚未完工和投入运行的供热工程，作为“一把手”工程，按照属地管理原则，由市长、县长亲自抓，分管副市长、副县长具体抓，相关部门分工协作，统筹实施，全力推进。对影响群众目前采暖的，要组织建设单位倒逼工期，实施24小时不间断施工，并强化一线跟踪监督，盯进度，促进度，在保证安全和质量的前提下，全力加快工程建设进度，力争在最短时间内实现供热。对不影响今冬明春采暖的，要统筹规划，倒排工期，合理组织施工，确保不影响2010年采暖季的供热。

二、全面开展隐患排查治理

各地要立即组织热电联产企业和供热企业(单位)开展隐患排查治理工作，发现问题和隐患，要立即组织解决和消除。对不能立即解决的问题和消除的隐患，要组织专门力量，做好实时监控，并强化相应的应急准备工作。热电联产企业要重点排查热源生产用电、用水、进料、粉碎、热电机组、除渣等线路、管网、设施和设备等；区域燃煤供热要重点排查储煤仓库、供电、供水、锅炉、供热管网和热力站等；燃气供热要重点排查热源生产的供气管网及锅炉系统等。

三、大力保障生产用煤用气

各地人民政府、省直各有关部门要积极协调热电联产企业，在生产用煤的供应、电力上网等方面，全力、优先保障热电机组的生产。对区域燃煤供热，各地要在组织做好正常生产储煤工作外，还要特别加强与气象部门的联系沟通，要根据气候变化，提前做好应对寒冷、冰雪等特殊天气情况下的生产储煤。对燃气（包括人工煤气、天然气等）供热的，各地要组织供热企业做好与供气企业的沟通协调，保证在供热期间优先、足量、稳定供应供热生产。

四、着力解决好热费收缴问题

各地要认真调查研究，对拖欠热费造成停热的情况，分类做好相关工作，保障供热生产运行和群众采暖需求。对因供热质量问题（由供热企业生产运行造成的）导致用户拖欠热费的，要责成供热企业提高质量，并视情况对用户热费予以适当减免，维护群众的合法利益。要严格执行国家、省、市（县）对低收入困难群众的采暖救助政策和规定，重点做好低收入困难群众的采暖保障工作。用户恶意拖欠热费的，要支持供热企业和相关执法单位依法采取相应的措施，促进合法用热与收费。

五、不断强化应急处置

各地要进一步制订完善地方性的供热应急处置办法，强化措施，提高水平。对特殊群体（如老、弱、病、残等）和特殊部门（如医院、幼儿院等），要结合当地实际，由地方财政给予支持，通过发放临时性采暖补助或小型电（气）采暖器具等方式，强化停热情况下的临时采暖救助，保证采暖需求。对供热生产运行，要结合出现的新情况、新问题，不断完善应急处置预案，提高预案的科学性和完备性。要根据当地城镇供热的发展水平，增加应急设施、设备、物资等储备，充实应急人员、车辆等配置，完善和强化应急处置的责任和监督机制，提高应急处置的监督保障水平。

六、积极推进按热计量收费

各地要按照省人民政府《关于认真做好2009年冬季全省城镇供热和解决农村取暖用煤问题的通知》（晋政发电（2009）4号）、省物价局和省建设厅《关于城市供热价格管理有关问题的通知》（晋价商字［2009］150号）的要求，将当地按面积供热价格换算成按用热量供热价格，对新建建筑和已经完成用热分户控制和计量改造的用户，实行按用热计量收费。2009年各设区城市必须选择两个住宅小区，作为按用热计量收费的试点。

七、继续强化信息报告工作

各地要通过建立完善供热值班制度、设立举报电话等方式，保持信息渠道畅通，及时掌握供热生产运行情况，并认真做好本市的供热日报工作，提高指导供热管理的效率和水平。对影响供热的重大信息，要根据情况发出相应的预警，提高广大群众的供热采暖应急防范能力。对供热重大事故，要按规定及时上报，不得瞒报、迟报和谎报。对各市人民政府在供热事故的发生与处理、供热计量收费改革与试点、供热投诉受理与处理等方面的情况，省人民政府将进行考核。

二〇〇九年十一月二十七日

省住房和城乡建设厅文件

关于下放部分行政许可事项审批权的通知

晋建审字[2009]12 号

各市建设局(建委)、市政局,各省直有关厅局:

根据《建筑业企业资质管理规定》(建设部令第159号)和《建筑业企业资质管理规定实施意见》(建市[2007]241号)有关规定,结合我省实际,经2008年12月11日厅党组会议研究决定,将部分行政许可事项审批权下放设区市建设行政主管部门。现将有关下放事宜通知如下:

一、下放的行政许可事项审批权及时间

自2009年1月1日起,将下列行政许可事项审批权下放至企业工商注册所在地设区市建设行政主管部门:

(一)建筑业企业施工总承包序列三级资质(不含国务院国有资产管理部门直接监管的企业及其下属一层级企业的施工总承包三级资质)。

(二)建筑业企业专业承包序列三级资质。

(三)建筑业企业劳务分包序列资质。

(四)上述建筑施工企业安全生产许可证的核发和延期核准。

二、对下放行政许可事项审批权的实施要求

(一)设区市建设行政主管部门审批下放后的行政许可事项,要严格按照《建筑业企业资质管理规定》(建设部令第159号)、《建筑业企业资质管理规定实施意见》(建市[2007]241号)、《建筑业企业资质等级标准》(建建[2001]82号)、《建筑施工企业安全生产许可证管理规定》(建设部令第128号)、《建筑施工企业安全生产许可证管理规定实施意见》(建质[2004]148号)等有关规定执行。

(二)设区市建设行政主管部门应结合本地区情况,制定本地区建筑业企业发展规划,严格准入清出机制,促进结构调整,保证本地区建筑业企业的整体质量不断提高。

(三)建立健全建筑业企业审批档案,书面材料、电子文档至少应当保存五年。

(四)审批结果实行备案制度。设区市建设行政主管部门应当在每月10日前将上一月份审批文件、备案登记表(含电子文本,格式附后)等行政审批情况上报我厅备案。

三、对下放行政许可事项审批权的监督管理

(一)新设立建筑业企业要在审批后的一个月内登录"山西省建筑市场监管信息系统",填报企业基本信息,建立企业诚信档案,并按照管理要求按期上报企业季报、年报。未按时填报基本信息及上报有关数据的,按有关规定给予处罚。

(二)各设区市建设行政主管部门应当做好相应行政许可事项批后监管事宜。要加强对所批企业,包括许可事项下放前已有的同序列同等级企业的监管。要按照住房和城乡建设部和我厅有关规定认真做好日常监管和年度动态考核,对出现违法违规行为的企业，应按照有关规定作出处罚并及时记入企业诚信档案。

（三）上述行政许可事项审批权下放后，各设区市建设行政主管部门应制定相应的实施办法，我厅将对实施情况进行监督检查。各市在实施过程中有什么问题，应积极向我厅反映，以便及时研究解决。

特此通知。

二○○九年一月五日

关于命名山西省村庄建设示范村和山西省村镇康居示范住宅小区的通报

晋建村字[2009]38号

各市建设局（建委）：

从2006年开始，我厅在全省开展了创建“山西省新农村建设示范村”和“山西省村镇康居示范住宅小区”活动，并于同年8月命名首批“山西省新农村建设示范村”和“山西省村镇康居示范住宅小区”。两年来，各地积极开展创建活动，在新村建设、村庄治理，村镇住宅建设等方面，涌现出一批先进典型。经各县、市建设行政主管部门评审推荐，决定命名长治市长治县西火镇东庄村等19个村为“山西省村庄建设示范村”（名单附后），命名晋城市阳城县凤城镇岳庄村等4个村为“山西省村镇康居示范住宅小区”（名单附后），现予以通报。

希望获此称号的村庄和住宅小区，再接再厉，加快发展，在全省社会主义新农村建设中更好地发挥表率作用。

二○○九年一月十九日

附件：

山西省村庄建设示范村名单和

山西省村镇康居示范住宅小区名单

一、山西省村庄建设示范村名单

晋城市阳城县凤城镇岳庄村

晋城市阳城县润城镇柏沟村

晋城市阳城县西河乡郭河村

晋城市泽州县北义城西张村

晋城市泽州县巴公镇兴王庄村

晋城市陵川县秦家庄乡庞家川村

晋城市高平市陈区镇魏庄村

晋城市高平市永录乡东山村

大同市南郊区马军营乡十里店村

大同市左云县云兴镇南家堡村

大同市广灵县焦山乡罗疃村

长治市长治县西火镇东庄村

长治市长治县荆圪道村

长治市屯留县渔泽镇东古村

长治市屯留县康庄园区市泽村

长治市郊区堠北庄镇下秦村

长治市壶关县百尺镇炭场坪村

长治市壶关县百尺镇河西庄村

长治市壶关县常平开发区常平村

二、山西省村镇康居示范住宅小区名单

晋城市阳城县凤城镇岳庄村住宅小区

晋城市阳城县润城镇王村住宅小区

晋城市陵川县杨村镇杨村村住宅小区

长治市壶关县百尺镇炭场坪村住宅小区

关于对山西省建设系统抗震救灾先进集体和先进个人给予表彰的决定

晋人字[2009]24 号

各市人事局、建设局(建委):

5月12日,四川汶川发生8.0级强烈地震后,党中央、国务院决定在8月10日前援助灾区建设100万套过渡安置房,并下达山西省37250套安置房建设任务。接受任务后,在山西省委、省政府的坚强领导下,全省各级各部门和广大援建干部职工,带着对灾区人民的深厚感情,发扬老区"艰苦奋斗、勇于奉献"的精神和中华民族"一方有难、八方支援"的传统美德,按照"三包、三保、五防"的总体要求,迅速安排部署、建立机构,分解任务、组织动员,设计图纸、估算造价,财政垫资、先行生产,赴川对接、选址定点,蹲厂盯守、质量把关,派遣队伍、安装施工,安排运输、服务保障,在晋、川两个战场和千里运输线上,260多家企业、20000多名职工夜以继日,连续奋战。截至7月16日,在都江堰市10个乡镇的93个援建点上,累计建成过渡安置房37277套、694671平方米。其中,住房29625套,幼儿园15个,诊疗所107个,公用厨房4641个,公共卫生间296个,公共活动间23个,商品零售点102个,警卫管理等其他用房424个。第一期7500套建设任务提前10天完成,全部任务提前25天超额完成,受到国家有关部门的充分肯定。太原、晋中、朔州市援建突击队分别被全国总工会授予"抗震救灾重建家园工人先锋号"荣誉称号,涌现出了以优秀共产党员戎金亮为代表的一大批优秀个人,实现了省委提出的"全国争先"目标。

为大力弘扬在支援四川抗震救灾过程中山西省广大建设者表现出的迎难而上、无私奉献的优秀品质;团结奋斗、勇往直前的坚强意志;为国家分忧、为灾区解难的大局观念和"一方有难、八方支援"的互助精神,激励全省广大干部、群众积极投身社会主义现代化建设事业,努力学习和实践科学发展观,山西省人事厅,山西省建设厅决定,,授予太原市建设管理委员会等44个单位"山西省建设系统抗震救灾先进集体"光荣称号,授予孙荣琨等328名同志"山西省建设系统抗震救灾先进个人"光荣称号。

希望全省广大干部群众都要以受表彰的先进集体和先进个人为榜样。以邓小平理论和"三个代表"重要思想为指导,深入贯彻落实科学发展观,将伟大抗震救灾精神转化为推动科学发展、促进山西省全面进步的强大力量,以更加坚定的信心、更加饱满的热情、更加扎实的工作,为建设充满活力、富裕文明、和谐稳定、山川秀美的新山西而努力奋斗!

二〇〇九年二月十八日

附件1:

山西省建设系统抗震救灾先进集体名单

1. 太原市建设管理委员会
2. 太原市规划局
3. 太原市建筑工程总公司
4. 太原市第一建筑工程公司
5. 太原市城市建设管理中心
6. 中泛建设集团有限公司山西分公司
7. 大同市建设委员会
8. 大同市三建工程有限责任公司
9. 大同市第四建筑工程有限责任公司
10. 大同市三优建安公司

11. 大同市宏鑫彩钢瓦结构有限责任公司
12. 阳泉市建设局
13. 阳泉市规划局
14. 长治市建设管理局
15. 长治市建筑工程总公司
16. 长治市建筑工程质量安全监督站
17. 晋城市建设局
18. 晋城市规划局
19. 晋城市金建集团投资有限公司
20. 晋城市建筑工程总公司
21. 晋中市建设局
22. 晋中通宇建筑工程公司
23. 晋中市建筑勘察设计院
24. 临汾市建设局
25. 临汾市建设工程质量安全监督站
26. 山西恒富集团金属结构有限公司
27. 洪洞县博大钢结构有限公司
28. 山西天丰钢结构有限公司
29. 运城市建设局
30. 运城市建筑工程有限公司
31. 吕梁市建设局
32. 吕梁市建筑安装总公司
33. 忻州市建设局
34. 忻州市城市照明管理处
35. 朔州市建设局
36. 朔州市市政公用处
37. 朔州市建设监理公司
38. 平朔公司赴川救援抢险队
39. 山西省建筑设计研究院
40. 山西省城乡规划设计研究院
41. 山西省勘察设计研究院
42. 山西省工程建设标准定额站
43. 山西省建设信息中心
44. 山西省建设厅科技发展处（建设科技推广与建筑节能监管中心）

附件2：

山西省建设系统抗震救灾先进个人名单

太原市

孙荣琨　姜　波　白晓平　孙玉泉　刘金元
王贵聪　陈　敏　牛丕奇　樊日广　牛　凯
张　立　郝建民　范　勇　薛江炜　靳志刚
陈静烨　张金锁　张　宁　曹　勇　郎　勇
王景岩　张昌平　畅开狮　丁　哲　武　辉
毕晓东　孙永刚　刘志朝　王　凯　王崇圣
黄兵全　赵霄飞　韩子鑫　江一帆　马惠勇
刘斌魁　许　明　张文奎　陶志瑞　黄发辉

大同市

常进庭　宋江儒　贾健刚　李　铁　郤瑞山
贾建军　刘世义　徐彦峰　郭　强　胡守文
杨喜忠　张　让　丁占飞　郭新现　范宏彪
陈志永　杨　海　张金寿　闫启同　李美云
袁　善　门　凯

阳泉市

薛银拴　王新义　王贵平　史金才　田联虎
梁　明　王会光　任立山　尉　星　高乃会
王蝉兆　李振远　徐　江　王　军　闫超英
刘红卫　王建国　郑清泉　郭宏晨　刘彦斌
闫同乐　安书光　乔　岚　曹　浩　陈立民
温建宏

长治市

李秀亭　宋锦书　郭俊卿　郭卫光　郭卫斌
王　菲　曾维宝　郭　敏　席栓玉　赵天宇
赵俊平　申朝阳　上官建民　尚凌虹　宋明德
白海明　陈保红　苗伟斌　朱琳祥　赵志平
胡茂伟　闫志萍　路海胜　李红旦　杨　华

晋城市

韩守元　白勇强　李晋元　李永和　宋书文
裴天德　任香平　李财富　王　旭　张海忠
李联波　焦民顺　马胜利　姬志斌　薛海斌

李晓江　陈作东　马继忠　成有根　成双荣
杨跃兵　宋森林　崔加龙　程俊峰　尚海军

晋中市

张晓平　毕跃平　李道渝　张拥军　杨存庆
王宏亮　郭　强　王云飞　王　栋　殷　杰
张凌波　李耀忠　李慧明　赵　建　杜勇彪

临汾市

温学良　胡一峰　刘关虎　张迎庆　程晓强
梁国刚　胡玉贵　席卫中　朱银全　陈国杰
刘晓仲　范文辉　刘泽民　王福记　闫育战
申明记　刘继明　郭望琇　万玉玺　范新峰
郭双祥　陈　刚　王全道　单　超　赵见喜

运城市

曹醒侪　王世斌　刘平均　吴世良　袁晓燕
赵国宏　张国杰　谢玉生　王军红　杜大庆
曹　波　张耀锋　李　秦　丁文科　吕巨功
陈伟新　张万银　王宏林　王立平　孙文照
王余江　李凤民　蔡创立　张敬民　吴锁全
王若东　郭明水　刘贵庆　常云鹏　刘太恩
刘志英　任宏波　吴志平　薛晨玺　闫小爱
杨春茂　袁永林　张乃兵　陈　荣　赵爱军
薛国平　秦谈平　翟明春　刘　卉　左志龙
杨志军　李　刚

忻州市

戎金亮　韩卫民　高益明　班润锁　赵葆春
田　军　吕林槐　丁　雷　刑国荣　杨新国
苏献军　郭荣春　曹洪远　巩宇峰　魏迎机
陈建新　赵润生　张秀伟　常志刚　张培德
张　勇　王树斌　席玉平　李国明　兰成国
张　军　蔚振民　王　江　马金强　王汉华
王尚文　李　应　张志栋　张峰汉　卢　勇
贾　金　李君文　冉志伟　王世龙　张振民
薄元峰　谢宏福　周　福　朱宏伟　王选强
田　润　王永胜　段建国

省建设厅及直属单位

张　烨　张成喜　薛明耀　程永平　郝增元
王世超　项连斌　王恩茂　张培泉　杨安平
董承炜　史红权　原吉龙　董小麟　杜雪峰
王　琦　韩朝炜　杨建国　赵　梅　郭宏伟
史振江　杨小军　孙永斌　贾凤林　宫守河
史毅清　韩福祥　时晋杰　薛增瑞　贾莉芳
张　莉　许立新　韩俊民　王宝权　李守富
赵德明　孟兆国　符　岐　薛冠宇　薛晓虎
张　怀　王　雄　贾迎泽　南振荣　杨来俊
杨友为　苏敏芳　史树一　马红山　李建国

新闻媒体

候小俊　秦文龙　尹　晨　齐作权　王彦军

关于表彰全省建设系统党风廉政、精神文明、政风行风建设先进单位及先进个人的决定

晋建办字[2009]85 号

各市建设局(建委)、规划局、房地局、市政局、园林局、环卫局、执法局：

一年来，全省建设系统广大干部职工以邓小平理论和“三个代表”重要思想为指导，深入学习实践科学发展观，求真务实，开拓进取，服务人民，奉献社会，努力投身建设事业改革与发展，在党风廉政建设、精神塞明建设和政风行风建设工作中作出了优异成绩，涌现出一批先进单位和个人。

为表彰先进，弘扬正气，激发建设系统广大干部职工的积极性和创造性，推动建设事业又好又快发

展，决定授予阳泉市建设局等3个单位为“全省建设系统党风廉政建设先进单位”荣誉称号；授予太原市城市照明管理处等3个单位为“全省建设系统文明服务示范窗口单位”荣誉称号；授予运城市建设工程交易中心等3个单位为“全省建设系统政风行风建设先进基层单位”荣誉称号；授予大同市建设委员会纪检组组长宋江儒等3名同志为“全省建设系统党风廉政建设先进个人”荣誉称号；授予长治市建设管理局局长李秀亭等5名同志为“全省建设系统精神文明建设先进个人”荣誉称号；授予大同市房产管理局局长杨设等4名同志为“全省建设系统政风行风建设先进个人”荣誉称号。

希望受表彰的先进单位和先进个人，把荣誉作为新的起点，谦虚谨慎，再接再厉，在今后的工作中取得更大的成绩。全省建设系统广大干部职工，要以受表彰的先进单位和先进个人为榜样，全面贯彻落实党的十七大精神，深入学习实践科学发展观，开拓创新，扎实工作，努力开创党风廉政建设、精神文明建设和政风行风建设新局面，为建设事业又好又快发展作出积极的贡献。

二〇〇九年二月十九日

附件：

全省建设系统党风廉政、精神文明、政风行风建设先进单位及先进个人名单

一、先进单位(9个)

1. 全省建设系统党风廉政建设先进单位(3个)

阳泉市建设局

晋城市建设局

吕梁市建设局

2. 全省建设系统文明服务示范窗口单位(3个)

太原市城市照明管理处

长治市公共交通总公司

忻州市房地产交易管理中心

3. 全省建设系统政风行风建设先进基层单位(3个)

运城市建设工程交易中心

太原市12319城建热线服务中心

晋中市市容环境卫生管理局

二、先进个人(12名)

1. 全省建设系统党风廉政建设先进个人(3名)

宋江儒　大同市建设委员会纪检组组长

白勇强　晋城市规划局局长

马金强　朔州市建设局纪检组组长

2. 全省建设系统精神文明建设先进个人(5名)

李秀亭　长治市建设管理局局长

王建宝　大同市园林管理局局长

高益明　忻州市建设局局长

张晓军　太原市建设管理委员会副主任

王晋平　阳泉市住房公积金管理中心主任

3. 全省建设系统政风行风建设先进个人(4名)

杨　设　大同市房产管理局局长

李文金　晋中市建设局局长

王建勋　太原市市政管理局局长

孙宣东　临汾市市政公用局局长

关于2008年建设工作目标责任制完成情况的通报

晋建办字[2009]86号

各市建设局(建委)、规划局、房地局、市政局、园林局、环卫局、综合执法局、住房公积金管理中心：

2008年，各市建设主管部门紧紧围绕省、市政府签订的建设工作目标责任制，加强领导、精心组

织、狠抓落实,圆满完成了各项目标任务。现将有关情况通报如下:

一、完成情况

(一)省政府重点工作完成情况

1. 棚户区改造

各市制定改造规划和实施方案,加强工作协调,全省国有重点煤矿棚户区改造和城市棚户区改造超额完成了目标任务。2008 年,全省国有重点煤矿棚户区改造新建住房开工 147.29 万平方米,完成目标任务的 147%;城市居民棚户区改造新建住房开工 284.31 万平方米,完成目标任务的 284%。

(1)各市国有重点煤矿棚户区任务完成情况排名如下:

完成任务好的:大同市、阳泉市、太原市、忻州市

完成任务较好的:晋中市、临汾市、吕梁市

(2)各市城市棚户区任务完成情况排名如下:

完成任务好的:太原市、大同市、晋城市、朔州市

完成任务较好的:吕梁市、晋中市、长治市、阳泉市、忻州市

2. 政策性住房建设

各市制定住房建设计划,落实目标任务,完善政策体系。2008 年,全省经济适用住房开工 393.2 万平方米,完成目标任务的 151%;新建廉租住房开工 77.4 万平方米,完成目标任务的 194%;归集廉租住房保障资金 66806.7 万元,完成目标任务的 119%;货币补贴保障廉租对象 51136 户,完成目标任务的 134%。

各市政策性住房建设完成情况排名如下:

完成任务好的:大同市、太原市、忻州市、吕梁市、晋中市、朔州市

完成任务较好的:长治市、阳泉市、临汾市、运城市、晋城市

3. 启动解决农村困难群众住房问题

右玉、左权、交城、高平、古县、永济等 6 个县(市)开展了农村住房解困试点,各试点县(市)合理确定解困对象,严格履行解困程序,加大检查督促力度,全省 3000 户试点任务全部完成。右玉县按照"省、市、县帮扶,乡、村、户实施"的思路,村党支部和村委会带领广大群众积极实施,党员干部捐款 34.3 万元,农村群众义务投工 1.04 万个。永济市根据当地实际,积极加大财政投入,提高补助标准,动员行政机关、企事业单位职工捐款 100 万元,用于农村住房解困。在试点基础上,大同市、运城市、吕梁市召开专门会议,将 2009 年农村住房解困任务进行了分解落实。

各市解决农村困难群众住房问题完成情况排名如下:

完成任务好的:朔州市

完成任务较好的:运城市、吕梁市、临汾市、晋中市

4. "县县有"工程建设和建设领域 6 项指标

各市加快污水处理厂、生活垃圾处理厂和生态文化公园的建设步伐。2008 年,全省全年新建成城镇污水处理厂 27 座,在建 43 座;新建成生活垃圾无害化处理厂 5 座,在建 21 座;新建成生态文化公园 16 个,在建 94 个。11 个设区城市建成区绿化覆盖率达到 35.27%,超出目标任务 0.57 个百分点;设市城市污水处理率达到 65.3%,超出目标任务 0.3 个百分点;城市生活垃圾无害化处理率达到 45.2%,超出目标任务 0.2 个百分点;城市集中供热普及率达到 70.2%,超出目标任务 0.2 个百分点;全省城镇人均住房建筑面积达到 28 平方米,完成目标任务;农村居民人均住宅建筑面积达到 25.96 平方米,超出目标任务 0.04 平方米。

各市建设领域 6 项指标完成情况排名如下:

完成任务好的:阳泉市、临汾市、长治市、晋城市

完成任务较好的:吕梁市、朔州市、大同市、运城市、晋中市、忻州市、太原市

5. 城镇污水处理厂新增 COD 减排工作。各市根据省政府下达的目标任务,加强组织协调,加快城镇污水处理厂建设步伐,规范运营管理,开展摸底排查,积极参加并组织城镇污水处理厂 COD 减排核查核算培训,严格落实日报制度,圆满完成了工作任务。经国家环保部污染减排核查组核定,全省城镇

污水处理厂完成新增 COD 减排量 2.155 万吨，超出省政府目标任务 0.355 万吨。

各市城镇污水处理厂 COD 减排任务完成情况排名如下：

完成任务好的：朔州市、忻州市、运城市、长治市、晋中市、太原市、大同市

完成任务较好的：晋城市、阳泉市、吕梁市、临汾市

（二）其它建设工作完成情况

1. 住宅和房地产管理工作。各市认真贯彻落实国发[2007]24 号和晋政发[2008]2 号文件精神，加大棚户区改造、经济适用住房和廉租住房建设力度，有效增加了保障性住房供应。大同市政府认真总结 2007 年城市居民棚户区改造试点的经验和做法，出台了实施细则、拆迁补偿安置办法等政策，规范了城市居民棚户区改造的建设和管理。长治市政府与各县（市、区）、独立工矿企业签订了经济适用房、廉租房和城市棚户区改造目标责任书。忻州市将廉租住房货币补贴标准由原来的每平方米 4 元提高到 6 元。临汾市组织开展了房地产市场整顿，下达整改通知和处罚决定书 140 份。阳泉市出台了《业主委员会运行暂行管理办法》，进一步规范了物业服务行为。

2. 城市规划工作。各市深入贯彻《城乡规划法》和《山西省城镇化发展纲要》，认真开展《城乡规划法》落实年活动，创新工作思路，加大工作力度。太原市以构建太原经济圈提升省会城市功能为目标修编总体规划，把城乡规划委员会作为市委、人大、政府、政协以及相关部门、社会各界共同参与城乡规划、实施科学决策的制度性保障。晋城市以城乡一体化为指导修编总体规划，实行了拟建项目规划前期综合指导制度，加强了城市规划对城市发展的调控作用。临汾市建立并完善规划技术管理规章，积极采用国内外先进技术与理念，提高汾河景区的规划设计水平。大同市围绕城市建设，强化规划编制与服务，保障了建设项目的顺利进行。运城市成立了城乡规划委员会，组建了规划局、经济开发区规划分局和空港新区规划分局，健全了规划管理机构。长治市以上党盆地 1+5 城镇群规划为发展战略，创新规划管理，成立监管队伍，开展中心城区控制性详细规划编制方法探索。阳泉市开展了城乡一体化规划编制，为促进城乡一体化发展奠定了基础。

3. 城市基础设施建设和管理工作。各市加大城市基础设施建设投资，强化城市管理，城市承载能力进一步增强，市容环境卫生明显改善。大同市、吕梁市以完善城市路网格局为重点，着力构建城市交通网络体系。临汾市实施 40 万平方米的煤气并网环境治理工程。阳泉市加强城市绿化，被省政府命名为“山西省园林城市”。晋城市建设局成立了城市建设投资公司，加大城市基础设施建设力度。太原市完成了全市 13 县（市、区）的“数字城管工程”总体设计，在 6 个城区、3 个开发区进行试点。忻州市开展了五台山核心景区整治、拆迁后的植被恢复和“一心三区”建设，五台山“申遗”工作取得阶段性进展。

4. 建筑市场管理工作。全省以建立和完善山西省建筑市场监管信息系统为切入点，完成了建筑业企业和在建工程基本信息采集，企业诚信档案初步建立。各市积极开展建筑业企业、招标代理机构动态考核，严格市场准入清出，实行差别化管理，611 家建筑业企业停业整顿，314 家企业清出市场，建筑行业结构更趋合理，建筑市场秩序更为规范。晋中市监理专户管理制度推行卓有成效，覆盖项目 153 个，统一收缴专户费用 3653 万元，保证了监理工作质量。各市继续加大工程质量监管力度，共有 16 项工程获“汾水杯”称号，43 项工程获省优良工程。未发生一次死亡 6 人以上重大事故，建筑施工百亿元产值死亡率 1.0，大大低于 6.3 的控制指标。运城、晋城、吕梁、阳泉、大同、朔州等 6 个市为 0 死亡事故。长治市积极推进政府投资工程组织实施方式改革，实行代建制的政府投资工程达到 10 项。朔州市年内国有投资工程项目全部实行工程量清单计价办法。

5. 村镇建设工作。各市小城镇和新农村规划

编制成效显著，完成了一批县域村镇体系规划和小城镇总体规划，有效推动县域经济发展。大同市所辖县域村镇体系规划和镇总体规划全部完成。阳泉市率先编制完成了《阳泉市域村庄布局规划》。吕梁市全面规范县域村镇范围内工业项目选址管理。长治等市充分挖掘村镇旅游资源，培育出一批旅游名镇名村。晋城市出台了《关于进一步推进特色城镇化建设的意见》。阳城县北留镇被住房和城乡建设部命名为"全国园林城镇"。朔州等市第一批亚行贷款小城镇建设项目顺利完成技术援助。灵石县夏门镇厦门村等6个村镇进入"中国历史文化名镇名村"名录。

6. 建筑节能工作。各市加大新建建筑节能标准实施力度，设区城市新建建筑执行节能标准比例基本达到100%。11个市全部出台《既有建筑节能改造专项实施方案》。运城市、阳泉市、朔州市、晋中市较好完成了既有建筑节能改造目标任务。太原市、长治市、吕梁市既有建筑节能改造工作起步较好。运城市、太原市、大同市、朔州市、忻州市可再生能源在新建建筑中的运用比例明显提高，共有7项列入国家第三批可再生能源建筑应用示范工程。晋城市建立了既有建筑节能项目库，新城区实现路灯数字化节能管理。长治市初步建立了市级机关办公建筑和大型公共建筑节能监测平台。

7. 公积金监管工作。各市加大归集力度，扩大贷款规模，较好完成了目标责任制任务。119个县(市、区)全部建立了住房公积金制度，全省新增公积金缴存人数14.31万人，完成目标任务的144.55%；新增归集额86.26亿元，完成目标任务的162.75%；发放个人住房贷款17.20亿元，完成目标任务的126.01%。其中，太原、阳泉、忻州、临汾、运城等市较好地完成了目标任务。各市积极开展住房公积金专项治理工作，审计报告所反映的问题基本得到整改。2008年，全省共计清理回收历史遗留的住房公积金项目贷款和挤占挪用资金5831.60万元，其中，太原市清理回收项目贷款4131万元，清收金额最多；吕梁市清理回收696万元，辖区内的项目贷款全部清理完毕；临汾市收回了侯马、洪洞、永和、蒲县4个县市的全部项目贷款和市直、霍州市的部分项目贷款共计484.6万元，清收工作力度较大。

8. 党风廉政和精神文明建设。各市全面贯彻党的十七大精神，深入学习实践科学发展观，以建立健全惩治和预防腐败体系为重点，加强党风廉政建设和政风行风建设，积极开展精神文明创建活动。运城市加强党风廉政制度建设，加大工作监督制约力度。太原市出台了《优化政务环境工作实施意见》、《基本建设联合审批平台实施意见》，办事效率和服务水平明显提高。长治市聘请100名政风行风监督员。大同市规划局修改完善了《机关工作程序手册》。临汾市开展创建文明行业活动，涌现出"全国工人先锋号"临汾公交七路班组、"全国青年文明号"临汾煤气公司女子抄表班、临汾市路灯管理所等先进行业和集体。

二、存在的主要问题

(一)保障性住房拆迁难度大，土地供应不足。房地产开发投资规模不大，房地产业发展不足，深层次的矛盾和问题需进一步研究解决。物业管理的档次和水平不高。

(二)规划实施特别是批后监管有待加强。部分城市存在随意调整规划，不严格实施规划的情况。新农村规划编制管理体制不顺。城中村违法建设行为未得到有效遏止。

(三)城镇基础设施建设投资渠道单一，投资额度相对不足，影响了各项建设的推进步伐。市政公用行业改革滞后，特许经营推进步伐缓慢。城镇供水、供气、供热、污水处理和生活垃圾处理设施建设方面，市与市之间发展不平衡，特别是城镇污水处理和生活垃圾处理设施建设方面，个别地市推进速度较为缓慢，应引起高度重视。村镇建设管理机构薄弱，特色小城镇建设资金不足。

(四)建筑市场诚信体系建设还不完善，以合同管理为核心的市场管理亟待加强，招投标秩序还需进一步规范，对市场主体尤其是业主违规行为处罚的立法建设急需加强。企业创优意识不强，"汾水杯"申报量大幅下滑。

（五）建筑节能推进步伐还需进一步加快，多数城市新的供热计量收费标准和按热计量收费政策制定工作仍然滞后，既有建筑改造推进缓慢。

（六）部分市住房公积金管理体制尚未理顺，逾期项目贷款和挤占挪用资金还没有完全清理回收，住房公积金使用效率有待进一步提高。

三、下一步工作要求

（一）认真查找差距。各市要针对2008年工作中的不足与问题，认真研究，积极整改，采取有效措施，全力做好2009年建设工作。

（二）加强组织领导。各市要把2009年目标责任制的落实工作列入重要议事日程，层层分解落实任务，明确工作责任，确保2009年目标任务的全面完成。

（三）加大督查力度。各市要定期督查责任制落实，及时发现新情况，解决新问题，总结好经验，对落实不力的单位和个人要加强督促检查，维护责任制的严肃性。

二〇〇九年二月二十日

关于印发《山西省园林城镇申报和评定办法》的通知

晋建村字[2009]167号

各市建设局（建委）：

为了进一步深化园林城镇创建活动，规范省级园林城镇申报、考评及管理工作，根据《山西省人民政府关于搞好全省六大造林绿化工程的实施意见》（晋政发[2006]5号）和《关于开展创建省级园林城镇活动的通知》（晋建村字[2008]167号），省住房和城乡建设厅对原《省级园林城镇申报办法》进行了修订，现将修订后的《山西省园林城镇申报和评定办法》印发给你们，请结合本地实际，认真贯彻执行。

二〇〇九年四月十日

山西省园林城镇申报和评定办法

为了规范省级园林城镇申报、考评及管理工作，根据《山西省人民政府关于搞好全省六大造林绿化工程的实施意见》（晋政发[2006]5号）和《关于开展创建省级园林城镇活动的通知》（晋建村字[2008]167号），特制定本办法。

一、申报范围

省级园林城镇实行申报制。除县（区）人民政府驻地镇和城市建成区内的建制镇以外，其他建制镇均可申报省级园林城镇。

二、申报条件

申报省级园林城镇的建制镇应当具备下列条件：

（一）镇人民政府已经制定创建省级园林城镇实施方案和工作计划，并实施二年以上。

（二）镇人民政府对照《山西省省级园林城镇标准（暂定）》组织自检，达到省级园林城镇标准。

三、申报资料

（一）省级园林城镇申报表。

（二）镇人民政府关于创建省级园林城镇情况的报告（约3000字），图片、音像资料（放映长度不超过15分钟）。

（三）镇建成区园林绿化建设和城镇管理达到省级园林城镇标准有关情况的说明（内容包括城镇概况、城镇建设、镇区公园建设、绿地建设及养护管理、镇容镇貌等）。

（四）已获批准的建制镇总体规划文本中园林绿化部分的复印。

以上资料需一式三份。

四、申报程序

（一）镇人民政府向所在县（市）人民政府提出申请，县（市）建设行政主管部门初审。

（二）县（市）人民政府向设区市人民政府提出

报告，设区市建设行政主管部门审核。

(三)市人民政府向省人民政府提出专题报告，同时将请示及申报资料送省建设行政主管部门。

五、考核评定

(一)省建设厅对申报城镇的资料进行审查；

(二)资料审查合格的，由专家组依据省级园林城镇标准实地考评，提出意见。

(三)根据专家组考评意见，省建设厅会同有关部门组成省级园林城镇评审委员会，进行评审。符合条件的，由省建设厅报请省人民政府批准。

(四)经省人民政府批准后，由省人民政府命名为“山西省园林城镇”，并予以公布。

六、动态管理

对已命名的“山西省园林城镇”实行动态管理，每三年复查一次，复查合格的，保留其称号。复查不合格的，给警告，并限期整改。整改不合格的，建议省人民政府撤销其“山西省园林城镇”称号。

七、其它事项

(一)评审委员会主任由省建设厅领导担任，委员会下设办公室，设在省建设厅村镇处。

(二)园林城镇评选每年开展一次，申报截至时间为每年的5月31日。

(三)获“山西省园林城镇”称号后，方可申报国家园林城镇。对符合国家园林城镇标准的，由省建设厅推荐申报国家园林城镇。

二〇〇九年四月十日

山西省建设厅　省发展和改革委员会　省经济委员会关于印发《山西省节水型城市申报与考核办法》和《山西省节水型城市考核标准》的通知

晋建城字[2009]215号

各市建设局(建委)、发展改革委、经委，大同市市政管理委员会：

为认真贯彻落实科学发展观，加快资源节约型社会的建设步伐，促进城市经济、社会和环境的协调发展，加强城市供水用水管理，根据《中华人民共和国水法》及住房和城乡建设部、国家发展改革委《关于全面开展创建节水型城市活动的通知》、《节水型城市申报与考核办法》、《节水型城市考核标准》等有关规定，结合我省实际，研究制定了《山西省节水型城市申报与考核办法》和《山西省节水型城市考核标准》，现印发给你们。各地要按照要求做好组织宣传工作，从实际出发，制定切实可行的实施方案，认真组织开展创建节水型城市活动，并做好申报工作。

二〇〇九年五月四日

山西省节水型城市申报与考核办法

为建设节约型城市，推进我省节水型城市的创建工作，根据《山西省城市供水和节约用水管理条例》及住房和城乡建设部、国家发展改革委《节水型城市申报与考核办法》、《节水型城市考核标准》的规定，结合我省实际，制订本办法。

省建设厅、省发展改革委和省经委联合成立“山西省节水型城市创建工作领导小组”，负责省级节水型城市创建活动的组织、协调、考核验收和复查工作，同时负责国家级节水型城市创建活动的初审、推荐以及复查过程中的具体工作。领导小组下设办公室，办公室设在省建设厅城市建设管理处，负责创建活动的日常组织和管理工作。

各地要加强对创建活动的组织领导，设置相应的组织机构，负责创建工作的日常管理。节水型城市实行申报制，全省设市城市、县城（以下称城市）均可申报山西省节水型城市。

一、申报条件

申报山西省节水型城市的，须按照山西省节水型城市考核标准的有关要求进行自查，自查达标后，由省水协节水工作部进行初审，初审合格后方可进行申报。

二、申报和验收时间

各地按照山西省节水型城市的标准自查合格后，于每年5月底前向省节水型城市创建工作领导小组申报。省节水型城市创建工作领导小组于每年9月组织进行考核验收和复查评审工作。

三、申报程序

各地按照山西省节水型城市考核标准进行自查，自查总分值达85分以上的城市，将申报材料和经市县人民政府批准的申报文件（一式三份），报省节水型城市创建工作领导小组。

申报国家节水型城市的，需获得省级节水型城市称号，并按国家《节水型城市申报和考核办法》和《节水型城市考核标准》执行。

四、申报材料

申报省节水型城市的材料应规范、真实、准确，并将下列材料一式三份（附电子版）按规定要求及时报送：

（一）城市人民政府或经城市人民政府批准的节水型城市申报文件。

（二）节水型城市创建工作领导小组机构和实施方案。

（三）证明达到节水型城市有关要求的各项指标汇总材料和逐项说明材料。

（四）附有计算依据的自查评分结果。

（五）节水型城市创建工作总结。

（六）节水型城市创建工作影像资料（15分钟内）。

五、考核评审程序

省节水型城市创建工作领导小组组织有关专家，进行省节水型城市的考核工作。接受检查考核的城市要实事求是准备考核资料，不得弄虚作假，经查实有弄虚作假行为的，取消其申报资格，两年内不得再行申报，要严格按照有关廉政规定接待考核组。具体考核程序为：

（一）审查申报材料，在基本达到考核标准后，再到现场进行实地考核。

（二）现场听取申报城市的创建工作汇报。

（三）查阅申报材料及有关的原始资料。

（四）现场随机抽查节水型企业、单位和生活小区的节水措施落实情况，以及节水器具的安装使用情况（抽查企业、单位、生活小区各不少于3个）。

（五）考核组成员提出独立的考核意见和评分结果。

（六）考核组汇总意见和评分结果，经集体讨论，形成考核意见。

（七）向申报城市通报考核意见。

（八）考核情况报省节水型城市创建工作领导小组。

六、考核管理

节水型城市考核验收和复查的日常工作由省节水型城市创建工作领导小组负责。考核评议总分达到85分以上，通过省节水型城市创建工作领导小组考核验收的城市，由省建设厅、省发展改革委和省经委联合命名为“山西省节水型城市”，颁发证书和奖牌，并向住房和城乡建设部、国家发展改革委推荐申报国家级节水型城市，获得省级节水型城市的城市优先申报省级宜居城市和省级园林城市。

七、复查管理

已经获得山西省节水型城市称号的城市，每两年进行一次复查。凡达到复查年限的城市，需按规定上报被命名为山西省节水型城市以后的节水工作总结，以及表明达到节水型城市有关要求的各项汇总材料和逐项说明材料，附有计算依据的自查评分结果。具体复查程序如下：

（一）节水型城市进行自查，提出复查意见，并连同节水型城市自查资料上报省节水型城市创建工作领导小组审查。

（二）省节水型城市创建工作领导小组对于复查不符合节水型城市条件的城市，给予警告，并要求限期整改；整改后仍不合格的，撤消“山西省节水型城市”称号。

（三）对不按期申报复查的城市，撤消“山西省节水型城市”称号。

本申报考核办法由省建设厅、省发展改革委和省经委负责解释。

山西省节水型城市考核标准

一、基本条件

节水型城市考核范围为市区；节水型城市必须具备下列基本条件，其中任何一条达不到要求，均不得申报。

（一）节水规章制度健全。制定出台同级人大或政府关于城市供水、节水、地下水管理方面的法规、规章或规范性文件；具有健全的节水管理制度和节水奖惩制度。

（二）节水管理机构健全。根据编委文件成立专门的城市节水管理机构，有明确的管理职责，并依法对用水单位进行全面的节水检查、指导和管理，有效组织节水科学研究、节水技术推广。

（三）重视城市节水投入。具有规范的城市节水专项财政投入制度，并重视城市节水工作的投入。

（四）建立节水统计制度。建立科学合理的节水指标体系，实行规范的节水统计制度，定期报告本市节水统计报表。

（五）广泛开展节水宣传。利用全国城市节水宣传周、世界水日、中国水周、世界环境日等开展定期及日常节水宣传活动。

（六）全面开展创建活动。在全市开展节水型企业、节水型单位等有关创建活动。

二、基础管理指标

（七）城市节水规划。有经同级政府或上级建设行政主管部门批准的城市节水规划，其中包括非常规水资源利用内容。

（八）地下水管理。地下水必须实行有计划地开采，公共供水服务范围内凡能满足用水需要的，不得新增自备井供水设施，有逐步关闭公共供水范围内自备井的计划。

（九）节水“三同时”管理。新建、改建、扩建的工程项目，必须配套建设节水设施，并与主体工程同时设计、同时施工、同时投产使用。

（十）计划用水与定额管理。在建立科学合理用水定额的基础上，对非居民用水单位实行定额计划用水管理，超定额计划累进加价。

（十一）用水价格管理。取用地表水和地下水，均应征收污水处理费；污水处理费征收要达到政府规定标准和征收率，制定出台关于再生水利用的指导意见和再生水价格标准，并且已经组织实施。

三、技术考核指标

（十二）万元地区生产总值（GDP）取水量（单位：立方米/万元）。统计范围为市区，采用最近两年的数据，低于全省平均值50%或年降低率≥5%。

（十三）万元工业增加值取水量（单位：立方米/万元）。统计范围为市区工业企业，采用最近两年的数据，低于全省平均值50%或年降低率≥5%。

（十四）工业取水量指标。统计范围为市区，要达到国家颁布的GB/T18916定额系列标准。即：GB/T18916.1—2002、GB/T18916.2—2002、GB/T18916.3—2002、GB/T18916.4—2002、GB/T18916.5—2002、GB/T18916.6—2004、GB/T18916.7—2004等。

（十五）工业用水重复利用率。统计范围为市区工业企业，工业用水重复利用率≥75%（不含电厂）。

（十六）节水型企业（单位）覆盖率。统计范围为市区，节水型企业（单位）覆盖率≥15%。

（十七）城市供水管网漏损率。考核范围为城市公共供水企业，城市供水管网漏损率低于《城市供水管网漏损控制及评定标准》（CJJ92—2002）规定的修正值指标。

（十八）城市居民生活用水量（单位：升/人·日）。考核范围为城市建成区，城市居民生活用水量不高于《城市居民生活用水量标准》（GB/T50331—2002）规定的指标。

（十九）节水器具普及率。考核范围为建成区，节水器具普及率达100%。

（二十）城市再生水利用率。考核范围为市区，城市再生水利用率≥20%。

（二十一）城市污水处理率。考核范围为市区，污水处理率为地级市≥80%、县级市≥60%。

（二十二）工业废水排放达标率。考核范围为市区，工业废水排放达标率达100%。

四、鼓励性指标

（二十三）居民用水实行阶梯水价。居民阶梯水价指居民用水在一定标准基础上，按不同梯次制定的不同用水价格。

（二十四）节水型园林的开展情况。考核包括城市绿地系统总体规划中的园林水系规划、植物物种配置、节水型灌溉方式以及非常规水利用等方面的开展情况。

（二十五）节水专项资金投入。节水专项资金投入占财政支出的比例≥1‰。

五、名词解释

（一）市区，是指城市本级行政管辖的地域，不包括市辖县和市辖市。

（二）建成区，指城市行政区内实际已成片开发建设、市政公用设施和公共设施基本具备的区域。

（三）城市人口，以《中国城市建设统计年报》中的人口统计口径为准。

（四）万元地区生产总值（GDP）取水量，是指年取水量与年地区生产总值（GDP）的比值。

（五）万元工业增加值取水量，是指年工业取水量与年工业增加值的比值。

（六）工业用水重复利用率，是指在一定的计量时间（年）内，生产过程中使用的重复利用水量与总用水量的比值。

（七）节水型企业（单位）覆盖率，是指市级及以上节水型企业（单位）年取水量之和与非居民取水量的比值。

（八）城市供水管网漏损率，是指城市供水总量和有效供水总量之差与供水总量的比值，

（九）城市供水，是指城市供水企业以公共供水管道及其附属设施向单位和居民生活、生产和其他各项建筑提供用水。

（十）有效供水量，是指水厂将水供出厂外后，各类用户实际使用到的水量。包括售水量和免费供水量。售水量指收费供应的水量。免费供水量指无偿供应的水量。

（十一）节水器具普及率，是指在用用水器具中节水型器具数量与在用用水器具的比率。公共场所用水必须使用节水型用水器具，居民家庭应当使用采取节水措施的用水器具。

（十二）城市再生水利用率，是指城市污水再生利用量与污水排放量的比率，城市污水再生利用量包括达到相应水质标准的污水处理厂再生水和建筑中水，包括用于农业灌溉、绿地浇灌、工业冷却、景观环境和城市杂用（洗涤、冲渣和生活冲厕、洗车等）等方面的水量。不包括工业企业内部的回用水。

（十三）城市污水处理率，是指达到规定排放标准的城市污水处理量与城市污水排放总量的比率。污水处理量包括城市污水集中处理厂和污水处理设施处理的污水量之和。污水排放总量指生活污水、工业废水的排放总量，包括从排水管道和排水沟（渠）排出的污水总量。

（十四）工业废水排放达标率，是指工业废水处理达到排放标准的水量与工业废水总量的比率。

（十五）节水型园林，是指针对水资源短缺的现状，合理地开发和利用现有的水资源，改变原有的园林发展模式而开展的活动，包括城市绿地系统总体规划中的园林水系规划、植物物种配置、节水型灌溉方式以及非常规水利用等方面。

（十六）节水专项资金投入，包括节水管理机构工作经费、节水宣传、节水奖励、节水科研、节水技术改造和节水技术推广、再生水利用设施建设和公共节水设施建设（不含城市供水管网改造）等的投入。

附表：节水型城市考核标准评分表

节水型城市考核标准评分表

表一

分类	序号	指标	考核内容(指标标准)	评分标准	分数
基础管理指标	1	城市节水规划	有经政府或上级政府主管部门批准的城市节水中长期规划,节水规划包括非传统水资源利用内容。	有城市节水中长期规划,得4分。 节水中长期规划中有非传统水资源利用规划,得4分	8
	2	城市节水机构	由城市建设行政主管部门负责城市节水和城市地下水开发、利用和保护管理工作,市、区(县)、局(总公司)及用水单位都有专门机构或专人负责。	市编委有编制和管理职责文件,并已落实和正常开展工作得1分; 主管部门设立有专门账户及收支两条线,得1分; 有健全的三级管理网,得1分; 有负责城市节水和地下水管理工作机构,领导、编制、经费落实,得1分。	4
	3	地下水管理	地下水必须实行有计划的开采;公共供水服务范围内凡满足供水需要的,不得新增自备井供水,有逐步关闭公共供水范围内自备井的计划。	地下水实行计划开采,得2分。 自备井审批、验收等手续齐全,得1分。 公共供水服务范围内逐渐关闭自备井,得2分。 有逐步关闭自备井的计划,得2分。	7
	4	节水“三同时”制度	新建、改建、扩建工程项目,节水设施必须与主体工程同时设计、同时施工、同时投产使用。	有市有关部门联合下发的对新建、改建、扩建工程项目节水设施“三同时”管理的文件,得4分。 查最近两年资料,有市有关部门节水设施项目审核、竣工验收资料得3分。	7
	5	计划用水定额管理	在建立科学合理用水定额的基础上,非居民用水实行定额计划用水管理,超定额计划累进加价。	非居民用水全面实行定额计划用水管理,得3分。 有当地主要工业行业和公共用水定额标准,得3分。 实行超定额计划累进加价,得1分。	7

节水型城市考核标准评分表

表二

分类	序号	指标	考核内容(指标标准)	评分标准	分数
基础管理指标	6	价格管理	取用地表水和地下水,均应征收污水处理费;污水处理费征收标准足以补偿运行成本,并建立良性运行机制;有政府关于再生水价格的指导意见或再生水价格标准,并实际应用。	依据最近两年的资料全面征收水资源费得3分,未全面征收扣2分。 依据最近两年的资料全面征收污水处理费的,得3分;未全面征收扣2分;收费标准不足以补偿运行成本的,扣1分。 有再生水价格指导意见或再生水价格标准并应用,得1分。	7
技术考核指标	7	万元地区生产总值取水量(立方米/万元)	低于全省平均值50%或年降低率≥5%。	依据最近两年的资料,低于标准的不得分。	6
	8	万元工业增加值取水量(立方米/万元)	低于全省平均值50%或年降低率≥5%。	依据最近两年的资料,低于标准的不得分。	5
	9	工业取水量指标	按GB/T18916定额系列标准:GB/T18916.1—2002、GB/T18916.2—2002、GB/T18916.3—2002、GB/T18916.4—2002、GB/T18916.5—2002、GB/T18916.6—2004、GB/T18916.7—2004等	查看最近连续两年资料,每种指标超过10%扣1分,本项指标分数扣完为止。	5
	10	工业用水重复利用率	≥75%(不含电厂)	查看最近连续两年资料,每低5%扣1分。	5
	11	节水型企业(单位)覆盖率	≥15%	查看上一年资料。达到5%得1分;达到10%得2分;达到15%以上得3分。	3
	12	城市供水管网漏损率	低于CJJ92—2002《城市供水管网漏损控制及评定标准》的指标。	查看最近连续两年资料,达到标准6分,每降低1%加2分,降低2%以上加4分。高于标准不得分。	10

节水型城市考核标准评分表

表三

分类	序号	指标	考核内容(指标标准)	评分标准	分数
技术考核指标	13	城市居民生活用水量(升/人.日)	不高于 GB/T50331—2002《城市居民生活用水量标准》的指标。	超过 GB/T50331—2002《城市居民生活用水量标准》的不得分。	5
	14	节水器具普及率	100%	以现场抽查为评分依据: 1、使用淘汰的用水器具不得分。 2、节水器具普及率,每低 3% 扣 1 分,本项指标分数扣完为止。	6
	15	城市再生水利用率	≥20%	查看最近连续两年资料,每低 2%,扣 1 分,本项指标分数扣完为止。	5
	16	城市污水处理率	地级市≥80%、县级市≥60%	查看最近连续两年资料,每低 5% 扣 1 分,本项指标分数扣完为止。	5
	17	工业废水排放达标率	100%	查看最近连续两年资料,每低 1% 扣 1 分,本项指标分数扣完为止。	5
	18	居民用水实行阶梯水价	有按不同梯次制定的不同用水价格。	查看物价主管部门的批准文件和实际执行的资料。	1
鼓励性指标	19	节水型园林的开展情况	城市绿地系统总体规划中的园林水系规划。	查看相关规划。	1
			植物物种配置。	现场抽查。	1
			节水型灌溉方式。	现场抽查。	1
			非常规水资源利用率≥5%。	查看相关工程的竣工报告及数据。	1
	20	节水专项资金投入占财政支出的比例	≥1‰	查看财政部门或节水管理部门的年度报告。	1

注:基础管理指标 40 分,技术考核指标 60 分,鼓励性指标 6 分,总计 106 分。

关于印发《进一步加强全省住房城乡建设系统落实中央和省扩大内需促进经济增长政策监督检查工作的意见》的通知

晋建监字[2009]222号

各市建设局(建委)、规划局、房地局、市政局、园林局、环卫局、执法局,厅机关各处室、直属各单位:

现将《关于进一步加强全省住房城乡建设系统落实中央和省扩大内需促进经济增长政策监督检查工作的意见》印发给你们,请结合实际认真贯彻执行。有关情况和建议,请及时报省建设厅纪检监察室。

二〇〇九年五月八日

关于进一步加强全省住房城乡建设系统落实中央和省扩大内需促进经济增长政策监督检查工作的意见

为了保障中央和省扩大内需、促进经济增长重大决策部署的贯彻落实,实现山西省转型发展、安全发展、和谐发展,各市建设主管部门,一定要按照中央和省委的要求,认真履行职责,加大工作力度,切实把监督检查工作贯穿到落实扩大内需、促进经济增长政策措施工作的各个环节,确保建设资金安全、透明、高效管理和使用。为此,提出以下意见:

一、进一步提高对中央和省扩大内需促进经济增长政策落实监督检查工作的认识

党中央、国务院和省委、省政府为有效应对国际金融危机对经济发展带来的不利影响,及时采取一系列扩大内需、促进经济平稳较快增长的政策措施,并且高度重视确保扩大内需、促进经济增长政策落实和管好用好建设资金。实施好中央和省新增投资项目,确保新增投资尽早落到实处,尽快发挥效益,是保增长、扩内需的重要举措,是改善民生的重要保障,更是各级建设行政主管部门义不容辞的责任。各市建设行政主管部门一定要从深入学习实践科学发展观的高度,严格按照中央和省里的要求,加大工作力度,强化责任落实,加强对中央和省扩大内需促进经济增长新增项目的管理和监督检查,确保建设资金安全、透明、高效管理和使用,确保新增项目的顺利实施。

二、强化项目管理,加快新增投资项目建设

山西省建设系统落实中央和省扩大内需促进经济增长新增投资主要包括新建廉租住房、煤矿棚户区改造、城镇生活污水垃圾处理设施建设和扩大农村危房改造(解决农村困难群众住房问题)等项目。项目所在市县城乡规划主管部门要积极做好服务工作,提高办事效率,为项目建设创造条件;建设行政主管部门和项目建设单位,要建立健全项目工作推进机制,科学组织,落实资金,加强调度,加快项目实施进度,尽快形成实物工作量。要严格执行投资项目的有关标准,严格控制廉租住房套型建筑面积;城镇生活污水处理项目要按照“厂网并举、管网先行”的建设原则,防范可能出现的规模过大、管网不配套、污滤处置不落实等问题。新建廉租住房、煤矿棚户区改造、城镇生活污水垃圾处理设施建设等投资项目要落实项目法人责任制、招标投标制、工程监理制、合同管理制,加强对项目建设进度、资金投入等情况的动态监管,强化施工图设计文件审查、竣工验收备案工作;加强对工程建设单位资质以及工程建设质量、安全、工期、功能等方面的监督执法检查,严把工程勘察、设计、施工、招标采购、监理、竣工验收等环节，确保工程质量和安全。

三、加强监督检查，严明纪律要求

根据项目进展情况，省建设厅扩大内需促进经济增长政策落实检查工作领导小组，将不定期组织开展专项稽查和督查，重点围绕中央政策措施是否落实到位、项目建设是否符合中央规定的投向、工程建设是否依法合规进行、资金管理使用是否规范合理有效、工程建设是否安全合格等 5 个方面开展监督检查。要严格执行财务管理制度，加强资金管理，做到专户储存、分账核算、专款专用。要把开展监督检查与严格执行领导干部廉洁自律有关规定结合起来，紧紧抓住工程建设招标投标、物资采购和资金管理使用等关键环节，从严查处在项目实施和资金分配使用中弄虚作假、索贿受贿、贪污私分、截留克扣、挪用挤占等违纪违法行为。

四、加强组织领导、认真履行职责

为加强对中央和省扩大内需促进经济增长重大决策部署落实情况监督检查工作的组织领导，省建设厅成立了扩大内需促进经济增长政策落实监督检查工作领导小组。厅党组成员、纪检组长郝耀平同志任组长，领导小组成员由有关处室和单位的负责同志组成，领导小组办公室设在驻厅监察室。领导小组负责对建设系统落实中央和省扩大内需促进经济增长政策措施监督检查工作的组织协调和指导工作，针对突出问题组织开展监督检查和调查研究，提出有效对策措施和工作建议。

各市建设主管部门要在地方党委、政府的领导下，统筹协调，建立健全相应的监督检查领导机构和工作机制，认真履行监管职责，确保建设项目和建设资金高效、安全、廉洁，为中央和省扩大内需促进经济平稳较快增长作出贡献。

附：

省建设厅扩大内需促进经济增长政策落实监督检查工作领导小组成员名单

省建设厅扩大内需促进经济增长政策落实监督检查工作领导小组成员名单

组　长：郝耀平　省建设厅党组成员、纪检组长
成　员：成　宏　省建设厅计财处处长
　　　　郭廷儒　省建设厅规划处处长
　　　　张　海　省建设厅城建处处长
　　　　薛明耀　省建设厅村镇处处长
　　　　冯占雄　省建设厅房地产处处长
　　　　郝增元　省建设厅科技处处长
　　　　梁建民　省质监总站站长
　　　　刘跃生　省稽查办公室主任
　　　　刘铁锁　省建设厅纪检组副组长、监察室主任

办公室主任：刘铁锁(兼)

关于印发《山西省城市公园建设与管理指导标准》的通知

晋建城字[2009]277 号

各市建设局(建委)、园林局：

为提高山西省城市公园的建设与管理水平，指导公园建设，规范公园管理，省住房和城乡建设厅组织专家根据国家有关规范标准，结合本省实际，研究制定《山西省城市公园建设与管理指导标准》，现印发给你们，请各地按照省建设厅和省发改委联合下发的《关于加快推进城市公园建设的意见》(晋建城字[2009]199 号)文件精神，结合本地实际情况，在城市公园的建设与管理中，参照执行。

二〇〇九年六月八日

山西省城市公园建设与管理指导标准

为搞好园林城市建设，提升城市功能和环境质量，引导各市、县结合实际，推进城市公园建设，提高公园养护与管理水平，制定本标准。

一、城市公园的分类

1. 综合公园

城市综合公园除适合公众开展各类户外活动的绿地、水面外，还应包括文化娱乐设施、儿童游戏场所和健身休憩区域，也可设游戏型体育设施。公园面积不小于5km^2，分为全市综合公园和区域综合公园。主要是为全市或某个片区的居民开展各类户外活动提供服务场所。

2. 社区公园

为城市一定居住用地范围内的居民服务，而配套建设具有一定活动内容和设施的公园绿地，但不包括居住组团绿地。公园面积不小于0.5hm^2，分为居住区公园、居住小区游园、街头游园等。主要是为社区居民提供邻里交往、休息观赏的空间和儿童游戏、老人活动的场地。

3. 带状公园

沿城市道路、城墙、水滨等，建设的宽度在8m以上，有一定游憩设施的狭长形绿地；应具有隔离与装饰街道、美化景观和供游人短暂休憩的作用；园内应设置简单的休憩设施，植物配置应考虑与城市环境的关系、公园外貌的观赏效果。

4. 专类公园

城市具有特定内容或形式，有一定游憩设施的绿地。专类公园包括：儿童公园、动物园、植物园、盆景园、其它专类公园等。

5. 郊野公园

在城市周边，紧邻城市，但不在城市用地范围之内，而为城市居民提供服务。既能为城居市民提供到郊野康乐、游憩和教育设施，又能保护城市生态自然环境。公园面积不小于10hm^2。

二、公园的用地指标

1. 综合公园用地指标

综合公园绿化用地不小于70%，公用建筑与活动场所用地不大于10%，管理建筑用地不大于3%，公园道路用地在8～18%之间，其它用地不大于1%。

2. 社区公园用地指标

社区公园绿化用地不小于65%，公用建筑与活动场所用地不大于18%，公园道路用地在10～17%之间，管理建筑用地不大于1%。

3. 带状公园用地指标

带状公园绿化用地不小于65%，公用建筑与活动场所用地不大于10%，管理建筑用地不大于1%，公园道路用地在15～25%之间。

4. 郊野公园用地指标

郊野公园绿化用地不小于80%，管理建筑用地不大于1%，游憩和健身活动场所用地不大于4%，公园道路用地在8～16%之间。

三、公园的种植要求

1. 城市公园种植的一般规定

（1）公园种植的一般规定。城市公园种植尽量采用和保留原有植物，慎重选择景观树种与外来树种，合理配置当地树种与乡土树种，营造具有当地地方特色的园林艺术。要控制大面积种植养护成本高、生态效果差的冷季型草坪。

（2）公园树种比例的要求。乡土树种的种植比例不小手70%，外来树种的种植比例不大于30%；常绿植物控制在30%左右。

（3）乔灌草种植比例要求。乔灌草的种植比例一般控制在5～7:3～2:2～1之间。

2. 不同功能空间的种植要求

（1）广场的种植要求：

A、宜选用高大乔木，枝下净空不低于2.2米；

B、夏季乔木庇荫面积不小于活动范围的50%；

C、严禁选用危及游人生命安全的有毒植物；

D、不宜选用在游人正常活动范围内枝叶有硬刺或枝叶形状呈尖硬剑、刺状以及有浆果或分泌物坠地的种类；

E、不宜选用挥发物或花粉能引起明显过敏反应的植物种类；

F、应考虑交通安全视距和人流通行，场地内树木枝下净空不小于2.2米。

(2)停车场的种植要求：

停车场庇荫乔木枝下净空标准：大、中型汽车停车场不小于4.0米，小汽车停车场不小于2.5米，自行车停车场不小于2.2米。

(3)园林两侧种植要求：

A、通行机动车辆的园路，车辆通行范围内不得有低于4.0米高度的枝条；

B、方便残疾人使用的园路边缘种植应符合以下规定：不宜选用硬质叶片的丛生型植物，路面范围内乔、灌木枝下净空不得低于2.2米，乔木种植点距路缘不小于0.5米。

四、公园的设施要求

1. 公园常规设施的要求

(1)公园内不得修建与其性质无关单纯以营利为目的的餐厅、商店、旅馆和娱乐等建筑。公园中方便游人使用的餐厅、小卖店等服务设施的规模应与游人容量相适应。

(2)公园的休憩设施应合理布局，其数量应按游人容量的20~30%设置。

(3)公园厕所应按城市公共厕所的二类以上的标准进行建设，面积大于$10hm^2$的公园，应按游人容量的2%设置厕所蹲位；小于$10hm^2$的公园，应按游人容量的1.5%设置；厕所男女蹲位比例为1∶1~1.5，其服务半径不大于250米，还应设置专门为残疾人服务的设施。

(4)公园的园路桥梁、活动所场、出人口处、观赏景点、服务建筑周围应设照明设施。

(5)公园的果皮箱、园灯、园椅等设施的数量应按公园设计规范设置。

(6)餐厅、茶座、咖啡厅、小卖部、照相服务部等商业服务设施应当统一规划，控制规模，合理布局，并应按批准的公园设计方案设置。

2. 公园选设设施的要求

(1)公园应设设施的要求。公园应当设置园椅、厕所、园灯、果皮箱、路标、导游牌、警示牌、管理用房、公用电话、广播室等设施，在公园出入口处还应设自行车、机动车停车场，其面积应按公园面积比例计算。

(2)公园可设设施的要求。公园还可根据需要设置亭、廊、茶座、咖啡厅、餐厅、变电室、泵房和生产温室荫棚等设施。

五、公园的管理标准

1. 绿化景观的管理标准

(1)绿化景观不仅要按照公园总体规划和植物种植设计的要求进行种植，还要按照各类植物的特点和习性进行养护和管理，使公园绿化景观达到和保持最佳状态。

(2)公园的树木成活率和保存率力争达到98%以上。

(3)公园的乔、灌、花卉、藤本、地被、草坪等园林植物和古树名木的养护管理标准如下：

A、乔木、灌木要做到生长健壮，树冠完整，开花整齐，长势良好，没有枯枝，无病虫害，残缺老化应及时更新和更换。

B、花卉要做到生长健壮，花型正、花色艳、花期长，无病虫害。

C、藤本要保持良好的株型姿态，不乱牵乱爬，无枯枝败叶。

D、竹类要保持生长旺盛，自然美观，无倒伏，无枯萎，及时疏伐和清除老竹。

E、草坪要适时浇水、施肥和修剪，具体要求：每年的“开春水”和“冻水”要浇足浇透，无雨季节每周可浇水2~3次，每年至少要在5~6月之间追肥一次，修剪草坪高度为6~8厘米，修剪后留草高度2~3厘米，草坪在使用一年后；要用打孔机在草坪上扎洞眼。

F、绿篱要常年保持整齐、美观，修剪达到设计高度，无枯枝、无缺株、无脱角，长势良好。

(4)公园内景区、景点和主要植物及具有一定历史纪念意义的景观，需设置名称、种类、习性等简要知识介绍牌，古树、名木、盆景等进行重点保护，并制定特殊的养护技术措施。

(5)公园内进行生物防治，定期喷药消毒，防止病虫害蔓延。

2. 基础设施的管理标准(1)园林建筑(包括亭、台、楼、阁、廊、轩、馆、大门、围墙、门窗等)保持外观完好,整洁美观;出现残损及时修复或处理。书画、匾额、楹联、雕刻等艺术品,以及有历史价值的文物古迹要登记造册,不得遗失损坏:

(2)园内警示牌、导引牌、公园简介、游园须知、动植物介绍牌、宣传牌等,要制作规范、整洁美观。

(3)园内道路、平台、步级、路沿、护栏等要平整完好,损坏及时修补,无道路坑洼、步级缺损、护栏倒伏等现象。

(4)园内水电设施、管线铺设符合水电技术安全规范,并及时维护、保持正常运营。

(5)园内公共厕所位置合理,造型、色彩与环境协调。有引导标识、无障碍设施,冲水、通风设备完好,化粪池密封,并设排气管,符合技术规范。

(6)园内公共信息图形符号制作规范,位置醒目,整洁完好。

(7)园椅、园灯、垃圾箱、宣传栏和室内装饰物品等完好无损,功能齐全,外观整洁;

3. 经营服务的管理标准

(1)园内服务设施、服务项目的设置,要服从园内总体规划,遵守国家法律、法规,遵守职业道德,服从工商、环卫、物价、卫生、质监等主管部门的监督管理,接受社会和游客的监督。

(2)园内游乐设施要有严格的管理制度,定期检修保养,操作人员要持证上岗;每台机械要设立技术档案,有应急预案,确保设施安全运营。

(3)园内在组织形式多样、健康文明的展览或大型公共活动时,要有详细的活动方案和应急预案,并经有关行政主管部门的批准,并在活动结束后的一周内恢复原貌。

(4)园内设有提供咨询,受理投诉的人员、电话或信箱,对游客投诉处理要及时、妥善,并有完整的记录档案。

4. 园容卫生的管理标准

(1)园容环境要卫生、整洁、美观,设施放置有序,游客区域保持整洁美观。

(2)园内厕所便池清洁,无污垢、无堵塞、无异味,地面干净。

(3)园内湖、池水面清洁,无漂浮物,无异味,无蚊蝇孳生,无各类污水、废水排放到公园内的湖、池、溪、河等水域内,湖水水质达到国家景观水的标准,喷水池、叠泉循环水装置保持完好,定时开放。

(4)园内垃圾箱造型美观,外观洁净,周围无散弃垃圾。园内施工围挡作业,竣工后及时清场,恢复原貌。

(5)园内雕塑、花架、喷泉、垒石、汀步、栏杆、景门、景墙等设施定期清洗、维修和检查,保持使用功能完好,清洁美观。

二〇〇九年六月八日

关于进一步加强全省建设工程质量监督管理工作的通知

晋建建字[2009]304号

各市建设局(建委):

今年是我国工程质量监督管理制度实施25周年。25年来,全省各级建设主管部门认真贯彻落实有关建设工程质量法律法规,格执行工程建设强制性标准,强化对工程参建各方主体质量行为和实体质量的监督检查,全省工程质量处于良好受控状态。为认真总结质量监督管理工作经验,扎实做好住宅工程、建筑节能质量监管,切实保障质量监督管理工作稳定运行，根据住房和城乡建设部《关于进一步加强建筑工程质量监督管理的通知》（建质［2009］55号）精神，现就加强山西省建筑工程质量工作通知如下：

一、认真总结工程质量监督管理工作经验

25年的实践证明，建立实施工程质量监督管理制度对保障工程质量安全、保障社会公众利益发挥了不可替代的作用。为总结经验，表彰先进，住房和城乡建设部拟于今年9月份召开全国工程质量监督工作会议暨质量监督工作25周年总结表彰大会，11月份举办第三届中国建设工程质量论坛。省住房和城乡建设厅将以此为契机，开展系列总结、表彰活动。一是召开全省质量监督工作会议，总结全省工程质量监督制度实施25年来取得的成绩，表彰一批先进工程质量监督机构和工作者，研究和部署今后一段时期工程质量监督工作；二是以当前质量监督管理热点、焦点为主题，开展优秀工程质量监督论文征集活动，促进和深化各地质量管理工作的交流与合作，推动全省工程质量管理的理论创新与技术发展；三是开展创优先进企业评选活动，大力宣传建设工程质量管理工作的典型经验和先进事迹，搭建地区之间、企业之间交流对话平台，营造全社会重视工程质量的良好氛围。相关活动安排另行发文。全省各级建设主管部门要组织相关单位，认真总结工程质量监督制度实施25年来的经验与做法，客观分析当前工作面临的困难和问题，研究制定下一步工作措施和办法，促进工程质量不断提升。

二、扎实做好今年的质量监管工作

（一）加大重点项目监督服务力度。按照国家和省关于进一步扩大内需、促进经济增长的总体部署，全省先后开工建设一大批污水处理、垃圾处理等市政基础设施和保障性住房等重点建设项目（以下统称重点项目）。这些重点项目建设直接关系国家大政方针的落实、直接关系山西省经济社会的发展和广大人民群众的切身利益。各级建设主管部门要迅速将思想认识统一到中央和省委、省政府的决策上来，严格按照省住房和城乡建设厅相关文件精神，积极做好重点项目监督服务工作。一方面，对技术要求高、施工难度的项目，严格管理程序，加强技术指导和培训，确保工程质量安全和投资效益；另一方面，针对保障性住房建设任务重、工期紧的特点，深入开展住宅工程质量通病治理活动，督促建设、施工、监理单位加强过程控制，切实履行质量职责，强化验收环节监督管理，确保其结构安全和使用功能。在具体工作中，各级建设主管部门及所属监督机构要以大局为重，在重点项目设计审查、质量监督和备案管理等方面切实提供优质服务，在法律法规允许范围内，优化办事程序，超前服务，主动服务，促进重点项目顺利实施。

（二）认真开展工程质量监督检查。住房和城乡建设部将于8～9月份开展全国工程质量监督执法检查。对此，省住房和城乡建设厅已做出相关安排。各级建设主管部门要按照省住房和城乡建设厅统一部署，认真做好工程质量监督检查的组织实施工作，在组织企业自查的基础上，通过随机抽查、巡查等方式加强监督检查，对查出的质量问题和隐患，及时督促整改，对检查中发现的违法违规行为，依法进行处罚。要通过检查，对本地区建设工程质量总体情况进行认真分析，找准问题，特别要针对重点项目，查找其质量管理中存在的问题并提出相应的整治措施。

（三）加快推行住宅工程质量分户验收。实施住宅工程质量分户验收制度，提高住宅工程质量管理水平，是建设系统落实“保民生、保稳定”的重要切入点。2009年，全省住宅工程分户验收覆盖率要达到90%以上。各级建设主管部门及所属监督机构要加强对分户验收工作的监督与指导，全面推行分户验收工作，要通过多种形式广泛宣传，强化参建各方的分户验收意识，落实分户验收责任制，严格执行分户验收程序和标准。如发现在分户验收过程中有弄虚作假、降低质量标准的，要依法严厉查处。针对分户验收工作中出现的新情况、新问题，省住房和城乡建设厅将进行调查研究，不断总结经验，完善相关办法，指导各地有效开展分户验收工作。同时，省住房和城乡建设厅将结合2009年工程质量巡查工作开展分户验收专项抽查，对分户验收工作开展不力、效果不佳的地区进行通报，对弄虚作假的责任单位和责任人予以严肃处理，确保分户验收不流于形式、不走过场。

（四）严格实施建筑节能质量监督。建筑节能检测能力滞后和不严格执行施工图设计文件及建筑节能相关规范、标准，是当前全省建筑节能质量监督管理工作存在的突出问题。各级建设主管部门及所属监督机构要以高度的责任感和紧迫感，狠抓建筑节能监督管理工作的落实。

三、切实加强质量监督管理工作的领导

随着山西省城镇化建设持续快速推进，以及"促增长、保民生、保稳定"项目的相继实施，全省工程建设步入高速度、大规模、跨越式发展的新时期，各级工程质量监督机构所担负的任务日益繁重、使命更加光荣。当前由于建设工程质量监督费停止征收后一些地方的工作没有及时跟上，出现了部分监督机构面临经费困难，部分机构甚至出现人员工资无着落、技术人才流失的情况。这种严峻的形势已经危及到工程质量监督管理这一法定制度的有效实施，必须引起全省各级建设主管部门的高度重视。

各级建设主管部门要从贯彻落实科学发展观的高度，切实加强对工程质量监督管理工作的组织领导，积极争取当地党委、政府的支持，严格按照国家财政部、发改委《关于公布取消和停止征收100项行政事业性收费项目的通知》（财综［2008］78号）要求，全力争取地方财政对工程质量监督工作的经费保障，同时积极与当地人事、编制部门联系，抓住2009年地方政府机构改革和事业单位改革的契机，进一步明确监督机构的职责和定位，确保监督队伍稳定，确保质量监督工作正常运行，确保建设工程质量不滑坡。

各级建设主管部门要把进一步加强建设工程质量监督管理工作与开展"质量和安全年"活动相结合，与2009年质量工作部署相结合，与日常管理工作相结合，完善规章制度，建立健全长效机制，推动山西省工程质量监督管理工作再上新台阶。

二〇〇九年六月二十四日

关于促进物业服务业持续健康发展的意见

晋建房字［2009］382号

各市建设局（建委）、房地产管理局：

规范发展物业服务，是深入贯彻落实科学发展观、推进"三个发展"、促进"三保"的重要内容。各级建设、房地产主管部门要把规范物业服务行为，提升物业服务水平，促进社会和谐，作为房地产市场监管的重要方面，加快物业服务市场化进程，进一步健全和完善经营服务机制，促进物业服务行业持续健康发展。

一、发展物业服务业的基本原则

物业服务业发展要坚持示范引导与机制创新相结合，专业化管理与自我管理相结合，行业管理与街道社区协管相结合的原则，努力拓宽物业管理领域，扩大物业覆盖面，提高物业管理的服务质量和水平。

二、物业服务业的发展目标

——新建住宅小区要全面推行前期物业管理，前期物业服务覆盖率要达到100%。到2015年，全省物业服务覆盖率达到50%。

——市、县（市、区）房地产行政主管部门全部建立物业管理区域档案。到2015年，物业服务小区建立业主委员会的比例不低于70%。

——2015年，物业服务企业经理和部门经理持证上岗率达到100%；从业人员持证上岗率达到

80%。

——每年创建1~2个国家物业管理示范项目，创建5~10个省级物业管理示范项目。

——物业服务项目招标投标率达到100%。

三、制定和完善物业服务业发展的措施

（一）增强物业服务企业的服务意识

各级房地产行政主管部门要引导物业服务企业找准市场定位，转变管理者的角色，强化服务意识，尊重、关爱业主. 在服务中做到不越位、不错位。指导物业企业参照行业标准制订严格的企业服务标准，使之程序化和制度化，在提供服务过程中，注意拓宽与客户沟通的方法和渠道，最大限度地赢得客的理解和支持。

（二）提高物业企业的市场综合竞争力

各级房地产行政主管部门要鼓励物业公司拓宽经营服务领域，实现物业服务产业化，为业主提供家政服务、保险业务等专项服务和特约服务。同时要丰富经营项目，由单一的住宅小区物业服务扩展到办公大楼物业管理、政务商务接待、礼仪服务等，为积累管理和技术优势，实现持续健康发展奠定基础。

（三）加强对物业服务业的监督和指导

各级房地产行政主管部门要加强对物业服务的督导，建立健全物业服务退出机制，加大对业主共有财产的监管力度；建立住宅物业服务工作联席会议制度，负责协调推进住宅区物业服务王作；建立住户报告制度，定期与业主委员会（居委会）座谈，定期走访住户，开展各种形式的客户满意度调查；将日常检查与年度考评相结合，以业主的满意度为主要标准，评定物业服务企业的服务业绩。同时，要加强物业服务从业人员的业务培训，提高行业素质；推行管理项目菜单式服务和小区经理项目负责制，建立健全物业服务企业诚信档案，监督企业诚信行为。

四、开展旧住宅区整治工作

旧住宅小区的综合整治要与“四表出户”改造、既有建筑节能改造相结合，与拆除违章建筑、美化环境相结合，通过整治改造提高旧住宅区功能质量和环境质量。

旧小区整治的主要内容：

（一）拆除违章建筑、整修路面、疏通管道、维修路灯、绿化补种等，使小区路平、管通、灯明、树绿。

（二）改善小区配套设施。利用小区零星空余土地，合理规划、建造管理用房，完善岗亭、围墙、车位、车棚等设施。

（三）落实小区管理。旧住宅小区整治后，可采用封闭式、半封闭式和开放式等三种管理模式，对其实行以保洁、保绿、保安为主要内容的管理服务。

旧住宅区整治改造的施工标准、质量标准、保修年限等技术要求，严格按照住房和城乡建设部有关的技术规范和技术标准执行。

旧住宅区通过整治改造，实现房屋居住安全、基础设施破为完善，环境整洁美化的宜居目标。

各级房地产行政主管部门要结合本地实际，制定旧住宅小区整治改造工作规划和年度工作目标。要按照“政府支持、多方筹资”的原则，认真研究资金筹集渠道，稳步推进旧住宅小区整治改造工作。

鼓励社区居委会和物业服务企业开展旧住宅区物业管理达标创优活动，提高物业服务水平，对三年内被评为区级以上优秀小区的旧住宅小区，适当奖励所在社区居委会（村委会）和物业服务企业，用于该小区设施改善、环境优化。

五、正确引导舆论宣传

充分利用报刊、广播、电视和网络等媒体，宣传相关政策法规，引导物业服务企业树立正确的服务观念，增强服务意识，提高物业管理服务水平，引导广大业主树立正确的物业消费观念，自觉履行相应的义务和责任，维护全体业主的合法权益，为物业管理业营造健康良好的发展环境。

二○○九年八月二十四日

关于进一步加强城市节水工作的意见

晋建城字[2009]386号

各市建设局(建委)、发展改革委、经济信息委,大同市市政管理委员会:

根据《国务院关于加强城市供水、节水和水污染防治工作的通知》和《山西省城市供水和节约用水管理条例》的规定,为进一步加强城市节约用水工作,提高城市用水效率,保障城市用水安全,推进节水型城市的创建,促进经济社会的可持续发展,现提出如下意见。

一、充分认识节水工作的重要性和紧迫性

(一)水是生命之源,是人类赖以生存的基本条件,是保障经济社会可持续发展的战略资源、稀缺资源和不可再生资源。山西省是水资源严重短缺的省份,全省人均水资源量381立方米,为同期全国平均水平的17%,多年来一直徘徊在全国倒数二、三位,半数以上的城市严重缺水。同时,全省城市用水浪费现象还较为严重。各地要充分认识节水工作的极端重要性,高度重视城市节水工作,把城市节水工作列入重要议事日程,切实抓紧、抓实、抓好。

二、切实加强城市节水规划编制和实施工作

(二)根据建设资源节约型社会的要求,加快编制和完善本地的节水规划,提出城市节水的总体目标、分阶段任务和具体措施,推进经济增长方式转变、经济结构调整,加快产业优化升级步伐;转变用水观念,创新发展模式,提高水资源利用效益,实现经济社会发展与水资源消耗相协调。

(三)按照"先地表水、后地下水,先当地水、后过境水"的总体原则,科学确定供水水源。加强对城市规划区地下水开发利用的指导与监督,严格限制城市自来水可供范围内的各种自备水源,严格控制并逐步减少地下水的开采量。城市规划区地下水必须实行有计划的开采,公共供水服务范围内凡满足供水需要的,不得新增自备井供水;对原有的各类自备井,逐步减少许可取水量直至完全取消;对于未经审核批准的自备井,要配合相关部门予以查封;对擅自改变取用水性质的自备井,要配合相关部门责令改正,并限期关闭。

(四)全面开展供水管网的普查工作。建立完善供水管网技术档案,制定管网改造方案和计划,设区城市要在2011年完成,其他县(市)要在2012年完成。对自来水管网漏失率在12%以上的,要限期改造;对使用年限超过50年或严重老化的供水管网,应在2015年前完成改造。2012年底前,管网漏失率在12%以上的,应在现有基础上下降2个百分点。

(五)坚持"节流优先、治污为本、科学开源、综合利用"的原则,做到"三同时,四到位",即建设项目的主体工程与节水措施同时设计、同时施工、同时投产,取水用水单位必须做到用水计划到位、节水目标到位、节水措施到位、管水制度到位。

(六)加强计划用水和节约用水的管理,严格计划考核,加快"一户一表、水表出户"的改造步伐,在居民用户中逐步实行阶梯式水价,对非居民用水实行超计划累进加价制度。

(七)所有新建、改建和扩建的公共和民用建筑,必须使用节水型器具,严禁使用国家明令淘汰的用水器具,提高生活用水效率,节约水资源。对违反规定继续采用国家明令淘汰用水器具的建设单位或设计单位,要按照相关法律、法规严加惩处。

(八)各地节水办要对现有公共建筑和机关、企事业单位的房屋建筑,制定节水改造规划,分批分期进行用水器具改造,力争在2015年底以前全部完成。对于现有居居住宅,要制定相应的政策措施,鼓

励居民家庭更换节水型器具，尽快淘汰不符合节水标准的用水器具。

（九）在城市非居民用户范围内，每三年要进行一次“水平衡测试”工作，掌握企业（单位）用水现状和节水潜力，作为核定用水计划的依据之一，挖掘节水潜力，提高水的利用效率。

（十）严格限制高耗水型、经济效益差、污染严重的工业项目的建设，要参照《山西省节水型城市考核标准》，逐步建立行业万元国内生产总值用水量的参照体系，促进产业结构调整和节水技术的推广应用。缺水城市要提出关停或转移高耗水量工业企业的计划，严格限制高耗水型工业项目建设，尽快形成节水型经济结构。

三、建立合理的水价体系

（十一）积极推进城市供水价格的改革，充分发挥价格杠杆在水需求调节、水资源配置和节约用水方面的作用。水价要充分体现资源的稀缺性，进一步理顺水资源费、自来水价格、污水处理、再生水利用及各类用水价格的比价关系。水价改革要考虑为污水处理、供水管网维修改造、跨区域调水留出价格空间。要通过水价的管理，强化对供水企业运营成本的约束。各地建设（市政）主管部门在配合价格主管部门做好水价改革的同时，加快完善水价改革的各项配套政策，尽快实行城市绿化、市政设施用水计量计价制度，鼓励支持供水企业实行抄表到户，居民逐步实行阶梯式水价，非居民实行用水超计划加价制度。

（十二）重视污水、雨水等非常规水资源的再生利用，根据再生水的水质状况以及与水质相适应的用途，本着补偿成本、合理盈利、适当低于自来水价格的原则，确定再生水价格。电力、冶金、化工、建筑施工、园林绿化、市政道路养护、洗车行和城市景观等行业用水必须使用满足行业用水水质标准的回用水；鼓励其它行业使用满足本行业用水水质标准的回用水。对应使用而拒不使用回用永的单位，建议相关部门不予立项审批或核减其用水指标，限制其使用城市公共供水，关闭其自备水源。

四、积极开展节水型城市创建活动

（十三）建立和完善供水、节水信息统计报告制度；每月 15 日前如实填报供水、节水监管系统的相关内容。指导再生水利用设施的产权单位或运营管理单位建立健全再生水管理制度、工作规程及信息报告制度，定期将水量、水质等相关数据汇总后报同级城市节水管理部门。

（十四）新建、改建、扩建的各类建设项目，要开展节水评估，经节水评估不合格的建设项目，建议有关部门不予立项，城市规划部门不予规划审批，工程建设主管部门不予竣工验收；

（十五）积极开展节水型企业（单位）创建活动。各地要制定本级节水型企业（单位）的考核标准，严格节水型企业（单位）的考核程序，做好本级节水型企业（单位）的考核工作，命名表彰本级节水型企业（单位）。在各市开展节水型企业（单位）创建活动的基础上，省里将组织开展省级节水型企业（单位）创建活动，调动社会各方面节水的积极性，提高城市节水效果。

（十六）各地要从建立节水评估制度、开展节水型企业（单位）创建活动、推广使用节水器具等方面，引深“节水型城市”的创建活动，各地建设（市政）主管部门要会同有关部门组织好本市“节水型城市”的创建和考核工作，及时总结交流、推广先进经验，不断提高城市节约用水管理水平。

五、加强组织领导搞好节水宣传教育

（十七）在当地政府的领导下，从建设资源节约型宜居城市的高度，加强城市节水工作的组织领导，重视节约用水管理机构的建设，保障节水管理机构的工作经费，研究制定切实可行的节水措施和管理办法，加大节水工作技术人才引进和培训工作的力度。

（十八）各地要把节约用水宣传教育工作放在重要位置，作为一项长期的工作抓紧、抓实。要把每年一度的“城市节水宣传周”活动与日常宣传教育工作结合起来，广泛深入地宣传节水的方针政策，形成“节水光荣、浪费可耻”的良好社会风尚，把节约用水变成全社会的自觉行动。对节约用水的先进典型要给予表彰，对严重浪费水的事件要及时处理。各地应设立节水监督电话，鼓励社会各界对城市节约用水工作进行监督，并将监督结果在媒体上予以公布。

二〇〇九年八月二十四日

关于印发《建设工程造价信息动态管理办法》的通知

晋建标字[2009]393号

各市建设局(建委)、各有关单位：

为规范建设工程造价计价行为，确保建设工程造价信息及时、准确、客观地反映市场价格变化情况，指导工程建设活动各方合理确定价格，省住房和城乡建设厅制定了《建设工程造价信息动态管理办法》，现印发给你们，请认真贯彻执行。

二〇〇九年八月二十八日

建设工程造价信息动态管理办法

第一条　为规范建设工程造价计价行为，确保建设工程造价信息及时、准确、客观地反映市场价格变化情况，指导工程建设活动各方合理确定价格，根据有关法律、法规及规章，制定本办法。

第二条　本省行政区域内的建设工程，在下列活动中管理和使用建设工程造价信息，适用本办法。

(一)招标控制价、投标价的编制；

(二)投资估算、设计概算、施工图预算以及竣工结算的编制；

(三)调解处理工程造价纠纷、鉴定工程造价；

(四)其他有关工程造价信息的活动。

第三条　建设工程造价信息是指建设工程造价以及构成建设工程造价的人工、材料、施工机械在不同时期的价格水平和变化情况。

建设工程造价信息分为价格信息和指数信息。

价格信息，是指由省、设区市工程造价管理机构发布的某一时点或者其一时段的人工单价指导价、人工成本、材料价格、施工机构台班价格和租赁价格等信息。

指数信息是指经过综合测算，反映建设工程造价指标以及构成工程造价的人工、材料、施工机械价格水平变动趋势和程度相对数的信息。

第四条　省建设行政主管部门负责全省建设工程造价信息的统一指导和监督管理，日常工作委托省工程造价管理机构具体实施。

设区市建设行政主管部门负责本行政区域内工程造造价信息的监督管理。具体业务工作可以委托工程造价管理机构负责。

第五条　(一)省工程造价管理机构履行下列职责：

1全省建设工程价格信息的汇总、上报及发布；

2. 全省人工单价指导价及施工机械台班价格的确定、调整与发布；

3. 全省指数信息的收集、测算及发布。

(二)设区市工程造价管理机构按照省工程造价管理机构的要求履行下列职责：

1. 人工成本信息和租赁价格信息的采集和上报；

2. 材料价格信息的测算、上报及发布；

3. 指数信息的收集、测算及发布。

第六条　人工单价指导价是指由省建设行政主管部门根据国家和省有关规定，以人工成本信息为参考进行测定的，用以调整人工单价的指导价格。

人工单价指导价由基本工资、王资性补贴、生产工人辅助工资、职工福利费、生产工人劳动保护费构成。

人工单价指导价根据国家政策的变化进行调整，并适时发布。省工程造价管理机构发布的人工单价指导价应当作为确定工程造价的依据。

第七条　人工成本信息，是指以收集的建筑业劳动者平均每工日单价和完成每单位工程量所需要的人工成本为基础，按照国家建设行政主管部门有关规定综合测算的价格信息。人工成本信息包括建筑工种人工成本信息和建筑工程实物量人工成人工成本信息应当作为建筑业企业支付工人劳动报酬、相关部门调解处理建筑工人劳动工资纠纷、工程造价管理机构确定人工单价指导价的依据。

人工成本信息除合同另有约定外，不得作为确定工程造价的依据。

第八条　建筑工种人工成本按每工日 8 小时计算；由：基本工资、工资性补贴、生产工人辅助工资、职工福利费、生产工人劳动保护费构成。

建筑工种人工成本信息设 18 种，分别是：建筑装饰工程普工、木工（模板工）、钢筋工、混凝土工、架子工、砌筑工（砖瓦王）、抹灰工（一般抹灰）、抹灰镶贴工、装饰木工、防水工、油漆工、管工、电工、通风工、电焊工、起重工、玻璃工、金属制品安装工人工成本信息。

第九条　建筑工程实物量人工成本信息按分部分项工程设十二种，分别是：土石方工程、架子工程、砌筑工程、模板工程、钢筋工程、混凝土工程、防水工程、抹灰工程、木作与木装饰工程、油漆工程、玻璃工程、金属制品制作及安装工程实物量人工成本信息。

第十条　人工成本信息由设区市工程造价管理机构收集、测算、上报，省工程造价管理机构综合平衡确定后，定期上报国家建设行政主管部门，并根据需要适时发布。

第十一条　材料价格信息包括材料指导价信息和材料市场价信息。

本办法所称材料指导价信息是指由省和设区市工程造价管理机构根据材料的市场价格经综合确定的价格信息；本办法所称材料市场价信息是指材料信息指导价品种以外，在规定的时间内经设区市工程造价管理机构核实的材料价格信息。

第十二条　材料价格由材料原价、运杂费、运输损耗费、采购及保管费组成。不包括材料检验试验费。

第十三条　材料指导价信息中所公布的材料品种，由省、设区市工程造价管理机构确定。

第十四条　材料指导价格信息原则上每两个月发布一次，应当作为确定工程造价的依据。

第十五条　材料市场价格信息，需要由发包人、承包人共同提出申请，并提供相关凭证，报送工程所在地设区市工程造价管理机构核实，予以确认后方可作为确定工程造价的依据。

第十六条　当材料市场价格出现异常波动时，省工程造价管理机构应当及时出台有关规定，设区市工程造价管理机构应当根据规定予以调整和处理。

第十七条　施工机械台班价格是指机械在正常运转条件下，工作 8 小时所必须耗用的人工、材料与应分摊的各种费用之和。

施工机械台班价格由折旧费、大修理费、经常修理费、机上人工费、安拆费及中小型机械场外运费、燃料动力费和其他费用构成。

机上人工单价指导价、机用燃料动力价格及有关规定等发生变化时，施工机械台班价格应随之调整。调整后的施工机械台班价格信息应当作为确定工程造价的依据。

第十八条　租赁价格信息包括周转料具租赁和施工机械租赁价格信息。

租赁价格信息由设区市工程造价管理机构负责收集、整理、、上报，省工程造价管理机构适时发布。经省工程造价管理机构发布的租赁价格信息，可以作为施工企业预测固定成本、施工成本的依据。

第十九条　指数信息以当期发布的人工、材料、施工机械价格信息为报告期价格，以前期（或一固定时期)人工、材料、施工机械价格为基期价格,进行测算。

指数信息可以作为政府宏观决策和调控的参考,工程建设各方预测工程造价的基础。

第二十条　省、设区市工程造价管理机构应当定期发布建设工程造价指标及人工、材料、施工机械价格指数信息。

第二十一条　本办法自二〇〇九年十月一日起实施。

山西省住房和城乡建设厅　省发改委　省财政厅
2009～2011年山西省廉租住房保障规划

晋建房字[2009]349号

廉租住房制度是保障低收入家庭基本住房需求的住房保障制度,是改善民生、构建和谐山西的重要内容。全省11个设区城市和96个县(市)全部建立了廉租住房制度,廉租住房保障工作取得了显著成绩。但距满足城市低收入住房困难家庭基本住房需求,还有很大差距。截至2008年底,全省仍有廉租住房保障对象24.99万户。根据《山西省人民政府关于鼓励和培育住房消费促进房地产市场健康发展的若干意见》(晋政发[2009]11号)和《住房和城乡建设部、国家发展和改革委员会、财政部2009～2011年廉租住房保障规划》精神,制定本规划。

一、指导思想和基本原则

(一)指导思想

全面贯彻落实党的十七大精神,以邓小平理论和"三个代表"重要思想为指导,以"住有所居"为目标,深入落实科学发展观,按照保增长、保民生、保稳定的总体要求,把廉租住房保障工作作为落实"三个发展"的重要内容,进一步健全和完善廉租住房制度,着力构建解决城市低收入家庭住房困难的政策体系,促进民生改善和社会和谐。

(二)基本原则

1. 统筹规划,分步实施。综合考虑经济社会发展水平、城市低收入住房困难家庭数量、住房困难程度、住房支付能力和财政承受能力等因素,确定廉租住房保障目标和年度保障计划,有计划、有步骤地组织实施。

2. 量力而行,适度保障。坚持以满足基本住房需求为原则,统筹考虑政府的保障能力和城市低收入住房困难家庭的住房情况,合理确定廉租住房保障对象的家庭收入标准、住房困难标准和保障面积标准,既要满足低收入家庭的基本居住需求,又要与财政的承受能力相适应,与当地社会保障的整体水平相协调。

3. 绩效评价,责任考核。把廉租住房保障工作纳入构建和谐社会主要工作指标考评体系。实行目标责任制年度考核制度,将其纳入市、县政府工作绩效评价体系。

4. 加大投入,多方筹资。坚持政府投入与社会筹集相结合,规定渠道归集与争取信贷支持相结合,政府救助与保障对象自救相结合,廉租住房配置与住房制度改革相结合的原则。市、县要加大廉租住房保障资金归集力度,同时加大财政预算安排规模,不留资金缺口。

二、总体目标和年度工作任务

(一)总体目标

2009～2011年,以实物配租方式保障22.8万户廉租住房保障对象的基本住房需求,新增发放租赁补贴5.7万户。

(二)年度工作任务

2009年,以实物配租方式保障10.35万户廉租住房保障对象的基本住房需求，新增发放租赁补贴2万户。

2010年，以实物配租方式保障7.9万户廉租住房保障对象的基本住房需求，新增发放租赁补贴2万户。

2011年，以实物配租方式保障4.55万户廉租住房保障对象的基本住房需求，新增发放租赁补贴1.7万户。

三、保障方式与标准

（一）保障方式

在发放租赁补贴和实物配租两种模式的基础上，探索租售并举的新机制。未参加住房制度改革的廉租住房保障对象，可按住房制度改革购买公有住房的政策，自愿购买一套廉租住房。

（二）房源筹集方式

集中新建一批廉租住房、出资收购一批存量住房、改造一批直管公房、整理一部分社会捐赠住房，用作廉租住房。经济适用住房建设项目中，按建筑面积的19%配建廉租住房，由政府按核定的经济适用住房基准价格回购，房屋产权归政府所有；普通商品住房开发项目中，按建筑面积的5%配建廉租住房，由当地建设（房地产）行政主管部门统一管理，使用期为5年，租金和产权归房地产开发企业所有；国有重点煤矿和城市居民棚户区改造、企业集资建房项目中，按照改造、建设范围内廉租住房保障对象实现应保尽保的目标，配建廉租住房。

（三）保障标准

按照《山西省人民政府关于健全和完善住房保障体系切实解决城市低收入家庭住房困难的通知》（晋政发[2008]2号）确定的标准，廉租住房保障对象为：具有当地城镇非农户口人均住房建筑面积低于10平方米的城市低收入住房困难家庭。保障标准控制在人均住房建筑面积13平方米左右。廉租住房实物配租的面积，原则上2人（含）以下家庭控制在建筑面积30平方米以下，3人家庭控制在建筑面积40平方米以下，4人（含）以上家庭控制在建筑面积50平方米以下。市、县人民政主要按照当地统计部门公布的家庭人均可支配收入和人均住房水平结合城市经济发展水平和财政承受能力等因素，合理确定本地廉租住房保障对象的家庭收入标准、住房困难标准和住房保障面积标准。

（四）建设标准

新建廉租住房，要坚持经济适用、舒适便捷的原则，并符合节能、省地、环保的要求，在较小的户型内实现基本使用功能。新建廉租住房，以一室一厅一厨一卫户型为主，适当建设少量的二室一厅一厨一卫户型。单套户型建筑面积控制在50平方米以内。建设标准为：室内水泥地面，内墙面普通涂料，户内安装木制门，入户安装普通防盗门、符合节能标准的普通窗户、普通卫生洁具，水、电、暖、气四表出户，分户计量。

四、政策措施

（一）加大廉租住房建设投入

国家对山西省享受西部政策50个县、区的廉租住房建设项目按400元/平方米给予配套补助，其它县、区按300元/平方米给予配套补助。2009年省级财政对52个国家、省定贫困县和5个插花县按中央预算内投资补助标准给予1：1配套补助。市、县要按照廉租住房建设规模，将建设支出纳入本级年度预算，切实加大预算安排规模，不留资金缺口。

（二）多渠道筹集廉租住房建设资金

要广辟廉租住房建设资金渠道，通过多种方式筹集廉租住房建设资金。主要从以下渠道筹集：

1. 中央预算内投资补助资金；

2. 省级廉租住房建设补助资金；

3. 市、县财政预算安排的廉租住房．建设专项资金；

4. 市、县财政预算外及有关专项资金；

5. 土地出让净收益（不得低于20%）；

6. 住房公积金增值收益在提取贷款风险准备金和管理费用后的全部余额；

7. 中央代地方发行的国债重点用于廉租住房建设；

8. 银行贷款（包括项目贷款和软贷款）；

9. 社会各界自愿捐赠的资金。

10. 廉租住房保障对象自愿购买住房的价款；

11. 清房补缴的超标价款；

12. 市、县行政事业性收费（确定一定比例）；

13. 其他。

（三）做好项目审批和前期工作

要从保增长、保民生、保稳定的高度，在依法合规的前提下，开辟绿色通道，提高审批效率，加大开工力度，全力推进廉租住房建设。已列入年度廉租住房建设计划的项目，要优先安排项目选址规划，加快用地审批、环评、立项、可研、初设批复。同时，要建立项目储备库，为2010年工作做好准备。

（四）落实国家规定的各项税费支持政策

廉租住房项目免收各项行政事业性收费和政府性基金；廉租住房经营管理单位按照政府规定价格向规定保障对象出租廉租住房取得的租金收入，免征营业税和房产税；廉租住房建设用地以及廉租住房经营管理单位按照政府规定价格向规定保障对象出租的廉租住房用地，免征城镇土地使用税；廉租住房经营管理单位与廉租住房相关的印花税，以及廉租住房承租人涉及的印花税，予以免征；廉租住房经营管理单位购买住房作为廉租住房房源，免征契税。

五、监督管理

（一）建立考核评价体系

市人民政府对本地区廉租住房保障工作负总责，要通过层层签订目标责任制的形式，量化指标，分解任务，明确责任，并加强监督考核。要落实廉租住房保障工作机构，制定具体的工作措施，切实做到规划到位、资金到位、政策到位、监管到位，确保分配公平。住房保障所需工作经费由同级财政预算安排解决。同时，将廉租住房保障工作作为政府工作的主要内容，纳入构建和谐社会主要工作指标考评体系和目标任务考核体系。每年对各市县廉租住房保障制度建设、规划实施及年度任务完成情况进行考核评价，通过媒体向社会公布考核结果。

（二）确保工程质量

廉租住房建设，要严格执行有关建设程序和标准，认真落实工程质量责任制，健全项目业主负责、承包单位保障、社会监理和政府监督的质量监控体系，进一步建立和完善建材产品准用制和建材供货质量责任制，逐步推行建材采购招投标制，工程结构质量强制检测制，强化建设过程中各个环节的监督检查和安全管理，杜绝“三边”：（边勘测、边设计、边施工）工程，确保建设质量。

（三）建立资金监督机制

土地出让净收益、住房公积金增值收益和行政事业性收费中归集的廉租住房建设资金；按上一年度收益核定，下一年度统筹安排使用，结余部分，可滚存使用。廉租住房建设资金要严格按照国家和省的有关规定，实行专户存储，分账核算，专款专用。要加强对资金筹集和使用情况的监督、检查与审计，并定期向政府报告资金筹集和使用情况；检查的重点是中央和省补助资金使用情况和市、县预算安排与规定渠道筹集资金使用情况。市、县要建立资金到位及使用考核机制。廉租住房建设资金的筹集和使用情况，每年要向社会公布一次，接受群众的监督。

（四）规范供应程序

要按照《山西省人民政府关于规范和加强政策性住房供应管理的通知》（晋政办发[2069]31号）的要求，严格执行廉租住房三审核[社区居委会对申请人的家庭收入、住房状况，采取入户调查、组织听证等方式进行审核；街道办事处对社区居委会上报的申请人家庭收入、住房状况，采取邻里访问、信函索证等方式进行审核；市、县（市、区）建设（房地产）行政主管部门，会同同级监察、民政部门，以联合办公或召开联席会议的形式，对申请人是否符合保障条件进行审核）、两公示[街道办事处对社区居委会上报的申请人进行调查核实并公示；市、县（市、区）建设（房地产）行政主管部门对街道办事处上报的申请人进行审核并公示）、一公布市、县（市、区）建设（房地产）行政主管部门对经公示无异议的申请人确定为保障对象，向社会公布]制度。要逐步健全公示监督机制，建立廉租住房保障对象档案。

严肃工作纪律，坚决查处弄虚作假、以权谋私等违法违规行为。

（五）实行年度复核与退出

市、县要根据城市低收入住房困难家庭人口、收入、住房等变化情况，调整廉租住房租赁补贴额度或实物配租面积、租金等。对不再符合规定条件的家庭，发放租赁住房补贴的，停止发放；进行租金核减的，不再进行租金核减；实行实物配租的，退回廉租住房，承租人愿意购买的，可按当年的房改成本价购买。

各市要根据本规划，制订当地 2009 ~2011 年廉租住房保障规划，并于 2009 年 8 月 31 日前报省住房和城乡建设厅、发展改革委、财政厅备案。

附表：

2009 ~2011 年廉租住房保障任务分解表

单位：套（户）

城 市	2009 ~2011 年		2009 年		2010 年		2011 年	
	新建廉租住房	新增租赁补贴	新建廉租住房	新增租赁补贴	新建廉租住房	新增租赁补贴	新建廉租住房	新增租赁补贴
太原市	11800	8161	2500	4161	3300	2000	6000	2000
大同市	137399	18566	75269	4795	46753	7735	15377	6035
阳泉市	3546	1084	1660	380	943	380	943	323
长治市	14800	3700	1729	1298	7971	1298	5100	1104
晋城市	80	400	80	100	0	150	0	150
朔州市	11869	2237	6560	785	3980	7S5	1329	667
晋中市	14720	3680	2869	1291	6211	1291	5640	1098
运城市	2946	3020	936	1060	1610	1060	400	901
忻州市	6340	7989	2340	2803	2000	2803	2000	2383
临汾市	14360	3590	6265	1260	3000	1260	5095	1071
吕梁市	10140	4573	3292	2067	3232	1238	3616	1268
全 省	228000	57000	103500	20000	79000	20000	45500	17000

附　录

城乡建设主要经济技术指标与数据

全省及各市城镇化率

城镇化率:%

市(地)名称	2005 年	2008 年	2009 年	市(地)名称	2005 年	2008 年	2009 年
全　省	42.11	45.11	45.99	朔州市	42.00	44.90	45.20
太原市	82.40	82.00	82.20	忻州市	33.46	36.70	37.52
大同市	48.20	51.10	51.95	吕梁市	31.79	35.80	36.63
阳泉市	55.17	58.48	59.10	晋中市	39.50	42.70	43.48
长治市	37.30	40.45	41.04	临汾市	34.65	37.44	38.25
晋城市	41.29	45.22	47.00	运城市	31.07	35.20	36.60

22 个城市的城市面积及建成区面积

单位:平方公里

城市名称	城市面积	建成区面积	城市名称	城市面积	建成区面积
太原市	1460.00	245.00	晋中市	1311.00	38.59
古交市	1526.59	16.50	介休市	743.70	17.55
大同市	2080.00	108.00	吕梁市	1339.00	18.00
阳泉市	651.99	51.48	孝义市	945.80	17.50
长治市	334.00	45.30	汾阳市	1175.30	12.00
潞城市	630.00	7.30	临汾市	1316.00	37.40
晋城市	2164.80	31.00	侯马市	274.00	18.42
高平市	946.00	9.60	霍州市	765.00	15.40
朔州市	2185.00	23.00	运城市	640.00	30.00
忻州市	1982.00	21.40	永济市	1221.06	23.04
原平市	2571.00	9.57	河津市	893.10	18.13

全省22个城市基本情况

指标名称	计算单位	2005年	2008年实际数	2009年	
				实际数	居全国的位次
现有道路总长度	公里	4965.00	5446.20	5651.90	—
现有道路总面积	万平米	7137.00	9045.00	9605.00	—
人均拥有道路面积	平方米	8.21	9.54	10.02	25
现有桥梁	座	680.00	434.00	433.00	—
日供水能力	万立米	346.01	444.04	449.33	—
人均日生活用水量	升	122.00	120.90	122.10	29
用水普及率	%	92.23	93.27	95.38	18
排水管道总长度	公里	3352.00	4536.00	4864.00	—
公共绿地面积	公顷	5418.59	7243.00	7872.00	—
人均公园绿地面积	平米	6.23	7.64	8.21	26
建成区绿化覆盖面积	公顷	21428.60	27569.00	30027.00	—
建成区绿化覆盖率	%	30.21	35.16	36.49	17
燃气普及率	%	70.69	82.64	87.30	19
污水处理能力	万立米/日	120	164.40	169.50	—
污水处理率	%	56.23	71.40	75.24	15
有污水处理能力的城市	个	13	20	20	—
生活垃圾无害化处理能力	吨/日	3473.00	11678.00	13022.00	—
生活垃圾无害化处理率	%	16.62	47.47	62.89	21

全省11个市(不含县城)城市建设固定资产投资完成额

市（地）名称	投资完成额(万元)		
	2005年	2008年	2009年
全省	455078	1182812	2488302
太原市	174022	376340	877136
大同市	43362	210830	952075
阳泉市	40843	48434	106043
长治市	48232	54886	66536
晋城市	9150	16705	11900
朔州市	11539	34189	118041
忻州市	5764	30223	27887
晋中市	23918	95534	104718
临汾市	24351	127650	76715
运城市	12600	48113	21776
吕梁市	12084	139908	125475

风景名胜区范围

序号	风景名胜区名称	所在行政区	景区范围(km^2)	外围保护区(含景区)(km^2)	备注
1	五台山	五台、繁峙县	599.00	684.12	国家级风景名胜区
2	恒山	浑源县	147.51	359.62	国家级风景名胜区
3	壶口	吉县	100.00	150.00	国家级风景名胜区
4	北武当山	方山县	70.50	90.17	国家级风景名胜区
5	五老峰	永济市	300.00	400.00	国家级风景名胜区
6	晋祠—天龙山	太原市	186.00	210.00	省级风景名胜区
7	绵山	介休市	54.10	90.87	省级风景名胜区
8	石膏山	灵石县	30.00	74.92	省级风景名胜区
9	姑射山	临汾市	40.00	60.00	省级风景名胜区
10	碛口	临县	50.00	145.00	省级风景名胜区
11	芦芽山	宁武、五寨县	321.00	321.00	省级风景名胜区
12	赵杲观	代县	46.67	46.67	省级风景名胜区

注:外围保护区(含景区)为禁止采矿区。

风景名胜区总规编制基本情况

风景名胜区名称	批准时间	规划时间、期限	管理机构	行政级别
五台山	1982	2006～2025	五台山管理局	正处
恒山	1982	2006～2020	恒山风景名胜区管理委员会	副县
壶口	1988	1989～2010	壶口风景名胜区管理委员会	正处
北武当	1994	2009～2025	北武当山风景名胜区管理委员	副处
五老峰	1994	2007～2022	五老峰风景名胜区管理处	股级
晋祠—天龙山	1987	2002～2010	太原市文物局	正处
绵山	1987	2006～2025	三佳煤化公司	—
石膏山	1987	1991～2010、2010～2025	石膏山旅游文化发展公司	—
姑射山—仙洞沟	1987	1991～2010	姑射山风景管理处	股级
碛口	1999	编制中	碛口风景名胜区管理局	正处
芦芽山	2001	2008～2028	芦芽山风景区管理局	正处
赵杲观	2005	未编制	赵杲观风景区管理领导组	副处

国家级风景名胜区基本经营情况

风景名胜区名称	风景名胜区（平方公里）		游人量（万人次）		经营收入（万元）		经营支出（万元）	
	面积	其中：供游览面积	游人	其中：境外游人	收入	其中：门票收入	支出	其中：维护支出
国家级	994	197	445	181	21455	22422	2107	994
五台山	376	53	296	168	16036	18012	1512	376
恒山	148	43	84	12	2800	2800	400	148
壶口	100	21	51	0	1940	870	70	100
北武当山	70	50	6	1	310	250	100	70
五老峰	300	30	8	0	369	490	25	300

建制镇投资及建设情况

市(地)名称	建设总投资(万元)						人均住宅建设面积(平方米)
	合计	住宅	公共建筑	生产性建筑	公用设施		
					自来水	道路	
全省2005年	206249	103533	39186	24536	2480	36164	22.44
全省2008年	229662	103638	36262	28030	7081	19291	26.88
全省2009年	281265	114930	53477	36462	6239	29766	28.29
太原	17709	2309	7334	890	660	785	31.38
大同	16058	8381	3890	945	357	1387	29.29
阳泉	19346	10819	3702	960	434	1222	26.60
长治	20843	8834	4502	3066	297	1694	29.37
晋城	34334	8766	5898	5389	2173	2956	29.95
朔州	3901	1863	339	517	85	582	28.46
忻州	17386	10674	2768	1493	155	1158	26.31
吕梁	31176	10506	7473	6356	991	2637	28.25
晋中	49765	20328	8557	5415	605	6494	27.80
临汾	17343	7790	2993	1977	270	3324	27.60
运城	53404	24660	6021	9454	212	7527	28.67

100个省级重点镇建设情况

名 称	本年开工项目（个）	完成投资（万元）				
		合 计	中央财政	地方财政	银行贷款	社会投资
全 省	790	1294103	26574	424380	8394	834754
太 原	30	73433	2800	21813	3690	45130
大 同	50	106963	3018	54842	—	39103
吕 梁	85	140413	—	132343	—	8070
晋 城	106	256045	780	57845	1080	206340
朔 州	30	72442	1767	70675	—	—
忻 州	29	38140	4220	30250	600	3070
晋 中	48	72377	—	—	—	72377
长 治	140	88388	1808	15196	80	71303
阳 泉	89	235936	—	4718	2051	229167
临 汾	44	81088	1227	16403	—	63458
运 城	139	128878	10954	20295	893	96736

村镇设置、规划完成情况

市(地)名称	村镇概况(个)			规划完成情况(个)			
	建制镇	乡集镇	行政村	县域村镇体系规划	建制镇总体规划	乡总体规划	新农村建设规划
全省2005年	561	635	28321	21	218	35	—
全省2008年	563	633	28167	16	44	52	2000
全省2009年	563	633	28167	12	30	32	2000
太　原	21	31	1009	0	0	3	117
大　同	33	66	1948	—	—	6	156
阳　泉	20	12	960	3	0	0	71
长　治	68	64	3448	3	2	2	236
晋　城	48	26	2213	0	6	3	127
朔　州	18	51	1684	—	1	1	121
忻　州	59	126	4893	0	1	0	231
晋　中	59	59	2749	2	1	1	228
临　汾	75	76	2968	0	3	4	233
运　城	81	55	3186	1	8	5	254
吕　梁	81	67	3109	3	8	7	226

乡集镇投资及建设情况

名　称	建设总投资（万元）						人均住宅建设面积（平方米）
	合计	住宅	公共建筑	生产性建筑	公用设施		
					自来水	道　路	
全省 2005 年	98906	47614	22574	15420	897	12263	27.54
全省 2008 年	126645	61637	23097	15220	3504	11101	26.04
全省 2009 年	158773	86199	26636	18411	3009	13469	26.89
太　原	10012	2401	3803	3336	169	127	32.43
大　同	43242	35196	2302	1509	382	2252	26.32
阳　泉	3480	2148	700	450	0	0	28.03
长　治	13640	5883	2676	2423	268	847	26.24
晋　城	10816	3947	1909	570	1093	1467	26.72
朔　州	5622	1292	655	2191	192	504	25.93
忻　州	17288	10392	2427	790	189	2598	25.50
吕　梁	11665	4492	2224	2426	353	1089	28.36
晋　中	12071	5214	3772	1557	91	622	26.37
临　汾	15064	8108	3892	1298	219	681	25.87
运　城	15873	7126	2276	1861	53	3282	28.12

村庄投资及建设情况

名称	建设总投资(万元)						人均住宅建筑面积(平方米)
	合计	住宅	公共建筑	生产性建筑	公用设施		
					自来水	道路	
全省2005年	694317	488169	83309	73985	1548	47305	24.16
全省2008年	1151224	709884	109365	117335	37306	94834	26.04
全省2009年	1394707	786473	110547	302104	25229	100075	26.47
太原	227894	58930	6487	149958	1207	5526	26.61
大同	198206	169501	7811	6477	2481	7339	25.43
阳泉	31972	23315	2652	3375	327	679	26.60
长治	119849	64903	15502	18245	2674	11030	25.94
晋城	121980	46717	12431	22986	6471	13040	27.52
朔州	66556	35756	2897	9767	1660	14807	25.81
忻州	87733	70923	3227	2772	508	8095	25.65
吕梁	89270	38676	10658	20434	2415	13935	28.98
晋中	164462	89285	15437	32476	2992	12529	26.68
临汾	100113	63425	12570	12677	2229	5049	26.96
运城	186672	125042	20875	22937	2265	8046	27.95

建筑业主要经济技术指标与数据

全省建筑业概况

指标名称	计算单位	2005 年	2008 年	2009 年	2009 年为(%)	
					2005 年	2008 年
建筑企业个数	个	1618	2052	2468	152.53	120.27
其中：总承包企业个数	个	757	857	946	124.97	110.39
专业承包企业个数	个	783	1092	1359	173.56	124.45
劳务企业个数	个	78	103	163	208.97	158.25
期末平均从业人员	万人	55	71	69	125.45	97.18
本年新开工面积	万平方米	2097	2768	3193	152.27	115.35
竣工工程面积	万平方米	1639	1926	2286	139.48	118.69
建筑业总产值	万元	8492165	13554415	18261040	215.03	134.72
建筑业增加值	万元	2354900	3459752	4693000	199.29	135.65
建筑业竣工产值	万元	4331755	4084129	6577468	151.84	161.05
工程结算收入	万元	8735626	12578924	18735051	214.47	148.94
劳动生产率	元/人	135882	180646	213138	156.86	117.99
利润总额	万元	93202	243212	305611	327.90	125.60

全省工程勘察设计咨询业概况

指标名称	计算单位	2005 年	2008 年	2009 年	2009 年为(%)	
					2005 年	2008 年
一、基本情况						
企业个数	个	368	438	409	111.14	93.38
从业人员	人	26526	30340	31057	117.08	102.36
其中:具有技术职称人员	人	21275	23296	21459	100.86	92.11
注册执业人员	人	2166	2859	3181	146.86	111.26
二、业务完成情况						
工程勘察完成合同额	万元	38947	68856	78750	202.20	114.37
工程设计完成合同额	万元	141390	257011	277564	196.31	108.00
工程技术管理服务完成合同额	万元	26448	192575	28312	107.05	14.70
工程承包完成合同额	万元	55385	238400	482392	870.98	202.35
境外工程完成合同额	万元	369	80	1180	319.78	1475.00
三、财务状况						
勘察设计营业收入合计	万元	287772	600047	685840	238.33	114.30
境内收入:	万元	287272	599180	680664	236.94	113.60
其中:工程勘察收入	万元	43918	65254	78462	178.66	120.24
工程设计收入	万元	117434	221088	238563	203.15	107.90
工程技术管理服务收入	万元	6723	10849	17032	253.34	156.99
工程承包收入	万元	74756	257430	310484	415.33	120.61
其他收入	万元	44440	44559	41299	92.93	92.68
境外收入:	万元	499	867	5176	1037.27	597.00
勘察设计利润总额	万元	18145	32354	40425	235.78	124.95

分地市建筑业概况

市(地)名称	建筑业总产值(万元)	竣工产值(万元)	房屋建筑施工面积(万平米)	本年新开工面积(万平米)	房屋建筑竣工面积(万平米)	从业人员年平均人数(万人)	工程招标率(%)	公开招标率(%)	利润总额(万元)	利税总额(万元)
全省2005年	8492165	4331755	4049	2097	1639	55.0	100	99.20	93202	374025
全省2008年	13554415	4084129	6254	2768	1926	71.0	100	95.50	243212	648808
全省2009年	18261040	6577468	6544	3193	2286	68.77	100	100	305611	847101
太　原	11540875	2915327	2826	1039	615	35.41	100	100	146643	470572
大　同	924083	527734	544	324	279	3.82	100	100	520	30726
阳　泉	798017	294541	337	134	145	3.99	100	100	49549	78441
长　治	444491	305947	472	251	187	2.75	100	100	5819	21005
晋　城	321589	209667	185	58	144	2.03	100	100	13718	23033
朔　州	433144	242116	158	137	101	2.12	100	100	10725	25257
忻　州	389751	320496	269	195	185	3.26	100	100	12964	28412
晋　中	1078700	226883	406	176	139	3.80	100	100	20781	55470
临　汾	1390930	952132	396	165	160	5.61	100	100	19387	63335
运　城	732359	419891	409	214	197	4.26	100	100	18087	36178
吕　梁	207101	162735	542	500	132	1.72	100	100	7418	14672

省重点工程建设情况

分　　类	项目个数	投资完成额（亿元）	占年度投资比例（%）	投资完成率（%）
公路项目类	15	392.06	25.6	110.7
保障性安居工程类	5	329.02	21.5	101.9
电力类	29	306.85	20.0	98.2
煤炭能源类	13	104.79	6.8	89.1
铁路项目类	18	101.86	6.6	103.9
水利基础设施类	15	90.27	5.9	118.6
产业结构调整类	15	56.22	3.7	85.4
医疗卫生、文化教育类	18	51.64	3.4	95.5
节能减排和生态建设类	6	50.85	3.3	104.0
省城十大建筑	10	40.24	2.6	106.1
机场项目类	6	5.91	0.4	102.8
自主创新和科技制造类	2	3.97	0.3	76.4
合　　计		1533.68	100	

省城四项工程建设基本情况

工程项目	占地面积（亩）	建筑面积（万平方米）	总投资（亿元）	场馆设施及功能	进展情况
山西体育中心	1238		20	6万人主体育场1个，8000人体育馆1个，4000人游泳跳水馆1个，综合训练室1个，自行车赛场1个，及其它配套设施。	工程于2009年3月27日开工建设，进入施工阶段。
山西大剧院	80	7.32	7.3	1600座主剧场一座，600座小剧场一座，公共大厅，化妆间，排练厅，及相应配套设施用房。	工程于2008年8月28日开工建设，计划2011年3月底竣工。
山西省科技馆	70	2.8	2	常设展厅，临时展厅，天象厅（环球影院），动感影院，培训教室，实验室，科学报告厅，青少年科技活动中心及其它。	工程于2008年7月2日开工建设，计划2010年10月竣工。
山西省图书馆	60	4.99	3.5	藏书700万册，阅览室15个，可同室容纳3000人，藏书库多功能厅，400座报告厅，配套辅助用房。	工程于2008年7月30日开工建设，计划2010年8月竣工。

全省建设工程招标情况

指标名称	计算单位	2005 年	2008 年	2009 年	2009 年为(%)	
					2005 年	2008 年
发包工程个数	个	1086	2160	2324	214.00	107.59
发包工程造价	万元	1180000	3650087	5276792	447.19	144.57
实行招标工程个数	个	1086	2160	2324	214.00	107.59
实行招标工程造价	万元	1180000	3650087	5276792	447.19	144.57
招标率	%	100	100	100	100	100
公开招标工程个数	个	989	2062	2236	226.09	108.44
公开招标工程造价	万元	1070000	3392760	5023850	469.52	148.08
公开招标率	%	91.60	95.50	100	109.17	104.71
应公开招标工程中实行公开招标工程个数	个	982	2062	2236	227.70	108.44
应公开招标工程中实行公开招标工程造价	万元	1070000	3292760	5023850	469.52	152.57
应公开招标工程公开招标率	%	99.20	100	100	100	100

各市建设工程招标情况

市(地)名称	发包工程（个）	实行招标工程（个）	招标率（%）	公开招标工程（个）	公开招标率（%）	应公开招标工程中实行公开招标工程（个）	应公开招标工程公开招标率（%）
全省2005年	1086	1086	100	989	91.60	982	99.20
全省2008年	2160	2160	100	2062	95.50	2062	100
全省2009年	2324	2324	100	2236	100	2236	100
太　原	554	554	100	505	100	505	100
大　同	118	118	100	118	100	118	100
阳　泉	67	67	100	67	100	67	100
长　治	236	236	100	236	100	236	100
晋　城	27	27	100	27	100	27	100
朔　州	174	174	100	174	100	174	100
忻　州	248	248	100	248	100	248	100
晋　中	256	256	100	256	100	256	100
临　汾	365	365	100	365	100	365	100
运　城	132	132	100	132	100	132	100
吕　梁	147	147	100	147	100	147	100

施工图审查情况表

指标名称		计算单位	2005 年	2008 年	2009 年	2009 年为(%)	
						2005 年	2008 年
(一)基本情况							
审查机构数量		个	35	37	37	105	100
从业人员		个	728	845	845	116	100
(二)施工图审查情况							
勘察项目数		个	2110	2739	3279	155	120
设计项目数		个	2389	2739	3227	135	136
市政项目数		个	65	15	147	226	980
建筑面积		万平方米	1473	1826	2349	159	129
投资额		亿元	130	184	281	216	153
审查发现违反国家强制性条文数	勘察	条次	4211	4693	3067	73	65
		条次/项	2.00	1.72	0.94	47	55
	设计	条次	19837	27907	22322	113	80
		条次/项	8.3	10.24	9.50	114	93
	市政	条次	41	7	250	611	3571
		条次/项	0.63	0.47	1.70	270	362
审查发现严重安全隐患数	勘察	条次	336	168	199	59	118
		条次/项	0.16	0.06	0.06	37	100
	设计	条次	606	1290	1529	252	119
		条次/项	0.25	0.47	0.47	188	100
	市政	条次	251	3	14	5	467
		条次/项	3.86	0.20	0.09	2	45

各市统筹机构收缴、拨付、补贴养老保险费概况

单位:万元

单位	收缴	拨付	补贴
全省2005年	25084.00	18855.00	4645.50
全省2008年	47061.75	34431.59	6136.56
全省2009年	53454.78	32284.89	4716.00
太原市统筹办	24513.00	14151.00	1591.00
大同市统筹办	3956.00	1017.00	228.00
朔州市统筹办	1159.00	436.00	114.00
忻州市统筹办	2813.64	1675.48	683.00
晋中市统筹办	5033.34	3943.61	280.00
阳泉市统筹站	1343.70	1137.04	80.00
长治市统筹办	3354.67	2517.11	167.00
晋城市统筹办	5981.86	4100.21	625.00
临汾市统筹办	2108.52	1019.76	321.00
运城市统筹办	2020.88	1583.18	246.00
吕梁市统筹办	988.51	482.58	81.00

房地产业主要经济技术指标与数据

房地产业开发主要指标

指标名称	计算单位	2005 年	2008 年	2009 年	2009 年为(%)	
					2005 年	2008 年
房地产开发完成投资	亿元	177.99	326.72	477.30	268.16	146.08
商品房施工面积	万平方米	2266.50	3891.00	5491.40	242.29	141.13
商品房竣工面积	万平方米	667.30	882.80	793.30	118.88	89.86
商品房销售面积	万平方米	688.70	904.40	945.70	137.32	104.57

城镇住宅建设情况

指标名称	计算单位	2005 年	2008 年	2009 年	2009 年为(%)	
					2005 年	2008 年
建设完成投资	亿元	172.31	441.63	612.80	355.63	138.76
施工面积	万平方米	2540.2	5497.83	7233.40	284.75	131.56
竣工面积	万平方米	1015.4	1831.85	1634.70	160.99	89.23

廉租住房及资金落实情况

单位:户、万元

市(地)名称	保障对象								落实资金
	小计		租赁补贴		实物配租		租金核减		
	户数	金额	户数	金额	户数	金额	户数	金额	
全省	160067	357161.6	154947	35808.5	4397	321303.0	723	50.1	524663.3
太原市	10819	37336.0	10735	4171.5	0	33158.0	84	6.5	38083.7
大同市	66112	205436.0	65944	11946.0	168	193490.0	0	0.0	356994.6
朔州市	12229	17995.8	12229	5443.8	0	12552.0	0	0.0	17995.5
忻州市	23544	17483.4	23544	5232.4	0	12251.0	0	0.0	18085.1
晋中市	12636	21259.2	10478	1278.6	1633	19939.0	525	41.6	21259.3
阳泉市	4449	13334.3	4264	1204.3	100	12130.0	85	0.0	13333.8
吕梁市	9630	17475.0	9218	2986.8	400	14487.0	12	1.2	17763.3
长治市	7447	9343.4	5676	818.6	1754	8524.0	17	0.8	10542.9
晋城市	970	2506.0	838	128.5	132	2377.5	0	0.0	2794.9
临汾市	4794	6649.6	4770	916.9	24	5732.7	0	0.0	13703.5
运城市	7437	8343.0	7251	1681.2	186	6661.8	0	0.0	14106.7

城镇居民人均住房建筑面积及排序

单位:平方米/人

市(地)名称	数值	排序	市(地)名称	数值	排序
全省	29.73	—	朔州	33.10	2
太原	29.50	7	忻州	27.40	9
大同	25.48	11	晋中	28.80	8
阳泉	29.75	6	临汾	30.16	5
长治	32.15	3	运城	34.96	1
晋城	32.00	4	吕梁	25.60	10

山西省住房公积金缴存使用情况

指标名称	计算单位	2005年	2008年	2009年	2009年为(%)	
					2005年	2008年
缴存人数(万人)	215.55	276.11	278.77	129.32	100.96	
缴存总额(亿元)	157.63	385.21	491.07	311.53	127.48	
缴存余额(亿元)	117.36	288.01	369.53	314.87	128.30	
发放个人贷款总额(亿元)	26.59	70.12	91.79	345.20	130.90	

物业管理项目获奖情况

指标名称	计算单位	2007年	2008年	2009年
获全国物业管理示范住宅小区称号	个	0	3	0
获全省物业管理示范住宅小区(工业区)称号	个	14	10	8

市政公用行业主要经济技术指标与数据

22 个城市道路长度

市(地)名称	道路长度(公里)		
	2005 年	2008 年	2009 年
太原市	1728.34	1770.00	1780.00
古交市	166.32	236.00	236.00
大同市	610.00	625.00	676.00
阳泉市	295.52	383.60	423.40
长治市	288.08	341.00	360.60
潞城市	55.00	49.50	57.60
晋城市	323.00	122.90	165.00
高平市	89.00	83.60	83.60
朔州市	141.89	121.00	121.00
忻州市	73.51	95.00	97.00
原平市	45.43	46.00	46.00
晋中市	230.62	227.20	230.30
介休市	102.08	117.30	122.30
吕梁市	47.20	120.00	120.00
孝义市	52.20	105.10	111.60
汾阳市	60.00	82.00	82.00
临汾市	143.73	204.00	210.00
侯马市	173.82	196.10	199.40
霍州市	61.95	75.00	75.00
运城市	145.00	170.70	173.10
永济市	96.00	90.00	92.00
河津市	73.00	148.00	148.00

22 个城市道路面积

市(地)名称	道路面积(万平方米)		
	2005 年	2008 年	2009 年
太原市	2295.9	2328.0	2357.0
古交市	155.2	190.0	199.4
大同市	913.0	1309.0	1484.0
阳泉市	407.6	458.0	545.2
长治市	350.7	424.0	470.3
潞城市	86.0	71.0	100.4
晋城市	282.0	283.0	379.2
高平市	175.5	135.0	135.0
朔州市	318.5	347.0	347.0
忻州市	104.4	152.0	155.0
原平市	117.0	117.0	122.3
晋中市	335.7	585.0	592.3
介休市	135.3	161.0	181.0
吕梁市	113.0	243.0	243.0
孝义市	100.5	308.0	333.5
汾阳市	69.6	142.0	142.0
临汾市	268.5	471.0	475.4
侯马市	302.4	233.0	180.0
霍州市	63.0	80.0	99.0
运城市	260.0	258.0	303.0
永济市	200.6	191.0	194.0
河津市	115.0	468.0	468.0

22个城市燃气普及率

市(地)名称	燃气普及率(%)		
	2005年	2008年	2009年
太原市	96.26	98.03	98.32
古交市	59.47	84.22	86.23
大同市	55.01	71.37	85.08
阳泉市	84.46	85.81	86.60
长治市	66.10	70.28	82.81
潞城市	41.30	41.55	76.25
晋城市	62.67	85.61	86.79
高平市	47.41	87.53	55.00
朔州市	69.53	76.39	80.28
忻州市	57.14	79.06	94.90
原平市	60.74	79.96	85.00
晋中市	76.07	96.59	96.65
介休市	63.13	89.74	91.88
吕梁市	59.09	77.60	82.05
孝义市	35.81	69.62	64.94
汾阳市	19.15	45.01	49.67
临汾市	79.44	90.70	84.41
侯马市	39.17	69.91	90.75
霍州市	37.12	75.45	85.00
运城市	48.57	83.31	90.80
永济市	55.71	65.69	69.34
河津市	—	47.41	47.13

22个城市人均公共绿地面积

市(地)名称	人均公共绿地面积(平方米)		
	2005年	2008年	2009年
太原市	8.55	7.58	8.19
古交市	1.38	5.93	6.13
大同市	3.46	5.16	5.19
阳泉市	6.58	8.80	8.82
长治市	5.58	5.67	5.77
潞城市	8.40	7.77	7.52
晋城市	12.00	11.61	11.67
高平市	1.63	10.43	11.90
朔州市	7.77	9.74	9.45
忻州市	4.76	1.13	1.49
原平市	1.76	1.69	1.86
晋中市	4.00	9.37	11.93
介休市	10.06	7.31	12.13
吕梁市	8.18	10.36	12.85
孝义市	7.16	13.92	14.29
汾阳市	6.91	14.27	14.27
临汾市	5.50	11.26	11.58
侯马市	8.99	9.30	12.77
霍州市	3.79	6.18	7.50
运城市	3.06	7.55	7.65
永济市	4.24	2.85	2.85
河津市	2.16	10.78	10.78

22 个城市污水处理能力

市(地)名称	污水处理能力(万立米/日)			
	2005 年	2007 年	2008 年	2009 年
太原市	54.80	53.60	55.60	55.60
古交市	1.88	5.10	3.30	3.30
大同市	16.50	21.00	23.60	23.60
阳泉市	20.35	8.00	8.00	8.00
长治市	13.98	14.00	14.00	14.00
潞城市	2.00	2.00	2.00	2.00
晋城市	5.00	15.00	7.50	7.50
高平市	—	—	1.50	1.50
朔州市	2.58	7.50	4.00	4.00
忻州市	6.50	6.50	6.50	6.50
原平市	5.00	3.50	5.00	5.00
晋中市	6.29	4.00	5.00	10.00
介休市	—	—	1.50	1.50
吕梁市	—	1.00	1.00	1.00
孝义市	—	4.50	1.50	1.50
汾阳市	—	—	—	—
临汾市	7.00	7.00	7.00	7.00
侯马市	—	1.00	3.00	3.00
霍州市	—	—	—	—
运城市	—	5.00	6.00	6.00
永济市	2.00	4.00	4.00	4.00
河津市	—	—	3.50	3.50

奖励荣誉

【中国人居环境奖】 经山西省建设厅推荐、专家考察评审和社会公示，并报中国人居环境奖领导小组批准，2009 年 4 月 7 日，住房和城乡建设部授予我省晋城市城市东、南出入口生态修复工程“2008 年中国人居环境范例奖”。

【中国建设工程鲁班奖（国家优质工程）】 经中国建筑业协会组织评选，太原机场改扩建工程航站楼工程；太钢新建 150 万吨不锈钢炼钢工程获 2009 年度中国建设工程鲁班奖（国家优质工程）。

太原机场改扩建工程航站楼工程，承建单位：山西建筑工程（集团）总公司；参建单位：山西第八建筑工程有限公司、山西省工业设备安装公司、山西六建集团有限公司、上海宝冶建设有限公司、上海华艺幕墙系统工程有限公司。

太钢新建 150 万吨不锈钢炼钢工程，承建单位：中冶天工建设有限公司；参建单位：山西钢铁建设（集团）有限公司

【山西省人民政府目标责任制工作先进个人】 为全面落实省人民政府目标责任制工作任务，2008 年在省委、省人民政府的正确领导下，全省各地、各部门的广大干部职工紧紧围绕中心工作，精心组织、强化责任，圆满完成年初确定的各项工作，涌现出一批恪尽职守、兢兢业业、无私奉献的先进个人。2009 年 7 月 8 日，省住房和城乡建设厅闫晨曦副厅长受到省目标责任制考评工作领导组的通报表彰。

【2009 年全国建筑施工安全质量标准化示范工地先进集体先进个人】

标准化示范工地

1. 山西省图书馆工程
   建设单位：山西省政府工程建设事务管理局
   施工单位：中铁十七局集团建筑工程有限公司
   项目经理：冯清晋
   监理单位：山西省建设监理有限公司
   总监理工程师：张志峰
2. 朔州师范专科学校教学楼
   建设单位：朔州市教育局
   施工单位：山西六建集团有限公司
   项目经理：程永盛
   监理单位：朔州市建设监理公司
   总监理工程师：李渊斌
3. 华德中心广场 I 标段
   建设单位：太原华德利达房地产开发有限公司
   施工单位：山西四建集团有限公司
   项目经理：李彦春
   监理单位：山西建同建设工程监理有限公司
   总监理工程师：焦力

先进集体

（1）山西省临汾市建设工程质量安全监督站

（2）山西省晋中市建设局

先进个人

（1）吕栋楠：山西省建筑安全监督站

（2）赵安全：山西省太原市建筑安全监督管理站

（3）郭东顺：山西省运城市建设局质量安全科

【2009 年度全省城市市容环卫工作先进单位、集体及个人】 2009 年 10 月 25 日，山西省住房和城乡建设厅授予太原市市容环境卫生管理局等 4 个单位“全省城市市容环境卫生工作先进单位”荣誉称号；授予太原市小店区机械化清扫队等 16 个班组集体“全省城市环境卫生工作先进集体”荣誉称号；授予忻州市宁武县环卫队保洁员王存正等 64 名同志“山西省优秀城市美容师”荣誉称号。

先进单位（4 个）

太原市市容环境卫生管理局

晋中市市容环境卫生管理局

临汾市环境卫生管理局

晋城市城区环境卫生管理局

先进集体（16 个）

太原市小店区机械化清扫队

太原市祥融物业柳巷组

大同市天镇县公用事业局环卫清洁组

大同市城区环卫处清运一公司小修组

朔州市市府街清扫组

晋中市清运 13 号车组

晋中市榆社县清运队

长治市城肥清洁公司闫广林车组

长治市武乡县红旗路清扫班组

运城市临猗县东西大街清扫组

阳泉市矿区环卫处清掏组

吕梁市市容环卫监察队

晋城市创洁监理公司

侯马市环卫处

运城市清扫一公司

忻州市清扫保洁中心

优秀城市美容师（64 个）

于改凤　霍连保　冯中元　于荣政　邢永旺

王丽峰　白金明　马保全　孙秀兰　田　柱

安秀国　宋　贵　土仙荣　严官发　马淑青

彭玉花　杜向成　卫保胜　郑兆平　钱晓凤

赵东红　康世忠　王　平　赵彩珍　王鹏翔

张许连　师耀平　董耀栓　薛树云　常国伟

李　祉　崔向阳　陈二平　刘　军　申火法

闫静静　朱来民　董顺兴　侯有全　靳晓有

张跟平　沙永玲　张来锁　燕洪生　张怀山

赵启明　刘晓英　胡帮劳　史青朵　赵俊草

周　萍　解立芳　刘琼树　付爱萍　梁成文

高富海　冯巨明　王彦飞　王存正　汤仲轩

赵俏升　李美兰　周慧勇　王喜福

【省人力资源和社会保障厅对山西省援川抗震救灾先进个人的表彰奖励】 2009 年 5 月 5 日，根据中共山西省委、山西省人民政府《关于表彰全省援川抗震救灾先进集体和先进个人的决定》和省委省政府领导批示，太原市建设管理委员会常委书记、主任孙荣琨、太原市规划局党组书记、局长郭治明、大同市建设委员会纪检组长宋江儒，朔州市市政公用处处长张军，阳泉市建设局局长薛银拴，吕梁市建设工程质量监督站站长刘贵庆，吕梁市建设局副局长郭明水，晋城市规划局副局长宋书文，晋城市建设局总工程师李晋元，临汾市建设局副局长温学良，运城市建设局总工程师王世斌，山西省建设厅稽查办公室主任刘跃生，山西省建设厅规划处副处长张成喜，山西省建设厅总规划师李锦生，山西省建设厅总工程师郝培亮荣获“山西省援川抗震救灾先进个人”荣誉称号，按照国家有关规定，上述表彰对象享受省部级劳动模范和先进工作者待遇。其中，受奖对象属党政机关的，奖励晋升一个级别工资档次；受奖励对象属事业单位的，奖励晋升一个薪级工资，奖励工资从二 OO 九年六月起执行。